云南省婚庆行业协会
中国婚礼研究院
云南玺尊龙婚礼文化产业集团

中外新视野

婚礼丛书

瞿明安◎主编

中西合璧——城市婚礼

刘永青 史艳兰◎著

中国社会科学出版社

图书在版编目（CIP）数据

中西合璧：城市婚礼 / 刘永青，史艳兰著 . —北京：中国
社会科学出版社，2016.6

（中外新视野婚礼丛书/瞿明安主编）

ISBN 978 - 7 - 5161 - 8110 - 2

Ⅰ.①中…　Ⅱ.①刘…②史…　Ⅲ.①结婚 – 礼仪 – 世界

Ⅳ.①K891.22

中国版本图书馆 CIP 数据核字（2016）第 109206 号

出 版 人	赵剑英	
责任编辑	任　明	
特约编辑	乔继堂	
责任校对	张依婧	
责任印制	何　艳	

出　　版	中国社会科学出版社	
社　　址	北京鼓楼西大街甲 158 号	
邮　　编	100720	
网　　址	http://www.csspw.cn	
发 行 部	010 - 84083685	
门 市 部	010 - 84029450	
经　　销	新华书店及其他书店	

印刷装订	北京市兴怀印刷厂	
版　　次	2016 年 6 月第 1 版	
印　　次	2016 年 6 月第 1 次印刷	

开　　本	710 × 1000　1/16	
印　　张	15	
插　　页	2	
字　　数	209 千字	
定　　价	200.00 元（共六册）	

凡购买中国社会科学出版社图书，如有质量问题请与本社营销中心联系调换
电话：010 - 84083683

昆明玺尊龙婚庆场地照片 1

昆明玺尊龙婚庆场地照片 2

昆明玺尊龙婚宴大厅照片 **1**

昆明玺尊龙婚宴大厅照片 **2**

昆明玺尊龙婚宴大厅照片 **3**

昆明玺尊龙婚礼现场照片1

昆明玺尊龙婚礼现场照片2

昆明尊龙餐厅照片1

昆明尊龙餐厅照片 2

首届苏州婚博会颁奖礼图片

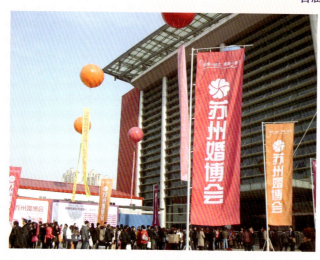

苏州婚博会展馆外图片

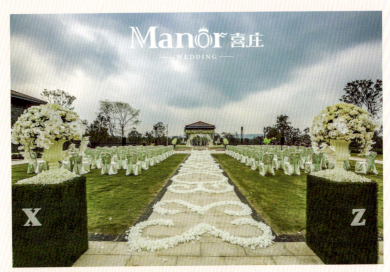

武汉喜庄婚礼室外场地图片1

武汉喜庄婚庆场地背景图片2

武汉喜庄婚礼照片3

武汉喜庄婚礼现场照片 4

武汉喜庄婚礼场地照片 5

重庆东亚婚庆场地图片 1

重庆东亚婚庆场地背景图片 2

重庆东亚婚庆场地图片 3

总　　序

　　婚礼是人类社会中最普遍的文化现象之一，只要有婚姻存在，人们在缔结婚姻关系时都要举办婚礼。婚礼的形式丰富多样，与人们的衣、食、住、行、用、娱乐、礼仪、庆典、宗教、巫术等都有着千丝万缕的联系，通过婚礼可以透视人类的整个文化。婚礼也是人们喜闻乐见的民俗事项，绝大多数的人们都会对举办婚礼很感兴趣。婚礼还是现代社会中人们关注的热点问题，从婚礼中可以窥见现代社会发生的变迁和未来发展的趋向。正因为婚礼包含着丰富的文化价值和现实意义，所以才引起众多学者们的广泛关注。

　　目前国内外学者所写的专门研究婚礼的著作分别有多种不同的类型。一是分国别的婚礼书籍，如《爱情百分百：各国的婚礼习俗》、《英国婚礼》、《美式婚礼经典》、《掀起你的红盖头：中国婚礼》等；二是分地域的婚礼书籍，如《西方婚礼》、《老上海的婚礼》、《本地华人传统婚礼》、《珠江三角洲一带华人传统婚礼》等；三是分民族的婚礼书籍，如《蒙古族婚礼歌》、《土族婚礼撒拉族婚礼》、《纳西婚礼与歌谣》、《土家族婚俗与婚礼歌》等；四是综合性的婚礼实用书籍，如《国际流行婚礼礼仪》、《现代婚礼设计》、《婚礼完全手册》、《打造最完美的婚礼》、《精明高手办婚礼》、《美满婚礼筹备手册》等；五是专题性的婚礼实用书籍，如《婚礼花艺设计》、《婚礼摄影专业技巧》、《运筹帷幄——婚礼主持

人》、《婚礼庆典主持词》、《婚礼蛋糕》等。六是涉及中外不同历史时期的婚礼书籍，如《古今婚礼》、《中国历代婚礼》、《婚礼服饰考》等。七是产生国际影响的经典婚礼书籍，如《轰动世界的婚礼：皇家罗曼史》等。

　　为了在前人的基础上对婚礼的研究有所突破，我们策划并组织有关学者撰写了"中外新视野婚礼丛书"，分别包括《域外奇俗——世界婚礼》、《光宗耀祖——宫廷婚礼》、《群星耀眼——名人婚礼》、《中西合璧——城市婚礼》、《仪式符号——农村婚礼》、《异彩纷呈—少数民族婚礼》等六本著作。本丛书突出学术性、资料性和可读性的有机结合，尽量使其内容显得生动活泼、通俗易懂。丛书中的每本书都需要作者在把握学术研究前沿和占有丰富资料的基础上，通过生动的文笔对与婚礼有关的习俗、现象、事例、个案和民族志等进行深入浅出的描述和解释，以满足不同层次读者对各种婚礼文化的阅读兴趣。根据现已掌握的资料，我们对不同的书提出了相应的要求，其中宫廷婚礼、名人婚礼两本书的内容需要涉及中外的婚礼；农村婚礼、城市婚礼、少数民族婚礼等三本书只涉及中国的婚礼；而世界婚礼则只写国外民族的婚礼。这些著作分别涉及全球性、地域性、群体性和个体性的婚礼文化现象，是系统深入地认识婚礼文化不可忽视的研究课题。

　　有关婚礼的研究是一门大的学问，需要从多学科和不同的角度入手，采用不同的理论方法进行全面深入的探讨，才能有所突破、有所创新。本套丛书只是我们开展的有关婚礼研究的起点，下一步我们将组织和整合国内对婚礼研究感兴趣的学者，对中国的婚礼开展横向和纵向相结合，综合性与专题性相结合，理论性与应用性相结合，全国性与区域性相结合的系统研究，通过一批重要的学术成果将中国的婚礼文化全面客观地呈现在读者面前，为认识了解中国婚礼的多样性和复杂性以及为追求幸福生活的人们提供高端的精神文化产品作出应有的贡献。

瞿明安

2015 年 9 月 25 日

目　录

引　言

　　婚姻是人类两性结合的基本制度，普遍存在于任何一个社会之中。男女结合时为了获得社会的承认而举行仪式，久而久之，便形成婚礼。婚礼既是个体之事，也是家族集团之事。对个体来说，婚礼是人生礼仪，它向人们公开表明个体在其所属的社会中获得了新的社会关系。经历过婚礼仪式的个体，其身份和角色会发生转变，成为"妻子""丈夫""儿媳""女婿""嫂子""姐夫"等。在仪式过程中，个体会意识到自己的新角色以及未来应该承担的义务和责任，而在仪式过后，社会也开始接纳他们的新身份，并给予相应的待遇。对家族集团来说，婚礼是一个有关亲属关系的仪式。婚礼让两个个体所代表的家庭正式结为亲戚，建立起除血缘关系之外的另一个重要亲属关系——姻亲关系。两个家庭从此可以在经济、政治、宗教等方面进行交往，并形成联盟。就整个社会而言，透过婚礼仪式，人们可以看到一个群体的价值观念和行为体系，婚礼成为社会文化内容的一种表达方式。婚礼的这些意义使其在人类社会中有着重要地位。

　　中国自周代起就确立了以"六礼"为核心的婚礼礼制。在此后的两千多年，"六礼"一直是中国人传统婚礼的基本规范。即便因地域或时代的不同而出现变化，中国人也认真执行着"六礼"规定下来的基本程序。直到清末民初，"六礼"才真正受到冲击。

民国时期，西方"自由""民主""平等"的观念以及相应的生活方式被传入中国。中国人的婚礼开始接纳西方的文化元素。在城市里，文明结婚和"集团结婚"成为传统婚礼现代化的先声。新中国成立后，婚姻法的颁布和实施，以及各种政治运动的冲击，以"六礼"为基础的传统婚礼彻底销声匿迹。中国人的婚礼从极度的繁复铺张转向了极度的简单朴素。20世纪80年代，改革开放给中国人的社会生活带来翻天覆地的变化，盛大而隆重的婚礼仪式再度成为国人生命中的大事。当然，此时的婚礼虽然保留了一些传统婚礼的程式，但由于融入了更能反映这个时代文化风貌的内容，使得现在的婚礼更加具有现代性，与西方文化联系更加密切。

在今天的城市里，婚礼依旧备受重视。即使是"六礼"所规定的婚礼程序已被大大简化，但其基本的框架仍然存在，人们仍然要穿着红色的婚礼服，要迎亲，要拜天地，要喝喜酒，还要到洞房里折腾新人一番。而婚纱、轿车、婚纱照、结婚戒指、婚礼策划、蜜月旅行的出现和流行，让城市婚礼具有了更多西方婚礼文化的内容。在西方的个体主义和消费主义的影响下，结婚登记、新房购置、婚纱摄影、婚礼摄像、婚庆服务这些新兴元素被整合到整个婚礼的程序之中，伴郎、伴娘、婚礼主持人这些传统元素又被赋予新的意义。所以，今天我们看到的城市婚礼，是传统性与现代性的结合，它既留存着过去的形式，又增添了时代性的内容，它是新旧交织的，也是中西融合的。

第一章
传统婚礼的嬗变

中国人从古至今就重视婚礼。在过去，婚姻作为宗法社会的关键环节而被赋予了重要意义，因此关于婚姻的礼制"六礼"早在周代就已确立，而后一直延续到明清时期，成为中国婚礼的基本规范，不论城镇还是乡村，概莫能外。民国时期，中国传统的婚嫁观念开始受到西方思想的冲击，西方的婚礼形式在大城市里出现。1949年新中国成立以后，传统的婚嫁观迎来根本性的变革，"六礼"的规范被彻底废弃，西式婚礼也难觅踪迹，城市居民的婚礼不复以往的奢华繁复，越来越朴素简单。到了20世纪80年代，中国人的婚嫁观又一次出现变化，"恋爱自由""婚姻自主"已经成为共识，传统观念在某些方面又有所复兴，新兴的婚嫁观下城市婚礼呈现出新的特点，传统与现代相结合，烦琐与简朴相并存。

一 "六礼"：中国婚礼的基本规范

（一）传统的婚姻观

在传统中国社会，婚姻不仅是男女双方感情上的结合，更是整个社会结构和政治结构确立的一个基础。中国人奉行"家国同构"的观念，家庭、家族和国家是统一的，家庭是国家的缩影，国家则是家庭的延伸和扩大。国家建立在家族血缘关系的根基之上，家族血缘的人伦之理则上升为国家政治的法则。所谓"齐家"与"治国"在基本道理上是一致的。婚姻家庭的伦理和国家治理的原则被放到了同等重要的位置。在"家国同构"的观念下，婚姻被看成是君臣、父子、夫妻等级人伦的基础，是家族延续的基础，是国家兴衰的根本。婚姻首要考虑的是维护家族集团的利益，而并非是个体的情感。所以，人们在婚姻大事上总是把家国利益放在第一位，年轻男女的感情常常成为牺牲品。

婚姻之于家族和国家的重要性决定了婚姻的各项权利属于家长而非婚姻真正的当事人。在传统社会，未婚男女的终身大事都由父母做主和促成。对父母来说，安排儿女的婚事是他们的权利更是他们的义务。作为婚姻主体的儿女们并没有自由选择婚配对象的权利，他们只能遵从父母的意愿。由于当事人的婚姻自主权被剥夺，男女私自结合常常为社会舆论所不耻，也为法律所禁止。不仅如此，父母对儿女们婚姻关系的解除同样有着决定权。婚姻当事人在自己婚姻中身不由己是中国传统婚姻的最大特点。

　　家族和国家利益至上的原则赋予了中国人的婚姻一个最基本的功能，即繁衍后代、延续血脉。传统中国社会实行父系继嗣，一个家庭和家族若想要传宗接代，就必须依靠婚姻来确保女性生出的孩子合法地归属于父亲的家庭。所以，男女结合的一个最重要意义便是让女性为男方家生儿育女、继承香火、壮大家族。正所谓"不孝有三，无后为大"，不以生育为目的婚姻常常受到人们谴责，而不能生育或不能生育男孩的女性也受到夫家不公平的对待。人们不仅希望夫妇生育，还希望夫妇能够多生育，这就是民间所说的"多子多福"，多子才能有更多后代传承香火，才能有更多的劳动力，晚年才能有更多的人养老，家族才会一直保持人丁兴旺。

　　由于生育对于家庭和家族的延续至关重要，所以中国传统婚姻制度的设计就必须让女性完全从属和依附于夫家，导致了夫妻关系中的男尊女卑。处于婚姻关系中的妻子没有自主的权利，也没有独立的地位，她的一切都取决于丈夫。为了确保妻子所生孩子为丈夫的血脉，丈夫可以有若干配偶，与若干女子发生性关系，而妻子必须严守一夫制，专门为丈夫生儿育女。婚姻伦理对妻子的要求便是绝对服从丈夫，并从一而终，就如同臣子对待君主，儿女对待父母一般。妻子固然可以因为生育儿子成为母亲而受到晚辈尊敬，但这种尊敬凸显的还是对婚姻繁衍后代功能的重视。

　　对家族和国家利益的重视，使得婚姻具有了把两个没有血缘关系的家族集团联结在一起的功能。这一功能的重要意义不言而喻。在基层社会，人们可以通过联姻扩大自己的亲属关系网络和社会交际网络，从而在政治上和经济上获取更大助益。而对于上层社会来说，通过联姻结成政治联盟，是维护政治集团利益、建立和巩固政权的最为便捷的途径。婚姻这种联姻功能，让人们在挑选婚配对象时更是把家族集团的利益置于首位。

（二）婚礼礼仪的基本规范

　　婚姻如此重要，婚礼的意义不言自明。先秦时代的《礼记·昏

义》便说:"昏礼者,将合二姓之好,上以事宗庙,而下以继后世
也,故君子重之。"婚礼不仅让两个不同姓氏的家族交好,而且还
承先启后,对上传宗接代侍奉宗庙,对下生儿育女继承后世。祖
宗的德行,透过自己传承到下一代去。此外婚礼还具有更深层次
的意义,即所谓:"敬慎重正而后亲之,礼之大体,而所以成男女
之别,而立夫妇之义也。男女有别,而后夫妇有义;夫妇有义,而
后父子有亲;父子有亲,而后君臣有正。"从夫妇到父子,再到君
臣,婚礼不仅是个体、家庭的大事,更是"齐家、治国、平天下"
的根本。只有夫妻关系有序了,社会的其他方面才会有序,才有
社会的礼治。这是传统中国社会宗法秩序的基本思想,家庭是社
会的核心,国家的基础,所以夫妻是人伦之始,而婚礼则成为礼
仪之本。

　　中国社会的这一文化价值理念,透过繁复的婚礼仪式而得以诠
释。无论是特定的程式、行为、言辞,还是具有象征意义的服饰、
物品,无一不诉说着人们对社会秩序的理解。战国至汉初儒家的
典籍《仪礼·士昏礼》和《礼记·昏义》,业已规定了缔结婚姻的
六道程序,名曰"六礼",即纳采、问名、纳吉、纳征、请期、亲
迎。中国传统婚礼的基本规范皆出自于此,后世因为时代、地域、
阶级等的关系,出现了一些仪式或被简化,或被合并,或被省略
的变化,但中国人的婚礼始终以"六礼"为本。

　　"六礼"中的纳采,就是男方若中意某家姑娘为妻,便请使者
送礼到女方家,表明自己的求婚意图,若女家同意,则行纳采之
礼。纳采之礼后接着就是问名,即男方家的家长备具红帖,请使
者持之前往女方家,请问求娶之女子的名氏和生辰八字。纳采和
问名有时也会合并举行。男方问得女了名氏和生辰八字后,在祖
庙进行占卜,如得吉兆,就再请原来的使者到女家,告知占卜结
果。占卜显示吉兆,女方家就不会辞婚了。这一程序被称为"纳
吉"。一般到这一步双方的婚约已算初步确立。接下来可以进行纳
征仪式了。所谓纳征就是男方家把聘礼送给女方家。民间也叫

"纳聘""过定""纳文定"。纳征是明媒正娶的表示，也是婚姻确立的关键，经过这个仪式，男女双方的婚约即告正式成立了。女方家收下聘礼后，男家便择订婚期，并出具婚期吉日书，备礼物告诉女家，求其同意。女家同意婚期，受礼，结婚日期便确定下来。至此，整个婚礼进入最后一个也是最重要的一个程序，即新郎亲自到女方家迎娶新娘，此之谓"亲迎"。亲迎仪式相当于现代社会结婚当日举行的一系列仪式和典礼，也是狭义的婚礼。亲迎时，新郎穿着礼服，与亲戚一道乘坐专门交通工具，到女家迎娶。古时亲迎的交通工具主要是车，后来出现了花轿，也有骑马或乘船的。到女方家时，新娘已梳妆整齐，以盖头蒙头，坐在房中等候。新娘父亲亲自出门把女婿及男家宾客迎进家门，并在门外等候。新娘在喜娘的陪同下出来，与新郎一道或乘车或乘轿前往男方家，女家送行的人一起跟从。到达夫家后，新娘下车或下轿，经过跨马鞍、跨火盆、撒谷豆等一系列祝福纳吉的仪式后，便入房拜堂成亲。拜堂之后新人入洞房，坐于喜床之上，此之谓"坐帐"。此时，新人要"共牢而食"，即共同分享一种食物，并合卺而酳，即饮下交杯酒，然后由礼官向帐内撒金钱、枣子、栗子等彩果，此之谓"撒帐"。礼毕，众人至新房同新人喧闹逗乐以示庆贺，此之谓"闹洞房"。在仪式举行之时，新郎家还向宾客们提供酒宴。宴毕，新郎新娘脱去礼服、撤去新房蜡烛，婚礼即告完成。①

以"六礼"为本的婚姻礼仪，包括传统中国社会结婚所要经历的议婚、订婚和完婚三个阶段。其中的纳采和问名是议婚阶段，纳吉和纳征是订婚阶段，而请期、亲迎则是成婚与完婚。"六礼"烦琐复杂，是对传统婚姻观念的最完整的诠释。在整个结婚的过程中，人们严格遵守"父母之命，媒妁之言"的规范。无论哪个阶段，主角皆为男女双方的家长以及撮合的媒人，真正的婚姻当事

---

① 参看刘昌安、温勤能《婚姻"六礼"的文化内涵》，《汉中师范学院学报》1994年第6期。

人对于娶谁嫁谁并没有决定权利，也并不亲自操办相关事务。男方给予女方聘礼的纳征仪式，一方面表示明媒正娶，一方面又是男方对新娘从此归属男方家而向女方家做出的补偿。这意味着女方从此依附男方家庭，而且这种依附关系由于聘礼的存在很难解除。完婚阶段的亲迎仪式上，各种象征礼仪表达着社会对夫妇生育孩子的期望。而盛大的婚宴则让男方女方的亲戚得以欢聚一堂，两个家庭和家族正式结为姻亲。

显然，"六礼"规范下的传统婚礼具有维系家族、家庭稳定和社会稳定的积极内容。这种形式的婚礼可以让男女双方的家族结为一体，家族间的交往得以发展。同时，迎娶当日男方家的亲戚们被召集在一起，他们之间的联系得以加强，一些以往的矛盾也可以得到化解，这样一来，一个父权制大家族内部的关系也得以巩固。家庭和家族的稳定也意味着社会的稳定。当然，传统婚礼重视"父母之命，媒妁之言"，意味着儿女的个人幸福和婚姻的感情基础必然让位于群体利益。而且传统婚礼仪式过于冗长繁杂，浪费巨大，以现代人的眼光来看，不能不说是一大弊端。

当然，"六礼"只是一个理想化的规范，并未明确规定具体的结婚事项如何操作，这就使得中国各地的婚俗并非千篇一律，而是各具特色。人们对各类结婚仪式的具体称呼也不尽相同，仪式的繁简程度也有所差异。

（三）传统的城市婚礼

"六礼"为中国传统婚礼制定了一个最基本的程式，及至明清时期，无论是皇亲国戚、达官贵人还是平民百姓、贩夫走卒，其结婚过程都没有超出"六礼"的范畴。尤其是在历朝历代的大城市中，以"六礼"为基础婚礼仪式相当典型。

以南宋为例，在当时都城临安市民们的婚礼完全就是按照"六礼"的规制进行的。据《梦粱录》的描述，临安人的婚礼也分为议婚、订婚和结婚三个部分。议婚的第一步是过"草帖"，"草帖"是简单的"庚帖"。一般是媒人将女方的生辰八字写在"庚帖"上,送到男方家中,俗语也叫"请庚";男方家便把家中男孩与女方的生辰八字放在一起找先生"合婚",所得结果为吉,方才回帖。然后是过"细帖",即详细的"庚帖",也被称为"定帖"。"细帖"先由男方出具,内容十分详细,包括男家三代官品、职位、名讳、议亲第几位男、官职、年甲月日吉时生、父母是否健在、主婚人何人、是否入赘、自家土地财产状况等。细帖准备好后,媒人便带着男方细帖以及礼物到女方家求婚,女方看过男方细帖,愿意结成亲事便回定帖,定帖内容与男方细帖内容相似,即介绍女方家情况。双方若觉得合适,便由媒人两家通报,"择日过帖,各以彩色衬盘、安定帖送过,方为定论"。要想达成这桩婚事,婚事的当事人以及双方家长还要进行一次会面,具体形式是"男家择日备酒礼诣女家,或借园圃,或湖舫内,两亲相见",这就是"相亲"。相亲时,男方要备酒四杯,女方添备两杯,"取男强女弱之意",如果新人满意,"即以金钗插于冠髻中",谓之"插钗";如果新人不满意,"则送彩缎二匹",谓之"压惊",这桩婚事也就不成了。

双方相亲满意的,便可进行"订婚"的环节。此时,媒人会出面商议定礼,并往女家报定。定礼的数额根据男家贫富程度而定。无论准备的是何种下定礼物,男家一般要"用销金色纸四幅为三启,一礼物状共两封,名为'双缄',仍以红绿销金书袋盛之,或以罗帛贴套,五男二女绿盏,盛礼书为头合,共辇十合或八合,用彩袱盖上",送往女方家。女方接受下定礼后,先要在中堂摆香烛酒果,"告盟三界";然后邀请自己家亲戚中夫妇双全的人"开合",并于当天赠送男方回定礼物,包括紫罗及颜色缎匹、珠翠须掠、皂罗巾缎、金玉帕环、七宝巾环、篋帕鞋袜女工等,并将男家所送的茶饼果物羊酒等的一半回赠;另外,将一对空酒樽放入清水中,水中放养四只金鱼,并在每只空樽中放置一双筷子、两棵葱,这叫作"回鱼箸"。送定之后,直到下聘之前,便由媒人在两家之间往来传话。如果遇到节日，男方则"以冠花彩缎合物果酒遗送"，女方则"以巧作女工金宝帕环答之"，此习俗谓之"追节"。至于下聘的环节，须选择吉日进行。不过之前，男方会先让媒人送鹅酒，或是羊酒，到了吉日方举行送聘之礼。聘礼的丰俭，并无一定标准，而是根据男家境况而定，但最通行的聘礼一般包括以下四项：聘金、果包、首饰、衣料。女方接受聘礼后，一般也会回赠一些礼物。男方下聘后，遇到节日，双方不再互送礼物，直至迎亲之时。

大婚的吉日吉时选定后，男女两家便开始准备。到迎亲前三天，男方家要给女方家送去催妆花髻、销金盖头、五男二女花扇、花粉盏、洗项、画彩钱果之类的礼物，女方则回赠金银双胜御、罗花蹼头、绿袍、靴笏等物。迎亲前一天，女方家派人到男方家挂帐幔，铺设卧房，陈列嫁妆等，这就是"铺房"。然后女方还要让亲信妇人看守新房，外人不得进入。迎亲当天，男方家宴请亲友，并刻定时辰发花轿，迎亲队伍一路吹吹打打来到女家，女家以酒礼款待迎亲队伍，迎亲队伍作乐、报时、念诗词，三催四请，谓之"催妆"，新人始出阁登车。到了男方家门口，有人会念诗词、求红包，有人将五谷、豆钱、彩果望门而撒，小孩子们争相拾起，称作"撒谷豆"，目的是图个吉利。新人下车，鞋不能沾地，只能踩在青色布条或毡花席上，由亲信女使左右扶侍，缓缓而行，途中要跨马鞍，入中门，便到一室，室内当中悬挂帐子，新人坐于其中稍事歇息，谓之"坐虚帐"。也有的直接就进入新房，坐于床上，谓之"坐床富贵"。与此同时，男家款待女家亲友。此后，礼官请两新人出房，两人手执同心结，面对面，男方在前倒行，谓之"牵巾"。到中堂，由男家夫妻双全的女亲，用秤或机杼挑起新娘盖头，两人便行拜堂成亲之礼。礼成后，两人仍旧手执同心结，面对面，由女方倒行，牵新郎回房。两新人在新房中行交拜礼，喝交杯酒，床帐撒彩钱杂果，男左女右结发，称"合髻"。新婚第二日，两新人去家庙或祠堂参拜新郎祖宗，拜见公婆、尊长及其他亲戚，俗称"见亲"，男家还要盛宴款待各位亲友。新婚后三天，女家送各种礼物至男家。新人则于婚后三天前往女家行拜门礼，也有的是七日或九日才去女家。这就是新娘回门归宁，女婿去岳家认亲。新人回门，女家要设宴款待新婚，名曰"会郎"，至晚送女婿回宅第。一个月后，女家送弥月礼盒，男家设宴款待亲家及亲友，谓之"贺满月会亲"，自此各种礼仪就从简了。

在临安人缔结婚约的过程中，"媒妁之言"十分重要。临安人称媒人为"媒氏"或"伐柯人"，婚礼的许多环节都需要他们居中调节或主持，所谓"婚娶之礼，先凭媒氏，以草帖通于男方""媒氏通音，然后过细帖""伐柯人两家通报，择日过帖""伐柯人通好，议定礼，往女家报定""自送定之后，全凭媒氏往来，朔望传语"。①

临安人的婚礼可谓传统中国婚礼的典范。很多习俗一直流传到后世，一些婚俗甚至保留到了当代，直至今日还能在一些大城市里看到。

自宋以后直到明清时期，"六礼"的古制在各大城镇里一直得到很好的遵循。号称"首善之区"的北京自元建都以后，就一直吸纳南北汉人以及其他各族居民，市民成分多样，但婚礼却无不体现着"六礼"规范，成为传统婚礼的代表。以清代为例，康乾时期北京人的婚礼以"六礼"为基础，又融合了各地和各民族的风俗。青年男女婚嫁均以家族利益为前提，择偶和婚礼都要由当事人的父母或其他德高望重的长辈来主持。宗室贵族的婚姻，一般是由皇太后或皇帝指婚。民间婚姻就是"父母之命，媒妁之言"。

一般说来，男女结亲多是由男女两家的亲戚朋友推荐、介绍并帮忙提亲。也有的是男方父母相中了某家的闺女，委托亲戚、朋友或专职的媒人去提亲的。不论何种方式结亲，"门当户对"在择

---

① 南宋临安婚礼习俗参考自葛昕《从〈梦粱录〉看南宋临安市民阶层的都市生活》，华东师范大学，硕士学位论文，2013年5月，第31—34页。

偶时都起到了重要的作用。男女两家在经人介绍互相认识并有了好感后，就各自用红纸帖子写明祖宗三代名号、籍贯、官阶、所属旗份、年龄、简历等情况互相交换。再以串门、看戏、进香等形式，由两家家长相看未来的儿媳和姑爷。相中后便互换庚帖，把当事人的生辰八字告诉对方。得到对方庚帖后，两家人便各自向神、向佛和宗庙祠堂占卜合婚。确定五行不相克，属相不相妨，再找专职的星命专家合婚。只要确定不"相妨相克"，双方即可择月、择日、择时订婚。订婚有小定和大定。此时是放小定。北京城里满、汉民族的订婚礼物和礼仪大同小异。如果是满人，男家前往女家放定要在至亲当中选一位有丈夫有后代的女性充当"全福太太"，主持订婚仪式。而在定礼方面，满、汉的区别是满人使用如意和荷包，而汉人用簪环、戒指等饰物为订婚礼物。男家在放小定时，还要给女家送点心匣子、酒、茶等。放小定礼物的数量和质量，视男家经济状况而定。放小定后，男家开始制作家具、筹备婚娶，女家则购置嫁妆，筹备嫁衣。小定之后一年或几年男家觉得结婚条件已具备，要求迎娶，女家也愿意，便可择吉日放大定。放大定即过礼，一般是在迎娶前的两个月或一百天举行。放大定之前，男家要新娘衣服的尺寸和"小日子"，即经期。放大定时，男家即通知女家迎娶的吉期。放大定时的通书过礼仪式都在上午举行。过礼的数量根据男家的社会地位和经济状况而定。过礼礼品包括一对或一只活鹅，酒五至十斤不等，还有"鱼池"、衣料和四季衣服、首饰、合欢被的里、面和棉花以及猪、羊（或猪肘、羊）、干鲜果品等。汉人过礼则还用鸡蛋、鸭蛋、茶叶等。女家收聘礼后则放在院里让亲友四邻观看。女家要在迎娶的前一天，前往男家送陪嫁物品，男家派人在路口迎接。满人很重视嫁妆，其习俗是男方负责布置新房，而屋里陈设、家具和炕席等卧具均由女家陪送。汉人是男家置家具，女家置摆设物件。这之后就是迎娶仪式了。迎娶当日，男家要从至亲中选"全福人"做娶亲太太和送亲太太。男家的娶亲人员和娶亲大棚准备就绪后，便抬着花轿陪同新郎去迎娶新娘。花轿接着新娘回到男家喜棚下"过宝盆"。新郎要向宝轿帘处虚发三箭后，由"全福人"搀扶新娘下轿，新郎用箭挑开新娘的盖头，新婚夫妇同拜天地，行三叩双礼。然后进屋坐帐。黄昏时分，女家送来"子孙饺子"，男家准备长寿面，象征福寿双全，多子多孙。婚礼即告完毕。婚后四天或六天，新娘回娘家小住几天，即回婆家。①

　　在民国以前，这种传统的婚礼模式流行于中国的大江南北，虽然不同地区的婚礼也有地方性的特色，但纳采、问名、纳吉、纳征、请期、亲迎的程序并没有实质性的变化。就连南方的通商贸易港口城市广州，虽然远离中原的政治、文化中心，其结婚礼节一样的隆重繁缛。旧时广州婚礼，第一步依旧是"问名"。在讲究的富家大贾或书香门第"问名"的形式就是"行帖"。所行之婚帖从格式、称呼、内容到落款等，都有约定俗成的规矩。婚帖须以家长的名义发出，且要注明家长与结婚者的关系，男家的格式常常为"××率男××携孙××"，女家回帖也是如此。婚帖上所写的内容不管多少，一定要凑成双行，取好事成双之意。如服孝期遇到吉事，写帖时必须在称呼姓名上侧加写"从吉"二字，以避凶化吉。

　　交换婚帖婚事确定后，男家、女家便举行订婚仪式，这一步称为"过礼"，男家要给女家一定数量的钱，即"包心"或"文订"，此为"身价银"的一部分。"包心"钱一般不是整数，数字中必须有"九"或"八"，谐音为"久"或"发"，取感情天长地久、希望发财之意。而与"死"谐音的"肆"绝不能出现。过礼时，男方还要送给女方一件定情物。如手镯、戒指、耳环、红豆等。在番禺一带，订婚又叫"定柬"。"定柬"时，除宴请双方亲戚外，男家还要给女家送几百斤饼，俗称"担饼"，以供女家报喜时送人之用。订婚之后，两家人开始备嫁妆和整新房。洞房的家

---

① 富丽：《康乾时期北京人的社会生活》，北京出版社 2000 年版，第 116—119 页。

具，一般由男方准备，同时还要购置一床棉被，俗称"入窝被"。床上用品及日常生活用品则由女方负责，通常为枕头四个、棉被两床。潮汕籍的广州人，有的还要按原籍民间习俗，备办绣花鞋和肚兜给夫家的人，以表示潮汕姑娘善绣的"本相"，以及新娘与大家和睦相处、互助友爱的心愿。客家籍的广州人，女家还要准备一个母鸡、俗称"子婆鸡"或"带路鸡"。新娘出嫁那天，母亲用九尺或九寸长的红布条将鸡脚束好，随嫁妆一起送往新郎家。

到了迎亲之日，在新娘离家之前，男家要给女家送去一定数量的猪肉、鱼、鸡等，供女家置办酒席宴请女家亲戚，客家人称之为"轿下酒"。接新娘的花轿到达女家后，要将新娘的头发梳成凤髻，戴上凤冠，称为"安凤"。新娘离家前，要给父母敬茶，父母要给新娘一个"红包"，然后放鞭炮送女儿上轿。新娘上轿前，要由"大侃姐"扶着先拜别祖先，再对着大门拜天地，还要拜别父母兄弟姐妹和邻里。"大侃姐"是请来陪伴新娘出嫁的人，亦称"女傧相"。客家籍的广州人，在新娘起轿时，要由同族长辈（叔公头）拿起酒壶和茶壶，往轿顶上斟茶、酒，边斟边念叨："茶香酒香，积谷满包，子孙满堂，福禄双全"等吉利话。迎亲时，新郎和伴郎要接到新娘是很不容易的，"大侃姐"千方百计掩护新娘，不使其出闺房，以示众姐妹与新娘情深意厚，难舍难分。陪伴新郎的"男傧相"必须与"大侃姐"唇枪舌剑地激烈争夺。然后双方苦苦"争斗"一番之后，新郎、伴郎"求饶""认输"，才能"放出"新娘。接到新娘后，迎亲的花轿后面往往跟着的是一批送嫁妆的队伍，人数越多越好。新娘若为黄花闺女，送嫁妆的人群中必定抬有烧猪，以示区别。新郎把新娘接到男家后，便进行拜堂仪式。拜堂要拜天地，拜祖先的灵位，然后拜长辈和拜亲友等。在拜长辈和亲友之后，新郎新娘要向大家敬喜茶或喜酒，一般由两人同端一杯，俗称"四手茶"或"四手酒"。被敬者喝完茶或酒后，要给新人留下一个"红包"，红包通常只包少量的钱。所收"红包"用茶盘盛之，放在显眼处，以多为荣，越多越"利市"。广州的客家人，新娘在拜堂后入洞房前，还有"撒糖"的习俗，即把事先装在口袋里的糖果撒在地上，让围观的小孩去抢。广州的潮汕人，在新人入洞房之后，要一起食用汤丸或用桂圆肉煮的糖水，俗称"结房圆"。汤丸每碗盛四个，新郎新娘各吃两个后，互相换碗，再吃两个，类同喝"交杯酒"。伴娘在新人吃喝时，要念四句诗，俗称"做四句"。开始时，念"夫妻同饮福圆汤、同心同腹同肝肠。夫妻活到二百岁，双双偕老坐琴堂"；在换碗时，念"交杯换盏真团圆，夫唱妻和乐相伴，老君送来麒麟子，明年生得状元儿"。在这之后是婚宴和闹洞房。三日后，新娘在新郎陪同下，略备薄礼，回娘家拜见长辈。①

过去大城镇的结婚风俗实为"六礼"规范下民间的婚礼实践。以"六礼"为本的传统婚礼流传了数千年之久，一直到清末民初才发生了动摇。不过，传统婚礼仍旧发挥着影响力，就算在当今城市婚礼中传统规范依旧有迹可循。

二 西风东渐：民国时期传统婚礼向现代婚礼的过渡

到了清朝末期，"六礼"规制下的传统婚礼遇到了真正的挑战。辛亥革命之后，中国社会逐步开放，西方的资本主义经济模式以及科学与民主的文化思想日益广泛传播，对中国的政治、经济和社会结构都产生巨大冲击，看似牢不可破的传统婚礼模式也开始发生变化，呈现向现代过渡的趋势。各种明显受西方文化影

① 叶炳昌：《中国名城汉俗大观 广州篇》，中国友谊出版公司1993年版，第82页。

响的新式婚礼逐渐出现，并在大城市里流行起来。当然，传统婚礼并没有消亡，依旧在中国社会占据主导地位。城市婚礼出现新旧交融、中西杂糅的局面。

（一）从"父母包办"到"婚姻自主"

清末民初的时候，中国社会在政治、经济以及国民的价值观等方面都发生了前所未有的变化。外国资本主义的入侵和民族资本主义的发展，使得传统的小农经济受到极大影响，商品经济大行其道。建立在农业生产之上的以传统宗法制度为根本的社会结构受到冲击，牺牲个体婚姻从而维护家族利益的社会基础开始松动。与此相适应的是，传统的婚姻价值观受到挑战，始于西方的婚姻自由的思想蓬勃发展起来。中国各大城市由于地理区位和人口密度的原因，变化程度尤甚。

在城市里，资本主义经济的发展让未婚青年男女不再像农业社会那样生活在封闭的社区里。他们有机会到学校接受教育，有机会走出家门找一份工作，自己谋生。经济上的独立让他们不再那么依赖父母，对家族集团的依附性也在减弱。再加上社会新思潮的影响，青年人开始向往一种没有父母干预的爱情和婚姻。与此同时，新成立的民国政府也颁布法律，对传统的婚姻制度进行改良。政府大力推行一夫一妻制原则，主张婚姻当事人有结婚和离婚的自由，肯定男女在婚内的平等地位。政府的行为在政治上和法律上加速了传统婚姻制度的解体。

经济和政治的发展为新式婚姻的出现打下了基础，而城市精英对西方婚恋观的鼓吹加速了城市民众对新式婚姻的认识和接纳。近代以来的历次思潮变革中，儒家学说的统治地位屡屡遭到质疑，旧式的婚姻价值观念和道德观念都受到严厉批判。新文化运动时期，这种批判更是激烈。知识精英反对不以个体意志为主的传统婚姻制度，认为其泯灭个性、扼杀爱情。他们提出了更具西方文明色彩的恋爱自由、婚姻自主的主张，得到了受过新式教育的城市青年的热烈拥护。以婚姻自主为核心的新型婚姻观念在中国各大城市中传播开来，逐渐改变着民众尤其是青年男女对婚姻的认识。受到新的政治、经济、文化观念熏陶的城市青年开始在婚事上反抗父母的权威，并强烈要求破除旧式婚俗，实行更为民主和平等的婚姻制度。在这样的背景下，被视为中国人"礼仪之本"的婚礼，也无可避免地被更为西化的婚姻自主的新思潮、新风尚、新文化所改变。

（二）标榜文明的新式婚礼

1. "文明结婚"

民国时期，人们对于新式婚姻的追求最终导致了婚礼仪式的变革。这种变革最突出的是清末出现的"文明结婚"。

"文明结婚"是受西式婚礼影响的一种新式结婚仪式，最初在沿海大都市及通商口岸，如上海、广州、天津等地兴起，然后传播到内地的一些大城市。"文明结婚"在清末刚出现时，其基本礼仪也只是个雏形。由于当时社会上旧式的婚礼仍然风行，"文明结婚"从婚礼形式到婚礼内容都不免新旧参半，经常出现四人抬的花轿，加西乐队前导，或汽车前边是几个传统式的吹鼓手的情况。民国成立后，尤其是新文化运动后，这种新旧参半的结婚方式又被进一步改革，一些传统的内容被放弃，而西式婚礼的内容越来越多，逐渐形成了一套完整的仪式规范。

"文明结婚"大致包括订婚、通告和结婚几个部分。与传统的婚约缔结过程相比，"文明结婚"在婚约的订立上，均得到新郎新娘的同意。有些新人是经由自由恋爱而决定结成婚约的，他们结婚与否全凭自己做主，这一类结成婚约的方式可以称为"自由结婚"。有些新人是经过介绍人牵线搭桥，双方在倾慕和好感的基础上，由经父母同意而结成婚约的。也有的是由父母介绍，征得新人同意后，父母准许，再结成婚约的。这一类方式可以称为"自主结婚"。无论"自由结婚"还是"自主结婚"，新人作为婚姻当事人都有权利决定是否成婚。[①] 婚约结成简单，订婚仪式的过程同样就简单。一般而言，男女双方订立婚约时只是交换婚帖即可。婚帖上写明男女当事人姓名、年龄、籍贯，愿与某人订婚，并署上日期，由当事人及证婚人签字盖章。这与过去由父兄出具婚帖的方式有很大不同。这样的婚帖，又被称为"订婚证书"，日后双方若想解除婚约，只要相互交回即可。而若遇婚约纠纷，婚帖亦可以作为婚约的证据。传统婚礼中由男方送给女方的名目繁多的聘礼，在文明结婚中也一概免去。待订婚完成后，男女双方选定结婚日期，并通知亲戚、族人和朋友，邀请证婚人、介绍人、司仪、傧相等人，请帖由双方主婚人出具姓名。有的新郎、新娘也会自己出面邀请朋友，这在传统婚礼中是不可能的。有的城市里，男女双方还会一同登报发布结婚启事。

结婚当日的典礼同样不再因袭过去烦琐的程序。典礼的参加者除新郎、新娘以及双方父母外，还有司仪、介绍人、主婚人、证婚人以及作为来宾的亲朋好友。证婚人一般由具有一定社会地位和社会威望的长者担任，并且是男、女双方共同邀请的。主婚人则是新郎、新娘的家长。结婚典礼可以在家里举行，也可以在旅馆、饭店、礼堂里举行。典礼当日，新郎或长衫马褂，或西装革履，新娘则头戴白纱，身着旗袍或褂裙等中式礼服。西式婚纱流行后，新娘也改为穿着婚纱礼服。迎娶时，放鞭炮、敲锣鼓为乐队演奏所取代，喜轿仪仗也改为马车或轿车结彩。新郎到达女家后，新娘由伴娘搀扶着，手捧鲜花束，由两个小孩拉着头纱，在乐队伴奏下踏过红毡子上车。到典礼举行地后，新郎向新娘三鞠躬。新娘下车后，来宾们即撒彩色纸屑或纸片，以示祝福和庆贺。整个典礼的大致流程为：乐队奏乐；来宾入席；主婚人、介绍人、证婚人入席；新郎新娘入席；介绍人报告经过情况；证婚人宣读结婚证书；新郎新娘相对而立，行鞠躬礼，交换信物（戒指），新郎新

---

① 王歌雅：《中国婚姻伦理嬗变研究》，黑龙江大学，博士学位论文，2006 年 6 月，第 231 页。

娘、介绍人、主婚人、证婚人在证书上盖章；证婚人致训词；来宾致辞；主婚人答谢词；新郎新娘向证婚人、介绍人、来宾等鞠躬致谢；拜见亲族，对尊长行鞠躬礼；礼成，新郎新娘、证婚人、介绍人、主婚人及来宾依次退场。① 整个结婚典礼既没有旧式传统婚礼的繁文缛节，又不铺张浪费，讲究的是简洁而不失庄重。

由于这种新式的结婚方式与中国传统婚礼相冲突，经常遭遇旧派人物的攻击和社会各界的怀疑和抵制，最初仅在知识分子和留学生中流行，后来也为一些富裕的市民所接受。民国成立以后，城市精英对传统婚姻礼俗的变革越发迫切，"文明结婚"在沿海大中城市更加流行起来。在知识精英的宣扬下，人们婚姻自主的意识逐渐增强，婚姻自由观念不断得到强化，文明结婚地域范围和流行圈子不断扩大，不仅沿海的大中城市中越来越多的人们采用文明结婚，而且内地一些中等城市和县城也出现了文明结婚的事情。

上海可谓是"文明结婚"的发祥地。根据上海名士王韬日记的记载，早在1859年1月，他就参加了其好友黄春甫的婚礼，亲眼目睹了中国人结婚采用西式婚礼的场景："前日为春甫婚期。行夷礼。至虹口裨治文室，往观其合卺。裨妇女鼓琴讴歌，抑扬有节。小异亦在。其法：牧师衣冠北向立，其前设一几，几上署婚书、条约；新郎新妇南向立，牧师将条约所载一一举向，傧相为之代答，然后望空而拜。继乃夫妇交拜。礼成即退，殊为简略。"② 新郎黄春甫，是当时上海著名华人西医，他与新娘都是信奉基督教的中国青年教徒。

"文明结婚"兴起后，越来越多的上海人都开始采用新式婚礼。1905年8月17日上海的《时报》报道了上海一对青年人举行的新式婚礼。"秀水张君鞠存、王女士忍之，于十一日三时假爱文牛路沈宅举行结婚礼。先由女士某某唱祝歌，此由介绍人褚君幼觉报告结婚之缘由，此由主婚人陶君哲存宣读证书。两新人及介

---

① 蔡利民：《掀起你的红盖头：中国婚礼》，上海文艺出版社2001年版，第73页。

② 方行、汤志钧整理：《王韬日记》，中华书局1987年版，第111页。

绍人、主婚人签名毕。主婚人为两新人换一饰品，两新人相向两
揖，复同谢介绍、主婚人，叩谒男女家尊长，男女又各同致贺。末
由马相伯先生及穆君纾斋、沈君步洲演说，两新人各致答词。礼
毕，拍掌如雷动。两新人同车出，男女客亦即赴一品香宴饮，尽欢
而散。张君仍入复旦肄业，王女士亦即拟入务本研究学术。"①

一个月以后，也就是 1905 年 9 月 1 日，刘驹贤、吴权在上海
味莼园举行婚礼。由著名的文明书局创办人廉泉主持，婚姻介绍
人为上海和无锡的实业界大亨周舜卿、薛南溟。婚礼举行当日，
他们在《时报》上刊登了《文明结婚礼式单》，这份礼式单内容包
括婚礼的进行过程、结婚人的情况、婚礼的时间地点，以及结婚
证书的格式与内容，从中可以看到上海人当时"文明结婚"的
概况：

文明结婚礼式单

盐山刘千里茂才，为现任长沙府仲鲁大守之公子，博学多
闻，于泰东西文字所得尤深。现将随侍留学欧美，先期过沪，
与桐城吴小馥女士结婚。女士为桐城吴馥苏先生之女、金匮廉
惠清部郎之内侄女。此次举行婚礼，由部郎夫妇主持一切，参
用东西各国文明规则，择吉于光绪三十一年八月初三日上午十
一点钟，假张氏味莼园安峄第成礼，请张叙和观察为主婚人，
周舜卿观察、薛南溟为介绍人。兹将是日所行礼式酌定如下：

第一节行结婚礼。

第二节行见家族礼。

第三节行受贺礼。

行 结 婚 礼

新郎由证婚男客伴送，新娘由诸女客伴送，届时至礼堂，
北面立定，主婚者西南面立，展读证书，新郎、新娘对换一饰

---

① 周武、吴桂龙：《上海通史》（第五卷·晚清社会），上海人民出版社 1999 年版，
第 531—532 页。

品（如戒指、时针之类），即对立行鞠躬礼，主婚人读颂词，新郎、新娘谢主婚人，次谢介绍人，均鞠躬退。此时宾客均拍手欢呼。

行见家族礼（略）

行受贺礼（略）

结 婚 证 书

结婚男子刘驹贤，字千里，年十九岁，直隶省天津府盐山县人。

结婚女子吴权，字小馥，年十八岁，安徽省安庆府桐城县人。

因周舜卿、薛南溟君之绍介，遵守文明公例，两愿结婚，订为夫妇。谨择于光绪三十一年八月初三日在上海味莼园安皖第公请张权和主持，行结婚礼，永谐和好，合立证书。

光绪三十一年八月初三

结婚男子　刘驹贤

结婚女子　吴　权

绍介人　　周舜卿

　　　　　薛南溟

主婚人　　张书和

主婚人颂词（略）

男客颂词（略）

女客颂词（略）

新人答词（略）①

这种新式婚礼不仅在沿海大城市里流行，而且其影响也波及到边远地区的一些小城镇。同样是沿海的山东省，很多县城都出现了"文明结婚"。《民国续修广饶县志》就记载了当地的"文明结

---

① 周武、吴桂龙：《上海通史》（第五卷·晚清社会），上海人民出版社 1999 年版，第 532—534 页。

婚"仪式，其特点是用新式婚束，不迎亲，结婚设礼堂。整个仪式过程包括：一、司仪人入席。二、奏乐。三、男女主婚人入席，向外立。四、介绍人入席，对面立。五、男女宾入席，相向立。六、奏乐。七、新妇舆临门，傧相引新妇登堂。八、新郎登堂，内向并立。九、主婚人率新郎新妇祀祖上香，晋爵供馔，三鞠躬。十、祀毕焚燎，外向三鞠躬。十一、奏乐。十二、新郎新妇相向立，行结婚礼，三鞠躬。十三、介绍人读证书。十四、新郎用印。十五、新妇用印。十六、介绍人用印。十七、介绍人为新郎新妇交换饰物。十八、奏乐。十九、行见家族礼。二十、男女主婚人及尊长外向立，新郎新妇内向三鞠躬（或分二次）。二十一、平辈右向立，新郎新妇右向立，二鞠躬。二十二、小辈内向立，新郎新妇外向立，一鞠躬。二十三、介绍人向主婚人致贺，二鞠躬。二十四、男宾向主婚人致贺，二鞠躬。二十五、女宾向主婚人致贺，二鞠躬。二十六、男女主婚人率新郎新妇向介绍人致谢，二鞠躬。二十七、男女主婚人率新郎新妇向男宾致谢，二鞠躬。二十八、男女主婚人率新郎新妇向女宾致谢，二鞠躬。二十九、男女主婚人退。三十、介绍人退。三十一、男宾退。该县志甚至还提供了一个结婚礼堂图：①

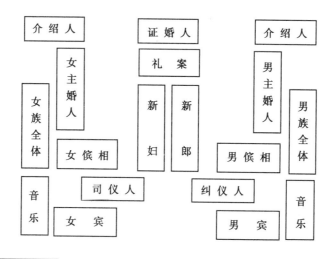

---

① 丁世良、赵放：《中国地方志民俗资料汇编·华东卷》，书目文献出版社1995年版，第191页。

在东北，据《奉天通志》记载，新式的文明结婚从晚清便开始出现，到民国时期更为流行。"有清光、宣之季，以迄民国，欧风东渐，新礼制迄未颁定，于是搢绅之族损益繁缛，酌剂中西仪节，谓之'文明结婚'。两家婚约既成，先以指环及饰物为聘。婚期多在上午。男女两家家长为'主婚人'，并合亲族戚友萃于一堂，延年高望重者一人，曰'证婚人'，通两姓之好者二人，曰'介绍人'，即媒妁也。届行礼时，先由证婚人宣读婚书（书以彩笺印成，填注男女姓名、籍贯、年庚并主婚、证婚、介绍诸人及结婚年、月、日、地址），自主婚、证婚、介绍诸人及新夫妇俱钤章讫，新夫妇交换指环，后相向行三鞠躬礼；依次向证婚人、介绍人、主婚人行礼毕，由证婚人、主婚人各致训辞，来宾致祝词，主人致谢辞。礼成摄影，新夫妇偕归男家。此近时婚礼，通都大邑，无论汉、满、蒙族绅宦之家，大率通行，惟民间则尚多沿旧制。"①在河南信阳，"入民国，男女自由结婚。新郎新妇同御车马，周历通衢。拣一公共地址饰作礼堂，植国旗，集齐主婚二人、证婚二人、介绍二人及来宾行礼，新郎新妇相向鞠躬，向主婚、证婚、介绍人三鞠躬，向来宾等均一鞠躬，分别致演说词、贺词，礼毕宴客。谓之文明结婚。其余旧仪，一概免除。"②即便十分边远的四川省，文明结婚也都在很多地方流行。在武阳镇，"民国初年以后，提倡新式婚礼，称'文明结婚'。婚礼由男女双方合办。行结婚仪式时，新郎穿西服，新娘身穿旗袍，披白纱，双方胸前佩戴红花，行鞠躬礼，邀请地方知名人士作证婚人，双方家长为主婚人，媒人称介绍人。举行仪式中，亲友来宾要致祝词，由证婚人发结

① 丁世良、赵放：《中国地方志民俗资料汇编·东北卷》，书目文献出版社 1989 年版，第 9 页。

② 丁世良、赵放：《中国地方志民俗资料汇编·中南卷》，书目文献出版社 1991 年版，第 227 页。

婚书。礼毕设宴招待宾客。"① 广西柳州地区的武宣县的文明结婚十分有特点："服色：新郎新娘均着现定礼服。迎亲：花轿一乘。彩幻一对或迎亲旗两面（灯旗），上写'某姓某堂亲迎'等字。新郎新娘各带绣花一朵，或彩球一个于左襟。由介绍人导新郎至新妇家行奠雁礼。新郎向女宅祖堂行三鞠躬礼，向岳（丈、母）行三鞠躬礼。礼堂前交叉国旗。"②

不可否认，即便"文明结婚"在20世纪50年代以前已经波及全国各地的大中城市，甚至是边远乡村，但并未真正占绝对的主导地位，旧式婚礼仍旧是大多数中国人的选择。大城市尚且做不到以"文明结婚"为主，小城镇中的文明结婚就更少了。前述四川的武阳镇，"文明结婚当时仅机关公务人员及教育界人士举行，人数极少，一般人仍沿袭旧式婚礼。"③ 而位于西南边陲的云南省，文明结婚"亦仅限于省城，若在外县，不特人不肯用，亦且无人识之为何种礼节也"④。

从文献的记载不难看出，新式的"文明结婚"一方面受西洋文化的影响，仪式过程有模仿西式婚礼的环节，如宣读婚约，交换戒指，行鞠躬礼，主婚人、证婚人致辞，唱结婚歌曲等，婚礼突出婚礼的简便和欢快的特点。另一方面，这种结婚方式也保留了中国传统婚礼的某些内容，如客人退后，新人要谒见双方的主婚人及全体亲属，要办婚宴等。不过，与传统婚礼相比，"文明结婚"还是突出了"婚姻自主"的性质。在订婚阶段，"文明结婚"的形式让父母不再能够单独决定子女的婚姻。虽然有些婚姻需要征得父母的同意，但如果儿女不愿意父母也不能强迫。"文明结

---

① 丁世良、赵放：《中国方志民俗资料汇编·西南卷·上卷》，书目文献出版社1991年版，第77页。

② 丁世良、赵放：《中国地方志民俗资料汇编·中南卷》，书目文献出版社1991年版，第969页。

③ 丁世良、赵放：《中国华地方志民俗资料汇编·西南卷·上卷》，书目文献出版社1991年版，第77页。

④ 胡朴安：《中华全国风俗志下册》，河北人民出版社1986年版，第419页。

婚"在一定程度上打破了"父母之命"旧俗。同理，"媒妁之言"在"文明结婚"中也不再重要。媒人是传统婚礼的关键角色，传递信息、交换物品都要通过媒人来进行，而"文明结婚"的介绍人只是男女双方订立婚约时邀请的见证人。传统婚礼中的结婚仪式非常繁复，财力、物力和人力的花费十分巨大。整个婚礼的筹办要由男方的家庭甚至是家族来负责，女方为被动接受。仪式举行的地点就在男女方家中，参加的人员也多是男女方的亲戚、好友和邻里。这样的婚礼仪式处处体现的是家族集团的利益和安排。而"文明结婚"中的结婚典礼，手续大大简化，花费也大大减少。在筹办过程中，男女双方可以协商，新人也积极参与。仪式地点多在公共场所，参与人员也由亲友扩大到同学、同事、朋友等。这样的婚礼，凸显的是新人对自己的爱情和幸福的追求。

2. 集团结婚

"文明结婚"的确是西方文化影响的产物，但其结婚仪式仍然复杂。一些富裕人家打着"文明结婚"的旗号，却照旧摆阔气讲排场，聘礼照送，嫁妆照给，婚宴照旧大操大办。而且，由于传统习俗的强大，烦琐冗长、铺张浪费的旧式婚礼在全国各地仍旧大行其道。到了20世纪30年代，很多民众开始反对婚礼的奢靡之风，呼吁节俭办婚事。在这样的背景下，"集团结婚"出现了。

1934年以蒋介石为首的国民政府发起了新生活运动，其中一个重要内容就是社会风俗的改良。对于婚礼，新生活运动提倡节俭结婚，主张无须铺张浪费，只需告知亲族知交和公布社会承认即可。同年年底，上海市社会局在考察了各国婚礼之后，决定仿效意大利结婚办法，发起新生活集团结婚典礼。次年2月，上海市社会局公布了以简单、经济、庄严为宗旨的《上海市新生活集团结婚办法》。办法规定：凡上海市民举行婚礼者，均可申请参加集团结婚，每月第一个星期三为集团结婚日，在市政府大礼堂举行，市长与社会局长为证婚人；经社会局审核批准参加集团结婚者，需缴费 20 元，由市政府印发结婚证书。① 1935 年 4 月 3 日下午 3 时，全国首届集团结婚典礼在上海市政府大礼堂举行。参加结婚的有 57 对新人。婚礼的大致过程为：证婚人首先登台，接着主婚人、介绍人入位，然后新人在军乐进行曲中手挽手步入礼堂，并立于规定位置。全体就位后，集体唱党歌。之后，司仪宣读新人名单，新人按照名单顺序依次登台行礼，先向孙中山像三鞠躬，再双方相互鞠躬。行礼完毕，证婚人给新人颁发结婚证书和赠纪念品，并致证婚词，新人向证婚人致谢。证婚人致辞完毕，由市长和局长分别训词。礼毕，奏乐，新郎新娘摄影留念。整个过程约两小时，既简单朴素，又不失隆重热烈。②

上海的"集团结婚"举行后，经新闻媒体推介，影响日广。许多大城市如北平、天津、南京、杭州、芜湖、广州、洛阳、宁波等纷纷效仿。例如天津共举办两次"集团结婚"，时间分别为 1935 年 6 月 15 日和 10 月 12 日，都是由青年会主办的，第一次有十对夫妇参加，第二次有六对夫妇参加。凡天津市二十岁以上的持有订婚证书的未婚公民者，只需缴纳十元（青年会会员五元，第二届集团结婚费用为十五元，会员为十元）杂费就可以参加集团结婚。婚礼仪式简单，由省市名人证婚，发给结婚证书，除缴纳杂费外无其他费用。③ 而北平的首届集团婚礼是于 1937 年 6 月 20 日在怀仁堂举行的。当时聘请了李长洲、齐树芸、李英瑜、李昆源、张维勇、郁士元 6 位校长为知宾，专事接待宾客人，并请来了穿着红色古装的育才中学乐队。每对新人均在申请时获准领到了 20 张观礼券，以代替请帖来邀请自己的亲友前来观礼。婚礼进行的时候，

---

① 谷秀青：《集团结婚与国家在场——以民国时期上海的"集团结婚"为中心》，载《江苏社会科学》2007 年第 2 期。

② 经莉莉：《民国集团结婚探微》，安徽师范大学，硕士学位论文 2006 年 5 月，第 14 页。

③ 薛凤：《新生活运动及其对国民生活的改造——以 1934—1935 年的天津市为考察对象》，天津师范大学，硕士学位论文 2014 年 5 月，第 58 页。

铜管乐队演奏着结婚进行曲。新娘手持花束，穿着浅色的服装，戴着浅红网状的面纱，新郎们则穿着蓝色的长袍、黑色的马褂，每人都戴着一个鲜红的徽标。新娘从西侧、新郎从东侧拾级而上，随后两人一起走进圆形的前厅；沿着白色的大理石台阶进入大会议厅。会议厅的舞台被装饰成红色和金色，上方挂着一横幅，写着"百年之喜"。证婚人等在那里。每次每两对新婚夫妇同时从左边和右边分别上台，站在后面交叉挂着中华民国国旗和国民党党旗的孙中山博士的浮雕前。随后司仪宣布鞠躬，新郎、新娘先面向孙中山的肖像和党旗、国旗鞠躬两次，再相互鞠躬两次，最后向证婚人鞠躬一次。随后每对伴侣会领到结婚证书和一只由市长送的镌刻着李树花纹的银盾后离开舞台。这种仪式重复进行多次，直至全部完成后，新娘和新郎成双成对地列队由手执灯笼的仪仗队引导一齐走出大厅。北平的集团婚礼因为事前规定凡参加者不得再行铺张及分发普通喜帖，否则拒绝其参加，所以礼成后并无宴会。[①]"集团结婚"的影响也波及到一些边远省区，如广西、云南、贵州、四川、甘肃等地的城市都出现了集团婚礼。

　　与传统婚礼甚至是"文明结婚"相比，"集团结婚"的最大特点就是手续简便，过程简单。"集团结婚"革除了旧式婚礼一切不必要的礼节和陋习。新人只需先到社会局之类的婚礼举办单位登记，并缴纳一定费用。婚礼举行时，新人和其他众多新人齐聚一堂，军乐队演奏进行曲，向孙中山像鞠躬，主办单位出面证婚，并发给结婚证书和纪念品，然后拍集团结婚照留念，由主办方欢宴新人。整个过程简朴庄重，又富有纪念意义。相较于传统婚礼和"文明结婚"，"集团结婚"也更加节省花费。"集团结婚"得以出现的一个重要原因就在于旧式婚礼攀比之风盛行，奢侈铺张，花费巨大，往往婚礼举行后家庭也负债累累。而参加"集团结婚"，花费非常少，只需10—20元不等，不仅个人在经济上无压力，对

---

① 绍崇先：《近代中国的新式婚丧》，人民文学出版社2006年版，第79—80页。

整个社会而言也是一种节约。"集团结婚"虽然十分省俭，但同其他婚礼形式一样给人以庄严感。"集团结婚"受到政府的高度重视，由政府统一组织，还有专门的管理。婚礼多在市政府大礼堂举行，整个礼堂的布置和装饰也显示出官办婚礼的味道，且政府要人也会作为证婚人出席婚礼，既严肃又不失体面。新人的婚礼着装必须统一，在婚礼过程中使用国民党党旗、党徽，唱党歌，并向孙中山像鞠躬，可见其庄严性。当然，"集团结婚"与过往所有婚礼形式最大的不同就是其官方主导性。以往的婚礼，一般都被视为新人家庭或家族的私事，多由家庭或新人来筹办，参与者是新人家庭的亲戚和朋友。"集团结婚"从一开始就由政府主导。政府最先提出"集团结婚"，并设计"集团结婚"的仪式程序，整个"集团结婚"组织和筹办由政府负责，甚至婚礼服、证书、纪念品、婚礼摄影等都由政府统一包办。参加婚礼的人员不仅有新人的少量亲友，还有政府要人和社会名流，甚至广播电台、电影公司都派人来观礼。[①] 整个结婚典礼不再是私人领域的家庭庆典，而成为一种公共领域的集体仪式，甚至是一种政治仪式。[②]

从传统婚礼到"文明结婚"，婚礼仪式大大简化，而"集团结婚"进一步顺应了这一趋势，让婚礼仪式更加简单。当然，这两种新式的结婚形式未能完全改变中国传统的婚礼模式，有很多地区尤其是在农村，旧式婚礼仍旧占据着统治地位。但是，城市居民经过"文明结婚"和"集团结婚"的洗礼，其婚姻观被重新塑造。自主结婚、男女平等、一夫一妻、简化婚礼等新型婚姻观已经开始深入人心。总体而言，在民国时期，中国城市婚礼在西方文化的冲击下正缓慢地从传统向现代过渡。

---

① 谷秀青：《集团结婚与国家在场——以民国时期上海的"集团结婚"为中心》，载《江苏社会科学》2007 年第 2 期。

② 参看经莉莉《民国集团结婚探微》，安徽师范大学，硕士学位论文 2006 年 5 月，第 20—26 页。

三 新中国时期婚礼的变革

1949年中华人民共和国成立后，中国从政治环境、经济制度、社会生活到人们的观念都发生了翻天覆地的变化。传统的婚礼无论是形式还是内容都被改革了，而政府在其中起到前所未有的推动作用。城市婚礼受到的影响更为深刻，既与传统全然割裂，也完全摒弃了西方文化元素。虽然国家法律并没有对婚礼进行规定，但城市婚礼的总体趋势是简洁化和朴素化。这在中国的婚俗史上十分独特。

（一）《婚姻法》

新中国成立后，对于传统婚俗文化冲击最大的无疑是《中华人民共和国婚姻法》的颁布和实施。新中国成立之初，中国虽然在政治上进入了一个全新的时期，但在社会生活领域传统文化的影响依旧巨大。就婚嫁习俗而言，各种传统规范仍旧束缚着大众，青年人结婚离婚依然不自由，包办婚姻和彩礼盛行，婚内妇女遭受虐待的情况严重，婚事的大操大办也比比皆是。在这样的背景下，《婚姻法》应运而生。《婚姻法》确立中国新的婚姻制度的基本原则："废除包办强迫、男尊女卑、漠视子女利益的封建婚姻制度，实行男女婚姻自由、一夫一妻制、男女权利平等、保护妇女和子女合法利益的新民主主义婚姻制度。"《婚姻法》以法律的形式明确了婚姻自由和男女平等的权利，从而从根本上终结了以家族利益为核心的婚姻制度。《婚姻法》颁布后，为了彻底根除旧习俗，中央政府在全国范围开展了一场轰轰烈烈的贯彻和普及婚姻法的活动。在活动的影响下，婚姻自由的观念逐渐为人们所接受，包办婚、买卖婚、早婚、重婚纳妾、童养媳等封建陋俗慢慢破除，人们开始按照自己意愿择偶，并从不幸福的婚姻中解脱出来。而在婚内妇女的地位也一再提高。为确保青年男女的结合符合当前婚姻制度的原则，《婚姻法》还制定了婚姻登记制度，要求结婚和离婚除了必须符合《婚姻法》规定的条件外，还必须由男女双方亲自到婚姻登记机关进行登记。这一制度的最初目的是为了政府能够查明结婚双方是否出于自愿、是否达到婚龄、是否重婚等情况。如果经查明符合《婚姻法》的，便准予登记，并发给结婚证。婚姻登记制度意味着中国人的婚姻不仅需要获得民意的认可，还必须获得法律的认可才是真正合法的，才能受到《婚姻法》保护。自此，婚姻登记成为了中国人婚礼的一个重要部分。新中国的第一部《婚姻法》是中国婚姻史的一座里程碑，它结束了在中国延续上千年的婚姻制度，并开始中国婚姻法制化的进程。到1980年，经过修改和补充的《中华人民共和国婚姻法》颁布时，人们已经习惯了结婚时申请婚姻登记和离婚时按法律规定解除婚姻关系。至此，中国的婚嫁程序已经完全纳入了法制化的轨道。

（二）新中国成立 17 年间的婚礼

新中国的第一部《婚姻法》贯彻实施，改变了人们的婚姻观，同时也改变了人们的婚嫁行为。从 20 世纪 50 年代至 70 年代末，节俭办婚事成了中国人婚礼的主题。

20 世纪 50 年代到"文革"之前是新中国刚成立的 17 年。这一时期全国沉浸在共和国的革命大潮之中，举国上下一片新面貌。随着《婚姻法》的广泛宣传、贯彻和执行，婚姻自由的观念深入人心。旧式婚礼作为封建迷信的或资本主义的旧观念、旧风俗受到媒体舆论的严厉批判，以"六礼"为本的婚礼仪式被彻底改革。城市里，由于自由恋爱、自主结婚的人越来越多，议婚、订婚的程序基本被革除。男女如果只是确立恋爱关系，无须仪式，也不需要证人。由于《婚姻法》禁止买卖婚姻，禁止任何人借婚姻关系索取财物，所以有卖女儿之嫌的聘礼也越来越被弱化。城市居民在婚事上不再计较财物的多寡，极尽简朴之能事，只要有睡觉的房间，有一些家具和生活用品就行了。有的人家老少三代一间房，新人就在房间里加张床。有的新人甚至借个旅馆房间就结婚了。当时的结婚用品基本上就是一张双人床，一张桌子，一个柜子，几把椅子，新铺盖，再就是一些锅碗瓢盆、热水壶、洗脸盆、痰盂等生活必需品。新郎新娘到时再扯上几尺布，缝制一身新衣，就可以做婚礼服了。新娘的衣服多是双排扣的列宁装和裙子，新郎则多是中山装，工人师傅则是劳动布制服。有的城市居民把这样的结婚方式戏称为"四个一工程"（指一张床、一只脸盆、一个热水瓶、一只痰盂缸）[1]，有的城市则称为"盆子镜子木柜子，鞋袜配成对对子"[2]，这些都说明了当时结婚对物质要求的极其简单。1959 年到 1961 年，新中国遭遇三年困难时期，这些简单的结婚用品甚至都买不到了。

虽然两个人到政府机关登记结婚并领了证书就算合法夫妻了，但人们觉得结婚还是要办一个仪式，让亲朋好友、单位的领导同事都能知道新人的婚事，可以向新人表示祝贺。而且结婚时的仪式也具有纪念意义。不过，这一时期人们以朴素为荣，结婚的仪式也不再讲排场、摆阔气，过程十分的简单。办仪式的日子不再是所谓"黄道吉日"，而改成了"五四""八一""十一"这样具有纪念意义的节日。婚期定好，新人会通知领导、亲戚、邻里、朋友和单位同事。一些城市常常会出现这样的景象：走在街上、厂区、宿舍、学校会看到墙上贴有一张红纸，上面写着"某某和某某同志定于某月某日结婚，欢迎光临某栋某单元某号宿舍庆贺"[3]。

---

① 刘新平：《百年时尚 婚姻中国》，中国工人出版社 2002 年版，第 136 页。

② 杨虎：《六十年巨变——结婚彩礼奏鸣曲》，载《传承》2009 年第 6 期。

③ 同上。

结婚仪式一般由男家主办，备有糖、果、烟、茶、花生、瓜子之类小零食招待客人。有的家庭也会在饭馆或家里摆几桌酒席，请客人来赴宴。如果男女双方的家长都不在城里，男女方所在的单位可以负责组织。结婚当日，单位里会议室的长桌拼成一只大台子，摆上一些喜烟、喜糖、水果和花生、瓜子，喜气洋洋、热热闹闹，看起来更像一个单位的联欢会。不论在哪里举行仪式，新人普遍都要请单位领导尤其是党支部书记当证婚人。在仪式上，新人要向毛主席像鞠躬，要右手握拳，举在肩上，当众背诵一段毛主席语录，然后向作为证婚人的领导鞠躬，如果有来宾要向来宾鞠躬，再互相鞠躬。当天晚上，一对新人将两床被子合到一张床上就算入洞房了。第二天早上，新郎新娘带点喜糖到单位分发给同事。这婚就算是结成了。① 这样的婚礼简简单单，却也不失喜庆和热闹。

　　著名京剧艺术家童祥苓记录下了他 1956 年在鞍山举行的婚礼，可以说是这一时期城市婚礼最生动的反映：

　　1956 年的"五四"青年节，是我和兰云的新婚之日。一大早我便和兰云一起去登记领结婚证。回到家里兰云便拿出剪刀让我帮她剪去辫子，我怎忍心剪去这么好的长辫，但这是北方的习俗，没法儿，好可惜啊。下午我和兰云到了剧场，双方父母、领导和剧团同志都坐在台下，赵团长一声有请新娘新郎，乐队就吹吹打打请我和兰云牵手上台，大家要我们讲恋爱经过，我们实在没什么可讲，我就顺口说是父母之命、领导赞同、手续齐备、合法婚姻，规规矩矩至今。兰云就更简单了，只说了一句话，感谢领导和大家参加婚礼。团里知道兰云非常老实害羞，一定要我们表示一下相亲相爱，兰云不肯，我跟她说大家都编好了这出戏，咱们不唱完也结束不了，我就亲吻了

---

① 刘新平：《百年时尚　婚姻中国》，中国工人出版社 2002 年版，第 136 页。

她一下（事后兰云怪我，我说这是不得已为之），最后我们向大家发了喜糖，简单的婚礼就结束了。

"仪式后，我们自己家里人在铁西尹家饭馆吃了顿饭。吃完饭后，我和兰云回到自己的新房。我们的新房只新添一张床和一个书桌、两个木箱，两把凳子是大家送的，此外还有一个原来的旧穿衣镜，我俩都不在意这些简陋的家居。累了一天了，我刚坐下，便被什么硌了一下，原来床上尽是核桃、花生、瓜子、红枣，我问兰云为什么放许多吃的？兰云告诉我是她母亲放的吉祥物，我问她表示什么，她不回答我，我说是早生贵子，娘是这样希望的，不知她有没有这个意思呢？灯光下她涨红了脸，她那少女的娇羞和纯真的爱表露无遗，我拉过她的手说，我俩是天命的缘分，让我们从今日起携手共同走向新的生活。"①

新中国刚成立的 17 年里，婚礼习俗的改革既是中央政府开展"移风易俗"运动的一个重要组成部分，也是当时社会物资匮乏的经济环境所决定的。所以婚礼文化的变迁与中国社会主义建设密切相关。当时全社会都在宣传勤俭持家、移风易俗、新事新办，支援中国社会主义建设。简单朴素的婚礼，是集中物资支援国家建设的一种方式，同时也是艰苦朴素、勤俭节约的社会主义价值观确立的过程。② 著名演员张良对于自己在北京结婚的记述也从一个侧面说明那个时代节俭办婚事的特色：

我们就定在 1961 年春节除夕举行婚礼，地点就在八一厂演员剧团。八一厂经济宿舍的一间平房就是我们的新房。

经济宿舍，顾名从义，就是住房条件比较简单。一排单人

① 童祥苓：《"杨子荣"与童祥苓》，中国文联出版社 2000 年版，第46—48页。
② 姚立迎：《新中国十七年婚姻文化嬗变研究（1949—1966）》，首都师范大学，硕士学位论文 2007 年12月，第15页。

平房，每间约二十平方米，简单到没有厨房，没有厕所，更没有洗澡房。洗澡全要到八一厂的集体澡堂购票洗澡，还不是每天可洗，每周六凭票洗一次。厕所是公厕，每三四排平房设一公厕（蹲厕）。厨房没有，如立灶则在门前放一蜂窝煤炉，用木板钉一个小雨篷遮雨，就在此露天烧饭、炒菜，其他的准备工作放在屋内。

……

婚礼就在除夕夜。

为我们主婚的是八一厂故事片室主任，大导演冯一夫和他的夫人——演员剧团协理员（支部书记）薛骏同志。

来参加婚礼的除剧团在家的演员（不少人在外地拍戏未归），还有故事片室的导、摄、美方面的同志，以及动画车间静珠的老同学、老同事。房间小，不可能全进屋坐，只能分期分批。进来的也无非是喝杯茶、抽支烟、吃块水果糖。

1961年正值三年自然灾害的困难时期，真是要嘛没嘛。凭结婚证才能买到二斤水果糖、一斤高级软糖，除此一概没有。这也好，一切从简，简到墙上只有一张大喜字，双人床上就两床新被。屋里的大床、桌椅全是向公家借的，我自己只有四个帆布箱和一个中衣柜，外加一个小书柜。我临时借了几条长板凳为方便人家坐坐，此外只能坐在床上。

婚礼的仪式也极简单，主婚人讲讲勉励的话，我俩就到处鞠躬，鞠完躬就敬烟。连茶也免了，因为没有那么多茶杯。最后就是敬糖，给每人手里塞一块糖。

婚礼上人来人往、闹闹哄哄，过了十二点才逐渐清静下来，直到过了午夜两点，我们才敢熄灯上床。熄了灯，就是说可以免了闹洞房，没人闹了我们才敢睡。

熄了灯，凭着窗外余光，我俩这才大眼瞪小眼，这才确认这次是真的结婚了。这才是苦尽甘来的真夫妻。①

（三）"文革"时期的婚礼

20 世纪 60 年代，当新中国结束三年困难时期，经济刚刚开始复苏时，1966 年又迎来了长达十年的"文化大革命"。在那个政治压倒一切的时期，城里人的婚礼不仅更加简单，还充满了当时特有的政治色彩。城市居民结婚开始讲究"血统论"，找对象要看对方政治出身和阶级成分，要查对方的社会关系和家族历史。政治上根红苗正的工人、革命干部、军人才是婚姻的最佳人选。连男女恋人交往都要有政治觉悟，甜言蜜语是不能说的，两个人在一起就应该探讨革命工作，交流革命思想。恋人去结婚登记时大多会碰到以下情境：先向毛主席像鞠躬，然后跟着办理手续的工作人员念上一段毛主席语录，然后由工作人员分别谈话，叮嘱新人要做一对革命夫妻，然后发给印有毛主席语录的结婚证书。"文革"时期再次出现了结婚照，不过仅仅是两个人的半身合影。结婚照上，男方一般头戴军帽，双方将红宝书放于胸前，以示将革命进行到底的决心。相片底部自然也少不了一些最高指示类的话语。新人的结婚装束十分简单，常见的是两人都是清一色的蓝色制服，时髦一点的就穿上绿色军装，正所谓"革命伉俪多奇志，不爱红装爱绿装"。② 至于结婚用品就更是少之又少，男女双方交换的定情信物多是毛主席语录和毛主席像章。新房里大多贴着毛主席像和红喜字。

城里人结婚大都是在晚上进行，白天都还要工作。一般新郎下班后，就找两、三个亲戚或朋友、同事去新娘家把媳妇儿接到自己家。两家离得近的就走着去，离得远的就骑自行车去。除了亲戚朋友外，新人单位的领导和同事也会来参加仪式。新郎、新娘

---

① 张良：《情爱不老》，花城出版社 2005 年版，第 152—154 页。

② 赵艳：《婚礼风云半世纪》，《走向世界》2006 年第 4 期。

就得准备几斤水果糖分发给大家。结婚仪式大多还是请单位领导主持，其基本程序是领导人宣布婚礼开始，祝贺新人喜结良缘，宣读一些革命誓言，教导新人。新人也要念上几句毛主席语录，有时还要共唱《东方红》或《大海航行靠舵手》。然后新人要向毛主席三鞠躬，向家长三鞠躬，然后互相三鞠躬，再向来宾鞠躬。婚宴基本是没有的，有条件的是在家里做几桌菜请亲戚吃一顿，有的干脆就是请帮忙的人吃碗面条。参加婚礼的客人也会带一些脸盆、暖瓶、毛巾和被面做贺礼。贺礼最多的还是最有那个时代特色的毛主席像章和石膏像。

"文革"时期的婚礼不仅极其简朴，还充满浓厚的政治味道。知名摄影家李振盛先生曾经记述过自己的结婚经历，从中不难看出当时政治对婚礼的影响：

在"红色风暴"席卷神州大地的年月里，那时正在大搞破"四旧"立"四新"，结婚没有挑选黄道吉日这一说，也不讲究必在中午之前完成典礼，通常都是选择在某个周六的晚上举办简朴的革命婚礼。我们供职的黑龙江日报编辑部几位热心的同事张罗我们的婚礼，那时我们的月工资是56元，摄影组同仁计算了一下，他们说买糖果、茶叶和香烟大概用不了一个月的工资，我把一个月的工资交给他们去采购婚礼用品。

1968年1月6日，星期六，天气晴朗，气温很低。这天上午，我们在报社开了一封结婚介绍信，到离报社不远的哈尔滨市道里人民公社田地分社办理结婚登记证书，从而完成了法律意义上合法婚姻程序。当天晚上，我们在报社编辑部二楼会议室举行一场典型的"文革"婚礼，会议室四面墙壁都是"红海洋"，那是用红白油漆涂写的"毛主席语录"。几张办公桌拼在一起，上面摆着几个脱了漆皮的暖水瓶和一些搪瓷水杯，暖水瓶里沏着茶水，用大茶盘盛着糖块和香烟放在桌上招待客人。参加婚礼的人都是编辑部及印刷厂的一些同事和朋友。

在"阶级斗争天天讲"的狂热岁月里，参加婚礼这类活动，多多少少还是有那么一点人间烟火的味道，前来参加婚礼的人们脸上都挂着平日难得一见的笑容。我们没有为结婚而买新衣，只是暂时脱掉了平日穿的类似黄军装的外套，那是当时的流行装。我在穿了多年的对襟棉袄外面加一件深灰色的中式对襟罩衫，祖莹侠在小棉袄外边穿一件绿底小白花的素罩衫。除了每人胸前佩戴的毛主席像章和总也不离手的《毛主席语录》是红色的以外，浑身上下没有一点喜庆的红色，胸前更没有大红花；婚礼现场除了墙上的《毛主席语录》是红色的，再没有任何彩带或彩纸了。

婚礼主持人由评论部资深编辑杨福栋担任，他说话声音洪亮，很有磁性，富有穿透力，他的幽默与才智更为这场婚礼平添了不少欢乐的气氛。当宣布婚礼开始时，他一声高喊："把走社会主义道路新郎、新娘带上来！"我们俩在同事的簇拥下走进会议室里，主持人首先带领群众挥动"红宝书"敬祝伟大领袖万寿无疆，大家一起高唱《大海航行靠舵手》和《东方红》，由一名到报社"支左"的大学生拉手风琴伴奏。接着宣读当天上午刚刚办好的结婚登记证书，随后是新人向毛主席像鞠躬，再向到场的群众鞠躬，最后是夫妻行对拜礼。

完成这一套基本程式之后，主持人拿上来一个扁扁的长方形"大礼包"，人们都好奇地猜想这又是什么新鲜玩意呢？他让我们撕开一层一层的报纸，最终看到是两块红纸黄字的牌子，分别写着"走社会主义道路新郎"和"走社会主义道路新娘"，人们一见这两个红牌子立即明白其用意了，大家兴奋起来，一个劲地起哄说"赶紧给他们挂到脖子上"，在一片哄笑声中不由分说地把牌子挂到我们胸前，让我们俩也忍俊不禁，有点哭笑不得。这个让人意想不到的"黑色幽默"，是在模仿"文革"岁月里挂大牌子批斗"走资本主义道路当权派"的情景，这也算是一个与时俱进的创意了。

接下来是我所在的摄影组同仁送上一件用报纸包着的礼品，非让我们当众拆开不可，结果那里面包的是他们"偷"了我的一面带支架的圆镜子，背面镶有我们俩在松花江边自拍的合影，把这面镜子拿到婚礼上也能逗得大家一乐，这个"小包袱"引起群众一片哄笑声，起到了活跃气氛的作用。

群众向我们赠送的最最珍贵的贺礼，是一本由近20人共同签名赠送的《毛主席是我们心中的红太阳》画册，这是当时作为"最高政治任务"精心印制的最精美的画册，由人民美术出版社出版，编辑者是"中国革命摄影学会"（注：现今中国摄影家协会的前身是中国摄影学会，"文革"中更名为中国革命摄影学会）其他具有政治色彩的礼品是各种不同版本的《毛主席语录》《毛泽东选集》《毛泽东诗词》等"红宝书"和毛主席"宝像"；还有我的老朋友、《大海航行靠舵手》曲作者王双印赠送的用彩色电影胶片编成框的一幅毛主席像，背面由他抄录的毛主席诗词《咏梅》。以上这些结婚礼品都被我完好保存40多年，其中的结婚证、红宝书等实物还自2003年起在我的环球影展中作为珍贵的"文革文物"锁在玻璃框中展出呢。

当时全社会以及各机关单位的住房条件十分困难，报社根本没有房子分给新结婚的青年职工，不少人都是婚后照旧住在单身宿舍里。婚礼结束后，几位老大姐送我们去入洞房，这个"洞房"是临时借用报社招待所一个房间，把两张单人床合在一起，四面的墙壁上也是写满了毛主席诗词的"红海洋"。那时没有法定的结婚假期，每天照常上班，各自在食堂里打饭吃，晚间回到这间简陋的新房里睡觉。我们在招待所里住了7天，然后又各自搬回男女单身宿舍去了……①

---

① 李振盛：《我的文革婚礼》，《法制博览》2011年第10期。

（四）20世纪70年代中后期的婚礼

"文革"后期，政治对婚姻的影响逐渐减弱。待到"文革"结束后，城里人的婚礼逐渐恢复往昔的气象。20世纪70年代后期，人们的生活渐渐变好，婚礼又开始热闹起来。最突出的是婚宴又出现了，普通人家中可以摆上几桌酒席，条件好一些的家庭可以到饭馆里办酒席了。有门路的家庭可以借到一辆卡车，接到新娘时让新娘坐在卡车的副驾驶位置，来宾们坐在卡车后面，一起去参加婚礼。客人们用红纸包上现金做贺礼，相当于现在红包。①

那个时代的婚礼和传统或现在的相比还是十分简朴，但由于生活水平渐渐提高，政治的影响力渐渐减弱，城市居民结婚开始流行置办"三转一响"，即自行车、缝纫机、手表，再加上录音机。有钱人家要是再带上"一咔嚓"，即照相机，那就更完美了。当然，"三转一响"并不是非有不可，不过如果结婚时能备齐了这些用品，婚礼可就体面阔气了。那时结婚仪式的程序也不复杂，主家邀请客人们来参加婚礼，大家吃吃酒席，闹闹洞房，就算是举行过仪式了。闹洞房也文明克制，主要内容无非是新娘给大家点烟、新人当众"啃苹果"之类的。

从20世纪70年代末起，中国开始大刀阔斧地进行改革开放，整个社会再次迎来巨变。随着经济的迅猛发展，人们的物质生活也越来越丰富，于是大家又开始重视婚礼，开始花费重金在婚事上。20世纪80年代以来，中国人的婚礼一部分继承了传统，又吸收外来元素，真正形成了中西合璧的富有现代气息的婚礼。

① 徐龙梅：《南京60年婚礼之变迁》，《江苏地方志》2009年第6期。

第二章
传统婚礼习俗的
现代演绎

进入 20 世纪 80 年代，中国社会再次出现巨变。对外开放以及政治经济领域的改革让城市和农村都进入了日新月异的高速发展阶段。与农村相比，城市居民的家庭收入更是大大增长。物质条件日益丰富，生活水平不断提高，国家和政府对人们婚恋生活的干涉日趋减少，这种大环境重新燃起了城市居民对婚礼这一人生大事的热情，繁复隆重的仪式再度走红大江南北。到了 20 世纪 90 年代，全球化的浪潮更进一步打破国与国之间的文化疆界。随着政治和贸易联系的加深，中国与西方的文化沟通和交流也得到加强。城市由于其区位优势，交通发达，资讯传播迅捷，文化交流条件非常便利，西方文化的影响越发突出。在这样的背景下，城市居民慢慢创造出一种融合了中、西方文化元素的新型婚礼模式。这种婚礼模式保留了传统婚礼中最具有仪式性质的内容，如迎亲、成亲、婚宴、闹洞房等，当然其过程和传统的"六礼"相比已经大大简化；同时，这种婚礼模式也把西方婚礼中的元素融入其中，并用本土观念重新加以诠释，如婚纱的运用、交换结婚戒指这一类仪式的出现、婚宴中西式菜品等。这样的婚礼展现出的是一种古今相容、中西合璧的特色。

一　婚礼服：城市婚礼中的红白变奏曲

婚礼是一个非常正式的仪式场合，参加婚礼的人着装都必须与之相配，作为婚礼主角的新郎新娘在服饰打扮上更是要与日常区别开来。所以，新人在结婚时必须穿着专门的礼服。不同国家、不同民族的婚礼服都有一个演变发展的过程，不过毋庸置疑的一点是，在这个演变过程中，婚礼服慢慢发展成为婚礼的一个重要象征符号，是婚礼必不可少的一部分。在当代中国城市，新人结婚当天既会穿着有西方文化特色的白色婚纱和西装礼服，也会穿着有传统中国味道的红色礼服。这种着装从一侧面反映了当代城市婚礼中西文化元素相融的状况。

（一）城市婚礼服的演变

婚礼服是指新郎新娘在婚礼上穿着的服装，包括服装和装饰品。说到婚礼服，中国人脑海中会浮现大红的凤冠霞帔。其实，中国传统婚礼服的颜色并非自古就为红色。据考证，婚礼服最早出现在周代，那时的颜色还以黑色为主。此后的秦汉时代也沿袭了周代深色婚礼服的习俗。魏晋时期出现了白色的婚礼服。到了隋唐时期，婚礼服开始把庄重神圣和热烈喜庆融合在一起，男服绯红，女服青绿，同时还出现了红色婚服。明代时新娘的礼服开始采用凤冠霞帔，颜色也开始以红色为主色调，新郎则可以穿九品官服。清代时，官服式婚礼服又发生了变化，融合了满服样式的特点。新娘的婚服沿用明代的凤冠霞帔样式，通常是红底绣花的袄裙或旗袍，外面罩诰命夫人专用的背心式霞帔，头上簪红花，拜堂时蒙盖头；新郎的婚服在清代早期还沿用明代制式，后逐渐改为更具满族服饰特点的长袍马褂，通常是青色长袍，外罩绀色（黑中透红）马褂，戴暖帽并插赤金色花饰（称金花），拜堂时身披红帛（称披红）。① 自此，凤冠霞帔和长袍马褂成为传统婚礼服的标志，而新娘礼服的红色也成为了传统中式婚礼的一个象征符号。清末民初，婚礼服再次发生变化，西式婚礼服开始正式走进中国老百姓的生活中。在新中国成立之前，大城市里都十分盛行西式婚礼服，而农村地区则以传统婚礼服为主。20 世纪 50 年代至70 年代，西式婚礼服和传统婚礼服都被更具时代特色的中山装、列宁装和军装所取代。直至 20 世纪 80 年代后，西式婚礼服又卷土重来。20 世纪 90 年代以来，城市居民结婚时穿着的服饰日益显现出中西方文化的特点。当代城市的婚礼庆典中新娘通常会选择二套或二套以上的服装，一般至少必备一套西式白色婚纱、一套中式红色晚礼服、另外再加一至三套时装或小礼服。一个婚礼有两种风格的服饰并存，② 中西融合的味道不言而喻。

（二）中式婚礼服的回归

　　20 世纪 80 年代以后，中国的城市里曾经一度出现西式婚礼服受热捧、传统中式婚礼服被冷落的情形。新娘结婚时如果能穿上一套被赋予浪漫和梦幻色彩的白色婚纱，不仅显得新颖、时尚，而且在亲友面前也特别有面子。随着时代的发展，西式婚礼服固然仍受城市人的青睐，中式婚礼服也同样在城市里回归。2001 年上海举办的APEC 峰会和 2008 年北京举办的奥运会复兴了传统中国服饰，中国风的婚礼服再次展现出其独特的魅力。如今中国城市女性在结婚时

---

① 吴丽华：《婚礼服的历史沿革与创新设计研究》，苏州大学，硕士学位论文 2008 年3 月，第 6 页。

② 韩纯宇：《明代至现代汉族婚礼服饰 600 年变迁》，北京服装学院，硕士学位论文2008 年 12 月，第 39 页。

至少都要准备两套礼服，一套是西式婚纱，一套是中式传统的婚礼服。西式婚纱通常在迎亲、迎宾和结婚仪式上穿着，而中式礼服则在新郎新娘给亲朋好友致谢敬酒以及闹洞房的时候出场。

1. 中式新娘婚礼服

当代城市婚礼上新娘最常穿着的中式婚礼服是褂裙和旗袍。褂裙，有时又被称为"裙褂"，是一种上衣下裳的礼服。所谓"褂"是指上半身的对襟衣，"裙"则指下半身长裙。褂裙作为传统嫁衣，最早是在清末民初开始盛行的。20 世纪 60—70 年代由于传统婚俗的改革，褂裙在中国大陆消失，不过港台和海外的华人还保留了结婚时新娘穿褂裙的习俗。20 世纪 80 年代，褂裙在大陆又悄然出现。2008 年中国举办奥运会，在民族风的带动下，褂裙因为极具中国传统特色成为新娘喜爱的中式婚礼服。当然，随着时尚的流行和人们对新颖款式的追逐，当代的褂裙也发生了变化。褂裙最早是黑褂红裙，黑褂上用银线刺绣，红裙上用金线刺绣，寓意着金银富贵。后来，褂裙逐渐改为红褂红裙，现在的褂裙在红色之外又出现了银色。传统的褂裙图案以花枝、双喜、鸳鸯为主，龙凤图案为帝王专属，民间不得使用。现在褂裙上的图案则以龙凤为主，取龙凤"呈祥"的寓意。除了龙凤外，其他图案如"福"字、"喜"字、荷花、荷叶、蝴蝶、鸳鸯、蝠鼠等也比较常见，代表了尊贵吉祥、百年好合等意义。有的褂裙在龙凤图案外再绣上五只可爱的小蝠，寓意"五福临门"。有的在襟前中央部分有两条彩带，彩带有百子千孙的意思，因此这些彩带又称为"子孙带"。传统褂裙在领的式样上是贴合颈部的中式小立领，现在的褂裙出现了新兴的小凤仙领。当然，褂裙的整体造型也发生了变化，由长袖直身演变为中袖修身，突出了女性的身体曲线，既古典又时尚，可谓是在传统的基础上迎合潮流。①

---

① 杨媛：《当代女性中式婚礼服的设计语言》，西南大学，硕士学位论文 2011 年 6 月，第 3 页；韩纯宇：《明代至现代汉族婚礼服饰 600 年变迁》，北京服装学院，硕士学位论文 2008 年 12 月，第 41—42 页。

旗袍可谓是当今最为世人所认可的中国服饰之代表。我们现在所说的旗袍指的是民国旗袍，大约形成于 20 世纪 20 年代。这种旗袍与清代及民国初年汉族女子所穿着的"上衣下裳"的二段式服装不一样，而与汉人传统的上下一体的袍子相比较，又增加了领子和开叉。旗袍可以说是对中华女子服饰的一个革新，在 20 世纪 20 年代到 40 年代之间曾经是中国都市妇女的主要服装。20 世纪 50 年代后，旗袍和褂裙一样，在中国大陆也一度被冷落。80 年代之后又逐渐复兴，并不断展现出迷人的魅力，甚至对世界时尚产生了影响。90 年代时旗袍开始在婚礼上流行开来，渐渐成为使用率相当高的新娘婚礼服。旗袍的传统特征主要是立领，盘扣，收省收腰，腿部两侧开叉，开叉处露腿，袖子可有可无，下摆可长可短，最长不遮盖脚面，最短在膝上。作为婚礼服的旗袍，颜色以红为主，绚丽醒目。面料则为织锦缎、素织锦、丝绒、天鹅绒等高档布料，图案是双鱼、富贵花、梅花等中国传统纹饰。当代的婚礼旗袍在款式上又做了很多创新。开襟的方式、立领的大小、形状、袖子的宽窄、长度、开叉的位置和高度以及下摆的式样都在随潮流不断地变化。而蕾丝、薄纱、镂空、绣花、流苏等时尚元素的加入，令旗袍变得更加的婀娜多姿，与发型、妆容、鞋子的整体和谐搭配，尽显新娘的含蓄优雅，增添浓郁的东方情调和热烈的欢庆气氛。

2. 中式新郎婚礼服

中式的新郎婚礼服以男士唐装为代表。唐装从广义上说是对中式服装的一个统称，褂裙和旗袍也属于唐装的范畴。现在城市里常见的男士唐装可以追溯到清代和民国时期的马褂。马褂是一种有袖的短上衣，因为其便于骑马而得名。清代帝后臣僚巡幸打猎时要穿着由行冠、行袍、行裳、行褂、行带等组成的行服。马褂便起源于行褂，后经发展成为老百姓日常穿着的便服，布料、颜色、缀饰也有了很大的差别。传统马褂最通行的穿着和搭配方式是罩于窄袖袍衫之外。① 在民国时期，黑马褂、蓝长袍曾经被政府升格为礼服，长袍马褂一度成为中国最大众化的男性服饰。而在清代和民国时期，青色长袍外罩绀色（黑中透红）马褂也是新郎的婚礼服。长袍马褂到20世纪40年代才逐渐减少。20世纪50年代到70年代，长袍马褂连同挂裙、旗袍这些传统中国服饰被彻底抛弃了。直到进入20世纪80年代后，马褂才又重新回到中国人的视野中。不过，现在的马褂与往日的不同，已经在服装设计上进行了诸多改良，又被重新命名，成为现在人们熟悉的"唐装"。

今天的男士唐装与传统的马褂相比已经有了很大变化，但仍旧保留了中国服饰的特点。唐装的衣领为立式造型，衣袖与上衣为统一整体，称为连袖，衣襟多为对襟也有斜襟，衣扣由纽结和纽袢两部分组成，衣扣通常用剪裁的边角料制作。传统的马褂一般比较宽大平直，浑然一体，并不突出人具体的形体。而现代流行的男士唐装，借鉴了西服的裁剪方法，更加贴合人体，既符合现代人的审美又显得庄重、大方。2001年亚太经济合作组织（APEC）第九次峰会在上海召开，大会组织者选择了精心缝制的唐装作为本次峰会的特色服装。当各国领导人和代表身着福寿图案的唐装惊艳亮相时，世人为之瞩目。峰会上的这套特制唐装分外套和衬衫两件。外衣为中式对襟，面料为团花织锦缎，有红、绿、蓝、咖啡、绛红、黑6种颜色，盘花纽古色古香，既有传统中国服饰的韵味，又加入了西方服饰的设计理念，可谓服饰上中西结合的典范。对传统服饰的再创造，使得现在的男士唐装更加简洁、时尚，可以里面衬衬衣，可以外面罩风衣，还可以搭配西装、皮鞋。现在的男士唐装也像过去的马褂一样，既是日常穿着，也可以作为礼仪服饰。2001年APEC峰会过后，"唐装"热的风潮迅速席卷大江南北。城市喜爱具有中国风格服饰的年轻人，在结婚时也常常把男士唐装作为新郎的婚礼服，可以搭配新娘的西式婚

---

① 李晓君：《马褂考》，《满族研究》2009年第2期。

纱和中式婚礼服。

除了男士唐装外，中山装也不时出现在城市居民的婚礼上。不同于传统风格浓郁的唐装，中山装有很多西方服饰的特点，可以说是中国现代服装的一个大品种。中山装的基本样式是直翻领，对襟，五粒扣，左右上下各有两个带盖和扣子的口袋。关于中山装的起源众说纷纭，但人们普遍认为其创制人是民国时期的革命家孙中山先生，中山装也因此而得名。据说孙中山认为西装式样繁复，穿着不便，而中国原来的服装长袍马褂又不能表现辛亥革命后中国人民奋发向上的时代精神，在实用性方面也有缺点，因而以西服、南洋华侨中流行的"企领文装"等服装为基础，结合中国传统的审美观念，并考虑到当时使用功能的具体要求，设计了适合中国男性穿着的新服装。这种新服装在企领上加一条反领，以代替西装衬衣的硬领，一件上衣便兼有西装上衣、衬衣和硬领的作用，可以省掉烦琐的领带。而上衣的四个带盖和扣子的明袋，可以放进笔、书本、笔记本等学习和工作的必需品。中山装创制出来后，经过民国政府的推动，迅速流传全国各地，成为中华民族的"国服"。

中山装既不是传统的唐装，也不是西装。它放弃了传统中国服饰的平面裁剪，运用了强调立体造型的"洋裁法"剪裁、制作，更合体也更简洁和便利。但是，中山装绝不是简单的对洋裁服装的照搬，而是根据使用目的与国情对西式服装的原型在结构与造型上加以取舍、进行发展变化，形成有别于西方服装的中式服装新风格。中山装一方面穿着简便，行动自如，保暖护身，适用性强，是非常理想的生活装；另一方面又做工精细考究，而且布料常选用质地厚实、平整挺括的纯毛华达呢、海军呢，所以同时也显得严肃庄重、沉稳大气的气质，非常适合在各种重要场合作为礼仪服装来穿着。中山装的颜色除常见的蓝色、灰色外，还有驼色、黑色、白色、灰绿色、米黄色等。民国时期中山装便开始广泛地流行，并成为当时的礼服之一。新中国成立后，中山装既作为最高等级的礼服被国家领导人在重大政治活动中穿着，也作为便装被广大民众普遍穿着，成为新中国建设时期最典型的时代标志。

中山装在 20 世纪也曾一度是城市婚礼上新郎的重要礼服之一，新中国成立后的三十年里尤其如此。20 世纪 80 年代以后，年轻人日益受西方服饰文化影响而把中山装视为古板、保守，是老年人的衣服，因而在婚礼上也抛弃了中山装。不过，进入 21 世纪后，APEC 峰会、奥运会在中国的举办，传统服饰文化又渐渐兴起。而 2009 年 10 月 1 日的国庆 60 周年庆典中，时任国家主席胡锦涛穿着中山装登上天安门城楼阅兵，更是引发了新一轮的中山装潮流。城市居民又开始在婚礼上穿着中山装。而经过服装设计师改良的现代中山装面料和做工都更加考究，领子、袖口、贴袋都更加时尚，镶片、刺绣等中国传统服饰文化元素的运用大大强化了中山装作为婚礼服的功能。改良的中山装显得更为青春和富有活力，也频繁出现在城市居民的婚礼上。

中式婚礼服过去都是由自家制作或也有请裁缝铺子帮忙缝制的，可以说是独一无二。现在由于商品经济发达了，城市人结婚时要穿着传统风格的婚礼服或者会选择购买一套，或者请专门的制作商铺缝制。有的婚礼服商店甚至还提供租借服务。虽然这种商业化下的婚礼服未必是独一无二，但对新人来说，其意义和过去是一样。

（三）西式婚礼服的盛行

1. 西式婚礼服的出现

西式婚礼服虽是舶来品，却也并非当代才有。早在清末民初，一些大城市已经对旧式婚礼传统做出了变革，增添很多西方文化的元素。就婚礼服而言，民国初年流行的是新娘身穿中式礼服长裙，头戴花冠和及地白纱，而新郎或西装革履，或身穿长袍，头戴西式礼帽。不过当时白色婚纱并不流行，新娘很少如此着装，这与当时国内并无婚纱制作的工厂有很大关系。1927 年在蒋介石和宋美龄的婚礼上，二人的着装完全西化，尤其是宋美龄，穿白色长裙礼服，身后拖着银线绣花的白色长纱，手捧一束康乃馨，风采一时无二。宋美龄婚礼的照片在报纸上登出后，影响了大批年轻的城市女性。后来国内纷纷建起了婚纱厂家，西式婚纱便逐渐取代了中式婚服，成为许多城市女性首选。① 20 世纪 50 年代后，由于受到政治的影响，以婚纱和西装为主的婚礼服销声匿迹，取而代之的是 50 年代的列宁装和 60 年代中期的蓝色制服和绿色军装。20 世纪 80 年代，西式婚礼服再次回归，与过去相比新娘婚纱和新郎西装的款式已经发生了很大变化。

2. 西式新娘婚礼服

西式新娘婚礼服的代表是婚纱。婚纱源自欧洲，原是西方国家新娘在婚礼时穿着的服饰。在全球化的浪潮中，白色婚纱逐渐成为现代婚礼的重要组成部分。很多国家的婚礼上，西式婚纱常常与代表各民族文化的服饰一同出现。从广义的角度看，婚纱既包括新娘身上穿着的服装，也包括头纱、花冠和捧花等部分。② 其实，白色婚纱成为婚礼服的历史不到 200 年。据公元前 4000 年古埃及人遗留下来的象形文字记载，古埃及新娘在结婚时要穿着白色亚麻质地的多层细褶薄纱裙，这也许可以算作最早的婚纱。不过，现代婚纱的雏形可以追溯到公元前 1700 年—前 1550 年古希腊时期的米诺三代王朝中贵族妇女的衣着，即前胸袒露，袖到肘部，胸、腰部位由线绳系在乳房以下，下身着钟形衣裙。现在新娘所穿的下摆拖地的白纱礼服原是欧洲天主教徒的典礼服。在古代欧洲，人们结婚必须到教堂接受神甫或牧师的祈祷与祝福，这样婚姻才是正式的、合法的，所以，新娘都要穿上白色的典礼服向神表示真诚与纯洁。19 世纪以前，少女们出嫁时所穿的新娘礼服并没有统一颜色。1840 年，英国的维多利亚女王在婚礼上穿着一袭雅致的白缎拖地婚礼服，头戴花冠和白纱。婚纱以橙色的橘子花

---

① 徐莉：《试论婚礼服饰的变迁》，《北京城市学院学报》2006 年第 3 期。

② 徐强：《婚纱的流行因素分析》，《赤峰学院学报》2010 年第 10 期。

饰边，还镶满耀目的钻石及名贵的蕾丝。这身装扮既华贵又雅致，既圣洁又浪漫，成了皇室和上流社会新娘效仿的对象，从此白色婚纱便成了新娘正式的结婚礼服。①

　　婚纱传入中国已有百多年的历史，但直到20世纪80年代以后，人们的生活水平逐渐提高，婚礼的观念也不断改变，婚纱才真正走入寻常百姓家。现在城市居民结婚，如果只能穿着一套礼服，新娘多半还是会选择婚纱，比例远远高于中式礼服和其他礼服。而且在各类婚纱中白色婚纱又是首选。婚纱在老百姓眼中已经成了品位和浪漫的代名词。

　　中国当代城市婚礼上使用的婚纱，在传统样式的基础上又增添了许多造型和款式。比较流行的大致有四种。第一种是公主型婚纱，由层层纱和蓬蓬裙组合而成，一般上身合体，下身渐宽，新娘穿上后显得乖巧可爱。第二种是蓬裙型婚纱，同样是上身合体，在腰部处收紧，下身裙内配有定型用的衬裙营造出宽大的裙摆。第三种是拖尾型婚纱，即婚纱的后面有一段是拖在地上的。婚纱的拖尾又分为大拖尾、中拖尾、小拖尾。一般婚纱拖在地上的部分长40厘米以内的是小托尾，在40—80厘米以内的是中拖尾，80厘米以上的则是大拖尾。这种类型的婚纱看上去更正式、更神圣，仪式性更强。第四种是贴身型婚纱，即婚纱依身体曲线贴身裁剪，采用窄摆设计，有些会在及膝或略低处放开裙摆，呈鱼尾形。这一款型的婚纱可以体现新娘的修长的身材和玲珑的曲线，非常具有现代感和时装感。② 在整体造型之外，还有具体部位的设计也富

---

　　① 参看徐强、马素琴《中西方婚礼服发展对当代婚礼服设计的影响》，《江苏丝绸》2006年第2期；刘津颖《谈谈中西现代社会婚礼服饰的差异及其相互融合——基于风格造型和色彩搭配的分析与思考》，《艺术科技》2014年第1期；韩纯宇《明代至现代汉族婚礼服饰600年变迁》，北京服装学院，硕士学位论文2008年，第37页；吴丽华《婚礼服的历史沿革与创新设计研究》，硕士学位论文，苏州大学2008年，第3—4页；吴国华、蒲军《中西方婚礼服饰文化研究》，《美与时代》2006年第12期。

　　② 《婚纱的分类、款型款式详细介绍》，"喜帕网" http://www.xipa.com/article/detail - id - 15 - page - 3，2014年4月20日获取。

于变化。譬如，领线部位就有鸡心领、落肩领、单肩吊带领、无肩带领（抹胸）、双肩吊带领、颈项吊带领、勺形领、立领、小圆领、V 形领等多种形式。袖子则有无袖、贴体袖、喇叭袖、泡泡袖几种。背部常见的有绑带、拉链、性感露背和假扣等设计。裙摆则有大蓬摆、拖尾、层叠摆、鱼尾摆、直身裙、褶皱摆及短裙等形式。不过，露出肩颈和手臂的单肩吊带领、无肩带领能展现出新娘的甜美性感，而长拖尾给人以高贵奢华的印象，宽大的裙摆则多了几分童话色彩，这些款式深受城市新娘的喜爱。婚纱多由纱、缎、雪纺、塔夫绸、欧根纱、蕾丝等面料制成，而且经电脑机绣、镂花、烫金及印花等加工技术加以装饰，再缀以水晶、珍珠、亮片等装饰。[①] 虽然潮流不断变化，但白色的婚纱还是主流，当然在纯白或象牙白的婚纱上也可以缀上粉色的丝花、蝴蝶，以增添色彩，加强层次感，增强浪漫感和梦幻感。

　　不同的设计造型组合在一起，形成了新娘婚纱不同风格。古典风格的婚纱沿用传统的造型、装饰和面料。一般廓形以 X 形为主，内有裙撑、胸垫、臀垫等辅助造型部分，有复杂的装饰，面料多选用蕾丝、丝绸。新娘穿上气质比较优雅。清纯风格外形简洁、线条流畅，装饰简单，细节不复杂，突出新娘的纯真、清秀的气质。是较为流行的婚纱风格。浪漫风格一般采用柔软的面料，有花边、刺绣和绢花等装饰，廓形线条飘逸，给人娇柔浪漫的感觉。华丽风格的婚纱多是高级定制，廓形还是以 X 形为主，饰以大量的刺绣、饰花、荷叶边、珍珠、亮片、水晶等，看上去雍容华贵。高贵风格的婚纱与华丽风格相近，也多是高级定制，面料多为高档的织锦、丝缎、天鹅绒等，造型上常运用拖尾，增加婚纱的体积，而且除了婚纱一般的装饰部位外，拖尾也是装饰的重点。这种婚纱

---

　　① 周鹤、董叶和、睦建华：《我国经济发达地区婚纱市场现状初探》，《现代丝绸科学与技术》2011 年第 6 期。

风格可以把新娘衬托得高贵脱俗。①

当代城市的年轻人在结婚时选择一套婚纱作为婚礼服已经成为了潮流和风尚。婚纱是舶来品，制作工艺比较复杂，所以刚刚在国内流行时，新人们都是到婚纱摄影店或婚礼喜铺租借婚纱，颜色、款型比较单一。随着生活的富裕，消费能力的提高，近年来在上海、苏州等沿海大城市出现了专门的婚纱制作店。婚纱的款式较多，也比较新颖，价格从 1000 元到 5000 元不等，甚至更高，给人的选择余地很大。这时新人们开始从婚纱租赁转向了购买和定制，这股风潮还渐渐向内地蔓延。现在在大城市里，人们只要经济条件允许，都愿意拥有和保留一套婚纱，所以选择购买婚纱的新人远远超过了租赁婚纱的，婚纱作为婚礼喜服的纪念意义得以保留。

3. 西式新郎婚礼服

20 世纪 80 年代以来，西式婚礼服已经成为了新郎婚礼服的主要款式。无论新娘是穿着西式婚礼服还是中式婚礼服，新郎都可以用西式婚礼服来搭配，只需要在风格和色彩上与新娘礼服相协调。在西方，新郎婚礼服有燕尾服和西装礼服两种。传入中国后，燕尾服有些水土不服，不仅制作和穿着都比较麻烦，而且适用场合有限，利用率不高，在民间鲜有人穿着。西装礼服相对简洁，日常也可以穿着，符合中国老百姓一物多用的心理，所以成为了新郎婚礼服主流的款式。

西装礼服包括上衣、裤子、衬衣、领带和鞋子几个部分，款式紧随潮流。按照西方的传统，礼服西装要包括一件马甲，但马甲在中国并不流行，只有极少数新人会在婚礼上穿着马甲。西装礼服的重点是上衣和裤子，整体的颜色以深色为主，如黑色、藏蓝色、黑灰色等。虽然也有新郎会选择白色或米色西服，但不多见，老百姓更偏爱深色礼服。上衣和裤子的面料多为精纺的毛、涤、

① 吴丽华：《婚礼服的历史沿革与创新设计研究》，苏州大学，硕士学位论文 2008 年 3 月，第 12 页。

棉麻等哑光织料，摸上去柔软、有垂坠感，整套衣裤挺括有型，让新郎显得大方庄重。不过，近几年带光泽的面料成为新流行。淡淡的光泽可以缓和深色西装的沉重感，在庄重中又增添几分华丽，也让新郎显得更年轻、时髦。礼服上衣的款式有单排扣和双排扣、戗驳头领和平驳头领、双开线无兜盖和双开线有兜盖的变化。不同时期还流行过单排一粒扣、二粒扣、三粒扣或四粒扣等。西装礼服的衬衣传统上是礼服衬衣，胸前有褶皱，不过现在更多是可以日常穿着的普通衬衣，面料随自己喜好，颜色深浅皆可，当然易于与上衣搭配的浅色更为常见。领带的颜色和款式选择比较自由。款式有宽款和窄款两种，宽款比较正统，窄款则比较时髦，随新人的喜好而定，以能与上衣和衬衣搭配为原则。有些新郎会用领结或领巾，显得比较洋气，但领结和领巾都有些另类，用不好会起到相反的效果，普通大众并不会在婚礼这样重要的场合轻易尝试。与西装礼服相配的皮鞋以系带的正装牛皮鞋最为正统，颜色要与上衣和裤子是同色系，如果上衣和裤子是深色，那皮鞋的颜色会更暗。比起新娘的婚纱，新郎的西式婚礼服要简单一些，选择的自由也更大。

与婚纱相同的是，新郎的西装婚礼服也有过一个从租借到自己购买再到定制的过程。过去，人们经济收入不高，制作西装的厂家不多，商店也没有西装出售，大多数新人只能选择租赁。后来，收入增加了，制作西装的厂家也多了，各大商场和专门的店铺开始出售西装，从牌子到款式都很丰富，价格也平易近人，人们就开始选择购买西装作为婚礼服。购买的西装婚礼时能穿，平常也能穿着，对老百姓来说比较实惠。不过，不论是租赁还是购买，由于是批量生产，未必能够充分贴合新郎的体型与气质。现在，从沿海到内地能够制作西装的制衣店越来越多，价格也多样合理，因此越来越多的新人在结婚时都选择定制一至两套西装礼服。定制的西服更能体现新郎的气质，塑造出与众不同的风格。所以，定制的西装礼服既可以"一套西装，多种用途"，而且同时还满足了新人追求时尚、注重个性的心理需求。

（四）婚礼服的中西结合

婚礼服可以说是当代城市婚礼中西结合的最好体现。如今的婚礼，新娘必须准备西式婚纱和中式婚礼服，以备不同的阶段穿着。中式礼服也好，西式礼服也好，都不再照搬传统，反而更加迎合时尚潮流。

来自西方的白色的婚纱虽然已经成为现代婚礼文化最重要的一部分，是现代婚礼服最典型的代表，但很多中国城市的居民在婚礼上仍然会穿着具有传统民族特色的婚礼服饰，一个婚礼两种服饰并存。现代婚礼庆典中新娘通常会选择三至五套服装，一般为一套西式白色婚纱、一套中式礼服、另外再加一至三套时装或小礼服。在北方的一些城市里甚至形成了一种"三脱四换"的习俗。新娘在结婚当天至少要准备 4 套婚礼服。一套是在迎亲的时候穿着，如果是婚纱就是简单一点的"齐地"的款式，这样出门的时候走路比较方便。然后在成亲典礼上要换上一套华丽、漂亮的婚纱，有的新娘会选择有长拖尾的婚纱，显得有气场。典礼完毕之后在婚宴上敬酒时，要准备两套敬酒礼服，这样就叫作"三脱四换"。新郎服装的选择要考虑与新娘不同风格礼服的完美搭配以及与新娘婚纱的配套。一般在中式婚礼的酒宴开始后新娘穿着的中式服装，色彩随个人喜好而定。新郎的服装选择自由度很大，正式西服或非正式西服均可，只需注意在色彩上与新娘的礼服协调即可。

城里人举办的婚礼上我们总是可以看到，新娘在结婚当日会早早给自己梳妆打扮，穿上漂亮的婚纱，在家中等待新郎来迎亲。而当参加婚礼的亲朋好友们到达婚礼举行的酒店时，又会看到新娘身着婚纱与新郎一道迎接宾客。在整个结婚仪式中，新娘还是穿着婚纱。不过，当婚宴开始后，新郎新娘来敬酒时，新娘已经脱下婚纱，换上了艳丽的红色褂裙或是旗袍。而红色礼服有可能会一直穿到入洞房。中式和西式礼服同时出现在一场婚礼之中，这也是当代中国城市婚礼的一个景观。

不论是中式婚礼服还是西式婚礼服，其实都是在历史长河中演变而来，是各自文化最直接的体现。婚礼对于中国人的重要意义不言而喻。在中国历史上，婚姻从来不是夫妻两个人的事情，它涉及两个家庭的利益，是两个家庭的联合，是男方迎接一位女性来延续香火、传承继嗣。所以婚礼不仅代表着新人名正言顺的结合，意味着新人家族的血脉可以绵延永续，还喻示着有两家人从此结成联盟。这样的婚礼是严肃认真的，必须郑重其事，这样的婚礼又是令人开心的，所以要热烈庆祝。红色无疑最能代表这样的婚礼。在中国人眼里，红色是太阳，是血，是火的颜色，红色是有力量的、有生命的，红色是庄重的、盛大的，红色是幸福的、吉祥的，红色也是喜庆的、热闹的，正因为红色被赋予了这么多美好的意义，中国婚礼在历经千百年的发展后，终于确立以红色为主色调。红鞭炮、红花轿、红囍字、红蜡烛、红帐子、红被子、红床单，把婚礼装饰成为一桩"红喜事"。而传统的中国婚礼服也最终选择了红色。新娘的凤冠霞帔和红盖头，新郎的长衫马褂和胸前的大红花，无不突出一个红字。红色的婚礼服把婚礼的隆重、吉庆和喜气洋洋的气氛烘托到了极致，成为婚礼不可或缺的一部分。当然，今天中国人的婚姻已经不再以两个家庭的结盟与利益为主，不再单纯以生育为目的，而更多的是强调两个人的感情基础，可国人对红色的偏爱并未消减。无论今天的婚礼充斥着多少西方文化元素，无论新娘再怎么钟情于白色婚纱，国人也无法割舍对传统红色婚礼服的感情。所以红色的褂裙和旗袍才能与白色婚纱一同出现在婚礼上。

西方婚礼的主色调是白色，这与西方人的婚姻观有莫大关系。西方婚姻观是源于希腊文化和基督文化。这种婚姻观认为婚姻是神所预备，是神所赐之礼物。每一桩婚姻在神的眼中有独特的意义和目标。婚姻只有接受万能的神的祝福才可以得到一个幸福的结局。婚礼是夫妇借婚姻体验神的爱和生命的奥秘，展现神与人所立的盟约。这种盟约的制订，非基于互惠的原则，而在于无条件的相互委身。夫妇关系就像基督与教会的关系，是相爱和相互尊敬。在宗教信仰下形成的婚姻观使得婚礼仪式也是一个宗教仪式，所以西方国家的人们通常都去教堂结婚，在上帝的鉴证下，在牧师的主持下举行婚礼。西方婚礼传达出的是庄严、圣洁、纯真、安详的意义，白色无疑是这种意义的最好诠释。故而西方的婚礼把白色作为是装饰色调的首选。无论是在新房还是在婚礼教堂都装饰了白色系列的鲜花，素净淡雅，给人以安静祥和的气氛。而新娘所穿的婚纱也一律是白色。[①] 当然，婚纱传入中国后，其原来在西方文化中所具有的宗教意义发生了很大变化。在当代中国社会，婚礼就只是两个人因为爱情而结合在一起的仪式，它要传达的是两个人彼此相爱。民国时期新娘们纷纷选择婚纱作为自己的婚礼服，其所要表达的就是人们对以爱情、以个性自由、以男女平等为基础的婚姻的追求。在国人看来，婚纱与爱情有关的意义要更甚于与宗教有关的意义。时至今日，过去在婚礼上忌讳白色的国人也渐渐宠爱白色婚纱。婚纱是白色的，其原有的圣洁的意义自然是要保留，但这种圣洁就不再是人在神面前的圣洁，而是爱情的纯洁无瑕和忠贞不渝，所以国人借白与"百"同音，把白色婚纱作为"百年好合"的象征，非常符合传统规范对夫妻关系的期望。婚纱的造型是上身紧束，下身蓬松，身着婚纱的新娘，仿若公主一般，而整个婚礼成了现代女孩心中梦想的王子与公主的浪漫童话。白纱本就有一种飘逸轻柔的感觉，把新娘映衬得如同云端落下的美丽仙女，似梦似幻，而婚礼便成为每一个女孩一生都在追求的一个梦。

当然早期人们选择内场敬酒时褪去婚纱穿上中式婚礼服是由于非常现实的原因。婚纱的裙摆比较蓬大，婚宴酒桌之间的走道则

---

① 陈钦：《从文化象征意义、宗教信仰及例行仪式看中西婚礼》，《英语广场：学术研究》2013 年第 4 期。

比较狭窄，新娘穿着婚纱不便于在酒桌间穿梭敬酒，所以才用换装的方式解决这一问题。不过，婚纱后来有了很多新款式，裙摆也有缩小，更有了贴身设计的窄摆婚纱，但婚礼穿着两套婚礼服的习俗却保留下来了。因而，中西婚礼服各自的意义和功能被继承下来，也被完美地结合起来，营造出一种既庄严又隆重，既圣洁又热闹，既浪漫又喜庆的现代中国城市婚礼。

在21世纪的大环境下，中西的交流已经非常密切，中西婚礼服也开始相互借鉴、相互融合。西式婚纱对中式婚礼服的借鉴，最常见的就是把中国服饰的传统元素运用到婚纱之上。例如西式婚纱的造型配上中国传统的红色和织锦图案。这种融合的方式越来越普遍。立领、水袖、琵琶扣、中国结、刺绣、收腰、丝绸面料、牡丹花图案等混搭着蕾丝、花边、透明薄纱，凸显了中国新娘清雅柔美的一面。而凤冠霞帔、剪纸、青花瓷等元素也不断激发出更为新潮而又更具浓郁中国风的婚纱。在西式婚纱吸收中式元素的同时，中式婚礼服同样在内部结构、外部廓形、配饰、面料、图案中加入了西方服饰的元素。例如改良的旗袍，一改传统中国女性服饰的含蓄，强调紧身和收腰，突出"三围"的曲线美。领子也变化多端，有半高旗袍领，有小方领、小圆领，甚至是低领和无领。而袖子也不再是传统的连袖，长袖、中袖、短袖，还有无袖，变化多端。有些风格更加前卫、大胆，高开衩、颈肩部裸露、背部裸露也不足为奇。珠片、刺绣、毛皮饰边、织物印花等工艺装饰更是令旗袍光彩照人。这些新颖的中式婚礼服把中国新娘衬托得时尚性感，令新人爱不释手。

在历史上，中国人婚礼服的发展其实是几经变化的，融合了多个时代多个民族的风格最终才形成了现代人所谓的"传统婚礼服"。当代城市居民婚礼上中西结合的礼服不过是这一融合和变化趋势的延续，也让中国人的婚礼服文化更加丰富多彩。

二 迎亲：旧传统与新民俗

与传统相比，现在城市里的婚礼确实已经简单了不少，"婚姻自由"的观念使得议婚、订婚都不再程式化，年轻人依据双方家庭的情况以及各地的习俗来商量结婚之事。不过，对大多数家庭来说，婚姻毕竟是大事，所以他们还是愿意花上一整天时间，举行一个隆重的仪式，借以宣告和庆祝两个年轻人共结连理。总的说来，结婚这一天仪式性的活动其实并不少，而第一个仪式便是迎亲。迎亲原本就是传统婚礼中最后以及最重要的一个程序，它反映的是父系社会中女方婚后需要离开娘家而到夫家居住并成为夫家大家庭一员的现实。虽然今天城市里父系继嗣的影响在逐步减弱，很多年轻男女婚后是组成自己的小家庭，并不与男方的父母居住在一起，但迎亲这一程序还是在婚礼中保留了下来。当然，现在的迎亲仪式既继承了很多传统的习俗，又融入了现代工业文明的特色。

（一）从"花轿"到"花车"

按照中国传统婚礼的规范，男方至女方家迎娶时会使用交通工具。在漫长的历史发展过程中，轿子逐渐演变成为传统迎亲仪式最主要的交通工具。在今天国人的眼里，轿子可谓传统婚礼文化的又一重要象征符号。清末以后，由于西风东渐，大城市里出现了轿子之外的迎亲方式。马车、人力车等轻便快捷的交通工具在民间的婚礼上广为使用。有了轿车后，用轿车迎亲成为富裕人家的首选。新中国成立以后，自行车、拖拉机、大卡车都一度作为迎亲的代步工具。20 世纪 80 年代后，大客车出现在迎亲队伍里。20 世纪 80 年代末，轿车开始逐渐代替大客车成为主流的婚车。迎亲交通工具从轿子演变为轿车，其中既有传统文化意义的一脉相承，也有现代文化元素的融入。

1. 花轿迎亲的旧传统

据考证，中国早期婚礼上迎娶新娘的交通工具可能是以驴马为主，有了车后，车也成了重要的迎亲道具。正如《仪礼·士昏礼》所言："乘墨车，从车二乘，执烛前马。"在"花轿"出现之前，无论官民，结婚都用马拉车辇迎娶新娘。只是在南方水乡车、马并不方便才改用船。轿子出现以后，慢慢又有了"花轿"，然后"花轿"就成了迎亲最普遍的交通工具。

轿子原名"舆"，出自早期的"辇"（即原始的靠人推挽的载物之车）。辇早在殷周时期就出现了，到了秦朝，辇便去掉轮子，改由人抬，后世称为步辇，这便是"舆"，并可以算作"轿子"的原型。后来从秦以后的汉一直到魏，步辇都是供皇家专用的。到了晋代，民间出现了"步舆"，天子和百姓都可以乘坐。由于"步舆"也是依靠人力用肩膀来抬，所以又被称为"肩舆"或"平肩舆"。到了五代后周，"轿子"一词开始出现，到了宋代，则称"肩舆"一类的代步工具为"轿子"或"檐子"。到了明清，"肩舆"或"檐子"都被人们称为"轿子"了。

虽然在宋代时轿子就在民间普遍推广开来，但轿子一直都不是随便可以坐的，轿子被严格分为了官轿和民轿。不同品级的官员乘坐不同式样、不同等级的轿子，就连抬轿的人数、出轿的仪仗和场面都各不相同。[1] 民间的小轿也多半只有老弱才能乘坐。正因为轿子对乘坐人的身份有严格的限制，所以轿子也成为地位的象征。而轿子出现在迎亲仪式上，可见中国人对结婚仪式的看重了。

---

[1]　李君：《漫话轿子》，《文史杂志》1989 年第 2 期。

对于男方来说，以轿子迎娶新娘既体现自己对于婚姻大事的重视，也体现自己对于女方的尊重。而对女方来说，新娘能乘坐花轿去男家，是再光彩体面不过的事情了。显然，轿子是传统婚姻关系缔结中明媒正娶的一个标志，所以轿子也成为传统婚礼的象征符号之一。

在北宋中叶，迎亲时使用轿子的已经相当常见了。南宋时，很多地方迎亲也只见轿子不见车子。到了明清时期，用花轿迎娶新娘更是成为了民间习俗。结婚当日，新娘一般在家里打扮停当，然后，男方就会派来迎亲的鲜艳的大花轿。由于花轿用于结婚这样的喜事，又装饰得红火热闹，所以又称"喜轿"或"彩轿"。①传统的花轿种类及样式繁多。从结构上看，有硬衣式和软衣式之分。硬衣式在南方比较常见，一般为全木结构，上部为四角出檐的宝塔顶。软衣式在北方较为流行，一般是在木轿框的四周罩上帷子而成。罩轿子的帷子都选用大红色的彩绸，上面一般都绣着红字，以及富贵花卉、凤穿牡丹、福禄鸳鸯、丹凤朝阳、麒麟送子等传统吉祥图案，缀以金、银色，既喜庆又热闹。花轿多为4人抬，有的时候多2人替换，家境不好的也会用2人抬轿。有些地方的传统是只有初嫁女子可坐花轿，寡妇再嫁只能坐普通轿子，或要走一段路才可以上花轿。至于纳妾，有些地方可以坐花轿，有些地方不能坐轿或者必须坐其他的轿。但总的来说，旧时女性一生最多只坐一次花轿，因此是很有特殊意义的经历。

花轿在传统婚礼中很重要，这可以从迎亲中各种与花轿相关的习俗中看出来。在北方一些城市有"亮轿"的习俗。老北京人在迎亲当日会把娶亲的喜轿排列到门前；而天津人过去在迎娶前一日，男家要把轿子停在院内供人观赏。还有一些城市有给轿子驱邪的仪式。在北京，花轿离开新郎家之前都必须用一盏油灯在里面晃一下，此之谓"照轿"；而在南京，男家发轿前要请全福之妇

---

① 参见李君《漫话轿子》，《文史杂志》1989 年第 2 期。

在花轿四周点灯、燃纸，并在轿内绕上三周，被称为"暖轿"。新郎去迎娶新娘的路上，花轿一般不可以空着，需要有人坐在里面，俗称"压轿"。"压轿"之人各地不同。北京人是请所谓的"娶亲太太"来乘坐；山西太原等地是让一名男童坐进去，俗称"压轿孩"、"压轿童子"、"压轿喜倌"等；而陕西西安等地是新郎自己乘坐花轿来"压轿"。新郎多骑马伴随，有时也可乘坐蓝、绿甚至红色的小轿子跟随。整个迎亲队伍中随行人员或执旗打伞，或奏乐放鞭炮，或鸣锣开道。到了新娘家，新郎和迎亲队伍还要经过一系列仪式方能让新娘离开娘家，随新郎前往男家。西安、上海、广州都有"哭嫁"的习俗，即新娘在即将上轿离开娘家前往夫家时要放声大哭，以表达对父母的不舍之情，此习俗又被称为"哭轿"。待到新郎把新娘顺利接回家时，花轿才完成其最重要的使命。

在传统中国社会，由于轿子的地位特殊，所以也形成了使用花轿来迎亲的习俗，花轿最终演变为中式婚礼文化的一个象征。花轿在婚礼中的这一地位直到清末民初其他更为新型的交通工具出现时才随之动摇。自20世纪80年代后，轿车渐渐取代轿子成为国人主流的迎亲交通工具，经过装饰的轿车又逐渐发展为当代城市婚礼的重要符号。

2. 花车迎亲的新民俗

20世纪初轿车进入中国时并没有在大众中普及，普通百姓很少有机会乘坐轿车。在当时国人的眼里，轿车和轿子一样，也彰显着人们的身份和地位。即便到了今天，轿车在中国越来越常见，城市居民私家车的拥有量年年增长，国人仍旧把轿车视为一种身份象征，仍旧根据它来判断拥有者的社会地位。当城市居民生活越来越离不开轿车，当轿车越来越多地被赋予文化含义，轿车便像轿子一样出现在了城市居民的婚礼中，成为迎亲时"标配"的交通工具。

轿车可以说是现代工业文明的产物，当它替代轿子成为现代城市婚礼迎亲的主要交通工具时，婚礼的意义在某些方面也相应发生变化。对于现代城市年轻人来说，婚车不仅是接新娘的工具，还可以彰显个性，表达对浪漫爱情的追求。这种对婚姻和婚礼的理解也是现代工业文明的产物。不过，尽管轿车来自西方，尽管人们想要用它来展现现代人的价值观念，但它终究是用于中国人的婚礼，人们使用婚车的方式还是相当本土化的，体现出了传统习俗的特点，就连婚礼用车的专属称呼"花车"也与"花轿"如出一辙。不难看出，中国城市居民在婚礼上使用轿车与西方并不完全相同。当代城市婚礼中的轿车承载着花轿流传下来的文化传统，同时又被年轻人赋予更符合现代婚姻观念的新意义。

（1）花车的选择

花车在婚礼中很重要，所以人们对选择何种轿车作为花车也非常重视。现在中国已经进入了高度发达的商业社会，轿车的类型和品牌丰富齐全，与古人相比，现代城市居民可选择的余地大了许多。当然，婚礼上选用哪一类轿车仍是与人们的社会阶层和经济地位联系在一起的。一般说来，家庭社会等级地位高、经济实力雄厚的会选择高档轿车；家境比较富裕的，会选用中高档轿车；家境一般的也会租用中低档轿车。不论是租的、借的或者是自己的，婚礼上迎亲用的花车都不止一辆，大多数情况下会组成一个婚礼花车队，并有主花车和副花车之分。

婚礼花车从车型、牌子和颜色来看未必家家一样，但却有大致相似的一些特征。中国人传统观念上认为结婚乃人生大事，大家都期望婚礼能够办得盛大、隆重，所以花车作为婚礼的一个门面，自然是豪华气派的高档轿车更受青睐。如果做不到整个婚礼车队全是一模一样的高档轿车，那么至少主花车要保证醒目、耀眼。从品牌上来说，城市婚礼中的花车一般都是知名度较高的牌子。奔驰和宝马是公认的最适合作为花车的品牌，其中的奔驰 S600 车型和宝马 7 系车，更是主花车的不二之选。奔驰和宝马轿车虽然本身价格不菲，但却相对普及，租借也比较容易。当然，一些大富之家也会用宾利、劳斯莱斯、迈巴赫等这些老百姓耳熟能详的天价豪华轿车作为花车。这些轿车往往很难借到，即使能租，也价格高昂，普通老百姓负担不起。婚庆服务公司出现后，一些名牌的加长轿车也日渐流行，如果能租一台林肯的加长轿车作为主婚车，肯定会令整个婚车队伍更有排场。当然除了这些高档轿车外，一些中高档的品牌也很适合作为花车，如凯迪拉克、奥迪 A6、丰田皇冠、荣威等。人们看重这些品牌的轿车，不仅因为它们是豪车、名车，还有一个更重要的原因是它们都足够大。从外形上看，这些轿车比较长、比较宽，给人一种高端、大气、上档次的感觉。从内部看，这些车有宽敞的空间，可以容纳多人乘坐。一般说来，主花车除了司机外，还要乘坐新娘、新郎、伴娘、伴郎四人，有时连摄像师和摄影师也会跟随主花车，再加上新娘穿着的婚纱体积较大，车内空间太小的话会显得十分拥挤。所以城里人结婚首先考虑的都是这些品牌的轿车。不过，人们虽然喜欢名车，却也会衡量自己的经济承受能力，合理选择婚车，不会单纯追求所谓的高档轿车。

对于一些喜欢张扬个性的城市年轻人来说，上面这些常见的轿车显然已经让人产生视觉疲劳了。为了不让自己的婚礼"泯然众人"，他们更愿意选用一些风格新颖的轿车作为花车，主花车尤其如此。例如，一些年轻人一反婚车必须宽大的规矩，把迷你小型车作为婚车，显得活泼可爱，小巧精致。而另外一些年轻人则用跑车作婚车，突出的是年轻人的动感与活力。有些年轻人在条件允许的情况下，干脆弃轿车不用，而选用精心装扮的欧式马车作主花车，让婚礼有了童话般的色彩。此外，军用车、公交车，甚至自行车、人力车都可以成为花车。这些新奇的花车，即便不是名车，只要数量足够多，行驶在大街上时也会吸引路人驻足观看，赚足眼球和人气，满足了新人希望获得关注的心理需求。

花车除了品牌和车型外，颜色的选择也有一番讲究。花车最常见的颜色是黑色。虽然在中国人的传统观念里，黑色是与死亡相联系的，但在现代社会，黑色同样也被赋予了庄重、沉稳、大气的意义。当黑色轿车用于婚礼这一正式场合，可以增加婚礼的庄严、神圣的氛围，再加上外形宽大的黑色婚车会显得十分气派，西方人在结婚时就比较偏爱用黑色的轿车，所以黑色在中国也成为比较经典的花车的颜色。黑色之外，也有的人喜欢红色。红色是传统中国婚礼的代表颜色，既喜庆又热闹。花车选用红色，可以突出婚礼喜气洋洋的一面。在现代语境下，热情似火的红色，既寓意着热烈的爱情，也寓意着未来的日子红红火火。还有一些新人会用白色或金色轿车作为婚车。白色通常会给人以纯净的联想，用白色的婚车，既象征新人的爱情白璧无瑕，同时也有新人能够白头偕老之意。至于气宇非凡的金色婚车，则是想表明婚礼的尊贵与华丽。

迎亲的花车会组成一个婚礼车队，数量一般由新人双方家庭的经济能力来决定。车队中有一辆主花车，由新郎新娘和伴郎伴娘乘坐。主花车通常就是车队的"头车"，也是整个婚礼车队的灵魂，所以与其他车辆会有区别。如果整个婚礼车队都清一色是同品牌或同款型的轿车，如宝马车队、奔驰车队、奥迪车队或公共汽车队、跑车队、越野车队等，此时主花车就得从装饰上与其他车辆区别开来。如果车队不是"清一色"，那么主花车肯定是最宽最大、最高档或者最有个性的一辆，总之是最吸引眼球的一辆。婚礼摄像兴起后，车队中还会有一辆带天窗的轿车，排在整个车队的最前面，这样乘坐于其中的摄像师可以方便地拍摄整个车队的行进情况。如果没有安排摄像车，婚礼摄像师便与新郎新娘一同乘坐主花车，此时主花车必须带有天窗。

（2）花车的装饰

人们大都在婚礼举行之前就选好了迎亲用的轿车。当然，光秃秃没有任何装饰的轿车还不能担负起迎亲的任务。在婚礼举行之日，选好的轿车要清洗干净，并精心打扮一番，才能去接新娘子。这一点可谓是对"花轿"传统的继承。对新人来说，一辆装饰得漂漂亮亮的婚车，既浪漫，又热闹，突出了一个"喜"字。所以，花车的装饰已经演变为当代城市婚礼仪式必不可少的一个部分，是属于这个时代的新的城市民俗。

受西方和港台文化的影响，花车的装饰材料多以鲜花为主，所谓"花车"大概也是由此而得名。装饰花车，多是在婚礼当日进行，有时也会提前一天，目的是保证装饰鲜花的新鲜度。常见的婚车用花主要为玫瑰、月季、百合、红掌、天堂鸟、满天星、情人草、勿忘我、跳舞兰、蝴蝶兰、剑兰、洋兰、非洲菊、康乃馨、桔梗等。这些鲜切花在市面上很常见，而且花朵华丽漂亮，寓意也非常符合婚礼的意境。如玫瑰和月季的花语是爱情，可谓世界通用的婚礼用花；百合的名字会让人联想到百年好合，用在中国人的婚礼上再合适不过；天堂鸟往往象征比翼双飞，心形红掌组成图案后就好似心心相印，跳舞草这名字一听会给人带来欢快愉悦的心情。当然，好花还需绿叶来配，形状各异的巴西木叶、针葵、散尾葵、剑叶、龟背叶、水芋叶、文竹、蓬莱松、天门冬等成了婚车装饰的热门材料。除了鲜花外，缎带、花边、婚纱、气球也常常和鲜花一起装扮婚车。装饰多以西式或东方式插花风格为主。

婚车装饰的主要部位是车头、车顶、车门和车体边缘。由于车头的面积较大，而且又位于整部车子的前端，往往是人们视线的焦点所在，所以成为装饰的重点。人们可以通过车头的装饰就看出婚车整体装饰的效果。车头装饰常见的是在前车盖上用鲜花、叶子或其他装饰材料组合成豪华奔放的"V"字形或简洁典雅"一"字形等相对规则图案，或者两至三组花一前一后、一左一右分布在车前盖上，既美观大方，又新颖别致。也有的是用鲜花组合成复杂的字样图案，例如最常见的是汉语里的"囍"字和英语里的"LOVE"，意义热烈直白。还有的组合成各种有意义的图案，譬如一个硕大的在车盖中央的心形图案，表示"一心一意"；两颗交叠在一起的心的图案或由两支红掌的主枝构成的图案，代表"心心相印"；由两支天堂鸟的主枝构成的图案，表示"比翼双飞"。

有时车头上还会摆上象征新郎新娘的心形或是人偶、动物玩偶摆件，显得浪漫活泼。不论采用何种装饰，车头的装饰重点是突出新人的恩爱以及婚礼的喜庆。

车顶由于基本与人们的视线平行，会呈一条线状，显得面积有限，故而装饰比较少，一般在车顶的某一角放上一两组鲜花或气球、彩带等组合而成装饰。车尾的装饰一般是辅助和陪衬，要与整体的装饰相呼应，所以一般鲜花组成简洁的图案，或是用缎带花球等装饰。

车的两侧虽说不是重点，但却可以起到画龙点睛的作用。最常见的都是用一两朵月季或康乃馨做主花，也可以用百合或蝴蝶兰做主花，搭配满天星或情人草，再配上少许叶子，用包装纸包装，再用彩带扎成小束花，固定在车门把手、后视镜以及车体边缘的部位。也有用缎带或是婚纱做花球或各种花结来装饰的。

近年来，人们发明了一种被称为"龙头凤尾"新型的装饰方法，能把车头、车顶和车尾连接成一个完整的整体。"龙头凤尾"的装饰风格是用鲜花和叶子组合成一个带状的图案，然后从车前灯处以"S形"一直盘绕到车尾。在车头用花叶做出龙头的造型，车尾则是各种图案、造型。这样装饰方法采用的是西式的插花艺术，展示的却是传统中国文化的图案造型。

装饰好的轿车成为真正意义上的"花车"。在鲜花的衬托下，轿车冷硬的钢铁躯壳被赋予了浪漫和喜庆的色彩。

3. 花车的"新传统"

城市居民在选择迎亲婚车时，既遵从流行规矩，同时也保留着传统的认知，从而形成了很多关于花车的"新传统"。

婚礼在中国人的传统观念里是"喜事"，所以处处都讲究有个好彩头，花车自然不能例外。就车型而言，除了标新立异者，大多数的城市居民在经济能力许可的情况下都会尽量避免用两厢车作为婚车。因为与三厢车相比，两厢车由于没有尾厢，给人不完整的印象，如果用在婚礼上，会给人留下"无后""有头无尾""有始无终"的印象，这在国人看来是非常不吉利的。受"讨彩头"观念的影响，不同品牌的车标也被赋予了新的含义。例如，奥迪的四个圆环标志环环相扣，象征着"团团圆圆"，是花车当然之选；荣威的双狮车标，就被解说成"成双成对"，自然也入得了新人的法眼；丰田车的车标看上去像两颗相连的心，可以寓意着新郎新娘"心心相印"，也是婚车的不错的选择。而雪佛兰的十字车标，难免让人联想到不吉利的医院救护；标致的单狮车标总脱不了"孤寡"之嫌，新人避之不及。一些车型名称的谐音在城里人看来是非常不吉利，最好能避开。如大众的帕萨特车听上去像"爬丧的"，通用的别克则成了"又别又克"。如果车队的头车是奔驰，后面的车子就不能是桑塔纳或尼桑，否则连起来就成了"奔丧"，非常晦气。对于在乎车子名称谐音的人而言，甚至是主花车驾驶员的姓氏都不能让人联想到不吉利的事情。有些车型的名称在人们心目中更适合作为花车，例如"宝马"和"奔驰"就无须多言了，"沃尔沃"与肥沃同意，"捷豹"暗示捷报频传，"辉腾"意味着光辉腾达，"福特"就是特幸福。这些车型都成为了花车的首选。当然花车的车牌号也很重要，带有"大吉大利"数字的轿车总是特别受欢迎，例如 66666、88888、99999 等，如果花车是租的，那这些车牌号的花车会比用相同类型的花车价格要高不少。

除却花车本身，作为一个整体的花车车队也得有好彩头。由于国人喜欢双数，所以花车的数量最好是双数。像武汉这样的城市甚至要求花车的数量最好是 6 的倍数，如 6 辆、12 辆和 18 辆。长沙人认为花车的数量最好是带 6 和 8，比较吉利。当然现在很多城市都不用 13 辆或 14 辆婚车，因为 13 和 14 的谐音的是"要丧"和"要死"，简直犯了国人的大忌。除了这些忌讳外，花车的数量当然越多越好，这才能体现男方的诚意和双方的身份、地位等。哈尔滨人对迎亲的花车队就非常重视，花车的数量一般在 10 辆车以上，其中有一半是高中档轿车，如奔驰、宝马等。在哈尔滨人看来，迎亲车队的规模和水准既代表着男方家庭对新娘的重视程度及新娘的地位高低，又表明了男方家庭的社会地位、家庭财富，是赢得面子的重要工具。① 花车车队行进的路线同样也必须是吉利的，譬如不能经过医院、殡仪馆、墓园等传统上被认为有"煞气"的地方。而且花车车队行驶的道路要平坦，不能有沟坎，否则婚姻必然坎坷不定，荆棘丛生。而且，按照古老的婚嫁传统，花车车队行驶的过程中不能走回头路，到女方家去接新娘时走的路与接到新娘后返回男方家时必须走另外一条路，否则婚姻不能长久。在广东一些城市还忌讳花车队被路上的车辆截断，当然其他车辆看到花车队都会尽量避让。不仅如此，车队中的摄像师也要避免拍摄一些"大煞风景"的画面，否则会给新人婚姻生活带来麻烦。

城市居民在挑选婚车时还喜欢把婚车与传统的风水联系起来。一些笃信传统位理和命理学的人认为花车颜色可以用五行来划分。白色和乳白色的汽车为金；青色和绿色的汽车为木；黑色和蓝色的汽车为水；红色和紫色汽车为火；黄色和土黄色的汽车为土。同样，按照五行的方位，不同国家品牌的婚车也有五行之分。美国车五行属金，德国车五行属火，日本车五行属木，中国车五行属土，部分欧洲车五行属水。在选择婚车时，人们认为应该选择适合自己五行的轿车。当然，如果新郎新娘的五行不一致，那么可以把颜色和品牌区别开来选择。如新郎按品牌来挑选，而新娘按颜色来挑选，这样能兼顾到两人的五行。

这些关于花车的观念并没有什么科学根据，但它却反映了人们趋吉避凶的心理，所以它们渐渐演变成当代城市婚礼文化的一部分。当然，城市年轻人并非人人有这些想法，也并非人人都以此为准则。不过，新人为了保证日后婚姻生活的幸福，大多会将这些观念作为参考，尽量按照地方的传统来安排花车。

城市婚礼上用到的轿车大多是西方的品牌，其中蕴含着西方人

① 唐魁玉、方芳：《婚庆仪式的经济社会学分析——以哈尔滨为个案》，《上海市经济管理干部学院学报》2012 年第 3 期。

的价值观，但中国人在婚礼上使用这些轿车时却又把传统观念悄然融入其中，使得这些车子成了现代城市婚礼文化的一个载体。它们既表达了中国人眼中婚礼热烈和喜庆的一面，又体现着西方人眼中婚礼神圣和庄重的一面。它们见证着两个家庭从此成为亲人，又见证了两个年轻人的浪漫爱情终于修成正果。

（二）迎亲过程中的旧与新

传统中国社会是父系继嗣社会，女子嫁人后必须离开自己的家与夫家人一起生活。女子婚后与夫家的联系远比与娘家更密切。所以，传统婚礼中要特别安排迎亲这个环节。在现代城市里，迎亲原本所代表的父系制从夫居特色已经被极大地淡化了，不过在结婚这一天新郎仍旧要到女方家迎娶新娘，迎娶的过程与过去大致相同，只是一些步骤被简化了。和婚礼的其他环节相比，迎亲保留的传统仪式是最多的，而且地方色彩浓郁。不过，仪式虽说是过去就有的，但也并非一成不变，再加上花车已经取代花轿成为迎亲的核心象征，所以城市里迎亲的过程还是显现出了中西融合的味道。

1. 迎亲前夕

迎亲这个过程也包括很多环节，例如准备花车、新郎新娘化妆打扮、考验新郎、接回新娘、新人认亲、改口（称呼对方父母为"爸爸""妈妈"）等。不过，有的城市里在迎亲的前一天会有一些过去流传下来的特殊活动。太原人在结婚前一天，男方需派代表到女方家"探亲"，新郎必须去，但不能和新娘见面。男方家"探亲"时会给女方家送去迎亲的礼物。礼物品种不少，包括烟、酒和新娘结婚用的衣服、新鞋、脸盆、镜子等，还有"四色礼"和"一刀肉"。"四色礼"一般是四种水果和四种点心，也有送枣、花生、桂圆、莲子的，取"早生贵子"的寓意。"一刀肉"又名"割心肉"，其意义是女儿将要出嫁，将要由女婿带走，但她原本是母亲身上掉下来的一块肉，所以女婿要拿"一刀肉"来偿还。过去这"一刀肉"割法有讲究，必须要一刀割下来，不能回刀。除了送迎亲礼物外，男方家还要和女方家商量一些迎亲的事宜，最重要的是花车走的路线。南京人结婚时，在迎亲的前一天男方和女方要分别请各自的亲戚、朋友们吃一顿酒席，被称为"暖房酒"，有时女方家请的酒席也被称为"陪嫁酒"。"暖房酒"的传统意义是为迎娶新娘隆重地做好准备，并感谢前来帮忙的亲戚、朋友。在"暖房酒"上，新人和亲人之间也会说一些交心的话，如母亲表达对女儿的不舍，父亲表达对儿子的信任等。不过，现在"暖房酒"成了年轻人婚前聚会的一个场合。来吃酒席的以新郎和新娘的朋友至交居多。在酒席上，朋友们可以向新郎和新娘表达祝福，新郎和新娘也可以向朋友表示感谢。吃完酒席后，年轻人还可以有一些娱乐活动，如打扑克牌、打麻将、唱卡拉 OK 等。而在广东的一些城市里，新郎和新娘在结婚前一天晚上要分别在自己家里"冲新"和"上头"，这两个是非常传统的仪式，现在都简化了许多。传统的"冲新"要用柚子叶、香茅煮成热水，然后放凉，新人就用这些水洗脸和擦身，之后穿上新的睡衣和拖鞋，等着"上头"。"冲新"的寓意是指洗去污秽，然后开始新的生活新的人生。现代新人的"冲新"很简单，只是拿着柚子叶和香茅在淋浴的花洒下面冲一下身子就可以了。"上头"就是新人对镜梳头，传统意义是新人从此步入成人阶段，要组织家庭，担负起开枝散叶的责任。给新郎和新娘"上头"的人要是"全福人"，俗称"好命佬"和"好命婆"，通常为男女双方家族中的长辈，父母、子女健在，家庭和睦。旧时"上头"一共要梳十下，现代则简化为梳三下。"上头"之后，新郎新娘要喝掉母亲用莲子、百合、花生、红豆加鸡蛋煮成的糖水。

2. 迎亲准备

在大喜之日，新人们要早早起床，为迎亲做好准备。由于花车在迎亲环节中要扮演重要角色，因此在结婚当日，担负起迎亲这一"艰巨"任务的新郎的首要任务就是在伴郎的陪同下去"扎花车"，"扎花车"就是把轿车装饰为"花车"，这一习俗具体从何时出现已经不可考，但发展至今已经成为结婚当日新人的头等大事，这也算是城里人迎亲的一个新习俗。当然，花车并非都是轿车，一些追求个性的年轻人也会用其他的交通工具充当"花车"，但无论如何，对于大多数的城里人而言，结婚时必须有花车。

新郎去"扎花车"的时候新娘的任务则是梳妆打扮，穿上漂亮的婚纱，迎接重要时刻的到来。在广州和广东的其他一些城市里，新娘子在化妆之前还要"开脸"，即用一根线把脸上的毛拉掉。过去女子一生一般只有在出嫁时"开脸"一次，一旦"开脸"就意味着已婚了。当然，现代城市里的新娘只是象征性地做一下"开脸"就可以化妆了。有的城市里新娘化完妆、换上婚纱后要坐在自家床上，脚不能离地。床上一般都铺着崭新的被子，新娘坐在上面，俗称"坐福"。在广东，被子里甚至放一把贴着红纸的斧子，斧子便是"福"的象征。"坐福"是一个传统习俗，过去在汉人中普遍流行，其寓意是新娘无论婚前还是婚后都稳坐在福堆里。由于"坐福"与现代人结婚的方式并不冲突，所以在很多城市也得以保留。东北有些城市的新娘"坐福"比较讲究，新娘坐在新被子上，靠着两床被褥，一床是百子千孙被，一床是龙凤呈祥被。床上撒满新的一元和五角的硬币，旁边放着"喜盆"。"喜盆"是红色的，印着"囍"字，里面放上一些有象征钱财、好运、美貌等的物品。如放化妆品意味着新娘美丽动人，放钱币象征今后金银满盆，放玩偶狗象征生活富足美满等。"喜盆"用一块印有"囍"字的大红布包好。新娘到婆家时要带上"喜盆"，等新娘端着盆递给婆婆的时候，婆婆要给红包。当然，在有些城市里，"坐福"也会放到新郎去到新娘家时才进行。新郎在"扎"完花车后也必须把自己收拾整齐，才可以去接新娘了。如今城市里婚庆服务发达，无论是花车装饰，还是新郎新娘打扮自己，都可以交由专门的人士来负责。不过在青岛，新郎要让伴郎给自己穿衣打领带，然后再让母亲整理，最后新郎经父母许可后才去接新娘。

3. 迎亲时间

现在许多城市的习俗都是男方在中午之前就把新娘接回自己家中，有些城市甚至有特殊的规定。南京的新郎去迎娶新娘，一般会挑选一个吉利时间让花车队出发，如8点18，8点28等，而且接新娘回到新房的时间不能超过中午12点。福州和太原也都是必须在12点前接回新娘。东北城市居民结婚，按照传统习俗，迎亲要越早越好，谁的新娘接到婆家早，谁就是得头彩，因此又有"抢头"之说。特别是在一些吉利的日子，结婚新人很多，就更要抢这个头彩了，这样以后过日子能和别人家争个先。当然，新郎迎亲的时间也是选好，一般会带有8和9这两个数字，取发财和长久之意。在广东的一些城市会推算好迎亲的吉时。如果吉时是在上午11：00到下午2：00之间，那么迎亲队伍要在11点之后出发，在下午2点之前到达女方的家里才可以。① 不过，也有的城市是下午才迎亲的。在天津，迎亲的人必须中午12点以后才能出发去接新娘，但最晚必须在太阳落下前将新娘娶进门，如果没了太阳才进门就意味着是二婚。合肥人迎亲既有选择上午去的，也有选择下午去的。选择上午去的一般都是在十二点之前把新娘接回家。在合肥三县之一的肥东县，迎亲一般是天还没亮就开始进行了。在新娘从娘家到婆家的一路上，天由暗变亮意味着新娘嫁到婆家之后生活会越来越好。② 下午迎亲的，吃过午饭才出发去接新娘，具体时间可根据需要决定，但一般都会带个半点，如1点半、2点半，寓意是找个"伴"。还有些新人会选择带8的时间，如1点18、2点18等，意思是"要发"。有些人家的亲友是远道而来，又不想留宿，那么主人就会把迎亲、成亲典礼和婚宴也安排在上午和中午，好方便客人下午有时间返回。

---

① 韩冷：《广东与东北都市婚俗调查比较》，《华南农业大学学报》2007年第4期。

② 郝楠：《合肥市婚礼仪式中象征符号的文化解读》，安徽大学，硕士学位论文2007年4月，第16页。

4. 迎亲礼物

新郎去接新娘自然不能空手而去，一般都会带上迎亲礼物。一些城市的迎亲礼物会包括一份由四样物品搭配的组合，再加上一些其他具有象征含义的物品。例如合肥迎亲要带四盒礼，即烟、酒、糕点和糖。此外还要带一对猪蹄子、一对鸡（公鸡母鸡各一只）、丫叉肉以及面条。这些礼物在当地人看来都是有意义的。合肥话里"蹄"跟"旗"是一样的，"旗"多的地方就很热闹，衬托出婚礼的气氛。丫叉肉是猪肉，就是把一块猪肉切开但又不切断，还连着一点儿，意思就是讲从此以后男女两家就联系在一块了，扯也扯不断。送面条就是给女方家"面子"。接过新娘之后，媒人要把丫叉肉拽开、带走一半，还要带走一只母鸡和一些面条。所有这些迎亲礼物都要贴上红"囍"的字样。[①] 兰州的新郎去接新娘时要带上"四色礼"，即烟、酒、糖（或茶）加一块"离娘肉"。"离娘肉"是上好的四条肋骨肉，中间用刀劈开，但底子还要连着，用彩带扎好。到了新娘家里，新娘的母亲将肉用开水焯一下，再劈开，留下一半，另一半交给新郎带回。这意思是双方已经由生人变成熟人了，女儿就要离开娘家了。在贵阳，新郎除了要带上"三金"（金戒指、金项链、金手镯）、新衣服、新鞋子以外，还需要准备一套"四色水礼"。这"四色水礼"包括有酒、面条、猪肉、糕点四种礼物，礼物的重量和数量都必须双数，譬如其中的猪肉最好是 6 斤 8 两的肉，而且是一刀切的猪后腿肉，不能拼凑。长沙的新郎则是要带上一对活的鲤鱼，一公一母，还有红纸包的花生、红枣、芝麻、茶叶四种礼物。天津接亲时的礼物是新娘要穿戴的嫁衣、婚鞋、准备好的头花、双喜字、红色的龙凤花等，此外还要有四个苹果。这些礼物一般用红色的包袱皮包裹。到了新娘家用包袱里的两个苹果换新娘家的两个苹果再带回新郎家。东北地区新郎迎亲时需要带上里脊肉给丈母娘吃，这同样也称为

---

① 郝楠：《合肥市婚礼仪式中象征符号的文化解读》，安徽大学，硕士学位论文 2007 年 4 月，第 16 页。

"离娘肉"，还要带上红线捆着的大葱，寓意生活充实，以及一个
"聚宝盆"，即装满生活用品的红脸盆。

5. 迎亲队伍

花车和礼物都准备好了，吉时也到了，迎亲队伍便直奔新娘家
而去。男方家去接新娘的人也是有讲究的，各城市具体的迎亲人
员虽然不同，但大多有去接新娘时人数必须是单数回来时凑成双
数的规矩。在天津，按旧俗新郎是不能去接新娘的。迎亲人员一
般是新郎的女性长辈和同辈的年轻女子。现在新郎可以亲自去接
新娘，而其他迎亲人员可以是新郎的姐姐、女性朋友或同龄的其
他女性。迎亲队伍的人数多少并无具体规定，但必须单数，如3、
5、7等。接到新娘后，加上新娘和新娘家送亲的人员，一起接回
来的人数要正好凑成双数，民间把这称为"去单回双"。武汉也有
"单数去、双数回"的说法。迎亲人员一般包括新郎、两个伴郎、
两个充任接娘的年轻女子，一共五人。接娘多由新郎的姐姐担任。
接到新娘回来时加上新娘、两个伴娘，便一共八个人。东北地区
的城市，新郎家去迎亲的数大多是十几人，而且人数也必须是单
数，同样是娶回新娘后凑成双数。在迎亲队伍中还有一对专门给
新娘提婚纱的小男孩和小女孩。长沙虽然没有严格规定"单数去、
双数回"，但男方去接新娘通常都是男性，一般是一些未婚的年轻
男子加上一个可以主事的叔、伯长辈和媒人，有时也有一两位年
轻女子做点缀。此外，在迎亲时很多北方城市里至今还保留着"姑
不接姨不送"的传统，意即新郎的姑姑不参加迎亲，新娘的姨母
不参加送亲。之所以会出现这样的习俗，人们的解释是过去新郎
的姑姑和新娘的姨母都是出嫁之女，都是外姓人，只能代表丈夫
的家族而不能代表娘家。娶亲和嫁女都是大事，必须由本家人亲
自接送。虽然现在女子嫁出去一样还是娘家的人，但出于求吉的
心理，人们还是遵守着这个传统。

6. 迎亲路线

一般说来，迎亲车队走哪一条线路是事先确定好，路线的选择

会考虑新郎新娘家的距离、整个结婚过程的时间安排以及怎样在吉时内完成迎亲。很多城市都有迎亲车队"不走回头路"的习俗，即车队从新郎家到新娘家去接亲的路线是一条，接到新娘后从新娘家返回新郎家的路线又是另外一条。南京花车去接新娘回新房的路线不能和新郎出发的路线重复，所以尽管有的新人两家距离很近，但是也会故意绕远路。合肥也是接亲和返回的路线不能重复。甚至合肥还有着规定，如果花车队从新郎家门的哪一边出发去接，回来时也必须从那一边进门，所以一般花车队会走一个圆形或8字形路线，象征着"生活圆满"。广州的花车队在接到新娘后不能原路返回，行驶的路线和来时的路不一样，广州人把这称为"转运"，路绕得越远越好。昆明人虽然不讲究车队"不走回头路"，但迎亲时往往会选择宽广热闹的主干道行驶。而且，当迎亲车队抵达新娘家时，如果新娘家有两个门，或正门侧门或大门后门，这时候一定会选择正大门进入，喻正大光明、明媒正娶之意。①

7. 考验新郎

① "叫门"

迎亲车队到达新娘家，并不能立刻就能接到新娘。新郎还必须经过新娘家的重重"考验"才能见到自己未来的妻子。这种在迎亲时为难新郎的做法古时已有，其中最典型的莫过于"叫门"。"叫门"即敲开新娘家门的仪式，也被称为"堵门""开门"，过去曾是迎亲过程中的一个重要程序，现在在城市婚礼中依然保留，而且还十分隆重。当迎亲的花车载着新郎、伴郎和亲友抵达新娘家时，新娘家在做出迎接表示后便房门紧闭。新郎和亲友要通过"叫门"才能进到新娘家。"叫门"的主要人物各地不同，有的是新郎领头，有的是亲友主打，有的则是交给媒人。不论是谁"主叫"，都要在新娘家门口一边苦苦相求，好话说尽，一边用力敲

---

① 赵洁：《镜头对婚礼仪式的介入和影响》，云南大学，硕士学位论文2011年4月，第8页。

门，大声嬉闹。新娘通常都待在自己房间，家人和朋友则紧守大门，不轻易让迎亲队伍入内。若迎亲人求得急了，才打开一条门缝。此时新郎、伴郎或亲友得趁机将装少量钱币的红包塞进去。红包钱由新郎家事先准备好。新娘的家人和朋友就算收到红包，还是要故意刁难新郎，这时新郎、伴郎或亲友就要不停地塞红包。就算被刁难狠了，新郎也不气恼，因为知道习俗便是如此。待新娘家人和朋友觉得满意了，便把门缝开大一些，让迎亲队伍好有机会一拥而入。有时，新娘方还要假意阻挡几下。整个过程好似一场游戏，双方玩得不亦乐乎。

　　"叫门"如今在大江南北都非常流行。以合肥市为例，当男家迎亲人马来到时，女家即刻点放爆竹，表示欢迎，但是在爆竹声中新娘家的房门却紧紧闭上。这时，男家来接新娘的人要一边敲门一边向新娘家的人说好话，然后从门缝里向内塞红包，当地人称为"门缝钱"。一般不塞上三五次门缝钱，新娘家房门是不会打开的。门缝钱一般是"小钱"，最少1—2元，最多不超过20元。红包是事先准备好的，具体数目视新娘家的亲戚多寡而定，但大多是20—30个，其中装有100元的大红包也要有几个，留给比较重要的人物，如新娘的姐妹等。新娘家的门不止一道，除了大门外，新娘闺房也有个门，有的新娘家甚至会有好几道门。如果迎亲的给了一些门缝钱之后仍然无法敲开大门，他们便在门外放响爆竹，这被称为"催门炮"，目的是提醒女家赶紧开门。按照当地的风俗，若男家放第三挂爆竹女家家门仍没有打开，男家就可以打道回府了。当然这种情况是绝少发生的，一般在催门炮放响了之后，女家就会把门打开了。[①] 广东城市地区的"叫门"也别有趣味。新郎到达女方家的门前时，新娘的"姐妹"们会严守大门，与新郎及其"兄弟"们唇枪舌剑一番，大索"开门利市"，俗称"姐妹钱"。"利市"就是红包，价值都在1元到10元之间，通常每个

---

①　郝楠：《合肥市婚礼仪式中象征符号的文化解读》，安徽大学，硕士学位论文2007年4月，第17—18页。

姐妹都要收到5—6个红包才肯放行。为了拦住新郎进大门，"姐妹们"会想尽办法"刁难"新郎。有时她们会对新郎"文考"，让新郎进行诗歌对句，范围一般都是家喻户晓的与有情人终成眷属的含义相关的诗句。有的婚礼要进行"武考"，譬如让新郎做一百个俯卧撑，或是在新娘家室内放一个篮筐，让新郎在一米五左右的距离投篮。接下来还会请新郎猜新娘在哪个房间。除了合肥和广东这样比较典型的"叫门"方式外，一些城市也有着特殊的习俗。在长沙，"叫门"不仅要塞红包，还要塞十张用红色纸信封做的聘书，这叫作"挡亲礼"。"挡亲礼"要一直塞到新娘娘家人满意为止，新郎进门接新娘。在东北地区，新郎给了红包后还必须大声地喊"爸、妈，开门"，而新娘娘家人还会戏闹新郎一下，或者嫌他声音小啊，或者嫌他红包给得少等。

"叫门"习俗流传已久，其中包含着多重文化意义。在父系社会，新郎前往女家迎娶新娘，意味着女家将有一位女子离开家门成为男家的一员。所以女家对迎亲队伍大门紧闭，表达的是对待嫁女子的不舍之情以及对男家的不满。同时，迎亲队伍在"叫门"时闹出极大的动静，就犹如把婚姻大事公之于众，特别是向女家的街坊邻里宣告，明媒正娶的意义不言而喻。当然"叫门"也是女家对新郎的一种考验，看新郎是否能待新娘真心实意，是否能耐得住性子，是否有能力供养妻子。通过了考验，女家才能放心让女儿成为男家的一员。到了今天，"叫门"的这些文化含义或多或少都还有所保留。不过，对于城市里的年轻人来说，"叫门"时新郎方与新娘方你来我往、"斗智斗勇"的互动更像一场游戏，不仅烘托出结婚的喜庆热闹，同时让新人在这一过程感受新婚的幸福与甜蜜。

②"藏鞋"

就算新郎一行人成功进入新娘家，也未必就能把新娘接走，在有的城市里新娘方还为他们设置了另一重考验。新娘的好友会把新娘的婚鞋提前藏起来，待迎亲队伍进入新娘家后便发出指令，让新郎一行人把鞋子找出来。接到指令的迎亲团便在新娘家翻箱倒柜、四处搜索。按照约定俗成，新娘的一只鞋会藏在婚纱裙摆下面，而这只鞋也必须由新郎亲自取出来。这个习俗从何而来不可考，但是如今在城市年轻人中却被解释为"拜倒在石榴裙下"。新娘的另一只鞋就没那么容易找出来了。新娘方在藏鞋这个环节可谓匠心别具，花样百出。藏橱柜里、沙发下的难度最小，显然是新娘方不想为难新郎。藏到伴娘和好友的衣服外套里、背包里考验的是男人们脸皮是否够厚。最"丧心病狂"的藏法是用细绳拴住婚鞋的鞋跟将鞋子挂在窗外，或用防水的塑料袋把鞋子密封好放进抽水马桶的水箱。当然，这些藏法一旦已经有人玩过就会一传十十传百，不再是秘密。所以，新娘的亲友团总是乐此不疲地寻找新花样。看到新郎和亲友们因为找不到鞋而不得不向她们求取线索时便可乘机索要红包。

"藏鞋"这个环节的来源众说纷纭。有人认为在中国传统文化中，鞋本身是一种吉祥物，这是由于鞋子成双成对，且"鞋"与"携"的同音。鞋可以作为婚礼赠品，作为出嫁必备品，作为新婚贺礼。鞋本身在婚礼中表达了妇女顺从丈夫的意思。同时，鞋在传统的生殖符号中是女性子宫的象征，因此，新郎给新娘穿鞋的举动就是一个生殖的隐喻，有祈求多子多福的愿望。也有的人说藏鞋是来自中国古时的传统，新郎需要验证新娘是否为真正的"三寸金莲"，因此必须不遗余力地找到婚鞋并亲手为新娘穿上。还有的说是来自西方的传说：很久以前有位公主不小心丢失了自己的水晶鞋，邻国的王子历尽艰难险阻，为公主找回了鞋子，最后公主嫁给了王子，两人幸福地生活在一起。不论"藏鞋"是起源于中国传统或是起源于西方传说，在现代城市婚礼中"藏鞋"与"找鞋"本身就有很明显的寓意，新人踏破千山万水，方得相守一生。而寻找鞋子就像寻找幸福一般，婚姻道路曲折和坎坷，只要付出努力，终会迎来幸福。当然，对现代城市青年人来说，"藏鞋"和"找鞋"与"叫门"相似，在年轻人眼中是一种浪漫情趣，新人在"藏"与"找"中体会结婚的喜悦与美好。所以，"藏鞋"也成为现时代的年轻人创造的一种城市婚礼新民俗。[①]

③"求婚"

历经"千辛万苦"，新郎终于得以与新娘见面，但他还是不能接走新娘。为了进一步"折腾"新郎，城市里迎亲过程中出现了一个模仿西方人求婚场面的鲜花求婚的仪式，即新郎手捧鲜花献给新娘，并请求新娘嫁给自己。当然，虽说是模仿西式的求婚，但各地也都有自己的特色。昆明新郎进了门见到新娘后，要双手捧花，单膝跪地，在众目睽睽下向新娘示爱求婚，旁边围观的小伙伴便高声起哄，场面既感人又热闹。成都的新郎进门后先半跪在新娘床前献上捧花，再给新娘系上腕花，把找到的鞋子给新娘穿上。而在东北地区的城市里，新郎手中捧花的数目必须带"9"，寓意长长久久。新郎把手捧花献给新娘后，俩人便开始比赛谁先讲话，先讲话的那一方在婚后生活中就要受到对方的管制了。当然，双方都会耍些小聪明试图让对方先开口。

8. 敬拜新娘父母

求婚完毕，新人或吃一些东西，或者还有一些其他的小礼节，各地不一。接下来最重要的仪式就是新人敬拜新娘的父母。普遍的流程是新人给新娘的父母敬茶，或者敬烟和喜糖，然后新郎"改口"，称新娘的父母为"爸爸""妈妈"，然后新娘父母会象征性地给新人一些嘱咐，一方面是把女儿托付给新郎，一方面为新人的婚姻祝福。新人在听了父母的嘱咐后，会感谢新娘父母的养育之恩，新郎更是会承诺日后一定照顾好新娘，和新娘和睦相处、白头到老。各城市敬拜的方式又有所差别。在成都、贵阳等地，新人是跪着给新娘父母敬茶。而在广州，新人敬茶的对象不仅是新娘的父母，还有新娘的舅父、姨妈、爷爷、叔伯等近亲。在昆明，新人在敬拜新娘父母时要磕头，表示女儿感谢父母养育之恩、女

---

① 韩冷:《广东与东北都市婚俗调查比较》,《华南农业大学学报》2007 年第 4 期。

婿感谢岳父母将女儿交给自己，新娘母亲通常会在此时眼泪汪汪地嘱咐女婿好好照顾自己的女儿。① 在东北的各大城市里，"叫门""藏鞋"、吃东西等环节都进行了以后，新娘父母便落座，新人面向父母站好，新郎正式改口叫新娘父母"爸""妈"，并三鞠躬，然后新郎给新娘父亲点一根喜烟，给新娘母亲剥一块喜糖。新娘父母还会对新人今后的生活说几句叮咛、嘱托、祝福的话，新郎则向岳父岳母保证善待新娘，孝敬双方父母。一般说来，当新郎称呼新娘父母为"爸爸""妈妈"后，新娘父母都会给新郎一个红包，这便是民间所说的"改口费"。"改口费"的多少视地区的收入水平和家庭经济状况而定。昆明人给出的"改口费"的数目一般都带有 6、8 之类的吉利数字。在南京，"改口费"最常见的是888 元。合肥的岳父岳母给女婿准备的改口费多为 1001 元，有少数也会给 10001 元，其意义是女婿是"千里挑一"或"万里挑一"的好女婿。东北的城市给新郎的改口费同样是 1001 元，不过按规矩是新娘父母要各自给一份。

9. 出嫁礼物

敬拜新娘父母后，新郎终于接到了自己的新娘了。新娘离开娘家时要带上陪嫁物品。陪嫁物品多是家用电器和床上用品。当然，家用电器虽说是由女方购买，但很可能早就搬到新房去了，迎亲当天的花车上装着的只是一些象征性的包装箱。除了陪嫁物品外，在北方一些城市里的新娘子出嫁还要带上两个"喜盆"。"喜盆"是红色的，底部印有"囍"字。"喜盆"都会放上一些东西，各个城市不一样。通常一个盆里会放上一些花生、大枣、瓜子、栗子之类的干果，寓意"早生贵子"，有时也会加上一些喜烟和喜糖。另一个盆里放的东西地区差异会比较大。在东北的城市一般是放梳子、镜子、皂盒、化妆品之类洗漱用品，而且是成对的；在济南、青岛等地则放两把面条、两双筷子；而在大连会放上白面蒸的鲤

---

① 赵洁：《镜头对婚礼仪式的介入和影响》，云南大学，硕士学位论文 2011 年 4 月，第 8 页。

鱼，寓意生活年年有余。这两个红色的盆用包袱皮包裹起来，随迎亲队伍被带到新房备用。合肥的新娘要带一条糕和镜子。糕被称为"贴心糕"，入洞房之后与新郎一起吃掉。镜子要被揣在怀里，因此称为"怀镜"，"怀镜"的作用是辟邪。太原的新娘要带一只红皮箱，皮箱里放着一些钱，一般是 666、888、1688、1888等吉利数字，具体多少和新郎家商量定的，这就是民间所说的"压箱底"。

10. 送亲人员

新郎家有迎亲的队伍，新娘家自然也有送亲的人员。有"去时单、来时双"的习俗的城市里，新娘家送亲的人数也必须是单数，这样加上新郎家来的迎亲人员便成了双数。除了人数的规矩外，很多地区对送亲人员本身的身份也很讲究。按照东北的结婚风俗，新娘的妈妈是不能去送亲的，但新娘的爸爸就可以去，而妈妈在送别女儿时要"哭嫁"，如果女儿也哭了，那就会让娘家人富裕起来，这叫作"洒金豆子"。在黑龙江，新娘若有弟弟，弟弟必须去送亲，并且要坐在主婚车上"压车"，当然新人为此还要给他一个大红包。而在太原，新娘出嫁之时，嫂嫂不能相送，因为"嫂"与"扫"同音，会让人联想到扫把星，不吉利。南昌人给新娘女方送嫁的，多是未婚女子以及新娘的兄弟。新郎新娘的父母以及其他长辈或结了婚的人通常既不参加接亲，也不参加送亲。除了这些人外，很多地区都忌讳孕妇送亲或碰到孕妇。在合肥人们认为孕妇是"四眼人"在婚礼当天出现不吉利。在福建，人们怕新娘接触孕妇后也会怀孕，引起"喜冲喜"。在福建北部的顺昌县一带，新娘在上路时必须手抓一把桂圆，一边走一边将桂圆捏碎，以期在不可避免碰到孕妇的情况下，能把所谓的灾难化解掉。[①] 当然，有的城市对属相也有忌讳。合肥人忌讳属虎的人，属虎的人不仅不能送亲，甚至在有人结婚时，他们也会主动避让，不与新

---

① 陈利华：《闽北现代城市婚俗礼仪的古俗考》，《南平师专学报》1998 年第 1 期。

人打照面。

11. 离开新娘家

　　尽管新娘已经可以和新郎一道走出娘家的门了，但新娘出门的方式却不那么简单。很多城市都还保留着古老的新娘离开娘家后"脚不着地"的传统，即从新娘走出家门到坐上婚车这一过程中，脚不能落在地上。关于这一传统来源的解释有很多种。一种观点认为，在中国老百姓心目中，天有天神，地有地煞，为使新娘不触犯地上神灵，新娘的双脚不能与地面直接接触。不过现代城里的年轻人普遍接受了一个说法：古时新娘出嫁，所有穿戴从里到外、从上至下都是男方家提供。新娘在娘家时，踩了娘家的地，鞋子上"粘上"了娘家的福气、财气，若她走着离开娘家，会把娘家的福气、财气也一并带走，让娘家贫穷，所以过去很多地方新娘出嫁时要由亲人背着或抱着上轿，这种习俗一直流传至今。当然，今天城市里背新娘或抱新娘的重任多是落到了新郎身上。而且新郎背新娘时，还常常要完成亲友团设计的小游戏，如踩气球、跨绳子等，接媳妇回家的难度又增加不少。有的城市里是由新娘的亲戚来完成此重任。在贵阳的婚礼习俗中，新娘子在到达新郎家之前是不能穿鞋的，而且双脚也是不可以落地的。新娘子在出门的时候，必须由自家的兄弟背着出门。南昌背新娘的以新娘的兄弟为先，没有兄弟的叔叔也可以背，如果新娘既没有兄弟也没有叔叔，那就由新郎来背了。在南京背新娘出门的是新娘的兄弟或者是舅舅，而且背新娘出门时，新娘脚上不能穿鞋。合肥一般让新娘舅舅背新娘出门。如果新娘没有舅舅，新娘的兄弟、堂兄弟或表兄弟都可以充当背新娘的角色。背新娘或抱新娘毕竟是一个体力活，现在在城市里，人们都住在高楼大厦里，背新娘的人要走较远的路才能到达花车处，若中途背不动了，也会把新娘放下休息。由于新娘脚不能落地，所以人们也想出了一些变通的办法。在合肥，当新娘需要落脚在地上的时候，站在一旁的伴娘会立即摆上一个筛子，筛子里装有"步步糕"（即云片糕）、糖果、苹果等物，新娘脚踩在筛子上，有"步步高"的象征意义。[①] 在贵阳，新郎迎亲时会携带一个小板凳，新娘需要休息时，就站在小板凳上。而在青岛，伴郎或伴娘会给新娘准备一床红色的毛巾被，必要时新娘可以站也可以坐在上面。当然，今天城市里很多青年男女也有不讲究这一传统的，尤其是女性，她们会坚持与新郎手挽手走出来。在福建北部地区的城市，人们是用另外的方式来让新娘"脚不沾地"。在结婚当日，新娘在娘家时必须穿红色的鞋子，并在鞋底贴上红纸，待新娘出门后再揭去，以表"不带走娘家风水"之意。古时有钱人常在地上铺红地毡，使新娘的双脚不与地面直接接触，现在经简化，只贴上红纸即可，不过其内涵并未发生变化。[②]

　　除了"脚不着地"外，有的城市新娘出嫁还需要"头不见天"。如果说"脚不着地"是为了避免新娘犯地煞，那么"头不见天"则是为了让新娘不冒犯天神。古时人们是用筛子或雨伞撑在新娘头上，遮住天空，这样天地鬼神就不能伤害新娘子了。现在，城市中筛子已经很少见了，一般都是由伴娘撑着红雨伞随新娘款款而行，这一方面满足了老百姓传统的辟邪的心理，一方面也显得美观、大方。[③] 新娘出嫁时要撑红雨伞的在南方城市比较多见。广州的新郎抱着新娘走出新娘家门时，伴娘要先在门口打开鲜红色的伞，然后有人会在伞上面撒米，不过在广州的番禺地区和佛山的顺德地区撑伞的一般是新娘的父亲。南京、福州、南宁和贵阳等地都有给新娘撑伞的习俗，不过有时人们也不会专门用红色的伞。

　　除了这两个比较流行的习俗外，各地的新娘离开娘家去夫家时还有一些地方性的习俗。在青岛，当新郎接了新娘准备出门时，

---

① 郝楠：《合肥市婚礼仪式中象征符号的文化解读》，安徽大学，硕士学位论文2007年4月，第18页。

② 陈利华：《闽北现代城市婚俗礼仪中的古俗考》，《南平师专学报》1998年第1期。

③ 同上。

新娘的母亲要亲手为新郎新娘系上一根红腰带。红腰带是提前准备好的，红腰带的两头会放入一些零钱并缝好。有的放两枚一元的硬币，里外各一枚，代表好事成双，有的放六枚或八枚，还有放十枚的，代表十全十美，也有放百元大钞的，形式很多样。系红腰带一般是先男后女，但也有的不讲究这些。在系腰带时新娘母亲会一边系一边说："腰缠万贯，幸福百年。"红腰带系的是活结，意思是生活和顺，没有心结，没有疙瘩。按照传统要求，红腰带必须一直系到婚礼结束。不过现在为了美观的缘故，有的新娘把红腰带系在婚纱里面，直到婚礼结束，而有的新人则在摄影师拍了照后就把红腰带取下来收藏好，作为纪念。新娘母亲给新人系红腰带，是祝福新人婚后生活红红火火。红腰带同时也有趋吉避凶、消灾免祸的意义，很多新人婚后在一些重要的时候也会系上结婚时系过的这跟红腰带，以求吉辟邪。系红腰带的习俗在北方的城市常见，只是在一些细节上有所差异。现在的红腰带已经成为一件重要的婚庆产品，新娘家无须再自己制作。在沈阳，新娘上花车前，要把一把扇子放在茶盘内，由一个小男孩端去给新娘，新娘拿了扇子则回赠红包答谢。礼车启动后，新娘会将扇子掷到窗外。此举的意义是不将坏性子带到婆家，随后小男孩将扇子捡起后交给新娘家人，新娘家人又回赠红包答谢。掷扇的习俗在东北地区比较普遍，只是送扇子和拾扇子的人会有所不同。天津迎亲时有一个非常特殊的习俗，无论是新郎出门到新娘家，还是新娘出门返回新郎家，所有男方和女方的亲戚朋友都要头戴喜字，男方家是"囍"字，女方是单独的"喜"字。

12. 回到新郎家

当迎亲车队回到新郎家或新房门后，新娘也不能立刻下车。从新郎家门口到新郎家这一段路上，新娘的双脚依旧不能着地，为了让新娘顺利进入新郎家，在大多数城市新郎或新郎家的男性亲戚，如兄弟、堂兄弟、表兄弟、叔叔、伯伯、舅舅等，会前去背新娘或抱新娘。这其中又以湖南很多城市里都还存在的"烧火老倌"

习俗最为特别。这个习俗要求花车在到达新房几十米的地方停下来，新娘不能下车，必须等待新郎的爸爸来接。而新郎的爸爸则一身奇特的打扮，头上戴红色高尖帽，脸上涂满炭灰，额头和鼻子都要抹红，腰系红绸脚穿雨靴，胸前挂着"我是烧火老倌"的牌子，推着一辆土车来接新娘。新娘下婚车后坐在土车上，新郎会在前面拉土车，而爸爸则在后面打。而新郎的同辈亲友会相互争抢着把新娘从土车上抱入新房。婚宴时，新郎的爸爸还要在肩上扛一根棍子，手拿锣，边走边敲唱着"我是烧火老倌"，场面非常的喜庆。[①] 这一独特的习俗在湖南农村更为普遍，但城市里一些人家结婚也会用这种方式把新娘子从花车里接回新郎家。

在很多城市里，新娘被接到新郎家或新房后，还会进行很多活动，而其中最重要的活动是新人拜见新郎父母以及新娘认亲，改口称新郎父母为"爸""妈"，当然具体的做法各地不一。太原的新娘到新郎家或新房后，要先换衣服，从娘家穿来的婚纱、鞋子都必须换掉。新娘带来的箱子要由新娘的弟弟或侄子当众打开，并宣读陪嫁物品，摆出压在箱底的钱。而新郎的父母要把再多一倍的钱放入箱中锁起来。随后，新娘就要改口。新娘改口后，新郎父母要给新娘一个红包，一般是 666 元或 888 元的吉利数字，也有给 1000 元、2000 元，还有给 1001 元的，意味着媳妇是"千里挑一"的。在青岛，新郎和新娘进门后，新郎要先向父母汇报情况，并介绍一下送亲的新娘家人。然后新郎家的女性长辈会把从新娘家带来的裹着"喜盆"的包袱接过来，在这个过程中，接包袱的人要用和送包袱的人相反的手去接，途中不能转手。包袱接过来后就打开，并把盆里的栗子、枣、花生、桂圆、莲子等干果撒在床上、褥子底下。接下来，新人拜见父母并敬茶，新娘改口。在福建北部的城市里，如果新娘是被迎娶到新郎父母家中，一般都要依仪式先拜天地、拜祖先、拜高堂，而后一一拜过新郎的长辈亲属，

---

① 《湖南长沙结婚习俗》，湖南民政局（网站）http：//www. minzhengju. cn/xisu/hu-nan/20140313209. html，2015 年 8 月 25 日获取。

俗称"见面"。见面礼毕，长辈一般都要给新人一些见面礼，以示新人尊长，长者爱幼之意。① 在广州，新娘进入新郎家时要跨火盆。跨火盆是个传统仪式，其寓意是将新娘过去的污气赶走。现在城市里，一些人家的父母仍旧坚持子女结婚时需保留这个仪式。跨了火盆之后，入了家门，新娘就要举酒举茶，敬拜新郎的祖先。

在新娘认亲、改口后，整个迎亲仪式也差不多算是完成了。此时，如果成亲典礼和婚宴按习俗是安排在中午的，那么新郎新娘以及来帮忙迎亲的亲戚们就一同赶往酒店。如果是上午迎亲，傍晚才举行成亲典礼和婚宴的，那么新郎家会请大家吃一顿午饭，当然这顿午餐多半是安排在餐馆里了。午饭后，新郎新娘就可以启程去酒店了。在这个过程中，一些城市又发展出一种新的"仪式"，即花车在城市主干道巡游和新人到城市标志景观拍照留念。昆明人结婚时的花车"绕街"可谓这一新"仪式"的代表。所谓绕街，即新郎将新娘接回家，举行完相应的仪式，并吃过午饭后，在前往酒店的路上，花车队要沿着既定路线行驶至某一景点，然后新人及亲戚朋友在该景点拍照和录像，完后车队又按照既定路线开往酒店。"绕街"时途经的景点一般离新人家比较近，有的是开放式没有门票的，有的则是景色优美、需要门票的。在开放式的景点内，新郎新娘的亲戚朋友会跟新人一起做游戏、拍照。② 花车巡游和景点拍照这一新"仪式"可以说是随着轿车迎亲的出现而发展起来的，现在已经成了一些城市结婚时的一个必备环节。当然，这种大张旗鼓的活动无疑是向世人昭告，这里有一对男女即将步入婚姻殿堂。路上的行人看到这一幕也会给予善意的祝福的微笑。花车在城里巡游一番，终于到达酒店，整个迎亲的过程才算真正结束。

透过现代城市婚礼中的迎亲这个环节，我们能看到传统文化的

---

① 陈利华：《闽北现代城市婚俗礼仪中的古俗考》，《南平师专学报》1998 年第 1 期。

② 赵洁：《镜头对婚礼仪式的介入和影响》，云南大学，硕士学位论文 2011 年 4 月，第 8、11 页。

传承，也能看到西方文化元素的融入。这两者的结合给迎亲这个古老的仪式赋予了新的意义。它既是一个规范的程序，又是一个让年轻人张扬个性的舞台；它既宣告两个家庭正式联姻，又公告两个新人的浪漫爱情终于开花结果；它既展示出对父母长辈的尊敬，又打破"父母之命"，让年轻人成为婚姻的真正主角；它既从形式上体现出传统父系社会的"嫁夫随夫"，又从意义上强调婚姻关系中的男女平等。很显然，即便现代城市婚礼中的迎亲从形式上与传统的相仿，但从内涵上已经具有现代文明的特征。

三　成亲："酒店婚礼"与　　"结婚晚会"

按照传统婚礼的规范，新郎把新娘迎接到自己家中后还必须举行"拜堂成亲"的仪式，新娘才能成为夫家的一员。虽然"六礼"并未对"拜堂成亲"做出规定，但新郎新娘若没有经历这个环节，便不能完婚，彼此的结合也不具有合法性。今天的城市婚礼仍然保留着"拜堂成亲"的传统，而且"拜堂成亲"的意义与过去一样，是向社会昭告新人要结为夫妻，让他们的结合获得民意的认可。虽然对于结婚的主角新郎新娘和其家人来说，婚礼是个广义的概念，包括了从商定结婚到结婚筹备再到结婚日所有仪式在内的各个程序，而对于外人来说，尤其是对被邀请来见证新人结婚的亲朋好友来说，"拜堂成亲"才是真正意义上的婚礼。与传统相比，新时代的"拜堂成亲"在形式和意义上都发生了改变。最突出的就是"拜堂成亲"的地点不再是新郎家，而是酒店、酒楼等公共场所。相应地，现在的"拜堂成亲"仪式严肃性的一面已经被淡化了很多，还加入了不少西方仪式中的环节。这种转变的背后是传统婚姻观与西方新理念的碰撞与调和。

（一）酒店里成亲

过去婚礼中的成亲仪式都是在新郎家里举行，场地的布置、道具的准备等都由新郎方来负责，若还有婚宴也由新郎家提供。这种模式如今在农村里仍然保留，但在城市里"拜堂成亲"的地点已经变成了酒店、酒楼或者其他公共场所，而其中又以酒店最为普遍。

在自家之外"拜堂成亲"其实是中国社会经济发展的结果。早在民国初年，大城市里一些开明人士已经把婚礼的地点设在礼堂、饭馆和酒店等地方，信基督教的新人甚至在教堂举行婚礼。新中国成立后，在大陆由于政府提倡节俭办婚事，年轻人结婚或者按照传统规矩在男方家简单举行一个仪式，或者是工作单位组织一个简单的茶话会。而在港台地区人们开始到酒店和酒楼举行婚礼仪式。20 世纪 80 年代以来人们对婚礼仪式越来越重视，城市居民开始效仿港台的风俗，再加上改革开放带来的商品经济的快速发展，酒店、酒楼和其他可以提供婚礼服务的公共场所越来越常见，城市里逐渐形成了在自家之外"拜堂成亲"的习俗。

从现实的角度看，中国现代化和工业化的发展带来了一个在西方国家也曾出现过的社会现象，即城市家庭的规模越来越小。传统中国社会是自给自足的农业社会，对劳动力的渴求使得人们更愿意与亲属居住在一起，以完成繁多且相互有时间冲突的生产劳动任务，几代同堂、人口上百的大家庭常是人们理想中的生活模式。然而，当中国进入工业社会后，传统的大家庭模式无法适应需要人口具有高度流动性的社会化大生产方式，所以大家庭渐渐被只有父母和子女两代人的小家庭取代，这一点在高度工业化的城市里更为突出。家庭变小带来一个后果就是家庭住宅也日趋小型化。现在城市里的住宅大多是鳞次栉比的高楼，像过去那样宽敞的独门独户的宅院并不多见。对于城市居民来说，要想在自己家里办一个"拜堂成亲"的仪式是很不现实的。工业化带来的影响使得人们把"拜堂成亲"的地点由过去的私人住所转变为公共场所。

"拜堂成亲"地点的改变与人们婚嫁观的变化也有莫大关系。由新郎家来操办婚事、在新郎家"拜堂成亲"其实是中国传统父系宗法制度的体现。在父系继嗣社会中，为了保证家族的"血统"能够按照男性的线路往下传递，就必须对女性的生育进行控制，让女性所生的孩子完全归属于男方，而这需要一整套制度来进行保障，女性婚后与男方的父母和亲属一起居住便是其中之一。这种居住制度让女性无法与有血缘关系的亲属生活在一起，淡化了女性和自己娘家的关系，让女性更易于被男方家控制。而女性出嫁后整个社会更是建构出相应的价值观，让其只专注于生儿育女的职责，而不强调其参与经济生产和社会政治的职责。所以传统中国社会中的女性普遍没有自己独立的社会地位，在家庭中只能被动依附于男性。对于这种依附地位最好的诠释就是"未嫁从父，既嫁从夫，夫死从子"。未出嫁的女性要服从家中的男性长辈尤其是男性大家长，出嫁的女性则要顺从自己的丈夫和公公、婆婆。而在传统婚礼中，新娘通过在男方家与新郎"拜堂成亲"，彻底成为夫家的一员，完成从"未嫁从父"到"既嫁从夫"的过渡，最终在夫家扮演相夫教子的角色。当然，自民国时期开始，西方关于男女平权的各种观念就不断传入中国，历经一百多年，中国社会男尊女卑的观念虽然并未完全消除，但女性的地位比起过去已经有了很大提升。当今的城市女性已经渐渐摆脱对男性的依附，她们有自己的工作，在经济上越来越独立，并不依靠男人供养。她们希望能够主宰自己的婚姻生活，不喜欢来自双方父母的过多干预，因此也越来越不愿意在婚后与丈夫的父母共同居住。不在新郎家进行最重要的"拜堂成亲"仪式，也给她们提供了一个能够参与操办婚事的机会，而不是像过去一样在结婚一事上无法表达自己的意愿。"拜堂成亲"地点的转换从一个侧面反映出当代中国社会婚姻关系中男女地位发生的变化，而这种变化在城市里已经越来越为人们所接受。

城市里众多的公共场所如酒店、酒楼、酒吧、礼堂、广场、草坪、沙滩、游船等都可以举办"拜堂成亲"活动。在这些场所中，酒店最终成为了最常见的"拜堂成亲"的地点，这实际上是人们基于中国婚礼的特点而做出的选择。中式婚礼讲究热闹喜庆，来观礼的人越多越好，证明主家人气旺，所以一般"拜堂成亲"的场所都选在空间宽敞、能容纳较多人的地方。中式婚礼一般在成亲仪式后都会安排酒席招待到场的宾客。在当代城市，不论婚礼如何简化，成亲和婚宴是必不可少的两个部分，尤其是婚宴对婚礼的意义重大。所以"拜堂成亲"的地方最好能够提供婚宴。从新郎新娘的心理需求来说，婚礼可能一生才有一次，一个气派的结婚场地才能与之相配。这些原因促成人们选择酒店作为"拜堂成亲"的场所。而酒店在营利这一目标的驱使下，也开始迎合市场，给新人们提供他们所期望的服务。

现在城市里的很多星级酒店都设有专门的宴会厅。宴会厅有大有小，大的可摆放100张甚至更多的宴会桌，小的也能摆放不少于10张的宴会桌。新郎新娘可以根据自己要邀请的宾客人数来选择。宴会厅不论大小都配有小舞台，新郎新娘可以在上面举行仪式。宴会厅的这种布置，可以让"拜堂成亲"和婚宴这两个重要的活动在同一个地方举行，一举两得。酒店不仅提供仪式场地，还会根据新人的要求进行特殊的装饰。仪式和宴会完毕后，主人和客人都可以轻松离开，无须整理和打扫。这对工作繁忙的现代城市人来说，再方便不过。星级酒店的装修多华丽典雅，宴会厅布置精美，从外观看非常豪华，极大地满足了新人讲求排场的心理。随着酒店不断涉足婚庆产业，有些星级酒店甚至为新人提供婚车、摄像、主持人等其他服务。现在只要新人在酒店举行婚礼，一般都可以在酒店的房间免费住上一晚，这又为随后的"闹洞房"提供了场地。酒店的种种特点使其成为了城市新人结婚的理想场所，而"酒店结婚"的模式也逐渐成形。这种模式可以说是现代城市婚礼的一个代表，在其他场所举行的婚礼也与酒店婚礼大同小异。

（二）成亲的时间

整个成亲典礼的流程各城市大体都差不多，不过在时间的选择这一点上地方性的特色就体现出来了。有的城市的风俗是成亲的仪式和婚宴必须在中午举行，这样的城市很多。济南人结婚必须在12点前举行完仪式，并在12点开始婚宴。当地人认为，在12点前结婚才是初婚，12点以后就是再婚了。所以在济南，成亲的仪式时间一般都定在11点08分或者11点18分。不过，由于现在城市居民周一到周五都需要工作，在中午结婚的风俗就造成了周六、周日两天新人扎堆办喜事的情形，准备结婚的人一般都要提前半年，甚至更长的时间预订酒店。这样一来一部分济南的年轻人开始尝试晚上结婚。济南电视台曾经报道过，有一对济南的年轻人旅居国外，但是父母均在济南，所以他们得在济南举行婚礼，但又因为他们只能在济南待很短的时间，所有的酒店中午都被预订满了，仓促中他们就选择晚上举行仪式。电视台在做报道时也顺势提倡错开中午结婚的高峰期，选择在晚上举行仪式。[1] 在其他有着中午结婚风俗的城市，传媒和婚庆公司也从方便的角度提出年轻人把仪式改到晚上举行。这说明现代城市人的生活方式与传统习俗之间会有一个相互适应的过程。当然，另外一些城市的新人就没有这样的烦恼，因为按照当地的习俗，结婚时的仪式和婚宴都是在晚上举行的。在合肥，仪式和喜宴开始的时间通常是夏天为傍晚六点半，冬天为傍晚五点半。由于"半"与"伴"的读音相同，将结婚时间定在整点半，既表明新人互为伴侣，也是祝福新人能够相伴一生。广州人同样习惯在晚饭时间举行结婚的仪

---

① 宁霁：《当代济南婚嫁习俗的变迁习俗初探》，山东大学，硕士学位论文2011年11月，第24页。

式，这样大部分客人都能不受工作的限制，前去观礼。而且仪式和婚宴完后，年轻人还可以再玩得久一点。

（三）迎宾

与传统相比，城市居民的"酒店婚礼"又新增加了一个迎宾的环节。所谓迎宾是指新郎新娘和父母一起迎接双方邀请来观礼的客人，这在城市婚礼中已经是一个约定俗成的礼仪了。

当婚礼花车队伍到达酒店时，乘车前来帮忙的亲戚和朋友便会带上喜糖、喜烟、喜酒还有瓜子、花生、饮料等食品，到宴会厅提前进行布置和安排。新郎新娘和父母则在伴郎伴娘的陪同下稍事休息，整理妆容和衣服。待帮忙的人做好准备工作，新郎新娘、伴郎伴娘以及新郎新娘的父母便一同去迎接宾客。迎宾的地点通常是酒店大堂门口或是酒店宴会厅门口。有些人家还会摆一张小桌子，放上一本礼宾簿，让来宾留下名字。在迎宾时，新郎新娘以男左女右的位置双双立于大门口，伴郎伴娘则分别站在新郎新娘两侧，新郎新娘父母又分别站于伴郎伴娘身旁。新娘手里会捧一束鲜花，鲜花以玫瑰、百合等为主，佩以其他花材，花束造型不一，有球状的、水滴状的、瀑布状等。伴郎伴娘各自捧着一个大盘子，盘中装满喜糖、喜烟和花生、瓜子。新郎以及新郎新娘父母可以空手。客人到来时，新郎新娘及其父母会热情地表示欢迎和感谢。新郎以及新郎新娘的父母见到关系比较好的朋友时，还会热情握手，并适时地把客人介绍给家中的长辈或其他来宾。此时，伴郎和伴娘就会奉上装满喜糖、喜烟的盘子，客人便象征性地取一些带走。一些平辈或长辈客人当场要抽喜烟的，那新郎就为他们点火。客人与门口迎宾的众人寒暄完毕，便跟随领座员入席，与其他客人一道先喝茶聊天。

迎宾这个环节不仅仅是新郎新娘迎接宾客，客人同样也借这个机会向新郎新娘送出礼金。与西方国家祝贺别人结婚赠送礼物的习俗不同，中国人更偏爱用礼金表达自己美好的祝愿，不过不同的城市礼金送出的方式不一样。比较常见的是客人事先把礼金装入一个红包之中，再在红包上写几句祝福的话，并留下自己的名字，方便新郎新娘记下谁送的礼金。客人去参加婚礼见到新郎新娘时就送上红包。新郎新娘多半会先向客人致以谢意，再推辞一番后才收下红包。还有一种方式是客人无须准备红包。新郎新娘家会在婚礼现场支一张桌子，客人和新郎新娘及双方父母寒暄完毕，便被引到这张桌子前，交上礼金，主人家会登记下客人的名字和礼金的数额。无论哪种方式，礼金的数额由当地的经济生活水平以及客人与主人家的关系亲疏而定，从 100—200 元到 1000—2000 元甚至上万元不等。以哈尔滨市为例，2010 年以来哈尔滨人参加婚礼时"随礼"的金额一般在 200—500 元不等，有的送千元甚至万元的。具体来说，礼金数目最少是 100 元，关系一般的同事朋友礼金在 200 元以上；关系较好的在 400—500 元；亲戚礼金一般在千元以上。金额的多少取决于来宾与婚礼举办方之间的亲密程度。[①] 在济南，礼金的数额从 20 世纪 80 年代的 10 元、20 元，逐步变成 50 元、100 元。到了 2000 年以后，礼金至少也得 200元，关系好的 300 元、400 元，甚至 600 元、1000 元、2000 元不等。而且先结婚的要给后结婚相同数额的礼金，或者高于当时自己收的礼金数额。[②] 广州人不仅在结婚时收取红包，而且还会专门返还礼金和礼品。广州人认为收了红包不回是对贺礼的客人不尊敬。返还的数额是红包礼金一半不到。例如 100 元自己收 80 元返还给客人 20 元，500 元就留 300 元返还 200 元。现在在返还礼金时还流行搭上一件小礼物，用小礼物来让客人时常回忆起热闹的婚礼。

迎宾礼仪虽然简单，却也透露出城市居民对婚姻关系理解的变

---

① 唐魁玉、方芳：《婚庆仪式的经济社会学分析——以哈尔滨为个案》，《上海市经济管理干部学院学报》2012 年 5 月。

② 宁霁：《当代济南婚嫁习俗的变迁习俗初探》，山东大学，硕士学位论文 2011 年 11月，第 24 页。

化。结婚这件大事不再意味着是男方家庭娶入一个女子，而只表明两个年轻人结为夫妻，两个家庭成为亲戚。所以新郎家在结婚大事上不再占据主导地位，新娘家与新郎家在结婚一事上的地位是对等的，他们共同举办一个让新人"成亲"的仪式，向亲戚朋友宣告两人的结合。在迎宾礼仪上，新娘也不像过去未出嫁的女子一样不见外人，而是和新郎一起大大方方地出现在宾客面前。这表明新娘再不是新郎的附属物，她和新郎有平等的身份，她是未来的新家庭的女主人，能够在宾客面前"抛头露面"。城市中人们已经普遍接受了婚姻关系中男女地位平等的思想，所以这样的迎宾礼才能普遍流行。

（四）成亲

迎宾大约持续 1 至 1 个半小时。待客人陆续到齐后，新人父母、证婚人等重要客人便相继入席，而新人则准备入场，在众人面前"拜堂成亲"。

1. 新人登场

当婚礼主持人宣布婚礼正式开始时，整个宴会厅便响起《婚礼进行曲》，新郎新娘缓缓入场。新人进场的方式很多，以手挽手步入宴会厅最为普遍。也有的新郎会横抱着新娘入场。还有的仿效西方的婚礼，新郎先上场等候，新娘在父亲的陪同下上场，然后新娘父亲把新娘的手交到新郎手中，新郎新娘再手挽手入场。在新人登场时，伴郎伴娘紧随其后，尽职尽责地朝新人抛撒红色玫瑰花瓣或亮片饰物，增添喜庆气氛。

2. 典礼开场

在一些城市的婚礼中，成亲的典礼是以新郎新娘的爱情故事开场的。新郎新娘进入宴会厅后，宴会厅里大屏幕上就播放出新郎新娘各自成长的照片以及相识相爱的照片。在主持人的引导下，新郎新娘会向来宾讲述他们的相爱经历。有时，主持人会让新郎新娘做一些简单的小游戏或一起表演一个节目作为开场。当然，为了追求个性，有的婚礼临时还创造出一些特殊的开场方式。例如，让新郎绕着宴会厅跑一周后向新娘求婚，意思是经过爱情长跑，二人今日终于可以共结连理；或者仿效传统婚礼，让新郎新娘跨火盆或跨米袋，意思是红红火火过日子或开枝散叶、传宗接代。

3. 宣读结婚证书

现代人结婚与过去最大的不同是需要得到法律的正式许可。新人一般都会在举行婚礼前到相关政府部门办理结婚登记，获得结婚证书。因此，在结婚仪式上宣读结婚证书是现代婚礼一个重要环节，目的是向世人证明新人的结合是合法的。结婚证书多由证婚人宣读。证婚人主要由一些有一定社会地位又比较熟悉新郎新娘的人来担任，如新郎新娘工作单位的领导、有威望的长辈或新郎新娘的介绍人。典礼开场后，证婚人会被请到台上，他们要先对新人做一简短介绍，并送上自己的祝福，然后再宣读结婚证书。证书宣读完毕，证婚人走下舞台，再次入席。

4. 交换结婚戒指

当新郎新娘的结合被证明合法后，主持人便请两人交换戒指。此时，伴郎和伴娘从旁送上戒指，新郎新娘将对方的戒指拿到右手中。主持人分别询问新人是否愿意与对方结为夫妻，新人庄严回答我愿意后，便将戒指戴到对方左手的无名指上。有的主持人在双方交换戒指后，要求新郎亲吻新娘。新郎大方亲吻新娘时，台下宾客会为"秀恩爱"的二人鼓掌祝福。

交换结婚戒指原来是西方婚礼中的一个习俗。结婚戒指相当于定情信物，虽然过去中国人结婚男女也要交换信物，但多在结婚仪式之前。在西方文化中，结婚戒指象征着婚姻契约，象征着双方对彼此的忠贞。戴结婚戒指的习俗在中国各大城市兴起后，城市年轻人不仅将结婚戒指视为婚姻关系的信物，更视为浪漫爱情的象征。结婚戒指戴在左手无名指，城市年轻人认为左手有一根血管是和心脏相连的，把结婚戒指戴到无名指上就代表夫妻之间心心相印，心灵相通。结婚戒指是一个圆环，无始无终，意味着夫妻间的爱情没有尽头，两人要厮守终身。所以，城市婚礼中交换结婚戒指这一程序，不仅意味着婚姻关系的最终确立，更意味着新人是因为爱情被维系在一起。

5. 家长致辞

交换戒指后，新人的父母被请上台向来宾致辞。家长致辞的内容不尽相同，但大体包括三个部分。一是感谢来宾参加婚礼，并送上祝福；二是介绍孩子的成长过程，对孩子成家立业表示欣慰；三是对新人婚后的生活提出期望。致辞的内容包括一些告诫和嘱托，和过去主婚人训辞是一样的作用。有时为了让仪式不至于太冗长，双方家长只由父亲或母亲代表致辞。

6. 新人致辞

家长致辞完毕后，就由新人来致辞。新人致辞的内容五花八门，没有一定模式，主题多是向对方真情告白，表达自己对对方的爱情，愿意与对方白头偕老；感谢父母养育之恩，感谢领导在工作中栽培和提携，感谢长辈在生活中的帮助；不辜负大家的期望，努力创造美满幸福的生活；等等。在传统的婚礼中并没有新人致辞这个环节，这从一个侧面表明了现在新人在婚礼上已经是主角了。

7. "拜堂"

现代结婚仪式中的"拜堂"沿用了传统的形式，不过具体内容有了变化。在酒店举行拜堂时，新郎新娘按照主持人的指示，先拜天地。传统结婚仪式中，拜天地都是朝向摆放天地灵位牌的供桌方向跪拜。现在在酒店举行仪式，并没有供桌可供参照，所以主持人一般会让新人朝向宾客位置敬拜。也有的主持人要求新人向东南方向敬拜。按照民间的观点，在中国传统的阴阳五行理论中，东方主木，有生发之像，南方主火，有发散之像，面朝东南拜天地，有万物生发，红红火火之意。拜完天地，新人要拜父母，此时就朝向双方父母所在位置敬拜。如果新人相识是经人介绍的，那么介绍人也要被请上台，接受新人拜谢。如果没有介绍人，新人便向来宾敬拜。最后才到夫妻对拜。当然，现在所谓的"拜堂"，新人无须再像传统那样跪拜，而只是鞠躬即可。每一次敬拜，都要弯腰90度三鞠躬，以表示尊敬和诚意。如今城市婚礼中"拜堂"的意义不再是祈求天神地祇批准两个家庭的婚姻联盟，也不再是让男方的列祖列宗和父母认可新娘成为其家族的一员，而更多在于感谢双方父母的养育之恩，感谢宾客的祝福，祈愿新郎新娘的婚姻幸福美好。

8. 交杯酒

喝交杯酒是传统婚礼中的一个仪式，在古代又称为"合卺"。"卺"的本义是一个瓠分成两个瓢。古时婚礼上的交杯酒，需要新郎新娘各执一瓢饮酒，再一饮而尽。这象征着夫妻二人今后要像一只卺一样，紧紧拴在一起，合二为一。由于"卺"也是古代乐器之一，所以"合卺"又意味着新郎新娘婚后会琴瑟和鸣，和睦永远。此外，据说卺中装的酒异常苦涩，夫妻二人喝了卺中苦酒，象征着两人今后要同甘共苦，患难与共。可见，喝交杯酒在婚礼中有着重要的象征意义，所以今天的酒店婚礼中依旧保留了这一传统。当婚礼主持人宣布新人喝交杯酒时，新郎和新娘各取一斟满酒的酒杯，将手臂相互交错，同时饮尽杯中酒。一些地方的新郎新娘在喝交杯酒之前，会含几颗汤圆在嘴里，然后把交杯的两杯酒各自都喝上一口，之后把喝过的酒倒在一起混合后再分作两杯，最后再交臂而饮。交杯酒最传统的喝法是新郎新娘手挽手一饮而尽，民间称之为"小交杯"。除了这种方法外，国人还发明了一些新颖的喝法。例如，新郎新娘把胳膊相互绕过对方的脖子再喝完杯中的酒，这是俗称的"大交杯"；还有的各自饮一口杯中的酒，再借相互接吻时喂到对方的嘴中。这些新颖的喝交杯酒的方式主要是为了增添仪式喜庆热闹的气氛。

9. 新式的仪式

酒店里举行成亲典礼基本包括了上面这几个步骤，顺序可以根据具体的情况进行调整。在有些成亲典礼上，还会出现一些源自西方的仪式，但因为不是必需的环节，所以并不是所有成亲典礼都会安排这些仪式。

"香槟塔"。"香槟塔"在近年来的结婚仪式中越来越流行。所谓"香槟塔"是用高脚玻璃酒杯按层摆放，从下至上每一层数量依次减少，垒成一个金字塔状。"香槟塔"的高度一般为3层以上，形状以三角形和正方形居多，在婚礼上也有摆放成心形的。"香槟塔"在很多仪式上都可见到，并非婚礼专用。在中国城市的婚礼上，"香槟塔"由酒店的服务人员提前摆放好，既可以用来举行仪式，也是一个非常漂亮的装饰。倒香槟酒时，新郎新娘共握一只酒瓶，把香槟酒倒入顶层的酒杯中。杯子斟满后，美酒又自上而下缓缓流入下层的酒杯。这一仪式被中国人赋予了很多意义。香槟酒本身就是喜庆和快乐的象征，酒杯垒成塔则是婚姻基础坚实巩固的象征，当然也喻示着今后的生活节节高升。新人一同倒香槟又意味着二人共同浇灌甜蜜的爱情之花，共同开创美好未来，从上至下缓缓流动的美酒则象征着幸福的源泉，象征着爱情的源远流长。正因为"香槟塔"可以与各种美好意义联系起来，所以在城市的成亲典礼上，新人都愿意有这样的一个环节。

切婚礼蛋糕。在成亲典礼上切蛋糕也成为城市婚礼中很常见的一个仪式。自罗马时代起蛋糕就是节庆仪式中不可或缺的部分。事实上，最早的蛋糕是指扁圆形的面包，蛋糕的做法与面包一样，都是把牛奶与面粉揉成面团然后再烘烤，只是蛋糕是做成扁圆形的。制作面包的材料小麦象征生育的能力，而面包屑则代表着幸运。所以在古罗马，人们会在新娘的头上折断一条面包，并争着捡拾面包屑。在中古时候的欧洲，被邀请参加婚礼的客人会把各自带来的加了香料的面包高高地堆在桌子上，让新郎新娘在"面包山"的两侧，隔山接吻。这时的面包山也象征着快乐幸福。后来想象力丰富的面包师傅在蛋糕上饰以糖霜，也就成了今天美味可口的蛋糕了。这就是结婚蛋糕的来历。在现代中国，婚礼蛋糕款式越来越多，有单层蛋糕和多层蛋糕，有方形、圆形、心形等样式。蛋糕的装饰越来越讲究，比如给蛋糕盖上巧克力外衣，再用人偶、鲜花等进行装饰。如果结婚仪式加入了切蛋糕这一项，新郎新娘喝完交杯酒后，蛋糕就会被摆到主席台上。新人共握一把刀，象征性地在蛋糕上切一刀，最后由专人分切成若干份，再分发给来宾。

抛花球。抛花球是现代西式婚礼中的一个传统项目。其做法是，在婚礼进行到尾声时，新娘背对着宾客，把自己手中的捧花向后抛出去，然后宾客中的未婚女性争相抢夺，谁抢到了捧花就意味着谁将成为下一个新娘。这个仪式据说是起源于大约600年前的习俗，那时人们认为新娘的衣饰能带来好运，参加婚礼的客人都会去触摸，以致新娘衣饰容易破损。后来一位新娘在婚礼上抛出了手中的花球，所有的宾客都去争抢花球，令新娘的衣服得以保全，于是新娘在婚礼上抛花球的习俗流传了下来，而花球的意义也从好运变为接到花球的女子将要做新娘。如今，在中国城市的婚礼上，抛花球也越来越受到年轻人的喜爱。抛花球有两种形式。一种是在成亲典礼行将结束时，由主持人邀请观礼客人中的未婚女性上台来抢新娘的捧花，一种是新娘在台上背对着客人抛下捧花，客人不分男女都可以去接抛下来的花。无论哪种形式，抛花球在年轻人眼中是"浪漫"的代名词，它的意义在于抛撒快乐和甜蜜，能接到花球的人无疑也能分享新娘的幸福和幸运。

这些西方婚礼上的仪式被引入中国人的结婚典礼，除了本身具有吉庆的象征意义外，同时也具有烘托婚礼气氛的实际功能。晶莹剔透的"香槟塔"，漂亮可口的结婚蛋糕，由于本身占地较多，即使不放在主席台上，也能给宾客留下深刻印象。当仪式进行到最后，共同斟满"香槟塔"，共同切开蛋糕时，新娘把花球抛向客人，整个会场便随之沸腾起来，在这样欢欣的时刻，喜悦和幸福的气氛一起达到最高点，新人就在这种氛围中结为夫妻。

可以看出，现代城市居民"拜堂成亲"虽然沿袭了传统的程式，但其中蕴含的仪式意义以及相应的严肃性和神圣性已经被淡化了许多。传统中国社会奉行祖先崇拜，男女结合这一等大事必须获得天地诸神和男方家祖宗的恩准。所谓"拜堂"就是在男方堂中拜祭"天公"和"地母"。在现代中国城市里，讲求婚姻自主的年轻人早就不再奉行婚姻必须获得神灵和祖先批准的观念，"男方家"这个私人空间的仪式意义也不复存在。所以，与传统的"拜堂成亲"相比，现在的成亲典礼能够堂而皇之地转换到公共空间，并在整个过程中插入时下最流行的西方婚礼元素。这种在公共空间举行的成亲典礼更具世俗性，它把传统婚礼中的热闹和喜庆保留，又期望用西方婚礼元素来突出爱情的浪漫与梦幻，所以城市里的成亲典礼更像一台有中国特色的"联谊晚会"。在典礼举行的宴会厅里，有舞台，有观众席，有的配置了 LED 高清屏幕，可以现场播放视频。典礼在专业的婚礼司仪主持下，按照"节目单"有条不紊地进行。舞台上，新人、客人、专业演员轮番上阵。甚至有时为了调动宾客的积极性，还设置了游戏环节、抽奖环节。在舞台上的新郎新娘通过各个环节的"表演"向舞台下面的宾客们展示着他们之间的恩爱、他们与父母的感情、他们与宾客们的情谊。而宾客也时不时地参与到表演中，为新郎新娘鼓掌欢呼，共同营造喜庆的氛围。整个成亲典礼就成了一个热闹、欢腾的"结婚秀"，它要"秀"出的是新人结合的光明正大，新人爱情的浪漫甜蜜。

四 婚宴：传统饮食文化 的延续

结婚时举办宴席是许多国家、地区和民族都有的习俗。在

"民以食为天"的中国人眼中，结婚而无宴席是不可想象的，民间所谓的"无宴不成婚、无酒不嫁女"说明了宴席对于结婚有多么重要。为了庆祝结婚而大吃大喝一顿是中国人流传了上千年的习俗。在过去，宴席不仅出现在成亲这一天，整个婚礼过程的每一项活动都有酒宴相伴，提亲、相亲、下聘、订婚、成亲甚至婚后的回门都要举行相应名目的宴席。农村地区至今还保留着类似的风俗。成亲这天的宴席是婚礼过程中最重要的，自然也是最盛大的，所以被称为"婚宴"。现在城市里的婚礼过程被简化了，相应的宴席也没那么多，只保留了结婚当天的婚宴。

婚宴又被称为"喜宴""喜酒"或"喜席"，老百姓都喜欢把举行婚礼说成是"办喜酒"，把参加婚礼称为"吃喜酒"。婚宴通常和成亲典礼安排在同一天，成亲典礼完毕后，主人家就会为客人准备好丰盛的宴席。现在由于成亲典礼不再是在新郎家举行了，所以婚宴都设在专门的酒店或酒楼，新郎家无须请亲戚来帮忙，或专门请厨师到自己家里来做。而且酒店或酒楼场地较大，可以容纳较多的客人同时参加婚宴，也不会出现农村婚宴中常见的"流水席"。当然，不同家庭的社会关系网不一样，邀请的客人也不固定，少则二三百人，多则五六百人，社会关系众多的，可达上千人。

城市里的婚宴有中、西式之分。中式婚宴的形式是围桌共餐，各桌菜式相同。西式婚宴以自助餐为主，各人自取所需，再围桌而坐。中式婚宴比较传统，氛围热闹和喜庆，不仅受到长辈们的偏爱，而且也很适合招待众多的亲戚朋友，所以成为大多数城市居民的首选。西式自助餐婚宴看上去更加浪漫和别具一格，能满足年轻人对时尚和个性的追求。一些注重创意的年轻人更愿意选择这种新颖的婚宴形式。不论中式和西式，城市里婚宴的气氛都相当盛大和热闹，并不像西方婚礼上的茶会或自助餐晚宴那么简单和安静，而且有关的礼仪也还是与传统一脉相承。

（一）座席

即便是在城市里，婚宴仍旧是一个非常正式的场合，新郎、新娘两家人作为主人必须安排好客人的座次，重要客人的座次更是不能马虎，这是基本的礼仪要求。不论婚宴采取中式桌餐的形式，还是采取西式自助餐的形式，客人坐在哪个位置都必须事先定好。如今城市里的婚宴不再像以前那样是男方、女方分开举行，而是由男方、女方共同宴请各自的亲戚、朋友、领导、同事、同学等，所以座席的安排也由男女双方共同商量决定。至于具体的安排方式各地并不统一，但所遵循的原则依然可以看出中国社会传统的差序格局和等级秩序，即长幼有序，亲疏有别。直系血亲与自己的关系最亲近，显然是最重要的。长辈、领导传统上被认为地位要高于自己，所以都要安排到贵宾席。朋友、同事是同龄人，和自己地位相当，所以对他们的安排可以随意一些。当然，在顺应尊卑秩序的同时，座席的安排还必须考虑社交功能。在中国，"饭桌社交"可以说是一种非常重要的社交方式，婚宴自然也为人们提供了交际的途径。为此，新郎新娘在安排座席时会尽量把相熟的客人安排在一桌，或者让背景相同的客人坐在一起，如有相同的工作、有同一个熟人等，便于他们有交流的话题。参加婚宴的客人如果发现左右邻座互不相识，难免会留下主人招待不周的印象。妥善安排各类客人的座席正慢慢发展为城市婚宴的一个新习俗。

城市里几乎每一场婚宴都要设主桌和贵宾席，而且主桌和贵宾席一般设置在酒店或酒楼宴会厅里一些被大家视为重要或显眼的区域。如果酒店或酒楼宴会厅除了大厅外还有单独的包间，那么主桌、贵宾席等都设在包间里。如果没有包间，餐桌全在大厅里，那么在最靠近舞台的第一排餐桌中间就是主桌。大部分城市的婚宴上，新郎新娘的家人是可以同坐一桌的，这样就只需要一个主桌。第一排餐桌数量为单数时，正中正对舞台的就是主桌，数量为双数时，从舞台方向看第一排中间两张餐桌中左侧的一张为主桌。主桌一般由新人及其父母、兄弟姐妹、长辈等就座。在座位还有空余的情况下，可以安排证婚人、主婚人、伴郎、伴娘等贵宾就座。主桌上的座次也有讲究。一般新郎新娘按照男左女右的原则坐在主桌中央，面向大家，新人家人以新人为中心顺序而坐。新郎左边依次是其父亲、母亲和长辈；新娘右边依次是其父亲、母亲和长辈。证婚人、伴郎和伴娘则坐在长辈的旁边。其余的再根据情况来安排。主桌右侧的桌席为贵宾席或嘉宾席，新人的领导、一些长辈亲戚还有一些新人认为重要的客人都在次席就座，座次随情况而定。把贵宾安排在距离舞台和主桌最近的地方是为了表示对贵宾的尊重。

有些地方的婚俗是新人双方父母要分开坐。此时按照男左女右的原则，舞台前左侧的餐桌为男方家主桌，由新郎新娘、伴郎伴娘以及新郎的父母和长辈就座；舞台前右侧的餐桌为女方家主桌，由新娘的父母及其长辈就座。这样安排时，新人的父母就要坐在主桌中央，面对其他客人。有的家庭为了体现对女方的尊重，会把舞台前左侧的餐桌设为女方主桌。两个主桌的后面分别是男方家的贵宾席和女方家的贵宾席，由各自的领导、长辈亲戚等就座。男方和女方家的其他客人分别坐在左右两个区域。

其他人员的安排相对就随意一些。新人的同事和业务伙伴要在贵宾之后优先考虑。互相熟识的尽量安排在同一桌，不熟识的则需在每桌安排一位好友，方便照顾大家，活跃气氛，这样会礼貌一些。而新人的朋友和同学虽然是新人最亲密的"死党"，但他们年轻、辈分低，而且不会过多地在意自己的座位，同时又是婚礼上最能活跃气氛的群体，所以通常都被安排在宴会区最后几桌，既让他们自得其乐，同时也避免了过于活跃而影响整个婚礼的进程。

（二）菜肴

婚宴作为宴席的一种，自然离不开丰盛的菜肴。中式婚宴基本以中式菜肴为主，也兼顾一些地方民族特色，西式菜肴比较少见，不过有些传统的中式菜品会采用西式的烹饪方法来制作。西式自助餐婚宴也并非全为西菜，考虑到中国人的饮食习惯和口味，常常是中西菜式混搭，甚至日本、韩国等一些国家有特色的菜肴也会出现在婚宴上。不论中式还是西式，中国传统饮食文化的特点都十分鲜明。

在中国人看来，结婚这样的喜事要用双数才显得吉利，双数意味着成双成对，婚宴菜肴的数目也必须为双数。以中式桌餐为例，一桌婚宴通常由八个菜、十二个菜、十六个菜或十八个菜组成。八个菜象征着发财，十个菜象征着十全十美，十六个菜则意味着大发。如江南地区流行的"八八大发席"就包括八个冷菜和八个热菜。城市的婚宴设置通常为一桌十人，所以婚宴菜品的数量多为十六或十八个菜，寓意吉祥，分量也够。婚宴菜肴的名字也与日常的不同，多用一些吉祥用语命名。卤味拼盘就取名龙凤和鸣，西芹百合取名百年好合，松鼠鳜鱼取名吉庆有余，四喜丸子取名四季平安，海鲜什锦锅取名情深似海，桂圆莲子羹取名早生贵子。如果是色、料、味成双成对便以鸳鸯为名，如鸳鸯鱼片、鸳鸯鸡淖、鸳鸯酥等。这些包含美好寓意的名字既表达了对新人的祝福，又烘托了气氛、愉悦了宾客。西式自助餐在菜品的名字和数量方面讲究要少一些，但菜品数量比桌餐略多，而且也为双数。

婚宴是比较隆重的宴席，菜品不能太过家常。按照国人的传统，宴席上必须要有"鸡鸭鱼肉"，特别是以鸡和鱼为材料烹制的菜品。鸡是"吉"的谐音，鱼是"余"的谐音，有鸡有鱼象征吉祥如意、年年有余。当然，荤菜在中国人眼中历来重要，婚宴上有"鸡鸭鱼肉"才能显示出主人待客的诚心。不过，在中式婚宴上，荤菜的做法较之传统又精细了不少，全鸡全鸭之类的菜式越来越少见。现在荤菜的种类又多了海鲜。海鲜曾经是沿海城市婚宴的主打菜，如今交通便利了，海鲜也开始风靡内陆城市，高档一点的婚宴甚至要有鱼翅、鲍鱼。这些菜品多依据各地的习俗来烹制，色调偏暖，以酱红、棕红、橘红、胭脂红等为主，可以衬托婚宴喜庆的气氛。荤素搭配是一桌筵席的基本要求，所以清新爽口的时令蔬菜也必须穿插点缀。象征甜蜜爱情的甜汤更是婚宴必备之菜。除此之外，水果也是婚宴的必备。当然能出现在婚宴上的水果必须是有吉利意义的。像梨与分离的"离"同音，橘子又要一瓣一瓣地分开来吃，有夫妻分离之意，是结婚的忌讳，不能出现在婚宴上。而石榴子较多，可以象征多子，在婚宴上很应景。蜜桃被认为象征今后生活甜蜜美满，当然也是婚宴首选。西式自助婚宴的菜式更为多样，除了常规的热菜冷菜外，还有西式的色拉、甜点、日式的寿司、生鱼片等，选择性更多，对年轻人很有吸引力。现在酒店提供的婚宴，多会以套席形式出现，菜式都已经搭配好，酒店还会给套席取上有各种祝福、吉祥含义的名字，如"龙凤呈祥宴""百年好合宴""红运当头宴"等。不同的套席价格不一样，方便新人选择。

除了上述这些大致相同的习俗外，不同地区的婚宴中多少都会有一些具有代表性的地方菜肴。例如济南的婚宴大多以鲁菜为主，一般海参、肘子、整鸡和整鱼是必须要有的，此外还会有海鲜、禽类、蔬菜、甜品、面点等。在婚宴开始之前，酒桌上都摆放着一些点心、瓜子等，多为六样小碟，分别盛有喜烟、喜糖、白瓜子、黑瓜子及两样点心。在成亲典礼过程中，客人们可以先吃一点。婚宴开始后，凉菜是最先上的，一般有6个或8个。在热菜中，肘子几乎是每家的婚宴都有的，做法通常是海参扒肘子、红烧肘子或者笋扒肘子。现在很多来吃婚宴的客人会觉得这道菜过于油腻，对健康不好，所以都是浅尝辄止，导致这道菜经常在婚宴上被剩下不少。尽管如此，济南人的婚宴上还是少不了这道菜。对于鲁菜来说，最具代表性的菜肴还有海参。基本上济南的婚宴上都会有一道红烧海参或葱烧海参。也有的酒店还把海参做成炖的，或者海参捞饭，每位客人一份。还有少数更高档的酒店会用鲍鱼代替海参。济南的婚宴还会有一个整鸡的菜肴，最常见的是传统的清炖鸡，有些酒店也会用红烧或者盐焗的做法。济南的婚宴上通常最后上的压轴大菜是一只整鱼。整鱼的做法或者是传统的鲁菜糖醋鲤鱼，或者是红烧鲤鱼，也有用清蒸鲈鱼的。整鱼的菜肴鱼形都比较漂亮，很符合婚宴喜庆的气氛。①

在南方城市韶关，婚宴的菜肴又有另一番特色。按照广东地区的风俗，如果新郎新娘是初婚，那么婚宴必有"烤乳猪"这道菜。"烤乳猪"是广东非常出名的一道特色菜，据资料记载，在西周的时候，这道菜就被列为"八珍"之一。在韶关人的婚宴上，"烤乳猪"也是最重要的菜肴，其色泽通红，既代表着富贵和权势，又寓意"金猪有福"，象征着红运、吉祥，因此一些酒店也把这道菜命名为"红袍迎亲"。除了"烤乳猪"外，韶关婚宴上还有一道受老百姓欢迎的菜——龙虾。在韶关市民眼中，龙虾的深红色代表好运气，很符合婚宴的喜庆气氛，而龙虾名字中的"龙"又是中国人心目中不可替代的吉祥物。此外由于龙虾不论是油炸，还是烹蒸都别有风味，所以在韶关的婚宴上很常见。现在婚宴上最常见的龙虾菜肴是采用西式烹饪方法制作的芝士焗龙虾，这种做法可以让龙虾的颜色更红，味道也更可口。韶关的婚宴上同样也必须有鸡，而鸡的做法中最有特色的就是"炸子鸡"。"炸子鸡"制作工序繁复，并不是随时都可以吃到的，很多酒店和酒楼都只在婚宴时才供应这道菜。在韶关，制作炸子鸡要花上两天时间，先用盐、糖、五香粉和沙姜粉混合成的盐把鸡腌上，再用白醋、浙醋和麦芽糖调成的炸鸡水淋上鸡身，鸡皮吸收炸鸡水后，吊起风干一晚。风干好的炸子鸡要炸两次，第一次是浸熟鸡只，第二次将鸡炸至金黄香脆而成。炸子鸡的颜色是金黄色，十分喜庆，所以在婚宴上既美味也可以带来好兆头。②

---

① 《济南人婚宴都吃什么？》，美食天下网站 http://www.meishichina.com/Eat/CateMap/200909/67692.html，2015 年 8 月 20 日获取。

② 吴蓉、许张龙：《婚宴菜式——一方水土，一方风情》，《韶关日报》2010 年 10 月 14 日，第 C4 版。

当然,其他城市也有特色菜肴。在北方很多城市的婚宴上一般都要有"四喜丸子"这道菜。"四喜丸子"是由四个色泽金黄的五香肉丸子组成的,"四喜"是指福、禄、寿、喜,而丸子代表团团圆圆,非常适合婚礼的场合。南京的婚宴上必定会有的盐水鸭这道冷菜。盐水鸭又名桂花鸭,因南京有"金陵"别称,故也称"金陵盐水鸭"。这道菜是南京闻名的特产,历史也非常悠久,可以说是南京的一个标志。在福州的婚宴上,会有一道名为"太平燕"的菜。"太平燕"是用"扁肉燕"①加鸭蛋制作而成的。"太平燕"是一道非常吉利的菜。"燕"既是指"扁肉燕",同时也与"宴"同音,所以"太平燕"又叫"太平宴"。"太平燕"里有完整的鸭蛋,在福州方言里"鸭蛋"与"压乱""压浪"谐音,吃了鸭蛋生活中的各种乱就会被压下去了,人生也就太平了。正因为这道菜有着吉祥的象征含义,所以在婚丧喜庆、逢年过节和一般宴会上都要上这道菜。福州人说:"无燕不成席,无燕不成年。"在婚宴上,这道菜更是必不可少。

现代城市人结婚时举办的宴席从菜式的数量到具体的菜式依旧延续了中国人的饮食传统,而且各地的婚宴餐桌上都有着一些带有吉祥含义的特色菜品。这说明婚宴上多种多样的菜式的意义并不仅仅是满足宾客的口腹之欲,更多的是烘托婚礼的气氛,并寄托人们对结婚之人的祝福以及对未来美好生活的企盼。

(三)酒水

所谓无酒不成席,美酒在婚宴是必不可少的。当人们在婚宴上呼朋引伴、开怀畅饮、喜悦的心情和诚挚的祝福溢于言表时,整个婚宴都沉浸在热闹欢乐的气氛之中。可见,酒是婚宴上最佳的助兴饮料。

---

① "扁肉燕"是中国福建特有的类似饺子或馄饨的小吃。与饺子、馄饨相比,"扁肉燕"的皮(肉燕皮)较为特殊,是用精选的猪前后腿瘦肉,再配以淀粉、盐等,通过手工打制而成的,薄如白纸,色泽洁白。"扁肉燕"的皮比饺子馄饨小,因形状似燕子而得名。

现在城市婚宴上必备的酒类有白酒、红酒和啤酒。白酒是中国特有的酒类，是用粮食和谷类酿造而成的。中国人饮用白酒的历史非常悠久，形成了有着深厚底蕴的"白酒文化"。在老百姓心目中白酒有着特殊的意义，既是一种情怀寄托，又是人际交往的工具，白酒与人们的生活息息相关。即便现代人也无法割舍对白酒的情感。在婚宴这样的场合，白酒一方面被赋予了"白头到老，长长久久"的寓意，一方面又成为庆祝的工具。如果没有白酒，客人会觉得没法尽情地宣泄自己的心情，也没法与朋友尽兴交流。这种浓厚的文化情感使得白酒在各种西方酒类的冲击下依旧是婚宴最重要的用酒，在婚宴上的地位依旧不可替代。过去人们在婚宴上喝的白酒有很大一部分都是自酿的，现在城市居民收入水平提高了，办婚宴时更流行用一些大酒厂生产的白酒。白酒的种类很多，婚宴上经常用到的是一些价格实惠、知名度较高的白酒。如现在比较流行的五粮春、五粮液、金六福、郎酒、口子窖、洋河蓝色经典的海之蓝、天之蓝等。如果婚宴比较豪华，那么茅台、汾酒等高档白酒更是必不可少。当然，不同城市都会有当地流行的白酒。而且一些白酒厂为了迎合现代城市居民的需求，专门生产出用于婚宴的白酒。这些白酒本身和普通的白酒没有区别，但包装非常喜庆。如茅台酒厂出产的"白头到老喜酒"，其包装外壳和瓶身都是大红色，放在酒桌上喜气洋洋的。全兴酒厂生产了谐音为"我爱你"的全兴520白酒，其瓶身为心形的，能给婚宴增添浪漫气氛。也有的白酒厂商和婚庆公司合作，把新人喜庆的结婚照或个性化照片以及姓名、星座以及一些祝福用语印在酒瓶的商标上，充分满足现代人追求时尚、张扬个性、表达情感的需求。这种新颖的婚宴用酒更具时尚感，很受年轻人的欢迎。在婚礼上酒喝完后，瓶子还可以收回做纪念。

红酒源自西方，是葡萄酒的总称，主要用葡萄酿制而成。红酒从颜色上可以分为白葡萄酒、红葡萄酒和粉红葡萄酒。红酒也被打上了西方文化的烙印，在葡萄种植、宗教、艺术、审美、礼仪、社交等方面都有着独特的意义。红酒进入中国后，其原有的意义发生了变化。葡萄酿酒的技术很早就传入了中国，但由于在古代葡萄栽培稀少，葡萄酒非常珍贵，只有帝王将相、达官贵人等少数人才有机会享受，绝大多数普通人根本无缘品尝这种"美酒佳酿"，所以葡萄酒就是地位的代名词。西方葡萄酒进入中国后，这种在西方人日常餐桌上的必需品摇身一变成为了身份的象征，代表着高贵和品位，似乎品鉴红酒只是所谓"高端人士"的专利。葡萄酒进入中国后的意义转化，使得葡萄酒成为提升宴会档次的酒类。对中国城市居民来说，在婚宴上给客人奉上葡萄酒是一件很有"面子"的事情。葡萄酒在中国人婚宴上的意义不仅与西方婚宴上的不同，而且中国人饮用葡萄酒也有本土的特点。与白酒相比，葡萄酒的酒精度较低，又是由健康水果葡萄酿制而成，民间甚至认为喝葡萄酒可以预防心血管疾病、增强免疫力，所以葡萄酒在国人的心目中俨然成为了一种对身体大有益处的健康酒类。在大家普遍觉得喝白酒伤身，喝啤酒胀肚的情形下，红酒也成为了婚宴的常客。在婚宴上，人们普遍喜欢红葡萄酒或粉红葡萄酒，也更偏爱味道略甜的葡萄酒。红葡萄酒倒入玻璃酒杯中鲜艳动人，看上去"喜气洋洋"的，让人联想起婚后的生活"红红火火"，与结婚的主题十分契合。当然红葡萄酒搭配正餐也再合适不过，所以在婚宴这种喜庆而又正式的场合，红葡萄酒也渐渐受到人们的喜爱。城市居民在婚宴上饮用的葡萄酒大部分都是国内生产的，像长城、王朝、张裕、云南红等品牌都比较常见。家庭经济好的也会提供进口葡萄酒。当然，人们在婚宴上饮用葡萄酒并不沿用西方的礼仪，而是采用更为传统的中式喝法，比如人们喜欢用葡萄酒来相互敬酒，甚至有些人划拳也用葡萄酒，对酒本身的口感并不看重。

啤酒是以大麦芽为主要原料酿制而成的酒类，据考证最早的啤酒是苏美尔人酿造的，后来在欧洲流传、延续、发展，并随欧洲列强在世界的扩张而传遍世界各地。啤酒是在清末民初传入中国的。

现在啤酒已经成为中国老百姓非常喜爱的一种酒精饮料，日常生活中随处可见。在城市居民的婚宴上啤酒并没有白酒和红酒所代表的喜气与上档次的意义。更多的是作为一种饮料出现的，其主要的作用是满足人们的口腹之欲。由于啤酒酒精度数很低，不容易喝醉，爱划拳的客人更愿意喝啤酒。啤酒在酒桌上的这种辅助性质，使其处于一种可有可无的地位。有些城市中，人们甚至不在婚宴酒桌上摆放啤酒，只是在客人想要喝时请服务员送上一瓶。

除了酒类外，婚宴还要给不喝酒的客人以及小孩子提供一些不含酒精的饮料。在中国，最常见的就是碳酸类饮料，如可乐和雪碧这样红白组合，还有一些果汁类饮料可以给小孩子饮用。

由于酒店里的酒水饮料价格不菲，在结婚这样的特殊场合，酒水一般由新人自行购买后带到酒店，这也是民间所言的"自带酒水"。在成亲典礼开始之前，酒水就已经摆放在酒桌上了，每桌至少有一瓶白酒、一瓶红酒和两瓶饮料。在这个基础上，有的会再加一瓶啤酒，有的则是摆放两瓶红酒，而有的则是白酒、红酒、啤酒和饮料各放两瓶，代表"成双成对"。

（四）表演

现代城市的婚宴既要喜庆，又要文明，客人不能太过喧闹。但是，如果仅仅只让客人喝酒吃菜，整个婚宴会显得沉闷。为了使婚宴的气氛活跃，让客人保持高昂的兴致，更好地享用美酒佳肴，新人会特地请来专业的表演团队，用精彩的演出来助兴。其实，在宴席上载歌载舞并非现代人的专利，只不过传统的中式婚宴上并没有唱歌跳舞的习俗，所以歌舞表演成了现代城市婚宴又一特色。城市婚宴一般是在成亲典礼举行完毕之后开始的。当然成亲典礼完成并不意味着结婚这天的仪式活动就全部结束，通常新郎新娘退场后会稍事休息，整理妆容，然后再出场给客人敬酒。所以从新人退场到再次出场的这段时间，主人家会为客人安排一些歌舞表演，一方面给客人带去一些娱乐，一方面也可以使会场始终保持一种喜庆热闹的气氛，更加符合婚宴的主题。

婚宴上的表演最常见的形式是唱歌。唱歌可以说是最容易操作的表演形式了，需要的人数不多，容易编排，而且客人可以一边享用美食，一边倾听歌曲，可以说是味觉和听觉的双重享受。婚宴上唱歌是最常见的，既可以是专业人士演唱，也可以是参加婚礼的客人亲自演唱。有些婚礼主持人在新人下场换装时，为了不让宴会冷场，也会亲自献唱几首歌曲。适合婚宴演唱的歌曲主要为大家耳熟能详的各种流行歌曲，新人可以根据自己的喜好挑选。歌曲的曲风都比较欢快活泼，与婚礼这样的场合相符。当这些歌曲在婚宴上唱响时，宴会厅一下子就热闹起来。

除了歌曲，在婚宴上表演舞蹈也能很好地调动现场气氛。表演舞蹈也分两类，一类是主要由专业演员来完成的，形式以集体舞为主，风格可以是民族舞也可以是现代舞，不过背景音乐必须节奏明快、欢欣鼓舞，让人听上去心情喜悦。另一类是新人、宾客或其他一些人来表演的。这种表演形式很多样，可以是新郎新娘在婚宴开始之前一起跳国际标准交谊舞，也可以是新人和伴郎伴娘再加上几个伙伴一起表演流行的舞蹈。在《江南 style》骑马舞风靡整个中国时，有很多新人就选择在婚宴上跳这个舞蹈。

在有些时尚的婚宴上，新人也会请专人来演奏音乐。相比单纯播放歌曲和音乐，现场演奏让结婚仪式更具有庄重感。当然，城市婚宴上所使用的乐器几乎都是西式的。婚宴上经常出现的乐器是小提琴。小提琴在中国人心目中就是浪漫的象征。一说到小提琴，人们会不由得想起各种文艺作品里表现的求婚场景：高级的西餐厅里，布置着鲜花和蜡烛，在悠扬的小提琴声中，男主人公单膝下跪，捧着戒指向女主人公求婚。正因为有这样的联想，所以在婚宴上演奏小提琴并不会有违和感。此外，小提琴演奏显得高雅、端庄，可以突出结婚仪式的神圣性。

近些年来婚宴上开始流行魔术表演。比起单纯观看的歌舞表演，魔术表演最大的特点是互动性很强。通常婚宴上表演的魔术都是小型的，但比较有趣，常常能吸引客人的注意力。魔术表演者还常常邀请客人参与，一旦客人登台，场面立刻就热闹起来。不论参与表演的客人还是在台下观看的客人都兴趣盎然。这也是魔术表演在婚宴上越来越常见的原因。

除了上述几种比较常见的演出外，婚宴上还会出现一些特殊的演出形式。例如新颖的变脸表演由于带有神秘色彩而且节奏很快，能很有效地调动客人情绪，吸引客人的注意力；传统的相声表演能令客人开快大笑，突出婚宴的幸福快乐。

（五）敬酒

中国人的婚宴历来有一个传统，主人家要通过饮酒的方式向前来贺喜的宾客表达谢意，这就是敬酒。敬酒的传统一直保留到了今天，成了包括城市和乡村在内的婚宴上的一个重要仪式。城市居民即便举行的是西式自助餐婚宴，也会安排敬酒的环节。敬酒在婚礼仪式中有着举足轻重的意义。敬酒的"敬"表达的是主人家对来宾的尊重之意和感激之情。所以，新人哪怕平时不喝酒或很少喝酒，在婚宴上都必须真心诚意地向客人敬酒。

过去，婚宴上向客人敬酒的主要是新郎的父母和婚事的主持人，而现在城市婚宴上大多是新郎新娘和双方父母一起到酒席上敬酒。敬酒通常是在婚宴进行了一段时间后开始的，通常是在吃过主菜、甜品上桌之前。一般说来，新郎新娘在成亲典礼结束后便到后场稍作休息。新娘会利用这一小段时间把之前穿着的婚纱换成红色礼服，敬酒的礼服以中式的褂裙或旗袍最为常见。当新郎新娘再次回到宴会厅给每一桌的客人敬酒时，婚宴便迎来最激动人心的部分。

新人敬酒通常是逐桌进行，伴郎、伴娘紧随其后，一人拿着酒瓶，一人端着托盘，托盘里摆放两只酒杯，方便随时斟酒。若遇到需要代酒的时候，伴郎、伴娘便义不容辞了。敬酒通常要先敬主桌，然后是次桌，其他的按餐桌摆放的顺序一一进行。桌上的客人都要一一敬到，不可失礼。敬酒时，新人每到一桌，伴郎、伴娘先斟满两杯酒递给新郎和新娘，酒桌上的客人则自己斟满酒，双方手捧酒杯，由新人先说一些感谢和祝愿的话，客人也同样祝福新人生活美满、爱情甜蜜，语毕，新人与客人一一碰杯，并将杯中的酒一饮而尽。碰杯的顺序依据辈分大小、职位高低、宾主身份来确定，先与长辈碰杯，再与地位身份比较高的客人碰杯，最后是其他客人。如果遇到比较尊贵的客人，新人还得亲自为其斟酒，以示特别的敬意。一些地区的风俗还要求新郎、新娘的父母也得向宾客敬酒。新郎新娘的父母可以一同敬酒，也可以分开进行，但都在新郎新娘之后。一般新郎新娘已经敬过主席和次席后，父母们就可以开始敬酒了。

在敬酒时，桌席上的一些年轻客人会用一些新奇的方式故意捉弄新人。例如请新人当众表演一个节目，或是让新娘给客人点烟，但又不断吹灭新娘手中的火柴，或是调制一杯加了酱油、辣椒、汤汁等调料的"鸡尾酒"让新人一滴不剩地喝完。面对客人的捉弄，新人都会大度地加以配合。新人实在无法满足客人的要求时，伴郎、伴娘就必须负责解围、救场。当然，在喜庆的日子里，客人并不会太为难新人的。年轻人捉弄新人几乎在所有婚宴敬酒中都可以见到，而且花样繁多，随时都在创新。这固然是结婚仪式上的一种乐趣，却也从某种程度寓意着新人结合不易，二人的感情请多珍惜。

一些地方除了敬酒外，还需要"敬上"其他的物品。东北的城市新郎新娘在给宾客敬酒时还要敬烟。新人要一起合作，新郎敬烟，新娘点火。新娘点火时必须用两根火柴，而且得一次点成，取好事成双的意思。主人家通过敬酒和敬烟对客人表示感谢，此外，也是借酒和烟的档次向客人展示其婚礼排场。当然，现在不吸烟和不饮酒的人越来越多，有的新人也改为向亲友送玫瑰花、中国结甚至是彩票等小礼物。在广州，新人在敬酒时还必须敬茶。通常的方式是，新郎在"兄弟团"的陪同下向各位亲友敬酒，"兄弟团"要负责斟酒。而新娘则是在"姐妹团"的陪伴下向亲友献"抱"（即媳妇）茶。"姐妹团"负责斟茶，而且在新娘敬茶前"姐妹团"要先齐声喊道："喝杯媳妇茶，富贵又荣华。"凡是已婚的亲友喝茶后都要给新娘一个红包，一般来说里面装着一元或两元钱。①

敬酒是新人表达感激的时刻，也是新人向宾客分享幸福和喜悦的时刻。新人的酒杯里斟满的不仅是美酒，还有满溢的福祉和喜气。宾客们喝到的不仅是喜酒，还有新人对客人的祝愿，祝愿客人今后的生活能大吉大利、称心如意。而当客人举起酒杯接受新人的敬酒时便认可了新人结为正式夫妻，所以他们才会向新人说出"祝你们白头到老""祝你们永结同心"的祝福话语。而新郎新娘也会在客人面前许下永远相亲相爱的承诺。所以敬酒既是一个表达感激之情的仪式，更是一个确认新人合法婚姻关系的仪式。特别是在今天城市婚宴上，新郎新娘携手给宾客敬酒，这一意义更加凸显出来。

（六）送客

酒过三巡，菜过五味，婚宴临近尾声，客人也准备动身离开。此时，新人和新人的父母便等候在宴会厅门口或门厅，恭送客人。婚宴送客也是有规矩的。送客时，新郎、新娘及其父母分别站两排，也可以站成一排。如果是前者，则新郎及其双亲站门的左边，新娘及其父母站门的右边。如果是后者，则新郎和新娘站中间，同样是"男左女右"，而新郎父母必须站在新郎的左边，新娘的父母双亲必须站在新娘的右边。不论是前者还是后者，双亲都是"男左女右"。客人经过时，新郎新娘和父母要向客人说几句"感谢光临""路上走好"这一类的话，有时新郎新娘的父母还会和客人握手致谢。一些地区的习俗还要求新郎、新娘抬着装有喜糖、

---

① 韩冷：《广东与东北都市婚俗调查比较》，《华南农业大学学报》2007 年第 4 期。

喜烟的托盘，客人离开时可以取一些带走，此之谓"送客礼"，既是对客人的感谢，又是让客人把结婚的喜气带走。而客人也在告别的时候再次把祝福留给新人。

中国人的婚礼已经发展了几千年了，在这几千年中无论婚礼有何变化，婚宴始终是其中的重要内容之一。在现代城市里，尽管酒店或酒楼婚宴的价格逐年攀升，媒体对婚宴的铺张浪费也颇多负面报道，但人们对婚宴的热情却并没有丝毫的减退。据统计，我国在2004—2009年间平均每年有811.36万对新人登记结婚，其中78.74%的新人准备到酒店举办婚宴。① 可见即便是现代社会，婚宴之于结婚依然必不可少。婚宴本身是中国传统习俗中对婚姻认可的一种形式。举行了几千年婚宴的中国人早就形成了"无宴不成婚"的观念，而且一直延续至今。在城里，如果新人结婚只是办理了结婚登记，拿到了结婚证，那他们的婚姻也只是获得了法律意义上的合法性。没有摆酒席，邀请亲戚朋友来吃喝一顿，亲戚朋友就很难形成这对新人已经是夫妻了的意识，新人的婚姻在亲友的认知里就变得不那么名正言顺了。所以新人为了获得自己生活于其中的社会群体的认可，就要邀请亲朋好友来共享美酒佳肴，让他们亲自见证两人的结合，接纳两人全新的社会角色，并通过这种方式给新人的婚姻赋予民意合法性。如果说婚宴之前的成亲典礼的意义在于把新人成婚的事实公之于众，那么婚宴的意义就在于让人们承认这个事实。正因为婚宴有着这样一种意义，一些因为觉得酒店婚礼铺张浪费、缺乏个性而举行其他新潮婚礼的新人，也要摆上几桌酒席，邀请至亲好友，让自己的婚姻得到承认，让自己的新角色得到接纳，让自己今后生活得到祝福。

除了承认新人的婚姻外，婚宴还是新人答谢亲戚朋友的一种方式。亲戚好友们远道而来，参加新人的婚礼，并送上礼物表达诚挚的祝福。在过去的日子里，亲戚好友们对新人曾经有过关心与

---

① 《中国结婚产业发展调查报告》，转引自刘杨《酒店婚宴消费研究》，东北财经大学，硕士学位论文2010年11月，第2—3页。

支持，在未来的日子，新人会以新的角色出现，而亲戚朋友们会一如既往地在生活中给予他们帮助和扶持。所以新人奉上隆重的宴席，以表示对亲戚朋友们的最诚挚的谢意和敬意。这是人与人之间互相尊重的一种礼节，也是中华民族传统的美德。当然，像所有其他的共餐仪式一样，婚宴同样也是一种人情融合的方式。在婚宴上，几乎新人和新人父母重要的社会关系都会齐聚一堂。新人通过婚宴不仅可以将喜悦与大家分享，还可以将彼此介绍给亲朋好友，更好地融入对方家庭的关系网络。新人的重要亲属可以借婚宴机会面对面地交流情谊，相互熟悉，加强双方因婚姻而建立起的关系纽带，以适应日后的姻亲角色。新人的其他客人们既可以通过在一个桌子上共饮共食来巩固原有的亲属和朋友关系，同时还可以结识新朋友，建立起新的社交网络。

　　毫无疑问，今天城里人的婚宴和过去相比已经发生了很大的变化，但从整个婚宴过程仍旧能看出传统形式的延续，而随着这些传统形式被保留下来的是婚宴在中国社会中所具有的意义。当然，今天的婚宴同样也有着时代风貌。自助餐、红酒这一类西方文化元素的引入，给城市婚宴增添了更加丰富多彩的意义，更显出现代社会多元文化的特点。

五　闹洞房：历久弥新的古老仪式

　　成亲典礼和婚宴的圆满结束并不意味着婚礼就此完结，另一个重要的仪式还在等待新郎和新娘，这就是婚礼的传统节目之一——闹洞房。闹洞房是指在结婚当夜，新郎新娘的亲戚朋友，尤

其是年轻人，以玩笑形式捉弄新郎新娘以及其他一些相关人员。在古时的文献里闹洞房被称之为"谑亲""戏妇""弄新妇"，而民间则有"暖房""吵房""闹房""闹洞房""逗媳妇""闹新媳妇""喝喜酒"等不同的称呼。闹洞房的习俗具体起源于何时已无法确切考证，中国最早有关闹洞房的记载出自汉代文献。①

关于闹洞房习俗形成的原因，历来众说纷纭。有一说法认为闹洞房最早出现在北方民族中，并与他们的生产方式有关。早期的北方民族以游牧和狩猎为生，特别崇尚男子的强壮和勇武。新婚时，新郎为了证明自己的男子气概需要忍受棒打。中国古代部分地区的闹洞房还遗留了这一原始习俗。② 另一种说法则认为，闹洞房与早期人类社会的掠夺婚有关。当时男女结合主要的方式就是抢夺。当然，抢亲并非一个人去，而是纠集一干强壮的族人一同去抢。抢来的准新娘被视为族里共同财产。在成亲前，凡是参与抢亲的人都有权利肆意戏弄准新娘，甚至与其发生性关系。但是成亲后，族里的其他男子便不能与新娘发生性关系了。③ 所以后来的闹洞房习俗中，新郎的亲属可以和新娘开带有性色彩的玩笑，可以碰触新娘的身体，甚至有的可以对新娘实施一些猥亵的行为。

在民间，人们普遍认为闹洞房来源于驱邪避灾。相传，很早以前紫微星下凡，在路上遇到一个披麻戴孝的女子，尾随在一伙迎亲队伍之后。紫微星看出这是魔鬼在伺机作恶，于是就跟踪到新郎家，只见那女人已先到了，并躲进洞房。当新郎、新娘拜完天地要进入洞房时，紫微星守着门不让进，说里面藏着魔鬼。众人请他指点除魔办法，他建议道："魔鬼最怕人多，人多势众，魔鬼就不敢行凶作恶了。"于是，新郎请客人们在洞房里嬉戏说笑，用笑

---

① 尚会鹏：《闹洞房》，中央民族大学出版社2000年版，第174页。
② 张海钟、刘燕君、张安旺：《闹洞房习俗的多学科观点综述与甘肃婚俗的——性禁忌性保健意义臆说》，载《甘肃高师学报》2014年第3期。
③ 盛义著：《中国婚俗文化》，上海文艺出版社1994年版，第154页。

声驱走邪鬼。果然，到了五更时分，魔鬼终于逃走了。① 老百姓相信新婚之夜闹洞房可以驱逐邪灵，防止鬼怪进入，否则"人不闹鬼闹"，十分不吉利。不论是学者的论证还是民间的信仰，都说明闹洞房承载了许多意义，它可能是纳吉避邪的保护措施，也可能是男子气概的证明，也可能只是历史上某种习俗的流传，早已失去原本意义，而被赋予新的意义。

无论闹洞房形成的原因是什么，这一看似简单的习俗却历史悠久，从汉代一直延续到今天。其流行的范围更是广阔，可谓遍及全国各地，影响巨大。今天我们在城市里看到的闹洞房仍然保留了传统的形式，但在具体内容上有了很多反映时代特点的变化。在西方文明的影响下，闹房的意义和功能显然更具有现代社会的特色。

（一）闹洞房的新变化

1. 闹房的地点

现在城市里闹洞房，时间和过去一样都是在新婚之夜，但是场所却有了改变。古时新娘出嫁后就在夫家居住，所以新婚时的洞房都是设在新郎家。现在城市居民的家庭结构都发生了变化，年轻人婚后选择与女方父母住在一起的也有不少，不与双方父母居住在一起的情况就更普遍了。这样一来新房的地点就有可能是在男方父母家，也有可能是在女方父母家或新人自己的家中，闹洞房就在这些场所进行。此外，城市里现在都流行在酒店结婚，一些酒店本着做生意的原则，在新人结婚当晚让新人免费入住酒店一晚。于是，许多新婚夫妇就把洞房设在了酒店的客房里。所以，现在城市里闹洞房的地点基本有两类。一类保留传统做法，婚房就是洞房，闹洞房就在新婚夫妇居住的地方。另一类比较现代一点，洞房与婚房分开，闹洞房不在新婚夫妇居住的地方，多到酒

---

① 张启哲：《闹洞房是中国社会一种特殊的性教育方式——性教育研究之三》，《陕西教育学院学报》2006年第1期。

店房间举行，而且新婚夫妇当晚也就宿在酒店。有些新人甚至是在宴会厅或KTV等场所闹洞房，新人晚上还回到自己家中。

把洞房设在自己家中的新人更为看重闹洞房的传统意义。闹洞房的本意更多地在于驱邪避灾，祝福纳吉，让家中增添喜气，让未来的日子越过越红火。新人毕竟将来是要在自己家中过日子的，酒店房间、宴会厅、KTV只不过是临时落脚的地点，在这些地方闹洞房就没有了原本的意义了。所以有的新人为了能够在新婚之夜讨个好彩头，觉得还是应该在自己家里闹洞房。新人为了结婚，不论是自己单独住还是与父母同住，都会把用于结婚的房子或房间布置得漂漂亮亮、喜气洋洋，图的就是个吉庆、热闹。而酒店房间、宴会厅、KTV这些地方就布置得非常简单，要么是婚床上用花瓣拼出个爱心，要么就是在房间里用红色的装饰品布置一下，喜庆气氛不如婚房那么浓郁。对于非常讲究新婚喜气的新人来说，这样的布置显然太过简单，不仅满足不了新人的心理需求，而且还会被一些客人认为不尊重，敷衍了事。所以，在洞房的选择上遵循传统是有必要的。

一些新人选择不在自己家中闹洞房更多是出于一种现实需要。现在城市里的生活节奏很快，结婚当日各种烦琐的流程都必须在一天之内完成。新人马不停蹄地奔波在各种仪式场地，异常辛苦。婚宴结束后还要接送亲戚朋友在家中闹房，无疑会让自己十分疲惫。如果婚房离结婚的地方太远，那对新人来说更是折腾，精神和身体都吃不消。既然如此，在酒店里结婚的索性就在酒店闹洞房，这样新人可以有更多的时间休息，以应付结婚仪式之后其他事务。再加上，闹洞房的时候人们多半是怎么高兴怎么闹，什么道具称手就用什么道具，经常是洞房闹完了，原本整洁漂亮的房间却一片狼藉。在过去，新郎新娘生活在大家庭中，闹完房后打扫房间的事情自有家人代劳。而在现代社会，新人要么和父母同住，要么自己单独居住，闹完房后时间太晚，并不方便留下亲戚朋友来帮忙，只能自己慢慢收拾残局，这对新人来说更不容易。

就是在这种情形下，现代社会服务商业化、货币化的影响力就凸显出来了。新人们哪怕不是在酒店举行结婚仪式，也愿意到酒店或 KTV 等娱乐服务场所租一个房间，或是直接在酒店或酒楼的宴会厅闹洞房，省却了事后收拾的麻烦。

闹洞房作为中国传统婚礼的一部分，自然也是神圣性和世俗性相结合的。城里人在家中闹洞房，遵从的是闹洞房所具有的神圣象征意义；在家中以外的地方闹洞房，则把闹洞房世俗性的一面体现了出来。无论在哪里闹洞房，其根本形式和所具有的社会功能并没有差别。

2. 闹房的人员

过去参加闹房的人除了新婚夫妇外主要是新郎同辈或辈分较低的人，一般年龄与新郎差不多或比新郎小一些，以青年男子居多。在一些少数情况下辈分较高和年龄较大的人也会参与闹房，只是言行举止更加规矩和谨慎，不像晚辈那么放肆。闹房主要对象是新娘，新郎则要从旁加以配合。一些地方的闹房活动有时也会波及到新郎的父母。个别地区出现过闹房不闹新郎新娘的风俗。例如新中国成立前苏州一带闹房，闹的不是新娘，而是新人专门请来的一位喜娘。喜娘要年轻、有风韵，而且要经验丰富，善于周旋。有些女子专门做喜娘，每有新人办喜事时就会被请去，事后收取一些报酬，可谓职业化的喜娘。江西萍江地区曾经有过闹伴娘和媒人的习俗。这些可以算是闹新娘一种衍生风俗。①

在现代城市里，新郎、新娘在结婚一事上的地位是平等的，所以闹洞房时都是双方的亲戚朋友一起参加，并不以哪一方为主。这是与传统习俗最大的不同之处。当然，这些来闹房的亲戚朋友年纪都与新郎新娘相仿，也没有辈分高低之分。在大多数城市，

---

① 　尚会鹏：《闹洞房》，中央民族大学出版社 2000 年版，第 73 页。

新郎、新娘的父母以及其他年长的亲戚都不参与闹洞房①。有些新人在婚后与一方的父母同住，洞房也设在自己家中，那父母就会有意识回避，或者在房屋不显眼的地方看年轻人闹洞房，只是有需要时才出来帮忙，或干脆到邻居亲戚家暂避一时。如果闹房是在新人自己单独居住的房屋，或是在其他娱乐场所，新郎、新娘的父母基本不会出现，把这个欢闹的时光完全留给年轻人。和过去相比，闹房的主要对象已不再是新娘一人，而是被视为"二位一体"的新郎和新娘，很多活动需要他们一起完成。而且有时候客人一些出格的行为主要由新郎来承受。这从一个侧面反映出现代社会人们普遍接受了尊重妇女、保护弱小的观念。除了新郎和新娘外，闹房偶尔会波及伴郎和伴娘。如果闹得不是太出格，伴郎和伴娘为了不破坏气氛，会配合着完成闹房。但如果闹得比较过分，超出了玩笑的范畴；让新人觉得无法忍受时，伴郎和伴娘也可以不理会。

3. 闹房的时间

关于闹洞房，民间有"新婚三日无大小"的说法，即在三日之内，不分老少，皆可以到新房中戏弄新娘。过去人们闹房大多是在新婚之夜。有些地区，尤其是南方，流行闹房连闹三夜的，还有的连闹五六夜，最长的甚至有闹上一个月的。② 当然在现代工业社会，人们的时间安排是受到约束的，并不像农业社会可以自己

---

① 湖北武汉地区在结婚当日有一种特殊的"调戏爹爹和新娘"的活动，与闹洞房相似，但调戏的对象主要是新郎的"爹爹"（父亲）和新娘，也包括"爹爹"的所有直系兄弟，有的甚至包括整个家族里的其他男性成员。有些地方"爹爹"的角色已由新郎工作单位的男性领导扮演。调戏的内容主要是两方面：一是新娘是由"爹爹"以及其兄弟合作背着进婆家的门；二是新娘进婆家门以后，在新房里或者婚宴上由"爹爹"和新娘合作玩带有性意味的节目，营造爹爹和新娘之间的暧昧关系，而不允许新郎的参与。活动都比较诙谐搞笑，"爹爹"和公婆以及"爹爹"的兄弟都要穿上花花绿绿的衣服，脸上化上丑妆。一些比较腼腆的"爹爹"多以"三句半"、颁发"扒灰"奖的形式进行戏谑。戏谑者和被戏谑者必须百般忍耐。参见郑尤《武汉城郊闹房婚俗的人类学透视》，载《神州民俗》2007 年第 11—12 期。

② 吴存浩：《中国民俗通志·婚嫁志》，山东教育出版社 2005 年版，第 364 页。

决定劳作和休闲，所以不可能有那么多时间来闹洞房。不仅新郎新娘没时间，亲戚朋友们在参加完婚礼后还有自己的工作和生活。现代人闹房大多是在结婚当日的晚上，时间大约一两个小时，闹房完后，整个结婚之日的活动就正式完成。

4. 闹房的形式

过去的闹房又可以分为"文闹"和"武闹"。"文闹"就是让新郎新娘做一些既感觉尴尬、难堪，但又不太难完成的事情。"文闹"又分两类。一类以言辞为主，不使用道具或很少使用道具。如让新人当众用亲昵的称呼说一些表达爱意的话，或者讲述一些带有性暗示和生殖意象的歌谣、故事、笑话等。另一类以动作为主，并使用道具。如共磕一粒瓜子、共啃一颗苹果等。"文闹"有时也会让新郎新娘非常难为情。"武闹"则可谓是"大闹特闹"，带有暴力性质的闹房。如把新郎新娘捆绑在一起，或对新娘实施猥亵行为，又摸又掐等。最后是洞房乌烟瘴气，新人也狼狈不堪。闹得过分者，甚至导致新人伤残或毙命。闹房闹得再厉害，新人也不能生气，还必须尽量配合。由于怕出意外，主人家对于胡闹乱闹者也会进行防范。有的地区新人可以请几位男女亲友做"保镖"，以应付宾客闹房；有的一旦出现闹房者过于出格时，男性长辈会出面予以制止。即便如此，新郎新娘在闹房者面前仍旧处于被动位置，被闹得狠了，还得赔着笑脸。

相比较而言，如今的闹房文明多了，大部分都是"动口"和"动手"的文闹。新郎新娘也有了一定的"自主权"。由于新郎新娘和闹房者都相互熟悉，闹房的程度全看宾主之间如何互动。如果新郎新娘性格比较豪爽、"放得开"，也愿意闹房闹得凶一些，那么闹房者就可以实施一些尺度比较大的活动。如果新郎新娘比较羞涩，对过分的行为不能接受时，闹房者就会挑选一些相对比较轻松的项目，不至于太过为难新人。如果闹房者执意要闹，而新人又不情愿时，新人可以委婉地加以拒绝，或不理会，或想办法搪塞过去。当然，为了避免在闹洞房时出现难堪，新人也会事先准备应对的方法。例如当闹房者提出要求的新人不能满足，便用其他简单的节目形式来代替，如二人合唱一支歌，或一人唱歌一人跳舞。或者新人可以出一些谜语、对联，并说好答不出者表演节目，这样就可以转移大家的注意力。其实，一般新人做出这些应对时，宾客自然也领会其中的含义，不再为难新人。当然，对于一些比较固执的闹房者，新人就可以请出长辈加以制止。

虽说和农村相比，"武闹"在城市里并不普遍，但也没有完全被杜绝，而且不文明的"武闹"引发的各种事端经常见诸报端。有些闹房者闹得兴起时，会不顾新人的意愿，占着人多使用武力迫使新郎新娘完成自己所提的要求，对新郎新娘和伴郎伴娘造成了身体伤害。据报道，山东青州市曾有一对青年人结婚，闹洞房时帮忙的人为完成一个名为"打夯"的游戏，抓住伴娘的右手和双脚往空中抛，结果用力不均导致伴娘在下落时腰部受伤。伴娘几经治疗，伤情仍未根本治愈，最终鉴定为七级伤残。因为治疗花费较大，伴娘最后将新郎新娘和参与"打夯"游戏的人告上法庭，要求赔偿。[①] 另一个例子是贵州省湄潭县一名男青年在自己的婚礼上被一群朋友强行扒光，用不同颜色的油漆喷了一身。后回家清洗身体时因普通洗涤用品无法清洗油漆，他只好用汽油清洗，在清洗过程中汽油突然发生燃烧，导致他全身着火、烧伤面积高达95%以上，最终被鉴定为三级残废。类似的"武闹"让原本喜庆的婚礼变成了悲剧。而在众多的"武闹"行为中，猥亵甚至性侵新娘和伴娘的行为最让城市女性厌恶。有的新娘在闹洞房时会被新郎的发小、哥们强行抚摸乳房、私处，喝醉了的甚至想和新娘强行发生性关系。有些闹房的客人甚至会非礼伴娘，扒衣摸胸，在伴娘身上画上各种猥琐图案，甚至是强暴伴娘。这些"武闹"对女性极为不尊重，普遍受到城市女性的抵制。[②]

---

① 王学堂、宋双玲：《喜事生悲：闹洞房伴娘致残上法庭》，载《民主与法制》2002年第105期。

② 方人也：《闹洞房＝耍流氓？》，载《法制与社会》2015年第1期。

像这样的"武闹"行为在过去一直都存在，而且造成的悲剧、惨剧也从来没有间断过。在现代人看来，这些粗俗野蛮的"武闹"行为已经不再是单纯的民俗了，有些已经触犯国家的法律。当代城市居民在闹洞房的问题上大多已经具有了法律意识，认为闹房不能毫无顾忌、胡作非为，不能将自己的意志强加于别人，而对于有人格侮辱、暴力伤害性质的闹房行为也会诉诸于法律，维护自己的权益。相较于过去，大家更愿意以文明的、积极的、充满创意的、富有现代时尚的方式来闹房。这种观念上的转变是传统闹房习俗在当代城市婚礼中最大的变化。

（二）闹房的旧把戏与新招数

闹房活动的特点就是挖空心思地"戏弄"和"为难"新人，通过让新郎、新娘做一些让人难为情的游戏项目来达到"闹"的效果。这些项目或难或易，或雅或俗，或是用语言或是用动作，从古至今，莫不如此。现在在城市里，传统的闹房游戏经过改头换面，又以新方式出现。同时，更富时代气息的活动也不断地被发明创造出来，新的旧的一齐上阵，让新郎新娘应接不暇。而且闹房游戏的花样年年翻新，创意层出不穷。每每新郎新娘以为自己做好了准备时，就会有人别出心裁，独辟蹊径，想出一些闻所未闻的招数，让新人猝不及防。没有人知道这些活动最早出自何处，又是由谁首先设计。一些游戏才刚发明出来，便迅速在大江南北传播流行。总体而言，各地城市的闹房游戏大同小异，从表现形式看，基本都可分为以言辞为主的说唱类项目和以动作为主的身体表演类项目。①

1. 以言辞为主的闹房活动

以言辞为主的闹房主要是通过新人的说和唱来表达主题，难度不大，比较容易过关。有时用于闹房开场的暖场，有时用于一些

---

① 该分类参考尚会鹏《闹洞房》，中央民族大学出版社2000年版，第174页。

较为激烈活动的过渡。虽说以言辞为主，有时也会使用一些道具，或做一些动作。从言辞的具体内容看，可以细分为四类情况。

第一类是新人当众介绍自己的恋爱经历。这一类活动项目难度最低，常常出现在闹房开场的时候，既让新人热身，也可以把客人的情绪调动起来，不至于到后面冷场。闹房者最常使用的招数是让新人说出两人相识、相知、相爱的经过，甚至还要求新人重现求婚的原始场面。稍微为难一点的是让新人说出两人在相爱之前的恋爱史，如曾经交往过多少男女朋友，男女朋友的长相如何，具体的恋爱过程，等等。新人在说的时候，客人们还可以在旁边起哄，或问更为细节的问题，以增加难度。由于这类游戏容易完成，只要闹房者提出要求，新人都会积极配合。

第二类是新人当众表现两人之间的恩爱。这类游戏难度也不大，一些项目甚至设计得非常有趣。在时下流行的一款名为"流行歌大翻唱"的游戏中，闹房者会找一些耳熟能详而且几乎人人都会唱的歌曲，要求新人将里面频繁出现的"你""我"两个词改为"老公""老婆"，并且声情并茂地唱出来。这些歌曲经过改头换面后，可以表达出"我爱老公""我爱老婆"的意思。人们最爱用的歌曲就是《世上只有妈妈好》，被翻唱后就成为了"世上只有老婆/老公好"。新人演唱时，在场的客人都觉得极为过瘾。

第三类是新人互相说出对方的一些情况或两人共同做过的事情，如新郎、新娘的农历出生年月，或新郎、新娘的脚掌有多长，或两人第一次接吻是在什么时候，等等，以此来考验新人是否有默契。有时新郎和新娘还需要各自把答案写在小纸条上，交给一位"公证人"，然后让新人互相猜对方可能会写什么，再由"公证人"宣布答案。这类游戏常常都有惩罚环节，如果新人回答不出问题，或写的与对方的不符，则要接受惩罚。惩罚的内容千奇百怪，有的罚酒，有的让新郎穿着新娘的高跟鞋跑三圈，有的让新郎做马让新娘骑。而闹房者的心里是期望新人回答错误的，这样才有热闹可看。

最后一类是会让人联想到性的一些项目。与性有关的内容可以说是闹房的一个不成文的规矩，几乎每一次闹房都会有所涉及。过去这一类闹房项目大都是让新娘唱一些与性和生殖有关的歌谣等。现在虽然不是赤裸裸地"污言秽语"，却也在言语中加入一些能够带有性色彩的词汇。城市里流行的名为"比手画脚"的游戏，由闹房者悄悄告诉新郎或新娘一句话，让其用动作比画出来，再让对方来猜。闹房者故意挑一些与性有关的话，如"你的三围是多少""今天不用安全套""二十点上床"等。虽然没有直接提到性，但新人和闹房者都能领会其中的含义。当然，这类项目如果设计得高明，完全可以雅俗兼顾。近年来兴起的"七步成诗"游戏，就一方面考验了新人是否足够机智，一方面又巧妙地把性的主题引入其中。游戏要求新郎、新娘以身体上从头到脚的各个部位为题，轮流说出一句诗或一个成语。做游戏时，首先由一名"主考官"做出指示。主考官指到头，新郎可以说"头重脚轻"，指到胸，新娘可以说"胸有成竹"。如果指到的部位新郎或新娘没能说出来，对方就得亲吻自己的这个部位。有些坏心眼的"考官"故意指向一些能联想到性的部位，如嘴唇、胸，甚至是私处，此时就看新郎或新娘能否机智应对。在以言辞为主的闹房项目中，涉及性的游戏并不算多，而且用词也并不直接，多是使用一些与性有关的词语来指代性。涉性的游戏在以动作为主的闹房活动中更为突出。

2. 以动作为主的闹房活动

以动作为主的闹房活动主要是通过新人的肢体表演并配合使用一些道具来表达主题。这一类活动项目有的较为容易，有的难度较大，很考验新人的心理承受能力。由于新人在完成闹房者的要求时有很多肢体动作，因此与单纯的说和唱相比，这类节目的表演性更强，更能让闹房者感到兴奋，更能让现场气氛活跃起来。而一些难度较大的项目，也体现了"闹"的真正含义。以动作为主的闹房活动也可以分为带有性暗示和不带性暗示的。

现在的动作类闹房活动都必须由新郎和新娘两人齐心合力共同完成。而多数不涉及性内容的游戏更需要新人之间的相互配合。这类游戏既考验新人的默契程度，同时又寓意着"夫妻同心，其利断金"，是对新人结合为一体最好的祝福，而且每个游戏都可以表达出吉庆的象征意义。同时闹房者在观看新人表演的时候也能感受到喜悦和快乐。类似的游戏其实过去也有，不过在城市里很多新的游戏又被发明出来。下面就是一些常见的动作类闹房活动。

"真心大巡游" 新郎新娘要入洞房之前，新郎得背着新娘从楼下一直走到洞房前。在此过程中，新娘一手拿着一个锅盖或一个盆，一手拿着一只高跟鞋，边走边用高跟鞋的鞋跟敲打锅盖或盆，每敲一次，新郎就得大喊一句"我结婚了"或者"我讨老婆了"，让周围的邻居都能听见。这一游戏形式也有多种变化。新郎除了背新娘，力气大的也可以抱着新娘。新娘也可以和新郎一起喊"我结婚了"或"我嫁老公了"。具体喊的内容多种多样，只要表达"我今天结婚"这个主题就行了。通常这个游戏在入洞房前要完成。由于中国人的感情比较含蓄和内敛，这样直白地表露自己的心情也可以说是为难新人的一种方式，不过在今天不少新人已经十分开放，对这个游戏也乐在其中。

"十全十美" 新郎和新娘利用自己的身体摆出 0 到 9 的阿拉伯数字造型。新郎和新娘可以站着或躺在床上做出造型。有时闹房者也要求新人做出特定一些数字的造型，例如"520"（谐音"我爱你"）。这个游戏的另一个变化形式是让新人摆出英文"LOVE"（意为"爱"）或"I LOVE YOU"（意为"我爱你"）的字母造型。对新人而言，这个项目可以说是动作游戏里最简单的，但现场气氛一点都不亚于其他一些带有性暗示的游戏，所以深受欢迎，成为闹洞房的必备。

"爱情气球" 闹洞房时，气球因为很容易获得，所以成为最常用的道具。与气球有关的游戏难度较低，而且气球到最后常常会爆炸，给洞房里的人带来欢乐。气球游戏常见的有几个：把几枚气球吹好气，放在床单下面。新郎新娘要一起小心躺下，尽量避免气球爆炸；或是新人面对面站好，将一个气球放入两人之间胸前的位置。新人必须合作夹紧气球，并在限定好的时间内走完一段路，气球不能落下，到终点时两人要合力把气球挤破，但不能用手；又或是新娘平躺在床上，身上放一枚气球，新郎在新娘上方做俯卧撑，闹房者不叫停就得一直做，最后新郎支持不住时会压在新娘身上，他俩之间的气球就会爆炸。这些游戏里，气球若是爆炸，则新郎新娘要一同承受，这可以象征爱情的坚贞不渝，夫妻患难与共，不离不弃。

"心有灵犀" 新娘双眼蒙上，新郎则与众兄弟排成一列，新娘得逐个摸索，限定的时间内找出新郎。这一游戏还有女性版本：新娘与众姊妹齐齐将嘴唇印在纸上，让新郎找出新娘的唇印。女性版本的难度要稍高一些。这类与猜测有关的项目通常都会搭配一些惩罚措施。新人若没猜对就只能乖乖接受惩罚了。惩罚的内容不一而足，最容易的是罚喝酒、唱歌，一些让新人难为情的惩罚就有难度了。

"五子登科" 用一根红线系上一支点燃的香烟，香烟在红绳的中间，新人用嘴各咬住红线的一头。把五根火柴插在水果上，放到桌子上摆好。新人叼着红绳，一起合作把五根火柴全部点燃。过去闹洞房时做这个游戏寓示未来儿女有出息。这个游戏比较传统，而且还有其他许多形式，每个形式都被冠以一个象征着吉利的名称。如把火柴插于红枣上，再把红枣放入一盛水的盆里漂浮。新人咬住红线，合力用烟点燃盆中的火柴，此之谓"旺火早（枣）生"，象征着早生贵子、子孙满堂。还有一现代版本是把火柴插于肥皂上，肥皂搁在皂盒上，然后再放入盛水的盆中，让新人点燃肥皂上的火柴，此之谓"一帆风顺"，象征着新人在未来的日子里事事如意、无往不利。

"白头偕老" 将两支蜡烛点燃置于桌上，新郎、新娘双眼用布蒙住，相对而立。大家一起喊"1、2、3，吹"，新郎、新娘就开始吹蜡烛，此时，闹房者迅速将一盘面粉代替蜡烛。面粉扬起，新人顿时满面白粉，寓意"白头偕老"。这个游戏与"五子登科"一样，也是非常传统的闹房活动，既有吉利的象征意义，又有娱乐性，流传至今，现在依旧受欢迎。

不带有性暗示的闹房活动多是图个热闹和吉利，而带有性暗示的闹房活动一向都是闹房的重头戏。在过去，由于新郎和新娘在结婚之前很少见面，因此闹洞房就有着对新人进行性教育、传播性知识的功能，目的是让新人尤其是新娘不再羞涩，为即将到来的夫妻生活做好准备。而这一切的最终目的还是中国传统婚姻最根本的意义——"早生贵子"。所以，闹房活动中与性有关的游戏比比皆是。当然这类游戏有的比较隐晦，只是暗示性的，有的则比较直白，让新人直接模仿性交的过程。

比较隐晦的、暗示性的游戏主要是通过让新郎、新娘身体上某个与性活动有关的部位进行接触，或是通过让新人暴露身体来表达主题的。

"亲亲甜心" 新郎仰面躺在床上，脸上和脖子上贴满了切得薄薄的香蕉片，新娘蒙上眼睛用嘴去寻找香蕉片，找到一片就吃掉一片。新郎、新娘也可以换角色，由新娘躺着，新郎用嘴找香蕉片。还有一种形式是用液体巧克力在新娘胸前画出一个心形，然后让新郎用舌头舔干净。

"探囊取物" 新娘左右手并用，把两个生鸡蛋分别从下面放入新郎的左右裤腿里，并隔着裤子把鸡蛋顺着新郎的大腿往上移动，让两颗鸡蛋在新郎的"重要部位"交会，然后再把鸡蛋从另一边的裤腿移出。这个游戏新郎、新娘也互换角色，其中的变化是新郎把鸡蛋放入新娘的袖子里，再经过新娘的胸部，从另一只袖子里移出来。无论由谁来负责移动鸡蛋，都会与对方的"关键部位"接触。

"开汽车" 新郎新娘面对面坐在椅子上，新娘脱掉鞋把脚抬起放在新郎的"重点部位"，这叫作踩油门。新郎伸直手臂把双手放在新娘的胸前，这叫作握方向盘。新郎新娘身后各站一人，分别轻推二人。推新娘时，新娘必须模拟踩油门的声音，推新郎时，新郎要模拟按喇叭的声音。推的人频率越来越快，油门声和喇叭声也此起彼落，好不热闹。

有些游戏对于性的暗示更加明显。在这类游戏中，新郎、新娘的动作配合上特定的话语以及带有强烈指涉意义的道具，可以营造出各种性行为方式的意象。

"射飞镖"　新郎蒙上眼睛，新娘在前面 3 米处捧一个盘子，新郎手执香烟往盘子里射，新娘负责接香烟。新郎每射一镖，都要问新娘"射在里面还是射在外面"？新娘如实回答。新郎需要把三支香烟射进盘子里，才算功德圆满。在对话中，"射"暗示了新郎性行为中的生理反应。

"插瓶子"　新郎后腰腰带上拴一根线，线上系一根筷子，地上放一个啤酒瓶，新郎需要蹲下把筷子插入瓶子。整个过程新郎不能往后看，新娘在一旁指挥。根据新娘的指示移动筷子，并问新娘："进去了吗。"新娘会回答："没进去"或者"快进去了"。最后筷子插到酒瓶里后，新娘要说："进去了。"这里筷子、酒瓶和"进去"这个词营造出了性交的意象。

"敲锣打鼓"　新郎腰部用绳系一个大勺子，新娘腰部系一个平底锅，新郎挺腰用勺子敲打锅，连续 10 下，并且两人一边敲一边要大喊："大干！快上！勤打井！多出油！""干"和"上"都有男女做爱意思，这里性行为的意象很突出。

3. 性别角色互换的闹房活动

除了上述两类最主要的闹房活动外，还有一类性别角色互换的闹房活动比较特殊。从形式上来说，它可以把言辞和动作结合起来，还可以使用道具。从内容上看，它既不需要新郎、新娘相互配合，又不会过多地带上性的色彩。这类活动流行程度也较高，各地城市闹洞房或多或少都会有类似的游戏出现。

性别角色互换的节目最常见的是新郎和新娘角色反串。其主要的形式是新郎和新娘互相换装，即新郎"男扮女装"，新娘"女扮男装"。新娘扮新郎比较简单，只需换上新郎的西服即可。所以，在换装游戏中，新郎就担负起了让闹房者使劲折腾的重任。新郎会被要求穿上新娘的衣服，有的是穿新娘窈窕妩媚的婚纱，有的干脆只穿着能凸显女性性别特点的内衣。新郎的身材肯定不如新娘凹凸有致，于是一些道具也被用来改造新郎，如在胸部位置放上两个圆形的物体，或是苹果，或是软球，让新郎的胸部更显丰满。即便新郎已经被如此打扮，闹房者往往还不满足。为了增强新郎的"观赏性"，还需给他擦粉底，抹胭脂，涂口红，画眉毛，描眼线。为了凸显女性的气质特点，每一部分的妆都化得极浓、极为夸张，最后出来一个"烈焰红唇"搭配"浓眉大眼"的"新娘"。如果新郎只穿着内衣裤，那闹房者索性还要用口红或彩笔、颜料等在新郎身上写上字或画上图案。对于新人来说，这样打扮的目的并不是为了"好看"，而更多的是制造出滑稽、可笑的效果。对于闹房者来说，打扮过程中他们可以发挥出自己的创造性，这时女性客人便可以积极地参与活动，所以客人们都乐在其中。如果换装是闹房的最后一个节目时，新人会被要求顶着这样一身奇怪的打扮出门送客，其恶作剧的效果可想而知。

除了换装外，新人还有可能做出一些和自身性别角色相反的行为以达到角色反串的目的。例如新郎假扮成一位弱不禁风的女子，跷兰花指，迈小碎步，捏着嗓子娇滴滴地说话，而新娘则扮成一位狂放不羁的男子，双手叉腰，大摇大摆地走路，粗声粗气地说话。有时新郎和新娘还会来一出即兴表演。新娘装作一位大爷去调戏新郎，用手指勾起新郎的下巴，而新郎则装作害怕的样子，瑟瑟发抖，嘴里说着"人家不要啦!"之类的话。用夸张的手法把中国社会传统性别角色的特点凸显出来，闹房者在一旁观看，乐不可支。

还有一类性别角色的互换并不需要进行换装或行为反串，而主要通过对家庭分工的重新认识来达到相应效果。这类节目最典型的是名为"谁来做"的游戏。新郎站在椅子上，贴墙直立站好，双手各拿一重物，朝两侧平举，与肩膀同高，整个身体呈"十字形"。新郎手里举的道具通常是两本字典或两个重达 1 公斤的水瓶。新娘坐在另一把椅子上，向新郎提十个与家庭分工有关的问题，格式为"结婚以后××谁来做"，例如"以后饭谁来做""以后地谁来扫""以后衣服谁来洗"等，而新郎要立刻响亮地回答"我来"。问了几个问题后，新娘便按要求在随后的提问中设置一个陷阱，例如新娘先问"以后谁来赚钱?"新郎回答"我来赚"，新娘又问："以后谁来花钱"，此时新郎有可能会惯性地回答："我来"，那么新郎必须接受惩罚，不仅站立的时间要延长，还要被罚喝酒或罚唱歌等。等新郎回答完十个问题，闹房者也表示满意了，新郎才得以放下双手，从椅子上下来，此时已被折腾得筋疲力尽，仿佛干了一天的家务活。这一类游戏显然是现代社会的产物，在传统社会里是完全不可想象的。它颠覆了人们对传统家庭性别分工的界定，用反讽的形式表达了对女性无限承担家务劳动的不满。这也从一个侧面反映出当代中国城市的社会性别关系。在家庭生活中女性希望男性能共同分担家务劳动，而男性也渐渐在家庭生活中承担起更多的义务。传统的"男主外、女主内"的角色分工正在被改写，而这类游戏就是中国社会变化的一个缩影。

（三）闹洞房的新意义

闹洞房作为一种婚俗在中国已经流传了两千多年。在进入 21 世纪后，这古老的习俗不仅没有消亡，反而历久弥新，焕发出强大的生命力。和传统相比，现代社会的闹房习俗发生了很大变化。其社会强制性远不如过去，新人可以自由选择结婚时是否闹房，在遇到不文明的闹房行为时还可以选择拒绝和制止。闹房者的行为也越来越温和，不会强迫新人做他们不愿意做的闹房游戏。尽管过于粗俗和野蛮的行为并没有完全消除，但这类行为都受到了舆论的谴责甚至是法律的追究。闹洞房习俗之所以在现代社会能够存在甚至是盛行，不仅仅因为它是一种文化传统，更因为它依然承载的是现代人内心普遍的愿望和需要。闹房习俗发生的变化，则说明了闹房习俗又被赋予了新的更加符合现代社会特征的意义。所以闹洞房的意义既是一种传统的延续，又是一种现代的发明。

1. 祝福纳吉

闹洞房历经千年的发展演变，已经被赋予了两个非常重要的意义，即祈福和避邪。"闹"在结婚的场景里，常常与"热闹"联系在一起，它是快乐的表现，是喜气的象征。"闹"洞房是热气腾腾的，是喜气洋洋的，它可以让超自然力给家庭带来儿孙满堂，财源广进，繁荣兴旺，富足强大。"闹"也常常与"喧闹"联系在一起，它是"生机"的表现，是"人气"的象征。所以"闹"是一种干扰和阻碍，透过人群的喧闹，它可以让超自然力把不好的东西阻隔在洞房之外，让整个家庭吉利，太平，安宁。闹洞房祈求的是超自然力对人们未来生活的福佑。所以民间才常说："闹喜，闹喜，越闹越喜""闹发，闹发，越闹越发""人不闹鬼闹"，其实蕴含的就是祈福和避邪的意义。

当然，到了现代社会，人们不再信奉鬼神，而且这种把闹洞房与家庭兴旺、平安联系在一起的观念也常被视为古人的"迷信"。但是，趋吉避凶总是人类的天性。不论闹洞房是否真的能给人们带来福祉，它至少是一个热闹的仪式，至少包含着美好的祝愿。所以在求吉的心理下，一些城市里的年轻人也愿意亲朋好友来给自己闹洞房。而结婚没举行过闹洞房仪式的年轻人，如果婚后遇到不吉利的事情时，难免会把自己的遭遇与没闹洞房联系在一起。对于新人的亲朋好友，闹洞房不仅是一种权利，同样也是义务。通过参加闹洞房仪式，对新人的婚姻给予情感上支持，对新人未来的生活给予美好的祝福。所以，即便把闹洞房视为"陋俗"、对之极为排斥的年轻人，在自己结婚时，也会慎重考虑自己是否需要闹洞房。人们也许不会把自己未来的生活寄希望于闹洞房，但却可以通过闹洞房来增添新婚的喜气和自己的幸福感。

2. 性的表达方式

性原本是人的本能，是"人欲"，但由于性与人类自身作为一个物种的繁衍有重要关系，所以性在任何一个社会都受到文化规范的制约，这是中国人眼中的"天理"。在传统中国社会，"天理"与"人欲"的矛盾使得关于性的伦理道德规范有着两面性。一方面，中国人以性为耻，认为性是苟且、隐私之事，难登大雅之堂。与性有关的事都只能局限于"房中"，局限于夫妻之间。另一方面，性虽然被认为是羞耻的却并不是罪恶的，也不是可怕的，非但如此，有节制的性还有益于健康与人伦，因而也是一件很自然的事情。在这样的观念影响下，性在某些场合下是压抑的，在某些场合之下又是放纵的。在正式的、公开的场合，人们不会有任何与性有关系的行为，不能谈论性，异性之间的接触也不允许。而在私人的、非正式场合，性的表达要放肆得多，性玩笑、黄色小说、春宫图、性的情趣用品，等等，丰富多彩，令人称奇。闹洞房也成为可以放肆表达性的场合，所以才会充斥很多性玩笑、性挑逗。

在这种性观念的影响下，年轻男女婚前的接触，即使有交往，也不能有身体的接触。可以说年轻人对异性缺乏了解，有限的性知识也是从成年人私下的谈论、坊间流传春宫图，等等。女性了解性知识的途径就更少了，只是在出嫁之前母亲会教给一些知识，并在装嫁妆的箱子里放一些压箱底的春宫图或性爱姿势的瓷器等。所以，在新郎、新娘真正同房之前，闹洞房可以让新郎、新娘充分接触，接受性的启蒙。尤其是对新娘来说，出嫁时本身年龄就小，对性只有一些朦胧的意识，通过闹洞房，对她突击进行性教育，除去少女的羞涩，促使她迅速完成角色转换。闹洞房中很多带有性意味的项目都有性教育的功能，让新郎新娘迅速完成角色转换，成为真正的夫妻，生儿育女。

今天的中国社会对性的限制已经宽松许多。年轻人可以通过多种途径学习获得性教育。他们可以从学校的生理卫生课堂上学习两性的生理构造和性的基本生理特点，可以从网络、报刊、书籍、电视以及各类知识讲座中方便地了解到性的知识。政府还专门为要办理结婚证的新人开设了婚前培训课程，让新人系统地了解优生优育的知识。而且年轻人婚前都有一个自由恋爱的过程，交往非常密切，有些新人甚至在婚前就已经同居，像真正的夫妻一样生活。到结婚时新人都非常熟悉对方的人品、性格、能力，甚至是身体。在这样的情形下，闹洞房保留带有性色彩的节目，其意义并不在于给新人予性教育，而更多在于对性的表达和宣泄。

闹洞房是个特殊的场合。它是在一个半私密的空间里进行的半公开的仪式。闹洞房虽然是在新人的新房举行，但洞房不是一个单纯的夫妻生活的封闭空间，而是有众多参与者加入的空间。这一点在现代社会更为突出。一些选择在家中闹房的人并不关闭大门，家中的所有房间也对闹房者开放。而在酒店、KTV闹房的空间就更是半公众化了。一些闹房节目甚至会在室外举行，目的是更进一步地让新人为难和尴尬。闹房的参与者并不局限于新郎新娘，只要符合身份条件的人都可以参加。然而，这个空间的开放是有限的，不是任何人都有资格进入这个空间参加仪式。闹洞房在过去是婚礼一个必不可少的部分，这一点使其具有了正式性。但闹洞房的组织又是非常松散的，没有专门仪式主持人。闹房虽然也有固定流程，但呈现的形式却多种多样，而且闹房者还会即兴发挥，这一点又使得闹房不那么正式。在洞房这种半公开半封闭、半正式半私密的场合，人们可以把性表演出来，有人会在旁边观看，但是在这个特殊场合的性表演又只有特定的观众才可以观看，这一点又符合中国人性表达的规范。所以，闹洞房既给予了人们表达性的机会，但又巧妙地把这种表达控制在社会可以接受的范围内。

在闹洞房的时候，一些日常生活被视为"粗俗""下流""不正经"的带有性意味的"表演"都可以堂而皇之地出现。不仅新郎新娘需要在众目睽睽之下把性用语言和身体呈现出来，说着或隐晦或直白的带有性意味的词语，做着赤裸裸带有性挑逗的动作。甚至是闹房者可以对新郎、新娘"动手动脚"，触摸"关键"部位，做一些近似性骚扰的行为。这些行为一旦离开了闹房这个场合，就是严重违反了性的道德规范，少数的甚至是触犯了法律。所以，平时一些在公开场合遭到禁止的性话语和无法实施的令人联想到性的行为，都可以在闹洞房这个特殊的场合中表达和宣泄出来。

这样的表达和宣泄由于违反了平日的纲常伦理，与新人对性的认知和意识相抵触，所以从某种意义上又成为了为新郎、新娘设置的仪式考验。在闹洞房的时候，最开心的并不是当事人新郎和新娘，而是那些准备来"闹"他们的亲朋好友。新人面对闹房者时，都会发出"请手下留情"的央求，而闹房者则有着"不会放过你们"的心理。"留情"和"不放过"就通过有没有带有性意味的游戏来体现。用带有性意味的游戏为难新人，是闹房者有意为新人设置的一种考验。唯有通过这些考验，作为仪式的婚礼才能最终完结，新郎新娘的角色方能顺利过渡，从未婚男女的角色转换为已婚夫妻。

3. 年轻人的聚会与社交

不论是古时还是现在，人们在基本的生存需要被满足之余，也需要休闲娱乐活动来放松自己，让自己身心都感到愉悦。与现代人相比，古人的娱乐活动相对贫乏，尤其是在传统的乡村社会。婚礼既是一个仪式，也是人们聚会娱乐的好场合。尤其是闹洞房，宾客不再只担任看客，都能下场参与，互动性强，而且可以无所顾忌，平日里的规矩都不用遵守。在这样的场合，大家玩笑一番，戏耍一番，的确也能令人感到放松与享受。

现代城市的休闲娱乐活动虽然更加丰富多彩，但生存竞争也更加激烈，人们为了养家糊口而终日在职场奔忙。平日里亲朋好友能见一面都不容易，更不用说邀约起来休闲娱乐一番。而闹洞房正好提供了一个机会，把平时难得一见的朋友聚在一起，借着各种宾主都能参与的活动，大家开心地玩闹，开怀地大笑，在轻松愉悦的氛围中，让疲于奔命的身体和心灵得到暂时休闲与放松。

现在城市里会去闹洞房的大多是与新郎新娘同龄的年轻人，他们都是新郎新娘的好友、同事和亲戚。这些年轻人或本来就彼此熟识，或过去并无交集。不论过去认识不认识，在共同捉弄新人的过程中，大家都结下了"战斗"友谊。有人结识了新朋友，有人联络了旧情谊，甚至一些人还因此而成为佳偶，在闹完洞房之后不久就喜结连理。的确，闹洞房是年轻人再好不过的社交场合。而且，新郎和新娘也可以借此机会把对方介绍给自己的熟人，去认识对方的社会关系。不论是新人还是闹房者，社会关系网络都因此而得以拓展。

不可否认，如今城市婚礼的闹洞房环节还是沿用了传统的形式，但是闹洞房的社会功能和意义以及人们对待闹洞房的观念已经发生了很大变化。在现代城市里，人们一方面坚持这一传统，并加入更多符合时代潮流的内容，其中不乏西方文化元素的运用，希望能够通过这个古老的习俗来为婚礼增添喜气。另一方面，随着社交礼仪、个体尊严、人身权利等西方现代文明意识的影响越来越深入，城市居民开始拒绝不尊重他人意志、不尊重个体感受的野蛮、粗俗的行为，并越来越强调闹洞房也要有原则，要遵守法律，文明进行。闹洞房的观念的转变正是中西融合的现代城市婚礼文化的一个体现。

第三章
婚礼新风尚

与传统相比，现代中国社会的婚礼已经大大简化，男女要结为夫妻，无须像旧时一样需要经历整个议婚、订婚和结婚的过程。不过，今天中国人结婚依旧不是一件简单的事情。在城市里，除却成亲当日的各种仪式外，人们结婚还需要经历很多传统婚礼没有的程序。这些程序正慢慢被建构为城市婚礼的重要内容，成为中国婚礼的新风尚。不可否认，这些新风尚既是来自西方的个体主义、消费主义等现代文明影响的结果，也是中国人将这些现代文明本土化、实践自身现代性的产物。这些新风尚同样交织着中国自身的传统性与西方舶来的现代性。

一　结婚登记

数千年来中国人在婚姻关系的确立方面一直有着重礼的传统，实行的是结婚仪式制度，婚礼被视为礼仪之本，男女结合必须举行婚礼才能获得社会的认可，婚姻也才能因此而成立。20 世纪 50 年代以后，中国社会有了新的结婚制度，即婚姻登记制度。婚姻登记是中国现代婚姻制度的重要内容，也是区别新旧婚姻制度的显著标志之一。婚姻登记制度规定的结婚登记成为现代婚姻成立的一个标志。在当今的中国城市里，新的结婚形式衍生出新的婚礼内容和文化习俗。

（一）礼仪婚到法律婚

1. 婚姻关系的成立

婚姻是男女两性以共同生活为目的而进行结合的社会形式。婚姻关系的成立在形式上强调夫妻身份获得社会承认，并需要具有社会公示性，让不特定的第三人可以知悉男女双方结为夫妻的状况。由于不同国家、地区、民族在价值观念、文化传统、婚俗习惯等方面存在差异，婚姻获得社会承认和公示的方式也不一样。从世界各国的历史文化看，确认婚姻关系成立的形式主要有礼仪婚、宗教婚和法律婚。礼仪婚即男女结合必须举行婚礼，这样婚姻关系才算成立，才为社会所承认。传统中国社会的婚礼形式便为礼仪婚的代表。宗教婚是源自西方基督教文化的一种结婚形式。西方中古时期基督教势力极盛，按照基督教的教义，结婚被认为是一种宣誓圣礼。当事人应将结婚之事在本地教会中预先公告，结婚须举行一定的宗教仪式，婚姻始告成立。随着欧洲中世纪的结束，封建的宗教婚日趋没落，但其影响却十分深远，现仍有少数国家采取宗教婚的形式，如西班牙、希腊、葡萄牙等。法律婚是指男女双方结合必须经过法律规定的程序，婚姻关系才能宣告成立。法律婚最早是在西欧出现的。16 世纪的宗教改革催生了"婚姻还俗"，荷兰率先允许当事人选择宗教婚或法律婚，后被法国采用。后来宗教婚逐渐被法律婚所代替。法律婚成为现代世界大多数国家采用的婚制。法律婚也有多种形式。第一种形式是登记制，即婚姻双方当事人到法定的登记机关进行婚姻登记，婚姻即在法律上宣告成立，是否举行婚礼对婚姻成立的法律效果没有影响。登记比较简便易行，便于国家监督和干预人们的婚姻生活，有助于提高人们的守法观念和婚姻质量。中国目前实行的法律婚制就是登记制。第二种形式是仪式制，即男女结合必须举行特定的仪式，向社会宣告，从而取得社会的认可，婚姻方告成立。仪式制在西欧和北美国家比较普遍。结婚仪式分为三种，即宗教仪式、世俗仪式和法律仪式。第三种形式是登记仪式制，指结婚不仅需要履行结婚登记，还需要举行一定的结婚仪式，婚姻才能成立。登记的目的是政府可以干预和确认夫妻身份，而举行仪式则是为了向社会公告婚姻的成立。

中国过去采用的是礼仪婚，婚礼仪式是结婚的必经程序，婚姻关系的建立与诸多婚礼仪式密切相关。例如，在传统婚礼仪式中，女方的家长要在迎娶新娘的礼车后泼出一碗清水，象征嫁出去的女儿已经是属于另外一个家庭的成员，就像泼出去的水一般回不来。[①] 这也象征着婚姻关系的建立，夫妻生活的开始。源自西周的礼仪婚历经几千年而不衰，并逐渐形成一整套庞杂的仪式，成为古代中国婚姻关系缔结的最有力方式，影响巨大。在传统社会中，男女双方均以婚礼仪式的方式告知婚姻关系的缔结。直到现在，中国社会中还有着视婚礼为婚姻关系正式达成的观念。

20 世纪 50 年代中国开始实行婚姻登记制度，传统的礼仪婚制发生了变化，婚礼仪式不能作为结婚要件纳入婚姻法体系。按照中国现行的婚姻法第八条的规定，"结婚的男女双方必须亲自到婚姻登记机关进行结婚登记。符合本法规定的，予以登记，发给结婚证，即确立夫妻关系"。这说明，符合法定结婚条件的男女，只有在办理结婚登记以后，其婚姻关系才具有法律效力，受到国家的承认和保护。进行结婚登记已经成为现代中国公民结婚必经的法定程序，也是结婚的唯一法定程序。在婚姻登记制度下，结婚

---

① 参见张可飞《试述现代婚姻中的婚礼仪式》，《产业与科技论坛》2013 年第 3 期。

不仅是人们的个体行为，更是一种法律行为。为了保障人们建立幸福美满的婚姻家庭，正确行使婚姻自由的权利，国家要求结婚的当事人必须到当地人民政府履行结婚登记手续。若不进行结婚登记，私自同居不仅是违法行为，而且当一方不履行抚养义务时，另一方并不具有要求对方抚养的法律身份，因为不存在合法夫妻关系。由于婚姻登记制度的存在，现在中国人的婚姻不仅需要通过婚礼获得民意合法性，还需要通过婚姻登记而获得法律合法性。法律婚也成为了中国人婚姻关系获得社会承认和公示的又一重要方式。

2. 婚姻登记制度

婚姻登记制度是我国现代婚姻制度的重要组成部分。所谓婚姻登记是指婚姻登记机关按照当事人的申请对于当事人的婚姻状况决定进行记载或不予记载的行为过程，以及这种记载赋予婚姻绝对权法律效力。[①] 婚姻登记包括结婚登记、离婚登记和复婚登记。婚姻登记制度在中国的历朝历代以及民国时期都是没有的。它是在中国共产党领导中国人民进行民主革命的斗争中产生的，并在新中国成立后推行于全国，是把婚姻纳入法律体系的一个重要制度。不过，婚姻登记制度真正为民众所接受，却经历了一个的过程。

婚姻登记制度始于土地革命时期。早在 1931 年，中国共产党中央苏维埃政府在其颁布的《中华苏维埃共和国婚姻条例》中明确规定，男女结婚，须同到乡苏维埃或城市苏维埃举行登记，领取结婚证，废除聘金、聘礼及嫁妆。这是中国首次出现的以法律形式规定的婚姻登记制度。自此以后，共产党领导下的抗日根据地和解放区，都以这个条例为基础，制定婚姻登记的具体规定。例如，1942 年的《晋冀鲁豫边区婚姻暂行条例》规定，结婚须向区级以上政府登记，并须领取结婚证明书。新中国成立之后，婚姻

---

① 何扬冰：《婚姻登记制度研究》，厦门大学，硕士学位论文 2008 年 5 月，第 13 页。

登记制度得到进一步确认并巩固，而传统的礼仪婚制被摒弃。1950年4月由中央人民政府通过并颁布实施的《中华人民共和国婚姻法》第六条第一款规定，结婚应由男女双方亲自到所在地（乡、区）人民政府办理登记，凡符合本法规定的，所在地人民政府应即发给结婚证。此后，民政部又分别于1955年、1980年、1986年颁行了《婚姻登记办法》，于1994年2月1日颁行《婚姻登记管理条例》，于2003年7月30日通过《婚姻登记条例》，于2003年9月25日颁布《婚姻登记工作暂行规范》，对婚姻登记制度加以规范。目前，中国已初步形成了以《婚姻法》第八条为核心，以2003年《婚姻登记条例》《婚姻登记工作暂行规范》以及《中华人民共和国母婴保健法》等为补充的婚姻登记法律法规体系。[1]

婚姻登记制度最初制定是为了以一种"革命"的方式来清除封建伦理纲常的"遗毒"，彻底摧毁包办买卖婚姻、干涉寡妇再婚及童养媳等旧的婚姻制度。这个理由几乎贯穿于婚姻登记立法的整个发展过程中。但是，已经有上千年历史积淀的礼仪婚习俗就如同文明的血脉一般，并不是那么容易被摒弃的。礼仪婚虽然没有了国家法的支持，丧失了"正统"的名分，但依然以其特有的方式影响着现代人的生活。婚姻登记的法律虽然以革命的方式树立了"登记婚"的正统地位，但不登记只举行仪式的现象并未减少，大量的事实婚仍然存在。所以，尽管婚姻登记制度在我国已经实行了几十年，但是几乎所有的新人除了办理结婚登记外，仍然要举行热闹的婚礼，而且比起办理结婚登记，举行婚礼仪式才是取得社会认可的"正道"。[2] 法律婚与礼仪婚之间的矛盾，婚姻登记制度与社会现实的不和谐，致使婚姻登记制度发展过程中经历了登记发展妥协阶段、严格登记阶段和登记可补办阶段三个阶段。第一个阶段有条件承认因习俗形成的事实婚姻，第二个阶段

---

[1] 姚洪涛：《婚姻登记制度研究》，郑州大学，硕士学位论文2011年5月，第21—22页。

[2] 同上，第23—24页。

完全否认，第三个阶段又再次有条件承认。

不可否认，礼仪婚习俗在当代中国社会依然有强大的影响力，但是，婚姻登记制度正变得越来越重要。婚姻登记制度体现了中国社会对婚姻自由的诉求。它通过设订婚姻登记程序，保障婚姻当事人的婚姻自主权，保障一夫一妻制，维护家庭和婚姻的稳定。同时，婚姻登记制度中的结婚登记使婚姻具有社会公示公信力。通过履行结婚登记这一程序，不仅可以让当事人郑重地确认自己内心欲与他人缔结夫妻关系的意愿，而且可以使这种婚姻关系向社会公开，受到社会的认同和监督，产生法律效力。婚姻登记具有便于国家行政机关对婚姻进行监督、管理的功能，以防止强迫婚、早婚、重婚和等非法婚姻的出现。婚姻登记制度强调以法律形式确认夫妻身份的合法性，有利于配偶间行使配偶权利和履行法定义务，有利于保护未成年子女的利益。婚姻登记制度这些价值和意义使它越来越为中国人尤其是城市居民所认可。

（二）仪式性的结婚登记

婚姻登记制度历经了半个多世纪的发展，现在已经普遍被城市居民接受了，尤其是结婚登记早就成为城市婚礼的一个重要组成部分。1995 年，中国婚姻家庭建设协会与中国青年政治学院社工系共同对北京市 6 个区县青年做了一个婚俗意向的调查。调查中，虽有相当多的青年人认为婚礼婚宴是必不可少的，但仍有 44.4%的人认为"当一对青年男女取得结婚证书，但没有举行仪式就住在一起是合理的"。有 42.2% 的人认为传统的"订婚仪式不必要"。可见，当时北京市正由传统的仪式婚、事实婚姻向法定婚、登记婚转变。当然，这也与在青年中普及法律知识以及全民法律意识的提高有很大关系。① 接受婚姻法制化观念的城市年轻人，为了让自己的婚姻获得法律的保护，会在婚礼仪式举行之前到政府

---

① 陆士祯、吕剑光：《北京城乡婚俗意向调查》，《青年研究》1995 年第 5 期。

机关进行结婚登记。与农村相比，申请登记结婚成为城市青年的一种自觉行为。结婚登记过程本身，由于涉及到婚姻的合法性以及固定的程式，也具有了礼仪的性质和特征，逐步发展成为另一种让婚姻合法化的"仪式"，也成为城市里又一种新的婚俗。

1. 结婚登记的准备

希望结为夫妻的青年男女在确定了结婚意向后，所要做的第一件事情就是去登记结婚。和婚礼仪式相比，结婚登记准备过程要简单得多。在城市里，负责婚姻登记的政府机关是各省民政厅下辖的县、区一级的民政局。由于中国实行户籍管理制度，所以欲进行结婚登记的新人必须到其中一方常在户口所在地的民政局办理相关手续。当然，按照婚姻登记制度的规定，进行结婚登记时，男女双方都必须在场，而且还得出示居民身份证、户口簿这两个重要的身份证明文件，并按照要求准备几张两人的半身彩色合影证件照。如果没有准备合影照，登记机关都会提供相应的服务。2003年10月之前，要去登记结婚的新人还必须开具"婚姻状况证明"，婚姻状况证明通常由新人所在的单位出具，如果没有单位则需要户口所在的街道办事处出具。此外，按照2003年以前的婚姻登记管理条例，患有法律规定的禁止结婚或暂缓结婚的疾病的，婚姻登记机关不予登记，所以人们要去登记结婚还要经过一个强制性婚前体检，获得"婚前医学检查证明"。2003年10月开始实施的新的《婚姻登记管理条例》不再要求提供"婚姻状况证明"和"婚前医学检查证明"，结婚登记的手续大大简化，在婚姻方面给予了人们更多的自由和自主权利。现在人们只要符合法律规定的条件，男的年满22周岁，女的年满20周岁，带上身份证和户口簿就可以去登记结婚了。一些城市的婚姻登记机关为了能够在一些热门的日期及时为新人提供服务，还要求新人提前预约。

2. 结婚登记日

城市居民已经把结婚登记当作婚礼的一部分，一旦两个恋人履行了结婚登记的手续，人们就视他们为正式夫妻，所以对很多年

轻人来说登记结婚的日期和举行婚礼的日期一样重要，他们希望
能在一个"吉日"里去完成这件大事。而且，结婚登记的日期最
终会印在结婚证书上，具有纪念意义，选择一个好日子去登记在
城市里就流行开来。一般说来，结婚登记和婚礼不会安排在同一
天进行。由于城市居民大多有工作，所以耗时更长更复杂的婚礼
多半安排在周末或者节假日，方便客人来参加。春节、"五一"劳
动节、"十一"国庆节、"元旦节"都是举办婚礼的好日子。同时，
城里有不少居民在选择婚礼日期时要参考传统的"黄历"，举行婚
礼的日期最好是"黄道吉日"。结婚登记由于受政府部门工作安排
的影响，所以一般都选在工作日。具体日期的选择也有不同方式。
一种选择方式仍然是根据传统的"黄历"，选择宜嫁娶的"吉日"。
第二种方式是选择对个人有纪念意义的日子，譬如男女双方结识
的日子、双方确定恋爱关系的日子、双方的生日等。这些日期可
能并不是通常意义上的"吉日"，但在个体生命中有着特殊地位，
个体对之怀有很深的情感，所以非常适合作为结婚登记的日子。
第三种方式是选择一些在现代中国社会被赋予了特别意义的日期。
一些中国自己传统的节日和西方引入的节日因为有着浪漫的意义
而成为结婚登记日。2月14日是西方的情人节，是一个展示浪漫
爱情的日子，选择这一天去登记结婚的年轻人非常多。农历7月7
日本是传统的七夕节，但因为是传说中牛郎织女鹊桥相会的日子，
被年轻人定义为中国人的情人节，这个日子也非常适合年轻人去
登记结婚。一些日期因为被年轻人认为有着吉利的意义，也被选
作结婚登记日。5月20日的谐音是"我爱你"，8月8日是"发了
又发"，9月9日是"常常久久"，11月11日和1月1日是"一心
一意"，特殊的2013年1月4日则是"爱你一生一世"。这些日期
都成为热门的结婚登记日。在这些日期去结婚登记的城市年轻人
很多，导致婚姻登记机关门庭若市，需要提前预约才能办理登记
手续。

　　3. 结婚登记过程

　　现在城市里的结婚登记并不是一个非常复杂的过程，民间将这

个过程戏称为"结婚三部曲",即"填表""照相"和"领证"。希望登记结婚的新人们会提前约好时间一同前往登记机关。在登记机关,新人要各自领取一份《申请结婚登记声明书》填写。声明书内容包括申请结婚登记的双方当事人个人的基本情况和婚姻状况,申请与之结婚的人的基本情况,保证对方和自己均无配偶,身体健康,自愿结为夫妻。声明书填写完后,新人必须在婚姻登记员面前亲自在"声明人"一栏签名或按指印。如果没有准备合影照片,可以在登记机关当场照一张。这样的合影照有一定样式,一般是头像合影,照片背景多为红色。双人头像合影照是专门用于结婚证的。新人填写完声明书,并在登记员面前亲自签字或按指印后,就可以把声明书连同身份证和户口簿以及照片交给婚姻登记员审查。婚姻登记员首先会审查新人是否按规定亲自到场进行结婚登记,其次还要审查新人是否提交全部的文件、文件是否真实、是否与新人的情况符合,当然最重要的是审查当事人双方是否都符合结婚条件。审查了如果没有问题,婚姻登记员当场便可给予登记,并发放结婚证。

为了增强结婚登记的神圣感和仪式感,一些城市的婚姻登记机关开始尝试推行结婚登记颁证仪式。颁证仪式最主要的环节是新人在庄严的国徽下宣读结婚誓词。一般由作为证婚人的颁证员来领读结婚誓词,然后让新人跟读。有些城市还规定新人们在颁证仪式上可互换信物或邀请父母及亲朋好友见证等。有的城市还会邀请社会名人担任特邀颁证员。当然这种颁证仪式仍在试行中,并未成为制度,而且是结婚登记过程中新人可以自由决定是否举行的一个程序。颁证仪式可以让整个结婚登记更加庄重,而参加了颁证仪式的新人不仅感受到婚姻的浪漫与温馨,同时也能感受到婚姻的神圣与庄严,感悟到婚姻所蕴含的责任与担当。

4. 结婚登记的庆祝

城市里的年轻人对结婚登记越来越重视,有部分年轻人甚至认为结婚登记的意义超过了婚礼，所以在结婚登记后他们都要举行一些活动来庆祝有情人终成眷属。庆祝结婚登记并没有固定的形式和程序，新人常常依据自己的喜好来选择。在城市里庆祝结婚登记最常见的一个方式就是"好好吃一顿"。虽说以美食来庆祝生命中的一些特殊事件已经成为中国人血脉中流淌的一个文化基因，但具体到到哪里去吃这个问题时，新人们却更偏爱西餐厅。城市里的西餐厅大多环境优雅、服务周到，充满浪漫情调，再配上精致的菜肴、醉人的红酒以及曼妙的钢琴曲，实在是情人们约会的理想场所。在西餐厅与心爱之人来一份美味大餐会让结婚登记日更加刻骨铭心。除了西餐外，吃火锅也是年轻人觉得比较好的庆祝方式，这大概是火锅可以象征未来的日子红红火火吧。当然，厨艺好的新人也会选择自己动手，为心爱之人制作一份爱心"大餐"，或者是两人在厨房共同协作，烹制一桌家常饭菜，不仅别有一番风味，同时也喻示着新生活的开始。有些新人把结婚登记看作双方家庭的大事，而非仅仅两人的喜事，于是庆祝的方式就是双方的父母和其他家庭成员一起吃一顿。在"吃"的同时，一些年轻人还会以娱乐的方式来庆祝，其中最常见的就是到 KTV 唱歌和到电影院看电影。其实这两种庆祝方式都是现在城市年轻人约会时最常做的事情。有些新人干脆再腾出几天假期，结婚登记之后去度假、旅游。

在众多的庆祝方式中有一类显得非常特殊，这就是带有公益色彩的无偿献血。新人在结婚登记日献血这样的事例在城市里越来越多见，并经常见诸报纸和网络。例如，青岛新闻网有一则报道是关于 2012 年 12 月 12 日婚姻登记处献血盛况的：

　　2012 年 12 月 12 日有 3 个"12"连在一起，这是本世纪最后一个年月日数字重复的"三连号"日子，被戏称为"世纪示爱日"。不少年轻人选定在这一天"订下终身"。为了方便众多情侣们献血纪念这个特殊的日子，青岛市中心血站早早在市南、市北、四方区 3 个婚姻登记处停靠了献血车。献血车一到，立即受到了前来登记的情侣们的欢迎，纷纷登上献血车奉献爱心。在车上，来献血的仲肇伟对工作人员说："今天是个好日子，我们是第一对注册登记的，我们凌晨 4 点就过来排队了，看我们的结婚证是 001 号，我要献血来庆祝这个日子。"经过查体检测顺利地捐献了 400 毫升热血。他的献血证上也留下了"无偿献血，永结同心"的印章。仲肇伟的恋人也很想献血，由于身体特殊情况不能献血，她感到很遗憾。仲肇伟的母亲为了祝贺儿子的大喜日子，也捐献了 400 毫升热血。车上的工作人员看到这一幕幕温馨献血的情景，纷纷为新人们送去了新婚祝福。

12 日当天共有 80 位新人奉献爱心，他们在这个特殊的日子里献血奉献爱心，使自己的结婚登记日更有意义，为冬日里的用血患者，增添了更多的温暖。[1]

同样，2014 年 9 月 10 日的《广州日报》也报道了一则结婚登记日献血的新闻：

> 昨天是 9 月 9 日，不少新人选择在这一天登记结婚。广州血液中心也迎来一对刚完成注册的新人，以献血来纪念自己的人生大事。

> 新人周治平和王静昨天上午 9 时 9 分在越秀区婚姻登记处进行了喜结连理。随后，穿着情侣装的两人又和双方母亲一起赶到了广州血液中心。原来，因为双方母亲都是医务工作者，一对新人耳闻献血救人的重要，在商量如何庆祝婚姻登记的好日子时，不约而同提出去献血。在血液中心，两人的血液初检合格后，为了能在献血时并排坐着还能手牵着手，两人特意分

---

[1] 《献血让"121212"结婚登记日温馨而有意义》，载青岛新闻网 http://health.qingda-onews.com/content/2012－12/13/content_ 9531935.htm，2015 年 4 月 23 日获取。

别选择左手和右手献血。丈夫周治平还叫母亲把结婚证拿来，和妻子捧着结婚证一齐献血，合影留念。①

公益正成为城市青年纪念结婚登记的一个新时尚，新人们觉得在登记日奉献自己的爱心，让更多人分享自己的幸福和喜悦，会让这个日子更加具有纪念意义。

（三）结婚证

新人在婚姻登记机关进行了结婚登记后，会拿到一份证书，这就是"结婚证"。结婚证是证明婚姻关系有效成立的法律文书。现在中国的结婚证由政府颁发，而不是由男女两家协商签订。所以结婚证的式样由政府统一制定，统一印制，并加盖了政府的公章，具有正式的法律效力。

20 世纪 50 年代新中国成立之初，政府设计和颁发的结婚证延续了民国时期"奖状式"婚书的样式，以三联单形式为主，边缘出现骑缝线。尺寸大约有两个巴掌大。花边和版面图案或采用传统的吉祥纹样，或采用反映新政权、新婚姻法规和新社会面貌的图像和图案，如毛主席头像、五角星、红旗、党徽、天安门等。文书格式的排版，1957 年之前基本采用竖式，之后为横式排版。正文内容除了结婚人的姓名、年龄、籍贯、签名外，还有介绍人、证婚人和主婚人的姓名，甚至有的结婚证还出现了证婚人的出生年月和籍贯身份信息，并贴有印花税票。部分地区的结婚证上已经贴上了结婚人的黑白照片。② 结婚证通常一式两份，男女各持有一份。这一时期的结婚证有一个最大的特色就是出现了与新婚姻制度相关的文字，如在结婚证书边框左右印制两句话"实行男女婚

① 伍仞、通讯员张学元：《领完结婚证 手牵手献血》，载大洋网 http://gzdaily. dayoo.com/html/2014 - 09/10/content_ 2745290. htm，2015 年 4 月 23 日获取。

② 陈明强：《新中国结婚证书的图像研究》，中央美术学院，硕士学位论文 2013 年 5 月，第 38—39 页。

姻自主"和"保障男女平等权利",这两句话都是竖排,在整个版面上好似一副对联。而在边框的下方中间有一书籍的造型,里面写有:"夫妻要互敬互爱、互相帮助、互相扶养、和睦团结、劳动生产、抚育子女、为家庭幸福和新社会建设而共同奋斗的义务。婚姻法第八条。"①

"文革"时期除了沿用奖状式结婚证外,还出现了小开本证本式结婚证。奖状式证书大约有 A4 纸张那么大。证本式结婚证尺寸较小,版面文字和图案一般是左右对称的。两种证书中富有政治意味的图案增多了,如毛主席头像、三面红旗、工农兵、万年青、松树等。而印有以《毛主席语录》为主的标语口号也是这个时期结婚证书最突出的特征。正文内容还是以结婚人的身份信息为主,落款均为"×××革命委员会"。② 有些地区的结婚证背面会盖有两枚长条形的小印章,一枚刻着"结婚布票已发"字样,另一枚刻着"结婚烟糖已供"字样。新人凭着这两枚印章可以到指定的商店买结婚所需物品,多为一个脸盆和一个暖水瓶。③

20 世纪 80 年代,结婚证书虽然在形式上仍旧像奖状一样,但内容上发生了很大变化。由于国家对婚姻的干预越来越少,结婚证上那些具有政治意义的图案符号和文字符号基本没有了。结婚证正面的"结婚证"三个大字变成了烫金体,并开始出现了汉语拼音标注"JIEHUNZHENG"。同时,结婚证上必须贴上新人的照片。不过,早期民政部对结婚证照片没有特殊要求,所以有的结婚证上是一张两人的合影照,有的是两张单人照。④ 从 1994 年起,结婚证出现了一个大的变化,样式由奖状式改为护照式,尺寸只有以前的一半,体积小巧。封面是大红色,并印有烫金的国徽和

---

① 陈明强:《新中国结婚证书的图像研究》,中央美术学院,硕士学位论文 2013 年 5 月,第 52 页。

② 同上书,第 85 页。

③ 朱德华:《结婚证的变化》,《传承》2009 年第 8 期。

④ 朱德华:《结婚证的变化》,《传承》2009 年第 15 期。

"中华人民共和国结婚证"的字样，既意味着结婚是件喜庆的事，也象征着结婚的庄重与神圣。同时，结婚证上的照片也开始有了统一规定。结婚证由民政部统一制定，由各省、自治区、直辖市人民政府统一印制，由县、市辖区或不设区的市人民政府加盖印章。2003 年，结婚证的样式又迎来了一次变化。封面由大红色变为了枣红色。内芯结婚人身份信息部分用计算机打印取代了手写。为了方便打印，之前的竖排版被改为了横排版。证件内盖"中华人民共和国民政部"监制印章，证件内芯全国统一编号。最新的结婚证同样是一式两份，男女各持有一份。新式结婚证还有一个变化，就其颜色与离婚证一致。二者在颜色上的统一更能体现婚姻自主的含义，也说明中国社会越来越尊重个人的选择。①

20 世纪 80 年代以前，结婚证作为法律文书并没有在夫妻的生活中发挥出相应的作用，很多夫妻领了结婚证往往只是将其当作一个结婚的"纪念品"，有可能终其一生都不会使用。20 世纪 80 年代以后，随着社会经济的发展，法律制度的健全，人们在社会生活中使用结婚证的情况越来越多。尤其是进入 21 世纪，城市里有很多新出现的社会活动都需要证明婚姻关系具有法律意义上的合法性，因此使用结婚证的范围越发广泛。人们在办理生育证、异地落户或者孩子入户、入托和入学、买保险、按揭买房、出境旅游、移民留学、银行贷款、房屋买卖和租赁、遗产继承、投资、创办公司、夫妻外地住宿等活动中都有可能被要求出示结婚证，证明夫妻关系合法有效。而如果夫妻离婚更是要出具结婚证，这样夫妻的财产分割、债权债务分割、孩子的监护权才能获得法律保护。可以说，在城市里结婚证越来越显示出其法律文书的作用。

在当代中国，随着法律文明的进步，以婚姻登记制度为主要形式的法律婚制已经成为婚姻成立的一种重要方式。而城市里的年轻人由于大都接受过系统教育，对法律心怀敬畏，也具有遵守婚

① 王晓枚：《婚姻登记证见证社会理念的进步》，《社会福利》2006 年第 1 期。

姻法的观念，所以他们十分看重结婚登记这个环节，将之视为一件人生大事来认真对待。他们在正式举行结婚仪式之前都会到婚姻登记处申请登记结婚。当他们从婚姻登记员那里拿到了属于自己的结婚证时，就意味着从那一刻起他们和另一个人的婚姻在法律上被确认为有效与合法，他们之间的夫妻关系会受到法律的保护，而他们应该按照法律和社会期望履行各自的责任和义务。从准备身份证和户口本、填写申请表、照相一直到领到结婚证，婚姻的严肃性和神圣性在这一仪式性过程中得以确立，并通过这个过程的产物——结婚证影响着人们的生活。结婚登记正逐渐演变成为城市的一个新的婚礼民俗景观。

二　共筑爱巢

　　婚房，顾名思义，就是专门用于结婚的房子。对于今天城市里的年轻人来说，婚房不仅仅是结婚当日共度良宵的居所，也是他们今后共同生活的安身之处。由于中国传统上是一个父系继嗣社会，历史上有很长一段时间内年轻人结婚后都和男方的父母一起居住、生活，组成一个大家庭。而结婚时的婚房一般就设在男方父母家。到了现代社会，城市居民的家庭结构和居住模式发生了很大变化，婚房的地点就远比过去要多元。除了与双方父母同住的情况外，年轻人结婚后自己购置住房，建立新家的情况已经在城里流行开来。婚房说到底是用于结婚的，在婚礼举行之前对婚房内部进行装饰，无论是从表示对婚姻大事的重视来说，还是从满足新人的心理需求来说，都是必要的程序。在现代城市里，婚房的选择与布置一方面表现出新时代年轻人的个性化选择，表达着他们对新生活的憧憬和向往，另一方面也显示了传统习俗的影响，表达出人们祈愿新人未来生活吉祥平安的心理。

（一）婚房的准备

数千年来，中国人在农业生产和宗法制度的影响下形成扩大式家庭的制度，祖孙几代人"合家欢乐"地生活在一起成为大多数人眼中最理想的生命形式。扩大式家庭制度有一个特点，就是子女对父母依附的时间很长，子女只要未结婚都会和父母居住在一起。即便结婚后，在父系继嗣制度下儿子都会留在父母身边，女儿则嫁到夫家，与丈夫的父母一起生活。大家庭制度和婚后居处模式所带来的是婚房由男家提供，并设在丈夫父母家中或附近，婚房的布局以及装饰全由男方大家庭的长辈来安排。

进入20世纪，尤其是80年代以后，中国在政治、经济、社会、文化上发生巨大变化，工业文明和都市化进程使得人们不再像过去那样祖祖辈辈居住在同一块土地上，人们因为生活、工作、求学等各种原因常常离开自己的生长家庭，人口流动成为普遍现象。再加上工业生产方式让人们经济更加独立，对大家庭的依赖程度越来越小。随着工业文明在中国不断深入发展，西方个体主义价值观也悄然兴起。人们开始意识到自身在社会和家庭中的意义与价值，不愿意再受到复杂的亲属关系和过多家庭利益的束缚，转而追求个体的发展和个人价值的实现，寻求个性的解放。不仅年轻人渴望独立，有养老保障的老年人也出现了不愿与已婚子女共同生活的情况。与此同时，计划生育政策的实施让生育率不断降低，家庭人口数量减少，独生子女家庭的横向亲属关系数量也减少了。整个中国社会的变化导致传统的大家庭模式难以为继，出现"核心家庭化"的趋势。家庭的规模越来越小，结构层次越来越少，家庭关系也越来越简单，几代同堂的大家庭逐渐消失，主干家庭（三代家庭）的比率也逐年下降，而只有夫妻关系、亲子关系和兄弟姐妹关系的核心家庭则逐年上升。这种变化在城市尤为突出。

"核心家庭化"的趋势带来的一个影响就是城市居民婚后居住模式的改变。过去在父系继嗣制度下普遍流行新人婚后与丈夫父母居住在一起的从夫居，现在新人婚后大多选择新居制，他们离开各自父母重新组建新的家庭，独立居住。不过，由于城市的发展导致人口增加和住房资源紧张，若丈夫或妻子父母的住房宽敞，一些新人在婚后也会选择与对方的父母同住。显然，城市居民的居处模式更加多样，新兴的新居制取代从夫居成为主流，而从夫居虽然逐渐减少，但并未消失，过去在特殊情况下人们才会采用的从妻居也开始多了起来。所以，城市里婚房的地点有三类，新人自己单独的居所，男方父母的居所和女方父母的居所。

新居制的兴起和流行深刻地改变了城市居民对新房的选择和安排。年轻人结婚后要想单独居住，就必须有合适的住房。在中国实行改革开放以前，城市的住房制度是一种靠国家统筹统建、低租分配的福利性制度[1]。年轻人结婚时想拥有自己的住房必须等待工作单位的"分配"，但这个过程可能会十分漫长，所以很多年轻人还是选择先与父母居住在一起，等自己结婚分配了住房后再搬出去。20世纪80年代中期中国开始城市住房制度改革，推行住房商品化。经过了近三十年的发展，单位福利性质的住房分配制度已经基本取消，住房普遍商品化，城市居民已经习惯了用货币购买住房。年轻人结婚时若不能与双方父母共同居住的，都要选择自己购买或租赁婚房。相较于租赁，年轻人更希望婚房能完全为自己所有，所以购买婚房成了年轻人的首选。

当然，购买婚房并非仅仅是城市家庭结构小型化和住房制度改革的结果。中国一些传统观念依旧影响着现代人。在婚姻问题上，古人讲究先"安家"再"立业"。所谓"安家"首先应该体现在

---

① ［美］边燕杰、［美］约翰·罗根、卢汉龙、潘允康、关颖：《"单位制"与住房商品化》，《社会学研究》1996年第1期。

拥有自己安身的居所，然后才是结婚生子建立自己的家庭。虽然这种观念在整个国家现代化进程中不断受到冲击，但并未完全根除，而且是悄悄地转化为一种现代城市的婚房观：结婚之前必须拥有属于自己的住房。有自己的住房就意味着在这个剧烈变迁的时代，个体有了安身立命之处，未来有了保障，住房提供给人们的是一种在高度流动的现代社会所缺乏的安全感。在这种观念的主导下，购买一套住房已经成为结婚的首要条件，对男性来说尤其如此。当然，现实中并不是每一对新人都有能力在结婚时购买自己的住房，但"先买房、后结婚"已经成为当代城市年轻人共同的价值观。不仅年轻人有婚前购买婚房的诉求，父母也同样希望儿女们能够在自己的新房内成家立业。过去男女婚嫁时的一应财产和物品都由父母准备，这一传统延续到今天就演变为父母们把为子女准备结婚住房视为自己重大的人生任务，有经济能力的父母在子女购买住房时都会当仁不让地助一臂之力。现代城市居民的婚房观带来的一个结果就是中国人首次置业的年龄比西方国家要低得多。①

　　现在的住房价格昂贵，在婚房的购置上也出现多种形式。一般说来，男方购买婚房的情况更为常见。由于中国人传统上都是男方提供婚房，所以在现代城市里由男方出资购买婚房也成为一种社会期望，是否有婚房甚至会成为衡量男性的能力和价值的一个评价标准。部分城市女性在择偶时的一个重要条件是男方必须拥有自己的住房。一些女性的父母也非常看重未来的女婿是否有婚房。2011年知名婚恋机构百合网对全国80个城市的4万名单身男女进行了有关婚恋观的在线调查。其中一个调查项目是男性具备哪些经济条件后才能结婚，这些条件包括有房、有车、有稳定收入、有一定的积蓄、父母有经济实力、无所谓。从全国的数据看，排前三位的条件是有稳定收入（92.8%）、有房（70.8%）和有一

---

① 参见吴银涛，胡珍等《城市青年房奴现象的产生及生存发展状况研究》，《典型研究》2012 年第 2 期。

定的积蓄（61.6%）。① 可见，由男性购买结婚住房已经成为了一种普遍的期望。当然，并不是所有的城市年轻人都会计较婚房由谁提供，所以由男女双方共同出资购买新房的情况也不少见。如果女方家经济条件非常好，又不在意男方是否提供婚房，同样也会主动购买新房。只有双方家庭都没有能力购买婚房时才选择租房。婚房作为一种房产已经成为城市居民最重要的不动产，其所有权归属会影响到新人未来的婚姻关系。由于婚房购买的方式很多，有双方父母出资的，也有新人自己出资的，有婚前就全额付清房款的，也有婚前贷款支付、婚后共同还款的，所以婚房所属权的划分也常常成为婚房准备的一个重要内容。人们不仅按照《婚姻法》的相关规定来确订婚房产权，同时也根据现实中的情况以及双方的感情来进行商议。

婚房不仅仅是一个居住场所，将来还要承担起一个家的功能，甚至还要考虑到将来生子、与老人同住等长远规划，所以挑选婚房也成为城市年轻人结婚的一个部分。虽然年轻人都喜欢风景好、设计漂亮的房屋，但挑选婚房显然要从更为现实的角度来考虑，例如交通是否方便、房子结构能否满足两人或三口之家的生活需要、总价是否在自己承担的范围之内等。而婚房一旦选定，对很多新人来说婚后很长一段时间都不再更换。

可以说，在当代中国城市婚前购置房产已经是一种社会潮流。当婚房作为一种商品和财产出现时，婚姻中的经济关系和感情关系便交织在一起，让婚房的选择与准备成为结婚过程中最复杂的一项工作。婚房毕竟是一件非常贵重的商品，其挑选和购买都不完全是新人单独做主。相反，在很多情况下由于父母会承担部分或全部购房费，新人们必须和父母一起来决策，有时父母甚至会以此来干涉新人的婚姻选择。所以，婚房购买这一文化现象尽管是工业文明和个体主义影响的结果，但为儿女置办婚嫁物品的传

---

① 张德华、薛良辰、刘颖：《没有房子，你会和他结婚吗?》，《生活日报》2012 年 1 月 4 日，第 B1 版。

统却又因此得以保留，这也是中国城市不断变迁的背景下出现的独特文化现象。

（二）生活用品的购置

婚房准备好后，没有生活用品是没法入住的，所以婚房的准备同样包括生活用品的购置。对于购置费用的分担，按照传统的规矩，一般是新郎家提供婚房和家具，新娘家提供床上用品。当然现在的生活用品比过去要复杂一些，所以如果婚房和家具是由新郎方负责出资，那么床上用品和家用电器就由新娘方出资，其他的物品则双方协商。不过，和过去相比，新房各种用品的挑选、购买和准备都是由新人自己负责，新人的父母长辈没有义务再大包大揽，只在新人需要的时候提供帮助。这也是"婚姻自主"精神的一种体现，当新人完全按照自己的意愿来选择伴侣、选择结婚方式时，他们也必须自己面对结婚时要付出的种种辛劳。这一过程新人必须齐心合力、共同完成，他们可能一起商议，一起去挑选，一起去购买，也可能是分工合作，各自负责擅长的部分。

古人结婚重视对喜床的布置，而现代人认为幸福的婚姻始于床上，一个完美的婚房必然不能缺少舒适的婚床和漂亮的床单、被子。新人结婚用的床统一都为双人床，一般长 2 米，宽 1.6 米至 1.8 米，材质主要为木质、金属、布艺以及真皮的等。婚床的式样多是长方形，款式很多，有的现代感十足，有的欧式风格浓郁，有的则有中式传统家具的特色，新人可随自己喜好挑选。有的新人追求个性化，会挑选比较特殊的圆形床或心形床，在结婚时非常喜庆和浪漫。结婚时新人至少要购买一张婚床，如果新人是单独居住，婚房面积较大且有主卧、客卧，则可以多购买一张双人床。

一张普通的床之所以能成为婚床，其实离不开床单、被套等床上用品的装饰，所以床上用品是新人结婚必备的物品。床上用品是指被子、枕头、被套、枕套、床单等物件，其中被套、枕头套和床单具有强烈的装饰效果，是新人挑选的重点。一般说来，新人都愿意购买成套的被套、枕套和床单。套装床上用品最基本的是"双人四件套"，即一对单人枕头套，一个双人被套，一个床单。一个"四件套"可以用于一张双人床。在这个基础上加上不同的内容就成为"六件套""七件套""八件套""九件套""十件套"等，当然不同品牌的所加的内容不一定完全一致。由于中国人对双数的偏爱，所以新人结婚多选双数的套装，家里有几张床就有几套。若新人婚后和一方父母同住，结婚时也得给父母准备一套。床上用品颜色品种十分丰富，常常让新人挑花了眼。传统中国婚礼的颜色是红色，所以红色床上用品很受新人欢迎。有些红色的床上用品还有玫瑰、心形或双喜的图案，显然是结婚专用。新人在具体挑选时并不拘泥于传统的大红，玫瑰红、浅桃红也很适合婚礼。而一些夏天结婚的新人更喜欢清爽的淡粉色。有的新人甚至还选用和传统婚庆颜色截然相反的米白、翡翠绿。虽说新房用品的购买没有分工之说，不过新娘一般都很乐意负责购买床品。她们可能在闲暇时约上一两个好姐妹，到商场瞧一瞧，到婚庆展览会上逛一逛，也就把床品买回来了。当然，也有的新娘愿意在网络上"淘宝"，精挑细选，质量不差，价钱还省了。

如果说婚床和床上用品作为结婚用的大件物品是每一对新人结婚时必备的，那么有些物品只有在新人单独居住时才是必须准备好的。这其中最重要的就是家具。新房里的家具除了床以外，还有柜子、桌子、椅子。柜子有不同种类。客厅里的客厅柜、卧室里的衣柜、厨房里的餐具柜可以在结婚时准备好，这样家里基本的生活用具才有地方放置。结了婚以后还可以慢慢添加床头柜、书柜、鞋柜、酒柜、置物柜等家具。桌子中最重要的是餐桌和客厅里的茶几，当然书桌和电脑桌也可以提前购买。椅子必须必备的是客厅里的沙发和餐厅里的餐椅，一些设计新潮的椅子新人可以按喜好配备。家具的准备有两种方式，有的新人在装修婚房时也顺便就请木工把一些需要的家具制作好了，这些可以不必花精力再去购买。而如果需要购买家具，新人大多是共同商量挑选，有时新郎在家具选购方面花的时间和精力更多一些。

家用电器也是新人独立生活的必备。一些有实际功能的家用电器是结婚前就必须购买好的，如电灶和燃气灶、电饭煲、洗衣机、电冰箱、电热水器和燃气热水器、饮水机等。这些用品关系到新人婚后能否正常地生活。空调这样的大件可以按需要购买。一些具有实用功能的小家电如电子高压锅、面包机、酸奶机等可以在结婚后购买。电视、音响这样以娱乐功能为主的家电则需要看新人的喜好购买。如果新人认为这些家电比较重要，就会在结婚时购买。电脑现在已经成为现代城市家庭不可或缺的家用电器，它有很实用的功能，既可以娱乐，还可以办公，所以城市居民家家户户至少都会准备一台。新人结婚前其实可能都有自己的电脑，若结婚预算充足，也会选择结婚时购买新的电脑。一般说来，与做饭有关的小家电多由新娘选择购买，因为传统的性别分工使得她日后会更多地承担起做饭的任务。而一些大家电尤其投资比较大的冰箱和空调，一般新郎提供选择两人一起商量决定。电视、电脑和音箱则是新郎负责挑选购买的比较多。

除了这些用品外，新人结婚时还需要购买包括锅碗瓢盆、砧板、刀具在内的厨房用品，以及一些卫浴用品。卫浴用品在入住时就需要，而厨房用品既有实用性，也是让新房真正成为一个"家"的用品。

当然，如果新人婚后和父母共住，家具、家电、厨房用品和卫浴用品他们会选择添置一些，并不会全部重新购买。购买生活用品是结婚仪式的一个准备工作，新人为此不得不耗费时日和精力。但在整个过程中，新人不断磨合感情，也在不断适应自己未来的角色，为自己的选择承担起责任。

（三）婚房的布置

生活用品的购置可以说更多的是着眼于未来的婚姻生活，而婚房布置则更加体现婚礼的味道。在传统婚礼中，婚房布置往往与传统习俗密切相关，很多用具如床、柜子等的摆放均有特定的位置和讲究，即必须符合特定的风水原理，否则人们认为会给家人带来影响。而在现代城市里，新人多从实用、合理、美观以及健康的层面考虑婚房布置，整个布置理念是一方面突出结婚的喜庆和热闹，另一方面又强调爱情的浪漫与甜蜜，同时又兼顾一些传统习俗。

过去人们布置婚房是以婚床为中心展开的，现在婚床同样是婚房布置的重点。新人在购置床上用品时就可以根据婚房布置的需要和自己的喜好选择漂亮被单、被套和床盖。结婚时大红色的床单铺盖自然比较喜庆，但可能日后并不会经常用到，所以玫瑰红、紫红、桃红色代替了大红，既喜庆又不失清新。当然有些城市的居民认为粉红这一类颜色的床品是二婚才用的，初婚的都必须用大红色的铺盖。

布置婚床是一件很重要的事，所以现在城市里有些人家还保留着传统的做法。就铺婚床而言，如果不是新人或他们的父母亲自上阵，那么为求吉利，一般都是请在当地民众中被认为是"有福气"的人来铺，而且以女性居多。所谓"有福气"，主要指父母健在、夫妇双全、有子或有孙、家境殷实。在合肥，铺床的人多是新人的长辈，而且有子有女，儿孙满堂。在广州，这种有福气的人过去称为"好命婆"，她们生育的子女多，特别是儿子多，她们不仅把子女养育得很好，而且生活顺利、家庭幸福，所以是铺婚床的最佳人选。现在铺婚床的人则大多是主人家请来帮忙主持操办婚礼的女性"大襟姐"。在福州，铺床的通常是新郎家的长辈，这些长辈多半父母健在、儿女齐全。由他们来铺床表示新人可以像这位长辈一样幸福。在成都，为新郎新娘铺床的人是由新娘家邀请，一般是年长女性，身体健康，父母和配偶健在，生过儿子，当然有儿又有女的更好。铺床的人在铺床时还会说一些祝贺新婚夫妇的话，例如："霸床，霸床，对倒中梁，先引（生）儿子，后引姑娘"等。

　　除了铺床，床上摆放的东西也很重要。过去人们会在婚床上摆放红枣、花生、桂圆、瓜子等干果，象征"早生贵子"，这一习俗至今仍然流行，只是摆放的方式会有所变化。年轻人会用一些比较时髦的方式摆放，如摆放成一个表示爱情的心形，或是英文单词"LOVE"，或是中文的"囍"字，或干脆就摆成"早生贵子"四个字。一些新人为了让婚床看上去更漂亮一些，会在床铺上放上一些气球、鲜花等做成的装饰品。除了传统的干果或现代的装饰品外，婚床上还会摆放一些特殊物品。东北的城市居民结婚时不仅要在婚床上摆放着喜字、红枣、花生、桂圆，还要用崭新的伍角钱或者一元钱的硬币摆出一个双喜字的图案。很早以前东北人结婚就有将硬币散放在柜子上、被子上或柜子里的习俗，取富在箱柜的意思。现在用钱摆喜字的做法可能是这一习俗改良的结果。[①]青岛人同样也要在婚床上摆硬币。合肥人是把枣子、花生、桂圆和糖果塞在床铺里。过去床铺里不塞糖果而是棉子，后来由于城市里棉子较少，才以糖果代替。天津有些人家结婚时，除了传统的干果外，还要在婚床上四角再放四个苹果，图个吉利平安。广州人在铺好新床单、新被子之后，会在床罩下面放上莲子、双数的花生和双数的红枣。这是给新婚当天夫妻压床用的。婚礼之后，新郎新娘回到婚房便坐在床上，兄弟姐妹们会推着新人在床上滚来滚去，意图是压碎床罩下面的花生莲子，讨个好彩头。婚床的床头和床尾还要放两个红包，同时还要用一个盘子放一堆红包摆在床上面，以便在结婚当天给那些过来帮忙的兄弟姐妹拿新房利市。

　　由于中国人的婚姻与生育是紧密联系在一起的，而婚床又是男女行传宗接代之事的场所，所以婚床的布置就涉及到一个重要的祝福新人日后早些生育男孩的习俗，即"压床"。"压床"又称"滚床""踩床"习俗，自古就有，现在在各地的城市里都能见到，

---

① 韩冷：《广东与东北都市婚俗调查比较》，《华南农业大学学报》2007 年第 4 期。

只是形式不同。天津人在新婚前一晚，新郎家里一般会从新郎的朋友或亲戚中找一位小男孩到新房里住一晚，这便是过去所说的"童男压床"。武汉的"压床"人一般由新郎的弟弟或晚辈男性担任，要求是"童子之身"，同样是在新婚前夕在新房婚床上睡一晚。在福州，婚床铺好后，新郎家会找1至2位乖巧、聪明、漂亮的小男孩到新床上打几个滚，祝福新人未来生漂亮的男宝宝。当然，现代社会提倡男女平等，城市里人们重男轻女的观念也大大改变。福州的新人若对孩子的性别没有偏好，也会找一男一女来打滚。而喜欢女儿的，则选择女孩来打滚。每个在婚床上打滚的小孩主人家都要为其准备一个红包。在广州，"压床"是在结婚当天进行的，一般被称为"踩床"。当新郎新娘进入新房后，他们要坐在床前，然后把一个男孩抱起放到婚床上，并走来走去，从床头走到床尾。如果男孩在床上撒尿，是最吉利不过的事情，要赶紧用"子孙桶"接住，意味着有金有银。尽管"压床"的习俗在城市里得以保留，但也有一些新人或许是不喜欢这么烦琐的仪式，或许是找不到合适的"压床童子"，就改用憨态可掬的结婚娃娃玩偶来"压床"。结婚娃娃都是成对的，其造型模仿的是结婚时的新郎和新娘。一般新人在布置婚房时就把一对结婚娃娃放到婚床上，既象征着新人喜结良缘，又象征新人早生贵子，所以结婚娃娃也被称为压床娃娃。可见，现代城市的婚床布置沿用了许多传统的习俗，并借此表达婚礼吉利和吉祥的含义，同时给新人予祝福。

婚床布置固然重要，但其他地方的布置也不能马虎。城市里的新人结婚时都要去拍摄一套婚纱照。把婚纱照摆放在新房里，既可以在新婚时显示新人的爱情甜蜜、婚姻美满，又可以让新人在婚后重温温馨时刻，增进彼此的感情。婚纱照的摆放没有既定的规则。新人一般按照自己新房装修的风格来选订婚纱照摆放的位置。一般大一些的婚纱照会摆放在卧室里婚床的床头，或挂在客厅电视墙的上方或是沙发的上方。有些新人认为婚纱照是私密性质的照片，大的婚纱照还是摆放在卧室更为合适。客厅等公共空间就摆放一些小一点的婚纱照。也有的新人在客厅里找一面空白的墙，把婚纱照放入形状大小不一的相框里，挂在墙上，组成一个图形。这样的照片墙十分时尚，具有很强烈的装饰效果，往往能很快抓住客人的眼球，达到新人想要的"秀恩爱"的目的。当然，也有一些新人会按照传统的"风水"观念来摆放照片，譬如把婚纱照摆放在客厅的西南方和西北方或卧室婚床的左上方，据说这样可以增进夫妻之间的感情，让婚姻更美满。不论采取何种摆放方式，新人只是想用婚纱照表达两人之间的爱情，这凸显了现代人把爱情视为婚姻之基础的理念。

用各种装饰品来点缀新房，给新房增添喜气，这也是现代城市新房布置的一个重要方面。最常用的装饰品之一是鲜花。新人结婚时都想在新房内摆放上一些鲜花，让新房多几分鲜活的气氛。布置新房常用到的鲜花是玫瑰和百合，玫瑰是爱情的象征，百合有百年好合的含义，玫瑰是红色，热情似火，百合是白色，温柔如水，可以说是最经典的结婚用花。百合花型大，香味浓，新人大多会将其摆放在客厅。有的新人在百合花的中间再插几枝富贵竹，既意味着百年好合，又意味着富足美满。玫瑰花通常摆放在卧室里。有的新人专门在花店定制玫瑰花球或玫瑰心形，结婚当日摆放在婚床上，让卧室更添浪漫的风情。满天星配玫瑰花可以摆放在餐厅里。还有些新人也会用马蹄莲配上红掌或天堂鸟，同样也是红白相配，衬托出爱情浓烈与恬淡。一些名称吉利的花卉也成为了新房的常客。例如电视机旁边随意放上把情人草，既喻示着爱情，又不喧宾夺主；浴室里摆放勿忘我，清新淡雅。

除了鲜花外，在城市里用气球装饰新房也受到了新人们的追捧。气球五彩缤纷、形状各异，可以组合、编织成各种造型、图案还有文字，烘托出欢乐的气氛，制造出热烈的场面。用气球装饰新房的方式多种多样。有的用气球编织成心形，放在婚床上，或者装饰婚床后的背景墙；有的把各色气球串联起来，挂在房梁，整个新房顿时活泼起来；有的用气球搭成一个拱形门，迎接新人和客人的到来。当然，在现代商业社会，这些气球装饰物都可以购买到，新人即便不是心灵手巧，也可以很方便地用气球组成各种图案，装饰新房。除了气球外，五颜六色的花环、拉花等都可以起到喜庆的装饰效果。如果说鲜花喻示爱情，气球带来了欢乐。

在布置新房的众多物品中，既有中国婚礼味道又带有西方浪漫爱情想象的物品要算蜡烛了。蜡烛在传统的婚房布置中是重要的道具，洞房中往往都点有喜烛。在现代人心目中，蜡烛往往与浪漫爱情连在一起，所以在洞房之夜点上蜡烛，既秉承了古人传统的"洞房花烛"，又满足了新人对浪漫婚姻的憧憬。当然，现在的蜡烛已经不同于过往，被做成了各种形状，散发各种香味。新婚之夜点上几支蜡烛，既唯美，又温情。

除了这些非常现代的装饰品外，一些新人也会摆放上传统必备的装饰品。在广东的城市地区，新房里必须还摆放着一对老椰子，老椰子是男方家准备的。"椰"是"爷"的谐音，"子"代表子孙，"椰子"的含义就是"有爷有子"。此外，房间里还放有剪刀、尺、银包、裤带、片糖、茶叶、茶具、柏树枝、莲子、红绿豆、龙眼干和红包等，预示着新人将开始新的生活，并且生活甜蜜长久。房间的四角各有两条用红布绑住的带叶子的甘蔗，取其节节高的意思。[①] 显然，摆放一些传统装饰品的意义不在于美观，而在于其吉祥如意的象征含义。

婚房布置最后一个重要的内容就是贴红双喜字，当然这也是中国人传统的结婚习俗了。红双喜字是一种吉祥喜庆的符号，在婚礼中随处可见。过去的红双喜字，有的是用大红纸张剪出来的，有的是用毛笔写在大红纸上的，有的是刺绣的，有的是用红布、红绸扎出来的。[②] 现在的红双喜字已经用不着主人家亲自制作，而有专门工厂批量生产。这种变化的一个好处是红双喜字花钱就可以买到，非常方便；另一个好处则是图案多种多样，并被赋予不

———————————

① 韩冷：《广东与东北都市婚俗调查比较》，《华南农业大学学报》2007 年第 4 期。
② 吴存浩：《中国民俗通志·婚嫁志》，山东教育出版社 2005 年版，第 264 页。

同的美好含义，城市里的新人可以根据自己婚房的情况选择贴哪一类型的红双喜字。端正规整不带图案的大红双喜字给人一种神圣庄严感，适合贴在出入的每一扇门上、客厅和阳台之间的玻璃门上、阳台窗户上等地方。龙凤围绕的双喜字称为"龙凤呈祥"，适合贴在家中的镜子上。心型双喜字称为"心心相印"，一般贴在家里顶灯、台灯、落地灯的灯罩上。双凤围绕的双喜字称为"凤舞蝶飞"，一般贴在梳妆台上。喜鹊围绕的双喜字称为"喜迎吉庆"，一般贴在家里的电视、音响电器上。含有游鱼的双喜字称为"年年有余"，可以贴在微波炉、冰箱、厨房用具上。双喜字内有娃娃图案的称为"早生贵子"，可以摆放在婚床上或贴在床头。其他小型双喜字，可随喜好贴在家具、门框、相框上做装饰，增添喜气。

　　贴红双喜字的时间和做法各地不同。总的来说，红双喜字必须在成亲典礼举行之前贴好，所以有的城市是在结婚典礼前一天贴，有的是当天才贴上。很多新人为了保证有足够的时间，还是选择典礼的前一天贴。贴红双喜字讲究成双成对，不仅总共贴的张数以双数为宜，每个贴的地方至少要有一对喜字，碰到单扇门的情况则在门的正反两面都贴上喜字。喜字贴的时候要尽量周正。这一方面是美观，一方面也有吉利的意思。红双喜字不仅可以贴在家里，一些地方的新人还会把喜字贴在单元楼道的大门或小区的大门上。如果之前也有人在这些地方贴过喜字，还没有脱落，那这些喜字都不能摘除，要用同样或稍大一点型号的喜字盖住原有喜字，寓意"喜上加喜"。喜字贴上后如果没有特殊情况，人们一般会尽量等到其自然脱落，有的会在一年后或结婚生子后摘除。

　　除了这些普遍的做法外，不同城市的居民也有着自己贴红双喜字的方式。在济南，贴大红双喜的时间是结婚当天的零点，取"好事成双"之意。由于同一天可能会有好几家人结婚的，贴时还讲究"抢头彩"，不仅自家大门上要贴，而且小区的大门口、酒店的大门口都要贴上，床上、被子上、枕头上也要摆上红双喜字。这样办喜事的新郎家和新娘家还有新人的小家都"喜"气冲天。[①] 天津人是在结婚当天早上才在大门前贴上烫金的双喜字两对，而且新郎和新娘家贴的不一样。新郎家贴的是双喜字，而新娘家则是单喜字。青岛人贴红双喜字的时间更晚一些，通常都是新郎出发去迎娶新娘后，家中留守的人马上将红双喜字贴好。青岛人根据张贴的地方把喜字分为"镜喜""窗喜""床喜""路喜"等。贴"路喜"有很多要求，要从路口往家里倒着贴，一直贴到家为止，窖井盖、消防栓等用粉红纸贴上。张贴时也要求"迎头见喜"，即新郎新娘一路上走过来迎头的前方墙面都要贴喜字。最后一张是贴在家门上的喜字，意思为"迎喜进门"。尽管各个城市贴红双喜字的方式不一样，但通过贴红双喜字来营造出婚礼的仪式氛围却是相同的。红双喜字不仅有两个人幸福结合、吉祥美满的含义，在贴的过程中也是对外宣告两个年轻男女已经喜结良缘。

古人结婚，重视对婚房的安排和布置，今人也不例外。形容两个人结婚有这么一个形象的词语：共筑爱巢。"巢"是房子，也是家。在结婚众多的事项中，一个能容身的房子是必不可少的。在今天年轻人纷纷希望离开父母自立的城市里，房子就更是结婚的关键了。与传统不同的是，今天的"筑巢"更多是男女双方合力"购房"，如果房款不是一次付清，而是按揭，那两人还要"供房"，还贷款。这个过程，既体现了现代社会新人共同努力营造新家的个体主义观念，又可以隐含着父母从经济上和感情上全力支持新人的家族主义观念。购买婚房无论是蜗居还是豪宅，在新人们的精心设计和布置下最终都成为了温馨喜庆的爱巢。

---

① 宁霁：《当代济南婚嫁习俗的变迁习俗初探》，山东大学，硕士学位论文 2011 年 11 月，第 29 页。

三　记录幸福瞬间

　　随着摄影和摄像技术的发展，如今中国人的婚礼已经离不开照相机和摄像机了。对城市居民来说，用镜头记录婚礼是个相当繁复的过程。在婚礼仪式举行前，新人需要到"影楼"和"摄影工作室"拍摄礼服结婚照，民间把这个过程称为"拍婚纱照"。除了拍婚纱照外，在婚礼仪式举行这一天，新人还要请专门的摄影师和摄像师来拍照和录像，记录整个过程的点点滴滴。这种记录婚礼的方式并不是拍几张照片或者录几段录像那么简单。现在拍婚纱照已经顺理成章地成为城市婚礼的一部分，和结婚登记、成亲典礼、婚宴等一起组成了婚礼的整个流程。而在婚礼仪式上摄像机的无处不在又给婚礼赋予了新的文化意义。用镜头记录下人生幸福美好时刻，既是一个新时尚，又是现代城市婚礼的标志。它不仅仅保留了新郎新娘永恒记忆，还是当代婚礼文化的重要表达。

（一）用镜头记录婚礼的演变

　　从某种意义上而言，中国人用镜头记录婚礼的习俗可以说是西方工业文明影响的结果。类似照相机和摄像机这样的工业机械在西方问世后就很快成为记录各种大事件的工具。把照相机用于结婚大事在国外很早就有了，譬如日本明治时代后期出现了"相亲照"和"结婚照"，这与现在中国城市里流行的"婚纱照"非常相似。当时由于日本政府禁止日本人与西方人通婚，所以在海外打工的日本单身汉只能通过家乡寄来的女子照片这种方式找结婚对象。而女方为了攀上海外姻缘，会穿着华丽的和服，戴上精美的头饰，尽量让拍出来的照片更美丽，并且逐渐成为了一种潮流。随后，在1908年日本的新娘被允许进入美国与新郎结婚，新郎新娘就会在牧师的面前宣誓，并拍照留念，寄回家乡。这种照片可以说是中国当代"婚纱照"的雏形。①

当照相机在20世纪传入中国后，结婚照也随之出现。当然在那个年代拍结婚照是城市里权贵商贾们才能享受的待遇。最初中国人拍摄结婚照时穿着的礼服以传统中式服装为主，并多为红色。在20世纪20年代照相馆橱窗里的结婚留念的样照上，新娘多做凤冠霞帔的打扮。后来西式婚礼服传入中国，一些信奉基督教的新人在婚礼仪式结束后会与双方父母、男女傧相、证婚人等拍摄合影照，新人都穿着西式礼服，新娘的是白色婚纱礼服，新郎的是黑色大礼服，这可以说是中国最早的"婚纱照"了。那时大城市的照相馆里已经可以给新人拍摄穿西式礼服的结婚照。由于这样的结婚照比较赚钱，在20世纪30年代后期有些大型照相馆就开辟了"礼服部"，专门给拍结婚照的顾客用，同时也可以租借给追求时髦的新郎新娘在婚礼仪式时穿用。有些照相馆还挂出"本馆专门拍摄结婚照"的宣传语，有的还在报上刊登拍结婚照的广告，招徕业务。这些专营结婚照的照相馆已经相当于今天专拍婚纱照的"婚纱影楼"了。到了20世纪40年代中期后，这样的结婚照在大城市里已经非常盛行，专业的照相馆也不断开出，当时仅上海市内就有大小照相馆近500家，可谓生意兴隆。②

新中国成立后一直到20世纪70年代，中国人的婚礼一切从简，结婚照也非常简单朴素，新人很少穿西服、婚纱拍摄结婚照，大部分人都穿着干净的列宁装、军装、工农装拍摄，且胸前别着

---

①　刘艳娇：《浅谈婚纱摄影的发展和创新》，《黑龙江教育（理论与实践）》2014年第5期。

②　朱光明：《婚纱摄影的潮流》，《照相机》1997年第4期。

红花或毛主席像章，坐姿多是肩并肩端坐。照片为全身和半身，全身6英寸，半身4英寸，都是黑白页片，不成套系。放大照多为12英寸，也有16英寸、18英寸的，还可用油彩着色。

20世纪70年代末至80年代，结婚照又兴盛起来，照相馆开始给顾客提供西服和婚纱，甚至还改进了陪衬的背景，增加楼梯、窗户、壁炉、吊灯等华丽的仿欧式立体背景道具。拍摄时新娘会手捧鲜花，新郎会戴上白手套。照相馆还推出了套系的结婚照，不同套系包括不同尺寸的照片若干。同时，彩色胶卷代替黑白页片，结婚照都开始变为彩色的。

20世纪90年代，"婚纱摄影"进入了大陆，改变了城市居民结婚照的拍摄习惯。婚纱摄影是专门给新人拍摄结婚照的服务。由于新人在拍照时都会穿着婚纱和西服，所以这种摄影叫"婚纱摄影"，而所拍摄的照片就是"婚纱照"。婚纱摄影并非来自西方，而是源自台湾。台湾早在20世纪70年代就已经形成了颇具规模的婚纱摄影业。自有了婚纱摄影后，"婚纱照"就成了结婚照的统称。提供婚纱摄影服务的店铺最早被称为"婚纱影楼"。影楼拍摄和制作婚纱照比较专业，已经形成了一种模式。一般影楼都配有专门的化妆师和摄影师，还给新人提供中西式礼服。现在城市出现一些小型的"婚纱摄影工作室"，可以为新人提供个性化的服务，拍摄"独特"的和"另类"的婚纱照。无论是大型的影楼还是小型工作室，他们所采用的摄影造型和服务方式都很新奇独特，吸引了大批的年轻顾客。在整个20世纪90年代，婚纱影楼就已经犹如雨后春笋般开遍了全国各个城市，而拍摄"婚纱照"也逐渐成为现代城市居民婚礼仪式的一部分。

与照相机相比，摄像机问世的时间比较晚，所以它被用于记录婚礼的历史并不如照相机长久。摄像机的前身是胶片摄影机。胶片摄影机虽然很早就被发明了，但由于使用复杂，一直都只用于电影拍摄。20世纪70年代末期，日本JVC公司生产了第一台家用型摄像机以及VHS格式的录像带。这种摄像机的操作被大大简化，价格也比摄影机便宜得多，普通人使用起来十分方便。于是日本和很多西方国家的婚礼上开始出现摄像机的身影。20世纪80年代，家用摄像机进入中国，并且也出现在婚礼上，只是还比较少见。到了20世纪90年代，用摄像机记录婚礼已经在城市里流行开来，一些酒店在提供婚宴时也会提供婚礼摄像服务，而很多电视台、电影公司的摄像师也会以私人的名义为结婚的新人拍摄婚礼过程。20世纪90年代末简单易用的数码摄像机的问世更是大大推动了中国人婚礼摄像的热情。进入21世纪，摄像已经在城市居民婚礼仪式不可或缺了，而且婚礼摄像也形成了统一的规范和习惯。

（二）拍摄婚纱照

所谓婚纱照是新人们在结婚前（有时也会在结婚后）穿着结婚礼服拍摄的结婚纪念照，它包括一幅或几幅放大的主题照片、一本或几本相册，有时还包括一张碟片。对现在城市里的年轻人来说，结婚时到专业的影楼拍摄婚纱照已经是理所应当的了。在影楼拍摄婚纱照有着特定的模式，新人经过化妆师的打扮，在摄影师的指导下，做出各种恩爱的姿势，留下风格各异的照片。拍摄婚纱照在城市里就如同仪式一般，已经是一个程式化的过程了，而新人在这个过程自然也是"痛并快乐着"。

婚纱摄影毕竟是一种商业服务，所以每一对想要拍照的新人首先必须事先挑选一家合适的影楼。影楼的拍摄风格、质量、服务水平和口碑都是新人要考虑的因素，当然价格也是非常重要的。影楼的婚纱拍摄其实包括了很多服务项目，如室内拍摄、室外拍摄、礼服租用、化妆、饰品、相册、相框、摆台，等等。为了吸引顾客，影楼会把这些服务项目进行组合，形成不同的"套系"。每个套系的服务内容不一样，价格也有区别，服务内容多的价格自然就高。如果一个"套系"只有室内拍摄，其价格就比室内和室外都有的"套系"要低，而一个"套系"如果能提供8套婚礼服，价格就比只提供5套礼服的要高。最后出炉的婚纱照包括一张或几张放大装框的主婚纱照，其中最大的一张是主题婚纱照，还包括一本或几本相册。随着市场竞争日趋激烈，影楼还会在常规的"套系"之外，根据顾客的需要专门制定服务内容，这就是所谓的"私人定制"。新人挑选影楼事实上也是在这些不同的"套系"进行选择，一方面确定合适的价格，一方面确定自己喜欢的拍摄风格。

通常新人选定了影楼后，就会在约定的日子前往指定的地点进行拍摄。拍婚纱照是一个非常耗时的过程，一般新人要花一天的时间来进行拍摄，如果婚纱照包括室外景点拍摄的，可能还要多花一点的时间。拍婚纱照的第一步是化妆。为了让照片中的新人显得美丽无瑕，拍照前的美容美发是必不可少的。化妆的重点是新娘。由于婚纱照可能会经常被近距离观看，所以新娘的妆容以淡妆为主。化妆师通常是在新娘原来容颜的基础上，用粉底、胭脂、唇彩、眉笔等对面部、嘴唇、眼睛、眉毛等重点部位进行巧妙装点，并减弱和掩盖一些缺点部分，保留新娘的自然美。这种妆容让新娘显得清新淡雅，而非浓烈艳丽，好似换了一个人。而新郎妆容以干净无瑕、神清气爽为主，所以"略施薄粉"即可。当然，新人的妆容并不只有一种，化妆师要根据新人所穿礼服和拍摄的场景来为新人化妆，礼服和场景变化时，化妆师会进行调整。新郎新娘除了面部要化妆外，头发也需要进行造型。新娘的发型比较多样，新郎的发型相对简单，造型师一般要根据新娘的礼服和妆容来设计发型。化了妆的新人多多少少会和平日的样貌有些差别，在摄影师的镜头下更加靓丽了。

新人化好妆后就可以按照约定的"套系"挑选自己喜欢的礼服，不同"套系"提供的各种礼服的数量不一样，价格越贵的，可以穿着礼服的套数和类型就越多。一般婚纱影楼都准备有各式礼服，供前来拍照的新人选择。礼服分为女装和男装。女装中最重要的是婚纱服。影楼提供的婚纱服包括头纱、头冠、纱裙、饰品、捧花和手套等。大一点的影楼可以提供上百套的婚纱服，款式非常多样。除了婚纱外，还有各种式样和颜色的西式晚礼服。男装以燕尾服和西服为主。燕尾服比较正式，一般新娘穿着婚纱时，新郎可以穿着燕尾服。影楼提供的西装款式和颜色都比较多样，适用的范围更广，可以和新娘的婚纱和晚礼服搭配。有的新郎喜欢选择燕尾服，因为只有在拍婚纱照的时候他们才有机会尝试穿着燕尾服的感觉。有的新郎觉得燕尾服麻烦，可以选择西装。西式礼服可以说是整个婚纱摄影中最重要的服装。除了西式礼服外，中式的礼服也是婚纱摄影的必备。中式礼服中男装的基本款式是长衫马褂和中山装，长衫马褂颜色为红、黑两色，中山装颜色较多，灰色、黑色、蓝色比较常见。女装的基本款式是褂裙和旗袍，颜色以红色为主。传统中式婚礼服颜色艳丽，拍摄在照片上会让整个画面洋溢着温暖吉庆、喜气洋洋的氛围，既能满足人们的怀旧情结，让新人体验传统婚礼服的乐趣，还能让婚纱照更加多样化。中式婚礼服已经成为当代城市婚纱摄影的一大特色。在礼服之外，新人还可以穿着便服拍照。便服是指新人日常所穿着的服饰，新人拍照时穿着的便服大多是同款式或同色系的，所以也被称为"情侣服"。拍摄婚纱照的便服可以由新人自己准备，影楼也有相应的服装提供。当然，新人更愿意穿着自己喜爱的服饰，在婚纱照上留下永久的纪念。如果说礼服婚纱照可以体现结婚时刻的庄严和隆重，那么便服婚纱照则要体现新人日常生活的甜蜜和快乐。因此便服婚纱照在城市里已经越来越流行了。

婚纱照按照其拍摄地点来说有室内和室外之分，俗称为"内景"和"外景"。摄影界一般把影室人像视为正规的人像摄影，在老百姓心目中，正式的结婚照也应当是室内的。现在城市里的婚纱影楼都设有室内摄影区，布置有多种多样的背景，如黑白灰的素底背景，以及书房、厅堂、风光等连地背景。摄影区还有很多装饰，如古罗马式的豪华庭柱、栏杆、楼梯、壁炉、钢琴、破旧牛仔房、沙滩、草地等。背景和装饰可以人为地制造出不同的场景和气氛。为了让摄影师更好地表达主题，室内婚纱照还会用到很多道具，如藤椅、宫廷椅、沙滩椅、台灯、烛台、高脚玻璃杯、旧式电话机、墙上的画框、绸伞、团扇、羽毛小折扇、旧式旅行箱等。虽然室内婚纱照的场景略显单调，可能会出现不同新人在同一影楼拍摄的室内婚纱照基本都是一个模式的情况，但是室内婚纱照可以突出人物，使得照片中新人的容貌和姿态更富于传统美感，新娘端庄秀丽，新郎稳重大方。室内的婚纱照或许不如室外的灵动、自然，但却更能突出结婚的正式性、礼仪性，所以室内拍摄成为了婚纱照最基本的内容。

室外婚纱照是在自然景色下进行的婚纱摄影。居住在城市里的人都有向往大自然的心态，当室外婚纱摄影出现后，便受到了新人的欢迎。与室内拍摄不同，室外拍摄要选择场地。有许多影楼都有自己专门的室外拍摄基地，湖光山色，亭台楼阁，道路建筑等景色一应俱全。当然有的新人为了追求美丽怡人的景色和富于人文气息的景观，甚至到外地或国外取景，形成了一股旅游婚纱摄影风潮。在通幽曲径、似锦繁花、碧海青天、高楼广厦这些美景的衬托下，婚纱照立刻显得清新唯美，情趣盎然。室外婚纱照或许不如室内的那么端庄、稳重，但更加"罗曼蒂克"，自然受到新人青睐，有些新人宁愿多出一些钱也要拍摄室外的婚纱照。

婚纱照包括新郎新娘的双人照和单人照。双人照的主旨是突出爱情，所以在拍双人照时，摄影师都会引导新人用合适的体态与表情来生动自然地表现两人的亲密与恩爱。于是，新人相互倚靠、牵手、拥抱、亲脸、吻颈、闭眼、对视、共眺、谈笑、漫步、整理衣物等画面就常常出现在婚纱照上。单人照的内容是突出主题人物，新娘永远漂亮美丽、温柔贤淑，新郎总是英俊潇洒、彬彬有礼，新人的美好形象就定格在了婚纱照上。婚纱照不论是室内还是室外，不论是单人还是双人，每一套都有自成一体的风格，有的用以讲求青春个性，有的用黑白来表现传统和复古，有的像浓郁的油画，有的像清新的山水画，有的有故事情节，有的仿佛只是生活纪实。近年来，很多新人厌倦了影楼千人一面的模式化拍摄，再加上受影视明星婚纱照的影响，于是开始追求个性化的婚纱拍摄。城市里开始出现了复古军装婚纱照、私房写真婚纱照、Cosplay 婚纱照①、夫妻反串婚纱照等非主流的婚纱照，颇受一些新潮、时尚的年轻人的欢迎。当然，不论何种风格，婚纱照必须简洁美观，放大后挂在新房里，不仅可以做到有装饰性和审美性，同时也要有礼仪性和鉴证性。

婚纱照摄影中拍摄是最重要的环节，不过，拍好的照片要经过"选片"和后期制作才能成为真正意义上的婚纱照。所谓"选片"就是影楼把所有拍摄的照片全部准备好，让新人会根据自己的喜好挑选需要制作的照片。20 世纪 90 年代时，影楼多使用胶片摄影机，所以照片必须先冲洗出来。进入 21 世纪后，数码摄影已经取代了胶片摄影，影楼只需把数码照相机里的照片拷贝出来，让新人在电脑上选择即可。当然，无论是胶片摄影还是数码摄影，出现在新人面前的照片都已经做过一些技术处理，如肤色、背景、色调等都经过了调整。"选片"对新人来说很重要，为了最后获得满意的婚纱照，新人可以请亲戚朋友去帮自己"参谋"。新人会根据自己选定的"套系"里面的相册规格和制作相册所需照片数量来做出选择。在"选片"时，新人要挑选放大后镶框的主题照片和需要放入相册的照片，另外还需要选择一些印在相册上的字。有的新人把拍婚纱照视做是不得不进行的一个仪式过程，所以他们按部就班地参与摄影，在"选片"时比较爽快，只挑自己顺眼的。有的新人认为拍婚纱照也和婚礼一样，一生可能只有一次，是自主婚姻的证明，所以这个过程是严肃的，必须慎重对待。他们从选择影楼到拍摄再到挑选照片都亲力亲为，认真参与。在"选片"时，他们也比较仔细，会看照片上新人的眼神、表情和动作，会注意照片的色调，会从不同的场景和不同的衣服各挑选几张，会对不满意的地方提出修改意见，期望获得最心仪的婚纱照。影楼根据新人的选择，制作放大装框的

① 真人借服装去扮演动漫、游戏中的角色。

主题婚纱照和婚纱相册。主题婚纱照将悬挂或摆放于新人的婚房之中，而相册则可以让亲友翻阅观看。

在现代城市里，婚纱照的拍摄与制作虽然从表面上看是一种模式化的商业流程，但新人却在这一过程中有了一种近乎仪式性的体验。很多新人把拍摄婚纱照看作是除婚礼仪式外最重要的事情。一方面，当新人同意一起去拍摄婚纱照时，他们已经认同彼此的结合了。在拍照的过程中，新人还在不断强化着"他/她就是我的另一半""我未来的日子要和他/她一起走完"这样一些观念。事实上，在整个拍摄过程中新人的身体感觉到的是辛苦和疲惫，但由于新人有着"执子之手，与子偕老"的信念，所以他们内心感受到的是快乐和甜蜜。这也是为什么拍摄婚纱照价格不菲，年轻人却依然趋之若鹜，心甘情愿地"花钱买罪受"。从另一个方面来说，拍摄婚纱照是一个公开的行为。新人去拍摄婚纱照时，传达给亲友的信息是他们的婚约已经订立。现在的城市婚礼已经没有规范性的订婚仪式，而传统的与订婚有关的各种礼物交换习俗也不再是一种强制性的要求，所以新人一起去拍摄婚纱照在某种程度上相当于婚约订立，这就是民间所谓的"一拍即合"。这整个过程的产物是悬挂于墙上的照片和在人们手上翻阅的相册，既意味着新人很乐于把他们的关系展示给亲友，也意味着对新人结合的一种见证和约束，让新人今后能彼此忠诚于对方。经历了"拍摄婚纱照"这个仪式，新人在亲友眼中已经被视为是"二位一体"，他们要想解除婚约就不得不三思而后行。正因为拍摄婚纱照有这样的文化意义，城市里婚纱摄影从早年结婚的"奢侈品"渐渐转变为现在结婚的"必需品"。

（三）婚礼摄像

现今的城市婚礼上，摄像已成时尚，新人们都希望结婚这一天的仪式能够被摄像机记录下来，为自己留下人生最美好的回忆。婚礼摄像可以分为两个部分，包括前期摄制和后期的剪辑、视频特效和视频生成。早期的婚礼视频是录制在录像带上的，现在随着数码摄像机的普及，婚礼视频则可以制作成 DVD 或各种可以随时拷贝的数码影像制品。

除了新人外，婚礼上最不可缺少的恐怕就是摄像师了。可以说，现在城市里几乎每一场婚礼仪式中都有跟拍的摄像师。早期的摄像师都是新人的亲戚朋友介绍的熟人，或者是举行婚宴的酒店为新人提供的。现在城市里出现了很多独立的影视工作室，专门提供婚礼摄像服务。这些工作室里的摄像师既可以直接为新人服务，也可以和婚庆公司、婚纱影楼、酒店签订合作协议，通过这些机构去给新人摄像。摄像师的重要意义在于，他们不仅对婚礼进行全方位的拍摄，而且还逐渐形成一整套的拍摄方法，从而创造了婚礼摄像的文化习俗。

经过多年的发展，城市婚礼摄像已经形成了一个基本的套路，摄像师在进行拍摄时，必须保证要有三个方面的内容。第一个内容是婚礼环境。婚礼环境是与整个婚礼仪式展开有关的背景，包括婚房的布局、迎亲的花车队、酒店的宴会厅、成亲典礼的主席台灯等。第二个内容是婚礼风俗。婚礼风俗体现在整个仪式过程之中，譬如扎花车、叫门、背新娘、迎宾、拜天地、闹洞房等。这些婚礼习俗是整个仪式的重要组成部分，也是地方婚礼民俗的反映，在婚礼摄像中必不可少。第三个内容是婚礼人物。婚礼人物是婚礼仪式的主体，包括新郎新娘、双方父母和长辈、主婚人、证婚人等重要人物。当然，新郎新娘是拍摄中的最主要的人物，他们所完成的各种仪式都必须通过镜头记录下来。[1]

为了保证能把婚礼主要的内容都拍摄下来，摄像师在结婚当日必须始终出现在各个婚礼仪式现场。为了保证新郎和新娘分开时的活动也能被拍到，有的新人会请两个摄像师，分别在新郎处与新娘处拍摄。也有的新人觉得请两个摄像师过于"浪费"，故而只

---

① 徐祖林：《婚礼摄像与后期制作》，《照相机》2000 年第 2 期。

请一位摄像师，需要的时候就请亲友充当临时摄像师。现在数码摄像机非常普及，操作起来也简单方便，临时摄像师即便不懂专业摄像技术，拍摄的视频也能作为补充。新郎一大清早去"扎花车"时，摄像师的工作就开始了，整个婚礼视频大多也会以此为开端。如果只有一位摄像师，他将主要跟随新郎拍摄，直至新郎新娘会合在一起。当新郎前往新娘家迎亲时，迎亲车队的第一辆车往往是可以敞开后备厢的面包车或越野车，或者天窗可以打开的轿车，摄像师就在这辆车上拍摄后面行进的花车队。迎亲队伍抵达新娘家后，摄像师几乎一刻也不能闲着，从叫门仪式、找鞋游戏一直到背新娘出门、上花车等环节都必须拍摄到。到了新郎家，新娘下车、新郎背新娘入房门、敬茶、长辈嘱咐等环节也必须尽数收入镜头之中。从新郎家到酒店的过程中，摄像师必须拍摄到花车行进路线上的各个重要景观。如果新人及双方父母下车拍合影照片留恋，摄像师也必须及时跟随拍摄相关镜头。有时摄像师甚至会指导新人和家人做出各种动作，以方便后期制作。酒店举行的各种仪式是婚礼摄像的重中之重，摄像师必须尽可能把各个环节照顾到，从迎宾、成亲、婚宴、敬酒一直到最后的送客都必须一点不落地拍摄下来。最后闹洞房时，摄像师也必须在场，一边把各种精彩场面收入镜头之中。当然，摄像师不仅仅是随婚礼仪式的流程进行拍摄，在很多时候，他们还会敏感地捕捉各种活泼生动、富有情趣的细节。例如新郎新娘在各个场合的神情，新娘与小姐妹的互动，新娘手中的花束，宾客送上的红包，客人观看成亲仪式时脸上的笑意，婚宴时服务员手中托着的菜肴，闹房时新人脸上稀奇古怪的图案，等等。在后期制作时，这些细节可以穿插进整个仪式流程中。

婚礼摄像才刚刚出现时，使用的都是 VHS 制式的录像带，编辑不方便，所以摄像师基本不会进行"后期制作"，通常都是拍完一场婚礼就把录像带交给新人了。后来由于数码摄像技术的发展，VCD 和 DVD 播放机逐渐取代了原来的 VHS 播放机，摄像师需要把拍摄的婚礼录像带转为 VCD 或 DVD 光盘才能交给新人，这时候婚礼摄像的"后期制作"概念才慢慢出现。在进行后期制作时，摄像师要把婚礼仪式当天拍摄到的素材先进行剪接编辑，删除多余或失误的镜头，选取有用的镜头片段按一定的顺序合成一个完整的专题片，必要的时候再补充和插入一些背景资料和必需的镜头，使整个内容连贯流畅。有的摄像师还会给剪辑好的内容加上音频、配上解说，使之更为生动，更具观赏性。经过这样制作的录像片还不算完整，最后还要加上一个片头和片尾。片头通常是一组文字、照片或视频，能起到开头提示和画龙点睛的作用。片尾是整个片子的结束语，多以字幕形式出现，主要为婚礼相关人员的名字，如婚礼策划人、主婚人、证婚人、摄像师，等等。经过这样一个制作过程，在婚礼上摄制下来的画面就成了一部精致的专题片。专题片被刻录在 VCD 或 DVD 上，新人可以自己观看，也可以展示给亲友，最后还可以保存下来，留作纪念。

在现代城市的婚礼仪式上，摄像机不只是一种记录工具。摄像机的出现给婚礼仪式增添了新的内容，最直接的体现就是婚礼仪式上多出了一个扛着摄像机的摄像师。作为婚礼仪式的记录者，摄像师必须自始至终地参与仪式的全部过程，因此这个角色被整合到婚礼仪式中，成为仪式中的一个角色。所以，花车队里会有专门的摄像车，每一个仪式场合都会给摄像师留下最佳的位置，让他能够有最佳的角度来进行拍摄。摄像师对婚礼的改变还不仅止于此。婚礼摄像最初出现的时候，摄像师的角色仅仅是个记录者，他基本上处于一个旁观的位置，所要做的事情就是反复按下"记录"和"暂停"键，他并不会对整个婚礼仪式的过程进行干预，甚至连最后录制下来的资料也不作剪辑，直接交给新人。随着婚礼摄像的发展，摄像师开始参与到婚礼过程中。最一开始的参与只是把拍摄到的素材重新剪辑，使其看上去更像一部"婚礼纪录片"。"婚礼纪录片"所呈现的各种画面其实都是经过摄像师重新建构的，但当它作为婚礼的"真实"纪录呈现给新人时，它会取代新人的记忆，成为真正的婚礼记忆留存下去。到了后来，为了获得"好"的拍摄效果，摄像师开始对整个仪式进行"导演"。在拍摄的过程中，摄像师会告诉新人和其他拍摄对象在哪个场合应该做什么样的动作，说什么样的话，如果拍摄对象没有做到，摄像师会要求重拍。不仅如此，摄像师对仪式举行场所的装饰也会要求。摄像师"参与"婚礼的结果是，婚礼仪式的程序被重新组织，仪式神圣性的一面被削弱，而表演性的一面被增强。当然，近年来一些结婚的新人开始反对摄像师在婚礼上的过分干预，他们会事先向摄像师表明自己的想法，以期获得摄像师的理解，记录和再现一个真正的婚礼过程。[①]

（四）镜头记录的现代意义

1. 记忆与纪念

在当代中国城市，用镜头记录结婚大事已经是婚礼仪式必不可少的部分。城市居民不论社会地位、经济实力如何，都会留下一份镜头记录的影像制品，以供留念和日后的回味。就这一点而言，中国城市人在婚礼上对镜头的使用与西方很相似，镜头记录的首要意义便在于记忆与纪念。照相机、摄像机自其诞生以来便有着记录的功能，而且在人们的心目中这种记录方式远比文字、图画更为真实。从古至今，中国人都认为结婚是人生中最幸福最美好的事情，这种观念在现代社会又被进一步强化，这个幸福美好的时刻理应被记录下来，而且理应用最真实的方式记录下来。当新人间浓浓的爱意和发自心底的幸福微笑都被定格在婚纱照、婚礼录像带、VCD、DVD 碟片上时，人们想象它们可以永久地保存下来，正所谓"影像恒久远，爱情永流传"。

正因为镜头记录下的美好青春和甜蜜爱情对新人有着特殊意义，所以他们会精心地对待镜头记录的各种产物。婚纱相册、录

---

① 刘希平：《我所认识的婚礼摄像》，《DV@时代》2009 年第 1 期。

像带和碟片被收拾起来，小心翼翼珍藏着。挂在墙上和摆放在柜子上的婚纱照被时时擦拭，不留灰尘。细心的新人还不时检查是否受潮受损。虽然新人在婚后并不一定会经常用到这些影像纪录，也许只是偶尔在整理东西时不经意地发现或某个时候突然来了兴致才会拿出来翻看和观赏，但如果没有了这样一份记忆和留念，新人在结婚后会有一种"婚礼不完整""好像没有举行过婚礼"的感觉。这也是为什么很多新人在婚前来不及拍摄婚纱照的时候，会在婚后补拍。当然，大多数新人在结婚之后很长一段时间再共同观看这些影像时，都会回想起当年的甜蜜画面，回想起两人共同走过的岁月，而心里也会生出甜蜜和幸福的感觉，而这也使得观看镜头记录的影像制品成为一件浪漫的事情。当然，镜头记录留下的记忆不仅仅是个体，也是集体的。结婚时的影像纪录都成为了家族传承的物品，为后人讲述前人的故事，讲述家族的历史，构筑一个把亲人都能维系在一起的共同记忆。

2. 个体价值的展现

镜头记录下的影像诚然可以唤起人们对结婚过程的回忆和留念，但对中国人来说，婚礼影像的意义并不仅仅在于此。镜头所代表的机械是西方工业文明的产物，但当它被中国人用于自己的生活时，就被赋予了新的本土化的意义。在20世纪初，当结婚照出现在大城市里时，是与反抗封建家族制度连在一起的。当时，一批有留学经历的年轻人受西方"自由""民主""平等"观念的影响，迫切希望证明自身的价值，追求自身的幸福，所以他们不满家族包办的"盲婚哑嫁"，而选择自由婚恋。他们反抗的一个重要标志就是去照相馆里拍摄穿着西式婚礼服的结婚照，并举行西式的婚礼。新中国成立后国家推行新婚姻法，提倡民众自由恋爱、结婚和离婚，并大力简化婚姻礼仪。结婚照也不再像过去那样会有多人的集体合影，而只有新郎、新娘二人的合照。结婚照的变化表达出一种含义，新人是婚姻的主体，其父母、家庭和亲属都无权干涉他们的选择。到20世纪90年代，结婚照进一步发展为婚纱照，影像的拍摄及制作方式更是彰显了年轻人对个体幸福和个人价值的追求。婚姻被视为家族利益的时代一去不复返。

由于中国人的结婚照发展历程赋予了结婚照这样一种追求个体价值的含义，所以虽然中国城市新娘穿着的婚纱是西方的，但所拍摄的"婚纱照"却与西方国家的结婚照迥然不同。西方国家因为信仰基督教，民间都形成了一种观念，新郎如果在结婚前看见新娘的婚纱会给婚姻带来不幸的，所以西方新郎新娘在结婚前是不会穿着婚纱拍照的。他们都是在结婚当天才让摄影师用镜头记录下甜蜜时刻，为婚礼留下纪念。[①] 中国城市居民却大多是在结婚前就要把婚纱照拍好。

今天，婚纱照和婚礼录像已经成为城市居民婚礼的常规程式，城市居民对于用镜头记录结婚大事的要求越来越高。婚纱摄影和婚礼摄像发展了十多年，新人渐渐对模式化的拍摄感到不满。他们反感影楼里的摄影师、造型师、化妆师以及婚礼现场的摄像师的指手画脚，不愿意在镜头面前像木偶一样地被人摆布，他们希望更多地用自己的方式表达对婚姻大事的理解，避免把镜头下的影像记录弄成千篇一律的流水线产品。所以，他们开始追求与所谓"传统"的婚纱摄影和婚礼摄像不同的个性化镜头记录方式，期望因此能够突出他们的性格特征，展示他们的自我追求。

3. 女性形象的展示

在今天中国城市的婚礼中，照相机和摄像机的镜头展现了作为婚姻主体的新人的形象。而且，我们不难发现这种展现是以突出女性为基调的。婚礼中的镜头记录给予女性充分展示自己的机会，这从一个侧面反映着中国女性尤其是城市女性地位的提升。

在传统的婚礼仪式中，作为婚姻主体的新娘本人的形象是相当缺乏的。所谓纳采、问名、纳吉、纳征、请期和亲迎这些礼节，其主体或者是双方的父母，或者是新郎本人，就算是在婚礼的最高

---

① 刘艳娇：《浅谈婚纱摄影的发展和创新》，《黑龙江教育（理论与实践）》2014 年第 5 期。

潮拜天地和掀盖头时，新娘也是被动地承受安排。而哭嫁和回门等这些礼仪，强调的也是新娘与娘家的关系。所以说传统的婚礼中身为女性的新娘其主体地位被消解了。人们是很难在婚礼这样的正式和公开场合中见到女性的身影。而今天出现在婚礼仪式上的镜头把新娘的形象突出出来，赋予了女性重要的地位。[①]

婚纱照和婚礼视频上的女性多以一种与男性平等的形象出现。作为新娘的女性和作为新郎的男性一样，都是婚礼影像的主角。他们二人必须合作，共同参与到镜头记录中。婚纱照和婚礼视频中无论缺少了哪一位的形象，都没有办法表达现代婚姻所具有的两性合作的象征意义。所以，在用镜头记录婚礼时，女性的形象既不能是陪衬更不能完全被抹杀，不仅如此，她们的主角地位还必须得到强化。出现在镜头下的新娘毫无疑问是光彩照人的。化妆师、造型师会把她们的瑕疵掩饰掉，让她们光鲜靓丽地出现在镜头前。而摄影师和摄像师会选取最好的角度，把她们最迷人的一面留在影像上。婚纱照和婚礼视频中的女性是完美的，其魅力远远超过画面中的另一个主角——作为新郎的男性，可以说与现实中的形象判若两人。而这种完美形象的展现，恰恰成了女性在婚姻中的主体地位的象征表达。

今天城市里的新娘对于自身形象的展示，并不会觉得羞怯难堪，相反，她们还积极参与其中。比起新郎来，新娘在婚纱摄影和婚礼摄像中更为活跃。她们在挑选合适的婚纱影楼和合格的摄像师时总是亲力亲为，在拍摄时和最后影响作品的制作时都会主动表达自己的意见和主张。在婚纱照和婚礼视频完成后，她们很乐于让亲朋好友们观看。近年来，由于网络技术的迅速发展，城市里出现了"晒"结婚照和婚礼视频的潮流。新娘们会把刚新鲜出炉的婚纱照、婚礼照和视频上传到微信、微博等社交网络或公共论坛上，让朋友和陌生人一起观看和评论，而在网络上浏览了照

---

① 薛亚莉：《闲说婚纱照》，《社会观察》2010 年第 3 期。

片和视频的"观众"们，或者留言称赞新娘的美丽，或者询问照片和视频的拍摄者，或者送上自己的祝福。新娘们通过在网络上展示自己的形象，获得极大的幸福感和成就感。

作为一种舶来品，照相机、摄像机这类工业机械及其使用技术，一进入中国后便开始改变着中国人的婚礼习俗，而中国人也以一种不同于西方的方式在婚礼上使用着这些机械。这两者之间的融合，便体现在今天城市婚礼之中。显然，这些机械让城市婚礼以更加丰富多彩的形式呈现出来，而城市婚礼中贯穿的镜头记录也让这些机械具有了更为多样的用途，二者共同构筑了当今城市婚礼的影像文化。

四　伴郎与伴娘

现在城市人结婚，新郎、新娘都要请一位或几位男性和女性来做伴郎和伴娘，尤其在成亲典礼举行的这一天，伴郎和伴娘更是除了新人外不能缺少的人物。其实不论是中国还是西方，与伴郎、伴娘相似的角色很早就在婚礼上出现了。今天人们在城市婚礼上见到的伴郎、伴娘，一方面固然是受到西方婚礼文化的影响，另一方面就其角色责任而言，却又延续了中国婚礼文化的传统。

（一）伴郎与伴娘的出现

中国古时的婚礼早就有伴郎与伴娘这样的角色了，但"伴郎""伴娘"的称呼却是现在才开始流行的。过去，人们把伴郎称为"喜郎""陪郎""男傧相"，伴娘称为"喜娘""喜婆""陪妈"

"喜傧""跳路""女傧相"和"挡直头"等。当然,传统婚礼中的这些"伴郎"和"伴娘"身份相对复杂,与今天的伴郎与伴娘有很大不同。

中国传统的"伴郎"和"伴娘"角色据说是源自古代的士婚礼。相传,在古早的婚礼上,女家和男家在婚礼会派出"媵"(伴娘)和"御"(伴郎)为代表,在婚礼上互换方位、互交盏、互馂食,表达缔结婚约的两个家族之间的信任。也有的说法认为双方都害怕对方投毒,就以"伴郎"和"伴娘"作为质押和凭证。这种"伴郎"和"伴娘"的互换后来还演变成表示互信的仪式,并对日本、朝鲜半岛等地的婚礼传统产生影响。古代的"媵"就指随新娘出嫁的人,而"御"多是新郎的侍者、弟弟或较新郎年纪稍幼的同辈或晚辈。"媵"和"御"发展到后来就成为了陪嫁丫头与仆人。陪嫁丫头和书童或仆人是服侍新娘和新郎之人,对新娘和新郎的忠诚度很高。陪嫁丫头随新娘到新郎家后,就成为新郎的小妾或二房,所以在结婚当天会在新娘身旁随侍,供新娘使唤,并打点相关事务。新郎则一定有男仆陪伴,用于跑腿使唤。中国古时世家大族常带着女婢、男仆进行婚嫁,这可以说是身份和荣耀的象征。这一习俗慢慢传入到普通家庭,一般人家婚嫁,至少也要一男一女陪伴,这样能让新人更安心。

有的大家族不仅会陪嫁丫头,还会陪嫁上年纪懂礼数的女仆,用以指导新娘相关礼仪。即便是一些平民百姓的家庭,只要有能力,女儿出嫁时都会派自己家的女仆去随侍照料几天又回来。后来这种陪嫁女仆的习俗在民间又慢慢衍生出"喜娘"的角色。喜娘在各地的称呼可谓五花八门,"送嫁女""送女客""陪房妈妈""送亲太太"等不一而足。喜娘最主要的职责就是在婚礼上随侍照料新娘,所以她们的任务主要集中在亲迎当日。喜娘要为新娘梳妆打扮,接引新娘出阁上轿。到男家后,喜娘还要接引新娘下轿并完成一系列仪式。仪式完毕后,喜娘还要引新郎新娘入洞房,为新郎新娘铺床摊被。婚礼第二天还会陪新娘一起拜见公婆。在

　　这一过程中，喜娘要一直指导新娘完成各种礼仪。有的地方喜娘还参与婚前准备。喜娘的人选很重要。喜娘要熟知婚嫁礼仪，这样才能指点新娘；喜娘还要能说会道，各种仪式能够讲出个子丑寅卯，活跃气氛的话张口就来；喜娘还要八面玲珑，既保护新娘，又不得罪新娘家人，在闹洞房时尤其如此。有些地区对喜娘还有特殊要求，喜娘必须是新娘家族中同辈女性，年轻美貌，生过儿子，还不能够是再婚者。这样的喜娘被称为"全美人"，或者"全合人"，意指十全十美。人们认为，让"全美人"或"全合人"陪新娘出嫁，新娘婚后的生活也一定会幸福美满。在有些地区，男家娶亲时也会请喜娘陪伴新郎和新郎的父母，这种喜娘相当于一位"女伴郎"。由于喜娘在婚礼上的角色比较特殊，而且她不必长期陪伴新人，所以喜娘也慢慢变为一种职业。人们可以在结婚时付钱雇佣喜娘来帮忙。有时即便有陪嫁丫头和女佣，女家也会雇佣喜娘随行打点。

　　在西方国家，婚礼上伴郎和伴娘的意义显然与中国的不同。西方人认为伴郎起源可追溯到古老的"抢婚"习俗。这一习俗要求新郎带上男性亲友将新娘从娘家绑架出来。新郎绑架了新娘后，亲友们就在旁边守护着，确保在婚礼仪式结束前新人不会受到新娘家庭的干扰。而婚礼一旦举行完毕，这桩婚姻就算被确认了。这种习俗发展到后来就成为了婚礼上的一个小游戏。结婚时，新郎穿着华丽的衣服来找自己的新娘，而新娘则混在一群穿着与她相似的女子之中。新郎的任务是从这一群女子中找到真爱，并把她带到教堂。此时，新郎身边身强力壮的兄弟朋友就可以帮他挡开其他人，让新郎顺利带走新娘。这些兄弟朋友就是最早的伴郎，而新娘身边的女子就是最初的伴娘。伴郎、伴娘通常会穿着和新郎、新娘很相似的衣服。据说这样便能迷惑想要伤害新人的恶魔，让恶魔们无法从参加婚礼的人中分辨出谁是真正的新人，这样恶魔就无法施展魔法了。还有的说法认为富贵人家怕有人加害新人，于是找人装扮成新人的样子，让敌人难以分辨，无从下手。这些关于伴郎伴娘的传说流传至今，人们现在依然相信伴郎、伴娘可以给新人带来好运。西方的婚礼多数都是在教堂举行的，而教堂又是神圣庄严的地方，所以伴郎和伴娘必须由单身、未婚的人来担任，已婚和离异的男女不能成为伴郎、伴娘的。

由此可见，中国和西方的伴郎伴娘文化是很不一样的。现代中国城市婚礼上的伴郎和伴娘，其称呼和形式受到西方婚礼文化的影响，而其角色和身份又与中国传统的"喜娘"相似，其存在的主要意义是为新人服务，而并非是为新人消灾解厄，可以说是婚礼中一种融合了中西特色的陪伴角色。

（二）伴郎与伴娘的角色

在城市居民的大喜之日，人们随时都能看到伴郎和伴娘的身影。伴郎和伴娘的角色归纳起来有两个，一是新人的"贴身"管家，为新人服务，二是新人的代表，必要时为新人挺身而出。[①] 传统中式婚礼的伴郎与伴娘或是新人的仆从，或是指导新人完成婚礼仪式的陪护，而现代婚礼的伴郎和伴娘的主要使命就是为新人服务，有突发情况时帮助新人应急，和新人一道完成结婚当日的各种仪式。要完成这些工作，伴郎和伴娘在结婚大喜之日必须随时陪伴在新人左右，与新人同进同出。

新郎和新娘在做结婚准备时便会挑选好心仪的伴郎和伴娘，并告知婚礼仪式举行的日期。若伴郎、伴娘与新郎、新娘关系亲密，那他们会积极参与结婚前的准备工作，如陪新郎、新娘一起挑选结婚酒店、挑选婚庆公司，和新人一道购买结婚用品，结婚前帮助新人布置新房，填写和发送请柬，等等。虽然这些工作并非伴郎、伴娘的职责所在，但他们与新人感情上越亲近，就越会主动去帮助新人完成结婚的筹备工作。新人准备结婚事宜本来就十分辛苦，如果能有伴郎和伴娘的从旁协助，不仅能让新人少花一些

---

① 《伴娘与伴郎》，《中国地名》2008 年第 10 期。

精力，而且对新人也是一种感情的支持和慰藉。

结婚当日，伴郎、伴娘一大早就会各自赶赴新郎和新娘家。从此刻一直到闹完洞房，他们几乎都寸步不离新人。伴郎到新郎家后就陪同新郎去化妆和装饰婚车。新郎和伴郎都化好妆，婚车用鲜花装饰一新，伴郎便陪同新郎回到新郎家，换好礼服，并打电话给伴娘，确认新郎和伴娘是否已经完成准备工作，等待新郎去迎亲。有些时候，伴郎是在结婚前一天陪同新郎去扎花车的。赶到新娘家的伴娘最重要的任务是陪同新娘去化妆，并帮助新娘换上漂亮的婚纱。有些新人是把化妆师请到家里来，这种情况下伴郎、伴娘只要陪伴在新人身边就行了。

妆化好了，花车扎好了，礼服也换上了，迎亲的时刻就到了。伴郎陪同新郎乘坐花车出发前往新娘家，并帮助新郎保管"叫门"时用的小红包。而在新娘家伴娘和新娘的好友姐妹们一道把新娘的鞋子给藏好。一些地区新郎到新娘家时，新娘家要放鞭炮，伴郎就有义务在花车快要到达新娘家时通知伴娘准备好鞭炮。新郎到了新娘家便带领以伴郎为首的众兄弟好友一起叫门，遇到新娘的亲友团阻挠时，伴郎要主动交涉，必要时递上红包，进行"贿赂"。若还是没有效果，便帮助新郎用"武力"闯开新娘家的大门。进入新娘家后，又要与新郎的亲友团一起帮助新郎找寻被新娘亲友团藏起来的鞋子，而伴娘则带着新娘的姐妹们给新郎制造难题。在这个过程中，伴娘要带领新娘的小伙伴们想尽办法为难新郎，不要让他轻易将新娘娶走，尽量让新娘享受迎娶的喜悦和荣耀。伴郎则组织新郎的兄弟团与新娘的姐妹团"斗智斗勇"，帮助新郎圆场，并顺利抱得美人归。

鞋子找到了，叫门仪式便告一段落。伴郎、伴娘陪同新人凝听新娘父母的叮嘱，完后又陪同新娘回新郎家。通常伴郎、伴娘与新人同坐一辆花车。上车时，伴郎需要分别帮新娘、新郎和伴娘开车门，所以出发时他是最后一个上车的，车到目的地时，他又得第一个下车。伴娘则要在新娘上下车时帮着新娘维持婚纱礼服和发型的整齐。到了新郎家后伴娘就开始准备茶水，好让新娘给新郎父母敬茶。敬茶仪式完后，众人前往酒店。一路上伴郎、伴娘继续履行自己的职责。

到了酒店，伴郎、伴娘的第一个重要任务就是和新郎、新娘一道去迎接客人。这时，伴郎、伴娘不仅要站在新郎、新娘身侧，还得随时端着装满瓜子、花生、喜糖、喜烟的盘子，客人来时，便递上盘子让客人取用。盘子比较重，伴郎、伴娘端不住的时候，新人的其他朋友就帮着抬一下，不过大部分时间里，盘子都是在伴郎和伴娘手里。伴郎、伴娘在客人到来的时候会和客人寒暄几句，并向客人表示感谢。如果伴娘和新人关系非常好，还要负责替新人保管红包。在迎接宾客时，新郎、新娘和伴郎以及新人父母就把客人交给的红包统统又交给伴娘，伴娘会把每份红包都小心收好，在仪式开始前交给新人指定的财务主管或是新人父母。有时，新人的亲友团人数比较少，伴郎、伴娘还要充当引路员，把客人带到座席上。

成亲典礼开始新人入场时，伴郎、伴娘要带领新人的亲友团向新人抛撒花瓣和彩色纸片，制造喜庆气氛。新人走上舞台后，伴郎、伴娘则在一旁候场，以备不时之需。新人随身带的一些重要物品，如手机、小钱包等，伴郎、伴娘要负责保管。如果新人要在成亲典礼上交换结婚戒指，伴郎、伴娘还需要为新人保管戒指，并在仪式前交给指定的人保管，或在仪式时亲自捧着装有戒指的盘子上台，让新人完成仪式。有时，成亲典礼安排有朋友介绍新人的环节，伴郎、伴娘可以作为介绍人讲述新郎、新娘的故事。

典礼结束后，新人到后场休息、换装，此时伴娘要负责帮助新娘换上敬酒的礼服，而换下的婚纱礼服、首饰、鞋袜要妥善收好，等婚礼结束时一并带走。稍事休息后，新人回到宴会厅给客人敬酒，而伴郎和伴娘又要面对一项艰巨的任务：给新人挡酒，替新人解围。新人敬酒时，伴郎、伴娘要端着酒瓶和酒杯在后面跟随，随时为新人斟好酒。至于谁拿酒瓶，谁端酒杯，由两人自己分工。

对于酒量不好的新人，伴郎、伴娘的助力就非常关键了。伴郎、伴娘拿的酒瓶里有可能装的是葡萄汁（代替红酒）或是雪碧（代替白酒），伴郎、伴娘把酒杯斟满后，新人一饮而尽。客人虽然也知道这些小"计谋"，但多不计较。当然也有客人会故意刁难，亲自用自己酒桌的酒瓶给新人斟酒，此时伴郎、伴娘就得找机会出面劝止，或转移客人注意力。若这些方法都行不通，伴郎就得替新人喝酒了。在敬酒时，也会有客人故意为难一下新娘，让新娘表演节目或让新娘点烟之类的，这时伴娘会主动出面劝说，有时还会替新娘完成客人的要求。敬完酒后，婚宴也接近尾声，有些客人已经开始离场。若新人没注意到，伴郎、伴娘需要主动替新人去送客。等正式送客时，伴郎、伴娘又要陪伴在新人左右。

客人都送走了，小伙伴们一起去闹洞房，伴郎、伴娘的作用又再次体现出来。在闹房时，伴郎、伴娘的角色是双重的。如果一开始没人愿意出节目闹新人，伴郎就必须率先出面主持，把气氛活跃起来，让大家都积极参与。出现冷场的时候，伴郎又要迅速想出新的节目，把热闹的氛围保持下去。若小伙伴们闹得太出格，伴郎、伴娘又要站出来替新人挡驾，设法转移大家的注意力，或干脆劝止小伙伴们的出格行为。总之，要创造条件，既让新人和小伙伴们闹房闹得开心，又要保护新人，不让他们受到过激行为的伤害。闹房结束，伴郎、伴娘帮着新人送小伙伴们离开。如果新人是在自己家里闹洞房，热心的伴郎、伴娘还会帮着新人收拾打扫。至此，伴郎、伴娘方才功成身退。

伴郎、伴娘以自己的方式参与着新人的婚礼。他们虽然不是婚礼的主角，却成为婚礼不可分割的一部分。从这一意义上，伴郎、伴娘的角色并非是纯粹的功能性的。伴郎、伴娘在婚礼所做的很多事情，新人的其他朋友同样可以完成。而一些不太负责的伴郎、伴娘也不会认真履行自己的职责，但如果婚礼上没有伴郎、伴娘的角色，整个婚礼便不完整。作为伴郎、伴娘的前身，传统婚礼上的陪嫁丫头和仆人的职责是听候主人差遣，"喜娘"的责任是指导新娘完成仪式，现代婚礼上伴郎、伴娘角色的意义则是扶持与陪伴。他们陪伴着新人历经整个仪式，帮助新人从一种身份转变到另一种身份，新人的经历有人参与，新人的体验有人分享，在这个特殊过程中，新人不再孤独。

（三）伴郎与伴娘的选择

伴郎和伴娘的角色十分重要，所以其人选要由新人亲自决定，其他人的意见仅为参考，在城市里尤其如此。新人选择伴郎、伴娘首先会受一些地方观念的影响。譬如有的地方认为伴郎、伴娘会是下一个结婚的幸运儿，所以只能请未婚同龄人当伴郎、伴娘，有的地方则没有这样的要求。另外一些认为结婚是喜事，伴郎、伴娘的身份会对新人喜事产生影响，因而除了要求伴郎、伴娘未婚外，还要求其父母健在，或父母未离异，或家中最近也没遭遇什么不幸。这些要求体现着当地人对婚礼与伴郎、伴娘关系的理解。

除了考虑地方性的观念外，新人通常会在自己的五类社会关系中挑选伴郎、伴娘。第一类社会关系就是朋友。朋友毫无疑问是新人最重要的一种社会关系。新人认为关系亲密的朋友与自己志气相投，对自己知根知底，非常了解自己的脾性和喜好，彼此之间有默契。朋友担任伴郎、伴娘非常可靠，他们一定会"两肋插刀"、尽心尽力、不计报酬。而且，在人们的观念中，请朋友做伴郎、伴娘是友谊的证明，而做朋友的伴郎、伴娘也是义不容辞之事。所以，只要朋友中有适合的人选，新人就会请他们来帮忙。第二类关系是亲戚。亲戚关系是一种客观存在的深刻而持久的社会关系，不会因为人们之间的喜好而改变。按照民间的观念，亲戚之间应该互相帮忙，这是彼此的义务。所以，新人往往也会选择与自己年龄相仿、来往频繁、关系密切的亲戚做伴郎、伴娘。不过，由于亲戚关系的特殊性，有些新人觉得在婚礼上支使亲戚做事情不是特别方便。而且，亲戚是要来往一辈子的，如果亲戚做伴郎、伴娘不尽心尽力，自己也抹不开面子去批评他们、对他们提要求。新人选择让亲戚担任伴郎、伴娘时会十分慎重地权衡各种利弊。第三类是同学。如果朋友、亲戚中没有合适的人选，很多新人会把目光转向经常联络的老同学。一般来说，同学和新人年龄也相仿，而在学生时代曾一起生活、学习过，彼此都熟悉对方的性情，如果毕业后仍一直保持联络也不失为伴郎、伴娘的上佳人选。第四类是同事。同事是与新郎、新娘一起共事之人，新人平常与他们接触最多，相互之间的基本情况也比较了解，虽然没到知根知底的地步，但关系比较好的同事也足以胜任伴郎、伴娘之职。第五类是与新人本身没有直接关系，但与父母、对方或朋友有关系的人，如父母单位的同事，朋友的朋友。如果新人在上述社会关系中都挑选不到合适的伴郎或伴娘，那么他们会考虑在父母、朋友、对方的熟人关系中选择。当然，现在有人提供职业伴郎、伴娘服务，这也是新人选择的一个新途径。

能担任伴郎、伴娘的人，除了与新人关系亲近、感情亲密外，新人还希望他们能够具备相应的性情和能力。在性格上，新人偏好请乐观开朗、热情外向的人做伴郎、伴娘。结婚当日，伴郎、伴娘要和新人一起应付形形色色的客人。开朗热情的伴郎、伴娘更容易与客人交流，赢得客人的好感，让新郎、新娘省心不少。而且这样的伴郎、伴娘不会把负面情绪带给新人。若伴郎和伴娘脸上常挂着笑容，新人一整天也会有好心情。当然，新人普遍认为热情开朗之人，也是懂得体谅和包容之人。结婚当日，新人压力很大，有时难免会与伴郎、伴娘发生磕绊。能够对这些磕绊一笑了之的，新人都愿意请他们来做伴郎和伴娘。担任伴郎、伴娘的人，还需要有一定的责任心。新人都希望伴郎、伴娘能对分内的事情尽心尽力，并主动为新人"分忧解愁"。在挑选伴郎、伴娘时，新人对那些被评价为敷衍了事，帮不上忙，还爱惹麻烦的人都敬而远之，哪怕是自己的好朋友或亲戚都不例外。

伴郎、伴娘不仅要性格好，还要有一些相应的能力。新人比较看重伴郎、伴娘是否有组织能力，是否会活跃气氛。伴郎、伴娘少不得要与新人的各种社会关系打交道，要给新人的亲友团安排任务，还须在必要的时候带动大家给婚礼助兴。有组织能力、能活跃气氛者对此更为得心应手、游刃有余。有这样的人助力，新人就不必事事躬亲，轻松不少。当然，新人还希望伴郎、伴娘有随机应变的能力。虽然新人和伴郎、伴娘会为婚礼做好充分准备，但婚礼上还是有可能发生一些意想不到的情况。伴郎、伴娘如果能够独立应付这样的突发状况对新人的帮助无疑很大。有这样的伴郎、伴娘在身边陪伴，新人都会觉得安心。由于中国婚礼上特殊的敬酒环节，一些新人在选择伴郎、伴娘时还会考虑酒量的问题。如果伴郎、伴娘滴酒不沾，新人就有可能会"醉卧洞房"了。不过，不是所有的新人都需要酒量好的伴郎、伴娘。如果伴郎、伴娘具备上述全部的性格和能力，那就堪称完美。可在现实生活中，这样的伴郎和伴娘十分难得，是可遇而不可求的。所以绝大多数新人都会根据自己最看重的气质和能力来选择伴郎和伴娘，并不要求伴郎、伴娘十全十美。

伴郎、伴娘的身体条件，新人大多不会十分计较。伴郎、伴娘的身高和体型一般都与新人差不多，比新人略高或略矮、略胖或略瘦，新人都可以接受。不过，民间普遍认为伴娘不能比新娘漂亮，伴郎不能比新郎英俊，否则喧宾夺主，人们的注意力会被伴郎、伴娘所吸引。对于这样的观念，新人有着不同的理解。有的新人持赞成态度，不愿意伴郎、伴娘抢了风头，而有的新人则认为伴郎、伴娘比自己漂亮，比自己英俊，会让自己更有面子。所以，对于伴郎、伴娘的身体条件并无一致标准，新人全凭自己的感受来选择。

对于伴郎、伴娘的选择还有重要的一点是人数。民间的约定俗成是伴郎、伴娘的人数要对等，保持一致。若选择一人做伴郎，则伴娘也只能是一人。新人会根据自己婚礼的规模来选择伴郎、伴娘的人数。若是邀请的客人在100人以下，只需要一对伴郎、伴娘。若客人人数在 100 人以上、300 人以下，可以请一至三对伴郎、伴娘。不过，即便是 300 人以上的大型婚礼，最多也只需要请五至六对伴郎、伴娘。伴郎、伴娘人数过多，反而给人反客为主的印象，体现不了伴郎、伴娘陪伴的意义。

挑选伴郎、伴娘对新人而言是一件系统工程，新人必须综合考虑各种条件，做出权衡。伴郎、伴娘的人选虽然由新人做主，但是当他拿不定主意的时候，父母和朋友的意见也非常重要。新人挑选伴郎、伴娘时的慎重，也从一个侧面说明伴郎、伴娘对婚礼的重要性。当新人在现有的社会关系中都挑不出合适人选时，职业伴郎和伴娘就登场了。

（四）职业伴郎和伴娘

在当代中国的大城市里，职业伴郎和伴娘正悄然兴起。职业伴郎和伴娘可以说是现代商业社会的产物。当新人在熟人中找不到人来做伴郎和伴娘时，一些个人或者婚庆服务公司便看到了商机。很多职业伴郎、伴娘选择这个行当的经历都十分相似，一些新人找不到合适的伴郎、伴娘，便在熟人的介绍下请他们去做伴郎、伴娘，事后付给他们一定的报酬。他们发现做伴郎、伴娘还可以赚钱时，便在熟人介绍下开始专门给新人当伴郎或伴娘。当他们有一定知名度后，婚庆公司也会主动联系他们，有合适的机会便让他们出马。职业伴郎和伴娘便应运而生。

需要职业伴郎、伴娘服务的新人有两类。一类是因各种原因在熟人圈里找不到合适的伴郎、伴娘人选的新人，另一类是需要多对伴郎、伴娘组成伴郎团和伴娘团的新人。第一类新人一般会根据自己的需要雇请一对伴郎和伴娘或只是单独雇请伴郎或伴娘。第二类新人雇请的人数比较多，而且是成对的。无论是对哪一类新人提供服务，职业伴郎、伴娘都必须按照相应的要求提供服务，在新人的婚礼上履行伴郎、伴娘的职责。

职业伴郎、伴娘在发展过程中渐渐形成了一些行业规范。就身体条件而言，职业伴郎、伴娘身高一般都是中等，不高不矮，面孔不需要漂亮也不能太偏离大众的审美。就能力而言，伴娘最好有才艺，能唱歌，会跳舞；伴郎口才要好，最好是能喝酒。职业伴郎、伴娘需要承担的责任比普通伴郎、伴娘要多。例如职业伴郎、伴娘要帮助新人确定礼服的具体颜色、款式等；要熟悉客人和证婚人、司仪的名单以及整个婚礼的程序；在婚礼上要检查新人的妆容、衣着、仪态是否得体，要指导新娘完成各种仪式；万一遇到突发事件，职业伴郎、伴娘还要能够冷静地处理。由于新人对职业伴郎、伴娘的要求较高，所以职业伴郎、伴娘一般都是兼职的在校大学生，或婚庆公司的礼仪人员转型兼职。职业伴郎、伴娘工作强度大，收入自然也不菲。一般在沿海城市，职业伴郎、伴娘一天的服务价格是800—1000元，在内地的大城市也达到600—800元。在结婚的旺季，职业伴郎、伴娘月收入可以上万。

职业伴郎、伴娘的服务也并没有被所有新人认可。对一些新人来说，雇请职业伴郎、伴娘会显得自己人缘差，所以就算找不到合适的伴郎、伴娘人选，也宁可委曲求全，坚决不用职业伴郎、伴娘。对另外一些新人来说，亲朋好友做伴郎、伴娘是投入感情的，职业伴郎、伴娘只有冰冷职业化的服务，并没有感情在其中，并不能体现伴郎、伴娘的含义。人们对职业伴郎、伴娘的态度，其实反映的是人们对伴郎和伴娘的总体观念。不过，无论持何种态度，职业伴郎、伴娘正渐渐成为城市婚礼的一部分。

无论是熟人性质还是职业性质的伴郎、伴娘，其存在都满足了中国现代城市婚礼的需要。不可否认，在城市年轻人的眼里，伴郎、伴娘是与西方婚礼文化联系在一起的，伴郎、伴娘是浪漫、时尚、现代的象征。虽然年轻人并不一定明白伴郎、伴娘在中西方传统婚礼文化的意义，但这并不妨碍伴郎、伴娘渐渐成为城市婚礼不能缺少的角色。当然，年轻人是依据当前的观念让伴郎、伴娘参与自己的婚礼，这使得伴郎、伴娘这个婚礼上的古老角色，在今天的婚礼上又以全新的面目出现。

五　消费社会中的婚礼

　　自 20 世纪 80 年代以来，中国城市的婚礼被卷入了市场经济的大潮。婚礼不再仅仅是一个仪式，还成为一种特殊的"文化商品"。过去，由亲人帮忙制作的各类婚礼用品，现在是由各种厂家负责生产；过去由亲朋好友、街坊邻里帮忙操办的婚礼，现在会有专门的公司负责组织。而且，新人需要什么样的婚礼，就有专人提供相应的服务。新人需要做的就是消费。在消费社会中，婚礼不再只是新人及其家人以及街坊邻里参与的活动，产品的生产商、销售商以及服务的提供商都深深地卷入了每一个城市婚礼。消费活动和消费行为正在深刻地影响着现代城市婚礼。

（一）婚礼消费

　　尽管已经进入现代社会，中国人依旧把结婚视为人生大事，依旧想把自己的婚事办得热闹、喜庆，同时又气派、有面子。现代中国人对婚事的重视，可以从人们在结婚时的集中消费略窥一斑。从 20 世纪 70 年代起，中国人结婚的费用就成倍地上涨。从结婚的平均费用支出来看，2000 年后的花费是 20 世纪 70 年代前的 46 倍，而未婚者对支出的预期比 2000 年的平均水平又高出 2.4 倍，是 20 世纪 70 年代前的 100 多倍。[①] 根据统计数据，全国 2011 年因婚礼当日而产生的消费接近 4000 亿元[②]，而到 2013 年婚庆消费则

---

① 路程：《婚庆市场面面观》，《沪港经济》2005 年第 12 期。
② 刘川：《我国婚庆产业发展与对策浅谈》，《企业导报》2012 年第 23 期。

约达 5000 亿元，而北京、上海等大城市每对新人的婚礼开销已经达到了 16 万元左右。① 可以说，为结婚而消费，已经慢慢成为城市婚礼的一部分。

1. 婚礼消费项目

城市年轻人结婚时的消费分为两种类型。一类是直接与婚礼有关的消费，一类是其他间接用于结婚的消费。与婚礼直接有关的消费包括婚纱照、结婚礼服、金银首饰、床上用品、迎亲车队、结婚典礼会场布置、婚宴、喜烟、喜酒、喜糖、婚礼主持人、婚礼摄影和摄像、新娘化妆、蜜月旅游等。可以说每一对新人在结婚时都会有这些消费。其他间接的与结婚有关的消费主要为新房的购买、家具和家电的置办、家用汽车的购买、各种结亲的礼物等。这一类消费未必是所有新人都必需的。

城市里准备结婚的新人都会到影楼拍婚纱照，这已经发展成为现代中国社会的一个婚礼习俗了。婚纱摄影依据影楼的规模和照片的数量、相册和相框制作的规格而价格不一，低的约人民币1000 元，高的需要上万元。大多数新人都选择 2000—5000 元一套的婚纱照。

新娘的结婚礼服可以租借，可以购买，也可以定制。婚纱作为最重要的婚礼服饰，不论以哪种方式获取，其价格差异都非常大。人们普遍认为租赁婚纱比较便宜和实惠，一般婚纱出租的价格大约是成品或定制婚纱的 1/3 或一半，时间 3—7 天不等。部分高档的婚纱租一套费用高达几千元，所以一些新人还是考虑自己购买婚纱。成品婚纱的购买价格有很大差异，低档的婚纱几百元就能买到，而稍微好一点的婚纱至少都在 2000 元以上，而中档一点的婚纱价格大约在 5000—6000 元，高档的婚纱要上万元。定制的婚纱价格普遍偏高，从 2000 元到几万元不等。敬酒时穿着的西式晚礼服不论是租赁还是购买，价格大约从几百元到几千元不等。新

① 《中国人为结婚花钱，大肆消费成中国婚礼新潮流》，新华网 http：// news. xinhuanet. com/politics/2013 – 07/06/c_ 116431229. htm，2014 年 9 月 20 日获取。

娘的中式婚礼服，如果是购买或定制，价格也相对较高，从 1000 元到上万元不等。男士婚礼服，不论是西式还是中式，其租赁、购买和定制的价格差异也非常大，同样是从 1000—2000 元的到几万元的都有。婚礼服是比较特殊的服饰，新娘的婚纱或中式褂裙，新郎的西式燕尾服，一般都只是在结婚典礼上才穿着一次。所以城市新人置办婚礼服都必须根据自己的需要仔细选择。不过新人结婚服饰上最少也得花费 1000—2000 元。除去婚礼服，衬衣、鞋子、领带、小装饰品等也需要消费。

结婚时珠宝首饰的购买也很普遍，不过其中购买得最多的还是结婚戒指。由于交换婚戒是成亲典礼上的一个重要仪式，几乎每一对城市新人都会购买婚戒。婚戒有不同类型，未镶钻石的婚戒价格大约 1000—3000 元不等，而如果镶嵌了钻石的，价格就从 5000—6000 元到上万元了。一般婚戒都是成对购买，所以最后的开支可能会达到 3000 元到上万元不等。戴结婚戒指是从西方传入的习俗，现在的城市里年轻人将其理解为爱情的信物和象征，所以新人都愿意在这上面花钱。

迎亲婚车也必须在婚礼仪式举行前就准备妥当。婚车一般是借用或租用。如果是借用婚车，那新人可能会给司机一些礼金，支出大概在 1000—2000 元不等。也有的主婚车租用高档汽车，其他婚车向同事、朋友、熟人借用。一般高档的婚车价格都在千元以上，加长林肯和凯迪拉克（三排座）的租用价格大约是 5—8 小时 2000—3000 元之间，普通的林肯和凯迪拉克以及奔驰、宝马大约在 1000—2000 元之间，而奥迪、别克、雷克萨斯等车型的价格大约在 500—1000 元之间。如果全部婚车都采用租用的形式，也是一笔不小的开支。

婚宴是结婚的直接消费中支出最多的一项。现在，酒店、酒楼的婚宴菜肴，每桌的价格从几百元到上千元不等。当然，如果新人预订的桌数超过一定数量，酒店酒楼会赠送套房、请柬、啤酒、饮料等物品，甚至司仪、摄像等服务。如果加上自备的喜糖、喜烟和白酒，整个婚宴的消费可以从 30000—40000 元甚至十几万元。

上面这些比较大的项目基本是每一对新人都要开支的。在结婚典礼时还有一些小的消费项目。首先是婚礼现场的布置和装饰，如果酒店不提供相应的服务，那么新人就得花上一笔钱请人帮忙。婚礼上的摄影和摄像如果是请专业人士用专业设备来完成，价格大约为每小时 100—200 元。当然，摄影和摄像也可以请亲戚和朋友帮忙，然后给一些礼金或礼物作为酬谢。婚礼主持人的价格根据主持人的水平和口碑来定价，普通的主持人价格在 300—600 元不等，而一些大牌、知名的主持人价格可以在 1000—2000 元以上。有的新人在结婚典礼上还要请乐队和歌舞团，价格从数百元到上千元不等。在婚礼上，新娘一般都是请专业化妆师来化妆，在整个过程中有的还要请化妆师跟踪化妆，两项价格加起来大约在 800—2000 元之间。如果让婚庆公司提供这些项目以及婚宴布置等服务，那么价格从数千元到上万元不等。

结婚典礼和婚宴举行后，新人还有可能会去旅游，度蜜月，这也是一项不小的开支。新人可以自行出游，也可以跟随旅行团出游，旅游加上途中的购物大概要几千元到上万元。

而新房、家具、电器、生活用品和轿车的购置，并不是婚礼的必备，而且部分新人是在成家后才慢慢购置这些物品的，所以虽然开支巨大，在举办婚礼之前并不一定会有消费项目。不过，如果新人在结婚前需要购置婚房和轿车，那么婚礼的总消费就是非常可观的数额了。

2002 年，郑州市记者对当地婚礼消费市场进行了一个调查，这个调查虽然只涉及郑州市，但却真实地反映出当前中国城市婚礼消费的普遍状况，现摘录如下：

　　婚礼消费历来都是人们关注的焦点。那么现在郑州市的一对新人，结婚到底需要在哪些项目上掏腰包？这些项目又会花掉他们手中的多少银子？记者日前对此进行了调查（注：由于房子、家具、家电的消费差距实在太大，本次调查主要从婚礼仪式方面的消费入手）。

【婚纱照：880—12880 元】

在太康路某大型商场一楼，记者发现有四家影楼都在那里设有营销柜台。记者分别对其进行调查发现，四家影楼既有名声响亮的老店，也有刚刚在郑州立足不久的新店，各家首推的特点也各不相同，比如有的推外景，有的推数码制作等，但是实际内容都大同小异。各家影楼都是根据摄影时选择衣服的多少、拍摄照片数量的多少、相册大小及相册中照片的大小、照片处理的特殊效果等，为顾客提供不同价格的选择。四家影楼定出的有 880 元、1380 元、1680 元、1880 元、2380 元、2680 元、2880 元、3380 元、3880 元等不同的价位，最高的甚至达到 12880 元一套，比最低价位足足高出 1.2 万元之多！

据记者从各家影楼得到的消息，在众多的价位中，1680—2880 元的套系，是目前郑州市民选择最多的，几乎占到各家影楼总拍摄量的一半以上。以某影楼推出的 1880 元的套系为例，拍婚纱照者可得到如下的承诺：1. 可以选换 4 套服装，参加室内和外景拍摄；2. 从拍摄毛片中选出 21 张中意的照片，由影楼制作出 18 英寸和 10 英寸相册各一本；3. 影楼赠送 36 英寸和 24 英寸大幅带框照片各一张，36 英寸丝质挂像一幅；4. 在结婚当天享受免费的新娘化妆和租用婚纱一套；5. 得到影楼赠送的镶照片的婚宴喜帖等小礼品。

【证婚信物：1500—20000 元】

记者在几家大商场的珠宝柜台了解到，目前对于结婚的新人来说，选择较多的是镶钻石或红宝石的戒指和项链。

镶钻石的价格较高，戒指和项链一般都在 2500—10000 元之间，其中以 3500 元左右的较受欢迎；镶红宝石的价格相对较低，戒指和项链一般都在 500—2000 元之间，其中又以 800元左右的较畅销。照此推算，一对新人购买一对戒指和一条项链，最低花费也得 1500 元，要是高的就得花 2 万元。

【新人服装：1500—10000 元】

在数家商场，记者调查发现：国产品牌男式西服的价格一般都在 300—3000 元之间，其中以 500 元左右的销量最大；国产品牌男士衬衫的价格一般在 100—500 元之间，其中以 150 元左右的销量较大；国产品牌女士礼服的价格一般在 400—2000 元之间，其中以 600 元左右的最受欢迎；国产品牌男女皮鞋的价格则在 100—800 元之间；另有一些诸如领带、女士内衣、袜子等小用品，一般用三四百元就可以购买齐全。由此计算，一对新人按照一般标准购买一套男式西服、一套女士礼服、一双男式皮鞋、两双女士皮鞋、一件衬衫、一条领带、几套内衣和一些小用品，总的花费低的需要 1500 元左右，高的则能达到 1 万元。

【婚礼司仪：300—1000 元】

如今请一个机智幽默的司仪主持一个既有意义又有趣的典礼仪式已经成为婚礼的惯例。目前专门从事司仪这项工作的人越来越多，一些功夫了得的"名牌司仪"更是吃香。

记者了解到，目前请一位普通司仪的费用是 300 元左右，"名牌司仪"则需要 500—1000 元。

【婚宴酒席：7000—10000 元】

记者从数家较知名的酒店调查得知，目前婚宴的价格一般在每桌 350—1000 元之间，其中以 400 元左右的较普遍。在一些规模较小的酒店里，记者也能找到标价在 350 元以下的婚宴报价，但是就记者了解的情况来看，这些较为低价的婚宴因为菜品缺乏特色，并不受人欢迎。

另据记者调查，目前郑州市婚宴的菜肴一般为 8 道凉菜、10 道热菜、两个汤、两个面点主食外加一个水果拼盘。酒店一般会对不同的价格列出不同的菜单，然后根据新人的实际需要进行一定的更换或增减。菜肴的流派又以湘菜、川菜、上海菜和新豫菜最为流行。荤菜又以鱼、虾和海鲜为主。

一家以沪菜为特色的酒店为记者列出了标价400元的婚宴菜单，其中凉菜8道为：醉炝花生、卤水豆腐、酱味萝卜、芝麻西芹、五香熏鱼、手撕鸡、卤水金钱卤、苏式小排；10道热菜为：清蒸鲈鱼、香香玉米虾、锅巴三鲜、尖椒牛柳、焖子扣肉跟饼、四喜丸子、南瓜炒山药、苹果圈、蒜蓉时蔬、八宝饭；汤两道为：百年好合汤和发财三丝羹；面点两道为：黄金大饼和素汤面。既有豫菜传统风味，又有外地菜的新意，颇能代表中档婚宴的特点。

由于酒店的婚宴都不包括酒水，用酒店的酒水又比较贵，所以婚宴使用的酒水以及香烟、糖果等都需新人自备。一般情况下，平均每桌酒席需要增加的这项费用至少50元，高的甚至达到几百元。这样，如果把男方的婚宴按10桌100人计算，女方的婚宴按5桌计算，这一项的花费一般在7000元左右，高的则需要1万元甚至数万元。

【婚礼车队：1200—4000元】

记者从几家婚庆公司了解到，目前结婚用的花车一般都倾向于豪华型的车辆，比如加长的凯迪拉克、加长林肯、大奔驰等，后面跟车的标准也都在往名牌车上靠近。根据目前市场上的行情，凯迪拉克、加长林肯、大奔驰几种车型的租用价格，在一般的日子是1500元左右，在"好日子"里的价格则都在2000元以上。当然，也有人会使用其他的诸如奥迪等车型作为花车，那样租车的价格就会下降到500元到1000元之间。扎花车的鲜花也有不同的价位，一般在200元至2000元之间。

花车后面的跟车，有的人会请朋友帮忙，或者花钱去租，不过不管怎么说，每辆跟车的费用也在100元左右，因为即使是朋友的车，你也不能让朋友空着车回去呀！必要的烟酒礼品还是不能少的。

这样算来，一辆花车加上五六辆后面的跟车，最低费用在

1200 元, 高的则会达到 4000 元。

【杂项花费: 1500 元左右】

第一是红包。如果你是新郎, 那在你出发前去迎娶自己的新娘的时候, 口袋里不准备几个 "内容丰富" 的红包, 那你的遭遇将会相当尴尬。红包的数量和里面金额的多少, 新郎可以事先和新娘进行商定, 虽然它实际上花费不大, 却是婚礼中绝不可缺的一项准备。一般情况下, 红包因人而异, 总额在 500 元至 1000 元左右。

第二是婚礼摄像和拍照。一般的摄影店或者婚庆公司都提供这方面的服务, 费用大概在 500 元。

第三是礼花。婚礼是需要热闹的, 现在郑州市禁止放鞭炮, 礼花就显得更加重要。除了代替鞭炮的向天喷纸花的彩纸筒外, 用来渲染现场气氛的一些 "彩色雪花器" 和 "彩条喷射器" 等小玩意儿同样不可缺少。这些东西只需花费 100 多元钱, 但是给现场带来的热闹气氛绝对难以衡量。

【蜜月旅行: 0—5000 元】

对以上各项花费来说, 蜜月旅行应该是婚礼中的附带选项。如果不选择旅游, 这方面的费用就省了; 如果选择国内的旅游, 一般情况下就得准备 2000—5000 元的费用了。

综上所述, 郑州市一对新人结婚, 如果上述项目一个也不少的话, 最低花费在 1.5 万元左右, 中档的花费则得两万元, 较高的花费则在 6 万元至十几万元之间, 恕不能精确计算到位。①

郑州地处中原, 其婚礼消费可以体现出当前中国普通城市居民的消费内容和消费水平。当然, 不同地区不同城市的新人在消费上也有不同的侧重点。与以北京为代表的华北地区的新人更加热

① 《郑州婚礼￥档案 郑州婚礼消费调查》,《大河报》2002 年 9 月 5 日, 第 55 版 (调查)。

衷于花钱拍婚纱照、摆酒席和度蜜月。而以上海为代表的华东地区新人更愿意把钱花在新居装修上。[1]

现在婚礼的消费越来越高，一方面反映了中国经济发展迅速，人们的收入不断增加，一方面也说明了婚礼在中国人心目中依旧有着不可取代的地位。

2. 消费特点

城市婚礼的消费既有消费社会的普遍特点，也有中国的本土特色。在现代消费社会，婚礼消费不仅仅是一种使用价值的消费，而更多的是一种符号价值的消费。婚礼无论其形式和内容如何变化，它毕竟还是一种仪式，有着仪式本身所固有的特点，仪式上所使用的物品不仅是道具，更是符号，包含着丰富的象征意义。和传统社会一样，现在城市居民在婚礼上仍然试图通过消费的形式来传递和表达自己的社会地位、经济实力、文化修养、价值观念、个性品位等等意义和信息。只不过，由于所处时代发生了改变，这些意义和信息也相应发生了变化。人们租借豪华婚车，看重的并不是豪华婚车能载人、够舒适，而是它所带来的社会地位的优越感；而用摩托车取代常见的婚车队，则是要张扬自己不屑与大众为伍的价值观；新人不惜花重金打造结婚盛宴，并不是因为宴会酒菜多么可口，而是因为宴会是自己经济实力的最佳代表；新娘想要拥有自己的一件白色婚纱，并不是因为它能蔽体、能保暖，而是因为它是纯洁、浪漫爱情的象征；婚戒、香槟塔、结婚蛋糕同样传递的是人们对现代婚姻的理解，它不再是繁衍后代的保证，不再是两个家庭结合的纽带，它只是两个人爱情的升华。正是由于有这样一些意义被赋予到婚礼所使用的物品中，婚礼消费成为了新人自我价值实现的一个途径，它越发注重个性、品牌，也越发奢侈。

尽管年轻人是婚礼消费的主力军，但其消费的资金却大半来自

---

[1]　唐吉、范莺莺：《当前我国婚庆市场的现状与思考》，《舞台》单月号 2008 年第 4 期。

于父母的资助。这恐怕是中国人婚礼传统的延续。现代婚礼消费的品牌化和奢侈化滋生了年轻人的攀比心理，以至于结婚成本逐年攀升，居高不下。年轻人即便倾其所有也未必能承受巨额的结婚花销。在结婚消费上依赖父母的支持已经成为了惯例。况且，中国过去婚姻大事几乎都由父母做主，父母有义务为儿女承担结婚费用。即便在现代社会人们依旧认为在婚姻大事上为子女提供经济支持是父母对子女亲情的体现。所以，在城市里，父母们愿意在购房、购车等大额支出方面都尽其所能地资助子女，在结婚时更是不惜花费大量的财力和物力帮助儿女举办一个盛大、隆重的婚礼。

由于受到中国传统婚嫁观念的影响，婚礼的消费通常有很大一部分由男方承担。中国传统的父系制和从夫居制度认为女性存在的意义就是嫁人，为夫家生儿育女、传宗接代，而夫家则要保证女性未来的生活衣食无忧。所谓"生是夫家的人，死是夫家鬼"，说明了女性从属于夫家的事实。而对娘家来说，"嫁出去的女儿，泼出去的水"，父母辛苦将女儿养大，女儿最终却是为夫家服务效劳，所以夫家在结婚时应当拿出一笔彩礼，补偿女方父母的损失。现在虽然中国城市已经全面进入了工业社会，但两性的平等并没有完全实现，这一传统观念仍然深入人心。在父母的心目中，女儿仍然是嫁"入"男方家，而并不是"与"男方平等地结婚。结婚时男方不一定需要给付聘礼，但应该承担新房的开支和办婚礼的费用。唯有如此，女儿才不至于"吃亏"，今后的生活才会有保障。尽管女方家可能愿意主动承担一部分，但从思想上，男女双方通常认为由男家承担新房、成亲典礼和婚宴的费用是"天经地义"的。

（二）婚庆服务

新人们都希望把婚事办得既热闹又排场，又能彰显个性、与众不同，所以都不惜把多年的积蓄投入到婚礼之中，这种集全家之力办婚礼的集中消费模式给了商家赚钱的机会。在今天这个追求经济效益的商业社会中，婚礼自然被精明的商家进行了商业化包装，进而成为一个涉及面甚广的综合性的新兴行业。在这一行业中，既有传统的婚礼消费品制造，又有突出服务性质的婚礼庆典策划与组织，还有综合性的以推销婚礼用品和婚庆服务为目的的婚庆展览。

1. 婚庆公司

现代城市居民生活节奏快、生活压力大，而婚礼从准备到实施无疑是个耗时长、花费精力多的工作，如果新人事事亲力亲为，难免会感到力不从心。这时，婚庆公司提供的婚礼"一条龙"服务，往往会成为新人的首选。婚庆公司是一种可以为新人结婚提供多种服务的公司。服务内容涵盖结婚过程中可能会用到的所有服务，如婚车的租借与装饰、成亲仪式和婚宴现场布置、舞台音响设备的准备、司仪主持、新娘化妆、摄影、摄像及后期制作等。同时也可以帮助新人代购各种婚礼用品，如鲜花、请柬、喜糖、喜烟、喜酒等。有的婚庆公司还提供婚礼策划，并对婚礼仪式进行现场督导。一些婚庆公司甚至提供婚礼仪式之前的服务，如新房布置、婚纱摄影等。

婚庆公司的性质更类似一种商品和服务的中介商。绝大多数婚庆公司并不能独自完成所有的婚礼服务项目，所以，当新人作为顾客向婚庆公司提出具体的服务要求时，婚庆公司可以请其他的服务供应商来完成新人的服务要求，把服务外包或转包，自己从中收取佣金。在这一过程中，婚庆公司只负责承接服务，然后把供应商整合起来，共同来为新人提供服务。婚庆公司一方面掌握着顾客资源，一方面又掌握着供应商的资源，因而有着与供应商商议服务价格的能力。对新人而言，如果自己亲自去找服务供应商，既费时又费力，还不一定能够和供应商讨价还价。所以，婚庆公司的应运而生，确实省却了新人的很多麻烦。但不可避免的是，婚礼沾上了浓浓的商业味。婚礼再也不是"家庭自制"精致的艺术品，而是现代市场经济运作下的一件商品。

2. 婚礼策划

在婚庆公司提供的服务中，最为特殊的就是婚礼策划。婚礼策划这个词来自于英语中的"wedding planning"。从专业化的角度看，婚礼策划是指"由婚庆机构为客人量身打造的，以婚礼现场为核心而进行的长线策划，其内容涵盖各种婚礼形式及其组合，注重气氛和独特性"[①]。婚礼策划的目的在于提供婚礼创意，在婚礼过程中负责组织实施创意，并实现预计效果。婚礼策划主要针对的是结婚当日的成亲典礼，并经由婚礼策划师来完成。婚礼策划师会根据每位新人的不同期望和诉求，为新人量身定制典礼。这样的仪式并非像传统婚礼那样是既定流程的各种组合，它可以按照新人的意愿以各种形式表现主题。所以，婚礼策划注重的是"创意"，是如何满足新人的特殊要求，实现他们的理想。在创意的指导下，婚礼会出现不同的风格。

婚礼策划有一定规矩和流程。首先是新人向婚礼策划师表明自己对婚礼的构想和希望，双方可以通过商量来确定整个婚礼的主题与风格。在这个过程中，婚礼策划师也向新人收集有关仪式形式、场地要求、亲朋人数等方面信息。当然，由于传统上父母在儿女的婚姻大事中一向扮演重要角色，所以整个婚礼策划还需听取新人双方父母的意见。在确定了新人的意见和要求后，婚礼策划师便着手制订婚礼仪式的方案，包括相应的价格预算。新人在看过方案后如果不满意可以与婚礼策划师商量进行修改。方案最后确定以后，便按照商业社会的规则签订合同。到这一阶段，婚庆公司便开始准备实施婚礼策划的方案：挑选婚礼仪式和婚宴的场地以及工作人员，预约化妆师、摄影师、摄像师，租赁婚车，联系酒水供应商，确定结婚当日的婚车行车路线等。在婚礼仪式举行之日，负责监督整个方案实施。这也是最重要的一个环节，方案所具有的意义，最终将通过婚礼当天的各种仪式得以展现。

① 张春、赫舍里静：《关于婚庆策划行业市场地位的分析》，《学理论》2013 年第 12 期。

现在的婚礼仪式，既要延续自古以来的证明新人婚姻的合法性、庆祝两家人结为一体的意义，又将新人自身的爱好、兴趣，甚至职业特征融入其中。经过策划的婚礼仪式无疑很好地将两者结合起来。现在城市里出现的新奇婚礼，如水下婚礼、沙滩婚礼、汉服婚礼、动漫婚礼等，大多是在婚礼策划师的帮助下完成的。然而，这样的婚礼仪式较之传统的仪式，更像一出表演。是一场由策划师与新人共同编剧，由策划师导演，并由新人、新人父母和亲朋好友共同完成的一个演出。演出的目的不仅仅是向世人宣告新人的结合，更展示新人的喜好，新人的梦想，新人的追求，制造一个专门属于新人的独特的回忆。

3. 婚礼主持人

婚礼主持人就是指结婚当天成亲典礼的主持人。婚礼主持人已经成为现代城市婚礼中的一个必不可少的角色。当然，过去的婚礼也要有人来主持，只不过其作用并没有那么明显和突出。现在的婚礼主持人要负责组织婚礼当天最为重要的成亲典礼，典礼究竟如何进行、以何种风格呈现都由婚礼主持人来具体把握。由于整个成亲典礼和婚宴的流程几乎都是在婚礼主持人的主导之下来完成，婚礼主持人从某种意义上塑造着人们对现代婚礼的观念和理解。

婚礼主持在成亲典礼上的角色越来越重要。虽然新人应该是典礼的主角，但婚礼主持人毫无疑问才是整个典礼的真正主导者。婚礼主持人一方面把结婚典礼的各个流程串联起来，一方面又把新人、嘉宾和前来道贺的所有客人联系在一起，让整个结婚典礼成为一出流畅精彩的"表演"。婚礼主持人贯穿于整个成亲典礼，调动着典礼现场的氛围。婚礼主持人要面对不同的新人，新人的性格特点、恋爱经历、家庭背景、教育水平等都不一样，对婚礼也会有自己特殊的要求。而婚礼主持人会根据新人的具体情况来让婚礼既保持习俗统一性的一面，又能显示出个性的一面。所以，婚礼主持人不仅是帮助新人完成成亲典礼，更重要的是要让婚礼的主题得到很好的表达。最后呈现在新人和宾客面前的结婚典礼，可以说和主持人有着莫大的关系。

婚礼主持人可以是由新人的亲戚朋友来担任，也可以是请专门的司仪来担任，而后一种方式更为普遍。由于婚礼主持人在成亲典礼上越来越重要，现代社会对婚礼主持人的要求越来越高，婚礼主持也越来越职业化。职业化的婚礼主持逐渐成为现代社会婚礼商业服务的一部分，新人通过付费获取婚礼主持服务。虽然婚礼主持已经专业化，但婚礼主持人却以兼职居多，这使得婚礼主持人的职业背景十分庞杂，有电台、电视台播音、节目主持人、专业演出团队的节目主持人、影视歌坛名人、艺术院校的教师，等等，还有一些并没有节目主持经验的人员，如酒店的工作人员、摄像师等。他们成为婚礼主持人的方式都差不多，一开始都是帮助朋友主持婚礼，几次过后便有了一定的经验和口碑，这时婚庆公司会同他们联系或者他们向婚庆公司自荐，最后成为提供婚礼主持服务的从业人员。当然，他们中也有的不通过婚庆公司，只是在朋友间口耳相传，以这种方式获得主持婚礼的机会，赚取服务费。不论是专职还是兼职，婚礼主持人的费用是由其经验和口碑决定的，知名的婚礼主持人主持一场婚礼的价格可以过万。

由于婚礼主持人专业化的倾向，婚礼主持也逐渐形成了一些不成文的规范。首先，婚礼主持人会与新人一起来确定成亲典礼的具体步骤和流程。有经验的婚礼主持人对典礼应该包括哪些内容已经非常熟悉。因而当他们与新人共同商议时，会提供其经验作为参考。事实上，新人的决定在很大程度上都受到婚礼主持人的影响。其次，在结婚当日，婚礼主持人必须把典礼的各个部分有机地串联起来。这种串联是通过一些已经约定俗成的语言来实现的。在每一个仪式进行时，通过语言的解说来让不同的仪式之间自然过渡，同时也让台下的宾客了解举行此仪式的意义何在。再次，不论结婚的主题是什么，新人各自的要求是什么，婚礼主持人既要突出新人炽热的爱情，又要展现新人与父母之间深厚的亲情。这既是对现代婚姻自己做主的理念的体现，也是对中国人传统亲子关系的表达。然后，婚礼主持人必须随机引导、调动和营造整个结婚现场的气氛。无论现代婚礼怎么变化，国人都希望婚礼仪式能够在喜庆和热闹的气氛中进行。婚礼主持人一个主要职责便是让整个成亲典礼不冷场，并不时有高潮出现，让现场的氛围和宾客的情绪符合"结婚"这个主题。最后，婚礼主持人虽然主导着整个典礼的进行过程以及风格走向，但他不能喧宾夺主，要始终让新人、新人父母甚至是宾客都感觉到他们才是典礼的真正主角。婚礼主持人可以通过很多种方式来完成这一任务。当然这些基本的规范确立了婚礼的基调，但每一场成亲典礼会以什么样的形式出现却完全有赖于婚礼主持人自身的能力。

过去，人们挑选婚礼主持人讲究的是辈分、家族地位或社会名望，现在人们更看重自己婚礼的规模、主持人的价格、名气和主持的能力。一些新人出于自身经济收入的考虑，对主持人的要求并不太高，只需要他协助新人把整个成亲典礼完成，让现场不至于冷场即可。一般这样的婚礼主持人费用不会很高。其他很多新人希望成亲典礼既喜庆热闹，又富有文化气息，一方面照顾来宾的观礼感受，一方面又不能太过烦琐冗长。这些新人对婚礼主持人的要求就比较高。他们比较注重婚礼主持的自身能力以及职业道德修养。就职业能力而言，婚礼主持人需要在个人形象、语言表达、舞台表现、现场应变、创新等方面都必须有相应的训练或经验。婚礼主持人首先必须在外在形象上符合其职业身份。一般而言，注重仪表、谈吐不俗、有亲和力又稳重大方的主持人在初次接触新人时，都能赢得新人的好感。在语言表达方面，婚礼主持人最基本的要求就是能说标准的普通话。当然，如果婚礼主持人口才好，能出口成章又不一味重复，言语生动幽默又不给人油嘴滑舌之感的，新人也会觉得其主持能力必然不俗。婚礼主持人毕竟要面对新人和众多观礼的宾客，其舞台表现和现场应变能力也很重要。婚礼主持人必须通过自己的言语、表情、体态和动作来调动新人和宾客的情绪，烘托现场的气氛，这样才能很好地完成新人托付的任务。而结婚典礼是现场活动，虽然有时可以在事前彩排，一些突发状况必须通过主持人来予以应对。所以，婚礼主持人需要随时准备着应付各种意外，处变不惊，巧妙圆场。一些能够在众多竞争对手中脱颖而出的婚礼主持人，除了有着上述这些能力外，还具备一些其他能力，如熟知当地的婚俗文化，能在既定的婚礼主持模式上求新求变等。职业能力强而又遵守职业道德的婚礼主持人更是备受新人欢迎。新人们对婚礼主持人有着特殊的道德期望。他们希望婚礼主持人能够与自己良好沟通，能够尊重自己的意见。在婚礼当日，能遵守约定，守时守信。而在主持婚礼时，不仅将其当作一份工作任务，更要投入情感。当然，能力强而又遵守职业道德的主持人价格自然也不菲。

婚礼主持人虽然只是一种职业，但已经渐渐融入到现代婚礼中，成为现代城市婚礼中不可或缺的一个部分。人们看到的成亲典礼，很多时候是由婚礼主持人、新人以及其他参与者共同创造的。而作为一个职业，婚礼主持人形成的规范也在慢慢影响着成亲典礼的形式和内容。可以说，婚礼主持人通过其职业行为正在重新诠释和定义当代的城市婚礼。

当产家和商家都进入婚礼市场时，他们拥有了改变婚礼意义的权利。毫无疑问，厂家和商家为了推销其婚礼产品和服务，必须对产品和服务进行包装。在包装的过程中，他们给产品和服务赋予了意义，并将此意义与婚礼的形式以及新人的期待联系在一起。当人们在消费婚礼产品和服务时，也不知不觉地认可了这些产品和服务所具有的意义，并将其纳入到自己的婚礼当中。当然现代婚礼越来越离不开厂家和商家时，婚礼的意义就由消费者与厂家和商家共同创造。

附录
婚庆产业典型个案

现代婚庆产业的迅猛发展为城市婚礼的举办提供了高端便捷的软硬条件，使之变得丰富多彩且日趋现代化，而城市婚礼的这种发展趋势又促成了不同类型婚庆公司的转型升级以及不同地区婚庆行业协会的成立，为婚礼市场的发展添加了新的生机，同时也形成了日渐激烈的竞争格局。下面是部分婚庆产业界的典型个案，包括一些地区的婚庆协会、婚庆公司和人物（所述资料和照片均为该协会及企业提供，这里仅作了一些文字上的改动），从中可以大致了解中国婚庆产业界的现状和发展趋势。

一　江苏蓝剑高端婚礼定制与瑞庭婚礼宴会中心

①关于创立——【江苏蓝剑高端婚礼定制】

1998 年，当时江苏南京市场对于婚礼服务、婚庆还是一个新兴事物，作为创始者的【江苏蓝剑高端婚礼定制】，以发展的眼光在江苏南京率先开拓了"婚礼服务"这一新兴名词，同时也是南京地区较早将婚礼公司从路边店向写字楼转型的先驱，并始终成为江苏婚礼行业领军品牌。

在市场不断调整中，【江苏蓝剑高端婚礼定制】率先开拓了江苏地区一站式婚礼服务先河，并且将高端婚礼作为企业文化发展的精髓。以蓝剑婚礼策划团队组成的江苏蓝剑高端婚礼定制，配备婚礼会场设计团队、会场精英执行团队，专业资深影像团队，凝聚智慧、审美和灵感，为每一位婚礼新人尽享一生中最为珍贵幸福的时刻。

江苏蓝剑高端婚礼定制迄今已经承办了上万对新人的婚礼，其中包括 2002 年 5 月 8 日蓝剑承办奥运冠军葛菲、孙俊婚礼，以及 2008 年 9 月 19 日蓝剑承办奥运冠军仲满、武宗文婚礼。

②关于转型——【瑞庭婚礼宴会中心】

随着海外市场的考察以及新人对婚礼要求的不断提升，他们越来越觉得能够让新人拥有一个最适合个性与时尚的主题婚礼酒店的重要性，同时也是让婚礼公司最便利地为新人提供高效与优质的服务。

于是一个具有户外婚礼、水上婚礼、草坪婚礼、教堂婚礼的主题婚礼酒店——南京首家一站式婚礼宴会中心——【瑞庭婚礼宴会中心】应运而生，瑞庭婚礼宴会中心位于玄武湖菱洲，玄武湖古名桑泊，至今已有一千五百多年的历史，位于南京城中，紫金山脚下的国家级风景区，中国最大的皇家园林湖泊，当代仅存的江南皇家园林，江南三大名湖之一，是江南最大的城内公园，被誉为"金陵明珠"。在这里既满足了新人对流行婚礼趋势的要求，又应对了天气等诸多形式的影响。同时他们对于传统型的客户又建立了中式圆桌式的婚礼宴会大厅，可谓在婚礼市场上能够做到面面俱到，而又独具特色。

作为婚礼人在建立主题婚礼酒店——【瑞庭婚礼宴会中心】，他们更多的是从为新人提供最全面的服务入手，婚礼统筹、婚礼策划与婚礼督导相互结合，最大程度地保障了新人的婚礼满意度与享受度，建立适合自身的服务团队也是至关重要的。

③关于发展与未来

曾经有很多人会问他们为什么会从婚礼公司转型到婚礼酒店？他们认为这里面最大的原因是在于新人对婚礼要求的转变，新人不再局限于把婚礼定位成吃饭，把婚礼布置定位为简单装饰，同时更多的原因是在于越来越多的新人是希望自己在婚礼上的花费能够不铺张不浪费，客户群和市场定位决定了婚礼人必须始终走在潮流的前列，才能紧紧握住自身的主动权。

目前主题婚礼酒店已经开始在各大中城市如雨后春笋般建立起来，这种转型趋势已经成为了一种必然，未来对主题婚礼酒店的功能性要求将会越来越高，将会涵盖婚纱摄影、婚礼宴会、婚礼party、婚礼服装等多功能集合体，同时由于经营的多元化面对市场风险将会降低。当然主题型婚礼酒店在投资之初面临着资金、人员、技术等难题，能够选择采用技术支持、资本合作运营，甚至是加盟的方式也能够让婚礼人更平稳和成功地转型。

综上所述，从婚庆转型主题婚礼酒店，可谓是从单兵种到多兵种，从一面到全面，在这条道路上还需要更多地婚礼人一起摸索和共同努力，他们将任重而道远。

二　苏州市结婚产业商会

2009 年 3 月，苏州市结婚产业商会正式成立，苏州市委、市政协、市工商联的部分领导现场揭牌。全市 200 多家企业成为首批会员单位，苏州巴黎最爱婚纱摄影公司董事长金耀当选为首任会长。成立大会上，商会携全体会员企业对外发布《行业诚信公约》，标志着苏州市结婚产业步入一个资源整合、平台共建、优势互补的全产业链发展新纪元。

结婚产业，又叫新婚消费产业，是为处于家庭生命周期中的新婚阶段（包括婚前准备、婚礼庆典、婚后蜜月等时期）的新婚人群提供系列产品和全面服务的各种行业的集合，是传统意义上仅注重婚庆典礼的婚庆行业的延伸与扩充。这是一个涉及行业面广的产品、服务综合性产业（涉及 72 个中类行业），是一个消费高峰期非常集中、非理性消费且消费额高的产业，是一个追赶潮流、彰显个性的时尚产业，也是一个充满幸福和快乐的新兴产业。

随着我国国民经济的迅速发展和居民生活水平的不断提高，新婚消费项目和总额呈现逐年上升趋势，也构成中国结婚产业的巨大潜在市场。统计显示，我国近 5 年来平均每年有 811.36 万对新人登记结婚，其中仅城镇新人在婚礼上的消费就高达 4183 亿元，约占国民生产总值的 2%。仅苏州而言，每年结婚登记的新人达 12 万对以上，年均拉动相关结婚消费 100 多亿元。为此，苏州市结婚产业商会的一批有责任、敢干事、愿奉献的结婚产业企业家，就是立足于"整合全产业链、提供一站式服务"宗旨，坚持"引导产业发展、提升行业品牌、推进企业升级"使命，正视行业发展困局、市场经营现状和消费者急迫呼声，创新地做好政府的助手和帮手，当好企业的"娘家"，为苏州乃至全国结婚产业做出了一个已见成效的全产业链整合发展创新探索与实践样板。

① 全产业链服务。结婚产业，业态众多、包罗万象、覆盖面广，完全有别于一般的婚庆、婚纱摄影等行业，而是这些细分行业的总集成。因此，如何有效发挥商会组织对会内不同细分行业领域的作用与价值，是苏州市结婚产业商会面临的一个创新课题。商会成立 6 年来，始终以"市场对全产业链的需求、商会对全产业链的覆盖"工作抓手，已建成了婚介分会、舞美分会、司仪分

会、影像分会、婚庆分会、影楼分会、婚房饰品分会等细分领域专业分会，努力实现商会组织自身的结婚产业领域全覆盖。同时，商会还发起成立了结婚产业培训学校，开展婚庆礼仪、婚礼策划、婚礼摄影、形象礼仪等业内人才培训。已基本实现了商会对全产业链的组织覆盖和服务覆盖，为全产业链的有效整合与提升等提供了保障。

② 全产业链整合。如何实现结婚产业的各细分领域资源共享、品牌共建、市场共兴，形成全产业链的集聚效应，一直是苏州市结婚产业商会的头等难题和工作要务。历经 5 年的创新探索，商会依托"婚博会""AT 结婚网"等自创品牌，成功推动了业内细分领域之间的全产业链整合，率先在苏州实现了"结婚一站式、美满一辈子"的美丽承诺。

由商会联合承办的"苏州婚博会"自 2010 年启动至今已成功举办 11 届，成为了苏州市文明办"我们的节日"和"情调苏州 爱的天堂 ——婚礼目的地"系列活动之一。婚博会一年两届，已涵括了婚纱摄影、婚纱礼服、婚宴酒店、婚庆珠宝、婚庆服务、婚品百货、婚房新车、新婚生活等一系列结婚产业服务，成为了苏州乃至华东地区结婚新人一站式采购服务的好去处，并荣获了"江苏省优秀展会"、苏州市文明办"我们的节日"系列活动一等奖等荣誉。

商会战略合作平台"AT 结婚网"2012 年上线，率先探索结婚产业 O2O 新模式，已与红星美凯龙大区、苏州婚博会等实现战略合作，"AT 结婚网 & 婚博会"结婚产业线上线下采购中心也已率先建成。

③ 全产业链品牌。作为一个由产业、企业组成的行业性商会组织，在有效整合现有资源的基础上，也要进一步牵头引导企业优化、共赢发展，努力聚合全行业力量，共创产业链市场商机。例如，为营造浓郁的市场氛围和良好的消费体验，苏州市结婚产业商会已主导开展了"姑苏最美新娘"评选、"苏州十大最受欢迎婚

宴酒店"评选、"苏州婚博会推荐十大外景地"评选、"晒喜帖 晒创意"评选、"水城婚礼"（昆曲婚礼、水乡式婚礼）、"新人共植同心树""0 元婚礼为你婚礼""0 元婚庆"等一系列创先策划，并取得了非常好的市场效果和社会反响，还荣获了江南十大创意策划案例、江南十大创意策划团队等赞誉。商会主导连续多年成功举办的"浪漫婚博相亲会"，也已成为了苏城及周边的一个大型婚恋平台。

相对于婚庆、婚纱等细分行业组织，结婚产业商会自创会伊始就任务更多、困难更大，苏州市结婚产业商会筹备组早就充分意识到：产业向荣、企业兴旺、品牌兴盛。皮之不存，毛将焉附。企业与产业，可谓是一损俱损、一荣俱荣。行业商会不仅要服务于企业发展、更要引导、推动产业发展，实现全产业链的整合优化与共赢发展，积极牵头规范和繁荣产业市场，满足群众和企业实际需求，为产业链内众多企业、商家提供展示品牌、推广产品、沟通交流的共享平台，努力推动全产业链的更好更快发展。

三 武汉喜庄婚礼

2015 年 8 月，湖北省婚庆行业协会会长董斌，受中国婚礼行业高峰论坛邀请前往西安，领取"2015 中国婚礼行业年度人物"奖项。颁奖仪式上，他感慨万千，看到了行业在近些年的巨大发展。在为之自豪和欣喜的同时，也意识到婚庆行业的进一步发展需要完善和强化行业规范，即制定出一个统一的标准，加强行业监督；作为喜庄婚礼的董事长，在公司的十年历程中获得的不仅仅是企业本身的成长和进步，更深切地认识到中国现代婚庆企业想要得到更大的发展仍需要中国婚礼人做出更大的努力和更多的尝试。

2005年创办的武汉喜庄婚礼顾问有限公司，在不断地探索和实践中挖掘到婚庆市场上的缺口。一时间因为好的服务和关于婚庆行业的资源稀缺，喜庄婚礼变成了炙手可热的婚庆公司之一。这是十年前的中国婚庆市场，颇为狭窄的婚庆产业蕴藏着无限商机。

也是仿佛在一夜之间，武汉冒出了非常多的婚庆公司。它们像拔地而起的雨后春笋，出现在武汉市区的每一条街道和小巷。无限的商机背后隐藏着尚未深入行业进行探究的懵懂，也就是意味着这巨大利益的背后存在着诸多本源性的问题。那时所有婚庆公司从收费到服务，从创意到人员，所有的状况都相差无几。

这种现象使他感到不安。从他涉足婚庆行业的初衷出发，是希望广大新人可以享受到他的团队带来的优质服务，而那时的婚庆同行间唯一较量的就是自己团队全年的单量，谁接的场子多谁就赚得多。可承接太多单子的后果便是团队绝没有足够的精力和心力把每一次婚礼完成到极致，这也就违背了自己的初衷。而从企业出发，这种相差无几的服务模式和收费标准让喜庄婚礼在现有的婚庆市场中无法突出。"人无我有"的状况已经结束，如果不做出改变，是没有办法在鳞次栉比的市场中突出重围的，而无法突出也就意味着企业无法长久地生存下去。

思虑良久他决定改变，他把这次改变称为"喜庄婚礼的第二次创业"。首先他认真分析了当下婚庆市场存在的问题：从公司规模普遍较小到从业人员素质相对较低，从服务质量无法提高到企业缺乏品牌意识、行业缺乏规定与标准。这一切的问题都意味着婚庆行业亟待整合，喜庄公司必须改变。

问题明确后他开始思考如何解决现状，彻底突破这一次的僵局。在他看来，中国现代婚庆企业最必要的两点是传承和创新。

文化是一个民族在精神上的结晶，文化产业则是新型社会下的朝阳产业。发展文化产业对于提升中国文化竞争力具有重要且深远的意义。而华夏婚礼文化的历史非常悠长。从伏羲时代的"俪皮为礼"到夏商时期的"亲迎于堂"，再到周代的婚前六礼、正婚礼及合卺礼，奠定了汉族传统婚礼的基础。这样具有其独特价值观和意识形态的婚礼文化符号，理应被更大面积地渗透进中国现代婚礼企业之中。

从经济学的角度来讲，我国的经济发展、居民人均收入和购买力都有着极大的飞跃。我们已经不再只局限于消费"必要的"产品，那些一切在以前觉得"不必要的"东西正在逐步映入我们的眼帘。这是消费观念的转变，从物质消费到精神消费，从大众化消费到个性化消费。

毫无疑问，我们进入了一个非常复杂的"消费时代"。那些具有符号价值的商品，更加能够突显出我们的社会地位、涵养品位和个人风格。因此喜庄也是从这一年开始从大众性消费的模式中跳脱出来，进入到了个性化消费的广阔市场，将目标瞄准了金字塔顶端的那一部分人。

服务对象锁定后便开始展开对于服务本身的修正和调整。喜庄的创意绝对不是在炒作概念，而是真正将好的创意变为每一场婚礼的核心内容，提供给最需要他们的人，也就是我们的新人们。从充满创意的策划出发，这是改变的第一步，也是树立喜庄品牌的第一步。开拓出一个兼具喜庄风格和文化内涵的婚庆品牌，以其独特的创意策划和明确的市场定位，进行"喜庄的第二次创业"。

对于婚庆公司而言，挖掘传统文化中代表人们向往美好生活的文化内涵，并满足消费者日益提高的艺术审美要求，是亟待操作的事情。结合中西方文化，以具有艺术和文化内涵的婚庆产品与形式来满足消费者对婚礼的个性化需求。

喜庄婚礼也一直在努力地提高行业经营管理水平，培养了一批优秀的金牌婚礼策划师，同时也为所有有着策划师梦想的年轻人提供了一个可以学习知识和施展拳脚的平台。而优秀行业人才的培养和引进搭配合理的经营管理理念，让更多的新人享受到最专业的高品质婚礼服务。喜庄婚礼必将以自己深厚的文化内涵、创新的策划统筹和专业贴心的高品质服务赢得消费者的青睐，逐渐成为婚庆文化的符号代表。

四　昆明尊龙企业

　　囍堂（礼堂）在中华民族的记忆里一定是和婚礼、婚宴联系在一起的，千百年来，不论在城市或乡村，中华民族关于结婚典礼和宴会的种种美好回忆，都少不了它的影子……不论谁家要迎娶新嫁娘，都要在囍堂里大摆筵席，宴请亲朋好友和父老乡亲。在老昆明人的记忆里，位于昆明的母亲河盘龙江边的桃源礼堂，就是这样一个见证爱情、承载幸福的结婚囍礼堂，多少年来，街坊邻居、亲戚朋友的婚宴都是在这里举办的，直到20世纪70年代，桃源礼堂还是昆明老百姓举办婚宴的重要场所。

　　随着我国国民经济的不断发展和城市化进程的推进，昆明的许多老街道、老建筑都被一座座新建的高楼大厦所取代，桃源礼堂也在这轰轰烈烈的城市化进程中焕然新生，建成了一栋气势恢宏的六层大楼。至此，昆明城市婚礼也进入了一个新的发展时期。

　　2004年1月10日，尊龙新世纪广场酒店正式开业，开启了昆明现代城市婚礼新篇章。尊龙酒店建筑面积一万多平方米，建有5个宴会厅，2600个餐位，可以同时为5对新人举办婚礼和宴会。

尊龙酒店定位为专业婚宴酒店，它所有的服务设计紧紧围绕一个目标：为新人提供最满意的婚宴服务。

酒店的环境设计，就处处体现出了中国婚礼的喜庆文化：大堂里龙凤呈祥、连年有余的精美浮雕，宴会厅中随处可见的百子图、福禄寿喜等中国元素，大红色和金黄色系的台布椅套，无不传达着对喜结连理的新人和他们的亲朋好友的祝福。

酒店的服务设计，每个环节都渗透了现代酒店服务的人性化：从预订到婚礼全过程为新人服务的客户经理，从婚车、婚纱、主持、化妆，到婚礼摄像、歌舞表演的一条龙服务，让新人省心省力，从香槟塔到结婚蛋糕的悉心准备，让新人体验到从未有过的畅快。

酒店的菜品设计，将中华饮食文化和喜庆文化巧妙融合：龙凤呈祥宴、佳偶天成宴、金玉满堂宴……吉祥如意卷、百年好合羹……光看这些宴会和菜品的名字你就能感受到浓浓的喜庆味道，更不用说亲自品尝那聚合滇菜精华的佳肴美馔。

在十余年的时间里，尊龙酒店成了昆明市民心中最放心婚宴的代名词，先后有8000多对新人在这里举行婚礼，尊龙不仅取得了很好的经济效益，也收获了良好的社会效益：中国餐饮业最高荣誉"金鼎奖""中国金牌婚宴奖""云南优秀餐饮企业""云南餐饮业50强""四星级美食名店""昆明市著名商标"……

2014年开办的云南玺尊龙婚礼中心，代表了中国城市婚礼的飞跃和发展："一站式婚礼服务机构"和"weddinghouse"婚礼统筹服务理念，不仅为云南的消费者提供了更加优质和专业的婚礼服务，更引领了云南的婚庆行业和国内发达地区同步，和世界婚礼潮流同行。

玺尊龙婚礼中心由国内顶尖婚礼专家精心设计，吸纳全球最为个性时尚的婚典理念，融会中西婚礼文化精髓，与韩国、日本等多国知名婚礼品牌运作婚礼资源，采用最现代的艺术建筑手法重金打造。中心经营面积10000余平方米，拥有主题式浪漫豪华宴会厅5个，宴会厅装备超大型LCD、LED背景屏、拥有智能化灯光系统，歌剧院式环绕音响系统会见证您对爱情的宣言；中心更配备了欧式婚礼见证堂、景观池、草坪能让新人的婚礼形式更加丰富，专业婚礼策划师的精心设计能让新人的婚礼极具个性化。

婚礼中心聚集了个性婚礼策划、精品婚宴、主题婚礼、摄影摄像、婚纱礼服、珠宝定制、婚庆用品等服务，旨在打造云南首个综合性、集中化和一体化的婚礼消费产业链平台，共同培育云南首个消费热点平台，为新人打造最完美的特色婚礼，为云南消费者带来最愉悦、最快乐、最放心、最优惠的消费体验；引领云南结婚新潮流。

五　吴寅东和他的东亚婚礼

吴寅东（英文名），1975年12月1日生于重庆，重庆东亚婚庆礼仪服务有限公司、中国·喜宴网（www. xiyan. so）、婚礼大师（www. weddmas. com）创始人，重庆婚庆行业协会会长，国际婚庆注册师协会中国专家委员会副主席、重庆委员会主席，美国IWMA婚礼统筹协会大中华区负责人。

（一）结缘婚庆，执手一生

"从事婚礼策划源自一个很偶然的机会，却是我一生最美妙的转折。"

吴寅东，从小学习专业舞蹈，1995年加入香港亚成（星光）娱乐公司，成为了一名普通的舞蹈艺员。2006年，一次偶然的机会，朋友请他帮忙策划一场婚礼，舞蹈出生的他运用了舞台剧来展示新人的爱情，在当时的结婚宴会上赢得了所有人的赞许，都说没有见过这样的婚礼，很有意思。而他也在其中发现了作为婚礼策划人，给新人一个美好婚礼的美妙。就是这么一次偶然，让吴寅东决定放弃学习了近20年的舞蹈，从事婚礼策划。

从舞蹈演员到编导再到策划的整体转变，岁月的痕迹已在他的脸上划过，历经岁月的沧桑，造就了他狼般的个性。短短三年他成为了重庆婚礼行业众所周知的标题人物，2008年7月2日13：14在重庆最有标记性的建筑解放碑下，自编自导出了一场盛大的求婚，向爱人求婚，吸引了3000多人的围观。此次求婚成为2008年全球网络十大经典求婚"解放碑1314求婚记"，求婚不仅让他收获了恒久的爱情，也打出了在婚庆行业的知名度，一时间，重庆无数新人，都前来咨询请教，从早上8点到晚上12点，几乎没有休息时间。媒体更是青睐，吴寅东和"东亚婚礼"，这两个关键字，频频出现在媒体报道中，重庆渝报更是将他誉为"爱情魔法师"。

那他能够做出如此多优秀的作品，他的灵感来源是什么呢？"是社会阅历和想给新人一生记忆的强烈愿望。"吴寅东坚定地说道，他把自己比作一台机器，一台收录各种婚礼素材、创意灵感的机器，"比如时装，每一季的时装秀，它的印花，它的布料；再比如建筑，无论是建筑物的外观架构或是室内的软装，包括像一些陈列，橱窗设计，都可以带给我不同的灵感，自己手机里除了我家人和我做的婚礼的照片，就是我在各个地方从各个渠道了解到的这些灵感图片。"

关于"婚礼"的理解，他是这么说的："宋丹丹参加完李小璐的婚礼之后说，她终于明白了为什么自己没有一个好的婚姻，是因为她当时没有办一场好的婚礼。这个故事是说婚礼从中国人角度来讲是婚姻开始的一个形式，好的开始是成功的一半，如果说婚礼在一件事物发展的最初期，它就是一个里程碑。而我们在做的是一个为别人开头的一件事，如果我们的工作没做好影响的也许不仅是一个典礼，而是一辈子的幸福。在我这里，婚礼就是两个人让他们生命中最重要的人共同去见证两个人在一起的仪式，并且请大家分享他们的幸福。如果让我去分析的话也就是四个点：第一，婚礼是一种宣告；第二，婚礼是一种承诺；第三，婚礼是一种情感；第四，婚礼是一种回忆。"

有人问过他，"你累吗？这样的拼命？"

"当然累，也痛，但也快乐着！"从事婚礼的吴寅东，对于梦想有着特殊的感悟，曾经为了舞台上的梦想而不断地奋斗，香港、北京乃至全国各地都留下了他为梦想而拼搏的痕迹。然而时代的更迭或是蹉跎，令他对于梦想有些踟蹰，偶然的机会，"婚礼策划"这个字眼走到了他的身旁，也进入了他的梦想当中！婚礼策划让他找到了失去的灵感，他很喜欢这种感觉，作品得到认可的感觉。

（二）东亚婚礼，为爱而生

在34岁这一年，吴寅东为了成就自己的梦想，结束了曾经辉煌的事业，一切从头再来，注册了重庆东亚婚庆礼仪服务有限公司。因为自己的名字里有个"东"字，爱人的名字有个"亚"字，东亚于是把爱的一切灌注于所有天下相爱之人。

这个爱的理念支持着他一路打拼，成就非凡。2008年创立重庆"东亚婚礼"，2009年被评为最佳创意策划公司、西南十佳模范婚礼策划公司，2010年被评为重庆首批婚姻庆典国际标准示范单位，2013年被《重庆晨报》评为新人最喜欢的婚庆公司，2015年重庆婚庆艺术节被评为2015年新人最喜欢的婚庆公司。

东亚婚礼策划是吴寅东成功运作8年的高端婚礼服务品牌，8年历程东亚婚礼创造了一个个奇迹。拒绝平庸，不怕被模仿，本着演绎完美。创造价值的企业理念，靠专业竞争，用服务说话、凭创新超越。他领衔策划执行的"情感"主题婚礼至今为婚礼业界、网络、婚礼新人津津乐道，广为流传。其中网络著名的"穿越时空的爱恋""五色玫瑰""100米高空蹦极婚礼"，北京电视台、重庆卫视、深圳卫视、福建电视台报道的中国第一场物流业婚礼"爱情，请签收"，芭蕾舞演员"浪漫八音盒"，香港著名作家叶蓝小姐最纯正的酒吧Sends rightly，新加坡著名经纪人（邓丽君）杨尊尼先生世纪婚礼等经典婚礼至今依然被全国同行争先效仿。

吴寅东作为婚礼策划人，创意新颖，思路清晰，想法标新立异，层出不穷。作为营运人，手法怪异，不走寻常路。作为公司管理人，更是有自己独树一帜的管理模式和筛选员工的标准。

来到东亚婚礼，员工无疑是一道业界亮丽风景线，平均年龄25岁，男士身高180cm以上，女生身高165cm，一律帅哥靓女，气质良好。上班期间着统一工作服，普通话交流和接待。如今，东亚婚礼的选员工标准俨然成为行业标杆。

东亚婚礼秉承传统喜庆文化之精髓，致力于中西喜庆文化的融合，引进西欧婚礼文化的最新理念，加之精良的设备、系统的策划、严谨的服务和对高品质的追求形成了自己独特的策划风格。"健康、文明、时尚"是他们一直秉承的婚礼文化。为保证服务质量，东亚推出"一对一"婚礼顾问制，抛弃了目前重庆大部分婚庆公司千篇一律的"流水线"服务方式，使婚礼更具人性化。

就这样，吴寅东带领着一群年轻、富有朝气的青年人，走在婚礼潮流的最前沿，将最具影响力的婚礼主题内容，通过每一场婚礼传递出去，东亚婚礼自信且资深，在自己"共建、共有、共享"的自主空间里团结合作，为每一对新人提供最理想的婚礼，引领着婚庆业界的流行趋势。

（三）O2O婚庆平台，中国婚庆产业的未来

"当选重庆市婚庆行业协会会长，是在更高的台阶上履行一份更重的责任。"

2014年被评选为重庆市婚庆行业协会会长后，吴寅东快速联

络各种资源，为重庆会员服务。争取到了兴业银行授信5000万元为婚庆产业微小企业保驾护航，和各大院校进行专业人才对招会；举行产业婚礼文化节；并带领行业创业主到各地考察、学习，得到行业人士的一致好评。这一切的努力，只是想把重庆的婚庆产业推向国内新高度。

马云曾经的一句"本地生活服务是五六点钟的太阳，比商品类电商规模更大"，拉进了互联网和婚嫁行业的距离，对互联网来说，婚嫁显然是一个发展的重点。2013年随着结婚人群的下降及国家政策的影响，酒店业、婚纱摄影、婚庆产业受到很大的影响，婚庆公司从以前的中介平台在行业的细分越来越明显。在互联网透明化的时代变迁中，吴寅东走遍祖国大江南北，寻访各地协会，各地同行，六次赴日本、两次赴韩国、两次赴美国等各国寻找行业全新模式。他说："婚庆服务行业链条很长，从婚纱摄影到婚宴酒店，婚礼策划到蜜月旅游，大多数新人都是独立进行消费，并且很难得到全面的服务信息进行比较，而婚庆O2O模式刚好解决了这一难题。事实上，O2O模式早已经在旅游、打车、订餐等领域大放异彩，走入婚庆行业只是个时间问题。婚庆O2O平台将整个婚礼流程涉及到的所有行业资源进行整合，让新人和婚礼人，都可以在这个平台上快速解决婚礼难题，获得最好的一站式服务。"

术业有专攻，专业的事就应该交给专业的人去做。

于是，他在2014年创建了中国喜宴网（www.xiyan.so），目前已覆盖了重庆地区的大部分酒店，成为婚宴预订的最好平台。

2015年创建婚礼大师网产业咨询交易平台（www.weddmas.com），作为一个婚礼业内各专业大师汇聚的舞台，帮助每一个婚礼人成为大师。无论是婚企管理者、婚礼策划师，还是摄影摄像师和婚礼平面设计师，都可以在网站内找到适合自己的资源。婚礼大师打造这样一个平台，旨在打造国内最具学习价值的行业综合学习平台，通过最实用的课程和最海量的素材、最大社交平台、最智能的管理软件，为婚礼人提供最实在的帮助。

对于东亚，是他的梦想也是他的爱情。一个浪漫的职业，一份爱的承诺，成为他最初抉择时的支柱，成为今后东亚发展壮大的动力。

对于这份爱情产业，原本可以接受一份不菲的投资而迅速壮大，然而直觉告诉他，唯有一步一个脚印地前行，才会踏实的成长，事实也验证了他的直觉。

对于这份职业，是他的一个家，80%的时间都注入到了这个家当中，他爱家的每一个份子正如爱他的梦想一般。

如今，在中国的婚庆行业中，"吴寅东"这个名字已如同他所创立的"东亚"一般耳熟能详了。但是，他的造梦任务才刚刚开始……

参 考 文 献[*]

一 书籍

［1］蔡利民：《掀起你的红盖头：中国婚礼》，上海文艺出版社 2001 年版。

［2］丁世良、赵放：《中国地方志民俗资料汇编·东北卷》，书目文献出版社 1989 年版。

［3］丁世良、赵放：《中国地方志民俗资料汇编·华东卷》，书目文献出版社 1995 年版。

［4］丁世良、赵放：《中国地方志民俗资料汇编·西南卷·上卷》，书目文献出版社 1991 年版。

［5］丁世良、赵放：《中国地方志民俗资料汇编·中南卷》，书目文献出版社 1991 年版。

［6］方行、汤志钧整理：《王韬日记》，中华书局 1987 年版。

［7］富丽：《康乾时期北京人的社会生活》，北京出版社 2000 年版。

［8］胡朴安：《中华全国风俗志下册》，河北人民出版社 1986 年版。

［9］刘新平：《百年时尚 婚姻中国》，中国工人出版社 2002 年版。

---

* 书籍、期刊论文、报纸文章、学位论文按照作者姓名拼音顺序排列，无作者姓名的按照在文中出现的顺序排列，网络文摘按照在文中出现的顺序排列。

［10］尚会鹏：《闹洞房》，中央民族大学出版社 2000 年版。

［11］童祥苓：《"杨子荣"与童祥苓》，中国文联出版社 2000 年版。

［12］绍崇先：《近代中国的新式婚丧》，人民文学出版社 2006 年版。

［13］盛义：《中国婚俗文化》，上海文艺出版社 1994 年版。

［14］吴存浩：《中国民俗通志·婚嫁志》，山东教育出版社 2005 年版。

［15］叶炳昌：《中国名城汉俗大观　广州篇》，中国友谊出版公司 1993 年 6 月。

［16］张良：《情爱不老》，花城出版社 2005 年版。

［17］周武、吴桂龙：《上海通史》（第五卷·晚清社会），上海人民出版社 1999 年版。

二　期刊论文

［1］［美］边燕杰、［美］约翰·罗根、卢汉龙、潘允康、关颖：《"单位制"与住房商品化》，《社会学研究》1996 年第 1 期。

［2］方人也：《闹洞房＝耍流氓?》，《法制与社会》2015 年第 1 期。

［3］陈利华：《闽北现代城市婚俗礼仪中的古俗考》，《南平师专学报》1998 年第 1 期。

［4］陈钦：《从文化象征意义、宗教信仰和例行仪式看中西婚礼》，《英语广场：学术研究》2013 年第 4 期。

［5］谷秀青：《集团结婚与国家在场——以民国时期上海的"集团结婚"为中心》，《江苏社会科学》2007 年第 2 期。

［6］韩冷：《广东与东北都市婚俗调查比较》，《华南农业大学学报》2007 年第 4 期。

［7］李君：《漫话轿子》，《文史杂志》1989 年第 2 期。

［8］李晓君：《马褂考》，《满族研究》2009 年第 2 期。

［9］李振盛：《我的文革婚礼》，《法制博览》2011 年第 10 期。

［10］刘昌安、温勤能：《婚姻"六礼"的文化内涵》，《汉中师院学报》1994 年第 6 期。

［11］刘川：《我国婚庆产业发展与对策浅谈》，《企业导报》2012 年第 23 期。

［12］刘津颖：《谈谈中西现代社会婚礼服饰的差异及其相互融合——基于风格造型和色彩搭配的分析与思考》，《艺术科技》2014 年第 1 期。

［13］刘艳娇：《浅谈婚纱摄影的发展和创新》，《黑龙江教育（理论与实践)》2014 年第 5 期。

［14］刘希平：《我所认识的婚礼摄像》，《DV@时代》2009 年第 1 期。

［15］路程：《婚庆市场面面观》，《沪港经济》2005 年第 12 期。

［16］陆士祯、吕剑光：《北京城乡婚俗意向调查》，《青年研究》1995 年第 5 期。

［17］唐吉、范莺莺：《当前我国婚庆市场的现状与思考》，《舞台》单月号 2008 年第 4 期。

［18］唐魁玉、方芳：《婚庆仪式的经济社会学分析——以哈尔滨为个案》，《上海市经济管理干部学院学报》2012 年第 3 期。

［19］王晓枚：《婚姻登记证见证社会理念的进步》，《社会福利》2006 年第 1 期。

［20］王学堂、宋双玲：《喜事生悲：闹洞房伴娘致残上法庭》，《民主与法制》2002 年第 105 期。

［21］吴国华、蒲军：《中西方婚礼服饰文化研究》，《美与时代》2006 年第 12 期。

［22］吴银涛、胡珍等：《城市青年房奴现象的产生及生存发展状况研究》，《典型研究》2012 年第 2 期。

［23］徐莉：《试论婚礼服饰的变迁》，《北京城市学院学报》2006 年第 3 期。

［24］徐龙梅：《南京 60 年婚礼之变迁》，《江苏地方志》2009 年第 6 期。

［25］徐强：《婚纱的流行因素分析》，《赤峰学院学报》2010 年第 10 期。

［26］徐强、马素琴：《中西方婚礼服发展对当代婚礼服设计的影响》，《江苏丝绸》2006 年第 2 期。

［27］徐祖林：《婚礼摄像与后期制作》，《照相机》2000 年第 2 期。

［28］薛亚莉：《闲说婚纱照》，《社会观察》2010 年第 3 期。

［29］杨虎：《六十年巨变——结婚彩礼奏鸣曲》，《传承》2009 年第 6 期。

［30］张海钟、刘燕君、张安旺：《闹洞房习俗的多学科观点综述与甘肃婚俗的性禁忌性保健意义臆说》，《甘肃高师学报》2014 年第 3 期。

［31］张春、赫舍里静：《关于婚庆策划行业市场地位的分析》，《学理论》2013 年第 12 期。

［32］张可飞：《试述现代婚姻中的婚礼仪式》，《产业与科技论坛》2013 年第 3 期。

［33］张启哲：《闹洞房是中国社会一种特殊的性教育方式——性教育研究之三》，《陕西教育学院学报》2006 年第 1 期。

［34］赵艳：《婚礼风云半世纪》，《走向世界》2006 年第 4 期。

［35］郑尤：《武汉城郊闹房婚俗的人类学透视》，《神州民俗》2007 年第 11—12 期。

［36］周鹤、董叶和、睦建华：《我国经济发达地区婚纱市场现状初探》，《现代丝绸科学与技术》2011 年第 6 期。

［37］朱德华：《结婚证的变化》，《传承》2009 年第 15 期。

［38］朱光明：《婚纱摄影的潮流》，《照相机》1997 年第 4 期。

［39］《伴娘与伴郎》，《中国地名》2008 年第 10 期。

三 报纸

［1］吴蓉、许张龙：《婚宴菜式——一方水土，一方风情》，《韶关

日报》2010 年 10 月 14 日，第 C4 版。

［2］张德华、薛良辰、刘颖：《没有房子，你会和他结婚吗?》，《生活日报》2012 年 1 月 4 日，第 B1 版。

［3］《郑州婚礼￥档案 郑州婚礼消费调查》，《大河报》2002 年 9 月 5 日，第 55 版（调查）。

四　学位论文

［1］陈明强：《新中国结婚证书的图像研究》，中央美术学院，硕士学位论文 2013 年 5 月。

［2］韩纯宇：《明代至现代汉族婚礼服饰 600 年变迁》，北京服装学院，硕士学位论文 2008 年 12 月。

［3］郝楠：《合肥市婚礼仪式中象征符号的文化解读》，安徽大学，硕士学位论文 2007 年 4 月。

［4］葛昕：《从〈梦粱录〉看南宋临安市民阶层的都市生活》，华东师范大学，硕士学位论文 2013 年 5 月。

［5］何扬冰：《婚姻登记制度研究》，厦门大学，硕士学位论文 2008 年 5 月。

［6］经莉莉：《民国集团结婚探微》，安徽师范大学，硕士学位论文 2006 年 5 月。

［7］刘杨：《酒店婚宴消费研究》，东北财经大学，硕士学位论文 2010 年 11 月。

［8］宁霁：《当代济南婚嫁习俗的变迁习俗初探》，山东大学，硕士学位论文 2011 年 11 月。

［9］薛凤：《新生活运动及其对国民生活的改造——以 1934—1935 年的天津市为考察对象》，大津师范大学，硕士学位论文 2014 年 5 月。

［10］杨媛：《当代女性中式婚礼服的设计语言》，西南大学，硕士学位论文 2011 年 6 月。

［11］姚洪涛：《婚姻登记制度研究》，郑州大学，硕士学位论文

2011 年 5 月。

［12］姚立迎：《新中国十七年婚姻文化嬗变研究（1949—1966）》，首都师范大学，硕士学位论文 2007 年 12 月。

［13］王歌雅：《中国婚姻伦理擅变研究》，黑龙江大学，博士学位论文 2006 年 6 月。

［14］吴丽华：《婚礼服的历史沿革与创新设计研究》，苏州大学，硕士学位论文 2008 年 3 月。

［15］杨媛：《当代女性中式婚礼服的设计语言》，西南大学，硕士学位论文 2011 年 6 月。

［16］赵洁：《镜头对婚礼仪式的介入和影响》，云南大学，硕士学位论文 2011 年 4 月。

五　网络文摘

［1］《婚纱的分类、款型款式详细介绍》，喜帕网 http：//www. xipa. com/article/detail－id－15－page－3，2014 年 4 月 20 日获取。

［2］《湖南长沙结婚习俗》，湖南民政局网站 http：//www. minzhengju. cn/xisu/hunan/20140313209. html，2015 年 8 月 25 日获取。

［3］《济南人婚宴都吃什么?》，美食天下网站 http：//www. meishichina. com/Eat/CateMap/200909/67692. html，2015 年 8 月 20 日获取。

［4］《献血让"121212"结婚登记日温馨而有意义》，青岛新闻网 http：//health. qingdaonews. com/content/2012－12/13/content＿9531935. htm，2015 年 4 月 23 日获取。

［5］伍仞、通讯员张学元：《领完结婚证 手牵手献血》，大洋网 http：//gzdaily. dayoo. com/html/2014－09/10/content＿2745290. htm，2015 年 4 月 23 日获取。

［6］《中国人为结婚花钱，大肆消费成中国婚礼新潮流》，新华网 http：//news. xinhuanet. com/politics/2013－07/06/c＿116431229. htm，2014 年 9 月 20 日获取。

云南省婚庆行业协会
中国婚礼研究院
云南玺尊龙婚礼文化产业集团

中外新视野

婚礼丛书

异彩纷呈——少数民族婚礼

瞿明安◎主编

吴瑛 苏醒◎著

中国社会科学出版社

图书在版编目（CIP）数据

异彩纷呈：少数民族婚礼／吴瑛，苏醒著 . —北京：中国社会科学
出版社，2016.6

（中外新视野婚礼丛书／瞿明安主编）

ISBN 978 - 7 - 5161 - 8110 - 2

Ⅰ. ①异… Ⅱ. ①吴…②苏… Ⅲ. ①少数民族 – 结婚 – 礼仪 –
世界 Ⅳ. ①K891. 22

中国版本图书馆 CIP 数据核字（2016）第 109208 号

出 版 人	赵剑英
责任编辑	任 明
特约编辑	乔继堂
责任校对	张依婧
责任印制	何 艳

出 版	中国社会科学出版社
社 址	北京鼓楼西大街甲 158 号
邮 编	100720
网 址	http：//www. csspw. cn
发 行 部	010 - 84083685
门 市 部	010 - 84029450
经 销	新华书店及其他书店

印刷装订	北京市兴怀印刷厂
版 次	2016 年 6 月第 1 版
印 次	2016 年 6 月第 1 次印刷

开 本	710×1000 1/16
印 张	18. 25
插 页	2
字 数	254 千字
定 价	200.00 元（共六册）

凡购买中国社会科学出版社图书，如有质量问题请与本社营销中心联系调换
电话：010 - 84083683

总　序

　　婚礼是人类社会中最普遍的文化现象之一，只要有婚姻存在，人们在缔结婚姻关系时都要举办婚礼。婚礼的形式丰富多样，与人们的衣、食、住、行、用、娱乐、礼仪、庆典、宗教、巫术等都有着千丝万缕的联系，通过婚礼可以透视人类的整个文化。婚礼也是人们喜闻乐见的民俗事项，绝大多数的人们都会对举办婚礼很感兴趣。婚礼还是现代社会中人们关注的热点问题，从婚礼中可以窥见现代社会发生的变迁和未来发展的趋向。正因为婚礼包含着丰富的文化价值和现实意义，所以才引起众多学者们的广泛关注。

　　目前国内外学者所写的专门研究婚礼的著作分别有多种不同的类型。一是分国别的婚礼书籍，如《爱情百分百：各国的婚礼习俗》、《英国婚礼》、《美式婚礼经典》、《掀起你的红盖头：中国婚礼》等；二是分地域的婚礼书籍，如《西方婚礼》、《老上海的婚礼》、《本地华人传统婚礼》、《珠江三角洲一带华人传统婚礼》等；三是分民族的婚礼书籍，如《蒙古族婚礼歌》、《土族婚礼撒拉族婚礼》、《纳西婚礼与歌谣》、《土家族婚俗与婚礼歌》等；四是综合性的婚礼实用书籍，如《国际流行婚礼礼仪》、《现代婚礼设计》、《婚礼完全手册》、《打造最完美的婚礼》、《精明高手办婚礼》、《美满婚礼筹备手册》等；五是专题性的婚礼实用书籍，如《婚礼花艺设计》、《婚礼摄影专业技巧》、《运筹帷幄——婚礼主持

人》、《婚礼庆典主持词》、《婚礼蛋糕》等。六是涉及中外不同历史时期的婚礼书籍，如《古今婚礼》、《中国历代婚礼》、《婚礼服饰考》等。七是产生国际影响的经典婚礼书籍，如《轰动世界的婚礼：皇家罗曼史》等。

为了在前人的基础上对婚礼的研究有所突破，我们策划并组织有关学者撰写了"中外新视野婚礼丛书"，分别包括《域外奇俗——世界婚礼》、《光宗耀祖——宫廷婚礼》、《群星耀眼——名人婚礼》、《中西合璧——城市婚礼》、《仪式符号——农村婚礼》、《异彩纷呈—少数民族婚礼》等六本著作。本丛书突出学术性、资料性和可读性的有机结合，尽量使其内容显得生动活泼、通俗易懂。丛书中的每本书都需要作者在把握学术研究前沿和占有丰富资料的基础上，通过生动的文笔对与婚礼有关的习俗、现象、事例、个案和民族志等进行深入浅出的描述和解释，以满足不同层次读者对各种婚礼文化的阅读兴趣。根据现已掌握的资料，我们对不同的书提出了相应的要求，其中宫廷婚礼、名人婚礼两本书的内容需要涉及中外的婚礼；农村婚礼、城市婚礼、少数民族婚礼等三本书只涉及中国的婚礼；而世界婚礼则只写国外民族的婚礼。这些著作分别涉及全球性、地域性、群体性和个体性的婚礼文化现象，是系统深入地认识婚礼文化不可忽视的研究课题。

有关婚礼的研究是一门大的学问，需要从多学科和不同的角度入手，采用不同的理论方法进行全面深入的探讨，才能有所突破、有所创新。本套丛书只是我们开展的有关婚礼研究的起点，下一步我们将组织和整合国内对婚礼研究感兴趣的学者，对中国的婚礼开展横向和纵向相结合，综合性与专题性相结合，理论性与应用性相结合，全国性与区域性相结合的系统研究，通过一批重要的学术成果将中国的婚礼文化全面客观地呈现在读者面前，为认识了解中国婚礼的多样性和复杂性以及为追求幸福生活的人们提供高端的精神文化产品作出应有的贡献。

瞿明安

2015 年 9 月 25 日

目　　录

引　言

　　婚姻的本质特征是社会性，在以两性结合为基本特征形成的婚姻中，社会化过程始终贯穿在婚姻观念、婚姻仪式及婚姻关系之中，决定了一个社会最基本的生活方式及组织模式。因此，婚姻制度成为人类社会中最早出现的社会制度之一。

　　《礼记》载："昏姻者，将合二姓之好，上以事宗庙，而下以继后世也，故君子重之"，又载"昏礼者，万世之始也"，不仅述及婚姻制度承载侍奉祭祀宗庙、继承后世、祈求家族兴旺的重要内涵，更提出婚礼是基本社会行为准则——"礼"之根本所在。学者们对婚礼的系列研究表明婚礼对实现社会关系、形成社会组织、调整社会结构等发挥的重要作用。马凌诺夫斯基认为，婚礼表明两个家庭建立了姻亲关系，通过婚礼仪式这种崭新的社会关系得以实现。拉德克利夫·布朗认为，婚礼在社会群体和社会组织方面具有积极的作用，也就是说，通过婚礼仪式，社会结构得以重新调整，或者在确认双方家庭的社会价值、强化新的社会群体的稳定方面具有重要的作用①。弗里德曼对中国婚礼的细致描写，阐释了姻亲关系的不确定性；马丁通过婚礼中婆家与娘家地

---

① 高永久：《对撒拉族婚礼的民族社会学研究》，《中央民族大学学报》（哲学社会科学版）2002 年第 1 期。

位上的不平等，解释姻亲在"亲属仪式"中扮演的积极角色①。

　　作为一项基本社会行为准则，婚礼具有极其重要的社会功能，在人际交往、社会互动、群体融合等方面具有重要地位。通过社会所承认的仪式及一系列程序，即婚礼，确定因两性结合而形成的社会关系，是存在于不同民族中的普遍现象。随着婚姻的产生而出现的婚礼，不仅体现着不同时代的社会生活面貌，而且展示着不同民族特点各异的历史发展轨迹、神圣信仰崇拜、审美价值观念，等等。各少数民族婚礼中既蕴含着丰富的民族文化特质，也反映出各民族在相互交流与影响中的共同发展。

　　中国55个少数民族各具特色的婚礼，集中体现出民族性与地域性、融合性与和谐性、传统性与现代性共同影响下异彩纷呈的多元文化内涵。具体而言，相异的生态环境条件下形成的地域文化，塑造出多样化的少数民族婚礼特征。不同社会历史条件下形成的民族文化，构筑起多维度的少数民族婚礼内涵。大杂居、小聚居分布基础上形成的文化互动，参与了少数民族婚礼的形成过程。全球化背景下发生的现代化进程，深刻影响着少数民族婚礼的变迁。

　　本书的两位作者分别为昆明学院的吴瑛和云南省社会科学院的苏醒。在写作书稿时参考了各种相关书籍和杂志的资料，在此对书中所引资料的有关作者表示感谢。

---

① 吉国秀：《婚姻习俗研究的路径评述与启示》，《社会学研究》2006年第2期。

第一章
少数民族婚礼过程

　　婚礼，以仪式的方式，实现家庭、家族、社会乃至国家对婚姻的认可。早在周代，中国就形成了以"六礼"为核心的婚礼程序，即人们所熟知的纳采、问名、纳吉、纳征、请期和亲迎①。自西周以后，"六礼"的基本框架一直没有大的改变。北宋时期朱熹将"六礼"简化为"三礼"，就是迄今尚存的"求婚、订婚与结婚"三个主要阶段。

　　随着20世纪的西学东渐和21世纪的全球化进程，中国传统婚礼在程序上出现不断简化，内容上出现逐渐变异的特征。但是，各少数民族，尤其是农村、山区少数民族婚礼仪式仍然基本涵盖求婚、订婚、结婚、回门等主要程序，同时还有形式各异的具体环节，表现出通过经济手段、行为礼仪、组织结构、宗教信仰等强化婚姻双方（含个人与群体）价值认同、群体互动、经济联系，从而缔结新的社会关系的过程。同时，因生存地域差异、历史文化渊源和生存发展模式不同，少数民族的婚礼呈现出仪式内容各有不同，乃至居住在不同区域的同一民族婚礼仪式也有差异的特点，成为中华民族多元一体文化特征的有机组成。

---

　　① 《仪礼·士昏礼》。

一　体现群体意愿的求婚礼仪

　　婚姻是个体化的行为，但婚姻不是按个体的情感、意愿，而是在父母、长辈甚至族长的指导下，按照一定的价值观念、行为方式缔结的，个体化的婚姻行为实际上是文化模式的集中体现。正如马凌诺夫斯基认为："求偶问题所表现于个人意识上的，并不是理智的选择，情感的动机，及如何得偶的手段，而是许多事实上的可能及安排，引导着个人在某种方式中如何行为，最后会达到婚姻的结合。"①

　　求婚礼仪不仅是个体生活环境和生活状态发生根本变化的开端，更是保障人口繁衍生息和构筑家族亲属关系的重要基础，与各民族传统经济生活方式、社会组织制度和规范相适应。少数民族求婚礼仪，既体现出以"许多事实上的可能及安排"为基础的婚姻结合的发端，又反映出不同文化模式影响下，对事实可能及安排做出的多元选择。其特点为求婚礼仪主体的多元化，既有以父母意志为主体或父母与亲朋、族长共同意愿为主体的择偶，也有以儿女意愿为主体或父母与子女共同意愿为主体的择偶。求婚礼仪方式的多元化，既有以父母直接求亲或亲人、媒人代言的求婚方式，也有以占卜抉择的婚姻决定，其中不乏以接受礼物为象征的婚姻承诺。

---

　　① ［英］马凌诺夫斯基：《文化论》，费孝通等译，中国民间文艺出版社1987年版，第30页。

（一）以长辈意愿为主体的求婚礼仪

20世纪50年代以前，我国各少数民族由于经济发展阶段、社会行为模式、政治组织结构等的差异，对婚姻择偶标准、择偶方式均发挥着显著影响，不同社会发展条件下的少数民族社会择偶及求婚礼仪的主体各不相同。总体而言，在以农耕经济为主、社会结构较为稳定的民族中，做出择偶决定、履行求婚礼仪的主体基本上是父母、媒妁、亲朋或家族长老。

第一，体现门当户对要求的求婚礼仪。历史上，经济社会发展程度较高的民族在以择偶为核心的求婚礼仪中，多表现出由长辈做出婚姻决定，男女双方家庭的社会地位、经济条件、个人生辰情况等因素共同影响做出婚配决定的特点。清军入关后，满族社会日趋稳定，农业经济成为最为稳定与核心的经济成分，民族地位发生了巨大变化，生存环境、生计方式以及社会地位的变化导致了满族文化的迅速变迁。尤其是大范围、多层面与汉民族的交流融合，对满族婚姻文化产生了显著影响，形成以通媒、相门户、合婚为特点的求婚礼仪，代表父权社会的男方和代表农业宗法社会权威的长辈成为具有择偶权的主体。"皆年及冠笄，男女家始相聘问。"[1]凡有子之家，父母在其成年后即开始在可能的范围内为儿子选择配偶。《奉天通志》记载："满族旧俗，子女及成年，父母为之议婚，媒介既通，互往相看。"婚姻大事，以媒妁之言，父母之命为准。父母择定目标后，男家父母托媒人前往女家通言说合，称为"通媒"，即求亲礼仪。女方父母同意后，媒人回报男家父母音信，然后两家互换门户帖。即用一张红纸，将当婚者所属某旗某佐领下人及三代（曾祖、祖父、父亲）现在生亡、功名、职业、住址，以及当婚者的功名、职业、年龄、属相、生日时辰的八字写上，装入一个红封套，外贴一个红纸签，上写喜字。通过媒

---

① 昭梿：《啸亭杂录》卷十，中华书局影印本。

人，双方互换帖，看看是否犯相。这一仪式俗称"对八字"，也叫"合婚"。如果双方八字不相克，就是合上了婚，男家人（主要是母亲）便去相看姑娘。①

13 世纪上半期，蒙古族成为蒙古高原的主宰者。元、明以来受汉族、满族婚姻礼仪的影响，蒙古族逐渐形成了一套繁琐的婚姻礼节，其求婚礼仪以男女双方父母私下"相看"为特点，家庭情况及个体条件是影响择偶决定的主要因素。相看，即男子到一定年龄后，父母即为之物色对象，得知某家有闺女，年岁相当，则托媒到女家提亲，然后两家父母彼此往来，互相了解家庭情况及男女情况，观看容貌，如果不合意就算了，如果合意就定亲。因为这个过程只是了解阶段，还不确定能否成婚，所以在"相看"时，一般采取不公开的方式进行，以免婚事不成，留下不好的影响。

壮族、布依族男女结婚都凭"父母之命，媒妁之言"，也讲门当户对。壮族从议婚到结婚一般经过问亲、下定、取命、迎亲等环节。子女长大到一定年龄时，男方家长便托媒人拿两三斤猪肉、一瓶酒、一只鸭等礼物到女方家去求亲。女方家长如果同意就接受礼物；不同意则婉言谢绝并退回礼物。接受礼物之后，女方家长便将女儿的年庚写在红纸上，托媒人带给男方请算命先生"合八字"，"八字"相合则事成，不合则告吹。有的地方要年庚是一次单项活动，叫"要八字"。②瑶族支系众多，同一支系内婚姻礼仪也有差异。一般未婚男女在结婚前可以自由追求对象，家长和社会都不加干涉。但婚姻要由父母作主，当儿女长到十一二岁，父母就得代儿女择配，一经选中，就请媒说合。③

但是，也有的民族对门当户对的标准并非家庭的社会地位与经济基础。水族择偶多以待婚配双方出生年庚相合为主。水族男女

① 严汝娴主编：《中国少数民族婚姻家庭》，中国妇女出版社 1986 年版，第 3 页。

② 覃国生、梁庭望、韦星朗：《壮族》，民族出版社 1984 年版，第 118 页。

③ 广西壮族自治区编辑组：《广西瑶族社会历史调查》（第一册），广西民族出版社 1984 年版，第 339 页。

三四岁或七八岁时，父母就代找对象，首先请媒人到女方了解她的出生年庚，把年庚拿来给先生（算命先生）对合后，才叫媒人去说亲，相合便讲彩礼，并正式去取八字和送礼。赫哲族是我国人口最少的少数民族之一，他们世代生活在三江流域，素以捕鱼打猎为生，男女双方父母为子女选择配偶的标准，不是以门当户对为主要条件，多是以劳动好，捕鱼打猎的能手为选婿的标准。选媳则以劳动好、手艺巧、聪明贤惠为条件，人的仪表好坏不是选媳的主要标志。适应生产生活的个人条件是择偶的决定因素。男方向女方求婚时，先由男方托媒人携带酒到女家，酒壶上系一条红布，以示说亲。在饮酒中提及亲事，父母在女儿同意后，媒人给女方父母斟一杯酒。如果不同意就作罢。但有时一次未成，要来几次方能成功。①

　　第二，以长辈、亲属为媒介的求婚礼仪。为了在求婚礼仪中表达诚挚之情，有效传达双方信息，为双方家庭发挥积极的沟通作用，一些民族多选择长辈或亲戚作为双方的媒人，还有的民族在说亲时，由男方父母亲自出面。藏族双方说亲往返次数较多，一般有四次。如果是娶妻则由男方的父亲向女方求亲。如果是招赘则由女方的父亲向男方求亲，无父亲者母亲出面也可以，如父母双亡则请自己的一位长辈去求亲。如果男女双方不在一个地方的，则请媒人去求亲（这种多半是贵族之间的求亲方式）。日喀则宗牛豁卡藏族求婚仪式过程复杂，以送青稞为媒介基本涵盖了正式结婚前必要的互动和需要的准备，如定亲许诺、交换生辰、合八字、确定嫁娶事项，等等。第一次送的青稞叫作"龙"（意即讨亲酒），由求亲者带上青稞一藏升送给对方，如果同意这门亲事，就收下这次送来的青稞，不同意者则可拒收或婉言谢绝。第二次由求亲者带上两三藏升青稞，这是送给对方交换生辰八字，为这对未婚夫妻打卦用的。这叫"德"（意即算卦酒）。一般贵族领主之间结

① 陈伯霖主编：《黑龙江少数民族风俗》，中央民族学院出版社1993年版，第153页。

亲时才需要交换生辰八字，穷苦人只算卦即可。第三次再由求亲者带上两三藏升青稞送给对方，交换打卦的结果。如果双方都认为满意了，这门亲事就最后定下来了，只待择日迎娶了。这次仍叫"德"。第四次求亲者送上最后一次"德"青稞三至五藏升，由双方家长确定嫁娶日期，然后由迎娶的一方给出嫁的一方家中的兄弟、姐妹每人几两藏银（富者多给，穷者不给或少给，无统一规定）。这次"德"双方还要商定财礼与嫁妆的数量和东西。经过上述四次往返求亲之后，就算订婚了。①

达斡尔族择偶的第一步是托人牵线，叫"希卓宜奇勒格贝"。受托的人应当是女方家的亲属或好友，先去探听信息，了解女方是否有了婆家，向其父母及老人介绍男方的情况、家庭成员、经济状况等。鄂温克族求婚时男方托媒人到女方家求婚，一般是请另一氏姓的长辈作媒（多是男辈的人）。媒人需要熟知求婚礼节和一整套专门用语，去时带两瓶酒。若对方同意，媒人则向对方叩头，以表示谢意。②鄂伦春族男女结亲，是生活中的一件大事，一般是男方的父母看中了女家的姑娘，认为适合结亲，由男方找媒人到女家求婚。当媒人的一般不但要与男方家有亲属关系，并能与女方家说上话，同时是能说会道的人。当媒人的妇女较多，其年龄一般在二十岁以上。如果媒人到女方家说亲，女方家未答应，要托女方的亲戚再去求婚，如果女方家仍不同意，则由男方父母亲自出面。在求婚的过程中，如女家大多数成员同意，而女子本人不同意时，要由其姐姐、嫂嫂或舅母来劝说，最后女子本人仍不同意，但她父母同意，也就决定了。如果男子不同意这门亲事

---

① 西藏社会历史调查资料丛刊编辑组：《藏族社会历史调查（六）》，西藏人民出版社1991年版，第399页。

② 陈伯霖主编：《黑龙江少数民族风俗》，中央民族学院出版社1993年版，第118—120页。

时，则由其父母给做主订婚。① 哈萨克族"库达苏依列斯乌"，即说亲仪式，男子到了十多岁（也有幼年时说亲的），父母便积极为儿子物色对象。说亲时，男子不去，只男方父母或亲友携带礼物前往女家。如女方有意，则收下礼物，并宴请男方客人和商定订婚日期。② 东乡族子女到七八岁后，父母就为他（她）们做主订婚。如父母早亡，则由伯、叔或兄长做主。指腹为婚可不找媒人，只需男方父亲用红纸包一斤茶叶、六尺左右的布料，亲自送到女方家，即算初约亲事。③ 柯尔克孜族信仰伊斯兰教，是新疆主要的游牧民族之一，内蒙古、黑龙江等省份仅有极少量分布。柯尔克孜族保留着具有浓郁民族特点的风俗习惯，结婚前的定亲仪式，一定要举行。而且，订婚非常慎重，决不简单地听从媒妁之言，要双方父母亲自相亲后始能定亲。④ 塔吉克族缔结婚姻的第一步是男方向女方求婚，称为"库达格力"。一般由男方家长请比较有地位的老人和一位年长妇女，携带一些衣服、首饰和一只绵羊作为礼物，前往女家提亲。女家由年长的男子和妇女接谈。被求婚的姑娘必须回避。⑤ 四川省甘洛县腴田乡"独立白彝"两家婚姻联结，由双方父母主持，媒人说合。媒人介绍，双方父母同意后，可杀猪看吉凶，如认为吉祥便算订婚。⑥ 四川美姑县巴普地区彝族的婚姻结合，一般都是父母主持，媒人说合。媒人大部分是黑彝或曲伙，

---

① 内蒙古自治区编委会：《鄂伦春族社会历史调查》（第一集），内蒙古人民出版社1984年版，第61页。

② 新疆维吾尔自治区丛刊编辑组：《巴里坤哈萨克族风俗习惯》，新疆人民出版社1986年版，第59页。

③ 奇泽华、傲腾、段梅编著：《中国少数民族婚趣》，青海人民出版社1990年版，第49页。

④ 莫复尧：《新疆少数民族婚俗巡礼》，《丝绸之路》2002年第6期。

⑤ 肖之兴：《塔吉克族》，民族出版社1989年版，第62页。

⑥ 云南省编辑组：《四川广西云南彝族社会历史调查》，云南人民出版社1987年版，第149页。

也有由瓦加或呷西说合而另找黑彝出名负责的，但谢媒银子平分。① 丽江纳西族通常是请媒人说亲，少数也由男方家长亲自去女家说亲的情况。媒人一般是能说会道，并且是父母双全，儿女双全的人，丽江坝子一带，媒人由妇女充任，而鲁甸一带充当媒人的则全是男子。通过媒人撮合后，双方家长请人算八字或看属相，有的是请"东巴"打鸡卜骨。女方同意之后，男方即请媒人送酒等礼物给女方，除酒外，糖，盐是不可少的礼物。女方收下小礼之后，如觉得婚事不合适，还可以反悔，但须将所收礼如数退还男家。② 侗族求婚，多由亲朋辗转介绍，双方彼此了解，且有联亲之意以后，由男方选一父母双全，生男育女的亲友或族人登门求婚，没专门媒人。③

　　第三，以礼物为传达双方意愿的求婚礼仪。青海回族送茶包后一个星期左右，经过了解，男方满意这门亲事，即准备两包冰糖，请媒人送到女家，表示男方满意这门亲事，催促女方正式表态。女方如允婚，即以"双碗"（一碗烩菜、一碗米饭）招待媒人，并给男方回以糖果包（内包糖、枣、蜜饯等），称为倒馃子茶。男方接到馃子茶，即请自己的亲友到家品尝，或分成小包送到亲友家中，正式告知与女方联姻。之后，男方家长拿衣料或裤料一件，偕媒人到女方家中去认亲，有的地方未婚婿也跟着去；随后，女方家长拿上给未婚婿的鞋袜，偕媒人到男家去认亲。④ 按照土族的传统，男方家的父母看中了别家的女子后，请两个媒人带上哈达、酒和蒸好的油面包子，到女家去说亲，即为求婚礼仪。如果女家不允，过几天后把所送去的东西原封退回（油面包必须蒸上新

---

　　① 四川省编写组：《四川省凉山彝族社会调查资料选辑》，四川省社会科学院出版社1987年版，第120页。

　　② 云南省编辑委员会：《纳西族社会历史调查》，云南民族出版社1983年版，第63页。

　　③ 编写组：《侗族简史》，贵州民族出版社1985年版，第149页。

　　④ 青海省编辑组：《青海省回族撒拉族哈萨克族社会历史调查》，青海人民出版社1985年版，第67页。

的）。如果允许，则只把空酒瓶退回。[1] 保安族婚前，首先由男方
父母请媒人去征询女方父母的意见，如果女方父母同意提亲，男
方家就会准备好一块茯茶、一份"四色"礼、一块衣料，由媒人
送到女方家去正式定亲，这被称为"定茶"。接过"定茶"的姑
娘，就不准再相亲了。定亲后到结婚之前，如果遇到"斋月""尔
德节"，男方都要前去给女方家送些礼物，在新粮收成后，男方也
要给女方家送一些去尝新。[2] 裕固族男子到了结婚年龄，家长请两
个媒人携带两瓶酒和若干哈达（视女方家庭人口多寡而定，其中
对女方家长需送由两个见方的哈达连在一起的二连哈达）到女方
家说亲。若女方父母同意即收下礼品，否则拒绝收礼。女方家许
亲后，请喇嘛打卦占卜看双方生辰是否相合，谓之合婚。[3] 白族婚
姻多为父母包办，一般男子在五六岁时，由男方送给女方一盒糖，
讨女方八字；经算命八字合后，男方送订金100元半开，镯头一
对，糖一盒，双方换庚帖，即为订婚。[4] 傈僳族一般是从小订婚，
由男方请一个媒人（多由氏族头人担任）带一瓶酒及一件饰物
（料珠项圈或一个海贝），到女方家说合，如女家父母同意，即商
议财礼，最少是三头牛，家庭富裕的多至七八头。[5] 土家族男方家
长或本人看中了某家姑娘，便请亲友做媒，到女方家去求婚。媒
人拿伞一把，表示团圆，也是做媒标志。同时男方为媒人准备一
块肉，两斤多重，作求婚礼物，也是衡量女方家长和姑娘对这门
亲事态度如何的把凭。求婚方式以伞为礼物作凭据，是土家族的
传统。长期如此，约定俗成，男方、女方和媒人都通情达理，不失

---

① 青海省编辑组：《青海土族社会历史调查》，青海人民出版社1985年版，第
123页。

② 杨启辰、杨华：《中国穆斯林的礼仪礼俗文化》，宁夏人民出版社1999年版，第
70页。

③ 甘肃省编辑组：《裕固族东乡族保安族社会历史调查》，甘肃民族出版社1987年
版，第22页。

④ 云南省编辑委员会：《白族社会历史调查》，云南人民出版社1983年版，第66页。

⑤ 云南省编辑组：《傈僳族社会历史调查》，云南人民出版社1981年版，第10页。

礼仪①。

第四，以多次拒绝考验男方决心的求婚礼仪。按照乌孜别克族传统习俗，如果男家看中了某家的姑娘，想娶过来作为儿媳，那么，男家便聘请媒人前往女家提亲。但是，即使女家父母看中了男家的小伙，也不能在媒人第一次登门时便顺利地答应亲事，媒人要把腿跑细了，把嘴磨薄了，三回九转，才能办成。女家父母往往借口姑娘还小，不能理家，不会孝敬老人等，把媒人很有礼貌地送出家门。过些日子，媒人再次登门，又被女家婉言谢绝。如此三番五次，女家父母才同意联姻。求婚如此之难，一来表示女家姑娘的娇贵，不肯轻易嫁出；二来表示男家求婚心切，情诚意尽。②

第五，以占卜仪式获知婚配决定的求婚礼仪。苗族是发源于中国的国际性民族，主要分布于中国西南的贵州省、湖南省、云南省以及东南亚地区。贵州省从江县加勉乡苗族由本人或其父母确定婚配对象后，男家请"说亲人"上门"说亲"。"说亲人"多借讨谷种、鸭种、鸡种的名义上门求亲。如果有结亲的意向，女方要举行"杀鸡看眼③"仪式，预卜婚后吉凶。若无不吉征兆，即杀鸡一只，酒一碗，置于火坑侧边敬祭祖宗。然后请族中一二人陪"说亲人"同饮，女家父母要共同夹鸡腿一只送给"说亲人"，以示谢意。此时，"说亲人"就可将男家择定的吉日告诉女方。如女家"杀鸡看眼"有不吉迹象，则以便饭招待"说亲人"，并申明吃的是"朋友饭"，婚事即至此告终。④ 居住在贵州黔西南布依族苗族自治州的望模县打易区新坪乡放牛坪的白苗，以鸡卦来确定姻

---

① 白新民：《土家族风情录》，四川民族出版社1993年版，第96页。

② 吴存浩：《中国婚俗》，山东人民出版社1986年版，第371页。

③ 注：杀鸡看眼，意为苗族经过父母撮合的婚姻，或自由恋爱又通过父母主持的婚姻，要由女家或男家杀一只公鸡来卜测吉凶，如果鸡煮熟后两只眼睛同时睁开或同时闭着，则认为婚后双方吉祥，可以成婚，否则，则是不祥的征兆。

④ 贵州省编辑组：《苗族社会历史调查（二）》，贵州民族出版社1987年版，第82页。

缘的习俗十分盛行。腊月间（忌打雷下大雨），白苗男方父母请两位媒人带上一把布伞、一对鸡卦（鸡翅膀基部的一截骨头）前去女方说亲。带去的鸡卦，事先经过严格精心的挑选，鸡卦出现三个斑眼的，认为不吉利，不叫媒人去说亲；鸡卦出现四个斑眼的，两边各有两个，认为是最吉利的预兆，非去不可。两媒人起程说亲，鸡卦系在伞上面，走到女方家媒人把伞挂于女方堂屋，并把带来的鸡卦递给主人仔细观察。如果主人拒绝这门亲事，则只招待媒人吃饭，闭口不谈婚事；如果主人同意，则叫媒人去请女方的大舅、大伯、大叔座席。[①]

（二）以共同意愿为主体的求婚礼仪

以畜牧或农商结合经济生活模式为主、历史上发生过较大迁移、融合，以及地域遥远受中原文化影响较为有限的民族，具有比较显著的流动性及多元性。他们的求婚礼仪也表现出以共同意愿为主体的特点，即父母、子女乃至村社族人共同享有择偶权。

第一，受生计模式影响的共同意愿主体求婚。以畜牧经济为主或农商结合的民族，社会组织相对松散，分层尚未完全固化，求婚礼仪的主体多为婚配双方父母及本人，长辈及婚配个体共同享有择偶决定权。西北民族多从事传统畜牧经济活动，根据气候变化和草场枯荣等情况而季节性地转换牧场。在"逐草而居"生活方式基础上，形成的相对松散的民族社会组织、家庭结构，赋予了年轻一辈更多的自主与决定权。维吾尔族婚配一般有择偶、说媒、订婚、结婚阶段，婚礼比较简朴，但又极为隆重，在优美的歌声和翩翩的舞蹈中婚礼显得异常热烈。择偶要先由父母为儿子选择对象，父母取得一致意见后，通过旁人暗示儿子或通过别人听取儿子的意见，三方统一后即可选定。另外儿子也可以自己找对象，如果合父母的心意，也能成功。总之，父母的意见起决定性的

---

① 杨正文、万德金、过竹编著：《苗族风情录》，四川民族出版社1998年版，第216页。

作用。①

　　撒拉族男子年满十五六岁，父母就开始为其说媒定亲，通常十七八岁成婚。婚姻的缔结，通常由"瘦吉"（媒人）作媒，父母做主，有"天上无云不下雨，世上无媒不成亲"之说。男家看中某家闺女时，就央请媒人（一般是男的）向女家致意。如女方父母同意后，再征得闺女本人及亲房叔伯的同意，即可由男方择定日期，请媒人向女方送"订婚茶"。②

　　锡伯族提亲，也叫"说媳妇"（汉语为"说媒"）。男方的家长，给自己的儿子物色一个人品好、会操持家务的对象，经儿子同意后（未经同意的也有），便请一位有名望、与女方家长关系好的人为媒妁（男女都有），前往女家提亲。媒妁领男方家长第一次去女家时，不带任何礼品，只空手去作一般性的串门，互相聊天，根本不提说媒之事。告别时，媒妁才给女方留个话："我们改日再来拜访。"虽然如此，但女方的家长早已觉察到来者的意图。客人走后，他们便私下议论对方的家道；打听男方儿子的为人；商量这门亲事能不能答应。媒妁和男方家第二次去女家时，带一瓶烧酒，作为首次提亲的见面礼。大家寒暄片刻后，媒人起立，同男方家长一起，给女方双亲敬酒，说明来意。女方父母若有许亲之意，则谦让一番，欣然饮之，倘不同意，则坚辞不接酒盅。③

　　西北是我国少数民族人口集中分布的地区，也是最干旱的地区，生态环境极其脆弱。在不利的自然条件下，重视商业、尊重商人成为穆斯林社会特有的价值观，《古兰经》中多处提到的"出外奋斗者、大地上寻找财富者"，主要指的是商人，"谁为主道而迁移，谁在大地上发现许多出路，和丰富的财源，真主必报酬谁"。因为在农业劳动之外借助各种商品或服务的交换获取利润，可以

　　① 刘志霄：《中国维吾尔历史文化研究论丛》，新疆人民出版社 1998 年版，第266 页。

　　② 严汝娴主编：《中国少数民族婚姻家庭》，中国妇女出版社 1986 年版，第 111 页。

　　③ 稽南、吴克尧：《锡伯族》，民族出版社 1990 年版，第 41 页。

降低人的生存对土地的依赖性，回族认为经商是受真主喜爱的职业，给予商人很高的社会地位。农商结合的经济生活，不仅节约了有限的土地资源，也造就了流动性强的生活特点，丰富了社会阶层流动的渠道和途径，并直接影响回族的求婚礼仪。按照伊斯兰教规，回族一般是男方家通过各种途径看准姑娘后，请媒人去提亲。回族请媒人一般要两个以上，一个代表男方家的媒人，一个代表女方家的媒人。男方家的媒人提亲时，要带上茶、糖等四色礼，并通报男方家的姓名、家庭经济状况和教派等情况，有的还详细介绍男方家小伙子的相貌、性格、文化程度、手艺等，女方家长听后觉得大体合适，便给男方家媒人留话。女方家也请媒人到男方家看家道，并由男女双方媒人安排姑娘、小伙子在集市或亲戚朋友家见面，看男女相互能否看上对方相貌人品。见面后如无反对意见，男方家父母或其他人带上四色礼，小伙子还要带上见面钱，在媒人的陪同安排下正式见面。①

　　第二，文化重构中形成的共同意愿主体求婚礼仪。自古以来，中朝人民在经济、文化各方面有着密切的联系，保持了频繁的往来。我国的朝鲜族是 18 世纪初开始从朝鲜半岛迁入中国境内的朝鲜民族移民。在历史变迁过程中，朝鲜族的婚礼文化经历了持续不断的文化重构实践，并逐渐呈现出特殊的文化性质。朝鲜王朝英祖时期，李绰在《四礼便览》中确立了私婚四礼，即议婚、纳采、纳币、亲迎。议婚，即求亲礼仪，或青年男女直接会面交谈，或通过媒妁与男女双方父母会面。青年男女会面虽在部分地区存在，但多数还是通过媒妁了解双方的"家底"，衡量双方是否门当户对。② 如果两家人都满意，便由男方家长向女方家长递送"请婚书"。女方家长接到"请婚书"之后，再经媒妁回复"许婚书"。男方家长向女方家长递送"请婚书"时，附以"四柱单子"，所谓"四柱"，是指小伙子出生的"年、月、日、时"四项内容。女方

---

① 王正伟：《回族民俗学概论》，宁夏人民出版社 1999 年版，第 140—149 页。

② 编写组：《朝鲜族简史》，延边人民出版社 1986 年版，第 229 页。

家长合对男女双方的"四柱",如果认为合适,便确定婚约;反之,便取消这门婚事。[①]

第三,受自由恋爱传统影响的共同意愿主体求婚礼仪。大理洱源白族小伙在生产劳动,对歌或踏歌等活动中认识并爱慕上哪家的白族姑娘,男方家就请媒公媒婆带上小伙,提着蕴含婚姻美满,甜蜜久长的"四色水礼"(烟、酒、糖、茶),在象征圆满吉祥之意的农历逢双月的月圆之夜,悄悄地上门相亲,向女方的父母求要姑娘的生辰八字。不论相亲是否成功,女方家都要以大红公鸡做夜宵来款待远道而来的相亲者,并把姑娘的生辰八字给对方。男方带着自己的和女方的生辰八字,请当地有名的阴阳先生合八字,如果男女双方生辰八字合得吉祥如意,再经女方本人及其父母和直系长辈同意后,就由男方家选定吉日,举行定亲仪式。[②] 云南大姚县龙街彝族男女双方定下私情,一般都不主动告诉父母,待父母为儿女的婚事着急,再三催促,小伙子才向父母暗示。父母得到信息,带上白酒 2 斤,红糖 4 斤,请来媒人,去女方家试探性地"说亲"。[③] 广西隆林县德峨区彝族男家的父母看中某家的姑娘后,就派两个女媒人拿一瓶酒到女方家求婚。一般在去头一次时是不会同意的,因为当天女方家庭来不及请亲戚,因此必须有一定的约定时问待女方考虑同意后,请亲戚来吃饭,亲戚也准备送些礼物给姑娘。[④] 景洪傣族男女青年婚前可以自由交往,恋爱成熟双方有了订婚要求,男青年便不做家里的生产劳动,而是到亲友家里去玩耍,作为向父母提出要求为自己订婚的暗示。父母知道那家姑娘后,便托舅舅和一位亲戚去说亲。青年男女完婚和建

---

①　吉林省政协文史资料委员会、朝鲜族自治州政协文史资料委员会:《吉林朝鲜族》,吉林人民出版社 1993 年版,第 407 页。

②　杨世明:《洱源白族的婚礼》,《大理文化》2012 年第 1 期。

③　云南省编辑组:《四川广西云南彝族社会历史调查》,云南人民出版社 1987 年版,第 221 页。

④　同上书,第 276 页。

立家庭，不仅是男女双方及其家庭的事情，而且直接关系村社和家族其他成员的利益，因而须要获得家族族长和村社头人的同意。在一般情况下，只要女方家长同意，征求家族族长和报请村寨当权头人认可，只是一种例行手续，但是村寨头人也会借此为达到某种政治或经济目的不予批准。畲族一般要经过说亲、定亲、娶亲三个阶段。男青年由媒人陪同下到女家，畲语叫"太布娘"（看老婆），相互了解对方的相貌和才能，如果双方都有意，则女青年由母亲或姑姨陪同到男方家了解男方家庭情况，畲语叫"太人家"。如果双方满意，男方送女青年一些礼物，女方回敬男方一条彩带。然后，由男方父母托媒人去女方家说亲，媒人拿着男方准备的一斤面条到女家去征求女方家长是否同意与男方结亲。媒人三进三出，女方才收下那一斤面条，就算口头同意了这门亲事。女方家长口头同意后，媒人替男方送去红糖、面、糕饼各一斤，这叫"问亲礼"（也叫"问嘴饼"）。女方将礼物收去后，就表示真正同意了。女方收下面条后，就请本房的族人来吃，借此宣布他的女儿已许配给人。①

（三）以子女意愿为主体的求婚礼仪

很多少数民族具有自由恋爱，婚姻不由父母包办的传统。男女青年通常是在共同劳动中互相认识、了解，建立感情并确定恋爱关系后，由男方家长或媒人出面向女方求婚。男女双方在恋爱和婚姻中处在平等、自主的地位，有助于建立持久的感情基础。中国的俄罗斯族求婚前，男女青年往往互相认识，有过较多的接触，或者经过一个时期的恋爱，然后由男方的家长出面，在面包上放一撮盐，托媒人送到女家去求婚。如果姑娘不接面包，就是表示拒绝；如果姑娘接过面包，并且亲手将它切开，就是表示同意。一旦姑娘答应婚事以后，双方的家长就要共同商定婚期，忙着准备嫁

---

① 施联朱：《畲族风俗志》，中央民族学院出版社 1989 年版，第 130 页。

娶。① 与俄罗斯族由姑娘是否接面包表达对婚事应允不同，更多民族在尊重子女自由恋爱意愿的同时，以父母是否接受礼物表达对婚姻的许可。云南金平县哈尼族里加扎格邹人男女相爱后，要由男方请媒人（稠卡）到女家求婚。媒人去时要带烟、酒，送给女方父母。在第一次，女方父母为了表示矜持，即使同意也不能接受烟酒，要等到媒人第二次来求婚，甚至直到第三次才能接受媒人所带来的烟酒。② 黎族男女青年婚前恋爱自由，"有情投意合者，即订配偶；相订后各自回家告知父母"。之后，男方家长便委托媒人带着槟榔等到女方家求婚。女方家长如果同意就吃男方家的槟榔，如果不同意即婉言谢绝。③ 佤族通过"串姑娘"，男女确定恋爱关系后，便由男方向女方求婚。男方的两位长者陪同一老妇去姑娘家，先递上礼品，如果姑娘的父母收下礼品，则表示同意举行订婚仪式。④ 拉祜族结亲，要男女双方先定情，后由男方代表向女方父母求婚，求婚的代表常是自己的父母、兄姐及亲友。云南孟连县拉祜族求婚的礼物是一瓶酒、一包茶，如女方收下便表示同意，拒绝则表示不同意。⑤ 勐海县拉祜族男方家长请媒人（拉祜话叫"昔索者"，意即帮说话的人）去女方提亲，女方家长同意后，就算订婚，男女双方可以互赠手镯为信物。⑥ 拉祜族苦聪人（拉祜西）小伙子向姑娘求婚时，都要带上自己猎获的松鼠，而且一定要单数。在苦聪人看来，打不到松鼠的小伙子是被人看不起的，也不会得到姑娘的爱慕。⑦

---

① 编写组：《俄罗斯族简史》，新疆人民出版社1987年版，第5页。

② 云南省编辑委员会：《哈尼族社会历史调查》，云南民族出版社1982年版，第63页。

③ 邢关英：《黎族》，民族出版社1990年版，第59页。

④ 赵富荣：《佤族风俗志》，中央民族大学出版社1994年版，第83页。

⑤ 云南省编辑组：《拉祜族社会历史调查（二）》，云南人民出版社1981年版，第42页。

⑥ 同上书，第72页。

⑦ 晓根著：《拉祜文化论》，云南大学出版社1997年版，第160页。

还有的民族传统婚姻以父母抉择为主，但现在以男女青年意愿为主，同时以媒人多次求亲等方式，传达遵循传统、尊重父母。塔塔尔族很少早婚，青年男女一般到二十岁左右才结婚。传统婚姻由父母包办，现在男女青年虽然实现了婚姻自由，但是媒人仍然还起着一定的作用。当男女双方互相有意之后，便分别回家告知父母，由男方聘请媒人到女家提亲。在提倡恋爱自由的今天，青年人的婚事一般都能得到女方父母的同意。不过，按照过去沿袭已久的习俗，媒人得三番五次登门求亲。①

（四）多种形式并存的求婚礼仪

有些民族分布地域较广，即使是相同民族，由于各地经济发展不同，社会组织有异，求婚礼仪多表现出婚配双方自主意愿、父母包办、村社认可等多种形式并存的特点。就藏族而言，在经济条件比较薄弱，社会组织相对松散的地区，婚姻比较自由。一般十四五岁时即举行简单的婚礼仪式。山南地区藏族比较贫困，双方同意以后，同居就算成婚，一般不举行婚礼。②经济基础比较良好、社会组织比较完备的地区，婚姻多由父母包办，婚礼也比较复杂，有的地方孩子五六岁时父母就要为其择偶求婚，订婚还需要取得母舅的同意。理县的藏族求婚时，男方要先请媒人携带一罐杂酒、一碗酥油、一条哈达去女方家说合，但按照惯例第一次、第二次女方会谢绝求婚。之后女方父母需要和母舅商量，说明男方家对女儿的喜爱，如果母舅同意。男方第三次求婚时，女方才倒出杂酒，在罐上缠上红白哈达，由媒人带回男家作为已允婚的表示，男家并以之作为信物摆在神龛上，到结婚时才能移动。③那

---

① 吴存浩：《中国婚俗》，山东人民出版社1986年版，第423页。

② 西藏社会历史调查资料丛刊编辑组：《藏族社会历史调查（二）》，西藏人民出版社1988年版，第106页。

③ 四川省编辑组：《四川省阿坝州藏族社会历史调查》，四川省社会科学院出版社1985年版，第242页。

曲宗罗马让学部落藏族在青年男女相互了解基础上，需经过喇嘛相命才能求婚。每年秋天的赛马会，也是那曲宗罗马让学部落男女青年相互观察，了解对方财产、年龄、家庭以及劳动等情况的机会。男方在选择女方时最主要考察是否善于制奶。在相互了解后，男方要请喇嘛按生辰年月算卦，命相对了才由父母或媒妁携带哈达去求婚。女方父母不愿意便不收哈达，若愿意则收下哈达算是订婚。① 托吉谿卡地区藏族农奴——差巴子女的婚姻，一般为父母包办，媒人介绍，男方家长向女方家长求亲时，要送哈达、青稞酒。若女方家长同意，双方选择吉日，男方送来给新娘的服装、首饰、鞋子等，并备酒庆贺，作为订婚仪式。② 柳谿卡地区藏族婚姻需媒人说合，喇嘛算命合适后，男方家长才去女家求婚，谈妥后订婚。③ 青海省兴海县河卡乡藏族应允婚事不仅需要女方家长同意，还要征求亲戚意见并请示部落头人。活佛算卦，断定双方生辰相合后，男方找媒人带马一匹，缎子七八方，酒十斤和现金100元，作为礼品，到女方家求亲。得到女方家长、亲戚及部落头人的批准后，才能议订"彩礼"。④ 日喀则宗牛谿卡藏族在结婚之前，双方需要有四次说和求亲。娶妻由男方的父亲向女方求亲，招赘则由女方的父亲向男方求亲，无父亲者母亲出面也可以，如父母双亡则请自己的一位长辈去求亲，贵族求亲则一般要由媒人出面。⑤

　　高山族支系众多，不同群体求婚礼仪各不相同。一些群体中的

---

　　① 西藏社会历史调查资料丛刊编辑组：《藏族社会历史调查（三）》，西藏人民出版社1989年版，第49页。

　　② 西藏社会历史调查资料丛刊编辑组：《藏族社会历史调查（五）》，西藏人民出版社1989年版，第114页。

　　③ 同上书，第324页。

　　④ 青海省编辑组：《青海省藏族蒙古族社会历史调查》，青海人民出版社1985年版，第30页。

　　⑤ 西藏社会历史调查资料丛刊编辑组：《藏族社会历史调查（六）》，西藏人民出版社1991年版，第399页。

青年男女可以自由恋爱，但结婚必须征得父母、亲友的同意。阿美人传统社会盛行以祖母或母亲为主体的母系家庭制，女招婿、男入赘和一夫一妻制并存。男女青年可以自由交往和相爱，即使女方看中男方，也可主动向他提出求婚，但结婚则必须征得母亲以及祖母和舅舅的许可才行。泰雅人青年男女有自由交往、选择配偶的权利，但结婚必须取得双方父母的同意。如男方家长同意，即由母亲或委托亲友作媒，到女方家向其家长提亲，双方家长如同意子女的婚事后，要通报各自家族、亲友，承认这一婚姻关系。鲁凯人青年男女可以自由来往和交朋友，如果双方情投意合，男子先赠送一件饰物作定情礼，如女子同意也要回赠一件饰物。男女定情后，由男家托媒人赴女家求婚，女家同意，男家送酒、肉、糕、槟榔、烟、花环和饰物等以作订婚礼。卑南人青年男女要选对象结婚，不管是入赘的还是出嫁的，首先都要由男性主动向女性提出求婚。青年男女婚前可以自由交往，也可以自主地选择对象。但是，要结婚，最终必须取得双方家长的同意才能成立。曹人青年男女当情投意合时，由男方父母请人做媒说亲，如女方同意，男家以黑布两三丈作定亲礼，女家接受即告订婚，商定结婚日期。雅美人男女均有婚姻的自主权，都可以自主选择和决定自己的配偶。男女相爱并决定要结婚时，由男方母亲委托一名亲族人为媒人到女家提亲；如女家接受男方所赠玛瑙殊一串、镯子和其他首饰及银钱等礼品，即表示同意。布农人男子到了结婚年龄（一般在 20 岁左右），父母就要为儿子找好对象，并请求氏族或家族长老派人到女家做媒。如女方家与媒人互相交换烟头吸烟，这桩婚事就算答应了。赛夏人结婚没有自由，均须由父母做主，并要取得家族长者们的许可和征得母族方面的同意。父母为儿子选定对象后，约请家族长者一同前往女家求亲。如女方父母及家族长者同意，就与男家求亲者交换烟，以示许婚，并栽一棵松树苗，作为许婚的凭据，对这棵树是不允许随便砍伐的。[①] 即使在同一群体中，因为社会阶层不同，择偶模式也不相同。排湾人领主阶级实行包办婚姻，平民和佃农青年男女则可以自由恋爱，并可以自主地选择和决定自己的伴侣。男女双方如互有爱慕之意，男方（不管他是嫁娶的还是入赘的）都要主动到女方家拜访。如果女方父母表示满意，男方要将自己带来的头巾等礼物送给女方，以示求婚；如女方接受礼物，就算定亲了。

总体而言，在受传统礼制影响较为深刻或本民族礼制形成较早的民族中，求婚仪式更多遵从父母意愿；在传统文化要素保持较多的民族中，求婚仪式在一定程度上表现出父母和子女意愿在择偶上的统一。但是，无论是受汉文化影响或以本民族传统为主导，无论以父母意愿或父母子女意愿择定配偶，求婚礼仪表现出婚姻始于群体意愿的核心要义，婚姻从开始就不仅仅是两个自然个体的独立选择，而是在共同价值取向以及民族传统共同影响下形成的，具有显著群体选择特征的社会行为。

二　促进姻亲互动的订婚礼仪

研究显示，婚礼具有协调人际关系的功能，在某些地区、民族或阶层之间，婚礼还是协调不同群体关系的重要手段。婚姻的缔结过程，为姻亲双方提供了集会的时间和空间，姻亲在相互交流互动中，联系逐渐密切，关系不断强化。在此过程中，订婚礼仪

---

① 田富达、陈国强：《高山族民俗》，民族出版社1995年版，第172—179页。

即是组建和再现亲属关系的开端。订婚礼仪，将以血缘关系为纽带的亲属网络延伸到以两性婚姻为桥梁的社会结构中，在联系个体家庭的同时，拓展着个人与社会的联系渠道与范围；在展示双方家庭经济基础与社会地位的同时，增强着家庭与家庭之间的互动联系。

（一）以设宴互动为主体的订婚仪式

无论在传统文化或现代社会中，宴请行为均被赋予传递和表达信息，沟通和协调人际关系的符号意义。通过宴请行为，人们在社会中构筑个体身份、实现群体认同，同时更通过宴请扩张群体社会关系，形成新的社会互动与交往。在以设宴为主体的订婚仪式中，以血缘关系和家庭关系为核心形成的亲属关系延伸到不同家庭之间建立的姻亲关系的网络中。在订婚宴席中，姻亲长辈、同辈乃至晚辈之间通过合婚占卜、礼节互拜、象征仪式、嬉戏娱乐等互动，不断推动以姻亲为途径实现的亲属关系外向化，转变为家庭结构内在化。

第一，表征订婚系列功能的宴席。羌族的订婚宴席过程复杂而隆重，集中体现出订婚礼仪所发挥及表征的女方许可婚配、男方逐步与女方亲友建立群体认同以及女方与其家庭逐步分离的功能。具体而言，羌族订婚宴席主要由喝三次酒组成，即"斯果尔额希"（开口酒）、"订准俄酒"（小订酒或插香酒）和"龙果尔格"（大订酒），分别代表说亲、定亲和商定婚期三个阶段。首先，喝"开口酒"，即男方请"红叶"（媒人）去女家说亲，如女方同意，向男方说明需要办多少桌招待近亲的酒席，即表示订婚获得初期成功。按照约定，几个月后男方需要携带彩礼，如钱币、猪膘等，到女方家行"小订酒"礼。到女方家后，钱币、猪膘供奉在神台上，以示对祖先的敬重及仪式的庄重，同时备酒席招待女方近亲，告知近亲双方缔结婚姻。"大订酒"是具体商定结婚日期，男方再次去女方家办酒席招待邻近亲戚，要送更多的彩礼，特别要备一份红包（新中国成立前是银子）奉送岳母。[①] 三次酒宴邀请的主体各不相同，从女方父母到直系近亲再到邻近亲属，邀请范围逐步扩大标志着婚姻进程的逐步公开化以及人际交往圈子的不断拓展。订婚仪式过程，主要以男方为主，女方很少出现。以设宴为媒介，男方公开了双方缔结婚姻的消息，并逐步与女方及其亲属建立起群体认同。同时，订婚仪式过程也是女方脱离原生家庭的过程，订婚宴席范围的扩大、奉送彩礼分量的增加，尤其是奉送岳母红包的礼仪，表征着通过社会途径和经济途径促成女方与原生家庭脱离的过程。

佤族在订婚宴席上，不仅要公开男女两家结亲信息，为男女双方亲族互动提供时间和空间，也标志着即将婚配双方共同生活的开始。因此，在亲友互动基础上，佤族订婚宴席更多了由结亲男女同性伙伴分别陪同其到对方家劳动的内容，起到增进双方直接接触以及互相了解的作用，沧源佤族订婚酒宴集中体现了这一特色。沧源佤族订婚要选择吉日，即虎、马、牛、龙、猪、鼠、鸡日，其他日一般不用。订婚需要摆设3—4晚酒宴，每晚分别与不同群体进行交流互动。以双方亲友之间的交往互动作为定亲的开始，第一天晚上男方送酒到女方，由男方的同性伙伴倒酒请女方亲友喝；第二天晚上，男方拜见女方的舅舅，由男方本人送酒给女方的舅舅亲友喝，一来让女方亲友进一步了解男方，同时加强与婚姻有决定权的女方舅舅的沟通。若女方舅舅有事，不来亦可，但第三天必须参加；第三天是男方征求女方亲友同意结亲，双方加强交往的关键时候。到时，男方要再送酒到女方，请女方舅舅、亲友喝，并由女方舅舅、父母决定，请女子的同性伙伴陪同她到男家与男方及其同性伙伴一起去寨外砍柴或做其他劳动。这种象征性的劳动仅是一种仪式，时间不长，主要为婚配双方增加直接相处的机会。这一天男家煮饭泡酒请男女伙伴及亲友吃喝，非常

---

① 周锡银、刘志荣著：《羌族》，民族出版社1993年版，第108页。

热闹。当晚，姑娘在其伙伴陪同下，仍回娘家。第四天，正式同居的开始，男子在其伙伴陪同下到女方家。当天，由女方请吃酒饭，晚上女方父母便留男方住宿。该晚一般男子由同性伙伴陪同，女子由同性伙伴陪同，一起住在女方家中。以后男子便住在女家与女子同居，共同生活参加劳动，但仍属于订婚阶段。西盟佤族订婚时由男方杀猪煮饭、泡酒，请双方亲友、老人和男女青年的伙伴吃顿酒饭。男女青年唱歌跳舞，表示祝贺。订婚后，有的村寨男女便可在女方家同居了。①

按照基诺族传统，公开结亲的意愿后，双方才喝订婚酒，同时商议子女的婚事时不用口说，而是按照传统歌词互相唱和，用传统歌唱表示赞同。基诺族巴亚寨男子完成了给女家背水、扫地，公开了婚姻关系的仪式以后。即把喜讯转告父母，不久其父亲即邀请一个媒人（基诺语称"洒其"）和一个亲戚持三碗好酒去女方家议婚。双方寒暄之后共同饮酒并询问男女的年龄（女年逢七男逢九不得结婚）等。吃了这一次仪式性订婚酒后，就算正式订婚。② 巴夺和巴雅两村基诺族在双方互爱的基础上举行订婚，其订婚仪式大致分为三个过程，第一次称"衣类"，第二次称"阿下阿尼"，第三次称"阿居瓢"。举行衣类，要请女方的亲戚一两人，村落中头人一人，男女亲戚一两人，在晚上举行吃酒。第二次为阿下阿尼，时间在举行过衣类的一两个月后。请牟培头人和男女双方亲戚吃酒，要按男女双方的生辰来算八字。第三次阿居瓢，请女方母方的兄弟送给舅父一元半开，二三十市斤酒（二三十竹筒），酒和肉由男方带来。"衣类"要吃三天晚上。"阿下阿尼""阿居瓢"各吃一晚上。③ 三次吃酒分别发挥做出婚配决定、双方

---

① 罗之基：《佤族社会历史与文化》，中央民族大学出版社1995年版，第303页。

② 云南省编辑委员会：《基诺族普米族社会历史综合调查》，民族出版社1990年版，第68页。

③ 云南省编辑组：《云南少数民族社会历史调查资料汇编（一）》，云南人民出版社1986年版，第184页。

亲戚互动以及预示女方脱离原生家庭的功能。每次吃酒的主宾即具有决定权或主导权的个体，掌握婚配决定权的是村寨头人及男女方主要亲戚，主导双方亲戚互动的是牟培头人，待嫁女性家庭归属权则掌握在舅舅的手上。订婚酒宴中的权力结构，可以从一个侧面反映出基诺族传统社会由头人、舅舅及亲属组成的家族权力体系及其运行结构。

拉祜族在订婚仪式后，还有双方交互劳动和考察的阶段，为婚后家庭生活顺利提供了有效保障。拉祜族订婚称为吃火笼酒，届时，男家托媒人带两筒大米、两壶酒、两斤肉、一只鸡、一包茶叶和一块盐巴到女家。由媒人动手在女家煮好这些食物，请女方父母和亲友吃喝。有的是在男家摆火笼酒，请女方父母和亲友来做客，吃了火笼酒即算正式缔结了婚约。订婚之后，男女当事人需到对方家里做些活计，男子砍柴、挖地、犁地，女子纺线、织布、缝衣服。如发觉这些活计不会做或偷懒不好好劳动，对方据此可见提出退婚而不受社会舆论指责。[①]

第二，以合婚占卜为主的订婚宴席。在各地少数民族订婚礼仪中，普遍存在以合八字、占卜等仪式决定是否联姻，或者预测婚姻是否美满的仪式。朝鲜族女方同意婚配后，男方随即送"四柱"，即写着男子姓名、出生年、月、日、时的纸给女家。女方家长据此占卜男子与姑娘是否"合命"，朝鲜族称之为"穷合"。如果"四柱"相合，双方就能订婚。订婚仪式上，男子及家长在媒人陪同下来女方家认亲，男子需按长辈次序给女方家长行叩头礼，以示认亲，并设简单酒宴，喝"许婚酒"。女方请亲属邻里前来作陪，共席畅饮，歌舞通宵，以此来祝福姑娘和小伙子相亲相爱。[②]四川凉山普格一带彝族的订婚过程，在交付订婚金时，要举行祝福仪式，即主方向客方献上一钵烧肉和酒，并由一位老人念祝福婚姻美满的贺词，客人受礼后把钱放入钵中退还主人。以猪胆脾

---

① 严汝娴主编：《中国少数民族婚姻家庭》，中国妇女出版社1986年版，第311页。

② 陈伯霖主编：《黑龙江少数民族风俗》，中央民族学院出版社1993年版，第9页。

占卜婚姻吉利与否，是订婚仪式中的一项重要内容，届时要杀一只公猪，取出胆脾，看其好坏以定是否定亲。好胆脾预示着婚姻美满，否则就不吉利，婚姻就可能遇到麻烦。按习惯，如果猪胆脾不好，就要再杀猪再看胆脾，如果再不好，就会影响到缔结婚姻，甚至取消婚约。[①] 云南怒江地区白族青年男女订婚叫"给喻则"，汉意为"卖吃掉了"。订婚需讲好价钱，可以逐年付给，但最后要留一点，结婚时也不能付清，否则认为寿命不会长。通常是媒人先问女家："你们要什么？"女方说："我要四条牛"（最高标准），也有要一条、二条、三条的。牛按岁数大小算，当地白语叫"继取"，以十拳为标准，不够折钱，一拳一元五角（半开），拳即手掌的宽度，先用绳子量牛的胸围，然后再用拳量绳子的长度，有几拳即为几拳的牛。送礼的四头牛中，要有一头最好的，但六拳只能算五拳，扣下一拳表示好，其余实算。价钱讲好后，女家还牵出一头猪（大小不拘），当场杀掉，取出心肝五脏来观察，猪肝弯扭认为不吉利，猪胆小也不行，这样就不能定亲，只好算做搭老友了，被称为"加巫比"。假若猪肝生得好，猪胆也不小，双方就非常高兴，礼钱多少也不计较，通常男方再拿出三块钱，就算定亲了。双方讲好身价，男方可以逐年付给，习惯上不能全部付清。迁移到恩梅开江流域的白族，则有儿子还母亲的身价，孙子还祖母身价的，不是还不起，而是认为还清了，就是卖绝了，不好。[②] 云南中甸一带彝族有姑舅表缔结婚姻的优先权。订婚时，男家和女家要各宰一头猪或一只羊，取猪或羊的苦胆观察其形态作为订婚的依据。如果苦胆不大不小，不太满也不太瘪，即为好婚，象征吉祥如意。如果苦胆太大，太满或太小，则认为是不祥之兆，不能婚配。订婚时男方家要向女方家送财礼，数量一般不少于酒三瓶、

---

① 伍精忠：《凉山彝族风俗》，四川民族出版社1993年版，第169页。
② 云南省编辑组：《白族社会历史调查（二）》，云南人民出版社1987年版，第105页。

衣两件、盐两斤及银钱、茶、糖若干。① 占卜仪式，是以第三媒介
为沟通实现人神互动的过程，占卜结果体现着神对男女婚配的意
旨。订婚占卜，以神性意旨为世俗姻缘提供了抉择指导，在个体
及群体的层面上昭示着男女双方婚配的合理性甚至合法性，并对
双方履行婚约发挥着保障作用。

第三，以认亲互动为主的订婚宴席。在传统亲族社会中，订婚
涉及两个家庭、家族社会关系的外向延伸或内向紧密，磕头认亲
是建立或密切家庭关系的直接方式。锡伯族许亲之后，男方抓紧
时间，积极做好准备，履行订婚仪式。订婚仪式分两次举行。第一
次为"磕空头礼"，即媒人同女婿及其父母，带两瓶贴红的喜酒去
到女家，让女婿给岳父岳母及家长辈磕头，进双盅酒，表示答谢
许亲之恩。这天女方准备一顿便宴，接待亲家。第二次为"磕湿
头礼"。男方择吉日，事先告知女方，请好女方直系亲属。到了订
婚日，男方及其父母、媒妁坐马车，拉着绵羊或猪，带着喜酒，共
同去女家，设宴招待女方直系亲属，互相认亲。席间，男方双亲、
媒人举杯，陪同女婿向岳父岳母及直系亲属跪献衣料或茶糖等礼
物，并给未婚媳妇送一两件衣料。履行完仪式，即宣告正式订婚。
正式订婚之后，男女双方经常来往，保持亲密关系。未婚嫁前，每
年新春佳节，男方都给未婚儿媳送一件衣料；女方也给女婿送一
双女儿亲手缝制的布鞋，表示关系正常。倘若男方无故连续三年
不尽这个义务，就代表自行退婚；女方如果反悔婚约，将女儿另
许他人，男方有权提出控诉，索回所送彩礼。② 锡伯族磕头礼，有
明确的由核心到外延的认亲过程。"磕空头礼"拜见的是女方父母
及长辈，"磕湿头礼"招待范围进一步扩大为女方直系亲属，以社
会互动达成结亲双方的群体认同。同时，通过双方互赠礼物，建
立起彼此之间的经济联系。

---

① 云南省编辑组：《四川广西云南彝族社会历史调查》，云南人民出版社 1987 年版，
第 211 页。

② 稽南、吴克尧：《锡伯族》，民族出版社 1990 年版，第 42 页。

鄂伦春族一旦求婚定妥，男方就抓紧前往女方家举行认亲仪式。未婚夫要穿上新衣服，由母亲或婶母、媒人和其他亲友陪同，并携带一些好酒好肉到女方家去。举行认亲仪式时要摆设酒席，宴请女方亲属，女方家也要邀请一些亲属参加。对此仪式鄂伦春语叫"参突拉日恩"。在酒席间女婿要给女方的所有长辈人敬酒磕头，但暂不给岳父母磕头。通过这种仪式，就算双方正式定亲，即订了婚，从而不仅被社会所承认，也要受到氏族习惯法的保护。认亲时男女双方都要穿上漂亮的新衣服，皮衣服要用黑皮子镶云子边，女婿穿的坎肩的肩上要缝上红布，并在背面和肩头要刺绣云字纹。姑娘要修鬓角，并要把头发梳成两条辫子缠绕在头上。他（她）们的这种衣着打扮是以示和订婚前的区别，别人一看便知他（她）们已经订了婚。①

第四，富含象征意蕴的订婚宴席。宴席首先是女方同意定亲的象征表达。广西隆林县德峨区彝族男家的父母看中某家的姑娘后，派两个女媒人拿一瓶酒到女方家求婚，女方的父母问姑娘同意否，若同意就转告媒人，媒人于是与女方父母饮酒，这是说媒成功的第一步。不久，男方另派两个男媒人拿一瓶酒一只鸡到女家正式谈亲，到女方家说明来意后就要动手杀鸡煮菜。女方同意杀鸡煮菜吃，即表示同意结婚，如果女方不同意或暂时考虑不成熟时，即阻止媒人杀鸡煮菜，把锅收起来，并给媒人另定一日期再行商磋。男方派去的媒人到约定日期便去赴会商量，同意的话，即杀鸡共吃，女方便请其亲戚来吃，表示女儿已经订婚。一般在去头一次时是不会同意的，因为当天女方家庭来不及请亲戚，因此必须有一定的约定时间待女方考虑同意后，请亲戚来吃饭，亲戚也准备送些礼物给姑娘。②

订婚宴席上的食物往往表达对婚约的遵守。在蒙古人的定亲筵

---

① 韩有峰：《鄂伦春族风俗志》，中央民族学院出版社1991年版，第88页。

② 云南省编辑组：《四川广西云南彝族社会历史调查》，云南人民出版社1987年版，第276页。

席上务必要吃羊颈喉肉也是一种礼俗。羊颈喉肉骨头坚硬，连接牢固而不易掰开，吃羊颈喉肉定亲是表示订婚不悔。蒙古族察哈尔人婚俗中的姑娘宴上，女方为考验新郎的机灵强壮进行一种游戏，即让新郎掰开羊颈喉骨，也是古代"吃不兀勒札儿"，即吃羊颈喉肉习俗在现行婚姻习俗中的遗留和演变。[1]

有些民族以订婚宴上的饮食习俗象征婚后男女家庭地位和关系。赫哲族过大礼要用男家送的猪招待客人。杀猪也有一定的规矩，猪的四腿必须与肚皮连在一起，并将猪头、猪尾巴留下来，以便吃饭时招待未婚夫与未婚妻子。喝完酒后，大家入座吃饭，未婚夫不能与岳父母、媒人及各位来宾同席，而由另一人陪着在单独的一张小桌上吃饭，岳父就用留下来的猪头招待姑爷，并将猪尾巴送给已经躲到别人家去的女儿吃。据说这样表示男人是一家之主，女人应该对丈夫百依百顺，象征夫唱妇随，不能有丝毫违背。饭后，姑娘的父母、兄嫂及其长辈、亲友都向未婚夫赠送礼物，大多是些扇子、毛巾、烟、荷包之类物品。至此，过大礼的仪式就算完结。未婚夫回家时，将杀猪时留下来的四条腿带回家中做菜请客。[2]

有些民族的订婚宴席中蕴含着大量表达婚姻祝福的象征。贵州台江巫脚、番召、文下一带苗族订婚宴席有快酒仪式和满寨酒仪式，快酒仪式蕴含祝福婚配双方个体婚姻完美、多子多育的仪式象征，满寨酒仪式则是婚配双方家庭通过社会互动——喝酒和经济互动——互赠礼物互动来实现群体认同的途径。举行快酒仪式时，女方先把鸡剖成五大块；两腿两翅分成四块；头为一块，连同糯米饭五团、泡酒五碗，一起放在火坑正上方的菜篮内或菜板上，然后由女家在场的亲族和男家来客中连同主人选出夫妇双全的 5 人

---

① 那·舍敦扎布：《蒙古族婚俗之定亲习俗考》，《新疆教育学院学报》2000 年第 1 期。

② 黑龙江省编辑组：《赫哲族社会历史调查》，黑龙江朝鲜民族出版社 1987 年版，第 97 页。

（5人中主、客人数没有固定，只要有5人就行），来参加快酒仪式。开始时5人中先由客、主4人各喝一碗（5人中内有主人1人，负责杀鸡的不喝），第二碗5人互相交换喝。最后从5人中推出来客中的1人连喝5碗，促使呕吐。如尚未呕吐再加两碗，直至吐出为止。吐出后在旁的宾客大呼三声："唷！唷！唷！"主人即以糠壳把吐出的东西盖上，表示"发达多育"的意思。之后，5人各进饭，负责杀鸡者吃鸡头，其余4人吃鸡腿、鸡翅。吃时只稍尝一点，然后重将鸡的其他部分都切成小片，分给众客一起吃，宴席延长到深夜或天亮。第二天举行"满寨酒"的仪式。所谓"满寨"是指住在本寨的女方家族而言。凡应邀来做陪客的亲属，逐户设宴招待男方来的客人，每家都要耽搁十几分钟，喝酒歌唱，有时第三天还继续进行。"满寨酒"结束的第二天男方来人回家，女家杀一只小猪相送，男方将带回的小猪煮熟后，请族中三五人来共庆婚事的成功。女方送走客人后，把男家所送的礼金，买成盐巴分送给陪客的家族，少的每户二三两，多的五六两，表示谢意，订婚的仪式就告一段落。经过快酒仪式和满寨酒仪式，婚配个体得到了亲友的祝福，同时，双方亲友也因对方馈赠而加强了互动往来。

此外，还有的民族在订婚仪式中，有通过饮食行为表征女方与其原生家庭分离，即将归属于婚姻家庭的传统。云南大姚县龙街彝族经过"吃松毛酒""父母议亲""串姑娘房"等一系列的交往，双方都觉得亲事比较合意，便择日定亲。定亲的日子多选择在8月15或他们认为比较吉利的时辰。定亲礼物一般是一套衣服，10多斤酒，10来斤肉，其中猪膀子一只必不可少。礼物带去女家均由媒人安排烹煮。晚上，女方家长再次请来族邻亲友，共同欢聚。席间，媒人将煮熟的一坨猪膀肉递给未来的新娘当众吃下。姑娘"吃猪膀肉"的风俗，又叫"割耳朵肉"。意思是姑娘的"耳朵"已被新郎家割去了一只，从此以后，必须坚定不移地跟新郎过一辈子，不能三心二意，另求婆家了。[①]

第五，以对歌嬉戏促进双方亲友互动的订婚宴席。彝族在四川、云南、广西均有分布，各地订婚礼仪各不相同。四川凉山彝族的婚礼，至新中国成立前仍保留着浓厚的传统习俗。订婚仪式，彝语称为"俄冉姆"，意为"做亲"，须选择吉日举行，地点多在女家，也有少数在男家举行的。订婚仪式，男家要派重要家庭成员前往女家，同时要带上一对美丽的公鸡（有的是雌雄二鸡、有的外加一对小猪）作为订婚礼品，献给女家。还需要交付少量银两，作为订婚金，彝语叫"夫突折"，也是聘金的一部分。女家则杀猪宰羊，请酒吃肉，招待客人。村里的乡亲们也都纷纷前来帮助，庆贺一番。按照惯例，主客双方要用演唱的形式进行知识竞赛，一比高低。女家的姑娘们则往往趁客人不备，向客人泼水发动突然袭击，客人们躲避不及，个个被泼得满身淋漓。[②] 在以演唱为表现形式的知识竞赛以及以嬉戏祝福为目的的泼水袭击中，男女双方亲友不仅达到了群体相互结识的目的，还进一步深入了解到不同个体的才学乃至性格。对歌嬉戏在订婚宴席中发挥着强化姻亲双方互动，促进双方增进了解的作用。

哈萨克族订婚仪式是婚礼的重要仪式之一，哈语称"库达推斯乌"在女方家举行。订婚之日，男方父母及近亲带上一匹马和其他礼品前往。女方宰杀牲畜（忌杀黑色牲畜），盛情款待，并邀请诸亲参加。如女方收下男方带来的礼物，即表示订了婚。在仪式上，双方男主人坐上座，一边喝奶茶、吃肉或其他食物，一边谈笑取闹或歌呼相对。饭后，女方主人给男方客人送上用煮熟的羊肝和羊尾巴油切成块儿和酸奶搅拌而成的食物，他们认为羊肝最为香甜，羊尾巴油最肥，让客人们吃了，希望他们的生活也像羊肝那样甜，像羊尾巴油那样富足。以食物为媒介表达对客人的祝福，

---

① 云南省编辑组：《四川广西云南彝族社会历史调查》，云南人民出版社 1987 年版，第 222 页。

② 伍精忠：《凉山彝族风俗》，四川民族出版社 1993 年版，第 169 页。

对促进双方互动发挥了有效的作用。在仪式上，还有一些象征性的取乐活动，如女方妇女手拿针线向男方客人涌去，扯动他们的衣角、裙边往地毯上缝，表达双方联姻形成的紧密关系。此外，还有所谓踏水礼。女方妇女把男方男宾拉出毡房，推入门前的河中。如门前无河，则事前在门前挖一个坑，灌满水，把男客推入水池中，这表示经踏水之后，婚约无反悔。① 订婚仪式中的嬉戏娱乐活动蕴含了大量增强即将缔结婚姻关系的两个家庭社会互动，要求两个人信守婚约的象征。

（二）以礼物交换为主体的订婚仪式

布迪厄指出，每一个行为群体倾向于通过不懈的养护工作，在生活中维持一种特殊的实用关系网，这个关系网不但包括处于良好运转状态的全部系谱关系，一种纯粹基于宗谱关系的亲属关系，还包括因日常生活需要而予以调动的非系谱关系②。姻亲关系可归属于布迪厄所谓的"实践亲属关系"，礼物在姻亲结构和空间中的流动，为缔建、维持、再生产及改造以姻亲为主体形成的人际关系方面扮演着重要的角色。

第一，双方交换约定俗成的礼物，代表着姻亲关系的建立。有的民族交换订婚礼仪程序比较复杂，在订婚过程中双方互动关系程度不断增强、范围不断扩大。满族相看满意后，男方要赠送如意、钗钏等以为定礼，称为"小定"。有的男方主妇要把钗钏等首饰亲自给姑娘戴上称做"插戴礼"③。举行插戴礼，也是男方主妇直接与姑娘接触的时机，一来可以再次近距离观察姑娘的外形相貌，二来可以增进与姑娘的心理距离，以同性接触初步缔建姻亲之间的联系。小定后，要行"拜女家"礼，即选择一个吉日，未

---

① 新疆维吾尔自治区丛刊编辑组：《哈萨克族社会历史调查》，新疆人民出版社1986年版，第103页。

② 布迪厄：《实践感》，蒋梓骅译，译林出版社2003年版，第296页。

③ 王宏刚、富育光：《满族风俗志》，中央民族学院出版社1991年版，第169页。

婚新婿同族人一起往女家问名，女方聚族欢迎。男方长者致辞："闻尊室女，颇贤淑著令名，愿聘主中馈，以光敝族"（见《啸亭杂录》）等恭词，以示愿结秦晋之好。女方长者也致谦词答谢。这时，就算正式订婚，俗称"大定"。从"拜女家"礼开始，姻亲之间互动的范围扩大到双方的长老及族人，互动的形式也日趋正式和庄重。之后，男方根据议定的聘礼择吉日去女家行聘，称为"下茶"，两亲翁并脆斟酒互递醮祭，俗称"换盅"，女家设宴款待，男家赠银，以供跳神志喜之用。① "换盅"代表青年男女的婚事已得到双方家长的认可，姻亲关系正式建立，同时姻亲双方开始经济互动。

柯尔克孜族结婚前的定亲含有男方相看姑娘表达祝福、为姑娘梳头换装表示身份转变，以及女方设宴款待亲友告知婚事等内容，仪式非常隆重。首先，"相亲团"牵上一只活羊，带上衣服、首饰，特别要带一对耳环做为定亲的信物。"相亲团"来到姑娘家，稍休息一会，主要成员在姑娘的嫂嫂和姐姐陪同下，前去姑娘的居室"相面"。姑娘见了相亲的人，必须挨个儿问好，向每人三鞠躬。问好，是看姑娘在语言上有无缺陷；三鞠躬，是看姑娘身体有无残疾，行动是否机智伶俐。如果看上了姑娘，相亲的婆婆（或姑姑、姨姨）就上前去吻姑娘的前额，然后搂在怀里，说些赞美的话，亲热一番。再把姑娘拉到梳妆台前，庄重地给她戴上耳环，这意味着姑娘已是自己家里的人了。同时还要给姑娘梳"定亲头"，并把带去的金银首饰等装饰品，以及衣服、鞋帽统统给姑娘穿戴上，在打扮时还唱"定亲歌"。"定亲歌"主要内容是即兴赞美姑娘如何端庄美丽，她们如何喜欢和爱慕等。打扮完毕后，姑娘家要以简单的便饭招待。与此同时，姑娘的嫂嫂和姐姐看到妹妹亲事已成功，就赶快出去通知亲戚朋友和左邻右舍，并把"相亲团"带来的羊杀掉，准备宴席，隆重款待。"相亲团"把所带的

---

① 王宏刚、富育光：《满族风俗志》，中央民族学院出版社 1991 年版，第 172—173 页。

礼品，也按亲疏和辈分送给姑娘家的亲戚。订婚宴之后，双方即协商迎娶日期及其他有关事宜。① 整个定亲过程中，男女双方了解、互动，确定缔结姻缘以及通知亲友婚事的过程，都以礼物的流动作为主线。"相亲团"带去衣服和首饰，尤其是耳环，用于给姑娘梳"定亲头"，既表达双方对婚事的赞许也表现姑娘身份已由娘家人转变为夫家人；送去的活羊，用于招待亲朋好友，发挥告知婚事的作用，给亲戚送礼物则是双方互动的开始。礼物贯穿在男女双方姻亲关系建立、维护及改造的全过程。

赫哲族订婚仪式分为两个阶段——"过小礼"和"过大礼"。仪式过程除了礼物交换之外，更重要的在于未婚夫要叩拜女方父母亲友，得到女方认可。同时，媒人、双方父母、亲友共同表态同意缔结姻亲，并商定结亲进程中的相关重要事项，因此一般亲事说成之后，即"过小礼"。到这一天，媒人、未婚夫及其父母都要到女家，并携带酒肉及送给姑娘的鞋袜等物，除姑娘的父母接待客人外，参加者还有女方的至亲的好友和邻居们，但姑娘本人不能参加。"过小礼"时，男女家双方要商量三件事情：一是商量男方送给女方的彩礼和数目；二是商量"过大礼"的日期；三是交换男女订婚的媒帖。媒帖上面写着男女双方的出生年龄，写着"过大礼"的日期，还写着彩礼的种类和数目。商量婚期和彩礼，都是在酒席上举行。大家吃酒时，未婚夫要跪在桌子前面向列席者叩拜。其长辈给某人敬酒时，未婚夫就要面向某人跪着，直至大家喝完酒，岳父叫他起来为止。男方回家时，女家必须给他们一些礼物，即未婚妻给公婆和未婚夫做的鞋袜、烟荷包等。在"过小礼"仪式中，虽然双方交换礼物的价值并非很高昂，但衣、食两个基础层面的礼物交换喻示着男女两家姻亲关系的建立，两家人成为一家人。从此以后，男方本人出门经过岳父家的村子时，必须到岳父家表示问候，也可住在岳父家中，但不可与未婚妻见面。如果未婚夫经过此地而不去岳父

---

① 新疆维吾尔自治区丛刊编辑组：《柯尔克孜族风俗习惯》，新疆人民出版社 1986 年版，第 23 页。

家中，就会引起岳父家的不满，还要受到外人的指责，批评他不通人情，不懂礼节。过了小礼，再过大礼。"过大礼"与娶亲不同，它是介于"过小礼"与娶亲之间的一种手续，也是在女家举行。参加者除未婚夫和他的父母，媒人及其岳父母之外，还有两家的亲戚朋友，"过大礼"的意义在于通知两家亲戚双方要结亲的消息。男方到女家去时，绝不能空着手前往，要带一头猪和一桶酒作为"过大礼"时请客之用。吃酒时，未婚夫如同"过小礼"那样跪着向吃酒者叩拜。如果两村相距很远，男家"过大礼"的人，也可以住在女方家中，但未婚夫却不能住在岳父家中，表示未婚男女之间的分隔。"过大礼"时，通常要作三件事情：第一，男家必须把议定的彩礼送到女家。但对方如果实在无力凑足时，女方也就不再索取不足的部分；第二，双方议定娶亲的日期。此日期一旦确定下来，任何人也不能更改，即是喜日刮风下雨，也要按期迎娶；第三，女家将陪送姑娘的嫁妆送到男家去。也有姑娘的嫁妆不是提前送，而是在迎亲时随身带去的情况。①

按照青海回族的订婚礼仪，礼物在双方家庭之间的交换一是表征相互对亲事的许可，二是发挥告之双方亲属喜结良缘消息的作用。送茶包后一个星期左右，经过了解，男方满意这门亲事，即准备两包冰糖，请媒人送到女家，表示男方满意这门亲事，催促女方正式表态。女方如允婚，即以"双碗"（一碗烩菜、一碗米饭）招待媒人，并给男方回以糖果包（内包糖、枣、蜜饯等），称为倒馃子茶。男方接到馃子茶，即请自己的亲友到家品尝，或分成小包送到亲友家中，正式告知与其家联姻。之后，男方家长拿衣料或裤料一件，偕同媒人到女方家中去认亲，有的地方未婚婿也跟着去；随后，女方家长拿上给未婚婿的鞋袜，偕同媒人到男家去认亲。②

---

① 黑龙江省编辑组：《赫哲族社会历史调查》，黑龙江朝鲜民族出版社1987年版，第97页。

② 青海省编辑组：《青海省回族撒拉族哈萨克族社会历史调查》，青海人民出版社1985年版，第67页。

　　在父母包办婚姻的民族中，丰厚的彩礼与八字相合在订婚仪式中同样重要，直接影响到是否缔结婚姻。大理喜洲白族婚姻均为父母包办，一般男子在五六岁时，即开始订婚，称为"小订"。由男方送给女方一盒糖，讨女方八字。经算命八字合后，男方送订金100元半开、镯头一对、糖一盒，双方换庚帖，即为订婚。[①] 剑川下沐邑村白族，一般婚姻皆由父母包办，结亲手续先经过订婚，青年男女大多在15—16岁时订婚，两三年后即结婚。订婚时先请媒人说亲，男家和女家双方同意后，便合生辰八字，倘若男女八字不合，就不能结婚，若双方八字相合，便由男家送彩礼到女家，男方能及时送上丰厚彩礼即算婚姻订妥。彩礼的多少主要是在于女方，男方要是无力给女方高额的彩礼，则不能缔结婚姻。[②] 以合八字为代表的神旨和以送彩礼为内容的人事，在订婚礼仪中共同发挥决定作用。

　　有的民族定亲交换礼物有明确的象征意义，表达两家对缔结姻缘的认可和决心。宁蒗托甸乡普米族经过问八字生辰，相合，双方家长感到满意之后，男方即备彩礼送到女方家，并商量订婚之事。照例要带去猪心一个，切为两半。一半交与女方，另一半自己带回家中。同时女方也要将自己家中的猪心切成两半，与男方互相交换。两家分别把对方的一半猪心和自家的那半合在一起，表示"永结同心"，由此达成订婚协议。此外，男方送到女方的礼物需要有代表着物质基础、衣食保障以及生计模式的银子一两、猪膘三斤、酒三斤、米一升、香肠两圈、猪肝、心肺一份、棉布一方、红珠一串（三颗，系于酒壶之上）、大刀一把、铁锄一把等。当晚还要留宿女家，与女方商量财礼数额和过门时间等问题。[③]

　　有的民族表达同意建立姻亲关系的过程简单，只需交换约定俗

---

① 云南省编辑委员会：《白族社会历史调查》，云南人民出版社1983年版，第66页。
② 同上书，第94页。
③ 云南省编辑委员会：《基诺族普米族社会历史综合调查》，民族出版社1990年版，第172页。

成的礼物即可，多为日常生活中涉及衣、食的礼物，如糖、鸡、鸭或布匹，等等。贵州炉山凯棠、翁项、台江的德立和雷山的桥港等苗族乡，女家同意婚事后，由男方选择吉日请媒人前去订婚。招待一顿便餐后，女家便把一只鸡或鸭送交媒人当天带回男家，订婚即告结束。清水江边的施洞口（台江县）附近苗族，媒人上门求得女方本人及父母同意后，定期在半路男女双方各派老人两人拿着糖、钱互作交换，即算订婚。台江城外的台拱寨，媒人得到女方同意后，男方就托他送去白布带一对；女方则按男方亲叔伯家的人数，每人白布带一对和鸡一对，由媒人带回男家分发杀吃，即算正式订婚，同时标志姻亲关系的正式建立①。

有的民族缔结婚约的方式具有典型民族和地域特色。哈达既是吉祥物又是信物，也是蒙古族最崇尚的礼敬用品，蒙古族的订婚仪式称为放哈达或哈达宴，既表达了对于青年男女缔结良缘的祝福，更是以纯洁的哈达为信物，维护着缔结婚约的神圣性。通常男女双方父母同意婚事并选定行聘的吉日之后，即由媒妁带着男方准备的哈达、烧酒等礼物，去女方家商议定亲和聘礼。定亲和过礼这两个仪式，其界限并不明显，有的地方把这两个仪式合并在一起进行，在哈达宴上议定聘礼之后，再选个好日子，约媒妁与亲友若干人，携带男家准备的牛、羊、酒、绸缎和布匹送到女家过礼，女家也邀请近亲若干人双方共议婚姻仪式。② 定亲过礼，各地区礼俗和礼物都有所不同。如喀喇沁一带的定亲宴称为喝姑娘酒，男方通常以媒人为首，一行四或六人（不能为单数），带上定亲礼品哈达五条、布两匹、酒五斤、羊两对，送到姑娘家，女方设定亲宴款待男方。定亲宴后，女方见到喝过姑娘酒的人，一律称为"亲家"。通过"喝姑娘酒"，双方认亲，确定姻亲关系建立。鄂尔多斯草原上蒙古族的定亲礼品称"茶的术兀思恩"或"干术

---

① 贵州省编辑组：《苗族社会历史调查（三）》，贵州民族出版社 1987 年版，第 130 页。

② 白歌乐、王路、吴金：《蒙古族》，民族出版社 1991 年版，第 164 页。

兀思",颇具畜牧生活特色,即在一块砖茶下面垫四个饼子,好像羊的四条腿一样,作为全羊的象征,完成定亲的使命。媒人正式上门说媒,需带上哈达一条、白酒一瓶(一般用一瓷坛酒,坛口用枣塞住,坛颈拴上红布条)、油炸饼四个,饼子上还要放些许冰糖、红枣等物。定亲时,坛子酒要打开斟上,哈达要给所有重要亲戚每人献一份,没到场的也得给他留着,同时席间要商议决定彩礼。①蒙古族定亲宴上纯洁的哈达和草原上的全羊共同为青年男女的幸福姻缘送去了吉祥和美满的祝福,更是两个家庭缔结婚约的见证。

水族定亲,称之为"顶虾",也叫吃小酒,水语称"这薅依",男方需要查看"水书"择定吉日,并按女方开列的房族兄弟户数筹备礼品。届时,由男家父亲或堂下叔伯三五人和媒人,带着礼金(过去用银毫,现多用纸币)、鸡若干只、红糖数十斤、猪肉数十斤或活猪一头、银项圈一至三个,还有糯米粑、叶烟等前往女家,女方族中人带酒、肉作陪。除了有交换礼物的习俗外,水族也要通过占卜或合八字的仪式决定是否结亲,即由男方派来的媒人亲手杀鸡,并亲自煮熟、看鸡眼,决定此桩婚事最终是否能成。②

接受男方订婚礼物,并邀请男方或媒人吃饭,同样是订婚礼仪中表示许可的主要方式之一。仡佬族男家父母若看中谁家的女孩时,就请媒人带一只鸡、一壶酒,较富裕人家还带一两匹布前往女家说合。若女家接受其礼物,并请媒人吃饭、喝酒,这就是答应了。若不接受礼物,就是表示拒绝。若同意,媒人就带回女方八字,请人合双方八字。合对了,就给女家报"对",同时媒人顺便问女家要多少钱,并交清楚,这就算是订婚了。③

第二,以礼物交换为主体的订婚礼仪,同时为履行婚约担负着

---

① 乔吉、马永真主编:《蒙古族民俗风情》,内蒙古人民出版社 2003 年版,第 67 页。

② 陈国安:《水族》,民族出版社 1993 年版,第 55 页。

③ 广西壮族自治区编辑组:《广西彝族、仡佬族、水族社会历史调查》,广西民族出版社 1987 年版,第 171 页。

保障的作用，维持着正式婚礼前双方之间的婚姻契约关系。

以男方送彩礼为主的民族社会中，礼物对维护婚约关系发挥着强有力的保障作用。凉山彝族社会阶层分化显著，礼物的多少因社会阶层的不同以及男方经济状况而定。举行订婚礼仪时，由男方请人作媒，送给女方小猪两头，公母鸡各一只，并交一定数量财礼，财礼价值一般不少于20个白锭，相当于两个呷西的价格。黑彝之间联姻，财礼更多，通常是一两百个白锭。若女方接受财礼，并退回猪鸡各一只时，婚姻即算定妥。订婚后，退婚者较少。一般认为，不管情况怎样，提出退婚的一方均属无理。男方提出退婚，女方可不退回财礼；女方提出退婚，男方可向女方索取两倍的订婚财礼。在少数人家中，曾有因退婚而引起冤家械斗的。[①]

珞巴族的订婚仪式称为"雅玛如"，意为"打记号"。当儿子长到一定年龄后，如果父母看中某家的姑娘，便带着礼物，一起到姑娘家，向其父母提出攀亲的要求。如女方父母同意，即热情接待。随后男方便择定吉日，派出"金多"（即"介绍人"），让其带上一至二斤酥油、一头猪（或一头小牛）的肉到女方家去。女方即派姑娘接待客人，"金多"在乘姑娘不备时，把事先预备好的一小块酥油抹到她的脑门上方。这一仪式称为"打记号"。凡被打过记号的姑娘，表示已有主人，他人不得插手，否则会引起纠纷，特别是那些订婚后已交清婚价的人更为如此。[②] 可见，订婚礼仪中的礼物不仅是实现双方互动的途径，更是保障履行婚约的有效方式。

订婚礼仪中，男女双方互换礼物，尤其是女方给男方的回礼以及男方给女方的具有较高价值和意义的礼物，表达彼此对婚约承诺的信守。回族的订婚礼仪称为"定茶"，有些地方也叫"说色俩

---

① 云南省编辑委员会：《云南小凉山彝族社会历史调查》，云南人民出版社1984年版，第59页。

② 西藏社会历史调查资料丛刊编辑组：《珞巴族社会历史调查（二）》，西藏人民出版社1989年版，第38页。

目"或"道喜"。定茶过程中，将要结亲的双方在互道"色俩目"过程中，彼此认可缔结姻亲。同时各地还有形式不同的礼物交换仪式，通过女方给男方回赠礼或者男方给女方"戴戒指"等仪式，双方表达着对婚姻的承诺。以相互道喜和相互赠礼为主要内容的回族订婚，分别从礼仪和礼品，即行为和实物两个方面，维持并保障了婚姻约定。定茶一般要选择主麻日（星期五），男方家要准备花茶、绿茶、陕青茶、龙井、毛尖等各种高中档茶叶，还要准备一些红糖、白糖、桂圆肉、核桃仁、葡萄干、红枣、花生米、芝麻，等等，然后分别包成一斤重的小包，每个小包上放一条红纸，表示是喜庆的事。另外，还给未婚妻送两至三套合体、漂亮的衣服，由男方父母和未婚夫一起送去。女方家要宰鸡、宰羊，以糖茶、宴席热情款待。吃完宴席，双方当着众亲戚朋友的面，互道"色俩目"，表示这门婚姻大事已经定下和许诺，今后一般不再变更和许配他人。女方家在送客人时，还要给男方家以适当的回赠礼，表示意志坚定，决不反悔。① 泉州地处中外交通要道，受汉族的影响较深，且接受西方的东西较多，所以居住在此的回族订婚主要通过"戴戒指"仪式，表示维持婚姻，永不变心。在订婚仪式之前，男方要准备两个黄金戒指，一个上面刻着男方的姓名，另一个则刻着"吉祥"或"富贵"。贫困人家用银戒指镀金代替，富裕家庭常常另加黄金项链一条，手镯一对。礼品中有精制"油香""油酥花茧""油酥脆花"等民族食品（后改为糕饼、孟糖）和布匹。男方由长辈或亲友陪同致女家定亲。当男方来到女家厅堂中，主人隆重迎接，捧出四果（柿饼、冬瓜糖、红枣、龙眼干）、鸡蛋待客，但男宾只能喝一口甜汤，不能食之，接着女方又捧出鸡蛋面招待。之后，姑娘本人就到厅堂接受男方"戴戒指"礼仪，即男方把戒指戴在女方手指上。戴上戒指之后，表示姑娘永远归属于男方，彼此情愿终身结为伴侣，永不变心。②

---

① 王正伟著：《回族民俗学概论》，宁夏人民出版社 1999 年版，第 143 页。
② 云南省编辑组：《回族社会历史调查资料》，云南民族出版社 1988 年版，第 196 页。

　　有的民族订婚不仅以交换价值不菲的礼物作为婚约保障，还通过嬉戏行为表达女方所属关系的确定，警示别人不得再与女方接近。珞巴族的订婚仪式称为"雅玛如"，意为"打记号"。当儿子长到一定年龄后，如果父母看中某家的姑娘，便带着礼物，一起到姑娘家，向其父母提出攀亲的要求。如女方父母同意，即热情接待。随后男方便择定吉日，派出"金多"（即"介绍人"），让其带上一两斤酥油、一头猪（或一头小牛）的肉，到女方家去。女方即派姑娘接待客人，"金多"在乘姑娘不备时，把事先预备好的一小块酥油抹到她的脑门上方。这一仪式称为"打记号"。凡被打过记号的姑娘，表示已有主人，他人不得插手，否则会引起纠纷，特别是那些订婚后已交清婚价的人，更是如此。① 订婚礼仪不仅有保障婚约的礼物交换，同时确立了对婚偶的独占权。

　　纳西族订婚礼物既有表达双方"山盟海誓"初步同意结亲的"小酒"——四色礼，还有表达"永不反悔"正式缔结姻缘的"大酒"——毒药酒，通过两次送礼最后达成婚姻决定，表达出纳西族对待婚姻问题的人性化与慎重性。丽江纳西族订婚一般多在二月、八月，通过媒人撮合后，双方家长请人算八字或是看属相，有的是请"东巴"② 打鸡卜骨。女方同意之后，男方即请媒人送酒等礼物给女方，第一次称为"小酒"，一般是四色礼，酒一罐（五六斤），茶两筒，糖四盒或六盒、米两升（十斤）。除酒外，糖、盐是不可少的礼物，大研镇还流行送砣盐两个，他们认为糖代表"山盟"，盐代表"海誓"。女方收下小礼之后，如觉得婚事不合适，还可以反悔，但须将所收礼如数退还男家。"送小酒"既是正式定亲的开始，也为双方留出了再次考虑的时间，为缔结姻缘的双方留出了人性化的考虑空间。半年或一年左右，再送大酒一次，女家接受了大酒，婚约即算完全缔结，再不能反悔赖婚，所以纳

---

　　① 西藏社会历史调查资料丛刊编辑组：《珞巴族社会历史调查（二）》，西藏人民出版社1989版，第38页。

　　② 注：东巴，纳西族的宗教从业者。

西族比喻说，吃了大酒，等于吃了"毒药酒"，意思是后悔也来不及了。男方送的大酒除上述四色礼外，还需加土布一件（长二丈四尺，宽一尺多）、衣服两件、银手镯一对、猪半片（一头猪的四分之一，约三十斤），由媒人和男方亲友披红挂彩，将礼物送到女家，隆重的送礼仪式用来表达订婚的审慎和正式。女家需回礼，将男家送来盛酒用的酒罐装满清水以及送一些粑粑，果品装在男家送礼用的木盘上，由媒人带回男家，并用糖食、糍粑招待媒人和男方亲友，另送媒人一丈布作酬谢。晚间，女家宴请至亲好友。送大酒后第二天，男方家的至亲去女家会亲，至此，双方家庭开始互相往来，未婚夫妻可见面但不能互相讲话。在大研镇，正式定亲之后，双方家庭还要各自请已订婚的男女青年吃饭，一般是十二个菜，冷荤四个、小碗四个、大碗四个，叫"三滴水"，菜肴中需有凉藕（表示聪明伶俐）、粉丝（长命百岁）、鱼（鱼水千年和）、百合（百年好合）、丸子（团圆），[1] 表达对婚姻的祝福。

　　有的民族订婚即是结婚，订婚礼物发挥和彩礼同样的作用，如若婚约变化则要退还礼物。独龙族结婚前，男女双方有来往的自由，可以同居，没有特殊的结婚仪式，已订婚就表示男女双方已成配偶。订婚，独龙语称"布马特库"，即买姑娘的意思。首先由男方的父母向女方父母求婚，有时请族长做媒人，事先要取得女方双亲的同意，然后男方要杀一头猪，将猪的一半送到女方，独龙语称"双九"，表示给女方双亲赔喂奶价钱。若女方收下，则表示同意，就算订了婚，若没有收下，表示女方双亲不同意。在订婚后，若女方不同意与男方结婚时，要退回全部彩礼给男方，也可以不退彩礼，而由亲姐妹去顶替。若男方提出退婚，则退一半的彩礼即可。[2]

---

　　① 云南省编辑委员会：《纳西族社会历史调查》，云南民族出版社 1983 年版，第63 页。

　　② 云南省编辑组：《独龙族社会历史调查（二）》，云南民族出版社 1985 年版，第49 页。

　　黎族订婚时不受占卜、八字、拜鬼神等迷信和媒妁之言的约束，如果女方同意，则由男方选择吉日订婚。订婚礼物有槟榔、烟丝、米、酒、猪肉或鸡及光洋一两元等，槟榔是说亲时的必备礼物，也是婚姻的媒介，民间有"一日槟榔大如天"的谚语，光洋则是"落订"的订金。订婚交换礼物既有男女双方互赠定情物，男方送自制精致的手织品、腰篓或草笠等给女方，女方则赠送由自己亲手织绣的美丽的腰带给男方的习俗，也有男女双方及其双方家长互赠槟榔，表达遵守婚约的习俗。男女双方边嚼槟榔，边喝酒、边唱歌道："两人定亲约准准，咬破槟榔两口吞；槟榔红红味道香，哥妹两人心不变……"①

　　侗族"订婚"，由男家携带礼物往女家行聘，行聘者多属女性，聘礼及回礼的厚薄，视家庭经济状况而定，一般是鸭、鱼、肉和糯米等，也有的地方须给女方聘金或银饰作为"记物"，女方回赠布匹、袜底等物，表示"押记"，订下终身。从此以后，逢年过节，男家须以礼物赠送女家，这种馈赠常常持续到生育子女后才逐渐减少，直至最后终断。②

　　第三，以礼物交换为主体的订婚礼仪，含有姻亲关系的开始、互动加强，以及为正式结婚的准备等内容。

　　表达姻亲关系开始的礼物交换，常贯穿合八字仪式和祭祖仪式。毛南族男女两三岁，最大五六岁，便由父母代他们找对象，托媒人说合，拿八字。八字拿回后，男家杀鸡摆酒，请房族来吃，并将男女八字放在一起，三天（另说一个月）之内，如果家里人畜平安，诸事顺遂，便认为相合，双方开始讲彩礼，办理订婚。如八字不合，便罢休。订婚那天，男家除送一部分钱外，另请人挑一担聘礼到女家去，用一副小箩筐装，一边放槟榔、盐、茶等，用红纸包成圆锥形，另一边放软糕，与箩筐周边大小相同（有的人家在结婚时也送这样一份聘礼去）。女家收到后，将聘礼连筐挂在靠近

　　① 邢关英：《黎族》，民族出版社 1990 年版，第 59 页。

　　② 编写组：《侗族简史》，贵州民族出版社 1985 年版，第 149 页。

祖先香火的横梁两边，并回敬男家粽粑或糍粑等物。① 京族"合年生"顺利通过后，男方就向女方下订礼。礼物的多少，取决于男家的经济状况。各地、各岛习惯赠送的礼品也略异。一般是头巾、衣料、猪肉、鸡、糖、糯米、篓（掺和槟榔吃的一种草本植物茎）、烟丝等。小物品用红纸包好，均送双数，象征夫妻双双白头到老。订礼由媒人和未婚夫的父母亲中的一人，一般是父亲出面送去女家。女家接到礼物后，便杀自己家养的鸡招待媒人和男方家长。开席之前，女家须把鸡、肉等佳肴先供祖先，意为向祖先禀报女儿这门亲事。供毕，才邀媒人和未来的亲家入席。订婚之后，逢年过节，未来的亲家就互访、宴请。② 用订婚礼物祭祖，表达告知祖先双方结亲的消息，同时也是对祖先的尊重以及对婚约的认可。

订婚礼物的多少，是双方社会地位的象征，订婚礼物的交换则是姻亲以及双方亲属之间互动交往、互相认亲的途径之一。贵阳地区的布依族，女家认为自己的女儿订婚是一件大事，届时要宴请亲友，当众郑重表示自己的女儿已许配终身。如果订婚吉日女家经济有困难，宴客可在以后举行。民间流行着"不讲财礼身不贵"的谚语，有的地区在订婚中，男家花费很大。花溪一带送给女家的财礼要四五十元以上银圆；惠水是八十至一百元；罗甸在一百元以上；安龙、册亨一带由数元以至数百元。平塘一带在订婚时男方要送四五十斤糖和糯米饭给女家，同时还得孝敬岳父岳母一只小猪，向女家舅父姑母献鸡鸭。订婚后至结婚每逢年节要送岳父母"一方一肘"（一只猪腿和一块两斤重的猪肉）和若干糯米粑等礼物。望谟县的布依族在订婚时一般要送八包数十斤至一百二十斤重的红糖和鸡、肉、酒等给女家。在贵州镇宁、关岭、普定等地区，布依族配偶择定之后，即由男家通知女家订婚吉日。

① 广西壮族自治区编辑组：《广西仫佬毛难族社会历史调查》，广西民族出版社1987年版，第153页。

② 严汝娴主编：《中国少数民族婚姻家庭》，中国妇女出版社1986年版，第504页。

届时，男家亲友两人或母亲、嫂子和族中老妇一人携带公母鸡各一只，酒两斤或四斤和糖两斤前往女家。女家将鸡烹后，与糖酒一起敬祖。敬祖后即以鸡酒宴请男家来宾，并请家族中两位老年人作陪。至此订婚仪式就算结束。在安龙县鲁沟和册亨一带，布依族订婚时要由媒人送聘金给女家，聘金多少视男家经济情况而定。①

维吾尔族订婚礼仪，维语叫"群恰义"。男方家向女方家送去第一次彩礼，外加几件衣料和肉、油、大米、馕、红萝卜、糖果等食品，以及赠给女方父母和主要亲属的礼物。这次男方的父母都要前往，并有亲友邻居等人陪同，是双方父母及他们的主要亲属正式见面的机会。陪同去的人数，一般经双方商议而定。结婚时，女方家去男方家的陪同人数也同样要事先商定。女方家热情接待来客，男方代表把带来的彩礼摆开，一样一样地唱点，让在场的人们观赏。然后，双方共商婚期，和举行婚礼时的各种准备。②

有的民族互送订婚礼物的同时，就开始商议举行婚礼的具体事宜，同时双方开始有规律的礼物互动。广西仫佬族成婚者合八字成功后，男方父母即答应订婚。女方的八字要留在男方，并先送两斤猪肉给女方作为"暖婚"，随即，媒婆就和男女双方商定。然后男方就带着八斤以上猪肉、一对大宪鸡、两壶酒和财礼钱（即银圆）到女方家进行订婚。订婚后，由男方找算命先生选择黄道吉日作为结婚的日子。再请算命先生选择吉日到街上为女方开剪缝制新衣。③畲族定亲由媒人带着手镯一副、银戒指一个、面一斤、红糖一斤、红糕两对（四块）、鱼两对（四条）到女家认定聘金数目和酒的数量，叫做"送定"。景宁畲族在定亲时，男方要给女方亲房备一份礼物，给女方母亲送一条五尺黑绉纱和其他礼品，

---

①　贵州省编辑组：《布依族社会历史调查》，贵州民族出版社1986年版，第3—4页。

②　严汝娴主编：《中国少数民族婚姻家庭》，中国妇女出版社1986年版，第136页。

③　广西壮族自治区编辑组：《广西仫佬族社会历史调查》，广西民族出版社1985版，第89页。

这份礼物，畲语称"老鼠尾"。女方办起酒席，宴请亲戚吃"定亲酒"，就算订婚了。此后，仍由媒人带去面、红糖各一斤到女家讨年庚，以便择吉完婚。[①] 多数壮族地区，特别是平原地区男女结婚"八字"合了以后，男方就派媒人到女家订婚。一般要给女方送十五斤以上猪肉、二十斤酒、三十斤糯米（或糯米饭）、面条和糕点各若干、两只鸡等礼物。女方亦回鞋袜、头巾等薄礼。订婚的主要内容是议定给女方多少彩礼及何时结婚。从订婚到结婚，时间长短不等，一年到数年的都有。在此期间，男方逢年过节都必须给女方送年节礼。[②]

　　由于自幼父母包办订婚，普米族由订婚到结婚是一个不短的过程，这期间订婚的手续在不断地进行，订婚要经过以下步骤：第一步称"彻底碰"，意为敬锅桩（即祭原始的灶具锅桩石）。有男孩之家，父母要早早为他物色对象。姑舅表之间，流行指腹为婚；或是父母看中哪家女子，就拿一盒粑粑、一罐酒去求婚。如非姑舅表亲，总要走几次才能说成，女方不同意可以拒绝。第二步称"抓节底"，内容为商量聘礼。由男方家族请一位熟谙礼仪的老人，由两个精明的青年陪同前往，女方也把家族中的头面人物请来共商大事；男家人此次带来猪膘一圈、酒四五斤、十来元钱。彩礼视男女的财力和女方陪嫁的多少而定。如要一对牛、几双羊、几匹马、一匹骡子等；或讲银圆，少则百元，多则上千，以女子长相的美丑为转移。女方家富裕，陪嫁多的，要价也就高，这一步一般要在女子十七岁以后进行。第三步是"商量何时结婚"，但只订结婚年月不订日子，男方送去一部分彩礼。第四步，正式订日子娶亲。按普米族的传统，订婚具有一劳永逸的性质。凡男女之间一旦订立了婚约，就必须从一而终，在任何情况下都不允许退婚。只要未婚夫不死，女方就必须一直等待男方来娶亲。如果男方一贫如洗，一辈子无力办婚事，女方也必须在娘家坐等到老。俗语说："只要

①　施联朱：《畲族风俗志》，中央民族学院出版社 1989 年版，第 129 页。

②　覃国生、梁庭望、韦星朗：《壮族》，民族出版社 1984 年版，第 118 页。

罐罐酒放到锅桩上，铁树桩桩也要守三年。"意思是只要男子祭了女方的祖先，这个女子就是外姓的人，死活都要跟随男方。[①]

第四，以礼物交换为主体的订婚礼仪过程中，含有双方互动争取婚姻利益最大化以及姻亲关系持续化的习俗。

在订婚礼仪中，尤其是在商量彩礼或聘礼的环节，男女双方常以非常态互动，即女方占据主动而男方居于被动的方式，争取各自婚姻利益的最大化。土族确定结婚对象之后，由媒人给女家送去"小礼"，包括两瓶自酿白酒，两个直径约七寸的大馍，用红纸包的一块茶等，以此作为正式相亲的见面礼。女家父母请来家族中的长者，共同品评男方的家境，小伙子的劳动态度和为人，以决定是否同意这门亲事。如认为条件相当，女方就收下"小礼"，婚事就算定下来了。之后，由新郎的父亲与媒人同去女家喝家酿米酒，实际上是双方议定礼银。这天女家备下米酒和大馍等待客，并把家族中各户的男家长都请来，在一般情况下，主人应该让客人上座。这天则不然，作为主人的女方坐在上席，男方甘居下位，殷勤献酒，竭力讨好女方，以求少要聘礼。女方众人述说着养女不易，嫁女难舍，漫天要价。经过反复讨价还价，才把彩礼定下来。[②]

（三）以亲友协商为主体的订婚礼仪

少数民族传统社会以家庭为基本单位构成的家族、村寨等社会组织是个体赖以生存的重要基础。在缔结姻亲关系，扩张家庭社会关系时，不同民族文化中具有显要或特殊地位的亲属、村社长老，乃至关系密切的亲友，均有参与到订婚决策及仪式过程的传统，集中体现出不同民族中的社会结构、权力构成及其变迁过程。

持古典进化论的学者们认为，"舅权"是在"母系氏族"向"父系氏族"转化过程中出现的。在此过程中，以"舅权"为核心

---

① 严汝娴主编：《中国少数民族婚姻家庭》，中国妇女出版社 1986 年版，第 375 页。
② 同上书，第 105 页。

的家庭权力体系，既承担维系母权主宰的责任又发挥助推父权确立的作用，一些民族订婚礼仪中必须征求舅舅意见的习俗，正是民族社会中舅权的体现。如，撒拉族男家看中某家阿娜（少女）时，就请媒人向女家说亲。媒人称"梢吉"，一般是对男女双方都很熟悉的亲朋好友，男的女的均可充当，如果是男媒人，则需两个人充任，如果是女媒人，需要三四个人。作媒认为是"行好事""体面容"，一有所请，都愿奔走。媒人接受委托后。就郑重其事，挑选在"主麻日"，携带男家的一块茯茶、两块衣料及一对耳环等前往女家。女家商量后，如有意，则将茯茶、耳环等收下，并招待媒人吃"油搅团"和包子。媒人走后，女方家长与本家亲属共同协商，征求大家意见，其中阿舅的意见最重要，因为撒拉族人认为，外甥女的主权是属于阿舅的，必须商请阿舅赞同，如阿舅同意，大家无人异议，婚事基本可定，则将男家所送茯茶分赠亲友，使各家知晓，称为"定茶"，如不同意，女家就将茯茶、耳环等交媒人退回男家。女家同意后，媒人在几天内须第二次到女家，送给女方一条头巾或一块衣料，女家收下，婚事即正式订下。一经定亲，女家则不得将女儿再许他人。[①]

传统上主要以刀耕火种为生计模式的民族，土地属于氏族或家族集体，劳作方式以氏族协作为主，处于传统共产制家庭和现代个体家庭之间的家长制家庭公社曾普遍存在于这些民族社会中。云南红河绿春大水沟一带的白宏人（哈尼族支系）订婚礼仪中的习俗集中反映出其传统家长制家庭公社组织结构特征。白宏姑娘有了对象以后，女方必须送一条自己精心绣制的花系带给男方，而男方必须送两样东西给女方，一样是自己亲手搓的、用若干股细棕绳扭成的背绳；另一样是一顶很考究的篾帽。男女互换的礼物反映出白宏人的传统社会性别分工以及双方劳动能力和技巧。订婚礼，必须在姑娘所在的寨子里最大的一块田栽秧的那天，在

---

① 陈云芳、樊祥森：《撒拉族》，民族出版社 1988 年版，第 75 页。

田边公开举行。订婚这一天，这两样东西都必须拿到现场，公之于众，以作为订婚凭证。但是，这两样东西都不戴（带）在姑娘们的身上，而是由已结婚的妇女们戴（带）着，上面用另外一顶篾帽盖住以防小伙子们看见。如果被那些调皮的小伙子发现了，他们可以把那两样东西抢去砍烂割断，姑娘们只能忍气吞声，不能责怪他们。同时，要举行订婚仪式的姑娘们，把她们准备好的香烟和水果糖，很秘密地带到田边去。等大家休息吃晌午饭的时候，她们就开始逐个地向人们发水果糖和香烟了。东西发完后，她们要向寨子里的长者"坦白"自己的恋爱经过和对象（男方不到场，同寨的例外）的为人如何等。几乎每年都有白宏姑娘订婚，有时好几个人同时订婚。每当这一天，全村的男女老少都到大田边看热闹，田野里洋溢着一派欢快的气氛。"坦白"之后，老人们向姑娘祝福，愿他们的爱情像泥土一样深厚，像泉水一样清澈纯洁，像禾苗一样生根发芽、永不分离，愿她们的幸福像丰收的稻谷一样硕果累累的时候，欢乐的气氛达到了顶点。[①] 借助栽秧的机会，向长者坦白恋爱对象，反映出长者在白宏人中具有较高的社会地位。同时，全村男女老少参与仪式过程，也反映出白宏人曾经历过家长制家庭公社，具有群体议事的传统。

尽管有学者认为，傣族订婚需要先取得女方母亲同意，订婚后还有"从妻居"的传统反映出其母权社会特征。但是，傣族史料记载、继嗣制度、姓氏制度等多方面的证据显示，女性有限地参与社会事务仅仅是父权社会下的文化适应，傣族订婚礼仪的具体过程，也可以为此提供证据。傣族订婚可以分为两个阶段，首先在男女青年自己同意后，先由男方的母亲，通常是在母亲的姐妹陪同下向姑娘的母亲征求意见，参与姑娘母亲一方的通常也是母亲的姐妹，在女方的母亲表示同意后，才正式议定订结婚条件。虽然双方母亲需要先行议婚，但并无决定婚姻的权利。议定时要

---

① 毛佑全、李期博、傅光宇编：《哈尼山乡风情录》，四川民族出版社 1993 年版，第188 页。

改为男子，男方的订婚证人是父亲，通常参与的还有父亲的姐夫、妹夫等。女方出席的也是父亲，父亲的姐夫、妹夫。议定的内容，从妻居时间，男子的嫁奁以及无女儿的男子可以将妻领回等一类具体问题。议好后，便在女家聚餐，参加的成员全是男子，而女子却不能参加聚餐。① 订婚时，男方要送一定礼物给女方父母，事前媒人就通知男方准备订婚的礼物。订婚礼物一般应有几斤糖，意思是让女方人吃了心里甜甜蜜蜜；还有两串芭蕉，芭蕉必须是个数成双的，意思是提示姑娘，过门后要和男家的人像芭蕉那样一条根，品性要像芭蕉一样直，和男方家里的人要团结，就像芭蕉果那样紧紧围住芭蕉茎；还要送槟榔、草烟、酒等若干。② 双方母亲及女性长辈议婚，父亲及男性长辈做出最后的婚姻决定并商议结婚中的主要问题，在一定程度上体现出以稻作为主要生计背景下形成的傣族两性社会分工模式。作为订婚礼物的芭蕉更象征着对女性提出婚后需维护以男权为核心的家庭的要求。

（四）以占卜为主要内容的订婚习俗

占卜是很多传统社会预测及决定大事的一种重要手段，为了充分保障婚姻发挥"上事宗庙，下以继嗣"的功能，很多民族联姻之前都要进行占卜，根据预测结果的凶吉来决定是否订婚，体现了人们对婚姻重视和谨慎的态度。同时，以占卜决定婚姻，还能以神灵的旨意为婚姻嵌入庄严含义，加强婚姻稳定性与牢固性。少数民族订婚仪式中的占卜，更体现出与民族居住的生态环境、历史发展及生计模式紧密相关的特点

哈尼族多分布在亚热带地区，历史上形成砍伐、焚烧森林地表植被，种植作物的"刀耕火种"轮歇游耕的生产方式。受限于知识和生产水平，在面对强大而又神秘的大自然以及无法预测和抵

---

① 云南省编辑委员会编：《西双版纳傣族社会综合调查（一）》，云南民族出版社1983年版，第121页。

② 胡绍华：《傣族风俗志》，中央民族大学出版社1995年版，第151页。

御的自然力时，哈尼族产生了"万物有灵"崇拜。墨江等地哈尼族订婚"踩路"的习俗，反映出其刀耕火种、轮歇游耕传统生活方式中趋吉避害的心理需求。男女青年自由恋爱成熟之后，男方便托媒人带上酒肉等礼物到女家求亲。同时前往的还有男方家族中的老人。虽然，媒人的嘴说得女方父母心里乐融融的，已从内心同意这门亲事，但是婚姻的缔结还要经过"踩路"之后才能决定。"踩路"，即由男女双方家族的老人一同在寨外林间小道上走一段路。双方老人一边默默地往前走着，一边用双眼盯着小路两旁，看是否有兔子、狼等野兽出现。兔子会破坏土地上的作物，狼对开荒的人们存在人身伤害的可能，刀耕火种的生计模式及万物有灵的宗教信仰使哈尼族认为，路遇兔子、狼等野兽是不吉祥的象征。虽然，现在哈尼族已经抛弃了这一套原始宗教信仰，但是"踩路"订婚习俗却被传了下来。若在过去，如果双方老人在路上遇到了兔子、狼等野兽，便被认为做这门亲事不吉利，即使男女青年之间感情再深，也该作罢。没有遇到野兽，踩路之后算作正式订婚。现在，路尽管照常踩，野兽也可能遇到，但是，男女双方老人为顾及青年人的感情，也会对野兽的出现视而不见，照常订婚，踩路变成了男女双方家庭友好的象征。①

在从自给自足、采集狩猎到农耕游牧传统生计模式转变过程中形成的社会组织模式，不仅影响着傈僳族族群内部经济、文化和社会的发展，更会对其婚姻实践发生影响。在长期形成的群体劳作模式影响下，碧江县色得村傈僳族男女双方父亲（母亲无权过问儿女婚事），需要在公共场合下（如婚丧集会、年节和修建房子处）彼此提出订婚的事，然后由男方看猪卦。即杀活猪取出猪胆后，由"尼扒"②看猪胆上一条花色的筋走向，筋向左弯主男方死，不吉，向右弯主女方死，亦不吉，如果筋是直的则大吉，可以向女方提出订婚。订婚先由男方请媒人到女方去议定财礼。女方

---

① 吴存浩：《中国婚俗》，山东人民出版社1986年版，第155页。

② 注：尼扒，傈僳族对巫师的称谓。

也同样请人到男方去传达自己所要的财礼数目，因而媒人是两个。牛是农耕社会的主要生产资料之一，也是家庭财富的象征，因此订婚一般的财礼是四头牛、四件土布，较富有的人家也有多至七八头牛的。财礼议定后，由男方选择日期通知女方（订婚日期一定要选在属鼠、虎、蛇、猴、鸡和猪日）即将议定财礼送到女方去。是日，男方约二三十个亲朋到女方去。女方要杀猪、杀羊和煮酒（但不能杀牛，据说订婚杀牛将来家庭会穷下去）招待男方来客。大家围坐火塘欢聚畅饮，亲切地闲谈、跳舞和唱歌，完成订婚。[①] 对婚姻未来的占卜，既有获取神授得知未知事件发展的寓意，更是给予缔亲双方心理暗示维系婚姻关系的保障。同时可见，生计模式影响下形成的群体性社会组织及运行结构，塑造了傈僳族订婚的群体性。

苗族是一个迁徙的民族，长期颠沛流离的艰苦生活，塑造了苗族以小型动物——鸡为占卜物的习俗。贵州台江县的孝弟、巫脚、番召、九龙等乡苗族较为广泛流行"杀鸡看眼"仪式。在订婚那天，男方母亲邀请亲属二三人同媒人（不带礼物）一道前往女家，女家也请族中三五个中年男女来陪。先由女家请来的男性一人，依照习俗用双手从腹部将鸡挤死（不能用刀杀使之流血，以免"不吉"），然后在火坑上烧去鸡毛，挖去内脏，再放在锅里煮熟取出，当众检查鸡的两眼睁闭是否一样，如睁闭一样，即是吉利的象征，就可以进行订婚仪式；如鸡眼睁闭大小不同，则认为不吉，婚姻即作罢，客人也不便再在女家吃饭，因而就纷纷散到寨内亲友家中去，倘寨中无亲友，不得不逗留女家时，女家仅予以简单招待。[②] 至此，"杀鸡看眼"仪式完成了通过占卜做出婚姻决定的功能。

---

① 云南省编辑组：《傈僳族社会历史调查》，云南人民出版社 1981 年版，第 100 页。

② 贵州省编辑组：《苗族社会历史调查（三）》，贵州民族出版社 1987 年版，第 129 页。

三 体现社会融入的结婚礼仪

　　凡·吉纳普提出"通过仪礼"的概念，他认为所有的仪礼都是从一种社会状态过渡到另一种社会状态，具体指与个体生命历程，如出生、命名、成年、结婚、死亡等相关，标志个体随其年龄的增长，从一个阶段向另一个阶段过渡而举行的仪式。一个完整的通过仪礼包括脱离、转变和加入三种发展程度不一样的类型。通过仪式的意义有两种：从社会角度看，它承认个体社会状态的过渡；从个体角度看，它使经历仪式的个体对自己的社会状态有充分认识。因此，通过仪礼的功能在于，整合由社会状态的过渡带来的无序和不稳定。同时，凡·吉纳普认为："婚礼是一项重要的社会行动，是一种'永久性地加入新环境的仪式'，同时也是一种变更关系、破坏社会平衡，以及从日常生活的、平淡中苏醒过来的场合。"①

　　中国少数民族结婚仪式中的成年礼、结拜礼、认亲礼、祭祖礼等系列礼仪，集中体现了个体依次经历成长脱离（从少年到成年）、身份转变（从儿女到夫妻）最终实现以家庭融入（认亲）、家族融入（祭祖）为核心的社会融入过程，表征着个体身份转变历程中，社会群体关系的建构。

---

　　① Gennep Arnold van：*The Rites of Passage*，London：Routledge and Kegan Paul，1960，pp. 116 – 145.

（一）标志个体身份转变的成年礼

成年礼仪是人生礼仪中最为重要并且具有多重特性的礼仪，是一种普遍存在的文化现象。首先，成年礼是个体走向社会的程序，承认年轻人具有进入社会的能力和资格。同时，成年礼也是个体脱离被养育状态的标志，承担起所在集体和社会所赋予的权利和义务。婚礼同样承担着标志年轻人角色转变的功能，因此，有些民族成年礼与婚礼呈并存或融合的特点。汉代贾谊认为，"是以天下见其服而知贵贱，望其章而知其势位"。各民族婚姻中新婚夫妇的服饰，尤其是头饰以无声的语言传递着成年、婚配等信息。

第一，改变头饰特征作为成年标志。满族信奉萨满教，婚前一个月过大礼时，男方请求女家择吉日请萨游跳神志喜，为姑娘祈福。萨满跳神志喜后，由女方的父亲或伯父将男方送来的布匹用剪刀剪一下。然后，交给即将出嫁的姑娘裁制嫁衣。这种仪式，俗称"开剪"。开剪这天，姑娘要认真梳洗打扮，并且将发式由辫发改为盘髻。"盘髻"，是姑娘已"开剪"的标志，意味着她已许配于人，正在忙嫁妆，准备出嫁了。[①] 按照传统，朝鲜族小伙子都留辫子，成婚之前举行仪式，将辫子在头顶上挽成髻，并戴上冠，以示成年，谓之"冠礼"。所谓"笄礼"，也是通过一定的仪礼把姑娘的发辫盘成髻，又上发钗。婚事一订，男女两家定吉日，行"冠礼"和"笄礼"。[②]

新娘的发型、衣服、佩饰既体现了游牧文化的特色，又有礼仪内涵，它标志着一个女人姑娘时代的终结，新生活的开始。在鄂尔多斯地区，未出嫁的蒙古族女子都留有一条独辫，垂于身后。只有在出嫁的前一天，在隆重的婚礼上，才特邀德高望重的两位长者为"分发父母"，举行庄严的分发仪式，仪式上将姑娘的一条发辫散开，顺着两鬓梳成两根辫子，然后在辫子上系戴由新郎送

---

① 吴存浩：《中国婚俗》，山东人民出版社 1986 年版，第 107 页。
② 《朝鲜族传统婚礼》，《人民日报（海外版）》2007 年 5 月 28 日。

来的华丽贵重的头带，从形式上完成身份的转变。① 彝族婚礼中，男方家要选出与新娘生肖相合的少女，用木盘端来木梳、头绳、揭开新娘头盖，用发油在其头上擦三下，梳三下，尔后将其独辫分成双辫，表示就此成为已婚妇女。②

裕固族姑娘出嫁要在吉日前一天举行戴头仪式。傍晚，女家的亲朋以及姑娘平日的好友都齐集即将出嫁的姑娘家中，来客带来洁白的哈达。敬献给女方的父母，表示对姑娘出嫁的祝贺。晚上，主人请客人们在毡房中席地而坐，男客在左，女客在右。代表女方主持婚礼的最高主持人被称为"总东"。当总东宣布婚礼开始之后，两位伴娘把头面拿出，挂在毡房上首，然后坐在头面的两旁。新娘则还躲在正房内。客人们一边喝酥油茶、饮酒吃肉，一边听几位歌手唱古老的婚礼歌。酒过数巡，当银灿灿的启明星冉冉升起的时候，新娘在伴娘的陪同下进入举行戴头仪式的毡房。戴头面由两位少妇主持。戴头面时，舅舅或歌手们唱起典雅的《戴头面歌》。在舅舅的歌声中，即将出嫁的外甥女，在两位少妇的帮助下，改变了发式，戴上喇叭形毡帽，佩戴上胸饰和背饰，戴上用银牌、玉石、珊瑚、玛瑙、海贝等珍品编制成的头面。这意味着姑娘已经结束了天真烂漫的少女时代，变成了新娘，就要离开哺育自己成长的父母，出嫁到男方了。③

柯尔克孜族的婚礼，首先在女家举行，天还没亮，新娘的母亲就要陪着女儿洗浴，然后同新娘的嫂嫂、姐姐以及其他女眷一起为新娘梳妆打扮。服饰交换，发型的改变，标志着一个女子天真烂漫的姑娘时代已经结束，随之而来的将是一种全新的、陌生而又有点神秘的生活。对于待嫁的姑娘来说，虽然新婚是盼望已久的，但是，到了新婚前夜，要迈出这人生转折的第一步，还是很不容易的。此时，姑娘的心情是复杂的，既有对姑娘时代的留恋，又

---

① 尚烨：《论鄂尔多斯婚礼的文化特色》，《历史教学》2009 年第 12 期。

② 姊妹彝学研究小组：《彝族风俗志》，中央民族学院出版社 1992 年版，第 139 页。

③ 吴存浩：《中国婚俗》，山东人民出版社 1986 年版，第 409 页。

有对婚后生活的向往，特别是当着这么多人，穿起新嫁衣，既紧张又羞怯。新嫁衣就是在姑娘扭扭捏捏，女眷们的苦苦规劝中，慢慢穿上的。此刻慈祥的母亲，要为出嫁的女儿梳最后一次头了，抓起女儿的满头小辫禁不住流下了惜别的泪水。母亲一边为女儿梳头，一边轻轻地唱着《哭嫁歌》。在悲喜交集的《哭嫁歌》和母女的啜泣声中，母亲将女儿头上的满头小辫，一条条拆开，经过细心的梳理，辫成两条又粗又黑的大辫子。此时，姐妹们以及女眷们纷纷向新娘祝贺，祝贺她新生活的开始。①

云南红河哈尼族未婚少女是垂辫，结婚时把辫盘于头顶。出嫁这天，歌手"米谷"在旁吟唱着《送嫁歌》，姑娘在邻里嫂子和平日好友们的帮助下，结束姑娘时代的梳妆。凄凉的歌声，使平时无论如何快活的姑娘，临出嫁时也会情不自禁地泪流满面，哭泣不止。嫂子们和好友们帮她梳头时，她连辫子也不解开；为她穿衣时，她连手也不伸；始终是泪水涟涟地哭着，似乎要用哭和不配合梳妆来抗拒自己的出嫁。自梳妆开始，出嫁的姑娘一直哭到走出女家村寨"龙巴门"。②

婚礼中的成年礼，标志着男女生理成熟，具备了建立社会性的异性关系——婚姻的条件。同时，在从未成熟阶段迈向成熟的分界点上，个体迫切需要着角色变化后的心理调适，接受成年礼仪时个体的不情愿与亲友的祝福、帮助共同构成一幅交织着分离与亲密的矛盾画面。

第二，改变衣饰特征作为成年标志。鄂温克族传统婚礼中最后一项仪式是换衣。届时，新娘与女伴们回到新房，一群姑娘饶有兴趣地翻看着新娘的婚纱照。女性长辈们则为新娘换上从娘家带来的"娘家衣"——红色的"泡泡肩"长袍，并为新娘包上头巾，这种由平肩改为大皱褶肩袖的红袍一穿，头巾一包，意味着姑娘

---

① 新疆维吾尔自治区丛刊编辑组：《柯尔克孜族风俗习惯》，新疆人民出版社1986年版，第27—28页。

② 吴存浩：《中国婚俗》，山东人民出版社1986年版，第157页。

变成"媳妇"了；第二次换装，则是换上婆家做的蓝色的"泡泡肩"长袍，戴上旱獭皮制的帽子，终于完成由娘家人到婆家人的转变。[1] 撒拉族新娘到达男家后，由自家长辈一人从大门口抱进新房的炕上，举行"开面"仪式，用筷子揭开新娘头上蒙着的面纱。这一仪式表明，新娘从此不再是"阿娜"（姑娘），而是"艳姑"（少妇）了，已迈进了人生的又一扇大门——长大成人，正式成为社会的一员。[2]

婚礼进程中，新娘发型由辫到髻、辫式的变化，以及头部饰物的选用以及衣饰变化、开面、揭头盖礼俗都表征出不同民族社会为教化男女遵循成年后的行为规范做出的制度性安排。以头饰或衣饰变化为特征的婚礼成年仪式，向个体无声传达着成人社会的秩序与规则。

（二）标志婚姻关系形成的结拜礼

第一，传承传统生计文化的结拜礼。满族新妇被迎到男方家后，新郎要弯弓搭箭，向未揭盖头的新娘虚射三箭。之后，新妇在女陪亲人的搀扶下，前后胸背铜镜，怀抱锡壶，脚踏马兀子（满族称方凳为马兀子），慢慢下车，脚踩红毡，至香案前（拜天地桌）。桌上放有弓箭、乌叉肉（猪尾巴骨肉）和三盅酒，以示满族祖先能武善猎。新夫新妇双双跪地向北而拜，曰"拜北斗"，也称"拜天地"。这时执祭人（族中德高望重的长者）单腿跪于桌前，用满语高唱喜歌《阿什兀密》（合婚之意）。歌词大意是："选择吉日良辰，迎来新娘庆贺新婚，宰杀了家里养肥的猪，摆下宴席，供奉在天诸神，请在天诸神保佑，夫妻幸福共长存。六十岁无疾，七十岁不见衰老，八十岁子孙繁衍，九十岁须发斑白，百岁而无灾。子孙尽孝通，兄弟施仁德，父宽宏，子善良，日后高升，夫妻二人共享富贵一生。"为做祈求祝福，递与锡壶两樽，盛米令新妇

---

[1] 郭茂德：《鄂温克族婚礼》，《中国摄影家》2014年第1期。

[2] 陈云芳、樊祥森：《撒拉族》，民族出版社1988年版，第78页。

抱之，俗称"抱宝瓶"。又与栗子木一束，义取生子也，也有在院内搭设帐房，新妇入帐房前由新夫用秤杆挑下红盖头，名曰"挑盖头"。①

第二，蕴含传统"六礼"祝福的结拜礼。朝鲜族婚礼在新娘家里举行，先"函夫"向新娘家的女眷递交"婚函"。女眷用双手撩起裙子兜接，拿进屋里让其他女眷观看里面的礼物。接着，由"雁夫"向新娘家递交用彩布包裹身子的木雁，用以表示忠贞不渝的爱情。新郎踏着踩布，徐徐步入新娘家的院内。新娘家把木雁放在踩布或一张小桌上，新郎用扇子轻轻地推移三下，尔后站在喜桌旁边。此时，新娘由两名"伴娘"搀扶，从屋里缓缓走出，站到新郎对面。这天新娘的打扮是，头挽"大发"，上戴"簇头里"，发钗上悬垂二两宽"发带"，垂于前胸两侧。身穿"长衣"。新郎新娘隔着喜桌相向而立，在司仪的主持下行交拜礼和合卺礼。所谓交拜礼是新郎和新娘互致跪拜礼。合卺礼则是新郎和新娘各斟一杯酒，相互敬饮。②

第三，遵循宗教规范的结拜礼。回族信奉伊斯兰教，举行婚礼的当天凌晨，男女双方均在各自家中行"大净"，男家主妇（新郎的祖母或母亲）经沐浴后，欢欢喜喜地将写有《古兰经》经文（阿拉伯文）的大幅裱悬挂堂中，焚香点烛，以感谢"真主"，赐给良缘，早上，设便宴招待阿訇及男女双方迎亲、送亲的客人后，即由阿訇主持举行结婚典礼。阿訇依次问新郎新娘的经名，然后问他们是否同意结婚，双方都表示同意后，阿訇即念《依扎布》（俗称念配婚经），意即"万能的真主啊！感谢你的恩典，请你使其俩人的婚姻成全"。新郎和新娘跪在铺有新席的地上"听经"。念完即向新郎新娘身上撒"金豆"。最后是新婚夫妇双手摸脸，做"都哇"，感谢真主。从此，新妇一切附属丈夫，终生从夫居。至

---

① 孙辑六主编：《满族风情录》，四川民族出版社 1994 年版，第 128 页。

② 吉林省政协文史资料委员会、延边朝鲜族自治州政协文史资料委员会：《吉林朝鲜族》，吉林人民出版社 1993 年版，第 407 页。

此，结婚仪式算结束。①

第四，体现民间信仰的结拜礼。土族民间有崇拜火的传统，送新娘的队伍来到男家大门前时，门前已有两位妇人及新郎与男家招待人等迎候，新郎亲自走到新妇的马前扶之下马，由二位妇人搀着立于门前铺好的红毯上，新娘面前置一小桌，上面放着两杯茶，两盘点心，在桌上放好了一个红布包，里边包着一双新的筷子，此包东西由新娘的伴娘代为收起。此时新郎走到新娘的旁边，与新娘并肩走进院子里。男家的院子中央烧着神火，神火的后面亦如女家安置供桌，桌上陈列祭品，点着酥油灯，院子的地上铺着红毯。男家的男女亲戚与女家的送亲人们站在两旁，由礼宾唱礼，新郎新妇行跪拜礼后，新妇被搀进厨房，新郎在厨房门前相候，新妇对灶神行跪拜礼，再被搀出来与新郎同入新房。在新夫妇的行进中，男家的妇女们不断向他们身上撒粮食、撒铜钱。新房内烧着两盏酥油灯，进入新房后新郎才能为新妇揭下盖头的布，摘下头饰，两人方坐在炕上行交酌礼。②

鬼魂观是彝族民间信仰的重要组成部分，小凉山彝族在第二天夫方要将临时搭起的洞房拆掉，并为新娘举行迎魂仪式。迎魂仪式在夫家屋内火塘畔举行。新娘同夫方全家成员齐坐火塘侧，由请来的毕摩（彝族的巫师）通过宗教仪式，将新娘的"灵魂"从母方转到夫方，作为夫方家庭的正式成员。转魂的具体祈祷仪式，先由毕摩手提捆绑起来的活母羊，从左绕新娘头部七圈，从右绕新娘头部九圈，然后将母羊打死。羊头、五脏、羊皮归毕摩，其余归主人。如用猪作牺牲，要将猪的一半分给毕摩。小凉山彝族习俗，出嫁的女子由毕摩举行完加入男家宗教仪式后，便可返回母家，过不落夫家的生活，直到生育前夕才开始正式过坐家生活。

---

① 云南省编辑组：《回族社会历史调查资料》，云南民族出版社1988年版，第196页。

② 青海省编辑组：《青海土族社会历史调查》，青海人民出版社1985年版，第138页。

男家通常也是当妻子要生育前，才正式盖房屋，组织新家庭。坐家彝语叫"阿帕一"，不坐家彝话叫"阿帕阿一"。①

第五，体现敬祖传统的结拜礼。鄂伦春族结婚仪式开始之前，男方的父母及其他长辈和娘家来的长辈人都请到上方座位，其他人则在两侧坐着或站着。仪式开始，新郎、新娘在亲友的陪同下走进场地，然后在司仪的主持下，先拜天地，即面向北磕三个头，再给父母及其他主要长辈们一一磕头。长辈人在受此礼仪时，都要简短地祈祷几句，以示祝福。老人们每说一句，新郎、新娘都要发出"者！者！"的应答声。拜完后，司仪要致贺词，以幽默而生动的语言，滔滔不绝地说上一番，希望新郎、新娘婚后互敬互爱、生活美满幸福，孝敬老人，生儿育女等。②

羌族迎接新娘进屋。即准备敬神拜堂。此时香灯师燃香点蜡，堂屋神龛前桌上放几个碟子，内盛青稞、麦子和米等，新娘、新郎并立于地上铺的席子上，司仪人（一般为外管）用羌话高声演唱：先拜天地，后拜高堂，再拜爷爷、奶奶、父母、姑爷、姐姐、哥嫂，再拜四门亲戚！襄帮弟兄，最后夫妻交拜，新郎举手揭盖。在新人拜堂时，双方母舅用羌话嘱咐他们成家立业，勤劳生产，遇事商量，和衷共济，白头偕老；并将敬神的青稞、麦子和米等撒向新娘、新郎。众母舅讲话完毕，新娘转入洞房。③

白族一般结婚时间需三天。新郎迎亲到达女家后，吃一餐饭，新郎单独拜女方的天地、祖先、灶君及岳父母长辈。然后发轿，新郎坐男轿，新娘坐女轿，媒人骑马或步行。花轿到达男方大门前停下，请人将新娘背入洞房，或由新郎牵新娘步入洞房；但步行则须用新席子两张，一张替换一张地铺在地上，让新娘从席上一

---

① 云南省编辑组：《云南民族民俗和宗教调查》，云南民族出版社1985年版，第20页。

② 韩有峰：《鄂伦春族风俗志》，中央民族学院出版社1991年版，第92页。

③ 四川省编辑组：《羌族社会历史调查》，四川省社会科学院出版社1986年版，第192页。

直走到洞房。新娘进入洞房后，进行梳妆，将原来作为姑娘标志的辫子，改梳为"堕髻"。这时男方大开簇席，新郎、新娘即于此时拜天地、祖先和灶君，然后进入洞房。到吃晚饭时，才吃"团圆饭"。一般是"巳时发轿，午时进门，未时交杯"。吃完团圆饭，新郎新娘进入洞房，主要由表亲（姑表、姨表、舅表）闹房。①

第六，贯穿象征礼仪的结拜礼。婚姻是联系两个背景不同异性个体的主要途径之一，其过程也是解决二元甚至多元存在的诸多矛盾与隔阂的过程。以拴线为特征的婚礼仪式，通过连接象征，即线的连接，表达解决婚姻中的冲突、隔阂与分歧，达到和谐相处理想境界的祝福与期待。傣族举行婚礼时，新郎新娘在各自的伴郎、伴娘的陪同下，相对坐于长辈的下面，在他们中间摆着一对烹煮过的鸡、两对蜡条、两瓶酒。先由村寨头人拴线祝福，然后是家长及长辈拴线祝福。长辈拴线时，首先由家族中的父系亲属（傣语称"见摆丢"）进行，其次是母系家属（傣语称"见摆达"），最后是其他亲戚。拴线后，新婚夫妇，向岳父母献"喂奶费"，数目为偶数，表示吉利，通常用滇铸半开银圆二元左右。②勐海县八达区帕勒寨布朗族婚礼的第三天要举行拴线礼。参加第二天婚宴的本寨客人深夜纷纷散去后，远道的客人们亦纷纷被安排就寝入睡，新郎则躺在床上假装入睡，每幢竹楼都是静悄悄地，寨内一片沉寂，忽听得一声鸡叫，宣布偷姑爷和拴线仪式开始。这时新娘的干爹干妈领着新娘和几个女伴悄悄地来到新郎的住宿处推醒新郎说："时间到了！""时间到了！"新郎一声不响地悄悄背起事先准备好的东西，点着火把（绝不能熄灭）迅速向女家出发，来到女家。新娘的母亲守在楼梯口迎接，她送给女婿一套新衣和一块包头巾。新郎接过礼物，并把芭蕉叶裹着的一对蜡条插在女家门外，表示从此算是女家的人了。然后新娘的母亲舀一瓢

---

① 云南省编辑委员会：《白族社会历史调查》，云南人民出版社1983年版，第66页。

② 云南省编辑委员会：《西双版纳傣族社会综合调查（二）》，云南民族出版社1984年版，第127页。

清水给女婿洗手，带新郎进入室内。若是女子娶到男家，则是在鸡叫以后，新郎由干爹干妈领着，和伴郎们一起点着火把，悄悄地来到女家。这时新娘的亲人们都佯装睡觉，于是新娘和她的伙伴们背着陪嫁的东西，迅速离家出发。新郎的母亲守在楼梯口迎接，她送给新媳妇以衣服、筒裙、银首饰、镰刀、竹铲等东西。新娘接过礼物，又将芭蕉叶裹着的一对蜡条插在门外，表示从此算是男家的人了。新娘的母亲舀一瓢清水给媳妇洗手，然后迎进门去。新郎、新娘进入女家或男家室内之后，即举行栓线仪式。室内灯火通明，谈笑声不绝。酒席摆好，由新郎新娘为干爹干妈先给他二人拴线，然后盛一盆白米，上摆白线，端到桌边请众老人给新郎、新娘拴线。拴线的老人们照例要一边拴线，一边祝福，并送给新人一点礼钱表示庆贺。酒席往往是摆了又撤，撤了又摆，一直到前来贺喜的人都吃罢离去，竹楼上的琴声和对歌声仍延续着，直到深夜甚至第二天凌晨。①

　　红河一带哈尼族男女青年的婚礼仪式也有自己的特点。男女青年自由恋爱，私订终身后，男方便请媒人向女方父母求亲，得到女家父母的认可便下聘迎娶。迎亲时，男家派一对父母健在，家中无死于非命的所谓"干净"的中年男女作为迎亲人，到女家迎接新娘。女家对于这位迎亲者的到来，要以美酒佳肴盛情招待。宴席中，迎亲人拿出小贝壳三枚，当众交予女家父母。这种小贝壳，红河哈尼语称为"厚恩阿玛"，被看作男女两家结亲的标志；男家若不交贝壳，婚姻是不算数的。直至现在，迎亲人当众交贝壳的习俗仍被作为完婚礼节流传下来。②

　　婚礼中的驱邪象征同样发挥驱除不良影响，弥合个体二元差异，顺利进入婚姻生活的寓意。赫哲族结婚拜天地的时间是在天刚发亮，太阳还未出来的时候。在拜天地之前，新郎用彩车去迎

---

① 云南省编辑组：《布朗族社会历史调查（三）》，云南人民出版社1986年版，第7页。

② 吴存浩：《中国婚俗》，山东人民出版社1986年版，第157页。

接新娘。新娘要将辫子改梳发髻挽在脑后，表示社会身份转变，并穿上代表趋吉避害的红袄、红裤，头上戴花，蒙上红布，打扮停当之后坐在椅子上，由她的兄嫂或其弟弟抬着或抱着上彩车。到婆家门前，新娘又被人抱下车来，为了避免受邪魔的干扰，新娘不能脚踏地面，在她经过的路上都铺上了红毡，如无红毡，用麻袋代替也行。在早年还无桌子时，新郎和新娘是在门槛外拜天地。有了桌子之后，就在院子里摆一张桌子，作为拜天地的地方。拜完天地之后，新郎在前领路，新娘跟随后面向新房走去。当新郎已进入门里，而新娘还站在门外之时，新郎回过身来用秤杆挑去新娘头上的红布甩在前房檐上。此时，两个结婚的青年人才第一次互相看到对方的面貌。新郎的弟弟、妹妹、嫂嫂等人就把早已准备好了的五谷粮——高粱、大豆、小米、玉米、绿豆向新娘头上撒去。同时在门外敲锣打鼓，燃放鞭炮。据说这样做可以驱除一切妖魔鬼怪，保佑家宅平安。[1]

还有的民族以嬉戏行为，象征婚姻缔结及婚后祝福。丽江纳西族结婚，新娘、新郎跨过马鞍进入大门时，东巴开始念经，并在新娘的脑门上点几滴酥油，有的地区是在大门口备一碗清水，当新娘进门时，由媒人向新娘头上泼水，表示新娘从此是男家的人了。新娘进屋后，先送给公婆各一双鞋，并由女方送亲的人将新娘送给新郎的鞋丢到新床床底深处，这时新郎要弯腰到床底下将鞋取出，趿拉着穿起，称为"换脚鞋"。"泼新水"及"换脚鞋"，以嬉戏的形式，象征着新婚男女身份改变及归属变化。随后，即开始拜天地、祖先和公婆，新人并互相鞠躬。拜时，新娘手中握有一块菌形的盐巴、新郎手中端一小土罐清水或茶水，分别象征婚后女主内负责油盐柴米，男主外负责交际应酬的社会分工模式。结拜之后，新郎将女方陪嫁的红柜打开，内装有米、糖、石头、梅花、一串钱等，新郎观看完后，将钥匙丢在柜子上，小孩去抢钥

---

① 黑龙江省编辑组：《赫哲族社会历史调查》，黑龙江朝鲜民族出版社 1987 年版，第97页。

匙，然后用糖食赎回，① 为婚礼增加喜庆的氛围。

（三）发挥社会整合功能的敬拜礼

敬拜礼是各民族婚姻礼仪中普遍存在的行为模式，主要发挥社会整合功能，核心是形成亲属集团内部的领导权威及其相对应的服从规范。具体而言，敬天主要体现人与自然的依存关系，敬神（寨神、家神）、敬祖主要巩固亲属组织，敬亲体现村社权力和地位结构。

第一，表达感恩的敬天仪式。昆明西山区黑桃箐彝族婚礼，将新娘迎到男方家后，男方在院中用树枝搭的凉棚内设一酒席，请村中父母双全，多子多孙者一家吃，叫吃压席酒，彝语称"切黑矣"，边吃边由两位会唱老人在旁唱压席歌。彝语称"唸沙一丘"，吃完收席后，新娘及送亲者入棚内休息就座并吃饭。至晚客散，由送亲者送新娘入新房，并由送亲者陪新娘就寝。第二天起床后又由送亲者陪新娘入小棚内就座休息片刻，然后由新娘新郎在一群人陪同下，至祭祀台举行一次祭祀仪式，即在祭祀台煮一头猪，供在两棵神树前，叩头而拜祭祀，彝语称"通公楞"，意为祭祀祖先和老天爷。因为彝族每个人生下后三岁要到祭祀台举行戴项圈祭祀，意为把他托付给天和祖宗保佑她他（她）至成人，现在已成人结婚了，天和祖先之责已完，把项圈交回祖宗和天，并以此对天和祖宗感恩。祭毕，新娘即由送亲者陪送回小棚内坐息，新郎则和同去者在祭祀台把猪头吃掉方回。②

阿昌族新娘进门时，必须站在门口铺好的草席上，由两个中年妇女，抬着筛盘，内放一罗锅盖，里面装有七股红线制成的七股灯芯和适量的植物油。点上火，俗称"齐心灯"，在新娘身上绕三

---

① 云南省编辑委员会：《纳西族社会历史调查》，云南民族出版社1983年版，第64页。

② 云南省编辑组：《昆明民族民俗和宗教调查》，云南民族出版社1985年版，第65页。

转，然后由新郎用一条新毛巾牵着新娘走进堂屋，进堂屋后必须先绕着火塘转三转，然后才牵入洞房。新郎离洞房后，两个"园成婆"（即多子女的中年妇女），马上给新娘改装为已婚妇女的装束，戴上黑色高包头，穿上筒裙。接着新娘就在"园成婆"的陪同下走出洞房参加祭献天地和祖宗，新郎和新娘三跪九叩祭献天地后，即由"园成婆"将事先准备好的蜜酒两杯和已去壳的鸡蛋两个，拿给新郎新娘吃掉，俗称吃"交杯盏和凤凰蛋"。①

第二，表达家庭归属的敬神、敬祖礼。普米族新娘到男家时，要有人向空中放火枪，三枪一次，放六次。并大门外面拉一匹布，由送亲的两个人扶着新娘由布下走过，表示男家接了新娘带来的财气。这时，除新郎仍在屋中等候祭锅庄以外，其余的人都要到大门口迎亲。新娘下马以后，喇嘛就开始"开财门"。两个送亲人引领新娘到屋中坐下，便由村中老人来祭锅庄，用女家带来的祭物，即酒、酥油、肉、糯米粑粑等。这个主祭的老人，要在新郎新娘的前额上各点一些酥油，然后说："这个姑娘今天变成家中人，点一些酥油做记号，请家中的山神祖先看这个记号来识别。"祭完锅庄以后，婚礼便算完成。新娘要送给接亲的三个人每人一条裤子，送亲的两人每人半匹布。新娘家的送亲人更送给男家村中每户半斤肉、五六个糯米粑粑，同时全村每户也都要请送亲的两人、接亲的三人及新娘等六人到各家去喝酒、吃饭。② 云南墨江县哈尼族支系阿木人婚礼的第二天是拜亲、入洞房。早晨起来，新郎领着新娘到竜林种一棵竜树，表示从今起，新娘已属男家人；早饭后先拜认亲朋，后拜见公婆；下午的喜筵名为"请双客饭"，逐桌

---

①　云南省编辑组：《云南少数民族社会历史调查资料汇编（四）》，云南人民出版社1987年版，第21页。

②　云南省编辑委员会：《基诺族普米族社会历史综合调查》，民族出版社1990年版，第112页。

向客人敬酒拜谢之后，才双双进入新房，婚礼完毕。①

　　勐海县拉祜族结婚礼仪比较简单。结婚当天，男女双方各杀一头猪，男方要把猪头送到女方家，然后切成两半，一半留下给女方，一半仍带回去；女方照例也将自家的猪头切成两半，一半送男家，一半留下和男方送来的半边合在一块，表示"骨肉至亲""新婚和合"的意思（贺开地区直接交换猪头）。新婚夫妇一同下山取水，然后先到女方家庭敬新水、背柴、献饭给岳父，再回男方饮水献饭。接着到寨庙里磕头、赎礼肉，由安占主持举行祷告村社神灵仪式。祭祀毕，再到女方家庭，由女方家长给新婚夫妇拴线，新婚夫妇拜了女方亲戚，再返回男家照例举行祭祀礼拜，至此全部仪式完结。②

　　赫哲族婚礼中的拜祖宗仪式，既是表达家族归属，也发挥着对新人的教育功能。首先，训导新娘为妻的规矩。新婚夫妇入洞房之后，一个非新郎直系亲属的老人，手执三根约三四尺长的苇芦秆，中间扎着三道红布，向新娘训话，大意是说，新媳妇要孝顺公婆，尊敬丈夫，待人要和气，不要发脾气。要好好劳动，不要偷懒。屋里的话不要向外传，外面的话不要向家里传，要好好过日子，等等。接下来是祈祷祖先的福佑，老人训话毕，新郎、新娘在祖先牌位之前下跪，并听老人向祖先祷告：新媳妇已经娶来了，从前是外姓的人，现在成了一家人，祖先要好好管教，保佑全家好好生活，等等。再次，对新娘责任的嘱咐。拜完祖先，再拜灶王，老人又向新娘训话：一辈子不离这里，灶火不好烧不要发脾气。每天要给老年人烧炕，要不，灶王就要怪罪你，等等。这一切手续完成之后，新娘才开始坐到炕上，脸朝着墙，背向着外，一直

---

　　① 毛佑全、李期博、傅光宇编：《哈尼山乡风情录》，四川民族出版社1993年版，第204页。

　　② 云南省编辑组：《拉祜族社会历史调查（二）》，云南人民出版社1981年版，第72页。

坐一整天。①

第三，表征家庭结构和家族成员地位的拜亲礼。勐海县曼散布朗族婚礼要敬象征寨子的寨桩，寨桩用"阿曼"树做，中立一大棵，周围立七小棵。仪式是先用一瓶酒、一碗饭和一碗菜放在寨桩处，由达官②主持祭祀，同时结婚的男子也参加祭祀。祭寨桩，表示村寨神对婚姻的认可。之后，结婚的主人送给达官一只鸡、一个猪头。因为受佛教的影响很深，所以新婚男女要共同到寺院拜佛。拜完佛后，如果是从妻居，夫妻先到夫家，丈夫的父母招待吃一餐饭，丈夫的母亲将准备好的一条裤子送给女子，女子便带这条裤子把丈夫领到家里。在进女家房前，等在门前的女子的母亲则把准备好的一件上衣放在一起，作为结婚的象征物。在离婚时，男则取回裤子，女则留下自己的上衣。如果是从夫居，先由女家招待吃饭，女子的母亲送给女儿一件上衣，由男领女到男家。在进男家前，男子的母亲把一条裤子同上衣放在一起。结婚的仪式虽由建寨的达官主持，但代表村寨的行政头人叭、鲊必须先参加分别在男家和女家举行的宴会，叭、鲊不到，婚宴便不能开始。③

蒙古族新郎新娘进入新蒙古包内后，双双站在佛像前，先叩头敬佛，然后拜见父母兄嫂，接着由一个少妇领新娘行"开灶礼"，在锅灶内点燃火，安上锅煮牛奶，由新娘亲手舀半铜勺牛奶洒在火焰上，便算开始了新家庭的主妇生活。随后，新娘用银包木碗盛上酸奶，新郎双手端上给宾客们轮流尝吃，最后由新郎新娘尝吃。接着宴席开始，先是茶食，接着由新郎新娘向宾客敬酒。酒席间，宾客中的长辈向新郎新娘祝词，大家唱起祝福的歌曲，吃着

---

① 黑龙江省编辑组：《赫哲族社会历史调查》，黑龙江朝鲜民族出版社1987年版，第97页。

② 注：达官，建寨的人。

③ 云南省编辑组：《布朗族社会历史调查（一）》，云南人民出版社1981年版，第63页。

大块的手抓肉。酒足饭饱，老年人即告辞，年轻人继续留下，在草地上围着新郎新娘载歌载舞，直到夜深人静，才告辞而去。①

（四）标志个体家庭融入的认亲礼

第一，结拜礼之前，以赠送礼物为媒介的认亲是双方建立社会关系的开始。

按照达斡尔族人的习惯，接待新姑爷的察恩特礼，必须操办饮宴和认亲。新姑爷到来的当日晚间，召集本莫昆（即亲族）的男女老少设宴，称之为"察恩特安特贝"。当宴席开始之后，男方的陪礼人便要向参加饮宴的长者们婉言交代所送来的礼品的种类与数量；接着由女方的长兄引领新姑爷认亲，向长辈们一一敬酒磕头。宴罢，安排数人将送来的毛猪用火燎烧后开膛收拾，当夜将肉煮好，备次日全莫昆族亲好友在认亲的宴席上食用。第二天早饭后，便通知本莫昆的亲朋故旧前来参加察恩特礼的认亲宴席，这叫做"察恩特宜得贝"。它的礼仪与头一个晚间莫昆内认亲的程序相同。对有些不能来的长者，要从察恩特礼品中留下一些酒肉点心，赠送给他们，这就是"爱格塔塔贝"。"察恩待宜得贝"后的次日，女方的兄长便引领新姑爷前去本莫昆的族亲好友家登门认亲，同样敬酒、行磕头礼。此时，受礼者要赠送小钱搭子、烟荷包之类的礼物给新郎，有的要赠送现金。② 迎亲宴罢，将送亲的宾客请到另室休息喝茶。此时，重新装扮过的新娘，在嫂嫂的引荐下，向公婆、祖父母、家中的长辈等一一行装烟礼或行敬酒叩首礼。然后，在家宴中，向莫昆族亲的长者们行敬酒磕头的认亲礼。③

傣族结婚时，新郎家要按订婚时商定的"暮欢"（礼物）数如

---

① 青海省编辑组：《青海省藏族蒙古族社会历史调查》，青海人民出版社1985年版，第149页。

② 编委会编：《达斡尔资料集》第二集，民族出版社1998年版，第571页。

③ 同上书，第574页。

数带来。这些"暮欢"除送给村社头人外,送给家族的"暮欢",按血亲关系的亲疏分配,父系亲属("见摆丢")得"暮欢"总数的三分之二,母系亲属("见摆达")得"暮欢"总数的三分之一。新郎新娘,经过结婚,便取得了家族和村社成员的地位,并享受其权利和承担家族、村社成员应尽的义务。①

第二,婚礼中,形式各异的认亲礼促进着双方的交流与互动。

羌族婚礼认亲仪式是长辈教育和嘱咐新人的时刻。拜堂之后,羌族接着举行敬神、拜客和谢红仪式。首先由司仪人代表主人用羌话高声念唱,其意为:

> 今天我家办喜事,添人进口颇吉祥,特地敬请诸神灵,
> 保佑他们有吃穿,家道兴隆人丁旺,开始一家发五家。
> 五家发到一百家。愿神灵保佑他们,像太阳一样通红,
> 似月亮那样明亮,如星星一般耀眼,吉祥如意万事兴!

然后司仪照礼薄念唱,呼叫送礼名单:"×××挂红花一勒!"意为某某人挂红送礼!并请送礼的亲戚和家门房族长辈一一受拜。在新娘、新郎拜客过程中,新娘的母舅和哥哥等一面饮酒,一面起立用羌话教育和嘱咐新人。

一位舅舅的嘱咐词为:

> 今天你俩成了家,须要勤劳又和睦,要像蜜蜂将蜜酿,
> 要像蜘蛛把网结,勤奋持家莫偷懒,建设一个幸福家!

一位哥哥的嘱咐词为:

> 妹妹今天到婆家,勤劳生产承家业,养儿育女理好家,

---

① 云南省编辑委员会:《西双版纳傣族社会综合调查(二)》,云南民族出版社 1984年版,第 127 页。

尊老爱幼是本分，诗人谦和莫纷争，望您记住我的话，
哥哥不会忘记您，逢年过节有接送。倘若妹妹不听话，
吵嘴闹架又懒惰，即使偷偷回娘家，也要赶您返婆家。
我家对您有教养，千万别丢娘家脸！

拜客毕，即抬出新娘陪嫁带来的一大背篼羌式云云鞋。此时司仪高声唱名，由新娘将鞋送给男家母舅、父母、姑爷、姐姐、哥嫂等。每人一双，送完为止。在此过程中，新娘的母舅、哥哥再用羌话教育新人。内容与上面大抵相同从略。接着，新郎给女方送亲的母舅、姐姐、哥嫂、妹妹、斟酒点烟，道谢他们辛苦了，并用羌话说："饭虽不好，请吃饭；酒虽不好，请饮酒！"最后，由司仪代表男家主人致《谢红词》，并请红爷收礼。[①]

有的民族婚礼中的敬酒仪式也就是认亲仪式，敬酒的顺序体现出家庭成员的社会地位。云南红河县架车自称"腊咪"的哈尼族，结婚的仪式在女室内举行。结婚仪式结束后，新郎一家便忙着摆设酒席招待前来祝贺的亲朋寨友。酒席分设于男室与女室内，男客在男室就座，女客在女室就座。男女室内各有一桌主要的席位，用以招待舅父舅母和男女长者。开席时，新郎新娘首先要将"鸡八鸡昨昨"（一种装在竹筒内煮的肉）摆在长辈们面前，专供长辈食用。当宾客开始饮酒用菜时，新郎新娘双双同去敬酒。敬酒的秩序是，先敬舅父舅母，次敬长辈，然后再敬其余宾客。在敬酒时，客人们往往用酒回敬，新娘新郎不能推辞，应倒入口内，再吐在预先准备好的干毛巾上。举行婚礼的这天，新娘的近亲一般都不到新郎家赴宴。新郎家专门安排一些亲戚到女方家赴宴认亲，[②]以加强双方的互动交流。

---

① 四川省编辑组：《羌族社会历史调查》，四川省社会科学院出版社1986年版，第192—193页。

② 毛佑全、李期博、傅光宇编：《哈尼山乡风情录》，四川民族出版社1993年版，第230—231页。

在景颇族的婚礼上，证婚的寨中父老长辈，热情洋溢祝贺新婚后，敬酒少妇端来两小竹杯米酒，分别捧给新郎和新娘。按习俗，新郎先把手中的酒杯送到新娘嘴边，新娘一饮而尽。之后，新娘再把自己手中的酒杯端到新郎嘴边，心花怒放的新郎当然更会一饮而尽。接着，新郎抱着大竹酒筒，新娘端着小竹酒杯，双双来到父母的面前，先敬公，后敬婆。公公高兴地一饮而尽，婆婆却在饮酒前摘下自己项上的银圈或项链，挂在新娘的脖子上，又摘下自己手上的银镯，套在儿媳的手腕上，之后，才接过酒杯，一饮而尽。婆婆的银圈和银镯送给了新娘，表示新娘从此之后就成了男家的人了。①

澜沧县拉祜族的新人献清水，既是婚礼中认亲也是得到祝福的仪式。结婚之日新郎在媒人、伴郎的陪同下到新娘家拜堂，然后步行返回夫家，再向夫家拜堂，然后新郎新娘双双背上竹筒到山箐背来清水，给媒人、族中老人、亲友、宾客喝，客人一面喝清水，一面向新婚夫妇祝福，晚跳芦笙舞，新婚夫妇在男家住数晚后，即一块返回女家，婚礼即结束。②

第三，婚礼后，亲属认亲进一步明确了村寨社会结构，传达着婚后的行为规范。

满族婚礼第二天清晨，新郎新娘起得很早，拜叩宗族长辈和父母、叔伯、兄妹等，俗称"分大小"。从此新娘作为家庭成员开始分清尊卑大小远近亲疏关系。厘清辈分，分清长幼就可避免冒昧行事而犯规矩。

白族婚礼第二天，女方母亲及弟妹前来男方认亲（女方父亲则不能去），男方请客。第三天，新郎伴同新娘向男方各长辈叩拜认亲，并告以称呼，男方请客。请客后，新娘回门，新郎伴同前去，男方的父母兄弟姐妹亦去女方认亲，由女方请客；然后新郎

---

① 吴存浩：《中国婚俗》，山东人民出版社 1986 年版，第 263—264 页。

② 云南省编辑组：《云南少数民族社会历史调查资料汇编（四）》，云南人民出版社 1987 年版，第 53 页。

及其父母兄弟姐妹先回家，随后新娘亦回婆家，带些土产作为礼物，喜事即告结束。①

昆明西山区大小昭宗彝族僰僰濮婚后第二天，新娘要早起，负责打扫室内，然后由女方送亲人将新娘藏起，直到让新郎找到为止。第二天早饭后，先举行认男方的亲友礼，认亲礼主要是认男方族内和亲戚中的长辈。然后便举行回门，回门时媒人亦参加。回门实为到女家举行认亲礼，出晚回来。第三天举行复门，仅新婚夫妻去，亦当晚回来。②

丽江纳西族婚后第二天，举行"分大小"仪式，意即认亲。男家将所有亲戚长辈请至家中，按长幼尊卑、公婆在前、舅父母次之，男女各站一行，由新娘一一拜见，长辈向新娘赠送一点见面礼钱。这一天清晨起床后，婆婆亲自端送或喂给新媳妇一碗莲子粥、一碗面条。第三天回门，带些米、糖、酒等礼物，新娘由女伴陪同先行，新郎随后由男伴送至女家。有的地区是两人一道通行，过桥时，在桥边买一点糖食吃。至岳家时，新郎要一一拜见女方的舅舅、伯叔和其他长辈，岳父母招待新夫妇及陪送的青年和女家亲友吃喝一顿。不管路程多远，新夫妇必须当天同返男家。③

蒙古族婚礼第三天，有的地方，特别是农区，要举行认亲仪式，即新娘家的近亲前往新郎家认亲，男方家称他们为"依尔格沁"（即探望者的意思），通常是新娘的父母、舅父母、姑父母、姨父母等。他们各带礼品去新郎家，在盛宴上男女方近亲彼此相认称亲家，以便日后互相关照帮助，当天"依尔格沁"要回去。④

拜揖和领家教，是阿昌族婚礼中重要内容之一。早饭后，新郎

---

① 云南省编辑委员会：《白族社会历史调查》，云南人民出版社1983年版，第66页。

② 云南省编辑组：《昆明民族民俗和宗教调查》，云南民族出版社1985年版，第27页。

③ 云南省编辑委员会：《纳西族社会历史调查》，云南民族出版社1983年版，第64页。

④ 蔡志纯、洪用斌、王龙耿：《蒙古族文化》，中国社会科学出版社1993年版，第296页。

家堂屋里摆设两张并拢的木桌，桌上摆上草烟糖果瓜子白酒，然后请高龄长者和直系亲属入座，新郎披上红色绸布，陪同新娘出洞房，跪在草席上给在座的长者一一磕头，并敬上蜜酒一杯。领受磕头和蜜酒的长辈，必须拿出首饰或现钱作为小礼赠送给新娘，同时讲上几句祝福和勉励的话，男方长辈轮完以后，离座，然后又由女方家来的长辈入座，内容相同。每一批入座长辈中，要由一位见识广，有表达能力的叔伯代表受礼人对新婚夫妇进行简短的训话。内容是尊老爱幼，孝顺公婆，夫妻和睦，共同治理家务等，然后鸣放鞭炮，宣告拜揖结束。①

①　云南省编辑组：《云南少数民族社会历史调查资料汇编（四）》，云南人民出版社1987年版，第22页。

第二章
少数民族婚礼礼物

礼物交换是一种伴随着人类社会而普遍存在的社会文化现象，然而，在不同历史时期、不同地域、不同民族中，其表现形式和承载的意义却各有其特殊性。婚姻关系和婚姻缔结过程中不同群体的礼物交换维系、强化并创造着或合作、或竞争或敌对的社会联结。少数民族婚礼中的礼物馈赠，主要有仪式性礼物流动、情感交流性礼物流动以及经济互动性礼物流动三类。礼物馈赠，首先，促进了婚姻的缔结和婚礼的进程，同时伴随着当事人角色的转换；其次，礼物流动具有互助、互惠的功能，同时也是一种财产转移的方式；再次，礼物流动具有表现社会地位、改善人际关系的社会功能，有助于维系、强化和谐的社会关系。最后，礼物交换活动还具有传承传统文化的功能。

婚姻缔结过程中的经济因素包括结婚时的聘礼、嫁妆和其他礼物交换形式。从我国各少数民族的婚姻习俗来看，礼物的馈赠和交换则贯穿于婚姻缔结的整个过程之中，包括了男方家庭向女方家庭提亲时的赠礼、定亲时的赠礼、缔结婚姻时最重要的聘礼，以及女子出嫁时的嫁妆，男女双方家庭互赠的礼物等多种形式。这些礼物的形式各异，但其属性和在社会文化中所反映出的作用却带有一定共同性。婚礼中礼物交换背后往往隐藏着各民族人际关系和社会网络构建的过程。下面就将少数民族婚礼礼物分为说亲礼、定亲礼、彩礼（聘礼）、嫁妆及其他礼物进行分析。

一 试探对方态度的说亲礼

说亲礼在各少数民族中通常是指男方向女方家庭馈赠的礼物，此类礼物是用以表达男方及其家庭结亲的意愿，并试图建立与女方家庭之间的姻亲关系。因此，说亲礼属于一种情感表达性的礼物，其意义并不在于礼物的价值，而更多的是在于礼物或者仪式本身所代表的"请求""试探"的文化意义。我国各少数民族的说亲礼，大多不是什么贵重之物，但却需要在特定的说亲情境中，按照习俗的规定以仪式性的方式流动，以维系人们共同遵守的文化习惯。

（一）食物类说亲礼

人们在日常生活和社会生活中所消费的物品，必然也会反映在提亲时所馈赠的礼物中。在我国各少数民族的说亲礼中，食物是最为普遍的礼品。并且所馈赠的食品既反映了各少数民族所共同拥有的民族文化传统，也体现出各民族所独具特色的习俗。

1. 酒

在食物类的说亲礼中使用最频繁的是酒。这与我国众多民族都有饮酒习俗有关，也在一定程度上体现出了这些民族豪爽的民族性格。如黑龙江爱辉县满族说亲时，就首先由男方请媒人到女方去说亲，共去三次，每次都携带一瓶酒，到第三次才能知道成功与否。故有"成不成，三两瓶"的说法。如果这门亲已说成了，女方父母向男方家要彩礼，一般是：猪、酒、钱、衣服、首饰等物。如果男方拿不起这些彩礼，亲事就不能成了。如彩礼能齐备，几天之后媒人就可以领着男方带着彩礼，到女方家来给岳父母叩头，送交彩礼，即称为订婚。[①] 裕固族媒人到女方家说亲时，要带上一瓶酒作为礼物，并且，这瓶酒需要做一番特别的"装扮"——系上一条红头绳，方能作为说亲礼。

藏族小伙子的父母往往会请一位德高望重的长者去说亲，说亲时要带上一壶酒，称为"提亲酒"。在男方代表正式登门提亲的时候，女方会召集自家的亲属一起为女儿的未来做出决定。如果同意把女儿嫁给男方就喝下媒人带去的"提亲酒"，若不同意就想尽办法不喝[②]。

拉祜族双方定情之后，即分别告知父母，有的地区是女方父母请媒人去男家问婚。多数地区是男方家长托媒去女家求亲。按惯例，媒人需三次登门问婚，才能得到明确的答复，而且每次都要送一点礼物。有的地方媒人在问婚时，不能直截了当地求亲，需要通过一种隐晦曲折的方式表达求婚之意。如媒人一进门即说："我到你家找一只小母鸡。"女家则冷淡地回答说："我家没有，你到旁边几家去问问。"第三次媒人带酒一壶，如女方父母不同意即不喝而把酒打翻在地，如果打开酒壶与媒人共喝，这就表示同意这门亲事。[③] 云南大理巍山彝族男女双方认识相爱后，请本族或亲友到女方说亲，说亲时带酒1斤、糖1盒、面条2封，送给女家，如谈叙后女方收下面条、糖、酒等礼物，即表明初步同意，也有须在次日杀鸡看鸡卦，卦吉后方许者。[④] 白族传统婚俗订婚前先由媒

---

① 辽宁省编辑委员会：《满族社会历史调查》，辽宁人民出版社1985年版，第119页。

② 陈长平、陈胜利主编：《中国少数民族生育文化》（上），中国人口出版社2004年版，第201页。

③ 严汝娴主编：《中国少数民族婚姻家庭》，中国妇女出版社1986年版，第311页。

④ 云南省编辑组：《云南巍山彝族社会历史调查》，云南人民出版社1986年版，第124页。

人提亲，女方招赘也要托媒人去男方家提亲。提亲的一方要送礼物，因礼物轻，又叫"送水礼"。[①] 在所馈赠的礼物中，酒是必不可少的礼物。阿昌族男方父母相中女方家的姑娘之后，便会请媒人带上礼物前往女方家提亲，礼物中也必定会有酒。

2. 茶

说亲时以茶叶为馈赠究竟源于何时，尚难确考，但茶与少数民族婚礼的结缘，却是由来已久。《藏史》中有记载：公元 641 年，吐蕃王松赞干布到大唐请婚，唐太宗遂将宗室养女文成公主下嫁于他。文成公主入藏时，带去了陶器、纸、酒、茶等物品作嫁妆。由此可见，在唐代，茶叶就已经以嫁妆的形式出现在了少数民族的婚礼之中，虽然此时的茶叶还不是后来意义上的茶礼，但茶叶与婚礼的紧密联系已可见一斑。

许多少数民族人们在向女子家庭说亲或提亲时，都有赠送茶叶的习俗。如某些地方的拉祜族媒人，就会在去女方家说亲时带一包茶叶为礼物。经过与姑娘家人的一番交谈之后，媒人会亲自动手在火塘上煨一壶茶，依次端给姑娘的父母、舅父和叔伯父喝，女方父母如喝了茶，婚事即算确定，如不喝即表示拒绝。同时也意味着请媒人以后再无须上门求亲了[②]。云南白族在上门提亲时，所赠送的礼物除了酒、糖等食品，茶也是必备的礼物。

3. 具有地方饮食特色的食物

说亲时，除了普遍用于馈赠的酒、茶等食物以外，各民族还依据自己不同的居住地域、生活环境和饮食喜好等因素，赠送其他各色具有地方特点的食物作为说亲礼物。

（1）定茶

如主要聚居在地处黄河沿岸的青海省循化地区的撒拉族，其所居住的循化地区气候温和、雨量充沛、土壤肥沃，主食以面食为

---

① 洪波、杜新月：《大理市白族婚俗沿袭与变化调查》，《佳木斯教育学院学报》2012 年第 5 期。

② 严汝娴主编：《中国少数民族婚姻家庭》，中国妇女出版社 1986 年版，第 311 页。

主。因此说亲时的礼物中，就有了解腻清热的茯茶。对撒拉族而言，说亲是一件郑重的事情，一般挑选在"主麻日"，由媒人携带男家的一块茯茶等说亲礼物前往女家。女家商量后，如有意则将茯茶等礼物收下，并招待媒人吃"油搅团"和包子。媒人走后，女方家长与本家亲属共同协商，征求大家意见，其中阿舅的意见最重要，因为撒拉族人认为，外甥女的主权是属于阿舅的，必须商请阿舅赞同，方始合适。如阿舅同意，大家无人异议，婚事基本可定，将男家所送茯茶分赠亲友，使各家知晓，称为"定茶"，如不同意，女家就将茯茶等交媒人退回男家。女家同意后，媒人在几天内须第二次到女家，送给女方一条头巾或一块衣料，女家收下，婚事即正式订下。一经定亲，女家则不得将女儿再许他人。[①]

（2）糕点

布依族父母在为自己儿子说亲时所赠送的礼物多为食物，但赠送的次数较多。媒人第一次上门说亲，一般带些点心等礼物放在女家神龛上。若媒人第二次上门，看到礼物仍放在神龛上，则说明女方拒绝了这门婚事，媒人也就不再上门。如礼物不在神龛上，说明女方家对这门婚事也有意，媒人则会第三次上门说亲，这次携带的礼物数量会更多，种类有糕点、鸡等食物。糕点要按照女方家有多少至亲，就封多少包赠送给女方家。

（3）糖

侗族人们在说亲时必不可少的礼物是糖果。男方家会请五至七个女性亲属，带上糖果到女方家说亲，女方家也会事先邀请姑娘的伯母、姨妈、姑妈等女性长辈前来作陪。大家边吃糖果边说笑，同时也对这门亲事进行考虑。以糖作为说亲礼的还有布依族、畲族、水族等许多民族。

（4）糯米

亚热带雨林地区盛产糯米，居住在此的傣族以糯米饭为说亲的

---

① 陈云芳、樊祥森：《撒拉族》，民族出版社 1988 年版，第 75 页。

礼物。新平县傣族一般小伙到了十六七岁时，父母就要替孩子相亲选对象了。男女青年通过"串寨子""赶花街"等形式进行恋爱、经过多次交往，如果双方都有情意，男方就托媒到女方提亲。媒人去时要用篾饭盒装上糯米饭，内装方形腊肉一块和腌蛋、腌酢肉，送到女方家，称为"送饭包"。若女方家同意这门亲事，就收下饭包，如不愿意，则不接受，并用婉言谢绝。①贵州的水族提亲，媒人要携带糯米粽粑等礼品到女家夸赞姑娘的才干和美貌，以求取婚姻。

（5）槟榔

居住在海南的黎族小伙看上某位姑娘后，便会让自己的父母兄嫂或媒人携带礼物上门说亲，而说亲的礼物也十分富有地方特色，这份说亲的礼物是当地特产的槟榔。女方父母如果同意这门婚事，就当面吃男方送来的槟榔，如不同意，就要婉言谢绝。

（6）面条

面条是畲族人说亲时的必备礼物，称为"问亲礼"。在畲族地区，男方对某个姑娘有意时，便会请男家有威望的男性老人作为媒人前往女方家说亲。届时，男青年会在媒人的陪同下带着面条等礼物前往女家，通常要多去几次，女方家才会收下男青年送的面条，这便算是女方家初步同意这门婚事了。

这些少数民族在说亲时所馈赠的食物都与各自民族所生活的地域、生态、饮食习俗以及民族文化相关联，所送的食物虽然各具特色，但都反映出了其对说亲这一事项的重视程度和男女双方在缔结婚姻中的态度和角色。

（二）非食物类说亲礼

除了食物，各民族人民在说亲时还会赠送日常生活用品、装饰品等作为说亲礼。此类说亲礼种类繁多，但多半是依照当地人们

---

① 胡绍华：《傣族风俗志》，中央民族大学出版社1995年版，第164页。

的习俗和喜好所进行的馈赠。

（1）哈达

如撒拉族在说亲时，除了向女方家赠送茯茶外，还另外要送给姑娘两块衣料和一对耳环。裕固族媒人到女方家说亲时要向女方家庭赠送哈达若干作为礼物，哈达数量与女方家长辈人数相等，其中送给女方父母的必须是一条连在一起的见方哈达——称为"二连哈达"[①]。说亲时赠送哈达，同样也是藏族缔结婚姻时的习俗。

（2）伞

土家族在男方父母相中某位姑娘时，便会请媒人携带礼物前去求婚，在众多礼物中会有一把伞，因为伞在土家族的传统观念中象征着团圆。媒人在进门前将伞倒放在大门口，若女方家将伞顺立起来，就表示有意。媒人便可以继续与女方家商议这门婚事。

（3）香烛

布依族的说亲礼物中，除了食物之外，还会有香烛、爆竹、衣料等日常生活用品和节庆用品。

（4）首饰

云南某些地方的拉祜族说亲时，还会在酒壶上挂上手镯或耳环作为礼物送给姑娘，如女方家长同意，不直接用语言表示，而自行将酒壶上的手镯、耳环取下收留，并打开酒壶与媒人共饮，这就表示同意这门亲事。[②]

（5）烟草

云南红河等地的哈尼族喜爱抽烟，因此，在说亲时总要带上烟草作为说亲的礼物。以烟草作为说亲礼物的还有云南的蓝靛瑶，他们称求婚为"问烟"，当男方家媒人到女家后，递给女方父母一包用红纸包好的一锅毛烟和一包纸烟，以示求婚，如女方父母接

---

① 贾仲益著：《中国少数民族婚俗》，民族传播出版社 2006 年版，第 29 页。

② 严汝娴主编：《中国少数民族婚姻家庭》，中国妇女出版社 1986 年版，第 311 页。

过烟，并宰鸡招待，则表示同意了这门婚事，反之则表示拒绝①。

实际上，无论所赠的礼物是食品类还是非食品类，均反映各民族的人们在选择说亲礼时，多半会使用在人们生产、生活中具有的实用价值的物品进行馈赠，其价值并不太高，但反映出的是求亲一方对另一方诚恳的请求和试探的态度。

二 表达商定婚事的定亲礼

法国著名社会学家布迪厄（Pierre Bourdieu）认为："礼物馈赠既是物质的也是象征的行为，在这种未分化社会中，赠送礼物是相互承认社会地位的方式，人们内在的习性机制形成对礼物馈赠——'善意经济'的契合、认同和遵从，从而维护社会的等级秩序"②。定亲礼的意义不仅在于为双方履行婚约提供保障，也在于初步建立两个家庭的经济互动，维护两个家庭的社会等级秩序。因此，订婚礼的流动既有表现两个家庭结亲的仪式性意义，也有双方以经济手段共同认可婚约排斥第三方的承诺，或者男方表达对女方的补偿，还有男方或男女双方共同以定亲礼招待亲友公布婚约的作用等功能性意义。

---

① 陈长平，陈胜利主编：《中国少数民族生育文化》（上），中国人口出版社 2004 年版，第 268 页。

② 张意：《文化与符号权力——布尔迪厄的文化社会学导论》，中国社会科学出版社 2005 年版，第 175 页。

（一）表示同意结亲的仪式性定亲礼

这一类型的定亲礼物，所代表的意义清楚明晰，多半是以女方及其家庭接受求亲一方赠礼的形式，来确立男女双方缔结婚姻的意愿和承诺。在我国许多少数民族的婚姻习俗中，女方及家人对同意婚事的表达并不用语言的方式，而是在礼物的接受不接受之间，就表达了自己的意思。

如满族男女在相互相看满意之后，男家就要择吉日赠送定亲礼物了，礼物会有如意、钗钏、衣物、果酒米肉等，称为"小定"，这些礼物通常以双数赠送，表示吉利[1]。这时，男方的母亲或者其他女性长辈会亲手为选定的姑娘戴上钗钏等首饰，这种"插戴礼"便象征着男方家庭对姑娘的满意以及同意结亲的态度。

云南元江、墨江一带的哈尼族支系堕塔人经过一年半载相恋、了解，男青年便邀上一两位同宗同辈伙伴，带上三斤红糖和两包烟丝，正式到女家商议婚事。如果女方父母不接受送来的糖和烟丝，或说"不麻烦你们啦"，或只以一杯清茶接待来访者，表明女方父母不同意这门亲事。在这种情况下，求婚者只好失望而归。如果女方父母收下糖和烟丝，则表明愿将女儿许配给来访者，并以酒肉款待之，在舒心的气氛中，共商成亲良日。[2] 在这样的传统婚俗中，男方所赠送的糖和烟丝，以及女方家所赠食的酒肉，在无形中就成为了定亲成功与否的象征。

居住在云南的拉祜青年男女一旦在串婚恋爱基础上确定终身大事后，双方就回去告诉自己的知心哥嫂、叔叔婶婶，由他们转告自己的父母。因为按拉祜族习俗，子女亲事自己不好对父母直言，故而托亲友转告。男方父母获知消息后，便托人去姑娘家说亲。

---

[1] 陈长平、陈胜利主编：《中国少数民族生育文化》，中国人口出版社2004年版，第48页。

[2] 毛佑全、李期博、傅光宇编：《哈尼山乡风情录》，四川民族出版社1993年版，第212页。

说亲人通常是能说会道，懂得传统婚俗的男性亲友。说亲人去说亲时，通常要带两瓶酒和一些烟茶。当说亲人到达女方家时，虽然双方都明来意，但却都不直说，而是用拉祜族传统的、充满诗情画意的唱词来表达他们的心意。女方老人唱："什么风把你们吹来的？"说亲人答："听说你家有菜籽，我们想要点去做种。"如果女方老人同意这门亲事，就答："菜籽有是有一点，但不知放在什么地方，等找找看。"随着双方一问一答式的唱些传统婚俗曲调后，才转入正题。女方家长收下礼物并热情招待说亲人，随后找来一两个亲友，在火塘边，一边喝酒吃菜，一边商定亲事。说亲人说："我们××家的小伙子，同你家的小姑娘谈婚，双方情投意合，愿意结为夫妻。他家的老人也喜欢，叫我们来问问你们老人的意见。"女方老人答复道："我们没有什么意见，只要儿子姑娘喜欢。就像针穿线一样，定个日子给他们办了就行了。"然后，女方老人进一步询问一些男方家庭的有关问题，说亲人一一答复后，双方便商定成亲的日子，以及准备些什么东西，如要多少米、多少肉、多少酒、茶、盐、衣服等。一切商量妥后，女方便招待说亲人一餐酒饭，整个定婚过程便宣告结束。也有的这次不定婚期，由说亲人回去向男方家长报告情况后，第二次再来商定婚期。如果女方家长不同意这门亲事，那么，当说亲人唱到"找菜籽"时，则答道："菜籽没有，你到寨内其他家问问看，其他家可能有。"并且拒收男方礼品，仍由说亲人带回去。

（二）传达婚姻嘱咐的仪式性定亲礼

还有一些少数民族的定亲礼，其所赠礼物并不仅仅用于表达对婚事的接受与否，同时其中还蕴含着父母长辈对这桩婚事的期望和嘱托。

1. 糖

传达婚姻嘱咐的定亲礼最普遍的当属"糖"这一礼品了。我国许多少数民族婚俗中都有在定亲时赠送糖这一习惯，其意义就在于"糖"本身的象征意义。"糖"由于其甜美的口感,于是便很自然地象征着甜蜜的婚姻生活,因此也成为了人们喜爱的定亲礼。如傣族订婚时,男方要送一定礼物给女方父母,事前媒人就通知男方准备订婚的礼物。订婚礼物一般应有几斤糖,意思是让女方人吃了心里甜甜蜜蜜。而订婚时还有一项重要的日程,确定婚期,一些地方便采用捏甘蔗的办法来确定结婚日期,其方式是媒人拿出一根甘蔗,请女方人握住最下端,媒人接着握住女方人手捏的上方,如此反复,每捏一把算一天,如捏 10 把捏到甘蔗的最顶端,就确定为第 10 天结婚。[①] 贵州的水族提亲时,媒人携带的礼物中也要有红糖,象征着这段婚姻的甜蜜。侗族称定亲为"墨买",在女方同意婚事后,男方就会择吉日请十余位女性老人挑着百余斤糖以及礼金等礼物,前往女方家举行订婚仪式。

在定亲礼中,有馈赠红糖、蔗糖以及甘蔗等习俗的少数民族还有不少,也可见糖在婚礼中的重要地位。

2. 芭蕉

傣族的定亲礼中除了象征甜蜜的糖之外,还要有两串芭蕉,并且芭蕉个数必须是成双的,意思是提示姑娘,过门后要和男家的人像芭蕉那样一条根,品性要像芭蕉一样直,和男方家里的人要团结,就像芭蕉果那样紧紧围住芭蕉茎;还要送槟榔、烟草、酒等若干。订婚以后,双方经过一段时间的准备后,男方再托媒人带着酒、肉去女方家商定婚期、彩礼,宴请宾客以及是否上门、上门多长时间等问题,一般又将这一过程称为"吃小酒"。

传达婚姻嘱咐的仪式性定亲礼还有许多种类,但其共同点都在于超越物品本身的象征意义,如糖象征甜蜜、芭蕉象征团结、米象征富足、茶象征坚贞长久等。各少数民族人们用各种具有特殊象征意义的物品作为定亲礼,意欲表达的是长辈对于晚辈婚姻的一种嘱托,希望晚辈从这些简单的礼品中理解美好婚姻的含义:

---

① 胡绍华:《傣族风俗志》,中央民族大学出版社 1995 年版 ,第 151 页。

甜蜜、忠贞、富足、团结。

（三）表现劳动能力的仪式性定亲礼

还有一类定亲礼物是为了表现订婚双方男女劳动能力所赠送的礼物。例如男子所捕获的猎物，以及女子亲手制作的绣品等，都是此类礼物。这些礼品往往会成为定亲的男女双方向彼此家族的族亲呈递的一张名片，或体现了男子的精明、能干、做事周全，或体现了女子的心灵手巧、勤劳贤惠，这些礼物更加彰显了定亲的男女双方的才能和人品，确立了对彼此能力的信任，从而增进了双方及亲人间的感情。

例如苦聪人的传统生计模式是狩猎采集，捕猎能力被视为选择小伙子的主要条件。相传很久以前，有一位英俊勇敢的拉祜小伙子，是个打猎能手，他打到的老虎、豹子、狗熊等不计其数。小伙子爱上一位美丽聪明的姑娘，于是，他带上所打的猎物标志去求婚。姑娘说："阿哥，一个单凭力气对付凶恶大野兽的人还算不上好猎手，还要能把树上最机灵的松鼠打下来才算得上真正的猎手。"听了这话，小伙子意识到自己的不足，于是，便动脑筋、想办法，苦练捕松鼠的本领，终于制成了弓箭将机灵的松鼠射下来。姑娘就同他定了亲。因此，苦聪小伙子向姑娘求婚时，都要带上自己猎获的松鼠，而且一定要单数。在苦聪人看来，打不到松鼠的小伙子是会被人看不起的，也不会得到姑娘的爱慕。松鼠打得越多的人，越受到人们的尊敬，威信就越高，喜欢他的姑娘就越多，苦聪人用松鼠作为求婚订婚礼物，一代代传下来。[①]

（四）表达婚姻约定的功能性订婚礼

表达婚姻约定的订婚礼主要发挥两种功能，其一，表达应允婚事，其二，表达通知亲友婚事。云南丽江纳西族订婚一般多在二、

---

① 晓根著：《拉祜文化论》，云南大学出版社1997年版，第160页。

八月，通常是请媒人说亲，少数也有男方家长亲自去女家说亲的情况。媒人一般是能说会道，并且是父母双全，儿女双全的人，丽江坝子一带，媒人由妇女充任，而鲁甸一带充当媒人的则全是男子。通过媒人撮合后，双方家长请人算八字或是看属相，有的是请"东巴"打鸡卜骨。女方同意之后，男方即请媒人送酒等礼物给女方，第一次称为"小酒"，一般是四色礼，酒一罐（五六斤），茶两筒，糖四盒或六盒、米两升（十斤）。大研镇还流行送两个砣盐，他们认为糖代表"山盟"，盐代表"海誓"，除酒外，糖，盐是不可少的礼物。女方收下小礼之后，如觉得婚事不合适，还可以反悔，但须将所收礼如数退还男家。送小酒后半年或一年左右，再送大酒一次，男方送的大酒除上述四色礼外，还需加土布一件（长二丈四尺，宽一尺多）、衣服两件、银手镯一对、猪半片（一头猪的四分之一，约三十斤），由媒人和男方亲友，披红挂彩，将礼物送到女家。女家需回礼，将男家送来盛酒用的酒罐装满清水以及送一些粑粑，果品装在男家送礼用的木盘上，由媒人带回男家，并用糖食、糍粑招待媒人和男方亲友，另送媒人一丈布作酬谢，晚间，女家宴请至亲好友。[①] 纳西族送"小酒"和送"大酒"，分别起到应允婚事及告之亲友结亲消息的作用。

回族订婚礼分为给新娘的礼物以及给新娘家的礼物。一般是媒人、新郎的父亲等人选好日子去女方家，订婚所需的礼品一般是给新娘买一身衣服、一枚戒指，表示姑娘身份的转变。另外还要准备"四色礼"，主要包括茶叶，冰糖，桂圆、瓜子等各一两斤，必须用红纸包装，半只羊（约10公斤的新鲜羊肉），所送礼物，一般是大盘子盛装。女方家为"提提贺"，即订婚礼会准备丰盛的菜肴来招待男方家的客人，等送礼的男方家人走后片刻，女方家的父亲、叔伯还会去问礼。有的是给准新郎一套衣服作为回赠，放在男方家带来的大盘子里。八坊人称之为"问盘子"，指女方家

---

① 云南省编辑委员会：《纳西族社会历史调查》，云南民族出版社1983年版，第63页。

给男方家的回礼。① 双方之间礼物的礼尚往来，既发挥告之婚事成功与否，同时也具有建立社会关系的作用。

柯尔克孜族订婚时，男方要用相当丰富的礼物作为订婚礼。这些礼物，除了有食品和衣料外，还有马或牛羊等。送订婚礼时，食品和衣料用一匹骏马驮着，马头上拴一块棉絮，牵着牛或羊，前往女家。有的地方，驮订婚礼的马头上棉絮由女家来拴，表示女家已经同意将姑娘许配给男家做儿媳。当男方前来订婚的客人来到女家"勃孜吾"（帐篷）前时，女家主人要向客人们身上撒一点面粉，预祝亲事进行顺利，儿女婚后幸福，家兴业旺，多子多孙。女家要拿出最丰盛的食物来招待客人，这些食物包括手抓肉、酸奶、酥油、干酪、馕、包子、抓饭等。尽管食物满满地摆了一桌，但是，客人的木碗中却不能有剩下的食品。按柯尔克孜族习俗，主人端出来的饭食，客人必须吃完，否则主人是不高兴的。宴席中，男女双方商订聘礼的数量。待客人回去时，女方主人要让来客带回一些作为赠给亲家的礼物。②

大理洱源白族正式定亲那天，身披红绸带的媒人带着男方及八至十六个小伙、姑娘（由新郎的同辈亲戚充当）前来女方家接她过门。当日，除了给女方送来玉镯、金银首饰、时髦衣服等信物外，还送来一只挂彩的大红公鸡和两瓶烈酒。因此，这定亲仪式，白族语又叫"该吉之"（定鸡酒）。在媒人的主持下，男方首先在女方的堂屋里跪拜其祖先，然后跪拜女方的父母及其亲戚中的长辈，并给每个长辈赠送一盒红糖，以示对长辈的敬重和感恩，被跪拜的长辈也纷纷解囊，拿出见面礼金回赠新女婿，跪拜完毕，吃过女方家的便餐后，女方换上新衣服，在伴娘们的拥护下，跟随接亲队伍来到男方家。女方又在媒人的主持下，向男方家的父母和亲戚长辈进行一一跪拜，并由媒人指导女方对长幼的称呼，

---

① 王蓓：《从传统到现代：临夏八坊回族婚礼仪式变迁研究》，西北民族大学硕士学位论文，2012 年，第 35 页。

② 吴存浩：《中国婚俗》，山东人民出版社 1986 年版，第 267 页。

被跪拜的父母和亲戚长辈也给准新娘"见面礼金"最后定亲仪式在男方家筹备的八大碗中结束。[1]

勐海县章加寨布朗族青年男子到十六七岁就开始"串姑娘",姑娘在十五六岁也就梳妆打扮在家里接待男青年。青年男女在生产、生活中熟悉并互相爱慕之后,小伙子就经常到姑娘家中串门玩耍,倾诉爱情,当双方感情已深笃,而女方父母亦中意男青年,小伙子来到姑娘家时,父母便把火塘里的柴火烧得通红,表示欢迎。这时,小伙子就邀请两个青年伙伴到女方父母处求亲,第一次,女方父母总是要推让一番,一连几天,小伙子仍到女家求亲,女方父母如果允许便回答道:"不管是什么人,也不管是哑巴还是傻子,只要我的女儿喜欢,就让她自己选择决定吧!"然后,父母每晚烧旺柴火,欢迎小伙子来与姑娘谈爱。再过几天,小伙子送给女方父母一筒酸茶叶、一斤盐巴、一个半开、一包米、一包饭、一包菜。女方父母收下后就表示已经定亲了。然后女方父母把酸茶叶、盐巴包成许多小包分送给本嘎滚及本寨的亲友们,并说:"别的小伙子们不要来串我家姑娘了,姑娘已经有小伙子了!"小伙子送了酸茶叶给女方父母之后,便可以晚间到女家来与姑娘同宿。也有的小伙子在未送酸茶叶以前便与女子同宿了,父母亦不干涉。经过一段时间,等到秋收后,男女双方就正式举行婚仪,请布占卜卦择定婚期,男女双方要给召曼一包烟草,请召曼向全寨亲邻宣告,请大家都来吃饭。结婚那天早上,男女两家父母要派人去请头人起床(本寨有六个头人,男女当事两家各招待三个头人),待头人起床后,用手按摩头人的脊背和手臂,以表示恭敬。开饭之前,再派人去请头人来家吃饭。当天男女两家都要杀猪请客,把猪肉切成小块,用竹篾串起来,每户各送一串肉,并请全寨各户吃一餐。此外,还要用猪肝、猪心剁碎后与糯米合煮成猪肝饭,请全寨儿童都来吃,表示新婚夫妇"叫了孩子们的魂",婚后

---

[1] 杨世明:《洱源白族的婚礼》,《大理文化》2012 年第 1 期。

即会早生孩子。当天请村寨头人及家族长来吃晚饭，要备办最丰盛的肉食和白米饭招待头人、族长，并请头人、族长拴线举行婚仪，其他青年男女前来祝贺，婚仪就算完毕。①

（五）体现补偿女方的功能性订婚礼

新娘从娘家嫁至夫家，这种在家庭隶属关系上的这种改变，无论从经济上还是情感上说，都意味着女方父母的一种损失。为了能够及时得到经济上和情感上的补偿，在中国部分少数民族中就有在订婚时送上礼品，以抚慰女方家人的传统。这一类订婚礼所体现出的，就是补偿女方的社会功能。这一类补偿性的订婚礼，有时以货币的形式出现，还可以以牛、马等价值较高的牲畜的形式出现。例如白族勒墨人订婚礼，叫"沙气"，主要有棉布四件、银子一两，折合滇铸半开共二十三个。彩礼，勒墨语叫"姆嘎"，直译是要价，指的是女子的身价。勒墨人主要用黄牛来折算彩礼，一般是四头黄牛，最少不得低于三头黄牛，最多可达六头黄牛。习俗规定：交彩礼时要先交两头黄牛，其余的黄牛可以用土地来抵押。男方在付给女方订婚礼的同时，要先送一头黄牛的彩礼。这头黄牛的大小有规定：用媒人的拳头来量牛的脖子，必须要够十拳。如达不到十拳的，起码要够五至六拳，不足部分用银子补足，一两银子算一拳。只有当男方付给女方订婚礼和这条黄牛后，这门亲事才算正式订了来了。男女双方不准反悔。②

（六）从功能性到仪式性礼物变迁的订婚礼

一些少数民族的订婚礼品经历了从最初具有实际功能的礼品，到后来仅仅成为象征性、仪式性的礼品的变迁过程。例如，马是

---

① 云南省编辑委员会：《布朗族社会历史调查（二）》，云南人民出版社1982年版，第33页。

② 云南省编辑组：《白族社会历史调查（三）》，云南人民出版社1991年版，第64页。

游牧民族不可缺少的交通工具，在牧民出行、放牧和搬迁的过程中起着非常重要的作用，马在牧区的使用价值使其成为游牧民族最重要的聘礼。但随着社会的不断发展和变迁，生活在牧区的少数民族也逐渐开始以货币等形式代替马、牛等牲畜作为订婚礼品。马，这种传统中重要的订婚礼品就逐渐从功能性礼品转变成为仪式性的礼品。

具体来说，比如蒙古族定亲礼的变迁也经历了从功能性礼物到仪式性礼物的过程。在游牧民族的生活中，马是不可缺少的，也是蒙古族最可靠的伙伴之一。13世纪，蒙古社会中就普遍存在以马做定亲礼的习俗。《元朝社会生活史》："订婚时男方家庭要向女方家庭下聘礼，通常是以马匹为聘。"布里亚特蒙古族更认为骑马是用法律来保障定亲的。此处的"骑马"指给未来新娘的舅舅送一匹马，选择马为定亲物具有象征意义，主要体现对女方家庭的补偿。随着社会的发展，13世纪起拜年时互敬用的白色绸布（即后来的哈达卡）在蒙古社会的各种活动，即拜年、馈赠、迎送及日常交往礼节上得到普遍使用，逐步代替了原来的定亲礼品马和吃不兀勒札儿（吃"羊棒骨"）。到了16世纪哈达有了浓厚的宗教色彩后，更成了社会各种礼仪活动的上品，以哈达做定亲物的习俗一直沿用到现在的蒙古社会，仪式性礼物强化了婚姻的神圣性与庄严性。①

---

① 那·舍敦扎布：《蒙古族婚俗之定亲习俗考》，《新疆教育学院学报》2000年第1期。

三　蕴含多元文化的彩礼

　　各少数民族缔结婚姻大多都有男方在婚姻约定初步达成时向女方赠送聘金、聘礼的习俗，这种聘金、聘礼俗称"彩礼"。送彩礼习俗最早出现在周代的"三礼"中，《仪礼》上说："昏有六礼，纳采、问名、纳吉、纳征、请期、亲迎。"这就是产生于西周而为后世沿袭的"婚姻六礼"传统习俗，其中"纳征"就是指送聘礼，也就是"彩礼"。

（一）体现民族历史及生计的礼物

　　我国少数民族多散居于各地，生存在不同的自然地理环境之中，因此，受环境影响，各民族形成了不同的生产生活方式，也有着各自不同的审美情趣。聘礼作为民俗文化的重要组成部分，集中体现了各个少数民族的历史及生计方式。

　　满族结婚聘礼的种类、多少依地位、贫富的差别而异。入关前，聘礼中必有鞍马、甲胄之类，体现了满族游猎、骑射、尚武的习俗。入关后，由于生活条件的改变、聘礼多是猪、羊、酒、钱帛、首饰诸物。不过，上层贵族中仍以鞍马、甲胄为主要聘礼，聘礼放置在铺有红毡的高桌上，抬送女家，陈列于祖先案前。两亲翁并跪，斟酒互递醮祭，俗称"换盅"。女家设宴款待，男家赠银，使跳神志喜。①

---

① 杨英杰：《清代满族风俗史》，辽宁人民出版社 1991 年版，第 27 页。

在达斡尔族订婚之后，男方要给女方送两次彩礼。第一次的叫作"缠特伊其北"，意为"食礼"，第二次的称为"托日伊"，意为"物礼"。第一次的彩礼中必须有一匹带粗绳的马，称作"硕日布勒"，表示祝愿两家的友好关系永存；还有一头产奶的母牛被称为"绰苏"，意味着回报母亲用自己甘美的乳汁养育女儿的恩情；马是山区和草原民族的主要交通工具，被人们赋以交往媒介的象征意义，同时表达着对联姻的期待与祝福，希望姻亲之间的情义承传，天长地久、世代绵延。①

滇西北一带的白族、普米族、纳西族都以绵羊皮为聘礼，这显然跟他们的生存环境、生活习惯息息相关。白族、普米族、纳西族同起源于我国西北甘青高原的氐羌族群，在漫长的迁徙过程中，大多居住在地势较高，气候相对寒冷的山地，以农牧经济为主，这就形成了以御寒保暖为主要功能的服饰②。因此，以绵羊皮为聘礼体现了这些民族男子对未来妻子的关怀和情谊。

有些地区的傈僳族在男女年幼时，即由父母代为订婚，有的甚至指腹为婚。这一类型地区订婚，一般是由双方的父亲在公共场合下议定，然后由男方看猪卦，如主大吉，男方则请媒人去女方家商量彩礼。傈僳族许多地区都盛行以黄牛作为评定女子身价的标准。通常嫁一个姑娘要向男方索取三四头黄牛，漂亮健壮的新娘，彩礼有多达七八头到十多头牛的。有时，彩礼的多少还要看这个女子有多少首饰（有的女子所戴的"海贝"首饰价值可达好几头牛）；如没有牛的，也可用猪、羊折成牛数相抵，折合成银钱也行。女方所得的聘礼，通常是由父母及舅舅、伯叔父等分配，并会同置办陪嫁妆奁。彩礼一经议定后，就由男方选择订婚日期，将一部分或大部分彩礼送到女家。女方收到彩礼后，要杀猪煮酒，宴请双方的邻居、亲戚朋友；除双方父母要互相敬酒外，还要让

---

① 袁志广：《达斡尔族成婚习俗文化内涵探析》，《新疆社会经济》1996 年第 1 期。

② 高奇仙：《试析云南少数民族婚俗聘礼的文化内涵》，《大理学院学报》2009 年第 3 期。

未婚夫特意向未婚妻敬一碗肉饭。青年男女友伴则借此机会相聚歌舞，互唱调子，以示祝贺；有的男女青年还通过这种活动向意中人表述爱情或私订终身。有的地区定亲时，男方的父母要拉起手，带上"依玛"和"拉本"（姑娘颈上与胸前佩戴的妆饰品）到女方家。女方母亲当即把这些饰物给女儿佩戴起来，以此作为"号头"——标志该姑娘已经有主了。①

佤族结婚，男方除了结婚时的费用之外，还要支付女家一定的聘礼，称为"奶母钱"和"买姑娘钱"。"奶母钱"，佤语为乌爱褒，"乌爱"意为价钱，"褒"意为喂奶，直译为喂奶的钱。"奶母钱"一般为一头猪、一坛酒、一筒饭和半开3元到10多元。"买姑娘钱"佤语为乌爱布恩或乌爱阿布恩，"乌爱"意为价钱或译为身价，布恩和阿布恩为同一语，各地发音略有差别，意为女儿，直译为女儿的价钱或女儿的身价，故从男方来讲，就称之为"买姑娘钱"了。"买姑娘钱"或"女儿的身价"，一般为"母亲多少，女儿多少"，即母亲出嫁时多少，女儿出嫁亦是多少。"买姑娘钱"有的以实物计算，有的以货币计算，也有的二者相间的，具体价钱不等。在西盟一般一条至数条牛，在沧源一般为几十元至数百元半开，也有上千元的。1956年据对央冷19户夫妇的调查，他们结婚时"买姑娘钱"是相当高的，其中为3头水牛者8户；9头水牛者1户；10头水牛者1户；半开600元者1户；800元1户；1000元者3户；1500元者1户；1600元者1户；2000元者1户；水黄牛各3头、马一匹、半开500元者1户。"奶母钱"要在结婚时支付。澜沧县南盼寨的佤族奶母钱由男方父母交给女方父母，但都有亲友中的长者为中间人或称见证人。交时男方父母说："我把你的姑娘领走啦，没什么给你吃，倒杯酒请你喝，给坨银子做奶母钱。请把钱数点清。"然后把钱给男方中间人，男方中间人交给女方中间人，再交给女方父母。"买姑娘钱"，有的在

① 严汝娴主编：《中国少数民族婚姻家庭》，中国妇女出版社1986年版，第289页。

结婚时支付，有的在婚后付，也有的当代付不完，由子孙支付的。因买姑娘钱较重，贫困者往往支付不起，但又必须支付，便往往采取两种办法。一种是婚后生了女儿，给舅家一个、以抵偿其母亲的身价。此女便任凭舅家处理或养或卖，父母就无权干涉了。一种是换亲，即上面谈到的生了女儿嫁给其舅父之子，互相的买姑娘钱便可抵消了，因"母亲多少，女儿也是多少"，互相无话讲。这种换亲方式，在西盟佤族地区是比较普遍的。

由于"买姑娘钱"较重，在沧源班洪佤族有所谓结小婚和结大婚之说。所谓"小婚"，是只送了大礼和小礼，而没有支付"买姑娘钱"，只有支付了买姑娘钱，才算结了大婚。具体情况是，大礼送给女方父母，一般为茶叶40两、草烟40两、粉丝二、二把、竹笋40两，槟榔40两、红糖40两、牛肉40两、糯米粑粑几个、鸡一只、米15斤、酒一瓶、芭蕉一束、饭、菜各一碗。小礼送给女方的舅家，一般为茶叶5两、盐巴5两、肉40两、米15斤、粑粑几个、红糖10多两、半开2元、衣服一件、饭、菜各一碗。送了大小礼，才能结婚，亦称为小婚。结过小婚，就可以同居，算是夫妻了，但生孩子仍认为不符合习俗道德规范，只有结过大婚夫妻生孩子才算符合规范。但因买姑娘钱较重，很多人只结了小婚，未结大婚。据班洪寨1958年统计，只结小婚，没结大婚的夫妻有18对。当时班洪寨共有76户，每户有1至2对夫妇，大约共有110多对夫妇。可见只结小婚者所占比例之大，虽然只结了小婚，还不能完全具备夫妻的关系，生子女还为社会习俗规范所不许，有的生了孩子还要打扫寨子，杀鸡杀猪祭鬼，但因只结小婚者渐渐多了，又基本成为夫妻，当然也就要生子育女，从而也就逐渐冲破原来的习惯道德规范，逐渐为社会所认可了。[①]

滇南的傣族、壮族、布朗族、佤族、僾尼人则以槟榔为聘礼，这和他们喜欢嚼食槟榔染黑牙齿的习俗有关。由此可见，槟榔是

---

① 罗之基：《佤族社会历史与文化》，中央民族大学出版社1995年版，第306页。

根据特殊的民族审美需要而产生的聘礼。送槟榔意味着送美丽给女方①。

总之，我国少数民族的聘礼具有鲜明的地方特色，其中既能够反映出各民族不同的生存环境、民族历史以及生计方式，又体现民族文化和传统，还包含着男方对女方浓郁的深情厚谊。

（二）促进家族互动和互助的礼物

我国各少数民族多崇尚和睦相处、互助互惠的家庭观念，尤其是本民族家族之间、家庭内部，更是以团结和谐为荣为贵，这在聘礼中也得到充分体现。男方的聘礼不仅要体现感激女方父母的养育之恩，还要考虑到族情亲情，周到地为女方家中的每个成员都置备了一份礼物，没有厚此薄彼，促使家庭气氛更加融洽②。

例如哈萨克族的"吉尔提斯"就是典型的在婚姻缔结中促进家族互动和互助的礼物，"吉尔提斯"的意思是送给女方的各种结婚用品。哈萨克族的传统观念认为，结婚不仅仅是男方一家的事务，而要作为整个氏族的事务来对待，因此给女方家的彩礼需要由整个氏族的成员来准备。男方家长和亲属共同筹备彩礼，一是准备牲畜，二是准备送给女方的各种结婚用品。准备好后，便要举行吉尔提斯仪式。举行仪式那一天，男方请来亲戚朋友，他们根据自己的家庭情况，带来礼物，真诚相助，以补吉尔提斯之不足。举行仪式时，客人们席地而坐，喝茶饮酒，谈笑取乐。主人拿出用大毛毯包起来并缝好的吉尔提斯，放在地毯上。然后从妇女中推选出一个"剪彩"的人，剪彩的人把包裹剪开，人们一齐抢拿各种物品，并仔细地把拿到手的东西反复地搜寻一遍，因为在彩礼中隐藏着一些布块或糖果之类的小东西。搜寻完毕，便把各种物品送进毡房中陈列起来，双方亲属便陆续前来观赏男方的吉

---

① 高奇仙：《试析云南少数民族婚俗聘礼的文化内涵》，《大理学院学报》2009 年第 3 期。

② 同上。

尔提斯。各种吉尔提斯，如衣物、裙子、被褥、头巾等必须以奇数为单位，分别以五、七、九、十一为单位。[①]

按照撒拉族的习惯，姑娘出嫁时，要给男家大小人口各送鞋一双，对叔伯至亲还要加送绣花袜子一双，特别要给公婆另送绣花枕头一对。撒拉族婚礼结束后，女方要开箱"摆针线"，摆出新娘的针线活，让众人观看，评价其刺绣技术的高低。男方在选择配偶时，除注意女方的年龄、经济地位等外，姑娘做饭绣花的手艺迄今仍是一个重要条件。[②]

乌孜别克族男方给女方的聘礼有两种形式。一种形式是节日贺礼，另一种形式是结婚前送礼。在订婚后、未结婚前，凡遇到盛大节日，男方要给女家送礼。乌孜别克族的传统节日，有肉孜节、库尔班节等。每逢节日，男方要带着布料、食品或日常生活用品作礼物前往女家拜节。拜节所送礼物，含有聘礼的性质，实际上是过小礼。大礼是在结婚吉日前数天送去。大礼不但包括出嫁姑娘的穿戴和用具，而且，还有给女方父母的礼品。在送大礼这天，女家要将亲友请来，一起享用男方送来的食品，同时商定结婚时各自担负的事情。[③]

保安族正式结婚前，女方家长要和媒人商定彩礼的数量，并由媒人通知男方按商定的要求逐一办理。彩礼数一般都是根据男方家庭条件而定，一般包括手镯、耳坠、衣料和生活用品，随着现在生活水平的提高，彩礼的种类和数量也在增多，包括电视机、自行车、手表等。送彩礼时，媒人率领男方本家兄弟3—4人带着准备好的彩礼前往，女方本家的弟兄在门口迎接，然后设宴席招待男方送礼的来宾。在这天，女方家的亲朋好友都被请来吃席，称为"叫客"，"叫客"越多，越显示女方家彼此团结，人缘关系好。

---

① 新疆维吾尔自治区丛刊编辑组：《哈萨克族社会历史调查》，新疆人民出版社1986年版，第103页。

② 严汝娴主编：《中国少数民族婚姻家庭》，中国妇女出版社1986年版，第113页。

③ 吴存浩：《中国婚俗》，山东人民出版社1986年版，第372页。

"叫客"酒席非常丰盛，有炸馓子、煎"油香"、煮羊肉等，席上还有核桃、瓜子、冰糖、桂圆、葡萄干、糖果等八色干果，并由女方家长不断道"色俩目"，敬吃敬喝。席间，媒人给女方家人介绍彩礼的数量、名称，之后选定日期举行婚礼。[①]

在珞巴族博嘎尔部落内，姑娘没有继承财产的权利。父母的财产都归兄弟。为了自身的衣饰需要，姑娘们必需拥有一定的私房钱。因此，该部落有这样的习俗，当姑娘长到十四五岁的时候，就开始自种一些土地，把每年的收获物积存起来，为将来结婚时筹办嫁妆。一些有钱的人家，还分一头小母牛给姑娘私养，所生牛犊，归她所有。姑娘经过数年的积存，到结婚前夕，就把积存的粮食、猪、牛等拿出一部分或全部，请全村的或近亲的人吃喝。这些被请的人，回赠衣服、首饰之类。这类约请，珞巴话称为"俄马多奥"，意为"姑娘宴请"或"吃姑娘酒"。这种姑娘宴请，一般全村人都参加。不分麦德、麦让、伍布和涅巴，大家一起喝酒，并均得一份肉。即使在怀抱中的小孩，也能得一小份。被邀请的人，都向姑娘赠送物品。[②] 如，雅莫人亚卓木，现年十七岁左右，出身于独立的伍布，家庭较宽裕。她从十四五岁时开始，每年自种玉米地五升，可收七斗玉米；种鸡爪谷地三升，可收二斗鸡爪谷，另外还养有两头猪。她种的私房地，自己砍树开张，自己种植。但开荒时请人帮忙两天，每天给五升玉米。种这些地，都是用早晚或十天一次的休息日种。经过三四年种地、养猪，积存了一些衣服和装饰品。到出嫁前夕，经她母亲同意，按照亲疏远近的情况和能否赠东西为原则，除请同村人外，还请其他村的一些人。其中送礼最多的人如下：舅舅达波，给了捷洛（披肩）一件、手镯三个、项珠四串；舅舅达约尔，送了路德（一种带有白海螺的铜手

---

① 杨启辰、杨华：《中国穆斯林的礼仪礼俗文化》，宁夏人民出版社1999年版，第70页。

② 西藏社会历史调查资料丛刊编辑组：《珞巴族社会历史调查（二）》，西藏人民出版社1989年版，第39页。

镯）、铃铛各一个、孟日（一种挂在背上的圆形铜饰物）两个；母亲的主人果阶达丁，送脚环两个、路德一个；叔叔（达拉克），送小牛一头；堂哥宁东，送小猪一头；父亲的朋友达约尔，送达路（戴在头上的铜饰物，值一头黄牛）一个；同村人达布克，送伍鲁（小口肚大的铜锅）一个；姐夫达多木，送布鲁（腰带）一条、火镰一副、女用腰刀一把。母亲的另一个主人达卓木，送腰带一条；父亲的主人约尔阶送氆氇一件，耳环一副；父亲的另一个主人约尔马，送耳环一副。姑娘出嫁前请客收取的礼物，全归她带到夫家。因此有些姑娘在出嫁时带的东西不少，一些麦德出身的姑娘所崇尚的随身品，除了大量饰物外，一般为右手牵头犏奶牛，左手带个女奴隶。所以民谚中讲到："大树倒，枝自断；姑娘大，有积存。"如海多氏族玉荣杭隆的宁坚的妻子嫁来时，带来五头牛、四头猪，还有大量的装饰品。在买卖婚的状况下，妻子带的东西多些，她在丈夫的心目中就有可能占有一定的地位，因此，她们都十分关心自己的陪嫁物。①

白族的聘礼中，有给女方家中每位亲人一双布鞋，同时还给女方主要亲戚每人一双布鞋，这种习俗一直沿袭至今。

纳西族迎亲过门，大宴宾客，是婚礼中最隆重的日子，所以男方至少要办一二十桌酒席，要杀一两头猪，煮几坛酒，荤菜品种一般为六盘六碗至八盘八碗。宴客延至几小时。族亲外戚都送有喜礼，一般是族姓近亲多送米、糖、茶、酒、肉等，带有互助性质，远亲来宾则多送现金。所有礼物由司库明细登记造册收管，以便来日回送。当时女方亲友亦请来男家做客，女方父母及舅父等不能与新娘同来，需派专人另接，并以上宾招待。②

宁蒗普米族对女方村内的亲戚都要逐户分送一件铁器。连南瑶

---

① 西藏社会历史调查资料丛刊编辑组：《珞巴族社会历史调查（二）》，西藏人民出版社 1989 年版，第 40 页。

② 云南省编辑组：《纳西族社会历史调查（二）》，云南民族出版社 1986 年版，第 42 页。

族要给女方所有亲戚送"嫁肉"，亲戚越多，"嫁肉"也就越多。一份"嫁肉"例定 6 斤，按规定最少也要送 32 份，有的多达 40 多份①。西双版纳傣族结婚时，新郎家还得送一桌酒席给村寨最大的头人，再送一桌酒席给村寨其他头人，有的则要送槟榔给女方村寨头人作"开寨门"费②。阿昌族聘礼中则包括外婆肉、外婆钱、家族钱、寨子钱等不同的名目。

通过送聘礼，可以加强男方与女方亲属及女方当地村民之间的联系，使得男女双方缔结的婚姻关系能够获得亲友和社会的普遍认可。

（三）彰显社会地位及财力的礼物

聘礼作为缔结婚姻关系过程中的一种重要礼物，不仅具有经济方面的交换功能，而且还是反映特定社会结构的象征符号。聘礼在数量和种类上的差异往往是分辨贵族与贫民、高等级与低等级、富裕户与贫困户等不同社会角色的显著标志③。因此，在一些少数民族的传统婚姻习俗中，聘礼是一种彰显社会地位及家庭彩礼的礼物，从聘礼中能够透视和折射出该家庭的社会地位及财产状况。

例如新中国成立前柯尔克孜族的聘礼就极为惊人。从订婚到结婚，男方要陆续送给女方许多牲畜和其他财产。聘礼的标准，一般是"托库孜喀拉"（九头一群的九种牲畜）或"托库孜塔尔图"（九件一封的九种财产）。在一般的情况下，一个"喀拉"包括一峰骆驼、四匹马、四头牛。九个"喀拉"就是九峰骆驼、三十六头牛或相当于这个价值的羊群。如果没有牲畜做聘礼，就以"托

---

① 参见广东省编辑组《连南瑶族自治县瑶族社会调查》，广东人民出版社 1987 年版，第 20 页。

② 参见云南省编辑委员会编《西双版纳傣族社会综合调查（二）》，云南民族出版社 1984 年版，第 128 页。

③ 瞿明安：《跨文化视野中的聘礼——关于中国少数民族婚姻聘礼的比较研究》，《民族研究》2003 年第 6 期。

库孜塔尔图"来代替。"托库孜塔尔图"包括以九件一封的金银首饰为主的八十一件衣裳、布匹、钱币和其他财产。近百年以前，柯尔克孜族巴依（财主）、玛纳和比依（地方世俗长官）等封建贵族，为了表现自己的阔气，讲排场，花费很多财产把"托库孜喀拉"和"托库孜塔尔图"增加到"柯尔克喀拉"或"柯尔克塔尔图"（四十头一群的四十种牲畜或四十件一封的四十种财产）或相当于这个价值的羊群、钱财。[1]

塔塔尔族讲究父母之命、媒妁之言。经传统的提亲、定亲仪式后才能订婚以求明媒正娶。新中国成立前，牧区塔塔尔族姑娘的身价往往要用所能换取的牲畜数量来计算。最厚的彩礼要送 77 匹骒马，最少也要送 17 匹骒马。如果没有马匹，亦可用牛、羊折合顶替，此种仪式被称之为"哈楞玛勒"。在相互送彩礼的过程中，男方送多少礼物，女方就要为女儿准备多少嫁妆。陪送的嫁妆有新毡房、家具、衣服、装饰品和牛、羊、马、骆驼等牲畜。在陪送时，女方要按男方送礼的情况，陪送的衣物、嫁妆都要成奇数，或五件至七件，或九件。在举行婚礼仪式之前的两天内，男方要陆续为新娘赶制全套礼服，给女方父母送的礼物，为新成立家庭置办的家具用品，以及婚礼中所需要的食品等全部送至女方家中。在送礼仪式中，男方给女方送聘礼的大箱子最引人注目。用披红挂绿的马车运载的盛装各种结婚礼物的大木箱，上面特安排坐两位精心打扮的男女小孩，驭手与男方亲友唱着欢乐的歌，将马车赶往女方家里去。[2]

四川美姑县巴普地区彝族的婚姻结合，一般都是父母主持，媒人说合。媒人大部分是黑彝或曲伙，也有由瓦加或呷西说合而另找黑彝出名负责的，但谢媒银子平分。媒人的首要条件是能说善道。

黑彝与曲伙结婚礼俗大致相同，仅财礼多寡有别；一般曲伙聘

---

① 杜荣坤：《柯尔克孜族》，民族出版社 1991 年版，第 57 页。
② 李强：《塔塔尔族风情录》，四川民族出版社 1998 年版，第 89—91 页。

银是七锭到六十锭。黑彝是九锭到一千锭。愈是新开亲的礼银愈多，身份有别，往来的财礼悬殊。①

广西睦边县隆平乡彝族解放前结婚的过程一般是这样，双方父母同意后，男方即备聘金、聘礼送往女家。经济情况较好的，聘礼有猪肉30斤、酒20斤、糯饭20包（每包1斤多重）。聘金一般为20—30元光洋。由两个媒人陪新郎送到女家，女方即为新娘备办嫁妆。嫁妆有白布1匹、耳环2对、手镯1副、项圈1个、棉被两床、席子1张、柜子1个等。在一般经济情况不好的人家，结婚就比较简单，男方只出七八元聘金，有猪杀猪，无猪时杀1条狗，请亲友吃一餐即可。女方嫁妆也只有棉被1床、柜1只、席子1张即可。②

新中国成立前，凉山彝族结婚的聘金以银子计算。妻子的聘金，多者可达五两至数百两银子。当时的社会视结婚给聘金为理所当然的事，还有什么"买生不给钱，生腰没了劲，娶妻不给钱，子孙不健壮"的俗语。当时的统治者土司和黑彝的女子或富有者的女子聘金多，广大劳苦群众的女子聘金少；容貌好者要价高，容貌差者要价少些。聘金的支付有部分必须用银子，其他部分可用枪支、牲畜及其他实物折算交付。用实物折算可以以少折多。例如一匹马实价为一百两银子，作价时可折二百两。这意思是因为成了儿女亲家，这事就可以通融，并不计较了。而在甘洛他区的尔基沙呷两个家支的聘礼则不给银子。当时他们的一桩婚事给的聘礼是三头黄牛，外加擦尔瓦和布匹等实物。

举行订婚仪式时，男家要带上一对美丽的公鸡（有的是雌雄二鸡、有的外加一对小猪），作为订婚礼品，献给女家。同时需交付少量银两，作为订婚金，彝语叫"夫突折"。这也是聘金的一部

① 四川省编写组：《四川省凉山彝族社会调查资料选辑》，四川省社会科学院出版社1987年版，第120页。

② 云南省编辑组：《四川广西云南彝族社会历史调查》，云南人民出版社1987年版，第307页。

分。女家则杀猪宰羊，请酒吃肉，招待客人。村里的乡亲们也都纷纷前来帮助，庆贺一番。①

白族的彩礼，白语称"财礼"，又称"干银"，实为身价。因为在清朝时一般都要交银子，所以白语称为"干尼"（干银）。民间风土歌谣说："要讨媳妇用银子，要接香烟靠儿子。"民国时用大洋或半开，一般在百元左右，富裕之家有交几百元的。但不论交多少，尾数必须为"六"、六与禄同音，取有福有禄之意。家境比较贫困的，只要女方同意，彩礼可以少交或不交，或由家族中的富裕之家代交。②

傣族的彩礼，其数量的多少，在过去视等级高低、社会地位和经济情况而定，大多是等级高的身价高，等级低的身价就低。如果不同等级之间结婚，既受等级的限制，又有所付彩礼多寡的区别。一般来说，高等级男子娶低等的女子，所付彩礼较少，相反所付彩礼就较多，实际是低等级男子娶高等级女子为妻者很少。地区不同所付彩礼的多寡也有不同。在西双版纳等边疆傣族地区，一般要用茶叶、红糖、草烟、槟榔、蜡条和银元做彩礼，如是同一等级村寨的男女结婚，在过去要出半开银圆 20 元．其中祭社神钱 6 元，给女方家族 7 元，祭女方家神 2 元，给姑娘父母喂奶喂饭钱 3 元、叫魂钱 2 元。如果是不同等级村寨的结婚，要出 45 元，比同一等级村寨结婚多付 25 元，这 25 元全部用于祭神和归家族所有。彩礼中，双方还要互送衣物、包头巾和首饰等。③

---

① 伍精忠：《凉山彝族风俗》，四川民族出版社 1993 年版，第 169 页。
② 云南省编辑组：《白族社会历史调查（三）》，云南人民出版社 1991 年版，第 364 页。
③ 胡绍华：《傣族风俗志》，中央民族大学出版社 1995 年版，第 151 页。

四　表现家庭财力的嫁妆

　　嫁妆或称陪嫁，是指新娘带给婆家的钱财和物品的总和，由女方娘家支付，这份财产随着婚礼被转移到夫家。在当代社会，新人结婚后多会选择单独居住，因而，嫁妆更多的是转移到了新婚家庭。送嫁妆的习俗在各地、各民族中普遍存在，根据风俗习惯的不同所送的嫁妆也会有所不同，嫁妆的多少也视地区及家庭财力而异。

　　锡尼河布里亚特蒙古族结婚时女方家庭送的嫁妆非常隆重，通常为衣服、被褥、电器、家具及牛羊等，然而男方家庭并无送彩礼一说，在婚礼中的礼物馈赠中通常为仪式性的，这完全不同于周边其他民族非常注重彩礼的习俗。女方的嫁妆大部分由女方父母准备，此外，新娘的舅舅、姨妈、大爷、叔叔也是嫁妆的提供者，一般舅舅提供的份额最大，有时舅舅提供嫁妆的份额甚至超出女方父母。①

　　"女儿麻"，即女儿种麻。羌族儿女纯真美好的爱情必须有羌家姑娘种下的"女儿麻"，才能实现。无论多么美丽的姑娘，不用自己勤劳的双手，在爱情的土地上播种"女儿麻"，是不能开放爱情的花朵，结出丰硕的果实的。羌族男女青年相识之后，产生了爱情，而且双方已经正式吃过"订婚酒"，待嫁姑娘就开始准备种植"女儿麻"。姑娘在山坡上选定一块荒地，进行开垦，开春后就

---

　　①　常世伟：《当代锡尼河布里亚特蒙古族婚礼中的礼物流动》，内蒙古师范大学硕士学位论文，2013年，第43—44页。

在这块土地上种下麻，待到秋季收获后将麻织成布，缝成新衣或织成腰带准备结婚使用。从开荒、播种、施肥、管理、收获，到把麻织成衣，整个过程不许任何人插手帮忙，应由姑娘亲手完成，如有他人帮忙耕种就会被认为是姑娘对爱情不忠诚。因此羌族姑娘为了追求美好的爱情，为了能和心爱的小伙子结成美满的婚缘，从种到收都是自己一人悄悄地进行，早出晚归，避免与他人交谈答话，不向任何人及亲朋好友提及种植"女儿麻"，保持姑娘出嫁前的羞涩之情，免得让人背地笑话或议论。凡种有"女儿麻"的地方，任何人不得随意到那里去，以示对姑娘的尊重。一个村寨里出嫁的姑娘，都有自己辛勤汗水浇灌的"女儿麻"地，而且互相保密，谁也不知姑娘那块播种爱情的土地。有的小伙子知道了，也把种植"女儿麻"的土地，视为神圣的领地，不得任意乱说。

新婚之前，羌族姑娘亲手将"女儿麻"织成七根腰带，结婚时系于自己身上，洞房花烛夜由新郎亲手解开，若新娘对新郎有不中意之处，腰带疙瘩便很难解开，使新郎十分尴尬而毫无办法。按规矩，如果七根腰带在三天内解不开，新娘可提出解除婚姻。

"女儿麻"织成衣服，作为姑娘结婚时的嫁妆。婚后，夫妻双方都把这件衣服留为永久的纪念，一般不在继续穿，只是随时从箱子里拿出来看看，而且每年六月六这天必须晾晒以防虫蛀。这样直至传给儿孙，并教育后代要保持羌族的勤劳、朴实、节俭的传统美德。①

白族嫁妆主要有一对红漆大木柜、一对红漆皮箱或木箱、一张红漆皮箱或木箱，一张红漆雕花抽屉桌、一个火盆和一双火筷、炊具茶具、梳妆用具和床上用品等，由家长准备。衣服、围腰、绣鞋、绣枕等手工制品，则多由女子准备。有的人家还请亲友帮忙缝制。临结婚前两天，把嫁妆陈列在一间空屋里，供来宾参观。当男方接嫁妆的人来到女方家后，由女方亲友把嫁妆一样一样放在

① 奇泽华、傲腾、段梅编著：《中国少数民族婚趣》，青海人民出版社1990年版，第119页。

抬盒里，乐队吹吹打打地经过街道和村庄，路旁群众通过嫁妆的多少，以及手工艺品的精细情况，评议新娘和家长。[1]

大理凤翔白族嫁女之家非常重视出嫁的妆奁、衣服、铺笼、帐盖，一般忌用白色衣服，被子里也用翠蓝色，蚊帐要染成水红色，衣服（包括内衣内裤）都用粉蓝色或水红色。白族喜庆两事都忌用白衣服和白行李。闺女接到男家的奠雁礼和上书某年某月某日的通信书柬后，明了结婚的佳期，女家便腾出时间，安排女儿做针线刺绣，挑裙带花、绣枕头，做男家长幼辈拜礼的鞋子。女家男性长辈替她做衣橱衣柜、制面盆架、火盆架、木器（包括马扎木凳类）等。

女儿出嫁之前，时间不论长短，家族中直旁系的长辈，轮流或定时间，接她来家食宿几天，借着帮她做些针线手工艺、鞋面、鞋底。之后又到外戚外婆（外祖母家），舅父母家，姨娘三姑妈家食宿几天，借此招待她比平时丰盛的饮食或她平时所爱吃的东西，以尽离别之情。秩序是先父族后母族，顺便给她缝些白族式的服装（围裙、粗细料的领褂等）、绣花帐帘、枕头。有的长辈和亲戚，至少赠送一样至两样礼物之后，姑娘回家准备大小粗细箱笼、厨、柜粉刷装饰上漆，整理纫执粗模的妆奁什物，有条有理地结扎成包，煮好陪嫁到男家用的甜浸西瓜、西瓜子类，储八瓶罐甜浸，储入柜中干果（葵花、松子类）。装箱装柜的衣物，要待到临别嫁期头夜，作装箱装柜仪式。

婚嫁头夜哭嫁仪式后，家长请其中年高德昭、夫妇齐眉的两老双双替新娘装箱装柜，边装边唱些吉利词，又从栗炭火盆中，夹起若干个烧红的鹅卵石，放入瓢中的青蒿上，在中堂里箱柜等嫁妆前，向瓢里冲几十滴散醋，喷出另一种青蒿香酸气。这时，两老人就沿箱柜摆排的粗细被面行李、蚊帐、枕头、垫单、毛毯等衣物上旋环蒸发，当地白族叫"打醋汤"，名为"制邪"，实是消毒。

---

[1]　严汝娴主编：《中国少数民族婚姻家庭》，中国妇女出版社1986年版，第252页。

打醋汤之后，先把红沙里捞回来的鹅卵石若干包上红色棉纸，和成圆锥形若干节（一般为四节，分装在柜的四角），也包上红色纸。随后开始装进陪嫁的大米若干升或若干斗（3升大约30斤），灌入柜里成大半截，又装入糟浸的甜果若干瓶，炒红花籽面或燕麦一口袋（扫厨早点用）。另一柜中同样加一小口袋松子、葵花和干果品，细软粗的衣、裤、裙、领褂、手帕（红棉、纱丝各一面），其他所有鞋类都装入柜中。结束时，双老接受新娘一拜，大家就开始吃肉面夜宵。①

白族嫁妆中最为显眼的是一对大木柜，柜底要放娘家亲人给的"私房钱"，一个柜中放新娘亲手做的几十双乃至上百双布鞋，要送给男方全家老小一人一双，自己还要留好多双，以显示自己很能干，针线手艺好；另一个柜装满了无数用红纸包成筒状的"馃子"，内装红糖、花生、枣子、南瓜子、西瓜子、葵花子等，在婚礼期间散发给客人。②

云南鹤庆白族宴席才告结束，女家"送果盒"的人来了，这时又得以茶点招待。送果盒的都是妇女，孩子。她们来到的第一件事就是"摸喜鸡蛋，喜核桃"，这两种东西是家里的老年妇女用红颜色水煮熟，交给多子女又夫妻白头到老的"铺床"的妇女秘藏在垫褥底下的。谁要摸到了它无疑是一件幸事，得了这些以后才吃茶点，吃完才把"果盒"移交新娘，尔后辞去。

这"果盒"的内涵是些什么呢？除了装点门面的一些糖食糕点，用来取意祝福新娘快生儿子的寓意之外，恐怕最要紧最秘密的还是"龙凤布"，那是块两市尺见方的白缎子，上面绣以金龙玉凤互作吞吐之状，不仅技艺精巧，而且还饰以花边，背上较厚的衬布。此物专供男女交合时垫在床单上面，难怪包装、交接如此

---

① 云南省编辑组：《云南少数民族社会历史调查资料汇编（一）》，云南人民出版社1986年版，第97—98页。

② 张东顺：《妙趣横生的白族婚礼》，《陕西审计》2004年第2期。

神秘，不随妆奁而送。①

云南墨江一带哈尼族支系卡多姑娘出嫁，要由哥哥、堂兄或表弟背新娘出寨。新娘一方由其弟妹亲朋组成送亲队伍。送亲队伍少则十来人，多则几十人，男挑女背，为新娘带着嫁妆。新娘的嫁妆有常用的铁木农具，木制的箱柜，衣服被子，还有糯米饭，染成红、黄、白三色的几大摞糯米粑粑等。这些嫁妆中必须有舅舅送给新娘的一件蓑衣，一只巴箩，弟弟送给出嫁姐姐的一根手链和一根背巴箩用的背带，还有父母陪送女儿到夫家拜堂祭祖用的猪头一个。这些东西都要让路人看得清清楚楚，显其豪华、富有。一路上唢呐声不断，过村过寨还要放鞭炮。不论下雨还是天晴，新娘都要撑伞遮面以防羞。②

婚礼的最后一个仪式是翻箱，在待客的第二天早上进行，三两个园成婆将新娘的木柜抬到堂屋里，将新娘的陪奁一一堆放到铺好的草席上，让男方长辈和在座的男女青年一同观看，几位长辈过目后，又将这些东西一一收入木柜。这些陪奁的内容，一般有银制的三鬃一串、银制小鱼一对、石灰盒一个、泡花银手镯一对、耳环一对、八五道银手戒指三四道、银泡十二个、排扣四副、木拒一对、棉被两床、黑布包头若干付、桶裙八床至十床不等、还有衣服、花带子等物品，翻箱这一天，新娘还要给公公赠送黑布包头一付，给婆婆赠半花桶裙一笼，以表心意。③

---

　①　云南省编辑组：《白族社会历史调查（三）》，云南人民出版社 1991 年版，第378 页。

　②　奇泽华、傲腾、段梅编著：《中国少数民族婚趣》，青海人民出版社 1990 年版，第143 页。

　③　云南省编辑组：《云南少数民族社会历史调查资料汇编（四）》，云南人民出版社1987 年版，第 22 页。

五 增进姻亲关系的赠礼

在各少数民族人生礼仪的程序和内容中也蕴含着对姻亲交往习俗的重视。因此，在缔结婚姻时男女双方的赠礼中，也有增进姻亲关系的意思蕴含其中。如撒拉族婚礼上，新郎家要以丰盛的宴席招待女家送亲眷属和宾客。宴席上的饭菜以面食、肉食为主，对女方来客另有长面条款待，取婚姻美满、情谊绵长之意。当天，男家所属的"阿格乃"和"孔木散"各家轮流请女方来客吃饭，饭后还送客人每人一块熟羊肉，叫"肉份子"。并向男方近亲、阿舅赠送礼品，给男方父母和阿舅送的是一对枕头，给其他人送的一般是一双鞋和一双袜子，给媒人送衣料一块、鞋一双。男方则分送女方亲属衣料或现金，表示谢意。最后，由女方一位长辈或由女方邀请一位民间艺人说"吾热赫苏斯"（嘱托词：亲家之言），嘱托亲家对"羽毛未丰"、年幼无知的新娘多加爱护，祝愿新郎、新娘相亲相爱，白头偕老，家庭兴旺发达。① 婚礼的最后一天，还有一项男家向新娘的舅舅和兄弟们赠送礼品的活动。礼品有崭新的披毡、珍贵的绸缎，此外还有银钱等。有的男家要以公公的名誉向新娘的一位兄弟赠送一匹马，这可能算是最珍贵的礼品了。②

回族新娘在结婚时娘家除了陪送嫁妆等物，同时还须预先准备好给婆家妇女长辈等直系亲属每人布鞋一双或者布料一件，以便

---

① 陈云芳、樊祥森：《撒拉族》，民族出版社 1988 年版，第 78 页。

② 伍精忠：《凉山彝族风俗》，四川民族出版社 1993 年版，第 183 页。

在见面时作为礼物奉送①，这种礼物的寓意就是希望新娘能够得到婆家诸人的爱护体贴，亲切相待。

锡伯族新娘要为公公、婆婆和新郎的兄弟姐妹等每一个家庭成员赠送一双自己亲手制作的鞋，以表示自己的谦恭与能干。

综上所述，婚礼过程中的礼物主要具有社会和经济两大功能。在社会意义上，婚礼礼物搭建起两个不同家庭建立姻亲关系的媒介、规定着婚姻双方的权利义务，促进了姻亲双方的社会交往互动，也传达着姻亲双方的社会地位，维护着不同家庭、家族交往的有序状态。在经济意义上，婚礼礼物的流动是男女双方家庭与新婚夫妇之间财产转移与再分配的调节机制。其中，以礼物向新娘家单向流动为特征的彩礼，强调男方家向女方家付出的抚养女儿补偿；以男方家彩礼和女方家嫁妆双向流动为特征的平衡交换，强调父辈对子辈的经济资助。

---

① 严汝娴主编：《中国少数民族婚姻家庭》，中国妇女出版社 1986 年版，第 85 页。

第三章
少数民族婚宴文化

婚宴也称"吃喜酒"，是婚礼期间为贺喜宾客举办的一种隆重的宴席。如果说婚礼是整个嫁娶过程中的核心的话，婚宴则可以说是整个婚嫁活动的高潮部分。众所周知，我国民间非常重视婚礼喜宴，在少数民族中也不例外，人们常常将婚宴视为整个婚礼最重要的部分，是男女正式成婚的一种证明和标志。

"形，成于内而表于外。"人类生活中最具显性化、普适化、日常化与不可或缺性的饮食文化系统，广泛存在于不同族群、不同地域的人们中间，渗入人们生活的方方面面，朴实而无声地续写着居住在不同地域、从属于不同族群人们的生活史，并以一种无华的形式不断记录着人与自然、人与人、族群与族群在共同发展过程中逐步构筑的文化史。各少数民族婚宴的外部显性规则、礼仪、祝福等要素结构及运行模式，承载着不同民族内在的、隐性的民族价值观念和心理状态。

一　传达社会认同的婚宴规则

在婚礼的特定时间和空间里，参与者按血缘、亲缘、地缘等关系出现在公共社会生活里，仪式使人与人、个人与群体、群体与群体之间发生密切的联系，婚宴中用餐的顺序、座次的排列等，反映出不同民族对个体的家族地位、社会性别等的不同文化定位。

（一）婚宴习俗与地位象征

婚礼宴席并不仅仅是"一顿饭"那样简单的事情，婚礼宴席的开展也不局限于饮食本身，而是在某种程度上阐明了人们通过饮食的生产与消费行为生产并实践何种意义，即权利、地位、认同感、对目前以及未来生活的解释、回顾历史等如何通过饮食的生产与消费实践的①。婚宴的座次，是博大精深的少数民族婚礼文化中的一个部分，"谁来参加婚宴？座位如何安排？"这一座次有力地彰显了各少数民族中不同角色的来宾和他们不同的社会地位及其变迁。

1. 舅父为尊的婚宴习俗

在我国许多少数民族中，都有"舅父为尊"的习俗，因此，在婚礼宴席上，也常常将舅父安排在尊贵的席位上。

如蒙古族人民在婚姻等重大事情上，就特别尊重舅父的意见，因此在婚宴上，舅父就要坐上席。尤其是布里亚特蒙古族的草原

---

① 金光亿：《饮食生产与文化消费：总论》，韩国文化人类学会，1994年，第7页。

婚姻中，草原上圆圈的正中间是最尊位，就是留给新人们的舅舅的。因为在他们的习俗中认为："咱们布里亚特里边，舅舅是最尊敬的人，为了尊敬他，给他最好的座位。"

在门巴族的婚宴习俗中，也是舅父为尊的。在陪送新娘到新郎家后，舅父会被安排在上坐上，以表示其尊贵的地位。男方首先向他献上哈达，敬一杯美酒，表示慰劳。婚宴上舅父会对男方家的婚宴百般挑剔，如茶为何凉了、酒为何热了、肉片为何切的厚薄不均等，以显示其是新娘的全权代表、最高权威，对女儿未能留在女家，竟然嫁往男家表示十分不满和气愤①。但这种不满和气愤仅仅是一种象征性的形式，在实际生活中，并没有真的不让外甥女出嫁的舅舅。

哈尼族新人在婚礼上对舅父特别的尊重反映在新郎新娘敬酒的顺序上。敬酒的秩序是，先敬舅父，次敬长辈，然后再敬其余宾客。②向舅父敬酒要先于家族的长辈，可见哈尼族在婚姻大事上的"舅权"。

基诺族新娘出嫁时，新娘由舅母、婆母、母亲和女伴陪同在洞房内用餐。新郎寨子的亲戚朋友以及送亲的欢乐人群则在居室外的火塘边用餐，其中，新娘的舅舅就会坐在首席一桌，以象征其重要的角色。首席一桌上同时还会就座新娘的父亲、村社长老以及证婚人等。

瑶族的婚俗中，也十分看重"舅权"。有"舅爷大过天"这样的俗语来表示他们对舅父的尊重。因此，在瑶族的婚宴中也体现出舅父的权威。例如：八排瑶在娶亲时，当新娘过门到新郎家时，是由舅舅率领众亲戚送亲。在新郎家的婚宴上，舅父要坐在首席上，并且，只有新娘的舅父入席后，其余来喝喜酒的客人方能入座动筷。

---

① 严汝娴主编：《中国少数民族婚姻家庭》，中国妇女出版社 1986 年版，第 209 页。

② 毛佑全、李期博、傅光宇编：《哈尼山乡风情录》，四川民族出版社 1993 年版，第 230 页。

将舅父奉为婚宴中的上宾，也是毛南族的传统。因为毛南族人们把舅父比为"水之源，树之根"，认为舅父的地位超过父亲。因此在婚宴上舅父会受到特别的敬重，要将其尊入正席首座。开席时，要先请舅父动筷，翻动碗中对着他的鸡头，其他人才能举筷和饮酒。如果违反古规，怠慢了舅父，他就有权责令重办酒席，补行礼仪①。

在畲族的传统礼俗中，婚宴上长舅公最大，他们称"天上有雷公，地上有舅公"，首先要先向舅公劝酒，劝酒时要唱："一双酒盏花来红，奉上酒筵劝舅公。劝你舅公吃双酒，酒筵完满结成双。"

2. 娘家人为尊的婚宴习俗

在我国各少数民族的婚宴中，娘家的宾客通常会受到较高待遇，这是对新娘母系血缘的尊重，另外，也是对娘家失去女儿的心理补偿。

如东北赫哲族的婚宴习俗中，将新娘迎接到新郎家之后，便要安排送亲的娘家人欢宴，直至送亲的娘家人宴罢离去之后，新郎的亲友方能开始入席畅饮。达斡尔人的婚宴上，也有娘家亲友为尊的习俗。婚宴之前，新郎的父母便要首先向前来送亲的新娘诸亲友进献"接风酒"，然后举行婚礼宴席时，霍都古、华达、车夫各在原炕就席。而娘家的送亲人员居上席，男方迎亲人员分别坐在靠炕沿的席边，以招待客人②。

娘家亲友在锡伯族婚礼宴席中也有着尊贵的地位，新郎家对于送亲的娘家客人，总是盛情款待，可谓"有求必应"，以表示其在婚礼中的重要性。

达斡尔族的婚宴中也对送亲的娘家人尊敬有加，诸事就绪后便在西屋的炕上拉开炕桌，摆上酒席。南炕两桌，西炕两桌，北炕一桌，这几桌酒席就是为女方送亲人专设的。西炕的两桌是女方三

---

① 严汝娴主编：《中国少数民族婚姻家庭》，中国妇女出版社 1986 年版，第 498 页。

② 同上书，第 56 页。

位男性送亲人的席位，由新郎的伯叔辈陪席，南炕的两桌是女方三位女性送亲人的席位，由新郎的伯母婶母陪席，北炕的一桌是给女方赶车人设置的，由新郎的表兄弟辈陪席①。这样专门所设的宴席，礼数周全，表现出新郎家对新娘家人的礼貌与尊重。

乌孜别克族的婚宴中，也能明显的体现出娘家人的尊贵地位。在他们的习俗中，有一种专门的"琼恰依"宴席。这种宴席只有女性可以参与。在这一宴席开始时，男方的母亲会在一二十位女性亲友的簇拥下来到新娘的娘家，接着，新郎的家人就打开自己的包裹，设宴席招待新娘的娘家人，她们把带来的自制饼干、果酱、奶油、馓子、烤包子等丰富的食品摆放在新娘的家中，请娘家人食用。这场宴席虽然是在新娘家中举行，但新娘的家人和亲友却都"袖手旁观"，不帮忙干活。这一特色而有趣的宴席也体现了乌孜别克族婚宴文化中"娘家人为尊"的习俗。

藏族婚礼中，娘家人在帐房左侧最尊贵的席位上依次落座。藏族谚语说："一辈子里父母最大，结婚之日娘家人最大。"这一天，娘家人是至高无上的贵宾，对他们必须小心翼翼，毕恭毕敬，不得有半点怠慢。婚礼的执事们双手齐眉地向他们献茶敬酒，就连八十多岁的老爷爷也要向他们躬身问好。而男方的宾客们只能挤坐在帐房的角落里。②

布依族婚宴习俗中，有一天是送亲的新娘家人在新郎家吃喜酒的日子，新娘的娘家人在布依族的习俗中称为"老客"，包括新娘的家族近亲。"老客"是布依族娶亲时最尊敬的客人。老客到达的当晚，主人家就要另杀一头大架子猪招待，称为吃"活血"。还要开"扎马酒"，唱"酒歌"，通宵达旦③。第二天，新郎家族还要杀猪宰羊招待，以示对新娘家族的尊敬，也是对两个家族结为儿女

---

① 陈长平、席小平、陈胜利主编：《中国少数民族生育文化》（下），中国人口出版社2005年版，第139页。

② 仇保燕：《青海藏族风情丛话》，中国旅游出版社1987年版，第68—70页。

③ 严汝娴主编：《中国少数民族婚姻家庭》，中国妇女出版社1986年版，第438页。

亲家的隆重庆祝。

在畲族的传统习俗中，也有婚礼当天新娘家人为大的观念。他们称"高头嫁女，低头娶亲"。就是在娶亲时，男方要比女方的地位低。因此男方家只能坐在右边，不能坐在左边，因为畲族人认为左边是主位，是尊位。

3. 以长幼划分座次的婚宴习俗

除了特别的"舅父为尊"以及"娘家人为尊"的婚宴习俗之外，我国各少数民族在举行婚宴时，还常常以年龄长幼等传统来划分婚宴时的座次。例如布里亚特蒙古族传统的草地婚礼在男方家举办，宾客们围坐在草地上，形成一个大大的圆圈。布里亚特人认为，这个室外的大圆圈是放大的蒙古包之意。其座位安排同蒙古包内部的座位安排，正中间是尊位，左边是男性的位置，右边是女性。然后是同哈拉的代表，接着是父亲的座位。圆圈的左半边为男性宾客的位置，按辈分、年纪等顺序为双方爷爷、姥爷、大爷、叔叔等亲属以及朋友、邻居。右半边为女性宾客的位置，按辈分、年纪其顺序为双方奶奶、姥姥等年纪大的长辈、舅母、嫂子、朋友及邻居。草地婚礼的座位体现了蒙古族以左为尊、长幼有序的礼俗[1]。人们根据自己的身份及辈分在草地上围圈就座。

4. 婚宴待客习俗

各少数民族婚宴中，都有着各具特色的待客习俗。这些习俗虽各不相同，但却都有同样的目的，就是在婚宴中使亲朋好友得到热情的招待，分享婚事所带来的喜庆和美好气氛。

如鹤庆白族婚宴待客，客人在门口挂了礼金，主人请入客堂，先要敬以"苦茶"、香烟、瓜子，然后再敬喜糕（水糕）、糖茶。是亲家的，要请入正厅正坐，即使一般客人，主人不来作揖恭请，不便入席，礼金很少，用铜钱的时代只九十文当一百文。男女用餐地点各不相同：第一道（菜）：拼盘，案酒（事先摆好筷八双、

---

① 桂丽：《布里亚特婚礼仪式及社会角色的转换研究——以锡尼河镇为例》，中央民族大学硕士学位论文，2012年，第61页。

杯八只、醋碟八只、盐辣碟一只）；第二道（菜）"（小汤）"八碗；第三道（菜）：红肉；第四道（菜）酥肉，第五道（菜）：千张肉，第七道（菜）：卤鸡，第八道、九道是蔬菜，第十道则每人一碗饭。大家吃着第一碗饭，小弟兄便将饭盆送来、汤加添来了。约莫饭饱，又有人在每位客人面前放下纸烟一支，"广子"一包。这包广子一定要包得讲究，一头尖一头平，红纸封面、内装槟榔五六片，绿子一二点，葛根二三点，既解酒又消食。①

　　纳西族婚礼中宴席的席位，分上八位，下八位，左一，右一，左二，右二等。上八位的左席为首席。下八位的左席为次席。其他席位为陪席。首席和次席，由新郎安席，其他如左一二席位、右一二席位的客人只是作一揖入席，由客人自己按年龄、亲疏、远、近互相推让入座。全场坐完满后上酒，奏细乐"小白门"出菜，出到第三盘，主婚敬酒。到五盘由新人双双敬酒，敬双杯，（每次敬酒由两个青年，一人捧盘，一人提壶，跟着敬酒人走，添酒时不是一杯一杯的添，是以壶嘴向杯子打圈圈，很多酒冲在杯子以外，客人杯后，马上把盘里的酒倒在地上，抛撒很大）。首席第一次喝第一口酒时，一定站起来，领向次席喝一声"请酒"，次席也站起来答："请！"，又向全体客人用杯表示说："诸位请酒。"吃点菜时也同样喊请菜，一切都要按照礼节行动，不能随意吃喝，以免事后闹笑话，这是最重要的。出第一碗菜，由厨房敲锣一下，吹大号，吹唢呐。每出一碗，敲一下锣。这时新郎要到各执事那里如厨房、库房、茶房（也管酒）、饭室等处"告席"（慰劳的意思）由一个伴郎报告。等到菜摆完，又要去"谢席"（谢辛劳）这一次要送上红封（用红纸包的钱）每处一封。吃完饭，首席先看看大家吃完了没有，吃毕，首席双手举筷，站起来喊"得罪"（不等各位先吃了的意思），摆完槟榔卢子（用银朱纸包成尖角）。厨房一听到"得罪"一声，锣继续敲几下，准备下一巡了。此时吹号、吹

① 云南省编辑组：《白族社会历史调查（三）》，云南人民出版社1991年版，第378页。

唢呐送客，大门外，由青年敲锣打鼓，主婚同新郎及伯叔站在一旁，女主婚同新妇、伯母、婶母也站一行，男的作揖，女的拜礼（只用两手掌在腹部按一按）向客人一一行礼，客人答礼，原在新郎家住宿的至亲客人，也要同别的客人出大门外走一走。主人一面送客，一面留客住宿。①

景颇族结婚吉日到来时，新郎家中一番热烈而又繁忙的气氛：男家竹楼前的空地上，早已铺下四张又长又宽的矩形竹席，竹席周围，平放着许多新砍下来剥掉树皮的木墩。新郎家的亲戚和朋友都送一些礼物祝贺。这些礼物有铜炮枪、猪腿和芭蕉等。除此之外，每个来客所送礼物中都有两大竹筒自酿米酒。

新郎的亲戚和朋友到齐后，按习俗，新郎的父母背屋面东而坐在木墩上，左方坐女性亲友，右方坐男性亲朋。新郎则单独坐在父母的对面。两位身着盛装的少妇，一个抱着盛满米酒的大竹筒，一个端着竹酒杯，款款地走到客人的面前，很有礼貌地敬酒。即使来客滴酒不沾，按礼节也要敬两杯，客人沾沾唇，表示喝过酒之后才能罢休。敬酒少妇的后边，是手捧藤丝编织成圆盘的少妇，圆盘内放有金黄的烟丝，墨绿的槟榔，雪白的石灰和棕褐色的茶籽五样东西。圆盘端到客人面前，客人要用手先后抓取这五样东西放在嘴中慢慢地嚼着。烟丝中拌有辣椒，辣得很。这对于酷爱辣子的景颇人无疑是一种享受。②

（二）待客礼仪与性别象征

在我国许多少数民族的婚宴中，除了依据客人的地位身份进行不同的款待之外，不同性别的客人也有着不同的招待方式和顺序。这种待客的礼仪也在一定程度上体现出这些少数民族的性别观念与性别地位。

---

① 云南省编辑组：《纳西族社会历史调查（三）》，云南民族出版社 1988 年版，第106 页。

② 吴存浩：《中国婚俗》，山东人民出版社 1986 年版，第 262 页。

布里亚特蒙古人婚宴的座位安排同蒙古包内部的座位安排也有区别，正中间是尊位，左边是男性的位置，右边是女性。圆圈的正东方的中间为双方母亲的位置。此外，在这个圆圈宴会中，在圆圈的里面靠右的位置，单独划分出了已经出嫁的女性如姑妈、姨妈、姐姐的座位区，人们认为嫁出的女性就不是自家的人了。而嫁进来的女性则坐上位，如舅妈、嫂子等。可见，人们在婚宴上的位置对性别进行了划分，同时还对女性出嫁与否也进行了划分。

乌孜别克族新人在婚前要举行"琼恰依"的宴席。该宴席就规定男性不得参与，连新郎也不例外。这场宴席是由新郎的母亲在一二十位女性亲友的陪同下到新娘家举办的。而在婚礼当天的宴席，也同样是分为男宾、女宾分开举行的。新郎的母亲及女性亲友会来到新娘家，新娘的母亲以及众女性亲友站在门口迎候，亲家母互相拥抱，然后举行欢宴。等女宾们吃饱喝足后方才离开。同时，新娘家的男宾则到新郎家欢宴。所有的宴席，都是待男宾退席后，女宾才入席，也体现了该民族传统的性别观念。

（三）宴席举办与社会认可

我国各少数民族的传统观念中，对婚宴都十分重视，婚礼喜酒是整个婚礼活动中最为重要的一项内容。古往今来，婚宴就是男女正式成婚的一种证明和标志。旧时，人们结婚或许没有结婚证，但婚宴在任何时代都是重要的，其原因就在于，婚宴是一种获取社会认可的重要形式，表明对男女双方缔结婚姻的宣告，也表明亲朋好友、乡亲四邻对这桩婚事的知晓、认可以及祝福。除了婚宴本身社会认可的内涵之外，一些少数民族的婚宴内容中还有特别的方式用以表明婚宴的社会认可。如云南大理白族地区农村婚礼的酒席是流水席，客人吃完就可以走，然后撤席，重新上菜，下一拨客人再接着吃。席间，客人可以把一些荤菜打包带回家，给没来做客的家人带回去，寓意为家人带回喜气和福气[①]。其实，这样的方式也用于告知周围的亲朋好友以及乡邻一桩婚事的缔结，获得社会的认可。而白族勒墨人当男方派人来送订婚礼时，女方要杀一头大猪，煮上上百个鸡蛋，备数十斤酒等。热情接待他们，并请本家族亲友作陪。勒墨人称之为"晓义卡"，意为请客。被邀请陪客的人要向主人送一份礼物，主要是送一头猪或一只山羊表示祝贺。主人家将宰好的猪要留下来一半赠给男方客人带走，另一半煮熟后，切成小块分别装在若干碗内，上面放一只熟鸡蛋，分别给每个来客一份，大家饮酒、吃肉。还要送给男方父母及姑、舅、姨等亲戚每人一碗肉，上面放五个熟鸡蛋，让其带回去。主人每隔一小时敬酒一次。酒、肉吃不完的，可自备布口袋和竹筒带回去。酒席间，女方父母当众宣市他家姑娘与某某订了婚，从而取得社会的公认。

纳西族新人在见到村邻熟人时，就要分发糖果来招待客人。这既是让客人沾沾新人的喜气，同时也是一种宣告，让乡亲四邻知晓这桩婚事，取得社会的认可。

二 融洽社会关系的婚宴礼仪

（一）融洽村寨关系的礼仪

在我国各少数民族的婚姻习俗中，往往会在传统的通婚圈内寻

---

① 王海娜：《试论大理白族婚俗——以双廊镇大建旁村为例》，《文化遗产》2012年第1期。

找合适的婚配对象。缔结婚姻从某种程度上来说，既是族群认同的一种表现形式，又是社会资源获取的一个途径。弗里德曼就曾谈道："婚姻为任何一个家庭提供了一种与其他社区的人们发生社会联系的可能性。"因此，婚礼宴席也就担负起一种沟通社区、村寨之间关系的责任，成为了各村寨之间进行交流的场所。婚宴中也常有特别的礼仪，用以使缔结婚姻的两个村寨联系更为紧密、关系更为融洽。

例如裕固族婚礼男方宴请客人时，歌手们便唱起祝酒歌曲，宾客们则开怀畅饮。当酒兴正浓时，双方歌手开始对唱。歌唱中有一首二人问答帮腔形式的说唱，名叫《瑶答曲戈》，最受人们喜爱。说唱时，一个歌手拿一根略带点毛的羊小腿，另一个歌手端一碗奶茶，茶碗中间放一块大酥油。唱完之后，用一点酥油涂在新郎的额头上。过去，宴请客人常常连续数日，至少也要两三天；酒席中，还有问答对唱的情形，若答不上的要罚酒，说错了要当众向对方赔礼道歉。宴请之后答谢时，主客中推选两人互相说一些客套话，客人说："我们坐了上席，吃了好肉好酒，但没有把忙帮到底。"主人说："你们给我家撑面子，帮了大忙，只用粗茶淡饭招待你们，请原谅。"同时主人向客人回赠哈达和敬献羊背。献羊背是按照客人的身份、辈数分为头背、二背、三背……一只羊分为十二背。头背是羊后髋骨，二背是羊胸叉，三背是羊脊梁骨。献羊背时，还要根据每个客人的身份、辈数分别献上一段献词。①

（二）融合姻亲关系的礼仪

姻亲关系，是亲属关系中重要的一个组成部分，它作为一种富有生命力的文化传统和象征体系，尤其在我国少数民族的传统观念中，姻亲关系是一种重要的社会资源。而人类学家王铭铭进一

---

① 严汝娴主编：《中国少数民族婚姻家庭》，中国妇女出版社 1986 年版，第 130 页。

步认为，婚礼是达成家族之间社会人文资源互通的一个渠道。① 因此，少数民族婚宴中，就存在有形式各异的礼仪，用以强调姻亲的重要作用，并用这些礼仪促进姻亲关系的融合。

如朝鲜族新郎婚礼仪式结束后，新郎要走进新房接受"大桌"（婚桌）。上炕前，先站在外屋地往炕里用力推动木雁。如果木雁是趴着的，认为是头胎生儿之兆，如果是仰着的，便认为是生女之兆。在"大桌"上摆满各种美味佳肴，最显眼的是嘴叼红辣椒昂首而卧的一只整公鸡。"大桌"上摆放酒食之后，新娘家的人先给新郎递"单子"。所谓"单子"是写有简单诗句的纸条，要求新郎赋诗作对，借以试探新郎的才学和聪明。如果新郎和对不了，也可由"上宾"和对。吃"大桌"上的佳肴之前，新郎先提出把每样菜肴都拣出一些敬赠给自己的父母和近亲，谓之"打订奉送包"。之后，新郎同陪坐的人们一起共餐"大桌"的菜肴。除"大桌"外，还要给新郎另上一个饭桌。新郎的饭碗里埋有 3 个剥了皮的熟鸡蛋，新郎不可全吃，须留 1—2 个给新娘吃。新娘到新郎家后不举行婚礼，只接受"大桌"。"大桌"上的食物要原封不动地带回娘家，敬献给父母及亲眷。第二天早晨，新娘要下厨房亲手点火做饭，借以显示炊事手艺。饭后举行"家宴"，新郎的父母及其他亲眷坐在一侧，新娘坐在一侧。新娘在一名新郎家女眷的指点下向公公、婆婆和其他亲属一一敬酒并赠衣料、布袜等礼物。②

宁夏回族在女方家里举行定亲仪式，称为喝"定亲茶"，民间也称之为"提盒子""纳聘茶""送定茶"。订婚这天，男方家里备办一腿羊肉、一刀牛肉、一对鲜鱼、一定数量的衣物和化妆品，裹 20 或 40 个糖茶包（主要有红枣、柿饼、枸杞、桂圆、桃仁、芝

---

① 王铭铭：《社区的历程——溪村汉人家族的个案研究》，天津人民出版社 1997 年版，第 48 页。

② ③吉林省政协文史委员会、延边朝鲜族政协文史资料委员会：《吉林朝鲜族》，吉林人民出版社 1993 年版，第 407 页。

麻、核桃、冰糖、红糖、白糖、奶糖、茶叶等）和一甄米糕及用红纸书写的两张经名柬（订婚书），全部用纸箱装盛，用车拉或人抬，由清真寺教长亲自带领包括新友在内的男方父亲、姑舅或姑妈以及媒人等五六人，欢欢喜喜送到女方家里。男方带来的这些五花八门的礼品，表示着非常深刻的意义：送羊肉、牛肉、鱼、米糕、衣物，是向女方暗示自己家里的生活还比较富裕，望女方不必担心日后的生活问题。女方只收下羊肉、牛肉、鱼、衣物及茶包，而米糕并不全收，只将糕的四周切下来招待前来贺喜闺女的亲友，留下糕的椭圆形中心部分，连同女方回送的礼物（一般均为白色圆摄口小帽、一把汤瓶、两条白羊肚毛巾及姑娘亲手给小伙子缝制的鞋垫、布鞋和衣服等）一同返送回男方家里，表示对男方家里所有亲友相助，促成这门美满婚姻的真挚感谢，并希望未来的女婿更加品学兼优，成为一个勤劳智慧虔诚的穆斯林。女方收下茶包，表明女方受聘此门亲事，是经过多次调查了解，细心琢磨而定的，决不反悔。茶包中的糖，表示双方心甘情愿，和睦相处，甜蜜结合；红枣，表示双方生有一对俊美的儿女，感谢真主的恩典；芝麻，预示夫妻日后相亲相爱，日子过得香甜美满；枸杞，表示延年益寿，永为手足。此时女方要将男方送来的茶包分送给自己的亲友，共享喜事乐趣。①

撒拉族新娘到新郎家的路上，男方在中途向女方送亲的每个人敬羊肉，叫"拉木夏"。进门后，男家女眷捧奶茶四盅，同送亲女眷对拜三拜，送亲女眷饮少许。由哥哥或阿舅将新娘抱到炕上，不许脚沾地。尔后男女双方族亲要见礼，对送亲者先用茶食招待，当晚分别请到本"阿格乃""孔木散"家去住宿，撒拉语叫做"家木娜"。第二天的席前，女方一老者说几段"吾热赫苏斯"（嘱托词）。宴毕，要分送"肉份子"。阿舅是撒拉人婚礼中的主要宾客，享有崇高的地位，有的地方婚礼前还有专门宴请阿舅，并给阿舅

---

① 丁超、王燕：《宁夏回族婚礼饮食习俗》（上），《中国食品》1996 年第 5 期，第 34 页。

"抬"（送）羊背子的习俗。送亲来的女方族亲，要在男方家吃饭。当天还要轮流到男方"孔木散"内各家去吃饭，出来时每家要送给客人羊肉一块，叫"份子肉"。①

乌孜别克族新婚之后三四天内，两亲家要举行互相宴请活动，以此来加深男女两家的友情。这种仪式，乌孜别克语称之为"恰利拉尔"。"恰利拉尔"首先由女家父母举办。举行时，新郎及其父兄亲友等人都来女家做客。按长幼依次入席。席后，女家父母向女婿和来客分别赠送礼物。为表示答谢，男家父母次后也要举行"恰利拉尔"，宴请女家父母和亲友，并赠送礼物。至此，乌孜别克族婚礼仪式才告结束。②

彝族迎亲当天和第二天，男方要办酒席招待新娘的长辈，即"后亲客"。对于本村六十岁上下的老人，也必须请吃一顿饭，如果忽略这份礼节，就会被舆论嘲笑。此外，男方还要宴请自己的亲戚朋友。总之，请客的开支很大，一般先后要办酒席六七十桌，杀肥猪数头。

四川省木里俄亚纳西族订婚后，在一定时期内，男女双方要举行"梅席促若"仪式，意为办酒席请客。由男方先请，女方后请。这个仪式由媒人来主持。媒人，纳西语叫"米朗布"。习俗规定，媒人只能由男子担任。选择为媒人的男子，其八字不能同新娘、新郎二人的八字相克，最好是相合。在十二个属相中，鼠、龙、猴一组，牛、蛇、鸡一组，虎、狗、马一组，猪、羊、兔一组，是互为相合的；鼠与马，牛与羊，虎与猴，鸡与兔，龙与狗，蛇与猪是互为相克的。如新娘、新郎的属相为羊与蛇；属牛、猪的男子不能当媒人，其他男子可以做媒人，最好选属鸡、兔的男人当媒人。

男方请东巴选择一个日子，杀几只羊，煮一些猪膘肉、米饭、备上酒，请女方的父母、兄弟姐妹及女方斯日的亲友来喝酒，姑娘照例不去。大家围坐在火塘边的高床上，由东巴来念经、媒人

---

① 编写组：《撒拉族简史》，青海人民出版社 1982 年版，第 90 页。

② 吴存浩：《中国婚俗》，山东人民出版社 1986 年版，第 374 页。

主持，请两位中年妇女当酒妈，向客人敬酒。东巴先将已故祖先的名字念一遍，再念家中所有成员的名字，由老到幼顺序念一遍。念一个人的名字，酒妈向该人敬一次酒。老人在饮这碗酒时要致祝词，意思是酒很好喝，托什么福，你们家有好事像天上的云——大朵大朵地飘起来。东巴又接着回答："好事像金沙江的水那样多。"说完由酒妈跪在地上向客人敬酒。东巴也祝福说："将来生下十个男孩，占有十块地，生下十个女孩，有十个家。你们家像天上的白鹤，一只下十只小鹤，满天飞翔，人丁兴旺。你们家像山上的一只鸟一次生下一百只小鸟，布满山冈、林海，好事多得很。"

酒席散后，男方要送给女方客人每人一盘羊肉、猪膘肉，一碗米饭，让他们带回去。过一些日子，由女方请男方父母兄弟姐妹（新郎不去），在媒人、东巴陪同下来喝酒，仪式同上。

当男女的年龄达到十五六岁时，可以成亲。先由男方请东巴卜卦，选择一个吉日，同时察看天上的星相是否吉利。日子选好后，男方用玉米面做一些大窝窝头，派人送给女方家，将选好的结婚日期通知他们。若他们拒绝收下窝窝头，表示不同意这个日子成亲。男方只好另选日子。他们收下窝窝头，则表示同意这一天办理婚事。双方可以积极准备，筹备结婚事宜，并通知本斯日的亲友，请他们参加婚礼，喝喜酒。双方要将本斯日的户数以及参加婚礼的人数通知对方，以便准备酒席和礼物。男方要根据女方斯日的户数来确定杀几只山羊。如十户人家，则准备杀五只山羊。羊的两只前腿是赠送双方斯日各户的。前腿的上半部是分给女方斯日，下半部是分给男方斯日。无论是男方斯日还是女方斯日，凡属辈分高、年龄大的人家应分左前腿。辈分低、年龄小的人家应分右前腿。也就是说，女方斯日中辈分高、年龄大的人家应分左前腿上部分，辈分低、年龄小的人家应分右前腿的上部分。男方斯日中辈分高、年龄大的人家应分左前腿的下部分，辈分低、年龄小的人家应分右前腿的下部分。其中有一只经骟过的公羊，在祭祀祖先仪式后，其左前腿规定要留给男方父母，右前腿要送给女方父母。其他羊肉是用来招待前来参加婚礼的客人。他们用羊血、羊肉拌上花荞面来灌羊肠，或者用山羊血、羊肉拌玉米面来灌羊肠，或用羊肉汤煮麦面饵块来招待客人。

结婚前，女方选择一个日子，请男方父母兄弟姐妹及斯日成员来喝酒、吃饭，邀请本斯日成员作陪。宣布结婚事宜，请大家来喝喜酒。先敬神位上的菩萨，再向大家敬酒。酒席散后，女方向客人赠送麦面饵块，本斯日的人家每人三块，其他人每人两块。

结婚前一天，男方要杀一只山羊，请女方父母兄弟姐妹及女方斯日成员来喝酒，本斯日成员要出席作陪。由媒人主持，先祭一下神位上的菩萨，再向客人敬酒。并由媒人在酒席上脱帽向客人行礼说："明天我们要举行婚礼，要耽误大家的时间，请大家来帮忙喝酒，没有什么好吃的东西，还是请诸位明天一定来热闹一下。"酒席散后，大家又到女方家去喝酒，大家唱跳"俄门达"，直到天黑了，才回家。男方请媒人赠送女方父母一件麻布衣料、四五块钱、一把锄头、三斤茶叶、三斤盐巴、一条哈达，另送舅妈一件麻布衣料。[①]

三 表达新婚祝福的婚宴食礼

（一）为新婚夫妇特别预备的婚宴食物

新婚夫妇在结婚时，要食用一些特别的食物，以此来表达对他

---

① 四川省编辑组：《四川省纳西族社会历史调查》，四川省社会科学院出版社1987年版，第81—82页。

们良好的祝愿以及家人的殷切嘱托是许多少数民族的婚礼习俗之一。并且，还有许多民族有在婚礼上新婚夫妇"共饮共食"的习俗，这也表达了对他们未来生活白头偕老、和睦终生的期望。

如满族的婚礼上，新婚夫妇要同食女家事先预备好的一种糖馅饺子，称作"子孙饽饽"，还要吃宽面条，俗称"宽心面"。从这两种食物的名称上我们就能看出，这些食物中蕴含着家人对新婚夫妇能够子孙绵延、生活幸福的期望。

赫哲族新人的结婚宴席上，人们要给新郎吃猪头，新娘则吃猪尾巴，表示今后由男人领着，女人跟着，福气和睦过日子。新婚的夜晚，新郎和新娘则共吃面条，表示福气恩爱绵长、健康长寿[①]。

拉勒是达斡尔族人特有的一种稠粥，用牛奶和米烹制而成。完婚的前几天，女婿骑马前来迎亲时，岳父母特意用这种稠粥拉勒和挂面来招待，而且让女儿和女婿同桌吃，吃时同用一只碗、一双筷子。吃拉勒，取牛奶与黏米相合为一、难分难解的象征意义，尤其是黏米特有的"黏性"，以此比喻性地祝愿新婚夫妇恩爱如胶似漆，永远亲密无间，暗示允许两人从此可以合房。由挂面"长"的象征意义引申预祝新娘与新郎婚后健康长寿。吃饭时还特意请一位有儿有女、儿女体健貌美的妇女与他们同桌陪吃。这同样是祝愿他们就如这位妇女儿女双全、个个健美聪明之意的行为化方式。[②]

新疆昌吉地区的回族同胞结婚时，婚礼第二天清晨，娘家就要送一盘包子给新婚夫妇食用，称为"睁眼包子"，以此向新婚夫妇表达祝愿，期盼他们婚后的日子甜蜜圆满。

保安族婚礼时，要为新郎新娘准备核桃和红枣，但这两样食物却不是让新人们食用的，而是在婚礼祝福仪式后向新人抛洒的，因为"核桃"是吉祥如意的谐音"和头"，借以表示新婚夫妇和睦

① 严汝娴主编：《中国少数民族婚姻家庭》，中国妇女出版社 1986 年版，第 27 页。
② 袁志广：《达斡尔族成婚习俗文化内涵探析》，《新疆社会经济》1996 年第 1 期，第 79 页。

相处，白头到老的意思，红枣的颜色就是喜事的象征，表示喜事临门。凡是前来贺喜的人们，都可以向主人家索要这些核桃和红枣，表示"沾喜气"。

维吾尔族新人要在婚礼上同吃一块浸泡盐水的馕，然后大家异口同声祝福他们新婚美满。因为维吾尔人将盐和馕视为同样珍贵的物品，吃浸泡盐水的馕，意思就是"我们从此永远成为一对，同甘共苦，永远忠贞不渝"[①]。食用馕和盐的婚礼习俗在塔吉克族新人的婚礼中也同样存在，所不同的是，塔吉克族新人还要再食用一点肉。而乌孜别克族青年在婚礼时也要吃沾了盐水的馕。并且，按照乌孜别克族的传统习惯，新郎新娘无论谁先抢吃到这块馕，在今后的家庭生活中就有权威。因此，男女傧相都要争先抢馕送给自己陪伴的新人，但通常情况下，总是让新郎先吃下馕，以表示男人是一家之主。

彝族新人在婚宴上，新娘须预带剪刀备用，动筷前先说吉利话，后用手指蘸蜜，送于新郎、新娘口中，要他俩互相送蜜到口。每动一菜，须先说吉利语，吉利语有问有答，新郎新娘须随时顺口对答。例如：

> 问：一颗瓜子分两瓣，
> 答：男女合心成一家。
> 问：一个核桃分四丫，
> 答：四个儿子中状元，
> 问：石榴皮红心子多，
> 多子多孙多富贵。
> 或，多子多孙心不多。

---

① 严汝娴主编：《中国少数民族婚姻家庭》，中国妇女出版社 1986 年版，第 136 页。

宴会期间，满堂喜笑颜开，贺喜声不绝。①

黔东南地区的苗族新娘在婚宴吉日这天要吃一些非常特别的食品。新郎家会将亲族送的糯米饭放在一起，由新娘尝食。首先要尝新郎家所备下的鱼和饭，继而尝一两家亲族送来的美肴，还要取一点肴馔洒在地下，以示祭祀祖先。

云南纳西族新人在婚礼第四天，要夫妻二人同逛县城，买回成对的鲜鱼，晚餐时做成菜肴共同食用，这表示这对夫妇会在未来的生活中鱼水相融，白头偕老。

云南红河一带的哈尼族新娘进入夫家后，先向"供桌"上的祖先神位磕头，再向婚宴上的长者敬礼，然后要吃下新郎亲自送给她的一碗米饭，表示永远不变心。哈尼族的一个支系——俄尼人举行结婚仪式时，新郎新娘则要按照仪式主持者嘴玛的吩咐，同坐在火塘边。嘴玛将预先准备的米酒、姜茶摆在新郎新娘的面前，然后便将一个熟鸡蛋交给新郎，由新郎转交新娘，新娘应从身后反手接住鸡蛋，然后再交还新郎。新郎便将鸡蛋剥开分为三份，一份给仪式主持人嘴玛，一份给新娘，一份给自己。这时嘴玛要手握鸡蛋念祝词："一个鸡蛋只有一个黄，一对夫妻只有一颗心，今天吃下蛋黄，天长日久不分心。"念完之后，三人用蛋蘸上米酒与姜茶同时吃下去，这时客人们便齐声欢呼表示祝贺。沅江、墨江一带的哈尼族支系堕塔人婚礼就餐时，男家烹制出一只香气四溢的麻花母鸡，盛入大碗置于灶台上，让一对新人当着众围观者的面，举行"共享合心鸡"仪式。按规矩，新郎从鸡头吃起，新娘从鸡尾吃起，二人嘴对嘴地共享其美食，表示夫妻恩爱地久天长。② 而西双版纳一带哈尼族新人要互喂食鸡蛋和公鸡肉，还要共同吃猪的右前腿。

---

① 云南省编辑组：《云南巍山彝族社会历史调查》，云南人民出版社 1986 年版，第 125 页。

② 毛佑全、李期博、傅光宇编：《哈尼山乡风情录》，四川民族出版社 1993 年版，第 213 页。

普米族新娘跨进婆家门后，开始吃"接嫁饭"，新郎边吃边喂新娘，两人共食一碗内有公羊或公牛睾丸的饭食，意味着日后能生儿育女，繁衍子孙。

广西仫佬族新人在新娘进门时，要同吃一点"千年饭"，拿几粒"千年米"，表示新娘已经成为这个新家庭的成员，与她的男人结为夫妻了。这种特别的"千年饭"是一只小竹箩盛着的糯米饭一团，而"千年米"则是装在一个三角形红布口袋中的数两白米，这都是仫佬族新娘婚礼上必不可少的。

毛南族新人在成婚时，新娘新郎要共吃一支染红而形似阴茎的食物，称为"鸡巴腿"。吃过之后，婚礼仪式才算是完成。据说，这是按"兄妹婚配"的古规，祝愿他们多子多福，家业兴旺吉祥①。

（二）为客人预备的丰富多彩的婚宴食物

在婚礼上，为客人所准备的菜品，也是非常讲究的，我国少数民族婚宴的菜品可谓是丰富多彩，体现了各民族不同的生存环境、生计模式以及饮食习俗。

布里亚特蒙古族的婚宴食品多有用圆磁盘盛装的鲜嫩的手抓肉、"乌如莫"（八宝饭）、布里亚特自制糕点、列巴、糖果、炸馃子等美味，饮品为奶茶等。②

东乡族婚宴上，传统的待客食品中最为特色的当属油炸"扭馓"，每把"扭馓"的大小在 30×50 厘米左右，重量常达四五斤，一次要端上三把。待再添食时，依次再端上三把。其他食品一般为大碗烩菜、糖、肉包子、手抓羊肉等，丰富又实惠③。

裕固族婚宴第一天在新娘家举行，主人要用酥油奶茶、油炸馃

---

① 严汝娴主编：《中国少数民族婚姻家庭》，中国妇女出版社 1986 年版，第 498 页。

② 桂丽：《布里亚特婚礼仪式及社会角色的转换研究——以锡尼河镇为例》，中央民族大学硕士学位论文，2012 年，第 61 页。

③ 严汝娴主编：《中国少数民族婚姻家庭》，中国妇女出版社 1986 年版，第 96 页。

子、手抓羊肉、青稞酒等丰富的美味食品来招待来宾。

乌孜别克族婚宴上，主人依次为客人倒水洗手，铺上餐巾，先摆上糖、水果、茶等，不一会端来"炖羊肉"，随后是抓饭。食毕，女客人们将剩下的糖果等食物拿上一份带给自己的孩子。①

在哈萨克族订婚仪式上，双方男主人坐上座，一边喝奶茶、吃肉或其他食物，一边谈笑取闹或歌呼相对。饭后，女方主人向男方客人送上用煮熟的羊肝和羊尾巴油切成块儿和酸奶搅拌而成的食物。他们认为羊肝最为香甜，羊尾巴油最肥。让客人们吃了，希望他们的生活也像羊肝那样甜，像羊尾巴油那祥富足。②

柯尔克孜族结婚仪式是在女方家进行的。第一天新郎在父母及亲朋的陪同下来到新娘家，来时带"库依喀阔依"（即宰后去头和五脏但不剥皮、身上的毛用火燎干净的羊），并带其他礼品，赶一些牲畜来。女方家要出来迎接客人，当女方主人招待男方来客之后，举行"恰西洛恰西德"仪式。即用发面油炸的菱形饼构成的包尔萨克、奶疙瘩、方块糖、水果糖等装在口袋而不系口，用木杆顶到毡房的天窗上让食品自然散开，供人们特别是小孩抢吃，然后新娘家用宰好的羊和其他牲畜款待来客。③

藏族婚宴上，客人们的座位前总是用竹盒盛着油饼、青稞、豌豆花等点心。随即端上饭菜请客人们食用④。

彝族举办婚宴，饭桌上招待客人们的菜品不少于九道。席上加蜂蜜、糍粑、苦菜花、果品等，这些菜品还要用红线串联，以表示喜庆和吉祥。

凉山彝族婚宴请客人用餐的习俗各地也有所不同。甘洛一些地

---

① 罗建生：《乌孜别克族》，民族出版社1990年版，第42页。

② 新疆维吾尔自治区丛刊编辑组：《哈萨克族社会历史调查》，新疆人民出版社1986年版，第103页。

③ 杨启辰、杨华：《中国穆斯林的礼仪礼俗文化》，宁夏人民出版社1999年版，第61页。

④ 严汝娴主编：《中国少数民族婚姻家庭》，中国妇女出版社1986年版，第208页。

方是给每位客人一条肉和一瓢饭，吃不完的转送亲友；昭觉县竹核一带的习惯是，先请客人中的一位小孩吃一串肉和荞粑，然后再请其他客人用餐，端上来的是猪腿和羊腿，放上刀子，让客人自己切着吃。普格等地请客人用餐的规矩是不上汤菜，只给客人吃肉块和荞粑。据说，这象征着夫妻将来的感情牢固、相亲相爱、白头到老。按常规，客人是不能将饭菜吃尽的，必须剩下一部分，表示礼貌和客气。但婚礼中的这顿饭，客人应将主人家拿出来的食物吃尽，实在吃不完时也只能转送亲友，而不能将剩下的部分退给主人家，表示主人家待客的盛情。为了表示主人家的热情好客和大方，据说甘洛有一地方的习惯是，这一夜都在不断地邀请客人用餐。大约每隔一两个小时，就为客人献上一次食物。首先献上猪肉和米饭。此后，不断送来腊肉、香肠、鸡肉、鸡蛋，冻肉、面条等。因此，去这一带送亲的客人，吃饭时就注意每次少吃一点，不然到后来就吃不下去了。[1]

　　白族新人的婚宴总是十分隆重，要用各种美食招待宾客。一般要招待三天，头一天请客人吃的晚饭称为"思双贝"，席上必须一碗用豆腐、菠菜泥、萝卜丝、核桃仁、芝麻、盐和类似虾片的红色炸食拌成"思双"，其他还有五大碗菜。第二天是正喜日，从午饭开始一直到晚饭前吃流水席，在"八大碗"中必须有一碗方块的红曲肉，另有酥肉、米粉肉、排骨、腌鱼等。上主菜如红曲肉、酥肉时，有唢呐大号伴奏；吃剩的肉，串在筷子上带走[2]。

　　纳西族的婚礼总要大宴宾客，至少要杀两三头大肥猪，煮好几坛酒，大米二三百斤。备办菜肴六盘六碗至八盘八碗，招待亲朋好友。我国许多少数民族婚宴上用于招待客人的菜肴都有盘数的规定，多喜"六、八、十"等吉祥的数字，如广西地区的京族婚宴上招待客人的菜肴，就一般是八道或十道菜。

　　普米族新娘出嫁时，送亲队伍要携带猪膘肉、煮熟的鸡蛋和一

① 伍精忠：《凉山彝族风俗》，四川民族出版社1993年版，第179页。
② 严汝娴主编：《中国少数民族婚姻家庭》，中国妇女出版社1986年版，第253页。

坛酒。猪膘肉摆在火塘的正上方，鸡蛋分给家族中的长辈吃，酒则请每位客人尝一口。这个意思是说，新娘是来自勤劳之家，娘家养的猪肥鸡大，酿的酒既醇又香，新娘要把勤劳的美德带到婆家，用勤劳的双手创造香甜的生活[①]。

云南西双版纳的傣族新人成婚时，男女两家都要宴请宾客。宴客时，酒席桌上铺一层鲜芭蕉叶表示对客人的尊敬，酒菜中大都要有一碗象征吉祥的生血加料的血纯以及各傣家风味的菜肴，同时还要摆上一包包芭蕉叶包好的甜食"毫咯索"。宾客们一边饮酒吃菜，新郎新娘一边向客人敬酒，人们往往在此时向新郎新娘提出各种问题，新郎新娘都要一一回答，有时就引得哄堂大笑，气氛异常活跃。[②]

德昂族的婚宴上，新娘家往往用猪肉、酒、茶叶等招待诸亲友，但这些食品都是新郎家先派人按照事先约定的数量送至新娘家的。

四 形式风格各异的婚宴礼俗

（一）婚宴中的祭祀活动

各少数民族丰富多彩的婚宴习俗中，除了祝福新人、招待宾客、分享一桩婚事的喜庆以外，许多民族还有一些婚宴习俗是用于祭祀的，通过这样的祭祀活动，以祈求婚礼顺利进行，婚姻美

---

① 吴存浩：《中国婚俗》，山东人民出版社 1986 年版，第 349 页。

② 胡绍华：《傣族风俗志》，中央民族大学出版社 1995 年版，第 156 页。

满长久。

例如鄂尔多斯蒙古族婚宴中就反映了从古流传至今的对天、地的敬畏和崇拜。娶亲前要以鲜奶饼食祭天祭地，希望从上苍那里讨得吉利。婚礼祭祀天地鬼神的祭词：用那五畜五谷的精华，做成五色五香的祭品。大元圣皇成吉思汗，七十二种肴馔的结晶。上对三十二帝天子，二十八宿星辰。下对四海龙王，十殿阎君。为副的哮天宝犬，为首的太岁安本。四面八方的祠堂庙宇，列祖列宗。大千世界的圣灵幽魂，土地山神，都来享用这泼散和祭奉！泼散以后就一切应验，祭奉以后就万事顺心。据《蒙古风俗鉴》描述，婚礼中厨师把羊割成九个相等的肉块，"第一块祭天，第二块祭地，第三块供佛，第四块祭鬼，第五块给人，第六块祭山，第七块祭坟墓，第八块祭土地和水神，第九块献给皇帝"，首先要祭的依然是天。新娘前往婆母家前，人们唱起了送亲歌，和就要嫁到远方的姑娘依依惜别，母亲则向苍天祭酒洁白的鲜奶，为女儿送行。①

黔东南的苗族婚宴上也有以食物祭祀的习俗。新娘首先要尝食一两家亲族送来的美味佳肴，这时，还要取一点肴馔撒在地上，以示祭祀祖先。舟溪一带的传统婚宴习俗中，还有一种称为"掐鱼"的祭祀仪式。即新娘进家后，男家事先把两尾不剖肚的鲤鱼略煮片刻，装在碗里，由一位妇女端给新娘掐一下，但仍须保持鲤鱼的完整，而后再拿去煮熟，由男方亲族里的男人吃掉，留下完整的鱼骨、尾、鳍，然后用纸包好藏在屋瓦上，不再触动②。

（二）特别的敬酒仪式

鄂温克族婚姻习俗中，婚宴是一项重要内容，也是婚礼的高潮，其中仅敬酒一项便有 24 次。据乌热尔图编《鄂温克风情》所载，第 1 盅和第 2 盅为接亲礼酒；第 3 盅和第 4 盅为敬茶酒；第 5

---

① 尚烨：《论鄂尔多斯婚礼的文化特色》，《历史教学》2009 年第 12 期。

② 严汝娴主编：《中国少数民族婚姻家庭》，中国妇女出版社 1986 年版，第 427 页。

盅和第 6 盅为祭神酒；第 7 盅和第 8 盅为喝羊肉汤礼酒；第 9 盅和第 10 盅为赠送礼物酒；第 11 盅和第 12 盅酒为全家族助兴酒；第 13 盅和第 14 盅为敬祖神酒，祝酒词是：

> 神仙定的吉日里，
> 儿子当婚立家业，
> 祝他们美满吧，
> 兴家发财，
> 儿女成群，
> 畜群兴旺，
> 金银成堆。

第 15 盅和第 16 盅酒，为请求双方长辈广开酒席。婚礼上，青年人早已跃跃欲试，要求席间不分辈分等级唱"扎恩达勒"或跳"努日给勒"（鄂温克人礼仪严格，不经老人同意，是不允许随便唱歌、跳舞的），喝完礼酒后，妇女们欢快地跳起来，边歌边舞，夸奖新娘的装饰美；第 17 盅和第 18 盅为上羊尾酒，敬酒时宣布主食的品种；第 19 盅和第 20 盅为送客礼酒，告知女方的贵客们"宝德"半头、活羊一只、宰羊一只，请他们收下礼物，客人接受礼物时将活羊放到女婿的羊群；第 21 盅和第 22 盅为婚礼结尾酒，男方祝酒词是：

> 从鹿鸣时饮的酒，
> 壶中的酒将要喝干，
> 从虎啸时饮的酒，
> 瓶中的酒将要喝空。

女方祝酒词是：

您家壶中的酒永远喝不尽，

像贝尔湖的水一样澎湃，

您家瓶中的酒永远不干涸，

像伊敏河水一样川流不息。

第 23 盅和第 24 盅为"西勒日"（起程）酒，祝酒词是：

拿起马鞭跨上马，

是否能回乡土哟？

登上马蹬，套上车，

是否能回您的"莫昆"哟？

善良仁慈的祖先神哟，

保佑我们的生活永远幸福。

喝完酒，送亲的客人们便要起程了。

婚宴接近尾声时，男女双方的年轻人纷纷聚集到长者居住的游牧包内。[①]

很多少数民族的婚宴，依照他们的经济水平可以说相当铺张，甚至可以说是奢华，但是，婚宴的举办具有其特别的社会功能和意义。从形式上看，婚宴是以物品的丰盛程度和仪式的热闹程度表现出来，其实质也是一种生产技能水平的展示和交流。无论各个少数民族婚宴的丰盛程度如何，无论婚宴的程序是烦琐还是简洁，整个婚宴无疑都是充满了欢乐的。人们尽情地吃喝唱跳，享受这美妙而欢乐的时光。

---

① 汪立珍：《走近鄂温克族婚礼》，《民间文化》1999 年第 2 期。

第四章
少数民族婚礼歌舞

　　不同生态及文化环境中孕育的少数民族婚礼歌舞集中表现着各民族的历史、文化、心理、生产生活方式、宗教信仰等文化。它不仅是少数民族婚礼的重要组成部分，更是各民族认知婚姻家庭在社会生活中的地位，传承民族传统价值观的独特方式和途径。婚礼上的长辈或吟诵创世纪神话讲述民族的历史渊源，或吟唱婚姻规范嘱咐新婚夫妻。年轻人更是载歌载舞表达对新人的祝福同时也相互传递真挚的情感。贯穿少数民族婚礼过程的歌舞，引导、推动着婚礼仪式的进行，其本身也成为贯穿婚礼仪式各个环节的完整体系。

　　并且婚礼歌舞作为传承民族文化的一个重要载体，在不同少数民族中有不同的形式和内容，不同内容的婚礼歌舞在不同仪式中也有着特别的象征意义，蕴涵了丰富的物质和精神文化。

一　祝福新婚

　　在少数民族的婚礼歌舞中，最为普遍的内涵自然是祝福一对新人缔结良缘，婚姻美满。人们在婚礼过程中载歌载舞，用欢乐的音符和喜庆的歌舞对新娘新郎表示祝福，并表达大家对美好生活的向往。例如黑龙江爱辉一带的满族，当新娘拜完北斗入洞房时，或当晚闹洞房时，有众人边撒五谷杂粮，边唱喜歌"拉空齐"之俗。一人领唱，众人拍手以"空齐"合之，谓之"拉空齐"。由于世代流传，词中夹杂有汉字发音，如"红头绳""桌子""洞房"。整个喜歌全是吉利话，意思是祝福小伙子娶个美貌的姑娘，一辈子和和气气过美满生活。①

　　迎接新娘时，维吾尔族新郎手捧鲜花在三十个男子的陪同下，到伴娘家里接新娘并且嘴里唱着"迎亲歌"：

> 嗨哟尔兰，嗨哟尔兰
>
> 百花丛中玫瑰芳香
>
> 一对情人相配成双
>
> 未婚的小伙子忧愁多
>
> 恰似戈壁滩上的黄羊
>
> 我们陪着新郎迎新娘
>
> 不怕山高水深道路长

---

① 彭勃：《满族》，民族出版社1985年版，第110页。

　　　马车铃声响得欢

　　　就像久别回牧场

　　　小伙子姑娘配成双

　　　就像太阳配月亮

　　　高山深处羊群多

　　　小伙子高歌迎面来

　　新郎挽着新娘的胳膊,被一大群男男女女簇拥着走出伴娘房门。新娘穿着婚纱,头戴面纱显得妖柔妩媚,一群年轻人与小孩用绳子拉开挡住新郎新娘前行的路并诵着歌谣:

　　　这是一根幸福的绳索

　　　看你们怎样才能越过

　　　请撒下吉祥的钱财糖果

　　　再带去我们热情的祝贺①

　　东乡族新娘进入男家大门,亲朋们均要唱"哈利"表示祝贺。由宾朋中的一人领头呼"哈利",众位亲朋和之,并整齐有节奏地击掌或拍手臂,双腿弯曲如骑马姿势,左右横行,转圈,有时亦随呼声前进,后退,伴有简捷明快的舞蹈动作。呼"哈利"习俗使东乡族婚礼显得热闹异常,更加富有本民族特色,在唱"哈利"的祝福中,新娘进入洞房。②

　　按藏族习俗,婚宴上要吃一种用多样作料煮成的面条。长长的面条味道香美,意味着新郎新娘互敬互爱,白头偕老。这顿象征性的饭后,宾客便进入宴席。筵席间,无论亲友,还是歌手,都悠

---

　　① 艾克拜尔·卡德尔:《论维吾尔族婚礼中的传统习俗》,《内蒙古民族大学学报》(社会科学版)2005 年第 1 期。

　　② 奇泽华、傲腾、段梅编著:《中国少数民族婚趣》,青海人民出版社 1990 年版,第49 页。

扬地唱起祝酒歌来。藏族婚礼祝酒歌，内容丰富，数量很多，不同地区，特色各异。西藏地区有首祝酒歌这样唱道：

> 请松开腰带款款地吃，
> 请抱起酒坛畅怀地喝，
> 愿草原上每日都有新婚夫妇，
> 愿卡哇坚（藏语，雪山之族的意思，是藏族对本民族
> 一种自豪称呼）天天举办盛筵喜事，
> 祝福啊，我再一次祝福！

青海地区有首祝酒歌这样唱道：

> 森林里最可爱的是梅花鹿，
> 森林里最清香的是列克图（一种香草），
> 梅花鹿能活一千年，
> 列克图的清香溢山谷。
> 远道而来的亲戚请举起杯来，
> 你们像莽莽苍苍的林海，
> 滋生着列克图，哺育着梅花鹿，
> 新郎新娘正像他俩长寿而幸福。①

怒族新人举行婚礼时，当夜幕降临，大家便会环火塘中柱而舞，共同高歌，为新婚夫妻祝贺。这时，新郎的父亲还要带头跳一种男女性感的舞蹈，表达人们祈求生育子孙的愿望。②

---

① 吴存浩：《中国婚俗》，山东人民出版社1986年版，第35页。
② 严汝娴主编：《中国少数民族婚姻家庭》，中国妇女出版社1986年版，第394页。

二 交流情感

各少数民族的婚礼仪式总有新人缔结良缘的喜庆气氛，也会有新娘告别父母时的离愁别绪和依依不舍，这些仪式的氛围都会触动人们的"感于哀乐"的情愫。同时，在婚礼上，亲戚朋友、街坊四邻、乡里乡亲都会聚在一起，在喜庆和谐的婚礼音乐中，大家都会参与表演或充当观众，这无疑增进了人们之间的感情，加强了家庭内部以及家庭之间的凝聚力。在音乐带来的喜悦气氛中，大家都是面带喜色、高高兴兴，这也加深了亲友间的感情，抚平了家中有不幸的人们情感上的许多创伤。因此，婚礼中的歌舞为融合家庭、家族和社会关系搭建了良好的平台，发挥了交流情感的重要功能。

（一）表达父母难舍情感的歌声

大部分少数民族的婚姻习俗中，新娘通常要在婚礼之后到新郎家居住。这就意味着她将要离开养育自己的父母以及自己的原生家庭，因此，在婚礼时，新娘总是会有浓浓的离别愁绪。所以，一些民族的姑娘出嫁时，就有哭嫁的习俗，哭嫁时所歌唱的，便是对父母、家人难舍的情感，感谢父母的养育，同时也对要离开父母表示伤感。如羌族姑娘出嫁时，就兴哭嫁。梳妆完毕，新娘即用手蒙着脸，嘤嘤地哭起来，有的哭得情真意切，有的只是虚应故事，走个过场而已。新娘哭嫁时，女家歌手代替新娘的父母唱"哭嫁歌"，表达父母既留恋女儿，又不得不把女儿嫁出去的矛盾

心情:

> 我的人,我的心肝呀,
> 假如你能变成男子,
> 就能把别家的人带到我家来;
> 我们家里本来人口很少,
> 如果能那样,
> 人就会多了。
> 魂就会多了。
> 但你是个女子,
> 就成了别家的人,
> 就成了别家的魂。
> 你爹你妈在前三天,
> 吃了别人的肉,像山一样多;
> 喝了别人的酒,像海水一样多;
> 答应了别人三句话,
> 就把女儿嫁出去了,
> 就把女儿嫁出去了。①

　　土家族姑娘出嫁前,一般也要哭嫁,要唱"哭嫁歌",用"哭"和"唱"的方式来迎接出嫁结婚这一人生最大喜典。土家族姑娘的"哭嫁歌"是在特定历史时期女性出嫁时宣泄心中真情实感的一种演唱形式,也是新娘为了表达离别之情。新娘通过哭嫁,以表感激父母养育之恩和亲友难舍难分之情,具有孝、义的伦理价值。即将远嫁他方,新娘首先想到的是离别亲人,依依难舍之情油然而生。因为要离别,平日不曾给予过多关注的亲情,此刻历历凸显。回顾往事,新娘悲从中来,用哭泣的歌声表达对闺门

---

　　① 吴存浩:《中国婚俗》,山东人民出版社1986年版,第301页。

生活的不舍，对父母恩情的感怀。十月怀胎的辛苦、养护的艰辛，件件往事、点点细节都浸润着父母的深情，做女儿的对父母的感激之情从内心深处溢出。①

湘西苗族姑娘出嫁时也有"哭嫁"的习俗，湘西苗族哭嫁歌曲也是当地苗族人长期的生活中孕育出来的艺术结晶，它是湘西土家族苗族自治州最具有的特色，是湘西艺术文化的一个重要标志，是苗族人民生活的一个缩影。歌曲中也蕴含着新娘对离开父母的不舍之情，歌曲中充满了真挚的情感。

哈萨克族姑娘出嫁时也有唱哭嫁歌的习俗，也称为唱"怨嫁歌"。传统社会中哈萨克姑娘的出嫁歌是的一种充满悲凄与泪水的歌曲：

> 母亲啊，把我嫁到远方去，你会不会来把我瞧？我那年幼的弟弟，何时才能再见到？要来看我快点来，看我的日子怎样熬，来得晚了见不到，新坟头上长青草。②

这一歌曲的内容中，既包含姑娘对未来生活的担忧和畏惧，也包含其对母亲、兄弟等亲人浓浓的不舍之情，使人闻之动容。

我国少数民族中有"哭嫁"习俗的民族众多，裕固族、蒙古族、回族、彝族、苗族、布依族等许多民族均有此婚俗，而哭嫁歌曲中，最为普遍的便是表达对父母家人的难舍之情。

（二）表达新娘留恋情感的歌声

除了伤感的情感之外，新娘的歌声里还包含着对自己少女生活的浓浓留恋，留恋无忧无虑的时光，也留恋自己从小一起长大的

---

① 陈朝霞：《土家族"哭嫁歌"的文化本源与艺术特征思考》，《民间文化论坛》2006 年第 8 期。

② 石宗仁：《试析哭嫁歌》，《西北民族学院学报》（哲学社会科学版）1989 年第 3 期。

伙伴。这类哭嫁歌中的内容多表示对家乡、对父母、对亲友姊妹的难舍难分之情，哭得越厉害，表示亲友姊妹间的情义越深。

如传统的布里亚特蒙古族婚礼中有抢婚仪式。当新娘即将出发到婆家时，从小一起长大的女友把自己的发辫和新娘的发辫挽结在一起，意思是不分离。在喧闹声中开始与已婚伴娘互相抢夺新娘，表现新娘与娘家人的难舍难分。这时唱起《送亲歌》：

> 朝夕相伴的共同生活是多么愉快，
> 今朝出嫁的离别是多么辛酸，
> 从小长大的姑娘多么可怜，
> 送女出嫁的父母多么悲伤。

《送亲歌》表达了婚礼过程中新娘以及父母亲友难舍难分的感情，嘱咐、教导女儿如何适应新的生活环境和新的社会角色。①

维吾尔族新娘在新郎及伴郎、伴娘等的陪同下来到新娘家里与亲人告别时唱起《哭嫁歌》：

> 我不愿意离开你们
> 我的父母姐妹与弟兄
> 我不愿意离开你们
> 我的大伯大妈与大婶
> 是你们养育我长大
> 赐给我幸福与生命
> 我不能离开你们
> 一人出外去谋生
> 只要让我留在家
> 当牛做马也甘心

---

① 桂丽：《布里亚特婚礼仪式及社会角色的转换研究——以锡尼河镇为例》，中央民族大学硕士学位论文，2012 年，第 54 页。

然后，新娘的母亲接着吟唱"劝嫁歌"：

我的女儿伶俐的百灵
你是妈妈身边的小马驹
我并不愿意让你离开家
你走就像砍断我的双翼
可是姑娘大了总要出嫁
这是祖先留下的规矩
鸟儿大了要展翅飞翔
莫要惦念流逝的过去
女儿你要想家尽管回来
当妈的永远等着你

这时女方家的亲友特别是新娘的弟弟妹妹为了劝慰姐姐，也动情地吟唱，表达自己依依不舍的感情。①

俄罗斯族婚礼歌，有时是姑娘和小伙子们对唱，互相用歌词讽刺和打趣，有时是大家合唱。有一首歌的歌词大意是：

仙鹤啊仙鹤，
你在叫什么？
仙鹤回答说，
我怎能不叫呢，
因为飞得太高了，
和妈妈离得太远了。
啊！在那遥远的地方，
每到午餐的时候，
父母看到为女儿摆设的汤勺没人使用，

---

① 艾克拜尔·卡德尔：《论维吾尔族婚礼中的传统习俗》，《内蒙古民族大学学报》（社会科学版）2005 年第 1 期。

总是轻轻的呼唤着：

我们的女儿你在哪里？

我们的孩子你在哪里？

　　歌词委婉而生动，充分地表达了女儿出嫁时对母亲的依恋和父母对女儿深切的思念。

　　举行戴头面仪式后，裕固族新娘和父母对唱告别歌：

日头一样的父母啊，

谢谢您的教养；

疼儿疼女的母亲啊，

谢谢您的恩情。

老子娘母子要保重；

你们的丫头出嫁了。

丫头骑上枣红马，

挥着马鞭离去了。

　　然后，新娘在伴娘们的陪同下到特意设置的另一顶小毡房中休息。从这时开始，新娘不能再进家门，有什么事要由伴娘代其处理。宾客们则尽情地跳舞唱歌。

　　当东方露出曙光，一轮红日即将喷薄而出的时候，主持婚礼的总东宣布饮"上马盅"酒。饮罢，新娘便和一位伴娘同骑一匹骏马（有的地区新娘和伴娘同骑一匹骆驼）。其他送亲的人也都骑上马、骆驼或驴。新娘眼里闪着泪花，告别了慈母，便在由女方父亲、叔叔、兄弟姐妹和叔伯以及同一家族的人组成的送亲队伍的簇拥下，一路边唱歌边饮酒，浩浩荡荡地向男家走去。①

　　按照藏族婚礼传统，从东方破晓到迎亲队伍到来，新娘应该一

---

　　①　吴存浩：《中国婚俗》，山东人民出版社 1986 年版，第 409—410 页。

直哭唱诉说衷情的抒情长歌《娥妮》。迎亲队伍到来后，新娘更应抽抽搭搭哭个不停。这时，女方请来的歌手唱起了哭嫁歌，其中唱道：

> 从母羊奶头下隔掉羊羔，
> 母羊自然要伤心凄惨；
> 从妈妈的膝下娶走女儿，
> 妈妈怎会不心痛肠断；
> 可是世事古往今来都一般，
> 大了的女儿总要到别人门前。

> 忍着泪水来打扮打扮，
> 已经到了最后的时间，
> 娶你的马儿已备好了鞍，
> 迎你的路席也会摆在大路边。
> 姑娘来吧，可不要哭哭啼啼多为难。
> 穿上你的盘袄，
> 梳上你的"阿勒"（为结婚时必佩首饰），
> 佩上你的珈琅（为两条各色线刺绣的饰物，是已婚妇女的标志），
> 戴上你的耳环，
> 插上吉祥的孔雀毛，
> 再用净水洗洗脸。①

而当藏族新娘乘上马到男方家去，也总是会坐在马鞍上边行进边用袖口捂着嘴，呜咽着哭起来：

---

① 吴存浩：《中国婚俗》，山东人民出版社 1986 年版，第 32 页。

村庄看不见了，

家乡看不见了，

抚育姑娘的山水看不见了，

出嫁的姑娘满腹忧伤①。

（三）　表现双方婚配意愿的歌声

少数民族婚礼的歌舞中，也有着对这桩婚姻的满意之情的歌颂和表达。在此类歌舞中，多歌唱新娘的美貌贤惠以及新郎的智慧勇敢等。以及表达对缔结婚姻的两个家族之间相亲相爱的期望。如塔吉克族人的订婚仪式既隆重又慎重，所以在定亲时，绝不偏听媒人的言谈。而是由男女双方的母亲亲自参加相亲，而后共同商定。从相亲到定亲，一般都是女人们的事，特别是男方相亲，一定要组成一个庞大的队伍——人们称为"媒团"，一般是由男方的母亲、姑妈、姨娘、舅母、介绍人以及村中有声望的长者牵上一只大尾羊，带上衣料金银首饰，特别是要带上一副较好的耳环，作为定亲的信物。女方为了显示自己家庭的富豪和贤贵，要特意邀请村中的知名民歌手，安排在院内或毡房前反复吟唱情歌：

用金子可以买到成群的肥羊，

用金子可以买到奔驰的骏马；

情人的心是用金子买不来的，

要用一颗赤诚的心来交换！

用金子可以买到五色的绸缎，

用金子可以买到马驮茶砖；

情人的心是用金子买不来的，

①　石宗仁：《试析哭嫁歌》，《西北民族学院学报》（哲学社会科学版）1989 年第 3 期。

要用一颗赤诚的心去交换！

男方的求婚者一听就知道，这是女方让他们表态的。于是，男方唱道：

珍珠恋着清泉水，
祖夜莺盼着红玫瑰，
姑娘啊，小伙子终日都在盼着你，
就是雪崩山塌也不后悔！

这时，男方"媒团"中的主要女成员，便在女方姐姐嫂嫂的陪同下，前去姑娘的居室"相面"。届时，姑娘在姐姐嫂嫂的指点下，挨个向客人问好、行吻礼。男方"媒团"的人，个个都目不转睛地盯着姑娘，以自己老练的视觉和听觉来考察姑娘。问好，是要听姑娘在语言上的表达能力，鞠躬，是审视姑娘的身体是否健壮，有无缺陷。如果"煤团"同意这门亲事，"相面"时的男方母亲（姑妈或姨娘），就会立即上前亲吻姑娘的前额，说些赞美姑娘的话，然后，给姑娘戴上耳环。这时，她们会同时唱起《定亲歌》：

夜空的美啊，
因为有星星和月亮。
草原的美啊，
因为有马群和羊群。
我爱那挤奶的姑娘啊，
因为她有一颗诚实的心！

当男方"媒团"的成员们听到《定亲歌》后，其中的长者，会立即向女方"媒团"的长者大声表态，说："亲人们、朋友们，今天我们受男方的委托，来到你们家求婚，你们家的姑娘，是帕米尔草原上的一朵雪莲，经风耐寒，我们打算请她到我们家去挤奶、做饭、照顾老人、传宗接代。我们家的小伙子，也是塔格敦巴什草原上的一匹烈性的枣骝马，日行千里不觉累。我们想，他可以使你们全家满意的，也可以帮助你们家砍柴、放羊、挖盐和磨面。"与此同时，姑娘的姐姐或嫂嫂，看到妹妹的婚事已成，便快步告诉左邻右舍、派人把男方"媒团"带来的肥羊宰掉，设宴款待男方"媒团"。男方"媒团"也把带来的礼品，按辈分分赠给女方的亲人。宴席上，双方"媒团"开诚布公地就女方索要的彩礼数量和结婚日期等达成了协议，定亲仪式至此结束。①

西双版纳傣族恋爱成熟之后，男女青年要将婚事告诉双方父母。男方父母如果同意儿子的婚事，就请亲戚好友到女方家去求亲，被请的媒人，一般都是由舅父、姨母或者是夫妻白头偕老，有儿孙的老人和在村寨中有威望的人担任。媒人一般都能说会道，能唱能讲。媒人到了女家，表明来意后就要唱求亲歌，表明男方的意愿，求亲歌词，首先是对女方姑娘进行赞美：

> 尊敬的大爹大妈啊，
> 你们的命运好，
> 前世塑了佛塔，
> 今世赕佛又诚心，
> 天神才赐给好女儿。
> 你们这一世有福气，
> 生了个有出息的姑娘，
> 生了个美丽的姑娘，
> 这是平时积德的结果，
> 这是赕佛堆沙塔所得的福。

---

① 吕静涛著：《塔吉克族风情录》，四川民族出版社1998年版，第106页。

看啊，满屋子女个个能干，

无论是老大老二老三，

相貌清秀，五官端正，

身姿匀称又丰满，

逢人都把她们夸。

十八九岁能织布，

手脚灵巧人聪明，

左能绣、右能织，

一匹匹布从她手上飞出，

一件件衣服从她手上缝成。

皮肤红润，手臂结实，

像出水的芙蓉、开放的粉团花，

谁见了也要痴心望一望，

不是爱慕就是喜欢，

不是赞就是唱歌。

接着媒人就将男方的情况向女方父母介绍，其歌词大意是：

尊敬的大爹大妈啊，

善良的天神，

也给你们定下了未来的亲家，

送来了一个勤劳的青年，

送来了一个憨厚的汉子。

他从小就逗人爱，

懂得尊敬老人，

懂得体贴父母，

懂得和同伴友好，

懂得做人的道理，

人家吃，他不看，

人家做，他就学，

十二三岁会做活，

十七八岁会犁地踩耙。

天下父母心啊，

都一样善良，

不要让姑娘找错了门，

放心吧，大爹大妈，

他会给你家带来福气，

他会把你们温暖，

他会让你们日夜喜欢。

　　媒人在介绍完男方的情况后，接着是说这对男女青年如何相配，劝说女方父母同意这桩婚事，歌词大意是：

你家的姑娘，

他家的儿子，

他们是天生的一对，

让他们结成双吧，

像水中的鸳鸯，

让他们配成对吧，

让他们像天上的鸿雁一起飞翔。

你家的姑娘，

他家的儿了，

都到了成亲的时候，

你们做父母的有颗金子般的心，

愿为女儿发光，

尊敬的大爹大妈，

你们放心地让她出嫁吧，

她去的地方和你家一样。

未来的公婆，

同你们二位老人一样，

让她走吧，

不要让相爱着的年轻人苦恼，

不要让诚实的亲家失望，

请开口答应了，

金凤凰终要飞出窝，

该出嫁的姑娘，

就要让她去寻找幸福。

　　媒人把要说的话都向女方父母讲了，表达了男方求亲的诚意后，女方父母要把根据事前对男方的了解，经过仔细考虑后，如果同意女儿的婚事，也要按照礼仪习俗，当着媒人的面将女儿许配给男方，仍用唱歌的形式回答，因此就产生了《许配歌》，歌词大意是：

呃，各位大妈啊，

你们都是助人为乐的好人

你们都是传播喜讯的使者，

佛塔下留下你们的美德，

村村寨寨把你们赞扬。

我家姑娘的命运，

是天神赐给的，

她在爹妈怀抱中生长，

从懂事那天就等到现在，

总算盼到了吉日良辰，

这是福气，

今天她长成了大姑娘，

果子熟了的时候，

不能不让别人尝，

命中注定的事，

我们不能违背，

佛塔下许下的事，

我们不能反悔，

只有让她去了。

假若她是一块宝石，

就让她去照耀公婆的家门，

假若她是一个勤快的媳妇，

就让她听从老人的使唤，

如果她是我们心上的肉，

那么就让她做你们掌上的明珠吧。

　　经过媒人与女方父母这一番别有情趣的对歌之后，一对鸳鸯就算配成了。如果媒人唱完求亲歌后，女方父母不同意，按照习俗，也要用歌声婉言谢绝。①

　　按照传统，傈僳族求婚者大多采用对歌唱调的方式表达所要说的话，通常都用较为固定的"木广""贝史""优叶"（傈僳族的调子名称）等曲调唱出来。如男方求婚者不会吟唱这种曲调，还可请会唱这类求婚歌的人代唱；女方也可这样做。对唱之前，两方的父母均可把各自的意愿告诉帮唱人，如双方都有诚意，那么，只需几次对答，即可达成协议。当然，有时也要费一些周折，借助演唱者对歌的艺术才能，通过反复赛歌式的对唱，能把本来难以结合的亲事，最终撮合成功。有时，对唱双方常以当事男女青年的口吻，在双方父母面前对歌。如甲方唱道："山上的茶花香又

---

　　① 胡绍华：《傣族风俗志》，中央民族大学出版社 1995 年版，第 146—149 页。

香，不到春天不开放；林中的画眉会唱歌，桃花不开歌不唱，村里的姑娘会弹口弦，阿哥不来弹不甜。"对方接着唱："蜜蜂无花不采蜜，公鸡不叫母鸡啼，云雀跟着画眉叫，阿妹为哥弹琴弦；一人怎能合二人，四人才能成两对。"甲方又唱："姑娘生来一枝花，蜜蜂不采不开花；山鸡不叫花不谢，鹧鸪不扒不发芽；阿哥有心摘一朵，采花不要怕刺扎。"乙方又答："阿妹好像粉刺花，红花绿叶正年华；花香扑鼻惹人爱，惹得鸟雀叫喳喳；阿哥好比翠羽雀，歇在花上就成家。"这种戏剧性、风趣式的求婚对唱，若遇上势均力敌的对手，可以延续到几天几夜。这不仅显示出歌手们的卓越才华，也为婚配的父母双方脸上增辉。[①]

（四）传达男女真挚爱情的歌声

从一对青年男女爱情之路的开始，一直到一桩美满婚姻的缔结，歌舞常常是一路相伴的。新娘和新郎也会用自己美妙的歌声和美好的舞姿表达自己对爱人真挚的情感。

新婚之夜，保安族新郎家院子四周张灯结彩，准备迎接乡邻们来闹"宴席场"。最先到来的是小伙子，他们来到男家门口，放声喊叫："特郎咪！特郎咪！歪寸热！歪寸热！"一直如此喊叫着走进大院。小伙喊叫的意思是要主人拿柴草来。等到主人抱来柴草，小伙就在院中点燃起一堆篝火。之后，火堆周围放上木凳，火堆上用铜壶熬起茯茶。老人们围坐火堆旁，喝着茯茶，小伙了和姑娘们则唱起了宴席曲。宴席曲曲调优美，节奏感强，大都配有简单的舞蹈动作。优美的宴席曲，伴随着轻盈的舞蹈，使保安族的婚礼充满了欢乐。宴席曲唱罢，人们意犹未尽，便你一首我一首唱起了保安族人喜爱的"花儿"。按保安族平日的规定，院子里是不准唱"花儿"的。但是，办喜事时可以例外。新郎可能被小伙们逼着唱出这样一首"花儿"：

---

① 严汝娴主编：《中国少数民族婚姻家庭》，中国妇女出版社1986年版，第289页。

太子山高不过积石，

细细看，

一堆一难的草山；

一年三百六十天，

细细算，

我没把你忘过半天。

就这样，"宴席场"一直闹到深夜。最后，村上的歌手和小伙子们唱起了"讨喜曲"。"讨喜曲"唱完，"宴席场"也就结束了。主人拿出核桃、红枣等食品再次招待所有来客，客人们在互相祝福中走散。[①]

三 传递嘱托

新人的结合，并不仅仅代表他们相互情感的结合，还表示他们将在未来的生活中正式成为社会的一个单元——组成一个家庭，赡养父母、抚育子女，承担社会赋予他们的责任。因此，在许多少数民族婚礼之前，新人的父母、长辈等，都会用歌舞的形式，将人生的经验以及关于婚姻的嘱托传递给新人们。

在正式举行婚礼的前一天晚上，待嫁新娘的父母为了表达对女儿的不舍情感，为她举办布里亚特蒙古族的送亲茶——"纳日亚"送别晚会。晚会上的送别标志是待嫁新娘面前摆放羊"五叉"，同

---

① 吴存浩：《中国婚俗》，山东人民出版社1986年版，第402页。

时为她演唱《五叉歌》。为最亲近的客人摆下金杯银盘，为最尊贵的客人摆下"五叉"之宴。"五叉"，是餐中上品。《达斡尔蒙古考》中写道："餐品之尊，未有过于五叉者"。《五叉歌》的内容以规劝、教导为主。布里亚特蒙古族以这种千百年来传承下来的特有方式，向待嫁新娘传授婚嫁的道理，出嫁是人生礼仪，如：

照亮十方的，
是金轮般的太阳；
让众生安乐的，
是神佛的经教。

去到喷滴的清泉，
是为了喝甘甜的泉水；
嫁到遥远的地方，
是古代的礼规。

再如：

源泉的水中
为止渴而来！
你出嫁到远方
是远古的规矩。

寒泉的水中
请饮骏马！
你出嫁到他乡
是人间自然之理。

要不忘父母恩情、孝顺公婆以及面对新角色、新生活的心理调适等内容，如：

> 遵照父母的教导，
> 说话办事不出差错；
> 在争强好胜的兄弟姐妹中，
> 就会听到你的好名声。

再如：

> 双亲的教诲，
> 你要牢记啊。
> 父母的教导，
> 你不要违背，
> 要和睦相处。

"讷日亚"仪式中人们以歌舞娱乐为主，进行篝火晚会、藏戒指等游戏内容。①

达斡尔族婚礼宴席开始时，男方主持者致辞，欢迎送亲宾客，称赞两家结为姻亲，祝福新婚夫妇。其祝词中说："我们有个拿弓的男孩，你们有个拿箭的姑娘，在成亲的宴会上，讲起我的祝词。……我手拿这支箭，祝愿新婚夫妇：孝顺长辈，慈爱晚辈；像箭簪一样整齐，像箭羽一样爽快，像箭杆一样笔直，像碾石一样相同，像钢铁一样坚强，用刀子割不绝，用斧子砍不离。走过的地方光明，做过的事情清白。"宴席间，人们举杯庆贺两家美好姻亲，互相敬酒助兴，畅叙情义。②

哈萨克族婚礼，有揭面纱的仪式。主持人为新娘揭去面纱时，

---

① 桂丽：《布里亚特婚礼仪式及社会角色的转换研究——以锡尼河镇为例》，中央民族大学硕士学位论文，2012年，第67—68页。

② 毅松、闰沙庆：《达斡尔族传统婚姻习俗》，《黑龙江民族丛刊》2000年第1期。

要唱《别塔夏尔》，歌词大意：

> 我今天为大家主持神圣的婚礼，
> 为新娘揭面纱笑纳见面礼，
> 嘱咐新娘要尊重公婆，公婆才会祝福你，
> 要和老人和睦相处。
> 祝福老人健康长寿，
> 千言万语汇成一句话，
> 欢迎你的到来。
> 公公的衣服不干净时，
> 儿媳要及时的为公公清洗
> 公公坐在大堂之上，
> 邀请了四面八方的朋友
> 正在进行的婚礼热闹非凡，
> 这一美好的时刻，
> 是大家共同努力而来。①

"吾热亥苏孜"是新娘到男家后，由送亲女方长者（或请民间艺人）给新郎父母朗诵的一种嘱托词，即婚礼赞词，是撒拉语"亲家之言"的意思。其中心内容是通过生动的比喻、贴切的说理，祝愿新婚夫妇相亲相爱，白头偕老，嘱咐亲家，爱护新娘，言传身教。词语优美，耐人寻味。

俗话说：

> 人夸亲戚鸟夸毛，
> 马凭鞍辔刀凭鞘；
> 庄廓夸的是房屋高，

---

① 汪菁：《阿勒泰地区哈萨克族婚礼及其仪式歌研究》，新疆师范大学硕士学位论文，2007 年，第 32—33 页。

两亲家盼的是小两口好。

高山上点灯万里明，
大海边栽花根子深；
情投意合结成亲，
美满的婚姻暖人心。

沃地里种出的庄稼旺，
核桃树高高阴凉大；
但愿两亲家和睦相处常来往，
小两口互敬互爱情意长，
还希望家里舍下人畜两旺。亲家母啊！请细听：
我女儿身材虽高年纪轻，
为人处世的道理她不懂；
这要靠你多多指教。
话说高了，你就当它耳边风，
低了，你也不要放在心。

但愿女儿像后花园里的花椒树，
几年后一片珍珠玛瑙挂满树；
如同黄河边上的"阿合阿日发"
年内满穗开出一片片小白花，
向下，深深地把根扎，
向上，破土发芽分枝开花。①

　　普米族接送亲队伍都要求穿着新装。男方的接亲队伍在媒人的
带领下，除吹唢呐铜号、抬旗鸣枪的人步行外，其余都一律骑红

---

① 严汝娴主编：《中国少数民族婚姻家庭》，中国妇女出版社 1986 年版，第 116 页。

马去接亲。如果路途远，队伍沿路爬山时，吹唢呐的就吹《过山曲》。过草坝大川时，伙子们就赛马。当队伍走到离新娘家约半里路时，媒人叫拿枪的人朝天鸣枪，并让吹唢呐的人吹起《迎亲曲》，以示通知新娘家，接亲的队伍来了。这时，新娘的父母让歌手开导性地向梳妆中的新娘唱《嫁女调》（也叫《梳妆调》），亲戚们分别送给新娘一些钱、首饰或衣着。新娘要为自己离开父母、兄弟和朋友们而伤心哭泣，女友们前去劝慰。接亲队伍来到新娘家房外，人们马上在门前的青松翠竹牌坊上挂起两块红布，把接亲的队伍挡住，由双方请来的歌手上前一里一外对唱关于男大当婚、女大当嫁，如何前来迎接新娘等内容的《认亲调》。唱毕，把红布取下，让迎亲队伍进入院坝中扎有青松翠竹牌坊的露天餐室，用酒茶招待他们。接着，新娘家又把房门关上，并在门口放两碗辣子汤，双方的歌手一里一外又开始对唱《接亲调》（也叫《开门调》）。这时，新娘家的歌手在屋中提出带牛、马、羊、猪、鸡、老虎、飞鹰、狼、牛、旋风、金、银、铜、铁、珍珠、玛瑙、海贝首饰等种种难题，让门外的新郎家歌手回答，直到答对了才让接亲的人进屋，如果答得不对，待歌手喝完辣子汤才让他们进去。接亲的人进屋后，把送给新娘的一串红、白两色的串珠挂在屋中央的中柱上（中柱称为"擎天柱"），这时，新郎家的歌手又唱有关新娘家的屋子是用金、银、铜、铁，珍珠、玛瑙等原料建造，五谷六畜如何丰登兴旺，怎样有福气等内容的《擎天柱歌》。唱毕把串珠取下交给新娘的母亲，转给新娘戴上。接着，又在院坝中的露天餐室里摆出各种果品，请接亲的人边喝酒边品尝。这时，新郎家的歌手用奉承的话唱《果碟调》，唱毕才吃正餐。饭后在唢呐声和新娘家歌手唱的《离娘调》声中，人们开始接送新娘。仪式开始，由新娘家的媒人把新娘抱上马背，头上罩块黑纱布，接亲队伍就离开新娘家往回走。路上吹接亲唢呐和长号，朝天鸣枪。在途中，新娘不能回头看。队伍来到离新郎家约半里路程时，同样要鸣枪、吹唢呐和长号让家里人知道队伍来了。于是，家中

"接客"的那个人，在青松翠竹牌坊门前铺一张红彩毛毡，手中持块白绸巾，逐个地向送亲和接亲人施礼道好，说些路上辛苦之类的话，让他们进入餐室饮酒茶、吃饭菜。与此同时，由新郎和请来的女招待们把新娘引进洞房，并由一个人揭开新娘头上的面纱，让新郎、新娘跟他们一起招待来宾。当晚，迎亲的媒人（也是新娘的叔叔或伯父），向新郎的父母唱《送亲调》，说些他们的姑娘在说话举止、待人接物、纺毛织布、饲养牲畜等方面如何不行，希望他们多加指教之类的话，并在新娘的额上抹点酥油，表示从此新娘已成为新郎家的人了。这时，接送亲的中青年男女们在院坝中烧起一堆堆篝火，他们手拉手形成几个圆圈，边唱山歌边跳圆圈舞，一直欢乐到深夜。第二天清早，送亲的人吃过早餐即回家。过一段时期，新郎、新娘到岳家回门，按照新娘家的经济情况，给新娘一定的牛、马牲畜。①

四 传承文化

婚礼吟唱中，长辈娓娓道来人类由来、婚姻起源、本民族渊源，以及男女感情等内容，折射出民族的丰富历史传统，也寄托着对本民族的深深情感。在一次次婚礼、一遍遍的吟唱中，孩子们和年轻人耳濡目染本民族的起源和传说。同时，长辈们在舞蹈或其他表演形式中带领年轻人感受民族迁移史、生计模式乃至民族价值观念，共同参与婚礼歌舞为民族文化传承搭建了实景平台。

---

① 云南省编辑组：《云南少数民族社会历史调查资料汇编（五）》，云南人民出版社1991年版，第195页。

（一）传承民族历史

在许多少数民族新人的婚礼上，老人们或者村寨的长者、智者会将该民族传统观念中人类的由来、婚姻的起源、本民族的渊源、以及男女的感情等内容都融入到歌声之中，传递给新人以及在场的每个村寨成员。那丰富的历史传统、对本民族深深的情感，都和着悠悠的音乐从他们的嘴里流淌出来。许多人从孩子时开始，就一遍又一遍的聆听，等到他长大成人的时候，本民族的起源传说早已深深地印在他的心中。除了唱，演示也是一种重要的方式，在很多少数民族的婚礼上，老一辈的人往往用舞蹈或其他表演形式来告诉下一代自己这个民族从哪里来，经历过哪些磨难，什么是本民族最宝贵的东西，等等。有的时候，年轻人会跟着一起表演，这种亲身参与的活动所起到的作用往往终生难忘[①]。

成吉思汗是蒙古人永远的骄傲，是永远值得赞叹的真英雄，在婚礼的每一个环节都不能忘怀成吉思汗的伟业。对成吉思汗的颂扬从古一直传唱而来。

> 西望月窟九译重，嗟乎自古无英雄。
> 出关未盈十万里，荒陬不得车书同。
> 天兵饮马西河上，欲使西戎献驯象。
> 旌旗蔽空尘涨天，壮士如虹气千丈。
> 秦皇汉武称兵穷，拍手一笑儿戏同。

歌曲表现了成吉思汗要包举宇内、囊括四海、并吞八荒、不可阻挡的磅礴气势，宣扬英雄无畏的精神，培养蒙古人崇拜英雄主义的意识。歌曲《成吉思汗传说》真挚道出了蒙古族人民的心声：

---

① 赵伯乐：《少数民族婚礼的社会功能》，《云南社会科学》2000 年第 8 期。

马背上的家园，因为你而辽阔。

到处传扬你的功德，在牧人心头铭刻，深深铭刻。

每一个降生的婴儿，都带着你的血性。

既传唱了成吉思汗的伟业，也表达了作为成吉思汗子民的自豪。同样的感受也表现在成吉思汗祭祀祝词中：

受苍天之命而诞生，

集赫赫大名于一身，

掌天下大国之权柄，

一代天骄，成吉思汗，

乃苍天之后代，有奕奕之神采，

坐江山历久不衰。①

裕固族迎亲仪式中最独特的礼俗是给新郎赠羊小腿和向新娘射无镞箭的仪式。两位歌手端着酥油、牛奶和缠着一缕毛的羊小腿，唱道：

啊！这羊腿的筋为什么是黄色的呢？

啊！因为这是戴门汗的价值一千两黄金的道行所渗透了的羊腿。

啊！这羊腿的血管为什么是青色的呢？

啊！因为这是成吉思汗的价值一千两白银的道行所渗透了的羊腿！

啊！这羊腿下端的酥油为什么是冷的呢？

啊！这象征着新娘将要跟娘家日渐疏远！

啊！这羊腿上端的酥油为什么是热的呢？

---

① 尚烨：《论鄂尔多斯婚礼的文化特色》，《历史教学》2009 年第 12 期。

啊！这象征着新娘将要与婆家日渐亲热！

啊！这羊腿的腱子肉为什么是一层层的呢？

啊！这象征着两家今后亲上加亲！

啊！这羊腿上为什么要缠着羊毛呢？

啊！这象征着两家今后亲密无间！

啊！这碗里为什么要放上鲜奶呢？

啊！这象征着新人的命运比森海子还要平稳！

啊！这碗里为什么要放上一疙瘩酥油呢？

啊！这象征着新人的命运比须弥山还要崇高！

啊！这碗的四边为什么也要放酥油呢？

啊！这象征着新人对双亲更加孝顺。①

傣族进行婚宴时，有歌手"章哈"进行演唱，"章哈"首先要唱的是《婚礼歌》，《婚礼歌》很长，内容丰富而又精彩。章哈还要唱有关新婚夫妻是怎样认识、相爱的，并用新郎新娘的口吻，唱出他们爱情的忠贞。章哈的演唱给婚礼增加了不少欢乐气氛，唱到精彩处，众宾客不时发出"水——水——水"的欢呼声，向新郎新娘祝福，使婚礼又一次进入高潮。

章哈们之间还会要赛唱，赛唱的内容往往超出了婚礼的范围，如天文、地理、历史、文化、农事生产等都是赛唱的内容，又为婚礼增加了热闹气氛。不过唱到最后又要回到婚礼的主题上来，要唱一段对新婚夫妻的祝福词。

章哈演唱一段时间后，还要在村中广场或竹楼庭院中跳舞、主人和宾客合围成圈，在铓锣和象脚鼓声中翩翩起舞，优美的孔雀舞姿，配上节奏鲜明的打击乐声，使婚礼充满了节日的气氛。跳到高兴处，大家还边跳边饮酒，如醉如狂，通宵达旦。若有跳累者或不愿跳舞者，则围坐在竹席上，火塘边，听老人们讲述历史、传

---

① 欧阳若修、韦向学：《中国婚俗集锦》，漓江人民出版社 1986 年版，第 352 页。

说、故事。整个婚礼沉浸在欢乐幸福的气氛中。①

（二）传承生计模式

婚礼仪式从某种角度来说，也是各少数民族对青年人进行教育的场合，尤其像是婚礼歌舞所带来的知识，可以说是一种既有言传又有身教的教育。婚礼仪式中的歌舞，其内容也常常包括本民族的生计模式的相关知识，因此，它是传授民族文化、传承民族生计模式，进行社会化教育的"天然"课堂。在吟唱婚礼歌曲的同时，便可以直接向年轻人传授着自己民族古老的生计模式及相关知识和社会传统。

如蒙古民族历来被称为"马背民族"，马帮助他们走向历史的辉煌，让世界震撼。"蒙古人没有马，就像没有手脚"的谚语形象地指明马在蒙古人生活中的重要性。蒙古族婚礼中，马的身影一再出现，彰显马文化的风采。骏马和弓箭是蒙古人民生活的必需，是勇敢和力量的象征。蒙古人甚至将马与人相比拟，"好马从驹起，好人从幼起"。如此尊贵的生灵，婚礼上自是不能少了对他们的赞美。"要说父母赏给的这匹骏马，苍狼般的两只耳朵，明星般的一双眼睛。雄狮般的前驱，猛虎般的体形。钢铁般的四蹄，扫地的长鬃。生在三九，奇寒不减膘情。走起来赶上黄羊，跑起来胜过旋风。"通过赞美马的体形、毛色、奔跑的速度与姿态，感谢马给予蒙古人的恩惠。婚礼音乐也体现了对马的挚爱之情，马头琴素有"蒙古族音乐的象征"的美誉。其琴首以马为标志，琴箱裹以马皮，弓弦则用马鬃、马尾做成。马头琴能弹奏出马的嘶、鸣、叹、哀等各种声音，优美动听。骏马与英雄合为一体，英雄又离不开弓箭，因为弓箭"是英雄意志的化身，你是所向无敌的象征。犀角作你的弓背，黄金作你的弓垫，白螺作你的手柄"。对骏马和弓箭的颂祝既保留了古老的美好传统，又烘托了婚礼之雄壮庄严

---

① 胡绍华：《傣族风俗志》，中央民族大学出版社 1995 年版，第 157—158 页。

的热烈气氛。①

傈僳族婚礼开始时，双方请能歌善舞者组成"赛歌队"。男方要在新娘到达之前，在房内外摆好酒席，参加对歌者要在门外等候客人。当送亲队伍陪同新娘到来后，双方的赛歌队便摆开阵势，唱起"婚礼歌"和"迎亲歌"。男唱："七座山坡都是我阿爸种包谷的好地，九个坎子都是我阿妈栽稻谷的良田；我家做好的饭菜堆成山，你砍尽怒江两岸的芭蕉叶也包不完，我家最好的美酒流成河，你伐完高黎贡山的竹子也舀不尽。"女唱："浩瀚的森林'都腊'（一种羽毛很美的鸟名）鸟多，茂密的竹林里'佳庞'（一种尾巴很长的鸟名）雀多；'都腊'虽多你捉不着，'佳庞'的尾巴再长你拉不着。没有本事的人，捉不着'都腊'鸟，没有本领的人，休想拉住'佳庞'的尾巴。"男唱："聪明的新娘啊，勇敢的阿妹，我好比锋利的长刀，你好比镶银的刀鞘；长刀和刀鞘在一起，阿哥和阿妹不分离。"女唱："聪明的新郎啊，勇敢的阿哥啊，我就是一片绿叶，紧紧贴在你的身边，我就是一朵鲜花，永远温暖你的心房。"②

拉祜族的婚礼十分有趣，充满了乡土气息。成亲的当天早上，新郎由说亲人及亲友陪同，带上给新娘家的礼物去接亲，接亲队伍人人都是节日的打扮，一路笙歌不停，热闹非凡。女方家头天也要告知同寨子的乡亲们，明天本家姑娘结婚，请诸位来喝酒茶。全村的男女老少，都会按拉祜人的习惯前往祝贺。当第二天接亲队伍到来时，新娘家已坐满了本村的老人、亲友及围观的小孩。这时，新郎先不能进新娘家，而是在门外一旁等着，由说亲人先进去，按拉祜婚礼规定，三回九转地与老人对唱婚礼曲调，然后才正式举行婚礼。首先对唱的是《找鸡种》。寨内老人唱："你们是来干什么的？"说亲人答："来找鸡种的，不知你家有没有？""鸡种有是有，不过很小很小，怕你们养不活"，老人唱道。"我们

① 尚烨：《论鄂尔多斯婚礼的文化特色》，《历史教学》2009 年第 12 期。

② 严汝娴主编：《中国少数民族婚姻家庭》，中国妇女出版社 1986 年版，第 292 页。

就是要找这个小鸡，小不怕，我们会好好服侍，好好领它，把它养成一只好母鸡"，说亲人答。老人又唱："恐怕要不成，它既不会领儿，也不会下儿。"说亲人又答："只要你们喜欢给，小不怕，我们接回去一定好好带，一定会把它养好，你们放心吧。"找得鸡种后，说亲人要到门外蹲一两分钟，第二次又进屋去，唱《找菜种》："你家菜籽有没有，我们想要一点作种？"老人唱答："今年天旱，菜籽出不来，没有好菜种。""没有好的，秕秕壳壳也行"，说亲人唱道。"秕秕壳壳倒是还有一点，但这个菜种不好，伯你们撒不出"，老人唱答。说亲人接着唱："我们就是喜欢找这个菜种，我们拿到土潮之处、地肥肥处撒，一定能把它撒出苗来。你们愿意的话，我们就是要找这个秕秕壳壳了。"老人唱："你们有心要，我们还是给，撒出撒不出苗来就看你们了。"找到"菜种"后，说亲人又要出门外蹲一两分钟后，第三次又进来唱《找蜂子》："我们的蜂子飞到你们这方来了，是来你们这里采花蜜的。"老人唱："没有看见你们的蜂子，我们这里天旱，花不开嘛。"说亲人唱："我们看见了，你们家花开得好，蜂儿才追来的，你们好好找找，开不败的花儿一定还有，蜂儿就是来采这朵开不败的花的。"老人唱："如果你们要，开不败的这点就给你们，喜欢不喜欢就完全在于你们了……"总之，就是这样三番五次地对唱，充分体现了双方心甘情愿以后，才在房屋正堂祖宗桌前点起蜂蜡灯一对，正式开始举行婚礼。①

当怒族新郎新娘双双就座后，一位德高望重的长者向新人高声吟诵祝福词："今天是吉祥的日子，将给你们带来幸福。愿你们婚后生活美满，牛羊成群，金银成堆，子孙满堂，恩爱到老！"席间，歌手唱起了传统的《婚礼歌》。男方歌手扮男子，女方歌手扮女子，通过男女对唱的方式，生动再现了怒族先民的生产和生活习俗。《婚礼歌》由创世、谈情、牧羊、剪羊、织毯、迎亲六章组

---

① 晓根著：《拉祜文化论》，云南大学出版社1997年版，第162页。

成，全诗长达三千五百多行。"创世"讲述了天地万物以及人类的由来，"谈情"反映了男子对女子的追求，说明了造成了男女之间的爱情不能顺利地到达理想的境地，在于女方对男方提出聘礼的苛求。"牧羊""剪羊""织毯"，则是男子按照女子的要求，通过劳动，历尽艰辛，终于做好了婚前的物质准备。"迎亲"是《婚礼歌》的高潮部分，也是全歌的尾声和结果，说明一对情人终究经过曲曲折折的考验，达到了幸福的结合。

《婚礼歌》在反映风土人情的同时，也鞭挞了买卖婚姻对于男女忠贞爱情的侵凌。《婚礼歌》要分两次才能由两个歌手对唱结束，其间，新郎新娘和众位客人要同吃手抓饭，以示团结和睦。饭后，歌手继续对唱，一直对唱到次日黎明。

按照怒族的传统习俗，新郎新娘不但洞房花烛夜不能同枕共眠，婚礼后的三天之内都不能同居。一对新人虽然在同房共宿，但是，新郎新娘却分别睡在两张床上，新郎由陪郎伴睡，新娘由陪娘伴眠。第四天，新郎在陪郎的陪伴下，偕同新娘一起，带着厚礼前去回敬岳父岳母。这次，新婚夫妇要在女家连住三天，新郎要帮助岳父家砍柴或耕作。过后，才与新娘一起，背着岳父母赠送的礼物返回家中。从此，一对新人开始了新的生活。[①]

（三）传承宗教信仰

维吾尔族迎亲队伍来到男方家时，男方母亲以最传统的礼节迎接新娘的来临，先有四位男士用华丽的地毯将新娘抬过门前的火堆，表示避邪，乞求吉祥，嘴里吟唱着传统的歌谣：

> 火能驱邪灭灾
> 火会赐给幸运
> 祝愿青春如火

---

① 吴存浩：《中国婚俗》，山东人民出版社 1986 年版，第 369 页。

幸福生活长存

用地毯抬着新娘跨越火堆，是维吾尔族最古老的一种遗风。传说维吾尔族历史上曾生活在漠北草原，原始时期维吾尔族的祖先最早吃草，后来真主下令让他们吃肉，但没有火，想不到怎么吃的时候，真主从天上放下了一白一黑两块石头，这两块石头碰一下就着火了，从此维吾尔族的祖先把肉煮熟，开始熟吃了。因此，他们把火看作真主从天上放下来的赐物，并且开始崇拜它了。维吾尔族歌颂火的民歌也很多，今日维吾尔族的日常生活中也有不少跟火有联系的活动、习惯普遍存在。①

五 烘托氛围

维吾尔新娘来到男方家时，新郎的母亲慈爱地揭开新娘的面纱，把自己亲手织的大头巾给新娘戴上。周围的男女老少都围绕新郎、新娘，载歌载舞，祝贺他们的新生活。年轻人推选出能说会道的一位代表，让他唱起传统的"谎言歌"（也称"琼琼沙拉瓦迪"）。谎言歌是颇具维吾尔族特色的民谣，所唱内容是对现实生活中发生行为的夸张与虚拟，以音乐活动调节婚礼气氛，增添诙谐的幽默色彩。他们在歌中唱到：

我是一位英雄汉

---

① 艾克拜尔·卡德尔：《论维吾尔族婚礼中的传统习俗》，《内蒙古民族大学学报》（社会科学版）2005 年第 1 期。

骑着甲虫打猎上高山

从没有长出的树底边

看见没出生的一只怪白兔

大得像牛来回蹿

用没做好的杆子打一顿

它钻进了一个没有挖好的洞

我们六人去围捕

我们七人去宰杀它

宰的肉一年吃不完

现在剩余一半多

我驾老鼠车进城去

桑葚树上捉鸡蛋

蛤蟆上树羊下水

最好吃的是鸡心肝

三十桶美酒一气喝

配着十捆洋葱和大蒜

餐桌上的糖果吃不尽

喜庆的歌舞跳不完

别听我信口胡说谎

还是去看新娘揭纱面

　　维吾尔族婚礼习惯和音乐紧密相关，音乐的旋律健捷刚劲，粗犷奔放，节奏也紧促跳跃。①

　　门巴族婚礼是在"萨玛酒歌"（婚礼、节日、酒会等喜庆场合的祝福歌）中度过的。门巴族虽然不盛行新郎前去女家迎亲，但是，男家却要派出迎亲人在半路上迎候新娘及送亲客。这些迎亲

---

　　① 艾克拜尔·卡德尔：《论维吾尔族婚礼中的传统习俗》，《内蒙古民族大学学报》（社会科学版）2005年第1期。

的人由媒人和几个能说会道的机灵小伙组成。他们要带几竹筒酒和边沿上都要抹酥油茶的酒碗，以象征吉祥如意。送亲客到来时，早已守候在路旁的迎亲客迎上前去，向送亲客们敬酒，小伙子们还要唱劝酒歌；

> 南方印度的竹器酒杯，
> 黄铜镶边的竹器酒杯。
> 看在黄铜镶边的面上，
> 亲人啊，请你喝上一杯。

> 北方藏区的瓷器酒杯，
> 松石（一种宝石）镶边的瓷器酒杯。
> 看在松石镶边的面上，
> 亲人啊，请你喝上一杯。

> 家乡门隅的木器酒杯，
> 银子镶边的木器酒杯。
> 看在银千镶边的面上，
> 亲人啊，请你喝上一杯。

按习俗规定，小伙子们不但要向送亲客敬酒，而且还要向新娘敬酒，在来男家的路上，要向新娘敬酒三杯。新娘羞答答地勉强举杯喝上一口，机灵的小伙就要一遍又一遍地唱劝酒歌，直至新娘饮尽为止。①

居于云南墨江县的哈尼族支系阿木人一般是在男女相爱后，由父母请媒说合而成，整个婚仪过程，几乎都以舞蹈为轴心。

婚礼前，男女双方都要各在自家的屋外搭一座亲棚，作为接待

---

① 吴存浩：《中国婚俗》，山东人民出版社1986年版，第448页。

客人和举行仪式的主要场地之一，同时还要邀请一些舞蹈能手，组成迎亲和送亲队伍。这种队伍的人数多少不一，但要成双数，一般是接方多为男性，送方多为女性，也有混合组成的。

举行婚礼这一天，男方接亲的队伍走到中途，要留下一部分人作为接应，其余的人则跟随新郎前往女家去接新娘。当接亲的人们走到女方寨口时，寨内唢呐、铓锣、鼓齐鸣，女方众送亲人，双手端着盛有酒、茶的杯子，跳着传统舞蹈《扭鼓》来到寨口，向接亲的人们敬过酒、茶之后，双方共同跳着舞蹈进寨直到亲棚前停下。在亲棚内休息片刻，新娘和新郎即被唤到亲棚当中专设的一张方桌侧边站立好。这时，新娘家的亲属用两手指夹着一片笋叶片，围着方桌开始第二次舞蹈，其名为《制白虎》（意为驱魔克邪，不让邪气随身）。舞毕，新郎及接亲的人才能进屋拜见女方父母，接走新娘。

第三次舞蹈活动是在新郎、新娘和送亲队伍走到半途与迎亲队伍相遇时，双方就地围成圈，击鼓敲铓，起舞娱乐，借以消除疲劳。双方舞者各显身手，既表示互相祝贺和欢迎，又评价谁跳的舞好。当天下午，在男方的亲棚内外摆满酒席，客人聚齐，看到新娘迎到男家，即入席坐定。一位善于歌舞的妇女手执一个竹筒，一位男方主人端着一个内放三只碗和一个酒葫芦的簸箕伴随，女舞者跳着扭鼓舞，从上席跳至到每一桌时，把每一宴桌上的菜肴酒饭各取一小点，分别放到簸箕中的碗里。同时，舞者边舞边唱。客人们在祝愿的歌舞中开怀畅饮。眼看客人们酒足饭饱，即将离席时，又有一位厨师托着一把簸筛，内放八只大碗，从伙房跳着扭鼓舞来到每一客桌前，客人们又拣一点佳肴分别放到八只碗里，进行到最后一桌时，即口呼"跑猫息"（即该跳舞了）。客人们便纷纷离席而舞。

这次舞蹈活动，人数最多，时间最长，甚至通宵达旦，是一次既为贺喜，又能尽兴的娱乐，场面极为热闹。在鼓、铓锣、竹槽、跺竹筒的伴奏声中，男女老少围起数层圆圈，边唱边舞，祝贺新婚幸福，家庭和睦。勉励新人勤俭持家，尊老爱幼。在这种群舞场面中，饶有趣味而令人陶醉的是圆圈正中的一些舞蹈能手的即兴表演，男女舞姿各呈异彩，男的多以模拟各种动物形态为主，如猴子摘果、公鸡拍翅膀等；女的则以脚趾点地左右磨动而带动全身扭动，筒裙摆动旋转自如，形成多曲线型的优美舞姿。老年人的舞蹈动作较为迟滞，其动作多为左右转腰甩手，或两手前后交叉，上下交替甩手及在两肩交替翻掌，舞步多为单跳单落或双脚"云步"顿跟的跳法，节奏明显，动作力度较强，带有机械木偶式的动律特征。

婚礼的第二天是拜亲、入洞房。早晨起来，新郎领着新娘到竜林种一棵竜树，表示从今起，新娘已属男家人。早饭后先拜认亲朋，后拜见公婆。下午的喜筵名为"请双客饭"，逐桌向客人敬酒拜谢之后，才双双进入新房，婚礼完毕。①

景颇族青年恋爱时离不开歌声，结婚时也离不开歌声。不同的是，恋歌是青年男女自己唱，在举行结婚仪式时，则要请歌手（斋瓦或董萨）来演唱。景颇族把这种歌叫《孔然勒嘎》即《结婚歌》，是用"孔然斋瓦"这种固定曲调演唱的。《结婚歌》内容丰富，除了为新郎新娘祝福外，还追述了景颇族是怎样懂得要结婚的古老传说，并叙述景颇族结婚仪式的有关程序，全面地反映了景颇族的婚姻习俗。

在追述景颇族远古年代关于结婚的传说时，演唱了关于男人出嫁的故事。相传，景颇族最早男人嫁女人，后因男人出嫁时总是忘了带东西，不是忘了长刀、筒帕，就是忘了烟盒、弓弩，因此，一次次地老要回家去取，于是，女人生气了说："我只拿一个拈线筒，还是我来嫁你吧！"从此，才改为女人嫁男人。应该说，这是景颇族远古时期婚姻形态的一种反映，留下了景颇族从母系氏族

---

① 毛佑全、李期博、傅光宇编：《哈尼山乡风情录》，四川民族出版社1993年版，第204页。

社会向父系氏族社会过渡的影子。①

景颇族婚礼仪式之后，铓锣敲响，三比吹起，三弦奏鸣，在乐曲声中，人们跳起欢乐的纵歌舞。竹楼前场地上的人们，自动地分成两条龙，左边由新娘的公公做龙头，右边由证婚人做龙头，两位龙头都背着象脚鼓，边敲边舞。龙头之后，有一二十个手举铮铮亮的景颇刀和身背"通帕"的小伙，龙尾也有一二十个手举铮铮亮景颇刀和身背"通帕"的小伙，中间前边是结婚的妇女，后边则是花朵一般的手持手帕的姑娘，踏着象脚鼓的鼓点，人们兴致勃勃地跳着。

对于男子来说，景颇刀既是英武的装饰品，又是防身和狩猎的武器。"通帕"，是用棉毛线织成的有各种花纹的挂包，作装酒筒、烟、芦予、沙基之用，逢熟人即互相传递，是一个礼节。欢乐的婚礼舞蹈中，"通帕"和景颇刀使欢乐气氛更加隆重。当转身时，每个男子的"通帕"都甩成了个半圆圈，而明晃晃的景颇刀高高地举起，像一片刀林一样，随着乐曲节奏翻动，闪耀着炫目的光芒。姑娘们手中各种颜色的手帕，也随着节奏上下飞舞，像无数彩蝶飞翔于闪闪刀林之中。

当新郎新娘双双来到舞场加入舞蹈行列时，铜炮枪连响七响，表示对新郎新娘的祝贺，把纵歌舞推向了最高潮。人们一边欢跳，一边高歌。男高唱，女齐合，参加婚礼的几百个人，同声高歌，歌声震荡村寨，回响山谷。为了不耽搁新婚喜宴，纵歌舞一般在新郎新娘入舞之后，便在兴情未尽中结束了。

景颇族有婚后不落夫家习俗。婚礼举行之后的第二天，新娘便在伴娘的陪同下回到了娘家。②

总之，婚礼仪式是多种社会情境叠合的一定场合，婚礼同样具有社会性和群体性。婚礼仪式以歌舞为媒，向新人表达真诚与美

---

① 奇泽华、傲腾、段梅编著：《中国少数民族婚趣》，青海人民出版社1990年版，第198页。

② 吴存浩：《中国婚俗》，山东人民出版社1986年版，第264—265页。

好的祝福，同时拉近了姻亲双方的关系，融洽着姻亲之间的感情，也增强了姻亲亲友及邻里之间的互动，维系和强化了家族关系。同时，婚礼歌舞中也凝聚了不同民族社会的行为模式和道德规范，对各民族的发展进步，起着至关重要的作用。在婚礼歌舞中，各民族道德规范和行为准则身口相传，对年轻人发挥了潜移默化的引导作用。借助婚礼的平台，歌舞实现了对民族价值与观念，传统与现实的动态传承。

第五章
少数民族婚礼嬉戏

在我国不同民族的婚俗中，婚礼嬉戏可谓其中的另一个华彩乐章。其中，少数民族婚礼嬉戏在烘托婚礼气氛，表达婚姻祝福，避邪趋吉，愉悦来宾的共性之外，也呈现出各自个性鲜明、异彩纷呈的独有特质。从而于婚礼嬉戏中鲜活地展现了分布于不同地域，处于不同历史发展阶段的少数民族文化面貌。对于少数民族婚礼嬉戏进行相应的探寻与研究，不仅能够进一步厘清不同民族历史文化的发展脉络，更能够为当下少数民族地区的经济与文化开发提供有益参考。

少数民族的婚礼嬉戏，有的记录其先民的迁徙记忆，有的则向世人呈现了该民族由母权社会向父权社会过渡的特定历史阶段，还有的婚礼嬉戏则在亦庄亦谐之间唱诵出一部民族百科全书……这些承载族群历史的嬉戏，犹如一步步生动的寻根之旅。

一 承载族群历史的嬉戏

　　每一个族群的历史都是一段本民族人民的集体记忆，记忆需要场景对其进行不断的强化，如果没有场景对曾经的集体记忆进行强化，人们的记忆就会逐渐遗失。因此，我国许多少数民族便会在婚礼、丧葬等场合及仪式上对族群的历史记忆进行吟诵、歌唱，这其实就是以一种场景为纽带进行记忆的方式。婚礼是一个充满着欢乐喜庆气氛的场合，因此，对集体记忆的加深和强化便也常常以嬉戏的形式来完成的。

　　各民族婚礼嬉戏的内容丰富、各具特色，有的着重吟诵本民族的迁徙历史，有的则表演历史上"抢婚"的过程，还有的民族则以各种独具匠心的方式"为难"新郎以考验他的智慧和耐性。

（一）"我们从哪里来"？ ——民族迁徙历史的记忆

　　民族迁徙的影响是十分广泛的，正因为有了迁徙，才使各民族间有了文化交流的机会，也可能使不同源流的文化在同一区域内发生新的组合，或使同一民族产生不同的支系分化①。因此，各民族都十分重视对自己祖先迁徙路线的记忆，而这种历史记忆也会在婚礼仪式中得以继承和强化。例如在传统的撒拉族婚礼上，盛行表演"对委奥依纳西"（骆驼戏），一般多在夜晚月光下进行。众人围坐成一个圆圈，由一高一低二人反穿白色皮衣装扮骆驼，

---

① 苍铭：《云南民族迁徙的社会文化影响》，《云南民族学院学报》（哲学社会科学版）1998 年第 1 期。

另一人扮撒拉族先民牵驼而行，再由一人扮蒙古人，当彼此走近时，一问一答，其内容反映了撒拉族先民牵着骆驼从中亚撒马尔罕迁来的情况，景况十分热烈。这个习俗在孟达一带至今盛行不衰。所以撒拉族至今仍把结婚叫做"对委"。

又如苗族在婚礼仪式中会演唱苗族古歌，歌曲内容既有"开亲歌"等与婚姻相关的古歌，另外重要的内容就是迁徙古歌。可见，婚礼是延续民族迁徙历史记忆的重要场域之一。

（二）业已变奏的"昨日之歌"——"抢新娘"

现如今，抢婚已不再是一种缔结婚姻的方法，而是成为了一种象征抢婚的婚礼环节。诸如女家对接亲队伍和男家对送亲队伍的种种刁难和戏逗，甚至送亲人和迎亲人进行的一些竞技比赛，都属于象征性抢婚的遗迹。我国绝大多数民族中都保留了这种抢婚的婚礼环节[①]。

例如土族新郎迎新娘时，女方不等他们进入村庄，就把屋门紧紧关闭。此时，女方村里的姑娘全汇集在新娘身边"保护"着她；见迎亲队伍进院，她们一齐扑到窗边，隔窗唱起"骂婚调"，把喜客比作抢人的强盗和野人，尽情咒骂、嘲弄和奚落。还唱"盘歌"，向男方盘问天地万物的起源，接亲的根由等。代表男方的"纳特进"，必须彬彬有礼，对答如流，使女方心满意足，她们才开门接纳新郎一行。新郎进门，无人与他耍笑，姑娘们的注意力都集中在"纳特进"身上。当他们两个进门时，姑娘们把大桶的凉水，向他们劈头盖脸地泼去，对他们横挑鼻子竖挑眼，又是嘲讽又是戏谑，他们好不容易才进得门来。女方待客的男子对他们倒是十分友好，把他们安排在放有各种家制传统面食点心的桌前，请他们品尝各种食物。其间姑娘们仍然满怀敌意，唱起"切吉灭然"，意思是"起了浪花的河"，骂新郎一行到这里讨吃要饭，形

① 陈启新、董红：《中国民族抢婚习俗研究》，《中南民族学院学报》（哲学社会科学版）1993 年第 12 期。

容他们如狼似虎，还把"纳特进"拉出来耍笑，不让他们安生进食。最后在嬉笑伴怒中共同到院子里跳起传统舞蹈——"安招"。在妇女们盘问"纳特进"期间，新郎却像无事人一般坐在一旁，没有人留意他的动静。这时女家的一位老妈妈来到他跟前，示意他跟着走，新郎就悄悄溜出人群，来到姑娘的闺房里，完成他此行的重任——给他的妻子举行"戴头礼"。

许多关于婚礼的习俗表明，土族历史上发生过抢婚现象，这个风俗虽然消失了，但其残余还存在。它表现在婚礼过程中，男方唱的全是喜庆和欢乐的曲调，而新娘家唱的内容、曲调、气氛都与男方迥然相异。如"骂婚调"措辞十分尖刻，并且有意做出敌对的姿态，这正反映出过去抢婚中女方的对立情绪。而男方的"纳特进"，从其所扮演的角色看，很像是从抢婚时的打手演变而来。

还有在满、东乡、土、撒拉、塔吉克、彝、哈尼、布朗、布依、侗、壮、瑶、土家等民族中，不同程度地保存着一种"夜间成婚"的婚礼习俗，而其中以满族最为典型。这一习俗也是古代男子"抢婚"——于夜晚抢劫到女子，先把女子隐蔽起来，再举行婚礼的遗风。但在现在的婚礼中已成为一种象征性的婚礼习俗了。

又如德宏傣族男子认为，把心爱的姑娘抢到手是英雄行为，表明男子是富有勇气和智慧的。而滇南的彝族则认为抢婚是对女家的尊敬，体现新娘是十分优秀的女子，许多家庭都想让她做自家的媳妇，表明对新娘子的珍惜等。

这样的婚礼仪式，是一种对"抢婚"习俗变迁的保留，今天所保留下来的婚礼环节，只是一种象征意义上的"抢新娘"了。

（三）宴乐中的"头脑风暴"

在传统社会中，婚姻关系的缔结不仅涉及男女双方个人在相貌、个性和能力等方面的因素，而且还涉及双方家庭的经济状况和社会地位。虽然以上这些因素在择偶时双方就已作过充分的考察，并取得了对方的认可，但这些因素有的仍然局限于媒人的误传或双方一面之词，而不是眼见为实。只有当双方的亲友亲眼看见男方或女方个人的素质和双方家庭的实力之后，人们才可能对原先在择偶过程中预想的条件深信不疑。而迎亲仪式中某些群体性的戏谑关系则为缔结婚姻关系的男女双方亲友考察对方家族群体或个人的智慧和能力提供了相应的条件，这在男女双方斗才斗智的拦门歌或拦路歌中表现得最为突出①。

彝族婚礼之夜，主客双方祝唱，大家开怀畅饮，进行知识比赛，参赛角色为男子。比赛双方是一人说一段，互相问难，看谁懂得最多。比赛的内容有，夸耀各自家族的勇敢和机智，品德超群，以贬低对方总是不如自己一方为荣。这样做似乎很不友好，但实际这是一种友好的互相玩笑，像两位相声演员在说相声时，互相开玩笑揭短一样。因此，不会引起双方不快，相反会引起双方阵阵笑声，增加婚礼的喜庆气氛。而更多是包括述说，解释著名彝文史诗《勒俄特衣》在内的各种知识。诸如人类的起源，人类婚史以及彝族的社会历史知识，伦理道德知识，等等。他们思路清晰，谈吐自如，随机应变，妙语连珠，反应敏捷。这样你问我答，你来我往。比赛一个回合接着一个回合的继续下去，有的对手赛到天亮也难分高低。这时，两位赛手就要戴起斗笠唱，意思是人间已难以判断二位赛手的高低，只有戴起这种毕摩作法时才戴的斗笠，由神灵来裁判了。但二位戴斗笠赛也未能见分晓，反而越加难分难解，不可开交时，就只有主人家端起酒来，向他们敬酒，表示深深的敬意和感谢之情，并劝说他们这场友好而智慧的比赛今天暂停，因为这时听众也十分疲劳了。这种比赛可叫做斗智知识竞赛。这种赛许多是远近闻名、受人尊敬的。这种比赛彝语称为"那俄播"，意思就是知识赛。

---

① 瞿明安：《中国少数民族迎亲仪式中群体性的戏谑关系》，《中南民族大学学报》（人文社会科学版）2008 年第 2 期。

另一项比赛是歌舞比赛,与上述比赛同时进行。主客双方,各出一队,一队两人。参赛者全由男子组成。演唱方式是一人主唱,另一个跟着随唱,边唱边舞。一队唱完一段,另一队再唱一段。这项比赛不仅是知识的比赛,而且也是音乐的比赛,舞蹈的比赛,不仅要看谁的歌词优美,还要看谁的音调悦耳动听,舞姿优美动人,谁人才出众潇洒等。婚礼一般要在婆家举行三天,在这几天里,主客双方要经常进行摔跤比赛。赛手们劲头十足,观众们也兴致勃勃,煞是热闹。①

综上所述,无论是对于昔日本民族某个特定历史场景的模仿再现,也不论是对于从前抢婚的"戏谑与升华",抑或是友好而智慧的"知识竞赛"……上述承载少数民族族群历史的婚礼嬉戏在婚礼这种特定的场合中上演的是一场场令人难忘的"智识"游戏,也是不同族群对于先民的礼赞与致敬。

二　表达婚姻祝福的嬉戏

在我国各少数民族的婚礼中,存在最为广泛的应该是表达对新人婚姻的祝愿的嬉戏活动了,这些嬉戏活动大多充满了喜庆的气氛,也有一些嬉戏活动带有小小的恶作剧性质,例如为难新郎,将其推到水中,或者在其脸上涂抹锅底灰等,但这些看似敌意的嬉戏活动实际上也包含着结亲的一方对另一方的美好祝愿。

例如在哈萨克族婚礼仪式上,有一些象征性的取乐活动,如女

---

① 伍精忠:《凉山彝族风俗》,四川民族出版社 1993 年版,第 183 页。

方妇女手拿针线向男方客人涌去，扯动他们的衣角、裙边往地毯上缝。此外，还有"踏水礼"，女方妇女把男方男宾拉出毡房，推入门前的河中。如门前无河，则事前在门前挖一个坑，灌满水，把男客推入水池中，这表示经踏水之后，婚约无反悔。①

东乡族婚礼在女家的活动，最独特的要数"新郎偷厨"。婚宴之后，新郎要亲自把男家准备的木梳和篦子送到新娘的闺房中，要向帮助新娘打扮的女眷们表示满意。接着，新郎和陪郎便溜进女家的厨房。来这里有两个目的：一是装君子，二是做"盗贼"。一进厨房，新郎要客客气气地向厨师和帮灶的姑娘们问好。新郎到厨房来后，东乡族的规矩就是要闹新郎。姑娘们先是动嘴戏弄新郎，继而干脆动手，抓起锅底黑灰就往新郎和陪郎的脸上抹，一直到把他们抹成三花脸才算完。姑娘们不客气，新郎也就装不成君子了。乘喧闹之机，新郎随手从厨房中"偷"走一件用具，如碗、筷、碟、勺等，以此表示把女家的做饭技术"偷"来了，以后新娘做饭菜的手艺就强了，可以无饥馑之虞。此时，女方的亲朋邻里也想方设法要笑捉弄新郎和陪郎，甚至大"打"出手。新郎等人在厨房中被抹成三花脸要洗，却连点水也找不到，找到了水也没脸盆，等到这一些都有了，还没洗净又被亲朋们拖到一边去。在众人的捉弄下，新郎与陪郎即使再机灵，也会狼狈不堪的。于是，在结束了例行礼仪后，新郎等人便在众人的追赶和欢笑中溜走，连新娘也顾不得迎娶。②

按照乌孜别克族传统习俗，新娘娶到家后还有"搬新娘"仪式。搬新娘是女家亲友来到男家将新娘接走，回到娘家。刚到身边的媳妇就被接走，似乎有点不近人情，不过，新郎却急不得，气不得，恼不得，只能带着礼物，尾随着新娘追到女家，献礼物以

① 新疆维吾尔自治区丛刊编辑组：《哈萨克族社会历史调查》，新疆人民出版社1986年版，第103页。

② 奇泽华、傲腾、段梅编著：《中国少数民族婚趣》，青海人民出版社1990年版，第47页。

"赎"新娘，请求岳父岳母把新娘放回。按规矩，新郎再次来接新娘时，新娘要抱着母亲哭天号地，表示不愿意离开养育自己长大成人的慈母。而姑娘的父亲，这时应为女儿祈祷，希望真主降福于自己出嫁的姑娘。新娘也哭了，新郎礼也送了，情也求了，父亲也祈祷了，这些形式都走过场之后，新娘还得乖乖地回到婆家。

这次，新娘由女方老年妇女或嫂子等人陪伴。当新郎"赎"回新娘时，男家早在院中点燃了一堆火，新娘绕火堆走一周后，踏着铺在门前的白布进入屋内，以此表示新娘将与姑娘时代的一切决裂，打这以后将忠于火热的爱情，与丈夫恩爱一生，白头偕老。新娘进屋时，男家主人撒喜果、喜糖等，众人哄抢，表示恭喜新娘回来安居乐业，早结喜果。然后，送新娘的客人除年长有威望的那位妇女留下外，其余皆在男家宾客的欢送声中返回。年长有威望的妇女，要嘱托男家老人日后如何好好栽培新娘，第二天方才返回。搬新娘仪式，虽然乌孜别克人的婚礼带上了古朴的色彩，但是增添了婚礼的热烈气氛。①

藏族新郎由和他年龄相仿的表兄弟们陪同，在媒人——"雪堪"的率领下，浩浩荡荡，快马奔驰，威风凛凛地迎亲到达女方村寨时，孩子们忙着拴马，男人们前去问候，妇女们则排成两行，夹道欢迎。

"雪堪"昂首阔步地走过去了，年轻的陪客们跟着走过去了……正当按照规矩走在最后的新郎刚刚步入人群的时刻，妇女们突然"啊——召，啊——召"地呼叫起来，举起早已准备好的水桶，朝着新郎泼去。在滴水成冰的数九寒天，新郎被水泼得失魂落魄，丢掉了威风，忘却了礼仪，抱头窜入姑娘家的帐房。他的窘态，惹得围观的亲朋们跳跃欢笑。

清水是由山间的洁白积雪融化而成的，象征着吉祥如意。向新女婿泼水的寓意是祝愿新婚夫妇互敬互爱，让他们的爱情像海水

---

① 吴存浩：《中国婚俗》，山东人民出版社 1986 年版，第 373—374 页。

一样深，像河流一样长，像雪峰一样永远圣洁无瑕。

在欢乐的帐房里，"雪堪"把带来的各色衣饰一一展开，请亲朋们观看。他还要当着众人的面，用幽默的语言，把新郎从头到脚地夸赞一番。男方的客人们喝茶、饮酒以后，陪同新郎一起向主人告辞。他们除了给姑娘留下了穿戴的服饰外，还给姑娘留下一匹供明日骑乘的上好走马。按照藏族视白色为大吉大利的习俗，这匹马应是银白色的。[1]

背亲是彝族传统的迎亲仪式，彝语谓之"阿米习"，其中有泼水、抹锅灰、摔跤、赛歌、摸亲等嬉戏的仪节。

"阿米习"时，先由男家从本家支的同辈弟兄中选派青年小伙子数至十余人（取奇数）组成迎亲队伍，带队者称"线木"。携上酒、羊或猪赴女家背亲。女家已储水以待，当迎亲者到达时姑娘们用竹水枪、瓢盆、木碗等盛水浇泼，迎亲者则表现得十分勇武，头蒙"擦尔瓦"冲进屋里。当他们与女方长辈围火闲谈时，姑娘们又乘其不备，用锅烟灰抹他们的脸，以致他们个个成了花脸。姑娘们唱道："为了养大女儿，妈妈脱了九十九层皮，不泼九十九瓢水，不抹九十九把锅灰，哪能让你们背走姑娘！"背亲的小伙子则答道："我们翻过九十九座山，蹚过九十九道水，不背回新娘哪能行？"于是屋内屋外、院场晒坝又开始水战，直至夜晚。是夜姑娘们聚到新娘处，低声吟歌，依依惜别。翌日晨，由"线木"摸一下新娘的耳朵之后，女家即请一位子女多而且都健康的妇女为新娘梳头、打扮，先喷一口酒在其头上，梳毕头则戴上耳环、头饰、头罩，着新衣彩裙，然后由"线木"背至屋外果树下。主客进餐后，即进行传统的摔跤比赛。先各派一小孩作开场表演，尔后正式比赛。为表示"亲谊第一"，终场时，胜队派一小孩与负队成年选手比赛，使整个比赛形成"平局"皆大欢喜。之后，"线木"头戴女式帽，有甚者还着女裙歌舞，再背新娘进屋休息。

---

① 仇保燕：《青海藏族风情丛话》，中国旅游出版社1987年版，第64页。

　　晚上，主客两方饮酒娱乐，先由女家两名女子领歌，作开场表演，然后男女双方各派一名歌唱高手对歌比试。开始彼此会唱些恭维对方的话，接着便互相讽刺挑衅，然后引经据典，互相问难，正式进入赛歌，决出胜负，尽兴方休。

　　鸡啼时，新娘被拥至房前果树下坐着，由姑娘们护卫着。她们手持树条或端着水盆，准备对前来提亲的迎亲者进行一番痛打。这时男方派出的迎亲人必须机灵顽强，在打不还手，骂不还口的委屈中，想方设法摸亲。只要他们摸到新娘头上的彩罩，她便算是婆家的人了。这时停止"保卫战"，由迎亲者背新娘上路，先由"线木"背，次及迎亲者轮流背负而行，过河不能走桥必涉水而越，一路上新娘的足不能触地。路程长远者，也有的以马接替。①

　　按照白族的传统，贺喜的人们都要"闹席""闹房"和"闹棚"。

　　闹席的人是新郎新娘的同辈男女，在晚饭时进行。他们围坐在一张大桌旁。菜要新郎新娘一样样地端出来摆好，酒也要由新郎新娘给每人斟满。之后新郎新娘向大家鞠个躬，同声开口道："大哥大姐们，请送我们一首诗。"被推选作为"闹席头"的人便站起来，诵祝词道："哥姐原住两山岭，如今变成一家人，祝愿你们生贵子，明年今天取大名。"接着，闹席开始，一人闹一套，各不相同，热闹异常。所有的人都闹完，酒杯也都不翼而飞了。此刻，一对新人又向大家深鞠一躬道："大哥大姐，把杯子还我们。"参加闹席的人一齐问："你们要做什么？"新郎新娘羞红了脸，但再羞也要回答："明年，我们要用来喂娃娃。"在一片哄堂大笑中，人们把杯子还给新郎新娘，闹席才作结束。

　　闹房在洞房中进行。参加闹房的大都是新郎的同辈或下辈青年人。对于前来闹房的人，新郎新娘要一一敬三道茶。第一道茶为苦茶；第二道茶为甜茶，茶水中放有红糖和核桃仁片；第三道茶

---

　　①　姊妹彝学研究小组：《彝族风俗志》，中央民族学院出版社1992年版，第138页。

为香茶，茶水中放揉碎的牛奶乳扇、红糖等。这三道茶，"头苦二甜三回味"，意思是让客人永远记住主人的美好情意。三道茶献罢，闹房开始。闹的内容和汉族闹房类似。

闹棚和闹房同时进行，地点是在院子喜棚内。比起闹房来，闹棚要文明得多了。闹棚是男家请来作客的歌手在唢呐、锣鼓的伴奏下，以白族著名的曲调"大本曲"和"吹吹腔"填上美好的唱词来祝福一对恋人的新婚：

> 祝福新人新家庭，
> 互敬互爱度光阴，
> 洱海有水石不烂，
> 苍山年年青。[1]

云南墨江的卡多人（哈尼族支系）在娶亲嫁女时，有一种独特的传统风俗，显得十分隆重。他们的婚礼多在旧历年腊月里举行。备办婚礼的头一天，男女双方要分别搭一个"亲棚"，都由新郎和新娘平时要好的伙伴，上山砍来木料、竹子，采来青松毛、柏枝搭成，有的人家还要买来红布、红纸，把"亲棚"装饰一番，以增添喜庆的气氛。搭"亲棚"当天，女家要备办几桌丰盛的饭菜，请新娘的女友吃一餐"喜饭"，大家则向出嫁的女友祝贺，勉励她到夫家以后要尊老爱幼，种好庄稼，过好日子，随即赠送银饰和其他礼品，作为纪念。

搭"亲棚"的第二天，男方正式娶亲来了。这天必须是属狗的日子。卡多人认为，狗是人最亲近的家畜，狗能看家护院、狩猎，是卡多人最得力而忠实的帮手，属狗日娶亲，大吉大利。但也有个别人家娶亲选属马或属牛日，他们认为，马和牛十分勤劳，是卡多人从事生产生活不可缺少的助手。

---

[1] 吴存浩：《中国婚俗》，山东人民出版社 1986 年版，第 139—140 页。毛佑全、李期博、傅光宇编：《哈尼山乡风情录》，四川民族出版社 1993 年版，第 207 页。

娶亲这天，新郎要请平日最要好的伙伴陪同，在老人的带领下到女家。陪同的人一定要双数，一般不得少于六人或八人，意思是成双成对，寓意吉祥如意。陪同的人要穿上最好的衣服，全身打扮一新，带上阳伞和雨帽（竹笠），簇拥着新郎欢天喜地到女家。当娶亲队伍到达女家时，等候在"亲棚"里的一群姑娘蜂拥而出，各自拿着事先准备好的橄榄果朝新郎掷去，开展一场迎接新郎的"橄榄战"。这时，伴随新郎的伙子们急忙拿出携带着的阳伞和雨帽，把新郎掩护起来，不让橄榄果击中新郎，并指定一两位比较得力的伙子，冒着橄榄果的袭击，一鼓作气冲入"亲棚"里，把竹箩里的橄榄果全部倒在地上。与此同时，陪同新郎的其他小伙子，以最快的速度，跑进"亲棚"坐了下来。到此，用橄榄果袭击男方的姑娘便停下手来。据女方用橄榄果"迎"新郎是要男方先尝点苦头，考验一下新郎心地是否真诚。另外还有一层意思是用橄榄敲打了新郎，象征着男女双方结合以后家庭兴旺，子孙不断。因此，当女方向前来娶亲的队伍发起袭击时，男方只能躲避而不能还手。①

景洪苏湖乡哈尼族举行过结婚酒宴。新娘要背着背篮，内放背水竹筒、一把刀、一个鸡蛋和一篾盒饭，在新郎和媒人耶牟陪同下，来到事先在门前搭好的草棚处，由新郎用刀将事先准备好的一棍木柴砍成三截，让新娘背到草棚处。此时躲在草棚周围的男女儿童，可以用火灰、猪食和牛粪合成泥，涂抹新婚夫妻的新装，以此为新娘新郎祝福。在举行婚礼的当天夜晚，参加婚礼的人们整夜饮酒对歌，通过对歌叙述男女从产生爱情，结婚到生育儿女的伦理观念，预祝互相团结，生产丰收，生活幸福。②

---

① 毛佑全、李期博、傅光宇编：《哈尼山乡风情录》，四川民族出版社1993年版，第208页。

② 云南省编辑委员会：《哈尼族社会历史调查》，云南民族出版社1982年版，第128页。

三 融洽家庭关系的嬉戏

婚礼中的嬉戏还起到融洽家庭关系的重要作用。一对新人原本属于两个家族或两个村寨，因此，通过亲戚朋友们的嬉戏，既能够见证青年男女缔结婚姻关系，同时也能够为两个新人所属的社区之间提供了彼此了解、融洽相处的机会。

亲戚朋友见证青年男女缔结的婚姻关系，并在两个群体之间加强沟通和进行初步认同提供了一个合适的舞台。因此，在这一仪式过程中出现的各种带有浓厚戏剧色彩的戏谑关系，就可能使得原先相对陌生且带有某种严肃敌对情绪的姻亲关系变得比较友好或更容易协调。

（一）融合姻亲关系的嬉戏

新娘新郎分别来自两个家庭，缔结婚姻的重要目的之一就在于建立两个家庭之间的相互关系。因此，新人通过在婚礼中的嬉戏，使姻亲之间的关系得以加强和融合。如在西北回族婚礼中，有一个最热闹、最有趣的习俗就是"耍公婆"。在结婚的当天，前来吃席的宾客、四邻及要好的朋友都会参与这个热闹而又隆重的仪式。仪式开始，人们抓住公公、婆婆、伯父、叔叔或者新郎的哥嫂等人中的任何一两位（主要是公公和婆婆），在他们脸上涂抹锅底黑灰以及其他各种颜色的东西，让公公反穿羊皮袄，在婆婆耳朵上挂两个大红辣椒，并涂上红嘴唇等，外带一些搞笑的装扮和道具，被涂抹和装扮者只能好言求饶，不能发脾气。同时还有很多其他搞笑的节目，只要是众人提出的点子，被戏耍者只能接受，直到其连连央求众人赦免，大家才尽兴为止。

东乡族新娘进入洞房后，新郎的父亲和叔伯等长辈，脸上涂上锅底灰，头戴高高的纸帽，耳挂红辣椒，身上翻穿衣袄，腰系铃铛，手脚用铁链象征性地绑住，被按坐在一个翻倒的四方桌内，由人抬起，吆喝着嬉戏。最有趣的是让打扮得像小丑一样的公爹倒骑毛驴或牛。牛的胆儿大，一般不容易惊。毛驴胆小，一声吆喝，就连踢带跳。新郎的父亲倒骑在毛驴身上，弄不好就跌到地上。即使这样，新郎父亲的脸上还是乐开了花，嘴里呵呵地笑。按照东乡族的规矩，大喜日子里，戏公伯是对男家娶来儿媳的最赏脸的祝贺。①

按照保安族的传统，阿訇主持的婚礼仪式结束后，女家要设宴席，邀迎亲客、媒人、阿訇等人入席，客人们进入上房进餐。这本来是女家盛情招待的表示，但是，女方村庄里的小伙子们却来"闹席"，让迎亲客和媒人吃不安宁。客人们入席了，小伙子们也成群结队地拥进了上房。宴席上有油香、馓子、油搅团等各类面食，还有手抓羊肉、油炸蛋糕等各类肉蛋食品，也有八大碗、十大碗烩菜。馋嘴的小伙子们乞丐似地要吃的，但他们对别的都不太感兴趣，唯独那"奴公木哈"（羊羔肉），是他们眼馋的目标。吃一块，不满足，再要。这个吃了，那个又来要。即使女家主人准备得再多，也撑不破小伙子们的肚皮。"奴公木哈"分光了，迎亲客们赏赐别的又不要，小伙子们翻脸不认人了。他们把迎亲客一个个地拖到院子中来，用早已准备好的沾有锅底灰的棉花和羊毛等物乱抹一气。迎亲客一个个被涂成了大花脸，抹黑之后，再被乱哄哄的人群拳打脚踢一顿。但迎亲客还要笑容可掬，不能变脸生气。如果谁脸上有不高兴的表示，就意味着两亲家以后不吉利。据说，这种抹黑后的拳打脚踢，还是一种别开生面的祝贺方式，是为了

---

① 奇泽华、傲腾、段梅编著：《中国少数民族婚趣》，青海人民出版社 1990 年版，第49 页。

让新娘婚后生的孩子能够认识舅舅。

闹完迎亲客还要闹媒人。闹媒人是在新娘即将离开娘家前的时刻进行。媒人就要准备和迎亲客迎娶新娘回程了，小伙子们却围上前来，拖住了媒人，吵吵嚷嚷，要媒人拿出相当于一只羊羔的钱来，以便当晚买一只羊羔做手抓羊肉吃。但是，媒人却说，与人提亲，腿跑细，嘴磨薄，不求有赏，但求成人之美，积点功德，哪里有钱拿出来呢？因此，不给小伙子们钱，或者只给少许钱戏弄小伙子们。对此，小伙子们是不会放过的。他们拙嘴笨腮，讲不过巧嘴的媒人，便拿出看家的本色凭力气取胜。小伙们把媒人的鞋袜扒光，拖到泥水地里乱跑一气，冬天，则拖到冰雪地上，让媒人尝够寒冻之苦。折腾了半天，媒人才肯拿出够买一只羊羔的钱来。小伙子们拿着钱，心满意足地欢呼着离去了。①

在"耍公婆""闹席""闹媒人"等仪式中，大家打破了日常生活中的年龄、地位等界限，不同性别、年龄和身份的人挤在一起充当着观众，而作为"主演"的公婆、媒人、迎亲客等在大家的戏耍中，不断地做着各种让人捧腹大笑的动作。在这一仪式活动中，原有的日常社会秩序和结构被彻底颠覆，人们在狂欢般的仪式里实现了一种短暂的"平等意识"，并和谐交融于此仪式表演之中，无形中增进了群体间的交流，同时也为人们提供了一种互相坦诚相见的机会，促进了彼此间的团结与和谐。②

阿昌族结婚仪式结束，男方的客人快散完时，女家来送"小饭盒"（里面装一只熟鸡和饭）。同时新娘的女朋友也来送"大饭盒"。先是新娘到半路迎接，接到离家一公里处，众客人坐下不走了。新娘说："辛苦了，请到家里坐！"众姑娘回答："你倒好意思说，姐夫都不请我们，你家在哪里我们都晓不得，咋好意思去！"这时新郎在小伙子簇拥下来到了。小伙子们先开口："请到家里

---

① 吴存浩：《中国婚俗》，山东人民出版社 1986 年版，第 400 页。

② 杨群、武沐：《西北回族婚礼中"耍公婆"习俗的文化探源及功能分析》，《青海民族大学学报》（社会科学版）2013 年第 4 期。

坐!"姑娘们娇嗔地说:"姐夫都不叫,你们喊有什么用!"新郎只得上前弯腰作揖,请姑娘们到家里坐。姑娘走五六米又不走了,新郎只得作揖再请,三十多次才把这些人请进家。新娘的女伴把大饭盒里的鸡肉和饭装在碗里,由"贺哨"(姑娘们的领头)给小两口换饭吃,希望他俩同甘共苦。吃到快饱时,寨里的小伙子进来把堂屋门关紧,端着饭菜,唱着山歌,请姑娘们再吃一碗:"红米糙饭 是否合口?腌菜素饭是否合心?一碗红米糙饭吃不完,一杯淡酒喝不尽!"姑娘们接唱:"红漆桌子黑漆边,八碗九碟摆中间,我们一人吃了半斗米,淡酒当做酽酒饮。"对歌对到半夜,小伙子让姑娘们离席,并把她们送回寨子。这天,新娘舅舅家坐的那桌席上,一定要有一盘猪脑拌的凉拌菜,没有这盘菜,他们就不吃饭。招待客人结束,舅舅回家时,要给他"外家肉"。这"外家肉"就是要砍猪尾巴连着一只猪脚,一刀肉恰好是四斤半。给"外家肉"是为了表示不忘记外家。

婚后的第二天,女家请客。席间,新郎要到每桌席前弯腰行礼说:"家常素饭随便请!"这算为认了亲戚。下午,男方的媒人领着八至十位老人,由两个姑娘挑着礼品给女方送彩礼。彩礼送到,摆席吃饭,姑娘们乘新郎不注意时给新郎抹黑脸,逗得大家哄堂而笑。姑娘们说:"大家记不得新姐夫,脸黑掉一半的就是!"要转回家时,新郎跪倒在岳父、岳母跟前说:"我要回去了!"二老都说几句吉利话,岳母给姑爷一匹自己织的布,岳父给姑爷一些钱。这时调皮的姑娘冷不防把一串猪骨头挂在新郎肩上说:"肉我们吃光了,剩下的骨头、皮子请你带回去!"又引起一阵大笑。出了寨子,新郎才把猪骨头甩掉。

婚后第三天,女家送"大饭盒"给男方。大饭盒里有四斗糯米饭,还让牲口驮着四箩谷子(每箩35斤),给小两口做谷种,嫁妆也同时驮到男家。女家选两个男人把锁嫁妆的钥匙交给男方,以示送了嫁妆。送大饭盒的人走出男家时,都要被敬一杯酒,并祝他:"请骑大白马(指喝酒)回去!"喝完酒再敬茶一杯:"请骑大红马（指喝茶）回去!"不能喝酒的也不勉强。喝完要留几分钱，作为谢礼。

婚后第四天，小两口双双回女家一转，至此，婚礼即告结束，开始新的生活。[①]

（二）考验新人意愿的嬉戏

还有的婚礼嬉戏则是在各种仪式、游戏等项目中，考验新人的耐心以及是否真心对待这桩婚姻。例如：门巴族很尊重舅舅，舅舅对于外甥和外甥女的婚事有一定的发言权。在外甥女出嫁时，舅舅是最重要的送亲客，是女方的发言人。当女方舅舅、父母及其他亲属簇拥着新娘来到男方村寨时，男家父母及亲友早已前来迎候。进入男家门，宾客们便被邀请入席。当然，端上来的酒菜应该最先摆在新娘的舅舅面前。尽管新娘的舅舅作为最尊贵的客人受到男家破格的招待，他的面前已经摆满了最好的白酒、黄酒、炒菜和其他各种食品，但是，尊贵的客人却不吃不喝，反而挑起毛病来了。他不是喊这酒酿得没味道，是拿劣等酒来招待客人，就是说这肉切得有厚有薄，大小不匀，菜也做得没滋没味，不甜不香。甚至，他还会拿起一块门巴族最喜欢吃的荞麦饼摔在地上，大喊大叫："你们这是瞧不起我们，难道我家女儿眼斜、嘴歪，长得不端正，配不上你们的郎君!"而且，他每说一句就用拳擂一下席桌，震得桌上杯碗乱跳。新娘的舅舅怒发冲冠，大有掀翻席桌，领走新娘，拆台散伙之势。这种戏剧性的动作引来众人的哈哈大笑。但是，在笑声中，新娘的舅舅还在一板一眼地扮演着自己的角色。当然，扮演者不只新娘的舅舅一人，男家父母和亲友也要跑跑龙套，出来共同唱完这场滑稽戏。新娘的舅舅盛"怒"时，男家父母赶紧前来献上洁白的哈达，向他陪话，劝他息怒，并且吩咐重新添酒加菜。尽管酒还是那些酒，菜也还是那些菜，端去

---

① 云南省编辑组：《云南少数民族社会历史调查资料汇编（四）》，云南人民出版社1987年版，第35页。

再端来，撤下再重上，新娘的舅舅却会转怒为喜，哈哈大笑一通，结束了丑角的表演，邀约宾客重新入席，开怀畅饮。据说，新娘的舅舅这一通"无理取闹"，是为了考验男方的诚意，舅舅为外甥女铺铺路，新娘日后在婆家才会顺顺利利呢

（三）增进新人互动的嬉戏

在中国传统社会中，判断婚姻关系是否美满的一个标志，就是结为夫妻的青年男女是否能够恩爱情长、白头偕老。而一些民族婚礼嬉戏就在婚礼这一特定的场合起到了增进新人互动的作用，也从一个特定的侧面反映了人们新婚夫妻未来深厚感情的祈盼。

纳西族"闹喜房"夜间，大体上人静的时候，由五六个伴郎（已结过婚的和族人表弟兄都不能参加）推拉新郎进喜房，这时，新娘羞涩的背对来人，由伴郎拉两位新人并排坐在床上，左右由伴郎夹着坐下来，强迫新媳妇捧着有酒的杯盘，并要说一句"新郎请酒"。但在新媳妇觉得，这一小动作，非常困难，非常害羞。左推右推，她总是软拒绝着，伴郎们点起条香，以香火烧手相威胁，说你看不起新郎，也看不起我们，有时逼出眼泪来，勉强接了茶盘，但仍不开口，最后逼得没法，才说出"新郎请酒"，他们说：这回闹开了，放下盘子。

另外，由挨着新媳妇坐的那个伴郎，拉着新郎的一只手，强迫搭在新媳妇的肩上，又由挨着新郎坐的那个伴郎，勾起新媳妇的一只脚，架在新郎的脚上，最后把蜡烛吹熄，一齐把她（他）俩推倒在床上，伴郎们跑出房门，顺手把门扣起，让俩人关在房内，等一会自有人放开门扣。正在闹房时，有些顽皮小孩，用舌头舔破糊窗了的红纸偷看，他们吸来满口的酒，向窗洞喷去，有时喷完一壶酒。

第二天一早，伴郎们提起酒壶，暗把新郎引到屋角房后，有人

---

① 吴存浩：《中国婚俗》，山东人民出版社 1986 年版，第 449 页。

装做审判官，有人装做原告，控诉被告（新郎）说："被告昨夜他有意放出小驹子，践踏了我家红崖下的韭菜园，闹得一塌糊涂，请审判官做主等语。最后判决，罚五两银子，赔偿损失，夜放驹子行为，打一百大板屁股，五两银子是五盒糖（要由新妇处拿来，家里拿来的不要，派人监视）。"在旧式婚姻男女互相不熟悉，有的甚至举行婚礼时才得到见面，闹喜房这一举动，似乎不够文雅，但对互相对话，互相熟悉这一点上，是有深远意义的。所以，儿女双方父母，以及至亲密友，内心是喜欢的，以免不睦。①

四 活跃婚礼氛围的嬉戏

当然，各类嬉戏活动虽然各具特色并且有各自特殊的象征意义，但嬉戏活动最重要的影响，应该说是为婚礼带来了更加欢乐、活跃的氛围，并使得婚礼增添了许多欢乐、滑稽和喜庆的气氛。

如鄂温克族婚宴接近尾声时，坐在游牧包内火位北侧的一位长者，将割下的羊耳朵从游牧包顶扔到外面，双方的青年们便开始一场非常激烈的争夺羊耳朵之战。如果羊耳朵被女方的青年夺到，男方的青年们便要奋力夺回。男方的青年们抢到羊耳朵之后，女方的青年们也不甘示弱，他们故意当着男方青年人的面再拿一个酒碗，返身上马远行。男方的青年们立即上马追赶。就这样，在平静的草原上又开始一次精彩的马背争碗游戏。

争抢酒碗时，女方的骑手们尽力护卫拿碗人，他们时而策马疾

---

① 云南省编辑组：《纳西族社会历史调查（三）》，云南民族出版社1988年版，第104页。

驰，时而护驾左右。而男方的人则见缝插针，时而冲散女方的马队，时而把拿碗人围住。双方你争我护，十分有趣、激烈。如果男方的人实在夺不回酒碗，就给拿碗的人敬烟、敬酒，或者表演歌舞。歌舞结束后，双方来到燃烧的篝火前，共同向祖先和火神敬酒，最后相互叙谈友情、热情话别。在这个游戏当中，游戏的开始是由一位坐在游牧包内火位北侧的长者将割下的羊耳朵从包顶扔到外面，作为开始的号令。老人坐在火位的北侧在婚姻习俗中有独特的意蕴，在鄂温克人宗教信仰观念中，火是神圣不可侵犯的神灵，你若是尊敬他，他将给你光明与温暖，你若是惹怒他，他将带来厄运。因此，鄂温克人认为在火位北侧将羊耳朵扔出去将得到火神的保佑，并确保扔者没有任何邪念，从而使游戏在火神面前得到公平合理的竞争和结局。①

新婚之夜闹新房时的"打枕头"，是东乡族婚俗中的另一桩趣事。席散入夜后，村内外的亲友纷纷前来闹房。当所有的女眷们在炕上紧紧护围着躲在炕角里的新娘时，闹房的青少年男子手持准备好的枕头，领头人还带领大家欢快而颇有节奏的说唱：

单单的核桃，
双双的枣，
养了妮（女孩）长得俏，
养了娃（男孩）福气高。
娶亲的日子好日子，
打枕头的规矩固有的，
头来是贺喜，
二来是恭喜，
三来是打枕头的规矩。

① 汪立珍：《走近鄂温克族婚礼》，《民间文化》1999 年第 2 期。

　　随之，早已准备好的男人们，便千方百计地寻找空隙，摔手中的枕头砸新娘。女眷们防备甚严，男人们也不肯示弱；枕头摔来飞去，越争越烈，有的甚至冲上炕沿，再被女的齐心协力推下去，充满着哄笑喧闹的气氛。时间长了，女方招架不住，新娘就被枕头打了，于是女眷们只好给新娘揭去蒙面的彩巾，让其站在炕上给众人"亮相"。此时，还往往打开箱子，出示嫁奁。至此，始尽欢而散。①

　　土族迎娶新娘之日，通常由新郎姐夫或表兄做迎亲代表，他们穿着礼服，披了褐衫，牵着一匹新妇乘坐的马，带着羊、酒等礼物，约于黄昏前到达女家，女家先闭门拒绝。新妇的姊妹、表姊妹、嫂嫂、表嫂等事先群集于屋顶，预备好了几桶水，严阵以待。迎亲人一到门前，屋顶上的女人们即高声喧骂，争着将水向迎亲人身上泼洒，另一些人在屋内顶住门，迎亲人左冲右撞，身上被淋湿了水，有时须贿买守门人才得进屋。进屋后来不及整理衣冠，又被这群妇女的扈从围住，先用语言质问，继以歌词挑战，此时迎亲人必十分练达，措辞适当，唱和敏捷，才能使气氛渐渐缓和下来。但他的马匹鞍辔帽子、腰带之类，仍常被妇女们抢去藏匿，才放他进去与女家管事人见面行礼，然后用酒食招待，饭后仍与女家亲戚男女一同饮酒唱歌，深夜乃止。翌晨，迎亲人必请女家年老妇女向新妇的扈从姊妹们说情，用钱将马具等被藏之物赎还。②

　　塔吉克族庆祝婚礼最热烈的场面是进行刁羊和集体跳舞。在室外宽阔的场地上举行，男子吹响嘹亮的鹰笛，妇女们打起手鼓。新郎和双方的男青年（也有一些中年人）纷纷上马。新郎的伙伴把"屯巴克"羊放在场中的地上，大家急驰向前。当有人从马上俯身拾起羊时，骑手们上前争夺。最终刁到羊的成为"勇士"，由

　　① 严汝娴主编：《中国少数民族婚姻家庭》，中国妇女出版社1986年版，第99页。

　　② 青海省编辑组：《青海土族社会历史调查》，青海人民出版社1985年版，第138页。

女方赠以彩布作为奖品。如新郎刁到羊，则新娘倍加光彩。女客人多围成一圈集体舞蹈，婚礼气氛始终很热闹。

下午稍晚的时候，一对新人离开娘家。新娘告别时和母亲亲吻，并吻父亲的右手心。一路上新郎在前新娘在后同乘一匹骏马，在乐曲声中前往男家。到达门前时，婆婆端上加酥油的牛奶，新娘喝完下马。进入新房后新娘仍蒙着面纱。男方举行歌舞和刁羊等庆祝活动，并宴请来宾。①

藏族的送嫁队伍大约有十多人，除了两位伴娘，其余的人都是男性。按照惯例，领队可能是姑娘的舅舅或叔父，其他男子则是新娘的兄弟和表兄弟们。

送嫁队伍出发的时候，男方已在必经的路上设下了三道迎亲路席。第一站的迎亲人同送嫁队伍的人数对等；第二站迎亲人的数量加倍；第三站则加两倍。每处路席由一名长者领队，其他成员皆为翩翩少年。送嫁的队伍同男方的路席者相遇了。男方领队的长者牵着马，率领众少年快步走上前去，躬身问候："阿舅们好，一路平安！"然后，由男家领队向来客一一敬酒。在第三站路席上，正当阿舅们端起酒碗弹指祭天时，忽然，一声呼啸，男方众少年转身上马，撇下了他们的领队，用挑衅的声调"欧！欧！"地呼喊着，环绕送嫁的马群一周后，飞身而去。送嫁的人们怎能接受这种无法容忍的挑逗呢？他们立即跃马直追，草原上展开一场热烈壮观的骑术比赛。有时，男方两个少年扯着一幅一丈多长的白布快马奔驰，一位矫健的阿舅就上前去，在马上倾斜着半个身子，用手臂揽住白布紧紧不放。三乘骑回旋疾转，表演各种惊险的马上动作。当然，最后的胜利是属于勇敢的阿舅的，他终于把那幅白布夺到怀里，博得众少年的欢呼。有时，阿舅们在追逐途中要发动一场夺帽战，如果男方哪个小伙子的乘骑落了后，被送嫁者包围并抢走了他的帽子，那是十分狼狈的，不仅会自惭形秽，还

---

① 新疆维吾尔自治区丛刊编辑组：《塔吉克族社会历史调查》，新疆人民出版社1985年版，第67页。

会被送嫁者传为笑柄。

送嫁队伍欢欢喜喜地经过三道路席后，就稍作休息，收拾一下行装，威武的马队簇拥着新娘，气概堂堂地朝着新房缓步行进。①

洱源三营白族迎亲的队伍到达路面平坦宽敞的地方，只要"陪郎头"有意大声咳嗽一声，或凭其他方式暗示一下，抬着嫁妆的陪郎们就心领神会地把嫁妆码成两堆，摆放在路中央，并"赖"着不走了。陪郎头笑着对新郎说："看来，想要陪郎们继续抬着嫁妆走，你得和新娘子一起，绕着两堆嫁妆跑8字！"新郎新娘既害羞又紧张，步调往往不一致。尤其是新郎在前新娘在后地脚跟脚跑时，新郎脚上的"新郎鞋"往往被新嫁娘踩脱。看热闹的人们，总是被逗得前俯后仰，笑得东倒西歪。迎亲路上，洋溢着欢乐的气氛。②

迎亲队伍一路吹吹打打、喜气洋洋地将新娘接回到村口后，全村老少闻声出迎，很热闹。女伴们纷纷向新娘撒米花和彩纸花瓣，到家门口后，鞭炮齐鸣、唢呐声声，新郎背着新娘进家。这时，人们纷纷去掐新娘的手肘、大腿，以表示自己对新人最美好的祝福。现在提倡文明风尚，虽然掐的都不是那么重了，但人们的祝福却依然是十分诚心诚意的。

参加掐新娘的，有送亲队伍里的人和男家的贺客，以及本村和邻村一起热闹的人。有的男女一时找不到意中人或有的老人久病在身，都要争着去掐上一把，以图沾点喜气。掐新娘不分男女老少和亲疏贵贱，去掐的人和被掐的新娘都心甘情愿，只是未来的公公和婆婆必须回遵。据说，只有这样，未来的婆媳关系才会和睦融洽。对白族人来说，轻轻地掐上一下，是一种爱、一种羡慕、一种虔诚和美好的祝福。通过掐新娘的活动，新娘和姑嫂妯娌间、左邻右舍以及全村人之间的陌生感全然消除了。

当迎接队伍将回到新郎家时，公婆妯娌都要回避。大门口地上

① 仇保燕：《青海藏族风情丛话》，中国旅游出版社1987年版，第66页。

② 杨玉藩：《三营婚俗识趣》，《风景名胜》1997年第11期。

铺着草席，为新娘接风洗尘。堂前摆卜斗、尺、秤、剪、香、蜡、纸、烛及果品之类，由一位本村德高望重的老人，向小两口当众宣讲婚后注意事项。然后新郎、新娘一齐朝新房中跑，谁先进入洞房并坐在枕头上，今后谁就当家。

新房中燃着七星灯和木炭火，陪郎即将准备好的辣子面撒入火盆内，表示日子要过得"红红火火"。一时间辛辣味四溢，洞房内外顿时引起了阵阵咳嗽声、喝彩叫好声，天井中回荡着高亢悦耳的唢呐声，把婚礼的热闹气氛推向了一个高潮。在白族中，"亲""亲热"与"辣椒"谐音，所以烧辣椒面象征着亲热，也增加热闹气氛驱除冷清之感。众人喧哗闹房，借以驱邪，也增添了婚礼热闹喜庆的气氛。①

五　表现避邪趋吉的嬉戏

在一些少数民族婚礼上的嬉戏表达的是男女双方建立婚姻关系时一种辟邪趋吉的心理。结婚对于男女双方而言固然是件好事，但在人们的传统观念中，即使是在举行婚礼这样喜庆的日子里，仍然有可能面临着想象中的妖魔鬼怪以及人世间的不法之徒对新婚夫妻以及男女双方家庭的侵害。因此，婚礼中的某些嬉戏活动就具有消灾避祸的象征意义。其中有的是为了防范想象中的妖魔鬼怪而采取的②。

①　张东顺：《妙趣横生的白族婚礼》，《陕西审计》2004 年第 2 期。

②　瞿明安：《中国少数民族迎亲仪式中群体性的戏谑关系》，《中南民族大学学报》（人文社会科学版）2008 年第 2 期。

　　如裕固族送亲队伍快到专为新娘设置的小毡房时，人们本来还是喜气洋洋的，一下变得严肃紧张起来。女方一些善骑者在女方主婚人总东的"命令"下，驰马冲向小毡房，企图用马蹄把小毡房踏倒。小毡房内外，男方亲友早已严阵以待。妇女在毡房内用树枝敲打毡房房顶，把马吓得不敢近前。男子则在毡房外，一边高喊"塔依特！塔依特！"一边奋力向前赶马，把马赶离毡房。还有一位男子手持一个破木碗专打客人坐马的后腿。过去，这种行为意为避邪，现在自然仅剩戏谑的成分了。客人驰马绕毡房三圈，没有把毡房踏倒，便拨马奔回迎亲队伍。这时，女方主持婚礼的总东又会"命令"另一些善骑的人骑着骆驼再次冲上来。因为，如果把专为新娘设置的小毡房踏倒，将意味着男家对新娘的护卫不力，需要重新举行迎亲仪式。因此，马和骆驼冲击毡房仅是一种象征性的仪式。骑骆驼者仍然没有踏倒毡房。第三次则是骑马者，骑骆驼者汇合之后，一齐冲上去。飞奔的马和骆驼，扬起尘土，大有非把毡房踏平不可之势。但是，结果自然还是绕毡房三圈退回。这时，男女双方的人才去掉了紧张情绪，恢复了原来喜气融融的气氛。①

　　通过日常生活场景的虚拟化处理，婚礼嬉戏把日常婚姻生活事件转化为戏剧化的形式，并把婚姻中的矛盾和对立推向极端，同时在转化过程中又对现实婚姻生活中的矛盾给予了想象性的解决。进入婚礼嬉戏的情境，个体被塑造为某种特定的主体，过去的经验和现实的问题，历史的延续性和现实存在嬉戏中得到了统一。无论是新人还是参与者，不仅仅在浅层的嬉戏中经历典型的婚姻矛盾，而且通过体验获得把握婚姻的内在规则性和家庭、社会关系的整体相关性能力。

---

①　吴存浩：《中国婚俗》，山东人民出版社1986年版，第411页。

第六章
少数民族婚礼内涵

各少数民族婚礼仪式基本涵盖订婚、结婚及回门等主要过程，同时还有形式各异的环节，表现出通过经济手段、行为礼仪、组织结构、宗教信仰等强化婚姻双方（含个人与群体）价值认同、群体互动、经济联系，从而缔结新的社会关系的过程。因生存地域差异、历史文化渊源和生计模式不同，少数民族的婚礼仪式各具特点，居住在不同区域的同一民族婚礼仪式也有差异。

一 蕴含民族文化的礼仪

婚礼是婚姻一个组成部分，其悠久的历史不仅承载着各民族传统生计和生活模式，而且与各民族历史上形成的宗教信仰、民族心理、社会结构等密切相关。从中可以看到许多从悠远的过去就已产生的习俗。不同民族的婚礼，集中反映着这个民族传统和现存的历史文化。少数民族在婚礼中，通过各种形式展示本民族最本质、最突出的特征，既增加了本民族的认同感，又增进了其他民族对本民族的了解。

（一）反映民族历史的礼仪

第一，反映民族生产生活历史的礼仪。一些民族的婚礼中，会专门设置一些仪式或者仪礼，来纪念自己民族的历史以及传统。如满族先民是游猎民族，婚姻礼仪中就留下了很多游猎生活的痕迹，如"坐帐""拜北斗"等。满族迎娶新娘，行合卺礼之前有"坐帐"的礼仪，由以东北岫岩等地为盛。新娘到男家后，要先在室外搭建的帐篷中"坐福"。新郎进帐前背着包裹，绕帐三圈，问："留不留宿啊？"新娘若羞于回答，新郎只好再绕帐三圈，直到答应留宿才能进帐。明朝茅瑞征《东夷考略》载：居黑龙江的生女真"或以桦皮为帷，止则张架"。满族先世女真人有以桦皮帐篷为舍的历史，"坐帐"礼仪，在一定程度上反映了满族祖先野外狩猎居帐的历史，[①] 是对传统的追怀。同时，新婚夫妇坐帐，也表示对新居的占有，新的个体家庭生活开始。[②] 满族拜天地仪式俗称"拜北斗"。这种特殊的拜天地仪式很可能与满族先民的生产、生活有关。由于生产力的低下，由于人们对于自然界的认识处于蒙昧状态，游猎在原始林海中的满族先民，把能够帮助人们辨明方向的北斗星当成了神，这大概是"拜北斗"的由来。[③] 此外，满族"开脸"仪式与汉族婚俗也有不同，汉族女性是婚前在娘家"开脸"，满族是在结婚仪式结束后，入洞房之前，由伴娘用红线绞掉新娘脸上的汗毛。满族善战，由于历史上在军营完婚，满族姑娘千里投奔，只好到达丈夫的驻地之后，再行"开脸"打扮。

"佩弓娶亲"是鄂尔多斯蒙古族婚礼中一个独特的习俗，它将我们带回古老的年代，使我们看到氏族社会留下来的抢婚习俗的

---

① 王宏刚、富育光：《满族风俗志》，中央民族学院出版社1991年版，第172页。

② 杨英杰：《清代满族风俗史》，辽宁人民出版社1991年版，第28页。

③ 吴存浩：《中国婚俗》，山东人民出版社1986年版，第108页。

遗风，也是蒙古民族尚武精神的真实写照。带弓箭的习俗标志着从男孩转变成为男人，可以承担男人应当承担的社会责任。披弓挂箭的新郎如一位即将出征的勇士被众人簇拥过来。据传，战时娶亲，必佩带弓箭，一为随时备战，二为保护新娘，防止被他人抢亲。古代的真抢亲在鄂尔多斯婚礼中演变为假抢亲。新娘离开娘家前，陪亲的姑娘将新娘保护起来，男方好言相劝不成，便挤进人群中"抢"新娘，一番智斗后"抢亲"的人获胜。新郎的胜利是力量与智慧的胜利，凭此身手让新娘满意，让岳父母放心，向众人表明其能独立为新娘撑起一片天地，对新建立的家庭负有责任和义务。①

第二，反映民族传统社会结构的礼仪。还有的民族在婚礼中，要将自己民族的传统社会结构、社会秩序，如长幼尊卑等反映在婚礼中。如基诺族的婚礼仪式就处处透露出舅权的象征性和隐喻意义。基诺族婚礼通常要进行三天。第二天凌晨，当新郎到女家迎新时，新娘必须事先在一女伴的陪同下躲藏起来。要由舅舅打着火把去寻找，并劝解新娘，把她交给新郎。在新娘去新郎家之前，舅舅给新娘一个精制的方形竹篾凳，新娘入洞房之后，首先要坐在这个专用的凳子上，在婚宴上，新娘也只能坐在这个竹凳上，直到以后分娩时也必须坐在这个凳子上。婚礼宴席上，舅舅要坐到宴席的首座。在当众点清新娘的陪嫁物之后，也是由舅舅郑重宣布：新郎新娘要遵守习惯法，新郎不要和第三者发生性关系，否则，女子可以提出离婚并把全部陪嫁物带走等以示惩罚。在基诺族传统社会中，舅权既有决定婚姻的权利（将新娘交给新郎），更有为新娘提供庇护的暗示（送竹凳），②反映着基诺族历史悠久，曾经历过母系向父系氏族变迁的社会阶段。

第三，纪念民族重大历史事件的礼仪。如锡伯等民族，曾经在

---

① 尚烨：《论鄂尔多斯婚礼的文化特色》，《历史教学》2009年第12期。

② 彭兆荣：《论"舅权"在西南少数民族婚姻中的制约作用》，《贵州民族研究》（季刊）1989年第2期，第97—98页。

历史上经历过重大的历史事件，这也成为了该民族重要的历史记忆，因此为了能够将这些宝贵的社会记忆传承下去，这些民族的婚礼仪式上，便会有对这些重大历史事件的反映和纪念。如锡伯族从东北迁徙到人迹罕至的伊犁河畔以后，万里跋涉的艰辛，开垦荒滩、修渠屯田的劳苦，使本来为数不多的锡伯族人口锐减。经过此次重大历史事件之后的锡伯族越来越感到人口繁衍的重要性。他们开凿了察布查尔大渠，希望能在不毛之地生存下来，繁衍下去，使自己的民族出现新的繁荣。因此，男女青年的新婚被视为重大的事情，甚至被列于军事行动之上。平日生产，战时出征，出则为兵，入则为农的锡伯族军队要对新郎新娘以礼相待。按锡伯族传统习俗，迎亲队伍归来时，所有过路的人都要站立两旁让路，以示祝福，即使荷枪实弹的军队遇到迎亲队伍，也要分列道路两旁，让迎亲队伍簇拥着新郎新娘顺利通过，对于让路的路人和军队，迎亲客要赠以礼物以示感谢。①

（二）表现文化融合的礼仪

在各民族互动发展的悠久历史过程中，不同民族文化发生着从表层的语言符号、风俗习惯、生活方式，到深层的审美取向、价值观念、情感定式、思维方式的渐次融合。各民族通过与其他不同民族的文化进行交流、对话甚至向其他文化学习，吸收其他文化中的优质成分，不断丰富、提高自己的文化品质，促使自身进步。多样性的文化融合，促进了民族文化的多样化和丰富化发展，形成多种文化共荣共存的状态。婚姻礼仪也是体现各民族文化融合的主要方式之一。

白族支系那马人举行婚礼时，男女两家都要在大门前的院坝上用松柏树枝和香樟叶子搭一个彩门，两边贴上一副对联。在男方接亲队伍到来之前，女方家要在彩门前横放一条木板凳，上面挂

---

① 吴存浩：《中国婚俗》，山东人民出版社1986年版，第335页。

一个大簸箕，点三炷香，凳子上放茶、酒各一杯，有的还挂一个猪头或一只鸡。从本家族或本村中挑选一两个能说会道的老人，身穿长袍马褂，头戴一顶尖顶帽，肩挎一张用银纸缠着的弯弓，守候在彩门前，不让男方接亲人进去，那马人称他为"守门人"。男方也要物色一个头脑清楚、能言善辩的人（一般是媒人或伴郎）来开门，来回答女方守门人提出的问题，那马人称他为"开门人"。开门人对守门人提出的问题对答如流，女方才撤除板凳，或者开门人用脚踢开板凳，表示开门放行，男方接亲人便可以进去。这种仪式，那马人称"开门仪式"，碧江县勒墨人也有这种仪式，是古老的习俗。同时，那马人的"开门仪式"反映出中原文化对少数民族文化的影响。

开门人：主人家，恭喜，请开门。

守门人：你是什么人？

开门人：我是好人，

守门人：你家贵姓？

开门人：我家姓罗

守门人：贵处何方？

开门人：敝处北京城。

守门人：北京城到这里有多远？

开门人：日走三千里，夜行八百里。

守门人：你骑的是什么马？

开门人：我骑的是火龙骑马。

守门人：你头上戴的什么帽子？

开门人：我头上戴的是金丝帽。

守门人：你穿的是什么？

开门人：我穿的是金银丝线缝的紫龙袍。

守门人：你吃的是什么？

开门人：我吃的是玉米配人参。

守门人：你来这里干什么？

开门人；我来贵处取宝。

守门人：你取什么宝？

开门人：我来贵处取传家宝（指能生儿育女、传宗接代、当家理财、侍候丈夫的新娘）。

守门人：有开路票吗？

开门人：有！

守门人：请交出来。

开门人将事先准备好的烟、酒、茶、饵块等物送给守门人，并说："请高抬贵手，让我们进去。"守门人接过礼物后，顺手将一杯茶、一杯酒献给开门人，口中唱道："关关雎鸠，开门来，在河之洲，请进来，窈窕淑女，床边坐，君子好逑，中状元。"然后挥动手中的新毛巾，表示大门已敞开，又唱道："左边开门，大吉大利，右边开门，平平安安，今天是黄道吉日，远方贵人取宝请进来。"开门人也用新毛巾左右挥动；请新郎和接亲人进屋去。有时候，守门人故意刁难，提出许多古怪的问题，使开门人难以回答。男方只好请高明的人来开门，一般要闹上一两个小时，如黄登村有一家去女家接亲，在举行开门仪式时，闹了一个多小时还开不了门，只好派人到和平村请来一个读书人来回答问题，才得开门放进。这样做的目的无非是增加婚礼的欢乐气氛，显示守门人的才华，迫使男方开门人赠送更多的礼物。一般来说，即使开门人回答不出守门人提出的问题，也可以通过向守门人赠送更多的礼物来买通。在那马人的现实生活中，没有因开不了门而结不成亲的。①

---

① 云南省编辑组：《白族社会历史调查（二）》，云南人民出版社 1987 年版，第9—10 页。

（三）反映生计模式的礼仪

各民族的婚礼仪式及礼仪中，也存在着对生计模式的反映。例如，北方游牧民族的婚礼便充满了草原放牧、狩猎的元素，显得浑厚大气。而南方农耕民族的婚礼多反映出稻作文化的观念，显得精致、细腻。例如蒙古族先民度过了漫长的战争与狩猎生涯，弓箭成为他们用于战争和狩猎的重要工具。在蒙古族的神话中，有不少英雄都是弯弓射箭杀敌狩猎的英雄。箭巨大的杀伤力使先民产生了将其神化、灵化的古代拜物教意识。草原文化认为，箭有驱邪的意义之外，还有祈求生殖的意义。因此，蒙古族的婚礼中，箭也是必不可少的象征物。从原始思维看来，箭成为新郎生殖力的一种圣器，新郎求箭、佩剑，表现其崇尚勇武并不是其原始意义，其原始意义是祈求生殖，箭成为游牧民族期望生殖的象征。在蒙古族居住地区，有的还有求箭礼的习俗。据《绥远通志稿》载：新郎接亲时，向岳父求箭，岳父先赠以红丝绸，继取无簇之箭授婿，授时要讲述此箭能够降伏邪魔，建立功业。等到临走时，新郎必以此箭在车前向后方射之，然后启行，意即驱邪求吉。[1] 箭的出现，使得整个婚礼仪式显得更加神圣而坚毅。

而云南佤族的婚礼中，也将生产的色彩融入婚礼仪式中。但所体现出的农耕文化则将整个婚礼勾勒出丰收、欢快的气氛。因为始礼仪族的，大多数维吾尔族群众之一，但是，早在 3000 年前，佤族先民就从事野生稻的采集、加工，随着生态环境变迁，旱谷种植成为佤族的主要生计模式。佤族婚礼最大的特点是把生产和新婚相连。新娘被接到男家，由魔巴（巫师）杀鸡看卦，祝福新婚吉祥。新郎新娘互敬一杯泡酒，共同饮下，表示婚后将同甘共苦，白头偕老。然后，新婚夫妇在他们的男女伙伴簇拥下，欢天喜地来到山坡上进行象征性的劳动。劳动结束，结婚仪式也告完毕。

---

[1] 张秀华编著：《蒙古族生活掠影》，沈阳出版社 2002 年版，第 57 页。

有的地方，结婚前夕新郎要到女家劳动一段时间，婚后，夫妻双双来到女家再劳动几天，作为女子出嫁带来女家劳动力损失的一种象征性补偿。[①]

这一南一北、一游牧一农耕，两个民族不同特色的婚礼，既有祝福、欢乐的共同寓意，也反映出了各自不同的生计模式。

二 独具地域特征的礼仪

在人类文明初期，不同的生态环境对成长于其中的不同民族物质生产活动情况具有决定性的影响，并决定族群的发展类型和发展进程。各民族以其生存的地理环境所提供的条件，形成自己的物质生产类型和具体的内容及方式。婚姻礼仪发挥着记录、传承不同民族历史上形成的地域特征的作用。

（一）东北地区的特色礼仪

东北地区满族、朝鲜族等少数民族婚礼中常以"雁"为吉祥物，这是渔猎民族特有的结婚礼仪。因为相传雁是吉祥之鸟，母雁死，公雁不娶，公雁死了，母雁不嫁。因此，满族定亲"纳雁"取男女恩爱之意，既有受传统"六礼"影响的痕迹，也体现出东北渔猎民族婚姻礼仪中的区域特征。

朝鲜族婚礼中也有"奠雁礼"。自然界的大雁喜聚群，择配相当认真，感情专一，雄雁与雌雁一旦成配偶就终生不渝，生死不

---

① 吴存浩：《中国婚俗》，山东人民出版社 1986 年版，第 207 页。

离。如一方失去，另一方至死再不找配偶。朝鲜族敬佩大雁对伴侣的忠诚专一，因此婚礼用木雁引路，来象征新婚夫妇像大雁一样彼此永远相爱。婚礼当天，新郎母亲把早已做好的木雁（用木头做的大雁）用红布包好，由一位站在最前面的人捧木雁引路，去新娘家接亲。新郎到新娘家房门口要踩着地上的米袋进屋，刚一到门槛时，有一人喊"婿进门"，喊声刚落，新娘的父亲立即出面引进。新郎被引进到"奠雁厅"，"奠雁厅"是新娘家早就布置好的。顺东西方向摆着长饭桌，在其中间竖起青松与绿竹等，岳母接过木雁，并将木雁放置在桌上。这时新娘身穿华丽淡雅的传统结婚礼服，在引进者的引导下，走进奠雁厅。这时，新郎站在西边面向东，新娘站在东边面向西。在主婚人的引导下，新郎先向新娘磕头，随即手托着盛满美酒的小托盘向新娘敬酒。新娘则回拜，并向新郎敬酒。然后，新郎手捧木雁，面向北跪在奠雁桌前，把木雁放在奠雁桌上，并叩拜两次。这时，岳母接过木雁放在自己的裙子上。接着她把木雁往新娘的屋子里扔去。据说，扔出去的木雁在炕上立住了，新婚夫妇头胎可生男孩，若没立住，头胎则是女孩。[1]"奠雁礼"为朝鲜族传统爱情观的形成奠定了基础，并在潜移默化中维系着家庭的稳定与和谐。

（二）西北地区的特色礼仪

聚居在我国西北的各少数民族，早期多在广袤的草原上游牧为生，以后逐渐转为半牧半耕或定居农业民族。但是在他们的饮食文化中，至今仍保留着许多游牧民族特有的风俗。在一般情况下，大多数西北民族以面食为日常生活的主要食物，喜食肉类、乳类，游牧饮食在婚姻礼仪中也有反映。维吾尔族婚礼"尼卡"仪式既严肃，却也很有趣。这天要准备一小碗盐水，并要泡两块小馕。据说过去有个叫依布拉欣的圣人，为人们找到了维持生命的盐。有

---

① 陈伯霖：《黑龙江少数民族风俗》，中央民族学院出版社 1993 年版，第 10 页。

了盐，人类才得以生存，所以维吾尔族人把盐视为一种珍品，倍加爱惜。馕是维吾尔族生活中不可缺少的。选择盐和馕作为"尼卡"的一项内容，有着深刻的意义。它象征着新生活的开始，同时比喻盐和馕那样永不分离，白头到老。在回答完阿訇的问题之后，一位姑娘端出一个精制的托盘，上面摆着一小瓷碗盐水，里面泡有两块小馕。这位姑娘要站在新娘和新郎中间，新郎和新娘要当众抢着吃下碗里蘸满盐水的馕。据说，谁先抢到馕，则表示谁最忠于爱情。所以在抢馕时，男女各不示弱，表示他们从此相亲相爱，携手踏上新生活征途的决心。[1]

塔吉克族举行结婚仪式时，前来参加的长者和亲友都要在场，新郎和新娘站在一起，各有两位妇女（一已婚一未婚）陪同。宗教人士主持仪式，念经祈祷。然后新郎、新娘同喝一杯盐水，吃一点肉和馕。新娘的父母向新郎祝贺，新婚夫妇答谢父母。新郎、新娘互换系有红白绸布条的戒指。接着女方家向来客肩上撒少许面粉，互示祝贺，然后女方家以牛奶、酥油和点心等招待客人。[2]

乌孜别克族珍视盐，认为盐可以加深夫妻感情，馕又是乌孜别克人生活中不可缺少的主食。二者融为一体，它象征着新婚夫妇好像盐和馕一样永不分离，白头偕老。因此，主持乌孜别克族"尼卡仪式"的阿訇要拿一块用盐水浸过的馕让新郎新娘吃。[3]

锡伯族喜篷车到男家大门口，迎亲之人把大红毡毯铺在车旁，扶新娘下车，由伴娘扶着和新郎并肩，脚踏红毡直至正房门前，这时屋里喇嘛在念经，就在这里新郎新娘参拜天地，面向北面叩首，然后进房，进屋时，新郎一人先进门内，新娘站在门外，以门槛为界，夫妻相对而跪（男跪一腿）。新郎用手中马鞭将新娘蒙头

① 图古丽·斯依提：《传播仪式观视域下维吾尔族婚礼仪式变迁研究》，兰州大学硕士学位论文，2012年，第10页。

② 新疆维吾尔自治区丛刊编辑组：《塔吉克族社会历史调查》，新疆人民出版社1985年版，第67页。

③ 罗建生：《乌孜别克族》，民族出版社1990年版，第43页。

的大红巾挑下，这时，人们才能见到新娘的容貌，之后，新娘亦进门，和新郎一同先到堂屋，在灶前对脆，用"哈达"将切成片的羊尾巴油投入灶火之中，以作"白头之誓"。作完"白头誓"，夫妻才到正屋，先向喇嘛叩头，喇嘛摸顶，而后向父母跪拜，这一切都完毕之后，新娘入洞房上炕坐帐内。晚上喝"合欢酒"，女方直亲等前来男家，在奥母的主持下，洞房的炕上摆设饭桌，让新郎新娘东西面对而坐，奥母居中央，亲手斟两杯酒（一杯为水），相互交换几次，同时敬酒给新郎新娘，喝"合欢酒"，这时，男女双方的青年男女，都围在炕沿边贺彩。等新郎新娘喝完"合欢酒"，双方青年就抢桌上摆的羊骨肉，哪一方抢上骨头，表示日后哪一方就强硬。之后，新娘下炕，给公婆装烟袋敬烟。①

裕固族语"尧达"指"羊干巴骨"或"羊干棒骨"，它是绵羊后腿第二关节骨。在裕固族婚俗中，男方家要在婚礼前专门制作"尧达"，即将羊后腿的"干巴骨"煮熟，缠上白色和黑色的绵羊毛。当新娘到达男方家，向男方家交新娘以后，就要在总东（婚礼上的负责人）的主持下，举行冠戴新郎的仪式（即给新郎穿上女方家送来的衣服）。此仪式又称"尧达曲格尔"仪式，"曲格尔"意为赠送。届时，主持人（一般为新郎的舅父）手拿一块白布方，另一人端一个盘子，盘中放一只盛满鲜奶及酥油的龙碗和一个"尧达"。主持人高声朗诵（尧达曲格尔），另一个人重复帮腔。最后，按照诵词的内容，一件件地为新郎更换新衣，当主持人将"尧达"插入新郎的系腰下后，参加婚礼的未婚青年们一拥而上，争抢新郎的"尧达"以戏闹，而新郎则要极力保护好"尧达"，并在家人及伴郎的保护下进入洞房。

关于裕固族"尧达"的起源及含义，在（尧达曲格尔）中有详尽的说明。这个祝词全篇长达二百多行，主要内容就是讲述"尧达"的起源及其含义。祝词中说：由于百姓无法找到金、银

---

① 锡伯族简史编写组：《锡伯族简史》，民族出版社 1987 年版，第 130 页。

"尧达"，所以先后在青龙、白象、稀罕的驼色绵羊身上寻找，但都不理想。最后在普通绵羊身上找到了较理想的"尧达"。并认为绵羊身上有五样宝：羊粪、羊毛、胸叉和羊背、鲜奶酥油及"尧达"，而"尧达"是男女婚姻的凭证。[①]

"干棒骨"不仅是正式婚姻中的信物或凭证，而且更主要是传宗接代的象征。"尧达"和"夏阿其木格"作为男女两性关系合法的象征物，无论是在蒙古族中，还是在裕固族中，它们都有传宗接代、子孙满堂等含义。说明它与人类的生育繁殖有一定关系。因此，在此做一个大胆的假设：这种婚俗中的象征物是古代生殖崇拜的产物。即"尧达"和"夏阿其木格"是男性生殖器的象征。裕固族和蒙古族都是游牧民族，从古至今，牲畜是他们赖以生存的最基本的物质基础，可以说牲畜数量，特别是羊的数量的多少，直接关系到一个民族的生存与发展，在远古时代，这两个游牧民族的先民在长期的放牧生活中，逐渐观察到了羊的交配、产羔的详细过程。他们认为，公羊生殖器所在的两条后腿与母羊怀胎有一种重要关系。由此，联想到了人类，认为如果想获得羊那样极高的生殖力，也应使人类的两性关系与羊的交配发生某种关系。因此，将对羊生殖力的崇拜集中在羊后腿上，即将"尧达"和"夏阿其木格"作为对羊生殖力崇拜的象征物而引入人类两性关系中，因此，羊后腿就变成了男女婚姻关系的象征和凭证，成为传宗接代，繁育后代的象征。[②]

塔塔尔族饮宴时，岳父或长辈要让女婿吃羊的胸叉肉，据说如此象征着男女双方如同胸骨一样，相连不分，永远相亲相爱，白头偕老。

日喀则宗牛谿卡藏族订婚，第一次由求亲者带上青稞一藏升送给对方，如果同意这门亲事，就收下这次送来的青稞，不同意者则可拒收或婉言谢绝。第一次送的青稞叫作"龙"（意即讨亲酒）。

---

① 贺卫光、钟福祖：《裕固族民俗文化研究》，民族出版社2000年版，第101页。

② 同上书，第107页。

　　第二次由求亲者带上二三藏升青稞，这是送给对方交换生辰八字，为这对未婚夫妻打卦用的。这叫"德"（意即算卦酒）。一般贵族领主之间结亲时才需要交换生辰八字，穷苦人只算卦即可。

　　第三次再由求亲者带上二三藏升青稞送给对方，交换打卦的结果。如果双方都认为满意了，这门亲事就最后定下来了，只待择日迎娶了。这次仍叫"德"。

　　第四次求亲者送上最后一次"德"青稞三至五藏升，由双方家长确定嫁娶日期，然后由迎娶的一方给出嫁的一方家中的兄弟、姐妹每人几两藏银（富者多给，穷者不给或少给，无统一规定）。通过最后这次"德"，双方还要商定财礼及嫁妆的东西和数量。经过上述四次往返求亲之后，就算订婚了。①

（三）西南地区的特色礼仪

　　西南地区少数民族众多，因此各自的婚礼仪式都各具特色。下面选取云南傣族和景颇族婚礼做一个简单介绍。

　　傣族结婚仪式在男女两家都要举行，如系"从妻居"习俗的，婚礼仪式大都先在女方家举行。举行仪式时，新郎由男方亲朋好友数人陪同到新娘家，沿途要鸣枪，意在驱逐邪魔。新郎来到新娘家门口时，女方家早已设好几道关卡，此时女方家人将竹门关上，男方要给礼钱，放鞭炮才给开门。上楼时，男方要上，女方又阻拦，进竹楼，新娘又被人藏起来，男方要花钱敬酒求人去请新娘，经过这几番周折以后，才能进入新房。有的地区，新郎来到女方家门口时，新娘的同伴还用泼水或糖水的方式表示欢迎，有的新郎为了防止衣服被水泼湿或少喝糖水，便与伴友一起用毯子蒙住头，混入新房。整个进新房过程，充满嬉戏和节庆的欢乐气氛，有的地区还要唱《送女婿上门歌》，即当新郎在同伴陪同下来到上门的新娘家时，见了新郎的岳父母，陪伴的朋友即唱此歌，歌词

---

　　① 西藏社会历史调查资料丛刊编辑组：《藏族社会历史调查（六）》，西藏人民出版社1991年版，第399页。

大意是：

> 尊敬的老人，
> 年岁好不如月份好，
> 月份好不如日子好，
> 日子好不如时辰好，
> 此时此刻，
> 踏着珍贵的时光，
> 我们才起程，
> 把朋友送到新居，
> 把新郎送到新窝，
> 交给在座的老人和长辈，
> 从今以后，我们的朋友，
> 就是这个寨子的儿女，
> 他将同你们一起劳动，
> 和你们一起生活过日子，
> 如果他上山下田不归家，
> 那就请你们去寻找，
> 如果他做错了事，
> 请亲家帮他改正，
> 拜托了，亲家大人，
> 费心了，亲家大人。

唱完《送女婿上门歌》就等于男方已将新郎交给了女方，新郎从此就成为女家的人了。

婚礼仪式开始时新郎和新娘双双跪在婚礼桌前，婚礼桌放在竹楼堂屋靠里的一端，桌面铺一层芭蕉叶，上面放着两个芭蕉叶做成的圆锥形盒子，盒子下面放有煮熟的公鸡母鸡各一只，桌上还要放一杯酒，少许红布、白布、芭蕉、甘蔗、盐巴以及装有糯米饭和白线的芭蕉叶盒子。主婚人（一般是男方的舅父）坐在婚礼桌的上方，新郎新娘按男左女右跪于主婚人的对面，请老年亲友及女方父母紧挨主婚人左右围桌而坐。接着便进行具有民族特色的拴线仪式。先由主婚人念祝贺词，新娘及围桌而坐的人均伸出右手搭在桌上，低头倾听祝贺词。祝词大意是希望新婚夫妇相亲相爱，不要争吵，互相体谅，互相尊敬，白头到老，永不分离。当祝词一念完，新郎和新娘要争着去抢泡在酒杯中的槟榔叶，这是傣族的传统习俗，谁先抢到酒杯中的槟榔叶，谁就会在将来的家庭中居于主要地位。接着新郎、新娘每人从桌上拿起一团糯米饭，在酒里蘸一下，然后一一点祭鸡、盐巴等物，每人如此连续点祭 3 次。点祭完毕，主婚人便站起来，将新郎新娘的双手搭在桌上并从桌上拿起一根较长的白线，从左至右绕过新郎新娘的肩，再用一端拴住新郎的双手，另一端拴住新娘的双手，再将线的两端都搭在桌上，这就表示已经将两个人的灵魂拴到一起了，让他们百头偕老，永不分离。接着在座的老人也拿起白线分别拴在新郎新娘的手腕上，通常是男方亲友先给新娘拴，后给新郎拴。女方亲友先给新郎拴，后给新娘拴。边拴边向新人祝福，祝福他们婚后的生活像甘蔗一样甜，祝他们的幸福像贝叶一样长绿，祝他们的爱情像澜沧江一样纯洁，祝愿他们生的儿子会犁田、盖房，生的女儿会织布、插秧。拴完线后，新郎新娘要向老人和宾客致谢。在有的地区新婚夫妇拴线后还要向女方父母送"奶母钱"。拴线仪式结束，撤去婚礼桌，桌上的一只鸡献给主婚人，另一只鸡则给未婚青年小伙子分吃，意思是预祝他们早日找到钟情的姑娘，也能幸福地拴线。其他的东西和婚礼桌要放在新婚夫妇的帐子边，等过了 3 天以后才能吃。其中的糯米饭要由年龄高的老人用 3 个指头捏成三角形状，放上盐巴，分别放在三脚架的 3 个顶端，任由火烧后自焦自落，其意是预示幸福生活的饭碗十分牢固，爱情像铁一样坚实。①

---

① 胡绍华：《傣族风俗志》，中央民族大学出版社 1995 年版，第 153—155 页。

    云南德宏景颇族婚仪的过程是：首先由两位棒鲁送酒四次，每次送水酒和烧酒各一筒，送给在勒脚家休息的新姑娘及其伴者。酒送过后，勒脚家开始以酒、菜、饭招待新姑娘和她的陪送者。送第四次酒，两位棒鲁各背一个篮子。一个篮子放着给新姑娘的衣裙各一件，矛头两个，刀两把。另一个篮子放着水酒、烧酒各一筒。其中一筒，派人送回新郎家由客人分饮，另一筒由新姑娘分送给周围的陪送者及看新姑娘者一起共饮。饮酒之余，前来凑趣的老大娘们高唱"勒来"（一种助兴的调子）。同时，勒脚家内一位妇女将五谷（小米、玉米、黄豆、豌豆等）各选少许和两把刀子放在给新姑娘背衣裙的篮子里。等新姑娘系裙披衣一切停当后，长桶背着篮子，执矛带路。新姑娘由两位女伴陪同，其他女伴紧随其后，另一"米确苏"背着篮子，执矛紧跟在后面。新姑娘的陪伴者给新姑娘撑伞。他们到达新郎的家门前，棒鲁立即送水酒、烧酒各一筒，表示欢迎。接着棒鲁又送来了第二次酒，这时，新姑娘和她的陪伴者入坐在竹席上，新姑娘坐在竹席的正中，面对着新郎家的屋脊和正面，送姑娘的人分别坐在两边。棒鲁又送来第三次酒，同时送来大批草烟。新姑娘把盏送酒给周围的人，并分草烟给周围的人，棒鲁送第四次酒时请新姑娘进"新屋"。①

三　表达信仰崇拜的礼仪

    各民族的宗教信仰，贯穿在男女缔结婚姻关系的契约和标志

---

① 云南省编辑组：《景颇族社会历史调查（二）》，云南人民出版社 1985 年版，第 209 页。

夫妻家庭生活开端的婚礼中，集中体现着一个民族的传统价值观念。

（一）表达自然崇拜的礼仪

各少数民族的婚礼中，也常有对所生存的自然环境表达崇拜的礼仪存在，这与许多少数民族传统观念中"万物有灵"的信仰也是有关系的。主要有火崇拜、树崇拜以及图腾崇拜等。

1. 火崇拜

在我国各少数民族中，都有认为世界上任何事物都是由神秘力量所控制的，自己的命运也取决于这些神秘力量的传统观念。这多是因为原始时代，各少数民族先民认识自然、征服自然的能力有限所致。因此，出于对神秘力量的恐惧、敬畏和依赖，人们对自然界的许多事物产生了崇拜，随之形成了一系列的崇拜仪式，"火崇拜"就是其中之一。

我国许多少数民族地区的婚礼中"火"都有着不可替代的作用，如蒙古族的婚礼上就有拜火祭灶的习俗。近代方志《呼伦贝尔志略》云：

> 院中置木桌，上设孤矢、羊骨，或置一全羊。旁设火盆，夫妇向跪拜……次见翁姑，拜佛像、火、灶几尊长，答亲友礼，喇嘛念经，侑以乐器。

这个习俗显然有萨满教的痕迹。

在萨满教的观念里，火有三种意义。

其一，火是纯洁的，通过火堆，可以驱邪求吉。

其二，火是生育力和生命力的源泉。蒙古族妇女有向火祈子的习俗。此外灶火还是蒙古家庭兴旺的标志。

其三，火是人类幸福的赐予者。传说古代一个汗国发生了空前的灾难，人畜死亡，饥馑绵延。后来智者启发人们祭了火，才免去了种种灾难。火可以使人口兴旺，家庭幸福，国家安康。①

鄂尔多斯婚礼祭灶词说明了崇拜火的由来："要说这火，还是洪荒的年份，上古的朝代，从山上取出燧石，从草中借来火绒，成吉思汗把它击燃，鸟苳额赫（即成吉思汗母亲诃额仑）把它保存。用黄油白脂把它祭祀，用酸奶甜酒把它供奉。于是它便燃起冲天的火光熊熊，发出盖世的热量融融。"多桑《蒙古史》中记载蒙古人"不敢以刀触火，不敢以刀取肉于釜中，不敢在火旁以斧击物"表现了蒙古人对火的炽热情感和对火的敬畏。婚礼上新娘也要从火堆中穿行，接受火神的洗尘，取得洁净吉利，表示爱情的纯洁，新生活的兴旺，为整个家族带来吉祥。鄂尔多斯新娘来到新郎家要对着灶火三拜九叩，正式"入籍"。因为炉灶是家族的象征，必须拜灶后新娘方成为家族的一员，得到家族炉火神灵的认可、接纳、保护与恩赐。"祈祷火神赏赐我们的福禄，像须弥山一样坚固，如七香海一样永不干涸。祈祷火神保佑我们，赐予我们福分和富有，让匮乏变得满溢，让残缺变得圆满。"火还是生命力、生殖力的源泉，新娘在叩拜时要向炉灶中投进助燃物，使火势凶猛，象征家族繁荣、新娘多产、人丁兴旺，表现出蒙古民族对安定生活及子孙绵延不绝的追求。"新娘跪在灶火之旁，向赐予功利与幸福的青缎般的火神祭奉膜拜……愿他俩子孙满堂。"②

按照乌孜别克人古老的习俗，新娘家大门口点燃一堆篝火。新娘下车后坐在花毯上，由几个小伙子揪住花毯的四角，把新娘从篝火上边抬过去（也有让新娘自己从篝火上迈过去的）。据说，这样可以驱鬼避邪。然后，新郎挽着新娘，进入早已摆放着盛宴的房间，在傧相们的陪同下共进晚餐。饭后又举行盛大的新婚舞会。舞会后，男女青年们簇拥着新娘新郎入洞房。在洞房的门槛外放了一盆炭火，新娘要从炭火上面迈过去，据说这是为了新娘的心

---

① 张秀华编著：《蒙古族生活掠影》，沈阳出版社 2002 年版，第 57 页。
② 尚烨：《论鄂尔多斯婚礼的文化特色》，《历史教学》2009 年第 12 期。

境永远像炭火一样热。①

　　在裕固族婚俗中，最典型的拜火现象就是婚礼中的"新娘过火堆"仪式。当送亲队伍到达男方家，新娘在小帐房内稍事休息之后，就要举行十分隆重而有趣的"箭射新娘"和"新娘过火堆"仪式。届时，在男方家门口点燃两堆火。当新娘在伴娘的陪同下从间隔一两米的火堆间走过时，新郎站在靠近家门的一侧，迎面向新娘射出一支三头箭（也有些地方只射一次）。而且，以射中新娘为吉（在东部裕固族地区的婚俗上已经没有这一习俗了）。这时，新娘将蒙在脸上的"面纱"取下扔进火堆。仪式上所用的弓箭是用红柳条做成的，射箭之后便扔在一旁，由男方家人拣起后扔进火堆。当地裕固人认为，让新娘通过火堆，主要是为了驱除新娘身上的邪气或附着在新娘身上的"妖魔鬼怪"。人们认为，新娘是整个婚礼场面中最引人注目、最美丽的人物，因此，一些四处游荡的孤魂野鬼也会"看上"新娘，从而附着在新娘身上。解决的办法也基于裕固人对火的认识和对火的崇拜。人们认为火是人间最神圣的东西，火具有超自然的魔力，能驱除妖魔鬼怪及一切邪气。特别是火能净化人的灵魂，消灾避祸。②

　　壮族也有"跨灯梯"的婚俗。在举行婚礼时，要用芭芒秆绑成一副长约四尺的梯子，梯子的格数要求一定是双数，在中间点上一盏双芯菜油灯。新娘拜别父母双亲后，从灯梯上迈过油灯一步跨出大门，再坐上花轿前往新郎家，意味着"前程艰难，但步步光明"。

　　彝族人在结婚仪式上，新娘必须举行向火塘告别的仪式，认为只有这样新娘的"魂"才能从娘家转入夫家，新娘才算是夫家的正式家庭成员。从议婚到新娘正式成为大家成员，仪式都是在火

---

① 严汝娴主编：《中国少数民族婚姻家庭》，中国妇女出版社1986年版，第178页。

② 贺卫光、钟福祖：《裕固族民俗文化研究》，民族出版社2000年版，第89页。

塘边举行，火起到一种中介与"证人"的作用①。

2. 树崇拜

自然崇拜是指人们把自然界的许多现象人格化，把自然力和自然界视作有生命、意志以及强大威力的对象加以崇拜。树崇拜也是其中之一，人们将"树"这一植物赋予了灵性和神圣的意义，对其的尊重和膜拜表达了人们对自然界敬畏的态度，以及对生活的美好期望，同时在一定程度上，也是各少数民族处理人与自然关系的出发点，因此，也就相应地会在重要的人生礼仪——婚礼中有所反映。如景颇族、佤族、布朗族、壮族、彝族、哈尼族等民族都有崇拜神林、神树的风俗。如勐海县曼散布朗族婚礼就会在"寨桩"处举行仪式，寨桩是寨子的象征物。寨桩用"阿曼"树做，中立一大棵，周围立七小棵。仪式是先用一瓶酒、一碗饭和一碗菜放在寨桩处，由达官祭祀，同时结婚的男子也参加祭祀。②

3. 图腾崇拜

图腾崇拜的产生，是原始人们为了促进两种生产：物质生产与人自身生产发展而创造的。也就是为了使自己氏族的食物丰足与人丁兴旺。因此，图腾一经确立，便被作为维护人们安全的保护神与促进人口繁殖的生殖神来崇拜，来供奉③。因此，我国各少数民族的婚礼中，也常体现出图腾崇拜的最初形式，也是对新郎新娘婚后早日生育、多子多福的期盼。

怒族的婚日一般选择在属龙和属蛇的日子，龙和蛇被认为是吉祥如意的象征。这种习俗渊源于怒族先民的图腾崇拜及民族起源神话。相传怒族的女始祖茂充英是蜂与蛇结合而变成的。因此在怒族中有蛇氏族、蜂氏族等氏族名称。蛇以及同类的龙一直在怒

① 肖姝、李小峰：《浅谈我国少数民族的"火崇拜"》，《西北民族大学学报》（哲学社会科学版）2012 年第 2 期。

② 云南省编辑组：《布朗族社会历史调查（一）》，云南人民出版社 1981 年版，第 63 页。

③ 丘振声：《图腾崇拜与审美意识》，《民族艺术》1994 年第 12 期。

族人民的心目中受到尊重，被视为吉祥如意的象征物。

在婚礼前几天，男方所在的村寨就呈现出一派繁忙喜庆的景象，古代一个家族内团结互助的遗风在这里得到生动的再现。凡属同一村寨居住的人家，不论亲疏，都慷慨解囊资助结婚的男子，馈赠的数量多少不等，但一般多赠钱、粮、猪、鸡等。在婚礼前一两天，全村各户都照例选派一个年轻力壮的男子或女子，到新郎家去帮助料理各项准备工作，如杀猪、宰鸡、酿酒、舂米、砍柴等。

这时，新娘的父母也在奔忙。如为女儿赶制出嫁的新衣——裙子、花格布上衣、黑褂，购买女儿佩戴的首饰——珠帽、串珠、耳环、银手镯。并在女儿出嫁的头一天，要挨家挨户地亲自去邀请全村每家派出的客人（一般为一人），第二天陪送新娘去新郎家，参加婚礼、作客。①

（二）表达民间信仰的礼仪

功能主义理论认为，社会结构中的每个单元都有其各自的功能，且部分的功能是为整体服务的。民间信仰作为我国各少数民族社会文化中的一个重要的组成部分，具有多重的社会功能，并且常常与其他社会事项产生互动，婚姻礼仪就是其中之一。在我国许多少数民族的婚姻礼仪中，该民族的民间信仰都起到重要的影响作用。

如羌族婚礼的第二天为正圆之期，重点在男家。一早，女家宴客后即准备出亲。在阵阵唢呐声中女家主人和内管敬神，堂屋神龛前陈设两桌，每桌放五碗菜、五双筷子、五杯酒。房族中一位老人用羌话高声念唱新娘离娘家敬神词（"黑恰恰"）。当新娘的父亲敬神时，新娘放声哭嫁。接着将陪嫁之物，如大小箱柜、衣物、铺笼罩被等，一一背出门外。此时，一人手执掌盘，内盛生猪肉大小

---

① 奇泽华、傲腾、段梅编著：《中国少数民族婚趣》，青海人民出版社 1990 年版，第 232 页。

七八片。另一人用羌话高念唱呼名，代表新娘将肉分别送给端公（"诗卓"）、母舅、红爷和哥哥弟弟，人各一片，以示离开娘家时答谢他们平日对她的关怀爱护。新中国成立后羌人结婚虽不请端公了，但按传统仪式办婚事则应有端公。婚礼中绘端公送肉，不过表示是按传统婚事仪式办的，故将这片肉置于神龛上。①

白族在结婚的第一天，要举行隆重的迎喜神仪式。所谓"喜神"，是指用红纸贴在薄板上的牌位，牌位上写有吉星之意。喜神牌位每天都要享受烧香供奉。传统观念认为，迎喜神可以保佑婚姻美满，家庭幸福。这种习俗，包含着期待人丁兴旺的古老观念。期待人丁兴旺，种族繁衍，历来是人们所关注的问题，迎喜神是对这种期待最集中、最生动的反映。②

称为拉祜西的苦聪人有"退喜神"的婚俗。喜神是苦聪人信仰的一种较为特殊的神。苦聪人认为，成年男女恋爱成婚，并非志同道合、巧机良缘，而是还在娘胎中就由喜神决定，相配好了的。到了成婚的年龄，无论男女青年相隔多远，喜神都会帮助他们，为其铺路搭桥，使其相配成婚。如果离开喜神，无论你怎样寻找，谈多少对象，都是不会成功的。因此，男女青年相爱后，何时成亲，不能自作主张，完全要由喜神根据双方的属相、本命、八字而定。如果不是这样，即使结了婚，也不会长久，不是离婚，就是会丧夫丧妻，不能相伴至终。即便没有出现上述情况，也会出现不能生儿育女，或子女是瞎眼、断手、瘸脚、憨呆之类的情况。所以，苦聪人凡是举行婚礼时，必须举行退喜神的仪式。

退喜神必须由"白母"（祭祀主持人）主持。新郎接新娘时，要在新郎家外的大路正中间，摆一四方桌。桌上放一斗或一竹箩米，米上放两个鸡蛋，插三炷香，木桌的四条腿也要各插一炷香，烧一份纸。当新郎把新娘接到家门口时，由白母在木桌前铺一床

---

① 四川省编辑组：《羌族社会历史调查》，四川省社会科学院出版社 1986 年版，第191 页。

② 高静铮：《云南白族婚俗初探》，《民族艺术研究》1999 年第 6 期。

草席。没有草席，可垫青松毛或绿树叶，让新郎新娘双双跪在上面分别磕三个头。白母指定一人杀一只红公鸡，沿木桌四周绕一转，然后将鸡丢向木桌右边一丈远左右的地方。这时，白母就站到新娘新郎左上方，先后用口各含酒、水三次，向木桌四周及新娘新郎的头上喷去，之后，又用香火在新娘新郎头上来回比画。这就是所谓退喜神仪式。完毕，新娘新郎要同时冲过人墙，抢新屋入洞房。

苦聪人认为，如果不退喜神，新娘新郎会一辈子不得安宁。会像相恋的时候一样，坐不住，稳不下心来，会整天摆来晃去，这样就当不了家，立不了业，也不会养儿育女。男女双方还会起外心，另有所爱。退喜神后，一切都可安定下来，和和美美，相亲相爱一辈子。①

纳西族婚姻通过媒人撮合，双方家长请人算八字或是看属相，有的是请"东巴"打鸡卜骨。婚礼当天，迎新娘到男家门口时，大门关着，女家退亲一行在大门口唱调子，意思是"快快开门"。东巴在门内唱说："给你开门，金驼子来不来？银驼子来不来？"女家则唱答："金驼子来了，银驼子来了，快快开开门。"经过一番互唱，大门始开。门槛上设有一个用红纸裱糊的马鞍，新娘、新郎则跨过马鞍进入大门。这时，东巴开始念经，并在新娘的脑门上点几滴酥油，有的地区是在大门口备一碗清水，当新娘进门时，由媒人向新娘头上泼水。点酥油和泼水的含意，据说这是表示新娘从此是男家的人了。

鲁甸及其他山区纳西族结婚仪式稍有不同。送亲队伍至男家门口时，由东巴念"退口舌神"的经书（防口舌作祟），并作泼水饭的仪式（将一碗饭洒至院外以祭鬼）。完毕后，由媒人手执红帕，领着新人和接亲、送亲人员边唱边跳，进入屋内，在靠床左右，依次坐下。这时，由东巴举行生祭、熟祭各一次（在靠床上点像蜡、

---

① 晓根：《拉祜文化论》，云南大学出版社1997年版，第165页。

供奉酒、饭、猪头、猪蹄等级品），新人跪在靠床下，由东巴念经，经的内容大致是请家神今后好好关照新娘，使其在新的家庭内过得幸福快乐，念毕，向新娘头上点酥油。[①]

在婚仪进行中，德宏景颇族在新郎家的门与新姑娘坐的竹席之间，每距1—2尺栽一根2—3尺长的木桩，共栽四根。每一根木桩用草围着，名曰："篷。"三丛在左，一丛在右，丛下置一"总躺"。说每一个木桩上有一个鬼，第一根木桩上是"木容鬼"；第二根是"家外鬼"；第三根是"魂鬼"；第四根是"官家的鬼"。每一个木桩上都拴着祭祀品，第一根木桩上是鸡2只，第二根是公猪1头；第三根是猪（公母不限）1头；第四根是母猪1头（官家结婚有六根木桩，多两个鬼）。每一根木桩之前有一位巫师念鬼。念完鬼之后，即杀牲，牲血满溅于草棚之上。这时，新郎之弟用右手牵着新姑娘的右手经总躺上的草篷之间（如果新姑娘已经有孕，不能走总躺之上时，则从其旁经过）进入新郎家。当新姑娘走到楼梯处时，要向做梯子的人敬酒，或者送白布一块，以示酬谢。俟后新郎之母将项圈一个套在新姑娘的颈子上，并领新姑娘到自己的火塘休息，婚仪至此结束，喜宴开始。[②]

宁蒗普米族订婚时由男方的父母亲自到女家去提亲，带去一罐酒（约三碗）、一块猪肉（约二斤），女家如果同意，则把酒和肉在"宗巴拉"旁的锅庄上祭一下。然后将酒和肉吃了即算订婚了。在锅庄上祭时要说："祖父、祖母请吃这个酒肉，这是你的孙女某某订婚的酒肉，求祖先保佑。"等话。女方如果不同意，则不在锅庄上祭，但也把带来的酒肉吃掉，然后要让提亲的人带回去同样多的一份。祭过锅庄谈妥亲事后，即可说好哪一年哪一个双月来女家祭锅庄过礼。此后，一对男女青年常常是暗自交换手镯或头

---

① 云南省编辑委员会：《纳西族社会历史调查》，云南民族出版社1983年版，第64—66页。

② 云南省编辑组：《景颇族社会历史调查（二）》，云南人民出版社1985年版，第209页。

帕等。

祭锅庄过礼时，要由男家带去酒一坛（有十几斤），并给女方村中每户人家半斤肉，两个糯米饼，由男方的弟弟及另外两个男媒人（必须是男方的堂兄弟及叔叔）同去。这时女家要请全村每户一人来吃酒。祭锅庄时的主祭人是姑娘的舅父。男家带来二十四尺布，一块半钱，一两银子，一个猪蹄。猪蹄必须去掉肉，只剩骨头，表示贴骨的至亲，猪肉一块约二斤，猪心带去一半，留在家中一半。女家也将自家的猪心切成两半，一半给男家。两家各将自己的一半和对方送的一半合在一起，表示两家合为一心（宁蒗一区普米族不仅带来一半猪心，而且要带来全猪各部分的一半）。

男家带来的一两银子、一匹布、猪腿、肉要摆在"宗巴拉"前面，酒倒出一碗也摆在"宗巴拉"前面，然后由女方的舅父向这家祖先祷告，祈求保佑这对青年男女幸福安康。祭锅庄后，全村老人便一同吃酒吃饭。以后全村每家都要请这三人到各家吃酒。这一天。和女方协商，议定接亲日期，由男家来请奔布或喇嘛看日子。

到迎亲的日子，迎亲的人仍必须是前次去女家祭锅庄的那三人。在迎亲的前一晚即来到女家。新郎的兄弟拉着一匹公马，预备给新娘骑，另外有一匹马则驮着礼物。女家这天要请全村每家来一人吃喜酒。男家要照样给女家全村每户半斤肉、两个糯米粑粑。男家还带来海螺一个、布一匹、肉十五斤、酒三十多斤、白披毡一个、姑娘穿的衣服一件、牛一头。这头牛是完全由父母包办订婚的才送，表示女家两只脚出去，有四只脚进来（和兰坪的母奶钱相似）。自由恋爱的，就不索要牛，但要给十五块钱，同时还要给女方母亲一套衣服。新中国成立以后普遍地都不要牛，而以十五块钱代替。

迎亲的人来到女家后，要向女方的"宗巴拉"和神柜磕头，同时见了女家的人，不管大小都要磕头，对女方家中的男人，不管大小都必叫舅舅。不然女家认为没有亲热气氛，会很不高兴的。

同时，也要给全村老人磕头。在"宗巴拉"前烧香点清油灯，把带来的布、肉、酒、钱、海螺等供上，由新娘的舅父来祭锅庄。①

怒族订婚男女双方到了十七八岁即可结婚。结婚之前要请"禹谷苏"（巫师）卜卦选择吉日，全村的人共同帮助新郎盖一间新房。结婚那天，男方请十多个人去接新娘，其中要有一个唱调子的能手，和女方的人对唱，直至将对方唱服了，才能将新娘接去。父母及亲戚陪同新娘到男家做客。结婚仪式很简单，新郎和新娘坐在一起，由巫师替新人祝福"夫妻和睦、多生子女、粮食丰收，不得疾病……"然后，主人以酒肉招待宾客。晚上，客人们就在火塘边唱歌跳舞，表示祝贺，新娘新郎也和大家一同欢乐。第二天，巫师用猪头祭鬼，又替新人祝福一次。至此，客人都散了，只剩下女方来送亲的人。这时，新郎的父亲要拿出一瓶上好的酒交给女方一个年岁较长有名望的人。然后，这个人就边喝边讲，把新娘交代给男家，大意是说："我们家姑娘从此就算是你家的人了。生是你家人，死是你家鬼。由你家管，由你家教。但千万不能虐待，否则我们是不答应的。夫妻两人也要相亲相爱，像树林中的鸟一样，雌雄不分离，像鱼不离水，刀不离鞘……。"婚礼到此即算结束。婚后十三天，新娘偕同新郎带一瓶酒及一背棚子（点火用）回娘家一次，谓之"回门"，并且要送一点礼物（如一个竹箩或一块布）给结婚时的伴娘，表示感谢。在娘家住两三天后即回家，从此和父母分居，夫妇开始共同生活。②

（三）蕴含伊斯兰教信仰的礼仪

长期的历史发展过程中，受特定的经济、政治、地理环境的影响，西北各少数民族形成了以伊斯兰教为主的宗教信仰体系，对婚姻文化发挥着显著的影响。伊斯兰教视婚姻为一种神圣的社会

---

① 云南省编辑委员会：《基诺族普米族社会历史综合调查》，民族出版社 1990 年版，第 111 页。

② 云南省编辑委员会：《怒族社会历史调查》，云南人民出版社 1982 年版，第 16 页。

契约，并将婚姻看作是社会安定的重要因素。伊斯兰经典《古兰经》中有大量经文积极教导穆斯林大众结婚，倡导婚姻，积极主张婚姻，反对禁欲，反对独身，对于绝大多数穆斯林而言，结婚是"瓦兹帕"（应当的义务）、"孙乃题"（圣行）。具体而言，伊斯兰教对婚姻礼仪的影响在回族、维吾尔族、哈萨克族等西北少数民族中均有反映。

回族笃信伊斯兰教，《古兰经》的教义贯穿在回族婚礼的始终，婚礼的主要环节也不能少了阿訇。订婚时，男方将礼物送到女方家门时，女方的长辈、近亲和阿訇都要出门远迎高接，双方互道"色俩目"（问好）。入座后，女方拿出糖茶果品招待。仪式开始，先由双方阿訇代表诵读一段《古兰经》有关章节，表示美好的祝福，然后阿訇将男女双方的经名填写在经名柬上，媒人、阿訇及双方父母均在经名柬上签名，作为订婚的凭证。两份名柬双方父母各收藏一份。双方再次互道"色俩目"，仪式便告结束。女方家将茶饭摆好，诚待各位尊贵的客人。①

结婚仪式上，当新娘子入了洞房，送亲客人进屋后，主人一方面安排接待客人，一方面请阿訇给新郎新娘念"尼卡哈"：在堂屋正中设一张方桌，上方坐阿訇，左右坐证婚人和父母亲，地下铺上毯子，新郎、新娘跪或站在上面，聆听阿訇的教诲，阿訇宣读《古兰经》有关片段，再用汉话作一番解释，其大意是：结婚是成人的标志，是夫妇做人的开始，从此做人应尽种种责任；要严守教律，孝敬父母，待人谦虚，主持家务，奉公守法，上进求学等。然后阿訇面对证婚人问新郎："你愿娶她为妻吗？"新郎如愿意则应马上表态。再问新娘："你愿意嫁给他吗？新娘如表示愿意，阿訇就宣布，从今天起，你们二位正式结为夫妻，并告新郎、新娘互敬互爱，白头到老。证婚仪式结束后，新郎、新娘准备入洞房时，教长或家长将早已备好的馃子、糖、枣子、核桃、花生向新郎、新

---

① 丁超、王燕：《宁夏回族婚礼饮食习俗（上）》，《中国食品》1996 年第 5 期。

娘身上撒去，意为感谢真主赐给的良缘，祝新郎、新娘白头到老，早生贵子。有些地方新人入洞房时，将喜枣、喜糖等撒向围观的群众，以表示喜庆的施舍，众人皆从地上抢着拣。"①

维吾尔族结婚这天早晨要举行"尼卡"仪式。这种仪式在女方家举行，男方父亲带着儿子，在男性亲朋好友及请来的阿訇的陪同下来到女方家进行"尼卡"仪式。这个仪式由阿訇主持进行。它一般有两种方式：一种是新郎在屋内，新娘在屋外；另一种是新郎、新娘在伴娘的陪同下在屋内。在这伴郎、伴娘方面，不同的地方有不一样的规定，及伴郎伴娘的婚否和人数方面不尽相同。有些地方规定伴郎伴娘是已婚者，而有些地方规定伴郎伴娘为未婚。仪式结束后，男方回家准备迎亲。

柯尔克孜族婚礼仪式，新郎和新娘在陪同下，来到库达巴什、长老以及阿訇面前，举行"尼凯"（意为结合）仪式，由阿訇念经，把一块馕或奶疙瘩分成两半，让新郎和新娘当场吞下。根据柯尔克孜族的习惯，食盐是祖传的圣食。所以，他们在婚礼上往往把它作为结成正式夫妻永不分离的象征。在习惯上，不经过"尼凯"仪式和食用食盐的男女，包括已经履行订婚、定亲和认婚仪式的男女青年，都不能认为是正当的夫妻。故"尼凯"仪式和食用食盐是柯尔克孜族婚礼上不可缺少的程序。②

塔吉克族有婚前"怀旧"的习俗。婚礼前的一周左右，男方的家长便骑马外出，翻山越岭，向亲友们通报儿子的婚期，邀请最近发生了不幸事件（主要是丧事）的亲友到自己家里，宰羊设宴，热情款待。宴前，男家长首先将一个"达甫"（手鼓），拿到宴桌上，尊敬地向大家说："尊贵的客人们，不论山前山后，我们都是一家人，从遥远得记不清的年代起，我们就在这块土地上开荒造田，牧放牛羊，和睦相处。现在，你们的亲人虽然已经不在人世，但他们的功德常留人间，佑助我们。亲人们，过去的事，就让

① 王正伟著：《回族民俗学概论》，宁夏人民出版社1999年版，第140—149页。
② 杜荣坤：《柯尔克孜族》，民族出版社1991年版，第60页。

它过去罢，请你们帮助我们，在我儿子即将来临的喜庆之前，擦干悲痛的眼泪，振作精神，同我们一起，用力敲响这驱邪扶正的'达甫'，为青年人祝福吧!"这时，每个客人便都在手鼓上轻轻敲几下，表示"丧后一年不婚嫁"的悲痛日子已经过去，青年男女结婚前的娱乐活动现在开始。

塔吉克族人婚前这种别开生面的"怀旧"习俗，是沿袭了伊斯兰教所规定的"丧后一年不婚嫁"和"丧后百日不剃头、不娱乐"的教规和族俗。在帕米尔的塔吉克族地区，不论是谁，倘若违背这些教规族俗，都将受到亲朋和族内男女们的谴责。有的不仅婚礼不能按期举行，甚至连男女双方的婚约也会因此而受到破坏。①

（四）蕴含基督教信仰的礼仪

基督教在我国少数民族社会中传播的历史已有百余年，对一些民族的社会变迁产生了一定程度的影响，对在一些方面改变了某些民族的文化传统和行为方式。因此，信仰基督教的各少数民族婚礼仪式中，也或多或少的反映出其基督信仰。如云南地区的拉祜族、傈僳族、苗族的婚礼礼仪中，就既具有传统的本民族特点，同时在信教家庭的婚礼中也会融入基督教信仰的礼仪，如在婚礼举行时还要请当地的传教士来讲经，请唱诗班来为新人唱赞美诗等。传统的民族特色与基督信仰交融在一起的婚礼仪式，显得独具特色。

而俄罗斯等民族，因其信奉东正教，因此婚礼必须在教堂举行。但有一条原则，凡小时未经洗礼和不信奉东正教的人，不能在教堂举行婚礼。结婚的这天，一大早，新郎就在媒人及伴郎们的陪同下，去新娘家接亲。新郎的结婚礼服是西装，肩到腋下斜挎一条白麻布披巾，披巾两头用红黑两色丝线绣着一对大公鸡或

---

① 吕静涛著：《塔吉克族风情录》，四川民族出版社1998年版，第111页。

花卉图案；披巾上还别着一朵艳丽的红花，若是冬天，红花则别在帽子上，陪同的人们也必须每人胸前别一朵花。接亲时，有马车的赶着马车去，给马挂上小铃铛，一路上响着清脆的铃声；没马车的就步行。新郎走后，他的母亲要把事先准备好的大麦、糖果和零钱往围观的人群里抛撒，人们等着捡拾地上的糖果，热闹得就像过节一样。新娘在这天也早早起来梳洗打扮，新娘的礼服是白色薄纱拖地长裙，白色的头纱结成美丽的花环，白色的鞋袜、甚至连内衣都是白色的，这象征着新娘的纯洁。临行前，要在地上铺个皮袄，让新娘跪在上面，这样做，新娘婚后生活就会兴旺。然后父亲拿着撒了盐巴的面包，母亲拿着圣母像，边在女儿头上画十字、边向女儿祝福，并叮嘱一些临别的话语。这些仪式要在新郎到来前做完。离开新娘家，人们就拉着手风琴，簇拥着新郎新娘去教堂举行婚礼。婚礼时，新郎新娘要戴上婚礼的头冠，新郎手中拿一支蜡烛，新娘手中拿一束花。首先神甫要问双方是不是自愿结合，如回答是自愿的，神甫就为他们祷告。祷告完毕，让双方交换戒指，并给新郎新娘一点蜂蜜，表示祝愿他们的生活甜甜蜜蜜。接着新郎新娘要行三次跪拜礼和亲吻三次，最后在大家的祝福声中离开教堂，前往新郎家中。整个过程和其他信奉基督教的民族大致相同。在男方家，待新郎新娘一入座，客人们就喊："苦啊！苦啊！"意思是酒太苦了，要新郎新娘接吻酒才能变甜。等他们接了吻，婚宴即正式开始。人们可以欢歌畅饮，但没有闹洞房的习惯。①

（五）蕴含佛教信仰的礼仪

信仰佛教的门巴族、傣族等民族的婚礼礼仪中，则蕴含着佛教婚姻观等的影响，具有一定的佛教特色。

如门巴族订婚送聘礼后，需过一个月至三个月，一般是半年或

---

① 严汝娴主编：《中国少数民族婚姻家庭》，中国妇女出版社1986年版，第183—184页。

更长的时间才能结婚。婚前，男方带一筒酒去女家协商婚期，具体日子由男方请喇嘛择定。男方送给喇嘛一条哈达，黄酒、白酒各一筒，一块银圆，请喇嘛根据双方生辰属相择定吉日。吉期一定，男方送新娘一元钱和一束白线，送女家每人一条哈达或一元钱，以示约定。迎亲的当天或前一天，请喇嘛或巫师念经驱鬼，为新人祈祷幸福。①

傣族信仰的是小乘佛教，订婚讲究男女之间的生辰八字是否相合，但不如汉族那么严格。其方法是把双方的出生年、月、日、时辰交人卜算，如果相合，即可订婚成亲，如果不合，有的就因此而中断婚事，若男女双方相爱甚深不可分离，双方父母一般都不愿违背儿女的心愿，于是便做点佛事，然后再请人卜算，将相克变为相合，意为化凶为吉，大家都皆大欢喜，就可以订婚成亲。按照传统风俗，傣族婚礼首先要在佛寺开始，婚礼开始前，新婚夫妇先要到佛寺去拜佛，祈求吉祥幸福，白头偕老，然后回家举行结婚仪式。②

四　强化家族认同的礼仪

（一）表现祖先崇拜

人类学意义上的祖先崇拜，是指以相信已故的成员给某个集团的现有成员的生活带来影响，这一信仰为基础的民俗信仰体系。通常，进行崇拜的现有成员和被崇拜的已故成员之间的关系，被

---

① 严汝娴主编：《中国少数民族婚姻家庭》，中国妇女出版社 1986 年版，第 207 页。

② 胡绍华：《傣族风俗志》，中央民族大学出版社 1995 年版，第 150—154 页。

认为是"子孙"和"祖先"的关系。某个群体活着的成员认为自己以及所属集团的延续和繁荣有赖于祖先。人们认为，承认这种事实并不懈地感谢和祈祷，是为确保继续获得祖先保佑，过更幸福的生活或为免遭不幸所不可缺少的①。因此，我国一些少数民族的婚礼中就存在有表现祖先崇拜的仪式或者仪礼，在婚礼中表现祖先崇拜的礼仪，最为重要的意义和作用既在于表示对家族增添新人的一种昭告，同时也是希望祖先庇护和保佑一对新人，能够生活幸福并为家族繁衍子嗣。

例如满族结婚，在婚嫁前的一个月内，女家要择吉日，举行"摘他哈"仪式。首先打扫室内，然后从祖宗板上摘下索线口袋，拉出索线，一头绑在祖宗板的支架上，另一头一直拉到房门，绑在事先备好的柳枝上。由家长或萨满（巫师）来主持仪式，出嫁的姑娘和全家向祖先牌位叩头。之后，主祭人从索线上摘下索线一条他哈补丁（即姑娘出生时所拴上之他哈补丁），祭后把它扔于长流水中；如近村无河流，则扔于十字路口，以示长命之意。满族未出嫁的姑娘，平时家中所举各种祭祀时，惯例不向祖先叩头，唯此次叩头，俗称出嫁头。同时，要把男家送来的他哈猪②，在祖先神位前（个别在院中天地神位前）领牲宰烹，遍请亲族邻里以贺之，食尽为终。此俗，现已有改变，在新宾等地订婚时，虽尚有要他哈猪者，但不用百斤以上，只三四十斤即可，也不举行摘他哈仪式宰烹飨客，而是留下蓄养了。③

云南大理巍山彝族订婚的第二天清晨，新郎在家中献祖后，由同辈陪同，携带糯米饭箩到女方家中，请男女双方长辈亲友，坐于祖先神位前两侧，供奉彩礼衣物，杀鸡献饭，请"阿毕"（毕

---

① 色音：《祖先崇拜的宗教人类学探析》，《内蒙古师范大学学报》（哲学社会科学版）2012 年第 5 期。

② 注：男方迎娶新娘前一个月送的正式财礼中的猪，称作"他哈猪"。此猪不是送去留下喂养，亦不是作为财礼，乃是供女家"跳神以志喜"时，作为牲品。

③ 严汝娴主编：《中国少数民族婚姻家庭》，中国妇女出版社 1986 年版，第 5 页。

摩）念经祈祷。经文内容大意是告知祖先，某某女与某村某户之某儿，双方自愿，互好为婚，祈祖安抚，保全成婚，保佑新男新女白头和好，成家立业，后代大发大旺。然后未婚男女向祖先神位叩首，男方向女方父母长辈作揖，并称呼岳父岳母。岳父岳母于此时送女婿衣服1套，女方向男方的父母、舅舅，称呼作揖，承认婚约已订。订婚后，别人则不再到女家求亲。

结亲吉期，双方家庭中，整理得清洁整齐，铺松毛、贴喜联、穿新装、张灯结彩、竖松柏坊、吹唢呐大号，通宵达旦，热闹非常。新郎在家中，献天地，敬祖宗，拜父母、姑舅及本家亲友，称为"拜堂"。同时送上果品。亲友则回送金银首饰、钱财，以示祝贺。第二天一早，献祖后，新郎左手戴红绸扎成的花带，带着饭箩，敲锣打鼓，吹唢呐大号，骑着鞍马，由陪郎（同辈男朋友）、陪娘（同辈青年妇女）跟随，牵着骑马和驮马，领着抬夫（相帮之青年），到女方家中，在祖神堂前摆上女方全身服饰（包括包头、绕子、银龙须、边订银饰之女凉帽，发上扎戴的红线、梳子、梳妆银、耳环、银钗、银镯、玉镯、银玉戒指、银五须、裤、围腰、系带、袜子、绣花蛙等），衣服一般是两套。献上饭箩和酒，点香燃烛，请"阿毕"（毕摩）或长辈念经。先敬天地、献祖宗，后拜父母，此时，女方父母给女婿右手系上红绸挂带，而后设宴席，陪送新郎来的客人。拜天地仪式后，新郎新娘相竞争开堂屋门（当新郎新娘进门前，堂屋门关闭，母亲回避。据说谁先开门，则谁是掌家）。进洞房安顿后，则点香、献猪头、摆升斗等，先敬祖宗，然后男方双亲领女方双亲进门。新郎新娘给阿爹、阿妈敬茶水、糖水，共进晚餐。

翌口清晨，新娘向主要亲朋宾客端洗脸水，亲朋洗毕则以财钱、礼物放于盆中，以示酬谢。早点后，新娘祭祖，然后认亲拜堂。拜堂时，堂中摆满水果，双方父母宾客依次就座，新娘献上果品、衣鞋等物，先拜男方父母亲属及新郎，然后顺长幼辈送礼。受礼之人，边祝贺词，边还小礼（多数是银首饰、衣物或钱财）。最后，再给陪郎、相帮人、鼓吹等送礼。行礼后，拜堂即告结束。早饭后，新郎、新娘携带献祖饭箩和送给母亲、小弟妹的礼物，赶回娘家，称为"回门"。回门后，过两三天，新娘再回娘家，到此全部婚礼完毕。①

大理白族地区的本主信仰以地缘和村社为纽带，几乎每个村寨都有自己的本主庙和本主神像，其核心是保佑国泰民安、五谷丰登、六畜兴旺、富贵吉祥。婚礼的前一天，要到村中本主庙拜本主。迎亲的前一天，举办婚礼的人家于中午十二点多到本主庙祭祀。两位年轻男子抬着供品盘走在前面，供品盘中摆放着一个猪头及尾巴、两只猪后蹄、三只咸蛋、一碗白米饭、一刀猪颈肉。新郎的父母以及村里几位德高望重的老妈妈带着糖果、瓜子、乳扇、炸米糕等供品，随后在喜乐伴奏声中踏入本主庙，乐队有两个人，一人吹唢呐，一人敲钹。新郎的父母在庙里祭祀时，猪头对着神像，企盼一对新人能得到本主的庇护，可以早生贵子、恩爱美满、白头偕老（祭拜完毕后，新郎的父母要把供品象征性地取一点撒在地上，表示请众神享用，然后请周围的人品尝糖果、瓜子、乳扇、炸米糕等供品，共同分享喜庆。②

张家界白族人在婚礼活动中，沿袭一种"告祖"习俗。所谓"告祖"指白族人在结婚前一个晚上，邀集七八个能说会道专门主持婚礼仪式的礼生，和一班围鼓唢呐手，在堂屋里举行一场祭祖先的仪式，其目的在于告诉祖宗，某某白族娃已长大成人，现在成家立业，不敢目无宗祖，事先敬告祖先，希望得到列祖列宗的庇护，安居乐业。整个告祖仪式分为四道程序，即开场、赞词、颂祖、劝酒，每个程序都表达了白族人民憧憬美好生活的喜悦

① 云南省编辑组：《云南巍山彝族社会历史调查》，云南人民出版社1986年版，第124页。

② 王海娜：《试论大理白族婚俗——以双廊镇大建旁村为例》，《文化遗产》2012年第1期。

之情。①

　　洱源白族迎新娘的果酒席散去之后，另外摆上一桌酒席，烧香燃烛，烧钱化纸，让新郎在桌前四礼八拜，致谢新娘的列祖列宗，然后新娘便可以出闺房的门。娶亲娘子把新娘由室内牵到堂屋中，在摆好的酒席桌前向祖宗跪别，然后向父母磕头辞别。之后，由新娘的哥哥把新娘背出大门，送到马上。②

　　云南鹤庆白族在举行婚礼的前一天，新郎要穿上长衫、马褂、戴上礼帽，向亲族中年长、辈分高的男子跪拜，每人还个礼，在新郎胸前挂上大红彩球，叫"簪花红"，然后设位拜祖宗，拜父母（包括祖父祖母），礼节为四礼八拜、接着拜亲属，拜同辈（如哥嫂、堂哥嫂等）、拜小弟兄，礼节为一跪一叩。凡长辈受拜，在场主持的小弟兄都要说："请教导几句。"于是受拜者便指出新郎许多缺点，望其改正；也有指出许多优点望其发扬的；指出事业，鼓励进取的。有些经过千辛万苦才盼到这一天的父母，往往过于激动，与做新郎的儿子抱头痛哭。③

　　澜沧江一带哈尼族男女青年订婚后，小伙子便多次与姑娘幽会。这种幽会，不单单是对歌谈心增进感情，而且还在暗中商量"逃出"姑娘村寨"龙巴门"的时机和办法。"龙巴门"，即寨门。过去西双版纳、澜沧江等地哈尼族认为，"龙巴门"是神圣不可侵犯的，住在"龙巴门"内的人不但可以得到村寨神的庇护，而且可以得到同寨人的全力帮助；离开"龙巴门"，就是离开了村寨神，嫌弃了由全村寨人所组成的集体，不但村寨神不会保护，就是村寨上的人也不再相帮，变成了一个神俗两界都不会照看的孤立无援的人。一对钟情的男女青年只要逃出村寨的"龙巴门"便变成了自由人，可以结为夫妻。这在过去，是热恋中的男女青年

---

① 谷俊德：《白族婚礼中的"告祖"仪式》，《民族论坛》2002 年第 9 期。

② 胡登科：《洱源县炼铁乡翠屏白族婚礼习俗》，《大理文化》2012 年第 4 期。

③ 云南省编辑组：《白族社会历史调查（三）》，云南人民出版社 1991 年版，第 376 页。

反对包办婚、买卖婚等各种阻碍自主婚姻习俗，争取幸福美满婚姻的一种手段。现在，一对情人双双"逃出"女方村寨"龙巴门"只不过是正式结婚的一个仪式而已，只要"逃出"女方村寨"龙巴门"便算正式结婚了。这种结婚的仪式，古朴而清新，简约而可爱。①

红河州哈尼族新娘在迎亲人和陪娘的簇拥下来到男家。在火红晚霞的映照下举行婚礼，是哈尼族的传统习惯。若在过去，新娘来到男家后要进大房，向插在后山墙上象征祖先歇脚处的簸笆行埋头礼。现在，仅剩下新娘到大房中拜见公婆以及吃夹生饭习俗。拜见公婆之后，新郎端来一碗夹生饭，新娘在众位宾朋的祝贺声中吃下。这表示，从此新娘就成为婆家的正式成员，决心要与新郎相敬如宾，同甘共苦，终生为伴。②

四川省木里俄亚纳西族结婚那一天凌晨，天未亮，男方家人便起床，做好各种准备工作。东方吐白时，男方家长拿着一碗清水，用松毛蘸着水，往屋四周洒一下，点上松明子和杜鹃花树枝在屋里照一下，将屋里不干净的东西清除出去。将碗里的清水倒在凉台上，将松毛和杜鹃花枝在凉台上烧掉。请人去接东巴和本斯日的长辈老人，分坐在神龛两侧的高床上。新郎的祖父、父亲坐在左边高床上，东巴坐在右边高床上，其他客人按长幼顺序分坐在两边高床上。

大家坐定后，由东巴开始点燃神台上的酥油灯、香炉上的香柏树枝，举行"斯库"仪式。媒人和一个青年男子（最好是新郎的兄弟）牵出一只骟过的公山羊，拉到左侧高床上，站在神龛前，由东巴一边敲击法器，一边念经，海螺手吹起海螺，用活羊先祭祀一下祖先和菩萨。祭毕，媒人等人将羊按倒在高床上，用削尖的竹矛猛刺山羊的咽喉，将山羊捅死。东巴再念一遍经，用死羊再祭一下祖先和菩萨。然后抬出去除毛、开膛。大家休息一下。天

---

① 吴存浩：《中国婚俗》，山东人民出版社 1986 年版，第 156 页。

② 同上书，第 159 页。

大亮时，男女双方斯日成员和帮忙的人陆续来到。两位酒妈向前来参加婚礼的客人一一敬酒。由于主室面积不大，人多，烟大，除媒人，东巴和辈分高的老人在室内就座外，多数人则在凉台上席地而坐。一边饮酒，一边闲谈。[①]

布朗山老曼峨寨布朗族男女青年相好之后，男的请两个小伙子陪送自己到女方父母处，两人把来意说明后，女方父母便说一些推辞的客气话，如我的姑娘很不漂亮，也不会劳动，怕不合适吧！等等。之后，小伙子们各自回家。第二天晚上，男的又另请两个小伙子陪同再来求婚，这样，甚至连续几晚，最后女方父母表示同意。约月余，男的用1对蜡条请布占选吉日（一般在傣历四月，也有六月或八月的），准备正式结婚。女方出一个半开，男的出1.2个半开，并用3对蜡条向召曼索马，请他们祭祀寨神，然后双方各买五六斤肉，煮几筒米，请各自的亲友吃饭，并特邀寨子的12个大小头人（男方6个，女方6个）参加，届时新郎新娘要并头跪下，向头人磕头致意。由布占致辞："祝你们生个儿子力气大，会挖竹鼠，会拿鱼，会捕马鹿，会打枪，会射弩箭，会使斧子。生了女儿，祝愿她会找螃蟹，会簸谷子，会织布，会养家畜家禽。"然后由召曼给新郎拴线，其他头人也依次拴线，最后举行喜宴。接着，新婚夫妇要拿一包饭、一碗菜到缅寺滴水，请佛爷念经祝祷。此后，男的就实行"望门居"三年，即晚上去女家，白天仍回自己家生产劳动。男子在妻方居住的三年中，劳动上可以和岳父家换工互助，但很少纯粹帮助岳父家干活的，否则人们舆论会讥讽男的。

三年后，男方就准备把女的接回自己家来，女方父母也准备嫁妆，一般是1只篾箱、1条裙子、1口铝锅或土锅、1只母鸡，有钱的还要陪嫁手镯一对，男的娶给女方父母"奶母钱"，不少于6元半开。是日，要请男女两人，男的叫"门鉴"，女的叫"相鉴"，

---

① 四川省编辑组：《四川省纳西族社会历史调查》，四川省社会科学院出版社1987年版，第83页。

代表新郎新娘各持 2 对蜡条，互相交换后，递给新郎和新娘，夫妇二人向头人磕头，布占对他们说："现在你们是真正的两口子了，今后不能吵架，不能离婚，互相帮助，好好发展生产，增加人口"，等等好话。接着，召曼、布占等头人依次为夫妇俩拴线，最后喜宴一餐。新媳妇来到男家时，婆婆要在楼梯口迎接，全部婚仪到此结束。最后这一次婚仪，布朗话叫"干能乔"。①

（二）融洽亲缘关系

还有不少民族，在新人成婚之时，会通过各种仪式和仪礼表达希望婚后与妻子（丈夫）家庭和睦相处的期望。通过这一类融洽亲缘关系的礼仪，双方家庭均表达对"家和万事兴"期望。在一些民族中，此类仪礼也表达新娘父母对新郎父母的嘱托，即希望他们能够在婚后照顾、包容自己的女儿，或者是新娘本人表示对公公婆婆尊敬的一种方式。

例如，献"九毛救拉"就是藏族婚礼中不可缺少的一项仪式。"九毛救拉"是新娘出嫁前制作的一件长盘袄，结婚时献给婆婆，表示对长辈的尊敬和体贴。献时，由女方送亲代表向婆婆敬献两杯酒，然后唱献"九毛救拉"歌：

> 敬一杯酒呀，
> 尊敬的婆婆听，
> 在家全靠父母养，
> 出嫁全靠你操心！
> 引路指引多费神，
> 恩情比海深，
> 献上"九毛救拉"，

---

① 云南省编辑委员会：《布朗族社会历史调查（二）》，云南人民出版社 1982 年版，第 92—93 页。

表示一片心。①

　　羌族办婚事一般为花夜、正圆、回门三天。花夜是男方迎亲的日子，男女两家均有花夜，但重点在女家。当晚将出嫁的姑娘须先拜家神，后拜家门亲戚。此时堂屋神龛前设一礼台，地上铺席子一条，姑娘跪于席上。礼台放拿盘一个，内有两盘菜、两双筷子、两杯酒。由司仪人（一般为外管）按礼簿登记名单一一呼名受拜。先拜四门亲戚，再拜内外管和所有相帮的人。

　　敬神拜客毕，即将姑娘若干年所做一大背篼羌式云云鞋抬到礼台前。此时司仪人一面讲羌话，一面按亲长次序呼名，将所有的鞋分别送给亲戚和长辈，直到送完为止，司仪人所讲羌话，是代表姑娘说的，其意为：

> 小女将要出远门，成家落业到婆家。父母长辈待我好，
> 从小疼我操劳多。为了报答抚育情，理应从头换到脚。
> 只因我的针线差，送双鞋子表心意。天晴落雨把脚垫，
> 穿鞋时刻不忘我！

　　最后司仪请双老出堂受拜，姑娘向父母三叩首，敬神拜客毕。②

　　正圆之日，新娘将到男家时（一般能看到男家房屋），即鸣礼炮数响，并继之爆竹，以示迎接新人。时新人止步，唢呐奏出各种喜事曲调，村寨男女老少均欢呼雀跃，拥向男家。男家则紧张安放新娘陪嫁之物于适当地点，以便迎接新娘进屋。

　　陪嫁之物安置毕，即迎新娘进屋，准备敬神拜堂。此时香灯师燃香点蜡，堂屋神龛前桌上放几个碟子，内盛青稞、麦子和米等，

①　吴存浩：《中国婚俗》，山东人民出版社1986年版，第36页。
②　四川省编辑组：《羌族社会历史调查》，四川省社会科学院出版社1986年版，第191页。

新娘、新郎并立于地上铺的席子上，司仪人（一般为外管）用羌话高声演唱：先拜天地，后拜高堂，再拜爷爷、奶奶、父母、姑爷、姐姐、哥嫂，再拜四门亲戚！相帮弟兄，最后夫妻交拜，新郎举手揭盖。在新人拜堂时，双方母舅用羌话嘱咐他们成家立业，勤劳生产，遇事商量，和衷共济，白头偕老；并将敬神的青稞、麦子和米等撒向新娘、新郎。众母舅讲话毕，新娘转入洞房。

接着举行敬神、拜客和谢红仪式。首先由司仪人代表主人用羌话高声念唱，其意为：

> 今天我家办喜事，添人进口颇吉祥，特地敬请诸神灵，
> 保佑他们有吃穿，家道兴隆人丁旺，开始一家发五家。
> 五家发到一百家。愿神灵保佑他们，像太阳一样通红，
> 似月亮那样明亮，如星星一般耀眼，吉祥如意万事兴！

然后司仪人照礼薄念唱，呼叫送礼名单："×××挂红花一勒！"意为某某人挂红送礼！并请送礼的亲戚和家门房族长辈一一受拜。在新娘、新郎拜客过程中，新娘的母舅和哥哥等一面饮酒，一面起立用羌话教育和嘱咐新人。舅舅的嘱咐词为：

> 今天你俩成了家，须要勤劳又和睦，要像蜜蜂将蜜酿，
> 要像蜘蛛把网结，勤奋持家莫偷懒，建设一个幸福家！

哥哥的嘱咐词为：

> 妹妹今天到婆家，勤劳生产承家业，养儿育女理好家，
> 尊老爱幼是本分，与人谦和莫纷争，望您记住我的话，
> 哥哥不会忘记您，逢年过节有接送。倘若妹妹不听话，
> 吵嘴闹架又懒惰，即使偷偷回娘家，也要赶您返婆家。
> 我家对您有教养，千万别丢娘家脸！

拜客毕，即抬出新娘陪嫁带来的一大背篓羌式云云鞋。此时司仪高声唱名，由新娘将鞋送给男家母舅、父母、姑爷、姐姐、哥嫂等。每人一双，送完为止。在此过程中，新娘的母舅、哥哥再用羌话教育新人。接着，新郎给女方送亲的母舅、姐姐、哥嫂、妹妹、斟酒点烟，道谢他们辛苦了，并用羌话说："饭虽不好，请吃饭；酒虽不好，请饮酒！"最后，由司仪人代表男家主人致《谢红词》，并请红爷收礼。《谢红词》为：

红爷大人辛苦了！谈起话来费精神，拨弄琴弦费指甲，
说亲好比爬荒山，往返说合踏出路，如今两家办喜事，
多亏红爷巧周旋，终于结成这门亲。
红爷大人辛苦了！天上无云不落雨，人间无媒不成双，
感谢红爷做好事。主人本想重谢您，做双好鞋赠红爷，
奈何新娘针线差，粗鞋一双且垫脚！
红爷大人辛苦了！今天主家宴贵客，重礼谢红理应当，
只因主家钱财少，猪头猪肉送红爷，还有猪腰猪尾巴，
聊表主家一片心，红爷大人请原谅！

致毕《谢红词》，即将谢红礼品从礼台送到红爷面前。此时红爷谦让两次，第三次才收下，并道谢主家，再次表示祝贺！

第三天为回门，重点又转到女家。男家答谢家门房族和所有相帮的人，请他们吃早酒。早宴毕，客人们纷纷道谢而去，新娘则偕新郎回娘家，即"回门"。回门时，男家须备两瓶酒、一个太阳馍馍（以三斤麦面做成）、一个刀头（三斤猪肉），以及香蜡纸钱等。当新女婿将到女家门时，燃放鞭炮。新娘的父亲和外管即出门将女婿和女儿迎到堂屋。

接着安排敬神，拜女家亲戚、家门房族长辈。先由香灯师燃香点蜡，然后由新娘的父亲引导新女婿敬天神、家神、财神、火神、祖宗神等，在每个神位前插三炷香并叩头。敬神毕，即在堂屋神

龛前地上铺席一条，准备拜女家亲戚和家门房族长辈。此时新郎、新娘并跪在席上，先拜众母舅、姑爷、姑妈及其他长辈，再拜内外管、司厨及其他相帮的人。在新郎、新娘拜客过程中，亲戚和房族长辈们纷纷用羌话嘱咐新人。最后，由新娘的父母收拜。新郎、新娘向父母三叩首，父母为他们披红一道。女家设午宴招待新女婿和女儿，答谢亲戚和家门房族。午宴后，客人们纷纷向主人道谢告辞。晚上，女家主人最后请家门房族和所有相帮的人吃酒。到此，整个婚礼结束。①

彝族婚礼中，新娘和送亲队伍从棚屋移入男家的正屋之前，还要举行过门仪式。许多地方举行的是举鞍仪式。所谓举鞍仪式，就是将新娘乘骑的马牵至门口，由一人从马背上将鞍解开举起，其规矩是必须用单手将马鞍举起，并且保持不偏不倚地举在门框上边，偏里偏外都是不行的，人们认为举起的马鞍偏里是对女家不利，反之偏外了，又对男家不利。人们十分注重这一点，如果举起的马鞍不正，偏向一方，那么举鞍人就要受到另一方的指责。因此，这是一项严肃的仪式。

有的地方新娘的过门仪式，是用对歌的方式进行的。傍晚时分，主客双方各选一位能言善辩，知识丰富的男子代表双方出场。届时，他们从棚屋中将新娘请至婆家门前站立，然后二位男子便站在婆家的大门前对歌。程序是先由男方代表出题，然后由女方代表对答。这样一问一答，待客方把所有问题都答对之后，婆家紧闭的大门才大开，请新娘进屋用餐，而新娘则仅尝一口汤就跑回屋旁小棚屋之中，而二位对歌的代表则被请进屋内，受到主人家的盛情款待。

有的地方新娘的过门仪式，是在屋内举行献茶礼。客人们边走边唱，送新娘进入婆家屋内，这时屋内早已备好锅和茶叶，客人中有一人上前，将锅安在火塘锅庄上，并将代茶的青叶投入锅中

---

① 四川省编辑组：《羌族社会历史调查》，四川省社会科学院出版社 1986 年版，第192—194 页。

烧煮。煮至冒气时，又在茶水中放入一只鹅，还用一块盐涮一下，茶叶就煮成了。这茶是献给公婆和丈夫的。此人就代新娘献茶。他先盛一碗，献给公公，口中念道："一碗献与翁，翁要会差使"，再盛一碗献与婆，"一碗献与婆，婆要会教导"，最后一碗献给丈夫，"一碗献与夫，夫要会相处"。献完茶，仪式便告结束。

这一夜，人们燃起熊熊篝火，上客双方围在一起，唱歌跳舞，喝酒、赛知识，尽情欢乐，通宵达旦。①

白族订婚以后的第一个春节，女婿要在正月初一到岳家拜年认亲。首先到媒人家拜年吃中饭，然后由媒人领着到岳家去。先拜祖先长者，再拜其他人，同时由媒人一一介绍各人的身份称谓。然后再到女方家族的各家去拜访，并送上糖果。拜完回岳家吃晚饭。临走前，岳父岳母要向女婿赠送鞋、帽、钱等礼品。一般拜年只拜三年，也有的只拜一年或两年。正月初三，女方家又到男方家拜年、还礼。

婚姻关系一经缔结，在建盖房屋、农忙时节、与外人纷争等大小事务上姻亲双方互相支持、互相帮助。凡遇有红白事，必须按常规礼节来往。每逢春节、火把节、迎佛节、本主节，女家要请女婿做客，男家要请儿媳做客，但女子一般害羞很少去。②

云南祥云禾甸婚宴席散后，有的地方在阵阵欢快的唢呐声中，开始举行"除拜"（即拜亲）仪式，"除拜"就是由新媳妇拜男方长辈，受她一拜的人都会得到她亲手加工制作的布鞋一双，上辈人接过鞋子，多少要给她几元钱或一点礼品，最后由新娘下辈人、邻里小孩一齐拜新娘，每人都会得到一份喜钱或一件礼物。这时老人笑吟吟，小孩心花怒放，围观的人常常在唢呐声中爆发出一阵阵欢乐的笑声，使婚礼增添了不少的欢乐和炽热的气氛。③

---

① 伍精忠：《凉山彝族风俗》，四川民族出版社1993年版，第179—180页。

② 云南省编辑组：《白族社会历史调查（三）》，云南人民出版社1991年版，第364页。

③ 张富斗：《祥云禾甸白族婚俗》，《大理文化》2012年第6期。

大理洱源翠屏白族迎亲队伍在吃过新娘家的酒席以后，新娘的父母、哥嫂在堂屋中摆上一席果酒，邀请女方的亲戚家人入座。由哥哥、嫂嫂带领新郎，把在座的亲戚介绍给他，这叫做"认亲礼"。礼毕，新娘的哥哥、嫂嫂把新郎家送来的礼品分送给亲戚各一份。[①]

大理凤翔白族嫁女"一七"即一星期后，女家要接女婿行"回门"仪式。女家按本家户族、直旁系亲属之多少，非请不可者，用人数计划桌数（八人一席），备办白酒，鱼肉，蔬菜，请邻近家族中善烹调的年轻妇女，设宴于家中。到时叫男女各几人到男家接新郎新娘。这天男家清早要备下一桌八大碗席，用托盘装得齐整，另一托盘内装酒壶一把，酒杯两个，细果类四碟，请两个陪郎端到女家。途中，叫一个先到女家报到，点燃红香，插入女家大门两侧，否则，新郎新娘是不能进去的。

一般邻近岳父家的新郎新娘带着弟侄辈去女家回门后，当天便转回男家。路远的，一时回不了男家时，这夜就在岳父家住宿，但夫妇不能同房，新娘多和其母、嫂嫂、姐妹们同床。新娘在娘家住上十天半月是不行的（招赘例外）。有些父母喜欢闺女听话、能干，对父母孝顺，舍不得女儿嫁出去，但自己又无能力招赘时，便来个明招暗嫁，结婚时就在岳父家住，但对此人们较忌讳。待到女孩在男家早生贵子后，又有一次嫁家"送饭礼"（白话叫烧灿），生娃娃送母鸡、鸡蛋，小外孙儿或外孙女的送衣裤、抱裙、掌背（白语叫白冷）、银质手圈、百家锁、项圈、褪裸一幅（白语叫一幅合）、帽、鞋、袜。女孩嫁出之后，其母每逢佳节都要到婿家接女儿回娘家过节。除新年春节（农历正月初一至初五）、火把节（六月二十五）、盂兰节（七月初一到初十四日）之外。[②]

在红河哈尼族地区，新婚之夜，新郎新娘也不同床合欢，与新

① 胡登科：《洱源县炼铁乡翠屏白族婚礼习俗》，《大理文化》2012 年第 4 期。
② 云南省编辑组：《云南少数民族社会历史调查资料汇编（一）》，云南人民出版社1986 年版，第 100 页。

娘同床而眠的是陪婚女郎。第二天早上，当太阳升起的时候，新娘便同陪娘一道，用箩筐背着用一包包芭蕉叶包着的糯米饭返回娘家去了。每包糯米饭的大小不限，但是糯米饭包数必须与女方村寨里的户数一样多。哈尼族村寨的规模一般为数十户，多的可达三四百户，即使三四百户，糯米饭的包数也该为三四百包。新娘回到娘家村寨后，便每户送去一包糯米饭，以此来表示姑娘虽然出嫁了，但是并没有忘记娘家人的恩情和友谊。返回娘家的新娘，吃过午饭便开始准备前往男家。不过，新娘在结婚吉日后的第二天由娘家回婆家，一不用男家迎亲人来迎，二没有娘家送亲客去送，只是单独在黄昏时回到夫家。这晚，新郎与新娘在洞房中共同度过难忘的新婚之夜。三五天后，新娘又起脚回程，返回娘家。以后每隔十二天到婆家去一趟，住两三天后又返回娘家。这样来来往往，穿梭般地往来于婆家娘家之间，直到有了身孕之后，才开始常住夫家。①

云南沪水一带傈僳族，男女青年结婚时，无论路途多么遥远，山路如何崎岖，新娘要由伴娘和亲友背到男家。新娘到来时，男家作为执客的亲友迎上前去，向送亲客敬酒，同时唱"迎亲歌"。之后，便举行婚礼。新郎新娘被安排到婚礼桌旁，并排而坐，由家中老人或媒人给他们各取一个名字。傈僳族，不论男女，一生中都起两次名。第一次命名是出生时，由外祖父、祖父或父亲取名，为魂名。长大后一般不叫，习惯上未婚之前只呼排行。第二次起名是订婚或结婚时，一般以取名时所遇到的吉祥事物作为命称。如果结婚时有蜜蜂飞来，新郎即称蜂来子，新娘即取名蜂来女，词头新郎新娘相同，词尾表示已婚男女的性别，新婚夫妇命名之后，宾主入席。吃饭时，新郎新娘互换碗筷吃饭，表示同舟共济。宴罢，婚礼仪式也告结束。②

拉祜族从夫居的婚姻，由新郎去女家迎亲，男方所在村寨的青

---

① 吴存浩:《中国婚俗》，山东人民出版社1986年版，第159页。

② 同上书，第197页。

年男女全部出动，少的有三四十人，多者一百多人，吹着芦笙陪着新郎去女家接亲。到达女家后，新郎要向岳父母送一筒清水，以示尊敬。有的要由新夫妇一道去背水、背柴、舂米、簸米、生火，直至做好一锅饭，奉献给女方家长及其他长辈食用。然后，新人一起跪在竹席上聆听寨头人"卡些"和父母讲做人的道理，告诫他们今后要好好劳动、勤俭持家、夫妻和睦，生了孩子要好好抚养教育等。训示后，由女方家长给新婚夫妇举行拴线仪式。然后才由女家亲友陪同新人返男家成亲。当新夫妇进入新房时，两人要争着跨进房内，并抢先坐在新床上，谁先坐床，即表示今后由谁当家，一般是新郎有意退后一步，让新娘抢先坐床。此后进入男家的堂屋，仍仿照在女方的一套礼仪举行献水、煮饭、奉献长辈等、再由男方头人和长辈训示新人。仪式完毕，婚礼即告成。这一天男女双方家庭都宴请宾客，全寨青年欢歌曼舞通宵达旦。有的地区结婚当晚，新人不能在家过夜，要双双跑到山野里歇宿，待次日，由亲友们分头漫山遍野把新人找回来。[1]

　　四川省木里俄亚纳西族婚礼八点钟左右，媒人头戴礼帽，身穿礼服，脚穿藏靴，随同三四位接亲人带上礼物到女方家去接新娘。进门时，媒人先敬女方父母一罐酒，向新娘赠送红、蓝、白三色的哈达。哪一种颜色的哈达先送，由东巴卜卦决定。女方则用酒来招待他们，本斯日成员作陪，大家围坐火塘边，一边饮酒，一边唱"俄门达"。这时候，女方开始替新娘梳妆打扮，穿上本民族的结婚礼服，头戴各种首饰，在本斯日选择一个十三四岁未婚姑娘，身穿礼服，做新娘的伴娘，由新娘的一位兄弟护送她去男家。

　　起程前，新娘在媒人、伴娘以及兄弟的陪同下，坐在右侧的高床上，举行"速普"仪式，先由东巴卜卦决定给新娘以什么食物为好。然后在他们的面前放一条长木板凳，各人前面摆一碗饭，上面盖上油炸鸡蛋、一碗黄酒、一盘肉食（有一块猪膘肉、一节

---

① 严汝娴主编：《中国少数民族婚姻家庭》，中国妇女出版社1986年版，第312页。

灌肠，三根羊排骨）、一双筷子以及一束松毛，请她吃娘家一顿饭。饭后，女方再送一圈猪膘肉、猪腿等。伴娘和媒人名下的这份饭菜，连同这圈猪膘肉、猪腿可以托人带回家去。新娘和她兄弟的这份食物，则供奉在神台上。

父亲和长辈老人分坐在火塘边的高床上，由媒人陪着新娘向他们下跪叩拜，父亲要致祝词，说一些吉利和留恋不舍的言辞，并送给她一条哈达，由媒人替她挂在脖子上。其他亲友开始向新娘献哈达，祝福她幸福。媒人代表男方向女方父母敬奉哈达和松毛。女方父亲将哈达和松毛捧在手上向神台上的菩萨叩拜，再平放在神台上。媒人又将一块布料和松毛敬献给新娘的母亲，说："请你老人家不要伤心，用这块布止住你的伤心吧！"这时女方斯日的亲友开始向新娘赠送礼物：有麻布、棉花、手帕、袜子、鞋、围巾、钱等。由媒人举着一只圆簸箕，上面铺上一层松毛。新娘接过礼物后，转身递给媒人，由媒人放在簸箕上。最后，由女方父母向媒人赠送一块麻布致谢。媒人再陪同新娘向高床上的老人及亲友磕头辞行，大家唱"俄门达"。

到达男方家媒人和新娘等人依次进入堂屋后，坐在右侧高床上，再次举行"速普"仪式。媒人先将女方带来的麻布和一碗米饭敬奉在神位上。在他们面前摆一张桌子，每人桌子上放一碗黄酒、一碗玉米饭，上面覆盖油炸鸡蛋，一盘子肉食（有两块猪膘肉，两根羊排骨，一片羊肚，一节灌肠）、一双筷子和一束松毛，请他们吃一顿进门饭。饭后，送给伴娘和新娘的兄弟一圈猪膘肉和一块猪腿肉，以示酬谢。这时候，藏在小房间里的新娘开始穿上礼服，戴上礼帽，等候堂屋来人，请她捧一根柴火进屋去，口中说："从外面找柴火来了，请新娘来生火吧。"新娘等四人听见后，一块离开堂屋，让新郎一人坐在右侧高床上独自吃饭。

饭后，由媒人陪同新娘和新郎进行拜堂。东巴开始点燃神台上的酥油灯和香炉上的香柏树枝，供上一碗黄酒，祭一下菩萨，用手洒一点酒在锅庄石上祭一下灶神。这时，媒人和新娘新郎在火塘下边跪着。海螺手吹起海螺，东巴一手摇着法器，一边念经，媒人双手捧着一个盘子，上面放着东巴用炒面捏成的牦牛、山羊、猪、鸡等动物——纳西语叫"刺里拉姆"，新娘用松树枝蘸着猪油，祭拜神龛上的菩萨和祖先。接着向分坐在左、右两侧高床上的父母及长辈老人行三跪九叩之礼，向坐在旁边的亲友磕头。新娘和新郎向大家敬酒，媒人说："这酒不一定好喝，请大家原谅一点。"接着东巴念经，致祝词，内容是请菩萨和祖先保佑庄稼长得好，牲畜兴旺，儿女满堂，身体健康，出门平安等。坐在高床上的老人要齐声附和，由二位酒妈向大家斟酒。大家一边饮酒，一边唱"俄门达"。

拜完堂后，由东巴举行"斯测客"仪式，即除污祛秽。他一手拿一支香柏树枝，上面用根线串着山羊的胆脾，另一手端着一碗黄酒，一边念经，一边用山羊胆脾往酒里浸一下，向新娘、新郎头上、身上洒一下，以示祛秽。又用刺猬身上的刺三根，放在一碗酒里，念道："好的漂起来，有毒的沉下去。"看看刺是否上漂或下沉，并唱道："毛利吐支麦，补利树母特。"媒人端着一碗酒向众客人敬酒，请大家喝酒。客人喝得越多，甚至喝醉了，主人家感到十分高兴。

接着，由东巴一手拿着松毛，一手拿着法器，媒人双手捧上香炉，海螺手吹着海螺，陪同新娘、新郎进入存放粮食的仓房里，新娘侧身坐在仓房的门槛上，东巴用松毛四处扫一下，念经，请财神爷保佑他们五谷丰收粮食堆满仓。

媒人、新娘、新郎三个人站在火塘下方，东巴用一根绳子或长腰带，一头拴在中柱上，另一头系在右侧高床上，将他们圈在一块。东巴高声喊："巴马格，砍丢砍萨洋渣。"意思是给新娘，新郎献哈达。东巴用手指蘸上一些酥油和黄油，往神龛、三脚架、锅庄石上抹一点，再在新娘、新郎的前额上先抹点酥油，后抹一点黄油，要先新郎，后新娘。东巴念一段祝词，说一些吉利的话，然后将放在神台上的哈达传递给媒人，由媒人分别挂在新郎、新娘的脖子上。东巴为他们念经，媒人向他们敬酒，其他亲友也纷纷向他们献哈达。

接着，媒人双手捧着一盘"刺里拉姆"站在中间，新郎端着一碗黄酒站在媒人的左边，新娘端着一碗米饭，上面放一片猪膘肉，站在媒人的右边，举行类似内地的"合卺"仪式。先由新郎向新娘敬酒，然后他自己也喝一口酒，接着由新娘向新郎敬饭、敬肉，她自己也吃一点。东巴和长辈老人为他俩祝福。仪式结束后，媒人将一盘子"刺里拉姆"供在神台上，酒和饭则供祭在仓房里。①

婚礼仪式中的待客礼节完毕后，丽江纳西族要举行拜礼来认识亲族称呼辈数，称为分大小，客厅正中摆有香炉、蜡烛、瓜果、花瓶，两边为客位，厅前铺青松毛，再铺上毯褥，首先请最长一辈，行跪拜礼，敬酒，新人一齐在厅前跪拜敬酒，其次请姑、姨、舅爹妈，分男女列在两边，两新人行跪拜礼，敬酒，客人祝词，女方由伴女奉上礼物，如帽、鞋、糖等，客人给回礼，用钱、银币，回礼往往比所送礼物价值高几倍，表示慷慨，再次请伯叔、伯母、婶母行礼，敬酒，送礼物，与前同。最后请哥哥、嫂嫂行礼，敬酒，同前面那样，但送礼物，只有砂糖两盒，也不给回礼，祖辈和哥嫂辈，不奉送鞋帽，因为，中辈都是祖辈和哥嫂辈是一家。长辈拜毕，小辈又拜新人，把新郎新妇请上客厅，所以小辈全在厅前集合，听到行礼一声，只作行礼的一次模样，小孩子的目的在抢喜钱，新郎撒下一把又一把的喜钱，大家又笑又嚷，乱做一团，大孩子让出不去抢。新郎另外给红封，此时看的客人又多，新妇在上面羞得脸红脖子粗，低下头。②

拜揖和领家教，是阿昌人婚礼中重要内容之一。早饭后，新郎

<hr>

① 四川省编辑组：《四川省纳西族社会历史调查》，四川省社会科学院出版社1987年版，第83—85页。

② 云南省编辑组：《纳西族社会历史调查（三）》，云南民族出版社1988年版，第106页。

家堂屋里摆设两张并拢的木桌，桌上摆上烟草、糖果、瓜子、白酒，然后请高龄长者和直系亲属入座，新郎披上红色绸布，陪同新娘出洞房，跪在草席上给在座的长者一一磕头，并敬上蜜酒一杯。领受磕头和蜜酒的长辈，必须拿出首饰或现钱作为小礼赠送给新娘，同时讲上几句祝福和勉励的话，男方长辈轮完以后，离座，然后又由女方家来的长辈入座，内容相同。每一批入座长辈中，要由一位见识广，有表达能力的叔伯代表受礼人对新婚夫妇进行简短的训话。内容是尊老爱幼，孝顺公婆，夫妻和睦，共同治理家务等，然后鸣放鞭炮，宣告拜揖结束。[①]

（三）表达对婚约的遵守

珞巴族、彝族、哈尼族、佤族等民族在婚礼中还有专门的仪式或者仪礼表达对婚约的遵守，也象征着这桩婚姻在未来的生活中将会稳固和长久。

珞巴族新娘一到新郎家门口，那里早就有男家的近亲男子侍立两旁，举手拿刀呐喊，接着杀一头猪，把血洒在门口，让新娘踏血进入，意思是女子永远属于男方，不得改悔。新娘进入屋内，婆婆就把她拉到房子一旁的火塘坐下，举行"巴非"仪式，即在纽布主持下，新娘双手掰开鸡嘴，男方操刀割鸡脖子取血，以示盟誓终身之好。如女方因年纪小或其他原因不掰鸡嘴，男方的近亲就上前为她代劳；如男方不操刀杀鸡，女方的近亲亦代其执行。杀完鸡后，把鸡挂在一个用树枝编织的、一边像女人的辫子（"冬白"）、一边像男子的发结（"波觉"）的象征物上，以示日后永结同心，巴非仪式结束。接着宴请宾客，晚上唱歌饮酒，直闹到深夜。一般家庭庆祝三天，富裕人家多达六七天。送亲的人回去后

---

① 云南省编辑组：《云南少数民族社会历史调查资料汇编（四）》，云南人民出版社1987年版，第22页。

三四天，新婚夫妇回娘家省亲，一般住五六天才回来。[①]

云南大姚县龙街彝族经过"吃松毛酒""父母议亲""串姑娘房"等一系列的交往，双方都觉得亲事比较合意，便择日定亲。定亲礼物一般是一套衣服，10多斤酒，10来斤肉，其中猪膀子一只必不可少。礼物带去女家均由媒人安排烹煮。晚上，女方家长再次请来族邻亲友，共同欢聚。席间，媒人将煮熟的一坨猪膀肉递给未来的新娘当众吃下。姑娘"吃猪膀肉"的风俗，又叫"割耳朵肉"。意思是姑娘的"耳朵"已被新郎家割去了一只，从此以后，必须坚定不移地跟新郎过一辈子，不能三心二意，另求婆家了。

彝家人办喜事，都要在院落或空场上用绿树枝子搭凉棚，凉棚下撒上青松毛，来客就在青松毛地上围坐谈心和玩耍。就餐时，就在青松毛地上摆起一桌桌地席，既青秀又雅致。但更有趣的是夜间青年男女在这青松毛地上举行的"跳脚"活动，不管谁家办喜事，一不需邀请，二不要招待，四面八方，闻风而至。只要吹师大号三声，便手拉手地围成圈，顿时凉棚底下歌声震天，舞步啪啪。大家尽情地朝贺新人，也借此机会物色心上人。"跳脚"的人越多，场面越大，主人越高兴，说是这样才吉利。"拖棚枝子"是彝族婚宴散客时一项特殊的礼仪。当吹师发出散客号的时候，客人相继离去，"新亲客"（送新娘的人）却要在凉棚上每人拉下一根树枝子顺地拖着往回走。据说是扫去新娘的脚印，要新娘不走回头路，在婆家生儿育女，成家立业。唯有陪娘还须留下与新娘作伴，到第三天新郎新娘与陪娘一同回到娘家，拜望父母，谓之"回门"。到此，一场婚礼宣布结束。[②]

居住在云南新平、墨江、镇沅一带的哈尼族卡多人男娶女嫁，

① 西藏社会历史调查资料丛刊编辑组：《珞巴族社会历史调查（二）》，西藏人民出版社1989年版，第289页。

② 云南省编辑组：《四川广西云南彝族社会历史调查》，云南人民出版社1987年版，第222—223页。

在娶走新娘之前，都必须经过"抢粑粑"这一活动。据卡多老人讲，这也可以算作是最后一次订婚仪式。如果女方家对婚事临时发生什么突然变化，不愿将姑娘嫁出去，要解除已订的婚约，就不会"抢粑粑"，抢了粑粑的，则表示婚约一如既往，可以按期举行，第二天男方就可以准时把新娘娶走。"抢粑粑"是举行婚礼前一天在女方家里进行。当新娘订于明天出嫁，今天男方就要挑选一两位年轻力壮的小伙子，用箩筐把粑粑挑到女方家去。这些粑粑是用雪白喷香的糯米蒸熟后舂制而成，每一块宽圆如碗，约五分厚，表示婚事的吉祥及新娘新郎的爱情犹如糯米粑粑一般，永远喷香，永远粘在一起。在一个个小粑粑的下面放着一对大粑粑，是送给姑娘的父母的，以表示新郎对岳父岳母的尊重孝敬。当粑粑挑到新娘家之后，早已等候着的姑娘、媳妇和小伙子们，便一窝蜂地拥上去，团团围住挑粑粑的小伙子，不让他肩上的箩筐歇下，按住就抢，一人抢一块，不多不少。无论姑娘、小伙子或是年轻媳妇，谁抢得最快，说明谁最聪明能干，就会得到乡亲们的赞扬，他也会因自己的能干觉得光彩。①

　　迎亲进了新娘家，大家寒暄了几句，就可开怀饮酒，新郎坐在迎亲队伍一边，用眼珠向四下里搜寻着。双方家长大碗喝酒，大块吃肉，屋里不时发出朗朗笑声，不断地说东道西，仿佛将迎新娘这桩大事淡忘了。其实，姑娘是在故意拖延时间，一则以此表白自己的身价；二来也是对新郎的耐心的一种考验。何况，打扮也得费些时间。按卡多山寨的古规，今天是出嫁新娘的天下，要哭，要笑，全由着她。时间拖延得差不多了，新娘才缓缓地出现在迎亲队伍面前。只见她乌黑发亮的头发上斜飘着两条红绸带，颈部粗大的银项链挂满了叮当作响的金银首饰，在透明的玻璃瓦片阳光照射下闪闪发光，耀人眼目。她穿着蓝上衣和拖地的长裙子。当人们以惊羡的目光注视着新娘，打心里感叹道：天底下竟有这

---

　　① 毛佑全、李期博、傅光宇编：《哈尼山乡风情录》，四川民族出版社1993年版，第209页。

么漂亮的姑娘！不妨这位新娘突然愤怒于色，走到新郎面前，举起双手向新郎劈头盖脸地捶去。只见新娘冲着新郎又哭又捶，新郎则不断地东躲西闪，毫不还手。这就是卡多人的婚俗"捶新郎"。"捶新郎"的本意是为了考验新郎对爱情的忠贞，不还手就表明：你到了我家，我会很好待你，你看，你打了我这么久，我都能忍耐，我是实心爱你的。如果一还手，就意味着吹灯。新娘打够了，则会突然破涕为笑；新郎这才走到她面前，做一个"现在该走了吧"的表示，姑娘便会一下子扑到妈妈怀里，恸哭起来。与其说她们在哭，不如说她们在唱。当母女俩哭唱得难分难舍之际，新娘的兄弟姐妹会突然闯了进来，强拉开她们母女俩，背起新娘就往外跑，迎亲人此时也尾随而去。待直背出了二三里路，背新娘的人气喘吁吁时，新娘才从背她的人的背上溜下，向娘家送亲的队伍告别，由迎亲的人陪伴向婆家走去。①

　　佤族经过恋爱，男女双方愿意结合，并征得了父母的同意，一般还要举行订婚仪式。西盟佤族订婚时由男方杀猪煮饭、泡酒，请双方亲友、老人和男女青年的伙伴吃顿酒饭。男女青年唱歌跳舞，表示祝贺。订婚后，有的村寨男女便可在女方同居了。沧源佤族订婚程序较西盟复杂，要选择吉日，他们以十二种动物记日子。这十二种动物为虎、豹、蛇、猴、狗、兔、羊、马、牛、龙、猪、鼠。订婚之日以虎、马、牛、龙、猪、鼠、鸡的日子为六，其他日一般不用。其过程大致经历三四天。第一天晚上，男方送酒到女方，由男方的同性伙伴倒酒请女方亲友喝。第二天晚上，男方再送酒给女方的舅舅亲友喝。若女方舅舅有事，不来亦可，但第三天必须参加。第三天男方再送酒到女方，请女方舅舅、亲友喝，并由女方舅舅、父母决定，请女子的同性伙伴陪同她到男家与男方及其同性伙伴一起去寨外砍柴或做其他劳动。这种象征性的劳动仅是一种仪式，为时不长。这一天男家煮饭泡酒请男女伙伴及亲

---

① 毛佑全、李期博、傅光宇编：《哈尼山乡风情录》，四川民族出版社1993年版，第205—206页。

友吃喝，非常热闹。当晚，姑娘在其伙伴陪同下，仍回娘家。第四天，男子在其伙伴陪同下到女方家。当天，由女方请吃酒饭，晚上女方父母便留男方住宿。该晚一般男子由同性伙伴陪同，女子由同性伙伴陪同，一起睡在女方家中。以后男子便住在女家与女子同居了。他们睡在一起，一同生活参加劳动，但仍属于订婚阶段，尚未结婚，却离结婚时间不远了。[①]

五　表达社会性别的礼仪

　　作为女性，她们的生命历程横跨娘家与婆家两个阶段。她们的人生中面临着从"女儿"身份转变为"妻子""母亲"身份之间的角色转换以及心理历程。而在这一历程中，女性难免会面对角色转换的困境和不适应等问题。通过缔结婚姻过程中的订婚、迎娶、婚礼等礼仪，女性逐渐地适应了身份的改变，真正从娘家来到了婆家，完成其生命历程中角色的关键性转换。因此，婚礼中表达社会性别的礼仪，其主要的意义和作用一定程度上也在于帮助其对性别角色的认定以及对身份转变的自我调适。

（一）订婚礼中的女性角色

　　表达社会性别的礼仪往往从婚礼仪式的第一步——订婚礼时就开始了。如乌孜别克族初步订婚礼——"克其克恰依"，只能由女性参加。是日，男方母亲在几位女性亲友的陪伴下，前往女家送

---

　　① 罗之基：《佤族社会历史与文化》，中央民族大学出版社 1995 年版，第 303 页。

"克其克恰依"。一般包括一两块衣料，一两块茶砖，食糖及自制糕点等礼品。女方的母亲在几位女性亲友的陪同下，热情款待来客。于是双方的母亲就正式认了亲。男方母亲把带来的礼物十分恭敬地用托盘放在女方母亲面前，热情洋溢地说："您的女儿像月亮一样，我的儿子像太阳一样，月亮只有围着太阳转，才会放出灿烂的光。我看他们是天生的一对，您看，这桩亲事怎么样？"如女方的母亲满口答应，并接受了礼物，双方就可商定，"琼恰依"即正式订婚日期。"琼恰依"一般在婚前的一段时间里举行。按规矩，男宾仍然不能参与，新郎也不例外。这天，男方的母亲在一二十位女亲友的陪同下，前往女方家。她们每个人的手里端着一个用"达斯特汗"（类似餐巾）包着的托盘，井然有序地走着，队伍后面还有一只送给女方的大绵羊，犄角上系着一块大红绸缎，女方的母亲赶忙步出屋外迎候。在双方宾客的簇拥下，两位母亲像久别的亲人热烈拥抱。接着，男方来的客人就打开自己的包裹，设宴席招待女方主客。在这种场合，主人和其亲友都袖手旁观，不帮忙干活，客人把丰盛的食品摆到铺着地毯的宽敞的房子里，包括自制的饼干、各种果酱、橙黄色的奶油、叠得像宝塔一样的油炸馓子，烤得焦黄的烤包子等。而刚才的那个大活绵羊肉，已经放在一盘盘香喷喷的手抓饭上面了。然后，男方的母亲把一碗盛有热糖茶的碗，放在茶盘上，用双手高高地举着，毕恭毕敬地献给女方的母亲。一位男方家的代表，当众打开带来的礼物，唱说着彩礼单，有给新娘父母亲的衣料、新娘的各类衣料、纱裙、金或银质的耳环，及其他饰物、头巾、皮鞋等，女方家的亲友争先观赏着这些彩礼，新娘却不露面。因为在没有正式举行婚礼前，姑娘是不能见婆婆的，这是小辈在老一辈面前的礼节。[①]

（二）装箱礼中的女性角色

"装箱礼"多为女方家庭为新娘准备好嫁妆，准备出嫁的一系

---

① 严汝娴主编：《中国少数民族婚姻家庭》，中国妇女出版社 1986 年版，第 175 页。

列仪式。这些仪式的意义对女性来说是至关重要、终生难忘的。这表示着她将要结束无忧无虑的少女时代，从此后开始为人妻、为人母的新生活了，因此对于女性来说，这一仪礼意义非凡。

如白族嫁女叫"打发奴"，意思是"打发姑娘"。多数的不请客，收礼只限于至亲好友，一般送一盘核桃和两盒红糖，主人招待带糖的江米饭。姑娘出嫁前夜，要向每一位家长拜别，每位家长都要教导她一些做媳妇的道理。还要跟自幼相处的女伴们告别。有的边哭边唱，直到深夜，现举其中的一小段唱词：

> 母鸡孵鸭最辛苦，
> 孵了小来水中游，
> 母鸡只是空望望，
> 望不到鸭影。

当夜还要有装箱的仪式，白语称"伊胸"，即把准备好的衣服、鞋、包头等物装进箱柜里。由两位事先请好的年轻已婚妇女，把用红纸包好的白云石和糖块，放在箱柜的四角，称"压胸已"（压箱底）。家长教育姑娘到婆家要顺从，无论对待来自长辈、晚辈的指责都不能回嘴。有一首民歌唱出了给姑娘白云石的寓意：

> 锦鸡叫道"洪塔塔"，
> 你的羽毛盖身上。
> 娘家陪嫁"白云石"，
> 摸它它不软。

俗话说白云石变软，媳妇才有答话的权利，但白云石哪能变得软呢？媳妇永远只能是驯服的工具。装箱要把近一百斤的豆米由两位妇女各捧一个筐箩，同时往柜子里倒，但最后还要留一小部分；然后再把花鞋衣物装进箱柜，最后同时上锁。①

（三）迎娶礼中的女性角色

迎娶又叫"亲迎"或"接亲"，在我国传统的婚俗中也是最首要的礼仪之一。远在夏朝即已流行，是汉族传统"六礼"的最后完婚之礼②。但该礼仪并非仅仅在汉族地区是重要的婚姻礼仪，在我国各少数民族中也多为隆重大礼，该礼仪也凸显了婚姻中女性的角色。

普米族男女订婚一般都很早，但真正迎新娘到丈夫家坐家往往都很晚，多在二十五岁以后，以至于三四十岁。在普米地区流行有"三回九转"式的婚礼，成年女子长期过着不落夫家的生活。通常男方要举办四次婚礼仪式，迎娶四次新娘。按照旧的习惯，姑娘在一迎二迎之后就住夫家，被认为是一件不光彩的事，而所谓三回九转，并非一定就是迎娶三回，逃返九次，而只是用以表达该族迎娶礼仪的繁缛，往返次数之多。按惯例，即使女子对男方心满意足，甘愿在男方"坐家"（即长住在丈夫家），也要完成四次迎娶的老规矩。否则就会遭人耻笑，被视为没有能耐，没有看见过男人。至于那些留恋婚前自由社交，或者是对男方不大满意的女子，则在往迎娶一回，就逃跑一次。第一次迎娶称"董库尼阿"，意思是"黑婚"，是最为隆重的。事先与女方商议好后，再请"寒规"（巫师）选择吉日，迎娶之前要先送彩礼，一般要送一条牛、一匹马、一头猪、一缸酒和一件白色双披毡。同时男女双方都要办酒席。迎娶时男方要选派出八个青年，其中一两个姑娘，由一位老汉率领到女家迎接新娘。到达女家后，男方献上带来的彩礼和酒肉等物。凡姑娘父方的近亲家族，每户要分送猪膘肉一圈、酒一斤，表示认亲。女方则准备了大罐的米酒，用牛角当酒杯敬男方接亲客，如小伙子中有不痛痛快快饮用的，姑娘们就用松

---

① 严汝娴主编：《中国少数民族婚姻家庭》，中国妇女出版社 1986 年版，第 251 页。

② 曲彦斌：《中国婚礼仪式史略》，《民俗研究》2000 年第 6 期。

针扎脸，强拉硬灌，一醉方休。女方陪伴迎亲小伙子的姑娘，数昼与他们同等，来迎亲的姑娘则由女方小伙子陪伴，这些年轻人在一起唱歌跳舞，通宵达旦，而且双方都认下亲戚。普米族的谚语称他们之间的关系是"妈妈的姐妹，父亲的兄弟"。实际表示承认他们之间是姑舅表亲的关系，在迎娶的日子里，他们之间日夜相处，同吃同住，玩耍打闹。这些习俗也是原始群婚在婚礼过程中的再现。这天晚上，新娘在姐妹等帮助下，梳妆打扮，翌晨太阳初照就是接新人的时刻。新娘由哥哥背出家门，这个过程中，本村姑娘要与新娘话别，依依不舍，阻拦出嫁。男方看时刻已到，急于起身，姑娘们乘机索礼，男方立即送上钱、布、丝线等物。新娘出了正室门，在天井院上马之际，姑娘又要挡拦，男方再次送礼；至大门口又拦客敬酒，客人再次送礼；至屋外，女方又几次挡阻，男方照例几次献礼，始得脱身。姑娘们把所得的礼物用以买酒买肉共餐，欢庆又出嫁了一个姊妹。

新娘离家总是悲泣离去，女方送亲人一般七人，加新娘正好八人——一桌之数，主要是小伙子，但内中必须有若干未婚姊妹陪同。新娘至男家期间，并不与新郎见面，更不能说话，一直由伴娘陪同；在男方一般住三天，如果是嫁到姑妈家，则多住几天，然后由伴娘和男方代表送回娘家。新娘回家之后，要隔一年，男家才能再次去接，称为"白婚"。如出嫁到姑家，为表示对姑母的尊重，这次应该把嫁妆带去，否则姑母会不高兴。嫁妆包括：母牛一头、母羊一对或几对、母猪一头、母鸡若干只等。如非亲上做亲，女子不会乐意立即坐家，嫁妆自然也不带去。她在婆家住上若干天，又偷偷跑回娘家。

一年之后，男方选一亲友，带着礼品再次到女家接新娘。在一般情况下，新娘都要跟随迎亲的人来到婆家。但到婆家住不了多久，一般是几天至数月之久，新娘又跑回娘家去了。当第三次迎新娘时，如果新娘对男方不满意，拒绝去婆家，迎亲人也只得空手而回。

在新娘第三次至婆家时，新郎要设法征服自己的妻子，目的是使她早日受孕以促成她住到丈夫家来，而新娘则要想方设法逃返娘家。她如果已受孕，女方都要通知男方，准备结束不落夫家的生活，举行坐家仪式了。一般的妇女大多留恋在娘家自由自在的生活，而不愿过早地举行坐家仪式。但普米族有一个规矩，怀了孕是不能在娘家久住的，更不能在娘家生孩子。新娘一旦受孕，就必须到男家举行坐家仪式，长期住下，成为正式的妻子。[①]

（四）特殊婚礼中的女性地位

还有一些少数民族，其婚礼的过程和仪式与众不同，十分特别。如金平、绿春、元阳一带哈尼族支系爱倮姑娘出嫁的时候，有一种奇特风趣的习俗——躲婚。夜幕渐渐降临，出嫁的姑娘家里，门外人群熙熙攘攘，络绎不绝，热闹非凡。客人的礼物，陪嫁的银首饰，样样清点和操办完毕，准备起程之际，却突然不见了那个即将出嫁的姑娘，弄得人们心急如焚。于是，新娘的弟兄和寨子里的小伙子们有手电筒的便打着手电筒，没手电筒的则举着火把，风风火火地朝房屋旮旯、村外的密林中四处寻找新娘。不管寻找多长时间，接亲的人也要耐心地等着，不能发急。原来，此时新娘正同女伴在事先约好的密林中，悄声叙说着惜别之情，唱着那娓娓动听而又忧伤凄楚的哭嫁歌。这歌声里既充满了新娘和女伴们之间缠绵的惜别之情，又表达了新娘对家乡山水、父母养育之恩和姐妹之情的深深依恋。

躲婚具有两层含义：若新娘将跨入的那道门槛里的新郎，是一个她所陌生的，并没给她留下过任何好感的人，那么，新娘和女伴们便会巧妙地躲过寻找她们的那些人，让他们找得好苦，甚至三天三夜避而不见。若新娘对新郎婚前有缘，这门婚事是他们自己做主的，那么，当寻找新娘的弟兄来到她们隐蔽的周围转悠的

---

① 严汝娴主编：《中国少数民族婚姻家庭》，中国妇女出版社 1986 年版，第 376—378 页。

时候，她们便立刻止住哭嫁声，蓦地，草丛中发出一串朗朗的笑声。这就弄得新娘的弟兄们不好发牢骚。此时新娘便会喃喃地说道："阿哥阿弟，如你们不来找我，我也自己会回来的呀！"

爱倮姑娘的躲婚是从古代沿袭到今天的一种习俗。据说，很久以前，某些有钱有势的人，对哈尼山区的爱倮贫女强行逼婚，但有些不畏强暴的姑娘，宁肯清白一死，也不甘愿屈从封建势力而含恨出走，寻求自己的意中人。故此，便逐渐形成了这种躲婚的习俗。①

红河一带哈尼族新娘唱着《哭嫁歌》，在男方迎亲人和陪婚女郎的陪同下走出娘门，走在村寨街巷中时，突然，早已埋伏在某处墙角的一群青少年手执皮鞭围了上来。迎亲人被团团围在中间，承受着貌似愤怒的青少年们一阵又一阵鞭打。按照哈尼族传统习惯，无论鞭打得如何沉重，男方迎亲人是不能还手的，只能像一只驯服的羊儿一样，挨了一鞭又一鞭。刚才还是女家酒席上的贵客，转眼便变成了女方村寨青少年皮鞭下的贱人。作为贵客，说明在父权制时代，男女是不平等的，丈夫是妻子的主宰。而变成贱人，却告诉人们，在母系氏族即将瓦解的时代，妇女开始出嫁，但是母系氏族部落的人们是不愿意别人娶走自己的姑娘的。男方迎亲人乖乖地遭受一顿鞭打，便是妇权对于夫权的一种抗争的遗迹。现在也仅仅是一种躯壳而已，男方迎亲人所挨到的只是象征性的鞭打。鞭子高高举起，却是轻轻落下，或者根本落不到男方迎亲人的身上。因为，假若鞭子重重地打在迎亲人身上，不但女方父母心里不是滋味，新娘更会心痛的。

红河地区妇权对于夫权的另一种抗争遗迹的表现，是出嫁姑娘可以公开向旧日的情人话别。这里的男女青年是通过"串姑娘"结为良缘的。姑娘在众多的前来"串姑娘"的小伙中选一个可意的对象，结为终身伴侣。尽管其他小伙并没有取得姑娘深厚而真

---

① 毛佑全、李期博、傅光宇编：《哈尼山乡风情录》，四川民族出版社 1993 年版，第 214—215 页。

挚的爱情，但是在姑娘出嫁时刻，对姑娘有好感的小伙可以前来送行。男方的送亲人在旁边挨着青少年形式上的鞭打，新娘便在众人面前公开地与平时一起串姑娘的小伙子们叙别情。这种传统习俗，大概也是母系氏族瓦解，父系氏族确立时代的一个古老遗风。[①]

六　特殊形式的婚姻仪式

（一）象征性婚礼

象征性婚礼在我国一些少数民族中也存在，一般会有"指名为婚"以及"指物为婚"等形式。这类婚礼都是象征性的，而不具有实质上的婚姻性质。

"指名为婚"主要是指为女儿找一个名义丈夫，两人只有夫妻之名，并不是真正的夫妻。如西北地区裕固族中就存在此现象。而象征性的婚礼就会由名义丈夫的某一个物件代替他完成，而名义上的"丈夫"则不必亲自参加婚礼。还可能存在另一种情况，另一种是没有找到合适的名义丈夫，直接指某一物件（如烧火棍、蒙古刀、鼻烟壶等）作为丈夫。通过拜灶火的仪式，将姑娘的头发梳成媳妇的发式，这位姑娘便可以与异性同居并生儿育女，而且所生育的子女不被认为是私生子。此种婚礼仪式以改变姑娘的服饰和发式为重点，来表明她身份的变化。其实际目的则是不让

①　吴存浩：《中国婚俗》，山东人民出版社1986年版，第158—159页。

女儿出嫁，但又能完成生育后代、延续家业的任务①。

而"指物为婚"的象征性婚礼在我国许多少数民族的婚姻礼俗中也普遍存在。如土族"戴天头"的婚俗，即女子长到十五岁，由父母做主，与天结为夫妻，"婚礼"在腊月三十晚上举行。人们认为这一天是新旧年的交接，天不管，地也不管。姑娘只要把衣服一换就算是媳妇了，不用出嫁，就可以在娘家生儿养女，留下继承家业。②

裕固族姑娘在奇数年龄十五岁或十七岁时，举行戴头仪式。如果不准备出嫁，父母就为之另立一顶小帐房。姑娘戴头之前，父母亦需请喇嘛卜卦，选择"吉日"。戴头之日，舅父、诸亲友也必须前来庆贺。姑娘的父母将预先制好的头面悬挂在大帐房的帐杆子上，供客人们鉴赏。时辰一到，即由请来戴头面的两位妇女在客人面前给姑娘戴上头面，然后姑娘给每个客人倒一碗酥油茶，之后用袍子遮住自己的脸不讲话。这时由请来戴头面的两个妇女将姑娘接入小帐房内坐下，直到下午客人走后，才回到大帐房。仪式完毕，需给请来戴头面的妇女一条哈达、半块（八尺）白布或蓝布表示致谢。姑娘戴头面之后，就有了社交自由，青年男女在牧场上或喜庆日子里找到称心的情侣，即可到姑娘的小帐房里同居，女方父母不预干涉，且热情招待。即便生儿育女不受非议。一般讲来，初立帐房的一段时期，双方关系不太稳定。倘若感情不和，女方即可让男子离去，再招来别的男子与之同居。有的女子，同时与几个男子往来，家里也不加干涉。但当有了一个孩子之后，女子就得从中选定一个丈夫，关系相对稳定下来。帐房戴头面的妇女，不受男子的约束，因而在家庭中的地位是很高的。所生子女，一律随母亲的姓。小孩称自己的生身父亲为"谷雨"（即叔叔的意思）。倘若感情较疏或临时同居者，则称"舅舅"。同居的男子，必须帮助女方家里劳动，否则就会受到冷遇，尤其不

① 姚力：《裕固族帐房戴头婚再研究》，《民族研究》2002年第5期。
② 严汝娴主编：《中国少数民族婚姻家庭》，中国妇女出版社1986年版，第109页。

受女方父母的欢迎，以致不能继续维持同居生活。离开时，男子不能带走任何东西，孩子亦随女方。帐房戴头面婚，不需财礼，花费较少，因而新中国成立前结不起婚的贫苦牧民，多到戴了头面的妇女帐房里去住。这种女不嫁，男不娶，家庭中以女性为主的婚姻形态，可能是古老的母权制婚姻的残余。帐房戴头婚，因非正式结婚，没有法律保障，一旦年老体衰丧失劳动能力后，双方都有被对方遗弃的危险。①

满族娶亲如果定下日子，新郎外出征战或因事回不来，那也必须成亲，新娘子要抱公鸡拜天地。②

哈尼族支系偬尼人生活的某些地方还有象征性合床的习俗。象征性合床在寨场上举行，当迎亲队把新娘接进村寨来以后，首先来到寨场上停留片刻，举行象征性的合床仪式。送亲的人把新娘的行李打开铺在寨场上，请来新郎，让新郎与新娘共同在铺开的行李上躺一会儿。人们唱一阵祝贺歌，然后再送新郎新娘到家里去举行婚礼。婚后第二天，新婚夫妻还要举行一次砍柴烧火的仪式。当天一早，新郎带上柴刀，新娘背上背箩到山上去砍回三根干柴，让新娘把柴放在火塘里把火点燃。举行过烧火仪式，新娘才能在新郎家里生火做饭。③

（二）抢婚

"抢婚"又叫"掠夺婚"或"抢劫婚"，指通过抢劫妇女来缔结婚姻关系的民间习俗。这是一种原始而古老的婚姻习俗，中国早在《易经》问世的年代，就有此类记载："囤如如，乘马班如，匪寇婚媾。乘马班如，求婚媾。往吉，无不利。愤如蟠如，白马翰

---

① 甘肃省编辑组：《裕固族东乡族保安族社会历史调查》，甘肃民族出版社 1987 年版，第 24 页。

② 欧阳若修、韦向学：《中国婚俗集锦》，漓江人民出版社 1986 年版，第 424 页。

③ 毛佑全、李期博、傅光宇编：《哈尼山乡风情录》，四川民族出版社 1993 年版，第 231 页。

如，匪寇婚媾。"（《易经·屯卦》）这些记述生动地描绘出古代男人们带着弓箭，乘着昏暗的黄昏骑马前行抢婚的场面①。在许多少数民族中都存在抢婚的习俗。但随着社会的发展，抢婚则逐渐不再成为一种缔结婚姻的方法，而是成为了一种象征抢婚的婚礼环节。诸如女家对接亲队伍和男家对送亲队伍的种种刁难和戏逗，甚至送亲人和迎亲人进行的一些竞技比赛，都属象征性抢婚的遗迹。我国绝大多数民族中都保留了这种抢婚的婚礼环节②。

例如柯尔克孜族的婚礼习俗中，就留下了这个古老民族社会婚姻制度发展的历史痕迹。古代柯尔克孜人的婚姻关系，只允许在本部落内部进行，女子不能嫁给外部落。据说有一个牧羊女在山中遇到猛虎的袭击，得到外部落一位年轻猎手的搭救，两人产生了爱情。因为这猎人是女儿的救命恩人，父母同意了女儿嫁给这个外部落青年的要求。但是又不能违犯祖先的法度，经过两家反复商量之后，终于定出了一条"抢亲"之计。由青年猎手带着本部落的猎手到女家来"抢亲"。"抢亲"惊动了女方部落的人，就派人追赶和拦截。抢亲的人将各种金银财宝扔向拦截的人，在拦截的人争抢财物时乘机冲过。"抢亲"成功了，打破了部落之间不能通好的规矩，但却留下了娶亲时用绳子拦住迎亲队伍的习俗。③

凉山彝族送亲仪式中有"抢婚"的环节，但各地区特点不同。甘格有的地区的规矩是，送亲的清晨女友们就把新娘拥到屋前一棵果木树下，让她坐着将她保护起来，以防被迎亲者们抢走，而迎亲者们的任务则是将新娘抢走，于是双方进行一场有趣的战斗。规则是迎亲者中只要有一人的手触到新娘的衣物就算胜利，表示

---

① 续庆慧、黄志强、邱萍：《析广西少数民族的抢婚习俗》，《世纪桥》2006 年第11 期。

② 陈启新、董红：《中国民族抢婚习俗研究》，《中南民族学院学报》（哲学社会科学版）1993 年第12 期。

③ 新疆维吾尔自治区丛刊编辑组：《柯尔克孜族风俗习惯》，新疆人民出版社 1986 年版，第 31 页。

已把新娘抢到手了。抢亲开始，迎亲者们是徒手进袭，而女友们则严阵以待，极为防范。她们用水、棍棒作武器进行抵抗，使迎亲的人难以接近新娘。如此一攻一守，往往要经过多个回合才能结束。有的相持不下，从清晨闹到中午，迎亲的人仍难以接走新娘。如遇此种情况，需要女家父辈长者出面劝说，让姑娘们放弃抵抗，让客人将新娘接走。这时迎亲的人也要触一下新娘的衣物，以示抢亲已获成功。于是开始打扮新娘，然后女友们围着新娘哭唱，挥泪而别。迎亲者将新娘背着离开门了，再让新娘骑上马前行，浩浩荡荡的送亲队伍跟随而去。

　　在昭觉竹核等地的送亲仪式中的抢亲活动，又别有一番情趣。清晨，要举行送亲仪式了，可是新娘却不见踪影了。她被女友们藏了起来。于是迎亲者们就到处寻找姑娘的下落。这样的送亲仪式便成了捉迷藏一般。四下里一找，新娘总是要被找出来的。此刻姑娘们便以激昂忧伤的情调，和声唱出一首留住新娘的歌，彝语称为"惹达"，意为拦住，即将新娘留住。送亲仪式达到高潮。此刻，真是群情激动，不仅妇女们早已流下忧伤的泪，就连久经风霜的父辈们的眼眶也湿润了。但这时的新娘已是疲惫不堪、有气无力的人了。因为前面说过，在这之前的几天，她一直是没有吃饭的。接着是由一位有福分的妇女为新娘打扮一番。然后，由前来迎亲的小伙子将新娘子背走。但前来背新娘的小伙子还会被姑娘们用锅底灰抹成黑脸，新娘就这样被一位花脸小伙子背走了。最后便是请到场送亲的妇女们围坐在一起喝杯喜酒，送亲仪式才告结束。①

　　云南弥勒县西山阿细支彝族的婚礼实行的是抢婚。按照彝族人的说法，抢婚"是祖老祖代传下来的，男方去抢是对女方的一种尊敬，说明女方不是嫁不掉送去的"。阿细支彝族男女青年不但私订终身，而且还私下商订了结婚吉日。到结婚这天，男女双方还

---

① 伍精忠：《凉山彝族风俗》，四川民族出版社1993年版，第175—176页。

像平常一样打扮，一点也没有要做新娘新郎的样子。晚上，在约定地点，由新郎与其好友把一不戴贵重首饰，二不着鲜艳服装的新娘抢到家。按当地规矩，女子一旦被领进男家堂屋，便意味着已经成了男子的正式妻子了。第二天，新娘要在男家劳动一天。第三天，新郎新娘各背一篾筐柴，一起回到女家。新郎进门先给女家挑一担水。一担清水挑回，就意味着女家父母认了女婿。然后，新婚夫妇再在女家参加一天劳动，劳动结束，阿细人的婚礼也便告终。阿细人婚嫁，既无父母包办，又无媒灼之言，更不用测八字，纳聘礼，宴宾客。①

西盟地区佤族在第三天接新娘时，派去许多男女青年，举行一个有趣的迎新仪式。男青年手拿松明捆扎的火把，在新娘家的竹楼前停下，一青年身背背篓，披上蓑衣，戴上斗笠，点燃火把，向院门冲去。这时新娘家院门紧闭，柴草垛后藏着新娘家的人，手提木棍，双目注视着院门。新娘此时已梳妆打扮好了，在女伙伴的陪同下，静坐着等待迎亲队伍的到来。青年冲进院后直奔草垛，藏在草垛后的人忙用木棒还击，青年则巧妙地躲过木棒将草垛点燃。新娘家的人赶忙提水救火。这时，新郎如离弦之箭冲上竹楼，背起新娘就跑，迎亲的队伍簇拥着新娘新郎向村外走去。

沧源一些地方的佤族青年在举行婚礼之前，要进行一次隆重的结婚仪式——抢亲。抢亲大体上分为两种形式：一种是，当一对青年男女真诚相爱并订婚后，在结婚这天，新郎请来几个身强力壮的好朋友，宴饮招待后，便整装向新娘家进发。新娘家的人见抢亲队伍来了，忙给新娘穿戴梳妆，然后关闭房门，由父母兄长们手持棍棒守在身旁。抢亲队伍见此情景，就得绞尽脑汁想法将"卫士"调开。比如在竹楼旁烧起一堆火，或将蜜蜂放到竹楼门口，乘人群混乱之机冲进竹楼，抢走新娘。若新娘家的"卫士"不上当，就只好采取最后一招——强攻。新郎一马当先，带领众人

---

① 吴存浩：《中国婚俗》，山东人民出版社1986年版，第69页。

一拥而上，拆下门板，掀开草片，攻入竹楼。这时，守卫新娘的人挥舞棍棒，不让抢亲者靠近，而抢亲者又不能还手，只好忍痛冲入"敌阵"抢走新娘。只要将新娘抢到竹楼外就算大获全胜。新郎新娘就可以举行婚礼了。另一种是，在举行婚礼的前几天，小伙子就跟姑娘约好抢亲的时间、地点。这天，姑娘打扮得非常漂亮，但她却装作若无其事的样子，和往常一样劳动、背水、做家务事。抢亲的小伙子也着意打扮一番，然后带领几个好朋友隐藏在相约的地点，等姑娘一出现，小伙子们突然跳出来，围住姑娘。姑娘见此情景，忙故意连声呼救，小伙子们冲上来，架起姑娘便跑。姑娘的父母听见女儿的呼救声，并不惊慌，只故意吆喝几声，追上一程。因为他们知道不出三日，抢亲的小伙子便会委托媒人送礼物上门来。当然，佤族抢亲是有规矩的，一般要双方真诚相爱，道德高尚的青年人才能进行抢亲。倘若男女双方婚前发生了性关系，会被视作败坏寨子风俗。情节严重者，则被逐出寨子或处以罚款。①

德宏景颇族婚仪，作为父母有为儿子婚娶的义不容辞的责任。当父母决定要给儿子娶妻时，预先就有计划地准备牛、猪、鸡、烧酒、米酒、大米及其婚事方面所需要的东西。而作为儿子，在获悉父母要给自己讨媳妇的消息以后，便会自觉地加强"赶脱总"活动。首先是"米望"（即看媳妇），选定对象之后，设法在对方毫无知觉的情况下，偷得女方身上的一件东西，诸如草烟、沙橘、槟榔、石灰、筒帕和裙子上的丝线或者是女方的一缕头发等。把偷得东西拿回后，请巫师打卦决定是否可娶，如宜娶则再请打卦，在寨里选择一位"勒脚"，同时在女方寨子中选择一位"长桶"。长桶在自己被该男方请定之日起，即开始了解该女子的行迹，并经常与勒脚联系，把女方的情况通过勒脚传达给男方。在结婚的日期确定之后，即请几位同村的青壮年作"米确苏"，于结婚之日

---

① 赵富荣：《佤族风俗志》，中央民族大学出版社1994年版，第84—85页。

的前一天，由勒脚带领去女方寨子的附近，由长桶设法内应劫获女方。劫获成功后，长桶请两个与该新娘熟识的小姑娘任"送姑娘者"（即伴娘），陪送新姑娘一起来到男方的寨子，而自己背上劫婚者前来时背的烧酒、水酒各一筒，前往新姑娘的家庭，告知其父母。接着便商议聘礼。女方父母在获悉女儿被抢的消息后，立即通知亲友近邻准备前往男方的寨子去"送姑娘"，由女方的舅父为首（如果是官家的女儿则以该山官下边最大的寨头为首）前往参加喜宴。劫婚者在快到达自己寨子的时候，对空鸣枪数响示知家人和近邻。家人闻得枪声后，即知姑娘已经抢到了，便立即派出两名叫"棒鲁"的送酒到村边，以示迎接。在新姑娘和她的陪伴者饮酒之后，由棒鲁和勒脚带领她们到勒脚的家庭休息。勒脚必须招待新娘和她的陪送者。接踵而来的送姑娘的舅父及其同来的伙伴，也在勒脚家休息。当送姑娘者来到后，长桶也带来了女方家庭的意见和对聘礼的要求，婚仪即行开始。当时女方的来客，除了女客仍然陪伴新姑娘在勒脚家以外，其余的男客则被请到新姑爷的家中，并安置他们在客房休息。①

　　宁蒗托甸乡普米族尚残留着古老的"抢婚"习俗，普米语称为"密构莫"。男女双父母暗中商定婚期之后，不具体告诉女儿。直到男方来接亲的那天，仍指使姑娘外出劳动。如上山打柴或桨或下地薅草等。这时，男方选一个八字与女子相符的男青年，隐藏于村内，看准时机。跟随上山或到田里捕捉她。劫住后即高声呼喊："今天某某菩萨娶妻，某某菩萨送亲，请你回去吃茶。"女方亲友闻声后，顷刻间，一群妇女蜂拥而出，从男方来人手中将姑娘"夺回"。按住这个将要成婚的新娘，拉回家中洗澡更衣，化装打扮。举行出嫁仪式。然后，交由男方接亲的媒人领回。临行前，要饮"上马杯"（酒），由新郎的弟弟抱新娘上马。女方送亲的人送至半路，男家的人早已等候在那里迎接，大家同吃一顿

---

① 云南省编辑组：《景颇族社会历史调查（二）》，云南人民出版社 1985 年版，第 208 页。

"牛骨汤"。表示"贴骨至亲"，再向送亲的人馈赠礼品。然后送亲的人才转回去。新娘则由媒人领回到男家。

按照当地的古规。新娘进男方家门的时间应是在东方太阳刚刚升起时，认为这时进门最吉祥，因此，男方路远的须在中途露宿一夜，或到达男家后在正房屋外搭一间"彩房（柴棚）"，作为新娘暂时休息、梳妆、更衣的地方。新娘洗换一新，胸前挂有各种形状的圆珠串，给人以琳琅满目、美观华丽的感觉。到第二天黎明晨曦放射光芒之时，伴着欢快的海螺、唢呐声，离开彩房，走进家门。进屋前，由村中老人带头齐唱开门调，普米语称"贡顺利"。唱毕，始入屋内。然后又转向房门唱关门调：普米语称"页当利"。随即举行婚礼。由族长（或巫师）领着新婚夫妇敬祭菩萨，意为向祖先报告喜讯，现有新人加入族内。再用五色丝线二根挂在新婚夫妻脖子上，每人头上撒一点糌粑面粉，在额上擦些酥油，表示幸福之意。擦了酥油，新娘就算是男方家的人了。接着，由族长或韩规用极美好的语句，向新婚夫妇致贺词。贺词大意是：

今年属什么的一年（指具体 12 生肖年份），这是最吉祥安康的一年。这个月天上月亮圆又圆，是团圆幸福的一个月。今天是一年中最美好的日子。看年份这个月最好，看月份今天最吉，看日子这个时辰最佳，今天十二时辰都美好。天上的星星亮晶晶，大地平坦宽敞最舒心。百树开花，果实累累结满枝。大海是波涛滚滚，实在是雄伟又壮阔。人户兴旺，炊烟缭绕像玉带飘舞。今天办喜酒最美好，最吉利；公公健在就有九个孙子出世，九个孙子吃苦耐劳，聪明又能干；婆婆未老，七个孙女就生下地，个个孙女心灵手巧，纺线织布花样美又多。牲口骡马老的还在新的又降生，牛羊猪鸡六畜都兴旺；想要什么得什么：想做什么都会好。丰衣足食，生活富裕要靠和睦团结；东方西方距离远，太阳来连接；南方北方距离远，搭桥来连接；东北方和西南方，天上星星来连接；天和地距离远，雨和雪来连接；木楞房子四方不连接，"宗巴拉"

灶神来连接；百姓和官府不团结，金子银子通气来连接；三亲六眷不团结，酒肉佳肴来连接；父亲儿子不和气，柴弓弩箭来团结；婆婆媳妇不团结，锅筷碗盏来连接；新郎新娘要和睦团结。团结好比水乳相融合，团结好比茶盐一罐装，团结好比糌粑配酥油，团结好比鹦鹉不离松果树，团结好比骑马不离鞍，团结好比耕牛不离铧挡架，新婚夫妇要和睦团结，团结友爱兴家业，幸福日子才能万年长。……①

许多关于婚礼的习俗表明，土族历史上发生过抢婚现象，这个风俗虽然消逝了，但其残余还存在。它表现在婚礼过程中，男方唱的全是喜庆和欢乐的曲调，而新娘家唱的内容、曲调、气氛都与男方迥然相异。如"骂婚调"措辞十分尖刻，并且有意做出敌对的姿态，这正反映出过去抢婚中女方的对立情绪。而男方的"纳特进"，从其所扮演的角色看，很像是从抢婚时的打手演变而来。在妇女们盘问"纳特进"期间，新郎却像没事人一般坐在一旁，没有人留意他的动静。这时女家的一位老妈妈来到他跟前，示意他跟着走，新郎就悄悄溜出人群，来到姑娘的闺房里，完成他此行的重任——给他的妻子举行"戴头礼"。土族姑娘梳一个单辫，上面用红绳扎结，新郎亲迎，目的是由他给新娘改变发式。新郎在引他前来的那位老妇人指导下，把新娘扎发辫的红毛绳解下来，绑在他自己的左腿上，然后用梳子在自己的头上梳三下，接着在新娘的头上梳三下，就算他给她戴了头，这个女子从今以后就是他的妻子了。其余的梳妆打扮则由姑姑、嫂子们来帮忙。一切妥当就等待上马出行了。②

高山族婚礼的另一个特点是通过争夺新娘、新娘的逃避、藏匿、抗拒行房事和哭嫁等仪式，反映以往存在过的抢夺婚的习俗。鲁凯人的婚礼中，第三天下午迎亲，新娘要哭泣，新郎的亲友们

---

① 云南省编辑委员会：《基诺族普米族社会历史综合调查》，民族出版社1990年版，第173页。

② 严汝娴主编：《中国少数民族婚姻家庭》，中国妇女出版社1986年版，第107页。

要强行把新娘抬走，新娘的父母及其亲友极力阻止。到了男方家门口，男方使劲往门里推，女方则拼命往外推，以表示不让她走进男家。虽说这是仪式，但做起来都非常认真。布农人在迎亲时，男女双方亲族的壮汉们要举行一次"角力比赛"。如果女方胜了，男方的人只好打道回府，改期再来娶亲，直到他们获胜的那一次，才能把新娘接到夫家。鲁凯、排湾两族的婚礼进行过程中，新娘还在亲友陪同下逃出去躲藏起来，并用坚固的布和一种坚韧的树皮，在新娘的腰部和两条大腿间缠绕、缝死，把阴部遮住，以表示贞洁。新郎要进行"割裤子"（鲁凯）或"割裙子"（排湾）仪式，新娘则竭力抵抗。有时要五天五夜才能完成这一仪式。鲁凯人认为，这表示打开了新娘闭锁的身体和一对新人的相互爱慕。按排湾人的习俗，如新娘拒绝新郎割开裙子，可由新娘的母亲代割。这时，新娘仍然拒绝，就表示抗婚；或者新郎割裙子时伤了新娘的皮肤，他们的婚事都会被立即取消。[①]

（三）哭嫁

哭嫁这一婚俗由来已久，在经历着各种各样婚姻模式的变迁的情况下，哭嫁却以其独特的表现形式在我国许多少数民族地区流传长久。"哭嫁"既体现出女性在其面临生命历程中重要的角色转换时的心理活动，是一种宣泄情感的方式；同时也饱含祈求祥瑞的意思，有维持心理安定的功效。因此，哭嫁是一种具有多元社会功能以及体现女性社会性别角色的婚姻礼仪。

如藏族谚语中有这样一句话："女人出嫁虽为喜事要哭，男人出征虽为愁事要笑。"姑娘出嫁的那天早上，抽抽泣泣地哭个不休。当然，偶尔也有象征性的哭，但多数则是真情实感的流露。她哭得越是凄凄惨惨戚戚，就越会博得亲朋们的赞美。女眷们搀扶着她，为她更衣戴帽；母亲抹着眼眶里的泪水，对她说着多方嘱

---

① 张崇根著：《台湾世居少数民族研究》，民族出版社 2002 年版。

咐的话。

有些地方，女眷们一边为姑娘梳妆，一边有节奏地朗诵着下面的祝词：

> 香烟缭绕升天，
> 婚姻女神下凡，
> 待嫁的姑娘哟，
> 请听圣言：
> 太阳和月亮，
> 在天空结伴；
> 雌鹿和雄鹿，
> 在山里结伴。
> 欢天喜地的出嫁吧，
> 这是婚姻女神的指点！

当盛装的姑娘在辫套上系起一条白色的"哈达"后，就上马了。她伏在鞍上，愁眉紧锁，用长长的袖口捂住半个脸，又一次呜呜咽咽地哭起来。送嫁的女眷们拥在新人坐骑左右，

"啊——伊——伊，噢……"的哭唱送嫁的歌。青海藏区流传的古老送嫁歌，歌词长达二百句。不过，在许多地方，妇女们只是有节奏而又合拍地哭，每哭完一段后说一句"早早去吧，不要留恋"之类的话。①

按照大理凤翔白族传统习惯，在临别双亲前的最后一夜，从亥时起，新娘要哭嫁，有悲有喜。

> 新娘："眼泪流，女儿出嫁心里愁；日月无光天地暗，乌
> 云遮心头。从此离别亲爹妈，小鸟飞离热窝窝；从此离别众姐

---

① 仇保燕：《青海藏族风情丛话》，中国旅游出版社 1987 年版，第 65 页。

妹，去做人家骡。"

　　女伴："劝阿姐，强把愁颜变欢喜；姑娘大了要嫁人，一人有一回。水流万里终归海，花开百日总要谢；树大就被砍成材，常理难违背。"

　　哭嫁顺序是由上而下，从头到尾均有女伴相随，父边亲，母边戚和祖母尚存的，从祖父母哭起，哭是还要哭钱和金银首饰。哭嫁习俗，据说是不哭不好，哭过之后，娘家好，到男家才能成家立业。有的借哭嫁诉说了不忍离开父母的感情，有的倾吐了不自主的悲哀，因而在父母面前哭得异常悲恸：

　　新娘："心不乐，小鸟进笼难飞脱；一根绊绳拴脚上，拴上难挣脱。女大何必要嫁人，嫁人为啥不自主；问地地门紧关闭，问天天不说！"

　　爹妈："说你听，女大当嫁男当婚；父母作主把女嫁，古礼定要遵。嫁鸡就要随鸡去，嫁狗不能有二心；有缘之人才相配，前世定婚姻。"

　　从形式上看，新嫁娘是向三亲六戚、祖宗哭别，实质是哭别自己的童年，哭别作为一个妇女的黄金时代——做闺女的时代。不仅是一般地哭与亲属"生别"，更重要的是哭和自己"死别"，即和自己无忧无虑的姑娘时代的"死别"。[①]

　　云南红河哈尼族婚礼，迎亲人和女家的陪客还在推杯换盏的时候，出嫁的姑娘便在邻里嫂子和平日好友们的帮助下，开始了结束姑娘时代的梳妆。红河哈尼族未婚少女是垂辫，结婚时把辫盘于头顶。新娘梳妆时歌手"米谷"在旁吟唱着《送嫁歌》。哈尼族《送嫁歌》是催人泪下的，其中有这样几句：

---

　　① 云南省编辑组：《云南少数民族社会历史调查资料汇编（一）》，云南人民出版社1986版，第98页。

十五的月亮圆圆的了，

山里的花朵红红的了。

长翅的鸽子要远飞了，

养大的女儿要出嫁了。

出嫁的姑娘啊，

像山坡上的麻栗树叶，

飘到哪里就在哪里落脚。

这凄凉的歌声，使平时无论如何快活的姑娘，临出嫁时也会情不自禁地泪流满面，哭泣不止。很可能嫂子们和好友们帮她梳头时，她连辫子也不解开；为她穿衣时，她连手也不伸；始终是泪水涟涟地哭着，似乎要用哭和不配合梳妆来抗拒自己的出嫁。红河一带哈尼族姑娘出嫁，自梳妆开始，一直哭到走出女家村寨"龙巴门"，此谓哭嫁。当然，哭嫁的原因，有惜别少女时代自由日月和离别亲人的悲伤因素在内，也有履行传统习俗的因素在内。因为，这里的哈尼族认为，姑娘出嫁时不哭，意味着这门亲事不吉利，结婚后的日子不美满。

新娘梳妆完毕，要来到招待迎亲人的宴席上，很有礼貌地向本宗男性长辈告别，向养育自己成人的父母告别。然后，在一位同辈知己女伴的陪同下，背着盛有新娘衣物的箩筐离开娘家门。边走，新娘边唱《哭嫁歌》。《哭嫁歌》如同《送嫁歌》一样凄凄凉凉。不过，《哭嫁歌》中却有新娘对于媒人，对于包办婚、买卖婚的指责和悲愤。新娘伤心的哭诉，又一次表达了出嫁的姑娘离开亲人时的忧伤，表达了妇女们对于封建婚姻反抗的呼声。红河哈尼族的《送嫁歌》和《哭嫁歌》，告诉人们婚姻习俗如同其他社会习俗一样，存在着顽固的承传性，当封建婚姻赖以存在的诸多因素大都消失时，但是，作为前一个时代产生的诸多习俗也还被保留下来，尽管只是一种躯壳，也仍顽固地承传着。[①]

土家族男方送日子后，结婚前一个月或半个月，出嫁姑娘就要哭嫁。开始是隔一夜哭一次，距婚期越近哭得越多，每夜都哭。这期间，全寨的姊妹和姑嫂、伯娘、婶娘都要来陪哭。同时家族亲友都要准备一餐丰盛的菜饭，宴请出嫁的姑娘，这叫做"陪嫁饭"。结婚前夕，出嫁姑娘哭通夜。哭嫁内容和程序如下。

哭父母。感谢父母的养育之恩，表示离别难舍之情。

哭哥嫂。表示把抚养父母之责全部交给哥嫂，自己未尽其义务，深为难过。

哭姊妹。表示欢乐团聚的姊妹即将分离而难舍难分之情。

哭媒人。表示感谢穿针引线、铺路搭桥之功，同时，也埋怨和诅咒媒人的欺骗行为。

哭梳头、哭戴花，哭穿露水衣等，表示从此改装成下贱的人，换下了姑娘时候的幸福衣着和装束。

哭吃离娘席，哭辞祖先，哭上轿等，表示离别自己的祖先和亲人，到贱乡贱地做贱人去了。

土家姑娘哭嫁的仪式，有对哭、群哭、顺哭、间哭等。对哭即一人陪新娘哭。群哭则是一群亲友或姑娘姊妹陪新娘一起哭。顺哭就是从老到少、从大到小一一陪新娘哭或你一段我一段按大小顺序依次轮流陪新娘哭。间哭就是老少大小三三两两你两句他两句地轮流陪新娘哭。这就是土家族姑娘出嫁哭嫁仪式的独特性，与其他民族的哭嫁有着很大区别。土家文人的竹枝词写道："新梳高髻学簪花，娇泪盈盈洒碧纱。阿母今朝陪远客，当筵十个女儿家。"即哭十姊妹。[②]

（四）其他特殊形式的婚姻仪式

还有一些民族的婚姻仪式，具有其浓厚的民族特色以及丰富的

---

① 吴存浩:《中国婚俗》，山东人民出版社1986年版，第157页。

② 白新民:《土家族风情录》，四川民族出版社1993年版，第98页。

文化内涵，反映出该民族的传统文化以及婚姻观念。如塔塔尔族婚俗礼仪具有浓厚的民族特色，情趣盎然，整个婚礼过程使人感到是在"嫁新郎"，而不是在"娶媳妇"。在婚礼的前几天，男方就要把新娘的结婚礼服、生活用品和自己的"嫁妆"送到女方家。到了"出嫁"那一天，新郎身穿新婚礼服在伴郎及亲朋好友的陪同下，坐上马车，前往新娘家，一路上青年人拉着手风琴，唱着随兴填词的歌曲，有的吹口哨，有的呼叫呐喊，歌声、琴声、口哨声、欢呼声连成一片。

歌中唱到：

> 眉毛黑呀，眼睛黑，眉毛眼睛不分离；
> 新娘美呀，新郎俊，新娘新郎不分离；
> 热恋的情人成眷属，甜甜蜜蜜不分离；
> 不分离呀，不分离，美好生活在前方。

在这一片热闹的气氛中，新郎在大家的簇拥下来到女方家。女方家人和客人在门外迎接，青年男女载歌载舞进行庆贺。在举行新婚仪式上，新娘新郎要当众共饮一杯糖水，以此象征他们婚后生活会像糖水一样甜蜜，然后，新娘家用丰富的筵席招待来宾。

婚礼结束后，宾客和送亲的人都纷纷回家，但新郎却不回家，而是住在新娘家，新郎最少住一两个月，最长则达一年左右，有的甚至到生完孩子后再把妻子娶回来。在这段时间里，新郎对岳父、岳母像对待亲生父母一样；而岳父、岳母也像对待亲生儿子一样，拿出最好吃的东西招待女婿。正是这种特殊的"先嫁后娶"的手续，使塔塔尔族的婚俗礼仪别具一格。①

居住在红河县架车地方的哈尼族，自称"腊咪"。"腊咪"举办较隆重的婚礼时，姑娘在出嫁之前，除了自己的未婚夫外，还

---

① 杨启辰、杨华：《中国穆斯林的礼仪礼俗文化》，宁夏人民出版社1999年版，第64页。

要结交一个未婚的"男朋友"。她们称之为"次颜"或"腊哈"，意为朋友。这样做一是为了婚礼仪式的需要。有"腊哈"的姑娘才嫁得体面，被认为是有本事的姑娘；二是受传统思想观念的影响，他们认为一个人，只要生前找到"腊哈"了，活着的时候不必叫魂，死去的时候不用驱鬼，到阴间的路上互相打狗领路。从这种观念出发，即使姑娘的未婚夫是自己心爱的人，她也还得找一个"男朋友"。如果未婚夫是父母包办的，自己不太喜欢的话，那她更要找一个心爱的"男朋友"了。"腊哈"找到后，要互相赠送礼品，男的给女方戒指、手镯等；女的给男朋友缝件衣服，织一条五彩花瓣等。

在结婚前一个礼拜，姑娘就要带着一个女伴，背着背箩到亲戚家哭要东西。她专找人家吃饭的时候去，到饭桌前边哭边唱要东西（她只要食物），数落自己的不得意之处。如果姑娘对婚事不满意，她就会在亲戚家要赖闹事，甚至把人家饭桌掀翻，以示抗争。就是这样，亲戚们也不会责备她，反而处处依她，拿出鸡蛋、鸭蛋、干腊肉等食品来给她。这样姑娘从这家亲戚的门出来，又进那家亲戚的门，走遍所有亲戚家。然后把讨来的东西好好装在背箩里，找个适当的地方放好。假如背箩还不满，她要花钱从街上买来添满，这样才对得起她的那个"男朋友"。

过门那天，男方要派人来接亲，新郎不到女方家来，只到半路迎接。这天，新娘家里杀猪请客，人来人往，一派喜气。晚饭后，新娘就要和她的"男朋友"找个地方躲起来。这样做新郎不会有意见。晚上，男方接亲的人来到以后，就派人把新娘找回来，请到桌前来吃饭。这时吃饭的有老人、小伙子和姑娘们。席间，每个前来做客的人，都要给主人家送点礼钱。几角到几块随自己的方便。新娘的那个"男朋友"是送礼钱最多的人。快吃饱饭的时候，姑娘们就会围上去，给在座的每个小伙子头上拴一条五彩花瓣。这花瓣是新娘平时亲手编织的，是姑娘心血的结晶，这是她送给同辈的伙子们作为永久的也是最后的纪念。吃过饭后，男方的人要

把新娘接走了。新娘先由其哥哥或弟弟背送出大门来。最后她的
"男朋友"就义不容辞地将她背起来，一直把她背送到新郎和迎亲
的人等候的地方。一路上新娘咬着"男朋友"的耳朵，窃窃私语。
如果这个"男朋友"是为了举行婚礼临时结交的，那么新娘对他
说些感激的话语，表示谢意。如果"男朋友"是新娘真心相爱的
人，而她要嫁的是父母包办的，自己不喜欢，自己又无力抗拒的
情况下，新娘就会对他说真心话。说她的出嫁是不得已的，请他
耐心等待，她不会在一棵树下花开败，一人跟前过一生。送新娘
途中，姑娘们互相拉着衣角，围着新娘抱成一团，唱着出嫁歌，一
直送到半路才返回来。新娘出嫁之前，从亲戚家要来的那背箩东
西，就是这天晚上她送给"男朋友"的礼物。"男朋友"把新娘背
送到预定地点，他就可以返回来处理那背箩东西了，一般情况下，
他会请一些小伙子来，找一个适当的地方煮着吃。一天吃不完，
可以连着吃几天，但不能带回家去。这是儿女私情，家里老辈人
看见是害羞的。

新娘到了婆家的门，要掐断横在门前的黑白两根线，然后进门
来。新郎新娘相对站在堂屋里，由新郎抓起一只事先准备好的母
鸡，鸡尾对着新娘让她用双手从下往上地抚摸一下。摸鸡时，最
忌母鸡叫出声来。然后把鸡杀了，加一个鸡蛋同时下锅。煮熟后，
由新郎把鸡蛋一分为二，一半送给新娘，一半留给自己，两人同
时吃下。之后，新娘由伴娘陪着休息去了。第二天一早，新娘家里
要有数人到新郎家中来，叫做认亲家。饭后新娘跟着他们返回娘
家，值此婚礼结束。新娘住数日之后，择吉日返回婆家。①

金平、绿春、元阳一带哈尼族支系爱倮姑娘出嫁的时候，有一
种奇特风趣的习俗——躲婚。夜幕渐渐降临，出嫁的姑娘家里，门
外人群熙熙攘攘，络绎不绝，热闹非凡；客人的礼物，陪嫁的银首
饰，样样清点和操办完毕，准备起程之际，却突然不见了那个即

① 毛佑全、李期博、傅光宇编：《哈尼山乡风情录》，四川民族出版社 1993 年版，第
221—222 页。

将出嫁的姑娘，弄得人们心急如焚。于是，新娘的弟兄和寨子里的小伙子们有手电筒的便打着手电筒，没手电筒的则举着火把，风风火火地朝房屋旮旯、村外的密林中四处寻找新娘。不管寻找多长时间，接亲的人也要耐心地等着，不能发急。

原来，此时新娘正同女伴在事先约好的密林中，悄声叙说着惜别之情，唱着那娓娓动听而又忧伤凄楚的哭嫁歌。这歌声里既充满了新娘和女伴们之间缠绵的惜别之情，又表达了新娘对家乡山水、父母养育之恩和姐妹之情的深深依恋。躲婚具有两层含义：若新娘将跨入的那道门槛里的新郎，是一个她所陌生的，并没给她留下过任何好感的人，那么，新娘和女伴们便会巧妙地躲过寻找她们的那些人，让他们找得好苦，甚至三天三夜避而不见；若新娘对新郎婚前有缘，这门婚事是他们自己作主的，那么，当寻找新娘的弟兄来到她们隐蔽的周围转悠的时候，她们便立刻止住哭嫁声，蓦地，草丛中发出一串朗朗的笑声。这就弄得新娘的弟兄们不好发牢骚。此时新娘便会喃喃地说道："阿哥阿弟，如你们不来找我，我也自己会回来的呀！"爱倮姑娘的躲婚是从古代沿袭到今天的一种习俗。据说，很久以前，某些有钱有势的人，对哈尼山区的爱倮贫女强行逼婚，但有些不畏强暴的姑娘，宁肯清白一死，也不甘愿屈从封建势力而含恨出走，寻求自己的意中人。故此，便逐渐形成了这种躲婚的习俗。现在，对于由互相认识了解而恋爱，又发展到婚姻自由的爱倮男女青年来说，与其说是躲婚，倒不如说是一种既风趣又淳朴的结婚仪程。[①]

居住在黔东北的仡佬族，在迎亲日，新郎骑在一匹披挂彩绸、颈下铜铃叮当的马上，由四名壮实的小伙子随同，愉快欢乐地行进在山间小道上，马不停蹄向新娘家奔去。其中两名小伙子肩上扛着竹扫帚，另外两个小伙子分别提着酒肉礼物。他们正在兴高采烈地走着，突然从路旁的树丛中闯出几名腰束红绸的彪形大汉，

---

① 毛佑全、李期博、傅光宇编：《哈尼山乡风情录》，四川民族出版社1993年版，第215页。

他们如同一伙半路抢劫的强盗，抢走新郎所带的酒肉。他们拿着抢来的酒肉，跑到山坡上一边饮酒，一边吃肉，毫无顾忌地看着路上迎亲的人。奇怪的是新郎和四名小伙子，对强人既不抵抗也不追赶，马上的新郎一点也不惊恐愠怒，脸上显示出若无其事的样子。这些彪形大汉是新娘家特意派来打"埋伏"的。表示新娘家有吃有穿，酒满坛，肉满缸，粮满仓，不需要新郎带来的礼物，表示新娘家富有。新郎一行来到新娘的寨门时，又是一番紧张场面，只见一群手执木棍的男女，齐声喊打，随之一阵棍棒便向新郎打来，这便是传统的仡佬族"打亲"。

仡佬族的"打亲"是有其含义的，据说这一"打"便能打掉新婚夫妇的口角是非。新婚夫妇婚后会永远相爱，白头偕老。这一"打"不要紧，可忙坏了那两名带竹扫帚来迎亲的小伙子。只见他俩来回奔走，将两把大扫帚舞得呼呼生风，大有武功超凡，保护新郎的气势。但是，迎亲者无论怎样有力气，也只能招架，不许还手，否则会违反规矩的。不过这种"打"，从来不会伤人，只是一种相沿成习的形式。只要新郎一进屋，"打亲"自然停止，双方立刻化干戈为喜庆。新娘家随即向新郎奉上"敬亲酒"，同时新郎也以酒回敬岳父岳母，表示谢意。接着新娘父母唤出女儿，让新婚夫妻互相敬酒。然后新郎新娘又向众亲友敬酒。敬酒完毕，在众人不注意时，新郎悄悄溜走，解缰带马和新娘一起奔向新郎家。新娘至婆家后，亲友们纷纷前来祝贺一对新人的新婚之喜，大家畅谈痛饮，直至洞房花烛夜。[①]

综上所述，作为以个体为核心影响个人、家庭、家族乃至整个村社幸福的各民族传统婚姻礼仪，除了表示对男女双方婚姻关系的承认与祝贺之外，还有显示家庭的社会地位，巩固家族村社权力结构以及扩大社会交往面的功能。同时，作为一种全方位承载各民族精神气质、行为规范以及物质存在的活动，婚礼对于各民

---

① 奇泽华、傲腾、段梅编著：《中国少数民族婚趣》，青海人民出版社 1990 年版，第297 页。

族而言都发挥着以语言和行为方式实景传承民族文化的意义。挖掘并分析婚礼在传统社会中以文化承载为基础，为维护不同生境民族的家庭、社会稳定所发挥的物质交换、行为规范、精神寄托等多元作用的机理，有助于以民众的日常生活视角为切入点，深入探讨个体生活与社会生活实现有机融合与和谐互动的路径。

参 考 文 献

[1] 严汝娴主编：《中国少数民族婚姻家庭》，中国妇女出版社 1986 年版。

[2] 吴存浩：《中国婚俗》，山东人民出版社 1986 年版。

[3] 欧阳若修、韦向学：《中国婚俗集锦》，漓江人民出版社 1986 年版。

[4] 奇泽华、傲腾、段梅编：《中国少数民族婚趣》，青海人民出版社 1990 年版。

[5] 杨启辰、杨华：《中国穆斯林的礼仪礼俗文化》，宁夏人民出版社 1999 年版。

[6] 张崇根：《台湾世居少数民族研究》，民族出版社 2002 年版。

[7] 陈伯霖主编：《黑龙江少数民族风俗》，中央民族学院出版社 1993 年版。

[8] 王正伟：《回族民俗学概论》，宁夏人民出版社 1999 年版。

[9] 晓根：《拉祜文化论》，云南大学出版社 1997 年版。

[10] 伍精忠：《凉山彝族风俗》，四川民族出版社 1993 年版。

[11] 蔡志纯、洪用斌、王龙耿：《蒙古族文化》，中国社会科学出版社 1993 年版。

[12] 张秀华编：《蒙古族生活掠影》，沈阳出版社 2002 年版。

[13] 杨英杰：《清代满族风俗史》，辽宁人民出版社 1991 年版。

［14］仇保燕：《青海藏族风情丛话》，中国旅游出版社 1987 年版。

［15］姊妹彝学研究小组：《彝族风俗志》，中央民族学院出版社 1992 年版 。

［16］毛佑全、李期博、傅光宇编：《哈尼山乡风情录》，四川民族出版社 1993 年版。

［17］吉林省政协文史资料委员会、朝鲜族自治州政协文史资料委员会：《吉林朝鲜族》，吉林人民出版社 1993 年版。

［18］刘志霄：《中国维吾尔历史文化研究论丛》，新疆人民出版社 1998 年版。

［19］罗之基：《佤族社会历史与文化》，中央民族大学出版社 1995 年版。

除此以外，还参考了"民族问题"五种丛书、"民族知识"丛书和"民俗文库"等大型丛书中涉及各少数民族的书籍以及其他相关资料，因在页下的注释中已注明出处，故在此不一一列出。

云南省婚庆行业协会

中国婚礼研究院

云南玺尊龙婚礼文化产业集团

中外新视野

婚礼丛书

光宗耀祖——宫廷婚礼

瞿明安◎主编

张人仁 秦莹◎著

中国社会科学出版社

图书在版编目(CIP)数据

光宗耀祖：宫廷婚礼／张人仁，秦莹著 . —北京：中国社会科学出版社，
2016.6

（中外新视野婚礼丛书／瞿明安主编）

ISBN 978 - 7 - 5161 - 8110 - 2

Ⅰ.①光… Ⅱ.①张…②秦… Ⅲ.①结婚 - 礼仪 - 世界 Ⅳ.①K891.22

中国版本图书馆 CIP 数据核字（2016）第 109211 号

出 版 人	赵剑英	
责任编辑	任　明	
特约编辑	乔继堂	
责任校对	张依婧	
责任印制	何　艳	

出　　版	中国社会科学出版社	
社　　址	北京鼓楼西大街甲 158 号	
邮　　编	100720	
网　　址	http：//www.csspw.cn	
发 行 部	010 - 84083685	
门 市 部	010 - 84029450	
经　　销	新华书店及其他书店	

印刷装订	北京市兴怀印刷厂	
版　　次	2016 年 6 月第 1 版	
印　　次	2016 年 6 月第 1 次印刷	

开　　本	710 × 1000　1/16	
印　　张	12.25	
插　　页	2	
字　　数	171 千字	
定　　价	200.00 元（共六册）	

总　序

　　婚礼是人类社会中最普遍的文化现象之一，只要有婚姻存在，人们在缔结婚姻关系时都要举办婚礼。婚礼的形式丰富多样，与人们的衣、食、住、行、用、娱乐、礼仪、庆典、宗教、巫术等都有着千丝万缕的联系，通过婚礼可以透视人类的整个文化。婚礼也是人们喜闻乐见的民俗事项，绝大多数的人们都会对举办婚礼很感兴趣。婚礼还是现代社会中人们关注的热点问题，从婚礼中可以窥见现代社会发生的变迁和未来发展的趋向。正因为婚礼包含着丰富的文化价值和现实意义，所以才引起众多学者们的广泛关注。

　　目前国内外学者所写的专门研究婚礼的著作分别有多种不同的类型。一是分国别的婚礼书籍，如《爱情百分百：各国的婚礼习俗》、《英国婚礼》、《美式婚礼经典》、《掀起你的红盖头：中国婚礼》等；二是分地域的婚礼书籍，如《西方婚礼》、《老上海的婚礼》、《本地华人传统婚礼》、《珠江三角洲一带华人传统婚礼》等；三是分民族的婚礼书籍，如《蒙古族婚礼歌》、《土族婚礼撒拉族婚礼》、《纳西婚礼与歌谣》、《土家族婚俗与婚礼歌》等；四是综合性的婚礼实用书籍，如《国际流行婚礼礼仪》、《现代婚礼设计》、《婚礼完全手册》、《打造最完美的婚礼》、《精明高手办婚礼》、《美满婚礼筹备手册》等；五是专题性的婚礼实用书籍，如《婚礼花艺设计》、《婚礼摄影专业技巧》、《运筹帷幄——婚礼主持

人》、《婚礼庆典主持词》、《婚礼蛋糕》等。六是涉及中外不同历史时期的婚礼书籍，如《古今婚礼》、《中国历代婚礼》、《婚礼服饰考》等。七是产生国际影响的经典婚礼书籍，如《轰动世界的婚礼：皇家罗曼史》等。

　　为了在前人的基础上对婚礼的研究有所突破，我们策划并组织有关学者撰写了"中外新视野婚礼丛书"，分别包括《域外奇俗——世界婚礼》、《光宗耀祖——宫廷婚礼》、《群星耀眼——名人婚礼》、《中西合璧——城市婚礼》、《仪式符号——农村婚礼》、《异彩纷呈——少数民族婚礼》等六本著作。本丛书突出学术性、资料性和可读性的有机结合，尽量使其内容显得生动活泼、通俗易懂。丛书中的每本书都需要作者在把握学术研究前沿和占有丰富资料的基础上，通过生动的文笔对与婚礼有关的习俗、现象、事例、个案和民族志等进行深入浅出的描述和解释，以满足不同层次读者对各种婚礼文化的阅读兴趣。根据现已掌握的资料，我们对不同的书提出了相应的要求，其中宫廷婚礼、名人婚礼两本书的内容需要涉及中外的婚礼；农村婚礼、城市婚礼、少数民族婚礼等三本书只涉及中国的婚礼；而世界婚礼则只写国外民族的婚礼。这些著作分别涉及全球性、地域性、群体性和个体性的婚礼文化现象，是系统深入地认识婚礼文化不可忽视的研究课题。

　　有关婚礼的研究是一门大的学问，需要从多学科和不同的角度入手，采用不同的理论方法进行全面深入的探讨，才能有所突破、有所创新。本套丛书只是我们开展的有关婚礼研究的起点，下一步我们将组织和整合国内对婚礼研究感兴趣的学者，对中国的婚礼开展横向和纵向相结合，综合性与专题性相结合，理论性与应用性相结合，全国性与区域性相结合的系统研究，通过一批重要的学术成果将中国的婚礼文化全面客观地呈现在读者面前，为认识了解中国婚礼的多样性和复杂性以及为追求幸福生活的人们提供高端的精神文化产品作出应有的贡献。

瞿明安

2015 年 9 月 25 日

目　录

二 王子篇

三 公主篇

引　言

　　宫廷，是封建君主居住的地方，显示了皇家至高无上的地位与统领天下的威严，古往今来，全球诞生和消亡过许多封建制国家，即使是 21 世纪的今天仍有部分国家采用君主制，保留了皇室。现在全世界仍居统治地位的皇室和王室有 25 个，大部分在亚洲和欧洲。

　　亚洲的皇室有：

　　日本：日本皇室、泰国：却克里王室、马来西亚：Nine royal houses、文莱：House of Bolkiah、不丹：House of Wangchuck（吉格梅·旺楚克家族）、巴林：阿勒·哈里发王室、约旦：哈希姆王室、卡塔尔：阿勒·萨尼王室、科威特：House of Al-Sabah、阿曼：House of Bu Sa'id、沙特阿拉伯：沙特王室。

　　欧洲的皇室有：

　　大不列颠及北爱尔兰联合王国（英国）：温莎王朝（韦廷王室后裔，萨克森—科堡—哥达系）、荷兰：奥伦治—拿骚王室、比利时：韦廷王室（萨克森—科堡—哥达系）、卢森堡：House of Nassau-Weilburg（波旁王室后裔）、西班牙：波旁王室、列支敦士登：House of Liechtenstein、摩纳哥：House of Grimaldi、瑞典：伯纳多特王朝。

　　非洲的皇室有：

摩洛哥：阿拉维王室、莱索托：House of Moshesh、斯威士兰：House of Dhlamini。

大洋洲的皇室有：

汤加：Tupou。

另外，中国、阿富汗、阿尔巴尼亚、奥地利（哈布斯堡皇室）、保加利亚、巴西（布拉冈萨皇室）、埃塞俄比亚（所罗门王朝）、法国（卡佩王室及其支系瓦卢瓦王室，1589 年绝嗣、波旁王室、波拿巴皇室）、德国（霍亨索伦皇室，普鲁士系）、匈牙利（哈布斯堡王室）、伊朗（波斯，巴列维王室）、伊拉克（哈希姆王室）、意大利（萨伏依王室）、朝鲜（朝鲜王朝王室）、黑山（彼得罗维奇王朝）、帕尔玛、皮亚琴察和瓜斯塔拉（Farnese；之后的波旁王室——卡佩王室系）、葡萄牙（布拉冈萨王室，卡佩王室庶出系）、越南（阮朝）、缅甸、也门、尼泊尔等国各个朝代也曾经出现过皇室，但现在大部分已成为共和国或实行部分共和制。

这些国家的宫廷大小事，历来是内部讳莫如深、外部好奇打探，在宫门与城墙内外，构筑了截然不同的两极。世人总是好奇，在这高墙深院里面发生的事情，和平常百姓家一样吗？皇亲国戚们的生活是怎么样的呢？

婚礼是一种宗教仪式或法律公证仪式，其意义在于获取社会的承认和祝福，防止重婚，帮助新婚夫妇适应新的社会角色和要求，准备承担社会责任。所有的民族和国家都有其传统的婚礼仪式，是其民俗文化的继承途径，也是本民族文化教育的仪式。婚礼也是一个人一生中重要的里程碑，属于生命礼仪的一种。而皇家在宫廷内的事务有很强的仪式性以及承袭性，班固在《汉书》中有"王者必因前王之礼，顺时施宜，有所损益，即民之心，稍稍制作，至太平而大备"这样的说法。

本书将会带领读者一窥宫廷婚礼，这一宫廷中皇室典礼的典型事件。

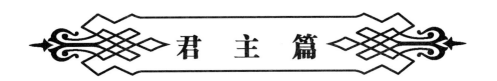

君 主 篇

被摆弄的婚礼：
光绪皇帝和
叶赫那拉氏的婚礼

　　中国婚姻传统认为婚姻是家族的前提和基础，所以历代统治者都极为重视。"有天地，然后有万物；有万物，然后有男女；有男女，然后有夫妇；有夫妇，然后有父子；有父子，然后有君臣；有君臣，然后有上下；有上下，然后礼仪有所错（措）"①。"婚礼者，礼之本也"②；"将合二姓之好，上以事宗庙，而下以继后世也"③。这种观念反映了古代祖先崇拜、生殖崇拜的习俗，婚姻主要是被作为可以祭祀祖先、延续后代的手段。

　　后世有儒家经典记载了西周时期贵族的婚姻状况，当然这种状况已经被理想化了，但它仍然对后世的法制和观念具有相当的影响力。因为西周时期去古不远，许多部族和地区在不同程度上还保留着氏族时期的一些婚姻习惯。在仲春时候，青年男女的自由恋爱和私奔，国家并不禁止④。《诗经》里也有许多反映民间男女自由恋爱的诗篇。近世有学者指出，一直到汉代以前，在燕、赵、中山、郑、卫、齐、楚等地区，还盛行着各种非礼制的婚俗。因此，在西周时期的平民生活中，婚姻方式还是相当自由的。我们

---

① 《易·序卦》。
② 《礼记·昏义》。
③ 《礼记·昏义》。
④ 《周礼·地官·媒氏》。

这里所谈的只是儒家经典所记载的贵族婚姻状况。

据记载，西周时期就有了掌管婚姻事务的机构——媒氏。媒氏"掌万民之判"①。"判"就是判合，男女相匹配。可见，媒氏就是婚姻管理机关。

根据儒家经典的记载，我国传统的婚聘礼仪，最突出、最典型的是"六礼"，即纳采、问名、纳吉、纳征（或称纳成、纳币）、请期、亲迎。

六礼是西周时就已确定了的，其内容仪式都比较复杂。但当时有所谓"礼不下庶人"的框框，并未达于民间。至汉代，六礼才开始普遍施用，但违礼之举亦不罕见。元始四年（公元4年），立王莽女王氏为皇后，仅有纳采、问名、卜吉及遣使奉迎等程序。东汉以后，社会动荡，婚姻仪式更是大为简化。隋唐以后，六礼被人们有意识地增减，如在宋代，常常是并问名于纳采，并请期于纳征，六礼仅存四礼。南宋时，朱熹又将纳吉并入纳征，实际上六礼只剩下纳采、纳征、亲迎三礼。明初，官方命令士庶都要遵守《朱子家礼》行事。到了清代，又加入了成妇礼、成婿礼等礼节，但这可以看作是亲迎礼的延续。从大的方面着眼，后世婚礼大都未脱离周代六礼的大框架，而是在这个框架中有所增减。增减的大体轮廓是，前五礼多有合并、减损，而最后的亲迎则不只是迎妇到家，而是显著地增益，除了成妇礼、成婿礼之外，还有很多仪俗，在时间上甚至延续到亲迎后的第三天。

两千年前制礼作乐的先贤圣哲们就指出："昏（婚）礼者，将合二姓之好，上以事宗庙，下以继后世，故君子重之。"又说："昏（婚）礼者，礼之本也。"婚姻首先是家庭、家族的大事，它关系到家族世系能否延续的大问题，也是关系到整个社会的大事，所以历来受到人们的重视。

---

① 《周礼·地官·媒氏》。

1. 纳采

纳采，也就是男家请人向女家说明缔婚的请求，相当于后世的提亲、说媒。我国传统上盛行包办婚姻，青年男女没有自主权。到了当婚当嫁的时候，男方家长便请媒人向早已物色好的女方家长提亲，表达想和对方联姻的愿望。当然，这种选择是有条件的。比如，即有"五不取（娶）"① 的说法："逆家子不取"，即行为有违礼教，没有家法的女子不能取；"乱家子不取"，即家风淫乱、天性冶荡的女子不取；"世有刑人不取"，即直系亲属中有受过墨、劓、荆、宫、髡等刑罚的女子不取；"世有恶疾不取"，即直系亲属中有哑、聋、秃疠（瘟疫或恶疮）、伛（驼背）等疾病的女子不取；"丧妇长子不取"，即母亲去世，和父亲一起长大的大龄女子不取，恐其缺乏生活经验。

后世的婚聘条件是"门当户对"。所谓门当户对，是指除了家族的社会地位以外，还有经济条件、家族世系、职业等。结婚事人本身的条件也要考虑。

尽管是婚聘的第一个步骤，纳采也要携带礼品。先秦时用雁，所以也叫"奠雁"。之所以用雁，是因为雁是候鸟，冬天飞往南方，夏季生活在北方，来去有时。纳采用雁，实际上是告诉女家"男大当婚，女大当嫁"，应该像雁那样适时选择其所在。后世纳采的礼物大大丰富了，有时竟多达50多种，而且具有象征意义，如送羊表示"吉祥"，送鹿表示"福禄"，送胶、漆表示"和谐"等。

2. 问名

纳采得到准许，也就是女家收下了礼物，接下来就是六礼中的第二步——问名。问名即双方相互探问男女的姓名、年龄、生辰、

---

① 《大戴礼记·本命》。

籍贯、三代（曾祖父母、祖父母、父母）名号、官职等，以便对对方有一个初步的了解。这一礼仪，也就是通常所说的"请八字"。

如果缔结婚姻的意愿是当事的男家或女家提出，再请媒人说合的，他们对对方已经有了一些了解，这个步骤就可有可无。但如果是媒人主动来撮合的，问名则是必需的。但无论如何，纳采既准，双方都要主动将这些情况告知对方。

同样，问名也要携带礼物，古礼也用雁。六礼简化以后，纳采和问名便同时进行。

3. 纳吉

六礼的第三步是纳吉。在问名和纳吉之间，有一个内容并不简单的"地下工作"，即合婚。这也可以看作是纳吉的一部分。我国传统的婚姻，不仅以"父母之命、媒妁之言"为依据，而且也把"天神之兆"作为依据。问名之后的工作，就是通过各种各样的方式考察双方缔结婚姻的可能性。这一系列活动就是合婚，后世俗称"批八字"。婚姻能否成立，这是最为要紧的一关。倘若其他方面的条件都比较相符，八字不合，也只好就此拉倒。

先秦的合婚似乎并不像后世那样复杂。当时的纳吉是"归卜于庙"，即用卜筮的方法一锤定音。同时也说明婚姻是承继祖祀的大事，所以要在家庙卜筮。卜得吉兆后，男家便仍以雁作礼物请媒人通知女家，决定缔结婚姻。

所谓的"八字"，和我国传统的历法相关。我国古代以干支纪年、纪时，天干、地支相配组成的六十组名目及其顺序分别指一定的年、月、口、时。每一个人的出生年、月、日、时由四组干支组成，共有八个字，这就是"生辰八字"。此外，古人为了便于记忆，又用十二种动物来配十二支，形成了人的十二属相。由生辰八字，一望可知其人的属相，由属相的合与不合就可以判定婚姻是否相宜。关于这方面的合与不合，民间流行有许多俗谣，相合的如"青兔黄狗古来有，红马黄羊寿命长；黑鼠黄牛两兴旺，青牛黑猪喜洋洋；龙鸡更长久；蛇盘兔，必定富"，不合的有"白马怕青牛，羊鼠一旦休；蛇虎如刀锉，龙兔泪交流；金鸡怕玉犬，猪猴不到头"，如此等等。如果把各地的俗谚收集到一起，就可以发现矛盾百出，其意义也就不攻自破。

批八字除了涉及属相以外，还涉及阴阳五行。五行指金木水火土。每个人的命运都与此有关，或木命，或土命……五行也有相生、相克两种关系。与此相应，还有命相，也可以根据生辰八字推算出来，从而也就可以判断婚姻的吉凶。此外，还要考虑面相、手相、骨相等。

合婚得到吉相后，就要派人把结果告诉对方，并继续婚礼的步骤。这也就是纳吉的主体内容。这一礼仪唐代叫做"报婚书"；宋代叫做"过细帖"；晚近则称"定亲""换帖""小定"，也就是现代所说的"订婚"。

纳吉以后，婚姻关系确定，双方交换的帖子类似于后世的结婚证书。此后，男女双方都要受到社会伦理的约束，婚姻的终止再不是随便的事情，而要经过双方的协商或外人的调解。同时，男方逢年过节都要给女家送礼，还要给女方四季衣服。

4. 请期

纳征之事完结以后，婚姻基本缔结，接下来就该迎娶进门了。而此前的准备工作，就是请期。

所谓请期，就是男家占卜择定合婚的良辰吉日，让媒人告知女家，征求女家的同意，相当于后世的"告期""下日子"。

古礼请期用雁，后世用各种物品。请期仪式过程中，进行第二次迷信占卜活动。大体与问名后的占卜相同，主要是选择适当的迎娶吉日、合婚良辰以及合适的迎亲、送亲之人。占卜的选择中心仍然是八字和属相。首先是选择良辰吉日，民间一般选双月双日，如二月二、四月八、六月六等。不过，嫁娶月份一定不能选男女双方的属相忌讳，迎亲、送亲也不能犯属相忌讳。

古时候的请期似乎是口头进行的，后世则口头、书面皆有，尤其是世家大族或小康的耕读人家，大多是以书面进行的，也就是所谓"下婚书"。晚近以来，请期和过彩礼、过嫁妆基本上是前后进行的。彩礼的数量不一，有十二扛、十六扛、二十四扛、三十二扛，甚至更多，都是双数。男家过彩礼之后，迎娶之前（一般是前一天，有时也随新娘子一道进门）女方要过嫁妆。在买卖婚姻盛行的时代，嫁妆这种外在物也成了女方社会地位以及姑娘身价的标志。

5. 亲迎

亲迎，是六礼中的最后一道程序，相当于后世的婚礼大典。古礼中的婚礼仪式，并不是一天之内完成的，而是要持续两三天，除迎娶当日外，前后各要延展一天。

《礼记》等古籍并未详尽记述迎亲前的准备仪程，但后世却发展出了一套比较繁杂的准备程序。一般的，请期过后，女家要为女儿"开脸""上头"。临近婚期，男家要给女家送"催妆礼"。婚礼前一天，女家要派几位妇女到男家整理新房，称为"铺房"，这意味着娘家对女儿的最后一次照顾，也有在女儿未过门时对女婿的礼仪性侍奉的意义。所以，铺房也称"暖房"。

新郎到亲戚朋友家行礼，称"行家礼"，男女两家还要向亲友发出邀请。平民百姓家婚嫁，不过是递个口信；大户人家则要送请帖、发告示。

古礼亲迎的第一个程序是由新郎迎接新娘。远自先秦，近至当代，上至品官，下全庶民，无不亲迎，只有皇帝因"至尊"而例外。（不过，先秦时似乎帝王也要亲迎。如周文王娶太姒"亲迎于渭"[1]。）它是传统社会中一个女子一生中所能享受到的最高礼遇，

---

[1] 《诗·大雅·大明》。

因此也历来为女性所看重。

古时迎亲在黄昏，婚礼的取义就在于此。"婚者，昏时行礼，故曰婚。"① "礼，娶妇以昏时。妇人阴也，故曰婚。婚，妇家也。"②

先秦时亲迎的程序比较简单。新郎受父之命迎亲，到了女家，女方的人要出门响应，新郎进门要献出礼品雁，这个礼俗叫"奠雁"，是古婚礼中比较重要的仪程。然后，新郎要把新娘礼貌地接到车上，迎往家中。"妇至，主人揖妇以入。"③ 后世的迎亲之举似乎要复杂得多。亲迎的队伍往往比较壮观，有多至几十人的。新娘在汉代和唐代都是坐车，宋代以后才流行起人们所熟悉的花轿。在迎亲的队伍里，也包括鼓吹的乐队等。清代北京的婚礼，大多有模仿帝王的仪仗的趋向。迎亲的队伍里有许多挑夫拿着"开道""回避"的大字木牌和提灯，还举着金瓜、斧钺等兵器。新郎戴官帽，新娘则凤冠霞帔。因为婚姻是人生大事，虽然这些举措逾礼，官府一般也不干涉。

中国历史悠久，从盘古、女娲等神话时代算起约有 5000 年；从三皇五帝算起约有 4600 年；自夏朝算起约有 4200 年；从中国第一次大一统的中央集权制的秦朝算起约有 2200 年。中国历代王朝顺序如下：夏、商、周、秦、汉（西汉、东汉）、三国时期（魏、蜀、吴）、晋（西晋、东晋）、南北朝、隋、五代十国、宋（北宋、南宋）、辽、西夏、元、明、清。中原王朝在历史上不断与周边各少数民族交往、征战、融合而成中华民族。19 世纪初，清朝治下的中国开始走向衰落。1912 年由孙中山领导的辛亥革命建立了中华民国，推翻了两千多年的封建君主专制政体。至此，中国这片土地上结束了封建王朝，也从此没有了真正意义上的皇帝。在中国，皇帝的一举一动，历来受到上至皇宫大臣，下至民间百姓的

① 《白虎通·嫁娶》。

② 《说文解字》。

③ 《仪礼·士昏礼》。

关注，而皇帝的婚礼这一极尽奢华的重要仪式，更是牵引着大众的神经。在清代，从顺治一直到宣统。十个皇帝里只有顺治、康熙、同治和光绪，这四个皇帝的婚礼是在紫禁城里举行的，叫"大婚典礼"。清朝皇帝如果要在紫禁城举行大婚典礼的话，一定得具备这样一个前提，他当皇帝的时候年龄很小，到了成婚年龄，才可能在皇宫里举行婚礼。如果他在当皇帝之前已经结婚了，那么他在继承皇位以后，也就举行一个简单的仪式。上面说的四个皇帝，他们即位时都非常小，康熙最大，只有 8 岁；光绪最小，才4 岁。不过大家比较熟知的雍正皇帝，他成婚年龄在文献上并没有明确记载。末代皇帝溥仪在紫禁城也举行过婚礼，那时已是民国了。

　　关于皇帝的婚礼，一般都说"礼仪"，其实"礼"和"仪"是有一定区别的。词汇在发展过程中，它的内涵要发生一定的演变。"礼"讲究的是一种内在的、精神层面的、看不见的，体现了一种本质的东西。"仪"，咱们讲仪式，它就是有形的，可以看见的，通过这些仪式来体现内涵的"礼"。

　　当封建王朝到了岌岌可危的清朝后期，宫廷婚礼会是个什么样子呢？就让我们一探在巨变的时代中的皇室大婚典礼——光绪大婚。

（一） 光绪无权，慈禧授意
重递玉如意娶表姐

　　光绪帝，清德宗爱新觉罗·载湉，同治十年（1871 年）六月二十八日子时出生于北京宣武门太平湖畔醇王府。其父为宣宗

（道光帝）第七子醇贤亲王奕譞。载湉四岁时同治帝去世。因同治帝没有子女，且咸丰帝也仅有同治帝一子，同治帝去世后，咸丰帝也随之绝嗣。同治皇帝死后没有儿子，慈禧为了能名正言顺地把持朝政，亲自指定醇亲王的次子，也是自己妹妹的亲生子，过继于咸丰帝，登基为帝，名义上继承咸丰帝而非同治帝的皇位，以维持咸丰帝的皇统和父死子继的法则。年仅 4 岁的载湉继承皇位，第二年改年号为"光绪"。

光绪元年正月二十日（1875 年 2 月 25 日），4 岁的载湉在太和殿正式即位。从这一天起，光绪就被慈禧抓在手里，或当作争夺权利的工具，或作为显示威严的权杖。在更多的情况下，则是当作她御案上不可缺少的摆设，或是任意玩弄的木偶。这是慈禧专权的政治需要。

入宫后的光绪，是在孤独中长大的，烦琐的宫中礼节，慈禧经常不断的严词训斥，没有母爱，饮食寒暖没有人真心去细心照料，应倡导应禁忌之事，无人去指点揭示。没有童年的欢乐，致使他从小就心情抑郁，精神不快，造成身体积弱，难以抵挡疾病的侵袭，留下了难以治愈的病根。《满清野史》[①] 中称，他人在幼年的时候，都受到父母的呵护，照顾其出行，料理其饮食，体慰其寒暖，即使是孤儿，也会得到亲朋好友的照顾。只有光绪皇上无人敢亲近。皇上每日三餐，其饭食有数十种，摆满桌案，可离皇上稍远的饭食，大都已臭腐，接连数日不换。靠近皇上的饭食虽然并未臭腐，可经多次加热，已不能可口。载湉自十余岁后，虽为天子，可还不如一个孤儿，以后身患痼疾，即是由于少年时衣食不节造成的。虽为野史，可内容与恽毓鼎所述"缅怀先帝御宇不惟不久，幼而提携，长而禁制，终于损其天年。无母子之亲，无夫妇昆季之爱，无臣下侍从宴游暇豫之乐。平世齐民之福，且有胜于一人之尊者"[②] 大致相近。说明光绪帝体弱多病之原因，实与自幼

---

① （清）陆士谔：《满清野史》。

② （清）恽毓鼎：《崇陵传信录》。

在慈禧太后淫威之下，失于调养照料有关。

光绪皇帝虽然和慈禧太后以母子相称，但他并不是慈禧的亲生儿子，而是慈禧的妹妹所生。慈禧的亲生儿子是同治皇帝，同治5岁登基，19岁时得天花去世，临终前他没有留下让谁继位的遗嘱。慈禧太后便将自己妹妹所生的儿子载湉召入宫中，继承了皇位。慈禧是一个权力欲极强的人，儿子同治皇帝在位期间，她一直掌握着朝中大权；同治死后，为了继续把持朝政，她需要找一个年龄小的皇帝，以便自己继续垂帘听政，而自己的外甥就是最好的人选。4岁的载湉入宫继承皇位，成了光绪皇帝，但他却一直处于慈禧太后的控制之下。光绪皇帝逐渐长大成人，按照清朝皇家祖制，皇帝16岁就要临朝亲政，这就意味着慈禧不久以后就要把大权交还给光绪了。然而，权力欲极强的慈禧太后怎会就此善罢甘休，于是，她又在光绪皇帝选皇后这件事情上打起了主意。

经过精心挑选，慈禧有了最佳的皇后人选，那就是自己的侄女叶赫那拉氏静芬，慈禧认为把自己的侄女立为皇后，这样不但可以亲上加亲，而且还能在皇帝的身边安插一个忠实的耳目。慈禧曾经有意安排光绪皇帝和叶赫那拉氏接触，叶赫那拉氏比光绪皇帝大3岁，相貌平常。光绪皇帝对这位表姐并不中意，他已经有了自己的意中人，那就是后来的珍妃。在早已内定了皇后人选的情况下，慈禧还假意安排了一场选秀活动。从表面上看皇后和嫔妃是皇帝自己做主选定的，但整个过程完全由慈禧操纵。

据记载，皇后的人选经过层层选拔，最后只剩下五人，其中包括慈禧侄女叶赫那拉氏静芬、珍妃姐妹俩，还有另外一对姐妹。一开始，慈禧假意让光绪皇帝自己挑选，并递给光绪一个如意，告诉他，把如意交给谁，谁就是未来的皇后。光绪皇帝早知慈禧的安排，可是在最后关头光绪却犹豫起来。当走到珍妃面前时，试图要把如意交到她手里，正在此刻，慈禧突然大叫皇帝。光绪一惊，还没等回过神来，太监便走上前去，把光绪带到慈禧侄女的面前，把如意交到了叶赫那拉氏手中。

光绪帝结婚的年龄，按照清廷的家法和惯例，应当在虚岁14岁，因为顺治帝是14岁大婚的，康熙帝也是14岁大婚的，所以光绪帝理应是14岁大婚。但慈禧太后不同意，一年一年拖，一直拖到不能再拖，才懿旨准许载湉在光绪十五年（1889年）正月二十七日大婚。这一年，光绪帝19岁，皇后22岁。

（二）原因待查，大婚前太和门一夜烧成灰烬

清代皇帝在真正的婚礼之前，有一个特殊的环节，就是选秀女。选秀女在清代是作为一种制度流传下来的。比如明宫廷，在民间也选一些比较俊秀的女子，但它不是制度，是非常规的。而清代皇帝在结婚之前，每三年都要举行一次选秀女的活动。

之所以举行选秀女，是因为清代皇帝认为，自己拥有天下，所以希望在自己的统辖范围内，最优秀的女子都应该纳入后宫，让她们去母仪天下。但是清代的统治者是满族，所以皇帝只是把旗人的女子，认为符合条件的选入宫中。

旗人当时有三种：满洲八旗、蒙古八旗和汉军八旗。汉军八旗挺特殊的，他们实际是汉族，但归顺了满族，当时努尔哈赤、皇太极，把他们也编成了旗民，所以他们也算旗人。每种是八个旗，一共是二十四个旗。

清代规定每三年，二十四旗里适龄的女子都要参选。当时管理户籍的部门是户部，它既管理户籍，也管理当时全国的财政。户部给这二十四个旗的都统发文，通知要选秀女。

如果在第一轮被刷下来了，叫"撂牌子"，这些人就可以随便

嫁人了。

如果要是初选给记名了，作为记名秀女可以指配给亲王。如果皇帝不在成婚当年，也可以一直在户部记名，等待复选。进行复选的时候，就会有人被选为皇后，有人被选为皇妃。选上的秀女，还要先回娘家，等待相关的仪式举行之后再迎娶到皇宫。像光绪的皇后那拉氏出神武门回娘家的时候，可以坐皇宫的轿子。她回去的时候，也不是她一个人回娘家。当时选中的还有瑾妃和珍妃。光绪是一后两妃，瑾妃和珍妃也跟着回到那拉氏的娘家，等待着下一步的婚礼程序。

皇后那拉氏的父亲是八旗的副都统，是个高官，他家有很多房子。他开辟出一个院子，叫西所。皇后和皇妃们就要住在这里，住下之后，皇后娘家的人不能再来接触了。因为人家已经是属于皇帝的人了，别人是不可以接近的。皇宫还要派太监、侍卫去给她们服务。作为准皇后或者皇妃的秀女们，进入婚前礼阶段。

光绪皇帝的大婚，就开始着手进行准备，实际过程，分为三步：

第一，纳采、问名。皇家不是派媒人，而是派正使、副使到未来皇后家提亲、问名。

光绪十四年，也就是1888年农历十月初五，叶赫那拉氏静芬乘坐八人抬的孔雀顶大轿出宫回到家中，等待皇帝的正式迎娶。她的父亲八旗副都统桂祥已经率领家人跪在大门外迎接，虽然这段时间叶赫那拉氏静芬住在娘家，但是由宫里派来的太监服侍，只等纳采礼和大征礼的举行，这两个礼就相当于民间的订婚礼和过彩礼。光绪十四年十一月初二，纳采礼即将举行，当天上午，皇帝钦命的正副使先来到太和殿，领光绪皇帝的旨意，并接受代表皇帝行事的金节，然后率领仪仗队前往桂祥的府邸。仪仗队来到桂祥家以后，将装有纳采礼的龙亭停在门外，桂祥本人则在厅门外双膝跪地，迎接代表皇帝而来的正副使。内务府官员将礼物取出，摆放在大厅的条案上。仪式结束后，正副使回宫复命。傍晚时分，桂祥家张灯结彩，举办盛大的纳采宴，席上的酒菜都是皇帝赏赐的，桂祥家张灯结彩的喜棚里，摆满了宴桌，朝中官员全部依次而坐，享用纳采宴。酒过三巡，以桂祥为首的众官员面向皇宫的方向跪拜，以表示对皇帝所赐酒席的感谢。

第二，纳吉、纳征。纳采礼结束之后，接下来是皇帝大婚的另一个重要步骤，举行大征礼。所谓大征礼就是光绪皇帝正式向桂祥家送大婚的彩礼，这份丰厚的礼物在《大清会典》中有记载，包括200两黄金、10000两白银、1个金茶筒、2个银茶筒、2个银盆、1000匹绸缎、20匹文马等。光绪十四年十二月初四，就是举行大征礼的日子。光绪给准皇后的礼物用74座龙亭装载，而给准皇后娘家的礼物，则用58座采亭装载。和举行纳采礼一样，光绪皇帝任命正副使前往桂祥家举行大征礼，浩浩荡荡的仪仗队十分壮观。经过纳采和大征这两个重要的婚前礼之后，光绪皇帝的大婚即将进入成婚礼，这也是整个婚礼最重要的部分。派正、副使前去订婚、送彩礼并告知迎娶日期。其中大征礼物如黄金200两、白银10000两、金茶筒1具、缎1000匹、马60匹等①。

大婚的纳采、问名、纳吉、纳征都做了，婚期也定了，就等举行大婚典礼，迎娶新娘皇后了。但天有不测风云，人有旦夕祸福。偏偏在十二月十五日夜，太和门大火，门全被烧毁。清代规定：皇帝大婚，皇后必须经由五门——大清门、天安门、端门、午门、太和门的中门进宫。没有太和门怎么行？皇帝的大婚，已诏告天下。怎能改期呢？火灾离大婚吉日，只有42天，光是清理现场，也要十天半月，重建太和门，根本来不及，又不能改期，这如何是好？急中生智，清廷下令由北京棚匠扎彩工，夜以继日，加紧搭建，竟然搭建成一座逼真的彩棚太和门，供大婚时使用。

第三，告期、奉迎。确定大婚日期后，到良辰吉日，将新娘（皇后）迎接到新郎（皇帝）家。光绪皇帝的大婚仪式于1889年

---

① （清）庆宽等绘：《大婚典礼全图册》第三册《大征礼图》。

农历正月二十七日举行，按照中国民间习俗，新郎要亲自去新娘家迎娶新娘，贵为天子的皇帝自己不去，而是派使臣代为前往，新郎（皇帝）则在午门迎接新娘（皇后）。因此皇家的迎亲仪式也叫奉迎礼。而皇帝大婚的喜房，也就是大婚的洞房，在坤宁宫。

　　前一天，正月二十六日，主要做三件事：

　　第一，授受册宝。册为金册，就是册封皇后的正式文书，用黄金529两制成；宝为宝玺，就是印章，用黄金550两制成，高10厘米，印面有14厘米见方，上面分别用满汉两种文字铸造出"皇后之宝"四个字，印纽处系黄色绶带，做工十分精美。同日，未时，光绪帝到慈宁宫向慈禧皇太后行礼，再到太和殿，阅视册、宝，派遣使臣前往册立和奉迎皇后。册封礼就是为准皇后授予象征皇后地位的金册和金宝，金宝也就是我们常说的金印。这一仪式由皇帝的使节和随行的女官完成，册封后皇后才正式确立身份。叶赫那拉氏静芬被册封为隆裕皇后。

　　第二，准备轿亭。一早，銮仪卫首领带人，恭请皇后凤舆，放在太和门石阶下面。届时，总管内务府大臣从乾清门接捧龙字金如意，请到凤舆里安放。

　　同时，两座龙亭（一座抬金册，一座抬宝玺）已在太和殿阶下陈设，正使礼部尚书李鸿藻持节前行，副使总管内务府大臣续昌持册、宝分别放置在龙亭内，校尉抬亭，仪驾前导，凤舆随行，由太和门、午门、端门、天安门各中门出大清门，到皇后邸第（副都统、护军统领、承恩公桂祥邸，位置在今天的朝阳门内南小街今芳嘉园胡同）。

　　工部预先设节案于前堂阶下正中，设册、宝案各一于前堂左右。正使持节陈于正中案上，副使捧册、宝陈于左右案上。

　　第三，进行告祭。派遣官员报告，祭祀天地、太庙、奉先殿。里外准备，已经就绪。吉日时辰一到，举行大婚典礼。

　　到了大婚日，正月二十七日，主要做六件事：

　　第一，穿戴梳妆。

第二，跪受册宝。奉迎皇后礼正使大学士额勒和布，在前堂请节，授于总管太监，副使礼部尚书奎润，在前堂请出册宝，授予总管太监，由中门入。皇后出迎于内堂阶下道右，跪着迎候。总管太监陈册、宝于案上。女官恭请皇后受册、受宝，太监宣读册文、宝文。礼成后，皇后在内堂稍作休息。

第三，新娘起轿。

第四，皇帝礼迎。皇后的仪驾、龙亭、凤舆进大清门，历经天安门、端门、午门各中门，这时新郎（皇帝）在午门迎接。凤舆进午门后，由中左门、后左门，到乾清门前，诸色人等，不能入宫，到此止步，各自退下。册、宝龙亭陈于乾清门阶下，礼部官员由龙亭内恭捧册、宝，总管内务府大臣前引，安设在交泰殿左右案上。派出接捧册宝的首领太监在殿内接守，奏乾坤泰和乐。

第五，进入内廷。皇后乘凤舆进乾清门，到乾清宫檐下降凤舆。皇后步行，经宫后橝扇，再乘八人孔雀顶的小轿，伴随喜乐，到东六宫的钟粹宫。这时，接捧册、宝的首领太监，由交泰殿恭捧册、宝在轿前导引，到钟粹宫，交本宫守宝太监敬陈于案。凤舆内龙字金如意，由派出的总管太监敬请陈于钟粹宫殿内。恭侍福晋等请皇后降孔雀顶轿，少坐。

册封礼结束之后，迎亲的队伍在子夜 11 点 55 分出发，前往紫禁城。隆裕皇后身穿华丽的大婚礼服，乘坐黄色凤舆，迎亲的队伍经大清门、天安门、端门、午门、太和门，在 3 点 30 分抵达紫禁城的乾清宫门前[①]。到了乾清门，才算到了皇帝的家。隆裕皇后在这里下凤舆，有人接过皇后手中的苹果，递上一个宝瓶，皇后手捧宝瓶进入宫中。

第六，净面化妆。准备到坤宁宫，完成合卺礼。卺，古代结婚时用的酒器；合卺，原意是婚礼时饮交杯酒。

酉时，皇后从钟粹宫乘八人孔雀顶轿前往坤宁宫。皇后到坤宁

---

① （清）庆宽等绘：《大婚典礼全图册》第三册《大征礼图》。

宫降舆进入坤宁宫东暖阁，恭候新郎（皇帝）。皇帝身穿吉服，到坤宁宫，升宝座床居左，皇后升宝座床居右，相向而坐。点合卺长寿灯。内务府女官等恭进合卺宴。合卺宴席上，摆着猪肉、羊肉、金银酒、金银膳、肉丝等项，喝交杯酒，吃子孙饽饽（饺子）、长寿面。宴毕，撤宴桌，合卺宴礼成。

合卺宴的结束，标志着大婚典礼中最重要的成婚礼已接近尾声。紧接着要举行的是一系列的婚后礼。光绪《大婚典礼全图册》的第八册《礼节图》就描绘了这些婚后礼的场面。1889 年农历二月初二，皇帝在紫禁城内举行朝见礼，初四举行庆贺礼，初五、初八分别举行筵宴礼和祈福礼。《礼节图》中的《太和殿庆贺礼图》部分表现的就是农历二月初四举行庆贺礼的情景。太和殿上高悬巨幅"囍"字，皇家乐队分列东西两边，光绪皇帝坐在太和殿内，接受王公百官的朝贺。庆贺礼结束后，还举行隆重的颁诏礼。颁诏礼在天安门城楼上举行，礼部官员把帝后大婚的喜讯昭告天下。1889 年农历二月十五日，光绪皇帝在太和殿设宴，款待皇后娘家的男性成员和王公大臣，而皇后则出面宴请娘家的女性成员。至此，光绪皇帝的大婚典礼落下帷幕。

第八，洞房成婚。坤宁宫的东暖阁，铺设龙凤喜床，床中设置宝瓶，里面装珠宝、金银、米谷等物，象征富贵满堂、粮食满仓。喜床上挂百子幔，幔上绣 100 个形态各异、活泼可爱的小男孩，象征帝后多子多福。合卺宴后，坤宁宫管关门的女官，关合宫门。是夜，有结发侍卫夫妇在坤宁宫殿外念交祝歌，候帝后坐龙凤喜床。光绪帝的大婚，洞房在坤宁宫东屋（东暖阁）。刘姓老宫女回忆说：光绪帝举行大婚礼时，慈禧太后派她做喜婆在坤宁宫守喜。拂晓，皇帝、皇后吃长寿面。

中国民间有很多婚庆习俗，跨火盆就是其中之一。皇帝大婚，皇后也要跨火盆、跨马鞍，跨火盆既有跨火驱邪的意思，又有火烧旺运的含义。马鞍下压两个苹果，谐音是平安。跨马鞍就寓意平平安安。

皇帝大婚，皇家乐队早已准备就绪，乐器有金编钟、编磬、箫和笛子等，婚礼上演奏的音乐是古代宫廷乐曲"中和韶乐"。皇帝和皇后的洞房设在坤宁宫内，坤宁宫是皇后的寝宫。如今，洞房里依然保持着光绪结婚时的样子。

光绪和隆裕进入洞房之后，先要坐在龙凤喜床上，吃子孙饽饽。子孙饽饽就是饺子，饺子由皇后娘家准备，必须要煮得半生不熟。吃的时候要有人问"生不生"，里面要回答"生"，这一点和民间是相同的，它代表的含义就是皇家更盼望子孙后代权力的延伸。吃完饺子以后，接下来就要举行合卺礼。合卺礼是中国古代婚礼中最重要的内容之一。卺就是瓢，把一个匏瓜分成两半，做成两个瓢，新郎、新娘各端一个，喝下瓢中的美酒，就是合卺，象征着婚姻美满、白头偕老。后来，人们又设计出了连体式酒杯。

光绪帝结婚的次日，二十八日，寅时，福晋等恭侍皇后冠服，戴凤钿，穿明黄五彩凤袍，八团五彩有水龙褂，戴项圈，拴辫手巾，佩正珠朝珠，毕。然后，进行"八祭一拜"的祭拜活动：

一祭神板。皇帝率皇后在坤宁宫西案前，向祖宗板子行礼。二祭灶君。在坤宁宫向灶神上香行礼。皇帝回东暖阁，升南床居左，皇后升南床居右，相向坐，进宴席，吃团圆膳。新郎（皇帝）、新娘（皇后）宴席很讲究。

正月二十八日寅时，坤宁宫团圆膳一桌，用黄底龙凤双喜字红里膳桌，赤金盘二品，赤金碗四品，赤金盘四品，红底金喜字碗四品，赤金碟小菜二品，赤金碟酱油二品，五彩百子瓷碗二品（老米膳二品，随金碗盖二件，镶宝石十五块，以上俱安喜字花头），赤金三镶玉筷子二双，赤金镶玉靶匙子二把，赤金板匙二把（嵌松石豆匙靶顶），红底金喜字三寸瓷碟二件，红绸金双喜字怀挡二块。早餐后，皇帝、皇后乘轿，提炉前导，出顺贞门、神武门，进景山北上门，祭圣容。三祭圣容。到寿皇殿列圣、列后圣容（画像）前拈香行礼。四祭御容。到承乾宫孝全（道光皇后、咸丰生母）御容（画像）前行礼。五祭御容。到毓庆宫孝静（道光皇后、咸丰十岁丧母后由其抚育）御容（画像）前行礼。六祭圣容。到乾清宫文宗（咸丰帝）、穆宗（同治帝）圣容（画像）前行礼。七祭神牌。到建福宫孝德（咸丰皇后）、孝贞（慈安太后）神牌前，拈香行礼。八祭神牌。到养心殿东佛堂，在庄顺皇贵妃（道光妃，醇亲王奕譞母）神牌前拈香行礼。除了八祭之外，还有一拜，就是到储秀宫向慈禧皇太后行大拜礼。而后，皇帝升明殿宝座，皇后诣皇帝前跪递金如意，皇帝赐皇后金如意。皇后率妃嫔等向皇帝行礼。再到储秀宫慈禧皇太后前跪进金如意行礼，皇太后赐皇帝、皇后金如意。最后，皇后由吉祥门回钟粹宫，在佛前拈香，升前殿宝座，接受妃嫔、公主、福晋、命妇等的座前行礼。

二十九日，皇帝以祭社稷坛，自是日始，斋戒三日。

光绪帝后大婚，皇后凤舆摆如意，喜床上安如意，慈禧赐帝后如意。

（三）训政结束，傀儡皇帝却仍不能亲裁大政

清代皇帝大婚比历代皇帝更甚奢华，是极尽奢侈铺张的。清德宗光绪帝是清代正常举办大婚的最后一个皇帝，目前所存资料比较齐全，可以作一些透视与分析。

这次大婚，共花费银550万两。其中，各种"外办"耗费，共为105万余两，占大婚开支总额的20%左右；而由"内办"的帝、后应用冠服、朝珠、钿钗、金银珠宝玉器，嫔位所用器物，皇后妆奁（妆奁是指女子梳妆用的镜匣，借指嫁妆。），以及后嫔铺宫应用的金银器皿等，共为银400万两以上，占总耗费的80%

左右。

这些银两主要是从各省、各税关指派筹备的，是从全国搜刮来的民脂民膏。虽然清王朝的最高统治者慈禧太后对筹办光绪大典曾说："国家经费有常，目下整顿武备，需款孔多，各省时有偏灾，尤宜体念民艰，爱惜物力，朝廷躬行节俭，为天下先，该大臣等，务当仰体崇实黜华之意，严饬承办各员，认真原理，不准稍涉浮冒。"但其实际做法则完全相反，大婚典礼的经费，不但没有"节俭"下来，反而逐步加码。光绪十三年五月二十日慈禧明降懿旨，光绪大婚应需款项，"着户部先行筹划银二百万两"，各省"预为指派二百万两"。半年之后，光绪十四年正月十七日总管内务府大臣福锟面奉懿旨："办理大婚之款四百万两尚不敷用，着户部再行筹拨一百万两"。九月二十六日又奉旨"续行筹拨五十万两"。三次共筹拨银550万两。

据清朝军机处档案记载，光绪十五年上半年直隶省顺天府、大名府、宣化府的粮价，以谷子、高粱、玉米三种粮食计算，平均每仓石计银一两四钱六分。如果每人每年口粮按二石计算，计折银二两九钱二分。光绪大婚耗用白银550万两，按当时的粮价折算，可购买近400万石粮食，足够190万人吃一年。

光绪三十四年（1908年）十月，光绪生病卧床。这时慈禧也生病了。光绪在日记中写道："我现在病得很重，但是我心觉得老佛爷（指慈禧）一定会死在我之前。如果这样，我要下令斩杀袁世凯和李莲英。"不料这段日记被李莲英获悉，他立即报告了慈禧，说："皇上想死在老佛爷之后呢！"慈禧听了，恨恨地说："我不能死在他之前！"

光绪帝4岁登基，起初由慈安、慈禧两宫太后垂帘听政，光绪七年慈安太后崩逝后由慈禧太后一人垂帘，直至光绪帝18岁亲政，此后虽名义上归政于光绪帝，实际上大权仍掌握在慈禧太后手中。光绪帝一生受到慈禧太后的掌控，未曾掌握实权。1898年，光绪帝实行"戊戌变法"，但却受到以慈禧太后为首的保守派的反对。光绪帝打算依靠袁世凯牵制住以慈禧太后为首的这一股势力，但反被袁世凯出卖，从此被慈禧太后幽禁在中南海瀛台。整个维新不过历时103 天，故称"百日维新"。政治上的失意，长期的精神抑郁，更使他患有严重的神经官能症，心悸、失眠、食欲不振等症状相继出现，直接死亡的原因，可能是心肺功能的慢性衰竭，并发急性感染。这一说法为多数学者所接受。1908 年 11 月 14 日光绪帝暴崩，享年 38 岁，葬河北清西陵永宁山崇陵，庙号德宗，谥"同天崇运大中至正经文纬武仁孝睿智端俭宽勤景皇帝"，简称景皇帝。

光绪大婚有一个皇后，两个皇贵妃，即孝定景皇后（1868—1913年），姓叶赫那拉氏，名为静芬，或称隆裕太后、隆裕皇后、光绪皇后。为光绪帝的表姐和皇后，慈禧太后之弟都统桂祥的女儿。恪顺皇贵妃（1876—1900 年），姓他他拉氏，满洲镶红旗人，人们一般习惯按她曾获封的珍妃来称呼她。她是清朝光绪皇帝的侧妃，也是最为受宠的妃子，生于光绪元年二月初三，为礼部左侍郎长叙之女；逝于光绪二十五年，时年 25 岁。端康皇贵妃（1874—1924 年），姓他他拉氏，为礼部侍郎长叙之女、清朝末年光绪皇帝的妃子，其妹是珍妃，姊妹俩为同父异母，在家族中瑾妃排行第四、珍妃排行第五。光绪对珍妃的深情，同样令人感动。"金井一叶坠，凄凉瑶殿旁。残枝未零落，映日有辉光。沟水空流恨，霓裳与断肠。何如泽畔草，犹得宿鸳鸯"。这是后话。

《清史稿》论曰："德宗亲政之时，春秋方富，抱大有为之志，欲张挞伐，以前国耻。已而师徒饶败，割地输平，遂引新进小臣，锐意更张，为发奋自强之计。然功名之士，险躁自矜，忘投鼠之忌，而弗恤其罔济，言之可于邑。洎垂帘再出，韬晦瀛台。外侮之来，衅自内作。卒使八国连兵，六龙西狩。庚子以后，怫郁摧伤，奄致殂落，而国运亦因此而倾矣。呜呼，岂非天哉。光绪驾崩后，清越四年而亡。"①

---

① 赵尔巽：《清史稿》，中华书局 1976 年版。

退位后迟来的婚礼：
末代皇帝溥仪与
婉容的婚礼

清朝是中国历史上第二个由少数民族建立的统一政权，也是中国最后一个封建帝制国家。从后金建立开始算起，共有12帝，国祚267年。

1616年，建州女真部首领努尔哈赤建立后金。1636年，皇太极改国号为清。1644年明末农民将领李自成攻占北京，明朝灭亡。清军趁势入关，政治上推行剃发易服，军事上打击农民军和南明诸政权，逐步占领了中国。然后历经康雍乾三朝，发展到顶峰。这一时期统一多民族国家得到巩固，基本上奠定了中国版图，同时君主专制发展到顶峰。

但是中后期由于政治僵化、文化专制、闭关锁国、思想停滞逐步落后于世界。1840年爆发了中英鸦片战争，中国从此进入近代，多遭列强入侵，主权严重丧失。第二次鸦片战争之后开始了对近代化的探索，地主阶级进行了洋务运动。甲午战争之后民族危机进一步加深，以康梁为首的维新派开始进行戊戌变法，但是变法失败。1900年夏天八国联军为了镇压义和团运动维护在华利益侵略中国。中国彻底沦为了半殖民地半封建社会。1911年，辛亥革命爆发，清朝统治瓦解；1912年2月12日，清帝被迫退位，从此结束了中国两千多年来的封建帝制。

爱新觉罗·溥仪，字耀之，号浩然。是清朝入关以来的第十位也是最后一位皇帝，同时也是被普遍承认的中国最后一位皇帝。继位时年仅 3 岁，实权由其父摄政王载沣掌握。辛亥革命以后，被袁世凯逼迫退位，作为清朝皇帝在位时，他的年号为"宣统"，故后世称之为"末代皇帝"或"宣统皇帝"。1911 年辛亥革命爆发，1912 年 2 月 12 日隆裕太后被迫代溥仪颁布了《退位诏书》，溥仪退位，清王朝正式结束了在中国的统治。曾于 1917 年短暂复辟。后被大日本帝国扶持作为满洲国皇帝，年号康德，故又被称为康德皇帝。

婉容（1906—1946 年）。达斡尔族旗人。1922 年，她 17 岁时跟溥仪结婚，为皇后。父亲荣源为内务府大臣。起初夫妻关系尚好，溥仪在婉容与文绣中明显偏向婉容，生性多疑的溥仪曾表现出对婉容的信任，后天津时期文绣出走后，溥仪迁怒婉容，婉容开始遭到溥仪冷落，染上鸦片烟瘾，满洲国时期婉容并不愿去东北，却被日本关东军强行带去，常年不堪忍受日本人暴行而发疯。日本投降后，婉容被中共游击队俘虏，最后释放。烟瘾发作，卒于中国吉林省延吉，葬地不明。经其弟润麒同意，于 2006 年 10 月 23 日招魂与溥仪合葬于河北县（河北省保定市易县城西 15 公里处永宁山下）清西陵外的华龙陵园。

（一）繁文缛节，只为彰显贵族气质

为了娶媳妇，皇帝也要给老丈人家送彩礼。皇帝的彩礼当然不会与民间一样亲自去送，而会选择身边人临时做"执事官"当使者，一般是由相当地位的官员担任。礼送到时要宣读"纳彩制书"。

在明代，执事官会说："朕承天序，钦绍鸿图，经国之道，正家为本。夫妇之伦，乾坤之义。实以相宗祀之敬，协奉养之诚，所资惟重，祇遵圣母皇太后命。遣使持节，以礼采择。"在清代，执事官会说："皇帝钦奉皇太后懿旨，纳某氏某女为后，命卿等持节行纳彩。"皇帝的彩礼对皇帝的老丈人来说，是一份真正的厚礼。如在汉代，仅黄金要送万斤以上。东汉桓帝刘志娶权臣梁冀的闺女时，照着孝惠皇帝纳后的例子办，"聘黄金二万斤，纳采雁璧乘马束帛，一如旧典"，礼金翻了一倍。实际上，在完成"六礼"的每一个过程中，皇帝家都要送彩礼。如在清帝婚仪之"大征"时，要送黄金二百两、白银一万两、金茶器一具、银茶器二具、银盆二具、各色缎千匹、全副鞍辔文马二十四。

1922 年 12 月 1 日，是中国末代皇帝——爱新觉罗·溥仪大婚的日子，在这次大婚中，年方 17 岁、仪态万方的婉容被娶为皇后。当日零时前后，虽已退位却依法拥有尊号的清朝皇帝宣统，身穿龙袍，在文武百官的簇拥下来到庄严肃穆的乾清宫内升座，亲送凤舆出宫，前往地安门帽儿胡同后邸迎娶婉容皇后，从而揭开了末代皇帝大婚的盛大典礼的序幕。

婉容是我国历史上最后一位得到迎娶皇后礼遇的女性。当时清廷已被推翻 11 年，中国社会已进入民主共和时代，但末代皇帝婚礼之隆重，较之封建社会帝王的婚礼毫不逊色。清宫钦天监为宣统皇帝大婚选定的奉迎礼吉期是壬戌年十月十三日寅时。为了保证皇后进宫的吉期，凤舆将提前两个时辰出发。

钦天监的选择代表天意，既然已把奉迎礼定在寅时（3—5 时），则迎娶过程只能安排在深夜了。钦天监同时还规定，皇后升舆、降舆必须避开亥（21—23 时）、卯（5—7 时）、未（13—15 时）"三相"，因此，若安排在上午、下午或上半夜，也不甚适当。后半夜里整个城市都歇息了，正好在大街上摆场面，又是月儿将圆的时候，黑夜也跟小白天似的，一点儿不碍眼。

根据宣统皇帝的一道"上谕"，贝勒载涛总办大婚典礼一切事宜。载涛受命后当即查阅《大清会典》及历代皇帝大婚档案，决定按同治皇帝婚典的模式进行，并考虑酌添民国以来的新花样。经过预算，确定"大婚经费力求撙节"，总开销按当时的报道主要有两种说法：1922年10月28日《平报》说，"清帝婚礼用费"，"近由筹备婚礼处王大臣核定为四十万元"；1922年10月30日《国强报》说，"因库款支绌，经婚礼大臣载涛、朱益藩、绍英、耆龄等会议，力为缩减，议定大婚经费（统计）一百万两"。百万两即百万元，两说相距甚遥，这不过是预算，实际花多少怕是弄不清了。溥佳后来在其回忆录中说是花了40万元，即以此数计，按当时价格可以购买20万袋"洋面"，实在也够奢靡的了。

明亮的月光笼罩着巍峨而森严的紫禁城。从辛亥革命后不久宣统皇帝下诏退位起，这里虽然也热闹过几回，譬如1913年隆裕皇太后出殡那天，1917年溥仪因张勋复辟而第二次登基那天，但都没有这一次来得隆重。

据当时报道，清宫各门如神武门、景运门、乾清门等都悬挂了门神，左神荼、右郁垒，画像丑怪凶恶，妖魔鬼怪大约是不敢前来逞能的了。恭迎皇后的凤舆确定由东华门中门出入，因此该门还特殊装点了一番：大门左右两侧临时安装了四只水月电灯，门神当然也是不可缺的，门前扎彩坊，在用黄绸扎作巨龙盘旋状的彩柱下面，站着两排身穿大礼服的军警。

清朝历代皇帝大婚，迎娶皇后的喜轿均由紫禁城正门——午门进宫。明清两代出入午门有严格的等级规定，其中等级最高的便是午门的中门，实际是皇帝出入的专用门。但是，允许皇后在大婚典礼中乘喜轿入宫通过一次，还允许殿试中状元、榜眼和探花的三个人出宫时走一次。至于文武官员、宗室王公等只能依身份出入午门的东偏门、西偏门以及东西两拐角处的左右掖门。宫内低级官吏、内监、侍卫、御医、厨役、工匠等干脆不许出入午门的各门，只能走东华门、西华门和神武门。对于皇后来说，一生中也只有一次机会能够进入午门的中门，正是一身荣耀、九族沾光，这哪里是过一道门的简单问题呢！民国以后，紫禁城内的太和殿、中和殿和保和殿转归北洋政府使用，溥仪的生活圈被限定在紫禁城后半部，因此他的迎亲喜轿不但不能再进大清门、午门的中门，也无权使用前三殿范围内的东华门和西华门。如果让堂堂皇后从紫禁城的后门——神武门进宫，实在有失隆重。经大婚礼仪处与北洋政府反复磋商，决定为皇后进宫破例开启东华门。那天，东华门左门柱上还高悬一块红色纸牌，上书"观礼、庆贺人员均由神武门出入"字样，表明此门是专为皇后开放的。差不多有十年未下门闩的凄凉、冷清的东华门，一下子充满了喜庆气氛，变得热闹而气派。

高高低低不同层次的观礼人员，自 11 月 30 日入夜起便陆陆续续由神武门入宫来了。神武门前汽车、马车、骡车摆得满满的，神武门额也装点了彩棚。据"庆贺瞻礼人员登名簿"记载，最早来到的是溥仪的六叔载洵，而最后一名是北京警备司令部的高级警官聂宪藩，有头有脸的人物共 237 人。其中有外国男女人士 20 多人，中国地位显赫的女士 3 人，国会议员 20 多人，身穿民国大礼服的政府武官和穿燕尾服的政府文官 20 多人。其余为清朝皇族的宗室亲贵、王公大臣、遗老阔少，以及在小朝廷任职的官员等，他们身着清制礼服。这些观礼人员中只有少数地位高的可由景运门入内，普通观礼人员及外国人均在景运门外。景运门旁燃点羊角双喜字立杆灯 50 对，南路铺厚棕地毡，转至乾清门，并有仪仗器具。

宣统皇帝溥仪踩着子夜的更声跨进乾清宫。这里，已在皇帝宝座前摆放了三张礼桌：中桌放着"节"，它象征着皇帝至高无上的权力；东桌置一"金册"；西桌置一"金印"，它们并非册封皇后用品，册封典礼已在头一天举行，"册文"和"宝文"也已送到婉容手里了。这"金册"和"金印"表示着皇后备受尊崇的地位，是皇帝送给皇后的最重要的礼物。

当宣统皇帝跨进乾清宫之际，悬挂在宫外东西屋檐下的钟、鼓、石磬等古老乐器耸然鸣响，由 16 种乐器演奏"中和韶乐"的《隆平之章》。溥仪在乐声中先向三张礼桌巡视一遍，然后再登上宝座，乐声亦就此而止。继而群臣朝拜，设在殿外阶下的"丹陛大乐"开始演奏《庆平之章》，王公大臣、正副使节以及观礼人员等依身份、地位分班次进殿行三跪九叩大礼，向新郎皇帝表示祝贺，礼成乐止。正天使载振和副天使昭煦跪听宣读迎娶皇后的圣旨并受"节"。当溥仪"降座"离开乾清宫时，"中和韶乐"再奏《显平之章》。这时，迎娶皇后的仪仗队已在乾清门外乃至景运门外列队待发了。

最先为步军统领衙门马队，以下顺序为北京警察厅马队、保安队马队和两班军乐队，一班演奏外国乐曲而另一班演奏中国乐曲，当然只能分别演奏。继而是无人乘坐的一顶黄缎银顶轿和三辆黄缎银顶车，这是皇帝送给皇后以备平时使用的，所以要空着抬来抬去。再往后是72个手执龙凤旗、皇伞以及金瓜、斧、钺、棍、牌的人，这就是所谓的銮驾，是皇帝或皇后出门时必不可少的摆设，还有众多轿夫抬着的四驾黄亭，原来摆在乾清宫东西礼桌上的"金册""金印"以及唯皇后才有资格享用的凤冠霞帔等物端放于黄亭之中。

紧接着，又有60个手提大型宫灯的人。这中间也插入了清室官员、民国政府派来协助照料的警官以及警察保安队、步军统领衙步队和中、西两班军乐队。这后面才是统率迎亲仪仗的最高官员：手持"圣节"的正天使庆亲王载振和手捧"圣旨"的副天使郑亲王昭煦，这"圣节"自然是刚刚在乾清宫中间礼桌上摆放过的，而"圣旨"也是刚刚宣读的那一道，只有皇帝亲派的使节才有资格持节捧旨。衡永等八名御前侍卫由正副使左右扈从，而使节身后还有人拿着轻便香炉，上插已点燃的四炷香，一丝丝轻烟旋入夜空。

最后才是皇后乘坐的凤舆，这驾金顶凤舆三天前就摆在乾清宫的丹墀上了，是光绪大婚时在杭州订制的，这次又重新釉饰了一番。凤舆又称喜轿，但它不同于一般的轿子，是16人抬的大轿。轿顶涂金，分为三层。第一层为圆形，正中装饰有一只很大的金凤凰，凤凰象征幸福和幸运的新娘，象征高贵的皇后，凤背驮着喜轿的金顶；第二层也是圆形，黄缎绣的蓝凤凰的轿檐环绕一圈，轿檐上站着九只小金凤；第三层为弓背形出方檐，檐四角各站着一只金凤，嘴里都衔着被称作"垂地流苏"的长长的黄丝穗子。轿帏以明黄色云缎作底，上面绣着五彩凤凰。喜轿左右两侧设有透明玻璃方窗，装饰有金色双喜字。轿前垂帘，轿里和座套全是红缎绣蓝凤凰、金喜字，还有五彩云朵、蝙蝠和吉祥花。四周绣葫芦万代花边，寓有多福多寿、子孙万代、繁衍不绝之意。凤舆周围除了32名清室官员和若干民国军警随行护卫以外，还有牛角和大鼓各百余对，以壮声势。

凌晨1时过后，迎亲仪仗排列就绪，溥仪乃派使臣率姜婉贞以及前内务府大臣增崇之妻和两名"命妇"，由若干女官陪同，把一柄"御笔用宝龙字如意"安放在凤舆内正中。随后起轿，从东华门出宫。凤舆发走之后，载涛之妻等福晋、命妇、女官又前往皇帝洞房，坤宁宫东暖阁，为新娘和新郎铺设龙凤喜床。绣有"龙凤呈祥"精美图案的被褥也是在杭州订制的。喜床中央放一个装满珍珠、宝石、金银钱以及五谷之类的"宝瓶"，喜床四角各放一柄如意。铺设完毕，她们便出神武门抄近路往皇后府邸去了。与此同时，溥仪另派蒙古亲王那彦图、蒙古郡王贡桑诺尔布、载泽和溥信等四个御前大臣在乾清宫照料一切，他自己则退处乾清宫西暖阁休息，等候皇后入宫。

迎亲队伍超过3000人，由东华门出东安门，踏月夜行，浩浩荡荡地向北而去。经北池子，往西北进三座门，过景山东街，出地安门中门，沿地安门大街入帽儿胡同，西行到达皇后府邸。一路之上，黄沙铺道，净水泼街，到处有红、黄两色装饰，这里从上半夜起就由警察厅宣布戒严了，然而，马路两旁仍是人山人海，万头攒动。大体都是住在这一区段的居民，却不许随意走动。至于得到允许可以观礼的中外人士，都佩戴有一枚"小朝廷"发放的钢质徽章，见章放行。

在扎着彩坊的皇后府邸大门前，皇后之父郭布罗·荣源、皇后之兄郭布罗·润良和皇后之弟郭布罗·润麒，早已跪在那里迎接圣旨和圣节的到来了。迎亲仪仗队抵达之后，这父子三人首先面对圣旨和圣节恭行三拜九叩大礼，继而随正、副天使进院，凤舆也随之抬进前院。然后，撤下在太仆寺雇用的普通轿夫，换上太监，再一直抬进内院，放在正房台阶前，面朝东南。这个方向也是清宫钦天监规定的，该机构根据占卜宣布：皇后升降舆时应向东南吉方。抄近路先期而至的姜婉贞等福晋、命妇和女官请皇后梳双髻，戴双如意，穿"龙凤同和袍"，一切准备停当。

凤舆到后，由正天使载振宣读圣旨，皇后亲自接旨并行礼。据庄士敦说，"她跪在地上，然后行一系列复杂的礼，包括六次手臂下垂、头部微抬的起身，三次下跪和三次鞠躬。对于一个妇女来说，这种礼节等同于最尊崇的跪拜——九次屈身叩头"。行礼毕，接受金册和金印。与此同时，姜婉贞等又为皇后升入凤舆而准备了。她们先燃藏香，在凤舆内熏绕一圈儿，再熏皇后用以盖头的锦帕。熏完，将凤舆内正中那柄"御笔用宝龙字如意"移到旁边，请皇后手执苹果和如意，搭上盖头，升入凤舆。待首领太监刚刚垂下舆帘，抬轿的太监们便一个个伸直了腰板，经过内院、外院，一直抬到皇后府邸大门外，再换用太仆寺的普通轿夫，打道回宫。

此时为凌晨3时许，天空晴朗，月亮仍然圆满、明亮，月光皎洁。迎亲仪仗队的队尾已经走出了帽儿胡同东口，还能见到皇后之父郭布罗·荣源跪在一片红色的垫子上目送爱女入宫。凤舆在长长的仪仗行列中，走南锣鼓巷向东，经北皇城根宽街，南行过大佛寺、马市大街，至丁字街向西，进东安门大街，渡桥入东华门，此时比预定的入宫时间（凌晨4时）稍早，为3时40分。这期间，月亮已经隐去，路灯又很稀疏，天黑下来了。然而，围观者仍是挤满了街道两旁，他们都很规矩地站在维持秩序的警察后面，以民国国民而看到清朝皇帝大婚的场面，实在是太宝贵的机会。沿途围观者起码有数万人，而佩戴钢质徽章的先生、太太、少爷、小姐，或乘汽车、或乘马车、或乘洋车，往来观礼，络绎不绝。

凤舆经东华门进入紫禁城，又被缓缓地抬到景运门，太仆寺的普通轿夫就在这大理石台阶下最后被撤去了，接过轿杠的太监们庄严而谨慎地把凤舆一直抬到乾清宫前正冲着皇帝宝座的地方放下。从东华门到乾清宫，所经各门门座前后全部铺设了棕毯，且凤舆起落的几处地方铺设了红毡。

照满族传统，新郎要在新娘下轿之前向其头顶上方连射三箭，为的是赶走黑煞神以确保平安。对于皇帝来说这还有另外一层意义：皇后地位尊崇，但在皇帝面前也是奴才，向她射箭表示她也必须接受惩罚。起初溥仪挺有兴趣，接过箭来要射，却被姜婉贞挡住了，她考虑到溥仪高度近视，大婚典礼的场合又不能戴眼镜，一旦失手伤了皇后就不好办了。溥仪听了这话有道理，也觉得没必要墨守陈规陋习，遂临时传谕把射箭仪式免了。

按清宫祖制，在皇后下轿之际，前一日入宫的淑妃要亲率女官和宫女等膝行跪迎，以示皇后与皇妃间的等级尊卑。溥仪想想似也无此必要，既已免了皇后挨箭，索性也别让淑妃下跪了，于是再度宣旨免去跪迎之礼。

溥仪被引导着先往洞房——坤宁宫东暖阁去了，有资格随凤舆来到乾清宫的王公大臣、清室内务府高级官员以及皇帝的师傅们也都退去了。凤舆周围只剩下了姜婉贞等福晋、命妇、女官和太监，皇后这才由人们拥戴着走出凤舆。姜婉贞立即上前接过皇后手持一路的苹果和如意，又递给她一只宝瓶，这都是大婚典礼中必有的吉祥物品。随后，搀扶着仍搭盖头的皇后，在手执珠灯的女官导引下，经东楅扇，进坤宁宫，来到东暖阁前。

在这里，新娘还必须照满族习俗先迈越一只预先设下的大火盆，以期将来的生活越过越红火；然后再跨过马鞍和苹果，期望婚后的日子平平安安。演完这些节目，姜婉贞才接过皇后手中的宝瓶，把她领到皇帝面前。这时，有人向溥仪呈递一杆新秤，请皇上用秤杆揭开皇后的大红盖头，这大约是满族人让新娘计划柴米、俭朴度日的习俗。姜婉贞颇为细心，生怕毛手毛脚的溥仪挑着皇后的脸，便从他手中取走了那杆秤。其实皇家的新娘谈何节俭？于是溥仪伸手揭去了遮在皇后脸上的盖头，第一次看到她的美丽面庞。

从揭开盖头起，婉容的婚后生活就开始了。照满族风俗，皇帝和皇后在洞房中还要完成一系列礼节。福晋等请帝坐居龙凤喜床上左面，再请后坐喜床右面。女官先设金盆于喜床上，以圆盒盛子孙饽饽，进请帝、后同食，毕。福晋等请后梳妆上头，仍戴双喜如意。加添扁簪及富贵绒花，戴朝珠，行合卺宴饮交杯酒。并有结发侍卫夫妇在殿外唱交祝歌，毕。女官撤宴桌，福晋、命妇等请帝、后御龙凤喜床上面，向东南方行坐帐礼，毕。女官仍设金盆于喜床上，福晋等再请帝、后进长寿面，毕。礼成，遂退出宫去。

同食"子孙饽饽"，"行合卺宴饮交杯酒"，又进"长寿面"之后，对于健康的少男少女来说，自然是温柔而甜蜜的花烛夜了。然而，溥仪却离开了那张"龙凤喜床"，那张位于高大宫殿圆柱后面、"日升月恒"匾额下面的大床，那张挂着"龙凤呈祥"刺绣大红缦帐的双人木床，回养心殿自己的卧室去了。溥仪羡慕西方的生活方式，趁着大婚的机会，不久前特意托请上海亨达利钟表店的德国老板，向国外购置了一套水晶家具陈设在养心殿他的单身卧室内。新婚第一夜，溥仪觉得还是回来欣赏这套水晶家具更舒适些。

大清皇帝新婚初夜就逃离洞房这样的事可不简单，很快就被捅到外界去了，各种各样的传闻不胫而走，却终究没有一个圆满的解释。溥仪在40年后的回忆录中写道，"被孤零零地扔在坤宁宫的婉容是什么心情？那个不满14岁的文绣在想些什么？我连想也没有想到这些。"却依然没有将原因坦白。

在当代出版史上，溥仪所著《我的前半生》是生命力旺盛的作品。问世半个世纪以来，印刷21次，累计印数186.3万余册，而且仍然有长盛不衰的趋势。晚年曾想写《我的后半生》可惜未成。《我的前半生》从家世写起，一直写到1959年溥仪参加战犯管理所组织的社会参观。其中就有很详细的对于自己大婚前后的描写。

以下是《我的前半生》中，溥仪对自己大婚的自述：

"当王公大臣们奉了太妃们之命，向我提出我已经到了'大婚'的年龄的时候，我是当做一件'龙凤呈祥'天经地义的事来接受的。如果说我对这件事还有点个人兴趣的话，那是因为结婚是个成人的标志，经过这道手续，别人就不能把我像个孩子似的管束了"。

"对这类事情最操心的是老太太们。民国十年年初，即我刚过了15周岁的时候，太妃们就找了我父亲商议这件事，并且召集了十位王公，参与议婚。从议婚到成婚，经历了将近两年的时间，在这中间，由于庄和太妃和我母亲的先后去世，师傅们因时局不宁谏劝从缓，特别是发生了情形颇为复杂的争执，议婚曾有过几起几落，不能定案"。

"议婚的事提起了不多天，庄和太妃去世。剩下的三个太妃，对未来'皇后'人选，各有打算。主要的是一直不和睦的敬懿和端康之间发生了争执，两个太妃都想找一个跟自己亲近些的当皇后。这个争执不单是由于老太太的偏爱，而是和将来自己的地位大有关系。敬懿太妃原是同治的妃，她总忘不了慈禧在遗嘱上把我定为承继同治、兼祧光绪的这句话，隆裕太后在世时不满不睬这一套，并不因为这句话而对同治的妃有什么尊重的表示，反而把同治的妃打入冷宫，是使她非常仇恨的。隆裕死后，虽然太妃被我一律以皇额娘相称，但袁世凯又来干涉'内政'，指定端康主持宫中，因此，敬懿依然不能因'正宗'而受到重视，她的夙志未偿，对端康很不服气。我和端康吵架时受到她的暗中支持，就是这个道理。议婚过程中，这两个太妃都把'册立皇后'问题看做取得优势的重要步骤，各自提出了自己中意的候选人，互不相让"。

"最有趣的是我的两位叔父，就像从前一个强调海军，一个强调陆军，在摄政王面前各不相让的情形一样，也各为一位太妃奔走。'海军'主张选端恭的女儿，'陆军'主张选荣源的女儿。为了做好这个媒，前清的这两位统帅连日仆仆风尘于京津道上，匆匆忙忙出入于永和宫和太极殿"。

"究竟选谁，当然要'皇帝'说话，这就是要'钦定'一下了。同治和光绪用的办法，是把候选的姑娘们都找来，站成一排，由未来的新郎当面挑拣，挑中了的当面做出个记号来——我听到有两个说法，一说是递玉如意给中意的姑娘，又有说是把一个荷包系在姑娘的扣子上。到我的时代，经过王公大臣们的商议，认为把人家闺女摆成一溜挑来挑去的时候已经过去了，就改为挑照片的办法，我看着谁好，就用铅笔在照片上做个记号"。

"当然，过去未婚的皇帝这个做法也不能证明婚姻是完全由他自主的，慈禧就因为同治选的皇后不称她的心，到光绪选后的时候，便硬作主张，强使光绪不得不选了她的侄女那拉氏（隆裕）。所以，光绪的'自主'，不过走个形式。我这次选'对象'，太妃们本想事先取得一致意见再向我授意的，可是她们争执不下，结果倒达成临时协议，要让我自己做主挑一个"。

"照片送到了养心殿来，一共是四张。这四位姑娘的玉容，在我看来，都是一个模样，每位都有个像纸糊的桶子似的身段，脸部很小，实在也分不出丑俊来，如果一定要比较，也只能比一比谁的旗袍花色特别些。我那时既想不到什么终身大事之类的问题，也没有个什么标准，我不费思索地在一张似乎顺眼一些的相片上，用铅笔画了一个圈儿"。

"这是满洲额尔德特氏端恭的女儿，名叫文绣，又名惠心，比我小三岁，看照片的那年是12岁。这是敬懿太妃所中意的姑娘。这个挑选结果送到太妃那里，端康太妃不满意了，她不顾敬懿的反对，非叫王公们来劝我重选她中意的那个不可，理由是文绣家贫寒，长得也不好，而她推荐的这个是个富户，又长得很美。这是满洲正白旗郭布罗氏荣源家的女儿，名婉容，字慕鸿（后来在天津有个驻张园的日本警察写了一本关于我的书，把慕鸿写成秋鸿，以后以讹传讹，又成了鸿秋），和我同岁，看照片那年是15岁吧。我听了王公们的劝告，依然没走什么脑子，心里想你们何不早说，好在用铅笔画圈不费什么事，于是我又在婉容的相片上画了一下"。

"'皇后'郭布罗·婉容（17岁）可是敬懿和荣惠两太妃又不愿意了。不知太妃们和王公们是怎么争辩的，结果荣惠太妃出面对我来说：'既然皇上已经圈过文绣，她是不可能再嫁给臣民了。'因此，可以纳为妃。我想，一个老婆我还不觉得有多大的必要，怎么一下子还要给我两个呢？我不大想接受这个意见。可是禁不住王公大臣根据祖制说出'皇帝必须有后有妃'的道理，我想这也是真的，中国皇帝历代也没有听说谁只有一个老婆，既然这是皇帝的特点，我当然要具备，于是我也答应了"。

"这个选后妃的过程，说得简单，其实是用了一年的时间才这样定下来的。定下了之后，王公们去找徐世昌，这位一度想当国丈的大总统，表示了同意，答应了到举行婚礼时给予各方照顾，这就是说，排场摆起来，是没有问题的。不过这时直奉战争发生了，婚礼拖了下来，直拖到民国十二年年初（阴历年前），这时徐世昌已经下台，而大规模的婚礼筹备工作已经收不住辔头，虽然筹备的王公们对二次上台的黎元洪总统不像对徐世昌那么信赖，可是还是大办起来了"。

"我知道有一部分大臣，事先对于准备采取这样大的婚礼规模，是以为不智的，认为这必定对社会发生一种刺激，弄不好很可能引起攻击，而徐世昌下台、张作霖败走后的当权人物是否肯给包庇下来，也还有疑问。但是事情的结果，却是出乎这部分人的意外，使大部分在徐、张下台后变成垂头丧气的王公大臣、遗老遗少们，不啻吃了一服还魂汤"。

"首先是民国当局答应给的支持，即使徐世昌在台上也不过如此。民国的财政部写来一封颇含歉意的信给内务府，说经费实在困难，以致优待岁费不能发足，现在为助大婚，特意从关税款内拨出 10 万元来，其中 2 万，算民国贺礼。同时，'步军统领衙门'特派官兵担任警卫。计开：'大征礼'随行警卫及荣源宅门前警卫官长两名，士兵十二名"；

"'淑妃进宫'沿途及神武门、'妃邸'门前官员三十一名，士兵四百一十六名"；

"'行册立礼'沿途及神武门、'后邸'门官员三十四名，士兵四百五十八名"；

"'皇后凤舆'沿途及神武门、'后邸'门官兵三百八十余名"；

"'大婚典礼'沿途及神武门、'后邸'门官兵六百零一名"；

"'皇后妆奁进宫'沿途及神武门、'后邸'门官长二十二名，目兵二百零六名，'淑妃妆奁进宫'同上，在东华门、新安门前拦阻行人用官长八员，目兵一百名。总起来，大约出动了陆军官兵二千四百九十八人次。另外，还有大批宪兵、警察、保安队、消防队，不必都统计了"。

"本来按民国的规定，只有神武门属于清宫，这次破例，特准'凤舆'从东华门进宫"。

"全部婚礼全部仪程是五天：十一月二十九日午时，淑妃妆奁入宫"。

"十一月三十日午刻，皇后妆奁入宫。巳刻，皇后行册立礼。丑刻，淑妃入宫"。

"十二月一日子刻，举行大婚典礼。寅刻，迎皇后入宫"。

"十二月二日，帝后到景山寿皇殿向列祖列宗行礼"。

"十二月三日，帝在乾清宫受贺。在这个仪程之外，还有从婚后次日起连演三天戏。在这个礼仪之前，即十一月十日，还有几件事是预先做的，即纳彩礼，晋封四个太妃（四太妃从这天起才称太妃）。事后，又有一番封赏荣典给王公大臣，不必细说了"。

"这次举动最引起社会上反感的，是小朝廷在一度复辟之后，又公然到紫禁城外边摆起了威风。在民国的大批军警放哨、布岗和恭敬护卫之下，清宫仪仗耀武扬威地在北京街道上摆来摆去。在正式婚礼举行那天，在民国的两班军乐队后面，是一对穿着蟒袍补褂的册封正副使（庆亲王和郑亲王）骑在马上，手中执节（像苏武牧羊时手里拿的那个鞭子），在他们后面跟随着民国的军乐队和步兵马队、警察马队、保安马队。再后面则是龙凤旗伞、鸾驾仪仗72副，黄亭（内有'皇后'的金宝礼服）4架，宫灯30对，浩浩荡荡，向'后邸'进发。在张灯结彩的'后邸'门前，又是一大片军警，保卫着婉容的父亲荣源和她的兄弟们——都跪在那里迎接正副使带来的'圣旨'……"

"民国的头面人物的厚礼，也颇引人注目。大总统黎元洪在红帖子上大书特书'中华民国大总统黎元洪赠宣统大皇帝'。共赠送礼物八件，计：珐琅器四件、绸缎二种、帐一件、联一副，其联文云'汉瓦当文，延年益寿，周铜盘铭，富贵吉祥'。已下台的前总统徐世昌也送了贺礼两万元和许多贵重的礼物，包括二十八件瓷器和一张富丽堂皇的龙凤中国地毯。另外，张作霖、吴佩孚、张勋、曹锟、颜惠庆……大批民国的军阀政客都赠送了现款和许多别的礼物"。

"民国派来大礼官黄开文，另有陆军中将、少将和上校各一名为随员，以对外国君主之礼正式祝贺。总统府侍从武官长荫昌的举动最是出色，他穿着一身西式大礼服，向我鞠躬以后，忽然宣布：'刚才那是代表民国的，现代表奴才自己给皇上行礼。'说罢，就跪在地下磕起头来"。

"当时许多报纸对这些怪事发出了讥刺的评论，这也挡不住王公大臣们的兴高采烈，许多地方的遗老们更如惊蛰后的虫子，成群飞向北京，带来他们自己的和别人的现金、古玩等等贺礼，其总数很难估计。重要的还不是钱，而是声势，这个声势大得连他们自己也出乎意外，以至又觉得事情像是大有可为的样子"。

"最令王公大臣、遗老遗少以及太妃们大大兴奋的，是东交民巷来的客人们。这是辛亥以后紫禁城中第一次出现外交官员。虽然说他们是以私人身份来的，但这毕竟是外交官员"。

"为了表示对外国客人的观礼的重视和感谢，按庄士敦的意思，在乾清宫特意安排了一个招待酒会。梁敦彦（张勋复辟时的外务部大臣）给我拟了一个英文谢词，我按词向外宾念了一遍：今天在这里，见到来自世界各地的高贵的客人，朕感到不胜荣幸。谢谢诸位光临，并祝诸位身体健康，万事如意。在这闹哄哄之中，我从第一天起一遍又一遍地想着一个问题：'我有了一后一妃，成了家了，这和以前的区别何在呢？'我又一遍又一遍地回答：'我是成年了。如果不是闹革命，是我'亲政'的时候开始了！'"

"除了这个想法之外，对于夫妻、家庭，我几乎连想也没想它。只是在头上盖着一块绣着龙凤的大花缎子的'皇后'进入我眼帘的时候，我才由于好奇心，想知道她长得是个什么样"。

"按着传统，皇帝和皇后的新婚第一夜，要在坤宁宫里的一间不过十米见方的喜房里度过。这间屋子的特色是除了地皮，全涂上了红色，也没有什么陈设，三分之一的地方叫炕占去了。行过'合卺礼'，吃过了'子孙饽饽'，进入这间一片暗红色的屋子里，我觉得很憋气，连新娘子是什么样子也没兴趣看了——屋子又暗得很，也实在看不清楚。她坐在炕上，低着头，我在旁边看了她一会儿，这个凤冠霞帔浑身闪着像碎玻璃似的反光，一声不响的'皇后'，令我觉得生疏得很。我又环视一下这个很不习惯的环境，不由得十分闷气。我坐也不是，站也不是，想起了我的养心殿，我开开门，回去了"。

"我回到了养心殿，一眼看见了裱在墙壁上的宣统朝全国各地大臣的名单，那个问题又来了：

"'我有了一后一妃，是成人了，和以前有什么不同呢?'"

"被孤零零地扔在坤宁宫的婉容是什么心情？还有那个不满 14 岁的文绣在宫里想些什么？我都连想也想不到。当王公大臣遗老遗少们正为这些空前的声势、民国当局的怂恿和外国人的观礼而欢欣鼓舞幻想万千之际，我想的只是这类念头：

"'如果不是革命，我就开始亲政了……我要自己亲手恢复我的祖业！'"①

（二）帝国夕阳，只剩些许落日余晖

辛亥革命后，中国的南北内战爆发，1912 年 2 月 12 日，根据十九信条的规定，隆裕太后携 6 岁的宣统帝溥仪在乾清宫举行了清王朝最后一次御前会议，决定宣统帝退位问题，为此溥仪被迫退位。隆裕皇太后在盖过钳宝后，这份退位诏书便在天安门城楼上最后发布，昭告天下。溥仪退位后，民国政府与清室协商，保留了许多对皇室的优待条件，承诺每年支付清室 400 万两银圆的费用，并且同意溥仪暂居紫

---

① 爱新觉罗·溥仪：《我的前半生》，群众出版社 1964 年版。

禁城。为了保护紫禁城的安全，清室与民国政府协商后，决定派国民革命军陆军第 16 师下的第二步兵团用来保护暂时居住在皇宫里的宣统皇帝，而这支国民革命军陆军第 16 师的前身就是清政府在 1908 年由载沣创建的禁卫军，掌握该禁卫军大权的便是溥仪的七叔陆军部大臣载涛。

溥仪或读书吟诗、作画、弹琴，或捏泥人、养狗、养鹿，有时还到宫外坐汽车、逛大街。1924 年 11 月 5 日，军阀冯玉祥无视优待条件，派鹿钟麟带兵入紫禁城，逼溥仪离宫并获得大量宫中财物，历史上称这为"北京事变"。溥仪搬进北府（载沣的居处），继而又逃进日本公使馆。第二年 2 月移居天津租界张园和静园，与清朝遗老遗少以及张作霖、段祺瑞、吴佩孚等往来。溥仪自 1932 年 3 月 1 日至 1934 年 2 月 28 日任伪满洲国执政，建年号为"大同"。1934 年在日伪军的扶植下改国号为伪"满洲帝国"，改称"皇帝"，改年号为"康德"。3 月 1 日登基。"康德"是康熙和德宗光绪的缩称，意在纪念，并寄托了祇承清朝基业之愿。溥仪作为当时亚洲的一个政治人物两次登上《时代》周刊，特别是该周刊有关"解决远东危机的四个人"的画像中。

（三）畸形洞房，只能成就永远谜题

溥仪曲折、复杂的一生，先后结过四次婚，有过五个妻子。可是，溥仪实际上没有生育能力，并没能留下一儿半女来。甚至还有观点认为，溥仪根本就没有性能力，与这五个妻子都没有真正同过房，没有发生过一次性关系。这也随着溥仪的去世成了千古谜题。

1967 年，溥仪因患尿毒症病倒。周恩来总理闻讯，亲自打电话指示政协工作人员，一定要把溥仪的病治好。后指示将他安排到首都医院进行中西医会诊。在病情最危急时，周总理又指派著名老中医蒲辅周去给他看病，并转达周总理对他的问候，后因医治无效，于 1967 年 10 月 17 日凌晨 2 时 30 分去世。

溥仪的其他几任配偶：

文绣（1909—1953 年）：满洲鄂尔德特氏旗人。1922 年，她跟 16 岁的溥仪结婚。溥仪首选的第一位妃子是文绣，但是父亲逝世后端康太妃为首的四大太妃们，皆认为文绣家境贫寒、长相不好，让王公劝溥仪重选。文绣被册封为淑妃。1931 年文绣与溥仪离婚。

谭玉龄（1920—1942 年）：北京满洲人，老姓他他拉氏。1937 年，经贝勒毓朗之女介绍下与溥仪结婚，封为"祥贵人"。六年后病故，由溥仪追谥为"明贤贵妃"。

李玉琴（1928—2001 年）：吉林长春汉人。1943 年，被日本官员挑选入宫，封为"福贵人"。1957 年 5 月，正式与溥仪离婚，后再嫁。"文化大革命"期间，她因为曾作过溥仪的贵人而受到迫害。2001 年，因肝硬化病故。

李淑贤（1925—1997 年）：汉族护士。1962 年在周恩来的安排下与溥仪结婚。未育有任何子女。

充满正能量的婚礼：
摩洛哥国王穆罕
默德六世与拉拉·
萨尔玛的婚礼

摩纳哥的诞生颇具传奇色彩：相传希腊神话中主神宙斯之子、大力神赫拉克勒斯从西班牙归来，在蓝色海岸休息，他眷恋于这里如诗如画的风景，遂在一处宽 350 米、长 700 米、高出海面 60 米的断崖之上，建造了一座名为"波图斯·赫拉克勒斯·摩纳基"的城市，取其"幽静"之意，这便是现今摩纳哥的雏形。

摩纳哥亲王国是位于欧洲的一个城邦国家，是欧洲两个亲王国之一（另一个是列支敦士登），也是世界上第二小的国家（仅次于梵蒂冈）。摩纳哥地处法国南部，除了靠地中海的南部海岸线之外，全境北、西、东三面皆被法国包围，为少有的"国中国"之一。摩纳哥主要是由摩纳哥旧城和随后建立起来的周遭地区组成。作为世界上人口最稠密的国家之一，摩纳哥却也是一个典型的微型国家。1956 年，第 27 届奥斯卡影后格蕾丝凯利嫁给国家元首雷尼尔三世亲王殿下，使得这个小小的亲王国名动天下。

穆罕默德六世［Mohammed VI，西迪·穆罕默德（Sidi·Moham-med）］1963 年 8 月 21 日生于摩洛哥首都拉巴特，是摩洛哥前国王哈桑二世的长子，1979 年被立为王储。他曾先后就读于拉巴特穆罕默德五世大学和法国尼斯索菲亚大学，获公法高等研究博士证书和法学博士学位。他于 1985 年 11 月任摩洛哥皇家武装部队总参谋部各局、处协调员，1994 年晋升为少将，1999 年 7 月 30 日登基，成为摩洛哥阿拉维王朝的第 22 位君主。爱好阅读、游泳和赛艇运动，精通阿拉伯语和法语，懂英语和西班牙语。

2002 年 7 月 12 日，穆罕默德六世与拉拉·萨尔玛公主成婚。他们的第一个孩子穆莱·哈桑王子诞生于 2003 年，并被立为王储。2007 年 3 月，他们的第一个女儿拉拉·哈迪贾公主出生。

（一）恪守传统与融入现代，摩洛哥首次国王公开举行结婚盛典

摩洛哥国王穆罕默德六世于 2002 年 7 月 12 日晚在拉巴特王宫同拉拉·萨尔玛公主举行结婚庆典，并在王弟穆莱·拉希德亲王的陪同下接受了全国人民的祝福和敬献。

国王公开举行结婚庆典，在摩洛哥的历史上是第一次。根据摩洛哥阿拉维王朝的礼仪和民族婚俗，国王的婚礼只能在王宫内举行，只邀请王室成员和亲属参加，不对外界宣布，新娘婚后也没有任何名分。穆罕默德六世此前曾表示，他的婚礼既要恪守传统，又要融入"现代观念"，特别是要借此提高妇女地位。因此，他不仅订婚和结婚都对外发布了消息，还正式册封新娘为拉拉·萨尔玛公主。不过，虽然拉巴特王宫外小广场的结婚庆典是公开的，但新娘和王室所有女性成员均不在结婚之日与公众见面，表明了国王对传统习俗的尊重。晚上 6 时 45 分，随着 7 声礼炮的鸣响，国王在王弟的陪同下登上临时搭建的主席台，与全国各地约 2000 名代表见面。随后，祝愿和敬献仪式正式开始。拉巴特大区的行政官员和部分议员首先向国王表示新婚祝福，随后首都男女青年组成的方队依次向国王敬献彩烛、海娜、玫瑰花瓣、椰枣、檀香木等礼物。这些摩洛哥民族新婚之夜的传统礼物寓意丰富，

彩烛和玫瑰象征光明、美丽、和平，海娜意味着幸福、美满和温柔，椰枣是富足和甜蜜的同义词，而檀香木则代表东方的高雅和温馨。

在拉巴特敬献队伍之后的是摩洛哥其他 15 个大区的祝贺方阵。身着各种传统民族服装的男女青年，在民间乐队的伴奏下，载歌载舞。激越的唢呐、悠扬的长号和节奏明快的手鼓，伴随着夸张的舞姿和欢快的歌曲，把庆祝仪式推向了高潮。

祝福和敬献仪式结束后，国王在王弟的陪伴下绕场一周，感谢全国各地和各族人民对他和新娘的美好祝福，并走到应邀同他一同举行婚礼的 300 名新郎面前，祝愿他们新婚幸福、家庭美满。而此时，300 名新娘正在内宫里和拉拉·萨尔玛公主一道，遵循摩洛哥传统在双手上描绘吉祥的海娜。根据摩洛哥阿拉维王朝的礼仪，国王结婚不邀请"外人"参加，只通知亲朋好友庆祝。因此，穆罕默德六世的婚礼没有"邀请"任何外国领导人、外国王室成员和国际名人政要"参加"，但作为国王"私人朋友"前来祝贺的美国前总统克林顿及其女儿，以及几位阿拉伯王子，和各国驻摩使节一起都受到了王室的热情款待。根据摩洛哥的传统习俗，婚礼还要持续三天。第一天，男方应向女方赠送彩礼；第二天是女方答谢男方的日子；只有到了第三天，女方在沐浴七次之后才能正式进入洞房。因此，国王的婚礼也将持续三天。

对该国普通百姓而言，摩洛哥王室十分神秘，遥不可及。但穆罕默德主动揭开了王室的神秘面纱。根据摩洛哥王国的礼仪和民俗，国王的婚礼只能在王宫内举行，只邀请王室成员和亲属参加，不对外宣布。但穆罕默德六世登基后不久就表示，他的婚礼要融入"现代观念"。为此，他身体力行，不仅找了一位出身平民的新娘，而且订婚和结婚都对外发布了消息，新娘的画像还出现在了摩洛哥各大报纸上，并在市场上出售。为显示革新决心，在拉巴特王宫举行的婚礼上，穆罕默德六世专门邀请了来自全国各地的 300 对新人举行集体婚礼，以显示国王打破传统，与民同乐。

按摩洛哥王室的有关规定，新娘婚后没有任何名分，以往国王的妻子只叫"王子的母亲"，且不许抛头露面，穆罕默德六世的母亲从木在全家福照片中出现过，摩洛哥的白姓至今没人知道已故哈桑二世国王夫人的名字。穆罕默德六世改变了这些传统。

1999 年初，穆罕默德六世和妻子拉拉·萨尔玛在一次私人聚会上一见钟情。当他开口求婚时，萨尔玛提出"只接受一夫一妻制"。

这对穆罕默德六世来说，无疑是一枚"重磅炸弹"，在他之前，历届国王都有三宫六院。但开明的穆罕默德六世接受了这一条件，还正式册封萨尔玛为公主。2005 年 1 月，西班牙国王访问摩洛哥时，光彩照人的萨尔玛就出席了各种礼宾接待仪式。最近，国王在接受法国一家杂志采访时，还特意让妻子一起出席，向世人展示摩洛哥新时代的面貌。

穆罕默德六世的改革中，最引起轰动的就是"家庭地位法"。该法规定：男子不能随便娶二房，而是必须征得夫人同意；不得随意休妻，离婚后丈夫必须承担孩子的生活费。这项改革在伊斯兰世界引起了震动，但受到该国大多数妇女的欢迎。不过，此举引起了一些男性的非议。记者的一个朋友就曾抱怨说，他第一次离婚轻而易举，没负任何责任，可第二次就麻烦了，要交抚养费还要给前妻财产，搞得他入不敷出。

摩洛哥国王穆罕默德六世与出身平民的电脑工程师拉拉·萨尔玛·本莱丽小姐宣布要公开举行结婚庆典，但由于受巴勒斯坦问题影响，婚庆一再推迟，一直到 7 月 12 日才举行。国王公开举行结婚庆典，在摩洛哥历史上还是第一次。外界对此进行了积极的评价，普遍称之为一场融合现代与传统的婚礼。

（二）接受民众祝福和献礼， 民间热情狂欢把庆祝 仪式推向高潮

结婚庆典活动在摩洛哥首都拉巴特王宫外小广场举行，为期三天。应国王之邀，全国各地、各部族分别选出 300 对青年男女到拉巴特王宫与国王一起举行集体婚礼。美国前总统克林顿及其女儿作为穆罕默德六世的私人朋友应邀参加了婚庆。

自 17 世纪以来，摩洛哥国王的婚娶都是在王宫秘密进行的，只邀请王室成员和亲朋好友参加。国王的妻子是谁，要到新王子出生后外界才略知一二，新娘婚后也没有任何名分，而国王后宫里有多少嫔妃，谁也说不清。穆罕默德六世不仅订婚和结婚都对外发布了消息，而且还正式册封新娘为拉拉·萨尔玛公主。新娘的画像还出现在摩洛哥各大报纸上，并在市场上出售。这种曝光率对一位国王的妻子来说是前所未有的。

虽然拉巴特王宫外小广场的结婚庆典是公开的，但新娘和王室所有女性成员均不在结婚之日与公众见面，表明国王对传统习俗的尊重。虽然如此，成千上万的摩洛哥妇女和年轻姑娘们还是涌到拉巴特王宫附近的街道上，希望看到新婚夫妇。

12 日晚，随着 7 声礼炮的鸣响，国王在弟弟拉希德亲王的陪同下登上主席台，与全国各地应邀前来的代表见面。随后，祝愿和敬献仪式正式开始。拉巴特大区的行政官员和部分议员首先向国王表示新婚祝福，随后拉巴特男女青年组成的方队依次向国王敬献礼物，礼物包括彩烛、玫瑰花瓣、椰枣、檀香木等。这些礼物具有丰富的象征意义，彩烛和玫瑰象征光明、美丽、和平，椰枣象征富足和甜蜜，而檀香木

则代表高雅和温馨。拉巴特青年男女敬献之后，摩洛哥其他15个大区祝贺方阵也分别敬献了礼物。男女青年们身着各种美丽的民族服装，在民间音乐的伴奏下，载歌载舞，把婚庆活动推向了高潮。

敬献仪式结束后，国王在王弟的陪伴下绕场一周，感谢全国各地和各族人民对他和新娘的美好祝福，并走到应邀同他一同举行婚礼的300名新郎面前，祝愿他们幸福。而此时，300名新娘则依照习俗在内宫里和萨尔玛公主一起，在双手上描绘吉祥的图案。

西迪·穆罕默德六世的妻子萨尔玛出身于摩洛哥古城非斯的一个中产阶级家庭。萨尔玛17岁初中毕业后进入哈桑二世国王中学，在那里的高等数学班学习了两年，然后又考进了摩洛哥著名学府——信息与系统分析学院学习计算机工程。三年后，萨尔玛大学毕业，在摩洛哥最大的私营企业当了一名电脑工程师。

穆罕默德和萨尔玛是在1999年初认识的，那时萨尔玛还是大学生，她应邀参加当时身为王储的穆罕默德举办的一次私人晚会。穆罕默德对萨尔玛一见钟情，两人后来便开始交往。但当穆罕默德向萨尔玛求婚时，萨尔玛提出一个条件，即她只能接受一夫一妻制，穆罕默德只能娶她一人为妻。开明的穆罕默德答应了她的要求。王室破天荒地发布公告，宣布国王和萨尔玛订婚的消息，并首次对外公布了国王未婚妻的名字、年龄和家庭背景。国王公开举行婚礼，特别是穆罕默德六世正式册封萨尔玛为公主，从而令几百年来都没有名分的国王妻子第一次在王室里有了实质的地位，这令摩洛哥的妇女深受鼓舞，感到格外高兴。

摩洛哥舆论对国王在处理自己婚姻大事上的做法普遍表示赞同，而对于集年轻、美貌、勇敢与聪慧于一身的萨尔玛更是赞赏有加。摩洛哥媒体还将历史上工室里伟大女性的故事登载出来，许多评论家还预测，一个敢于要求国王只娶她一人为妻的新女性和一个敢于接受这样女性的国王可能会给摩洛哥社会带来巨大的变化。

从古至今，灰姑娘要得到王子的爱情，并嫁入王室成为万众瞩目的王妃，总是要费尽一番周折。英国平民女子米德尔顿和威廉王子的分分合合，就是最好的例子。而在摩洛哥，有一位灰姑娘令王子一见倾心。不仅如此，她还令摩洛哥改变了一系列的陈旧传统：她让王室不再三宫六院；她令王室女子享有很多的权利与自由；她还令整个摩洛哥人实行一夫一妻制。总之，她改变了这个国家。

（三）不甘深藏奢华的后宫，自信干练的王妃为王室带来新气象

拉拉·萨尔玛是人见人爱的女孩，摩洛哥王妃拉拉·萨尔玛（Lalla Salma）少女时代的名字为萨尔玛·贝娜妮（Salma Bennani），2002 年加入皇室后，成为穆罕默德六世的王妃，被尊称为"摩洛哥王妃"（The Princess Consort of Morocco）。

1978 年 5 月 10 日，萨尔玛·贝娜妮出生于摩洛哥古城非斯（Fez, Morocco）的一个中产阶级家庭，父亲是小学教师，有一个姐姐。萨尔玛·贝娜妮 3 岁丧母，外祖母把她抚养成人。良好的家教使她成为一个人见人爱、聪明美丽的女孩。17 岁初中毕业后进入哈桑二世国王中学，在那里的高等数学班学习了两年，然后又考进了摩洛哥的一所著名学府学习计算机工程。三年后，萨尔玛·贝娜妮以优异的成绩大学毕业，并在摩洛哥最大的私营企业"北非投资集团"当了一名信息系统工程师。萨尔玛在公司里参与开发了一套自动化信息管理系统，将公司的各种资源统一纳入系统管理，有效地节省了时间和开支，大大提高了工作效率。1999 年初，当时还是王储身份的穆罕默德与还是大学生的萨尔玛相遇了。穆罕默德六世比萨尔玛大 15 岁，是前国王哈桑二世的大儿子。他身材魁梧，相貌英俊，虽然生于礼数烦琐的王宫，却个性开朗，思想进步，而且酷爱体育运动。

据国王的近臣透露说，那是穆罕默德举办的一次私人晚会。穆罕默德对长着一头红发、满脸笑意的萨尔玛一见倾心。两人于是开始交往，直至穆罕默德开口求婚。性格独立的萨尔玛没有马上答应下来，而是提出了一个条件：自己只能接受一夫一妻制，如果穆罕默德要娶她，就必须摒弃摩洛哥王室过去"三宫六院"的习俗。开明的穆罕默德答应了这一要求，他做出了一个重大决定，让后宫里父亲的嫔妃搬出王宫，以示自己要与一夫多妻制决裂的决心，并向全国颁布法令，修改宪法，令整个摩洛哥实行一夫一妻制。对摩洛哥王室来说，这无异于一场"革命"。而穆罕默德为萨尔玛所"颠覆"的传统，还远远不止这些。

2001年10月，摩洛哥国王穆罕默德六世破天荒地发布公告，宣布他即将与平民女子萨尔玛·贝娜妮成婚，并首次对外公布了未婚妻的名字、年龄和家庭背景。消息一传出，摩洛哥全国上下沸腾了。所有的摩洛哥人都为阿拉维王朝如此高调地处理王室婚礼的做法感到震惊和兴奋，因为近四百年来，对该国普通百姓而言，摩洛哥王室始终十分神秘，遥不可及。人们几乎看不到媒体上关于王室成员私生活的任何报道。

2002年3月，在王室婚礼即将举行之际，摩洛哥各地报纸的头版上赫然刊登了萨尔玛的大幅照片。人们真切地看到了这个将成为摩洛哥国王穆罕默德六世妻子的女子，身材高挑、气质高雅、容貌出众。王室还举行了一个正式的记者发布会，并在网站上寄予祝福，称赞萨尔玛为魅力非凡的纯洁珍珠，不过对于他们如何相识却一直保密。

在摩洛哥，没有人了解前国王哈桑二世当年结婚的情况，人们也从来没有见过哈桑二世妻子的长相，她甚至从来都没有出现在王室家族的照片中，唯一被允许的事情或许只是为王室生儿育女，被尊称为"王子的母亲"。穆罕默德六世为萨尔玛所做的一切，显然是大大突破了传统的禁忌。如此挑战传统的做法，被外国媒体纷纷列为头条。

虽然萨尔玛不会得到"王后"的头衔，却行使着摩洛哥王国第一夫人的权利，她一改王室女眷们从不抛头露面的做法，经常出现在公开场合。她为拯救非洲艾滋病人四处奔走，参加各种慈善活动，随夫君一起正式出访，也积极参与马拉喀什电影节之类的公众活动。她被媒体评价为一位充满自信的女性，同约旦王后拉尼亚一样，为王室注入了更多的活力。

2005 年，当西班牙国王和王后访问摩洛哥时，让无数欧洲新闻记者们热衷追随的不是访问本身，而是谦恭地站在穆罕默德六世身后美丽的拉拉·萨尔玛公主。这次媒体得以大饱眼福，有机会近距离亲眼看见她的花容月貌，记录下她优雅出众的风采。

摩洛哥王妃拉拉·萨尔玛不遗余力地在世界奔走，为阿拉伯女性争取其应有的权利和地位，并且成立了多项慈善基金会，用于癌症研究以及艾滋病防御，身体力行地为摩洛哥在世界舞台上的进步发展奠定了基础。

2003 年 5 月，国王夫妇的第一个孩子穆莱·哈桑王子诞生，并被立为王储。2012 年 2 月，萨尔玛又喜添一女，被册封为拉拉·哈迪贾公主。在摩洛哥的媒体报道中，萨尔玛的形象亲切宜人。她在王宫里赤脚漫步、对待侍从温言指点、品尝摩洛哥的传统美食、和儿女嬉戏的场景再一次拉近了神秘王宫和普通人的距离。如今，美丽的拉拉·萨尔玛公主已经成为摩洛哥青年女性的新偶像，她的发型和着装常引来很多人纷纷仿效。灰姑娘成王妃的传奇还在继续。

英俊国王求婚 7 岁灰姑娘：不丹国王旺楚克和吉增·佩玛的婚礼

世界上最年轻的国王、31 岁的不丹国王吉格梅·凯萨尔·纳姆耶尔·旺楚克于 2011 年 10 月 13 日与平民未婚妻吉增·佩玛结为连理，婚礼在四面环山的一座 17 世纪城堡内举行。此次童话式婚礼的女主角、漂亮的吉增·佩玛是平民，年仅 21 岁，在不丹首都廷布的一所大学读书。

婚礼之前，一直都在紧锣密鼓地筹备中。旺楚克备受国民爱戴，他的婚讯曾令当地不少女性心碎，但这场王室大婚仍让这个人口约 70 万的喜马拉雅山南麓小国举国欢腾。

（一）求婚 7 岁灰姑娘：长大了娶你

旺楚克国王出生于 1980 年 2 月 21 日，于 2006 年 12 月 14 日即位，是旺楚克王朝的第五代君主，也是目前世界上最年轻的国家元首。不丹王国实行议会民主制，国王是国家元首。而在历史上，作为集诸多大权于一身的最高统治者，国王在不丹政治制度当中占有非常重要的地位。虽然出身王室、形象颇佳，但旺楚克显然不是风流倜傥的纨绔子弟形象。相反，拥有美国波士顿大学和英国牛津大学学位的他更多的是以专情闻名。1972年7月24日，老国王逝世，旺楚克继位，成为不丹第四代国王兼任陆军总司令，并享有最高司法权。当时他还不满17岁，成为当时全世界最年轻的国王。旺楚克在美国波士顿大学和英国牛津大学完成学业后回到不丹。他身高逾1.8米，潇洒英俊，有"全球最英俊国王"之称，在国内也极受爱戴。在牛津大学取得政治硕士学位后，于2006年继承了父亲的王位，两年后正式加冕。

早在他接过权杖之前，国外留学时期的同学就公认他魅力十足，是个"活泼、富有魅力、精力充沛"的人。他继承了父亲英俊的长相，身高1.8米，风度翩翩。美国人说他长得像年轻时候的猫王，中国人则说他长得像香港明星吴彦祖。虽然已经到了谈婚论嫁的年纪，但这位国王的私人生活一直得到很好的保护，外界对他感情生活的了解几乎全是充满神秘感的空白。2006年，当他以王子身份出席泰国国王登基60周年庆祝活动时，在泰国引发了一场"不丹旋风"。所到之处总有大量民众围观，少女的尖叫声更是不绝于耳。据说，他虽然单身，却已经收养了一个失明的农村男孩。为了治好他的眼睛，王子数次带他到国外治疗，终于让他重见光明。从父亲手中接过权杖时，他才年仅26岁，成为世界上最年轻的国王，当然也是最让少女们憧憬的单身英俊国王。

吉增·佩玛，1990年6月4日出生在不丹首都廷布。比国王整整小10岁。她的父亲顿珠是前扎西冈总督廷里的外孙。顿珠毕业于Kanglung的Sherubtse学院，在巴林航空公司做商业飞行驾驶员已有22年。她的母亲索南，出身于不丹当地很有影响力的布姆唐家族，是不丹王子的教女之一，索南的父亲是前不丹王后MayumPhuntshoChoden和MayumPemaDechan（不丹二世国王的两位王后）同父异母的兄弟。启蒙教育开始于廷布的小龙（Little Dragon）

学院、阳光学院。她在廷布上的初中和高中，在印度喜马恰尔—布拉代什劳伦斯学校和葛伦堡圣约瑟夫修道院学习过，又去了英国伦敦的摄政学院学习。年轻的旺楚克国王也曾在美国波士顿大学和英国牛津大学学习。从留学英伦这点上来看，两人算得上是有共同语言。在业余爱好方面，两人也都喜欢篮球，算是能聊到一起的一对。吉增·佩玛的父亲和母亲祖上算是不丹的古老家族，如今过着普通的平民生活。吉增·佩玛有两个兄弟和两个姊妹，她在家中排行老二。吉增爱好美术、绘画和篮球。在校期间曾任篮球校队队长，直到现在也对篮球保持着浓厚兴趣。在校期间，她还经常参加学校的乐队和舞蹈节目。她热爱封面摄影、现代艺术以及文艺复兴时期的艺术风格。她喜欢听不丹的传统音乐。除了宗卡语（不丹的民族语言），她还能说流利的英语和印度语。

旺楚克14年前在一次野餐会上与佩玛相识。面对那时只有7岁的佩玛，情窦初开的旺楚克已然学会了表白的浪漫。"等你长大了，倘若我未娶、你未嫁，且我们感觉依旧，我想让你成为我的妻子。"这句可以作为影视对白的承诺，在14年后的2011年的10月13日终于兑现。

不丹当地媒体援引旺楚克国王的话说："尽管她很年轻，但是拥有善良美丽的心灵。"旺楚克强调，未来的王后，最需要具备的特质就是：一个好人，并且愿意毫无保留地侍奉她的人民和国家。

国王和未婚妻很早就已经认识。新娘佩玛出身平民，父亲是民航机师，两人在廷布的一次家庭聚餐上初遇。老国王吉格梅·辛格·旺楚克生于1955年11月11日，12岁时只身远渡重洋赴英国求学。当时旺楚克就向年仅7岁的佩玛单膝跪地，提出求婚。旺楚克说："当你长大后，如果我未娶，你未嫁，我希望你能做我的妻子，只要我们心意相连。"国王在对外的发言稿中称："作为国王，我现在应该结婚了。经过再三考虑，我决定在今年晚些时候举行婚礼。"他这样形容自己的准新娘："她很年轻，热情而善良。"

旺楚克远赴牛津求学，但社交生活非常低调。而佩玛也于几年前到伦敦学习摄影。不丹民众都表示，旺楚克对佩玛一往情深。"他非常爱她。"一位年轻女孩说，"不管在哪里，他都会牵着她的手，这如今也成了我们年轻人的榜样"。

（二）废除一夫多妻，佩玛无可取代

在不丹，北部地区在传统上奉行一妻多夫制，几个兄弟共娶一个妻子。一夫多妻制也同样在不丹存在，不少富裕阶层能够娶多个妻子。历代不丹国王们实行的就是一夫多妻制。不丹开国国王贡桑乌金旺秋娶了两位妻子。他的儿子不丹二世国王也有两位妻子。不丹三世国王和王后是表兄妹，他们的婚姻是典型的政治婚姻。王后拥有锡金王室血统，受欧洲教育长大，思想现代，性格强势。双方的关系不睦，改革失败和酒精中毒加重了国王精神上的负担，也破坏了他们的婚姻。后来国王避开妻子，和情妇同居，生了两男一女三个孩子。应该说，在事实上，也是有两位妻子。现在不丹国王的父亲，四世国王19岁登基，也是当时世界上最年轻的国王。他同时迎娶了四姐妹。

在婚姻制度方面，不丹在二战后一直想让婚姻制度向着更现代、更西方化的方向推进。1953年，当时的不丹三世国王吉格梅·多尔吉·旺楚克宣布废除一妻多夫制，并且对一夫多妻制进行了限制，规定一个男人最多只能有三个妻子，在娶新妻子之前，要得到第一个妻子的同意，否则不能再娶。婚后，男方可以不用入赘到女家，女方可以到男方家生活。

1980年，不丹颁布了《婚姻法》，宣布实行一夫一妻制，废除一妻多夫制和一夫多妻制，并禁止童婚。但是，在奉行传统习俗的民间，一妻多夫和一夫多妻仍然存在。对国王们而言，不存在严格的一夫一妻的限制。而刚刚接过权杖的新国王，会遵循祖辈传统，还是按新的法律，走"现代"一夫一妻道路？当时有人猜测，受西方教育的他，会跟他锐意改革的决心保持一致，在婚姻上也奉行一夫一妻制，成为第一位奉行这个新守则的国王。其实旺楚克早已明确表示，他将只娶一任妻子。在他心目里，佩玛是一个愿意毫无保留地侍奉她的人民和国家的好人。

王室婚礼的消息宣布之后，很多人可能会好奇婚礼的形式。对此，旺楚克国王表示婚礼将根据古老的传统来进行，而且还要获得保卫国家的神灵的祝福。

按照不丹的风俗，一般会选择在半夜举行婚礼，为的是让心灵纯洁。不丹传统的佛教婚礼仪式多由当地寺院的高僧为新人主持。

不丹的婚纱礼服也十分特别，男士穿着名叫"帼"的不丹传统服装，帼的特色是两袖均有宽大的白色袖子，穿着时须将长长的白袖向外翻，长靴由长袜和皮鞋搭配而成。女士则穿"旗拉"，上身和男士一样，是一件长袖外袍，配上腰带和别针等装饰，内衣袖口一样须反折，下身是一条长裙，笔直的线条配合短上衣，使女士体态看起来更修长。不丹王室透露，国王结婚，不丹将举办庆祝仪式，不过不丹官方已经表示不会进行大规模庆祝。王室新闻办公室的一位官员多吉·旺楚克说："国家将会对婚礼进行一定的庆祝，不过国王已经要求不要制订大的庆祝计划。这首先是因为不丹不是富裕国家，不具备进行大规模庆祝的条件；其次也是因为国王想让结婚成为私人事件，不想有太大规模。"

国王在婚礼上一再强调，"我等待这一刻已经很久了，我终于找到了对的人。对我来说，王后虽然年轻，却拥有善良、美丽的心灵。她是一个完美的人。"

国王对佩玛的痴情、专情，令人动容，却也令不丹少女心碎。

她们心目中的白马王子，就这样心有所属了。但当看到佩玛的照片时，不丹少女们就会折服，佩玛美丽、端庄、优雅。佩玛，早已不是那个14岁、担心自己能力不够、缺乏风韵的瘦弱少女。21岁的她，虽然在婚礼上，因紧张略显羞涩，但事实上，她在生活中，总是待人有礼，同时还不乏幽默感。

她的自信、修养、出身、才能都与国王匹配。她注定不会是国王身边的花瓶。她和国王有很多共同点，一样喜欢艺术和摄影，钟情于传统文化，对不丹古代音乐很精通。除此之外，她聪明好学，喜欢绘画、网球和篮球。大学期间，还是校篮球队队长，曾组织过乐队和舞蹈队。这样一位美貌与才华兼具的王后，怎能不受民众追捧。而正如凯萨尔在婚礼上所说，"佩玛虽然年轻，却是一个愿意毫无保留地侍奉她的人民和国家的好人。"

婚后不久，10月24日，国王就带着佩玛出访印度，进行为期9天的访问。当他把妻子介绍给印度总统普拉蒂巴·帕蒂尔时，佩玛大方得体地与普拉蒂巴握手和问候，国王则在一旁幸福地微笑。他难掩喜悦之情，"婚姻就如合伙关系，要相互信任、依赖、充满信心。我绝对相信佩玛会做好她作为王后的职责。"

（三）全球刮不丹旋风，再造幸福模式

一位是全球最年轻的国王，一位是"邻家有女初长成"的平民姑娘，"灰姑娘与王子"般的童话故事在不丹真实上演，引起了全世界媒体对这场王室婚礼的关注。然而，对于这对新人，对于这个国家，一切却又显得如此自然而平和。

　　13 日，喜马拉雅山脚下的佛国不丹迎来了举国大事件。被称为"世界最年轻、最英俊国王"的吉格梅·凯萨尔·纳姆耶尔·旺楚克，将小自己十岁的平民女子佩玛娶为王后。这是自 1988 年，该国首次举行王室大婚。不过，与 20 多年前旺楚克的父王大婚时不一样，不丹已经发生了从专制到民主的变革。而这次大婚，旺楚克夫妇也没邀请任何一位权贵豪门，庆婚的都是当地的村民。

　　这场世纪婚礼在不丹旧都普那卡市举行，并通过电视直播。婚礼采取传统佛教仪式，在不丹最古老的西姆托卡宗寺庙中举行。之前，人们对 31 岁仍未婚的国王很是担忧，因为国王必须要拥有一个完整的家庭。当婚礼消息宣布后，儿童们作诗排练舞蹈赞美婚礼，有关国王和王后的海报也随处可见。

　　婚礼当天的 8 时 20 分（北京时间 10 时 20 分），在这个由不丹王室占星师确定的良辰吉时，婚礼拉开帷幕。旺楚克国王身披黄色的绶带，头戴红色的绘有乌鸦的王冠，乌鸦在不丹是国王的保护神。旺楚克缓缓步入西姆托卡宗寺，并登上楼梯进入内庭。紧接着，他的 21 岁的新娘，跟随在一队僧侣和举旗者的后面，也进入内庭。歌手们随着鼓点节奏的变化咏唱歌曲。新娘穿着传统的贴身长裙，并外带一件金色夹克。

　　旺楚克国王温柔地牵着新娘佩玛的手，缓缓走出镀金佛塔，并面带微笑环顾四周，接受各方的祈福。喇嘛齐声诵经，寺庙钟鼓作响，喇叭高声鸣唱。在现场所有宾朋的满心期待中，新人经过红毯走到典礼台上。旺楚克国王欠身坐在王位上，等待新娘佩玛行礼。佩玛趋前向旺楚克俯身行礼 3 次，并献上盛有"永生仙露"的黄金酒杯。旺楚克随后起身，郑重地把属于王后的织锦后冠戴在佩玛头上。现场立即掌声雷动，乐声四起。在一片欢腾喧闹中，婚礼达到了最高潮。随后，新人携手走下典礼台，来到围观的民众中间接受祝福。兴致高时，旺楚克还抱起一名幼儿，姿态的亲切和动作的娴熟，俨然兼具王者和家长之风。

　　在内庭，站立等待的是不丹的高级神职人员，他们是婚礼主持人员，为这一对新人"净化灵魂"并送去祝福。当这对新人进入寺庙几分钟后，旺楚克的父亲也进入寺庙，西姆托卡宗寺庙在不丹是禁地，只有国王和高级神职人员才能进入。

老国王将一组五色的丝巾交给新娘，这代表着寺庙的祝福。接着新娘手托盛满美酒的金色高脚杯，这杯酒象征着来世的永生，慢慢走近国王，国王也缓缓走下王座。

王座正对着一座巨大的佛像，旺楚克先接过酒杯一饮而尽，然后给他的王后加冕了一顶精美的织锦缎后冠。随后，王后落座在国王旁边。老国王向他们赠送了不丹婚礼传统礼物，包括镜子、炼乳、牧草和贝壳，这些都代表了长寿、睿智、纯洁和其他美好祝福。此时，僧侣们开始奏起欢快的音乐，喇叭鼓声齐鸣。

这场王室婚礼，并不像威廉王子的大婚那样广邀全世界皇室成员以及名流政要。旺楚克一直要求典礼简单传统，因此没有任何外国贵宾或王室受邀。参加婚礼的，只有国王的家人和几千名当地村民，而其余的不丹人则通过电视来分享国王的喜悦。由于座位不足，内阁部长也被劝不要带妻子出席婚礼。

婚礼后，国王难掩喜悦之情，他对记者说，"我等待这一刻已经很久了，我终于找到了能相伴一生的人……对我来说，王后是一个完美的人，聪明美丽，我们有很多共同爱好，我们都对艺术痴狂"。

早在国王的订婚仪式上，两人就穿着典雅的不丹传统服装出现。多国大使和政要参加了他们的订婚仪式，两人和来宾们一一握手。年轻的国王形容自己的妻子"年轻、温暖、心地善良"，并相信这些品质能让她担当好王后的角色，为不丹的国民服务。婚礼将按照不丹的传统举行，并祈求神灵的庇护。国王指出，国家财力有限，并不希望政府铺张浪费大操大办这场婚礼。他说，来自父亲和国民的祝福，已经带给他最大的快乐和幸福。不丹式的幸福观，再次令不少世人动容。

整个婚礼采取的是佛教仪式，内容简单，流程紧凑，处处洋溢着热烈与祥和的气氛，却少了一份王室大婚惯有的奢华与排场。除了使团代表外，婚礼没有邀请其他国家的王室成员或国家领导人参加，只有当地王室和贵族，以及上千名附近村庄的村民有幸现场观看。当然，不丹全国还有约70万观众通过电视机的直播画面向这对新人遥祝幸福。婚礼当天其实恰逢不丹传统节日 Tangbi-Mani 刚刚结束，喜庆氛围尚未消散，又喜上加喜迎来了王室大婚。2011 年的 10 月对于不丹而言，注定萦绕着其乐融融和欢歌笑语，幸福得让人钦慕，美丽得令人沉醉。

其实从不丹第一代国王开始，借鉴西方经验的尝试就已经迈出了脚步。开国国王旺秋已经开始引进现代教育，向西方国家和印度派出留学生。三世国王亲自到英国考察，在当时大英博物馆的植物学家乔治席立夫家中住了六个月，了解英国方方面面的制度。亲政后展开自上而下的改革运动，第一时间建立国民议会，不丹走上了具有自己特色的君主立宪制道路。除此之外，三世国王还废除了农奴制度和死刑，进行了土地改革，在将不丹推向现代国家的过程中，扮演了决定性的角色。在爷爷之后，父亲和现任凯萨尔国王自己，也沿着这条道路继续推进着国家的发展与变迁。父亲辛格国王推进国家制定宪法。儿子凯萨尔继承父亲衣钵，在继续着"不丹模式"的寻找。

虽然跟英国等西方前殖民国家有着千丝万缕的历史关联，但不丹在学习西方的同时也在努力保持着自己独特的传统，探索着一条独立的生存发展道路。国王们一方面深受西方的语言文化熏陶；另一方面，也奉行着传统的佛教教育，按照本国文化的传统淡定地生活着。"国民幸福总值"的提出，让世界对这个南亚小国刮目相看。人生基本的问题，不是创造 GDP，而是如何在物质生活和精神生活之间保持平衡，如何活得幸福。不富裕的小国，如何一方面发展经济，一方面不失去令国民安居乐业的基本文化价值观和精神归宿，成了现代不丹国王事业的核心。

不丹位于喜马拉雅山脉的东段南坡，面积不足浙江省的 1/2，人口更是只有近70万，相当于我国的一个县级市。12世纪后，藏传佛教竺巴噶举派获得了执掌国家的世俗权力，从此确立了不丹作为佛教国度的地位，至今有75%的信奉者。18世纪后期，不丹沦为了英国殖民地，但历经反抗与斗争，于1907年宣布建立不丹王国，最初是君主世袭制，2008年转变为议会民主制。

因地处崇山，人迹罕至，不丹与外界一直鲜有接触，国家和民风保持着传统的简单与朴素。直到1985年开展跨地区外交开始，不丹才开始进入西方社会的视野，神秘国度的面纱才被逐渐揭开。

时至今日，不丹最多被人提及的是所谓的"不丹模式"和"国民幸福指数"。"不丹模式"是注重物质和精神的平衡发展，将环境保护和传统文化的保护置于经济发展之上，而不丹的"国民幸福指数"始终在国际各类组织的调查中名列前茅。这个有着宗教信仰支撑、有着高山绿树怀抱、有着瀑布清泉环绕的国家，人和伟大的自然并存。记者此前在不丹采访时，就感触颇深，幸福勤劳的不丹人民不仅朴实友好，他们对外界讯息的接受领悟能力也非常强。这里，你能第一时间获悉全球新闻动态，你能听到当今世界最前沿的流行音乐，你能遇到很多操着一口标准美音或者英音的当地人，再看看身处的这个青山绿水的世外桃源，不免让人有穿越时空的错觉。

不丹自8世纪时即为吐蕃的一个部落，元朝统一西藏后，受宣政院管辖，直到清朝时才独立出去，深受藏族文化的影响。清代汉文史籍中称布鲁克巴。

不丹在8世纪时，就是吐蕃（西藏）领土。自西藏归入元朝后，即成为中国的领土。到清朝中后期，由于国力虚弱，再加上英国殖民者虎视眈眈，最终不丹从中国分裂出去。不丹的文化和藏族文化一脉相承。不丹国旗上的中国龙，就是和中国文化渊源的象征。到了明朝末年。西藏竺巴派领袖带领竺巴信徒远走不丹。所到之处，得到部族百姓的拥戴。1616年竺巴派领袖完成了不丹的统一，并奠定了现代不丹的领土、民族和宗教的基础。1907年，乌颜·旺楚克（1907—1926）推翻了德布王的统治，建立了不丹王国，他就是不丹的第一代国王。在印度独立后，不丹同印度签订《永久和平与友好条约》。规定不丹对外关系受印度"指导"。第三代国王吉格梅·多尔吉·旺楚克在位时，努力发展经济，对不丹进行了一系列的改革，努力维护不丹的国家主权和独立。

旺楚克是不丹的一个家族。旺楚克家族原为不丹地区部落首领之一，1907年之前利用武力和英国的帮助统一了不丹地区，使不丹从受清政府的统治成为一个独立王国。时任家族首领乌颜·旺楚克成为不丹第一任国王。旺楚克王朝是南亚次大陆内陆国家不丹的现令王朝，由旺楚克家族统治。

2008年，不丹进行了最重要的国家政治改革，进行了首次民主选举，直接选举国民议会议员，并在此基础上产生了首个民选政府。此次选举标志着不丹由原来的世袭君主制变为议会民主制。这个转变的推动者正是不丹的四世国王吉格梅·辛格·旺楚克本人。四世国王在位时，还对政治体制进行了重大改革。2001年9月，他开始筹划起草不丹的第一部宪法。2005年3月，老国王辛格在不丹建立了两党制度，由在大选中得票最多的政党组阁，另外一个政党则成为反对党。2006年底，四世国王宣布退位。2008年，年轻的吉格梅·凯萨尔·旺楚克王储正式登基。四世国王辛格曾表示，还政于民是为了让不丹在政体上与西方接轨，以便赢得国际社会的认同。他说：为了不丹人长远的幸福，我们必须推行民主，一个有效的制度比王位更重要。

这个人口仅70万左右的国家，被称作是全球最幸福的香格里拉。不丹和中国迄今还没有建交，但关系一直友好。在不丹，有一件"奇怪"的事情：不丹女子在社会生活中的地位高于男子。按照不丹的民俗，婚后男方必须入赘女方家，成为女方大家庭中的一员。夫妻共同承担家庭生活的各项开支和家务劳动。由于儿子最终要"倒插门"，女儿要承担起照顾父母的责任，因此，女儿将理所当然地继承家里的大部分财产，儿子只能得到一小部分。更有意思的是，在不丹，只要经丈夫同意，妻子同时可再嫁他人。不丹，民风淳朴，但是思想闭塞。1999 年，不丹才有电视，成为世界上最后一个引入电视的国家。国王旺楚克接受过西方教育，所以，思想比较开放，他懂得追求自己的幸福，并且崇尚一夫一妻制。

男婚女嫁，自古以来就有门当户对这一说法，婚姻注重门第，在我国魏晋南北朝时期是最明显的，当时的士大夫们把血统、门第当做衡量人们在社会地位上的标杆，门第高的家族之间依据政治地位、社会名望和家庭势力世世代代联姻，构成了比较稳定的关系。此后，世界各地、历朝历代就将这一传统延续了下来。

门第无法逾越，那是古代人的烦恼，而在当今的社会，虽然说流传千年的门当户对思想仍然存在，可是早已经没有人去追究一个人的血统和门第了。社会发展了，思想观念也随之发生了变化，门当户对这样的传统思想又被赋予了新的内容，例如学历、工作经历以及收入多少，等等，在男女选择另一半的时候成了新的对比项目。好在，不丹国王旺楚克与王后佩玛是青梅竹马，而且他们又有同样的英国留学的经历，所以这场婚姻是被人们看好的。于是，童话不再是童话，而是王室生活中最具现实意义的写真。王室的平民妻子，她嫁的不是王室，而是爱情！希望所有人爱情至上、不受其他因素束缚，也希望所有的有情人都能够终成眷属。

王 子 篇

轰动世界的婚礼：英国查尔斯王子与戴安娜的婚礼

英国王室是世界上现存最古老的王室之一，而每代君主的加冕仪式都严格奉行完全一样的传统，这使得英国王室的加冕典礼成为现存的、依然举行的最古老的仪式。而王室成员的婚礼，也仍然延续着王室的传统。

盎格鲁—撒克逊王室血统在 1066 年威廉一世继位时短暂中断，威廉一世去世后拥有盎格鲁—撒克逊王室血统的威廉二世继位，王室血统就再没有中断过，由于英国允许与王室有血缘关系的女性继承王位，这造成了英国王室血缘相同而王朝名称不同的现象，英国是君主立宪制国家，英国王室作为凝聚国家力量的象征发挥作用，但并不具备实质性权力。国王是名义上的统治者，由世袭产生。

首相是英国政府的最高领导人，通过民选产生，掌握最高行政权力。首相可就重大事项与国王磋商，但最终决定由议会和首相做出。英国君主与其近亲的关系由其名号可知。王室成员虽然没有严格的法律或者正式的定义，并且不同的名单会有不同的成员，不过拥有国王、女王陛下或者王子、公主殿下头衔的一般都被视为王室成员。英国是君主立宪制国家中较为有名的国家之一，另外因为英国的媒体业十分发达，致使每一次英国王室的婚礼都能引起巨大关注与轰动，下面列举 1840 年至今的英国王室婚礼：

1. 1840 年维多利亚女王和阿尔伯特王子；

2. 1863 年爱德华七世和丹麦公主亚历山德拉；

3. 1893 年乔治五世和玛丽公主；

4. 1923 年约克公爵和伊丽莎白·博斯·莱昂；

5. 1937 年温莎公爵和夫人；

6. 1947 年伊丽莎白二世和爱丁堡公爵菲利普；

7. 1960 年玛格丽特公主和安东尼·阿姆斯特朗·琼斯；

8. 1973 年安妮公主和马克·菲利普斯上尉；

9. 1981 年查尔斯王子和戴安娜·斯宾塞；

10. 1986 年安德鲁王子和莎拉·弗格森；

11. 1999 年爱德华王子和苏菲·里斯·琼斯；

12. 2005 年查尔斯王子和卡米拉·帕克·博斯；

13. 2011 年威廉王子和凯特·米德尔顿。

（一）逆市造势，成就"20世纪最豪华的婚礼"

　　1981 年 7 月 29 日，举世瞩目的查尔斯王子与戴安娜王妃的婚礼在圣保罗大教堂举行。婚礼仪式结束后，查尔斯王子和戴安娜王妃按照传统方式在白金汉宫阳台上露面，并以一个皇家前所未有的亲吻来取悦观看的民众。

　　查尔斯，英国女王伊丽莎白二世和爱丁堡公爵菲利普亲王的长子，英国王位继承人。1948 年 11 月 14 日，查尔斯出生于英国伦敦白金汉宫。他先在白金汉宫从宫廷教师受初等教育。1956 年入伦敦私立的"希尔学堂"日班上课。1957—1962 年入汉普郡黑德利的奇姆学校学习。1962—1967 年在苏格兰马里海岸严格的戈登斯敦学校接受预科教育①。1966 年 1—9 月，他还曾是廷伯托普学校②的交换学生；1967 年入剑桥大学三一学院；1971 年获学士学位，他是取得学士学位的第一位英国王储。他也曾在阿伯里斯特威斯的威尔士大学学院读过一个学期，修威尔士语，为其 1969 年 7 月 1 日在卡那封城堡受封为威尔士亲王做准备。后进入皇家空军学院和达特茅斯的皇家海军学院，1971—1976 年随皇家海军在国外服役。

1981 年 7 月 29 日，查尔斯娶斯宾塞伯爵（第八）之女戴安娜为妻（两人后于 1996 年离婚）。他们的第一个孩子威尔士威廉王子于 1982 年 6 月 21 日出生，为王位第二顺序继承人。第二个孩子哈里王子于 1984 年 9 月 15 日出生。

查尔斯不甘于在继位前仅作为"剪彩者"的角色，渐热衷于一些社会问题，其中之一是建筑风格。传统的建筑风格比现代建筑风格更受到他的喜爱，他说："如果我们能帮助重新建造一些人民可以舒适安闲地漫步，并能四处游览、赏心悦目的建筑物的处所；如果我们为了人们的乐趣来鼓励工艺的复兴和建筑物的装饰艺术，只是为了美的本身的愉悦，而不是仅仅为了使用功能，那么我们将会再一次使我们的城市成为文明的中心。"查尔斯研究英国建筑的著作《不列颠的幻梦》于 1989 年出版。

戴安娜·弗朗西丝·斯宾塞（1961—1997 年），英国王妃。1961 年 7 月 1 日，从英国富有的斯宾塞家庭的桑德林汉姆尼园的帕克宅邸，传出一阵婴儿的响亮而有节奏的哭声，一个女婴呱呱落地。接生医生抱着女婴，亲了又亲，对早已焦急等候在门外的父亲厄尔·斯宾塞高兴地说："你看，她长得多美。长大以后，一定会成为英国的王后。"接生医生说对了一半，女婴没当上王后，可她的确当上了英国的王妃。

---

① 其父菲利普亲王亦曾在此上学。

② 澳大利亚维多利亚州吉朗学校的初级预备学校。

这个女婴，就是日后贵为英国王妃的戴安娜·弗朗西丝·斯宾塞。厄尔·斯宾塞是斯宾塞家庭第七代伯爵的继承人阿尔索普子爵。妻子弗朗西丝·弗莫易是英王乔治六世好友弗莫易勋爵的女儿。戴安娜在他们的4个子女中排行第三。

戴安娜从小就长得十分可爱，被父母视为掌上明珠，对她有求必应，同时要求极严。但她的父母因西方人的浪漫性格导致了夫妻不和，1968年他们离婚了。戴安娜与弟弟查尔斯·斯宾塞的监护权被判给了父亲。

1970年，9岁的戴安娜离家到寄宿学校读书。5年后，她的祖父逝世，父亲继承了伯爵的头衔和阿尔索普庄园，全家搬进了安普敦郡的阿尔索普庄园。戴安娜就学于著名的西希恩女子寄宿学校。少女戴安娜已出落成一个大姑娘，美丽、善良、纯情、光彩照人。小时候宁静的性格渐渐养成了她娴静优雅的风度。

1976年，厄尔·斯宾塞与瑞恩女士结婚。次年，戴安娜进入学费昂贵的瑞士女子精修学校魏地曼内特高山学院，但因不懂法语辍学。这一年，她与查尔斯王子相识。从此，戴安娜的生活开始了不同寻常的转折。1979年，18岁的戴安娜与姐姐简一起合办"青年英格兰幼儿园"，在那里，她做了一名幼儿教师。

（二）奋民强心，皇室和国家经济一起摆脱困境

1980年8月，查尔斯王子开始爱上戴安娜，这位与别的女孩打过交道的王子一心只想姣美的戴安娜。年幼单纯的她，很快坠入了情网。两人关系迅速发展。从此，戴安娜引起了新闻媒介的

注意。

1981 年 2 月 23 日，查尔斯王子带着戴安娜一起来到白金汉宫，拜见未来的婆婆英王伊丽莎白二世。次日，英国王室宣布查尔斯王子与戴安娜订婚。会见记者之时，戴安娜手上戴着订婚的蓝宝石钻戒，戴安娜尊贵的风度，美丽的身姿立即倾倒了一大批崇拜者。人们崇拜她、拥戴她。未来的王室王妃深深扎根在人们的脑海里。然而，面对好事的记者，她似乎还不大适应。

1981 年 7 月 29 日，伦敦天气格外好。圣保罗大教堂早已布置一新，更加庄严、雄伟。伦敦的街头，挤满了想一睹王妃风采的人群。举世瞩目的查尔斯王子与戴安娜王妃的婚礼即将在这里举行。

结婚典礼即将开始，查尔斯王子与戴安娜一起乘坐马拉敞篷礼车，来到大教堂门前，两旁等候的人群中响起了一阵清脆的掌声。摄影机镜头拍下了这一盛典的全过程，并通过卫星电视向全球播送了这一"世纪婚礼"的实况。不准新闻报道结婚礼服式样的禁令这时才取消，世界各地的时装公司在赞叹欣赏礼服的同时，迅速开足了马力，争分夺秒地复制这件妙不可言的衣服，赶在第二天拿到商场里出售，卖出个好价钱，以期趁机大捞一把。160 多个国家的元首级贵宾到场祝贺。

在白金汉宫的阳台上，查尔斯王子深情地亲吻极度兴奋的新娘戴安娜。刊登这张照片的报纸，发刊量一下子增加了许多。大典过后，新婚夫妇乘坐马车，接受 100 多万伦敦市民的夹道欢迎。

全球有 7.5 亿人收看了这一盛况。人们称这场奢侈豪华的婚礼为"世纪婚礼"。

1981 年 7 月 29 日，英国王储查尔斯和戴安娜在伦敦圣保罗教堂举行结婚典礼。英国官方宣布，这是 300 多年来第一位英国王储和英国的贵族小姐结婚，也是 400 多年来第一位英国王储在圣保罗教堂举行婚礼。如此的历史背景以及盛大的规模、隆重的仪式，难怪英国报刊要称誉为"世纪婚礼"。

清晨，伦敦天气晴朗，气候宜人。在王家车队行经的白金汉宫到圣保罗教堂长达3.2公里的街道上，早就聚集了观礼和看热闹的人群，估计达100万人之多。沿途建筑物的高层窗口边，也站满了观礼的人们。据报道，他们是花了几十英镑至一百多英镑的高价，才得到了这么一席之地。不仅如此，28日上午，就有数千名英国人在街边占好了位置，夜以继日地连续等候。

上午9时整，远近教堂的钟声齐鸣。接着，从远而近地传来阵阵马蹄声。英国女王夫妇、查尔斯王储、戴安娜公主等英国王室人员，分别乘坐传统装饰的、精致的王家马车，由骑着高头骏马、身穿红色武士服装的王室卫队护送，在11点钟敲响以前先后到达。婚礼在教堂内进行了大约一小时后，王室人员又分乘王家马车循原路回白金汉宫。

查尔斯王储时年32岁，是英国女王伊丽莎白二世的长子。尽管英国君主已经不再掌握行政实权，但是仍然被视作英国尊严的象征和精神的支柱。查尔斯王子是英国王位的第一继承人。英国的两家电视台对婚礼实况进行了现场直播，从早晨7时半开始，长达六七个小时。《独立电视台》使用一架气球飞船，在伦敦上空拍摄婚礼全景，据说，这家电视台的全部拍摄费用高达50万英镑。他们还使用了33种语言，向全世界作婚礼的电视现场报道。

这次王室婚礼，给英国旅游业带来了一个兴隆的夏季。当年3月间，伦敦旅游界人士称，伦敦的旅馆不断收到世界各地旅行社预订房间的通知。据粗略估计，从美国来的游客就有几十万人之多。又据介绍，1981年7月以后，参观圣保罗教堂的游客，比往年同期增加了一倍以上，每天有15000人。各行各业也都开动脑筋，他们认为，英国王室大办喜事，也是他们大做生意的时候。

当年，19岁的戴安娜王妃在童男童女的跟随下，以一袭白色塔夫绸婚纱步入皇家婚礼的殿堂，并由此登上了世界大舞台。

那一天，伦敦城内所有教堂的钟声在上午9时一起敲响，服饰鲜艳的英国皇家骑兵仪仗队护送着王室的婚礼车队驶向教堂，沿途是上百万因为感受到大英帝国的幸福而欢呼不已的民众，英国广播电视公司用33种语言向世界转播了婚礼的盛况，全球有7亿多观众沉浸在这童话般的王子与公主的爱情中。

婚礼当日的早上，首都的街道挤满了前来表达良好祝愿的人，他们中的大多数人为此已提前在外露营了许多天。

王室家族上午10时离开白金汉宫，查尔斯王子的庞大的游行马车队走在最后。当他们到达圣保罗大教堂后，新郎身着海军指挥官的漂亮制服，一条蓝色的装饰性肩带斜挎前胸。他的两侧是安德鲁王子和爱德华王子，海军部舰队司令走在新郎前面。

戴安娜女士和她的父亲厄尔·斯宾塞乘坐乔治五世1910年在加冕典礼上用过的'"玻璃"马车，在人们的热烈祝福中来到大教堂。

婚前宣誓之后，王子和王妃一起走下铺着红地毯的走廊。在乘上敞篷马车返回皇宫之前，他们一齐站在教堂的台阶上向人群挥手致意。

而后，这对新婚夫妇在白金汉宫的阳台上以传统方式露面，在乘坐分顶式敞篷四轮马车开始他们的蜜月之旅之前，他们空前的王室之吻使亿万观众惊喜不已。

婚前宣誓之后，查尔斯王子和戴安娜王妃在王室贵宾的注视下缓步踏上红地毯，王子和王妃立下盟誓后相偕走下铺着红地毯的走廊，从教堂台阶上向人们招手致意。

1981年9月，戴安娜第一次以王妃的身份陪同丈夫到威尔士访问。3天的时间，让威尔士的臣民们大饱眼福，目睹了王妃的风采。

次年6月21日，他们的儿子威廉在伦敦圣玛丽医院出生。两年以后，次子哈里也在同一地点出生。戴安娜与查尔斯王子夫妻恩爱，感情笃深。初为人母的戴安娜开始一心扑在相夫教子上。

（三）一声叹息，童话的美好弥足珍贵但是短暂

　　好景不长，早在上大学的时候，查尔斯王子就认识了比他大一岁的女孩卡米拉。尽管查尔斯已经娶了戴安娜，但他与卡米拉仍然关系暧昧，过从甚密。丈夫的举动，逃不过敏感的妻子。她表示了极大的宽容，把这一切默默地吞在自己的肚子里。1986年初，戴安娜终于忍受不了查尔斯王子的冷落以及他与情妇卡米拉的来往，二人开始分居了。

　　1990年11月7日，伦敦《星期日镜报》突然刊出偷拍的戴安娜穿着紧身运动衣的健身照片，好奇的人们争相购阅，照片在社会上引起了轩然大波。戴安娜愤怒了，她一气之下，一纸起诉书送到了法院，她要状告《星期日镜报》集团、摄影师和健身房老板。这场官司持续了一年之久，戴安娜胜诉。然而媒体并没有放弃戴安娜。她的一言一行，举手投足，都是英国人饭后的谈资。

　　1992年6月，《戴安娜：她的真实故事》一书出版，其中披露了戴安娜与查尔斯王子之间名存实亡的婚姻，还有诸多王室内幕，英国上下再次引起轰动。戴安娜沉默了，她对新闻媒介的宣传无动于衷，一副冷静得出奇的脸孔，看上去此事与她无关。

　　1992年11月，戴安娜与查尔斯王子一同赴韩国访问，两人尽管装出亲热状，但戴安娜神情沮丧的外表，无形之中暴露了两人的貌合神离。喜欢猎奇的记者拍下了这一镜头，在报刊上发表，又引起了不少的议论。掩盖已没有必要了，在回到英国后不到一个月的12月9日，英国首相约翰·梅杰在英国议会宣布，戴安娜

王妃与查尔斯王子正式分居，但无离婚打算。

20多天后的1993年1月2日，《太阳报》刊出了查尔斯王子与卡米拉的亲密对话录音，王子声称愿意成为对方的"卫生棉条"。英国的新闻界又多了一条头版头条。对他们两人的新闻越来越多，接连下来的几件事搅得戴安娜不得安宁。1993年6月2日，查尔斯王子在电视采访中承认了婚姻触礁后他对戴安娜的不忠。1994年10月5日，经戴安娜的前马术教练詹姆士·休伊特口述、别人整理的《爱河中的王妃》一书出版。该书披露了休伊特与王妃长达5年的婚外情。1995年8月，新闻媒介又报道了戴安娜与橄榄球巨星卡林有染。11月，戴安娜在电视采访中承认与休伊特有婚外史。12月20日，白金汉宫证实，英国女王写信给查尔斯夫妇，敦促他们离婚。

新闻界的大肆炒作，加剧了查尔斯王子与戴安娜之间的裂痕，婚姻越来越走进了死胡同。1996年7月15日，英国法庭批准两人离婚。戴安娜获得1700万英镑赡养费，取消了"殿下"称号。一年之后的7月18日，查尔斯王子为情人卡米拉的50岁生日举行了豪华的生日晚会，英国公众的理解是，查尔斯王子这一耗资30000英镑的举动表示了他的某种决心。

隐退之后的戴安娜，仍是帕帕拉齐①们日夜追逐的对象。对此无能为力的戴安娜只能以冷冷的表情和巨大的墨镜以示抗议。她全心投入到社会慈善事业中去，拍卖自己的东西，帮助贫困人民，救济残疾人，与艾滋病患者握手交谈。人们崇敬她，爱戴她。一个偶然机会，戴安娜认识了埃及巨富穆罕默德·阿尔·法伊德之子多迪·法伊德。两人一见钟情，恋情迅速升温。

1997年7月11—20日，应多迪父子邀请，戴安娜赴法国南部地中海休假。8月1—6日，戴安娜与多迪在地中海之滨度过了第一个假期，其间被帕帕拉齐们偷拍的两人裸体拥抱的照片在报刊

---

① 专门偷拍名人照片拍卖获利的摄影师。

杂志上亮相，舆论大哗。8月21—30日，戴安娜与多迪再次在地中海度假。这是他们在一起的最后一个假期。8月30日，两人在地中海撒丁岛上登上阿尔·法伊德的专机返回巴黎，悲剧从此降临到他们的身上。戴安娜不管走到哪里，哪里就有无孔不入的摄影记者，他们甚至在地中海岸架起了高倍高级照相机，瞄准戴安娜与多迪的游艇；有的干脆驾驶各种船只，尾随着他们。两人一到巴黎，就在市中心旺多姆广场边属于多迪家族的利兹酒店，享用了一个高级时尚晚宴。走出酒店，两人乘上戴安娜乘坐的奔驰车准备前往多迪在巴黎的别墅，然后戴安娜回国与两个儿子团聚。奔驰车在前面急驰，后面7辆摩托车穷追不舍，帕帕拉齐们又盯上了。戴安娜叫司机加快马力，甩掉这些好事的记者。汽车的时速指针达到了190公里，迅速钻入了塞纳河畔阿尔玛桥下车行地下道。突然，奔驰车失控，撞向侧壁，汽车时速太快，冲力太大又反弹回来，撞向行车线左边的第13根柱子上，又被弹回来，撞在侧壁上。此时，已是8月31日零点35分。

奔驰车严重变形，车内几位遇难者被救援人员用电锯锯开车体取了出来，多迪和司机当场死亡，戴安娜被送往医院医治无效，于凌晨4点死亡。这位自嫁入王室后就牵动世人目光16年的女性，悲剧性地走完了她短暂的一生。

戴安娜芳龄20岁便贵为英国王妃，拥有了让世人艳羡的荣华富贵。然而为了王妃的名号，她付出了巨大的苦恼、辛酸和泪水。

戴安娜有秀丽姣好的容颜、挺拔婀娜的身姿，以及尊贵迷人的风度。她是水银灯下、摄影机前耀眼夺目的明星，英国乃至世界公众喜欢她的形象，时装界、娱乐界、新闻界更是不知疲倦地追逐着她的身影，然而正是这种追逐，使戴安娜本已愁郁的生活雪上加霜，并最终夺走了她的生命。

1997年9月6日上午，戴安娜的葬礼在伦敦举行，包括美国第一夫人希拉里在内的世界要人和普通民众共600万人参加和观看了葬礼。

戴安娜走了，英国这朵美丽的玫瑰花过早地凋谢了，留给人们的是无穷的遗憾和思考。从 1981 年 7 月 29 日早晨，乐队吹响小号的那一刻，她来到圣保罗大教堂，亦步亦趋地步入众人的视野。而她从此再也无法从中逃脱，直至某天生命亦消逝在众目睽睽之下。

这场让世人瞩目的婚姻并没有一个圆满的结局，在与查尔斯王储的婚姻生涯里，戴安娜长期生活在嫉妒丈夫与已婚知己卡米拉之间异常亲密关系的感情煎熬中，她与查尔斯之间的仇恨情绪也始终挥之不去。1992 年，前首相梅杰宣布查尔斯王储夫妇决定分居，但不打算离婚。可是随着事态的发展，他们终于还是在 1996 年离婚了。在 1997 年死于巴黎车祸之后，送葬队伍逶迤排列在威斯敏斯特教堂前，那一刻她依旧牵扯着全世界的目光，但曾经的喧嚣繁华已被悼念者阴郁的沉默所取代。她的两个悲伤的儿子也在其中。近些年来，戴安娜从未淡出公众的视野。在威廉王子婚礼之日，公众对她的关注更是达到了前所未有的程度。

自从 2011 年 11 月威廉与凯特·米德尔顿订婚以来，全世界都不约而同地戴上戴安娜色彩的眼镜来关照这对新人的关系——两位新人的感情基础比曾经的查尔斯与戴安娜更牢固了吗？他们能够赢得满堂喝彩，再铸一个新世纪的婚礼吗？对于戴安娜的支持者来说，威廉王子的经历延续着她的新生。

"戴安娜一定会为她的儿子的婚礼感到骄傲。"一位在威斯敏斯特教堂外观礼的皇家拥趸如是说，"她的在天之灵永远会与他们在一起。"威廉王子对母亲的缅怀更是始终伴随着婚事升腾。

在与凯特订婚之日，他特意挑选了与戴安娜订婚时同样的宝蓝色戒指送给对方，因为他想把这个特别的日子与母亲关联起来。威廉坦言："我想以这种方式让妈妈与我们同在。"

在婚礼准备工作进行的过程中，作为一个象征的戴安娜一直如影随形：她最大的姐姐莎拉，将戴着与戴安娜结婚时同样的耳环参加威廉的婚礼；当威廉与凯特举行完婚礼后，这对新人将乘坐一辆老式四轮敞篷马车前往白金汉宫，当年查尔斯与戴安娜也曾乘坐这种马车。

在皇家盛典中或许人们很少意识到，即使王公贵族亦是凡人，特别是对于生命消逝的感受与怀念。英国最具盛名的婚礼规划师莎拉·海伍德说："威廉其实并没有把戴安娜看做是一位王妃，而仅仅是一个可爱的母亲。"

最尴尬的宫廷婚礼：
英国查尔斯王子与
卡米拉的婚礼

　　说起近代的英国王室婚礼，有一桩别具风格的，那就是查尔斯和卡米拉的婚礼了，有人总想不起婚礼的现场状况，这也不奇怪，因为婚礼是以非王室规格，在伦敦以外的一座城市里，低调进行的。

　　卡米拉恐怕可以被列为英国史上最不受欢迎的王储伴侣之一了。在戴安娜刚遭遇车祸的那段时间里，还有人在超市朝卡米拉身上扔西红柿。人们奚落她拆散了查尔斯跟戴安娜的婚姻，嘲笑她的大长脸跟蓬乱的头发，甚至还给她冠以类似"男人婆"的称号，认为在她的性格里缺少女人的温柔跟风情。

　　长相并不出众的查尔斯王储为人十分多情，曾与多位女性有过暧昧关系。而他与年长其一岁的卡米拉·珊德（Camilla Shand）多年的情谊，正是将他和戴安娜看似美好的童话婚姻摧毁的罪魁祸首。两人在1970年正式相识之后，便如干柴烈火一般迅速确立了恋爱关系，尽管卡米拉十分想嫁给查尔斯，但是风流的查尔斯依旧享受着快乐的单身贵族生活。而后，查尔斯依照王室惯例，加入了海军以履行自己的兵役职责，而苦等查尔斯求婚未果的卡米拉则嫁给了军官安德鲁·帕克·鲍威尔斯（Andrew Parker Bowles）。不过，深爱着查尔斯的卡米拉婚后还是时不时地与查尔斯幽会。

　　在遇到戴安娜之前的日子里，查尔斯还曾与多位贵族少女有过恋爱关系，但终究未能成局。直到他遇到戴安娜的姐姐莎拉·斯宾塞（Sarah Spencer）时，他才打算结束自己单身汉的生活。只可惜，生性高调的莎拉并不为王室所接受，而此时，查尔斯也对莎拉的高调产生了厌倦感，开始追求年轻腼腆、生性低调的戴安娜。

　　不过查尔斯并未对戴安娜表现出过多的热情，兴趣爱好有着巨大差异的两人并没有进一步交往下去的打算，反倒是英国王室对这一段关系产生了浓厚的兴趣，而性格腼腆的戴安娜也正是他们想要的拥有贵族血统的纯真处女。在各方压力之下，查尔斯终于向戴安娜求婚。而此时，兴奋的戴安娜还不知道查尔斯与卡米拉依旧幽会的事情，爱情的甜蜜和王室的荣耀让这位年轻女孩的心充满了期待。

　　1981 年 7 月 29 日，查尔斯和戴安娜在 3500 名来自世界各地的嘉宾的见证下，在伦敦圣保罗大教堂举行了世纪婚礼。欧洲各国君主和领导人均出席了婚礼，查尔斯与戴安娜的诸多友人也一同见证了两人的结合，其中，也包括依旧与查尔斯保持亲密关系的卡米拉。与此同时，全球约有 7.5 亿人在电视机前见证了这次豪华的王家婚礼。这一场轰动的婚礼让英国王室在民众心目中的声望达到了顶点。当时，英国王室花费了超过 200 万英镑的资金来筹办此次婚礼，而它也收到了显著的效果，无数人都为这场充满梦幻和童话色彩的婚礼而痴迷，但殊不知，这只是一场王室悲剧的开始。

　　查尔斯与戴安娜并不合拍的性格早就为他们的婚姻生活埋下了隐患。在蜜月旅行之中，两人就发生了争吵。尽管戴安娜尽可能地去改变自己的生活方式，以适应自己的新身份和查尔斯的贵族生活习惯，但是并未成功。

　　在威廉王子和哈里王子出生之后，两人之间的矛盾越来越大。喜爱芭蕾以及流行音乐的戴安娜对查尔斯最爱的歌剧并不感冒；而酷爱马球的查尔斯则对戴安娜喜爱的网球完全提不起兴趣。两个没有共同爱好的人只会在一些慈善晚会和公众晚宴上携手出席。这时，查尔斯对与自己有着相同志趣的卡米拉感情越发浓烈，好友威斯特敏特公爵的宅邸成了两人经常私会的场所。

此时的戴安娜将更多的时间投入到了慈善事业当中，她担任了包括全国艾滋基金会、防治麻风病协会等在内的多个基金会的代言人，并远赴世界各地进行慈善访问。慈善事业让她声名远播，威望甚至超过了伊丽莎白二世女王。但是，查尔斯与卡米拉的关系还是让她无法忍受，渴望有个人安抚自己的她与詹姆斯·休伊特（James Hewitt）开始了地下恋情。此外，她还与威尔·卡林、詹姆斯·吉尔贝等人有过情谊。

此时，貌合神离的两人依旧还在努力地表现出恩爱夫妇的模样，但是种种蛛丝马迹已经表明王储夫妇两人已经分居多时，在两人携手访问印度之时，戴安娜甚至公开拒绝了查尔斯的亲吻。随后，卡米拉与查尔斯私会的录音带曝光，将这段原本就已经支离破碎的婚姻的真实面目毫无保留地展现在了英国公众的面前。

随着查尔斯偷腥事件的曝光，英国的媒体记者们开始不遗余力地去挖掘这段婚姻的诸多细节。很快，没有了感情的查尔斯与戴安娜夫妇正式分居，查尔斯公开地与卡米拉走到了一起，并一起出席各项活动；而戴安娜也在慈善事业之余，与威尔·卡林（Will Carling）、詹姆斯·吉尔贝（James Gilbey）等人约会。此时的两人，离正式离婚只差一纸协议。

1996 年 8 月 26 日，在经过纠缠不休的争执之后，戴安娜与查尔斯结束了 15 年的不幸婚姻，并带着"威尔士王妃"这个头衔离开了白金汉宫。此时的查尔斯，已经与离婚的卡米拉名正言顺地走到了一起。

查尔斯与卡米拉急不可待地谋划着两人的婚礼。但是，戴安娜遭遇离奇车祸意外身亡，让查尔斯与卡米拉处于了舆论的风口浪尖。大量的民众认为是卡米拉的不道德行为导致了王储的婚变，并间接导致了车祸。不少人甚至认为车祸是由王室成员指示，目的是为了除掉戴安娜。这个意外事件让王室的声誉大受影响，也让卡米拉和查尔斯成为了当时英国最不受欢迎的人。两人也只得将婚礼之事无限期拖延。

（一）不受祝福，被极尽嘲讽的新郎官

直到 2005 年，卡米拉和查尔斯才正式提出举办婚礼。同年 4 月 9 日，两人在温莎市政厅举办了一场简单的私人婚礼。比起 1981 年那一次的皇室大婚，这次婚礼可以说是平淡了很多：出席的宾客由各国高官王公大臣变为了 30 多位平头小百姓，伊丽莎白二世女王也没有出席；新郎新娘没有身着美丽的礼服，只是以平常的正装出席；就连以往王室婚礼例行的舞会也被取消，取而代之的只是一场简单的新闻发布会。不过低调的婚礼并没有换来民众的好感，在举行婚礼的温莎市政厅外，不少民众聚集于此以示抗议，甚至有不少人打出了"偷腥者"的标语，而英国的诸多媒体也辛辣地讥讽两人。而按照王室的声明，婚后的卡米拉也不得享有"威尔士王妃"的封号，只能以"康沃尔公爵夫人"的名义出席各种正式场合；而在查尔斯王储即位之后，卡米拉也不能享有"王后"的封号，只能终身以国王伴妃的身份陪伴在查尔斯的左右。

婚后的两人却未能像之前那般快乐生活。王储伴侣身份的巨大压力让卡米拉有些不堪重负，而不佳的品位和屡次在重要社交场合出现失误，更让很多人怀疑她能否胜任王储伴侣这个角色。重压之下的卡米拉与查尔斯也数次发生争执，两人的感情也明显不如婚前和睦，甚至有传言查尔斯王储与卡米拉早已经分居，两人在外面都已有各自的伴侣，只是碍于舆论压力而不敢离婚。或许此时的卡米拉，才真正体会到了当年戴安娜在遭遇查尔斯与自己偷欢时的悲惨感觉。

人们一直以来都认为卡米拉是查尔斯王子最亲密的女伴，甚至有不少传闻说两人会结婚。据悉，两人在 1970 年初次会面。不过，由于卡米拉曾经结婚，而且已经离婚，按照英国教会的规定，查尔斯作为英国王位的最可能继承人要与卡米拉结婚，存在着一些困难。其中一个问题是，查尔斯王子最终可能继承王位，届时他将按照英国法律成为英国国教的最高管理者（Supreme Governor）。因为这个原因，查尔斯若要结婚，婚礼理应在英国教会内举行。

但是，按照英国教会传统，已经离婚的人，假如其离异伴侣仍然健在，此人将不得在教会内完婚。英国国教方面就问题持相对中立的态度，前任英国国教领袖坎特伯雷大主教凯里博士更在不久之前敦促两人结婚。虽然存在着种种问题，在 2004 年，卡米拉正式在查尔斯王子的账目中出现，标志着两人关系进入了一个新阶段。他与卡米拉的密切关系曾经被认为是导致他与戴安娜王妃婚姻破裂的主要因素。

关于查尔斯和卡米拉是否应该结婚，英国不同方面曾经收集了一些民意。在一项调查中，受访英国人支持两人成婚者多于反对者。参加调查的人当中，有 32% 的受访表示，如果查尔斯再婚，他们会予以支持。反对者只有 29%。不过，在调查中，有 38% 的受访者表示，他们并不在乎查尔斯是否再婚；而 2% 的受访者说，他们没有意见。

对于查尔斯王子和卡米拉这场轰动世界的婚礼，再次成为了英国各大主流报纸关注的焦点。它们都在自己头版的显著位置，刊登着有关婚礼的各种报道，表达着对查尔斯和卡米拉这两位"老新人"的无限感慨，祝福也好，担忧也好，共同汇聚成这场婚礼的一大亮点。*daily telegraph*：查尔斯将成为一个更优秀的男人。在众多的英国报纸中，这个报道是报道这场婚礼使用版面最多也最为详细的。文章认为，与查尔斯王子同戴安娜的世纪婚礼相比，此次婚礼无论是在浪漫、壮观和热闹等方面，都不可能相提并论；卡米拉也不可能像戴安娜那样得到英国民众的忠心爱戴和欢呼，但这对新人毕竟是在多年的真诚相爱后走到一起的，所以显得更加难能可贵。文章还认为，有了这位心爱新娘的鼎力支持，查尔斯王子将会成为一个更优秀的男人；*the guardian*：查尔斯与卡米拉的爱情需要宽容。在对婚礼现场进行了详细的报道之后，对这场婚礼还进行了精彩的点评。文章认为，两人的婚礼历程经历了太多的非议和坎坷，今天有情人终成眷属实为不易，这标志着这段曾经的地下恋情终于画上了一个圆满的句号，但这并不意味着他们的婚后生活将一帆风顺，卡米拉虽然赢得了查尔斯王子，但是是否能赢得英国公众的心尚属疑问。该报评论同时为这对新人遭受的潮水般涌来的非议鸣起了不平。文章说，在常人难以想象的坎坷和磨难面前，查尔斯和卡米拉从来没有退缩过，他们凭借自己的不屈不挠终于结成连理，仅凭这一点就应该获得人们的宽容。*the mirror* 头版只有通栏几个大字：卡米拉伴妃（Princess Camilla）。该报接着探讨了一个相当普遍的话题：查尔斯与卡米拉订婚的消息如何使英国民众的看法出现两极分化，该报用了整整两个版面，报道人们如何赞成和反对这桩婚事。*mirror* 还刊登了戴安娜王妃的仆人伯勒尔的一篇评论。他说，查尔斯王子可以继承王位，也可以与卡米拉结婚，但不能两样都要。*the times* 形容说，查尔斯与卡米拉在 45 分钟的宗教祈福仪式上坦承犯下"罪与恶"。*daily mail* 在头版更是说，"查尔斯 9 日当天在全球 5 亿电视观众面前为他的通奸行为道歉"。*daily express* 则形容说，这对新人是在"为他们过去的通奸'之恶'恳求宽恕"。

（二）尴尬二婚，令皇室
上下颜面扫地

有着两倍戴安娜的年龄，一半戴安娜美丽的卡米拉笑到了最后，尽管有些许僵硬；即使全世界的人都不喜欢她，只要有查尔斯爱她就足够了。他们犯过许多错，浪费了很多时间，今天终于站在了这里，忏悔各自对前度婚姻的不忠，等待携手面对未来人生。她已经有一点老了，稍微发福，看起来很普通，蓬松的头发一如当年两人初遇之时。她抬头，看见他的脸有些紧张，微笑。几番曲折，他还是最爱这张经历风霜的容颜。

2005年4月9日中午，卡米拉身着一身高雅而又极具女人味的象牙白套装，头戴一顶蕾丝宽边奶白色大圆帽，帽上以羽毛做装饰，第一次在公众面前挽着她的查尔斯王子步入温莎市政厅，以故事女主角的身份正式成为王储的妃子，英国皇室成员之一。

这实际上是她第二次参加查尔斯的婚礼，只是角色不同。在一盘戴安娜死后多年披露的录像带里，戴安娜回忆道："在圣保罗教堂举行婚礼的那天，当缓缓走向圣坛的时候，我努力在几百名来宾中寻找卡米拉的身影，我终于找到了她。她戴着浅灰色圆帽，没有察觉到我正盯着她，直到现在，那天的记忆依然生动无比。我心里说：让我们好好较量一番吧，看看谁最后会赢。"

24年以后结果出来了，有着两倍戴安娜的年龄，一半戴安娜美丽的卡米拉成为了那个笑到最后的赢家，尽管她笑得勉强。即使全世界的人都不喜欢她，只要查尔斯爱她就足够了。戴安娜再美丽，再出色，可以让全世界为她疯狂，却独独得不到丈夫的爱情。

正当人们还津津乐道于比较两次婚礼的异同、比较两位新娘的礼服和表现、"康沃尔公爵夫人"应不应该成为王后的时候，卡米拉已经与查尔斯在远离人烟的山上享受着他们迟到30年的蜜月假期。那是位于苏格兰巴尔莫勒尔堡的伯克豪大宅，这个被查尔斯称为"既舒适又有特色、独一无二的天堂"曾见证了他们的爱情，他们曾在这里骑马、垂钓、爬山，过他们共同喜欢的田园生活。查尔斯十分喜爱苏格兰的乡间，说这里是唯一令他觉得像家的地方。伯克豪大宅对他来说有很多美好的回忆和重要意义。查尔斯在这里度过了被祖母疼惜的童年，当与戴安娜的婚姻出现裂痕后，查尔斯经常独自跑到这里来躲避记者的追踪。近几年，他又常在春季与卡米拉前来享受春光，并经常独自坐在流经伯克豪花园的缪克河边垂钓，他也选择在这里向卡米拉求婚。

新婚后的查尔斯与卡米拉会在巴尔莫勒尔堡住上大约一周。他们还首次以夫妻的身份公开出席附近一座儿童运动场的剪彩仪式。当地有居民表示："很高兴，他们把首次以夫妻身份公开露面的地点选择在这里，这可能是我们多年来热情接待他们的一种回报。"

小时候我们看的童话故事，结尾往往是"从此，王子与公主过上了幸福的生活"。然而长大以后，我们都知道真实的生活远不是那么简单，更何况对于婚前就没有太多祝福的卡米拉而言，未来王室生活以及要面对的种种矛盾恐怕比苦恋更难。

经过多年的忍耐和考验，卡米拉在英国民众中的印象，其实已经有所改观，但最近公布的多项民调结果显示，大多数人仍然无法接受她成为王后。虽然聪明的卡米拉早就宣称并不想成为王后，也无意与逝去的戴安娜王妃抢那个"威尔士王妃"的身份，但是据民调显示，很多英国人依然不赞同她和查尔斯的婚姻，依然有很多人认为她是"令人讨厌的第三者"。

与此同时，英国王室的威望近些年也是每况愈下。王子的婚礼落到去市政大厅举行，虽然多了几分亲和力，却也使得英国人对王室婚姻的"神圣"感大打折扣，更有一些民间团体趁此机会打出"废除君主制"的旗号。这些负面影响尽管并不是卡米拉一人造成的，但是对于她的"迁怒"是可以想象的。尤其伊丽莎白二世女王和菲利普亲王都没有参加他们的婚礼，即使在后面的宴会上也是匆忙显身，匆忙离开。由此可见，卡米拉在今后王室的日子不会好过。

正如所有的二婚家庭一样，卡米拉要面对的最大难题是查尔斯的两个儿子——威廉和哈里王子。查尔斯自己曾表示，最担心的阻力并非来自女王或圣公会，而是两位儿子。反叛的哈里王子表示出了自己的强烈不满，尽管他出席了婚礼，但婚礼上的他并没有什么笑容。英国《世界新闻报》曾引述哈里的话说，"每次看见卡米拉，就等于看见令妈妈心碎的女人"。而据早先英国媒体透露，查尔斯决定结婚一部分也是为了顽劣不堪的哈里王子。查尔斯希望借结婚树立一个负责任的榜样，以身作则教导哈里返回正路，不再鲁莽行事。好在威廉王子公开表态愿意做婚礼的证婚人，让查尔斯感觉稍微安心了一点。

实际上，一直以来卡米拉都与威廉和哈里王子保持着一定的距离，哈里一直不愿让别人来取代他母亲的位置，卡米拉也非常聪明地注意到了这一点，因而行事小心翼翼。《戴安娜，她的真实故事》的作者安德鲁·默顿写道，当戴安娜在自己的卧房中伤心痛哭时，威廉将纸巾从门缝下塞过去递给自己的母亲。威廉在自己的画中，还描写了一个不快乐的小男孩为母亲擦干眼泪的故事。卡米拉深知"母亲"是不能替代的，她从没有干涉过查尔斯两个儿子的私事，不会给他们任何建议或试图扮演"母亲"的角色。成为一家人以后，不知道卡米拉将如何处理这一微妙的关系。

查尔斯和卡米拉的婚礼历经磨难，从女王拒绝参加到更改婚礼地点，最后又恰逢教皇的葬礼而被迫延期。据英国媒体7日报道，这对"苦命鸳鸯"即将面临新一轮全新的考验，9日当天，婚礼现场将可能遭遇一场雨夹雪；婚礼之后，王储将很可能被迫取消蜜月，因必须参加下周五举行的摩纳哥兰尼埃三世亲王的葬礼。据传，女王日前甚至强烈要求儿子"延迟婚礼6个月"，以避开近期"霉运"，但对此传闻王室矢口否认。

6日发布的天气预报给近来心烦意乱的查尔斯迎头浇了一盆冷水。从8日起，来自北极圈的一股寒流会突袭英国大部分地区，将初春的暖意扫荡一空。至9日，查尔斯王储所在的温莎市会刮起"时速高达20英里的4级北风"，将使人感受到"仿佛冰冻一般"的严寒。

气象专家称，9日清晨的温度在零度以下，中午12点午餐时间，即王储与卡米拉来到温莎市政厅宣誓结婚的那一刻，温莎市的天气将会异常阴沉寒冷，气温将低至6—8℃，大约只有往年同期温度的一半左右。而由于当天大风，届时在街道上夹道庆祝婚典的群众，他们体表所感觉到的温度可能只有2℃。更可怕的是，专家称，当天温莎市"有20%的机会"会出现一场雨夹雪。一名气象台发言人悲观地表示："即使9日当天不下雨夹雪，也极有可能下雨。天晴出太阳的机会微乎其微。"

气象员奈杰尔·玻尔通无不调侃地说："这种天气实在让人没什么兴致，乌云密布、冷风大作。这可不是什么结婚的好日子，当然有些人也没得选择。"

而且尤为令人郁闷的是，这种阴冷的天气持续的时间并不长，10日下午气温又会重新转暖，仿佛是天公专门挑婚礼这一天兴风作浪。看来，卡米拉穿的婚纱不仅要像设计师说的"惊艳"、"女人味十足"，还得保暖、防水才行。

由于6日摩纳哥兰尼埃三世亲王辞世，令查尔斯王储婚礼之后很可能被迫取消期盼已久的蜜月，因为他必须奔赴摩纳哥参加亲王葬礼。据内幕人士称："摩纳哥方面已经宣布，亲王葬礼将在下周五举行。而王储极可能受到邀请，代表其母亲伊丽莎白二世女王前往参加。通常遇到这种活动，王储是一定会去的，但卡米拉届时应会留在英国。因此，两人将无法共度蜜月。"对此推测，查尔斯办公室克劳伦斯发言人表示："目前尚未就此做出决定。"

由于综合报道查尔斯大婚连连碰壁，英国《太阳报》6日特地派出祭司为"查尔斯夫妇"专门到温莎堡"驱邪"。

当天负责驱邪的祭司拿着用橡木雕成的古代"驱咒"棒，祝福由替身装扮的翻版查尔斯和卡米拉。他高举十字架驱除邪灵，"卡米拉"戴着一面镜子来驱散恶魔，"查尔斯"则拿着塞满葛缕种子的枕头，据说这是用来阻挡恶魔和吸引伴侣的古方。随后，祭司点燃一根火炬驱除厄运，并烧香消除邪恶魔法、灾难和咒语。最后，他拖着"王室新人"的手形成一个蜘蛛网，遵照美洲土人的仪式保护新娘。

据悉，这个"驱邪仪式"受到了围观民众的欢呼。32岁女士戴斯说："查尔斯和卡米拉经历过这一切后应得到一点好运。"28岁的货车司机说："假若这也无法驱邪，那就真的没有别的办法了。"

查尔斯和卡米拉的婚礼赐福仪式将在圣乔治教堂举行，随后客人将参加城堡内举行的招待会。伦敦警察厅厅长早在2005年2月就曾警告，这次婚礼可能成为"恐怖袭击的目标"。英国警方曾表示，他们将在婚礼当天展开大规模的联合行动，警力人数将创纪录，500名男女便衣特工会混在人群中，以"天罗地网"来确保查尔斯夫妇和贵宾的安全。据悉，6日的事件只是一系列威胁王室安全事件中最新的一起。4月3日，曾有两名游客爬过温莎堡周围的栅栏，溜到了女王陛下的房间附近。

（三）作皇室情人的传统 也可以"世袭"

英国王储查尔斯大婚在即，由于他对一名威尔士老奶奶以家传食谱秘制的水果蛋糕情有独钟，日前他特意订制了20个这样的大蛋糕，供大婚之日招待客人。在一次到威尔士地区卡马森郡城镇兰斯特凡访问期间，查尔斯初次吃到理查森太太的蛋糕，自此以后就对它念念不忘。现在，他决定邀请婚礼宾客们一尝蛋糕的美味。蛋糕是按理查森太太的妈妈传下来的一款食谱烤制的。74岁的理查森太太说："查尔斯爱吃我的蛋糕，但他要求我烘烤20个供婚礼时款客，仍然出乎我的意料之外。"查尔斯已不是第一次要求理查森太太给他烘烤那款水果蛋糕了。2004年8月，他到威尔士避暑期间，就曾向理查森太太订制了8个大蛋糕。当时一接到王储的订单，她就立即动手，然后再把蛋糕速递到查尔斯的度假胜地高树林庄园去。每个蛋糕要价3.99英镑，包装费及邮费另计。还有一次，查尔斯叫副官帮他向理查森太太买一个蛋糕，好让他在威尔士期间，即使在皇家直升机上也能切几块来果腹。平常，理查森太太会把蛋糕烤好，供儿子在卡马森市场的摊档售卖。她拒绝向外界透露烤制蛋糕的家传食谱，只表示："我母亲以前经常烘烤这款蛋糕，因此它算起来有50年历史了。"

4月9日，英国王储查尔斯和相恋了35年的老情人卡米拉最终喜结良缘，两人在17世纪建筑温莎堡市政厅低调举行的婚礼，为他们之间马拉松式的恋情画上了一个圆满句号。从温莎堡市政厅走出来之后，在1500余名围观民众和少数几个看笑话者的目光注视下，查尔斯夫妇乘坐一辆老式"劳斯莱斯"前往圣乔治大教堂，一个爵士乐队为他们演奏着《祝福歌》。当天参加婚礼的卡米拉，一袭雪纺亮色嵌花服装，外着一米色绸缎套装，上面绣有交叉缝式装饰边纹；头戴一顶插着羽毛的稻草蕾丝沿帽，与身上的衣服相互辉映，相得益彰。和上次与戴安娜结婚时所穿的军装不同，查尔斯这次穿了一身正式礼服。一身正式打扮的威廉王子和哈里王子抵达市政厅时，兴奋不已的人群一齐向他们欢呼致意。查尔斯和卡米拉刚刚抵达之时，围观的人群中零零散散地出现几声表达不满的嘘嘘声，但这些不和谐音很快就被压倒性的掌声和欢呼声淹没了。

戴安娜王妃死后近 8 年了，但有些英国民众仍然无法接受卡米拉将变成王妃这样一个事实，因为在他们看来，卡米拉正是导致戴安娜与查尔斯婚姻破裂的罪魁祸首。查尔斯与卡米拉的婚礼打破了英国社会的一个传统：两个 50 岁左右的离婚男女，不顾各方压力，举行平民婚礼仪式。英国女王伊丽莎白没有参加两人的婚礼，但将出席稍晚时候举行的祈福仪式。

完婚之后，卡米拉自然将取得"威尔士王妃"的封号，但为了表达对戴安娜的怀念，卡米拉希望避免使用这一封号。人们将以"康沃尔公爵夫人"来称呼卡米拉。将来查尔斯登基后，卡米拉自然会成为英国王后，但卡米拉很有自知之明，她不愿意违背全英国 70% 民众的意愿，让别人称呼自己为"卡米拉王后"，而更愿意别人叫她"伴妃"。查尔斯和卡米拉婚礼祝福仪式主要出席者及嘉宾：英女王与菲利普亲王、威廉王子、哈里王子、安德鲁王子及两女、爱德华王子伉俪、安妮公主与丈夫、巴林国王哈迈德、希腊前国王君士坦丁、荷兰王子康士坦丁、挪威王储哈康伉俪、沙特驻英大使图尔基王子伉俪、沙特驻美大使班达尔王子、英国首相贝理雅、保守党魁夏伟明、澳洲总督、巴巴多斯总督、加拿大总督、英联邦秘书长、新西兰总督、圣基茨岛总督、作家 Jilly Coope、电视剧明星 Joanna Lumley、摇滚明星 Sting 的太太、演员

Richard E. Grant①。

卡米拉所佩戴的结婚戒指是英国王室的"传家宝"，20 世纪20 年代在伦敦打造，是当时十分流行的样式，白金的指环上镶有一颗切去四角的方形钻石，其中相对的两边又各镶有三颗小钻石。这枚戒指曾经属于英国女王伊丽莎白二世的母亲，是当年她怀孕时乔治六世国王送给她的。专业人士指出，这枚戒指的主钻石虽然很大，但质量一般，价值大约在 50 万英镑左右，但由于它属于王室且代代相传，如果拿来拍卖，势必会远远超过其实际价值。如果愿意，英国的民众也可以拥有一枚皇家结婚戒指，因为美国沃尔玛公司控股的艾斯达连锁超市集团专门用纯银和锆石打造了一款卡米拉钻戒的仿制品，在查尔斯大婚前后，顾客在艾斯达旗下的 195 家商场的珠宝柜台都可以买到这种仿制钻戒。如果顾客嫌19 英镑的仿制品不够档次，艾斯达公司还可以为他们打造更接近卡米拉钻戒原貌的戒指，将纯银指环和锆石换成白金指环和 4.8 克拉的真钻石。当然，定购这款戒指的顾客要支付 3 万英镑的高价。

在婚礼上，新娘的装扮是一大看点。对于卡米拉来说，青春少女的白色显然已经不适合她了，卡米拉选择了更富成熟魅力的金色婚纱。据说英国女王伊丽莎白二世素来讨厌张扬的颜色，而是喜欢柔和淡雅的色调，这次卡米拉选择金色，不知能否投其所好。在发型上，估计卡米拉也不会走个性路线，将保留其 30 年来不曾改变的蓬松发式。而且据说查尔斯就是喜欢卡米拉这种随意蓬松的发型。女帽制造商飞利浦·翠西为卡米拉设计了"头顶风光"。出于安全考虑，戴着羽毛的圆帽或桶状帽将都是婚礼当天不错的选择。

查尔斯王储的平民婚礼仪式将持续大约 20 分钟。克拉伦斯王府表示，这对新人将乘坐一辆 1962 年产的劳斯莱斯"幻影 5"，从温莎城堡驶往附近的婚礼地点。这辆轿车是伊丽莎白女王已故的

---

① 王室称只有 20 宾客因婚礼押后一天而没来，有 4 位宾客则因临时改期而未能够应邀出席。

母亲曾用过的。举行婚礼时，公众可以亲眼看到查尔斯和卡米拉到达温莎市政厅和离开的过程。虽然此次婚礼场面不能与查尔斯和戴安娜的婚礼同日而语，但是唯一的一点突破就是查尔斯与他的新娘将共同乘坐并驾驶已故王太后御驾，劳斯莱斯"幻影5"号前往市政厅，然后返回温莎城堡。并且遵循女王的建议，两人在婚礼前的那一晚将分床独眠。

威廉还作为婚礼的见证人，为父亲托着结婚戒指。查尔斯这一方，安妮公主、安德鲁王子和爱德华王子这三位查尔斯的胞兄妹作为观礼者出席；而卡米拉的父亲以及卡米拉的子女汤姆和劳拉也出席了婚礼。

温莎市政厅位于温莎城堡附近，是一座砖石结构的建筑，建于1690年，是当地政府认可的29个平民举行婚礼的地点之一。平日在那里举行婚礼需要交纳265英镑，但若是像查尔斯和卡米拉那样将婚礼日期定在周六（4月9日），则需要额外支付20英镑的费用，总计285英镑（约4500元人民币）。温莎市政厅的主要会所可以容纳120人，但是，这对新人却选择了最多只能容纳40人的隐私处：爱斯科房间。据王室高级副官称，公众可以亲眼看到新郎和新娘到达和离开市政厅的场景。

相比查尔斯与戴安娜1981年的盛大婚礼，这个房间的装修和气派未免显得太过寒酸。在屋的正中间，悬吊着的唯一一盏树叶形铜灯是整个房间最"气派"的亮点，墙上还挂了14幅古代名画，也是厅内的可看之处。房间面积不大，只能容纳约40人，平常一般用作戏剧演员的休闲聚会地。为了承办王储婚礼，温莎市政厅还从戏剧场借来了一堆小摆设和道具，比如茶杯、茶托、用于装饰的小卡片等。但喜宴常用的一束束鲜花却没有，而且据说婚礼当天也不会有。

在温莎市政厅举行的私人的民事婚礼仪式结束之后，坎特伯雷大主教将在温莎城堡的圣乔治教堂主持祈福仪式。女王和爱丁堡公爵将参加这场赐福仪式，仪式将有大约750名宾客参加，并将有电视转播。与一般夫妇的祝福仪式不同，查尔斯与卡米拉必须先请求上帝宽恕他们对之前各自婚姻的不忠，而这一场景将通过直播方式展现给全世界的观众。

为了给查尔斯的婚礼助兴，俄罗斯圣彼得堡马林斯基剧院的著名歌唱家叶卡捷琳娜·瑟曼邱克已经飞抵英国，准备在4月9日温莎堡圣乔治教堂举行的赐福仪式上一展歌喉。这次演出是马林斯基剧院慈善基金会为查尔斯王储精心准备的结婚礼物，瑟曼邱克在世界歌剧界享有盛名，2001年曾在英国威尔士加的夫市举行的世界歌唱家比赛中获得过第一名。她将献上的是一首俄罗斯东正教歌曲——由亚历山大·可列恰尼诺夫谱曲的《信仰的象征》。

除此之外，查尔斯和卡米拉还亲自为长达45分钟的赐福仪式挑选了音乐，英国音乐协会交响乐团的音乐家将演出巴赫、亨德尔等大师的作品。为了避免出现与1981年查尔斯和戴安娜的"世纪婚礼"选用作品撞车的情形，两个人颇费了一番心思，最后敲定了三首上次未使用过的赞美诗。除了音乐之外，英国"桂冠诗人"安德鲁·莫顿的献诗也相当令人期待。作为王室任命的"御用诗人"，用诗歌纪录王室生活的重大事件是其工作的重要组成部分。

据英国王室人员透露，查尔斯王储将与卡米拉在苏格兰百慕乐（Balmoral）度假村的伯克豪大宅（Birkhall）度蜜月。这对新人的甜美新婚生活将被骑马、垂钓、爬山、驾驶拖车和驾驶四轮旅游车的游客所打扰。因为尽管度假村内的5幢王室小别墅在夏天时用作女王避暑之用，但除了夏天之外，这些别墅都是以每周330—720英镑的价格对外出租的。据悉，在查尔斯王储和卡米拉开始新婚蜜月生活的前两周，这些别墅将以每天6英镑的价格对外开放，供登山者和好奇游客参观。度假村的代理人彼得·奥德证实称，即使这对新人前来度蜜月，除了他们居住的别墅外，剩余的那些别墅仍然像往常一样，留作商用，对外开放。因此，好奇的旅游者可以居住在这些别墅中，"偷窥"查尔斯的蜜月，与查尔斯夫妇分享他们的蜜月生活。

克拉伦斯宫建于 1825 年，与白金汉宫相距不远，以当时国王乔治三世的儿子克拉伦斯公爵的名字命名。后来英国国王威廉四世于 1830—1837 年曾在此居住。二战期间，它曾被用作红十字会的总部，并遭到炮火轰炸。当时还是英国公主的伊丽莎白和丹麦亲王菲利普·蒙巴顿（现为爱丁堡公爵，菲利普亲王）1947 年结婚后，第一个家就安在克拉伦斯宫，并在那里度过了 5 年的快乐时光。英国女王伊丽莎白二世加冕之后，王太后就搬进了克拉伦斯宫，在那里度过了自己长达半个世纪的余生，直至 2002 年逝世。

2003 年 8 月，查尔斯花费数百万英镑将克拉伦斯宫装饰一新，随后与两个王子以及情人卡米拉一起入住。为了取悦卡米拉，查尔斯甚至从自己腰包里掏出 160 万英镑，专门为卡米拉装修了两个房间，其中一个正是 2002 年去世的王太后生前睡了 50 多年的卧室。卡米拉当时兴致勃勃地参观了自己的房间，并像一个女主人一样，对房间的装修、家具的摆设等提出了诸多看法。

温莎堡在英国众多的古城堡中，规模最大而且久负盛名，它位于伦敦近郊西部 34 公里，是一组花岗石建筑群，气势雄伟，挺拔壮观，自 12 世纪以来一直是英王的行宫。温莎堡经常招待各国元首，英女王亦经常到这里度假。当英女王在堡内居住时，古堡会升起英国国旗。除王室成员居住的地方外，温莎堡平时会向普通游客开放。圣乔治礼拜堂是温莎城堡的建筑经典，豪华的哥特式建筑，以细致艳丽的彩绘玻璃著称，有 10 位英国王室成员埋葬于此。爱伯特纪念礼拜堂紧邻圣乔治礼拜堂，初建于 1240 年，为晚期垂直式样的哥特式礼拜堂，在 1863 年改建为爱伯特王子的纪念礼拜堂。

在欢快的赞美诗中，在坎特伯雷大主教和一名执杖神职人员的引领下，伊丽莎白女王和菲利普亲王缓缓走进圣乔治教堂。早已等候在教堂内的宾客和神职人员们纷纷起立，向女王致敬。随后不久，查尔斯和卡米拉携手走进教堂。此时的卡米拉已经换下了结婚仪式上穿着的白色长裙，穿上了一身蓝灰色长裙，头戴黄色羽毛状凤冠，右手挽着查尔斯，左手执一束鲜花，两人同样在主教的引领下，伴随着响起的优美音乐旋律，款款走过教堂内蓝色的地毯。两人在靠近伊丽莎白女王的教堂前排坐了下来，轻轻地说笑了一下，等待仪式的开始。

随后，坎特伯雷大主教威廉姆斯宣布赐福仪式正式开始。威廉姆斯大主教首先为查卡两人念了一段"生命的喜悦和美丽"的赞美诗，表达了对这对新人的祝福。随后，英国音乐协会交响乐团的音乐家演出了巴赫、亨德尔等大师的作品，将为查尔斯和卡米拉的赐福仪式精心挑选的三首赞美诗演绎得淋漓尽致。

在赐福仪式期间，两人还在主教的主持下，对自己的地下恋情以及由此给亲人造成的伤害进行了忏悔。两人双膝跪地，面向大主教表示承认他们在第一次婚姻中，有不忠于伴侣的情况出现，并乞求获得饶恕。而具有讽刺意味的是，卡米拉的前夫安德鲁·帕克·鲍维斯似乎很不以为然，坐在贵宾席中的他竟不时和周围的朋友说说笑笑，俨然一副事不关己高高挂起的态度。

赐福仪式结束后，俄罗斯圣彼得堡马林斯基剧院的著名歌唱家叶卡捷琳娜·瑟曼邱克在赐福仪式上一展歌喉，为这对新人献上了俄罗斯东正教歌曲——由亚历山大·可列恰尼诺夫谱曲的《信仰的象征》。

大主教在给查尔斯和卡米拉的祝词中表示："查尔斯和卡米拉正式成为夫妻，他们两人的婚姻得到上天的祝福。无论是贫穷还是富裕，无论是健康还是患病，他们两人都不离不弃。愿你们两人的幸福超越悲伤，快乐代替痛苦。透过耶稣，我们的主会载着你们，会永远和你们在一起。"这标志着两人的长久恋情终于顺利画上了圆满句号。

赐福仪式结束之后，查尔斯王子和卡米拉手挽手缓步走出教堂，脸上洋溢着幸福的笑容，并举手向外面的民众致意。紧跟其后的伊丽莎白女王随后跟菲利普亲王也乘专车离去。有关的声明也说，卡米拉将来也不会成为王后，只会称为君主配偶（Princess-Consort）。

4月9日，英国王储查尔斯与卡米拉前往苏格兰的猎场度蜜月，这场举世瞩目的皇家婚礼画上了圆满的句号。不过，根据英国三家报纸10日公布的民意调查显示，赢得爱情的查尔斯却输掉了人气，在"最希望看到谁在伊丽莎白女王之后继承王位"这一问题上，英国民众首选的并非是第一顺位继承人查尔斯，而是他的长子，年方22岁的威廉。

他们首先搭乘飞机前往苏格兰北部的阿伯丁，然后再乘车前往伯克豪大宅。伯克豪大宅由维多利亚女王的丈夫阿尔伯特亲王在19世纪买下，后来成为伊丽莎白王太后的度假地。当查尔斯和卡米拉乘坐的汽车出现在苏格兰的巴特勒时，他们受到了当地民众的热烈欢迎。苏格兰的初春乍暖还寒，100多位居民向查尔斯夫妇的车队热烈鼓掌，他们中的许多人已经等候了一个多小时。33岁的当地美容师海利·辛克莱说："实在太棒了，他们终于在一起了，我们希望他们能有好运。"保罗·缪尔是附近海上油田的一名石油工人，他说当地居民都向查尔斯和卡米拉送去了"最好的祝福"。缪尔说："我们尊重他们，他们也尊重我们。"

查尔斯和卡米拉将在伯克豪大宅居住一星期至10天左右，他们在此垂钓、漫步、穿他们喜爱的斜纹软呢休闲服。在查尔斯和卡米拉举行婚礼时，戴妃迷送花表达哀思，数十人在伦敦肯辛顿宫前悼念。肯辛顿宫是已故王妃戴安娜的旧居。人们手捧郁金香、玫瑰和绽放的百合，站在肯辛顿宫草坪前默然无语，悼念者中以女性居多。1996年戴妃与查尔斯王储离婚，第二年她便死于一场车祸。人们或许无法忘记戴妃生前一句评论自己婚姻的话："我们的婚姻中有三个人，因此显得有些拥挤。"站在王宫前的大多数人都带着自己的祭品和写在卡片上的寄语，送给戴妃。一张卡片上这样写道："无法忘怀，也无人可替代。"一些比较激进的戴妃拥护者在王宫门前卡米拉的画像上贴上一匹马的头像，讽刺卡米拉

"长得像马"，但随即便被王宫工作人员摘去。10日，在戴安娜王妃遭遇车祸的地点──法国巴黎爱玛桥畔，人们在纪念戴妃的雕塑周围堆放了很多鲜花，寄托了戴安娜支持者们在查尔斯再婚这样一个特殊时刻对她的哀思。一束玫瑰花中的纸条上写着："致永远的威尔士王妃戴安娜。"另一张纸条上则有一幅戴安娜在查尔斯和卡米拉两人中间垂泪的漫画。

戴安娜就像是20世纪一枚苦涩的果实，她的爱情故事充满了不幸，但她的高贵和亲和却在英国人中获得了前所未有的欢迎，在她死后7年，依然深深影响着公众，甚至在今后，会成为公众是否接受卡米拉的评判标准。英联邦成员的反应褒贬不一。在英国王储查尔斯与卡米拉完婚之际，英联邦53个自治共和国与成员国的民众表现出的态度大相径庭。有人祝福，有人嘲讽，也有人漠然视之。多数自治共和国借机对英王室大加抨击，唯独澳大利亚总理霍华德向这对新婚夫妇送上真情祝福，还赠予他们一幅由风景画家弗雷德·威廉创作的油画。巴基斯坦外交部发言人说，巴基斯坦政府祝福查尔斯夫妇"生活快乐"。在英国前殖民地坦桑尼亚、肯尼亚与乌干达，查尔斯婚礼并没有引起民众太多注意。占据报纸头条的多是教皇保罗二世去世的消息与照片。

近几年来，英王室频频爆出丑闻，王室威信在英联邦众多成员国中大大降低。特别是1996年查尔斯与戴安娜王妃离婚后，一些成员国不仅对英王室颇有微词，而且逐渐萌生"独立门户"之意。新西兰总理与澳大利亚前总理都曾表示，希望脱离英联邦，建立共和制政体。英国女王伊丽莎白二世同时也是澳大利亚、加拿大、新西兰等15个国家的元首。查尔斯王储接替王权后，将自动成为这些国家的最高元首。加拿大《环球邮报》在网上询问读者："如果查尔斯王储成为英国国王和加拿大元首，你是否感到反感？"调查结果显示，4488名受访者当中有52%回答："是的。"民调查尔斯不如长子威廉。在正常情况下，王室成员会借着结婚的东风人气急增。但这一次，查尔斯王储成了被《星期日泰晤士报》戏称为"违反常规"的一个特例。《星期日泰晤士报》10日公布了一场民意调查的结果：对于"你更希望谁在伊丽莎白女王身后成为英国国王"的问题，在1500名被调查者中，支持威廉王子和支持查尔斯王储的人的比例分别为60%和21%，理由是"相比他的父亲查尔斯，威廉继位后更有可能成为一位称职的国王"。除《星期日泰晤士报》外，10日当天，英国国内还有两家有影响的报纸公布了类似内容的民意调查结果，其结果惊人的相似。

在剖析查尔斯人气低迷的原因时，《星期日泰晤士报》以"赢了爱情，输了人气"一言蔽之。《星期日泰晤士报》称，女性尤其中意威廉当国王，她们对查尔斯在和戴安娜结婚后一直对其不忠感到愤愤不平。她们之所以支持和戴安娜容貌相像的威廉，正是基于对戴妃的同情和纪念。此外，一些人不满查尔斯在婚礼前的一系列心急表现，也被《星期日泰晤士报》视为导致他人气低迷的原因之一。这些被认为"不合时宜"的表现，包括在得知天主教罗马教皇葬礼定在4月8日举行的情况下，没有立即宣布更改婚礼日期，而是抉择许久后才宣布婚礼推延至9日。而3月31日查尔斯在瑞士度假期间对记者出言不逊，更使得他的形象在一些人心中大打折扣。事发当天，查尔斯对英国广播公司报道王室事务的记者威彻尔大发雷霆。王储的一名好友披露说，他亲耳听到查尔斯抱怨说："我真受不了这个人，这人太恶劣了！"与查尔斯的情绪失控形成鲜明对比的是，事发时同样在场的威廉对记者态度的平和、冷静、耐心，这在一些人看来无疑具备了当国王所需要的过人的心理素质。

女王婚礼当天不忘赛马。英国越野障碍赛马是全球著名的赛马盛会，拥有百余匹赛马的女王自然也是这项赛事的忠实观众。由于英国大多数电视媒体今年都要同时转播查尔斯婚礼的赐福仪式，赛事只好推迟25分钟进行。女王在仪式后还要在温莎堡招待宾客，比赛是注定看不成了。

英国喜剧演员史蒂芬·弗里是婚礼宴请的800名宾客之一，她转述了女王在招待会上的讲话："我有两件重要大事要告诉大家。第一件，'障碍猎手'赢得了越野障碍赛马大赛；第二件，尽管赛马比赛中有各种障碍，但我的儿子还是闯过来了，这令我感到十分骄傲，祝愿他们美好。"女王幽默地用赛马中的障碍来形容查尔斯爱情道路上的波折，赢得现场一片掌声。在查尔斯王储大喜之日，英国女王伊丽莎白二世对儿媳卡米拉异常怠慢。在婚礼整个过程中，女王没有和卡米拉说过一句话，甚至没有正眼看过她一次。《世界新闻报》称，当新娘卡米拉到达温莎堡时，女王没有向新媳妇表示欢迎。在整个 45 分钟的赐福仪式上，女王的面部表情始终"如石头一般僵硬"，她几乎没有正眼看过卡米拉一次。后来，当大家高唱赞美诗为查尔斯夫妇祈福时，女王竟然冷淡地转过身，背对着卡米拉。当查尔斯夫妇和所有王室成员聚集在圣乔治礼拜堂门前的台阶上，准备拍摄全家福时，女王竟然提前离开。据透露，王室随从本来期望女王停留 5 分钟，即可把照片拍完，但是女王却仅仅在一对新人身边呆了 52 秒。在向儿子低声嘀咕了几句之后，女王就拉着丈夫菲利普亲王匆匆离开，将一脸尴尬的查尔斯和卡米拉扔在原地，也没跟卡米拉打招呼。英国女王与卡米拉的关系确实不太好，尤其是当她发现卡米拉和查尔斯发生婚外情之后。1998 年，查尔斯举行 50 岁生日庆祝派对时，由于邀请卡米拉参加，女王拒绝出席。一名王室分析人士说："女王并非真的不喜欢卡米拉，她只是不喜欢卡米拉可能给王室带来的潜在坏影响。女王也不明白儿子查尔斯为何再婚，所以才会不自觉地表现出对卡米拉的怠慢。"然而近些年来，随着在英国民间戴安娜狂热的逐渐冷却，以及卡米拉低调但也频繁的慈善努力，对卡米拉的评价开始有所归位。与其一边倒地学戴安娜在生前的一次电视采访里，将卡米拉称做"婚姻里的第三个人"，人们开始将责任更多地推给了当年那个迷茫、贪心、又糊涂的王子——查尔斯。查尔斯认识卡米拉在认识戴安娜 7 年之前，并且一直关系不错，甚至连向戴安娜求婚都征求过卡米拉的意见。明明知道跟卡米拉性格更加合拍，兴趣更加相投，查尔斯为什么还是要选择那个光彩照人，却初中都未曾毕业的小姑娘作为自己的人生伴侣呢？而既然已经做出选择，为什么还要在婚后继续跟已经为人妻、为人母的卡米拉继续缠缠绵绵呢？有评论说，是卡米拉把查尔斯从男孩儿变成了男人，对此，连这两位当事人都未予否认。卡米拉年长查尔斯一岁，不管是婚前还是婚后，都给予了查尔斯无尽的理解、包容和迁就，委身在王子身后，不与其争光芒，甚至可以不对任何事情发表自己的独立见解。与戴安娜比起来，她的毫不出众甚至略显木讷，恰恰被她身边的人看作是她最英明的地方。

卡米拉当前在皇室的地位颇为尴尬，就她会不会在查尔斯继位以后得以封后的问题一直存有争议。按照英国皇室婚姻法，跟选择离婚女子结婚，尤其是在其前一任丈夫还在世的时候，即使王子登基，这位离过婚的王妃也不能成为英国的王后，因为从严格意义上讲，英国国教圣公会教根本是不允许离婚的。尽管如此，2010 年 10 月，查尔斯王子在一次电视采访里公开表示，届时为卡米拉封后也不是没有可能。一时间，英国民众的不满情绪再度高涨，甚至呼吁王位的传承跳过查尔斯，直接到威廉王子，以避免卡米拉头衔带来的纷争。顾全大局的威廉王子急忙扑火表态，称绝不会逾越自己的父亲。

树立皇室新形象的婚礼：英国威廉王子与凯特的婚礼

英国威廉王子和凯特·米德尔顿的婚礼于 2011 年 4 月 29 日举行，这是英国 30 年来最隆重的喜事。英国《太阳报》23 日率先披露获邀出席婚礼的宾客名单，多达近 1900 人，包括全球多国王室成员都已答应出席。伴郎由威廉王子的弟弟哈里王子担任，伴娘由凯特的妹妹担任。

威尔士威廉王子殿下：全名为威廉·亚瑟·菲利普·路易斯·蒙巴顿－温莎，是英国王室的成员之一，当今英国王储威尔士亲王查尔斯和威尔士王妃戴安娜的长子。

凯特·米德尔顿（Kate Middleton）：1982 年 1 月 9 日出生。2001 年 9 月，威廉和凯特在苏格兰圣安德鲁大学艺术史系同窗时相识。

30 年前，戴安娜王妃与查尔斯王储的那场世纪婚礼曾经轰动一时，30 年后的今天，戴安娜王妃的儿子，威廉王子也步入了婚姻殿堂。外界对此次婚礼的评价，用的最多的形容词汇便是"奥运式婚礼"，因为这场婚礼万众瞩目，从排场到宾客不是空前绝后却也百年难遇，这场婚礼似乎更像是一场秀：一场英国政府重树公众形象的秀、一场吸引外来游客的秀、一场爱情的秀。我们更愿意把它解读为爱情甜蜜秀——虽然威廉是王子，但凯特也并不是灰姑娘，这是一场爱情秀，秀的是幸福。《星期日独立报》大胆地说："凯特会成为平民王妃，一位真正的平民王妃，因为她身上没有高贵血统。对于喜欢做公民而不喜欢做国民的、主张共和的人来说，这不是他们设想和欢喜的大结局，这些人在戴安娜王妃去世后，就希望王朝的灭亡指日可待，但是对威廉而言，这就可能成真了。"

凯特是一位平民王妃，但如果我们深入她的生活、深入她和威廉王子相恋的过程，我们不难发现：其实，这位新王妃并没有想象中的那么有"灰姑娘气质"：她聪明开朗，一直都是好学生；她组织能力强，热衷与友人搞社团活动；她独立乐观，有自己的生活，是独立新女性的杰出代表。这位王妃，绝对不是"灰姑娘"。据英国媒体报道，凯特·米德尔顿来自英国伯克郡的一个中产阶级家庭。父亲迈克尔·米德尔顿是一名商人，靠经营邮购公司成为百万富翁；母亲卡罗尔先前是一名空姐。凯特25岁的妹妹皮帕是一个聚会策划人，她21岁的弟弟詹姆斯已经开始经营自己的烤面包公司。作为三个孩子中的长女，凯特在位于威尔特郡的马尔堡学院上学。上学时，人们评价她是一个高素质、受欢迎的才女。她曾经的同学查理·莱斯利说："凯特是个非常优秀的女孩，非常受欢迎。她是学校曲棍球队队长，还是网球赛的第一双打。她是有活力的运动型女孩。"马尔堡学院的一名老师说："在我们学校，你绝对不可能听到一句关于她的坏话。""她的每一科成绩都很好，绝对是我们学校的特优生。"对威廉王子和凯特的订婚，圣安德鲁斯大学副校长布莱恩·朗并不吃惊。从结婚的那一天起，戴安娜和查尔斯都意识到，他们之间的鸿沟不止于年龄，在脾性、兴趣等许多方面，他们都相差甚远。而凯特和威廉，就读同一所大学，有同样的生活经历和朋友圈。他们都主修过艺术史专业，尽管威廉后来转学地理。两人喜欢电影和艺术表演，他们还曾和凯特的父母一起去看太阳马戏团的演出。戴安娜的父母有着英国贵族固有的传统观念，认为女孩子只要嫁得好，不指望有太大的出息。而凯特的父母则希望他们的女儿和儿子都能在学术上有所成就。

戴安娜在她与查尔斯的婚姻陷入绝望的时候，对于媒体的穷追，几近疯狂。但凯特，即使媒体死缠，也表现得从容镇定。威廉的一位朋友评价说："凯特的嘴很严，她的父母也从来不对媒体随便曝料，她非常谨慎，绝不让自己的举止令威廉难堪。"

凯特有她自己的平民风格，她喜欢传统、简单及稍显保守风格的衣服，喜欢穿长身的纯色套装，对于品牌和设计师，凯特没有固定选择，可能更偏好丹尼拉·海勒耶的作品，比如，宣布订婚时的蓝色晚礼服。英国《电讯报》的时尚编辑希拉里·亚历山大评价说："在时尚方面，凯特有着女性特有的感觉，从来不过分招摇。她不是盲目跟随时尚潮流，她是为自己穿衣打扮。"

尽管已经28岁，但凯特的容貌在这几年并未有太大的改变，她身高1.78米，拿时尚博客的话说，是"标准的模特身材"。基本上，她穿各种款式的衣服都显得合身，无论是正式的晚礼服、裙装、牛仔休闲装，或者是绒线衣。在时尚品位上，凯特基本上还是保持平民本色，经常光顾的是一些中档品牌的专卖店和百货公司。在她25岁生日的时候，媒体抓拍到她在Topshop店里买了一件很便宜的衣服，一夜之间，这款裙装就成为英国最热门的时装，一天就卖断货。尽管戴着同样的订婚戒指，穿着同一色系的礼服，但在时尚领域，凯特想要追上戴安娜，还是有点难度，她缺乏戴安娜的偶像气质和领导魅力。更重要的是，戴妃那场不幸的婚姻，让如今的威廉和凯特更加成熟，凯特永远不想成为戴妃的翻版。

戴安娜的传记作家蒂娜·布朗说，经过媒体这么多年的狂轰滥炸，相对于戴安娜当年订婚时的羞涩，凯特已经成熟许多，也更加自信。

威廉在谈到凯特与戴安娜的差异时也说，发生在母亲身上的悲剧不会在凯特这里重演，因为他们等了这么长时间才决定正式订婚，就是为了在外界压力过大时，两人都有机会退后一步，重新审视他们的关系。

（一）数字时代，多种媒介的全面介入

　　这场全球瞩目的婚礼在英国伦敦威斯敏斯特大教堂举行。在这座有着千年历史的大教堂里，29 岁的平民女孩凯特，正式与同岁的英国王位第二继承人威廉王子结婚。一场现代版的"灰姑娘"童话，在伦敦盛大上演。

　　从当地时间早晨 8 时 15 分开始，1900 名宾客陆续进入威斯敏斯特大教堂，等待参加婚礼。许多宾客提前抵达，在教堂北门前排着长队等待。宾客中约有 1000 人是新郎新娘的亲人和朋友，其他的包括外国王室代表、政界名流、军队成员和各个慈善团体成员，也有 100 多名平民参加婚礼。

　　在双方家人中，凯特的母亲和弟弟乘坐一辆黑色捷豹轿车，最先抵达威斯敏斯特教堂。随后新郎的父亲、一身戎装的查尔斯王储，衣着略显素雅的卡米拉王妃，以及一身亮黄色礼服的伊丽莎白女王和菲利普亲王也相继抵达。前来迎接这些王室成员的是大教堂的神职人员。

　　上午 10 时 15 分，威廉王子和伴郎哈里王子乘坐宾利轿车，抵达威斯敏斯特大教堂。新郎穿着红色爱尔兰卫士名誉上校制服，制服上装饰有蓝色剑带，但并没有像 1981 年查尔斯王子结婚时那样佩戴皇室佩剑。

　　上午 10 时 51 分，最令人瞩目的是新娘凯特的亮相，她乘坐一辆后部透明的劳斯莱斯黑色轿车。从前晚租住的戈林教堂出发，前往威斯敏斯特大教堂。她的父亲迈克尔，一直陪伴在她的身边。

当凯特拖着一袭乳白色的婚纱走下轿车时，洪亮的钟声立即响彻伦敦上空。在教堂前，凯特作了短暂的停留，向欢呼的民众微笑致意。随后，凯特的父亲牵起女儿的左手，伴着教堂合唱团的赞歌，步入教堂。父女俩穿过长长的、枫树掩映下的红地毯，在千余宾客的夹道相迎下走向圣坛。在他们身后，是4名身穿白色礼裙的小花童，以及身着红衣的两名小傧相。

11时，婚礼正式开始。威廉王子和哈里王子站到了圣坛前。随后，凯特在父亲的陪伴下，缓缓走过红地毯，与威廉并肩站立。在婚礼之前，英女王领衔宾客齐唱赞美诗，教堂气氛达到顶点。

"亲爱的来宾，我们相聚在此，在上帝和宾客的见证下，我们看到，新郎和新娘即将走入神圣的婚姻殿堂……"婚礼主持坎特伯雷大主教宣读婚礼词。

接着两位新人互表婚誓：

"我，威廉·阿瑟·菲利普·路易斯在神圣的婚约中以你，凯瑟琳·伊丽莎白（凯特）作为我的妻子，今后无论顺境或逆境，无论富有或贫穷，健康或疾病，都彼此相爱、珍惜，直到死亡才能把我们分开。我向你承诺。"

"我，凯瑟琳·伊丽莎白在神圣的婚约中以你，威廉·阿瑟·菲利普·路易斯作为我的丈夫，今后无论顺境或逆境，无论富有或贫穷，健康或疾病，都彼此相爱、珍惜，直到死亡才能把我们分开。我向你承诺。"

随后威廉王子为凯特戴上婚戒。坎特伯雷大主教罗文·威廉姆斯宣布："我宣布，他们正式结为夫妻。"

婚戒是依照英国皇室传统打造的黄金戒指，这枚戒指是由产量稀少的威尔士黄金打制，由英女王所赠，威廉的母亲戴安娜也曾戴过这枚戒指。在威廉给凯特戴戒指时，还闹了一个小笑话，不知道是威廉紧张还是凯特的手指变粗了，居然一下子没戴进去，引发现场一片笑声。

宣誓结束后，威廉夫妇进入教堂最隐蔽的地方——忏悔者爱德华的神龛完成三份婚姻登记，其中的一份将被保存在教堂。12 时后，大婚仪式结束，威廉王子和凯特来到女王伊丽莎白二世和菲利普亲王面前行礼，随后沿红毯缓步走出教堂，身后依次跟随花童、伴郎伴娘、查尔斯王储夫妇和米德尔顿夫妇。当天，英国王室宣布，威廉王子被授予剑桥公爵、斯特拉森伯爵和卡里克弗格斯男爵 3 个封号，凯特则成为剑桥公爵夫人、斯特拉森伯爵夫人和卡里克弗格斯男爵夫人。英国王室官员表示，威廉王子和凯特参与设计了他们的整个婚礼，从仪式上的音乐、鲜花到蛋糕，都有他们的创意。

凯特所穿神秘婚纱是由英国前卫设计师莎拉·伯顿设计。"米德尔顿希望她的婚纱融合传统与现代的元素，她自己也参与了婚纱的设计。"英国王室说。这件婚纱是一条 V 领长裙，上半身是抹胸紧身设计，从腰部开始，裙子下摆像盛放的花朵一样撑开，裙裾长达 2.17 米。

凯特的面纱垂至腰间，由一个"光环"头饰固定。这个"光环"头饰制作于 1936 年，现为女王伊丽莎白所有。此次女王把头饰"借"给了凯特。

根据传统，作为新娘，凯特在婚礼上要穿着"新的、旧的、蓝色的、借来的"四样东西。头饰恰好符合"借"的标准。

这场婚礼也受到了全世界网络媒体的重点关注，下附中国国内各大门户网站对威廉大婚的专页报道：

腾讯网威廉大婚专页：http：//ent. qq. com/zt2011/William/

凤凰网威廉大婚专页：http：//v. ifeng. com/e/special/weilian-wangzidahun/

网易网威廉大婚专页：http：//news. 163. com/special/royalwedding/

新浪网威廉大婚专页：http：//ent. sina. com. cn/f/wlwzdahunyg/video/index. shtml

（二）时尚新风，神秘感和平民化博弈

　　举世瞩目的英国威廉王子与凯特·米德尔顿的婚礼于北京时间 4 月 29 日 18 时在伦敦举行，二人先在威斯敏斯特教堂举办婚礼仪式，后抵达白金汉宫亮相。特立独行的新任王妃可谓是当天的焦点，一直对外保密自己的婚纱直到最后一刻才曝光，原来是她联合经典婚纱品牌的杰作；在前往教堂的路上她选择乘坐轿车而非以往的马车，再次显示自己的个性；婚礼上拒绝"服从"王子的王妃，她更是第一人；在白金汉宫阳台亮相的时候，她与威廉王子两度相吻，创下了新的纪录。

　　正所谓有悬念才有期待，在婚礼前，新王妃凯特一直不肯公布婚纱的款式，吊足了民众的胃口，甚至连威廉也毫不知情。随着婚礼时间的临近，凯特终于在父亲的牵引下走出酒店前往教堂，这件牵动世人的婚纱也随之曝光，原来是出自经典婚纱品牌 Phillipa Lepley 的设计师 Manuel Mota 的作品。而创办 Phillipa Lepley 这个品牌的正是已故的英国时装界天才 Alexander Mcqueen 工作室的创意总监 Sarah Burton。这件白色蕾丝婚纱衬托出了新娘的好身材，其中也有凯特自己的设计灵感。据悉，在举行婚礼两天前，凯特的父亲亲自到 Phillipa Lepley 的旗舰店为女儿取嫁衣。

　　按照以前的习惯，准王妃都会乘坐专用的马车前往教堂，但凯特打破了这一传统，她选择乘坐劳斯莱斯现代轿车。相信她的到来会给王室带来新的改变。不过，为了尊重这一传承的习俗，婚礼仪式结束后，王子夫妇还是选择乘坐马车前往白金汉宫，这辆马车就是当年戴安娜结婚时乘坐过的，为爱德华七世的加冕而制造的。好在婚礼当天天空作美，没有下雨，新婚的威廉和凯特乘坐马车的时候向路边的民众挥手示意。威廉王子在伴郎哈里王子的陪伴下提前来到教堂等待新娘的到来，威廉与到场的宾客打过招呼后便站在了宣誓台前。在等待新娘的过程中，哈里不时在威廉耳边窃窃私语，异常顽皮；而稳重的威廉却是面无表情，直到新娘凯特出现，威廉的脸上才有了笑容。待新娘的父亲将新娘托付给威廉后，威廉向其表示了感谢，并对凯特说："你很漂亮。"婚礼由坎特伯雷大主教主持，唱诗班现场领唱，两人接受了宗教仪式的洗礼，这对新人正式结为夫妻。威廉王子亲手将用威尔士黄金打造的戒指戴在了凯特手上，不知道是否是因为紧张，整个戴戒指的过程用了近12秒。在宣誓环节，凯特并没有说出"I obey you."（我服从你），拒绝"服从"王子的王妃，她当属第一人。在威斯敏斯特教堂完成仪式之后，威廉、凯特以及全体皇室成员、外国皇室成员、宾客前往白金汉宫。抵达白金汉宫之后，新婚夫妇与宾客寒暄，而广场上的民众此时最期待的就是阳台一吻，甚至有博彩公司开盘，猜这一吻是和30年前戴安娜与查尔斯蜻蜓点水之吻一样还是如同查尔斯的弟弟安德鲁与妻子好莱坞式的45秒长吻一般。

　　近40分钟的等待之后，全体王室成员再度现身阳台，民众翘首以盼的阳台一吻也在威廉和凯特出现后立刻发生，看到这一吻，民众开始欢呼，意犹未尽的威廉和凯特在等待特技飞行的时候再度相吻，"阳台两吻"再次打破以往的传统。

　　英王室世纪婚礼受到全球关注；而婚礼的"平民化"倾向也受到普遍好评。由于15年前查尔斯王储和戴安娜婚姻的破裂以及后来夺去戴妃生命的那场车祸，极大地影响了英国王室的声誉；女王伊丽莎白二世对戴妃之死的克制，以及其次子安德鲁与前妻的离婚丑闻也令王室形象在民众心目当中一度下滑，因此，威廉风光大婚对王室挽回声望至关重要。英国《泰晤士报》评论说，王室在这次大婚中放弃以往高高在上、遥不可及的姿态，选择较平民化的形式接触民众。这是"英国君主制新时代"的开始，标志着"王室与人民开始发展新关系"。而香港评论员陶杰称，这个婚礼是一场非常精心设计的政治公关大秀，重新在世界上肯定了英国的国力地位和形象。英国《泰晤士报》发表社论，赞扬王室在这次大婚中放弃以往高高在上、遥不可及的姿态，选择较平民化的形式接触民众，认为这是"英国君主制新时代"的开始，标志着"王室与人民开始发展新关系"。文章说，威廉王子与凯特两人到现在能备受民众尊崇，凯特的平民身份功不可没。

这场婚礼是一场非常精心设计的政治公关的一场大秀，重新在世界上肯定了英国的国力地位和形象，这对于英国本国国民的士气是一个强心剂。这一场美丽的时代童话再现，体现了皇家的豪华和平民参与的那种梦幻和现实盛况的结合。多少因为威廉的形似戴安娜和凯特的神似戴安娜，使得全球观众的关注力更加提升，有如戴安娜的复活，也使得英国民众在多年前因为戴安娜猝死的悲剧，得到了某种心理精神的疗伤。

不过专业的王室观察者称，英王室的长久与成功并不只是靠搞这种公开的活动吸引眼球；几个世纪以来，王室家庭一直运气很好，在关键时刻所做出的重大决定也让其受益匪浅。比如一战期间，乔治五世更改家族姓氏，并且中断了英国国王与德国皇族通婚的传统，打开了王室婚姻本地化的大门。

这次英国皇家婚礼之所以令人期待，是因为英国王室太需要一个崭新的局面来挥别过去。20世纪90年代是英国王室声望的低潮期，八卦小报在这段时间不断扒出王室丑闻，八卦周刊更以这些丑闻为封面，为以王室成员为题材的私人传记甚至是好莱坞电影的焦点，媒体强大的杀伤力，在打击王室的尊严，掀起王室存废的论战。"王室婚礼可以包装为普通爱情故事，而不是严肃的国家大事；王室家庭也成为英国家庭的典范，超越或淡化了财富和阶级的成分。王室家庭的典范传统一直维系到查尔斯和戴安娜的离婚。"因此，众人都希望，威廉王子的婚姻能把王室的形象从谷底拉回来。威廉王子以戴妃的蓝宝石戒指向凯特求婚，以求与亡母分享喜悦，甚至在婚礼紧锣密鼓之际，偕凯特造访戴妃的墓园，处处彰显两代王妃间的传承意义。

温莎王朝可能迎来一个艰难的十年。澳大利亚总理吉拉德已经表示，在女王过世或退位之后，澳大利亚将成为一个共和国。的确，女王的过世将给英国带来一些麻烦，因为目前正是因为她才维系着君主制。由于查尔斯自身形象不佳，完全不具有女王般的凝聚力与号召力；而像安德鲁王子等其他王室成员更不行。因此，形象颇佳的威廉和凯特被人寄予了厚望。尽管遭遇了种种挫折，不过随着这场举世瞩目的婚礼的登场，英王室有机会从谷底翻升。媒体正追逐"世代交替"，把焦点转到凯特身上。无论如何，随着威廉王子和她的世纪婚礼的举行，英国王室的历史也将翻到下一页。

威廉和凯特的婚礼，是继查尔斯和戴安娜婚礼之后最受期待的婚礼，这并不仅仅是因为民众希望看到一场王子和王妃的童话式婚礼那么简单；作为英国王位第二顺位继承人，不出意外终有一日将登上王位的威廉，他将有怎样的婚姻，也不仅仅是关乎英国王室面子的问题。民调显示，这场婚礼将有助于提升英国王室的形象。此外，处于困境中的英国经济也将受益。而英国选举虽然不会直接被影响，但选民的立场或多或少会产生动摇。

1981年英国经济面临严重困难，时任首相的撒切尔夫人以王室婚礼为契机，重整英国经济。她只用了3年，就成功将英国从困境中解脱出来。

历史似乎暗含某种巧合，威廉与凯特的这场婚礼，得益的首先是受到全球金融危机影响、处于困境中的英国经济。根据英国一家市场调查公司的估算，这场皇家婚礼今年有望给英国增加62亿英镑的收入，包括来自零售和旅游的直接收入，以及由于居民"与王同庆"的消费心理而产生的间接收入。

调查显示，有34%的英国人会通过某种方式庆祝王子大婚，这些人均消费约为29英镑，用于购买啤酒和食物、组织聚会。仅用来庆祝威廉王子大婚，英国人就可能额外消费4.8亿英镑。食品、饮料消费量的激增自然首当其冲，就连园艺店、玩具店和IT店也都会跟着沾光。

另外，全球大约有15亿人通过各种方式观看婚礼，其中大约有110万人亲自来伦敦观礼，这些人潮在给伦敦带来经济收益的同时，更会带来人气。酒店房价由此飙升，就连赌博公司都为婚礼新人亲吻的方式和位置、女王帽子的颜色、嘉宾出场的顺序等开出了赔率，吸引全球赌迷掏腰包下注。

这场喜庆盛事的大赢家还有一个，就是英国王室。多年以来，英国王室丑闻缠身、麻烦不断。自从威廉王子的生母戴安娜王妃死于非命，英国王室就一直是部分媒体、公众八卦的对象。威廉和凯特，一个遗传了戴安娜独特的羞涩气质，一个出身中产阶级形象亲民，对于延续了千百年统治早已不堪重负的英国王室来说，不仅吹来了一股清新风气，甚至可能成为令英国王室起死回生的关键。

英国民调机构YouGov和剑桥大学进行的一项民意调查显示，这场婚礼将有助于提升英国王室形象。民调显示，70%的英国人认为威廉王子与凯特的婚姻将在改善人们对王室家族印象方面起到积极作用，并认为王室存在对诠释英国特性很重要。28%的受访者表示，需要对君主立宪制进行改革，比10年前的59%大幅下降。此外，还有73%的人认为，这场婚姻将改善人们对英国的看法。

与此同时，威廉和凯特两人也深受民众喜爱。民调显示，威廉王子当选王室家族中最受欢迎的成员。超过3/4的受访者表示，威廉将成为一位好国王；而约2/3的人认为，凯特将成为好王后。

（三）振兴经济，利益最大 化才是王道

　　这是一场被祝福和期待的婚礼，虽然从 2010 年 10 月开始，810 亿英镑公共开支的削减引发了全英上下人心浮动，游行此起彼伏，但是婚礼当天还是没有任何罢工集会和游行，之前的天气预报有雨，但整个行礼期间天气好到皇家空军照常飞行，于是在天清气朗的白金汉宫阳台上，王子与王妃吻了又吻，发誓忠贞不渝。

　　老英国虽然再也找不回"日不落"的辉煌，但却是目前极少数还散发着自己影响力的欧洲皇室，一战结束之后欧洲的皇室悉数被取代，而英国温莎王朝虽经风雨飘摇，却始终立在那里，不光有江山美人的风流韵事，更多的是像《国王的演讲》中乔治六世从头收拾旧山河，熬过艰难战时岁月的感人故事。从这个意义上来说，英国王室存在的意义更像是崇尚道德、克己复礼的典范，有媒体引用乔治五世传记作家的结论，"希望中产阶级把他当成行为楷模，有信仰、有责任感，诚实，勇敢，平和，宽容，正直，率真"。

　　婚礼余热未了，回头检视这场世纪婚礼的盛况，恍如时光倒流 30 年，有些细节的不同，但本质上还是相似——端庄、严肃，向现场的、屏幕前的、网络间围观的 20 亿人源源不断地输出这样的价值观：以相爱为基础，用承诺做保障，珍惜彼此，相伴到老，甚至在王子的誓词里有这样一句感人至深的话"就像我伸出手让你紧握住一样，我会将我的生命交付于你"。

　　还有一些可爱的变化，让我们对老英国的价值观渐渐亲切起

来，比如 1981 年，14 岁的大卫·卡梅伦为了看查尔斯和戴安娜的马车，他躲在海德公园里过夜。如今，他已是英国首相，连他养来抓老鼠的小虎斑猫 Larry 也戴上有米字旗图案的领结风风光光地出现在各媒体的头版上。至于两次大婚的列席宾客，相隔 30 年的帽子礼服大聚会想必也没有什么形式上的差别，最多是有着贵族勋阶的小贝夫妇时髦列席，准入规则和宾客体面没有什么区别。在瞬息万变的信息社会，稳定不变岂不也是一种价值观的输出呢？

英国未来的国王与美丽的布衣姑娘喜结连理，大英帝国以及世界其他各地的民众都在狂喜地观看这场皇家婚礼，在威斯敏斯特教堂说完"我愿意"后，这对新婚夫妇乘坐敞篷马车离开教堂前往白金汉宫，路上他们也收到了数以百万计的民众送上的祝福。

威廉王子和凯特·米德尔顿的皇家婚礼如期完成，这场世纪婚礼也成为英国民众日常生活中的一项盛事，而类似的事情，则要追溯到 30 年前查尔斯王子与戴安娜王妃的世纪婚礼，作为普通民众，人们希望威廉和凯特的爱情童话，不要像查尔斯王子和戴安娜王妃那样半途夭折。

威廉王子与凯特正式完婚这一幕，很容易让人想起 30 年前查尔斯王子与戴安娜王妃的结婚盛典，都是壮观的典礼，都是全世界关注的焦点，而在回到白金汉宫以后，威廉也会像他的父亲查尔斯王子对戴安娜王妃那样，在阳台上与新娘深情一吻。但查尔斯和戴安娜的婚姻最终却以离婚而告终，尤其是在他们离婚后仅仅一年（1997 年），戴安娜王妃就在巴黎因车祸身亡，这无疑会让那些相信爱情天长地久的人们唏嘘不已。因此，现在人们都在祈祷，仁慈的上帝不要再让威廉和凯特重蹈查尔斯王子和戴安娜王妃的覆辙。

14 年前，15 岁的威廉王子在威斯敏斯特教堂，目睹了母亲的棺材从这里告别世人，而 29 日当天，他带着凯特·米德尔顿，沿着母亲最后走过的轨迹，在现场将近 2000 位来宾和全球亿万观众的瞩目下，完成了他的终身大事。

　　威廉王子的这场婚礼，从筹备阶段开始，就被深深打上了戴安娜王妃的烙印，如，婚前外界多次拿凯特·米德尔顿和戴安娜王妃进行比较；如，凯特·米德尔顿的订婚戒指，正是戴安娜王妃1981年和查尔斯王子结婚时佩戴的戒指。如誓言，凯特·米德尔顿在宣誓上，和戴安娜王妃如出一辙，拒绝"服从"王子；再如，仪式上唱的第一首诗歌 *Guide me，O thou great redeemer*，正是1997年威斯敏斯特大教堂戴妃葬礼上的最后一首诗歌。婚礼第一首诗歌，是威廉和凯特一起挑选的3首音乐之一，向戴安娜王妃致敬的意思不言而喻。在婚礼仪式过程、婚后的皇家马车巡游和白金汉宫阳台的亮相，威廉王子和凯特·米德尔顿，无不是在重复戴安娜王妃30年前和查尔斯王子结婚之时走过的路，可以这样说，白金汉宫阳台上，威廉王子和凯特·米德尔顿的两次亲吻，第一次是献给已故的戴安娜；第二吻，才是属于两人的一吻定终身。

　　英国皇室婚礼举行几天后，5月5日，也将举行关于改革英国选举制度的全民公投。英国现行的是"头名胜出"的选举制度，也就是说每个选区选出一个议员，得票最多的候选人当选。

　　对于皇家婚礼和公投的时间如此接近，是否会影响到公投的结果，以及英国王室在对英国政治有何影响等问题，利兹大学英国政治学教授西怀特说，没有发现皇家婚礼对公投结果有什么直接的影响。但是有些研究表明，选民在面对全民公投问题的时候，会表现得比较保守。因此他们会选他们已经熟悉的东西，而反对变革。而且，皇家婚礼很可能会加强选民对王室的尊重，使得他们更保守。这可能会激发那些原本就反对选举制度改革而懒得投票的选民，走出家门去投一张反对票。

　　保守党北海德利地区议员瑞利则称，如果没有很强的经济原因，选民通常很保守而不愿意选择改变。如果皇家婚礼办得非常成功的话，可能会对反对选举制度改革的一派有利。

现代灰姑娘的婚礼：
挪威王子哈康与
梅特·玛丽特的婚礼

　　挪威各种形式的王室传统可追溯到 1000 多年之前。10 世纪初，享有"金发国王"美誉的哈拉尔一世首次把这个大海和峡湾的国家统一成一个王国，但其统治下的疆域也只局限于现挪威的西南地区，其他地区则由酋长们实行间接统治。其幼子哈康一世是第一次拥有挪威王冠的统治者，而他的第一个孙子则是第一位拥有"奥拉夫"称谓的统治者。挪威在 1381—1814 年之间是丹麦联邦的一部分，然后从 1814—1905 年成为瑞典联邦的一部分。挪威于 1905 年恢复独立，当时的国王是哈康七世。

　　挪威君主的王室格言是一个古老的传统。几乎所有的国王在他在位期间都会用一个个人的格言或其他替代。传统上同一个格言会被沿用直到下一个王登基。为了尊敬也有可能维持之前的格言。其中一个例子就是在克朗硬币上的字（挪威货币）。挪威最近的三个国王使用了相同的格言作为他们的个人格言。格言极具意义，代表着挪威人在第二次世界大战中反抗德国占领。

（一）缘起，人生若只为初见

哈康·马格努斯王储（Crown Prince Haakon Magnus）1973年7月20日，生于奥斯陆，他是哈拉尔王储和宋雅王太子妃（后来的哈拉尔五世国王和宋雅王后）的第二个孩子和独生子。他的教父母是瑞典国王卡尔十六世·古斯塔夫（Carl XVI Gustaf of Sweden）和丹麦国王玛格丽特二世（Queen Margrethe II of Denmark）。

2001年8月25日，王储在奥斯陆大教堂与单身母亲梅特·玛丽特·特赛姆·霍伊比小姐（Mette-Marit Tjessem Høiby）结婚。2004年1月21日，他们的第一个孩子英格丽·亚莉姗德拉公主出生，成为挪威王位的第二继承人。2005年他们的第二个孩子出生。

2001年8月24日，欧洲王室的王子、公主先后抵达挪威首都奥斯陆，准备参加于次日举行的挪威王储哈康和女友梅特·玛丽特·霍伊比的盛大婚礼。即将嫁给挪威王储哈康的梅特·玛丽特·霍伊比今年28岁，是一位离异的单身母亲，身边带着一个4岁的孩子，她还曾经吸毒。400名王室成员前来道贺。看起来欧洲其他王室非常乐意接受梅特加入到王室成员行列。瑞典、丹麦、英国、比利时、荷兰、西班牙和摩纳哥等王室一共派出400人的浩浩荡荡的队伍前往挪威斯凯于古姆宫出席婚礼大典。

惹人注目的是，欧洲王室几个婚恋惹争议的王储纷纷携带女友到场向哈康王储道贺。荷兰王储威廉与阿根廷女友马克西马是一块露面的；而西班牙王储菲利普则和其女友、挪威模特伊娃先后抵达奥斯陆；英国王储查尔斯也带来了情人卡米拉。丹麦王子弗雷德里克则将作为哈康王储的男傧相。

众多摄影记者纷纷挤到挪威王室住所前，希望能拍到这些龙子凤孙、金枝玉叶的笑容。新娘梅特身着一袭白色长裙，而其他公主们很多都是穿着长裤。尤其引人注目的是，来宾中还包括 10 名"瘾君子"和妓女，他们声称代表"普通人"出席王室婚庆大典。新娘梅特曾一度与毒品联系紧密。有一段时间，她经常出入奥斯陆的一些吸毒俱乐部，而且她 4 岁儿子的父亲已经因贩卖可卡因被定罪。

2001 年 8 月，4 岁的马修斯做花童扯着洁白的婚纱，身边站着高大帅气的哈康王子，梅特几次拿白手绢拭去眼角的喜泪。她的头上戴的是一顶由黄金制造，镶银嵌钻石的王冠，它是英国的维多利亚女王送给自己的孙女未来的挪威王后莫德 18 岁的生日礼物。它是被作为订婚礼送给梅特王妃的。主持婚礼的主教为梅特送上了最诚挚的祝福，他说："你没有选择最容易的道路，但最终爱情战胜了一切。今天你的人生翻过了新的一页。"

结婚一周年，哈康与梅特举行了结婚周年庆典。庆典上，两个人时不时地相视而笑，哈康王子更是真情流露帮梅特理一理刘海儿，或者是情不自禁地亲吻一下爱妻，含情脉脉的目光羡煞旁人。梅特更是用事实证明：王子递过来的水晶鞋，她穿着很合适。哈康王子是挪威王室第四代。为更好地胜任王妃一职，梅特也在做着努力。为圆大学梦，梅特在伦敦大学亚非研究学院修读发展和对外援助课程。哈康王子则在伦敦大学修经济学硕士兼陪爱妻。梅特的传奇爱情经历从来都是八卦媒体追踪的热点。为了打探到王妃的独家猛料，《看与听》周刊甚至重金贿赂了王妃的女友用007 电影里的高科技偷拍梅特的生活。梅特很懂得配合媒体，只是她向媒体提出要求，她希望给马修斯一个正常的生活环境，她恳请媒体不要过度曝光他的照片。

另一方面，梅特积极投身于公益事业中。以平民视角帮助弱势群体，很快赢得了挪威民众的心。挪威的学者给梅特的评价是：

她合格地完成了挪威政府交给她的工作。在家庭里，梅特并不因为自己的出身和经历就事事听从哈康王子，而是简单随意，有自己的独立见解，也许就是这种松弛的状态让想要过简单生活的哈康王子着迷。2004年1月21日，梅特生下了和哈康王子的第一个女儿英格丽·亚莉姗德拉，2005年12月3日又生下了儿子史威尔·马努斯，为皇室完成了延续香火的重任。而此时的梅特·玛丽特完成了麻雀变凤凰的优雅转身，却依然保持朴素和低调，简单而优雅，如同一块纯净的水晶。

她用自己的经历演绎了邻国丹麦安徒生童话里的灰姑娘与王子的故事。挪威童话，遇到他，她心如水晶，却原来，爱情是让人变得美好的良药。世人赞梅特是"戴安娜第二"，但她远比戴妃幸运，她遇对了人，他不在意她的前尘往事；而她，更是勇敢地证明给世人看：他选的没错，我就是最好的那块水晶。

婚礼之后，为了让挪威人民更好地了解他们，哈康王储夫妇两次巡游挪威，一次在2001年秋天，另一次在2002年春天。

（二）美满，飞上枝头变凤凰

准新娘8月22日举行了记者招待会，在和王储举行婚礼的前夕，为自己的不光彩经历向民众公开道歉。在记者招待会上，梅特情绪激动地讲起了自己过去的叛逆时光。她说："我年轻时代的叛逆行为比许多人都要强烈，因此我度过了一段相当疯狂的日子。"满含热泪的梅特说："我做了一些越轨的事。这段经历对我来说代价惨重，我用了很长时间才恢复过来。"①

挪威人的头胎新生儿中大约一半都是由单身母亲生下的。民意测验显示，绝大多数的挪威人并不在乎梅特单身母亲的身份，他们也不在乎梅特和哈康的婚前同居生活。不过，绝大多数挪威人反对吸毒。当媒体透露梅特经常参加吸毒者集会后，挪威皇室的声望骤然下降。因此梅特在记者招待会上明确地说："我希望借此机会表示，我强烈反对吸毒。"梅特没有否认自己曾经吸毒，她说："我已经不可能重新进行选择了，尽管我非常希望自己这么做。"最后梅特恳请媒体不要过分关注她的过去。她说："我希望现在可以不再谈论我的过去了，同时希望媒体尊重我的愿望。"

哈康王储对国人的这些议论倒不太担心，因为他的父母挪威国王和王后已经点头同意了这桩婚事。哈康表示，双亲大人甚至将自己等待 9 年才获皇室认可最终完婚的痛苦经历作为前车之鉴，对哈康表示"9 年的等待未免太长了"。哈康的父亲哈拉尔国王当年与王后索尼娅的结婚并不顺利，他们被迫等待了 9 年后才被允许成婚。这倒不是因为索尼娅有什么陋行，只是因为她出身卑微，父亲只是一个小店主。

（三）此生，心有灵犀一点通

每个女孩大概都做过灰姑娘的梦，灰扑扑的生活里，英俊多金的王子深情款款地走来，递上一双水晶鞋，生活立刻像被魔法

---

① 据英国广播公司报道。

师施了魔咒一般光鲜了起来。只是，那个灰姑娘要有美丽的容颜、善良的品格，最最重要的是，她要没有前尘，身家清白，像一粒蒙尘的珍珠一样等待王子发现。可是，这正是挪威女子梅特·玛丽特所没有的。问题少女、派对女郎、未婚妈妈，她孩子的父亲多次因贩毒被抓，哪一条都足够断了她灰姑娘的梦，都足以让王子望而却步。这个姑娘足够灰，简直要变得黑了。可是，这世上有安徒生童话，便有梅特，梅特就是童话里那个踩着幸运的乐曲遇到王子的灰姑娘。

有前尘的女子无后世的美满吗？她不相信，哈康王子也不相信，他们只知道再次相遇时，他们的目光都没有从对方的身上移开，他们想要的不过是男欢女爱的爱情，与权力无关，与身世无关。于是，他们坚定地站在了一起，一起向反对他们在一起的人说"不"。

他们是那么得不同，但是，他们相爱了。难怪挪威的报纸说：这种结合远比结婚本身更令人惊奇。相信王子与梅特都是看过丹麦的安徒生童话的，没什么，他们只是把童话故事演绎得更彻底而已。那是次普通的就餐，哈康王子约的朋友晚到了，一头金发、笑容迷人的女招待给王子递上热咖啡，然后说："我见过你的。"哈康王子笑了，在挪威，如果不认得哈康王子，就跟在英国不认得贝克汉姆差不多。

王储跟一个问题女人未婚同居的消息很快震惊了挪威王国上上下下。尽管在挪威，非婚生子女占1/4，十对同居男女中也只有一对走上结婚礼堂。但是作为未来国王与教会首领的哈康王子与一位"劣迹斑斑"的未婚妈妈同居，还是引起了轩然大波。老国王勃然大怒，差一点父子决裂。皇室成员排着队做哈康王子的说客，希望他以江山社稷为重，不要一时感情用事。要江山还是要美人，曾经摆在温莎公爵面前的难题这次摆在了哈康王子面前。

哈康对来游说的人说："我愿意同梅特·玛丽特一起度过我的一生，这比取得任何贵族头衔都重要。如果有必要，温莎公爵是我的榜样。"

梅特眼含热泪地看着自己心爱的人为爱所做的努力。她决定要为自己的爱情做点什么了。为了爱情，梅特变得异常勇敢，她知道她要面对的是王室挑剔的目光和八卦媒体的追踪。她不希望自己是另一个戴安娜王妃。

梅特还知道只有自己不害怕不遮掩过去那些"丑事"，真诚坦白，她才有可能被原谅被接受。梅特坦然面对媒体，她讲了自己的过去，她参加过滥交的俱乐部，她跟吸毒的男人同居，她有一个私生子，但是，她说："那都是在遇到我爱的人之前，遇到他，爱上他，是他让我变成了我自己！"梅特的诚实和勇敢感动了很多人。

哈康王子的母亲索尼娅王后也是平民出身，她用了9年才走进了婚姻，她不希望自己的儿子和梅特受他们曾经受过的苦，她坚定地站在了他们一边。挪威王室毕竟不像英国王室那般死板，一向以布衣天子示人的国王最终也接受了儿子的幸福大于一切的观点。他愿意给哈康和梅特祝福。

其后，他们打算搬到伦敦，哈康会在伦敦经济学院完成一个为期一年的硕士课程，而梅特计划在伦敦大学亚非研究学院修读发展和对外援助课程。梅特以前从来没有经过正规、系统的大学教育，许多挪威人都认为这样不太寻常。

另外，人们也期望王储夫妇成功"造人"，为挪威王室再增加一名小成员。滕森姆："挪威王室要有下一代的继承人，一年前的婚礼是如此浪漫，每个人都希望新的小生命快点诞生。"

虽然不及查尔斯和戴安娜的"世纪婚礼"，但人们希望梅特和哈康的婚姻永远美满幸福。滕森姆说："哈康和梅特是真心相爱，这是一个关于真爱的故事。"

既然成为了王妃，梅特就要习惯被媒体当做焦点。梅特在飞机上被一名摄影记者拍下了照片，事前她曾经要求记者不要在机舱里面拍照，因为她非常害怕坐飞机。梅特对那位记者的行为非常失望，决定起诉他。滕森姆说："梅特要承受很大的压力。在官方场合，梅特习惯在镜头前摆好姿势，让记者拍照，但有关私生活方面，她就很难应付。"

梅特还受到了一系列疾病的困扰：在出席完盐湖城冬季奥运会后，梅特得了肺炎；复活节，她又在滑雪的时候扭伤了脚踝；5月，她和丈夫在接受德国一家电视台采访的时候又晒伤了皮肤。当时两人在猛烈的阳光下曝晒，再加上布景灯的照射，梅特和哈康分别被一级和二级灼伤。

那次受伤令她提早结束了德国的行程，同时也赢得了人们的尊重和同情。滕森姆说："梅特选择了做一位传统而谨慎的王妃。"结婚以后，梅特陪伴哈康一起作了一系列的全国访问。同年夏天，他们又去了挪威的西部，媒体也纷纷对他们的行踪进行报道，由于梅特与戴安娜同样都长着一头金发，而且同样都是那么的美丽，所以，人们自然而然就会将她和戴妃作比较。

有的人认为她是另一个戴安娜，但滕森姆并不这样认为，她说："其中一个理由是，挪威王室没有英国王室那样令人感到拘谨，所以很难将两个王室的成员放在一起比较。"

梅特的表现也获得了王后索尼娅的怜爱和支持。1968年，索尼娅也是以平民的身份嫁给当时的王储、现在的国王哈拉尔。滕森姆说，王后给予儿媳妇很多支持和帮助。

一个世纪后的宫廷婚礼：西班牙菲利普王子和莱蒂茜亚·奥蒂兹·罗卡索兰诺的婚礼

西班牙王室的血统起源于5世纪的西哥特王国，是世界上现存最古老的王室之一。西班牙王室只计算王室父系血统的情况下，其王室父系祖先 Robert of Hesbaye（770—807），现今国王胡安·卡洛斯一世是 Robert of Hesbaye 父系血统的直系后代，在只计算父系血统的王室中，世界上现存最长父系王室中排在第二位，在日本菊花王朝之后。西班牙阿拉贡地区出生的"天主教国王"费迪南德二世和卡斯蒂利亚的伊莎贝拉看中了哥伦布征服海洋、探索未知世界的雄心，他们也想借助哥伦布，让他为西班牙在海外寻找一个新世界。于是，他们于1492年资助哥伦布探险。哥伦布不负重托发现了美洲，新世界几乎无穷无尽的金银使西班牙暴富起来。拥有了玻利维亚波托西银矿等巨额财富，西班牙也就几乎拥有了整个世界。

（一）世纪的等待，国民从来没有忘记

　　胡安·卡洛斯一家住在萨苏埃拉王宫里。这座别墅式王宫坐落在马德里城边上，外表看上去像一个庄园。胡安·卡洛斯喜欢书籍和古典音乐，也爱收集历史上著名的帆船模型，他曾被牛津、剑桥、巴黎大学文理学院、博洛尼亚、斯特拉斯堡、哈佛、利马和曼谷等世界名校授予过名誉博士学位。国王大多数时间里都在家里工作，每天4小时的午休时间用来长距离散步或骑马。总理定期来到王宫向国王通报近期国务。当然，国王在马德里皇宫里也有工作间。正式的会面，如国王夫妇接见国宾和大使等都在这里的豪华房间里进行。每逢节日，国王夫妇还在此举行宴会。这里的大餐厅约有400平方米，设145个座位，而在萨苏埃拉宫则只能款待20名左右的客人。加冕厅内设有国王夫妇的加冕椅，四级铺着红地毯的台阶通向加冕椅前。国王夫妇很少坐在加冕椅上，接待客人时他们总是站在客人中间。

　　胡安·卡洛斯和王后索菲亚都热心于运动。夏季，国王一家喜欢在马约卡岛附近的海面上驾驶帆船；冬季，则在比利牛斯山滑雪。国王还喜欢飞行、高速驾驶摩托车和汽车飞驰。国王为人非常随和，据说有一次国王骑摩托车旅行，途中碰到一个摩托车手因缺油而抛锚，国王便驾驶摩托车疾驰，带这位车手买来了汽油。在国王摘下头盔擦汗时，那个摩托车手才认出眼前的热心人原来是国王陛下。

　　在西班牙，人们不称王后索菲亚为"殿下"，而是平民色彩较重的"夫人"。国王夫妇共有三个孩子：公主伊蕾娜、克里斯蒂娜和王储菲利普。孩子们上学、放学，都是由王后亲自接送。王后爱好考古和音乐，她还是名出色的护士。王后在马德里的慈善机构工作，她支持红十字会，是一家精神障碍者救助组织的成员。

国王一家一般都在马约卡岛的马里温特宫度假。1995 年夏季，警方在马约卡岛上破获了一起针对国王的刺杀事件。这起事件是西班牙巴斯克地下组织埃塔（ETA）所为。幸亏马约卡岛上的警察在行动开始前便将杀手抓获。

国王的两个女儿均受过高等教育。伊蕾娜公主当了老师，1995 年 3 月 18 日与一位同龄银行家海梅·马里夏拉尔结婚。克里斯蒂娜公主先是学社会学，后又在美国进修语言。因为早在儿时父亲便带她出海航行，她后来成为了一名优秀的帆船手。

王储菲利普中学毕业后到加拿大莱克菲尔德学院深造。像父亲一样，他接着读军事学院，3 年后完成了在三个兵种军事学院的巡回。1988 年开始攻读法学和经济学。身高 1.97 米的王储自少年时起就跟随在父亲的左右，9 岁时被确认为亚斯都里阿斯王子①。在一次欢庆仪式上，父亲授予他胜利十字勋章，接着意味深长地告诫儿子："这枚十字勋章既是颁给现在的你，同时也是颁给作为未来国王的你。你必须像王冠所要求的那样，以自豪和尊严来佩带它。你必须勤奋、勇敢、知人善任。这枚十字勋章要求你和所有西班牙人，特别是年轻一代，永远去做西班牙要求和期待你去做的事情。"

---

① 西班牙西北部地区，历史上曾是王国。

（二）全民的狂欢，民族 性格一览无余

　　欧洲王室最受欢迎的"钻石王老五"西班牙王子菲利普的婚姻大事一直是公众关注的焦点，西班牙媒体报道，菲利普王子2004年夏天将迎娶西班牙一位著名的电视新闻女主持人莱蒂茜亚·奥蒂兹·罗卡索兰诺。消息传出之后，令许多人大跌眼镜，此前人们一直认为奥斯卡影后格温妮斯可能是王妃的最有力竞争者。

　　时年35岁的西班牙王储菲利普，在2004年夏天举行盛大的王家婚礼，迎娶美丽动人、魅力四射的西班牙电视新闻女主持人莱蒂茜亚·奥蒂兹·罗卡索兰诺。35岁的菲利普王子是西班牙卡洛斯国王和索菲亚王后所生的三个孩子中最小的一个，也是他们唯一的宝贝儿子和王位继承人。菲利普高大英俊、风流潇洒，曾获得美国华盛顿乔治敦大学国际关系学士学位，经常代表西班牙王室在世界各地抛头露面，菲利普的婚姻大事一直是西班牙民众关注的焦点[1]。

　　2003年11月1日晚，西班牙各大电视台都中断了周末最为火爆的西班牙足球赛事的转播，大幅报道了西班牙国家新闻社EFE发布的关于菲利普王储即将结婚的消息，顷刻间西班牙举国处于一片欢庆之中。

　　时年31岁的罗卡索兰诺，1972年出生于西班牙西北部城市奥

---

　　① 据西班牙国家新闻社EFE报道。

维耶多，金发碧眼、性感迷人，毕业于马德里大学新闻系，担任西班牙国家电视台黄金档新闻节目主持人。罗卡索兰诺形象靓丽、嗓音甜美，她主持的电视节目生动风趣，深受欢迎，是西班牙家喻户晓的知名人物。去年，在王室举行的一次名人云集的盛大晚会上，饱受失恋痛苦的菲利普王子偶然结识了美丽动人的罗卡索兰诺。英俊潇洒的菲利普王子对罗卡索兰诺一见钟情，完全被她的美貌与才智所倾倒，开始不顾一切地疯狂追求罗卡索兰诺。在菲利普王子的狂轰滥炸之下，罗卡索兰诺很快坠入爱河。卡洛斯国王和索菲亚王后都曾见过罗卡索兰诺，对这位气质独特的女主持人印象深刻，十分赞成他们的婚姻大事。

此前，菲利普王子与挪威一名内衣模特儿埃娃·萨努的 5 年恋情曾被媒体炒得热火朝天，菲利普王子两年前甚至放言要与埃娃结婚。但是，索菲亚王后对这个平民姑娘却表示出强烈不满，西班牙一群守旧人士也认为王子与挪威模特儿门不当户不对。

最后，由于王室的不满和社会的偏见，菲利普王子与挪威灰姑娘被迫分道扬镳。菲利普是欧洲有名的花花公子，除了名模埃娃之外，他与委内瑞拉独裁将军的孙女芙洛、好莱坞性感影星洛佩兹都曾有过一段情。

（三）智慧的外交，
各国政要群贤毕至

自从 2003 年 11 月 1 日，西班牙王室正式宣布王子菲利普殿下与女友罗卡索兰诺将于明年夏天完婚后，西班牙国内各界，甚至世界各国都对此予以了极大的关注。而作为王子的父亲，西班牙

国王胡安·卡洛斯一世也不甘落后。11 月 5 日，国王陛下为儿子婚礼的事宜亲自在自己居住的萨苏埃拉王宫接见了马德里市长阿尔伯特·路易斯·加亚尔东，为了能让王子婚礼以"公开方式"和如期顺利进行，他表示希望马德里市政府能够做出"应有的贡献"，并无意中透露出婚礼会在明年的 6 月 24—26 日举行。

但卡洛斯国王所说的"应有的贡献"对于马德里市政当局来说并不是那么简单，因为国王的意思是让马德里市政府对前不久公布的"首都中心兴建工程"做出"可能的改动"，别因工程建设而影响王子车队的行进和婚礼的庆典。此前，马德里市政府曾表示，不会因王室的活动而改变原有的市政建设计划，仅仅是在婚礼车队必经之路的市中心太阳门广场的改建工程上作一些小调整。市政府的态度让国王陛下有些为盼望已久的儿子的婚礼是否能如期顺利进行而感到担心。在接见以市长为首的多位市政府官员时，卡洛斯国王表示出自己的忧虑，并询问工程进度会不会对明年 6 月的婚礼有所影响，从而也透露出了王子大婚的具体日期。此外，国王还特别提出希望能够在东方广场上建一个大屏幕电视，以便让所有到场的市民看清典礼的全过程。

在会见过程中，加亚尔东则代表马德里市政府向国王表示说："我首先要代表市政府和全市市民对王子即将举行的婚礼表示祝贺，因为，这是继 1997 年艾莲那公主大婚后，西班牙王室将迎来的最大一件喜事。西班牙的臣民将在那个全国喜庆的日子表现出对国王陛下和王子殿下的热烈祝贺和衷心祝愿，同时，表现出我们对王室无限的忠诚。因此，马德里市政当局尽全力满足国王和王室在婚礼筹备过程中所提出的一切要求。与加亚尔东同时被国王召见的还包括马德里市政厅新闻处、市政府就业和市民服务处以及市议会的主要官员。

马德里市政府制定的"首都中心兴建计划"斥资 7697 万欧元，从 2003 年年中动工，预计到 2007 年春季竣工，耗时 3 年零 11 个月。工程主要包括市中心两个区域内的市政道路改造，建设一条长 6.8 公里的地下行车道和扩建马德里火车站等工程。其间，施工道路将实行封闭作业，并对一些路段实施禁行措施。而根据卡洛斯国王的意思，是想让儿子的婚礼车队在马德里全城转上一圈，以这种"公开的方式"接受首都臣民的"朝贺"。但如果车队必经之路东方宫不远的太阳门广场成为工地，国王陛下的心愿就无法实现了。在国王的敦促下，西班牙王室代表和马德里市政厅在这次会谈之后，成立了一个特别委员会，具体研究和解决车队全城大游行的行进路线问题。

西班牙王储菲利普将于 2014 年 6 月 20 日继承他父亲卡洛斯的王位，成为新国王，西班牙就此进入一个新时期。王位交接仪式将是简单而低调的。西班牙官员说，王室了解目前西班牙正陷于经济衰退，失业率高达 25%，在这种情况下，举行盛大仪式不合时宜。现年 76 岁的卡洛斯国王在位将近 40 年，新国王继位后正式逊位。迫使卡洛斯国王逊位的因素包括健康问题以及丑闻，包括 2012 年在非洲的猎象之旅，当时正是西班牙经济危机最严重的时刻。卡洛斯于 1975 年登上王位，当时的军事独裁者佛朗哥在临终前决定恢复王室的地位。至此，西班牙王子菲利普也成为了西班牙的新国王。

温馨的低调婚礼：
日本德仁皇太子
与雅子的婚礼

按日本官方的说法，当今的明仁天皇是大和王朝"万世一系"的第 125 代天皇。虽然据日本最古老的历史书籍《古事记》与《日本书纪》记载，日本的第一代天皇——神武天皇于公元前 660 年建国即位，后世还把这一天定为日本的"建国纪念日"。但实际上，于公元 592 年登基的推古女皇以上的 33 代天皇似乎都未曾降临过人世（这些天皇均是《古事记》中虚构的，以完成天皇从神到人的过渡）。实际上，第一个可称为"天皇"的，是圣德太子。在瓜分世界的第二次世界大战中战败，被剥夺了一切殖民地，天皇也由大权在握的掌权者重新变成了国家的象征，实际上是变成了有名无实的虚君。

（一）爱情没那么简单，
并与身份无关

1993 年 1 月 6 日傍晚时分，日本的各电视台突然都停止了正

常预定的节目，改为现场报道关于德仁皇太子的选妃事宜。各报刊、杂志及广播、电视台的近千名记者都涌到了位于目黑区的小和田雅子住宅至德仁皇太子居住的东宫御所以及皇居及宫内厅一带。天空还不时有直升机出现，做立体报道。

小和田雅子的家世颇不寻常。她的祖上是新县村上内藤藩的武士。祖父是高校（中学高中部）校长。父亲小和田恒在东大教养学部毕业之后，便进入外务省（外交部），做过驻苏大使、驻美大使，现任外务省次官，亦即外交部副部长，这是日本官僚阶层很高的职位。母亲优美子是从有名的私立庆应大学毕业，受过良好的高等教育。

小和田雅子作为王妃，是比英国的戴安娜档次更高的人选。她于 1963 年 12 月 10 日出生，1—3 岁在莫斯科度过，因为当时她父亲正出任驻苏大使。4 岁时，因父亲改任驻美大使，又随父到了纽约。7 岁时归国读书，念完小学和中学。到 1981 年她 17 岁时，因父亲应聘到哈佛大学任客座教授，她也一同去美国，进入当地的普尔门高中。毕业后，她考入了哈佛大学的经济学部。因为受到家庭的影响，她很关心国际问题。1985 年，她以优秀的成绩毕业。因为不愿做"无根之草"，她于 1986 年回国，从 4 月开始就读于东京大学的法学部。同年 10 月，她参加了竞争非常激烈的四十取一的外交官考试，获得通过。这成绩的取得，在有着重男轻女的古旧传统的日本颇不容易。她在 1987 年 4 月 23 岁时，从东大中途退学，进入外务省，服务于国际机关第二科，主管经济合作及开发组织各国事务，负责环境问题，开始了她的外交生涯。

正当她在业务上开始勤勉努力的时候，当年 12 月，《体育新闻》和《女性周刊》发表了她可能成为皇太子妃的候选者的报道，一时很是轰动。七个月后，她突然只身赴英国伦敦，进入了牛津大学院（研究生院）。当时，有日本新闻记者追踪到伦敦，问她是否为躲避舆论而出国研修，她回答说："确实没有关系。"否定了日本舆论界说她不堪其扰前往英国的说法，从此，她便从皇太子妃的候选名单中消失了。1990 年 6 月，她从英国留学归来时，已26 岁，仍到外务省，在北美局北美第二科任职，具体主管半导体及环境问题的对美谈判事务。

皇太子选妃是十余年来日本舆论界一直关注的热门话题。德仁皇太子从学习院大学毕业的 1982 年以后，这个问题便一直被注意。1983 年，皇太子去英国牛津大学留学，1985 年毕业。1988 年又修完学习院大学博士课程，1991 年获牛津大学名誉法学博士学位。在他 31 岁生日那天，又顺理成章地被立为皇太子，下面的人生进程就显然应当是结婚生子了。

作为日本天皇的儿子，修了学习院大学博士课程和获得牛津大学名誉法学博士学位，可能都不是很困难的事。可婚姻的事就没那么简单了。一方面，他显然具有优越的条件和不易被拒绝的理由；但另一方面，若想选择两情相洽的女子，却实在缺少与许多女性单独接近的机会，更遑论如平常人一样去了解和追求自己喜欢的女子了。他有许多难言之隐：一出皇宫，他几乎所有的行动都发生在公开的场合，总有无数的目光盯着他。况且，他的婚姻也并不全由他自己做主，宫内厅有权进行审查和淘汰，皇室会议也有权进行否决。因此，这件事就变成了一个操作起来非常复杂的事情。有时候，德仁太子与某年轻貌美的女子刚刚结识，就被舆论界大帮倒忙。1986 年 10 月，在欢迎西班牙公主的茶会上，皇太子与雅子初次见面，两个人还什么都没有做，就在舆论界的鼓噪声中，小和田雅子去了伦敦。之后的四年，他们没有联系。在此期间，皇太子有过两个比较中意的人选，又都在宫内厅的严格审查之后被淘汰。年复一年，皇太子已年过而立，选妃的事却依然不见眉目。

由于皇太子担当着延续子嗣的重任，负责皇宫事务的宫内厅也有不可推卸的责任在身，于是便出面与新闻界协定，暂停报道关于选妃的任何消息，以便给德仁以从容处理婚姻问题的时间和空间。

　　1993 年 1 月 6 日，这"协定"突然解除，所以才有了那一天的新闻大战。1993 年 1 月 21 日中国台湾的《中央日报》转载了《朝日周刊》的特别报道，其中叙述这件事的经过很有意思：

　　1992 年 2 月某日，宫内厅长官藤森昭一决定和德仁摊牌，要彻底弄清楚德仁对妃子人选的意向，不能再语焉不详地老是打哑谜，让旁人无法为他定夺……藤森单刀直入地问："您究竟打算如何？""这个……""我们和新闻界的协定是三个月，转眼就要过去了。"德仁沉默了一会儿，慢条斯理地说："我想小和田小姐确实还是独身吧？"德仁这句话像闪电一般划过藤森的脑海，此刻，德仁的心意和周边人士的心意完全契合。接下来就是求婚了。

　　"皇太子妃"在日语中指皇太子的妻子，等皇太子即位做了天皇时，皇太子妃就晋升为皇后，并无偏妃之意。为了维护皇室的尊严，皇太子找对象，仍被尊为"选妃"。

　　看来，宫内厅是真着了急，不仅修改了选妃的"尺度"，而且为安排皇太子与小和田雅子的"自由恋爱"费尽了心机。

　　1992 年 8 月 16 日，两部汽车把皇太子和小和田雅子接到了国际协力事业团总裁柳谷谦介的家。柳谷做过外务省次官，是小和田雅子父亲的老上司，又是宫内厅长官藤森的好友，他的邸宅不会引起任何人的注意，当可躲过新闻界的眼睛。在半天的盘桓中，由于皇太子身份尊贵，又是男人，所以小和田雅子处处要以卑下自处。小和田雅子向皇太子"汇报"工作和生活，皇太子表示理解和同情等，这种并非谈情的谈话，想来是挺难受的。10 月 3 日，宫内厅又安排了他们相会的去处，地点选在千叶县市川市的一角，是一个鸭场，是宫内厅所属的野鸟生息地。宫内厅为了掩人耳目，又费尽周折地把两个人送到这里，并预备了午餐盒饭，让他们在这儿谈一天恋爱。这一次，德仁向小和田雅子表示了求婚，但小和田雅子说"我还要继续外交官的工作"，之后又说"拒绝了不会见怪吧？"德仁说："没有关系。"这次的相会便又是没有结果。11 月 26 日，宫内厅又把小和田雅子接到东宫御所进行第三次相见。

在此期间，皇太子不断用电话向雅子表示好感，一次比一次诚心，锲而不舍。雅子终于有点儿顶不住了，她从外务省请假十天，专心"长考"。在"长考"中，她又被接到宫中三次。终于在12月9日，她迎接29岁生日那天，最后决定接受婚约。12月20日，从小和田家打电话给宫内厅，发出正式承诺。

从1月6日解除新闻报道限制之后，几乎每天都看到电视上被记者不分昼夜围得水泄不通的小和田宅和皇居的大门。有时小和田雅子乘车去东宫御所，有时皇太子也坐车来小和田家的宅邸。在电视镜头面前，两个人的表情都显示出愉快、明朗。

除了包围小和田宅和东宫御所以外，日本新闻界还大做文章：采访小和田雅子的旧同学、旧同事；采访皇太子的同窗好友、母校老师；采访小和田雅子的故里，新县市民；小和田家附近洗足驿前的"川京"鳗鱼屋、西麻布的美容室、洗足驿前的修鞋店、三越洗足店中的面包店等小和田雅子经常光顾的去处和承办小和田家用酒的酒店、每十天一次向小和田家送饭的荞麦面条店、二十几年来一直负责应召给小和田家送饭的"松叶"饭店的店主，均都受到采访。

1994年1月19日上午，皇室召开会议，"正式决定"平民出身、现任外交官的小和田雅子为日本德仁皇太子妃。从这一天起，小和田雅子开始具有了皇族身份。皇族会议在上午8点30分召开。出席者有日本首相宫泽喜一、明仁天皇的叔父三笠宫崇仁夫妇，以及参众两院的正副议长、最高法院的院长、判事和宫内厅长官等人。议程极简单：在宫内厅长官"报告"了已经众所周知的皇太子和小和田雅子的交往经历后，由首相询问，对"选定"小和田雅子为皇太子妃有无异议，全体起立表示"通过"之后，皇室会议就结束了。上午10点30分，由宫内厅长官藤森昭一举行记者招待会，正式宣布皇室会议已经"通过"小和田雅子为德仁皇太子妃，并说日皇明仁听取了皇室会议的决定以后，表示非常"高兴"。当天下午，德仁太子到皇居晋谒明仁天皇夫妇，向他的父母

"报告"并"道谢"。小和田雅子也由父亲和母亲陪同，到皇宫朝见日皇夫妇，算是两亲家会面。之后，小和田雅子与德仁皇太子在东宫御所一同公开接见记者、接受采访，当晚则参加日皇为他们举行的晚餐会。一天的日程安排极其紧凑而又顺利得近乎仪式化。

（二）放弃外交官工作，专心相夫教子

小和田雅子在 1 月 18 日向外务省辞职。19 日，一个专门的结婚大典委员会成立，由藤森担任委员长，成员由东京侍从长、东宫大夫等 36 人组成。

从 3 月 21 日开始，小和田雅子被安排参加例行的、专为太子妃所设的 50 个小时的皇室特别教育。内容包括：宫中祭祀礼仪、一年之中皇宫中的特别事宜、皇室制度、天皇家的历史、宪法、皇室典范、日本历史、和歌、书道等科目的修业。

4 月 12 日在日本的年历上是"大安"日，也即黄道吉日，这天是皇室的文定纳采日。7 点 30 分，皇家特使东宫大夫菅野弘夫到达。9 点，举行纳采之仪。菅野代表天皇家送上聘礼，礼品包括两条象征吉祥的红色鲷鱼（加吉鱼），每条重约七公斤。宫廷御用清酒一荷，共计六瓶。五卷绢布，皆系京都织锦。小和田雅子全身和式打扮：束发、橘黄色彩绘和服。她的西方职业妇女式的迈惯大步的腿，裹在和服里，艰难地趋前退后，不习惯地五指并拢接过了鲷鱼。菅野按规定致辞曰："承天皇和皇后陛下的旨意，为皇太子德仁亲王与小和田雅子小姐订婚，来行纳采之仪。"小和田雅子按规定回答："谨予接受。"她的父母只跟着鞠躬。

10 点 30 分，小和田雅子进皇宫致辞，天皇夫妇接见她，并赠她一枚戒指。这些繁文缛节过后，当天有 7000 余名日本国民专程赶到皇宫签名致贺。

4 月 17 日，小和田雅子和她的父母一道归省故里，在新县祖坟前，向祖先报告她的婚事。她故乡的市民们热闹了整整一天。

4 月 20 日，山本侍从长访问小和田宅，通知结婚的日期被定在 6 月 9 日。这个仪式叫"告期"。6 月 9 日也是大安日，这一天，全国的国民将为此放假一天。

6 月 9 日是在商店的充分宣传和众多民众的期待中到来的。前一天，从皇居的樱田门沿皇居护城河到半藏门，向西拐入新宿大街再进入赤坂东宫御所的沿途，都经过清扫，悬挂了满街的太阳旗，因为皇太子夫妇在婚礼之后，要乘坐敞篷车经这条路回东宫御所。

清晨 6 点 30 分，小和田雅子在自宅门外告别双亲和妹妹前往皇居。在大雨和闪电般的闪光灯中，小和田雅子一直保持着得体的微笑，一一向两个双生妹妹和母亲、父亲鞠躬告别，最后抚摸了一下她的狗，然后登车而去。她的母亲表情淡淡，父亲面带戚戚，两个妹妹不时地抹泪。9 点，皇太子抖擞地从东宫御所出发去皇居。10 点，在皇居三大殿的贤所举行婚礼，在皇灵殿谒灵。殿内的情况并不转播，连坐在皇居三大殿廊下的贵宾也只能看着三大殿紧闭的门窗和出出入入忙碌不停的皇居侍从发愣。只在皇太子和小和田雅子从贤所前往皇灵殿经过走廊时，观众才得以看到已经面目全非了的皇太子和皇太子妃：皇太子穿着"五衣唐衣裳"黄丹袍，一顶帽子拴在头上，后面垂着长长的颤动的帽缨。小和田雅子的脸上涂着厚厚的白粉，梳着平安时代的发式，假发辫垂在背后，身穿着臃肿不堪的宽袖"御唐衣"。这"御唐衣"也叫"十二单"，共计是 12 件单衣套在一起，是日本皇室的婚纱，据说有 10 公斤重！两个人后面都拖着长长的衣裾，由侍从在后面躬腰托着或提着。那皇太子倒还神情自若，因为这套衣装他在册立皇太子时便穿过了。而小和田雅子则总在瞻前顾后，大概是行动艰难，又怕踩了衣裙，或者顾忌自己转身时，后面托衣裙的侍女来不及转到身后吧！在殿内当也少不得拜叩之类……这真是一个在当今世界上挺难受的婚礼。下午3点，雅子重新做了化妆，换上了白色的西洋式结婚礼服，头上戴着镶满宝石的西式皇冠，长裙曳地，华丽而优雅，当她这样出现在电视机镜头前的时候，表情也立即明朗起来。皇太子西装革履，一对新人并肩去朝见今上天皇和皇后。天皇和皇后对他们做了简短的祝福以后，拍了具有历史意义的照片。4点45分，皇太子夫妇便坐着敞篷汽车开始了最后的也是最辉煌的游行。

（三）原来这样也很好，一生不离不弃

1986年10月，对年仅23岁的东京大学高才生——小和田雅子来说是非同寻常的一个月。月初，她因通过了高难度的外交官统考，成了外务省的实习生。当时，通过考试的女生只有两位。月中，日本皇室为欢迎西班牙公主访日，要选40位妙龄女子相陪，雅子又成了其中的一位。不过，她做梦也没想到，这两件事如同命运之网悄悄地网住了自己的一生。

在欢迎西班牙公主的宴会上，日本皇太子德仁见到了雅子。从小跟着当外交官的父亲周游世界的雅子，在德仁面前落落大方、侃侃而谈，令德仁一见倾心。然而，德仁的爱意却让向往外交官生涯、不愿受太多束缚的雅子左右为难。为了逃避事业和婚姻的两难处境，一年后，雅子登上了飞往英国留学的航班。

5年后，两人再次重逢，此时的雅子已是一位风度翩翩的女外交官。德仁再次求婚，雅子再次拒绝，理由还是"对皇室生活没有信心"。德仁指天发誓："皇室虽然规矩多，但我会一生一世，尽全力来呵护你的。"雅子终于被德仁的执着感动了。1993年，他们在东京举行了规模盛大的结婚典礼。

然而，固守传统的日本皇室并不因某段浪漫佳话而轻易地改变规矩。雅子一进宫，便仿佛进入了时光隧道，原来只能在书里读到的繁文缛节，成了她日常生活中必不可少的一部分。在德仁夫妇居住的东宫，为德仁夫妇贴身服务的侍从和女官就有几十名。单和这么多侍从、女官打交道，就让过惯了民间生活的雅子不堪重负。在众目睽睽之下，雅子即使累了也不能随便在床上躺一会儿；即使和丈夫在客厅小坐，侍从和女官们也可以为了公事随便出入左右。她不能像普通的主妇那样，去咖啡屋和密友聊天，在霓虹灯下买些可心的衣服，也不能自由外出。即使和丈夫同行，也要和他保持三步的"皇室距离"。除了夜晚和梦境少有人打扰之外，她几乎没有属于自己的生活空间。

雅子的日常公务紧张而繁忙，包括跟随皇太子会见外宾和参加公益活动等。冗杂的礼节、皇族往来的规范、历代天皇的传记典故等，雅子都必须从头学起；书法和乐器等风雅功课也必不可少。因为皇室成员都会些乐器，雅子进宫后也不得不补课学长笛，但终因公务过忙而中断，为此还招来了不少闲言碎语。

更让雅子闹心的是，自进入东宫那天起，她就必须学习压抑自己，顺从他人的意志。她如同被装进了名为"太子妃"的模具中，一举一动都必须中规中矩，不然就会遭到批评。雅子曾因答记者问时说话时间比皇太子长了7秒，就被指为失礼。

最初的几年，要强的雅子使出全身精力去适应皇室生活，再苦也以笑脸面对公众。但不久后，人们开始发现她的脸上有着无法掩饰的忧郁。

婚后多年无子，皇室香火难续，让雅子饱受重压。但更让雅子郁闷的是，她难以在公务中发挥才华。虽然她毕业于哈佛、东大，当过外交官，通五国文字，并期待能在皇室外交上大有作为，但东宫对此却不予理会，很少安排她出访。或许在他们眼里，太子妃的当务之急是生出皇孙。而媒体和民众似乎也很健忘，他们曾把雅子看做是国际化时代皇室的新象征，期待精通外语的太子妃能给皇室外交带来新气象。但婚礼过后，人们津津乐道的却只是雅子是否怀孕，而不关心雅子的出访次数。据悉，雅子入宫18载，出访次数屈指可数。

1999年，雅子经历了人生中最深的创痛。她怀孕了，却因承受不了媒体围堵的压力而不幸流产。而东宫职员在这次事件中有向媒体泄露消息的嫌疑。一位宫中元老愤愤不平地说，有人和雅子过不去。虽然皇太子夫妇没有透露他们和宫中职员是否有纠葛，但宫中人际关系复杂，时有派系之争却是事实。

幸运的是，2001年，雅子生下了女儿爱子，当她还沉浸在初为人母的幸福中时，几盆凉水又浇得她透心凉。宫内厅长官曾公开向她施压说："国民们都期待着太子妃能生第二个孩子。"然而，看到雅子生下了女儿后他又公开声称，"为了皇族的繁荣，希望皇太子的弟媳纪子妃能生第三个孩子"。

这好比是说，要是雅子真生不出男孩就拉倒吧，还有纪子呢。有媒体形容这一发言就像穿着脏鞋踏入别人的闺房，蛮横无理至极；而不少民众却跟着起哄道："加油！再生！"

2003年深秋，雅子即将进入"不惑之年"，但此时的她却是困惑万千：既要履行皇室公务，又要尽力做个称职的母亲，而在内心深处，还充满了怀才不遇的寂寞和唯恐学识荒废的焦虑。年底，在皇宫中生活了10个年头的雅子终于病倒了，病症是身心压力过大引起的带状疱疹。从此雅子便患上了抑郁症，几乎很少在公共场合出现。

2011年出版的日本《女性自身》周刊爆出惊人内幕：皇太子

德仁和雅子正面临离婚危机。为了甩掉雅子这个"皇室包袱"，负责皇室事务的宫内厅官员正暗中研究雅子与皇太子离婚的可能性，寻求让皇太子德仁与雅子离婚的具体方案。

从日本媒体披露的表面原因来看，宫内厅官员希望德仁太子与雅子离婚的第一原因是，雅子曾在多个皇室重要公开场合怠慢天皇夫妇，引发了皇室不满。雅子还曾两次在重大皇室场合临时缺席，让老公公明仁天皇颇为恼火。

第一次发生在 2005 年 12 月 9 日雅子 42 岁生日那天。当晚，雅子突然临时取消原定邀请日本天皇夫妇出席的祝贺餐会。皇室评论家河原敏明称："即使是一般家庭，对长辈临时取消餐会也是相当失礼的，何况是对天皇夫妇，这实在让人觉得太不识大体。"

第二次发生在 2011 年 10 月 20 日皇后美智子 77 岁生日那天，雅子在宴会中途突然离席，撇下丈夫消失不见，让其他皇室成员大为恼火。有人因此指责雅子"没有常识"。

2011 年，天皇因支气管炎入住东京大学医院 19 天，雅子居然一次都没有前去探望，这更让皇室成员忍无可忍。日本皇太子德仁一家正受到整个皇室的孤立。

宫内厅官员已对天皇 2012 年的公务行程进行了调整，并把大量的皇室公务转交给了天皇的二儿子秋筱宫和其妻子纪子代理。皇室已经准备将雅子彻底打入"冷宫"。种种迹象都显示，由于雅子的"拖累"，皇太子德仁在日本皇室中的地位下降了许多；其弟弟秋筱宫则风头日盛，几乎超过大哥。

《日本新华侨报》2011 年 12 月 19 日刊出评论说，其实，除了表面原因以外，还有深层次原因，那就是雅子一直无法生下男丁继任皇位。虽然雅子育有公主，不过日本现有法律不准公主继位，导致日本各界对是否修改法律允许女性继位的话题乐此不疲，给一向低调的日本皇室带来了不小的麻烦。而且皇太子德仁面对外界的抨击，总会袒护妻子，使其在天皇心中及整个皇室中渐渐失宠。

最年轻王后的婚礼：
约旦王子阿卜杜拉
和拉尼亚的婚礼

目前最年轻的王后是约旦王后拉尼亚（出生于1970年8月31日），23岁就成为约旦王后。她的丈夫是约旦国王阿卜杜拉·本·侯赛因。拉尼亚·阿卜杜拉王后出生在科威特，于1993年与阿卜杜拉·本·侯赛因结婚。

（一）一个普通的晚会，让她成为最年轻的王后

拉尼亚出生于巴勒斯坦裔的医生家庭，是在盛产石油的科威特长大的。与许多想当摄影模特或时装模特的美女不同，拉尼亚从来没有过当模特的念头。她受过最好的教育，成为管理或政治经济实际方面的专家。

1991年海湾战争后，拉尼亚来到约旦首都，在第一花旗银行分行进修。似乎命运早就安排好了：一天，约旦王储阿卜杜拉在银行看见了拉尼亚，立刻就被她所吸引，而且顿生似曾相识的

感觉。

1993 年 2 月的某个晚上，一个普通的晚会，改变了她的一生。不知道对当初那个拉她去参加的同事，她是不是怀着最深的感激。进了门，拉尼亚才知道晚会的规格有多高——主办人居然是约旦公主，她未来的丈夫阿卜杜拉的姐姐。然后，就像一切童话里描写的那样，越过大片人群，王子和未来王妃的目光奇妙地相遇了，3 秒钟目光的缠绵，却像过了 300 年……热情奔放的阿卜杜拉王储不失时机地向拉尼亚发动进攻，很快就赢得了这位褐发美女的芳心。当阿卜杜拉把未婚妻带到他父亲、前任国王侯赛因面前时，侯赛因也惊叹拉尼亚的美貌和个性。几个月后，阿卜杜拉和拉尼亚举行了豪华的婚礼。

（二）公认的美丽王后，连选美裁判也无法挑剔

1993 年 6 月 10 日，约旦王子阿卜杜拉与拉尼亚举行婚礼。六个月后，阿卜杜拉继位约旦国王。拉尼亚不仅是世界上最年轻的王后，同时她也被公认为是世界上最美丽、最优雅的女人。这不仅仅是新闻界的炒作，就连挑剔的选美裁判也是这样认为的。

拉尼亚·阿卜杜拉（Rania Al Abdullah），约旦王后。在由美国有线电视新闻网（CNN）发起的评选中，全球过万人参加投票，最后拉尼亚成为"2008 年最激励人心的世界领袖"。她的当选打破了原有的"中奖"规律，但没有人不心服口服。她拥有天使般美丽的脸孔和超级名模的身材；她也有智慧的头脑：就在英国的戴安娜王妃死后，拉妮亚凭借艳光照人的仪表和亲善的外交风范

成为了最受世人瞩目的王后。

她的父母是在 20 世纪 60 年代从约旦河西岸移居到科威特的巴勒斯坦人。当医生的父亲为三个孩子提供了接受西方教育的机会，但也向他们灌输了阿拉伯世界的一些传统思想。在这个开明的中产阶级家庭里，拉尼亚得到了自由成长的空间。她从小就对神秘且富饶的阿拉伯海湾充满幻想，也关注着巴以之间纠缠不清的领土纷争。

1991 年拉尼亚一家移居到约旦首都安曼，同年她在埃及开罗的美利坚大学拿到商业管理学位，毕业后，她回到约旦，先后任职于西铁银行和苹果电脑公司。1991 年，她在苹果电脑公司安曼分公司找到了一份工作。少女时代的拉尼亚从来没想过以后会做王后。继美国的《时代周刊》之后，意大利的《时尚和娱乐》杂志又将约旦王后拉尼亚搬上了杂志的封面。据土耳其《自由报》报道，意大利著名服装设计师瓦伦蒂诺在给这位刚刚随同约旦国王阿卜杜拉访问过土耳其的王后的注解中说，拉尼亚是世界上最漂亮和最高贵的女性。瓦伦蒂诺至今仍然对第一次见到拉尼亚的情景难以忘怀。他说拉尼亚王后最吸引他的地方就是那种简约的美。对拉尼亚王后简约而到位的装束，作为著名设计师的瓦伦蒂诺颇为赞赏，并愉快地声称自己正在为这位世界上最漂亮的女性设计制作一件晚礼服。

无论是在哪种公开场合，约旦王后拉尼亚看上去总是魅力非凡，她光洁细腻的皮肤、五官分明的轮廓、甜美的唇、深邃澈亮的黑色眼眸、天鹅般的长颈，见过她的人无不惊叹于她的美丽与优雅。在很多西方人眼中，拉尼亚就像前美国总统肯尼迪的夫人杰奎琳·肯尼迪一样美丽，甚至还要美丽。早在 2004 年 1 月初，《你好》杂志网站曾公布了一项民意调查，调查结果显示在该杂志近期举办的一次"2003 年最优雅女性"评选活动中，约旦王后拉尼亚·阿卜杜拉以 32.3% 的选票遥遥领先于其他歌星、影星而获此殊荣。英国女影星凯瑟琳·泽塔·琼斯以 12.6% 的选票屈居第二。而澳大利亚女影星妮可·基德曼仅名列第三；以出演连续剧《朋友》而大红大紫的美国女影星詹尼弗·安妮斯顿名列第四。《你好》杂志在随后的评论中说，拉尼亚王后不仅十分重视自己的公众形象，保持着模特般的身材，而且她还拥有一双传情的明眸，不时传达出内心的仁慈和慷慨。在得知自己获此殊荣，拉尼亚王后对记者表示她感到非常高兴，不过从没有期望会获得这个称号。

意大利著名服装设计师 Valentino 对拉尼亚那种简约的美念念不忘，第一次见面后便跑回家为她设计了一件独一无二的礼服。还有 Dior、Armani 等顶级品牌也纷纷拜倒在她的石榴裙下。人们将她与杰奎琳·肯尼迪、戴安娜相提并论，她成了大西洋两岸访谈记者、专栏作家、时尚杂志、自由摄影师们的目光焦点和话题中心。网络上的粉丝更专门为其开辟空间，研究她的穿着打扮，视为时尚偶像。如果这一切的关注有利于世界进一步关注阿拉伯世界的话，拉尼亚大概会心满意足的。

美丽的外貌、优雅的气质，加上王后的光环，拉尼亚一直是焦点人物，身上不乏旁人"安排"的各种世界级的名号：世界上最优雅、最美的女人，最讨人喜欢、最上镜的世界领导人，世界上最酷的王后，她既上过《时代》这样传统的政经类杂志封面，也不时在《时尚和娱乐》等高端时尚刊物的首页露脸。

2008 年，外界给予她的肯定已经完全跳脱了这些外表的东西，尤其是 CNN 的"2008 年最激励人心的世界领袖"，无疑是对拉尼亚这一年最好的总结。在此之前，《福布斯》将她评选为"全球100 名权力女性"之一；《新闻周刊》将约旦国王与王后列入"全球 10 对最有影响力的夫妇"之内（坊间的结论是国王是沾了王后的光）；而拉尼亚在 2008 年 3 月份启动的 YouTube 个人频道则得到了 YouTube 的愿景奖，这是 YouTube 颁发的首座愿景奖。2009 年，又获得 FIFA Presidential Award.

她的魅力更多地是来自于她的智慧。拉尼亚出生于科威特，父母是在 20 世纪 60 年代从约旦河西岸移居到科威特的巴勒斯坦人。

当医生的父亲为三个孩子提供了接受西方教育的机会，但也向他们灌输了阿拉伯世界的一些传统思想。在这个开明的中产阶级家庭里，拉尼亚得到了自由成长的空间，随后她前往埃及，在开罗的美国大学接受了西方式的教育，攻读工商管理。

中东地区复杂的政治问题始终影响着拉尼亚的人生，她从小就对神秘而富饶的阿拉伯湾充满着幻想，也关注着巴以之间纠缠不清的领土纷争。而在海湾战争期间，纷飞的战火迫使拉尼亚一家逃离了科威特。1991 年，拉尼亚一家移居到约旦首都安曼，她在苹果电脑公司安曼分公司找到了一份工作。1993 年，在阿卜杜拉的姐姐举办的一次招待晚宴上，她邂逅了当时的约旦王子阿卜杜拉。两人一见钟情，并于当年 6 月闪电结婚。

（三） 做自己愿意做的事，成立"约旦基金会"

婚后，拉尼亚立刻就向丈夫提出条件：她不想仅仅做阿卜杜拉的妻子和王室宴会上的装饰，而且还要做自己愿意做的事。为了满足妻子的要求，又不违穆斯林法规，阿卜杜拉想出了奇妙的办法：在宫里建了一座富丽堂皇的"约旦基金会"事务所，由拉尼亚负责使用基金会的资金促进妇女工作，并帮助她们创办企业。拉尼亚还利用"约旦基金会"的资金成立了"援助受虐待儿童"的机构，并亲自担任儿童权利的辩护人。约旦基金会的一位同事说："拉尼亚王后很平易近人，她很真诚，喜欢接受挑战，而且知识丰富。"

在拉尼亚和阿卜杜拉王子结婚的时候，她从没想到过自己会成为王后。因为，当时阿卜杜拉并非王位继承人，他的叔叔才是王储。但是，在阿卜杜拉的父亲侯赛因国王弥留之际，他指定了阿卜杜拉为下一任国王。于是拉尼亚就成为了众人瞩目的王后。这让拉尼亚在一时之间感到有些沉重。"一种全新的生活和责任，突然间压在了我的双肩。你开始感到不安，你意识到自己必须去证明自己的能力。"王后这个耀眼的位置在拉尼亚看来更多的是一种责任和工作。拉尼亚王后曾经说："我知道王后这一头衔比其他任何工作都更有吸引力，也知道人们都被它迷惑，但对我来说，它只是一项工作。"

"工作是实现自我尊重的手段，它的基础是愿望和努力，结果是成功。工作不论种类，没有高低贵贱之分，都是伟大的人道主义事业，是个人最高尚的事业。"这是拉尼亚在首届阿拉伯国家小型企业融资会议的开幕式上发表的一段讲话。而她本人也是这么去做的。2003年11月12日，拉尼亚向国际医学协会捐赠了57万美元，用于支持治疗伊拉克癌症儿童计划。2003年12月26日伊朗巴姆发生地震，拉尼亚指令约旦C—130运输机向伊朗提供了援助，并亲自到伊朗灾区安抚受害者。"约旦儿童安全计划"的主管哈拉博士曾骄傲地评论王后道："我们的王后是位工作勤奋的职业女性。"

现在的拉尼亚身负双重任务，既要当好一个王后，又要做一名阿拉伯妇女解放运动的急先锋。拉尼亚在接受西方媒体采访时曾经这样说道："西方媒体对阿拉伯妇女的宣传过于脸谱化了。西方人眼中的阿拉伯妇女都是非常保守、没有受过什么教育的人；而事实上，我们中不乏出类拔萃者，她们的思想非常进步。"在拉尼亚看来，阿拉伯妇女在处理家庭与事业之间的平衡方面，堪称世界女性的楷模。2004年2月出版的美国《时代周刊》上对拉尼亚作了这样的评价：1970年出生于科威特的拉尼亚已悄然成为约旦政治变革的"代言人"，她正以个人力量改变着约旦乃至整个中东。在其他阿拉伯妇女还不愿公开露脸时，拉尼亚利用自己特殊的身份与权力正积极推动着约旦的社会改革。

目前，阿卜杜拉夫妇有两子一女。拉尼亚王后为教育子女倾注了不少心血。尽管工作繁忙，母亲的责任也很重大，但拉尼亚王后仍不失风采。在王室的招待会上，拉尼亚身穿绣着阿拉伯金色图案的豪华白色长裙出现在宾客面前，她优美的身材、迷人的风度令无数来宾倾倒。一位外国外交官由衷地赞叹道："拉尼亚是一位很有天赋的年轻女性，像这个家庭的成员们一样纯朴和有同情心。"

自"任职"以来，她一直致力于为约旦乃至整个阿拉伯世界谋求福利。她最关注的是女性权益，打破了外界对阿拉伯世界女性的传统认知，积极投身社会工作，勇于担任先行者，在教育改革、男女平等议题方面贡献卓著。同时，她还敦促阿拉伯世界现代化，并倾注相当时间与资金致力于改善教育体系，成为约旦年轻人的一个重大投资者。2008年，拉尼亚发起"我的学校"项目，号召大企业和社区组织与政府协力募集资金及志愿者，帮助约旦改造公立学校与教育设施，改善孩子们的学习环境，以拉近约旦与富裕国家在电脑、网络和教育等领域的知识差距。

2008年，拉尼亚到天津参加达沃斯论坛，对中东的经济发展问题侃侃而谈；受邀出席"克林顿全球倡议"，与众名人商讨亟待解决的全球性问题；还与邓文迪等在纽约举办晚宴，商讨如何在2015年前将孕产妇死亡率降低75%；而2008年的最后一天，她又出现在献血中心，以身作则，呼吁民众为加沙人民献血。也难怪她还拥有另一个称号——阿拉伯世界的戴安娜。这位世界上最年轻的王后，比同龄人面临更多的挑战。由于国王阿卜杜拉把大部分精力放在推进中东和平的进程中，拉尼亚在国内事务上必须助国王一臂之力。

拉尼亚为阿卜杜拉制定经济政策出谋划策。约旦现在的失业率高达30%，进出口严重失衡。安曼的一些家庭没有水用，乡村的人民饱受贫困的折磨，国家基础设施建设的滞后使投资商望而却步。阿卜杜拉国王在考察过新加坡和硅谷后，决定把约旦建成中东的硅谷，这得到了拉尼亚的大力支持，为了实现这项计划，她还建议在学校教育中引入高新科技。

大多数的约旦人认为拉尼亚比前王后诺尔更理想。与花大部分时间泡在美国的诺尔不同，拉尼亚的更多时间花在了自己的国民身上。作为两个女儿和一个儿子的母亲，拉尼亚发起建立了阿拉伯国家第一个受虐待儿童避难所，并力主颁布一项旨在禁止对通奸妇女滥用私刑的法案。虽然法案未能获得通过，拉尼亚相信国民在这方面的认识已有所改善。她说："我只是按照我良心的指点行事，希望在这一过程中，至少有一两件事得到人们的肯定。"

公　主　篇

胜过十万雄兵的婚礼：文成公主和松赞干布的婚礼

中国历史上，有不少以公主或宗室女下嫁番邦国王和亲的事例，就其态势而言不外乎有两种情况：一种是国力衰弱，以和亲委曲求全，以结好番邦；另一种则是国力强盛，威震四海，以和亲安抚边远之邦，有赐婚的意味。前者是持卑微之姿，利用女性的美貌和柔媚，来缓和战场上的冲突；后者却是趾高气扬，宣展大国之姿，用亲戚关系来笼络感化疆外野民。

（一）松赞干布兵败称臣，特向唐廷求婚

吐蕃赞普（617—650），是吐蕃王朝缔造者[①]。7世纪初叶，继其父囊日论赞为赞普。即位后首先平定内部贵族叛乱，继而兼并青藏高原诸部族，一举完成其祖、父所开创的统一大业，建

---

① 吐蕃赞普，汉文史籍称作弃宗弄赞、弃苏农或器宗弄赞。

立奴隶制政权，定都逻娑，建宫殿于布达拉山。在位期间，励精图
治，制定一系列法律、职官、军事等制度；努力发展经济，统一度
量衡制；积极开创文化事业，创造文字，引进佛教，开始翻译佛
经。除了致力于王朝内部建设之外，还积极寻求建立和发展与周
边部族的睦邻友好关系，以巩固和发展新生的吐蕃政权。先迎娶
尼泊尔墀尊公主入蕃，继而又与唐室文成公主和亲，先后修建大
昭寺、小昭寺。松赞干布还十分注重吸收汉族文化和内地先进的
生产技术，多次遣贵族子弟至长安入国学，又从汉地引进医药、
数术、工艺等知识。在位期间对吐蕃政治、经济、文化发展及加强
与周边民族之间的联系，均有重大贡献。唐贞观二十三年（649）
唐太宗卒，唐高宗即位，封其为"驸马都尉"西海郡王等，并携
刻其像于石，列于太宗昭陵。唐永徽元年（650）卒于彭域（今西
藏彭波），唐朝遣使臣鲜于匡济赍资书入吐蕃吊祭。因松赞干布最
早引入佛教，后世藏文史书将其与墀松德赞、墀祖德赞并称为吐
蕃时期"三大法王"。7 世纪初，中原地区经过数年的战争，李渊
（唐高宗）、李世民（唐太宗）父子于 618 年以长安为都城建立了
中国历史上空前的大唐帝国，国势非常强盛，成为当时东亚地区
文明的中心，对周边民族部落产生了强烈的影响，许多民族部落
纷纷与唐朝修好，或称臣内附、或纳贡请封，促进了汉族与其他
少数民族的交流。

　　而在这个时候，一代英主松赞干布也已称雄雪域高原，完成了
对一些小国的兼并，定都逻娑（今西藏自治区拉萨），建立了统一
的吐蕃王朝，并积极谋求与唐朝建立密切关系。从 634 年始，他两
次派能言善辩、聪明机智的大相禄东赞出使长安，向唐皇求亲。
641 年，唐太宗终于同意了松赞干布和亲的请求，答应把宗室女文
成公主嫁给他。于是文成公主在唐蕃专使及众侍从的陪同下，踏
上了漫漫的唐蕃古道。1300 多年前，唐朝文成公主离开繁华的都
城长安（今陕西西安西北），西行约 3000 公里，历经千难万险，
来到雪域高原，与吐蕃王松赞干布和亲，开创了唐蕃交好的新时

代。松赞干布和文成公主的故事至今还在汉藏民间广为流传。

那时内地正是唐太宗贞观时期，声威远震，万国朝宗。而松赞干布又素慕唐朝的文化，景仰唐朝的文明，于贞观八年（634）派遣首批使者来到长安，唐朝亦遣冯德遐回访吐蕃，成为汉藏民族友好关系的开端。此后，松赞干布多次遣使来长安朝贡，欲效吐谷浑及突厥之先例，娶唐朝公主为妻，唐太宗没有允许。使者回到吐蕃谎称："初到长安，唐朝十分优待，允许通婚。正好碰上吐谷浑国王入朝，在唐太宗面前离间我们的关系，遂罢通婚之议。"松赞干布闻之甚怒，与羊同等部落连合出兵，攻击吐谷浑。吐谷浑招架不住逃至了青海。吐蕃攻击党项及白兰两个部落之后，屯兵20万于松州（今四川松潘县）之西，遣使送金银布帛至长安，声称是娶公主的聘礼。由使者传话威胁说："若大国不嫁公主，当即进攻内地。"这种以重兵逼嫁、胁迫成婚的无礼要求，自然遭到唐太宗的反对。不久，松赞干布果然率兵进攻了松州。唐太宗当即遣吏部尚书侯君集率兵5万分四路合击，斩首千余级，松赞干布大败，引兵遁逃，遣使谢罪，复求婚约，唐太宗这次才答应通婚的要求。

（二）唐太宗六试婚使，禄东赞顺利过关

贞观十四年（640），松赞干布派遣他的大相（职同宰相）禄东赞送上黄金5000两，珠宝数百件到长安聘婚。不料，天竺、大食、仲格萨尔以及霍尔王等同时也派了使者求婚，他们均希望能迎回贤惠的文成公主做自己国王的妃子。为之，唐太宗李世民非

常为难，为了公平合理，他决定让婚使们比赛智慧，谁胜利了，便可把公主迎去，这便是历史上的"六试婚使"①，拉萨大昭寺和布达拉宫内至今仍完好地保存着描绘这一故事的壁画。

第一试：绫缎穿九曲明珠，即将一根柔软的绫缎穿过明珠（有说汉玉）的九曲孔眼。比赛开始，由于吐蕃以外的使臣们有势力，所以他们抢先取去，绞尽脑汁，怎奈几挽也没有穿过去。而聪慧的噶尔·东赞坐在一棵大树下想主意，偶尔发现一只大蚂蚁，于是他灵机一动，找来一根丝线，将丝线的一头系在蚂蚁的腰上，另一头则缝在绫缎上。在九曲孔眼的端头抹上蜂蜜，把蚂蚁放在另一边，蚂蚁闻到蜂蜜的香味，再借助噶尔·东赞吹气的力量，便带着丝线，顺着弯曲的小孔，缓缓地从另一边爬了出来，绫缎也就随着丝线从九曲明珠中穿过。

第二试：辨认100匹骒马和100匹马驹的母子关系。比赛开始，但见各位婚使轮流辨认，有的按毛色区分，有的照老幼搭配，有的则以高矮相比，然而都弄错了。最后轮到噶尔·东赞了，得到马夫的指教，他把所有的母马和马驹分开关着，一天之中，只给马驹投料，不给水喝。次日，当众马驹被放回马族之中，它们口渴难忍，很快均找到了各自的母亲吃奶，由此便轻而易举地辨认出了它们的母子关系。紧接着，唐太宗李世民又出题让指认百只雏鸡与百只母鸡的母子关系。这件事又把其他婚使难住了，谁也指认不清。噶尔·东赞便把鸡都赶到广场上，撒了很多食料，母鸡一见吃食，就"咯、咯、咯"地叫唤小鸡来吃，只见大多数小鸡跑到自己妈妈的颈下啄食去了。但是仍有一些顽皮的小鸡不听呼唤，各自东奔西跑地去抢食，于是噶尔·东赞学起了鹞鹰的叫声，雏鸡听见，信以为真，急忙钻到各自母亲的翅膀下藏起来，母鸡与雏鸡的关系就被确认出来了。

第三试：规定百名求婚使者一日内喝完100坛酒，吃完100只

---

① 又称"六难婚使"，亦有"五难婚使"，本书采用前者。

羊，还要把羊皮揉好。比赛开始，别的使者和随从匆忙把羊宰了，弄得满地又是毛，又是血；接着大碗地喝酒，大口地吃肉，肉还没吃完，人已酩酊大醉，哪里还顾得上揉皮子。噶尔·东赞则让跟从的100名骑士排成队杀了羊，并顺序地一面小口小口地呷酒，小块小块地吃肉，一面揉皮子，边吃边喝边干边消化，不到一天的工夫，吐蕃的使臣们就把酒喝完了，肉吃净了，皮子也搓揉好了。

第四试：唐皇交给使臣们松木100段，让噶尔·东赞分辨其根和梢。噶尔遂令人将木头全部运到河边，投入水中。木头根部略重沉入水中，而树梢那边较轻则浮在水面，木头根梢显而易见。

第五试：夜晚出入皇宫不迷路①。一天晚上，宫中突然擂响大鼓，皇帝传召各路使者赴宫中商量事情。噶尔·东赞想到初来乍到长安，路途不熟，为不致迷路，就在关键路段涂上标记。到了皇宫以后，皇帝又叫他们立即回去，看谁不走错路回到自己的住处。结果，噶尔·东赞凭着自己事先做好的记号，再次地取得了胜利。

第六试：辨认公主。这天唐太宗李世民及诸部大臣来到殿前亲自主试。但见衣着华丽、相貌相仿的300名（也有说500名或2500名）宫女，分左右两队依次从宫中排开，宛如300位天仙从空中飘来，轻盈、潇洒、俊美，看得人眼花缭乱。其他使者都没有主意，不知哪位才是文成公主，唯独噶尔·东赞因为事先得到了曾经服侍过公主的汉族老大娘的指教，知道了她的容貌身体特征：体态娟丽窈窕，肤色白皙，双眸炯炯有神，性格坚毅而温柔，右颊有骰子点纹，左颊有一莲花纹，额间有黄丹圆圈，牙齿洁白细密，口生青莲馨味，颈部有一个痣。噶尔·东赞反复辨认，最后终于在左边排行中的第6位认出了公主。

婚试完毕，唐太宗非常高兴，将美丽多才的文成公主许婚于吐蕃首领松赞干布，禄东赞终于完成了迎新使命，成为传颂千年藏汉联姻的佳话，为此，太宗很器重禄东赞的才识，封他为"右卫

---

① 也有说是辨认京师万祥门内的门。

大将军"，并欲将琅琊长公主的外孙女段氏许配给他，挽留他久居长安。然禄东赞称："臣本国有妇，父母所聘，情不忍乖。且赞普未谒公主，陪臣安敢辄娶。"婉言谢绝了太宗的好意，坚持要求回归故土。其后禄东赞在太宗伐辽东后，又奉松赞干布之命到长安朝贺，奏表示"雁飞迅越，不及陛下速疾"、"夫鹅，犹雁也，故作金鹅奉献"。禄东赞带去高七尺、可装酒三斛的黄金所制大鹅一只，反映了蕃唐间的亲密关系和禄东赞所起到的重要作用。

这则传说受到藏族人民广泛的喜爱，后来还被编成藏戏搬上了舞台。有的情节还被画成壁画，历史学家也把其中的主要情节写进自己的历史著作中。它之所以受到藏族社会各阶层的一致喜爱和重视，首先是因为传说表现了藏族人民十分珍视汉藏兄弟民族团结友爱的感情，并赞扬了对两族团结的加强和发展做出了贡献的人物。因为，汉藏两族的团结，有益于祖国的统一，有益于两族的交流，特别是有益于藏族政治、经济、文化的繁荣和发展。传说中说："文成公主出发到西藏来了。她从内地带了青稞、豌豆、油菜籽、小麦和荞麦五样粮食的种子；带了耕牛和奶牛；带了白的、黑的、红的、蓝的和绿的五种颜色的羊；还有许多内地的铁匠、木匠、石匠也跟着文成公主一起进藏来了。"应该指出，传说中所说的青稞等粮食种子和牛羊等牲畜，在藏族地区是早已有了的。传说中之所以说是文成公主带去的，是文学上典型集中的一种手法，也曲折地反映了汉族农牧业方面的先进生产技术传入藏族的良好影响和作用。它体现了时代的要求，传达了人民的心声。

（三）文成公主长途跋涉，远嫁吐蕃拉萨

唐贞观年间（627—649），吐蕃赞普松赞干布派遣大相噶尔东赞为请婚使者，赴长安请婚；唐太宗以养女文成公主许嫁松赞干布，并诏令礼部尚书江夏王李道宗为主婚使，持节护送文成公主入蕃。

文成公主进藏时，队伍非常庞大，唐太宗的陪嫁十分丰厚。有"释迦佛像，珍宝，金玉书橱，360 卷经典，各种金玉饰物"。又有多种烹饪食物，各种花纹图案的锦缎垫被，卜筮经典 300 种，识别善恶的明鉴，营造与工技著作 60 种，100 种治病药方，医学论著 4 种，诊断法 5 种，医疗器械 6 种。还携带各种谷物和芜菁种子等[1]。

文成公主途经吐谷浑境时，受到吐谷浑河源郡王诺曷钵和弘化公主的热情款待。松赞干布率群臣亲自到河源附近柏海（今青海玛多县境）迎接文成公主一行，他以子婿之礼谒见江复王李道宗，然后与公主一道同返逻娑，并于玛布日山（今拉萨布达拉山）专建宫室安置公主，至今布达拉宫尚保存有他们成婚洞房的遗址。

松赞干布多年的夙愿得以实现，十分高兴，亲自率军远行至柏海（今青海玛多县境）迎候。在离黄河源头不太远的扎陵湖和鄂陵湖畔，松赞干布建起"柏海行馆"，一对异族夫妇便在这美丽的地方，度过了他们的洞房花烛夜。

松赞干布和文成公主至玉树（在今青海省）时，看到这里景

---

① 《吐蕃王朝世袭明鉴》。

色优美，气候宜人，而且长途跋涉，需要休息，两人便在一条山谷里住了一个月。文成公主闲暇时，便拿出父皇送给她的谷物种子和菜籽与工匠一起向玉树人传授种植的方法和磨面、酿酒等技术。玉树人非常感激文成公主，当公主要离开继续向拉萨出发时，他们都依依不舍。当地的藏民还保留了她的帐房遗址，把她的足迹和相貌都刻在了石头上，年年膜拜。710 年，唐中宗时，唐室的又一名公主金城公主也远嫁藏王，路过这里时，为文成公主修了一座庙，赐名为"文成公主庙"。

文成公主安抵拉萨时，人们载歌载舞，欢腾雀跃，欢迎她的到来。

当时，唐朝佛教盛行，而藏地无佛。文成公主是一位虔诚的佛教徒，她携带了佛塔、经书和佛像入蕃，决意建寺弘佛。她让山羊背土填卧塘，建成了"大昭寺"。大昭寺建成后，文成公主与松赞干布亲自到庙门外栽插柳树，成为后世著名的"唐柳"。著名的"甥舅同盟碑"，也称"长庆会盟碑"就立在唐柳旁。现在大昭寺大殿正中供奉着的一尊释迦牟尼塑像，也是文成公主当年从长安请来的。大殿两侧的配殿内，有松赞干布、文成公主的塑像，十分精美生动。只是他们脸上因布施献金的人太多，而绽开了金皮疙瘩。

那时，吐蕃的基地尚在今天西藏的山南地区泽当一带，但也在拉萨河边的红山上修建有零星的类似行宫的建筑。松赞干布也在那里为文成公主修建了房屋。由于两位公主都信佛，文成公主更是带来了世界上总共只有四尊的释迦牟尼等身像，尼泊尔墀尊公主决定修建一座寺庙来供奉那尊释迦牟尼亲自开过光的 12 岁时的等身像。所谓等身像，是佛祖释迦牟尼得道后应徒众要求建造的自己 12 岁、25 岁等四个年龄段和真身一样大小的佛像，据说是参照了佛祖母亲的回忆，并由释迦牟尼本人亲自开光。藏语称这样的佛像为"觉阿"，英文为"jowo"，所以，供奉"觉阿"的寺庙就被称为"觉康"，英文为"jokang"。汉语上习惯称为"大昭寺"。

所以，大昭寺是由墀尊公主修建的，供奉的是文成公主从内地带来的释迦牟尼佛像。

大昭寺开始动工的时候困难重重。藏族的传说是，当时根本建不起墙，修了就倒，在墀尊公主没有办法的时候，文成公主上观天象下察地理，观测出拉萨河谷是一个罗刹魔女的形状，只有将庙建在魔女的心脏部位上才能镇住她，庙才能建起来。公主推算，红山东一公里的地方，才是建庙的最佳方位，那里是一片湖水和沼泽地。

文成公主为大昭寺指明地址后，浩大的填湖建寺工程就开始了。藏族的传说是：填湖用的土是白山羊驮来的。今天我们都知道，牦牛是高原之舟，是西藏传统的运输工具，可当时建大昭寺为什么偏偏用山羊？充满神秘的解释是，文成公主推算出如果不用山羊驮土，那土就永远不能把湖填平。如果从历史上来看，我们可以做如下推断：在拉萨河谷建造大昭寺是松赞干布政治谋略的一个重要方面：一方面为迁都做准备，使吐蕃王朝走出狭窄的山南地方；另一方面是摆脱山南旧贵族势力的牵制。而拉萨河谷是西藏农业文明与牧业文明的交界处，吐蕃王朝算是一个以农耕为主的部落，当时，松赞干布刚刚征服拉萨河谷北面的一个叫"苏毗"的牧业部落。估计，松赞干布要用牦牛来驮土的话，就得从山南征调，那样势必会引起贵族"劳民伤财"的非议，还不如用征服来的牧业部落的山羊来干，既经济又省事。有趣的是"羊驮土"这件事还形成了一座城市的名字：藏语里面"白山羊"发"热"音，"土"发"萨"音，久而久之，"热萨"演变为"拉萨"，其意义，也由"白山羊驮土"转为"圣地"了。

大昭寺的面积并不大，但由于所处的地理位置和历史上长期形成的特殊地位，大凡所有去西藏的人，都要到大昭寺。一是朝佛方便，像拉萨三大寺都在郊区，最近的色拉寺距离城区也有十几公里，所以大昭寺香火极为旺盛，转经添酥油的人络绎不绝。二是访古，大昭寺可以说是西藏现存的最古老的建筑之一，1000 多年的风雨使其形成了深厚的历史积淀，它不仅是拉萨城市发展的见证人，也是西藏历史发展的见证人。大昭寺前有座字迹斑驳的唐朝时立的"唐蕃会盟碑"，其铭刻的不仅是汉藏民族的交往，也是大昭寺在西藏政治生活中作用的显现。

后来，文成公主又修建了小昭寺。从此，佛教慢慢开始在西藏流传。文成公主还对拉萨四周的山分别以妙莲、宝伞、右施海螺、金刚、胜利幢、宝瓶、金鱼等八宝命名，这些山名一直沿用到现在。

文成公主到拉萨后主持建造小昭寺，安放自长安带去的释迦牟尼佛像（后移至大昭寺）。今大昭寺前的公主柳，传说亦为其亲手所栽。公主知书识礼，博学多才，笃信佛教。入蕃时，除了携带一尊释迦牟尼 12 岁等身像之外，还携带了大量的其他物品。同时，中原地区的医药、历算、纺织、造纸、酿酒、制陶、碾磨等也都传入了吐蕃；传说她还随带工匠 5500 人及谷物、牲畜多种。对吐蕃经济、文化的发展和唐蕃关系的加强，起了很大的促进作用。永徽元年（650）松赞干布卒后，她继续在吐蕃生活了 30 年，教吐蕃妇女纺织、刺绣，深受吐蕃人民的敬爱。去世以后，其事迹在藏族地区以戏剧、壁画、民歌、传说等形式广为流传，影响深远。

文成公主一方面弘传佛教，为藏民祈福消灾；同时，还拿出五谷种子及菜籽，教人们种植。玉米、土豆、蚕豆、油菜能够适应高原气候，生长良好。而小麦却不断变种，最后长成藏族人喜欢的青稞。文成公主还带来了车舆、马、骡、骆驼以及有关生产技术和医学的著作，促进了吐蕃的社会进步。

待生活安定下来后，文成公主带来的汉族乐师们开始履行职责，他们十分卖力地为松赞干布和文成公主演奏唐宫最流行的音乐，音乐舒缓优美，使松赞干布大有如闻仙音的感觉，他对乐师和音乐大加赞叹，并选拔了一批资质聪慧的少男少女，跟随汉族乐师学习，使汉族的音乐渐渐传遍了吐蕃的领地，流进了吐蕃人的心田。

随来的文士们也开始工作，他们帮助整理吐蕃的有关文献，记录松赞干布与大臣们的重要谈话，使吐蕃的政治走出原始性，走向正规化。松赞干布欣喜之余，又命令大臣与贵族子弟诚心诚意地拜文士们为师，学习汉族文化，研读他们带来的诗书；接着他还派遣了一批又一批的贵族子弟，千里跋涉，远赴长安，进入唐朝国家，研读诗书，把汉族的文化引回吐蕃。

农技人员并不宣扬什么，他们只是先把从中原带去的粮食种子播种在高原的沃土上，然后精心地灌溉、施肥、除草，等到了收获的季节，那顶壮的庄稼、惊人的高产，让吐蕃人瞪大了眼睛；因为吐蕃人那时虽然也种植一些青稞、荞麦之类的作物，但因不善管理，常常是只种不管，所以产量极低，他们不得不佩服汉族农技人员高超的种植技术。在松赞干布和文成公主的授意下，农技人员开始有计划地向吐蕃人传授农业技术，使他们在游牧之余，还能收获到大量的粮食。尤其是把种桑养蚕的技术传给他们后，吐蕃也逐渐有了自制的丝织品，光泽细柔，花色浓艳，极大地美化了吐蕃人的生活，使他们喜不胜收，都十分感谢文成公主入吐蕃后给他们带来的好处。

文成公主以款款柔情善待松赞干布，使得这位生长于荒蛮之地的吐蕃国王深切体会到汉族女性的修养与温情，他对文成公主不但倍加珍爱，而且对她的一些建议尽力采纳。文成公主则凭着自己的知识和见地，细心体察吐蕃的民情，然后提出各种合情合理的建议，协助丈夫治理这个地域广阔、民风剽悍古朴的国家。而文成公主又不是那种极有权势欲的女人，她参与治国，却从未要求松赞干布给自己一个什么官职，对于吐蕃国的重大政治决策，她只是提出自己的看法，并不强行干涉，因此松赞干布和大臣们对她非常悦眼，经常向她讨教唐宫的政治制度以作为他们行政的参考，而广大的吐蕃民众更视她如神明。

贞观二十二年，唐太宗派长史王玄策出使吐蕃，一方面和洽两国关系，另一方面也是去看望远嫁的文成公主。王玄策率出使队伍带着大批绢帛文物上路，途经天竺国时，不幸遭到天竺人的抢掠，除了王玄策带着少量人马逃出之外，大部分人马及物品全都被抢去。王玄策狼狈地抵达吐蕃，拜见了松赞干布并说明了遭劫的情况，松赞干布认为天竺国是有意挑衅，破坏他与大唐的关系，于是派遣大军讨伐天竺，捣毁了他们的都城，俘虏了天竺王子，还缴获了大批牲畜，救回了唐朝使节随从人员，算是替大唐使节出了一口气。

贞观二十三年，唐太宗李世民驾崩，太子嗣位为唐高宗。新任大唐天子授松赞干布为驸马都尉，封西海郡王，并且派特使送去大量的金银、绢帛、诗书、谷种，并特为文成公主送去了饰物和化妆品，以嘉勉她和亲抚蕃的功德。

松赞干布因之上书谢恩，并忠心地表示："天子初即位，若臣下有不忠之心者，当勤兵赴国除讨。"并献上珠宝 15 种，请代置于太宗灵前，以表哀思。唐高宗对松赞干布的忠心十分感动，又晋封他为宾王，更赐彩帛 3000 段，吐蕃使者到长安后大开眼界，趁唐高宗高兴之机，向他请求赐给造酒、碾米和制造纸笔墨砚的技术，唐高宗都一一答应了。大唐王朝与吐蕃的关系，在文成公主联络的基础上，至此已到了水乳交融的顶峰。

在松赞干布与文成公主努力推行改革，以及大论（吐蕃的宰相职）禄东赞的妥善谋划下，吐蕃在军事、政治、经济、文化等各个方面，都取得了突飞猛进的发展，因而能称霸西域，成为大唐王朝西方的有力屏障。

（四）布达拉宫美仑美奂，
　　　唐蕃万代修好

　　松赞干布非常喜欢贤淑多才的文成公主，专门为公主修筑的布达拉宫，共有 1000 间宫室，富丽壮观。但后来毁于雷电、战火。经过 17 世纪的两次扩建，形成了现在的规模。布达拉宫主楼 13 层，高 117 米，占地面积 36 万余平方米，气势磅礴。布达拉宫中保存有大量内容丰富的壁画，其中就有唐太宗五难吐蕃婚使噶尔禄东赞的故事，文成公主进藏一路遇到的艰难险阻，以及抵达拉萨时受到热烈欢迎的场面等。这些壁画构图精巧，人物栩栩如生，色彩鲜艳。布达拉宫的吐蕃遗址后面还有松赞干布当年修身静坐之室，四壁陈列着松赞干布、文成公主、禄东赞等的彩色塑像。

　　松赞干布迎娶文成公主后，中原与吐蕃之间的关系极为友好，此后 200 多年间，很少有战事，使臣和商人频繁往来。松赞干布十分倾慕中原文化，他脱掉毡裘，改穿绢绮，并派吐蕃贵族子弟到长安国学读书。唐朝也不断派出各类工匠到吐蕃，传授各种技术。

　　649 年，唐太宗李世民去世，新君高宗李治继位后，遣使入蕃告哀，并授松赞干布"驸马都尉"，封他为"西海郡王"。松赞干布派专使往长安吊祭太宗，献金十五种供于昭陵（唐太宗墓），并上书唐高宗，表示对唐朝新君的祝贺和支持。唐高宗又晋封松赞干布为"王"，并刻了他的石像列在昭陵前，以示褒奖。

　　松赞干布雄才大略，统一西藏，促进了吐蕃政治、经济、文化的发展，加强了藏族与汉族的亲密关系，为中国这个统一的多民族国家的历史发展做出了杰出贡献。文成公主知书达礼，不避艰险，远嫁吐蕃，为促进唐蕃间经济文化的交流，增进汉藏两族人民亲密、友好、合作的关系，做出了历史性的贡献。

可惜不久之后，松赞干布去世，他的孙子继位为赞普，因赞普年幼，所以国事多由禄东赞一手掌握打理，家事则由文成公主操持，这时一切还算平稳。然而不久禄东赞也死去，他的儿子钦陵沿袭作了大论，这时吐蕃与邻邦吐谷浑关系恶化，他们均上书向唐廷请求论断是非，而唐高宗迟迟不予裁决，钦陵按捺不住，起兵击溃了吐谷浑。不料这一举动却触犯了唐廷的威严，唐高宗认为在他还没有做出判决之前，吐蕃就擅动武力，简直不把大唐天朝放在眼里，因此在咸亨元年，派薛仁贵督师讨伐吐蕃。

谁知薛仁贵的军队在大非川一带被吐蕃军队打得一败涂地，从此吐蕃人不再服大唐的气，连年兴兵进犯大唐边境。唐廷派大军长驻洮河镇守，以防吐蕃军队的骚扰，双方陷入了敌对局面，吐蕃成为唐王朝始终都无法解决的最大敌人。

从唐太宗贞观十五年初春，文成公主下嫁松赞干布开始，到唐高宗咸亨元年薛仁贵率兵征讨吐蕃为止，整整30年的岁月，由于文成公主的博学多能，对吐蕃国的开化影响很大，不但巩固了唐朝的西陲边防，更是把汉民族的文化传播到西域，这是唐太宗的得意之作，可惜唐高宗最终不能善加利用，轻易挑动战争，造成了不可收拾的局面，使得文成公主苦心孤诣所营造的和睦局势戛然而止，实在令人痛心。

永徽元年（650），松赞干布去世后，文成公主一直居住在西藏。她热爱藏族同胞，深受百姓爱戴。她曾设计和协助建造大昭寺和小昭寺。在她的影响下，汉族的碾磨、纺织、陶器、造纸、酿酒等工艺陆续传到吐蕃；她带来的诗文、农书、佛经、史书、医典、历法等典籍，促进了吐蕃经济、文化的发展，加强了汉藏人民的友好关系。她带来的金质释迦佛像，至今仍为藏族人民所崇拜。

唐高宗永隆元年，文成公主在逻娑城病逝，唐廷特派使者前往祭奠，但也没能改善两国的外交关系。而文成公主受到吐蕃官民的敬仰并不因与唐朝关系疏远而稍减，她的死引起了所有吐蕃人的哀痛。

文成公主死后，吐蕃人到处为她立庙设祠，以示纪念。一些随她前来的文士工匠也一直受到丰厚的礼遇，他们死后，也纷纷陪葬在文成公主墓的两侧。如今文成公主和这些友好使者，仍被西藏人视为神明。至今拉萨仍保存着藏人为纪念她而造的塑像，距今已有1300多年的历史。

凤凰变麻雀：
日本纪宫公主与
黑田庆树的婚礼

日本皇室的历史可以追溯至公元前660年。传说日本第一位天皇是神武天皇。当今日本的皇室包括日本天皇及皇族。由于皇室成员是传说中神的一族，所以没有人间的姓氏，没有选举权和被选举权，不受日本的户籍法律管理，而是由专门制定的《皇室典范》来规范他们的日常生活。

（一）婚礼之前，皇室身份的丧失不能抵挡坚贞的爱情

时年36岁的纪宫公主是天皇的第三个孩子，也是唯一的女儿。纪宫公主性格温婉可人，善解人意，还擅长舞蹈。她天生就喜欢小动物。她的保姆还记得，公主两岁的时候，就曾拿面包屑喂小动物。上高中的时候，她开始学习鸟类学，并开始观察鸟类。1992年她从学习院大学毕业，获得日本语言与文学学士学位，随后在山阶鸟类研究所从事研究工作，同时热心从事培养导盲犬等

与残疾人事业有关的事务。

黑田庆树 40 岁，现为公务员。从小学一直到大学，他一直是纪宫公主的二哥秋筱宫的同学和好友，毕业后一直与秋筱宫夫妇保持着密切往来。黑田 1988 年从学习院大学法学院毕业（这个学院因有不少皇室成员在此就读而闻名），之后就职于三井银行。1997 年，黑田庆树从银行辞职，开始在东京都建设局工作，现任建设科指导主任。他曾这样给出自己转行公务员的答案说："我希望为公众服务。"

2004 年 11 月 15 日，在经过一年的准备和各种仪式后，36 岁的纪宫公主于早上与东京都公务员黑田庆树完婚。天皇夫妇出席了她的婚礼。日本天皇明仁与皇后美智子唯一的掌上明珠纪宫公主在寻寻觅觅 35 载之后，终于找到了生命中的真爱——东京都政府职员黑田庆树。纪宫公主在完婚后将失去她的皇室身份，这是日本在位天皇 45 年来第一次嫁女。

继 2003 年 12 月底宣布了纪宫公主与东京都政府普通职员黑田庆树的婚约之后，日本皇室已决定于 2004 年 3 月中旬为这对新人举行传统的"纳彩仪式"，也就是俗称的订婚。皇室在 3 月举行的"纳彩仪式"是一定要进行的仪式，步骤繁多、非常讲究。

一、"交换彩礼"。在仪式上，双方必须交换彩礼，而黑田家会派出一名"使者"到日本皇宫登门拜访，向宫内厅长官报告说"我们已经约定将要结婚"，并送去日本米酒、鲷鱼和丝绸等喜庆的传统彩礼。

而天皇一家也会接见黑田家使者，并且还会派一名官员回访。随后，由于黑田庆树的父亲已经过世，他将会与母亲一起拜会明仁天皇和美智子皇后。

二、"告期之仪"。接下来会举行"告期之仪"，即黑田家向皇室通报结婚日期。结婚日期将委托黑田家确定，但需考虑到天皇的出访和天皇在国内的重大活动日程。日本皇室表示，结婚最好选择"大安"的日子。据悉，婚期大致定在 2004 年夏天过后。

三、"举式"。在结婚前还要举行有关纪宫公主脱离皇籍的仪式。按照日本皇室法令，公主一旦嫁给平民，就必须放弃皇室头衔，成为普通老百姓。这项仪式名为"举式"，通常在婚礼前的头10天至数日内举行。

四、"入第之仪"。最后就是"入第之仪"。即在结婚的当天，黑田家将派出使者前往纪宫公主住地迎娶公主，将公主接往结婚仪式场。结婚仪式和宴会将在民间礼堂和饭店举行。

来自新人双方家庭的30多人出席了在东京帝国饭店举行的婚礼。纪宫公主身穿白色婚纱，戴着珍珠项链。纪宫公主在早上离开皇宫时就受到助手和沿途数千名祝福者的欢呼。数分钟后，纪宫公主乘一辆黑色豪华轿车抵达东京帝国饭店。纪宫公主没有选择穿传统的12层和服，她的丈夫则穿着一件日间礼服。婚礼也没有切蛋糕的仪式。参加婚礼的皇室成员还包括皇太子妃小和田雅子。为了使大婚典礼不出意外，日本警视厅还以纪宫要经过的街道和婚礼大典举办地的帝国饭店为中心，动员了约1700名警察进行戒备。日本警方表示，虽然公主殿下将成为普通百姓，但是警方仍将把她作为"要人"，继续派人保护她。这对新人于下午两点举行新闻发布会。婚礼的招待会于下午四点举行，包括东京都知事在内的130名宾客将参加招待会。

新郎黑田庆树是纪宫公主哥哥文仁的朋友。他1988年从法律系毕业后进入了当时的三井银行工作。1997年，他进入东京市政府工作，成为公务员。他和纪宫公主是在两年前文仁举行的一个宴会上认识后正式交往的。

纪宫公主的婚约此前已经两度被推迟。最初，婚期本来是打算于2003年11月上旬宣布的，但是由于日本新潟县发生地震，受灾群众正处于危难之中，所以，纪宫公主和她的未婚夫将婚约推延到12月宣布。宫内厅此后决定12月18日上午正式宣布结婚喜讯。不料，明仁天皇的姊姊喜久子突然在18日凌晨病逝。为了准备喜久子的丧事，日本宫内厅只得再次推迟公布纪宫公主的婚约。

　　日本公众正日益关注皇室的继承问题。政府的一个顾问委员会正在研究是否通过修改法律以允许女性继承天皇皇位。目前的法律规定只有男性才能继承皇位。

（二）婚礼之后，日本天皇 唯一女儿纪宫公主成 为平民

　　日本明仁天皇的唯一女儿、时年 36 岁的清子公主（封号纪宫）在距离日本皇宫不远的帝国饭店举行婚礼，完成了她下嫁平民的最后一个程序。

　　虽然天皇夫妇等皇室要员出席了婚礼，但整个婚礼的安排十分低调，既不切蛋糕也没有交换婚戒，婚宴也融合了传统与现代风格。此后，清子脱离皇族身份，成为了一个普通百姓，并将改名为黑田清子。这是日本皇室 45 年来首次嫁女。

　　纪宫清子的结婚日是"大安日"，意谓万事皆宜。按照安排，15 日上午 9 时 40 分，新郎黑田庆树家的使者准时前往日本皇宫迎接公主。

　　之后，公主乘坐天皇御用的"尼桑王子"豪华车，在前后各 4 辆摩托警车的护卫下缓慢驶出皇宫，前往婚礼现场——东京帝国酒店。日本公主选择民间的酒店作为举办婚礼的场所还是首次。从皇宫大门到帝国饭店约有 1500 米路程，沿途等候的市民热烈欢呼。

　　为了迎接这场婚礼，有着 1100 多间客房的帝国饭店在 14、15 日两天停止对外营业。

　　结婚典礼从上午 11 时开始，纪宫公主身穿剪裁简洁的白色长

婚纱、戴着珍珠项链，新郎黑田庆树则一身深色西服。公主端庄地跟在黑田庆树身后，走进了帝国酒店内一个专门准备的神殿里，这对新人要按照日本传统举行"神前礼"。

只有30人参加了这一仪式，其中包括明仁天皇夫妇、皇太子夫妇等皇室成员和男方家的亲人。公主夫妇宣读新婚誓词，不过没有交换结婚戒指。

和以往皇室婚礼中需要换几套和服不同的是，公主选择了一身洁白的西式婚纱作为婚礼的主要服装，她的丈夫则穿着日间礼服，这反映了他们想让婚礼低调进行的意图。

宫内厅的职员在15日中午12时之前代替公主前往区公所申请结婚登记。登记手续结束之后，公主就成了黑田清子，不再拥有皇族身份。

为了使大婚典礼不出意外，日本警视厅加强了安保工作，在纪宫公主经过的主要街区和帝国酒店，警方出动了大约1700名警察加强戒备。

不过，和当年皇太子德仁的婚礼相比，这种安保程度就不算什么了。在德仁1993年结婚时，警方曾经出动了30000警力。此次公主夫妇一致要求婚礼低调，所以警方的警力已经大大减少。

下午2时，公主夫妇共同出席记者招待会，向公众表达他们的喜悦。在记者招待会上，公主对媒体表示："今后，作为黑田家的一员，我要学习各种各样的新东西，开始新的生活。"

招待会结束之后稍事休整，从下午4时开始，喜庆热闹的婚宴在结婚地点"隆重登场"。传统日式婚宴都有一名媒人讲话，清子和黑田的喜宴却没有媒人，以强调两人是自由恋爱。

新郎黑田庆树是东京都政府的一名普通职员，东京都知事石原慎太郎向新人敬酒之后，喜宴正式开始。婚宴由两部分组成，前半部分是酒店特地准备的法国大餐，包括开胃菜、主菜和甜点，人们可以品尝到美味的龙虾、鱼子酱等食物；后半部分则是日本皇室传统的茶点。

包括天皇夫妇在内的 130 名嘉宾参加了婚宴。公主出阁在日本皇室是较次级的皇室婚礼，为了打破皇室的传统观念，明仁夫妇首次以天皇和皇后的身份，出席了公主的婚宴。而当年裕仁天皇出席女儿婚礼，但没有赴宴。

婚宴上，公主换上她母亲曾经穿过的一套乳白色的和服，以表示对皇室传统和母亲的尊敬。参加婚宴的大部分女宾客也都穿着和服。

这对新人最后为众宾客准备了印有男方家族纹章与公主清子"未草"印鉴的陶制喜糖罐作为答谢礼物。

新婚当夜，公主夫妇还要举行有趣的"三夜饼之仪"：四个银盘中分别放入与新娘年龄相等数量的糕饼，新郎、新娘品尝后剩下的放入紫檀木宝盒内，在新房放置三天三夜，到第四天，挑选一个吉利的地方掩埋，祝福新人多子多福。

目前日本皇室还没有对外公布这对新人度蜜月的情况。据悉，公主夫妇可能会选择日本国内那些有代表性的景点游览。

（三）直到如今，沉浸柴米油盐的市井生活中无悔此生

清子公主做了黑田太太后，目前看来，她可能在家当一名传统的主妇。身份和思想的转变都会带来巨大压力，生活挑战包括到超市买东西、善用金钱，还有与夫家及邻居和睦相处。

在完成结婚仪式之后，清子和黑田庆树将暂时住在租来的房子中。据悉，爱女心切的皇后美智子担心清子能否和婆婆相处融洽。

黑田庆树原与母亲寿美子同住两房一厅的小单元，当了驸马总

要住得体面，明仁天皇为女儿看中了一套豪华大楼的公寓，面积过千尺，且靠近皇宫。由于还没有完工，清子和丈夫婆婆必须先住进租来的市中心高级公寓，等大厦明年完工后再乔迁新居。婚礼结束后，两名新人将入住东京市内的新房。由于事前购买的住宅还没有完工，新人的新房是租来的市中心高级公寓，备有家具和电器以及保安系统。

据知情者透露，经过反复的筛选，黑田夫妇决定将新家安在东京都丰岛区，新居离皇居不远，附近有一森林，这将有助于纪宫对鸟类的研究。为了购置新家，一对新人花去了50万日元，公寓虽小但却很温馨，而且都是纪宫一手布置，对此她很自豪。

为了迅速适应自己的新角色，清子在学习做家务方面下了很大功夫。如今，她已经学会烹饪家常菜、熨烫衣服以及到超市购物等事情。丈夫黑田也表示，他会尽力帮助公主，让她顺利地适应新生活。

从皇室成员到平民，为了扮演好家庭主妇的角色，纪宫公主真是下了一番功夫。出嫁前，当听到侍女说："你住到一个新地方后打扫壁橱和衣柜是很困难的事。"公主的回答是："什么？必须要打扫吗？"为了让丈夫吃得满意，纪宫已经苦学厨艺，并且学会了一手拿手的中国菜。并且，她学会了开车，亲自到超级市场购物。

黑田的年薪有700万日元，为了让公主衣食无缺，日本政府支付了她1.525亿日元作为嫁妆和补助。

原来公主的警卫由皇宫警察和警视厅警卫共同承担，公主成为平民之后，皇宫警察的任务随之结束。但警视厅至少在今后的半年，对清子进行24小时不间断警卫。

纪宫公主必须首先学会的就是做饭做菜，不过公主十分贤惠，已经学会烹调家常菜和熨烫衣服了。现在纪宫公主正在学习怎样按可燃与不可燃对家庭垃圾进行分类，她还要学习如何到超市里去购物等。另外，公主出嫁之后，就无法继续领取皇族成员的生活费，日本皇室为了让公主婚后衣食无忧，将会提供一笔不菲的嫁妆，叫做"一时金"。"一时金"的最高限额为1亿5250万日元（约合150万美元）。此外，天皇夫妇还将从自己的"内廷费"节余中拿出一定的"手元金"给女儿补贴家用。

纪宫公主已经36岁，是日本皇室近代历史上第一位年过30岁才出嫁的公主。不过，在当今相对宽松的社会氛围中，日本社会不仅没有认为纪宫公主的晚婚不合适，而且还有不少日本女性认同她的做法。据悉，日本目前正在积极制定法律，向允许女性拥有皇室继承权的方向迈进。因此，纪宫清子很可能成为日本历史上最后一个由皇室成员转为普通平民的公主。

与皇太子妃雅子进宫一样，纪宫公主下嫁寻常百姓家也将经历一个"脱胎换骨"的过程。不同的是，雅子是从一个普通外交官上升为皇太子妃；而纪宫公主则是从皇室成员下降为平民。因此，纪宫公主所面临的考验与磨难更大。

时任日本首相的小泉纯一郎的私人咨询机构"《皇室典范》相关有识者会议"近日展开辩论，焦点之一在于是否承认"女系"天皇。

现行的《皇室典范》中规定皇室继承者只能限定于"男系男性"。"男系"是指男性天皇的子孙，而男系继承是日本皇室的传统。"女性天皇"在日本历史上有过8人，但均属于男系成员，她们是因前代的天皇和皇太子去世而继位的皇后等女性，或者是单身女性皇族成员。而女性天皇即位后所育"女系"继位并无先例。

如果承认女性继承皇位，即使假设皇太子夫妇的长女爱子公主即位，爱子公主仍是"男系女性"。但是，如果爱子公主的子女即位，就将成为史上第一位"女系"天皇，被认为是"万世一系"的男系继承传统将被打破。

此外，《皇室典范》中规定，与非皇室成员的普通男性结婚的女性皇室成员将会被削除皇籍。与东京都政府普通职员黑田庆树结婚的纪宫公主婚后将脱离皇室。要实现对女性天皇的承认，女性皇族婚后必须仍能保留皇籍，但由于成立新的"宫家"将增加财政负担，这一议题也将受到关注。

按照日本皇室规定，公主出嫁后必须要放弃皇室头衔。因此，在大婚之日，纪宫公主也就自动成为平民。纪宫身份的转变，再一次引起了日本国内对皇室改革问题的关注。"很遗憾，舆论对皇室改革的关注并没有取得比较明显的成果，纪宫公主还是没有能保住她的皇室成员身份。"有分析人士认为，如果要废除皇室女性嫁平民须弃皇家身份的规定，将使皇族人员扩大，从而使日本皇室面临更大的财政压力。除此之外，更重要的是如果这一规定被废除，那么皇位继承人只能是男性的规定也就有可能被废除。

按日本现行的《皇家典范》，只有皇室中的男性后裔才有权继承皇位。在现有的 26 个皇室成员中，虽然有 7 名男性成员具有继承权，但他们要么没有后代、要么只有女孩，皇位无法继承。面对传承危机，日本皇室也曾考虑让女性来继承菊花皇朝王位。但想突破传统却困难重重。日本天皇的堂弟友仁就坚决反对女性继承人，近日他甚至提出让皇太子纳妾以生育一名男性继承人。此外，日本政府内的保守势力和宫内厅一直拒绝对皇室传统做任何改变，也将给日本皇室制度的改革带来重重阻力。

由于日本皇室 1965—2006 年间没有男子诞生，天皇皇位在延续几代之后将面临后继无人的可能，因此，日本国会一度考虑修改皇室典范，允许女性皇族继位，并容许其和平民结婚传位给后代，或者恢复二战之后废除的宫家成员之后代的皇族身份。但在天皇次子秋筱宫文仁亲王的妻子秋筱宫妃纪子在 2006 年 9 月 6 日得子悠仁亲王之后，修改皇室典范的程序被搁置。

附录一　近五年来皇室婚讯

　　瑞典国王的堂弟威斯伯格伯爵波乔恩·贝那多特和桑德拉·安格勒尔在 2009 年的春天结婚。瑞典国王和王室成员可能出席。伯爵出生于 1975 年 6 月 13 日，是其父瑞典前王子古斯塔斯雷那特和第二任妻子 Sonja Anita Maria Haunz 的长子。伯爵的祖父是瑞典王子威廉。威廉王子是瑞典现任国王卡尔十六世的祖父古斯塔夫六世的弟弟。

　　英国弗雷德里克爵士和未婚妻索菲在 2009 年 9 月 12 日举行婚礼。婚礼定在星期天，已经获得王室批准。将在汉普顿宫教堂举行。出席婚礼的名单还没公布。

　　奥地利女大公玛丽·克里斯廷和鲁道夫伯爵将在 2008 年 12 月 6 日结婚。公主将和未婚夫在比利时的梅赫伦举行宗教婚礼，届时比利时王室成员、奥地利王室成员、卢森堡王室成员均将出席婚礼。

　　卢森堡现任大公的第一外甥女奥地利女大公玛丽·克里斯廷公主，卢森堡大公主和驸马奥地利大公卡尔·克里斯蒂安的长女和 Limburg-Stirum 公国的继承人鲁道夫伯爵于 2009 年 5 月 16 日宣布订婚。伯爵现居比利时，出生于 1979 年。

　　2009 年 2 月 24 日瑞典女王储维多利亚公主和相恋 7 年的男友丹尼尔正式订婚。婚礼暂定在 2010 年夏天举行。

意大利王子阿莫尼和希腊公主奥尔加将举行婚礼。王子和公主已经在 2009 年 9 月 16 日在莫斯科的意大利大使馆登记结婚，他们的宗教婚礼将在 8 月 27 日举行。

阿联酋迪拜王室宣布迪拜酋长的女儿赫莎公主和塞义德王子将在 2009 年的 1 月 4 日结婚。

阿联酋迪拜公主谢克哈与巴林的纳赛尔王子结婚。谢克哈公主生于 1991 年与生于 1987 年的纳赛尔王子于 2009 年 9 月 28 日结婚。

肯辛顿宫官方宣布，女王的堂侄女，格洛斯特郡公爵里查德和公爵夫人布里齐特的小女儿罗斯温莎小姐和乔治·吉尔曼先生于 2009 年 11 月 16 日订婚。乔治是皮特吉尔曼和吉里安吉尔曼夫人的儿子。

德国塞因·维特根斯坦—贝勒伯格公国公主纳塔丽娅，丹麦女王的外甥女在 2010 年 1 月 4 日，正式宣布和自己的男友 Alexander Johannsmann 订婚。一周以内，丹麦王太后的两个外孙同时宣布订婚。

2010 年 5 月 21 日，阿尔巴尼亚王子莱卡与阿尔巴尼亚演员 Yllka Mujo 的女儿埃利亚·扎哈里亚 Elia Zaharia 宣布订婚。莱卡王子是阿尔巴尼亚王储莱卡一世的独子。

瑞典王室 2010 年 2 月 24 日宣布女王储维多利亚与平民男友韦斯特林订婚，婚礼定于 2011 年 6 月举行。韦斯特林届时将被授予丹尼尔王子、西约特兰公爵的称号。韦斯特林现年 35 岁，是维多利亚的私人形体课教练，在斯德哥尔摩拥有私人健身会所。两人于 2002 年相识相恋。

荷兰卡洛斯·德·波旁·帕尔马王子与安妮玛丽·范·威泽尔小姐于 2010 年 6 月 12 日在荷兰举行婚礼，早在 2008 年 8 月在比利时布鲁塞尔举行宗教婚礼。因为新娘的父母居住在这里。

法国王子吉恩·旺多姆公爵和奥地利人 Philomena de Tornos 女士在 2010 年 9 月 29 日正式宣布订婚，菲洛蒙那女士是一名奥地利艺术家。

查尔斯·费力普王子是法国王子迈克尔的儿子，戴安娜女公爵是波兰第 11 代卡达瓦尔公爵的女儿。他们将在 2010 年 6 月 21 日结婚。

英国女王的堂弟肯特王子迈克尔和王妃玛丽·克里斯廷的唯一的儿子弗雷德里克宣布正式和相恋两年的演员女朋友 Sophie Winkleman 女士订婚。爵士现年 29 岁，未婚妻 Sophie Winkleman28 岁。他们是在情人节那天由肯辛顿宫宣布订婚的，他们的婚礼将在 2009 年末举行，具体时间还没有公布。

瑞典维斯伯格伯爵卡尔·约翰与珍妮拉·斯滕佛尔斯将在 2011 年 1 月 8 日结婚。伯爵是卡尔十六世国王的堂兄。这也是伯爵的第七次婚姻。

英国克拉伦斯宫 2010 年 11 月 16 日发表声明称，英王第二顺位继承人威廉王子正式与自己相恋近十年的女友凯瑟琳·伊丽莎白·米德尔顿小姐订婚。婚礼将在 2011 年举行。现年 28 岁的威廉是英国查尔斯王储和已故王妃戴安娜的长子，他在 2010 年 10 月于肯尼亚度假时宣布与现任女友，同是 28 岁的米德尔顿订婚。声明称，威尔士亲王非常高兴地宣布威廉王子与女友米德尔顿订婚，婚礼将于明年春夏某个时间在伦敦举行。王子的婚礼征求了凯特父亲迈克尔的同意，以及王室亲近成员的意见，女王对这对年轻人十分满意，现任首相大卫·卡梅隆在得知喜讯后称这对于我们国家来说真是完美的一天，并祝愿王子和未婚妻快乐美满。婚后，王子夫妇将根据传统居住在北威尔士。

西班牙第 18 任阿尔巴女公爵的第三次婚礼将于 2011 年 10 月举行，与相恋多年的男友 Alfonso Díez 再结连理。第一次婚礼是在 1947 年 10 月 12 日举行，第二次婚礼是在 1978 年 3 月 16 日举行。

奥地利大公伊姆雷和女友凯瑟琳·沃克于 2011 年 12 月 22 日宣布订婚。奥地利大公卡尔·克里斯蒂安和卢森堡公主玛丽·阿斯特里德的长子伊姆雷大公宣布和女友凯瑟琳·沃克订婚。

　　奥地利大公克里斯托弗和女友阿德莱德·达拉普·弗里希于2011年12月22日宣布订婚。奥地利大公卡尔·克里斯蒂安和卢森堡公主玛丽·阿斯特里德的次子克里斯托弗大公宣布和女友阿德莱德·达拉普·弗里希订婚。克里斯托弗大公是和自己的哥哥伊姆雷大公同时宣布订婚。

　　2011年2月17日，塞恩·维特根斯泰因·塞恩现任亲王亚历山大的第三子路德维希王子与斯潘诺奇伯爵海欧纳莫斯的女儿菲利帕女伯爵订婚。

　　巴西皇位瓦索拉斯系首领路易斯的弟弟巴西王子弗朗西斯科的长女玛丽亚·伊丽莎白公主于2011年1月27日与男友帕布罗·特林达迪·德·索萨订婚。婚礼将于同年8月6日举行。

　　摩纳哥亲王阿尔贝二世与前南非泳将沙琳·维特施托克于2011年6月3日举办王室婚礼。

　　阿尔贝二世和维特施托克的盛大婚礼将于2011年7月2日举行。婚礼邀请到的嘉宾阵容豪华，包括英国王室的韦塞克斯伯爵夫妇、瑞典国王卡尔十六世·古斯塔夫、法国总统萨科齐、黑人名模娜奥米·坎贝尔、南非前大主教德斯蒙德·图图、时尚大腕卡尔·拉格菲尔德、乔治·阿玛尼等。约3500名精心挑选的宾客将有幸参加7月2日在摩纳哥王宫广场举行的婚礼仪式。这场婚礼耗资约5000万英镑。分析人士称，摩纳哥不仅希望这场婚礼能媲美英国威廉王子与凯特的婚礼，同时也试图借此振兴国内经济。

　　帕尔玛公主玛利亚·卡洛琳娜于2012年1月9日宣布订婚。帕尔玛前公爵卡洛斯和荷兰公主伊蕾妮最小的女儿玛利亚·卡洛琳娜宣布和男友Albert Brenninkmeijer先生订婚。两人的婚礼将在2012年举行。

　　列支敦士登亲王汉斯—亚当二世的侄子，菲利普王子和伊莎贝尔王妃的第三个儿子，鲁道夫—费迪南德正式宣布与女友Tilsin Tanberk小姐在2012年4月20日结婚。

　　2012年5月12日，巴伐利亚公主菲利帕将与男友电影制片克里斯蒂安·丁斯特在新天鹅堡举行婚礼。

2012年12月29日，卢森堡公主阿斯特里德的次子克里斯托弗与阿德莱德·德拉佩·弗里希小姐将举行婚礼。

汤加小姐弗雷德里卡·图伊塔和约翰·菲利普先生于2013年8月10日结婚。汤加现任国王乔治·图普六世的外甥女弗雷德里卡·图伊塔小姐和平民出生的约翰·菲利普先生在新西兰奥克兰结婚。弗雷德里卡小姐是汤加国王的姐姐萨洛特·皮洛莱乌公主的第三个女儿。

2013年8月12日，在宣布约安—弗里索王子死讯的前几个小时，王室宣布帕尔玛王子海梅将于10月5日在阿珀尔多伦与维多利亚·希塞文亚克小姐结婚。海梅王子是帕尔玛公爵卡洛斯五世的弟弟。现任荷兰国王威廉—亚历山大的表弟。维多利亚现年31岁，出生于布达佩斯，是一位专业律师。

巴西公主阿梅利亚·玛丽亚·德·法蒂玛·何塞法·安东尼娅·米开拉·加布里埃拉·拉菲拉·冈撒加和英国男友 James Spearman 宣布于2013年7月25日订婚。公主是巴西王子安东尼奥和比利时利涅公主克里斯汀的长女和第二个孩子，出生于1984年。

约旦公主阿雅·宾特·费赛尔和穆罕默德·哈拉瓦尼于2013年6月8日宣布订婚。阿雅公主出生于1990年2月11日。是约旦王子费赛尔和前妻阿利亚王妃的长女，现任约旦国王阿卜杜拉二世的长侄女。2013年6月8日，宣布与男友穆罕默德·哈拉瓦尼订婚。阿雅公主是侯赛因国王的内孙女中第一个结婚的。

摩洛哥大公主拉拉·梅里姆的长女拉拉·索克英娜·菲拉利小姐于2013年1月16日宣布订婚。这是拉拉·索克英娜·菲拉利小姐第二次订婚，之前的婚约已经取消，原因不明。

2013年1月16日，奥地利哈布斯堡伯爵马克西米利安与阿拉贝拉·斯塔福德·诺希克德小姐宣布订婚。马克西米利安伯爵是神圣罗马帝国皇帝利奥波德二世的第七子匈牙利总督帕拉丁大公约瑟夫大公的后裔。奥地利末代皇储奥托大公的远房堂弟。

摩纳哥王位第二顺位继承人安德烈·卡西拉吉与未婚妻塔蒂阿娜·圣多明戈小姐的婚礼订于 2013 年 8 月 31 日。

摩纳哥夏洛特·卡西拉吉和加德·艾尔马莱将在 2013 年 9 月 14 日结婚。

伊森堡·比尔施泰因亲王世子亚历山大·沃尔夫冈于 2014 年 2 月 16 日宣布与克里斯汀·冯·索尔玛女伯爵订婚。亚历山大王子是伊森堡亲王弗朗茨·亚历山大亲王的长子。有三个妹妹、一个弟弟。大妹妹是奥地利大公夫人，二妹妹是维德王妃，小妹妹是普鲁士王妃。

挪威国王的外甥卡尔·克里斯蒂安·佛尼尔，出生于奥斯陆。是挪威公主阿斯特丽德的次子，于 2014 年 5 月宣布和女友安娜·斯蒂娜·卡尔森小姐订婚。

2014 年 7 月 19 日，奥地利女大公，托斯卡纳公主马格达莱纳在维也纳结婚。

附录二　二战后欧洲历次重要皇室婚礼

　　1947 年 11 月 20 日，英国约克公爵 21 岁的女儿伊丽莎白·温莎嫁给了比她大 5 岁的希腊王子菲利普·蒙巴顿。菲利普在结婚前宣誓放弃希腊王位的继承权，之后成为了爱丁堡公爵。1952 年，伊丽莎白的父亲去世，她继位后于次年在西敏寺举行了加冕典礼。

　　1956 年 4 月 18 日，32 岁的摩纳哥兰尼埃三世亲王与 26 岁的奥斯卡影后格蕾丝·凯莉的婚礼吸引了全世界的注意力，格蕾丝曾多次出演著名悬念大师希区柯克电影的主角，包括《电话谋杀案》《后窗》和《抓贼记》。这场婚礼排场盛大，新娘所穿婚纱由 35 个熟练裁缝利用 6 星期的时间制作完成，婚礼成为了 20 世纪最为人称道的婚礼之一。然而，1982 年，53 岁的格蕾丝在一次车祸中不幸去世，兰尼埃三世则于 2005 年辞世。他们的儿子阿尔伯特二世亲王将于 2011 年 7 月与南非游泳选手查伦·维特施托克完婚。

　　1959 年 7 月 2 日，25 岁的比利时王子阿尔贝迎娶了 21 岁的意大利公主唐娜·帕奥拉。他之后成为了比利时王国的君主阿尔贝二世。

　　1960 年 12 月 15 日，30 岁的比利时国王博杜因与 32 岁的西班牙贵妇法比奥拉结婚，婚后他痛苦地接受了自己和妻子无法生育孩子的事实。博杜因于 1993 年去世。

　　1962 年 5 月 14 日，24 岁的西班牙王子胡安·卡洛斯迎娶了

24岁的希腊公主索菲娅。他于1975年成为了西班牙国王。

1966年3月10日，28岁的荷兰公主比阿特丽克斯嫁给了39岁的德国贵族克劳斯。比阿特丽克斯在1980年成为了荷兰女王，克劳斯于2002年去世。

1967年6月10日，27岁的丹麦公主玛格丽特嫁给了33岁的法国驻英大使亨利·蒙佩兹伯爵。她的父亲去世后，玛格丽特于1972年登基，成为丹麦第一位执政女王。

1968年8月29日，31岁的挪威王子哈拉尔与同龄的平民索尼娅成婚，1991年他成为哈拉尔五世国王。索尼娅生于奥斯陆，对艺术有一定的研究和造诣，喜爱体育运动。

1976年6月19日，30岁的瑞典国王卡尔十六世·古斯塔夫与32岁的德国口译员西尔维亚·索莫莱特结婚，后生有二女。王后西尔维亚虽然是平民，但她仪态优美，举止优雅，能说六、七种语言，深受瑞典国人喜爱。

1981年7月29日，32岁的英国王储查尔斯迎娶了20岁的戴安娜，婚礼在圣保罗大教堂举行，通过电视直播，全世界有7.5亿观众收看。这场婚礼被称为"世纪婚礼""童话般的婚礼"。他们生有二子。然而，1996年查尔斯与戴安娜正式离婚；次年，戴安娜在一场车祸中去世。

2004年5月22日，36岁的西班牙王储菲利普迎娶了他的新娘——31岁的电视新闻主持人莱蒂西亚·奥尔蒂斯·罗加索兰诺。

2005年4月9日，56岁的英国王储查尔斯二婚，娶了争议颇大的卡米拉，英国王室举行了低调的婚礼。

2011年4月29日，英国威廉王子在经历了近十年的爱情长跑后，终于要迎娶女友凯特·米德尔顿，婚礼将在威斯敏斯特教堂举行，婚礼当天英国全国将放假一天。

参 考 文 献

[1] 赵尔巽:《清史稿》,中华书局 1976 年版。

[2]《大清会典事例》,上海商务印书馆 1934 年版。

[3] [美] C. 伯恩、M. 伯恩:《文化的变异》,辽宁人民出版社 1988 年版。

[4] 郑天挺:《清史探微》,北京大学出版社 1999 年版。

[5] 邓伟志:《唐前婚姻》,上海文艺出版社 1988 年版。

[6] 李玄伯:《中国古代社会新研》,上海文艺出版社 1988 年影印本。

[7] 陈鹏:《中国婚姻史稿》,中华书局 1990 年版。

[8] [美] 鲁思·本尼迪克特:《文化模式》,浙江人民出版社 1981 年版。

[9] 故宫博物院:《钦定宗人府则例二种》,海南出版社 2000 年版。

[10] 张孟劬:《清列朝后妃传稿》,台北明文书局 1985 年版。

[11] 马建石、杨育棠、吕立人:《大清律例通考校注》,中国政法大学出版社 1992 年版。

[12] 恩格斯:《家庭、私有制和国家的起源》,人民出版社 1972 年版。

[13] 刘昫:《旧唐书》,中华书局 1976 年版。

［14］杜佑：《通典》岳麓书社 1995 年版。

［15］晁福林：《先秦民俗史》，上海人民出版社 2001 年版。

［16］马之骕：《中国的婚俗》，岳麓书社 1988 年版。

［17］潘晓梅、严育新：《婚俗简史》，中国社会科学出版社 2004 年版。

［18］［美］肯·M. 坎贝尔：《圣经世界的婚姻与家庭》，商务印书馆 2012 年版。

［19］欧阳若修、韦向学：《外国婚俗集锦》，漓江出版社 1986 年版。

［20］李荣建、宋和平：《外国习俗与礼仪》，武汉大学出版社 1996 年版。

［21］完颜绍元：《婚嫁趣谈》，上海古籍出版社 2003 年版。

［22］张磊：《作为媒介事件的王室婚礼》，《青年记者》2011 年 6 月。

［23］谭娟：《西方文化的婚姻观研究》，《湖北函授大学学报》2011 年第 1 期。

［24］付小秋：《殊途同归：中西文化下戒指历史的对比》，《文化艺术研究》2008 年第 40 期。

［25］段淑萍：《中英婚俗文化及差异》，《岳阳职业技术学院学报》2006 年 2 月。

［26］章戈浩：《大众传媒与王室大婚的传统发明》，《青年记者》2011 年 6 月。

［27］郭莹莹：《〈诗经〉中反映的先秦时代的婚制婚俗》，《黑龙江教育学院学报》2006 年第 1 期。

［28］徐瑞苹、李静：《光绪大婚全记录·大婚典礼红档》，《故宫博物院院刊》2009 年第 1 期。

［29］刘昌安、温勤能：《婚姻"六礼"的文化内涵》，《汉中师院学报》（哲学社会科学版）1994 年第 2 期。

［30］刘潞：《清帝大婚礼的文化诠释》，《中国文化研究》1996 年

冬之卷。

[31] 王春强、阳灿飞:《清代皇室婚姻制度刍议》,《牡丹江师范学院学报》(哲学社会科学版) 2006 年第 3 期。

[32] 曹劼:《王室? 媒体? 王室大婚,谁是赢家?》,《域外视野》2011 年第 6 期。

[33] 晨笛:《英国准王妃婚礼前的 3 个猜想》,《中国服饰报》2010 年 12 月 31 日。

[34] 祝乃娟:《世纪婚礼具有社会综合功能》,《21 世纪经济报道》2011 年 4 月 25 日。

[35] 王亚宏:《王室婚礼和英国经济》,《中国证券报》2010 年 11 月 27 日。

[36] 卢宝康:《斯德哥尔摩上演爱情童话》,《文汇报》2010 年 6 月 20 日。

[37] 李文云:《王子大婚引出继位话题》,《人民日报》2011 年 4 月 22 日。

[38] 李文云:《王子大婚的刺激效应》,《人民日报》2011 年 4 月 25 日。

[39] 郑晓舟:《世道变了王室婚礼也遇窘》,《上海证券报》2010 年 6 月 23 日。

[40] 王蕾:《威廉王子"金"婚》,《第一财经日报》2011 年 3 月 7 日。

[41] 张玉、卢苑:《世纪婚礼 别样风采》,人民网、凤凰网、新浪网《"威廉王子大婚"专题比较》,《今传媒》2011 年第 8 期。

[42] 敫军:《世纪婚典的背后》,《解放日报》2011 年 4 月 30 日。

[43] 于娟:《英国王子大婚看规矩》,《法制日报》2011 年 5 月 3 日。

云南省婚庆行业协会

中国婚礼研究院

云南玺尊龙婚礼文化产业集团

中外新视野

婚礼丛书

域外奇俗——世界婚礼

瞿明安◎主编

苏醒◎著

中国社会科学出版社

图书在版编目(CIP)数据

域外奇俗：世界婚礼／苏醒著．—北京：中国社会科学出版社，
2016.6

(中外新视野婚礼丛书／瞿明安主编)

ISBN 978 - 7 - 5161 - 8110 - 2

Ⅰ.①域⋯　Ⅱ.①苏⋯　Ⅲ.①结婚 - 礼仪 - 世界　Ⅳ.①K891.22

中国版本图书馆 CIP 数据核字(2016)第 109205 号

出 版 人	赵剑英
责任编辑	任　明
特约编辑	乔继堂
责任校对	闫　萃
责任印制	何　艳

出　　版	中国社会科学出版社
社　　址	北京鼓楼西大街甲 158 号
邮　　编	100720
网　　址	http://www.csspw.cn
发 行 部	010 - 84083685
门 市 部	010 - 84029450
经　　销	新华书店及其他书店

印刷装订	北京市兴怀印刷厂
版　　次	2016 年 6 月第 1 版
印　　次	2016 年 6 月第 1 次印刷

开　　本	710×1000　1/16
印　　张	14.5
插　　页	2
字　　数	202 千字
定　　价	200.00 元（共六册）

凡购买中国社会科学出版社图书，如有质量问题请与本社营销中心联系调换
电话：010 - 84083683

总　序

　　婚礼是人类社会中最普遍的文化现象之一，只要有婚姻存在，人们在缔结婚姻关系时都要举办婚礼。婚礼的形式丰富多样，与人们的衣、食、住、行、用、娱乐、礼仪、庆典、宗教、巫术等都有着千丝万缕的联系，通过婚礼可以透视人类的整个文化。婚礼也是人们喜闻乐见的民俗事项，绝大多数的人们都会对举办婚礼很感兴趣。婚礼还是现代社会中人们关注的热点问题，从婚礼中可以窥见现代社会发生的变迁和未来发展的趋向。正因为婚礼包含着丰富的文化价值和现实意义，所以才引起众多学者们的广泛关注。

　　目前国内外学者所写的专门研究婚礼的著作分别有多种不同的类型。一是分国别的婚礼书籍，如《爱情百分百：各国的婚礼习俗》、《英国婚礼》、《美式婚礼经典》、《掀起你的红盖头：中国婚礼》等；二是分地域的婚礼书籍，如《西方婚礼》、《老上海的婚礼》、《本地华人传统婚礼》、《珠江三角洲一带华人传统婚礼》等；三是分民族的婚礼书籍，如《蒙古族婚礼歌》、《土族婚礼撒拉族婚礼》、《纳西婚礼与歌谣》、《土家族婚俗与婚礼歌》等；四是综合性的婚礼实用书籍，如《国际流行婚礼礼仪》、《现代婚礼设计》、《婚礼完全手册》、《打造最完美的婚礼》、《精明高手办婚礼》、《美满婚礼筹备手册》等；五是专题性的婚礼实用书籍，如《婚礼花艺设计》、《婚礼摄影专业技巧》、《运筹帷幄——婚礼主持

人》、《婚礼庆典主持词》、《婚礼蛋糕》等。六是涉及中外不同历史时期的婚礼书籍，如《古今婚礼》、《中国历代婚礼》、《婚礼服饰考》等。七是产生国际影响的经典婚礼书籍，如《轰动世界的婚礼：皇家罗曼史》等。

　　为了在前人的基础上对婚礼的研究有所突破，我们策划并组织有关学者撰写了"中外新视野婚礼丛书"，分别包括《域外奇俗——世界婚礼》、《光宗耀祖——宫廷婚礼》、《群星耀眼——名人婚礼》、《中西合璧——城市婚礼》、《仪式符号——农村婚礼》、《异彩纷呈—少数民族婚礼》等六本著作。本丛书突出学术性、资料性和可读性的有机结合，尽量使其内容显得生动活泼、通俗易懂。丛书中的每本书都需要作者在把握学术研究前沿和占有丰富资料的基础上，通过生动的文笔对与婚礼有关的习俗、现象、事例、个案和民族志等进行深入浅出的描述和解释，以满足不同层次读者对各种婚礼文化的阅读兴趣。根据现已掌握的资料，我们对不同的书提出了相应的要求，其中宫廷婚礼、名人婚礼两本书的内容需要涉及中外的婚礼；农村婚礼、城市婚礼、少数民族婚礼等三本书只涉及中国的婚礼；而世界婚礼则只写国外民族的婚礼。这些著作分别涉及全球性、地域性、群体性和个体性的婚礼文化现象，是系统深入地认识婚礼文化不可忽视的研究课题。

　　有关婚礼的研究是一门大的学问，需要从多学科和不同的角度入手，采用不同的理论方法进行全面深入的探讨，才能有所突破、有所创新。本套丛书只是我们开展的有关婚礼研究的起点，下一步我们将组织和整合国内对婚礼研究感兴趣的学者，对中国的婚礼开展横向和纵向相结合，综合性与专题性相结合，理论性与应用性相结合，全国性与区域性相结合的系统研究，通过一批重要的学术成果将中国的婚礼文化全面客观地呈现在读者面前，为认识了解中国婚礼的多样性和复杂性以及为追求幸福生活的人们提供高端的精神文化产品作出应有的贡献。

瞿明安

2015 年 9 月 25 日

目　录

引　言

　　"无论是顺境或是逆境、富裕或是贫穷、健康或是疾病、快乐或是忧愁，我将永远爱你、珍惜你，对你忠实，直到永远……"这平实却感人的誓词，与神圣的基督教婚礼联系在一起。当这美好的誓言响起，便代表着有一对幸福的基督徒新人正在举行着人生中最重要的一项仪礼——婚礼。

　　"哦，新娘！为了幸福我牵你的手。愿你我一生相伴。我摘取了你的心；你我心心相印；愿上帝把你交给我！"一个神圣的时刻，为永恒的契约作证，把两个曾经陌生的人连在一起。这是印度婚礼中的誓言，新郎握住新娘的手，为神圣的印度婚礼作证。

　　婚礼，是每个人生命中一项最重要的过渡礼仪，它使得一双男女实现了社会角色的转变，个体组成了家庭，两个人将成为彼此生命中的伴侣，相濡以沫，直至白首。

　　欧洲的新人们和印度的新人们，虽然用不同的语言宣读着不同的誓词，但他们希望婚姻永恒的期许和祈祷是完全相同的。在世界的各个角落，人们在多样性的文化背景下产生了具有多样性的婚礼礼俗。但无论是欧洲还是亚洲，无论是基督教徒，还是印度教徒，虽然使用不同的方式订下婚事，相互以不同的方式赠送各式各样的聘礼和嫁妆；虽然穿着绚丽多姿的服装步入婚礼现场，食用着不同的美味佳肴以欢庆婚礼。但在任何一个地方，婚礼的整个仪式过程都构成了一件令人愉快的重大事项，其中的每一件事情都展示着它对于男女双方一种全新生活开始的意义。在幅员辽阔的地球上，每一个地区都有十分鲜明的传统婚礼，但它们的主旨都是相同的。

这些鲜明的传统婚礼，都是当地民族文化中的重要组成部分，也是民俗文化的浓缩与精髓。俗话说，十里不同风，百里不同俗，在不同时代、不同地区、不同民族中，因其历史条件、地理环境、生活习惯的不同，具有各自不同的特点，形成了丰富多彩的世界婚礼文化宝藏。

本书共有七章，分别从世界各地的订婚礼、聘礼与嫁妆、迎亲仪式、婚礼饮食、婚礼服饰、婚礼与宗教以及世界各地具有象征意义的婚姻仪礼等方面，归类、梳理了世界各地、各民族的婚礼习俗。所用资料主要来源于传统的民族志资料以及现代国家民族资料。虽然世界婚礼文化博大精深，专题研究也难免挂一漏万，但仍希望本书有助于将宝贵的婚礼文化保留、传承下去，为增进婚礼文化更加深入的理论研究提供一些有益的资料。

第一章
世界各地的订婚礼

订立婚约的行为称为订婚，经过订婚礼的婚约男女俗称为未婚夫妻。因此，订婚礼既是择偶过程结束的一个阶段性标志，同时也直接体现着择偶决策的初步结果。正是订婚这一仪礼，首先宣布了男女双方已经有了婚姻的约定，而不再处于"自由选择"的阶段；其次，也让未婚夫妻双方都觉得结婚的意图更为明确和真实；并且，这一仪式过程让联姻的两个家庭进入到婚姻协商阶段，也明确了两个家庭间的姻亲关系。

范·热内普在其著作《过渡礼仪》中运用了"过渡礼仪"这一核心内容作为分析框架对订婚礼进行了深入的探讨，他认为，订婚礼体现的是个体青春期、成年礼与婚礼期之间的阈限阶段。主张订婚时期是一个特殊的自治时期，它还包含了具体的脱离、转变以及加入仪式[①]。本章中，我们将从订婚礼的历史、性质，以及世界各地各具特色的订婚礼来对这一过渡礼仪进行观察和探讨。

---

① ［法］阿诺尔德·范热内普：《过渡礼仪》，商务印书馆 2010 年版，第 4 页。

一　订婚礼的历史

　　订婚礼在历史上大致经历了奴隶社会、封建社会阶段以及近现代的阶段。在这两个历史阶段中，订婚礼的性质和作用有着较大的差异，处于不断的发展变化之中。

（一）古代社会的订婚礼

　　古代社会的订婚礼对于个人、家庭以及社会来说都具有极其重要的作用和较强的约束力，在某些国家和某些历史阶段，订婚礼甚至是具有法律效力的。这一时期订婚礼的特点是：

　　1. 订婚是结婚的必经程序，没有订立婚约的婚姻往往被视为无效。订婚的最初渊源应该可以追溯至人类早期社会中的买卖婚姻，缔结婚姻的方式即是对女子进行买卖，所以，其中买卖的要约便成为婚姻成立的前提条件。双方签订买卖要约可能便是订婚礼的早期形式。古巴比伦的《汉谟拉比法典》规定："倘自由民娶妻而未订契约，则此妇非其妻。"在古罗马，没有订婚的结合只能算作姘合而不能成为婚姻。[①] 在中世纪的欧洲社会，教会法占据着统治地位，它规定，订婚也是合法婚姻必需的过程，所订立的婚姻是合法婚姻所必备的纽带。在中国封建社会中，婚姻礼制要求男女缔结婚姻必须要有"六礼"，其中的纳采、问名、纳吉、纳征四个步骤都与订婚（婚约）有关。可谓"六礼备谓之聘，六礼不

---

　　① 孙丹、刘鹤：《论婚约制度》，《佳木斯大学社会科学学报》2006 年第 2 期。

备谓之奔"。可见在古代中国,订婚也是合法婚姻的前提。

2. 订婚礼完成后,便产生法律约束力,无故悔婚要受到法律制裁。公元前 20 世纪的埃什嫩王国《俾拉拉马法典》规定,一个女子订婚之后,如果她的父亲又将她许配给其他男子,便"应加倍退还彼所接受之聘礼",与已与他人订婚的女子同居者须处死刑。按罗马法院精神,如一人同时或先后与二人订婚,须受"丧廉耻"的宣告。中国的《唐律》规定,互通婚书或收受聘财均为订婚的标志,男方悔婚者不得索回聘财,女方悔婚者须追究主婚人的刑事责任;原婚约依然有效。明律对婚约的态度大体和唐律相似,只是稍减刑罚的等次。直至清朝末年,《现行刑律》中仍有类似的规定。①

(二)近现代的订婚礼

近现代的订婚礼与古代社会的订婚相比,其性质、内容和约束力等都有着很大的不同之处。

1. 订婚已不再是结婚的必经程序,是否订婚可以由男女双方自由抉择。世界上的一些国家,如法国、日本、美国和苏联等,均对订婚的步骤采取不干涉的态度,法律中不设立有关订婚的条款。而前联邦德国、墨西哥、秘鲁等国家,虽然在它们国家的法律中存在有关于订婚或者婚约的相关规定,但也并不将其确立为缔结婚姻的必需步骤。

2. 订婚是没有法律约束力的,订婚的男女双方并不会因此而发生必须结婚的义务,法院也不受理婚约履行之诉。在订婚之后、结婚之前的同居行为也不产生夫妻之间的权利和义务,如生有子女也将会视其为非婚生子女。

3. 订婚礼必须是在男女双方当事人有意愿的情况下方可举行,其父母或其他亲属没有代为订立婚约的权利,只是在通常情况下

① 孙丹、刘鹤:《论婚约制度》,《佳木斯大学社会科学学报》2006 年第 2 期。

要求未成年人订婚须得法定代理人或监护人同意，但其目的主要在于保护监督而不在于干涉、包办。[1]

4. 订婚后，如果订婚的男女双方或者其中一方有解除婚约的意愿，则订婚可以自由解除。订婚宣告解除后，当事人双方便不再受任何约束，但许多国家在法律中对有关财产总是规定了若干处理原则。[2]

二 订婚礼的性质

从订婚礼的历史溯源中我们可以发现，无论是西方社会还是东方社会，在古代社会以及近现代社会中，都尤其重视对订婚这一步骤的规范。对于订婚礼的性质，范·盖内普认为，订婚是一种"过渡礼仪"。儿童从生理成熟到社会成熟，最明显的表现即为家庭之建立。结婚成为从一社会地位到另一社会地位的最重要过渡，因为至少婚姻一方需转换家庭、家族、村落或部落，有时新婚双方还需要建立新居处。居处变化以分隔礼仪的仪式活动为标示，总是集中表现在地域之过渡。不仅如此，因为这种社会性结合的双方所牵涉成员的数量及其重要性，此类过渡中自然需要格外注意。此周期通常被称为"订婚"。在多数民族中，订婚构成结婚仪式中特别和有自主性的一部分，包括分隔礼仪与边缘礼仪，并以聚合入新环境礼仪或自主性过渡周期之分隔之礼仪结束。此后便

① 邱玉梅：《婚约问题探析》，《法商研究》2000 年第 5 期。

② 王歌雅：《婚姻家庭法论》，黑龙江人民出版社 2004 年版，第 33 页。

为结婚礼仪。① 可见，这种观点认为订婚礼是婚姻中一个礼仪环节，也是人生过程中一个重要过渡周期，与结婚礼有密切的关联性，也有其自身特点。

除了过渡礼仪，目前的一些学者还从法律的角度来对订婚的性质进行了探讨，认为订婚即是订立婚约，而婚约就是订婚的契约，因此，订婚礼的性质应当是一种"契约"。没有正当理由而不履行婚约者应当承担违约责任；而从法律视角进行分析的另一部分学者则持相反观点，他们认为，订婚礼不是一种法律行为，只是一种事实行为，无正当理由而不履行婚约者应承担侵权行为的责任。至于婚约本身究竟是怎样的民事法律事实，在对婚约有明文规定的国家中也没有一致的意见：有视为契约者，有视为事实行为者，有视为事件者，还有视为特殊法律事实者。在中国，历来视订婚以及婚约是一种无配偶男女之间缔结的具有道德约束力的协议，不履行者并无法律上的责任。②

三　订婚礼中的重要角色
　　　——家长

人类的婚姻缔结是一种社会制度或者说一种社会性的行为，在世界任何一种文化中，它都不仅仅涉及男女当事人，或多或少，婚姻的缔结总会涉及其他一些人。不同的地区，有着不同的习俗，订立婚姻的过程中就有可能要征得他人的同意，有时候甚至还可能会由他人来包办，反而是新郎新娘的意见，显得并不那

①　[法] 阿诺尔德·范热内普：《过渡礼仪》，商务印书馆 2010 年版，第 87—88 页。
②　孙丹、刘鹤：《论婚约制度》，《佳木斯大学社会科学学报》2006 年第 2 期。

么重要。而整个订婚过程中的这个重要的"他人",大部分时候便指的是新人们的家长,自古以来,家长们便是婚姻缔结中的一个重要角色。

(一)父母

历史上,许多民族中父母为子女订婚是很普遍的。例如,亚洲的许多国家和地区,是由父母为子女订立婚姻。如印度的达蒙人、奥朗人、基桑人等,男女之间订婚事宜总是由各自的父母来筹划安排的,年轻男女在自己的婚事上是绝对没有发言权的,一切都要听从父母的安排。在菲律宾棉兰老岛的巴戈博人中,做父母的总是替儿子去挑选订婚对象,商谈订婚事宜,也很少有儿女违抗父母所订婚姻的情况。

在非洲很多部落中,儿子的婚事也要由父母,尤其是父亲来订立。在阿尔伯特·尼安萨湖南岸的巴托罗人中,男方的父亲到女方的父亲那里走一趟,婚事就定下来了。在科萨卡菲尔人中,通常都是由父亲为儿子挑选第一个妻子。在巴苏陀人中,当一个年轻人以自己的行为显示他想结婚时,父亲便会为他挑选一个妻子,至于是否是儿子意愿中的女孩,则显得无足轻重。在赫雷罗人中,年轻男女一般都没有选择婚姻的自由,他们的婚事都是由其父母或其他长辈来定的,订婚时也不询问他们的意愿。[1]

摩尔根曾经考察到在易洛魁人中,在一个男孩到了适合结婚的年龄时,便会由他的母亲张罗着给这个男孩寻觅一个性格合适的女孩订婚,作为男孩的妻子。儿女们也会听从于母亲的安排,与母亲选定的女孩或男孩订婚。

(二)曾祖父

除父母外,还有一些其他的亲属,在男女的订婚中也起到了重

---

① [芬兰]韦斯特马克:《人类婚姻史》(第二卷),李彬译,商务印书馆2011年版,第280—282页。

要的作用。如在北美印第安纳切斯人中，男女订立婚约，必须征得双方家长，通常是曾祖父的同意。

（三）舅舅

在大洋洲新不列颠岛加泽尔半岛的土著人中，订婚一般是由男方的舅舅来决定的，不过，如果男女当事人均反对这一安排，婚事也就告吹了。

（四）姑母

在大洋洲圣克鲁斯群岛的蒂科皮亚岛，以及在班克斯群岛，年轻男子要与哪名女子订婚，需要由他的姑母来决定，如果男子想与自己挑选的女子订婚，也必须得到他姑母的批准。

（五）部落、部落首领

在有些民族中，男女之间的婚姻不仅需要得到双方近亲的同意，还需要得到双方所属群体的同意。例如，新西兰的毛利人，男女青年的一桩婚事，往往是氏族的公共事务，如果是安排部族中重要人物的订婚时，整个部族便都会参与。父母对其子女的婚姻往往没有什么发言权，在订婚中起主要作用的倒是父母的兄弟姐妹等部族成员。每当男婚女嫁时，人们常常听到这样的一句话："我们部落又娶亲了。"①

在苏门答腊岛亚齐地区，青年男女若想结为夫妻，则都需要得到当地头人的允许。头人是有权阻止一对男女成婚的，虽然他们也很少这么做。总之，在这里，订婚也不仅仅是两个人或者两个家庭的事务，还是整个村落的公共事务。

澳大利亚的土著人也有部族决定婚姻这样的情况存在，男女订立婚姻常常是由部落召开会议或者部落头人来决定的。在昆士兰

---

① Best, "Maori Marriage Customs", in Trans. And Proceed. New Zealand Institute, xxx-vi. 34 sqq.

的某些部落中，男子会有两个或以上的妻子，在这些妻子中，其中一个会是全体部落成员召开会议帮男子订下婚约的，这位妻子会是该男子的正式妻子；而另外一些妻子则是男子根据自己的意愿选择的，是非正式的妻子。

曾经在西非存在过的达荷美王国中，人们认为订婚是由国王来管理的。国王为其臣民订下婚姻，而非其父母为其订婚。当然，实际上国王是如何在实际生活中为其臣民订婚的，我们也不得而知。但由此我们可以知道，在每个民族中，由谁来决定青年男女订婚都是由其传统和法律所规定的。

其实，在许多民族中存在这种由父母或者亲属代替青年男女进行订婚的情况，这并不难以理解。首先，长辈或者部族只有在青年男女的订婚选择上拥有权威，才可能维持传统的聘金制度或嫁妆制度；其次，大部分文化中倾向于"同类联姻"，即阶级地位大致相当的人缔结婚姻，之所以如此是由群体成员资格的定义所决定的，因为同族结婚就意味着只在某个群体内部联姻，这是由许多规则构成的一套原则，群体试图用这套原则来维护自己的统一性。大多数人认为自己拥有一个真正的群体，如其成员在群体内部选择配偶，大家在感情上便更能够接受一些。① 使青年男女自己选择订婚对象的基础是双方之间的爱情，而这种感情对于他们所在的传统社会的分层制度来说，却可能是一种潜在的威胁。虽然在许多文化中青年男女拥有选择订婚对象的自由，或是能够策略性地左右自己父母、亲属为其选择自己中意的订婚对象，但总的说来，从来就不存在完全自由的订婚，相反，正如某些经济交易一样，存在着许多较小的范围，只有拥有某种资格的人才能够参与其中，只有在某种社会许可的范围内，青年男女才能够得到选择自由。由于家庭资源是通过世袭来世代相传、通过婚姻关系来承上启下的，因而选择一名订婚的对象便有可能会产

---

① ［美］威廉·古德：《家庭》，魏章玲译，社会科学文献出版社1986年版，第78页。

生许多后果。所以，父母等家长或者部族会使用一些权威来避免这种潜在的风险，或者包办这桩婚姻，或者在孩子幼年时期就代其进行了选择，即儿童时期就订婚，以达到严格控制订婚对象的目的，也就不难以理解了。就如斯蒂芬妮·库茨所谈到的：正是由于"婚姻发挥了这么多经济的、政治的和社会的功能，以至于社会成员的个人需要和个人愿望被放到了第二位。婚姻并不是为了爱情和亲昵而把两个人带到一起，尽管有时候这也是一种受欢迎的副产品"。①

四 历史上的订婚礼

（一） 古罗马的订婚礼

订婚礼在古罗马的婚姻过程中也是一个重要的步骤。古罗马的男孩女孩，除了在公共节日能够有机会见面之外，基本上不会有什么机会进行接触，他们只能由家长或监护人为其挑选订婚对象，订婚绝不是建立在个人情感与爱情基础之上，而是建立在家族立场之上的。如果一个家庭要为家里的男孩挑选订婚对象，那么首先会在家庭门当户对的女孩中挑选；其次所挑选的订婚对象要能为男孩的家族带来利益，通常是两个家族通过联姻以达到结成政治联盟或获得经济利益的目的。因此，选择订婚对象的过程是极其乏味且复杂的。

---

① ［美］斯蒂芬妮·库茨：《婚姻简史》，秦传安、王瑶译，中央编译出版社 2009 年版，第 338 页。

在共和时期，订婚礼可以在双方超过 6 岁的任何年龄举行，但有不少男孩女孩在 6 岁之前就举行了订婚仪式。进入帝国时期后，"奥古斯都颁布法律：如果女孩年龄不到 10 岁，那么订婚无效"。① 订婚仪式在女孩未来的丈夫、女孩的父亲或监护人的指导下进行，亲戚和朋友都会被邀请参加订婚仪式，但订婚礼是不需要征得男女当事人同意的，因为在很多时候，这对订婚的男女还是年幼的孩子。在共和时期，订婚是婚姻的一种非正式约定，需要有证人在场，证人通常包括家庭成员或邻居。订婚仪式虽然不是结婚的必经程序，但习惯上人们在结婚前都要举行订婚仪式，这在帝国时期越来越流行。② 在举行订婚仪式时，一个重要的步骤为双方交换订婚礼物，未婚夫在订婚仪式上所赠的礼物通常是一枚没有任何装饰的铁戒指，在双方亲友的见证下，未婚夫将这枚戒指戴在未婚妻左手的第三个手指头上，因为人们认为这一手指的神经与心脏相通。同时，在古罗马的订婚仪式上，双方家长还将商定好嫁资的数目，并在订婚后分期支付。最后，与大部分地区一样，订婚礼上，欢乐地大宴宾客也是必不可缺的。当然，对于订婚的两个年幼稚子来说，这热闹的场合以及家族成员的欢庆究竟意味着什么，他们完全不明白。不过，对于务实的古罗马民族来说，如果订婚对于两个家族有利，长辈就会为这一婚姻联盟感到由衷的高兴。事实上，我们可以说，这一时期古罗马的订婚礼更多的，是一种政治和经济利益的附属产物，而非爱情的产物。

（二）古希腊的订婚礼

古希腊人通常将婚姻视为履行上天所赋使命的行为，认为延续种族是每个人道德上的义务。因而婚姻对于古希腊人来说，是一生中最为神圣和重要的事情。柏拉图就曾说过："每一个人都有义

---

① J. P. V. D. Balsdon, Roman Women: *Their History and Habits*. Barnes & Noble Books, 1963: 177.

② 袁波：《古罗马社会转型时期婚姻制度的演变》，《广西社会科学》2006 年第 6 期。

务提供一个继承人，以接替自己去做神的仆人。"① 伊赛奥斯也说过："所有感到自己死期将至的人，都会慎重地关注他们的家庭，使其不致冷落，以便有人为他们送葬，并能按时在他们的墓前祭墓。"② 由此可知，婚礼在古代希腊，是一项具有崇高意义的圣礼。订婚礼在整个婚礼过程中，则是必不可少的一个环节。根据雅典的法律，没有经过正式的订婚礼，婚姻便无效。③ 古希腊女孩的订婚对象，多由其父亲或监护人与新郎或其监护人商定，双方彼此沟通成功，商议好订婚对象之后，便会举行订婚礼。订婚一般在女孩家中举行，为了强调订婚的效力，两个家族会邀请证人到场，但订婚的女孩本人则不一定会在场。由于订婚是婚礼的前奏，因此并不需要举行宗教仪式，其主要的内容是确定女孩嫁妆的数额，以便订下婚约。在英雄时代，对女子的陪嫁要求不高，男子则必须为娶妻拿出高额的聘礼。当时的聘礼是牛，因为牛是很贵重的礼物，是那个时代的"金币"。我们从对少女的称号中也可得知一二，过去称少女为"阿尔菲希波亚"，意为"从求婚者手中为父母赚得很多牛的人"。而到了古典时期，女方如没有嫁妆就很难嫁出去，嫁妆多少悉由新娘父亲酌定。④ 在订婚礼上，丈夫和妻子之间的权利交接是这样的，女子的父亲宣布："为了生育合法后代的缘故，我把这个女人给你。"于是，订婚的男子便回答："我带走她了。"然后父亲宣布先前所应允的嫁妆的数目。⑤ 可见，古代希腊的订婚礼是与聘金以及嫁妆紧密相连的一项事务。

---

① ［古希腊］柏拉图：《柏拉图全集·法律篇》，人民出版社2001年版，第773页。

② ［德］利奇德：《古希腊风化史》，杜之、常鸣译，辽宁教育出版社2000年版，第10页。

③ ［美］威尔·杜兰：《世界文明史·希腊的生活》，东方出版社1999年版，第222页。

④ 王静：《古希腊婚姻仪式的文化内涵》，《哈尔滨学院学报》2010年第1期。

⑤ ［美］斯蒂芬妮·库茨：《婚姻简史》，秦传安、王璠译，中央编译出版社2009年版，第76页。

（三）古希伯来的订婚礼

古希伯来人生活在民族众多、关系复杂、生存条件较为艰难的古代中东地区，在这种特殊环境中形成的婚姻制度和结婚程序也有其特点。其中，订婚就是男女双方为未来结婚所作出的事先约定。

在希伯来社会，订婚很早就已经存在，如亚伯拉罕就曾派他的老仆人去为他的儿子以撒订婚，以撒的儿子雅各在娶妻子拉结以前，也与拉结家订有婚约等①。古代希伯来的订婚礼有的需要订立书面契约，如多比的儿子多比雅与妻子撒拉订婚时，撒拉的父亲"拉格尔请妻子拿过空白卷幅，以便他在上面书写婚约。爱德娜把卷幅递给他。拉格尔在婚约上这样写道：依照摩西律法之教义，将撒拉许配给多比雅"。② 但古希伯来也有口头订婚的传统，比如以撒的订婚、雅各的订婚以及后来的雅各为女儿底拿的订婚、扫罗为女儿米拉、米甲的订婚等都没有书面的婚约，而是通过口头的约定而订婚的。其中最为典型的是迦勒为女儿押撒的订婚，当时作为犹太人首领的迦勒正率领军队进攻迦南人，为了鼓舞士气，赢得战争的胜利，他对将士们许诺说："谁能攻打基列西弗，将城夺取，我就把我女儿押撒给他为妻。"迦勒就以这种悬赏的形式口头为女儿订立了婚约。③

同时，订婚的程序中男方向女方家赠送聘礼也是重要的步骤。亚伯拉罕的老仆人为以撒与利百加订婚时，"拿出金器、银器和衣服送给利百加，又将宝物送给她哥哥和她母亲"。聘礼可以有多种形式，可以是金器、银器、衣服等器物，也可以是女方家长所需要

---

① 岳纯之：《论希伯来婚姻制度》，《烟台大学学报》（哲学社会科学版）2007 年第 3 期。

② 《圣经》，简化字合本。

③ 岳纯之：《论希伯来婚姻制度》，《烟台大学学报》（哲学社会科学版）2007 年第 3 期。

的某些其他东西，如雅各娶妻子拉结前为岳父服役七年，雅各为女儿底拿订婚时向对方提出的要求是"所有的男丁都受割礼"，而在上述迦勒发出悬赏之后，他所要求于对方的则是"将城夺取"，而这份"厚礼"最后由他兄弟的儿子俄聂陀出色提交。[①]

由此可见，古希伯来的订婚礼既具有自己的民族特色，同时也不乏与世界各民族的共通之处，是古代东方社会的一道独特风景。

（四）中世纪欧洲的订婚礼

16 世纪初的欧洲，婚姻方面的决定权是各种相互矛盾的压力所压迫的目标，这些压力反映出社会组织混沌的生命力。结一门亲的交涉过程仍然首先将两个家庭牵涉进去，他们之间应该解决女子和财产转移问题[②]。他们会首先举行一个非宗教的仪式，拉丁文称之为"谈得来"（verba de future），这个仪式是男女双方家长当着公证人的面公开签订婚约的仪式，如果没有公证人，那么他们会当着邻居或者亲属的面进行，以赋予这一婚约一种公开性和约束力。这种签订婚约的仪式，可以说是那个时代的"订婚礼"。在当时，宗教和法律都十分注重和强调婚姻的自愿和男女双方的情感，因此，订婚礼才称为"verba de future"——在这订婚礼上，青年男女相互许诺要结为夫妻，许下的是不可反悔的承诺。

我们可以通过法国香槟地区的"订婚礼"，看出当时在婚前关系和缔结婚姻中占主导地位的自由气氛：1483 年，一位名为亨丽埃特的女子要与一位名为让·比黑的男子订婚。在净礼前夕，男方来到亨丽埃特的父亲家里，说如果亨丽埃特愿意，他很想娶她为妻。亨丽埃特回答说，如果她父亲愿意，她便同意。父亲说，既

---

① 岳纯之：《论希伯来婚姻制度》，《烟台大学学报》（哲学社会科学版）2007 年第 3 期。

② ［法］安德烈·比尔基埃、克里斯蒂亚娜·克拉比什－朱伯尔、马尔蒂娜·雪伽兰、弗朗索瓦兹·佐纳邦德主编：《家庭史》，袁树仁、赵克非、邵济源、董芳滨译，生活·读书·新知三联书店 1998 年版，第 163 页。

然他女儿愿意，那么他也同意。这时，父亲叫女儿坐到桌旁让·比黑的身边，然后将酒斟在一个酒杯中，叫让·比黑以婚姻的名义向他的女儿敬酒……此后，亨丽埃特的叔父对她说："像刚才让·比黑向你敬酒一样，你也以婚姻的名义向他敬酒吧！"于是亨丽埃特也向男方敬酒。男方双手擎起酒杯喝下去，然后对她说："我希望你接受我以婚姻的名义给你的一吻。"然后拥抱了亨丽埃特。这时，在场的人们对这对男女说："你们已经彼此相许，以酒为证。"[①]

不难看出，在这场订婚礼中，首先，男方得到了女方和其家长，即父亲的同意；相互敬酒，并"以婚姻的名义"予以女方一吻，这是表示认同的两个礼仪性的步骤，具有象征意义，并且它具有在习惯法中非常为人所熟知的约束效力。父母、亲戚以及朋友的在场参与表明了这场订婚礼的合法性及许诺的不可更改性质（"以酒为证"）。这一民间仪式虽然看上去有些简单，但各种要素却均已具备，除了没有教士在场，其余的完全可以称它符合当时教会法的要求。

（五）文艺复兴时期意大利的订婚礼

在文艺复兴时期的意大利，结婚也不仅仅是两个人的结合那么简单，它也是一件公众性很强的事务。其中，订婚是必不可少的过程之一，它最重要的就是起到了婚姻的公开化的作用。文艺复兴时期意大利人婚姻缔结一般要经过四个阶段，其中，完婚之前的三个阶段应该都可以归为订婚。

在举行订婚之前，男女双方的家庭一般会通过介绍人为子女选择合适的订婚对象，已有联姻意愿的两个家庭便会在这名中间人或者介绍人的协助下，进行关于订婚事宜的最初商议。协商的内

---

① ［法］安德烈·比尔基埃、克里斯蒂亚娜·克拉比什－朱伯尔、马尔蒂娜·雪伽兰、弗朗索瓦兹·佐纳邦德主编：《家庭史》，袁树仁、赵克非、邵济源、董芳滨译，生活·读书·新知三联书店1998年版，第166—167页。

容主要是男女双方家庭达成婚姻联盟的意愿。这一阶段,更多的是以一种私人的性质进行会面。之后,便是正式订婚(sponsalia)阶段,与最初商议阶段相比,这一阶段的性质便呈现出一种公开化。参与订婚阶段的,通常都是各自家庭中的男性成员,女性成员,包括订婚的姑娘本人都是不能参与的。此外,双方家庭还要挑选参与订婚的公证人和担保人。公证人主要是对新娘要带到新郎家的嫁妆的数额以及其他东西进行记录。担保人主要是确保双方能够履行第一阶段所达成的允诺。同时,担保人还要确定婚姻契约中达成的条款以及举行婚礼的时间,并监督婚姻契约的执行,主要是嫁妆的支付。公证人对嫁妆数额的登记以及担保人对这一事务的监督都说明了这一阶段的公开性特征。① 被尊封为"圣安东尼"的佛罗伦萨大主教安多尼努斯曾经就订婚的问题说过:"在某一地点,结婚之前的订婚应该得到公开性的庆祝。"

文艺复兴时期意大利订婚过程中,还有一个称为"婚戒日"(matrimonium)的步骤。在这一天,新娘的父亲和兄弟将会把家族中的亲属以及公证人邀请至新娘家中,同时,新郎也会在其家族成员的陪伴下来到新娘家举行一个仪式。这个仪式通常会在新娘的房间进行。仪式中,公证人会向订婚的新人提出一些如双方年龄、之前的婚姻状况、相互许下何种承诺等问题。这一步骤是为了强调这场订婚是符合教会精神、是得到教会允许的订婚。在"婚戒日"仪式结束之后,整个订婚便算是圆满地完成了,虽然一对新人还没有正式举行婚礼完婚,但至此,人们便普遍认为这对男女已彼此具有夫妻的义务和约束了。

(六)古代日本的订婚礼

在日本江户时代(17—19世纪),曾并存着两种为青年男女选择订婚对象的方式。一种方式是订婚对象完全由父母或者家族成

---

① 程新贤:《论意大利文艺复兴时期婚姻缔结过程及特征》,《湖南人文科技学院学报》2011年第1期。

员选择和决定，当事人只能完全地听从家族的意见，无权自由选择与谁订婚。这种订婚对象的选择方式多出现在武士门第之中，因为武士阶级追求的是保护血统、维护门第和自身利益，因此选择订婚对象的首要要求便是门当户对。而另一种方式则要相对宽松一些，是通过媒妁介绍而选择的订婚对象，这种方式多在一般平民百姓家庭中使用。

但是，到了明治时代（19世纪末），通过媒妁介绍而来选择订婚对象的方式变得更为普遍了，它广泛地使用于各个社会阶层中。因此，通过媒妁介绍，能够让订婚前的男女双方有机会相互见见面、有一些初步的了解。这一方式相比江户时代武士家族的订婚方式来说，开始对个人的感情、意志更多了一些尊重。但是总的说来，古代日本选择订婚对象的前提要求，仍然首先是要维护经济和政治地位等方面的家族利益，以联姻的方式提高家族地位或者谋取益处。选择订婚对象的首要条件依然是门当户对，订婚的男女双方在婚前有无感情基础以及个人意愿等并不在考虑范围之内。因此，从本质上来说，这还是一种由当事人的父母和亲属来包办决定的订婚。这种订婚方式符合当时日本明治政府把整个日本视为一个以天皇为家长的大家庭的国策主张，直到1945年，第二次世界大战结束，它一直是日本社会婚姻习俗的主流。①

如果男女双方的家族都对这段联姻感到满意，便会安排一个订婚仪式。虽然法律上并不承认订婚的效力，但自古以来，传统习惯上则必须履行这一程序。媒人在订婚仪式中充当着重要的角色，因此是必不可少的。另外，订婚仪式的形式因地区不同而有所差异。日本传统上的订婚仪式称为"结纳"，这一民俗相传是在很早以前从古代中国传入日本的。古代日本的订婚礼上，男方要赠送给女方家鱼和酒。然后，双方家族会举行宴会，大家聚在一起吃鱼、欢饮，以庆贺两个家族的联姻。这些赠送给女方的鱼和酒被

---

① 姜天喜：《日本婚姻习俗的历史与现状》，《西北大学学报》（哲学社会科学版）2001年第2期。

称为"结物"，也就是结亲的信物，以后逐渐讹传为"结纳"，并成为日本传统中订立婚约的标志。① 订婚之后，双方家庭会选择一个吉利的日子请媒人把男方的聘礼送到女方家中，然后再把女方回赠的礼物带回男方家里。在订婚之后、完婚之前，男女两方家庭所交换的礼物都要陈列在各自家中的壁龛中，直到正式结婚当天取出。这种古老的形式，具有浓厚的日本民族传统文化的气息，到今天都还为不少日本家庭所保留。

（七）古印度的订婚礼

在传统的印度社会中，人们认为婚姻的目的在于履行繁衍后代的职责、完成宗教的要求以及享受性爱。古印度人还将婚姻称为"圣事"，他们觉得缔结婚姻是以履行宗教职责为崇高的目的，在缔结婚姻的过程中也包含有神圣的宗教仪式，一旦结为婚姻，这种结合就会被认为是永恒的以及不能破除的。古代印度的婚姻也像许多国家一样，不是简单的男子和女子两个人的结合，更多是意味着两个家族的联盟。因此，如果这名未婚夫在订婚后不幸去世，那么他的未婚妻便会嫁给未婚夫所在家族的其他男性成员。

古代印度人根据其种姓的不同、所处地区的不同而选择不一样的结婚方式。但在整个结婚过程中，订婚礼却大多是不可缺少的一个环节。订婚礼一般会选择吉利的日子来举行，举行订婚庆祝仪式的时间为一年中的 1—2 月以及 6—9 月。订婚当天，订婚的男子和其家人一同来到女方家，首先由婆罗门祭司诵读祈福的经文，然后，人们会向放置在铜盘上的迦内沙敬拜，因为迦内沙是古印度的象头神、财神和知识之神，人们相信他能为一对新人带来幸福和家庭的昌盛。订婚仪式上，女方家人会向迦内沙和男方的家人身上泼洒稻米，以象征吉祥。接下来，便会进行订婚仪式最为重要与核心的步骤，即订婚女子的父亲或者监护人会口头宣布，

---

① 姜天喜：《日本婚姻习俗的历史与现状》，《西北大学学报》（哲学社会科学版）2001 年第 2 期。

某某的女儿将作为礼物嫁给男方，这种允诺一旦在仪式上说出口便具有了约束力，不可更改了。然后，订婚女子的父亲或监护人会将圣线、水果、鲜花和一些衣物赠送给男方。女方的婆罗门祭司在男子和其男性亲属额头上点红点。男子的父母和亲属也要相应地向婆罗门祭司敬献礼品并赠予他糖果和钱。[1]

虽然现在印度的法律规定，举办婚礼后才是真正意义上的结婚。但就古代印度至今所流传下来的传统习俗来看，订婚礼所占有的地位和重要意义丝毫没有减弱，在人们的心目中，女子一旦订婚，就表示她已嫁人。

五　各具特色的订婚礼

（一）亚洲

印尼苏门答腊的巨港地区，订婚仪式是在新郎家中举行的，新娘不参加这一仪式。新郎将一把家传的宝剑赠送给新娘的家人作为信物，即表示双方订婚。

印度比尔的青年男子会在求爱时，向中意的姑娘作出十分甜蜜的微笑，如果姑娘愿意结交小伙子，她就会作出相同的反应回报小伙子甜蜜的微笑。当获得了姑娘的首肯时，求爱的小伙子便会将一种叫作"辰砂粉"的红色颜料涂在姑娘的额头上，这种红粉是印度已婚妇女的标志，并送给姑娘一片槟榔树叶子。如此，便

---

① 孙玲：《概览印度婚姻从古至今的嬗变》，《黑龙江教育学院学报》2010 年第 7 期。

表示这对青年男女订婚了。正式的订婚礼十分隆重，订婚的青年男女和他们的父母会互换可可果、布料和礼物，他们的亲戚朋友则在一旁唱起动听的歌曲、跳起欢快的舞蹈，为这对青年男女的订婚而欢庆。

缅甸孟族青年男女在互相爱慕，希望结为夫妻之前，也需要先订婚。订婚的方式是，男方家庭邀请三位或者七位夫妻双全的男子或妇女到女方家中，女方的父母与长辈接待前来订婚的男方家人。这时，姑娘的父母会问道："能送多少饭笭来？"或者是男方家了解姑娘的心思而发问："想让我们送多少饭笭来？"饭笭，在孟族人们的订婚礼中其实就是订婚所能付给女方家的礼金的意思。经济富裕的孟族人家，办喜事是需要准备上百个饭笭的，即使是普通人家，与姑娘订婚也至少要准备七个饭笭。整个订婚的过程总的说来，主要是男女两个家庭就礼金多少进行的协商过程。待礼金问题两个家庭达成一致后，订婚时的另一项事务便是选择结婚的日期。孟族人认为举行婚礼最好的日期是缅历的二月、八月和十二月，特别忌讳正月举行婚礼。选定了结婚的日期后，便开始请客。根据订婚时所商定的饭笭数目的多少来邀请客人。[①]

朝鲜的订婚又称为"纳彩"。这一点与传统中国的订婚礼较为相似，是由男方父母首先托媒人给女方的父母送去新郎的"四柱"，"四柱"指的就是新郎的生辰年月日。女方接到新郎的"四柱"后，按照新娘的"八字"，即生辰选择适合结婚的吉日定下婚期，并把写有婚期的书函送回男方家。

在亚洲西部的约旦，小伙子如果中意某位姑娘，便会请媒人去姑娘家提亲，得到应允后，男女双方便会商定日子去当地的清真寺订婚。按照约旦礼俗，订婚那天，一般订婚的姑娘本人不去清真寺，而会由姑娘的父亲代为前去。到了清真寺后，教长会坐于中间，小伙子伸出一只手放在教长膝上，姑娘的父亲则伸出一只

---

① 《东南亚资料》1983 年第 1 期。

手按在小伙子的手上，上面覆盖有一块手帕。之后，姑娘的父亲当着教长和来宾、亲戚们的面对小伙子说："你的妻子就是我的女儿。"随后，教长会再诵读一段《古兰经》，对这桩婚事表示祝福。这样，一对男女所订下的婚约就算得到了真主认可，成为合法的了。

科威特男女的订婚仪式在阿拉伯世界中也是别具一格的。一般由男方选择一个吉祥的日子，到女方家送礼品；女方家隆重地接待来访的男方家人，并向前来祝贺的亲朋好友们洒香水和花瓣。接受男方家送来的礼物之后，订婚仪式正式开始。订婚的男女当事人、双方的父亲、法官、教长以及两名证婚人会举行一个正式的仪式，但这一步骤除订婚的女子外没有别的女性参加。这一步骤结束后，亲朋好友簇拥着新郎回到家，将新郎带到一间布置精美的房间内，接受大家的祝贺。此时，妇女也争相弹动舌头发出欢呼声。最后，身穿金银丝盛装、面覆头巾的新娘在四名妇女的搀扶下缓缓步入房间。等陪同的妇女离开之后，新郎便走近新娘，揭开头巾，双膝跪地，表示对两人未来婚姻的忠贞，并祈求真主赐福于他们。[1] 紧接着，订婚仪式进入高潮，新郎用力猛拉新娘，以显示男子的力量和气概；新娘也毫不示弱，全力反抗。新娘新郎"打斗"得越厉害，就越表示新娘是一位高贵端庄的好姑娘，她的父母亲友也越感到高兴和荣耀，如果新娘在订婚时不反抗，就会被舆论所谴责。反之，如果新郎在订婚仪式上无法制伏新娘，也同样是要被瞧不起的，大家会认为这名男子没有男子汉气概。一直到新郎新娘激烈的扭打结束，新娘终于被新郎制伏之后，订婚仪式才正式结束。

阿富汗人很重视订婚这一道手续，他们订婚仪式的独特之处在于只有新郎而没有新娘，只有新郎和男方男性家属及亲友参加订婚，所有女眷都不能出现，就连新娘也没有权利参加自己的订婚

---

① 欧阳若修、韦向学编：《外国婚俗集锦》，漓江出版社1986年版，第172—173页。

仪式。仪式开始，毛拉首先念诵一段《古兰经》，然后主婚人向男女双方家长征求意见。双方家长表示同意后便会相互握手，主婚人便宣布："现在某人之子已经选定某人之女为妻，双方均已同意。"当念到新娘名字时，主婚人便在女方事先准备好的约半斤重的塔形糖块上打一下，正因为如此，阿富汗人将订婚称为"打名字"①。主婚人打了糖块之后，便把它交给新郎，并把女方准备的其他糖块分给其他亲友。有些人家在打糖之后还会准备抓饭和茶点招待客人，并聘请乐队演奏，大家尽情地欢宴。

订婚礼在巴基斯坦穆斯林中也是一项非常重要的婚姻礼俗，订婚在乌尔都语中叫"门格尼"。这一重要的仪式在男女双方家中举行，只邀请关系密切的近亲参加。订婚时，当事人双方其实是互相不见面的。订婚仪式先在女方家中举行，订婚男子的母亲和姐妹到女子家中给她戴上戒指和红色的头巾，有的还要送去首饰和衣服。一两天后，再换成女方到订婚男子家中登门，给男孩子戴戒指。在举行订婚礼期间，双方都要互相赠送大量的甜食，向亲朋好友宣布喜讯时也要给他们分送甜食。②的确，甜食能够反映出一对新人订婚时那种甜蜜美好的心情。

(二) 欧洲

英国是一个历来注重礼节的国家，因此它的订婚礼仪也比较烦琐。一对男女如果要订下婚约，男方会首先去征得女方父亲的允许，而这位未来的岳父则会通过有关提问来判断此人是否合适成为女儿的终身伴侣。在过去，这一步骤较为严肃拘谨，而现今则在形式上轻松一些，对于订婚的男子和他未来的岳父之间，更多的会是一次非正式的谈话。

征得女方父亲的同意后，便进入宣布订婚的程序了。情侣们会把这个好消息尽可能多地告知亲朋好友。住在近处的朋友们，一

① 顾义章主编：《世界民族风俗与传统文化》，民族出版社1989年版，第171页。
② 陆水林：《巴勒斯坦》，重庆出版社1999年版，第333页。

般口头告知，而如果亲朋们住得很远很分散的话，则会用写信的方法告知，以表示尊重。有一些情侣也会在报刊上登出他们的婚约，公开向社会宣布他们的订婚。通常来说，习惯上是由订婚女子的父母宣布女儿订婚，如"××郡××市的布朗夫妇非常高兴地宣布女儿伊丽莎白与××郡××市的安妮·里德和查尔斯·里德之子亨利订婚"。无论选择哪种方式宣布订婚，其根本目的都是在于能够尽可能地让双方的家庭成员和朋友们分享这对未婚夫妇的快乐。因此，宣布订婚阶段，男女双方都会尽量让每个人都知道这个好消息。宣布订婚后，男方一般会送给女方一枚订婚戒指，这枚戒指是订婚显而易见的标志，是让未来新娘嫁给他的一种象征。它一般会被戴在女方左手的中指上，而正式举行婚礼时，这枚订婚戒指则将被结婚戒指所代替。之后，便是订婚仪式了。有的未婚夫妇会选择安静而平和的方式来庆祝订婚，他们认为订婚更多的是个人的事项，而不像婚礼那样举行家人和朋友的大型聚会。因此他们会仅仅举行一两顿私人的订婚晚宴。甚至不举行宴会，只是两个人来一次浪漫的旅行或者共度一次甜蜜的假日。但是，这种不举行大型仪式的订婚方式丝毫不会减弱订婚的重要性和严肃性，对于订婚的双方来说，互相许下的承诺是彼此都要遵守的。但如果订婚双方都倾向于用派对一类的盛大仪式来庆祝订婚这一重大事件，那么订婚典礼就是举行欢乐的大型派对的最好理由了，订婚典礼可能是新娘父母主持的家庭聚会，也可能是更为正式的酒宴。无论未婚夫妻用何种方式举行订婚仪式，订婚都是一件重大的事情，它预示着两个人关系正式化与合法化的开始，同时也预示着紧张的婚礼筹备也即将开始。

罗马尼亚青年男女经过一段时间的恋爱，在征得家长的同意后，小伙子便会在伙伴们的簇拥下来到姑娘家中订婚。订婚那天，小伙子来到心爱的姑娘家，姑娘的亲朋好友们则会守在门口将小伙子拒之门外。按礼俗，他必须背诵一首关于爱情的古谣，才获准进门。进了门，小伙子会诧异地发现坐在屋子当中笑吟吟地等待他的不是自己的心上人，而是他的岳母，这时他的岳父会问小伙子："你是来找她的吗？"话声未落，亲友们往往哄堂大笑，小伙子自然会红着脸说："不是。"岳母刚让位，又一个满脸皱纹的老婆婆马上被拥入座位，"这回可让你找到了，是吧？"岳父的话又引起一阵哄笑，小伙子没奈何，只得当着亲友们的面，把所要找的心爱姑娘的相貌描绘一番，如果描绘正确，姑娘才能带着娇羞，在女友的簇拥下与小伙子相见。[①] 订婚这天，姑娘家客厅中央摆放着一张盖有红丝绒桌布的方桌，桌上还放着一个圆盘，里面盛满了金灿灿的麦粒。在音乐的伴奏下，小伙子会把一枚戒指摆放在桌上，而姑娘则将一条亲手织成的围巾摆上。紧接着就是双方交换订婚礼物了，小伙子拿起围巾，姑娘则戴上戒指。交换礼物完毕，就会把圆盘中盛好的麦粒撒在地上，这象征着小伙子和姑娘未来结婚后的生活将会富裕丰饶。至此，订婚完成，亲朋好友们纷纷为一对新人欢呼。

在俄罗斯传统的婚俗中，订婚也是必不可少的一个部分。在农村的一些地方，经媒人说媒，女方父母同意女儿出嫁后，过几天就会举行订婚，称为"喝订婚酒"。一些小城镇和城市贫民区中，订婚这天姑娘的双亲要举行祝福仪式，接着姑娘走上台阶向各个方向行七个鞠躬礼，并向亲友们宣布，她已许配了人家。姑娘的女友们纷纷鼓掌、敲铜盆以示祝福。晚上，周围的年轻人们都会聚集在广场上，订婚的男青年会用蜜糖饼干招待大家，并骑上一匹脖子上挂有铃铛的马和年轻人们一起欢乐地嬉戏。而贵族家的姑娘订婚，则是在家中举行舞会，由姑娘的长辈发出请束。除了邀请亲友外，还会邀请上流社会的达官显贵。姑娘的父亲是订婚仪式的主持者，他会向来宾介绍订婚的新娘和新郎，随后，新郎会赠给新娘一枚镶有宝石的戒指。在场的来宾会向新娘和新郎表示祝贺。祝贺仪式一结束，新郎就会和新娘一起跳起华尔兹舞。

① 林依：《国外订婚习俗趣闻》，《世界文化》2001 年第 3 期。

19世纪末20世纪初，俄罗斯的青年人订婚不仅要得到社会的承认，还必须举行一个宗教仪式，就是由教堂宣读订婚人姓名。根据俄罗斯所信仰的东正教的规定，凡订婚者应当书面或者口头将男女双方的名字、身份告知男方所属教区的牧师。牧师会在三周内，向教民们宣读订婚人的姓名①。这一宗教仪式后，则表明这对男女的订婚也获得了宗教的认可。

（三）非洲

非洲肯尼亚的基库尤族男女青年的订婚过程很有特点。男青年不能亲自对他中意的女孩表示爱慕之情，而只能请一两个同龄的伙伴去拜访她。到姑娘家后，其中一个小伙子会对姑娘说："我们在寻找一个住宅。"这样姑娘就立即明白小伙子们的意图了。在得知谁是求爱者后，若同意嫁给他，就说一声"欢迎"。若不同意，就以"目前我们没有住处"而婉言谢绝。小伙子如得到女孩的同意，就与父母一起持蜂蜜酒或甘蔗酒登门拜访。在双方父母面前，姑娘把礼酒倒一些在酒杯里先喝一口，再给父母喝，然后再倒上酒让小伙子的父母喝，这样，两个青年男女的婚事就算定下了。若不同意出嫁则不喝酒②。待男方家为女方家送上作为订婚彩礼的30—40头羊后，双方的亲朋邻里就会受邀参加这对新人的订婚仪式。这一天，要举行一个盛大的酒会为新人庆贺，这一仪式被当地人称作"和血之日"，仪式上，人们要朝着肯尼亚山宰杀山羊，放出羊血，并取出羊的内脏，这象征着一种净化的功能，也表示能够抵御一切邪恶，以此来预示新人未来婚姻的顺利与和睦。宰羊时，第一只羊身上所砍的第一刀，需要订婚的姑娘来砍。这只羊烧熟后，肾脏要给订婚的姑娘先吃。订婚之后，小伙子才能把姑娘娶走。

其实，在订婚时喝具有象征性的礼酒的习俗，并不是基库尤人

---

① 杨淑君译：《俄罗斯人的婚姻习俗》，《外国问题研究》1983年第1期。
② 欧阳若修、韦向学编：《外国婚俗集锦》，漓江出版社1986年版，第193页。

所特有的订婚礼俗，在中非一些地区的青年男女订婚时，小伙子也会同父母一起在去姑娘家提亲时携带一葫芦酒，送给姑娘的父母。如果姑娘的父母同意这门亲事，就会先尝一口酒。然后，递给小伙子的父母也各尝一口，最后再递给姑娘尝一口，最后，提亲的小伙子本人也要尝一口酒。这样，一场"订婚"也就在这每人一口的"品酒"中完成了。

肯尼亚的基西吉斯族青年男女在订婚时，男方的父亲会手持一根具有特殊标识的木棍，来到女方的村落。女方家看到这根木棍，便知道他们是前来与自己家女儿订婚的了。而男方父母来到女方家门口时，却并不急着敲门，而是耐心地在门外等待一会儿才叩门求见。这是为了表示一对新人都是不急于求成的。稍待片刻之后，女方家父母便会热情地开门迎男方家人进入，双方互相祝福。之后，女方父母还会将牛油涂在男方父母的额头上。这桩美好的婚事也就此定下了。

坦桑尼亚的哈亚族人定亲时，有着"摸脚"的习俗。在这个民族的婚姻观念中，儿女的婚事应当由父母决定，本人是不过问的。儿子到适婚年龄，父母就会为儿子物色一个性格、家庭相当的姑娘，并请人提亲。要是女孩的父母同意了，男方的家长就会携带一些礼物去拜访姑娘的父母。并按照这一民族的订婚礼节，俯下身子，摸一下姑娘父母的脚。这一行为，既是对姑娘父母允诺求婚的感谢，同时也是两个家庭正式联姻，一对男女正式定亲的手续。假如，在举行过"摸脚礼"后，有一方反悔另娶或另嫁，对方就会祷告祖先的灵魂，对不遵守订婚婚约的一方给予惩罚。

西非的游牧民族富拉尼族，主要居住在尼日利亚和喀麦隆两个国家，信奉伊斯兰教。富拉尼女孩的订婚礼极其独特，女孩一出生便会举行。当一个家庭生育了女孩后，人们便会事先准备好他们称为"卡尔果"的树皮，争先恐后地到这个女孩的家中来祝贺。而第一个前来祝贺的人，便会将树皮缠绕在小女婴的手腕上，这样，就表明了这名小女婴已经与这位祝贺者的儿子或他亲朋好友的儿子订下婚约了。然后，他会在小女孩的耳边祈祷，祈祷真主保佑这名小女孩。于是，这一仪式便既是对小女孩出生的庆贺仪式，同时也成为这个小女孩的"订婚仪式"。之后姗姗来迟的道贺的人们看到小女孩手上的"卡尔果"，就知道这个小女孩已经举行完"订婚仪式"，将成为别人家的新娘了，便只能在做完祈祷后失望而归。

有这种婴儿时期就举行"订婚仪式"的民族并不仅仅富拉尼族一个，多哥的卡必耶族也有类似的习惯。女孩出生后，家有男孩的人家便会派人前来探视，如果女孩家没有拒绝的话，男方家前去探视的人便会将一条黑色的细绳交给小女孩的母亲，系在女婴的腰上，这样，就表示这个小女孩与前来探视人家的男孩正式订婚了。订婚之后，男方便要经常到女方家赠送礼物以及帮女方家干活。

摩洛哥的订婚礼一般会选择在每个星期的星期四这一天。订婚时，小伙子会将订婚戒指、牛奶和椰枣等礼物赠送给新娘，然后男女双方签订婚约。在传统的摩洛哥社会中，如果男女双方订了婚，男方就必须送给女方一条重约一公斤的金腰带，腰带表面还要刻上精致美丽的花纹。这种习俗使得有适婚年龄男孩的家庭负担很重，因此逐渐被弃置。订婚礼的第二天，未过门的新娘会设下宴会，招待双方的女性亲友。而到了周六，则由未来的新郎请双方家的男性亲友欢宴庆贺。

而东非索马里游牧人的订婚礼则并不是在一次仪式中便完成的，他们的订婚期比较长，一般会有4—5个月。男方家庭向女方家庭提亲后，女方家庭如果接受，那么男方家庭便会送给他们一两峰母骆驼，作为订婚聘礼。而接下来的四五个月中，订婚的男女青年双方便可以在树林里放牧的时候相会片刻。有的时候，小伙子也可以到姑娘家中拜访，这时，姑娘和她的父母便会很隆重地接待来访的小伙子。为他专门搭建一所舒适的小屋，并由姑娘亲自烹调美味的饭菜招待他。夜幕降临时，姑娘便可以和小伙子围着一堆篝火亲昵地交谈。他们会引用寓言和谜语，相互倾吐爱意，也互相试探对方的才智和人品。而在订婚期的约会中，男女双方是不可以有越轨行为的，否则，姑娘的父母会认为自己女儿的贞洁被玷污，便会对小伙子的家庭进行报复，然后引发双方家族的殴斗，订婚也就随之解除。如果一对青年男女在订婚期间相处顺利的话，这四五个月的订婚期结束后，双方便会正式举行婚礼结为夫妇了。

（四）美洲

美国青年男女的婚礼形式丰富多样，其中一部分人会在正式的婚礼前先举行订婚仪式。在传统上，小伙子先要请求姑娘的父亲允许自己娶她，得到女方父亲的应允和祝福，然后小伙子方才能够向姑娘求婚。当然，这种传统在现在也有所改变，一般是男方首先用一枚钻戒向自己的女友求婚，如果女友接受了这枚戒指，就象征着双方已经订婚。这时男女双方再一起决定，是否举行订婚仪式。举行订婚仪式时，订婚的一对新人会邀请部分亲密的家人和朋友参加，仪式的主要步骤就是交换订婚戒指，并得到亲朋好友的祝福。从订婚到正式举行婚礼的时间有长有短，持续几个星期、几个月，甚至几年都是可以的。

巴西境内的印第安人，是南美大陆的古老民族，他们关于订婚的传统习俗各具特色。如巴西北部的一些印第安人部落中，男女的订婚是在一场打猎中举行的。小伙子向姑娘求婚后，姑娘即使心里愿意，也不会当即首肯，而是要对小伙子进行一次"考验"。这次考验就是打猎。姑娘会陪同小伙子到野外狩猎，看看小伙子是不是一个勇敢又智慧的好猎手，能否打到猎物，这才能决定姑娘的心意。如果小伙子打猎技巧娴熟、硕果累累，那么姑娘便会接受小伙子的求婚，并让小伙子把打到的猎物赠送给姑娘的母亲，作为订婚礼，一对青年男女从此便许下了婚姻的承诺。

（五）大洋洲

指腹为婚或者在孩童时代就订婚是澳大利亚土著居民中比较常见的定亲方式之一，例如阿兰达人就是如此。也就是说，大部分青年男女的订婚是在他们尚未出生或刚出生的时候就由父母或长辈为其举行的，而他们本人参与订婚的程度则远远不如他们的家长。阿兰达女孩的"订婚"则更为与众不同，父母为她订婚，并不是要她成为订婚对象的妻子，而是要她成为订婚对象的岳母，这个订婚的小伙子有权娶这个姑娘日后生下的女儿。这种特别的"订婚"也要进行一个仪式：仪式上，孩子们的母亲用红赭石涂抹女孩，并将一条由女孩头发制成的腰带送给男孩，这个女孩便成了这个男孩的岳母，而这个男孩则就与这个女孩未来的女儿订下了婚姻。一个男子可以与几个女子订下这种特殊的"婚约"，而使之成为他的岳母。这就意味着，这个男子将属于她们女儿的那个婚级。他可以从她们的女儿中选择一个成亲，多余出来的，他可以选择出让或者放弃。[①]

而美拉尼西亚、阿斯玛特等民族的青年男女们的订婚活动也大多是在他们的孩提时代就开始进行了。整个订婚活动基本上是由两个家庭围绕聘礼的商议和支付所进行的。美拉尼西亚人不等男孩子离开怀抱，就开始为其寻找妻子，物色到合适的女孩家庭后，就开始了彩礼和礼物的交换，这样年复一年的讨价还价，直到孩子长大为止。两家的小孩订婚的开始，便是女孩开始携带食物，每年到未来的丈夫家居住一两个月，以熟悉男方的家庭环境。这种每年到男方家的访问性逗留要重复好几年，每一次也都伴随着彩礼的交付，由男方把彩礼分批地送到女方家。这种交往和访问，使得女孩对未来的丈夫家庭一切都很熟悉，订婚期过后，正式结

---

① 顾义章主编：《世界民族风俗与传统文化》，民族出版社 1989 年版，第 290—291 页。

婚时，女孩就能够很愿意地去往丈夫家生活了。[1] 而阿斯玛特人的订婚，也基本上是一种对聘礼的商谈、确定及准备过程，男方送给女方的聘礼，是各种石制工具，数目繁多，缺一不可。因此，阿斯玛特男子一到适婚年龄就必须不停地奔波劳累，准备聘礼，以便找到一个女子订下婚约。这种工作往往占满了他们的整个青年时代。

六 戒指订婚的传统

在现代社会中，男子用一枚精美的戒指向自己心爱的姑娘求婚、在订婚时为她戴上这枚订婚戒指，表示双方从此确立婚姻关系，这种礼俗几乎流行于世界各地。例如，罗马尼亚人订婚时通常要举行仪式：桌上放一个装满麦粒的圆盘，小伙子轻轻地将一枚戒指放在圆盘内，姑娘则拿出亲手编织的彩色围巾，然后在优美的乐曲声中，姑娘拾起戒指、小伙子拿起围巾，相互交换定情信物。法国人订婚，一般要由女方摆设宴席，在宴席上公公向未来的儿媳妇馈赠戒指。地处世界屋脊的尼泊尔人，举行婚礼前一天，亲友们都来向新娘告别，在黎明梳妆打扮时由伴娘帮着梳妆、点朱砂、套镯子、戴戒指。在阿拉伯，南也门哈达毛人妇女出嫁，除了要用指甲花子汁在手上画各种各样的图案外，还要在手指上套上戒指。[2]

---

① 顾义章主编：《世界民族风俗与传统文化》，民族出版社1989年版，第292—296页。

② 楚夏：《戒指订婚风俗探源》，《民间文化》1992年第3期。

其实，订婚戒指与结婚戒指也存在很大的混乱，戒指被用于婚礼之前，许多早期民族将它作为订婚的信物。[①] 一种说法认为这一风俗可以追溯到原始社会晚期。当时有些部落在举行婚礼时，男女双方要交换花环以保证灵魂的结合。现今戒指的交换，则象征着双方坚不可摧的爱情和婚后相互承担的义务。而对订婚戒指和结婚戒指的起源，却并没有一个很明确的说法。

虽然在人们的印象中，戒指很早就以各种各样的形式与婚姻和订婚礼联系在一起了，但严格说来，结婚戒指是到了 9 世纪才出现的习俗，并且它很可能是从罗马的订婚戒指演变而来的。可见，订婚戒指只是罗马较早时期的一种婚俗，之后才逐渐地扩大到其他国家和地区的，因为没有证据表明早期的希腊人、犹太人或者日耳曼人也用戒指作为订婚的象征。

在古代罗马，第一次出现的订婚戒指是一枚铁制的戒指。为何使用铁制的戒指呢？学者皮埃尔泰伊从最初戒指只给女方这一点认为，戒指其实是一条铁链子的最后一个环，而铁链子可能是新石器时代男人拴女俘用的。男人用铁链子把从别的部落抢来的女人拴在自己的床上，以防逃跑。[②] 但这种观点被更多的人认为实在是有些离谱。另一些罗马人认为铁戒指是由普罗米修斯所发明的。因为普罗米修斯被绑在高加索山上受到惩罚，每天由一只老鹰来啄食他的内脏。而在得到赦免之后，他为了纪念自己曾经所受的惩罚，于是将一只镶着高加索山上石头的铁环保存了下来，这就是订婚戒指最早的雏形。学者普林尼则认为，戒指最早是作为辨认记号出现的。金戒指给外交使节，起到的是国书的作用，是为了让他们完成外交使命。因此，高官们平时只戴铁戒指，以便把家事和国事分开。但是，同是一枚铁戒指，未婚夫送给了未婚妻，

① ［英］布雷多克：《婚床——世界婚俗》，王秋海等译，生活·读书·新知三联书店1986 年版，第 86 页。

② ［法］让·布洛涅：《西方婚姻史》，赵克非译，中国人民大学出版社 2008 年版，第 44 页。

就意味着，戒指象征的是家庭这个领域，未婚妻将被限制在小天
地里。而从公元前 2 世纪到公元前 1 世纪，这一习俗礼仪化了，有
了新的象征意义。作为爱情的信物，未婚夫变心时，戒指可以把
他们的关系昭示天下，也是被抛弃的未婚妻指证自己孩子的父亲
是谁的唯一凭证。戒指还意味着，戴戒指的女人已经从公共生活
中被排除。①

　　渐渐的，订婚戒指开始时兴起来，首先在罗马帝国出现，然后
就更为广泛地传播到了整个基督教世界。在 6 世纪日耳曼人的订婚
仪式，即未来的圣里法尔的订婚仪式上就有戒指的存在。但在这
个时候，戒指在订婚仪式中似乎还没有那么不可或缺，因为还有
别的更具象征性的订婚礼物的存在。

　　不过从公元最初几个世纪开始，用戒指订婚就开始变得更为普
遍了，而不再是仅仅由双方表示同意就宣布订婚。这时，更为精
美也更为贵重的戒指便开始与铁戒指竞争。原先人们使用铁戒指，
是用以代表爱情的力量，象征爱情能够像铁一样坚硬、克服一切
困难，而后来，人们又在戒指上镶嵌上钻石以代表爱情的纯洁与
坚贞。在这之后，黄金戒指又开始为人们所钟爱，原因是这种金
属的珍贵性，使它能够更好地象征伉俪情深。同时，赠送给未婚
妻一枚黄金的戒指，也就相当于给了女方一笔不菲的礼金，看起
来又美好又有诗意。许多地区，尤其是在东方的很多地区，订婚
时需要男方支付订金的传统，使得女性对订婚戒指分外重视：11
世纪的拜占庭，未婚夫在订婚时赠送给未婚妻一枚金戒指，而他
收到的未婚妻回赠的戒指却变成了一枚铁戒指，富裕的人家也至
多回赠一枚银戒指。戒指作为订婚礼金的象征意义在某种程度上
也是被保存了的。可见，从罗马时代起，戒指的精髓就变得和爱
情相契合了。

　　而关于订婚戒指的样式，也经过了许多的变化。最早出现的古

---

① ［法］让·布洛涅：《西方婚姻史》，赵克非译，中国人民大学出版社 2008 年版，
第 45 页。

罗马的订婚戒指，仅仅是一枚铁制的、简单的饰物，没有什么精美的装饰，它只是用以未婚妻佩戴的唯一的一种象征。有时，订婚戒指上也会刻有一些关于赎罪或者爱情的词句。后来，订婚戒指开始变得更具价值，黄金的、镶嵌宝石的戒指价值高得让教士们感到不妥。他们在许多指导人们婚姻的礼仪书中提到：订婚戒指应当是白色的银质戒指、不要镶嵌，这样简单的款式才是神圣的、被祝福的戒指。但是，人们对订婚戒指的需求已不再像过去那样简朴，订婚戒指的款式已经变得越来越精致和珍贵了，但其象征意义却始终如一地保持着——它是夫妻忠贞的信物。

通过世界各国独特的订婚礼可以看出，订婚在仪式上并没有统一的规则，而是各具特色，并且仪式的形式也处于不断改变、丰富中。但订婚礼俗的性质、所具有的作用和影响却有着共通之处：首先，一对男女无论是由父母决定还是自主恋爱定下婚约，无论通过什么样的仪式宣布，都表示他们以及他们所在家族之间的联姻关系已经确立，两个年轻男女即将携手走进婚姻之门。订婚礼的作用在于公告社会。其次，在不少国家传统的订婚礼俗中，都包含着一个十分重要的内容，即商定男方给女方家送相应的礼物或礼金的多少，这种外在物成了女方家庭社会地位以及姑娘身价的标志。传统社会中婚姻的一些特质由此可见一斑。最后，订婚以后，双方都受到道德和社会舆论的约束，如果某一方当事人单方面地解除这种约定，就要担负一定的责任，甚至会受到社会的谴责。

而在订婚的程序上，大多可以归纳为求婚、商议、宣布订婚和订婚仪式等步骤。其中，求婚是订婚的前奏，有的地区和民族传统中是由小伙子的父母向姑娘的父母求婚，而现代社会中更多的情况是小伙子本人向姑娘求婚。商议的过程在传统中多是由双方的家庭商定聘礼和嫁妆，而现代社会中，更多的是双方商议订婚的具体事宜。而宣布订婚和订婚仪式等则在各个国家有不同的习俗，订婚晚宴则是比较通行的做法，亲朋好友欢聚一堂，既起到了宣布订婚的作用，同时也得到了新人所在社会的允许和祝福。

　　总之，订婚礼对于大多数社会来说，是婚姻中重要的一步，因为在订婚的那一刻，一对男女及他们的家庭就已经开始对彼此负有承诺和义务了，无论是法律上的还是道德上的。

第二章
世界各地的
聘礼与嫁妆

在对世界各地的订婚礼进行研究后，能够看到，在订婚过程中，缔结婚姻双方进行礼物的交换或者礼金支付一类的经济行为在世界上各个民族和社会中都是十分普遍的。并且经济常常是建立和维持婚姻关系的一个重要的社会因素。而这种婚姻缔结过程中的经济因素常常包括了订婚或者结婚时的聘礼、嫁妆和其他礼物交换形式。聘礼与嫁妆是两个包含着多重文化意义的象征符号，它与世界各地人们的经济发展水平、价值观念、社会结构和婚姻观念等都有着紧密的关系。从历史的角度对聘礼和嫁妆进行纵向上的梳理，以及从跨文化的视角上对其进行横向上的了解，有助于从多方面对世界各地、各民族特定的传统婚姻文化和社会结构有更为深入的理解。

一　世界各地的聘礼

（一）聘礼的形式、数量、名目以及交付方式

1. 聘礼的形式

通过人类婚姻发展的历程，不难发现，世界许多地区和民族不会无偿地允许一桩婚事。在大多数情况下，男方必须给新娘的父亲或其他亲属一些补偿，其形式不一，或是赠予一些财物，或是对女方提供一些劳务。总之，朴素的婚姻有偿性便通过聘礼这种形式体现出来，是一种具有实物和象征意义的对婚姻的认定。

2. 聘礼的数量

在世界上大部分地区和民族中，所付的聘礼的数量往往因家境的差异而有所不同。对聘礼的多少具有很大影响的因素，通常来说，包括男女两家的地位、财富，或是女子的个人素质，诸如美貌、强健、能力等。例如，在许多社会中普遍认为，一位处女或少女所需要的聘礼，就要比一位寡妇或者被遗弃的妻子高一些。

3. 聘礼的名目

聘礼作为男方送给女方亲属的钱财或物品，具有多种名目。其中，有的是为娶新娘而直接送给女方父母的身价钱，有的是送给新娘母亲或父母的奶母钱，有的是以某种名目送给新娘舅父、叔父、兄弟姐妹等亲属的，有的则是送给新娘家族成员以及所在社区首领的类似税金的钱财。这些不同类型的钱财或物品说明，聘礼不仅涉及男女双方的关系，还是加强亲缘和地缘社会关系的桥梁。人们通过送各种意义的聘礼,使其建立起来的婚姻关系能够得到社会的承认。① 在大多数情况下,娶亲所付的报偿是交给新娘的父亲;不过他可能还得同家里其他成员或新娘的其他亲属送聘礼,或者就要专门给他们送些礼物。尤其是新娘的母亲,往往也会收到一些礼物。有时,娶亲所付的报偿,或全部或大部分交给新娘的舅父。新娘的兄弟们也会在其中扮演重要的角色。②

4. 聘礼的交付方式

聘礼的赠送是一种复杂的礼物交换形式。在聘礼交付的过程中,世界上各个地区和民族都有许多具体的规则和变通方式。

交付聘礼的时间,以及是一次支付完所有的聘礼,还是分几次交付,在不同民族中都有不同的传统。在世界各地区、各民族中,送聘礼的时间都各不相同,具有很大的差异性。总的来说,有订婚时送聘礼、订婚后至结婚前送聘礼、结婚时送聘礼、结婚后送聘礼以及不固定赠送聘礼的时间等多种情况存在。

交付聘礼的方式上各民族也有巨大差异。一次交付所有聘礼的地区和民族相对较多,但也有分几次交纳的。尤其是那些需要交纳高昂聘礼的民族,常常会因为男方经济条件不足以一次性交纳,而出现延期交纳或者分多次交纳的变通方式。甚至还有一些国家地区的人们,在男女尚年幼时便由父母为其订下婚约,聘礼在一对儿女成长到婚龄的十几年中每年逐渐支付。总之,聘礼支付的各种方式,都是要以保障该种族正常的人口繁衍为基础的。总之,从聘礼的交付方式上能够反映出该地区、民族人们的价值观念、思维方式乃至社会分层的状况。

(二) 聘礼的种类

本章中所说的"聘礼"严格意义上指的是男方向女方的赠予。

---

① 瞿明安:《跨文化视野中的聘礼——关于中国少数民族婚姻聘礼的比较研究》,《民族研究》2003 年第 6 期。

② 潘晓梅、严育新:《婚俗简史》,中国社会科学出版社 2004 年版,第 154 页。

这种赠予包括了聘礼（bride wealth）、聘金（bride price）、新娘服务（bride service），指的是新郎或其亲属送给新娘本人或其亲属的礼品，包括钱财、物品，还包括以体力劳动的形式提供的各种服务。[①] 它是世界各个不同民族的社会生活中的一种重要消费支出，反映了不同社会中社会结构和消费观念上的特点。各个民族所支付聘礼的形式多样、数量各异，但人们在日常生活和社会生活中所重视、所喜爱、所消费的物品，会在很大程度上反映在聘礼中。

1. 物品

（1）动物

以牲畜作为聘礼的地区很多，尤其是马匹和牛等。并且，在很多社会的习俗中，女子的魅力和价值是以男子为其所支付的马匹数量为标准的，作为聘礼的马匹数量越多，表明这个女子身价越高，其父母所在的家庭则越有荣耀。如俄勒冈的印第安人、加利福尼亚的沙斯蒂卡人都以马匹作为聘礼。沙斯蒂卡男子若想要娶一名外貌美丽的女子为妻，聘礼中的小马驹数量达到了 10—12 匹。纳瓦霍新郎一家需向新娘家庭赠送的马匹数量为 5—15 匹，或者价值相当于 5—15 匹马的礼物。

想要迎娶巴西瓜希罗姑娘，那么所需支付的聘礼主要是牲畜。在大查科草原南部的莫科维人中，娶亲须送一两匹马和一头牛。巴塔哥尼亚人的聘礼也主要是马匹，有人迎娶一个拥有许多财富的家族的女继承人时，所付的聘礼达到了 100 匹母马。

非洲各部族的聘礼形式多为牛羊。卡菲尔人中，普通人一般要送 10—12 头牛，酋长须根据自己拥有的财富，送 50 头或 100 头牛，甚至更多；至于穷人娶妻，则往往只付 1 头公牛或几头母牛。比较而言，赫雷罗人娶亲所付的聘礼就少多了，而且富人、有地位的人也并不比穷人送得多，一般情况是给新娘的父亲或监护人赠送 1 头大公牛、1 头小母牛、1 只大肥羊、1 只怀孕的母羊和 1

① 刁统菊：《嫁妆与聘礼：一个学术史的简单回顾》，《山东大学学报》（哲学社会科学版）2007 年第 2 期。

只小母羊。[①] 其中最好的牛羊一般会在婚宴时宰杀，供婚礼来宾们食用。巴尼奥罗人的聘礼数目一般在 10—20 头牛。而乌干达伦杜人的聘礼为 16 头母牛和 100 只山羊。即使是巴干达下层人的聘礼，也要支付 3—4 头阉牛。巴坦巴酋长迎娶新娘时，聘礼为 3—4 头母牛，而普通男子的聘礼则会少一些，6—7 只羊便可以了。班图族卡维龙多人的聘礼一般是 20 只山羊和 1 头母牛。但如果新娘是地位较高的人家，如首领的女儿，那么便需要更多的山羊和母牛作为聘礼，以显示新娘家族的显赫地位。南迪人的聘礼为 1 头公牛、1 头母牛和 10 只山羊。阿坎巴人的聘礼一般需要 40—50 只羊、2 头公牛和 2 头母牛，若是富裕的家庭，则需要支付更多的聘礼，有时会高达 100 只甚至更多的羊。肯尼亚基尤库人的聘礼主要是山羊和绵羊，少数富裕的家庭除了羊之外，还会以牛作为聘礼。聘礼要分几次送，而不能一次送完，否则会被认为是不吉利的。第一次送聘礼时还要随牲畜送去一些酒，以表示对牛、羊等牲畜的祝福。根据基尤库人的族规，聘礼通常是 30 只山羊或绵羊，但根据各个家庭经济情况的不同，可在 30—80 只羊之间商议。如果羊的数目不够，可以用牛来代替，一头公牛可以代替 5 只羊，而一头母牛则可代替 10 只羊。苏丹南部的人们也使用牛羊作为聘礼。祖鲁人正式成婚时，男方要送给女方家最重要的聘礼是牛，一般为 11 头牛，其中的 10 头牛，如果日后男女双方离婚则要退还给男方，而第 11 头牛则是专门送给姑娘母亲的牛，即使离婚，这一头牛也是不用退还的。而如果新娘是族长或者副族长的女儿，男方则要支付更多的牛，即 15—20 头。

俄罗斯境内的布里亚特人，新郎家要支付给新娘家公牛和怀孕的母牛，因为聘礼是由牛和未出生的小牛犊组成的。居住在印度的米什米人，富裕的家庭聘礼需要 20 头公牛，而穷人家庭的自然要少很多，支付一头猪即可。

---

① ［芬兰］韦斯特马克：《人类婚姻史》（第二卷），李彬译，商务印书馆 2011 年版，第 761 页。

当然，所支付的动物与该社会的生计模式、经济体系有关，游牧地区或者有饲养家畜习惯的民族中，会以马匹、牛羊等牲畜作为聘礼，而在其他地区和社会中，他们既没有成队的马匹，也没有成群的牛羊，那他们也会以其他该社会习惯饲养或重视的动物作为聘礼。

例如在澳大利亚的某些部落中，新郎会向岳父岳母赠送猎狗作为迎娶其女儿的聘礼之一。中非的俾格米男子结婚前要向女方的父亲赠送两只自己猎杀的动物，向女方的母亲赠送一只狗作为聘礼，因为在这些部落中，狗是捕猎最好的帮手。而爱斯基摩男子的父亲在为儿子寻找一个妻子时，所付聘礼中则会包含一只拉雪橇的狗，原因不言而喻，在冰天雪地中，雪橇犬是最为重要的动物。前俄罗斯帝国属下的奥斯加克人的传统习惯中，聘礼要有100只驯鹿才行，这种以驯鹿作为聘礼的，还有通古斯人，因为在这些民族中，驯鹿拉的雪橇和车是他们主要的交通工具。而西伯利亚汉蒂人的聘礼中则要包括鹿这种动物。

骆驼也是许多国家常用的聘礼动物。索马里人的聘礼一般为30头以上的骆驼。毛里塔尼亚坚守伊斯兰教规，听从穆罕默德的教诲"聘礼少则吉祥多"，因此他们只需要象征性的聘礼，聘礼的种类也是动物，为牛、羊和骆驼。[①]

在新几内亚、班克斯群岛、莱珀斯群岛和萨摩亚等地的部落中，聘礼中都包括猪这一牲畜。居住于新几内亚西部的低洼沼泽地区的阿斯玛特人要求男方赠送极乐鸟2只作为聘礼。而在加罗林群岛，聘礼则习惯于赠送鱼。

通过观察各民族作为聘礼的动物，我们不难发现，在许多民族中，牛、马、猪、羊等牲畜是最常作为聘礼使用的，那么原因何在呢？牛无论在农耕民族还是游牧民族中，都是最重要的牲畜之一。它不仅体形大，勤耕作，还能食用，因而被许多地区和民族的人

---

① 欧阳若修、韦向学：《外国婚俗集锦》，漓江出版社1986年版，第259页。

们视为财富的象征。在这些地区人们的观念中，缔结婚姻关系若用牛来作为聘礼，最能体现男方的富有程度以及对女方的诚意。因此，古代和近现代的许多民族会用牛来作为聘礼。猪在聘礼中也居于重要的地位。猪是农耕民族最主要的肉食消费品，男方将其作为聘礼送给女方，既可用于猪的繁殖，为女方日后提供肉食，也可在婚礼中用来款待宾客。因此，活猪和猪肉都会作为聘礼赠送。还有的地区和国家的人们喜爱以马和羊作为聘礼。马是游牧民族不可缺少的交通工具，在牧民出行、放牧和搬迁的过程中起着非常重要的作用，马在牧区的使用价值使其成为游牧民族最重要的聘礼。[1] 地处沙漠或戈壁地带的民族，则会以骆驼作为聘礼，其原因自是不言而喻的。而在一些以狩猎、采集或捕鱼为生计模式的民族或部族中，也会以生存和生产所必需的动物，如狗、鱼、驯鹿或者捕获的猎物等动物作为聘礼。总之，聘礼中不同种类的动物，既反映出各个民族所处的自然生态环境、特定的生产方式和生计模式，同时也在一定程度上反映了不同民族的财富意识。

（2）食物

如果说作为聘礼的动物对新娘家庭而言，是一种具有长期消费价值的财富的话，那么作为聘礼的食物则主要是具有短期消费的价值。所赠送的这些食物中，一部分是稀有的、有价值的，如野味、各种珍奇的水果等，可以为新娘的家庭改善近期的日常生活提供条件；另一部分，也可以在即将举行的婚礼过程中供宾客们食用。因而赠送食物作为聘礼的民族也很多。

锡兰的维达男子结婚时，他送给新娘父母的聘礼仅仅是一些食物，而经济状况较差的男子甚至什么聘礼也不送。马来西亚的萨凯人中，新郎向岳父赠送的礼物中少不了薯类的存在，而在劳特族的斯莱塔尔部落中，新郎订婚时要向岳母赠送稻米和少许烟草作为礼物。印度中部的基桑人，向新娘父母支付的聘礼中会包括

---

① 瞿明安：《跨文化视野中的聘礼——关于中国少数民族婚姻聘礼的比较研究》，《民族研究》2003 年第 6 期。

两篮子的大米。印度的卡斯族人和马来半岛的土著订婚时，男子会送槟榔。东南亚和斯里兰卡的有些民族订婚时，男方一定要送椰子。马里人订婚，男方绝不能忘记送可乐果，因为在他的眼里，槟榔、椰子和可乐果，是幸福吉祥的象征。泰国的掸族人会以食物作为订婚中重要的一部分聘礼，在男子父母向女子父母求婚时，会用托盘装上茶叶、槟榔煮鸡蛋，这些食物都会是双份的，以表示"成双"。而掸邦南部的一些地区，人们在求婚时要给女方家送去茶叶、盐和红糖各一斤和香蕉一串。

食品也是阿曼人结婚时所需聘礼中不可缺少的，一袋袋面粉、大米、白糖、葱和咖啡豆，在举行婚礼时会被陈列在客厅里进行展示，这些食品都是属于新娘的。加罗林群岛上，新郎家向新娘父亲赠送的聘礼中也会有水果、鱼类等食物。南美印第安部落的普里、科罗阿多和科罗阿波男子只需在结婚前给女方赠送一些猎物或水果便算是聘礼了。在布须曼人的纳米布部落中，新郎赠送给他未来岳父母的礼物也要有食物。

西非豪萨男子在结婚之前必须给女方送去聘礼，聘礼由实物和现金两部分组成。实物部分中会有牛羊肉和粮食等食品。

（3）首饰、装饰品

首饰、装饰品等也是一类重要的聘礼，在很多时候，它能够显示男方家庭在结婚时的富有程度，因而在缔结婚姻关系的过程中被人们广泛用作聘礼。如缅甸孟族的小伙子在与一个姑娘订下婚约之后，便会送给心爱的姑娘珍贵的金、银首饰作为礼物，而如果姑娘要与小伙子解除婚约时，却只会退还戒指。

在印度群岛，聘礼常常会是一些价值较高的首饰或装饰品。例如，苏门答腊的巴塔人，其新郎赠送给岳父的聘礼中就要有价值较为贵重的臂圈。特宁伯人的聘礼中要有金耳环和象牙，特别是象牙，这是不可缺少的贵重礼物，有了象牙方才能够显示出求亲一方的诚意。而在曾经的英属新几内亚的聘礼中，则主要有芋螺贝壳制成的臂饰、珍珠贝和犬牙等贵重的装饰品。

卡塔尔男女青年在举行订婚仪式时，男方一般要向女方赠送一部分聘礼，这部分聘礼一般由首饰组成：一对叫作"海布希尔"或者"小豆蔻"的宽手镯，还有一种名叫"格卜高布"的金头饰，以及大小不等、形状各异的金首饰若干。但这些首饰仅仅是聘礼中的一小部分，而非所有。因为在正式结婚时，男方还需再支付一次由其他物品组成的聘礼。

伊拉克青年订婚时，新郎也送给新娘名为"尼萨"的聘礼，这一部分通常由金银首饰等组成。不过，也还需要支付聘礼中的现金部分。

阿尔及利亚小伙送给未婚妻的聘礼主要有手镯、脚镯、金腰带等颇有价值的首饰和装饰品。聘礼的多寡主要视女方家的要求和男方家的经济能力而定。

突尼斯男女青年订下婚约后，小伙子就要向姑娘家赠送聘礼了，聘礼一般有黄金、首饰等，有时还要送给姑娘装有阿拉伯香料和巴黎香水的首饰盒，以及一种表示喜庆的"赫姆塞"蜡烛。[①]聘礼的多少一般要根据女方家的要求来赠送，也要视男方家的经济条件、姑娘的容貌、能力等而定。

阿斯玛特人的聘礼中，首饰和装饰品也占了很大比重，但他们的首饰并不由金银制成，他们习惯在婚前赠送给女方家两只法螺、一对野猪獠牙制成的手镯作为聘礼。

（4）毛皮、衣物、纺织品等

与食物一样，毛皮、衣物、纺织品等也是人们日常生活中的重要消费品，将其作为聘礼送给新娘穿戴和使用，可以表现男方对所娶女子的关心和爱护。例如，阿尔及利亚人十分重视结婚的聘礼，男方所赠给女方的聘礼中，便会有金丝和珠宝装饰而成的结婚礼服。

布须曼纳米布新郎会向他属意的女孩的父母赠送毯子和皮毛为

---

①　顾义章主编：《世界民族风俗与传统文化》，民族出版社 1989 年版，第 258 页。

聘礼。哈得逊湾昂加瓦地区的爱斯基摩人想要获得女子父母对婚事的同意，不但要让他们对自己有好的印象，同时还要送上兽皮和毛皮一类有价值的聘礼，以此获取同意。

俄勒冈的印第安人娶妻时所需要的聘礼，除了马匹之外，还要有毛毯或牦牛皮，他们视这些为有价值的聘礼。大查科草原南部的莫维人娶妻子时，要赠送给女方虎皮作为聘礼之一，如果不赠送虎皮的话，则要送1—2匹马，1头牛。

居住于新几内亚西部的阿斯玛特人喜爱以袋鼠皮帽4顶、鹦鹉翎毛5根作为聘礼，他们认为这些动物的皮毛是十分珍贵和美丽的。

西非豪萨男子结婚时支付给女方的聘礼中，实物部分的聘礼便会以衣服为主，并且，这些作为聘礼的衣服不用箱子来装，而是盛在大号的搪瓷桶中送到女方家的。

而西伯利亚地区汉蒂人在结婚前，男方也要送去给姑娘做长袍用的呢料和布料作为聘礼。

（5）工具、武器和日常生活用品

在一些地区和民族的习俗中，工具、武器和日常生活用品也是一种常见的向女方父母赠送的聘礼。以这些工具、武器和日常生活用品作为聘礼的现象，既反映出这些物品在人们生产、生活中具有的实用价值，同时也表明人们对某种特定物品的偏好[①]。如澳大利亚的某些部落中，新郎向岳父岳母赠送的聘礼除了猎狗之外，还会有飞镖或其他一些武器。

阿斯玛特人心目中珍贵的聘礼为石制工具，并且数量和种类众多。第一，需要石器30件；第二，火鸡骨头制成的刀具25把；第三，箭杆40根；第四，鱼叉5把；第五，独木舟1只；第六，枪矛若干根。这还仅仅是工具和武器部分，其余还有许多装饰品和动物等。

---

① 瞿明安：《跨文化视野中的聘礼——关于中国少数民族婚姻聘礼的比较研究》，《民族研究》2003年第6期。

中非俾格米男子在结婚前也会向新娘的父亲赠送刀子、箭头等工具或武器作为聘礼。里帕尔斯湾一带的爱斯基摩人，习惯给想要娶回家做儿媳妇的女孩的父亲送去雪橇、骨刀以及雷管、火药等工具。而格陵兰东岸的昂马格萨利男子则会向中意女子的父亲赠送鱼叉。西伯利亚地区汉蒂人的聘礼中日常生活所需的工具等则很多，有斧头、刀具以及各种铁质器皿等。

班图族卡维龙多男子结婚时需要赠送40把锄头给女方作为聘礼。而在萨摩亚，聘礼中包括了独木舟，以及当地人通过这样或者那样途径得到的外国货，也被视为聘礼的不错选择。

无论是以首饰、装饰品，还是以毛皮、纺织品，抑或是以工具、武器，还是以日常生活用品作为聘礼的现象，既反映出这些物品在人们生产、生活中具有的实用价值，同时也表明当地人对某种特定物品的偏好。例如，独木舟、雪橇一类交通工具，便是具有明显实用价值的聘礼，而臂环、象牙、贝壳等，则体现着这一地区人们的价值观念和审美爱好。

2. 货币

以货币作为聘礼形式的地区和民族很多，几乎可以说聘金在全世界都是一种普遍的支付方式。一般来说，聘金的多少是由男女双方的家庭和亲属的财富、居住地区、姑娘的美貌程度和劳动能力，以及当地婚姻习俗来决定的。有的只是象征性地收取一点聘金，起到礼仪性的作用，而有的地区则要新郎支付高昂的聘金，用以支付新娘嫁妆、婚宴等开支，或是使新娘的父亲或监护人从这桩婚姻中获得很大的收益。

如居住在泰国北部山区的苗人，其结婚时的聘礼就是以货币形式支付的。通常来说，聘金的标准一般是5锭银块，如果男方不举行婚宴的话，聘金则上升到6锭银块。每锭银块重378.5克，价值115—130美元。聘金要在举办婚宴时付清。婚礼也许在姑娘去未婚夫家居住数天之内举行，但也有延迟数周甚至数年才举办的。

总之，何时新郎家能付清聘金，婚礼即于何时举行①。而如果新郎的父亲无力支付聘金，则会改用劳役的方式来支付。

在印度各土著部落中，娶妻时所付的聘礼中一般会包括货币，但根据经济情况的不同，聘金的高低相差甚远。卢夏人的聘金高达 200 卢比，是属于较高的；阿萨姆邦的莫兰人，聘金为 20—100 卢比不等；而在印度南部帕尔尼山区的一支部落昆努万人中，聘金不分贫富，一律定为 10.5 卢比。②

卡塔尔男女青年在结婚之前，男方需要赠送给女方一笔现金，让新娘去采购各种结婚所需。在利比亚、黎巴嫩、约旦、巴基斯坦、也门和埃及等地，聘礼一般为货币，以供新娘置办嫁妆。利比亚人的聘礼还分为"即付聘礼"和"延时聘礼"两种。"即付聘礼"在新婚之夜当天就要由新郎交付给新娘的父亲，而"延时聘礼"则要在男女双方离婚或男方去世后，才会支付给女方，带有一定"赡养费"的意思。

加利福尼亚的沙斯蒂卡人所支付的聘金是贝壳货币。胡帕人也有娶亲赠送货币聘金的习俗，一个人在社会上的地位取决于他的母亲出嫁时所得聘金的数量，如果聘金丰厚，在部落中则有较高的地位。

使用货币作为聘礼的还有在前俄罗斯帝国属下使用乌戈尔—芬兰语和突厥—鞑靼语的一些民族。西伯利亚的沃加克人中，聘金为 150 卢布；莫尔瓦多人的聘金为 200 卢布；切列米斯人的聘金为 500 卢布。居住在乌拉尔山脉南坡及其附近的平原上的巴什基尔人，在结婚时也需要支付货币作为聘礼，富裕人家娶亲，大约要支付 3000 卢布的聘金。

而地处西南太平洋的俾斯麦群岛，聘金为 15—200 串贝壳货币。在所罗门群岛的佛罗里达，聘金一般是由 50—100 卷本地货币

---

① 顾义章主编：《世界民族风俗与传统文化》，民族出版社 1989 年版，第 200 页。

② ［芬兰］韦斯特马克：《人类婚姻史》（第二卷），李彬译，商务印书馆 2011 年版，第 779 页。

构成。

3. 劳务

在一些社会中，男子想娶某一女子为妻，不一定是以赠送物品或者货币的方式来支付聘礼的，以身效劳，为了娶亲而给女方的父亲效劳服务的习俗也是广泛流行的一种方式。早在希伯来传说中就有这种习俗了。这种习俗尤其常见于南北美洲的众多印第安部落、西伯利亚各民族、中国、中南半岛和印度的许多土著部落，马来群岛的众多岛屿，以及非洲的一些民族①。

如泰国北部山区的苗人，假设新郎的父亲无力承担新娘家提出的聘金时，那么便会以劳务作为聘金的代偿。这时，新郎和新娘便会住在新娘的家中，为女方的父亲劳动，以此减少应付的聘金。有时候，小两口要一直在女方家住到生育了两三个孩子之后，才能如数地清偿新郎欠下的聘金。但这种以劳务代偿聘金的方式，对新郎及其全家来说，都是不光彩的事，并将大大降低新郎在本部落中的身份。

土耳其小伙结婚时所要付给女方家的聘礼也十分的高昂，青年小伙付不起聘金，便也可到岳父家居住，苦干两三年，然后方可与自己心爱的姑娘结为连理，这种以劳役方式支付聘金的小伙也被称为"入赘"。

（三）历史上的聘礼

1. 古巴比伦的聘礼

在古代巴比伦，男子在看中某个女子之后，就须给其父送去聘金或聘礼，数额的多少则因男女双方的地位而有所不同。如果本人没有娶亲所需的这笔钱财，就得靠父母来给。从《汉谟拉比法典》中可以得知，男子若想迎娶新娘，便要向岳父缴纳聘金，但这种习俗也并不是无一例外，如果妻子在还没有为丈夫生育子女

---

① 潘晓梅、严育新著：《婚俗简史》，中国社会科学出版社 2004 年版，第 150 页。

之前便死亡的，岳父便要将曾经收取的聘礼归还给女婿。①

2. 希伯来的聘礼

古代希伯来男女在缔结婚姻的过程中，男方向女方赠送聘礼也是必不可少的结婚仪礼。希伯来圣经中就有许多赠送聘礼的记载，如亚伯拉罕的老仆人为以撒与利百加订婚时就首先向女方赠送了贵重的聘礼，他"拿出金器、银器和衣服送给利百加，又将宝物送给她哥哥和她母亲"。在传说中，希伯来的聘礼存在着丰富的形式，既可以像亚伯拉罕的老仆人代主人赠给利百佳的聘礼一样，是金器、银器、衣服等珍贵的礼物，也可以为女方父亲服劳役，又或者是女方家长所需要的某些特定的东西。如《创世记》记载的，大卫在娶扫罗的女儿米甲之前，扫罗向男方大卫提出的聘礼要求为"一百非利士人的阳皮"；而雅各为娶他的两个妻子利亚和拉结时，向岳父支付的聘礼则是劳务，他两次为岳父服劳役，每次长达七年；雅各的女儿底拿订婚时，父亲雅各所要的聘礼则并不是物品或劳务，而是要求女婿所在部族的"所有男丁都受割礼"；而迦勒则要求娶自己女儿的男子向自己缴纳的聘礼应当是"将城夺取"，而这份很有难度的"聘礼"最后由他兄弟的儿子俄聂陀出色地提交，从而最终迎娶了他的女儿押撒。

3. 古埃及的"虚拟聘礼"

通常情况下，男方在婚姻约定达成之初便会向女方赠送聘金、聘礼，但古埃及人的聘礼则有所不同。从早期古埃及的婚约记载中，可以看到，这个时候聘礼还是缔结婚约时就由男方赠予女方的一笔礼金，并且这笔聘金数额相对较大。但之后，聘礼的数额在逐渐减少，到公元前 3 世纪左右，这笔聘金就只有在离婚的情况下才予以实际转让。公元前 364 年至公元前 117 年之间，有 27 份婚约明确记录了聘礼与补偿金的数额，而对于那些只提到聘礼但未提及补偿金的婚约，埃及学家佩斯特曼认为，聘礼就是丈夫支

---

① ［芬兰］韦斯特马克：《人类婚姻史》（第二卷），李彬译，商务印书馆 2011 年版，第 788 页。

付的唯一补偿金。因此，古埃及男子这种特殊的支付方式表明，聘礼在婚姻期间对妻子而言只相当于一笔虚拟的财产，她对聘礼的所有权只有在离婚的情况下才会真正实现。① 因此，古埃及男子支付的聘礼，对于夫妻关系存续期间只是一种"虚拟聘礼"。

4. 古希腊的聘礼

聘礼在古希腊经历了一个变化的过程。在英雄时代，男女缔结婚姻时男子必须为娶妻支付高额的聘礼"埃德纳"，聘礼的种类为牛。因为在那个时代，牛是一种很有价值的礼物，某种程度上是当时的"金币"。而对女子的陪嫁要求不高。过去，人们称希腊的少女为"阿尔菲希波亚"，意思就是"从求婚者手中为父母赚得很多牛的人"，可见早期的时候，男子所支付的聘礼是很高的。而到了古典时期，这种婚姻中的交换方式则发生了巨大的变化，男方不再付出高额的聘礼，反而是女子如果没有嫁妆就很难嫁出去，嫁妆多少悉由新娘父亲酌定。

这是因为，在英雄时代，妇女无论是在社会生产，还是家庭生活中都起着比较大的作用。因此男子要娶一个女子必须得赠予女方昂贵的聘礼才行。虽然女方也会置办嫁妆，但也依情况而定，并不会有很高额的要求。而从古风时期一直到希腊化时期，妇女的地位逐步降低，表现在婚姻仪式中嫁妆成为缔结合法婚姻的必要条件。没有嫁妆女子很难嫁出去。② 但男子的聘礼却在逐渐地减少。

5. 古代阿拉伯人的聘礼

在古代阿拉伯人中，聘金被称作"麦尔"（mahr），是由新郎给新娘的父亲或监护人的。这种聘金已保留于伊斯兰教法之中，但已同新郎送给新娘的礼物"沙对"混在一起了。虽然古兰经规定，"麦尔"或者"沙对"应当是新娘的财产，但还是有许多地方的人们并不遵守这一规定，如在巴勒斯坦乡村中，"沙对"的大半

---

① 徐海晴：《古埃及妇女的婚姻和经济状况──以婚约为考察中心》，《历史教学问题》2013 年第 2 期。

② 王静：《古希腊婚姻仪式的文化内涵》，《哈尔滨学院学报》2010 年第 1 期。

归新娘的父亲所有，因此这些人们很愿意多生女儿。而在摩洛哥的一些地方，新郎也要送给新娘的父亲聘礼，新娘的父亲会用部分聘金来为女儿置办嫁妆，剩下的大部分归父亲所有。

在很多部落中，除"沙对"之外，男子想要娶某个女子则还须付给女子的父亲一笔数额很大的金钱，这笔钱则完全是属于新娘父亲的。这一习俗在讲柏柏尔语的部落或附近的阿拉伯部落中尤为常见。此外，在很多部落中，新郎除了要向新娘的父亲支付聘礼之外，还要给新娘的其他亲属，尤其是新娘的哥哥赠送礼物[①]。因为一旦新娘的父亲去世，那么新娘的哥哥会成为她的监护人。由此可知，在古代阿拉伯各部落中，聘礼大多是支付给女子的监护人的。而新郎向新娘的其他亲属赠送礼物，则意在使其能够在对新娘父亲的影响中起到积极作用。

6. 古印度的聘礼

在古印度，新郎迎娶新娘时也是要向新娘父亲或监护人赠予厚礼的。从《摩诃婆罗多》中可以看到，般度为了娶到摩陀罗国王的妹妹，就曾向国王支付了金器、珍珠、大象、马匹、车辆以及其他各种器物作为聘礼。而在印度中下层社会中，支付聘礼的方式则更为普遍。在古印度的 8 种合法的婚姻形式中，"阿修罗"式的婚姻方式，指的就是买卖婚姻，既然是买卖婚姻，就必然要给女方家送去高额的聘礼，才能够"购买"到妻子。"仙人"式的娶妻方式，则是新郎为娶新娘而向其父亲赠送一对或两对牛，虽然没有那么明显的"买卖"含义，但可视为一种"聘礼"。

而在印度南部的印度教徒中，新郎及其父母在结婚之前必须向新娘的父母支付一大笔聘金，并且还要赠送给新娘珠宝首饰为聘礼。那里的人们把商议婚事，尤其是商议聘礼的活动称为"交易"。如果有好几家都想娶同一名女子，那么这种活动简直就成了拍卖；谁出价最高，谁就能得到这名女子。可见，这样的聘礼，带

---

① ［芬兰］韦斯特马克：《人类婚姻史》（第二卷），李彬译，商务印书馆 2011 年版，第 815 页。

有十分明显的"买卖婚姻"的痕迹。

7. 古代斯拉夫人的聘礼

聘礼在古代斯拉夫人中也是一种普遍的习俗,一般以聘金的形式支付。聘金被他们称作"维诺",在波兰语中是"维亚诺"。在古俄语中,达到结婚年龄的女子被称为"昆卡",这个词是从"昆纳",即"貂皮"一词演变而来的。因为貂皮是古代俄国常用的支付手段。男子会使用貂皮作为聘礼来换取女孩,因此待嫁的女孩被称为"昆卡"。如果做父亲的要给儿子娶一个妻子,就需要在一个亲戚的陪同下,走访女子的父母,并与女子的父母商议聘金的多少,在这个过程中,讨价还价是很常见的。资料显示,塞尔维亚女子的身价在19世纪初就已经十分高昂了,因此,塞尔维亚民族独立领袖卡拉乔尔杰便只能将一个女子的价格定为一个金币。而阿尔巴尼亚男女的婚姻则几乎是在一种买卖的气氛中进行的,娶妻子所需要交付的聘金,便是购买这个妻子的费用。

8. 古代克尔特人的聘礼

古代克尔特人在娶妻子时也要向女方支付聘礼。在爱尔兰,聘礼包括很多东西,诸如金、银、铜器,衣服或马缰,牛或猪,土地或房屋。男方支付聘礼,通常采用婚后逐年交付的方式。古爱尔兰的《布里恩法典》中就存在有这样一条规定:新娘的父亲有权享受第一年交付的全部聘礼。在爱尔兰语中,聘礼叫作"coi-bche",此外还有一些其他的叫法,而在威尔士语中,聘礼叫作"gober"或"amober"①。

各个国家、各个不同历史阶段中,聘礼的种类、支付形式等都发生了一定的变化。但正如韦斯特马克所说,有两个一般性的趋势出现在了聘礼的变化之上:第一,新娘的父母或多或少地失去了往昔从女儿出嫁中所得到的经济利益;第二,婚约当事人的利

---

① [芬兰] 韦斯特马克:《人类婚姻史》(第二卷),李彬译,商务印书馆2011年版,第851—852页。

益得到了更大程度的尊重。① 也就是说，以高额聘礼为代价来"买卖"女子的婚姻方式正在逐渐减少，取而代之的，更多的是以双方意愿为主的婚姻方式，而聘礼也逐渐从一种"有偿性"的交换形式，更多地成了一种"象征性"的交换形式。

（四）聘礼的作用

1. 经济层面

从经济层面来考察，聘礼的种类反映了不同生态区域中、不同经济文化背景条件下世界各地区、各民族的人们获取生活资料的来源和途径。农耕民族、游牧民族和狩猎、采集民族因其不同的生计模式、经济生活方式以及价值观念，导致其缔结婚姻时所送的聘礼在种类上也存在着极大的差异。同时，人们还通过聘礼来展现自己的社会地位、经济实力以及对女性显示其缔结婚姻的诚意。男方通过支付聘礼来交换对女子在经济、性以及其日后所生育子女方面的相应权利，而女方则通过接受聘礼来补偿养育女儿的花费，以及女儿出嫁后对该家庭所造成的劳动力和经济上所蒙受的损失，当然，这其中也包括了对父母嫁出女儿情感上的一种补偿和慰藉。

2. 社会结构层面

从社会结构的层面来考察，聘礼则是一种沟通人们彼此之间相互关系的媒介和桥梁。男子所在家庭通过向女子所在家庭赠送聘礼，来获得女子监护人、亲属以及所在部落或社区的认可，并以聘礼为桥梁，在新婚夫妻的原生家庭和居住社区之间建立起了一种紧密而广泛的联系。同时，聘礼在一定程度上能够保证女方若与男方离异后获得的补偿，而在某些高额聘礼的地区和国家，男子为了不使自己所付聘礼受损失，也会尽可能地减少离婚的可能。因此，聘礼也会为男女双方婚后的经济生活和情感生活带来一定的约束和制约。在社会分层明显的社会中，聘礼往往还起到分辨

---

① ［芬兰］韦斯特马克：《人类婚姻史》（第二卷），李彬译，商务印书馆2011年版，第852页。

不同社会角色的作用，例如说，一名社会等级较低的男子若要娶一名社会等级较高的女子，则需要支付高于平时数倍的聘礼，这在实际运行中就减少了不同社会阶层之间婚配的可能性，有利于维护社会分层。因此在某种程度上，聘礼也就成了强化社会等级和社会结构的工具。

3. 社会问题层面

而从社会问题这一层面来考察，通过聘礼这一特定的文化现象，人们则可以加深对不同民族社会中发生的文化冲突以及某些特殊的婚姻缔结形式的认识和了解。由于婚姻是一种男女双方的交换关系，其间贯穿着许多经济利益和社会需要，因此女方父母在嫁出自己的女儿时，往往要讨价还价，向男方索要更多的聘礼。在一般情况下，男方大都可以根据自己的经济实力送给女方所要的聘礼，也可以根据有关聘礼运作的规则减免聘礼或延缓支付聘礼。但在部分民族中，也有相当一部分人家支付不起沉重的聘礼，从而引发不少严重的社会会问题。此外，聘礼过重也是导致抢婚、逃婚、偷婚、招赘婚、服役婚和交换婚等婚姻形式的重要原因之一。[①]

二 世界各地的嫁妆

（一）嫁妆的性质和作用

嫁妆，是女子出嫁时其家庭送给女子的财物，亦称"嫁装"、

---

① 瞿明安：《跨文化视野中的聘礼——关于中国少数民族婚姻聘礼的比较研究》，《民族研究》2003 年第 6 期。

"妆奁"、"嫁资"等。嫁妆对于世界各地的婚姻来说，都具有比较重要的意义。首先，女子在出嫁的时候，携带一定财物往男方家，在婚后家计负担上能够提供一定的补充，同时，如果日后丈夫与其离婚，则嫁妆能够成为女子的生活费，使其能够维持生计。因此，在世界上许多地区和民族中，父母都会尽力为女儿筹办一些嫁妆。其次，在许多地方，嫁妆的多少甚至会直接影响到婚姻的缔结，丰厚的嫁妆能够使女子在婚姻市场上有更高身价，也能使女子有更多机会上嫁给社会等级更高的男子。

对于嫁妆的研究由来已久，许多学者就嫁妆的性质和作用提出了不同的看法，总的来说，有如下几种。

1. 嫁妆是对父母财产的继承

一些学者通过对欧洲社会的考察，认为嫁妆的性质一般可以认为是在父母去世之前的一种财产继承形式。提出嫁妆暗示了女性结婚时被转移的女性财富或者女性权力，是在婚前对父母财产的一种提前继承。认为嫁妆具有继承性质的学者们认为，即使是在许多被认为女孩没有继承权的父权制社会中，其实女儿也是拥有对父母财产的继承权的，只是这种继承并不像男孩那样是在父母过世后获取，而是以嫁妆这种财产赠予的形式而得到的。

2. 嫁妆能够使女子婚后生活拥有更多福利

这一观点认为，嫁妆与女子婚后在其丈夫家庭中的生活是否幸福有很大关系。一个家庭能够用通过给女儿嫁妆的方式来增加她得到幸福的可能性。如在印度，这种方式就非常普遍：人们通过提高嫁妆来吸引具有更高地位的男子娶自己的女儿为妻；又或者通过一笔像样的嫁妆来寻找一个虽然经济条件较差但个体条件很好的女婿，并且因为这笔嫁妆使女婿善待自己的女儿、保持对她的忠诚。同时，嫁妆作为女儿继承父亲财产的手段的同时，也会影响到一个女性婚后的福利。一个拥有较多嫁妆的新娘在其婆家能够占据更主导和有利的位置、她在与新家庭博弈的过程中更具有威胁力，因为她的到来增加了这个家庭能够获得的资源。也就是说，在某种程度上，女子父母在去世前让女子继承其部分财产，也相当于一种对其未来生活幸福的投资。

　　3. 嫁妆是婚姻市场的调节剂

　　还有的学者认为，嫁妆是婚姻市场的调节剂之一，聘礼的性质也是一样。当新郎相对缺乏的时候，新娘的家庭就会付给新郎嫁妆；而当新娘相对缺乏的时候，则是新郎家庭付给新娘聘礼。由于婚姻市场上两性资源的相对不平衡，那么嫁妆和聘礼就可以成为调节剂。

　　4. 嫁妆是一种家庭财产的转移

　　嫁妆的性质还涉及结婚时对新娘家庭财产的转移。也就是说，可以将嫁妆视为对新娘原生家庭财产进行再分配的一种方式。新娘的父母给女儿准备嫁妆，便是为新娘新郎二人的小家庭带来了一定的财富，这是有助于新的小家庭的生产和再生产的。当然，不能否认人们在婚姻上的选择确实有经济因素在发挥作用，但我们也不应把经济因素绝对化，更应当看到这种经济选择必然包含着的文化和社会内涵。[1]

　　总的说来，对于嫁妆的性质，建立在一个基本的共识之上：它是沟通一个女子原生家庭和嫁入家庭之间关系的重要桥梁。

（二）嫁妆的种类

　　埃及西部沙漠中的锡瓦绿洲中的一个土著民族，在这个民族中，新娘的嫁妆不求金也不求银，但必须有各种颜色、各种样式的一百件袍裙，不能多也不能少。而且，结婚前一两天女方一定要将袍裙送到男方家。结婚那天，举行"展览"，让亲友们欣赏、评论。

　　在摩洛哥北部的安杰拉，做父亲的都要用自己的钱给女儿置办一份嫁妆，主要是女儿在出嫁时的穿戴。而柏柏尔部落——艾特塔

---

　　① 刁统菊：《嫁妆与聘礼——一个学术史的简单回顾》，《山东大学学报》（哲学社会科学版）2007 年第 2 期。

梅杜人中，家庭条件较好的女孩出嫁时都会携带一份丰厚的嫁妆，包括一头牛、数只羊、金银首饰、丝巾以及其他的日用品，价值不菲，对于这一族群的人们来说，能给女儿准备一份丰厚的嫁妆，是做父亲的荣耀。因此即使是穷人家，也要给女儿准备几件衣物作为嫁妆。

　　法国西南部的巴斯克人，习惯在结婚当天搬运嫁妆。嫁妆装在牛车里，除了一把小铁镐、一把小扫帚，以及刻有纺线锭、绞线盘图案的刀具等日用器物外，最引人注目的是一把椅子。在椅子上面，摆放着一双钉有心形图案的木鞋。据说，这双木鞋象征着新娘新郎永恒的爱情。这些嫁妆，照例由岳父亲自取回家。有时，女方为了显示家庭的富裕，还会在嫁妆中加上一群羊。

　　爱尔兰姑娘出嫁时，也要带上自己的财产或贵重物品作为嫁妆。一般会包括珠宝、金器、牲畜和地产等。

　　俄罗斯姑娘出嫁前还有一个特别的仪式，便是搬送嫁妆。城市中家庭富裕的姑娘出嫁时嫁妆更为丰富。嫁妆用五辆敞篷马车装载：第一辆马车上装的是神像和茶炊。车上坐着一个手拿托盘的小男孩，托盘里放着一大块用彩带点缀的糖，还放着一包系着丝线的茶叶。第二辆车上装的是镀金的银盐碟和各种瓷器。第三辆马车用来装嫁妆中的各种被褥等床上用品。第四辆马车上装着陪嫁的家具和长毛绒毯子。最后一辆马车上坐着主持搬送嫁妆的新娘的母亲或姨母以及媒人。[①]

　　缅甸的英特哈族，有着特别的嫁妆习俗。这个部族常年居住在湖中，在每家门前都有一个至几个浮动的小花园。小花园以树根、杂草和各种浮力较强的植物做地基，再加泥土而成，上面种植着各种鲜花。待家中姑娘出嫁时，小花园就作为嫁妆随嫁。[②] 缅甸克伦人的姑娘出嫁时，嫁妆中会有一只从姑娘13岁时就开始饲养的

---

① 欧阳若修、韦向学编：《外国婚俗集锦》，漓江出版社1986年版，第279页。
② 高明强、刘祖乐：《世界人生礼俗大观》，中央民族大学出版社1999年版，第33页。

猪，这种猪被称为"闺女猪"，或称为"守路猪"。因为饲养时间长，再加上姑娘的精心照料，所以，"闺女猪"比普通饲养的猪都要更肥大。这只作为姑娘"嫁妆"之一的猪，被在婚礼宴席上食用。

日本新娘所携带至夫家的嫁妆中包括许多的日常用品，常常会装满若干只箱子。这些嫁妆中既有写字桌等家具，漆盘、筷子等餐具，还有精美的床上用品，以及做针线用的女红盒子；也有小到新娘给娘家写信用的纸张、笔墨和邮票等物件。这些包罗万象的嫁妆能够使新娘在嫁到夫家后，几个月之内都不必向丈夫索取什么东西。

在非洲的阿尔及利亚，姑娘出生后，父母就要开始为姑娘积攒一笔钱，等到姑娘出嫁时，用来添置嫁妆所用。这些嫁妆包括姑娘的衣物、首饰，或者会送给姑娘一整套卧室的家具，供她在夫家使用。并且，在新郎迎娶时岳父母还要赠送给新郎黄金和衣服作为见面礼。因此，新娘家庭为新娘置办嫁妆的数额，常常会超过男方家赠送的聘礼的数额。

非洲西部的富拉尼人，姑娘出嫁时也会携带嫁妆，城市中姑娘的嫁妆主要有现金、衣服、布匹、首饰以及家具。而游牧地区的富拉尼姑娘则以牛羊为嫁妆。而同样居住在西非地区的豪萨姑娘出嫁时，嫁妆要有床和家具，家具中一只装满多种多样搪瓷器皿的柜子是必不可少的。陪嫁中还要有粮食和几桶花生油。姑娘的嫁妆送到男方家时，习惯要在路上兜一圈，向人们展示一下。

新几内亚的巴布亚新娘的嫁妆多到可以堆满房间里的平台：锅、陶器、木制武器、极乐鸟羽毛、几大筐甘薯、大串大串的香蕉，以及各类杂用物品。活猪拴在屋下，新娘自己则满面春风地坐在屋内的走廊上，守着她实用的财宝。①

突尼斯新娘的嫁妆需准备一些黄金、首饰和一些内衣即可，如

---

① ［英］布雷多克：《婚床——世界婚俗》，王秋海等译，生活·读书·新知三联书店1986年版，第15页。

果新娘家经济条件允许，则还会准备一些家具和装饰品。

北极圈内的拉普族姑娘出嫁时，新娘的父母会为她准备基本的家庭生活用具作为嫁妆，除此之外，新娘的陪嫁还有许多东西，并且在不同地区的嫁妆也有所不同。山地拉普姑娘的嫁妆要有驯鹿；斯考兹地区的姑娘要有一张渔网和一副雪橇作为嫁妆；定居的拉普新娘则要有一头牛、几只羊和一块土地作为嫁妆。[①]

在传统观念中，新娘送往新郎家的嫁妆队列的长度，常常是衡量新娘家财富的标准，嫁妆的多少与贵贱应与两家的地位相称，如果女方家很讲究面子，或者男方家较女方家而言更有政治势力，那么嫁妆就更加铺张扬厉。

在谈到嫁妆问题的时候，我们似乎应该对印度这一嫁妆尤为高昂的国家论述得更为细致一些。在这里，给女儿准备嫁妆已经成了每个家庭很棘手的问题。甚至引发了许多社会问题。在布雷多克的《婚床》中，有一个关于古代时期印度新娘嫁妆的例子，即叶昌·德把女儿嫁给普利西·亚时，将自己在胜利中赢得的珠宝、珍珠、大象和染料等珍贵的物品给女儿做嫁妆。后来，普利西·亚又娶了达西马的女儿，而达西马女儿的嫁妆则是 8 名年轻貌美的女子，63 名女奴隶，100 匹伊拉克马，2 头象，10 副盾牌，1 张小银床，100 副木制肖像，100 辆四轮马车和 100 束金条[②]。其铺张程度可见一斑。在古印度，虽然贵族和皇室的女儿出嫁时嫁妆丰厚，但在民间，高额的嫁妆并不是那么普遍。并且如果父母不能为女儿准备众多的嫁妆或者找一个有钱的丈夫的话，人们还发明出了一些避免昂贵嫁妆的巧妙方法：姑娘象征性地与一束鲜花"结婚"，然后，将这束鲜花丢到水井中。那么，姑娘这时就算是"守寡"了，当她再一次出嫁时，便不再是第一次结婚，因此无论是聘礼或者嫁妆，就都不会那么高昂了。可见，古印度时期女子

---

① 欧阳若修、韦向学编：《外国婚俗集锦》，漓江出版社 1986 年版，第 296 页。

② [英] 布雷多克：《婚床——世界婚俗》，王秋海等译，生活·读书·新知三联书店 1986 年版，第 80 页。

的嫁妆问题并没有那么棘手，更多的也是出于个人感情上的自愿馈赠。

而随着时间的前行，到了中世纪，女子早婚的趋势越来越明显。在种姓婚姻中，尤其是那些低种姓的女子嫁给高种姓男子，即"攀高婚"的时候，人们往往通过给予女儿高昂的嫁妆来提高女儿在夫家的地位。父亲也会因为担心因女儿年龄过大而嫁不出去，无奈之下接受夫家所提出的高额嫁妆。并且，在《摩奴法典》中也有关于嫁妆的记述："一切期望幸福的男子应该不惜一切代价继续供给女儿各种装饰品、衣物和食品；媳妇如果能带来充足的财富，就能因此受到尊敬，神也喜悦。"[①] 因此，嫁妆制度由此逐渐作为制度固定下来，并经过世世代代的演变而成为印度的一种普遍的习俗。

时至今日，受过高等教育的年轻人成了印度婚姻市场上的热门"商品"，地位高的有钱人家为了得到称心如意的女婿花费了大量的金钱。嫁妆制的发展令人瞠目，婚姻已经变成一种交易。人们争先恐后为自己的女儿寻求前途光明的年轻男子，这样的男子通常会娶嫁妆出得最多一家的女子。结婚前，男方的亲戚列出他们的要求，如珠宝、家具和现金等，女方必须按要求在婚礼上送男方这些东西。[②] 甚至还出现了因嫁妆问题把年轻媳妇迫害致死的残忍事件发生。总之，嫁妆制给很多印度家庭带来了经济上沉重的负担，也使很多印度妇女，尤其是贫困家庭的女子，遭受心理上的极大压力和许多不公正的待遇。但我们应该看到，只有当因嫁妆而迫害女子的行为被法律和社会舆论都视为严重的罪行而非轻微罪过的时候，只有在大多数人改变他们的家庭地位由金钱和婚姻决定的观念之后，只有当印度妇女真正获得政治、经济、社会

---

① 贺璋瑢：《孔雀王朝至岌多王朝建立前印度妇女的地位》，《南亚研究》1991 年第 3 期。

② 孙玲：《概览印度婚姻从古至今的嬗变》，《黑龙江教育学院学报》2010 年第 7 期。

独立的时候,[1] 嫁妆才会结束它给印度女子带来的种种灾难,而真正成为一种出于感情的、给婚姻带来幸福的"馈赠"。

(三) 历史上的嫁妆

1. 古巴比伦的嫁妆

在古老的巴比伦,嫁妆也是普遍存在的。并且,嫁妆的款项是需要被逐一刻在石板上,用以严格说明新娘都需要携带哪些东西到夫家去的。在《汉谟拉比法典》中,也有一个专门的词汇"赛里克图",是专门指代完全取自新娘家庭中的那部分嫁妆。而嫁妆的数目是与新娘家庭所赠的聘礼数目相当的,在新娘新郎完婚之后,新娘的家庭就会拿出这笔嫁妆。

《大英博物馆馆藏巴比伦泥版文书中的楔形文字文献》中记载了一份登记于古巴比伦王阿米—迪塔纳统治时期的嫁妆:

> 撒毕图是伊巴图的女儿,她的父亲伊巴图已指定她去伊尔苏—伊布尼的家里,为他的儿子瓦拉德—库毕做妻子。两张床,两把椅子,一个桌子,两个箱子,一副磨盘,一副碾吉古面的磨盘,一个小升容器,一个空西卡图瓶。所有这些都由伊巴图赐予他的女儿撒毕图,为她进入伊尔苏—伊布尼的家庭做准备。[2]

这份嫁妆清单比较典型地体现了那个古代巴比伦姑娘嫁妆的平均水平,而在如《大英博物馆馆藏碑刻》或《汉谟拉比法典》等其他的文献中,我们也可以看到,当时也有更为丰厚的嫁妆存在,包括了奴仆、土地、房舍,以及金制珠宝等。然而,无论嫁妆数量的多少、其价值的高低,我们都可以看出,古代巴比伦女子的嫁

---

① 邱永辉:《今日印度嫁妆制度》,《南亚研究季刊》1990 年第 2 期。

② [美] 肯·M. 坎贝尔编:《圣经世界的婚姻与家庭》,商务印书馆 2012 年版,第 36 页。

妆都是明确反映出新娘的利益的。

通常情况下，女儿的嫁妆由她的父亲提供，如果父亲已经去世，那么她的母亲和兄弟们也有责任为她置办嫁妆。而在当时的法律条款中，也明确地界定了嫁妆的归属。即当丈夫去世或者夫妻离婚时，新娘的嫁妆是得到保护、应当归还女方的，甚至严格到半瓶油的嫁妆也必须还给女方。并且，当新娘生育了孩子，那么嫁妆作为她的私人财产，今后是留给她孩子们的遗产，其父亲和兄弟们是不得提出任何异议的。① 只有一种情况丈夫可以对妻子的嫁妆享有权利，那就是在妻子在未生育子女时就已去世，而丈夫又没有从妻子的娘家索回聘金，那么这时他才可以从妻子的嫁妆中扣除聘金，再将剩余部分交还给女方的父母亲。从这点可以看出，女子嫁妆的数额应该普遍高于聘金的数额。而且，给新娘置办嫁妆的习俗在巴比伦的法律中日趋重要，一直保留到支付聘金的做法废止之后。②

总之，我们可以看到，在古代巴比伦，嫁妆同聘礼一样，是从经济方面对婚姻缔结进行一种保护和激励的方式，也是一种婚姻的纽带和桥梁。

2. 古典时代希腊的嫁妆

当历史的车轮滚动到公元前 5 世纪的时候，希腊社会进入到古典时代，荷马时代普遍的男方为娶妻而支付的高额聘礼消失了，取而代之的是女子的嫁妆。嫁妆成了这一时期希腊缔结婚姻的主要条件，并被视为缔结婚姻不可缺少的基础。嫁妆对于一个古希腊女子的婚配极为重要。

---

① ［英］爱德华兹、曾尔恕：《汉谟拉比法典》，沈大銈译，中国政法大学出版社 2005 年版，第 669 页。

② ［芬兰］韦斯特马克：《人类婚姻史》（第二卷），李彬译，商务印书馆 2011 年版，第 849 页。

女子不携带嫁妆而与男子的结合在这一时期被认为是纳妾，而不是结婚。由此我们不难看出，古典时代希腊的"妻子"拥有了新的内涵，特指那些拥有嫁妆，由其男性亲属负责交给丈夫，为他生儿育女的女人。也就是说，一段为社会所承认的正式婚姻，不仅要有男女两个人之间性的联系，更重要的还要有两个家庭之间经济上的联系。同时具备性关系和经济关系才能成为合法的妻子。因此古典时代的嫁妆是妇女社会地位的证明，没有嫁妆的女子便没有作为妻子的社会地位，只能是充当男子的小妾。并且在当时，一个孩子的身份与其母亲的社会地位密切联系，如果这个孩子的母亲不是正式的妻子，那么孩子将不属于雅典公民。我们可以看到，对于古希腊的女子来说，"无奁不婚"并不显得夸张。

古希腊女子结婚时，父亲或者监护人应给她提供一份嫁妆以供她维持生计。女子的嫁妆通常包括钱币，各类物品，少数情况下还包括房地产。虽然嫁妆的多少由新娘的父亲根据情况决定，嫁妆与新娘父亲的经济条件成比例，如伊塞奥斯就认为，任何一个体面父亲给他婚生女儿的嫁妆，都不会少于其财产的1/10。而在实际生活中由于各种因素的影响，妇女嫁妆占家庭财产的比例也会有所不同。姑娘的嫁妆通常是现金、衣服、首饰、家具或生活用品。根据《德摩斯提尼演说集》我们得知：在德摩斯提尼状告他的监护人阿弗布斯时就提到了他父亲把他妹妹嫁给德摩丰并给德摩丰2塔连特作为嫁妆，他父亲的产业总共有14塔连特，也就是说把产业的七分之一作为其女儿的嫁资。德摩斯提尼的母亲在他父亲去世后，嫁给了阿弗布斯，他因此获得80明那的嫁妆，这80明那包括现金、珠宝及一部分贷款。据希罗多德记载，卡里亚斯为他的三个女儿准备了丰厚的妆奁，让她们随自己的心愿选择丈夫，结果慷慨的父亲闻名希腊。有时会有慈善人士帮助那些家庭经济困难的女孩子和姊妹们。实际上，那些家境贫寒而又值得帮助的穷人家女孩子有些时候还会从政府领到她们的嫁妆。例如，我们就听说过亚里斯泰迪斯的两个女儿每人都从政府领到三千德拉克马，约等于 112 英镑。嫁妆的种类繁多，除了金钱以外，嫁妆还包括亚麻、衣物、漂亮的装饰品、家用物品和一些室内家具等，有时候还外加给几个女仆。①

但事实上，当嫁妆被支付后，女子的丈夫便成了其嫁妆的保管者，而若夫妻离婚，那么女子的父亲也还拥有收回嫁妆的权力。也就是说，嫁妆并不会真正成为女子的私人财产，而只是以婚姻为方式的一种财产转移。这一点，也从雅典法律中一个持久不变的原则中反映出来，即作为一家之主的男子其财产中包括了这个家庭中女子的嫁妆，因此他必须养活那个女人。可见，嫁妆所代表的，是女子出生家庭与嫁入家庭之间的一种经济联系，而并不是真正代表着妇女拥有了大量的财富和极高的社会地位。掌握财产和家庭权力的，依然是男性。

当然，我们也应当看到，同其他地区的嫁妆一样，古希腊女子的嫁妆也具有一定的保护功能。例如，如果丈夫去世，而法律又规定妻子不能继承丈夫的遗产，那么他的妻子便可以用自己出嫁时带来的嫁妆维持自己的生计，并且这笔财富最后还能成为他们孩子可以继承的遗产。从一定意义上来说，嫁妆对于婚姻和妇女是具有保护作用的。

3. 古罗马的嫁妆

古罗马的女子出嫁，父亲要尽自己的所能为她准备一份嫁妆，这是罗马自古以来的习俗。同时，嫁妆制度也是罗马妇女获得财产、拥有一定经济地位的重要途径。保罗在《论萨宾》中指出："嫁资的理由是永恒的：嫁资是根据其永远受丈夫支配的愿望而设置的。"② 据此可知，当一个妇女与其丈夫缔结婚姻，那么她也就结束了受父亲监护而随即进入由丈夫监护的状态，于是她拥有的

---

① 隋娟：《希腊古典时期嫁妆略论》，《和田师范专科学校学报》（汉文综合版）2008年第 1 期。

② ［意］桑德罗·斯奇巴尼选编：《民法大全选译》之《家庭》，中国政法大学出版社 1995 年版，第 749 页。

一切也就成了丈夫的财产。因为女子出嫁后将脱离父系家族而进入丈夫的家族，所以她的父亲将会给予她一定的嫁妆：一是对女儿出嫁后与父系家族脱离关系的一种补偿，二是对结婚后男方因照顾女儿所增加的生活负担给予的一定补偿。①

古罗马妇女带嫁妆到她的新家庭去是一种惯例。而对于一些例如年龄较大、没有了生育能力，或者遭到前夫抛弃的女子，附带大量的嫁妆则能够弥补这些使她们失去吸引力的缺陷。因此，贫穷的女子，甚至奴隶阶层的女子都试图通过积攒一些嫁妆来为自己寻到一桩好的婚姻。而富裕阶层的女子的嫁妆则丰厚得多，能作为财产的东西都可能成为她们的嫁妆：土地、房产、现金、奴隶、牲畜、珠宝首饰等贵重物品和衣物、布料等生活用品。

这些嫁妆可以用现金标价，至少在上层社会，它是一组各种各样的财产。如果是现金的话，通常会从婚礼后一年开始分三年付清。支付嫁妆的主要责任一般是女子的父亲承担，她的母亲、朋友等也会给予她一些资助。而如果父亲去世的话，女子也可以经其监护人的同意，自己承担支付嫁妆的责任。

在婚姻存续期间，嫁妆属于丈夫，但从理论上又与其本人的财产相分离。因为它只在婚姻存续期间暂时归丈夫所有，且有可能仍要归还妻子。但嫁妆还是应由丈夫管理，并享受从中得来的收入。他可以出售其中的物品，或投资现金。但他必须谨慎投资、诚实地管理。由嫁妆而得的收益应能平衡养妻所需的额外开支，还可以用以抚养那次婚姻所生的任何孩子。② 而如果这段婚姻结束了，那么妻子的嫁妆又应当何去何从呢？这主要取决于嫁妆的来源和婚姻的结束方式。

如果妻子不幸过世，而她的嫁妆又是来源于她的父亲或祖父，

---

① 何越：《从嫁妆制度的变化看古罗马社会妇女的经济地位》，《安徽史学》2010 年第 4 期。

② ［美］肯·M. 坎贝尔编：《圣经世界的婚姻与家庭》，商务印书馆 2012 版，第 234—235 页。

那么丈夫就要将嫁妆归还给他们。但如果妻子的父亲或祖父也先于丈夫去世了，那么丈夫可以保留着这份嫁妆。如果嫁妆是来源于其他人，而又没有约定必须返还，那么丈夫也可以保留嫁妆。而反之，如果是丈夫不幸去世，那么妻子则享有嫁妆的权利。如若是双方离婚，那么妻子和她的父亲有权要求丈夫返还嫁妆。并且，对于嫁妆的归属，还有许多针对于是否生育子女、离婚中双方是否有过错等具体问题，有一些具体的分割规定。

但总的说来，同古希腊一样，古罗马的嫁妆是对婚姻的一种赠予，它的最基本的功能仍然在于给妻子一方提供一种生活保障和经济上的依靠，但在实际中，因为丈夫能够在婚姻存续期间享有对嫁妆的权利，因此它也常常成为对家庭共同开销的一种捐助。但更为重要的是，嫁妆除了经济上的意义之外，还是古罗马辨识合法妻子的一个标志。也就是说，妇女合法的社会地位，在很大程度上是依靠其嫁妆来获得的，由此可以看到嫁妆对古罗马妇女重要性之所在。

4. 文艺复兴时期意大利的嫁妆

文艺复兴时期的意大利社会，经历着传统的封建等级制度瓦解和新的社会等级重新组合的变化，婚姻作为社会领域中一个重要部分也随之发生着变迁。而嫁妆，是婚姻中的一种物质表现形式，这一时期的嫁妆制度融合了政治、经济、社会传统等多方面的因素，来源也具有多样性。

（1）父亲提供嫁妆

在文艺复兴时期的意大利，嫁妆被认为是女儿同她的兄弟们一样，平等地对父亲财产的一种继承形式。因此，父亲为女儿的婚姻提供一份嫁妆是一种责任，但这种责任应该说更多的是受利益的驱动，而并不完全是从情感的角度出发。在上层社会尤其如此。原因在于：增加女儿的嫁妆，能够增加其对于更高社会地位和名望家族的男子的吸引力，而通过"高攀"的联姻而提高自己及家庭社会地位又是父亲所期望的。于是，在15世纪的佛罗伦萨、佩夏和威尼斯等一些地方，父亲们往往在女儿十四五岁的时候，就开始对女儿丈夫的选择、嫁妆的价格和费用等事宜做精心的安排，希望通过给予女儿良好的陪嫁和为她选择好的婚姻而使自己获得更多的荣耀和社会地位。例如，16 世纪末，米兰大公的女儿卡特琳娜·斯弗扎嫁给波兰的国王时所带来的嫁妆足以还清瑞典的国债。而随着嫁妆数目的增长，当父亲无法承担多个女儿的嫁妆费用的时候，则把达到结婚年龄而不能结婚的女儿送到修道院[①]。

（2）母亲提供嫁妆

在这一时期，也有越来越多的母亲立下遗嘱，为自己的女儿留下一份嫁妆。尤其是那些自身拥有丰厚陪嫁，而得到一桩良好婚姻的母亲，她们对嫁妆之于女性的重要意义有切身感受，因此她们在女儿出嫁的时候，会支出自己嫁妆的一部分来为女儿添置更多的嫁妆。力图使女儿因此而获得更好的婚姻和更多的幸福。从某种程度上来说，母亲为女儿提供嫁妆的出发点，似乎带有更多温情的色彩，也许因为她自己作为女性的原因，便更加理解嫁妆在这一时期对于婚姻幸福的意义。

（3）通过工作自己挣取嫁妆

通过工作自己挣取嫁妆的形式一般存在于社会下层女性之中。文艺复兴时期的意大利，无论是富裕阶层，还是贫困人们，似乎都明白当时"没有嫁妆就没有婚姻"的道理。当父亲和母亲都无力为自己支付嫁妆的时候，许多身处社会下层年轻的未婚女子便开始到城市中谋求工作，以挣得嫁妆。而她们能够从事的工作很少，要么是家庭服务业，即到富人家做女仆，要么便是到手工工场做女工，所能获得的报酬水平也是极低的。并且从事家庭服务业的年轻女性们，还常常面临所服务的身份地位较高的贵族或富人们的性侵犯，而女仆卑贱的地位使得她们无力反抗这一行径。而这种恶劣的行为则又衍生出了一种另类的嫁妆支付来源：未婚

---

① 程新贤：《从嫁妆的来源透视意大利文艺复兴时期的性别关系》，《理论界》2008年第 1 期。

女子遭受到性侵犯之后的嫁妆赔偿。

（4）由于遭受性侵犯而得到的赔偿嫁妆

文艺复兴时期的意大利也奉行女子婚前保持贞洁的观念。认为女子婚前的贞洁是其最高尚的品德，一个家庭中女子的贞洁既维护了男性世系的纯洁，保证了家庭财产继承人的合法身份；同时也维护了男性家庭的名望和声誉。而失去贞操的女子会使她的父亲和家庭丧失荣誉，给名誉带来损害。嫁妆则被视为预防未婚女子性耻辱最好的保护伞，也是恢复被败坏的名誉的最好的方式。未婚女子的处女身份受到侵犯之后，得到的补偿通常是肇事者为其婚姻提供一份嫁妆。威尼斯刑事法庭规定，奸污未婚女子的行为被视为对受害人施加了最大的耻辱和永久的不光彩的罪过，对肇事者的惩罚就是为受害者提供一笔数目可观的嫁妆，以恢复受害者受损的名誉，而给予婚姻的承诺则是最好的解决方式。但对于社会下层的女孩来讲，争取到嫁妆是很难的，而且很多遭到性侵犯的女孩被肇事者送到了妓院。[1]

（5）个人对嫁妆的慈善性捐赠

文艺复兴时期的意大利人们，还有一种捐赠嫁妆给贫困女孩的救助制度，类似于今天的慈善事业。这种捐赠资金用以资助贫穷的女孩得以走入婚姻的救济形式，确切地说应该是在1384年黑死病爆发之后开始广泛和普遍起来的。在黑死病爆发之前，人们的捐赠大多针对寺院或者修道院等宗教性场所。但当死亡率极高的瘟疫蔓延开来，大量人口死去，整个社会的观念和取向也因此而发生了一些转变：希望更多的女性可以通过缔结婚姻，从而更好地促进人口的再生产。嫁妆对某些贫困女性来说，是进入婚姻的一道障碍，因此人们通过对嫁妆的捐赠，帮助女性跨过嫁妆的障碍，使她们得以组建家庭，维护社会的稳定。同时，捐赠嫁妆也在很大程度上反映了当时整个社会对女性的角色定位，即她们理当

---

① 程新贤：《从嫁妆的来源透视意大利文艺复兴时期的性别关系》，《理论界》2008年第1期。

成为妻子和母亲，承担生儿育女的责任。

　　通过对聘礼和嫁妆的细述，可以看到，在缔结一桩婚姻时，聘礼和嫁妆作为相互交换礼物的形式，是世界上许多民族和社会中一个广泛和普遍的实践。聘礼和嫁妆的有无以及多少绝不是一个简单的经济问题，而是昭显了该社会与文化内涵的实践过程。并且，聘礼和嫁妆还作为一种工具和桥梁，勾连起了缔结婚姻的两个家族，把他们紧密地联系了起来。

第三章
世界各地的
迎亲仪式

迎亲仪式是婚礼过程中一个十分重要的环节，它包括男方的迎亲队伍到女方家接走新娘，以及随同女方的送亲队伍一块儿将新娘送到男方家这样一个互动的过程。迎亲仪式中既有女方亲友对新郎或迎亲队伍，以及男方亲友对新娘或送亲队伍的热情款待，同时也伴随着男女双方之间群体性的戏谑关系。①

一　各种类型的迎亲仪式

（一）具有抢夺婚遗风的迎亲仪式

抢夺婚，指的是在没有得到女方本人及其亲属同意的情况下，强行将女子抢走的婚姻形式。这种娶妻方式曾经在世界上许多地

---

①　瞿明安：《中国少数民族迎亲仪式中群体性的戏谑关系》，《中南民族大学学报》（人文社会科学版）2008 年第 2 期。

方存在过。随着社会的变迁，在许多地方，虽然不再实行"抢夺婚"这一形式，但在迎娶新娘的仪式过程中，还留有抢夺婚的一些遗存痕迹。例如，男方在迎娶新娘时会遭到女方家人的阻挠，或者迎娶时男女双方的族人要进行一些竞争、打斗，又或者新娘在要被迎娶时会强烈地反抗等形式，虽然这些行为有的时候仅仅是一种假装的争斗，但也反映出了这种具有抢夺婚遗风的迎亲形式。

1. 打斗迎亲

在布须曼人中，年轻男女订婚之后，会由父母为其安排吉日成婚，当新郎迎娶新娘的日子到来时，所有的亲朋好友就会从各地纷纷赶来，一起高高兴兴地吃喝庆祝。而当宴会正在进行时，新郎便会一把抓住新娘，新娘一方的亲戚朋友则立刻拿起掘地用的木棍，扑向新郎，朝他身上打去。这时，所有在场的宾客也都会一起朝新郎动起手来，阻止他带走新娘。而新郎则会紧紧抓住新娘不放，任由众人攻击，如果他经受住了大家的"考验"，那么，他便能成功地迎娶到自己的新娘；如若新郎经受不住这皮肉之苦，让新娘逃脱了，那么，他的本次迎亲便失败了，只好重新迎娶新娘，并再次接受考验。

非洲南部莫桑比克的聪加人中，有一个名为"姆富莫"的氏族，这里的新郎在迎娶新娘时也要遭到阻挠。当新郎以及他的亲戚们带着作为聘礼的锄头进入新娘居住的村落时，新娘的兄弟们便会手持棍棒冲出村来，仿佛新郎是来抢夺新娘一般，试图阻止新郎进入村子迎娶新娘。当然，新娘兄弟们的这种"武力威胁"仅仅是一种迎娶仪式而已，并不会真正地攻击新郎。

津巴布韦的恩德贝勒人，在男子已得到女子父亲的婚姻允诺后，便会杀死一头牛或一只羊，并把其中的一部分给新娘的父亲送去。走到门口时，新郎并不直接进去，而是在一群朋友的陪伴下停在门口，对新娘的父亲喊："给你的孩子送肉来了。"这时，新娘所在村镇的年轻男子们便都会冲出来，驱赶新郎和他的朋友们。在一番假意的追打之后，新郎和朋友们被赶跑了，追打的人们便都回到新娘家举行宴会。经过这个"驱赶"新郎的仪式后，过上几天，新娘便可以顺利地被新郎接到家中了。

东非的阿坎巴男子迎娶新娘那天，会带上五六个兄弟和朋友，一起来到女方村子旁边的地里，而新娘则佯装路过，被新郎等人伺机抓住。新娘便会大声喊叫她的兄弟们赶来营救，这时，新娘的兄弟们便拿起棍棒和刀剑等武器冲出村来，打跑新郎一行，并把自己的姐妹带回村里。这时，新娘和新郎的家人便又会再次进行一番交涉，新娘的父亲会乘此机会向新郎多索要10只羊为聘礼。待新郎多向岳父交纳10只羊后，这次，他便会独自一人前往新娘的村子，并顺利地把她迎娶回家①。

在摩洛哥的许多地方，当新郎和他的亲戚们一起前去迎接新娘时，人们便会用各种各样的方式作出"刁难"他们的假象：一些村庄的人们会向新郎一行投掷石块；另一些村子的人们则会把新郎和另外两个装扮成新郎的男子一起打一顿；还有一些地方，新娘家族的男性成员，如新娘的兄弟或叔伯要在新郎迎亲时先同他假装打斗一番，之后新郎才能顺利地迎娶新娘。

澳大利亚彭特科斯岛以及英属新几内亚的罗罗人中，迎亲的过程中都要佯装打斗。彭特科斯岛的新郎和新娘双方的亲戚会佯装打斗，而如果新郎的兄弟因此而不幸真的受了伤，新郎则要送礼物给他以示安慰和补偿。罗罗人在迎接新娘时，新郎村里的亲戚朋友会将新娘家团团围住，一边高声喊叫一边假装攻占了新娘家。而新娘则会冲出门外逃走，但这种"逃跑"却往往是徒劳无功的，新娘总是很快就被"抓住"。在被抓住后，新娘会竭尽全力反抗，与此同时，新娘和新郎双方的亲戚也要假装出一场激烈的"争斗"。在打斗中，新娘的母亲手里拿着一根木棍，猛击身边的器物，高声哭叫着诅咒抢夺自己女儿的人，村里其他的妇女也会跟

---

① ［芬兰］韦斯特马克：《人类婚姻史》（第二卷），李彬译，商务印书馆2011年版，第725页。

着一起哭泣。新娘的母亲会将这种"极度悲伤"的状态保持三天，以表示她对女儿被抢夺的悲痛与愤怒。在"抢夺式"的迎娶成功之后，新郎的村子里的房子和园地便会遭到新娘家人报复性的"抢劫"，当然，这种报复也是模拟的，新郎村子里的贵重物品和重要的生产工具等，是不会被抢的。在这种一来一往的"抢夺"与"报复"中，新娘被从自己的村庄迎娶到了新郎家。

在格陵兰东海岸的村庄里，当结婚这天，新郎会走到新娘家去迎亲。但这种迎亲在人们看来却是十分"粗鲁"的。因为新郎会到新娘家，抓住她的头发，把她拖回家去。而新娘对于这种"粗暴"行为的反抗却也总是徒劳无功的，新郎终究会胜利。

在18世纪的威尔士，新郎在迎接新娘时，也要进行一番模拟的打斗。婚礼当天的上午，新郎会在他的朋友们的陪伴下去迎接新娘，但这会遭到新娘朋友们的强烈反对，于是，新郎和新娘双方的朋友们便要进行一番"激烈"的打斗和较量。新娘一名亲近的家人会带着新娘骑马逃走，而新郎和他的朋友们便紧随其后，高声喊叫，这种追逐一直要持续到新娘一方精疲力竭、人困马乏，新郎便乘此机会追上新娘，凯旋而归。在此时的苏格兰和爱尔兰的一些地方，这样在迎亲过程中的模拟打斗习俗，也曾经存在。

美国大斋节前夕是新人们举行婚礼的旺季，因为，人们把这段时间称为"迎亲节"。在这个古老的节日中，新郎、新娘一同手持鲜花，相约前往教堂。但人们会在公路上设下由鲜花、青藤或长绳组成的路障进行阻拦。但这种阻挡却象征着对新郎和新娘的祝福和庆贺，当新郎新娘走过障碍时，要向人群撒钱币致谢，这种钱币被称为"过路税"。

居住在智利中部的阿劳坎人，是操同一语言的南美印第安人。迎亲仪式只有一项内容，就是假装抢夺新娘。新郎首先是需要和新娘的父亲进行沟通的，在将有关婚事的一切都商定好后，新郎便和几个朋友隐蔽在新娘的必经之路上，新娘来到后，他们便合力将新娘制伏，放在新郎的马背上，让新郎将她带走。新娘会在一路上奋力反抗，高声喊叫。当她在一片吵闹声中被迎娶到新郎家时，她的亲属已经等候在这里了。这时，男女双方的亲属便开始举行婚礼宴会，欢宴结束后，新郎家还要向新娘的亲属赠送礼物。

印尼的达雅克新郎迎娶新娘时，也使用"假装"抢亲的方式。在抢亲之前，小伙子也是要先禀告父母和酋长，获得同意后方可与姑娘订婚，而"抢亲"的行为，仅仅是在迎娶那天的形式上的行为。在收获季节之后，双方便定下一天，新郎带领一群亲朋，趁姑娘不备之时，来到村中将她"抢走"，新娘则拼命挣扎，大声呼救。姑娘的父母听到女儿的"呼救"之后，便和早就在一旁准备好的亲戚朋友们一起"追赶"起来。与此同时，新郎村寨的人们会在新郎家的院子里架起一道篱笆，并在全村纳凉的长廊上和通往村外的路口挂上一些猪、牛、羊、鸡等，"武装迎接"女方家追来。当追赶新娘的队伍接近村寨时，新郎村中的人们会敲响锣鼓示警，这时新郎村寨里的人们全部藏匿起来。新娘的父母指挥着追赶的队伍，向悬挂着的猪、牛、羊等发起进攻，一时间喊杀声震天。等女方家的队伍冲过新郎家院里的篱笆，男方村里的人们又敲响锣鼓，高喊着出来"迎战"。双方队伍都大声呼喊着佯装打斗一番，这时，各自派出一名长者，口念祝词，假装进行一番"谈判"，终于使双方和解。然后，新郎家便将那些悬挂的猪、牛、羊、鸡等做成宴席，款待来宾。[①] 至此，新郎也才终于成功地迎娶到了新娘。

居住在泰国北部山区靠近缅甸地区的鲁亚人，男子在迎娶自己的妻子时，也需要用一种假意"抢婚"的方式来进行。新郎一般会在夜晚邀约自己的亲朋好友，悄悄来到新娘家，趁新娘的家人熟睡之际，将新娘挟持而走。在被挟持出家门后，新娘便会假意挣扎、大声呼救。待到迎亲，或者说"抢亲"的队伍走远之后，

① 顾义章主编：《世界民族风俗与传统文化》，民族出版社 1989 年版，第 180 页。

新娘的父亲才跑去叫醒村中的长者说自己的女儿被抢走了。而新娘村里的人们则会故意耽误一阵子，方才慢慢腾腾地赶到新郎家，质问新郎的父亲，为何他的儿子要抢别人家的姑娘，而新郎的父亲则会辩解一对青年人是相亲相爱的，不应阻挠。这时，新娘家便会派出代表与新郎家商讨姑娘的身价，经过一番"激烈的"讨价还价，双方达成一致，新郎顺利地迎娶到了新娘。

在谈及这种迎亲时新郎新娘双方家人模拟打斗，一方假装抢婚，而另一方则假装反抗的行为，一些学者将其视为早期抢夺婚的一种遗存，而另一些学者也谈及这种打斗行为具有的驱邪意义，用暴力抢夺妇女的行为有使其净化，在抢夺中的快速行动则有助于使其摆脱超自然的邪恶力量。例如，韦斯特马克在讨论摩洛哥人婚礼上的打斗行为时，就认为它具有一种驱邪的作用。①

2. 竞争迎亲

乌干达的巴尼扬科勒人迎亲时，采用的是竞争的方式。当新郎来到新娘家所在的村子之后，即被领到一间茅屋中，新娘已经在那里等候他们的到来了。新郎牵着新娘的右手走出茅屋，一同来到村外，前来迎亲的新郎家人和新娘家人都在这里。这时，新娘的一位亲戚便会拿出一根结实的绳子，系在新娘的一条腿上。然后，新娘和新郎双方的氏族成员便要开始拔河竞赛，以决定新娘的去留。胜利的一方可以将新娘带走，而这种竞赛也总是以新郎一方的胜利而告终。在双方氏族成员拔河比赛时，新娘则在一旁伤心地哭泣，因为她就要离开家乡和亲人，而新郎则拉着新娘的手安慰她。当新郎的氏族在竞赛中取得胜利后，新郎会将绳子从新娘的脚上取下，并将新娘带到铺在地上的一张牛皮上坐下，几个年轻男子会将新娘高高举起，以胜利的姿态跑向新郎父母家，至此，新郎才算是迎娶到了新娘。

蒙古新郎迎娶新娘时，会在一群伙伴的簇拥下，肩挎弓箭，来

---

① ［芬兰］韦斯特马克：《人类婚姻史》（第二卷），李彬译，商务印书馆 2011 年版，第 729—731 页。

到新娘的帐房外。新娘的兄弟们则等在这里，等新郎说明来意后，新娘的兄弟们则会说："要想进帐房迎亲，那就先和我们比试比试吧！"于是新郎和伙伴们便要和新娘的兄弟们你推我搡地进行一番武艺和力量的比试，而这场比试的结果也是不言而喻的，片刻之后，新娘的兄弟们败下阵来，请得胜的新郎一方进入帐房，迎娶新娘。喀尔喀蒙古牧区的新人，在迎接新娘从娘家到夫家的路上，还要进行充满了戏谑的"竞争"环节，即新娘新郎双方及他们的伴郎伴娘们互相追逐嬉戏，比试马术，争着看谁先到家。女方为了获胜，便常常由伴娘抢去新郎的帽子，挑在马鞭上，然后扔在地上，新郎被迫下马捡帽，于是新娘一方便抢先而行。但新郎一方也有"招数"，他们会在距离新郎家不远的地方，设一桌酒席，热情地招待新娘及伴娘们。新娘只能下马喝酒，新郎便可以趁机获胜，抢先到家。到达新郎家后，新郎新娘下马之前总是会在蒙古包外先绕上三圈。①

中亚土库曼人的迎亲仪式，可以说是一场新娘和新郎的马术竞技。在新郎前去迎娶时，新娘便会身穿美丽的结婚礼服，跨上骏马，腿上放一只已经宰杀的羊，飞驰而去。新郎以及陪同新郎前去迎亲的其他年轻人便骑马紧追不舍，试图追上新娘，并抢走她腿上的羊。而新娘总是通过熟练的掉头动作，竭力避开身后的追逐者，使他们无法接近，无法夺走放在自己腿上的羊。这项竞技活动叫作"青狼"，在中亚许多游牧民族中会开展，他们往往通过迎亲仪式中的"青狼"竞技，以展示新郎的威武能干以及新娘的灵巧美丽。在这种竞技式的迎亲仪式中，欢乐的气氛往往能够达到前所未有的高潮。

南亚印度东北部的那加人在迎亲仪式上有一个共同的习俗，就是新娘一方会选派几名本氏族的青年男子同新郎氏族的小伙子进行摔跤比赛。他们认为，在迎亲仪式上的摔跤比赛中，获胜的一

① 顾义章主编：《世界民族风俗与传统文化》，民族出版社1989年版，第191页。

方便能够更加长寿。

在中爪哇，迎亲的过程中有一个名为"拳斗"的仪式。按照习俗，新郎和他的亲朋邻里会一起前去迎接新娘。他们带上一只公鸡，作为新郎的象征。通常把公鸡交给一名强壮、机灵和善于拳斗的青年。新娘家也会准备一班人马。双方在女方家附近发生"遭遇战"。这时，新娘一方的代表翩翩起舞，边舞边朝地上撒大米和玉米粒，以显示女方家的富有。同时，在对方不备之际，以迅雷不及掩耳的拳式，上前去摸公鸡的头。新郎一方的代表则以拳斗"自卫"，击退对方的"进攻"。① 一旦新娘一方的代表摸到了公鸡的头，也就意味着摸到了新郎的头，新娘一方胜利。于是，拳斗仪式宣告结束，新娘家便开始设下宴席，款待前来迎亲的新郎一行和众宾客。

而在东爪哇外南梦的奥辛族中，若新郎新娘双方中有一方是家中的幼子或幼女时，迎亲时便会有一个斗剑的仪式。迎亲之日，新郎和他的几名随从带上有叶的甘蔗、稻穗、椰子和一些餐具前往新娘家，因为甘蔗、稻穗等物品都象征着婚后生活的甜蜜、富裕和幸福。迎亲队伍一路奏起优美动听的乐曲，前往新娘家。而新娘家则会在路途中铺开一块巨大的白布，以挡住迎亲队伍的去路。于是，新郎家和新娘家便会在这里展开一场名为"高特莱"的斗剑仪式。双方你争我夺，经过一场激烈的"比拼"，新郎一方最终用剑将拦住去路的白布截成两段，获得了胜利。这时，新娘的家人方才邀请新郎进入家中迎亲。

对于这种迎亲过程中的礼仪性抵抗，韦斯特马克认为其是一种象征性的表示，以表示他们不愿把姑娘拱手相让，或者说，反映了一种性羞涩感，这一点在最亲近的亲属间尤为敏感。② 科德林顿博士则认为这是反映了女方父母及亲属对失去其辛劳养育的女儿

---

① 欧阳若修、韦向学编：《外国婚俗集锦》，漓江出版社 1986 年版，第 14 页。

② ［芬兰］韦斯特马克：《人类婚姻史》（第二卷），李彬译，商务印书馆 2011 年版，第 730 页。

的一种惋惜，以及对她将要离去的难过。

（二）阻挡或刁难迎亲

缅甸新郎在到未婚妻家迎娶时，新娘村子的人们，尤其是那些喜欢热闹的年轻小伙子们就会在新郎必经的路上系一根绳子。并用绳子拦住新郎一行人，向他们开玩笑、索要喜钱，并威胁新郎如果不给喜钱，他们便会割断绳子，诅咒这场婚礼。迎亲的人们不能绕开这些障碍，因为这被认为是不吉利的，于是他们总是有求必应，等待绳索等障碍去掉后方才继续前进。一路上，迎亲队伍总是会经过好几处这样的障碍，才能够顺利到达新娘家。

越南瑶人的迎亲礼节中也有刁难迎亲人的习俗。举行婚礼那天，男方派出一个迎亲队伍，带着礼物向新娘家出发。队伍快到新娘家时，便会停下脚步歇息，并派人先把带去的肉送到新娘家烹调。等到了双方事先商定好的时刻，新娘家便会来人呼唤三声："谁想和村里人认识就过来！"听到第三声呼唤时，迎亲队伍才能进入新娘家的村寨。当新郎走到新娘家大门口时，新娘家会有两名少女拉着一条线，挡住新郎的去路。新郎若想迎娶新娘，便要给这两名少女送上一些钱，而头两回少女们总是嫌少，要到第三次才能收下，并剪断拉着的线，让迎亲队伍进屋。当新郎和媒人、伴郎等进到屋里，还是不能顺利地就接走新娘，新娘家人的拳头像雨点一样落在媒人的身上，责怪他为何要让别人家带走自家的姑娘。而媒人不能生气，反而要手拿一块红色的毛巾，摇来摇去、点头哈腰地认错。

喀尔喀蒙古新郎在迎接新娘时，也是要遭到刁难的。迎亲当天一早，新郎便身穿红绸长袍，腰束金黄色腰带，脚蹬高筒马靴，背着弓箭，在媒人和伴郎的陪同下，跨上骏马向新娘家飞驰，前去迎接新娘。但当新郎一行人来到新娘家时，新娘家却闭门不开，有时，新娘家的亲朋好友会在门口作出拒绝的姿态。[①] 这时，伴娘会高唱蒙古民歌发问，刁难新郎和伴郎，伴郎便也要以民歌作答。如果伴郎对答如流，那么新娘家才会开门请新郎及伴郎进门。

朝鲜新郎在"亲迎"的那天，会遭遇一个名为"献木雁"的仪式。这一仪式也是新娘家用以"刁难"新郎的一个迎亲环节。在"献木雁"仪式中，新郎会从自己家里带一只木雁到新娘家，放在铺在地上的席子上，并用扇子将雁推到为他准备的"新郎"房的台阶下，如果新郎不小心把雁推翻，新娘家人就会认为这个新郎笨拙、不聪慧。因而新娘家人往往在席子下设一些小障碍，故意让新郎把雁推翻，以便善意地嘲笑他一番，以增加婚礼的喜庆气氛。而新郎则格外小心，悄悄用手代替扇子来推木雁，以防把它推翻。当新郎小心翼翼地将雁推到台阶下，新娘家的母亲或亲戚会亲自将雁接下。至于用"雁"的原因，则是因为雁一生只有一个配偶，是感情忠贞不渝的象征，于是朝鲜人便用雁来寄托对新郎新娘的祝愿。

锡金的新娘真正被"迎娶"到新郎家其实要到婚礼举行后一年方可。当新郎在新娘家住满一年后，便会选一天"迎亲"。但迎亲仪式中，新郎可是要经受新娘家亲友的"严酷考验"的。新娘的亲朋好友会将荆棘放置在新郎迎亲的路途中，他们每人手中也都会拿一些荆棘，等新郎的迎亲队伍走过时，他们便用手中的荆棘使劲地抽打新郎，以此来祝愿新郎和新娘未来的子女长得强壮。但新郎往往都受不了这种"痛苦的祝愿"，因此便会给新娘的亲朋们送上红包，以此收买他们手下留情。娘家的人收下了红包，也就不那么用力地抽打新郎了，于是，人们都说迎亲仪式给了锡金新娘的家人一个刁难新郎和敲新郎竹杠的好机会。而新郎家迎接新娘入门时的仪式也颇为隆重，当迎亲队伍将新娘接入家门时，便会有新郎家的人高声欢迎新娘，接着，会用大碗盛上面粉，中

---

① 顾义章主编：《世界民族风俗与传统文化》，民族出版社 1989 年版，第 191 页。

间放上牛酪、甜菜、乳酱、米、酒、油等物，所有这些物品都必须是单数。将这个大碗放到新娘面前后，女方来客的尊长取出碗内的牛酪，举起来向新娘家的家神供奉，然后将碗内的各种物品交给新娘，由新娘一点点放在地上，迎亲仪式至此便才算是正式结束。①

土耳其传统婚俗中，新娘的家人也要表示不愿意自己的女儿被新郎家迎娶走，于是在新郎家迎亲时便要百般阻挠。还会将长凳、垃圾箱等物品扔到路中间，以阻挡新郎家的迎亲车队的去路。这时，迎亲的新郎及家人便要好言相劝，还要送一些礼物给新娘家人，以祈求他们的同意，方才能够接走新娘。

按照埃及的婚礼习俗，应当是由新郎的母亲跟随车队前往新娘家迎亲。新娘乘坐着用克什米尔绸和鲜花装饰成的美丽彩车，彩车由两匹或四匹马拉着，旁边还有两名脖子上围着克什米尔绸的彪形大汉护卫。新郎的母亲走在前面，新娘的母亲走在后面。当迎亲队伍敲锣打鼓地来到新郎家门口时，新郎立刻跑到车前去请求新娘下车，而新娘总是装出不愿意的样子，为难新郎，只有新郎再三请求，新娘才会下车，走进婆家。

在撒哈拉以南非洲的齐阿古人的婚礼习俗中，新娘的姑母要充当阻碍婚礼的人。当新郎想将新娘迎入洞房时，新娘的姑母就会横卧在卧房的门槛上，阻挡新郎顺利地迎娶新娘。只有当新郎拿出礼物"贿赂"她时，她才让新郎将新娘迎入洞房。

肯尼亚蒙巴萨地区的斯瓦希里人虽然习惯于新娘家来"迎娶"新郎，但在这个"迎娶新郎"的迎亲过程中，却也存在着刁难新郎的环节，称为"过握手关"。洞房床前挂着一道帷幕，帷幕的后面坐着新娘和她的女伴，她们会从帷幕后同时伸出手来，新郎需要从中握住新娘的手。新郎往往难以辨别，错握了新娘女伴的手，引得在场来宾的大笑。当刁难够新郎，并看到新郎束手无策、急

---

① 达佳编：《环球婚俗风采》，山西人民出版社 1986 年版，第 183 页。

得满头大汗后，新娘的女伴们才会巧作指引，使新郎顺利地握住新娘的手，这时帷幕也才缓缓拉开，众人一起鼓起掌来祝贺他们。迎亲仪式至此方才结束。

在许多欧洲民族中，在路途中阻挡或刁难迎亲队伍也是一种常见的婚俗。在意大利，这种习俗被称为 fare il seraglio 或者 fare la barricata；而在荷兰，刁难迎亲队伍被称为 schutten 或 keeren。① 比较常见的阻挡迎亲的方式是用一条绳子或一串鲜花横在路上，人们嘻嘻哈哈地向新郎索取一笔"买路钱"，方才让他的马车顺利通过。用绳索阻挡新郎的迎亲习俗也盛行于英国的威尔士地区。也有时，人们会在迎亲马车前扔圆木或者是武器，以阻挡新郎前往迎娶新娘。

传统的俄罗斯婚俗中，新郎迎亲时也是要受到刁难的。在新郎的迎亲过程中，他的父亲在家用圣像为儿子祝福，而新郎本人则在伴郎、媒人以及朋友的陪伴下前去迎接新娘。新娘家则会在迎亲的路上设下一些小障碍，诸如堆放一些竿子在路中间等，以阻碍新郎的前行。每每遇到障碍，伴郎就要用酒或小礼品来买通道路。等到了新娘家大门口，又需要新郎再一次赎买开门。等新郎来到新娘家后，又要举行一个玩笑性质的由伴郎向新娘的弟弟"赎买"新娘身边的座位的仪式。这一系列有趣的刁难仪式结束后，新郎才能迎接新娘前往教堂举行戴冠礼。

（三）迎亲时新娘的"哭嫁"

在许多地区和民族在新娘出嫁时，新娘本人或她的家人会在迎亲时进行反抗或表示悲伤。这种"哭嫁"的婚俗从古至今都广泛地存在着。例如，泰国鲁阿姑娘在订婚后，却不知道自己的婚期是在哪一天，这是因为新郎会在某一天夜晚把自己的新娘给"抢走"。到了新郎抢亲的那天夜晚，新郎悄无声息地爬进新娘的房

---

① ［芬兰］韦斯特马克：《人类婚姻史》（第二卷），李彬译，商务印书馆 2011 年版，第 729 页。

间，在前来迎亲的伙伴们的帮助下把新娘拖走。新娘则会一边挣扎，一边大声地哭泣，表示自己不愿被抢走的愤怒和悲伤。不过，新娘的家人对于新娘的哭泣，则会装作没有听到，任由新郎家的迎亲队伍将新娘抢走。

在缅甸境内居住的傈僳人中，举行婚礼这一天，新郎村中的几位长老，会带领几个年轻人来到新娘家中迎亲，而这种迎亲的方式则是"抢新娘"，他们会背起新娘便跑。新娘总是会极力反抗，对背起她的人又踢又打，哭闹着不肯离开。而新娘的家人便会开始哭泣，并对祖先的亡灵说："我们家的孩子被抢走了，我们无力再留住她了。"但是这种哭泣和悲伤的情绪仅仅会停留在新娘自己的村寨中，一旦过了村界，在迎亲人背上悲伤哭泣着的新娘便会被放到地上，与大家一齐高高兴兴地走向自己未来的家。

日本新郎迎娶新娘时，新娘的母亲便会紧紧搂住女儿，倾吐着骨肉情深，在某些地区，当女儿向母亲告别时，母亲会送给女儿一把短剑，以示女儿出嫁后便与娘家一刀两断，祝愿女儿从此一心一意地与丈夫一起生活。每当这个时候，母亲和女儿便会伤心地哭泣，诉说着依依不舍之情，来宾也无不动容，洒下感慨的热泪。

菲律宾西南部的苏禄群岛上，定居着两万多人的海上吉卜赛人，他们的婚礼大多在船上举行。举行婚礼这天，新郎要到新娘家迎亲，新娘则会满脸悲伤，流泪哭泣，一直到婚礼结束，她才可以露出笑容，否则就会被认为是有失体统的。

而这种出嫁时礼仪性的哭泣在许多民族的历史中都可见到。《家范经》是古代印度的民俗记录，其中就记载有专门供新娘出嫁时哭诵的祷文。这说明哭嫁曾经是古印度教婚礼中一项重要的内容，并且在现代印度依旧如此。在印度的许多部落中，按照习俗，新娘在被新郎迎娶之前都应当用哭泣和悲伤的情绪来表达自己不愿意出嫁。例如，贡德人中，新娘在新郎前来迎亲之前都必须非常严肃、悲痛地哭泣几个钟头，有的甚至长达一天。并且在姑娘出嫁之前，便会有长辈专门对新娘应当如何以适当的调子来哭嫁进行教导。

在沙特阿拉伯，结婚时的仪式要举行两天，第一天在女方家欢宴，而迎亲是安排在第二天的。新郎会在这一天在亲友的陪伴下到新娘家迎亲。在新娘上车前，哭泣是少不了的。新娘哭哭啼啼表示不愿出嫁，而前来迎亲的队伍中的女子们则口打颤音，发出震耳的声音，表示恭贺和良好的祝愿，欢乐的情绪与新娘悲伤的情绪形成了鲜明的对比。

阿富汗新娘在新郎迎亲时，便会在母亲和姐妹的陪伴下一边哭泣一边唱着"离别曲"，然后再由一名女亲陪同、带着离别的悲伤乘坐马和骆驼前往新郎家。

居住在乌干达和坦桑尼亚境内的巴干达人，在新郎和迎亲的朋友们一起到达新娘家的村子时，新娘便开始了哭泣。新娘的父亲则开始责怪新郎没有给够聘礼，数落他吝啬、不够勇敢等，等说完了新郎的缺点，他才很不情愿地说："新娘来了，把她接走吧。"其间，新娘要一直悲伤地哭泣，等到父亲让新郎带走她时，她便伤心地说："妈妈，你们把我卖了。"这时，前来迎亲的新郎的一个朋友则背起新娘，把她带走了。新娘的妹妹会陪同新娘一起前往新郎家。在班尼奥罗人的游牧氏族中，新娘在被迎娶至夫家时总是要流泪哭泣，因为她就要离开父母了。[①] 而摩洛哥新娘在出嫁时也总是要哭的，尤其是摩洛哥北部阿拉伯部落的新娘，她们哭泣却不完全是因为对父母的不舍，还有部分原因是害怕所致。因为这里的传统文化中认为举办婚礼时鬼灵会到来，因此新娘们总是十分惊恐，当一名亲属掀开她的面纱时，总能够看到新娘惊恐的眼泪伴随着身体瑟瑟发抖不停地落下。

在肯尼亚一些地方，一连8天，新娘都笼罩在"悲痛"的气氛中。新郎必须把新娘背回家去，这时候，虽然新娘内心中对新

---

① ［芬兰］韦斯特马克：《人类婚姻史》（第二卷），李彬译，商务印书馆2011年版，第786页。

的婚姻生活感到幸福和甜蜜，但她外表也要表现出极其不情愿的悲伤的模样。当新娘被迎接到新郎家时，她还要吟唱着悲伤的歌曲，唱着自己对父母家人的不舍，同时落下伤心的眼泪。而这种迎亲时所唱的悲伤的歌曲，是在新娘出嫁之前专门经过学习和练习的。

希腊新娘在要被新郎迎接到教堂举行婚礼时，总是泪流满面，不愿前往。这时，伴郎会说："她要哭，就让她一个人留下吧。"这时新娘会依照习俗回答："还是把我带走吧，不过，也请让我哭泣一会儿。"

德国新娘在新郎前来迎亲时，也会哭泣，因为这里的人们认为新娘哭泣是一种吉祥的象征。新娘在出嫁时哭泣，那么她婚后的生活必然会甜蜜幸福。于是，就有了一些关于新娘哭嫁的谚语，如"嫁时喜气洋洋，婚后哭哭啼啼"或者"嫁时哭哭啼啼，婚后甜甜蜜蜜"等。在维多利亚时期的英国，女子在被迎娶时，也一定会流下悲伤的眼泪。

俄罗斯人赋予新娘的"哭嫁"很重要的意义，姑娘在迎亲时哭得越凶，人们便会赞扬这名姑娘。如果新娘出嫁时不哭，则被认为是不够得体的。

总的说来，在迎亲的过程中，哭泣是世界各地的新娘一个普遍的习俗。在一些地方，甚至认为新娘哭得越悲伤，她越是孝顺、贤惠。而如何解释迎亲时这一特殊的仪式呢？部分学者认为，哭嫁仪式是早期抢夺婚的遗存，但另一些学者则认为，新娘的亲人送别新娘，自然会感到难过和悲伤，而新娘离开亲人也同样会感到伤心。双方这种难舍难分之情只是在迎亲时以礼仪的形式表现出来并加以强调。[①] 并且哭泣在一定程度上意味着，在被新郎迎亲时经过了深切悲伤所磨砺的女子，才更能够有力量和勇气去承担起婚后生活的责任。这是一种与成年礼类似的象征。其次，新娘哭

---

① ［芬兰］韦斯特马克：《人类婚姻史》（第二卷），李彬译，商务印书馆2011年版，第272页。

泣往往是因为她即将与家人分别，因此心中悲痛难忍。再往深层的意义中挖掘，也可以看出，新娘哭泣也是在向自己纯真的少女时代告别。迎娶之后，就意味着她作为无忧无虑的少女已经"离去"。迎亲的过程，就是这种"远离"的过程，因此新娘会悲伤地哭泣。而当迎亲队伍来到新郎家的地界上，或者进入新郎家之后，新娘便会在某一个习俗规定的时刻停止哭泣。与新娘家哀伤气氛迥然不同的是新郎家欢乐活泼的景象，因为这一家庭即将增添一位新的成员。而这一时刻，便是新娘跨入已婚妇人的开始，于是她便需要转忧为喜，从离别的痛苦过渡至新生活起始的欢乐。通过迎亲时的"哭嫁"仪式，新娘完成了她人生阶段的重要过渡，哭泣着离别父母，告别少女时代，同时又欢笑着融入一个新的家庭，迎接主妇生活的到来。

（四）各种充满欢乐、喜庆和祝福的迎亲

在中世纪的欧洲，贵族们迎娶新娘的过程，往往是欢乐而平和的。婚礼在教堂举行，新郎新娘家族的亲朋好友都会来参加婚礼，人人衣着华丽，个个喜笑颜开，并请来游吟诗人和乐手为迎亲而助兴。新郎迎接新娘前往举行婚礼的教堂，新郎一般骑马，亲朋好友们骑马或者坐车，队伍浩浩荡荡。新娘和她的女伴们大多骑着骡子，穿着盛装，骡子上的鞍褥也被装饰得华丽精致。整个迎亲过程中，随性的管弦乐队演奏着各种动听的乐曲，游吟诗人吟唱着有关于爱情的歌曲，一首接着一首："纯净的心灵和记忆使我唱起爱情之曲；尽情唱吧，上帝赋予我这能力，用这样的词汇和乐曲荡清那情感的污泥。来吧，我的爱，我已把忠诚献给你……""快速行、低声吟，去那茂密的树林送去兴奋的音信，她头发美丽，身材可人，我如此真诚地爱着她，仍不敢呼唤她的名……"[1]

在《金狮》一书中，哈特梅尔描述了一位班尼阿摩新娘的迎

---

[1] 陈志强等：《城堡·骑士·贵族》，云南人民出版社 2002 年版，第 139 页。

亲过程："新娘骑在一头骆驼上，一个白色韧皮纤维小帐篷遮挡住了新娘的身体。骆驼上驮着她全部的家用器皿、铺陈以及她的帐篷。她母亲骑在另一头骆驼上，携带着打成一个包裹的婚姻帐篷。"[1]

在古罗马，新郎迎娶新娘时，新娘的亲朋好友会随同迎亲队伍前往夫家，队伍中还会包括将在新房中服侍一对新人的已婚女佣。在迎亲队伍中，还有吹笛手和歌手，还可能会有一个少男少女合唱队，他们一面向新郎家走去，一面吟唱着结婚歌："婚姻之神，啊，婚姻之神。"[2]

居住于缅甸北部地区的钦人，他们的迎亲仪式是欢乐而独特的。富裕的人家迎娶新娘时，要买100条毯子和筒裙，从新娘家门口一直轮番铺到新郎家门口。[3] 新郎则到新娘家迎接她，两人一起踏着毯子和筒裙铺成的"迎亲之路"，慢慢地一边走一边喝米酒，一直从新娘家走到新郎家。亲友们则抬着礼物紧随其后。但除了新郎新娘之外，其余人是不能踩踏毯子和筒裙的。而当新郎顺利地通过这条毯子和筒裙铺陈的"幸福大道"迎娶到心爱的姑娘之后，这些毯子和筒裙又成了吉祥欢乐的礼物，被新娘的姐妹们瓜分一空。克钦的迎亲礼俗与钦人则又有所不同，克钦新郎到新娘家迎娶时，新娘家仅仅会派出几个与新娘交好的女伴送亲，新娘的父母和近亲则不参加，与新娘家冷冷清清的送亲场面相反，新郎家迎亲的场面则是亲朋广聚、热闹非凡，举行着盛大的宴席。当新娘来到新郎家登梯进屋后，婆婆便出来迎接她，并亲手给她戴上一个银质或铜质的项圈，从此，新娘便被迎娶到新郎家中，成为这个家庭的一员了。缅甸克伦人迎亲那天，新郎要在一位精通人情世故、有经验的长辈的带领下，前去迎亲。他会在好友的簇拥下，一路敲锣打鼓、载歌载舞地前往，整个迎亲的过程都充

---

[1] 潘晓梅、严育新：《婚俗简史》，中国社会科学出版社2004年版，第100页。

[2] 同上书，第114页。

[3] 顾义章主编：《世界民族风俗与传统文化》，民族出版社1989年版，第163页。

满了欢乐的气氛。但在整个迎亲队伍中，人们都穿着新衣、十分漂亮喜庆，却只有新郎一个人穿得破破烂烂，活像个叫花子，这是个十分有趣的习俗。当新郎来到新娘家门前时，便闭目低头行合十礼，新娘家的一位长者便要往新郎头上浇一竹筒凉水，并把这个竹筒让跟随新郎迎亲的人们踩碎，然后新郎才能进屋迎娶新娘。

朝鲜南部的农村地区，有一种传统的迎亲风俗——拦花轿。人们总是喜欢用这种方式来增添迎亲的欢乐气氛。在新郎迎接新娘快到自己家时，亲戚朋友们早就等待在半路上，他们欢呼着笑闹着拦住花轿、掀开轿顶，争相一睹新娘的容貌。大家往往一边玩笑一边夸赞新娘的美丽和新郎的幸运。在朝鲜的另一些地区，当新郎到新娘家迎亲时，新娘却先不露面，新郎会受到新娘家族亲朋的热情款待，一直到他吃喝尽兴后，新娘才出现，与新郎一起举行拜别父母的仪式。这时，新郎新娘恭恭敬敬地向父母敬酒，然后新娘的父母会向一对新人说些祝福和劝诫的话，紧接着，新郎新娘依次向长辈行礼拜别，方才能够一起乘车离去。当迎亲队伍一行来到新郎家时，新郎家人便会端着一张摆满了丰盛酒菜的小桌子，走向新娘以示对她的热烈欢迎，周围的来宾则在歌舞声中跳着欢乐的舞蹈祝贺。舞蹈一直要持续到新娘满意、下车为止，如果新娘不下车，那歌舞便一直要继续。

印度婆罗门的迎亲场面既欢乐，又豪华。富裕的家庭，往往会请几个身材魁梧的大汉，为迎亲队伍开道，看起来颇有威严。新郎和新娘或者骑马、大象，或者乘坐轿子，跟在彪形大汉的后面。迎亲队伍一般沿着大街行进，以求热闹。一路上乐师吹吹打打，走走停停，向路旁的人们进行各种娱乐表演，还会有一些小丑在迎亲队伍中，做出各种滑稽的动作，使得路旁的人群中时时发出欢乐的笑声。并且，在迎亲的途中，新郎和新娘还会不时地向路旁的人们散发一些喜钱，既让围观的人们分享婚事的快乐，同时也展示和炫耀自己家族的财力雄厚。

尼泊尔人结婚的当天，兴高采烈的新郎一大早就会乘坐轿子来到新娘家中迎亲。在新娘家会举行一个简单而隆重的仪式。新郎会给穿着红色结婚礼服的新娘蒙上粉红色的头巾，并在新娘的发际涂抹红粉。然后，一对新人并排而坐，前面放着新郎带来的米、油、红粉和一种名为"司巴里"的心形果实。这些都象征着婚姻美满、家庭幸福。仪式结束后，新娘便由家族中的兄长背着，围着花轿转上三圈，向家里人告别，也是宣布少女时代的结束。[①] 然后，新娘便坐上花轿来到新郎家，在门口还要举行一个"入家仪式"，新郎家会郑重其事把大门钥匙交给新娘，这才算是新郎正式把新娘亲迎至家中了。尼泊尔中部的古兰基人在举行婚礼的日子到来时，便要由新郎的亲朋好友们组成迎亲的队伍，在乐队的伴奏中，来到新娘家中迎娶。新娘的父亲则会手捧一个装着酸奶的钵子，与新娘的母亲一起，围绕新郎走三圈，而新娘则躲在屋子里不露面。接着，新娘家会举行欢宴，同时举行一个"洗脚"的仪式，首先由新娘的父亲替一对新人洗脚，接着再由所有参加婚礼宴会而喝得醉醺醺的宾客们替新人洗脚。待迎亲队伍簇拥着新娘新郎来到新郎家时，婆婆便会举行欢迎仪式，赠送礼品给媳妇，接着，再让新郎将红粉撒到新娘头上，新郎才算迎娶到新娘。而尼泊尔马嘉族青年在父母包办婚姻中，新郎迎娶新娘时便会有一个"选新郎"的仪式。当新郎带领迎亲队伍到达新娘家时，新娘家便在屋外廊下等待着新郎一行。这时新郎需要站在一把木椅子上，新娘围绕木椅转一圈，给新郎带上花环，新郎同时给新娘戴上戒指。接着，新娘家人在新郎面前拉起一道布帘，新娘的父亲把一盏崭新的油灯从帘子上面递给新郎，新郎再把这盏油灯从帘子下面交还给新娘的父亲。[②] 这样反复三次，人们才允许迎亲队伍进屋。

西亚土库曼新郎迎娶新娘时，使用的是马匹。新郎会和新娘共

① 达佳编：《环球婚俗风采》，山西人民出版社 1986 年版，第 175—176 页。
② 江立平：《世界各国奇异婚俗》，长江文艺出版社 1986 年版，第 93 页。

乘一匹高头大马走向新郎家，并且，在迎亲的过程中，新娘的腰上要挂着一头死去的羊，作为婚礼的牺牲，供奉给神灵。

库尔德新娘离开娘家时，门外会站着一名姑娘，手中捧着一面镜子，而新娘的脚前会放着一碗清水，让新娘一迈步就能够踩到水。因为在他们的传统文化中，踩到水会有美好前程，因此新娘在迎亲时踩清水的仪式，表达了娘家人对其未来婚后美好生活的祝愿和期盼。

朝鲜新郎迎娶新娘也称为"亲迎"，到了这一天，新郎便由自己的爷爷、叔叔等长辈陪同，骑着马到新娘家去迎接。当他们到达后，新娘的家人便会在新郎的马下放一条装着满满的稻谷等粮食的麻袋，预示着新郎新娘婚后会稻谷满仓，生活丰裕。朝鲜这一迎亲时的习俗充满着欢乐气氛，也包含着对新婚夫妻的美好祝愿。

马来西亚的穆斯林结婚时，会根据新娘新郎双方家庭距离的远近，在合适的时候派出迎亲队伍，护送新郎到新娘家举行"并坐礼"迎娶新娘。他们的迎亲过程充满了喜庆的欢声笑语，迎亲队伍的最前面总是会有一群鼓手，他们手击单面鼓，高诵着《古兰经》，鼓手后面跟着一名手拿榑榉盒的长者，新郎身着马来礼服，头扎圆锥形头巾，腰佩马来短剑，精神抖擞地跟随长者。新郎的双亲和亲友们排在最后。众人伴随着一路欢乐的鼓乐声缓缓走向新娘家。马来人的婚礼要持续一周，其中第一天的晚上便是举行迎亲仪式的日子。举行迎亲仪式时，新郎在主教长老、家长和亲友的陪同下，带着聘礼到新娘家迎亲。抵达新娘家后，首先由新郎向新娘的父母施礼，然后再由主教将新郎引入厅内，同身穿盛装的新娘分坐在花座两侧。男女傧相分坐两侧，用特制的布扇为新人扇凉。稍歇后，主教为新人念经祝福，同时将新娘头上盖的头巾揭起，为新娘洒圣水，祝愿一对新人永浴爱河，白头偕老。人们还会把新郎和新娘的手用彩带系在一起，象征幸福的爱情永不分离。在仪式上，一对新人要嚼食主教分与的槟榔，互诵相爱誓词，互敬香饭以表姻缘美满。来宾献上贺礼之后，入席欢宴直到午夜方散。①

　　斯里兰卡新郎前去迎亲之前，他的母亲便会在他的胳膊上系上一条红色的带子，这条带子具有象征平安顺利的意义。在新娘家门口，早已铺好了白色的地毯，新郎要脱下皮靴，由新娘家一位指定好的人为他洗脚，同时，新郎则要赠送给为其洗脚的人一枚戒指。举行过这个"洗脚"的仪式后，新郎才能够进入新娘家中迎娶。但现如今这种迎亲时的"洗脚"仪式已经有所改变，人们觉得"洗脚"似乎有些不妥，便用在清水中沾一下手指来代替"洗脚"的仪式。

　　苏门答腊新郎常常需要好几次的"游行迎娶"方才能把新娘迎回家。婚礼的头一天晚上，新郎家便会组成一个迎亲队伍，众人簇拥着新郎，一路欢歌笑语着游行到新娘家。这时新娘家已经是灯火辉煌、宾客云集，新郎家的迎亲队伍会在这天晚上在新娘家歌舞娱乐，但新娘却躲进房间，避不见面。新郎未能迎到新娘，只好回家。第二天，新郎家会组织一个规模更大的迎亲队伍，带着更丰厚的礼品，浩浩荡荡地穿街走巷，在一片歌舞器乐的伴奏下再次来到新娘家迎亲。这一次，新郎便能够顺利地迎娶到新娘。

　　伊拉克北部阿尔比勒新郎迎亲时为显示隆重，通常组织一只长长的迎亲车队，迎亲车由一辆挂满了彩带的汽车开道，第二辆车上则坐着几个童男童女，象征着新婚夫妻未来儿孙满堂，他们把手伸出车外，挥舞红绸，高声唱起祝福和赞美的歌曲。迎亲过程中，随行的妇女不断地发出"哦罗罗"的卷舌音，用这种特别的方式表达她们欢乐和兴奋的美好心情。迎亲时使用车队的还有约旦新郎，车队总是浩浩荡荡、装饰得美丽耀眼。并且，约旦规定汽车在公路上是禁止按喇叭的，但迎亲车队是例外，不但允许鸣笛，并且越接近市中心，可以将喇叭声按得越响。于是，这种喇叭声

---

①　达佳编：《环球婚俗风采》，山西人民出版社 1986 年版，第 161—162 页。

在现代约旦便成了新郎迎亲时一种特别的"喜庆乐曲"了。

按照阿尔及利亚的风俗，结婚当天，新郎必须到新娘家上门迎亲。传统的婚俗中是用马车来迎亲，现在已经改用汽车来迎亲了，数量从几辆到几十辆不等，倘若新郎家是大户人家或是独生子，那么迎亲的规模便会更为隆重。迎亲车队用花和彩带装饰得分外耀眼，有乐队作为前导，还有民族歌舞跟随其后，在一片热闹的舞乐声中浩浩荡荡向新娘家进发。

非洲达扎人十分重视婚礼的隆重程度，迎亲也是其中一个重要的步骤。婚礼那天，新郎家要派出一支骑马的迎亲队伍，带上送给新娘家的礼物，浩浩荡荡地来到新娘家，马队越长，显得新郎家越显赫富裕。并且，即便是双方家离得不远，新郎家也要故意绕远路，兜上一个大圈子，以便让更多的人知道，显得迎亲更为热闹。接到新娘后，新郎会将新娘抱到自己所骑的那匹马上，绕村一圈，以宣示自己对新娘的所有权，然后再回到自己家中举行婚礼。

居住在乌干达东北部的卡拉莫琼人成亲时，由新郎的父母前去迎亲。一路上，新娘必须由新郎的父母双双拉着手走路。抵达家门口时，新郎的母亲从家中拿一把干草，浸入盛满水的葫芦里，往新娘身上洒水。而后，新娘方可进门，正式成为婆家的媳妇。①

利比亚人的迎亲之日还称为"灯夜"和"露容之夜"。因为他们会在夜晚前往新娘家迎亲。这天夜里，由新郎的各位亲朋好友组成的迎亲队伍从新郎家来到新娘家，他们打着一种自制的"灯"。这种灯是一根橄榄树枝制成的木棍，木棍的一头扎着一把或几把镰刀，镰刀上缠着浸透油的绳子。点着的绳头越多，这只灯的火焰也就越多。有时灯上还挂着几只空蛋壳，好像一串项链。迎亲队伍就举着这种"灯"来到新娘家，所以称为"灯夜"。到新娘家后，迎亲队伍要举着灯围着新娘家转上七圈。迎亲队伍一般

---

① 顾义章主编：《世界民族风俗与传统文化》，民族出版社1989年版，第239页。

都请有吹鼓手和乐队伴行，一路吹吹打打。进新娘家的大门后，新娘家人会给这些吹鼓手赏钱，把大把大把的硬币送给他们。吹鼓手们就演奏得越发起劲，并且大声赞扬主人家的慷慨大方。女子们则一个劲地用舌头打"嘟噜"。[①] 而之所以迎亲之夜还有"露容"之夜的称呼，则是因为这一夜新娘会第一次在新郎面前显露自己的容貌。新娘会端坐在高处，在她的面前，迎亲队伍带来的"灯"照得她的面庞很清晰，这一夜，新娘不戴面纱，由一名女子为她梳头，于是新郎便第一次看到了自己新娘的容貌。之后，迎亲队伍将"灯"留在新娘家，自己则又一路欢歌笑语地原路返回新郎家。但值得注意的是，这一天夜晚，迎亲的队伍并不会真的将新娘接回新郎家，而只是举行一种礼节性的仪式，新娘真正被接到新郎家则是举行婚礼那一天的事情了。而婚礼那一天的迎亲队，传统上应当是由载着花轿的骆驼队或者步行的人群充当，而现代社会中，这些已经被浩浩荡荡的豪华车队所代替了。

　　毛里塔尼亚新娘对于新郎的迎亲过程应当不会感到很舒适，因为新郎用来迎亲的交通工具是一种由八个人抬的轿子。轿子四壁密不透光，空气不流通，因此新娘坐在轿子中会感到十分地憋闷，但她必须忍受。轿子的后面跟随着十几名年轻女子，她们身上都披挂着红白两色皮条，手里拿着黄、绿两色的大蜡烛。迎亲队伍的最后，还有乐师一边吹奏着喜庆的乐曲一边跟随着队伍前进。迎亲时乘坐轿子也是摩洛哥的婚俗，新娘梳妆打扮后，会坐在一种形状像骆驼的轿子里，被抬往新郎家。一路上也是敲锣打鼓、乐声大作，十分地欢快。

　　突尼斯新郎在举行婚礼那天要随车队前往新娘家去迎亲，同时，他还要给新娘赠送一件斗篷。新娘会在她母亲和女伴的陪伴下乘坐车队的第一辆车，当新娘到达新郎家时，迎亲的人们会举着蜡烛迎上前去，吟诵诗歌、鸣鞭炮或者鸣枪，在场的女子们都

---

　　① 顾义章主编：《世界民族风俗与传统文化》，民族出版社 1989 年版，第 246 页。

会发出欢快的声音。这时，在"欢迎曲"的伴奏声中，新娘的父亲会走上前去，一只手放在新娘的头上，引领她走入新房。

斯洛伐克的乡村，在婚礼日的清晨，男傧相在乐手的陪伴下出门迎接新郎和宾客，然后所有人再一起前往新娘家迎亲。迎亲的人们骑在马上，奏乐唱歌，鸣放枪声，显示他们的欢乐。

保加利亚人婚礼的当天，当新郎带领的迎亲队伍到达新娘家的时候，新娘家的院子里早就挤满了前来贺喜的客人。大家挤在一起，对新郎带来的礼物品头论足。之后，宾客们簇拥着一对新人走向村中的广场，奏起乐曲，与新人一起欢歌起舞。舞毕，新郎要在一棵果树下认真地修面，这表示他从此之后便成了一个成熟的男子，要担负起照顾妻儿的责任。然后，新娘的母亲会向女婿赠送礼品，与此同时，新娘会换上新郎送来的嫁衣。待新娘换好嫁衣之后，前来迎亲的新郎家人会举起一只打扮好的鸡，以表示新郎将成为家庭的主人。然后，一对新人向新娘的父母吻别，再前往新郎家。

法国的新人们在婚礼当天的清晨，也需要新郎到新娘家迎亲。新郎在朋友和来宾们的陪同下，一起到新娘家迎接新娘。然后由穿着华丽的鼓乐队在前方开路，并在双方父母的陪伴下，同傧相和来客们一起前往教堂举行结婚仪式。也就是说，法国人的迎亲过程，一般就是由新郎家到新娘家，再到教堂的过程。

挪威的新郎用小艇迎接新娘，新娘头戴婚礼花冠，和一名提琴手坐在船首，乘坐小艇划过湾峡前往教堂举行婚礼。

在新西兰库克群岛的乡村中，新郎迎亲既不需要车作为交通工具，也不需要马匹或者小船，他的迎亲队伍是一条由俯卧在地上的小伙子组成的"长龙"。每当有新郎迎亲时，村里的青年小伙子们都必须俯卧在地上，接成一条长龙，一直到新娘的家中。新娘则踏在这些小伙子身上，从自己家中出发，一步一步走向新郎的家。

（五）独特的新娘"迎亲"

印度尼西亚苏门答腊岛西部的米南卡保人有着一种独特的迎亲风俗，他们并非是新郎前去迎娶新娘，正好相反，他们的婚姻习俗是新娘前去迎娶新郎。成婚这天，女方家会派出代表到男方家迎亲。新娘穿上美丽精致的衣裳，带上各种漂亮的珠宝首饰，在双方亲友的陪伴下，一路上热闹地吹打着，十分耀眼。而新郎则会携带着自己的"嫁妆"，在自己家族的族长和阿訇的陪同下，紧跟着迎亲队伍，一路炫耀着自己昂贵丰富的嫁妆，前往新娘家。

马来西亚沙捞越的卡扬人的婚礼习俗中，也流行着"娶新郎"。应邀参加婚礼的宾客们都会等待在新娘家的门廊上。一队身强力壮的年轻小伙子会组成"迎亲队"簇拥着新郎到新娘家去。新郎需要乘船到新娘家去，即使两家距离很近也要如此，因为乘船意味着往来自由，乘风破浪。新郎上岸之后，迎亲队伍就敲敲打打地向新娘家进发，到达新娘家后，他们会把带来的很多面大铜锣从楼梯口一直有序地摆放至新娘的卧房门口，这些铜锣在新娘新郎成婚之后，将成为新娘及其父母的财产。这一点，同大多数民族的迎亲过程中新娘携带"嫁妆"到新郎家的习俗十分相似，只是新娘新郎的角色对调了一下。

由新娘来"迎娶"新郎的习俗，在斯瓦希里人中也比较普遍。因为他们通常实行"招婿上门"的婚姻制度。新郎会在亲朋好友的陪伴下被送到岳父岳母家。而"迎亲"的时间通常在傍晚时分。当"迎亲"仪式开始时，几名击鼓手会用力敲击，然后歌舞声起，人们便簇拥着新郎向新娘家走去。在迎亲队伍的最前面，是两名身着美丽长裙的小姑娘，她们手捧着一个金属盘，里面盛放着槟榔，像两只美丽的彩蝶在引领着迎亲的队伍。当人们载歌载舞将新郎迎到新娘家时，人们一片欢歌，新娘的父母早已在门口等候。这时，新郎的父母将槟榔交给自己的亲家。双方答谢之后，新郎进入新娘家。

　　保加利亚也有部分男子会到新娘家入赘的习俗，因此，上门女婿到新娘家也会有一个新娘"迎亲"的传统仪式。新郎需要骑马或者乘坐马车到新娘家，新娘的父母则在门外迎接，手里捧着面包、盐、清水和白色的缎带。新娘和新郎再一起从铺着白布的地上踏过，一直走到新房的门前。这时新娘会用蜂蜜涂抹房门，岳母则会在女婿的额头前敲开一枚鸡蛋，希望他成为一个理想的女婿。接着，众人还要在新郎新娘的身上撒谷粒，以预兆丰收。

二　迎亲仪式中的群体性戏谑关系

（一）迎亲仪式中的群体性戏谑关系的类型

　　拉德克利夫—布朗曾提出过"戏谑关系"这一概念，即"习俗允许、有时是要求一方嘲弄或取笑另一方，而后者则不得动怒"。迎亲仪式是婚礼过程中一个十分重要的环节，它包括男方的迎亲队伍到女方家接走新娘，以及随同女方的送亲队伍一块儿将新娘送到男方家这样一个互动的过程。而在世界各地区、各民族的迎亲仪式中，群体性的戏谑关系却是广泛存在的。迎亲仪式中既有女方亲友对新郎或迎亲队伍，以及男方亲友对新娘或送亲队伍的热情款待，同时也伴随着男女双方之间群体性的戏谑关系，其中最具有代表性的就是男方迎亲队伍到达女方家门口，以及女方送亲队伍到达男方家门口时具有鲜明戏谑特点的拦门礼。[①] 从本章第一部分的各类型的迎亲

---

　　① 瞿明安：《中国少数民族迎亲仪式中群体性的戏谑关系》，《中南民族大学学报》（人文社会科学版）2008 年第 2 期。

仪式中，我们能够看到，新娘一方的亲朋好友在新郎一方迎亲队伍行进路上或者到达门口时，常常会采取各式各样诙谐幽默、具有戏谑特色的行为阻止新郎的迎亲队伍，制造各种小障碍，使他们一时之间无法顺利地迎娶新娘，而只有当新郎一方耐心地接受了新娘一方的戏弄，以及充分满足新娘家人的各种要求之后，新娘家人才会开门让新郎以及迎亲的人们进家去迎娶新娘。这种新娘一方对新郎迎亲的阻拦更为普遍，并且表现形式也更加多样化，总结起来，其类型大致有以下几种。

1. 闭门阻挡

即当新郎的迎亲队伍到达新娘家门口时，新娘家人便采取紧闭大门、拒绝新郎迎娶以及用在路上拉绳、扔圆木等设置障碍物的形式阻挡男方顺利接走新娘。这是所有新娘一方戏谑地阻挡新郎迎娶的最普遍的一种方式，在缅甸、喀尔喀蒙古、土耳其以及欧洲等国家和民族中都存在这种情况。从表面上看，女方亲友对男方接亲客的态度似乎比较冷漠，不给男方任何面子，显现不出双方结亲的喜悦气氛，但实际上却暗含着女方亲友对男方忍耐性的考验和在礼物馈赠等方面所期待的回报。[①]

2. 语言刁难

当新郎一行人迎亲时，新娘的家人和亲朋对新郎和迎亲的人们进行语言上刁难，也是一种常见的方式。即当新郎一方的迎亲队伍到达新娘家时，新娘家中便会派代表出面向新郎、伴郎或者媒人询问、对歌，甚至责怪新郎或媒人，以阻碍新郎接走新娘。蒙古、罗马尼亚、乌干达、坦桑尼亚等一些地区和民族的迎亲仪式中，都存在这种语言上对新郎迎亲的不满和拒绝。在这种语言刁难的阻碍迎亲过程中，包含了新娘家人对新郎一方机智程度和应变能力的考验，同时也是新娘家人考察新郎是否脾气温和、有耐心的一个机会。因此，在这些阻碍中，新郎及其家人一般都会耐

---

① 瞿明安：《中国少数民族迎亲仪式中群体性的戏谑关系》，《中南民族大学学报》（人文社会科学版）2008 年第 2 期。

着性子应对新娘家的各种刁难，而不可动怒。

3. 提出物质要求

新娘的家人除了刁难和戏弄迎亲队伍之外，往往还会向其提出一些物质要求，而新郎及其迎亲队伍除了忍耐戏弄以外，满足女方的物质要求也是其在迎亲仪式中所必须付出的代价。新郎一方大多向新娘的女伴们送上现金或红包，或者在迎亲时要给新娘的父母多增添一些聘礼等，都是满足女方物质要求的方式。只有当新郎一方在物质和精神两个方面都付出相应的代价，使得新娘及其家人感到心满意足之后，她们才会高兴地打开大门让新郎的迎亲队伍顺利地迎娶新娘。

（二）群体性戏谑关系的社会功能

不难想象，这些迎亲过程中的种种戏弄、刁难、嘲笑、挑衅等戏谑行为，如果是发生在日常的人际交往中，则是不被接受且需要加以避免的，很有可能导致双方的敌意和关系的恶化。但是这些看起来十分极端的戏谑行为在迎亲仪式中却会被人们接受，产生诙谐、娱乐和使气氛欢乐的效果，并且在两个联姻的群体之间起到了加强沟通和进行初步认同的社会功能。

1. 这种充满戏谑的迎亲仪式反映了男女双方建立婚姻关系时的一种交换心理。婚姻作为男女双方建立的一种特殊关系，绝大多数是以交换为代价来实现的。除了男女双方在择偶时对个人条件和家庭条件的选择，以及双方家庭在缔结婚姻关系过程中对聘礼和嫁妆的讨价还价以外，还包括举行婚礼时姻亲之间或两个家族之间的人们对另一方人力、财力、物力和性情的考验，而这种考验在很大程度上又是以交换的形式表现出来的。在父系社会中，男娶女嫁是天经地义的事情，对于新娘一方来说，新娘的出嫁不仅意味着父母失去了一份劳动力，而且其家族成员或亲友还失去了一个长期朝夕相处且值得信赖的成员和朋友，这对他们而言意味着一种情感上的损失。为了挽回这种损失，在物质和心理方面得到相应的回报，人们往往在婚礼中采取某些带有戏谑特征的行为。因此，新娘一方在新郎一方前来迎亲时，大都有新娘一方亲友戏谑新郎或伴郎等，而新郎一方只能屈从地加以忍耐，并通过赠送钱财、礼物、摆宴席等讨好的方式来迎合新娘亲友要求的现象。从新娘一方拦门礼的表现形式以及男方采取的应对措施可以看出，在新娘一方的阻挠迎亲中其实就包括新郎一方与新娘一方之间的对等交换，即新郎用自己在脸面上受到的刁难、戏弄以及在财物方面付出的相应代价，来达到新娘一方亲友开门并接走新娘的目的。同样，新郎一方在阻挠新娘进门的一些仪式中也包括相似的内容。在男娶女嫁的聘娶婚中，虽然男方所娶的新娘在举行婚礼后就属于自己家的成员，为男方提供了合适的劳动力和生育繁衍后代的工具，但男方为了迎娶新娘却要在聘礼等物质财富方面付出很大的代价。为了让新娘或新娘一方的送亲客感受到男方在娶亲过程中付出的巨大代价，以便新娘在嫁到男方家之后能够珍惜与男方缔结的婚姻关系，所以在某些男方拦门礼中也有男方戏谑新娘或新娘一方送亲客，而新娘只有通过送礼之后才能进入男方家门的仪式。这些现象都从一个侧面反映了婚姻缔结过程中的交换关系。①

2. 迎亲过程中某些仪式中的戏谑关系反映了男女双方建立婚姻关系时的一种竞争心理。在世界各国的传统社会中，婚姻关系的缔结不仅涉及男女双方各方面的因素，如从个人方面来说，女子的美貌、温和的个性和男子卓越的工作能力等都是考虑的因素之一，并且，人们还会将双方家庭的经济状况和社会地位加以考量。虽然在选择配偶和订婚阶段，双方就对这些方面做过充分的考察，并取得了双方家庭和新娘、新郎本人的认可，但在迎亲时，人们往往还是希望在新郎新娘以及亲友的共同见证下，双方当面展示这些优秀的个人素质和良好的家庭实力。在此之后，人们方

---

① 瞿明安：《中国少数民族迎亲仪式中群体性的戏谑关系》，《中南民族大学学报》（人文社会科学版）2008 年第 2 期。

才能够对原先在选择结婚对象时所预想的条件深信不疑。而迎亲仪式中的某些戏谑关系则为缔结婚姻关系的男女双方亲友考察对方家族群体或个人的智慧和能力提供了相应的条件。新娘一方设下一些"关卡",让新郎来"过关斩将",在此过程中也就表现出了新郎新娘双方各自的才能和智慧。除了互相比智慧和能力以外,有些迎亲仪式,如拦路礼中的戏谑关系还包含着双方互比尊严的象征意味。这些戏谑关系中都隐含着男女双方之间互比胜负、互相攀比的一种竞争心理和价值观念。①

3. 迎亲仪式中的某些戏谑关系体现了男女双方建立婚姻关系时趋吉避祸的心态。拉德克利夫-布朗认为"戏谑关系是友好和敌对两种情绪的奇妙结合。在任何其他社会中,这种行为都将表达并引起敌对情绪;但它并不具有严肃的含义,并且一定不能严肃看待。敌对是假的,友好却是真的"②。迎亲仪式中许多刁难新郎的戏谑关系便体现出了人们以阻拦新郎顺利迎娶的敌对性方式来对新郎和新娘的婚姻进行祝福的象征意义。也就是说,这些看似敌对的戏谑关系,其实充满了美好的祝愿。并且,在世界许多民族的传统观念中,都会认为,即使在举行婚礼这样的喜庆日子里,依然会有邪恶的力量对这对新婚夫妇加以侵害,甚至有的传统观念中还会认为举行婚礼的新婚夫妇比普通人更容易遭遇这种侵害。因此,人们会用一些仪式来防范妖魔鬼怪和邪恶力量的侵入,而这些"避祸"的仪式有时就常常以迎亲仪式中的新郎新娘双方的戏谑关系而表现。因此,这种迎亲仪式中的群体性戏谑关系,既是人们以一种虚拟表现"敌意"的方式对一对新人表达祝愿,同时也是人们以某种特殊的表达方式驱赶侵害婚礼顺利进行的邪恶力量的过程,体现了人们趋利避害的文化心态。

---

① 瞿明安:《中国少数民族迎亲仪式中群体性的戏谑关系》,《中南民族大学学报》(人文社会科学版) 2008 年第 2 期。

② [英] 拉德克利夫·布朗:《原始社会的结构与功能》,潘蛟、王贤海等译,中央民族大学出版社 1999 年版,第 100 页。

第四章
世界各地的
婚礼饮食

谈及婚礼，人们常常会想到热闹的婚礼宴会，宴会上各种美味佳肴以及大家的开怀畅饮。在世界各个地区和不同民族中，饮食大都是婚礼中必不可少的一个组成部分。虽然各地的婚礼饮食可谓是形形色色、丰富多彩，但婚礼饮食作为一种象征文化，同时也是一种非语言的信息传递方式，成了婚礼主体借以表达内心意愿的桥梁。把人们内在的各种观念、愿望以及心理状态加以浓缩，通过特定的饮食活动为媒介显示出来。因此，婚礼饮食既反映了世界各地不同群体和个体传统观念、人格特征，同时也是人类心灵中具有普遍意义的观念和价值取向的一种外化表现。

一 世界各地的婚礼饮食

（一）亚洲

食物在韩国人筹办婚事的整个过程中充当着重要的角色。新郎新娘双方家庭都会不断地按照各种程序和礼俗相互交换各种口味的食物，他们认为，通过交换饮食，既可以让夫家考察新娘的烹调手艺，同时，也能够让新娘了解丈夫家庭的饮食习惯，以便在婚后调节饭菜的口味。于是，婚礼饮食在这里便成了增进两个家庭之间了解和加深彼此情感的重要媒介。

通过婚礼，在不同环境中长大的新郎、新娘二人就要合为一体。因此韩国传统的婚礼饮食习俗中大都包含了婚姻幸福、家庭和睦、多子多孙的象征意义。传统的婚宴首先是在新娘家举行，称为"席宴礼"。这一"席宴"是请新郎食用的。主要有糖果、鸡、海味、肉、蛋和韩国传统糕点等食品。待新郎食用得差不多时，还要为其端上一碗汤。同时，新郎的碗底上还放有三个已经去壳的鸡蛋，但按照礼俗，新郎不能将这三个鸡蛋全部吃完，而要留下一两个给新娘，以表示将来新郎会体贴、细心地对待新娘。"席宴礼"结束后，新娘便随新郎到男方家。而在新娘拜见新郎家长辈时，必须为长辈们准备饮食作为礼物，这种婚礼饮食称为"币帛"，是婚礼中不可缺少的。其中，"枣堆儿"是新娘送给公公的食品。红枣象征着传宗接代和多子多孙，因此，新娘用红包袱包好枣子，送给公公，接受礼品的公公要当面将红枣和栗子递给新娘，并同时嘱咐新娘头胎要生儿子。而肉脯、片脯、浇头鸡、墨鱼拼花等食品，新娘会用绿包袱包好送给婆婆。另外，新娘送给婆婆的重要食品还有栗子和饴糖。传说送栗子是为了让婆婆忙着剥栗子，便无暇来为难媳妇，而饴糖则可以粘住婆家人的嘴，她们便不会多嘴多舌、搬弄是非。这几种婚礼饮食则暗含了新娘期望家庭和睦和婚姻顺利的象征意义。除了在婚礼上赠送给公公婆婆的食品外，新娘还要准备一些展示自己烹调手艺的饮食，如新娘会将脯和枣等无法做成宴席的菜肴，制成小菜和蜜果装在九节盘内带至婆家。新娘被迎接到新郎家后，新郎家也要举行一次婚宴。婚宴饮食要比新娘家"席宴礼"上的菜品更为丰盛和隆重。除备有各种传统的饮食外，一只烧熟的昂首的公鸡、鸡嘴里面放着一个大大的红色辣椒是新郎家必备的婚礼食品。而饮食在整个婚礼中的使用并不仅仅到此为止。当新娘在丈夫家待满一年时，她便要"归宁"，即返回娘家探望父母。这时，饮食又扮演了重要作用。新娘要用在婆家第一年耕种收获的粮食做成糕，酿成酒，在"归宁"时敬献给父母，以表示婚后生活富裕安康。

在传统的日本婚宴上，桌上的每一种食品都代表着一个美好的祝愿或代表幸福、富裕，或意味着长寿、多子多孙等。比如，鱼头和鱼尾都被向上卷起，整条鱼围成一个圆圈，象征夫妻永不分离。龙虾在婚宴上也是很普遍的食物，因为龙虾是深红色的，这种颜色在日本象征着好运气。正餐之后，新娘家还会选择用甜糯米做成的糯米团来招待客人。① 现代日本的婚礼中，常常融入了西方婚礼的一些元素，在饮食方面，结婚蛋糕就是对欧美传统婚礼饮食的一种借鉴。而且日本婚礼中，新郎新娘饮酒也是仪式中一个重要环节。一般饮用的是当地的米酒。这种仪式被称为"三三九次"，因为新郎新娘必须要用大小不同的三只酒杯饮酒，每只杯子饮三口，总共是九次。

喀尔喀蒙古的特色婚礼食品，同其他游牧民族相似，是一盘盘鲜美的羊肉、各种奶制食品以及必不可少的酒水。婚礼中，新郎执杯，新娘捧盘，向客人们逐一敬酒。客人们则开怀畅饮，享用美食。

缅甸的缅族人的婚礼上，也有几样食品是必备的：一个椰子、一些槟榔和一盘盐茶。同时，在婚礼上，长辈还要专门给新郎新娘各喂七口饭。而克伦人的婚礼饮食中必定有猪肉，而在婚礼中食用的猪，按照风俗习惯是在新娘 13 岁时便开始喂养的，称为"闺女猪"，或者"守路猪"。新娘平日里便会尤为悉心地饲养这头"闺女猪"，使之比一般的猪更加肥硕，在婚宴中成为一道美食。新郎家当然也要提供牛或猪供来宾们食用。勃欧族举行结婚典礼

---

① 戚畅：《日本人的婚礼》，《日语知识》2008 年第 7 期。

时，会在一只托盘内盛放芭蕉、盐茶、酸鱼这几种食物，由寨子里儿孙满堂的老人主持婚礼，并用托盘内的几样食物招待客人。若开人的婚礼饮食中，最有特色的要数"喜饭"和"喜菜"了。"喜饭"是由一个公认的有福的妇人把从新郎家舀来的米和从新娘家舀来的米混合在一起之后煮成的，然后将这种饭与糯米饭混合起来，便成为吉祥饭，象征着男女双方的婚姻将会如胶似漆；"喜菜"则包括带鳞片的鱼、带肝肠的鸡肉、带须的虾、鸭蛋、山药、南瓜等。鱼虾等一定要完整，不能有损坏，否则便不吉利。另外，盘子内还要放上糯米饭、两只大虾、两个香蕉、两个鸭蛋。

越南耶钲人婚礼上的传统饮食是鸡和酒。新郎和新娘首先要在竹床上对面而坐，中间放一只活鸡。新娘新郎和主婚人同时把手按在鸡背上，参加婚礼的客人逐个用手触摸这只鸡。然后，主人家会宰杀了这只鸡煮成鸡肉饭。新郎新娘互相交换饭团和鸡肝，一起食用。客人们则围坐在插着吸管的酒坛四周，就着简单的菜肴，开怀畅饮。从新郎、新娘和主婚人，到来宾，都要共同触摸这只要制成食物的鸡，以象征着大家对这对新人婚姻的认可。因此，食物在婚礼中也是具有重要象征意义的。越南红瑶男女举行婚礼时，要给参加婚礼的宾客们每人分一份肉和饼带回家，并且根据亲属关系的不同，所分配的食物的数量也很有讲究，如岳父岳母要分给每人 60 市斤、新娘的兄弟姐妹每人 12 市斤、其余亲戚每人 3 市斤；而男方家魔公、吹鼓手、接待客人的每人 15 市斤，新郎的兄弟姐妹和亲戚每人一市斤。除此之外，新郎家还需要准备酒、米、菜和盐等，开支惊人，仅猪肉一项就需要五六百公斤，酒也需要 100 多公斤。

老挝苗族在举行婚礼的过程中，酒是一种极其重要的婚礼饮品。迎亲的这一天，新娘一方的媒人和新郎一方的媒人首先要互相敬酒，饮完酒之后，新娘家才会撤去桌子，迎亲队伍才得以进屋。进屋后，新郎便会被新娘的兄弟们簇拥着到席上喝"相识酒"。新娘到新郎家后，又要与新郎一起喝"拜堂酒"，才算正式迎娶进门。而婚礼上的饮食习俗也是很有特点的：在新郎喝完"相识酒"后，新娘家的管事会把鸡和熟肉分作三份摆放在桌子上，每一份有两只鸡和两堆熟肉，分别是给双方媒人、双方管事和双方叔伯的礼物。这样，新娘一方和新郎一方就各自把自己一方的鸡和熟肉收好。这样重复三次，将鸡和熟肉分完。

泰国拉祜人的婚礼宴席上，"水"是一种具有极其重要意义的饮品。首先由一位长者高举一杯清水为新人祝福，然后，一对新人就要轮流喝这杯中的清水。并且在喝的时候也要分外小心，尽量不洒出。因为据拉祜人的传说，如果新婚夫妻在婚礼上饮用时不慎将水洒出，那溅出的每一滴水珠，都将代表这对夫妇未来死去的一个孩子。泰国北部靠近缅甸地区的鲁亚人，他们对于婚礼饮食的要求很高，婚礼宴会要持续5天，要宰杀许多的牛和猪，一是用于祭祀，二是制作成食品用以婚宴上来宾们食用。他们的婚礼筵席极其丰盛，耗费惊人。泰国腊佤族举办婚礼时也要准备大量的饮食，新郎家要准备一头大猪、八头仔猪、几只鸡和几坛酒。婚礼一般要举办三天，第二天是筹备日，新郎家要准备一篓籼稻、一篓糯稻，舂米、煮熟后用于祭鬼；这天傍晚，将新娘接到新郎家，新郎会请前来帮忙的小伙子和少女们饮酒到天亮而不吃饭菜。这天深夜，少女们便帮助淘米蒸饭，小伙子帮助杀12只鸡，煮熟放在篮子里送到祭鬼房，同时还要宰一头猪。老人们也到这里参加婚礼，用猪、鸡祭鬼后便动手煮、烤猪肉，并尽量把猪肉和鸡肉吃完，吃不完也不能带回村寨内。第二天清晨，新郎杀几头小一点的猪请新娘及其好友送到新娘至亲的家里，有几家至亲杀几头猪，每家送去一头猪和一瓶酒。新娘的至亲用送来的猪做菜招待当天到来的新郎家的宾客。第三天，新娘及其同伴到新娘的各位至亲家里任意挑选一头小一点的猪，由这些亲戚宰杀后，和一瓶酒一起送到新郎家里，新郎家的亲朋一起帮忙烹饪后宴请来宾，人们尽情欢宴，十分热闹。[1]

马来西亚的色曼人的婚礼饮食也是极其简单的，新人用盛在香蕉叶上的米饭招待客人，别无他物。米饭里有时还会混着许多小石子，吃起来崩牙，但客人们还是毫不犹豫地伸手抓饭往嘴里送，咀嚼得津津有味。因为对于色曼人来说，只有在为数不多的丰收年里才能享受到这样的白米饭[2]。如此，婚礼饮食中虽然仅有大米饭，但这也是难得的美味佳肴了。

马来半岛的塞芒人举行婚礼时，主要的婚礼饮食，首先会被用于祭祀，然后再烹制后用于招待宾客。婚礼饮食中，白水牛和酒是必不可少的，人们总是在举行婚礼前便会准备山货去换取白水牛和酒来举行宴会。首先，白水牛是作为奉献给塞芒人崇拜的伽利神的祭品，在供奉之后，便将其宰杀、烧烤。除此之外，还有芋类、水果等食物，也会被抬到大树下举行祭祀，禀奏伽利神，请他先降临享用祭品，之后，人们才开始欢宴。

南亚的斯里兰卡，婚礼饮食中咖喱是必不可少的。而且菜中也多有辣椒、椰子油，味道辛辣、浓烈，这与当地平时的饮食习惯是一致的。并且，斯里兰卡盛产海鲜，有丰富、新鲜的鱼贝类和肉类，还有虾和螃蟹等。所以在婚礼饮食中，这些美味海鲜是一定要准备的。例如，最有名的锡兰咖喱拌鱼贝类、肉类和蔬菜，在斯里兰卡的婚礼饮食中不会少了它们。另外，斯里兰卡人嗜辣，因此各类饮食的味道都很辣。当然，婚礼饮食中甜食也是一个不可缺少的类型，主要是当地新鲜的热带水果。

僧伽罗人的婚礼上，椰子不仅仅是一种食物，而是标志婚礼结束的重要象征物。因为，整个婚礼在一系列的仪式之后，最终是要以剖开一个椰子而告终的。

南亚巴基斯坦的婚礼饮食，也是别具一格。首先，当地人认为糖果是一种象征吉祥和好运的食品，因此，在新娘家的客人到达

---

[1] ［泰］汶次·西沙瓦：《泰国腊佤族的婚俗》，《东南亚资料》1983 年第 1 期。

[2] 顾义章主编：《世界民族风俗与传统文化》，民族出版社 1989 年版，第 209 页。

婚礼现场时，便会有大把大把的糖果抛向他们，而周围的人们，则会争先恐后地抢食这些象征幸福好运的糖果。婚礼上的食品丰富多彩，大多是用牛羊肉、鸡肉、鸡蛋、鱼、蔬菜等烹制而成的菜肴，如咖喱鸡、烧羊肉、煎牛排、烧鱼肚等，都是深受人们喜爱的婚礼饮食。同许多地方的婚礼饮品不一样的是，巴基斯坦的婚礼饮品中，是见不到咖啡、酒和一切含有酒精的饮料的。不喝咖啡的原因，在当地人看来，是因为咖啡带有苦味，这对于婚礼而言，是不够吉祥的。因此，就连带有苦味的香烟，在婚礼上也是不会出现的。

印度北部的南达里人，是锡克人的一个支系，信仰锡克教，他们的信仰主张人们过着朴素简单的生活。因此，这种信仰也体现在婚礼饮食之中。与其他各民族丰富甚至奢华的婚礼饮食相比，南达里人的婚礼饮食的确十分地朴素和淡泊：婚礼聚餐的食物仅仅是一人一份放在芭蕉叶中的小扁豆和未发酵的面团。

印度尼西亚的达雅克人成婚时，款待来宾的婚礼食品便是迎亲时男方悬挂在村子中，在"抢婚仪式"时用以象征性冲杀用的牛、羊、鸡等制作而成的佳肴。多拉查族新人在婚礼宴席上头等重要的菜肴便是水牛肉，因为当地不产黄牛，因而也没有食用黄牛的习惯。同时水牛肉也是新郎在订婚时就要向新娘一方赠送的礼物之一。食物在望加锡人的缔结婚姻的过程中也起着重要的象征作用。首先，在男子向女子家求婚时，如果女方答应，便要拿出水果和一种叫作"松克洛"的用糯米蒸好后沾上糖汁的甜食招待使者；拒绝求婚的话，便不用水果和松克洛，而用其他点心招待使者。等到婚礼之日，新郎的亲族还要用铜质容器装好送给新娘家的食物，抬到新娘家。这些婚礼饮食包括十二种各色点心以及香蕉、椰子、菠萝等水果。

印度洋岛国塞舌尔，婚礼几乎就是全镇或者全村人们的盛大节日，亲朋好友和左邻右舍会自带饮食登门庆贺。他们所带的婚礼饮食有蛋糕、菜、酒等。新郎家也会杀猪宰鸡，制成美味佳肴后款待川流不息的宾客们。

卡塔尔有一种传统的婚礼早宴，称为"艾吉拉"。[1] 主人家宰杀牛羊，将牛羊肉煮熟后放在大铜盘里，铜盘里还盛有早就煮好的大米饭。这种"艾吉拉"早宴要消耗掉 20 只羊、5 头牛及大量的米饭。铜盘被放在"萨弗拉"草做成的盘垫上，主宾们团团而坐，开怀大嚼。之后，主人还将"艾吉拉"分送给未曾前来的亲朋和四邻。

也门人在婚礼上也要食用很多吉祥饮食，如首道菜会端上一个用上等蜂蜜和橄榄油蒸制而成的大蛋糕，这是也门人婚宴上必备的象征吉祥的食品。除了蛋糕，还要准备也门人喜爱的传统食品"宾特沙罕""沙夫瓦特"和"哈勒白"，另外，还有金鸡、羊肉串、大块的牛羊肉，以及调味用的乳汁等各种菜肴，宾客们习惯用手抓食。

阿曼人的婚礼上，食品不仅仅用于喜宴上招待宾客，还有一些特别的饮食，如面粉、大米、白糖、咖啡豆和葱等，要陈列在客厅里，一方面用于展示，另一方面也增添了婚礼的喜庆气氛。

在沙特阿拉伯，举行婚礼的主人家会首先用咖啡招待客人，先给客人斟一杯阿拉伯咖啡，再将小盅收回，倒下一杯，这样继续依次往下传。当客人接到咖啡时，不应放下，而应当接过来就一饮而尽，递还小盅。如欲继续喝，则拇指和食指端着小盅等待不动，那主人就会继续倒，直到客人喝够为止。如将小盅左右摇一摇，就表示不要了，主人则将小盅收回，给下一客人去倒。喝过咖啡之后，还有红茶、果汁、汽水之类，任客人自选。[2] 正餐主人家一般会烹牛宰羊招待客人，饭前还要端上一盘新鲜的椰枣和甜食，而婚宴上最受欢迎的食品要数抓饭和烤全羊了。

阿拉伯联合酋长国的婚礼活动一般举办三天，第三天举办盛宴，宰杀牲畜，预备各种名菜佳肴，以招待宾客，婚礼上必备的传

---

① 欧阳若修、韦向学编：《外国婚俗集锦》，漓江出版社 1986 年版，第 135 页。

② 杨占武：《世界习俗大观》，湖南文艺出版社 1989 年版，第 34 页。

统饮食有"哈里塞""迈吉布斯"等。巴林人在婚礼上要准备绵羊、大米、奶油、干果、咖啡以及其他各种食品和饮料，以供宾客们享用。

横跨欧亚的土耳其，其婚礼饮食十分精细隆重。其中，婚礼饮品中绝对少不了土耳其的名酒——狮子奶。这种酒看上去是透明的，但喝的时候要加上一些水，然后酒就会变成奶白色，味道醇厚，带有一股八角的味道。土耳其茶或咖啡也是婚礼必备的，一般在主菜之后饮用，在土耳其人的生活中，一般都离不开红茶，热气腾腾的红茶装在精致的、郁金香型的玻璃杯里，显得晶莹剔透，散发着诱人的香气。而婚礼菜品更是丰富，通常来说，最先出场的是土耳其的浓汤，浓汤有土豆泥汤等许多种类，土耳其人喜欢在汤里加奶油，使汤里有一股淡淡的奶香。接下来会上前菜，在土耳其语里称为"梅瑟"，就是"开胃小菜"的意思，前菜的品种也很丰富，有热菜也有冷菜，有荤菜也有素菜。最具特色的婚礼"梅瑟"是一个大圆盘里摆上一圈各式小菜，包括淋上大蒜酸奶和油炸的茄子、青椒、炸薯片、章鱼片等。待宾客们食用完开胃菜后，便会呈上主菜。主菜一般由各种肉类和鱼类的烧烤组成，尤其是用马尔马拉海里的鱼做成的烤鱼，鲜美可口，十分著名。另外，在婚礼饮食中，一种名为"Dolma"的传统土耳其菜肴也是必不可少的。这种食物就是把青红椒或者西红柿、茄子等掏空，再在里面填充进香菜、米、肉末以及洋葱等，再用葡萄叶等菜叶卷起来，上锅蒸制而成。味道鲜美浓香，是婚礼中备受欢迎的饮食。而在主菜之后，主人还会为宾客们提供土耳其甜点和各种新鲜水果。总之，土耳其的婚礼饮食是十分丰富美味的，这既体现了主人对婚礼的重视，同时，也与土耳其著名的餐饮业有关，土耳其人自称其菜系为世界三大菜系之一，因此，婚礼饮食则会更加隆重精致、品种繁多。

阿富汗人缔结婚姻的整个过程中，糖是十分重要的食品。订婚仪式上，女方便要事先准备好约半斤重的塔形糖块，以供"打名字"时使用。订婚仪式上女方还要准备其他糖果分送给来宾，同时还有茶点和抓饭，用以招待客人。举行婚礼的那天，糖果也是重要的象征性食品，在毛拉诵读完《古兰经》后，新郎也要分糖果给新娘，新娘要双手接过，以表示夫妇二人未来生活幸福甜蜜。

伊拉克新娘在婚礼前有两样食品是必不可少的，一样是奶油，一样是植物糖。这两种食物要陪伴新娘婚礼前的化妆阶段。不过，这里的奶油并不是用来食用的，而是放在一个盘子内，以象征着新娘的纯洁、未来生活的美好以及爱情的真诚。植物糖则是在新娘将双脚伸进热水里洗浴时由女伴喂给她食用。在当地的传统中，奶油象征纯洁，热水温暖了双脚，糖块甜润了心田，即将步入婚姻殿堂的新娘会在此时感受到生活的幸福和甜蜜。

喜爱在婚礼上食用糖和甜食的国家和民族很多，叙利亚也是其中之一。在叙利亚的婚礼现场上，新郎新娘的座椅之间摆放着一只用鲜花装饰而成的花篮，里面盛放着各种甜点、糖果和巧克力，这些食品象征着一对新人的婚后生活将和这些甜食一样，甜蜜美满。新郎新娘在共食甜点的仪式之后，便会将花篮里的糖果、糕点和巧克力一把把地撒向在场的宾客们，人们也会争先恐后地抢食这些糖果和甜食。因为他们认为抢新人撒出的喜糖是幸运的，抢到得越多就越有好运。

科威特的婚礼饮食最为特别的是新郎在举行婚礼那天早晨的早餐了，这是一种叫作"达拉比勒"的浆汤。由奶油和糖制成。新郎在用完这顿特别的早餐后，会回到自己的家中，晌午再由人们陪伴后去到新娘身边。

塞浦路斯是有名的"爱神之岛"，在这里，用米面做成的大饼、面条和各种各样的糕点都是著名的婚宴食品。按照传统习惯，新郎村里的姑娘们在婚宴之前，便会挎着篮子，背着桶，拿着筛箩等，高高兴兴地去井边淘米，然后将米倒在大草席上晒干，再用古老的手摇小磨把米碾碎，精制成婚宴上的各种食品。甜饼也是婚宴上必备的食品，同时也是邀请宾客参加婚礼时所赠送的食品之一。婚礼前两天，新郎新娘家分别发送食品，其中包括由新娘新郎亲手制作的糕点。帮忙的人挎着一个盛满糕点的大篮子，上面盖着一块精心绣制的布巾，挨家挨户地赠送甜饼，并邀请人们参加婚礼①。

（二）非洲

东非埃塞俄比亚的加拉人的婚宴中，也要消耗大量的食品和饮料。他们把一块块大肉串在木桩上用篝火烤制，并撒上盐和香料。男人们还要宰杀两头牛，人们用长刀切着牛肉。牛肉吃完之后，牛的骨架还要被扔到野外去让鬣狗舔舐干净。喜宴上，人们还要饮用大量的玉米啤酒。

乌干达的婚礼饮食中，香蕉是最重要的一种。婚礼的主人家总要向宾客们提供一顿"香蕉宴"。宴席上，主人要先向客人们敬上一杯新鲜的香蕉汁，再给美味宾客递上黄澄澄的香蕉角，还要送上烤制过的、香气扑鼻的香蕉作为"甜点"。之后是各式各样香蕉组成的"香蕉宴"，大家尽兴地享用完之后，再饮上一杯可口的香蕉啤酒。

巴布亚新几内亚南部高地的胡利部落，他们在婚礼时由新郎家宰猪设宴，在婚礼中，猪肉是主要的食品。不仅在婚宴中供来宾们食用，部分猪肉食品还要被分送给亲朋好友，作为来参加婚礼的答谢礼物，与新人一家同享欢乐。

在非洲豪萨人结婚的喜庆日子里，饮食自然也是一个重要的组成部分。主人家要杀牛宰羊，还要捣米蒸糕。还要向来宾分发一种名为"柯拉果"的果品。这种食物是豪萨人在婚礼中赠给客人的最为普遍的一种。

坦桑尼亚赫赫人男女缔结婚姻时，也要大摆筵席，杀牛宰鸡制成食物招待客人。并且，饮酒也是婚礼中所必需的，而婚礼中所

①　江立平：《世界各国奇异婚俗》，长江文艺出版社 1986 年版，第 111—112 页。

饮的酒还要是用当地土法酿制的酒，比较常饮的是椰子酒和木薯酒等。通常，新郎家还会给新娘家送去一桶玉米面或者高粱面，新娘家就用这些面粉制作食物招呼客人。随后，新娘家也会礼尚往来，给新郎家送去半桶或者一桶蜂蜜，让新郎家酿制喜酒款待亲朋。

与非洲其他民族有所不同，肯尼亚的基尤库男女在缔结婚姻时，订婚仪式具有极其重要的作用，因为在举行过婚约仪式后，女子便可以在任何时候作为未婚妻被带到未婚夫家里，而不用再在她父母家里举行任何仪式。而在订婚仪式的整个过程中，饮食起到了十分具有象征意义的作用。小伙子在向女方求婚时，便要置备好竹酒和蜂酒，装在两只葫芦里送给姑娘的双亲，称为"求婚酒"。双方一边饮酒、吃饭一边商定婚事时，姑娘就要先饮一口酒，表示她同意求婚，如果姑娘拒绝饮酒，那就表明她拒绝婚事，小伙子只好悻悻离去。在订婚仪式上，要举办宴席，双方都要准备大量的饮食，尤其是肥羊肉，是最为重要的食品。而且宰杀羊时，要由姑娘本人提供剥羊皮的刀，并在宰杀时担任主要角色。第一只羊的腰子烤熟后，要给姑娘吃，如果她吃了，才表示姑娘同意继续进行这桩婚事。然后，参加仪式的其他人方才可以入席进餐。饮食在缔结一门婚姻中的重要作用和象征意义由此可见一斑。

摩洛哥新人举行婚礼时，首先要从新娘家开始，而美味的婚礼饮食，也一直伴随着这场婚礼的始终。宾客们首先聚集在新娘家，新娘家总是在圆桌上摆满了各色茶点和糖果供他们食用，傍晚时还提供晚餐。当新娘被迎至新郎家，婚礼又转移至新郎家继续进行。新郎家准备的婚礼饮食也十分丰盛，除了时令水果和各色茶点外，还一定要有用鸡、牛、羊肉烹制的各种菜肴，以及用面粉制成的各种食品。人们还会将椰枣送给新婚夫妻食用，一边食用还要一边说祝福之语："愿主赐予椰枣和富足。"因为在这里的传统中，认为椰枣象征着富裕的生活。

苏丹阿拉伯人的婚礼虽以歌舞为主，但主人家还是要摆出糖果和茶点来招待客人。而新娘新郎则要饮用牛奶。同时，婚礼上还需要各种其他的吃食，如用粮食、面粉、食油、奶油、干枣和糖等为原材料制成的各种美味佳肴。

游牧在撒哈拉沙漠的图阿雷格人举行婚礼时，习惯要准备一些平日里比较珍稀的饮食，以显出婚礼的重要。而主要的食物是骆驼肉和奶酪，举行婚礼时食用的骆驼要由新郎家赠送给新娘家。由于骆驼肉和奶酪都是平日里少见的食物，因此参加婚礼的人们都会借机饱餐一顿。

西非的摩尔人认为，葡萄干、无花果和椰枣等食物会给新郎新娘带来好运和幸福，因此这些食品常被用在婚礼时。而蛋糕、大麦、小麦等食物，人们常常用来赠送给新娘，又由新娘重新抛撒给在场的宾客，据说这样能够使人们沾上新娘的喜气，带来一个好年景。

撒哈拉以南非洲的齐阿古小伙子在选定某位姑娘做妻子后，他的父亲就先要给姑娘家送去7只鸡，其中3只鸡要宰杀好，剩下的4只是活的。随后小伙子的母亲还要送去一桶玉米面或高粱面，这些礼物都是用于准备婚礼饮食的。7只鸡表示吉祥，而玉米面则便于新娘家招待客人。而新娘家收下这些食物后，也要回送给新郎家一样食物，那就是蜂蜜，因为新郎家要在婚礼上为宾客们提供喜酒，这些蜂蜜就是用来酿造喜酒的。人们在准备婚礼饮食的过程中，进行着礼物的交换，也加强了彼此的友好的往来和沟通，可以说，饮食成了他们姻亲关系的一种纽带和桥梁。

（三）欧洲

1. 欧洲各国重要的婚礼饮食——结婚蛋糕

蛋糕，是欧洲许多国家必不可少的婚礼饮食，婚礼上食用蛋糕的历史十分悠久。甚至在教堂门外投掷五彩纸屑的传统，也与欧洲的婚礼饮食有关，"纸屑"最初是一个意大利词语，意思是甜食、糖果。这种投掷五彩纸屑的庆贺方式，渊源于古老的英国婚礼风尚，当时是往新娘的头上抛撒碎蛋糕和夹心糖。新娘新郎离开教堂时，人们还向他们投掷小麦、大麦和稻米，作为多子孙的象征。① 最初，喜饼酷似饼干，味同嚼蜡，又干又硬；但到了伊丽莎白一世时代，用鸡蛋、奶油、糖和香料制成的小葡萄干蛋糕时兴起来。后来又加入了杏仁糊。诗人赫里克也曾在诗中提及：

> 今天，我的茉莉亚，你必须
> 为新娘小姐，做婚礼蛋糕
> 只消揉面团，再把它
> 滚进杏仁糊
> 吻一吻它，只需一两次
> 为了婚礼蛋糕还要加香料。

大蛋糕逐步取代了小蛋糕；然而外裹糖衣、装潢精美的婚礼蛋糕直到查理二世时期才第一次出现。在一段时间里，人们将大蛋糕在新娘头上捣碎，直到后来才把蛋糕切成小块分给前来参加婚礼的客人。有时婚礼蛋糕制作得非常大，喜宴亦颇具规模，最后一道食品总是颇为壮观的蛋糕。②

在英国的传统中，婚礼后要举行宴会，宴会上食物的种类主要由新郎新娘的爱好和经济状况来决定，不过，一个婚礼大蛋糕总是不可少的。按照习俗，只有在新娘切下第一块蛋糕之后，其他人才能够动手切蛋糕吃。③

苏格兰青年男女在举行婚礼时，蛋糕也充当着重要的角色，但在苏格兰，婚礼蛋糕并不是用来食用或者装饰的，而是当新娘一

---

① ［英］布雷多克：《婚床——世界婚俗》，王秋海等译，生活·读书·新知三联书店1986年版，第83页。

② 同上书，第86页。

③ 顾义章主编：《世界民族风俗与传统文化》，民族出版社1989年版，第271页。

进门时，便首先要将一块大蛋糕用尽全力向空中抛出，抛得越高，就预示着婚后的生活越幸福美满。若是姑娘不能将蛋糕抛得很高，新郎和亲朋好友便会有些失望。

一位新娘的妹妹在她的日记中详细地记录了在 19 世纪初举行的一次波兰贵族婚礼的整个过程，其中也提到：婚礼宴会中有一个婚礼蛋糕，是用糖制成的，有四英尺那么高，象征着婚姻殿堂，上面装饰着寓言中的人物，顶部是联姻的两个家族的纹章。[①] 这个蛋糕耗用了糕点商半个月的时间才烘焙成。

俄罗斯新人在举行完婚礼后，新娘的母亲会给新郎两块蛋糕，并祝愿新郎在今后的生活中甜蜜幸福、应有尽有。在捷克斯洛伐克的传统婚宴中，也有食用蛋糕的习俗。通常由新娘的母亲将一大块圆形的大蛋糕交给司仪，司仪将这块蛋糕举过头顶，绕着人们跳三圈舞，然后把蛋糕切成小块，分给每一位客人。

2. 欧洲其他的婚礼饮食

（1）酒

英国一些地方有新婚夫妇喝蜜酒的婚俗。据说，喝了用蜂蜜酿造的酒，新郎新娘未来便可生活甜蜜、幸福美满。现在英国还有一些地方会酿制这种婚礼饮品。

19 世纪的波兰贵族婚礼上，酒也是一种十分重要的饮品。"新娘的父亲拿出了传家宝——一只乌鸦形的金杯，杯身上镶嵌着宝石，他往杯中斟满了酒，为新娘新郎的健康和美满一饮而尽。顷刻间，在场的宾客为国家、国王、王子、大主教、全体牧师以及主人和女主人干杯。每祝完一次酒，人们便把酒杯摔在地板上，同时喇叭吹响一次。等到每个人都用新娘父亲那个金杯饮过一次酒后，婚礼才算圆满。这时，一百瓶酒已经告罄"。[②] 整个婚礼宴席共消费了一大桶匈牙利酒，可见酒对于波兰婚礼的重要助兴作用。

---

① ［英］布雷多克：《婚床——世界婚俗》，王秋海等译，生活·读书·新知三联书店1986 年版，第 104 页。

② 同上。

北欧各国的婚宴中，各式各样的酒都是为人们所喜爱的婚礼饮品。如拉普兰人的婚宴中，客人们会大量地饮用蜂蜜酒；而挪威人的婚宴上，男宾们饮用的是白兰地，而女宾们饮用的是葡萄酒；而拉普人的喜宴上，宾客们毫无节制地啜饮烈酒———一种从玉米中提炼出来的纯酒精，也成了婚宴的一大特点。

酒也是俄罗斯、罗马尼亚等国家新人的婚礼上，人们喜爱的婚礼饮品。婚宴一般都备有酒水，以供那些喜欢喝酒的客人们饮用。来宾也会频频举杯，开怀畅饮一番。在爱沙尼亚，人们在婚宴上总是有享用不尽的啤酒，在他们的传统习俗中，只有人们在婚礼上肆意地享用以及浪费啤酒，新婚夫妇才会有富裕幸福的生活。

（2）丰富多彩的其他婚礼美味

纽卡斯尔的书商和地方志史学家约翰·斯坎斯，曾详细记载了1753年5月21日在比绍普维尔茅斯小镇举办的这样一次婚宴。他说："年轻的新婚夫妇尾随在三把提琴和一支风笛的后面走向教堂，七十个人簇拥而行，帽子上都打着三色花结……宴席菜单如下：五蒲式耳酿麦芽啤酒、十蒲式耳淡啤酒、十六块整羔羊腿肉、八只火鸡、十只嫩鸡、八条火腿、四十八只母鸡、十二只鸭、二十块整羊腿肉、十块整小牛腿肉、十六片牛舌、一块整腿烤牛肉、六蒲式耳白豌豆、八十磅黄油、十六张大馅饼（新娘的馅饼装在一个小推车里，由两个人推到面包烘房）、二十加仑白兰地、九十多瓶柠檬水、五十六磅精制食糖、十蒲式耳面食、一担烟草、六箩烟斗；还有无数的果仁馅饼、牛奶甜酒、乳酪饼和果子冻。"[①]

在英格兰北部，人们结婚时，还要将一把小酥饼倒在新娘的头上，当小酥饼顺着新娘的头发滚落到地上时，人们便一哄而上地去抢食这些小酥饼，因为在这里的传统观念中，这种"婚礼小酥饼"能给人带来好运，捡到小酥饼吃的宾客总是分外高兴。在苏格兰的东北部，结婚时要准备面包和奶酪，这些食品要放在一个

① ［英］布雷多克：《婚床——世界婚俗》，王秋海等译，生活·读书·新知三联书店1986年版，第85页。

筛子里，在新娘进门时举在她的头顶上方。然后这些食物便会被
分给客人们。还有些时候，人们会在新娘的头顶上方弄碎一块燕
麦饼，不过到了后来，人们便以薄酥饼取而代之了，因而人们也
把这种小酥饼称为"新娘饼"①。弄碎的"新娘饼"也是要分送给
各位宾客的，尤其是那些还没有结婚的年轻人，便会将分得的酥
饼小心翼翼地保存起来，以期自己也能早日喜得良缘。

在德国的犹太人中，新人们有在婚礼的翌日吃鱼的习俗，作为
祈求新娘多生育子女的象征。

蜂蜜等甜食也常常用于婚礼，以预示婚姻生活的甜蜜和幸福。
例如东欧布科维纳的罗申人往往要在新娘的杯中放白糖，并往她
脸上抹蜂蜜，这样便可以让她的婚姻生活美满。在斯巴达地区，
当新婚夫妇到达他们的新家时，新郎的母亲便会拿着一杯蜂蜜在
门口等候着一对新人，新娘要喝下一两口蜂蜜，这样她今后说出
的话就会像蜂蜜一样甜蜜。

亚美尼亚人在婚礼上，新人们会得到一个热气腾腾、香气扑鼻
的面饼，这个面饼象征着富有和婚后生活的安逸。因此，面饼是
该地婚礼中不可缺少的食品。

在黑山，人们习惯用水果的甜美来象征婚姻的美满。在新娘一
进门的时候，人们便给她一只装满水果的篮子。之后新娘便将这
些水果分送给参加婚礼的宾客，这样的习俗象征着像水果一样甜
美的生活已经跟随新娘来到了家中。

俄罗斯传统的婚礼习俗中，面包和盐是具有特别含义的、必不
可少的婚礼饮食。并且，俄罗斯的传统婚俗中，有一种"烤制面
包"的宗教仪式，这是19世纪中叶至20世纪初，农民及城市平民
家庭结婚时不可缺少的一个环节。新郎新娘双方家中都要烤制一
种式样的面包——是用酸的黑麦粉或小麦粉烤制的，里面裹着一个
带壳鸡蛋，上面用面团做一个小鸡头作点缀。在婚礼进行时，首

①　［芬兰］韦斯特马克：《人类婚姻史》（第二卷），李彬译，商务印书馆2011年版，
第477页。

先，新人的父母会用托盘托着一个大圆面包和一小盅食盐，站在门口迎接新人。新郎新娘到来时，便会各自掰下一小块面包，沾上一点盐，献给他们的父母，感谢他们的养育之恩。然后，一对新人也会相互喂对方吃面包和盐，以表示彼此的真挚爱意。婚礼结束，人们还会向新郎新娘身上撒啤酒花和谷物。当婚宴开始时，餐桌上会摆满了美味佳肴，十分丰盛，按照习俗，第一道菜是冷食——夹蒜的猪肉和火腿，还有搭配着火腿食用的青豌豆。贫民家庭婚宴上的第一道菜则会降低一些标准，改为猪头肉冻。接近午夜时分，则要招待客人各种甜食，当端上蜜糖饼干的时候，就意味着婚礼接近尾声，客人们也就准备着散席回家了。在婚礼上，客人应当尽情享用，但新郎新娘则不宜多饮贪食，因为这一餐象征着他们第一次作为男女主人招待客人，因此，应该使宾客尽欢。在农村，婚礼后的第二天，新郎家继续设宴招待客人，而新婚夫妇要亲自去邀请新娘的父母前来。而新娘家也同时准备宴席，第一道菜是煎蛋，必须由新郎先食用，他吃过之后便将一枚硬币放进一只装有葡萄酒的高脚酒杯里，把杯子递给岳母，并宣布他的妻子在婚前是贞洁的。①

　　而在俄罗斯另一些地区的婚礼仪式则规模较小，是在新娘父母家中举行的，出席婚礼的只有亲属和新郎新娘的朋友们。这样的婚礼比较朴素，因而也不会举行盛大的宴会，省去了宴席上要摆满丰盛的美味佳肴的习惯。只用糖果、清茶和冰激凌款待客人们。俄罗斯西部的某些犹太人，特别是在教规严格的查希丁教派中，婚礼上要使用一种食物——鸡蛋。他们有在新娘面前摆放鸡蛋的习俗，用以象征多产，并象征新娘日后分娩时能像母鸡生蛋一样顺利。② 现代俄罗斯男女缔结婚姻时，欢乐的婚宴、丰富的饮食依然是必不可少的。新郎新娘一般坐在桌子的正中，他们面前摆放着

---

　　① 欧阳若修、韦向学编：《外国婚俗集锦》，漓江出版社 1986 年版，第 284 页。
　　② ［芬兰］韦斯特马克：《人类婚姻史》（第二卷），李彬译，商务印书馆 2011 年版，第 487 页。

系着彩带的香槟酒，由新人亲手打开。而婚宴饮食和传统的婚宴饮食很相似，第一道菜端上冷食、鱼冻和各种凉菜。在午夜时分，再为客人们端上蛋糕一类的甜食，表示晚宴到此结束。

斯洛伐克人婚礼的饮食则比较简单朴素，他们喜爱一种加上蛋和羊奶的面包作为婚礼食品。但有趣的是，斯洛伐克每家所备的餐具都不多，因此，他们会在给宾客的请柬上写上"敬请光临，请随带碟子刀叉"的字样。

在爱沙尼亚，陪伴新娘的人们要切下一小块面包，抹上黄油，喂给新娘食用。当地认为，这样的话，新娘日后所生的孩子就会有一张漂亮的小圆嘴。而罗马尼亚新郎在迎娶新娘回家时，新郎的母亲便会捧上一杯鲜奶给新娘，让她一饮而尽，这杯伴随着婚礼的喜庆和欢乐的牛奶，被罗马尼亚人称为"吉祥如意奶"，是婚礼中必不可少的饮品。

西伯利亚地区的汉蒂人，在新婚之筵上要喝酒、饮茶，并且使用新娘家准备好的面包、肉食等各种美味佳肴。

北欧拉普人，主要分布在挪威、瑞典、芬兰和俄罗斯的北极地区，有驯养驯鹿的传统，因此，在他们的婚宴上，一般会先为客人们端上咖啡、糕点和面包，然后便是主菜——大碗的驯鹿肉以及豌豆。客人们自己动手，用手指抓肉吃。

在瑞典的某些地方，新娘在举行婚礼时要跑进摆放食物的储藏室中，吃一些食物，喝一些牛奶，他们认为这样一对新人就永远不会缺少牛奶和食物了。

世界各地都将吉卜赛人视为一个单独的民族，难以将其归于哪一个大洲，但在人们的眼中，无论是罗马尼亚的长发茨冈人也好，还是居住在格鲁纳达的基塔诺人也好，他们的婚礼习俗包括婚礼饮食都是十分独特甚至有些奇异的。在史料记载的一场欧洲的吉卜赛人婚礼中，喜宴食品里要准备将近一吨重的甜食，但这么大量的甜食也不完全是为了大饱口福，而是用于一种纯吉卜赛人的风俗。这些各式各样的甜食，主要由蛋黄加糖制成，它们被撒在一个大房间的地板上，至少有三英寸厚。时刻一到，新郎新娘便跳着罗曼里斯舞进入这个房间，后面紧跟着所有男女基塔诺人，也跳着罗曼里斯舞。于是，甜食很快被踩成了泥，跳舞的人们膝盖以下都沾满了糖、水果和蛋黄。这时，欢乐的气氛达到了顶峰。

（3）一些被认为增强生育能力的婚礼饮食

在各个时代各个国家，婚礼饮食和洞房花烛夜之间都有着一种最紧密的联系——求助于春药和酒神来援助爱神。春药在中世纪末和文艺复兴时期很盛行。人们通常食用一种被叫作"狗石"的兰花根来增强生育能力；只能吃根的硬的部分，软石则可能有相反的作用。叉状曼德拉草以治愈性衰萎而著称。这也许是该草的形状像生殖器的缘故。此外，同样知名的还有炖嫩块菌，这种块菌也被视若爱情的灵丹妙药。[①]

（四）美洲

结婚蛋糕也是美国人婚礼饮食中必不可少的。这种婚礼的传统与英国等欧洲国家基本相似。婚礼仪式后便是盛大的招待酒会，酒会上会有各种各样丰富的食物。食物的种类以新娘新郎的文化传统以及新娘家里的喜好和经济状况来决定，因为美国是由新娘家来支付婚宴费用，而多层的、色彩缤纷的结婚蛋糕是每个家庭都会准备的。

墨西哥惠乔尔人的婚礼中，最重要的一项物品便是一盘婚礼饭，其中包括玉米饼和豆角等食品。举行婚礼的当天早上，祭司"沙曼"要面对着这盘婚礼饭，向"太阳文神"祈祷，祈求他给予这对新人美满的婚姻和富足的生活。一块简单的玉米饼，在这里象征着两个男女的神圣结合，当新娘吃了这块有深刻内涵的玉米饼后，她就正式成为小伙子的妻子了。

---

① ［英］布雷多克：《婚床——世界婚俗》，王秋海等译，生活·读书·新知三联书店1986年版，第84—85页。

（五）大洋洲

南太平洋地区的斐济，是全球著名的蜜月圣地。因此，这里的婚礼饮食也十分著名，其中，"卡瓦酒"与"可可达"甜点应当算是独具特色的饮食。"卡瓦酒"在整个南太平洋地区都十分流行，西起巴布亚新几内亚，东到夏威夷，饮"卡瓦酒"是这一地区人们日常饮食文化中的一个重要组成部分，在婚礼上，也一定要喝"卡瓦酒"。"卡瓦酒"虽然被称为"酒"，却不含任何酒精，它带有一点薄荷的醇厚，还有淡淡的草木香，是一种清凉冰爽的饮料。还有著名的"可可达"，也是婚礼上的传统美食。可可达是一种有点类似甜点或沙拉的食品，它是用新鲜的鱼拌上椰肉制成，配上柠檬汁，放在当地土制的碗里，碗底铺着一块剪成方形的芭蕉叶，点缀上一朵即将盛开的红花，使整个食品看起来极具美感，非常适合婚礼的浪漫气氛。由于斐济盛产各种海鲜，因此婚宴上也总少不了海鲜制成的食物。例如，烧石烩焖、大龙虾、椰汁鱼等，都是婚礼中人们常常食用的美味。乳白色细嫩鲜脆的椰肉、新鲜的鱼肉、浓香的菠萝蜜龙虾，斐济的婚礼饮食无论对于新人，还是对于宾客们来说，都是一种难以忘怀的美食记忆。

二　新人共饮共食的礼俗

在世界各地、各民族的传统社会观念中，爱情和婚姻成功、美满的标志通常体现在男女双方对彼此感情的忠贞，夫妻之间能够相互爱慕、同甘共苦、永不分离地和谐相处和家庭生活的融洽富足以及婚后能够儿孙兴旺。人们常常把这种对爱情和婚姻美好状态的期望，经过象征思维来进行类比联想，使之在许多特定的象征食物和象征性饮食行为中显露出来。[①] 韦斯特马克在其著作《人类婚姻史》中谈道："新娘和新郎一起共食，仍是一种极其常见而又广泛流行的婚仪，在未开化民族和文明民族中都可见到……这种共食婚俗，也是一种以共同行为表示双方结合，并对双方产生相互约束的仪式。这自然而然会使人们想到婚姻生活中显著的特点之一，就是夫妻之间有食共吃。除了共食之外，还有一种共饮的礼俗。有时，共食与共饮会合二为一。共饮首先也是一种表示男女结合的象征，或者是作为加强夫妻关系的一种手段。"

　　时至今日，共食婚俗在世界许多地区和民族的订婚仪式以及结婚仪式上仍然是常见且必要的一个象征仪式。这一"共食"的形式各不相同，但通常有从同一盘、碟中取食，或同吃某种食物，以及共用一件汤匙等。

　　这种共饮共食礼俗，可以肯定，它绝不仅仅是一种简单的饮食行为，而是新婚夫妻用以象征男女结合以及夫妻恩爱的一种表现形式。新郎新娘以共饮共食行为作为媒介，形象化地表达了新婚夫妻对爱情和婚姻生活的美满状态所寄予的希望，并对夫妻婚后的生活产生约束作用[②]，其最终目的是子孙的繁衍和家庭生活的富足、美满。

　　在古希腊，一对新人要同吃一块拌有蜂蜜的芝麻饼。而在古罗马，这种饼是由一种古意大利叫作"法尔"的谷物制成的，贵族的婚姻被称为康法里亚蒂欧，即自"法尔"一词。凡遇有人成亲，人们都要把这种饼奉献给谷神，然后由新郎和新娘在证婚人面前

---

① 瞿明安：《中国饮食象征文化的深层结构》，《史学理论》1997 年第 3 期。

② 瞿明安：《隐藏民族灵魂的符号——中国饮食象征文化论》，云南大学出版社、云南人民出版社 2011 年版，第 64 页。

一同吃掉。①

（一）亚洲

蒙古的婚礼上，新郎新娘要同饮他们的双亲倒在一个银碗内的奶子，表示男女双方永结同心，这是他们举行婚礼时的传统婚俗。

越南新郎与新娘在婚礼上要喝交杯酒，喝完后的酒杯要摞在一起。"共饮"表明未来的共同生活。这种喝"交杯酒"的婚俗在中国也同样存在。巴拿人的婚礼中，也有新人共食的习俗，尤其是在较为穷困的人家，男女结婚付不起聘礼时，便往往仅用一个简单的共食仪式便缔结了婚姻，这个仪式便是将一包米饭分为两半，新郎和新娘各食一半，婚礼便算结束了。

缅甸克钦人结婚时，新郎首先要到新娘家迎亲，这时，新娘家便会大摆筵席，招待客人。席间，新娘新郎必须同盘吃饭，这时，屋里屋外便会欢声一片，以庆贺一对新人今后将永结同心。缅甸拉祜族新人们举行婚礼时，新郎要双手捧着装有两份饭和两块肉的竹盒来到新娘家，新郎的一份放在盒盖里，新娘的一份放在盒子里。新郎要把自己的那份饭和肉拿出来，与新娘分享，表示要一辈子供养新娘；新娘也同时要将自己的一份分给新郎，表示有丈夫的供养才有自己的衣食无忧。这样的共食仪式之后，一对男女便结为夫妇了。高族人的结婚仪式要举行三天，第一天迎娶新娘，待新娘一踏入新郎家门时，人们便将准备好的鸡肉米饭奉上，让新娘与新郎同吃，表示从此以后的共同生活。掸族人举行婚礼时也要让新郎新娘共食鸡蛋和米饭。当一对新人正要吃饭时，旁边的小孩便会装作是儿女一般，口中一边喊着"爸爸、妈妈"，一边将一个切开两半的鸡蛋剥掉蛋壳，喂给新郎新娘吃。然后，新郎新娘再相互喂食米饭，以祈求婚后生活和睦、多子多孙。孟族新人在婚礼上也要共食，一位老者一边念咒语一边依次将吉祥饭

---

① 潘晓梅、严育新：《婚俗简史》，中国社会科学出版社 2004 年版，第 98 页。

箩上的毛巾揭开，并从每一个饭箩中取出一点饭菜和糖果给新人吃，新郎要象征性地喂新娘一口饭，新娘也要回敬新郎一口。

越南耶钲人的古老婚俗中，新娘新郎要互相交换饭团和鸡肝，并同杯饮酒。

泰国瑶人在婚礼上也有新郎新娘共饮的习俗。祭司会在婚礼上准备两只杯子，一面唱赞美歌，一边往杯中斟酒，然后双臂交叉着将酒杯递给侍从，由侍从们轮流将这两杯酒递给新娘和新郎。一对新人要在神坛前把酒共同一饮而尽，并且，这一共饮的仪式要反复举行三遍。夫妻二人共饮三次之后，一位长辈便会开始训导新人，要担负起丈夫和妻子的责任，建立一个美满幸福的家庭。

在东南亚、印度及马来群岛，新郎新娘共食的习俗也是十分盛行的。印度的新郎和新娘，无论属于哪一等级和种姓，他们在结婚时都要从同一片树叶上，或者同一个盘子中夹取餐品食用，这已经成了一种习俗。在古代印度，新婚夫妇还必须在新婚之夜供奉一张煎饼或者一盘米饭，然后一起食用，还要再共同饮用一些汤一类的稀食。印度的荷人和雷布查人的婚礼上，新娘新郎还要同饮啤酒。北部的曼尼普尔邦的库基部落，举行婚礼时，人们会递给新郎一杯酒，新郎先饮去一半，剩余的一半再由新娘饮下，以象征彼此的相亲相爱。

孟加拉吉大港山地的蒂佩拉人中，新娘的母亲会倒一杯酒给自己的女儿，新娘接过酒，走到新郎身边，坐在他的腿上，喝下一半酒，再把另一半酒交给新郎去喝。喝完酒，他们便把小指勾在一起[1]，表明他们遵守彼此婚姻的约定。

菲律宾南部的某些地方，新郎新娘在婚礼上会相互喂食米饭，还要同饮一杯酒。在马来人的婚礼上，也有相互喂饭的风俗，象征着新郎新娘的结合。

苏门答腊新人举行婚礼时，要当着满屋来宾的面，表演许多寓

---

① ［芬兰］韦斯特马克：《人类婚姻史》（第二卷），李彬译，商务印书馆 2011 年版，第 453 页。

意深刻的小节目。"夫妻进餐"便是其中之一。新郎新娘双方的母亲分别会给二人吃鸡肉黄米饭，女方母亲先喂新郎，男方母亲先喂新娘，这个具有象征性的共食仪式，所表达的含义是，夫妻双方以及两家的家人在未来的生活中会和睦相处，各自都要首先为对方着想。

也门人在婚礼中，习惯让新人共饮一种用咖啡豆的皮制成的饮料，当地人称之为"吉土尔"。新郎的母亲会在婚礼上递给新郎一杯吉土尔，让其喝一口，然后新郎递回给自己的母亲，母亲又将这杯吉土尔递给新娘，这是表示新郎新娘相亲相爱，也是未来同甘共苦的象征。

叙利亚的新娘和新郎要在婚礼上共同食用糖果，以示生活甜蜜。新郎新娘在来宾的簇拥下走进婚礼厅堂，一起在椅子上坐下。这时，新郎轻轻揭开摆放在两把椅子中间的一个花篮上的薄纱，从中拿出一颗糖果，剥去糖纸，然后用自己的舌尖送到新娘的舌尖上，以示从今往后共同分享生活中的甜蜜和幸福。接着，新娘又从花篮中拿出一片面包，从中掰开，新郎新娘各吃半片，象征着二人新建立的家庭一定会兴旺红火，生活富足。

（二）非洲

埃及新人在婚礼祈祷结束回家，新郎揭开新娘头上盖头后，两人便要相依并坐，等待别人给他们端上饮料，新娘新郎两个人一同喝完饮料之后，婚礼才算结束。

在摩洛哥，新婚夫妇在交合前，先要共食，这是一种很普遍的习俗。有时，是由新郎先吃，再由新郎把吃的送到新娘的嘴里；而南部的柏柏尔人则是由新娘和新郎相互喂食。韦斯特马克还提到，在某些地方，陪伴新娘的妇女要给新人送上一盘肉、一盘"塞克苏"和一盘什锦，内有面包、蜂蜜和盐脂；新郎从每个盘子中取少许，送入新娘口中，并如此反复三次；新娘则是扭扭捏捏，半推半就，之后，新娘也将以同样的方式给新郎喂食物。① 在摩洛哥讲阿拉伯语的山地部落——楚尔人中，当新郎第一次用红色染料涂抹全身时，人们便要杀掉一只羊，取出羊肝，让新娘和新郎一起把羊肝吃掉。当地人认为，这是为了让"新婚夫妇"相亲相爱。② 在整个摩洛哥的传统观念中，共食是人们订立某种契约时普遍采用的形式。而婚姻也是男女双方的某种"约定"，因此，在婚礼中采用新郎新娘共食的方式，以代表男女双方相互的约束，这也是易于理解的。

苏丹阿拉伯新人的婚礼上，一定要举行一种名为"杰尔体克"的仪式，也就是新郎新娘喝"交口奶"。因为他们认为牛奶象征着纯洁，因此，仪式开始后，新郎、新娘并排坐在床的一端，老人为新郎、新娘端上一杯牛奶，他们各自喝一口，并把奶同时互相喷洒在彼此的脸上。牛奶代表纯真洁白，同饮一杯奶水，好似一对新人同饮一个母亲的奶水。这种行为象征着新郎新娘双方的爱情像牛奶一样纯洁，并且他们今后的生活将像共饮牛奶那样亲密无间。而苏丹努巴人的婚俗中，新人的婚礼仪式其实就是一个"共食"仪式，新郎和新娘面对面地坐下，脚下放一盘"杜拉"，每人吃一大勺，随后吐掉，然后再吃下一勺，直到这一盘子食物被"吃"完时，他们的结合便被视为合法的了。

毛里塔尼亚的婚俗中，新娘要在婚礼上与丈夫一同入席用餐，而这一餐饭将是一个女子这一生中第一次也是最后一次与自己的丈夫用餐。因为按照当地的习俗，妻子不能与丈夫一起吃饭，必须等丈夫吃完饭，妻子才能吃。而婚礼上的唯一一次新娘与新郎共食，是一个具有象征意义的仪式，它代表着丈夫与妻子的合二为一。

撒哈拉以南非洲的帕雷人也有在举行婚礼时新娘新郎共饮的习

---

① ［芬兰］韦斯特马克：《人类婚姻史》（第二卷），李彬译，商务印书馆 2011 年版，第 881—882 页。

② 潘晓梅、严育新：《婚俗简史》，中国社会科学出版社 2004 年版，第 98 页。

俗。举行婚礼时，新郎新娘坐在中间，亲友们在他们的周围欢歌起舞。待到合适的时机，新郎便拿起一个空酒杯，由新娘斟满一杯酒，新郎、新娘各自喝上一口酒，并由新郎送给在场的宾客们每个人喝一口，至此，婚礼便达到了高潮。

在马达加斯加的萨卡拉瓦人的婚礼习俗中，人们要向新郎新娘送上一盘食物，再由新婚夫妻你一口我一口交替着食用，这种仪式象征着新人的结合和他们彼此之间的倾心和爱慕。共食的仪式在该岛的其他一些部落、斐济以及新几内亚的诸多部落也广泛存在。

（三）欧洲

共饮共食的婚礼风俗在欧洲许多国家中也存在。从意大利到挪威、从法国布列塔尼到俄罗斯的广大地区，以及苏格兰，都能够发现婚礼上新人共饮的传统习俗。德国夫妇在举行婚礼时，便会用同一把汤匙共饮"晨汤"，他们认为这样做能够使婚后的生活和睦幸福。而瑞典人深信，一对青年男女如果可以共同吃掉一小块美味的食物，那么他们便能够双双坠入爱河，相互倾心。

俄罗斯传统的婚礼上，新娘新郎到来时，便会各自掰下一小块面包，蘸上一点盐，献给他们的父母，感谢他们的养育之恩。然后，再各自掰下一小块面包，蘸上一点盐，放在对方的嘴里。通过一同吃面包和盐，新人们表达了彼此间相亲相爱、白头到老的意愿。而俄罗斯信仰东正教的新人的婚礼上，则会有新郎新娘共饮的环节：祭司手持一种叫作"同心杯"的长柄小银匙，匙中盛有掺水的酒，他把酒举到新婚夫妇的嘴前，让他们交替饮用，反复三次，"并以此为范，嘱其今后同甘共苦"。① 西伯利亚地区的汉蒂人在新婚宴席上，新郎新娘要同饮装在一个小茶碟里的茶，表示从今往后便成了一家人。

---

① ［芬兰］韦斯特马克：《人类婚姻史》（第二卷），李彬译，商务印书馆2011年版，第885页。

（四）美洲

在美国新人的婚礼上，共食结婚蛋糕也是一项传统的礼俗。席间，由新郎新娘同操一把刀，合力切开一只装饰精美的结婚蛋糕，先相互喂食一小块，然后再将其余的蛋糕分给宾客们。在古罗马，蛋糕在分食之前，是要被倾覆在新娘头上的，随着时代的变迁，人们更愿意将这种恶作剧改为夫妻共食这样的方式了。

美国西部的印第安人也有在婚礼上夫妻共食的传统，只是他们共同享用的食品并非是结婚蛋糕，而是一碗玉蜀黍制成的糊粉。新娘先用食指在糊粉上画上十字形的凹痕，再将花粉撒在这一凹痕上，紧接着，一对新人便一同食用这碗糊粉。这便是他们的"初次共食"的仪式。

墨西哥的吉卜赛人举行婚礼时，一对新人要共同食用一口拌了盐和酒的面包，这意味着除非这世界上没有了酒和面包，这对夫妇将永不分离。而惠乔尔人也有同样的新人共食的习俗，只不过，他们的习俗中，新娘新郎共同食用的是一个象征着结合的玉米饼。这个由"沙曼"一分为二的玉米饼，被分别分送给新郎和新娘，他们首先要相互交换这个玉米饼，然后各自将其吃下。"沙曼"则在一旁念着祝福词。经过这个共食仪式，这对新人便结成了终身伴侣。而新娘也可以在这婚礼的最后关头拒绝食用这个玉米饼，以表示对这桩婚约的不允。那么，双方的婚约便会被立即宣布解除。美洲纳瓦霍人的婚礼仪式十分的简单，仅仅有一个项目，就是新娘新郎共同食用一个盘子中的玉米糕。在波尼人中，女方把一个盛有食物的盘子放在新郎的面前，两人同吃，这样，他俩就结为夫妻了。

秘鲁的某些部落，新娘要在婚礼上将槟榔果等食物喂给新郎吃，新郎亦会以同样的方式给新娘喂送食物。马拉尼翁河上游的某些部落中，新郎和新娘要共同饮用一碗水，以此作为他们婚姻的担保。巴西的某些印第安人中，新郎新娘在婚礼上要一起饮酒，表示他们已经结为夫妇。

列维－施特劳斯就认为："人们选择食物是因为他们看中了食物所负载的信息，而并非它们含有的热量和蛋白质。一切文化都在无意识地传递着在食物媒介和制作食物的方式中译成密码的信息。"① 也就是说，只是单纯满足人们生理需求的饮食活动并没有传递信息的功能，真正能够传递信息、反映人们内心情感的饮食主要是那些在一定场合可以满足人们心理属性和社会属性的饮食活动。而婚礼饮食便是这种具有象征意义和社会属性、负载着社会文化的饮食活动的典型代表之一。

它是在人们举行婚礼仪式的过程中所形成的规范化、模式化的饮食活动和饮食风俗。在整个人类的婚姻缔结过程中，饮食发挥着重要的作用，从不同的方面满足着人类社会的多种需要。我们不难看到，世界各地、各民族的婚礼饮食，在食材选择、烹饪方式、品种的丰富程度以及食用方式上是各不相同、独具特色的。这是因为人们在不同地域、不同文化的长期生活当中对某些特定的饮食往往会产生一种特别的偏爱或者嗜好，并经过思维活动把这些特定的食物赋予了一定的人格特性以及相应的文化内涵，使得心中的各种愿望、情感和爱好能够在特定条件下得以宣泄，以调节情绪和其他心理状态，并满足人们在审美、信仰和对幸福生活的追求等精神方面的需要。② 例如，俄罗斯人婚礼上少不了面包和盐，因为面包和盐象征婚后生活的富足；而英美等国家的婚礼上蛋糕则是必不可少的，因为甜食象征爱情的甜蜜。而某些游牧民族的婚礼上，牛羊肉不可或缺，这也是人们对新郎家经济实力和新娘未来生活富裕幸福的一种展示。同时，具有象征意义的婚礼饮食和习俗也会被作为一种人们借以表达心理意愿的桥梁，把

---

① ［美］马文·哈里斯：《文化唯物主义》，张海洋、王晏萍译，华夏出版社 1989 年版，第 218 页。

② 瞿明安：《隐藏民族灵魂的符号——中国饮食象征文化论》，云南大学出版社、云南人民出版社 2011 年版，第 5—6 页。

人们内心的各种观念和情感加以浓缩，通过特定的饮食活动作为媒介显示出来，而它在缔结婚姻上所反映出的，则是人们心灵深处普遍存在的对于婚姻的价值取向和追求——夫妻间能够爱情甜蜜、感情融洽、同甘共苦、白头偕老。例如，共饮共食的婚礼饮食习俗，就是人们用于表达这种对夫妻婚后生活幸福的典型表现形式。虽然处于不同地域、不同文化背景之下的一些国家的新人们，却都有共饮共食的婚礼饮食习俗。它通过共同的饮食行为作为媒介，形象化地表达了新婚夫妻对爱情和婚姻生活的美满状态所寄予的希望，并对夫妻婚后的生活产生互相约束的作用，其最终的目的是子孙的繁衍和家庭的兴旺。①

---

① 瞿明安：《隐藏民族灵魂的符号——中国饮食象征文化论》，云南大学出版社、云南人民出版社 2011 年版，第 64 页。

第五章
世界各地的
婚礼服饰

如果说，我们将婚礼前后作为生命中的两个历程，那么在世界各个地区和民族中，都有一个普遍的服饰习俗，即婚礼时的服饰较日常服饰而言，除了崭新华美之外，还有许多特别的讲究。在许多地区，人们还会选择合乎自己身份的服饰，作为其婚否的标志。

一　各式各样的婚礼服装

（一）亚洲

传统的日本新娘婚礼服装由特制的和服组成，并且，在整个婚礼的过程中，新娘要更换好几次服装。日本新娘在婚礼的一开始会身着一袭白衣，称作"白无垢"，因为白色代表一个新的开始。这套全白的丝质和服、内衣、外衣和长袍象征着新娘愿了解和接受新郎家的习俗。在日本，婚姻不只事关男女双方，还事关两个家族。现代婚礼服饰的起源要追溯到17—19世纪江户时代，因为武士的妻子在正式场合都要穿着和服，后来，和服就成了正式场合的特定服装。从新娘家到神庙，新娘一直都会穿着白色的织锦和服，还要用包头或者锦帽遮住发髻和脸，这既是一种宗教礼节，也是出于避免沾染灰尘的考虑。在现代婚礼中，神道式婚礼结束后，新娘便会来到大厅门口迎接客人，这时，她便会将角隐或锦帽揭去。婚宴开始后，新娘便到更衣室换上彩色的和服外套，外套上布满了彩色织锦图案，代表着吉祥和幸福。紧接着，新娘还会再换一套长袖礼服，这套服装的名字叫作"振袖"，这将是新娘最后一次穿这样的和服。因为按照日本的传统习俗，只有年轻的未婚女子才能够穿这种色泽鲜艳、宽大长袖的和服。至于在婚宴中，新娘究竟要更换几次衣服，是根据其家族地位而决定的，地位越高的家族的新娘，更换服装的次数就越多。至于新郎，他会身着黑色丝质和服，罩外褂；下身穿带条纹的裤子或细褶长裙。

韩国最为正式和奢华的传统婚礼服装过去曾是皇室和贵族使用的。通常是在婚礼前向祖先祭祀时穿着。礼服一般由红色锦缎或者绿色锦缎制成，绣有花和蝴蝶图案，以象征喜庆、富裕和高贵，双肩上绣有中国汉字。每一个袖子上都有红、蓝、黄三种颜色，用以代表天堂、人间和人类。袖口还缝有白布遮住手。衣服后缀有一条长长的锦缎腰带，从背后打结垂下，上面用金线绣着凤凰的图案，在韩国的传统中，金线刺绣象征着吉祥。头上戴有镶着宝石的头巾，脚上穿着白色短袜和绣花鞋。朝鲜的新郎在结婚那天，要穿上圆领的大红袍，戴上漂亮的乌纱帽。

喀尔喀蒙古的新娘在出嫁那天，会穿着桃红色的蒙古袍，腰系宽阔的绸带，脸上蒙着鲜红的面纱，脚下蹬着帅气的长筒靴，十分有草原女儿的英姿飒爽，红色在蒙语中称为"乌兰"，象征幸福、热烈，因此，新娘都喜欢穿着红色，以表示自己火热的爱情。新郎则一般穿蓝色蒙古袍，外罩一件褐缎金丝的马褂，蓝色在蒙古语中为"呼和"，象征着坚贞、忠诚和永恒，新郎穿着蓝色以表示自己对新娘恒久不变的心意。有时，蒙古新郎也会打扮成古代的"武状元"的形象，以表示自己的威武英俊。

越南白裤瑶新娘婚礼时穿白裤和刺绣的蓝靛色上衣，头戴一顶绣花帽。很有特色的是，新娘成婚时要穿两套衣服，一新一旧。在离家时，外面要穿一套旧衣服，走到新郎家附近的一个三岔路口，就脱下这套旧衣服还给父母。快到丈夫家门口时，新娘又用一件红衣服从头罩到脚。象征着在父母家做少女时代的结束和在丈夫家做妻子的新生活开始。

不丹的传统婚礼服装中，新郎的礼服是一种被称为"帼"的、两袖均有宽大的白色袖子的传统服装，新郎穿着时会将长长的白袖向外翻起。新娘则穿着名为"旗拉"的礼服，上身是长袖外袍，内衣的袖子也较长，袖口也要翻折起来；腰上系着精致的腰带、佩戴着闪耀的别针等装饰，下身则是一条做工精良的长裙，笔直的线条配合短上衣，使新娘看起来体态优雅、修长轻盈。

印度泰米尔新娘一般身着红色纱丽，并且，作为婚服的纱丽一般都镶有精心设计的传统花边，十分精致美丽。新郎一般穿着印度男性的传统民族服装"多蒂"和"朱巴斯"，但在陪客人入席时，新郎便会将服装换成欧式的西服。

马来半岛的塞芒新郎成婚时身着红色布料制成的婚服，新娘也穿红色布服或遮胸的披肩布，头戴鲜花。而马来西亚色曼人新郎新娘的婚礼服装与其他地区的人们相比，简直可以说是"简陋"：新郎头戴树叶编成的帽子，新娘上身仅交叉斜挎着几根布条，一对新人的上身几乎是全裸着的，而腰下也只有一长条垂直的裆布。[1]

再看印度尼西亚—东爪哇省的玛琅皇室新娘的服装，则称得上是"奢华"了，通常要包括几种必备的设计元素："都多"，一种

---

①　顾义章主编：《世界民族风俗与传统文化》，民族出版社1989年版，第209页。

金属线绣边的莲花花纹设计；"辛德"，一种橘黄色的丝质材料；"盘顶"，一种莲花花边设计以及披肩。新郎一般穿着丝质的裤子，穿印有金黄色叶子和莲花花纹的蜡染衣服。还要戴着黑色的头巾，佩戴波浪式双刃短剑，以及莲花图案的披肩。在当地人们的传统观念中，莲花是纯洁美好的象征，因此，莲花图案在婚礼服饰中使用得尤为普遍，反映了人们对婚姻的美好祝愿和期盼。而普通印度尼西亚的新娘们也很讲究打扮，她们一般穿着长长的无领上衣，耳朵旁的发鬓下还佩有一串珠花，双腕挂以玉环。衣服的质料，多用白色，薄纱上佩有金钢扣，五彩罗纱长裙，绣花拖尾，走起路来摇曳生姿，十分迷人。新郎的婚服则多为长袖无领长衫，头戴纱布帽，颈上挂一串长长的项链，一直垂到脚前。

泰国伊果新人举行婚礼那天，新娘必须早起梳洗沐浴，换上自己最好的衣服，然后去新郎家。到达新郎家之后，再换上新郎家为其准备的一整套新衣服，这才可以跨进新郎的家中。

缅甸新娘的婚服为传统的民族服装，无领的短衫，外披一件透明的大披肩，搭配着缅式吊带长裙"特敏"，显示出新娘窈窕的身材，既美丽又雅致。新郎则上身穿着白色缅式上装，下身穿长筒裙"笼基"，头戴缅式"岗邦"帽，英俊威武。缅甸克钦新娘在走进新郎家堂前时，她的婆婆便会出来迎接她，并在她的脖子上套上一枚银质或者铜质的项圈，这就表示新娘从此是新郎家的人了。而克伦新郎的婚礼服饰则十分有特点：在整个迎亲队伍中，只有新郎一个人穿得破破烂烂，活像一个叫花子，等到了新娘家，再由新娘用事先准备好的一整套新衣服为新郎穿戴打扮。这也象征着新郎从此有了一位贤惠能干，能让他有整洁衣裳穿、有可口饭菜吃的妻子。

在达雅克族克尼亚部族人举行盛大的婚礼时，新娘新郎都要穿着部族的礼服坐在铜锣上举行仪式。他们的服装一般是绚丽的彩色，并且要是崭新的，以此表示新生活的开始。

以色列的古犹太人新郎在婚期到来时，会穿着散发出馨香的外套，系着有美丽色彩的丝带，连鞋子上都饰有花边。新娘的穿着也十分隆重，《以西结书》上有对新娘穿着的细致描写："我也使你身着绣花衣服，脚穿海狗皮鞋，并用细麻布给你束腰，用丝绸为衣给你披在身上……"① 这种隆重的服饰使得新娘新郎对婚礼终生难忘。

巴基斯坦新娘一般穿着传统服饰，纱丽和长及膝盖的上衣和肥腿裤，以及长围巾。在七天的婚礼仪式中，新娘每天都要更换衣服，前六天的衣装颜色都以黄色为基调，到了第七天，就改为红色。相应地，新娘头上半透明的纱丽前六天都是金黄色，第七天是红色的。

埃及新人在婚礼那天，新郎在家中洗澡，浴毕用蔷薇水喷洒，然后穿上崭新的婚礼服装：脚蹬一双流行款式的皮鞋，身上罩上克什米尔细羊毛质地的阿拉伯长衫，头上缠着头巾，再戴上小帽。新娘则在家中由喜娘为自己梳妆打扮，妆毕，再穿上结婚礼服，通常是一件白色或粉色的镂花纱裙，脚上穿一双白色的鞋，显得新娘纯洁又美丽。埃及西部的锡瓦绿洲，这里的新娘在出嫁时，通常穿着绿色的嫁衣，并且，娘家还会送给她100件做工精美的裙袍作为嫁妆。习惯穿着绿色婚服的，还有阿曼信仰伊斯兰教的新娘。绿色的婚服在这里代表着新娘未来的生活会肥沃丰裕，生机勃勃，还会子孙成群。

也门新娘多数身穿传统的白色服装，也有些新娘穿新式衣服结婚。在苏丹，新娘穿当地民族服装。而苏丹西部的"巴格莱"部落，新娘穿皮衣服举行婚礼，这与该部落是一个游牧部落有密切关系。

在索马里，新娘的结婚礼服是白色、宽袖的长礼服。毛里塔尼亚新娘也穿自己传统的民族服装举行婚礼。而约旦新娘的结婚礼服则必须是洁白的，以象征新娘的贞洁。

---

① 孙正达、张喧、蒋加明：《以色列国》，重庆出版社2004年版，第308页。

　　巴勒斯坦新娘的结婚礼服是传统的黑色"比达威"，衣服上缀满了金片，光彩夺目。并且，在婚礼上，新娘要更换七次衣服，依次穿上白色、红色、绿色、黄色、蓝色、紫罗兰色的美丽服装，在新郎面前欢快地跳起"比达威"舞。最后才换上传统的黑色"比达威"服装。

　　阿曼新娘的婚礼之夜，要穿着绿色的婚礼服，因为在她们的传统观念中，绿色象征着丰饶，新娘穿着绿色的婚礼服可以保佑她未来与新郎多生育子女。

　　沙特阿拉伯新娘结婚时会穿一种叫作"奈夫努夫礼里"的民族服装，它用金线绣制而成，并缀有金箔片。但现代，新娘们的喜爱却开始趋于欧化，改穿白色的礼服了。

　　阿联酋的传统婚礼服装是"哈格卜"，一种有一条金腰带和一套用金线绣成的传统服装，现在城市里的新娘大多穿着时髦的结婚礼服，但仍然有不少人穿当地的传统婚礼服装举行婚礼。[①]

　　传统的巴林新娘在婚礼上会穿着一种称为"纳沙勒"或"迪拉阿"的服装，这是海湾国家的传统服装。这种婚服用金银线绣成，带有红、黄、绿、黑等各种不同色彩的小点。并且，新娘还要穿着斗篷、头戴面纱，在婚礼上由新郎为其揭开面纱、取下斗篷。

　　科威特新娘也要穿着长袍、"玛胡德"斗篷，戴着面纱举行婚礼，并且只有新郎可以掀开新娘的面纱。传统的新娘嫁衣，都是由新娘的姐姐或者近亲一针一线地缝制而成。在婚礼的第三天到第六天中，新娘每天晚上都要换一套新的服装，戴着华贵的首饰坐在家中让来宾们欣赏。

　　叙利亚新娘一般穿白色的结婚礼服，并且还要准备多套礼服，如雍容华贵的西式长裙，或者传统绣金丝图案的大马士革锦缎长袍等，这些礼服都要色彩艳丽、制作精良。在婚礼过程中，新娘要不断地进出她的新房，一套接一套地更换新装，每一套都要比前

---

　　①　欧阳若修、韦向学编：《外国婚俗集锦》，漓江出版社 1986 年版，第 158 页。

一套更为华贵漂亮，使客人们啧啧称赞，便是新娘和新郎的荣耀。而新郎的穿戴则没有新娘那么奢华复杂，他们一般穿着洁白的阿拉伯长袍，上身罩一件崭新的西装，头上扎一块白底红格的包头巾，便可以了。

（二）非洲

苏丹新娘在婚礼上，首先是由一块鲜艳的绸布所遮盖着的，当新郎掀开绸布，便能够看到新娘华丽的服饰。她穿着袒胸的短连衣裙，头上戴着一块头巾，上面穿有几十个金币。而在有些婚礼上，新娘还会穿一种被称为"拉海特"的服装，这是一种用细皮条制成的裙子。在苏丹，有专门制作"拉海特"的师傅，他们把牛皮切成极细的一根根皮条，染成五颜六色，并把皮条编织起来，便做成了一条裙子。婚礼上，新郎还会从新娘的裙子上拉出七根皮条，向来宾们扔过去，当地人认为，这些裙子上的皮条沾着新人的喜气，如果哪位女子接到了这根皮条，她便能很快地找到自己的如意郎君。

西非撒哈拉沙漠南部尼日利亚境内的颇尔博罗罗人，每年会举行盛大的集体婚礼——热尔窝舞周。与其他民族不同的是，在这个喜庆的日子里，反而是新郎们穿着得更为"花枝招展"，他们一般穿着花背心，下着花围裙，腰扎银腰带，显得十分惹眼。

阿尔及利亚新人举行婚礼那天，新娘会穿上用金银装饰的天鹅绒质地的长袖拖地衫，头上戴着一顶被称为"沙西耶"的帽子，它是用一块金黄色丝绸制成的绣品，上面分别有以黄金、宝石和珍珠编织起来的三个花环，两侧串连着许多金环，以及成排的珠帘，可以遮盖整个面庞。这顶"沙西耶"帽是阿尔及利亚新娘婚礼服饰中最为昂贵的一件。婚礼宴会上，新娘还会一件接一件地更换、展示自己华美的婚礼服装，直到最后一件，是一件洁白的婚服，这象征着新娘的纯洁与庄严。

利比亚新娘的婚服分为大套和小套。大套是用金丝线绣成的礼服，小套则是全部用银丝线刺绣而成的小件衣物，包括绸衬衣、衬裤及胸衣等，价值不菲。

突尼斯人很看重新娘刺绣和缝纫的才能，突尼斯妇女也素以缝纫、刺绣高贵的礼服而闻名。因此，新娘的婚礼礼服则是显示她女红水平的重要时刻。她会为自己缝制许多用金线和珠宝串制而成的色泽艳丽、做工精巧的民族传统礼服和礼帽，在婚礼上穿戴，也用于在婚礼上向来宾们展示。一位新娘展示的其缝纫的各种服装越多、越精巧，便越能显示出她的身价。

摩洛哥新娘的婚礼礼服，与其他阿拉伯国家一样，是采用金银线及珠宝绣制而成的长袖摩洛哥民族服装，但必须加上一件被称为"达菲纳"的绸罩衫。它的式样像披网，色彩通常与礼服相配。同时，戴上头巾，系上腰带，并穿上一双专门用金银线制作而成的礼鞋。①

北非丁加奴这一地方的新郎，按照传统规矩，要穿着用金银丝编织而成的婚礼服装，这种婚服叫作"宋吉"。"宋吉"的制作过程精细、耗时甚久，一名熟练的工匠，也需要三到五个月的时间，方才能够制作出一件"宋吉"。

（三）欧洲

欧洲许多国家的婚礼服装中，新娘的装扮是一袭下摆拖地的白纱礼服，这是最为典型和普遍的欧洲传统服装习惯。这原是典型的天主教徒的礼服。由于古代欧洲一些国家都是政教合一的国体，新娘穿上白色的礼服向主表示真诚与纯洁，才能算是正式的合法婚姻。若是再婚，礼服可以穿粉红或者湖蓝等颜色的，以示区别。②后来，这种服装便成为女子结婚时的传统服装了，不再仅仅是天主教徒所穿。

关于近现代西欧各国新娘的婚礼服，埃西尔·唐纳德曾专门介

---

① 欧阳若修、韦向学编：《外国婚俗集锦》，漓江出版社1986年版，第247页。

② 李世荣编：《古今中外服装珍闻趣话》，纺织工业出版社1991年版，第70页。

绍过，他说："差不多有二百年之久，白色——纯洁的象征——曾经是结婚礼服的传统颜色，精细的网眼制品和丝绸是传统的材料，在这个时期内，其他颜色曾不时地被使用，例如 20 世纪 20 年代，粉红色和浅蓝色是流行的颜色；礼服的长度也是各个时代不同，长的拖到脚踝上，短的只到膝盖。不过，多少年来，白色的长礼服保持着优越的地位，而且有一切迹象表明将会继续如此。"今天，米色和象牙色的礼服，附上金银小配件，如同传统的白色礼服一样时兴。礼服由精细的网眼织品或丝绸制成，配上网眼的面纱或者娟网面罩，戴上用珍珠或鲜花缀成的小小的环形饰物，还缀上小小的花束，或者戴上一个用金刚钻镶成的冕状头饰。网眼面纱被许多家庭所珍藏，有些新娘爱穿她的祖母或者曾祖母的婚服，以追随目前对维多利亚时代和爱德华时代的怀旧风气。有些新娘从新郎家借到网眼织品或者宝石。①

而欧美国家的新郎在举行婚礼时，一般会穿着常礼服。最传统的常礼服包括一件黑色的晨礼服和一条条纹的裤子，有时也会是黑白方格的裤子。黑色大礼帽也是必要的，黄麂皮手套也是正确的，尽管正在消失。鞋子须是黑漆皮鞋或小牛皮的浅口鞋。另外还可着一件素色的锦缎背心、一件硬领的白衬衫、一根银灰色的领带，还可戴上一只镶珍珠的领带别针。②

当然，这仅仅是一种普遍的装束，不同国家的不同民族也都有自己的特点和喜爱的着装方式。比如，英国新娘举行婚礼时要身着白衫、白裙，头戴白色花环，还要罩上长长的白色面纱，手持白色花束。总之，英国人崇尚白色，白色象征着爱情纯洁、生活幸福。

苏格兰格子裙以及苏格兰格子呢缝制的整套高地服装是苏格兰新郎传统的婚礼服装，而新娘在举行婚礼的时候往往会穿上白色

---

① 高明强、刘祖乐：《世界人生礼俗大观》，中央民族大学出版社 1999 年版，第181 页。

② ［英］埃尔西·唐纳德：《现代西方礼仪》，上海翻译出版社 1986 年版，第 396 页。

或者是奶油色的婚纱。对于新娘来说，欧洲不少国家普遍的风俗——穿着里必须有这么几样东西："旧的、新的、借来的和蓝色的"也是必不可少的。这种"旧的"东西，意味着与过往的历史一脉相承，因此，新娘的婚纱礼服则会成为其下一代婚礼上"旧的"或者"借来的"东西。并且新娘还会穿上蓝色的吊袜带。

俄罗斯新娘在结婚的当天早晨，会由伴娘为其换上白纱做的结婚礼服，梳上已婚妇女才梳的发型，戴上一种被称为"基奇加"帽，这是一种只有已婚妇女才戴的帽子。

罗马尼亚的传统新娘婚服，喜欢使用绚丽耀眼的颜色，浓烈的色彩对比产生了一种喜庆、欢乐的感觉；衣服上一般还镶有简洁的花边，使服装看起来精致美丽。腰间通常系一条宽皮带或精巧的编制腰带。上身多穿绣花镶边的圆领罩衫，袖管较为宽大，袖口则是收紧的式样。下身着一里一外的两条围裙。

东欧从黑海到波罗的海区域的许多国家，有一种崇尚优美、华丽的审美传统，这一点自然也很显著地体现在了他们对婚礼服装的制作上。文献中曾记载，有人曾经在南斯拉夫地区购买到一件大概制作于20世纪初的婚礼礼服，并对这套婚礼服进行了细致的描述："婚礼服共有八件服装，一件精美的无袖衬衫；一件褶边和袖口刺满花绣的亚麻布服装，几乎重的穿不动；一件银镶边的紫天鹅绒马甲；一条饰有金属小圆片的女性腹饰；一条绛色刺金薄纱面巾。这套婚礼服是为了纪念拜占庭和塞尔维亚帝国而制作的。凡是皇帝和皇后的衮服上饰有宝石的地方，婚礼服上都镶有金属圆片。服装的羊毛和布的质地也和皇族的一样，上面还镶缀着与拜占庭锦缎一样颇为耀眼的饰物。在当地的民歌中，人们以怀旧的情愫把金银当做华丽的装饰来歌唱，而不是作为财富和铸钱的材料。"[1]

西班牙加利西亚的一些地区，新郎在结婚的当天要穿上一件沉

---

① [英]布雷多克：《婚床——世界婚俗》，王秋海等译，生活·读书·新知三联书店1986年版，第87—88页。

重的黑色披风，这象征着他的财富，而新娘则要穿婚纱、戴金耳环。值得一提的是，西班牙王储费利佩与其新娘在 2004 年 5 月 22 日举行的"世纪皇室婚礼"上所穿的空前豪华的婚礼礼服：王子的礼服为西班牙陆军制服。这套礼服由西班牙最有名的服装大师塞西里奥·塞尔纳设计，所用材料为加泰罗尼亚地区生产的上等布料，袖口的金线是 20 世纪初的宫廷极品。这套礼服由八位技艺精湛的裁缝纯手工制成。新娘的礼服则是一件由著名服装设计师设计的时尚而又华贵的婚纱，袖子具有很强的现代感，长长的裙摆上还缀上了许多褶皱，充分地展示出了新娘高贵的气质。

　　如果说，婚纱是西班牙、英国等许多欧洲国家新娘喜爱的结婚礼服，那么，这些国家的皇室新娘所穿着的婚纱，则是这一类服装的代表和精品了。历代的英国皇室新娘所穿的婚纱，便都引领着服装的潮流。中世纪王室新娘喜爱奢华隆重的婚纱，显示出其雍容高贵的姿态。例如，英国维多利亚女王现存于伦敦博物馆的结婚礼服，便是用白色的高级缎子制成，整件服装缀有橘黄色的花边。据说，光这件婚纱的镶边装饰一项就耗费 400 多公斤的布料，由 200 多名裁缝制作了八个多月的时间。但时至近代，王室新娘的婚纱则又渐趋端庄朴素，如伊丽莎白女王的婚纱则选用苏格兰出产的缎子作为衣料，采用简洁大方的开领式样，既显得端庄朴素，又突出了大不列颠的风格。

　　在希腊的马其顿地区，女子还会以服饰来表明自己的婚姻状态，穿紫色花边紧身衣的姑娘是未婚，希望青年男子们来求婚；穿白色花边上衣的姑娘则是已经在做新娘了；穿淡紫色的花边上衣的是寡妇。

（四）美洲

　　美国传统的婚礼服饰与欧洲各国相似，新娘普遍身穿白色婚纱，新郎身穿礼服。婚礼上新娘穿白色婚纱，是因为白色在西方文化中代表了纯洁，所以是婚礼中最受青睐的颜色。在美国传统的婚礼习俗中，服饰当中应当含有几件必备之物，即"旧的东西，新的东西，借的东西，蓝色的东西"。"旧的东西"通常会是新娘的母亲或者外祖母等穿过的婚纱，或者佩戴过的首饰等，意指新娘虽从单身生活过渡到已婚生活，但与娘家的情谊却始终持续。"新的东西"则可以是新娘为婚礼准备的任何一件新的衣服或者配饰，以表明结婚意味着新生活的开始。"借的东西"指通过向生活快乐的已婚夫妇借一件东西，举行婚礼后必须归还，人们认为这些东西能给新婚夫妇带来好运。而在传统观念中，在以色列，蓝色是新娘礼服边上的颜色，象征着纯洁和忠贞，因此，新娘应该要戴一些"蓝色的东西"，一般是婚纱上的绸带为蓝色。习俗中，婚纱在穿过一次之后也不能再用水洗，一般会保存起来。因此，好莱坞乡村精品店曾经推出过一款纸质的结婚礼服。这种礼服用优等纸制成，穿在身上不会破掉，但也不能沾水，来宾还可以在婚纱上签名，以保存下来留念。但这种婚礼服装仍然不能够广泛普遍地推广开来。

二 丰富多彩的婚礼饰物与妆扮

（一）亚洲

日本新娘的和服上总是戴各式各样的小配饰，直到今天还是这样。在和服与腰带之间常常别有一把短剑。古代，这常常用来防身或者保护家族免受羞辱。当然此种用途今天不存在了，它只是象征着古老的传统。江户时代，除婚礼和服以外，头发也要梳成华丽的发髻，上面装饰以美丽的梳子和发夹，多由玳瑁制成，象征着生命长久以及子嗣绵长，等到婚宴开始时，新娘则会更换头上的装饰，将发髻上的配饰由玳瑁材质的换成金银质地的。而新郎的和服和外褂上都会缀有五处白色的、代表着家族的纹饰。同时，他的手中还要拿着一把白色的扇子作为装饰。

朝鲜新娘有一个很好听的名字，叫作"花冠新娘"，这是因为朝鲜新娘要戴上一顶用各种鲜花缀成的花冠，十分地美丽迷人。

喀尔喀蒙古新娘在举行婚礼那天，头上要佩戴珠光闪闪的头饰，显得十分华贵美丽。

泰国瑶人新娘在举行婚礼时所佩戴的头饰则很值得一叙：人们会在新娘头上放置一顶底部是葫芦的帽架子，并将新娘的头发提起，向前绕过葫芦颈部，在葫芦两旁的木板上展成扇形，然后涂上厚厚的蜂蜡。从整体看，这个木制的帽架子类似屋脊，前后尖尖，上罩一个细篾片编成的网套。负责为新娘子梳妆打扮的女子们将一块带有流苏的红布覆盖在新娘的尖顶帽子上，周围系以一串珠饰和一些带有长长的绛色穗缨的银饰物，再把一块满是刺绣花纹的长方形红布蒙在这个精美的发型帽子上，并在适当的地方缝合起来。最后她们把一些银质的小花前前后后地别在帽子前后两个突出的尖端上。① 新娘将要戴着这个美丽却沉重的帽子从到新郎家的第一天起一直到婚礼结束。

印度女子在婚礼上，会被装扮成一位神圣而迷人的新娘，这种超出平日的美和吸引力在很大程度上是由于装饰物在起到重要的作用。"宾迪"——其含义是"中心"，意为所有饰物的起源。它占据了新娘脸上非常特殊的位置——两道弯眉之间的前额，像是一轮红日，又像是·道划过天空的彩虹。它不仅仅是美丽容颜的装饰，也是驱走妖魔的保护神，是一种作为家庭保护人的妇女地位的象征。它鲜艳的朱红色是吉祥的象征，而现今的流行带给了宾

---

① 顾义章主编：《世界民族风俗与传统文化》，民族出版社 1989 年版，第 219 页。

迪更丰富的颜色和形状。在婚礼中，它是新娘最为重要的装饰物之一。某些地区，它还是女性已婚身份的象征。在新娘的头发中央，散落着一些朱砂粉，这也是印度新娘在婚礼中必不可少的装饰。朱砂粉被用于一种传统仪式——由新郎或者是新郎的妈妈，在新娘的中分头发上洒落，娇艳的色泽，使新娘看起来更加美丽迷人，但朱砂的功效并不仅仅在于创造美，它的药用价值还赋予了它信仰的力量，它将保护新娘驱走疾病和妖魔。手，也是女子最闪耀的美丽之处，拨弄乐器的手、照料家人的手、晃动摇篮的手……因此，印度新娘的手腕上都会戴上各种漂亮的手镯作为装饰，随着新娘胳膊的舞动而叮当作响。手镯的材质多种多样，或由玻璃制成、或由金银制成，在女子中备受青睐，也是新娘父母最爱送给女儿以示关爱的礼物。这些手镯在新娘胳膊上闪烁着五光十色，无论是精致的东方金丝工艺，还是宽大的西方象牙手镯，或镶嵌着宝石的南方镀金手镯，抑或是价格实惠的玻璃手镯，都在新娘的手上占据了重要的位置，也在新娘的婚礼中充当了重要的角色。曼加苏特拉是一种婚礼期间被束在新娘脖颈上的重要装饰，是一种纯洁的象征，也代表了女性的已婚身份。因此，从婚礼时开始，只要丈夫健在，它便不会被从新娘的脖子上取下。人们相信，神就在曼加苏特拉上的那颗吊坠中，保佑着新娘一生的幸福和婚姻的成功。在印度南部和东部，新娘头上还要佩戴许多做工精巧、独特有趣的装饰品。这些装饰品源自史诗"拉马亚那"。在茜塔被劫持时，将她佩戴的珠宝"珠达马尼"想办法传递给了她的丈夫，作为求救的信号，因此得救。于是，后来的新娘们便开始佩戴这些装饰品，以祈求吉祥平安。这些装饰品经常被做成鸟兽的形状，闪耀着光芒，犹如夜空中闪烁的群星，衬托得新娘迷人的黑发更加亮泽。印度新娘还有一种特别的装饰——美汉狄。在印度姑娘的心里，没有美汉狄，就不能说拥有了完美的婚礼饰品。美汉狄是由芳香的散沫化和叶子磨碎的软浆。新婚前夜，新娘会将它放在手里，几个钟头之后，花叶浆蒸发了，只留下新娘手心中的红色印记，这也是新娘在婚礼上重要的装饰之一。

印度泰米尔新娘在结婚时要在每只手臂上套上 21 个手镯，还有鼻环、耳环，同时在额上涂上红点。至于梳妆打扮，更是精心：新娘会用茉莉花和玫瑰花泡水洗澡，再用姜黄根粉涂在脸上身上，使皮肤闪闪发光，再用家制的染色剂描画眼睛。头发梳成一条长长的辫子，插上茉莉花和金盏花。在婚礼过程中，还专门有为新娘戴上某些有象征意义的装饰品的仪式，如系"塔里"，以及套脚环等。"塔里"是一条黄色的带子，上面有某个神祇的符号，给新娘系上"塔里"，就标志着新娘已成为已婚妇女。泰米尔新娘结婚后，便会终身都戴着这条"塔里"。这条带子上还打了三个结，是为了提醒妇女，她的责任是照顾父母、丈夫和儿子。并且新郎还会给新娘的第二个脚趾上套上脚环。在新郎为新娘套脚环的时候，新娘则要看着大熊星座中一颗名为"阿鲁纳达蒂"的星星。在印度教的传统观念中，男子去触碰妻子的腿部是有失身份的行为，但在一生中最为重要的婚礼这一天，他可以这样做。这一举动被看成是新郎将自己的荣誉、尊严和威信都放在新娘的脚前，希望她能够像自己的母亲一样去好好保护它们，以此将自豪感带进新娘正在加入的家庭中去。[①] 可见，婚礼装饰品在某些地区，对整个婚姻和家庭来说，都具有一种重要的象征意义。

印度尼西亚—东爪哇省的玛琅皇室新娘在结婚时要在脸上化妆，头发则以玛琅·科布拉伯独特的发式束起，并用芳香的鲜花装饰。脑后的头发上要佩戴"村敦·门图"装饰品，共九片。这一装饰被称为"巴特玛·歌秧"。脖子上戴着七朵花蕾形状的重叠的项链，还有脚镯和被叫作"巴玛·木斯提卡"的莲花装饰的三角形王冠。在新娘的右胸上，挂着一串茉莉花花环，这串化环被叫作"替博德德"，还有由三色叶子和花做底的"邦态尔"。这种被称作"邦态尔"的装饰，新郎也要佩戴。而达雅克新娘在举行

---

① 欧阳若修、韦向学编：《外国婚俗集锦》，漓江出版社 1986 年版，第 127 页。

婚礼时要在头上佩戴鲜花饰品以及珠宝。

斯里兰卡的僧伽罗新人举行婚礼时，新娘的腰间会围着一块美丽的花布，头发尖佩戴着一个鱼形的发卡，这两件装饰品都是新郎赠给新娘的，这两件装饰品对新娘来说有着特殊的意义，这意味着在未来的生活里，丈夫会将自己的妻子打扮得漂漂亮亮。

以色列的古犹太人新郎和新娘在成婚时也要用繁复华贵的各种装饰品把自己打扮起来。新娘的装束十分复杂，装扮起来需要花费很长时间。她的黑发上装饰以珠宝，周身佩戴着全家祖辈相传的各种贵重的宝石和珍珠。即使是最贫困的姑娘，在出嫁时也要向别人借一些珠宝装饰来佩戴。《以西结书》中也描述了新娘的装饰："用妆饰打扮你，将镯子戴在你手上，将金链戴在你颈上，也将环子戴在你鼻上，将耳环戴在你耳朵上，将华冠戴在你头上。"①而新郎的头上也要戴一些装饰品，如套一个花环，而有钱人家的新郎，则常常在头上戴一顶金色的王冠，以显示自己的财富。总之，在结婚这天，新郎和新娘的装扮都要尽可能地华贵隆重，使一对新人看起来犹如国王和王后一般引人注目。

卡塔尔的婚礼上，新娘要戴一种当地人称作"加卜加卜"的金帽子，这是必不可少的装饰。这顶金帽子可以由新郎家随订婚礼一起送到新娘家，也可以折换成现金放在聘金中让新娘自己去购买。

科威特新娘在举行婚礼时，要由专门的有经验的妇女为其装扮，人们称之为"哈瓦发"。"哈瓦发"给新娘的装扮有：为新娘梳头、染手指甲和脚趾甲、描画眼眉和睫毛，还要为新娘熏香。这位能工巧匠尽可能地将新娘装饰得美丽迷人，她自己也能因此得到可观的酬劳。

也门新娘有用"哈纳"涂抹双手和脸作为装饰的习惯，还要戴上自己最美的首饰。

---

① 孙正达、张喧、蒋加明：《以色列国》，重庆出版社 2004 年版，第 308 页。

　　阿曼新娘也会用化妆品装饰自己，但与"哈纳"不同，她们喜欢用"青黛"涂抹自己的手掌、脚掌和面部。青黛是阿曼人在许多正式场合下使用的化妆品，是用素郎树的花制成的。她们用这种染料在手上绘出各种美丽的树叶和花朵的图案作为装饰。

　　巴基斯坦新娘在举行婚礼时，也非常注重装饰和打扮。在婚礼前的第七天，新娘家便要找出 7 位家庭幸福的已婚妇女，用一种类似磨砂膏的护肤品为新娘做全身皮肤护理，使新娘的皮肤清洁、光滑和美丽。到婚礼前一天，新娘的女伴们会在新娘的手和手腕上画上许多美丽的花纹和图案，以示吉祥。到了婚礼那天，新娘除了穿上美丽的婚礼服装之外，还要戴上纯金的手镯、项链、戒指、耳坠和鼻饰，看起来金光闪闪，华丽耀眼。

　　叙利亚新娘举行婚礼时也要佩戴许多华美的首饰，贵重的项链、耳环和手镯是不可缺少的装饰品，珠光宝气的金银首饰把新娘的面庞衬托得更加娇美可爱、楚楚动人。在婚礼上，新郎还要将一串精致的项链亲手戴在新娘的脖颈上。新娘的化妆也是不可忽略的，仅仅是指甲的修饰一项，就十分复杂：先用一种从散沫花中提炼出来的染料，把手脚的指甲染成红色，然后涂上一层油彩，使之闪出光泽[1]。其余的施粉、画眉、熏香、做发饰等，也是极其精细的。

（二）非洲

　　苏丹的新娘要用"哈纳"染手足作为装饰。并且，新娘的全身，都有美丽的装饰品。她的右耳和鼻子之间挂着用金丝穿起来的金币。两条串有金币的大项链挂在双肩，一直拖到腰下。胸前还有一条饰带，红、黄、白的珠子交替串在一起。脚上会戴着脚镯，也是用红色和白色的大珠子穿起来的。并且，新娘的全身还挂满了大大小小的金链、金币和五彩缤纷的珠子，令人眼花缭

---

　　① 欧阳若修、韦向学编：《外国婚俗集锦》，漓江出版社 1986 年版，第 180 页。

乱。① 这些新娘佩戴的首饰很多是祖传的宝物，是新娘的母亲或者祖母所赠送的。但对于经济条件较差的家庭来说，黄金的价格过于昂贵，她们会选用一些镀金或者铜制的饰物来代替纯金的。西部的巴格莱部落，新娘则要全身涂"哈纳"，挂满珠子，并且画上五彩缤纷的花纹。苏丹婚礼中，还有一件具有重要意义的饰物——杰尔体克。它是一种红色的绸子，上面穿有小珠子和金币等。在婚礼上，老人们要拿出"杰尔体克"绸子，系在新娘的手腕上和新郎的头以及脖子上，新郎戴上"杰尔体克"绸后，还会举起宝剑，跳起欢快的舞蹈，表明自己已成为一名勇士，战胜来犯之敌。这种佩戴装饰品的过程成了婚礼中一项重要的仪式，被命名为红绸的同一名字——"杰尔体克"。

埃及锡瓦绿洲的新娘在出嫁时，一项重要的装扮便是梳许多美丽的发辫，其中一半由娘家人梳理，而另一半，则由夫家人梳理。对新娘的头发加以处理，以象征婚礼这一特殊状态的，还有非洲的努尔人。努尔人的婚礼过程，也是一个新娘变换发型和装束的过程。但与埃及新娘梳发辫以展示头发的美丽不同，努尔新娘在婚礼中，却会被剃掉自己本来的"处女头发"，解下腰带、拿下头上戴的山羊皮帽，并去除全身的装饰品，然后换上由新郎家提供的华丽服饰，从此，她便成为夫家的人了。在新娘头发上做文章的，还有犹太人的新娘，她们也不编辫子，而是将头发剃光，再戴上假发。②

非洲祖鲁新娘的婚礼装扮也极富特色：她们总是用动物油脂涂抹全身，直至周身发亮。然后在头发上佩戴野花，腰部围上一块色泽艳丽的花布，并挂上一串由红、蓝、白三种颜色珠子串成的项链。

居住在非洲南部的巴苏陀族新人举行婚礼时所佩戴的装饰品十

---

① 刘元培：《苏丹婚礼见闻》，《阿拉伯世界》1983 年第 4 期。

② 高明强、刘祖乐：《世界人生礼俗大观》，中央民族大学出版社 1999 年版，第 180 页。

分奇特，新郎新娘全身都要挂上牛胆汁，脖颈、手腕上都要佩戴事先被药浸泡过的、用牛脂肪做成的项链和手镯，在该部落的传统观念中，佩戴这些装饰品是为了表示婚礼的神圣和庄重①。

颇尔博罗罗人的"集体婚礼"上，新郎会头戴驼羽饰品，将长长的头发精细地梳成辫子，脖子上还挂着色彩斑斓的项链，佩戴着各种金属和贝壳制成的首饰，在火光的映照下，新郎们个个珠光宝气、耀眼夺目。②

西非国家多哥的卡必耶族新娘在成婚时，手臂、腹部和脸部都会由部族的文身师刺上文身，并戴上面纱。新娘的脖子上挂着贝壳、项链，胳膊上缠绕着洁白的羊毛，左手上佩戴着手镯，显得十分的健康、青春，充满了活力。

毛里塔尼亚的新娘在举行婚礼时，最重要的装饰品是一根长线，在当地传统中，这根长线表示认亲，是由新郎交给岳母，再由岳母把这根长线缠绕在新娘的脚踝处，以此表明新娘从此属于新郎了。这根长线，在毛里塔尼亚的传统婚俗中，便代表了结婚戒指。

利比亚新娘结婚时所佩戴的装饰品种类繁多，价值也很昂贵。包括手镯、脚镯、小金帽以及涂金的皮带等，价格在5000第纳尔以上，全部由新郎家负担，费用惊人。利比亚奔都族女子则喜欢佩戴骨刺制成的、饰以羽毛的圆镯。

突尼斯新娘的装饰很特别，她们要连续三天用蜡在自己的双手和双脚背上涂出各种花纹图案，然后根据本人的喜好，用当地一种叫作"哈勒古斯"的黑色染剂，在脸部、脚部以及膝盖上涂抹出不同的花纹。并用从植物中提取的"哈纳"红色染剂将头发染红，以此衬托出自己皮肤的白皙美丽。③

---

① 欧阳若修、韦向学编：《外国婚俗集锦》，漓江出版社1986年版，第185页。
② 同上书，第223页。
③ 牧人：《突尼斯的新娘》，《阿拉伯世界》1982年第2期。

（三）欧洲

土耳其新娘离开娘家时，腰间总会系着由父亲郑重为她缠绕的三圈腰带。这条腰带由红、白两色的绸带组成，新娘的父亲在为女儿缠绕三圈腰带时，还会同时给她三条忠告。腰带一旦系在新娘的腰间，便只能够由新郎将其解开。新娘在举行婚礼时，头上也总是盖着一块红色的纱巾，并且不能和任何人说话。另外，土耳其新娘还喜爱用红柳叶染红手指，作为美丽的装饰，用红柳叶染红手指还应该由一位多子多福的妇女来为新娘进行。

保加利亚首都索非亚 210 千米外，有一个名为 Ribnovo 的村装，这里的新娘在举行婚礼时要画上十分特别的妆容，新娘面部会被涂抹上厚厚的白漆，并用彩色亮片点缀，乍看上去十分地吓人，再加上冬天白雪茫茫，更凸显出这里新娘婚礼装扮的与众不同。

西班牙卡斯提拉的新娘通常将一朵百花戴在胸前作为装饰。在安达露西亚地区，新娘黑色的头发上会佩戴一个由石竹和黑玫瑰编织而成的花环。在卡迪斯，新娘通常在头的右部佩戴一朵花，以此表示自己的已婚身份。

苏格兰新娘还会在胳膊上戴上一块马蹄铁，这枚马蹄铁既是一个小装饰，也是苏格兰新娘祈祷好运的婚礼吉祥物。

北欧的新娘举行婚礼时，全身都"裹在白色"之中，她一般会披着一条长而宽的白色亚麻头巾，用一枚红色的金饰物固定在头上。新娘的身上还要挂上一串钥匙，这不仅仅是出于装饰的作用，并且，还以此显示出她作为家庭女主人的权威。[①] 挪威新娘在乘船去举行婚礼时，头上总是要佩戴一顶美丽的婚礼花冠为装饰。

这种新娘头戴花冠为装饰的习俗，在芬兰和希腊两个国家里也同样存在。芬兰新娘习惯佩戴金色的花冠，而在希腊，新郎新娘

---

① 潘晓梅、严育新：《婚俗简史》，中国社会科学出版社 2004 年版，第 121 页。

都要佩戴花冠。并且花冠有白色和金色两种，由四季开放的鲜花编织而成，或者由金色和银色的纸包起来的象征爱情的树枝和藤编织而成。在婚礼结束后，新郎新娘佩戴的花冠将被放置在一个特殊的盒子里加以保存。

三　深入人心的婚礼服饰与配饰——西式婚纱、头纱与婚戒

在现代各国婚礼中，西式婚礼服装和配饰是十分普遍的，许多国家的新人们选择在婚礼中既穿着传统礼服，也穿着西式婚纱，甚至于在民国时期的中国"文明"结婚礼服中，还有新娘身穿旗袍，但头戴婚纱的着装方式。这些都说明，西式的婚纱与头纱逐渐地被全世界各国新娘们所接受，深入人心。因此，我们在这里对西式婚礼礼服的由来和穿着习俗进行一些详细的叙述。

（一）婚纱

1. 关于欧洲婚礼服——婚纱由来的传说

（1）露丝夫人的白色圣袍

有一种传说，认为世界上第一件婚纱源于露丝夫人一段奇迹般的爱尔兰皇室恋人的佳话。传说在16世纪的欧洲爱尔兰，一位贵族伯爵带着猎兔犬、骑马配枪，在爱尔兰北部打猎。在一条河北巧遇了一位美丽的姑娘——露丝。伯爵与露丝一见钟情，彼此倾心，希望能够共结连理，但那个时代的皇室为了维护血统则强烈反对这桩"门不当，户不对"的婚姻。为了让伯爵死心，皇室提出了一个几乎不可能完成的任务，要求露丝小姐在一夜之间缝制

一件白色的圣袍，并且这件圣袍的长度要从爱尔兰皇室专属教堂的证婚台前一直到教堂大门口。

伯爵面对这个苛刻的要求几乎心灰意冷，但聪慧的露丝却发动了整个小镇的居民们彻夜未眠地在天亮前缝制出了一件 16 米长的白色圣袍，圣袍不仅精致、简约，且端庄优雅，不失皇家风范。当白色圣袍被送到爱尔兰皇室时，皇家成员都深受感动，爱尔兰国王和皇后同意了伯爵与露丝小姐的结合，并为他们举办了盛大的婚礼。于是，这件长长的白色圣袍，就成了世界上第一件婚纱。

后来，传说露丝在她缝制圣袍的小镇创办了以 Rose Madam 为品牌的圣袍（婚纱）设计公司，专门为相爱的恋人们制作白色圣袍，代代相传。如今 Rose Madam 已成为知名的皇室御用婚纱品牌①。

（2）维多利亚女王的婚礼服装

另一种关于婚纱由来的说法，认为世界上第一件白色婚纱是英国维多利亚女王在婚礼上穿着的。在 19 世纪以前的西方，少女们举行婚礼时，并没有统一的服装要求。到了 1840 年的 2 月，年轻的英国女王维多利亚，与她的表哥阿尔伯特举行了盛大的婚礼。女王在婚礼上身着一袭白色的锦缎礼服，腰部收紧，上身的礼服勾勒出美丽的身材，下身则是优雅蓬松的裙子，是这一时代浪漫主义风格中最为具有代表性的服装。这件礼服还有长约 18 尺的拖尾，并在上面缀满了华丽的蕾丝和闪闪发亮的钻石。并搭配有镶有精致橙色花纹的精美头纱。这件婚礼服装轰动了全世界，并在整个皇室和贵族中流行开来。并且在这场婚礼上，女王用白色作为自己婚纱的颜色，寓意尘世的新娘也拥有如圣灵般纯洁无垢的灵魂。从那以后，像维多利亚女王那样的白色婚纱便奠定了白色婚纱作为近现代正式婚礼服的坚固地位，作为正式的结婚礼服为全世界的新娘们所接受和青睐。

---

① 万建中、叶碧英主编：《中西婚礼文化》，中国铁道出版社 2013 年版，第 116 页。

2. 欧洲婚礼服——婚纱的历史沿革

服装的发展史和人类文明的发展史一样，必然与地域、种族、社会和阶级紧密地联系在一起，婚纱礼服的发展历程也是整个社会文化变迁史的一个缩影。

象征着真诚与纯洁的白色婚纱，最早源于天主教的礼服，并由这个政治和宗教的国家性质决定了白色的典礼服表示对于天主的真诚与纯洁，后来这种服饰逐渐流行成为结婚时的传统礼服。随着时代的变迁，裙拖成了大多数婚礼服的典型特征也是裙装中不可缺少的要素，并开始使用填充材料让礼服本身表现出立体外观，以创造出立体效果。

17—18 世纪彰显富丽豪华的巴洛克艺术与夸张矫饰的洛可可艺术开始风靡整个欧洲大陆，并最大程度地显现和推动了婚礼服隆重、壮丽的风格。也正是在这个时期，带有炫耀成分的有裙托裙袍广泛流行，被经常地运用在婚礼服的设计当中。带有大量装饰刺绣、蝴蝶结、花、缎带和珠宝的丝绸、缎子服装也显得特别丰满，带有夸张裙撑的裙子，如扫地式的裙拖，裸露的落肩领线。

伴随着 1789 年法国大革命对社会各个阶层的巨大影响，西方近代的服装史也随着开始展开变革，高腰线的服装将原来膨大的裙子改变为苗条的外轮廓，并以此显示出女性的真实体形。与此同时，复古风格又开始流行，新娘在婚礼中重新佩戴起了面纱，头上戴着由蕾丝和轻薄面纱固定在玫瑰和桃金娘花环，白色的古典纯洁加上新古典主义的样式，成了普遍流行的婚纱色彩

维多利亚时期的婚纱，至今仍然对婚纱的设计和穿着产生着重大影响。维多利亚女王极力倡导浪漫和完美的婚姻，因此，在维多利亚时代，婚礼变得特别重要。对任何带着生活热望的女性来说，婚礼就是一个庄严的成就，自然地，新娘的面貌就是婚礼上一个重要的中心。维多利亚的婚礼引起了对独特的、美丽的、白色的婚纱的广泛需求，这种需求直到今天也没有消退。

20 世纪，性感、人体健美的风气使女性逐渐解脱，虽然婚纱

的主要特征依然是"上紧下蓬",但也出现了一些婚纱抛弃裙撑的设计,由此,独特的轻柔、圣洁、性感的婚纱成为了结婚礼服中西方女性渴望美丽的首选,使婚礼服作为一种特殊功能的服装得以在时装界迅速发展。1914 年随着第一次世界大战的爆发,流行也因此发生了巨大的变化,实用性和功能性取代纯粹的装饰服装。为了更好地适应战争的形势,婚礼服的样式的变化也随之改变为低腰线,也不过分地袒胸露背。

第二次世界大战的爆发,战争期间的新娘们认为放弃传统婚礼形式是爱国行为,在婚礼上,她们穿着自己认为最好的衣服,如果想穿白色婚纱就租一件,或搜寻战前的缎子和丝绸。军人夫妇结婚就穿自身的制服,平针织物则作为当时婚纱最常用的面料。婚纱的时尚潮流也折射出价值观上的改变,文雅之美开始逐渐趋于流行。

20 世纪 60 年代的许多年轻女性是年轻的一代也是叛逆的一代,他们选择像土耳其式长衫和农夫式的罩衫一样自然、简洁的新娘装束,代替丝绸和薄纱的膨大裙装。

20 世纪 70 年代大多数新娘和 60 年代叛逆反传统的不同,对传统婚纱的喜欢又重新充满感情,从而可见新娘穿着一袭长而纤细的白色婚纱的梦想从未改变。

1981 年,英国王妃戴安娜穿着装饰了无数的珍珠、闪光亮片、蝴蝶结和古代样式的蕾丝,有着长达近 8 米裙拖的婚纱,使得婚纱又掀起一个繁复的时尚潮流。

从 80 年代的过分奢侈中苏醒之后,20 世纪 90 年代的婚纱通常是经典、简洁的样式,更多现代化的细节和过去婚纱的经典部分被借鉴,不再流行过分装饰的裙袍,婚纱趋向于优雅的白色、没有过多的装饰、长长的拖尾更加迎和流行而不是一味地追随,彰显不同年龄、生活方式、道德习俗、身份和地位新娘群体的个性。

流行工业为这个群体需要的五花八门的婚纱提供了可能,也使得婚纱的形式不再局限为一种，尽管流行在不断地变化，但婚纱却始终保持它浪漫的意味以及表达新娘个性和浪漫，几个世纪文化的发展，白色婚纱仍然是爱和浪漫强有力的神秘象征。[①]

3. 婚纱的色彩

色彩作为文化的一部分，因为其产生的源头不同，在不同的文化背景下会唤起不同的情感体验和心理效果。西方婚纱多选用白色，这与中国用红色作为喜服截然相反，便是因为西方文化中对于白色的理解与中国文化不同所造成的。

早期希腊神话中，白色的公牛、天鹅曾被认为是天神宙斯的化身。在西方基督教文化中，白色的鸽子被认为是圣灵的显现；天使加百列手持白色的百合花出现在童贞女玛丽亚的面前，宣告她将以处子之身接受圣灵而孕育圣子。因此白色的百合花也被称为"玛丽亚百合花"，代表纯洁与高贵。在天主教传统里，白色有快乐的含义，后来逐渐有了圣洁和忠贞的更高意义。在西方古老的传统中，很多白色的动物因为其白色这一纯净的特质，常被选作献给神的祭品。其中白色的羔羊更是基督教文化中能替代人类罪过的动物，因其无辜纯洁的特质而被认为是承受了人类的罪而牺牲的耶稣的象征兽。天使和圣徒通常被认为穿着一袭白纱。以上对于白色的种种引申联想决定了白色在西方文化中积极正面的象征意义。在英语中还有很多词组，都用"白色"来指代诚实、正直、高尚等优秀、正面的品质，如 white soul 意为纯洁的灵魂，white men 意为有教养的人，white spirit 意为高尚的精神，white lie 意为善意的谎言等。[②]

19 世纪之后，欧洲知识界因为对古希腊古典主义的热爱，而更加崇尚白色，认为白色是一种高贵、端庄、神圣的色彩。因此，

[①] 李源：《近代婚礼服的结构功能性研究》，硕士学位论文，大连工业大学，2011年，第4—10页。

[②] 郭晨：《从西式婚礼设计说起——谈"白色"在中西方文化中的差异》，《艺苑》2013 年第 3 期。

新娘穿上白色的婚礼服，到教堂接受神父或者牧师的祈祷与祝福，表现出对神的真诚，也体现了新娘本人的清纯与贞洁，只有那些初次踏入婚姻殿堂的女子才有资格穿它。但这一色彩选择最终深入到全世界各国新娘们的心中，得到她们的青睐，还是在英国维多利亚女王穿上历史上第一套白婚纱之后。虽然欧洲人的传统婚礼服中还流行着一些奶油、咖啡色调的婚礼服，但白色一直占统治地位。

并且，在不同的国家，对婚纱的色彩选择还是有一定的差别的，例如，美国新娘也选用白色婚纱，但她们婚纱上所披的绸带就有要选用蓝色的习俗；而不同身份的女子对婚纱色彩的选择，也有所不同，初婚的女子穿着白色婚纱，而再婚的女士，则应选用粉红、浅绿或者湖蓝等颜色的婚纱，以示与初婚的区别。

（二）头纱

在世界许多地区和国家的婚礼服饰中，与新娘的婚服相搭配的，还有一块头纱。头纱的种类繁多、款式丰富，不仅与婚服相搭配，还与新娘的发型与发饰相映衬。无论是信仰伊斯兰教地区的新娘脸上覆盖的面纱，还是印度新娘用珠宝制成的面纱，又或者是中国新娘传统的红盖头，抑或是欧洲以及全世界新娘都喜爱使用的头纱，都在婚礼中充当了重要的作用。它既是一种美丽的配饰，显得新娘楚楚动人，更是一种重要的象征物，标志着新娘的特殊身份。

1. 《圣经》中的婚礼头纱

婚礼头纱的出现和应用在《圣经》中都有所记载。《圣经·旧约》中写道，新郎为新娘披上头纱，象征着祈福与保佑。新娘将一直覆盖着头纱，直至婚礼结束才由新郎将其揭开，这就意味着他们的正式结合。《创世记》第二十九章还记载了一个关于头纱的故事，相传以撒的次子雅各要迎娶雷切尔，而雅各的岳父却用自己的另一个女儿利亚冒充新娘雷切尔，由于新娘在整个婚礼中都覆盖着厚厚的头纱，雅各便完全没能发现自己心爱的新娘已是李代桃僵，由雷切尔变成了利亚。从此以后，便有了在婚礼上就由新郎揭开新娘头纱，以确定新娘身份的习俗。

2. 代表贞洁的头纱

在公元前13世纪亚述人的法律文献中记载，头纱是贵族女子才能佩戴的，它是高贵、年轻、童贞的象征。因此，到了十字军东征时期，头纱只有首婚的新娘才能够佩戴，并且在教堂举行婚礼时，有些新娘还会佩戴双层的面纱，以表明自己的贞洁[①]。受阿拉伯文化的影响，早期新娘头纱是不透明的，新娘将会在一片漆黑之中由傧相领着来到新郎的身边，以表示新娘对新郎全心全意的信任，她将自己毫无保留地奉献给婚姻。也只有新郎有权利掀开新娘的头纱，这宣示着新郎对新娘的所有权。后来，基督徒新娘一般佩戴白色或者蓝色的面纱，以表示自己如同圣女玛利亚一般贞洁。

3. 避免邪恶侵害的头纱

古罗马时期的新娘，也会佩戴头纱，但她们头纱的颜色一般选择鲜亮的红色或者黄色。这一时期，头纱的意义并不在于表示新娘贞洁，而是阻挡邪恶对新娘的侵害。在许多国家和地区的文化中，认为新娘是最容易受到邪恶侵害的人之一，因此，让新娘戴上红色或者黄色的头纱，就具有了保护新娘的作用。因为，第一，红色或者黄色代表着火焰，是可以驱赶恶灵的颜色；第二，新娘如果被头纱覆盖了面部，邪恶之灵便无法辨识她的容貌，也就无法侵害新娘。因此，在古罗马以及许多其他的地区，新娘会在举行婚礼时用头纱或者面纱将容貌覆盖，以防止被邪恶力量所伤害。

4. 头纱的样式及变迁

古希腊时期，新娘多在佩戴了花环或花冠的头上蒙上一层薄纱，透过精心设计的纱巾褶，可以窥见她泛着红晕和涂脂的脸庞。

---

① 万建中、叶碧英主编：《中西婚礼文化》，中国铁道出版社2013年版，第118页。

古罗马时期，新娘佩戴着鲜艳的藏红色头纱。[1] 中世纪之后，新娘开始喜爱以珍珠装饰的花冠来搭配白色的头纱，并且，头纱的长度变得更长，更凸显出新娘的华贵庄重。现代新娘则多选用蕾丝质地的头纱，颜色多为纯白色、米白色或象牙白色。而头纱的长度也是多种多样的，搭配以传统、正式、隆重的婚礼服，多选一长及脚踝和拖地的头纱，而搭配浪漫、欢快、时尚的婚礼服则一般选用长度及肩的短款头纱。

　　总之，头纱的样式及变迁过程，其实是与婚礼服的样式及变迁相协调和一致的，头纱不仅是婚礼服的一个重要组成部分，也是一种重要的新娘配饰。

（三）婚戒

　　婚戒作为一种重要的婚姻信物，既是新郎新娘举行婚礼时要佩戴的重要装饰，更是象征婚姻盟约的标志。佩戴戒指的民族遍及世界，佩戴戒指的历史延续古今。在现代，无论是西方还是东方，许多国家和地区的新人在举行婚礼时，戒指都是不可缺少的。婚戒的款式和质地多种多样，最为新人所青睐的要数钻石戒指，因为钻石永恒不渝的性质，使得新人们对其特别钟爱。总之，一枚小小的戒指，承载了一对新人对爱情、婚姻和未来生活的美好愿望。关于戒指，在第一章订婚礼中已有过较为详细的讨论，在此便不再赘述。

---

　　[1] ［英］布雷多克：《婚床——世界婚俗》，王秋海等译，生活·读书·新知三联书店1986年版，第126页。

四　世界各地婚礼服饰与社会生活

　　婚礼服饰，作为凝结不同社会和文化的传统及集体意识的重要载体，对世界上各个国家和民族的人们来说，都扮演着重要的角色。嫁娶之时，几乎所有的民族的新人们都会更换衣裙，穿戴上各种华贵隆重、具有意蕴的服饰和配饰。因此，婚礼服饰与整个社会生活和文化是息息相关的，它的产生和变迁既是实际生活的需要，也包含了人们的创造性和浓重的时代色彩。

（一）婚礼服饰的创造动因

　　"没有需要，就没有生产"。婚礼服饰作为造型的艺术，不仅以其完美的功能满足人们婚礼上的保暖、审美等基本需求，而且以其多彩的形式及丰富的内涵，满足了不同民族的新人们多方面的需要，同时，婚礼服自身也因为这样的需要而得以延续。尤其是作为传统盛装的婚礼服饰，更是被视为一个民族的族群符号。

　　世界各个民族的婚礼习俗给了婚礼服饰得以生存和延续的条件，使得古老的婚礼服饰以及其制作工艺世代流传。因为，在许多地区和民族的风俗习惯中，婚服是要由新娘或者她的母亲亲手缝制和装饰的，在这种准备婚礼服饰的过程中，便寄托了对美好爱情和幸福婚姻的期望。

　　许多民族的传统观念中认为，恋爱、结婚、繁育后代，这是每个女性必经的人生过程，而且要正常地经历这些必需的生命历程，还要具备装饰自己的技艺。在世界上许多民族的社会观念中，社会认为女性的主要任务之一便是掌握服饰制作的技艺，掌握服饰技艺，既要心灵手巧，还得勤劳有耐心。正如法国启蒙时期哲学家爱弥儿谈到的，工艺的用处最大，它通过手脑合力工作，使人的身心得到发展，它是人类职业中最古老最神圣的教育方法之一。[①] 世界各地区、各民族都将姑娘纯熟精湛的服饰手艺视作其"家教"的表现，而一个女性的手工技艺的优劣，在其婚服制作上尤其能够体现出来。婚礼服饰的颜色绚丽、款式独特、制作精美，以及各种配饰的美丽迷人，构成了展示新娘智慧、技巧和能力的一种方式，成了新娘展示自己贤惠、勤劳的人品的凭证。因此，婚礼服饰除了有一种展示新娘美丽的作用之外，还有一种竞技的意义，这种特殊服饰的制作突破了单纯的为生产而生产，更成了一种女性追求美、创造美的活动。通过婚姻习俗，使得服饰成了女性走向婚姻生活时的一个舞台。

　　并且，世界各个民族都各有自己独特的文化体系，有本民族倡导和追求的道德标准。他们的婚礼服饰，一般都会是所有服饰中最为具有代表意义的典范，技艺上追求精美，材料上追求精致，还要能够深刻地体现本民族的审美观念和伦理道德观念。而被整个社会所褒奖和推崇的婚礼服装的制作者，大多会是那些心灵手巧、聪明美丽的新娘，她们熟练地掌握着服饰制作的技艺，并且，人们还普遍认为，她们爱情理想的实现，也与她们心灵手巧的程度有着密切的关系。赞美一位新娘时，常常不仅仅赞美她的容貌，还要赞美她所穿着的服饰有多么精致、赞美她的手工技艺有多么精湛。这种传统社会的观念便成了一种动力，激发了新娘们更加努力地去领会传统服饰的制作技巧和审美内涵，寄托她们的情感期望和对未来的美好向往，也成了各种绚丽多姿的婚礼服饰的创造动因。

---

　　① 杨昌国：《符号与象征：中国少数民族服饰文化》，北京出版社 2000 年版，第196 页。

（二）影响婚礼服饰的各种因素

从上文中，我们可以看到，世界上各个地区和民族，都有自己独特的婚礼服饰。这些美丽的服饰各具特色，但存在着很大的差异。那么，影响新人们婚礼服饰的各种因素是什么呢？

1. 所处地域文化

婚礼服饰的创造与发展，与整个人类文明的产生和发展一样，都是深受环境因素的影响的。例如说，北欧地区的许多国家地处严寒地带，因此这种地域文化造就了这里的人们勇敢、刚毅、富于冒险精神的品质，因此，他们的婚礼服饰上也就相应地体现出奔放、富于激情的迥异风格。而地处低纬度东南亚、南亚的湿热地区的民族，温暖炎热的气候以及温柔细腻的性格特征，也就使得他们多使用色泽艳丽、质地细腻的纱丽、纱笼等作为婚礼服装。

不同的地域文化造就了人们不同的性格特质和不同的服饰文化，因此也直接影响了人们对婚礼服饰的选择和爱好。

2. 审美观念

审美价值属于人类的精神价值范畴。美，首先源于作为客体的自然界或者事物，但它又是与主体审美需要、主体心境相联系、相统一的产物。同时，审美观念也受到地域环境、哲学思想、价值观念以及社会阶层等因素的影响。首先，服装应该满足其使用上的需求，这一点上在世界任何一个国家和地区人们的观念中都是一致的。然而，他们各自用于衡量服装美感的审美观念则是不同的，反映了各自不同的价值观念。例如，东方传统文化底蕴中就有着保守、内敛的思想，因此，反映到婚礼服饰上，就多利用服装以及配饰的搭配来体现女性婀娜多姿但又含蓄娴静的美。而西方各民族的文化中则较为崇尚奔放、自然、热情的美，所以他们更喜爱用合体、紧贴身体曲线的婚礼服装，体现出新娘妩媚、耀眼的美。

因此，各个国家和地区的人们对其传统婚礼服饰的创造、制作和发展的过程，也总是在其民族传统的对美的价值理念和认知的范畴之内所进行的，反映出的，一定是该民族传统的审美观念和思想。

3. 宗教信仰

无论是西方还是东方，宗教都深刻地影响着人们的思想、政治以及价值观念，而在婚礼服饰上，宗教也是一个显著的影响因素。宗教与艺术总是有着紧密的联系，从各个历史时期的婚礼服装中，都能够明显地反映出宗教力量与宗教审美之所在。

例如在一千多年前的西方欧洲社会中，神权统治占据着主导的地位。基督教成为当时封建统治强有力的支撑以及人们精神生活的寄托。因此，带有基督教色彩的婚礼服饰在整个西方一直流传至今。而佛教是东方民族的一大宗教，它直接影响了印度、中国等诸多东南亚国家和地区的文化艺术，因此，这些国家传统的婚礼服饰中，大多有体现佛教色彩的束带、飘带、配饰等。而信仰伊斯兰教的各个国家和民族，其新娘的服饰也总是明显地体现其宗教信仰，长袍、面纱是必不可少的，其他增添美观的配饰也总是在最基础的着装原则之上方可进行。可见，宗教信仰是婚礼服饰选择的又一重要因素。

第六章
世界各地的
婚礼与宗教

　　宗教一直以来被认为是超脱于日常世俗生活之外的一种纯粹、神圣并且仅仅关乎于精神层面的事物，似乎与婚姻家庭生活无关。尤其佛教、道教一类宗教，在传统的印象中似乎是一种远离"世俗"的宗教，修行者是不允许有婚姻生活的，因此，宗教与婚姻、婚礼似乎相隔甚远。但事实上并非如此。宗教是人类生活整个体系中的一种文化要素，与人的社会生活、精神结构以及其他文化要素之间有着紧密的联系。它们互相渗透、互相作用。① 婚礼反映出的，是一种社会文化，自然也会带上宗教文化的烙印。许多宗教认为，在婚姻和家庭中，人才能获得人的性经验中最美好的东西，能建立牢固的爱与完满的道德，能养育他们的子女。无论它们在教义和仪式上区别有多大，保持婚姻和家庭神圣性都是这些宗教的婚姻观的主要目标，并且，婚姻合法性在宗教上的认可也要通过宗教婚礼仪式方可得以表现。因此，婚礼在世界各个地区、从上古时期开始，便受到极大的尊敬和重视，它也常被作为一种宗教仪式来举行，在神的面前或者神圣的地方许下对婚姻的诺言，也被视为必不可少的。世界各地、持不同宗教信仰的人们，婚姻观念、婚礼仪式等各具特点，但又有共通之处。

---

① 　别振宇：《宗教的社会功能探析》，《民族大家庭》2009 年第 4 期。

一 世界不同宗教的 婚姻观

（一）佛教的婚姻观

"出家"只是佛教生活方式的一种，佛教徒也可以通过在家修行的方式维持自我的信仰。这些在家修行的"居士"通过婚姻和家庭既繁衍了后代，又能够护持出家人的修行，为他们提供物质生活的保障。因此，佛教也十分重视婚姻问题，有一套完整的关于婚姻条件、道德、离婚等问题的婚姻观念。

1. 众生平等，佛教徒可以与非佛教徒通婚

佛教教义提倡众生平等，反对种族和阶级歧视。在佛教的婚姻观念中，婚姻的基础应该是男女双方的感情，而非宗教信仰。认为应当尊重当事人的意愿，不能将宗教信仰强加于他人、强加于婚姻。因此，信徒与非信徒可以通婚。在早期的佛教典籍中，就曾多有记载佛教徒与非佛教徒通婚的故事。可见，婚姻的条件上，佛教与其他有严格的教徒通婚限制的宗教是有很大不同的，它似乎更加崇尚一种温和和宽容的态度。

2. 遵循婚姻道德规范，夫妻相互尊重

佛教核心的婚姻道德规范是不邪淫，在这一基础上强调夫妻的互相尊重和忠诚。[①] 不邪淫是佛教戒律的"五戒"之一，是佛教徒需要遵循的婚姻道德规范。对于出家人来说，需要的是"禁欲"，

---

① 魏德东：《佛教的婚姻观》，《中国宗教》2001 年第 4 期。

　　而对于在家修行的佛教徒来说，他们需要维持种族的繁衍生息，因此，教义对他们的要求则是"不邪淫"，或者说"节欲"。"不邪淫"就是指禁止不正当的性关系，即夫妻之外的性关系，或者夫妻间贪恋性爱，不注意时间地点的性关系，例如，婚外性关系，或者妻子怀孕时，夫妻二人有可能伤及胎儿的性关系等，都是佛教婚姻观念中所不赞许的行为，应该摒弃。

　　在此基础上，佛教提倡夫妻间的互相尊重和彼此忠诚。针对这一问题，佛教还有专门的经典《善生经》，对在家居士的生活进行指导，《善生经》中对婚姻生活是这样提倡的："在夫妇的关系上，妻子对丈夫要敬爱服侍，料理家务；丈夫对妻子要提供服饰饮食，忠诚爱护。"

　　3. 重视家庭价值，强调维护家庭的稳定

　　佛教的婚姻观念中，特别重视家庭的价值，强调维护家庭的稳定。已婚者不应有不正当的性关系，例如通奸或嫖妓的行为，都是要受到严厉谴责的。《南传大藏经》中写道："不满意于自己的妻子，与娼妓厮混，或与他人的妻子纠缠，这是人毁灭的原因。"[①]对于离婚，佛教典籍没有明确规定，但总的说来，佛教对家庭的态度是重视稳定，鼓励夫妻和睦。如果由于种种原因，婚姻确实无法维系，那么佛教徒也是可以离婚的。但如果仅仅是由于满足个人的情欲而离婚，在佛教婚姻观念中，则是十分不道德的行为，是不被提倡的。

　　（二）犹太教的婚姻观

　　1. 婚姻是神圣的，不主张独身

　　在犹太教的观念中，婚姻是神圣的，不主张独身。犹太人有着特别浓厚的家庭观念，他们认为，婚姻是家庭的基础，当一个人长大成人时，就应该离开父母，缔结婚姻，建立新的家庭，生育子

————————

　　① 《南传大藏经》第24卷，第40页。

女，这样才能完满地履行戒律。一个人若是不结婚，无论如何都不会幸福，因为他（她）缺少了上帝的祝福；终生独身、禁欲是违反自然的行为，犹太人应该顺从自然法则。犹太教经书《塔木德》①中则把不婚看作一种反自然的状态，有罪恶的不是已婚的人，而是未婚者，因为独身男子在有罪的念头中度过自己的全部时光，并且不是完整的男人。单身生活被认为是不幸，妇女与其不出嫁，不如忍受不幸的婚姻。丈夫应该供给妻子衣、食、住、行，并与她同床。②

2. 不轻蔑性欲

在犹太教的婚姻观念中，性欲并不是一种罪恶，而是人类用以繁衍后代的方式，人们不应该轻蔑性欲。《塔木德》称：性欲是生命的源泉，若能予以正确的疏导，会对人生大有裨益；性欲不是可耻的或有罪的，如果夫妻互敬互爱，上帝就与他们同在；子女是上帝的恩赐。《圣经》中也认为多子女是上帝赐予的福气，不生育则是一种耻辱和一生的悲哀，而没有子嗣则是一种灾难。

3. 以一夫一妻为基础，不应与未受割礼的外族通婚

犹太教的婚姻观念中，基本上是以一夫一妻为基础的婚姻方式。但信徒不应与未受割礼的外族人通婚。犹太教的男子最佳结婚年龄是18岁，女性则在12岁开始由父亲为其物色夫婿。信仰犹太教的男子应该寻找年龄相近、端庄大方、性格温和、谦逊勤劳、出身于受尊敬家庭的女子为妻，并且，在男女双方订婚前应该互相见过面。在请求自己选中的女孩子同意做他的妻子之前，男子应该先向女子的父母提亲，得到他们的首肯。对一名男性犹太人

---

① 《塔木德》（Talmud，意为"教导"，又称口传"妥拉"），其权威性仅次于《圣经·旧约》。对犹太教而言，《圣经·旧约》是永恒的圣书，而《塔木德》则是犹太教徒生活实用的经书，旨在给犹太人提供宗教生活的准则与为人处世的道德规范。

② 黄陵渝：《犹太教的生命礼仪》，《世界民族》2001年第5期。

来说，有一个好妻子是人生中一种莫大的幸福。犹太著作《阿伯特》①中谈道：一个男人如果找到了一位好妻子，那他也就找到了美德懿行。

（三）　基督教的婚姻观

1. 婚姻是神圣的，是上帝设立的

西方国家信仰基督教的人数众多，在这些国家中，基督教拥有着至高无上的地位。一段婚姻，只有得到万能的主的祝福，它才可能是合法的、为世人所接受的婚姻，也才能够有幸福的结局。只有臣服于上帝才能得到幸福的婚姻。

信仰基督教的人们，其婚姻观建立在耶稣基督的话语之上，《圣经》是其婚姻观的神圣依据。在基督教的婚姻观中，婚姻是创造宇宙的主宰神所建立的。《创世记》上说：主认为人类的始祖亚当独居不好，想要为他造一个配偶帮助他，于是便从亚当的身上取出一根肋骨，为他创造了配偶夏娃，成为他的伙伴，爱他、帮助他。这就是人类婚姻的开始。可见，基督徒的婚姻是主的旨意，是主为人所预备的。婚礼则是他们借助婚姻体会主的爱与生命的奥秘，展现主与人所立盟约的一种神圣仪式。

圣保罗把夫妻关系提高到基督与教会关系的高度，把基督和教会的结合视为夫妇之间相爱和相互尊敬的范式，视婚姻为类似于基督与教会结合的一种契约。丈夫和妻子的结合象征着基督与教会的结合，这样一来，不仅婚姻本身被视为好的，婚姻中的性结合也被视为神圣的，因为正是男女双方的身体结合被强调为是基督与教会关系的象征。② 当人们从茫茫人海中找寻到自己相守一生的伴侣时，并非是巧合，而是上帝的意旨，因此基督教的婚礼中，

---

① 《阿伯特》又称《先贤箴言》，是古代犹太教贤士反映其宗教观点的言论集。贤士指著名圣哲、拉比或宗教领袖，包括从摩西开始到希勒尔家族中的许多成员。

② 陈钦：《从文化象征意义、宗教信仰及例行仪式看中西婚礼》，《英语广场》（学术研究）2013 年第 4 期。

新娘和新郎需要对圣父圣子圣灵许下自己对婚姻的誓言，也是在上帝面前定下盟约。

2. 一夫一妻的婚姻制度

在圣经《新约》中，耶稣明确指出，上帝造人时造的是一个男人和一个女人，并且，二人是"合二为一体"，妻子是丈夫的"骨中骨，肉中肉"。因此，基督教的婚姻观中坚持的是一夫一妻制。在教会的婚礼中，新婚夫妇会在上帝面前，彼此许下承诺，今后无论遭遇何种艰难困苦，都要彼此忠贞不渝，信守在上帝面前许下的承诺，相伴终生。这反映出基督教重视婚姻的神圣性质，并要求信徒男女都严肃地对待婚姻。并且，基督教认为已婚者与他人同居或者重婚，都是犯了"不可奸淫"的诫命，这是一个信徒必须弃绝的罪恶行为。"摩西十诫"中有一条非常重要的戒律就是不可觊觎他人的妻子，这些对保证婚姻的相对稳定性都起到了一定的作用。①

3. 婚姻关系中，男女平等

婚姻中的男女平等也是基督教婚姻观中一个重要的命题。尤其是现代妇女神学和释经学，特别注重研究《圣经》中有关性别差异和婚姻关系的经文，强调在上帝的创造中，男女同样具有上帝的形象；在耶稣的救赎中，男女也同样蒙受恩典。既然在上帝的眼中，男女并无地位高低贵贱之分，那么，在夫妻关系上，也应该是平等，相互扶持的，决非一方压制另一方，更不能容忍婚姻中的暴力行为。②

4. 婚姻是一种完全的委身，建立在互爱的基础上

基督教的婚姻观视婚礼为一种在上帝面前许下的盟约，而这种盟约的制定，不是基于互惠的原则，而是一种无条件的相互之爱、相互委身与相互陪伴。认为婚姻的神圣性还体现在婚姻家庭应该建立在爱的基础上。上帝是爱，他要求信他的人们都实行爱的生

---

① 曹圣洁：《基督教的婚姻观》，《中国宗教》2001 年第 4 期。

② 同上。

活。如果连夫妇之间都失去了爱的话，那又怎么能够去爱这个世上更多的人？如果有了爱，婚姻中的各种矛盾，就都能够得到很好的解决。那么，相互扶持、互敬互爱的婚姻家庭关系，也就能够形成了。

5. 倾向于信徒之间通婚

对于基督而言，倾向于信徒之间的通婚也是其婚姻观念的一个方面。《圣经》中说："信与不信不能同负轭。"这句话的意思是，信徒和非信徒不能为着同一个目标而齐心协力。婚姻，又是男女"二人成一体"的一种行为，自然要遵从基督教教义，应该是同为信徒、同心协力。《圣经》里还曾提到："丈夫若死了，妻子就可以自由，随意再嫁，只是要嫁在主里面的人。"这一思想更加表达了基督教婚姻观中偏向支持基督教内部信徒与信徒之间结婚的观念。当然，随着社会的变迁，基督教的婚姻观也变得更为宽容，基督教徒与非基督教徒的婚姻也不再是一种严格禁止的行为。只是对于基督徒来说，共同的宗教信仰能使他们彼此更好地交流沟通，因此，信徒之间通婚更是一种存在于他们内心之中的倾向。

（四）天主教的婚姻观

1. 婚姻是天主为传生人类所定的一种制度

在天主教的婚姻观中，也认为婚姻是天主为传生人类所定的一种制度。《圣经》上也如此记载："上主天主造成一个女人……引她到亚当面前……因此人要离开他的父母，依附自己的妻子，二人竟成为一体。"可见，男女二人的婚姻也是天主所创造的。

2. 一夫一妻的婚姻制度

天主教徒也认为，一男一女的婚姻制度，是自起初天主就已制定的。至于一夫多妻或一妻多夫，因为违反天主的规定与社会伦常，所以不为天主教所容许。

3. 婚姻具有双重使命

天主教对于婚姻的界定，是男女二人经过双方的同意，彼此的相许，于是双方便可结合成为夫妇。婚姻具有的是双重目的：首先，在婚姻生活中，夫妇二人一生要彼此相爱、至死不渝；并且，他们共同担负着生育子女的崇高使命。

4. 婚姻是一种圣事

天主教的婚姻观念中，婚姻是天主盟约的记号，是一种"圣事"。旧约时代人的婚姻，是真正的婚姻，但并不是圣事，就如现在没有领过洗礼的男女的婚姻，若是按习俗完成的，则是真正的婚姻，被众人所承认，但非圣事。耶稣降生以后，并未建立什么新的礼节，他把原有已存在的婚姻提高为圣事，目的是为使领此圣事的男女教友，能获得此圣事特有的宠佑，帮助他们履行婚姻的一切义务，而善尽夫妇的本分：彼此互助互信、恩爱敬重，并按照天主的圣意生养教育子女。既然婚姻是一件圣事，是天主赋给夫妇圣宠的方法，因而夫妇如果全心依恃天主，经常热心向他祈祷，天主保证要维护他们的婚姻，并不断地施以助佑，使他们能克尽其崇高的任务。当然，这并不是说天主要使他们一生能免受所有的痛苦，而是天主许下要坚强给他们，使他们能勇敢地去面对、克服生活中的各种困难。圣化的婚姻圣事，不是人逃避单调生活的避风港，也不是供人娱乐的游戏。它能为夫妻双方带来成全的、完整的生命结合，也带来喜乐和欢悦，但唯有双方无条件地、慷慨地将自己奉献出来，才能真正地促进此圣事的进展。①

5. 婚姻是不可解除的

天主教坚持婚姻的不可拆散性，认为这是天主创造之初钦定的秩序，是婚姻的内在本质。婚姻具有永久性，不只是因为她是天主与选民以色列订立的盟约的象征，也是因为这种人际关系是按照基督与教会关系的模式构成的，并且分享着基督与教会关系的永久性。婚姻所代表的神圣的救恩意义加固了这种永久性。②

---

① 葛立模：《婚前圣事》，《中国天主教》2002 第 3 期。
② 周兰兰：《天主教的婚姻观概论》，《中国天主教》2012 年第 3 期。

（五）伊斯兰教的婚姻观

1. 婚姻是当然的义务

伊斯兰教提倡"两世兼顾"的人生观，教法规定，穆斯林男女成年后缔结婚姻，组成家庭是当然的义务。[①] 因为婚姻是种族生存繁衍的保证，因此，婚姻对穆斯林来说是一种宗教义务。

2. 婚姻双方应该共同信仰伊斯兰教

《古兰经》中关于婚姻的条件有明确的规定，那就是男女双方必须都是穆斯林。如果穆斯林要与非穆斯林联姻，非穆斯林一方必须无条件地皈依伊斯兰教，并履行相应的入教手续，双方的婚姻才能成为可能，伊斯兰教将婚姻双方是否具有共同的信仰看作是建立婚姻关系中最重要的因素。它体现了伊斯兰教在婚姻方面的一个特点，即穆斯林的婚配关系中放在首要地位考虑的不是门第、民族、贫富，而是男女双方信仰意识的统一和谐。[②]

3. 择偶自由

在穆斯林的婚姻关系中，尊重婚姻双方当事人的自主权利是必需的前提。也就是说，穆斯林婚姻的成立是以男女双方的爱慕与尊重为基础的，无论是男性还是女性，都应该拥有自由选择配偶的权利。《古兰经》中规定："当她们与人依礼而互相同意的时候，你们不要阻止她们嫁给她们的丈夫。这是用来规劝你们中确信真主的后世的人们。"《圣训》中也有关于一位父亲强迫女儿嫁给某个她不愿意嫁的男子，穆圣知道后，便令这位父亲解除了婚事。可见，在伊斯兰教的婚姻观念中，是倡导自由择偶，反对违反当事人意愿的婚姻的。所谓的"父母之命，媒妁之言"也是应该在缔结婚姻的男女双方互相有爱慕之意，双方都同意的前提下方能进行的。

---

① 马利强：《伊斯兰教的婚姻观》，《中国宗教》2002 年第 3 期。

② 万建中、叶碧英主编：《中西婚礼文化》，中国铁道出版社 2013 年版，第 35 页。

4. 重视家庭中妇女的地位，给予穆斯林妇女应有的保护

伊斯兰教要求，互敬互爱，和睦相处。《古兰经》中说："他从你们的同类中为你们创造配偶，以便你们依恋她们，并使你们互相爱悦，互相怜恤。"又说，"男人是维护妇女的"。"信道的人们啊，你们应该善待她们。"也就是说，伊斯兰教尊重男女两性的生理差异，认为丈夫应当尽量满足好妻子正当的生活需求，在精神方面，体贴她们，爱护她们，给予她们应有的保护，不能虐待她们。女性则应当发挥好妻子、母亲的作用，照顾丈夫、教养孩子，维护好家庭的和谐稳定，以此为社会和宗教的发展发挥作用。同时也在社会中特别强调对母亲的尊重和热爱。

二 世界上不同的宗教婚礼

婚礼反映出的，是社会文化，也反映了该社会的宗教信仰。宗教结婚典礼的烦琐是在一定程度上强调婚姻的神圣性，以及此桩婚姻获得宗教的认可。因此，每一种宗教都有其体现在婚姻仪礼上的特点，以强调新婚夫妇与其宗教信仰的紧密联系。虽然宗教婚礼有很浓的宗教色彩，人们认为在自己信仰的神祇面前结合是非常神圣的，但是现代的宗教婚礼之前也需要举行非宗教仪式，即婚姻也首先要获得法律的认可，然后再由专门主持宗教婚礼的神职人员来主持。并且，宗教婚礼通过与地区性特点相融合并强调夫妻双方的作用，不仅仅是要极力适应神学上的各种规定以及随着时间推移所发生的细小变化，同时，更重要的是，宗教婚礼也在努力地适应着社会的变迁以及习惯法的各种新趋势。

（一）佛教婚礼

佛教婚礼中庄严神圣的仪式，既是对新人婚姻的祝福，也是一种弘扬佛法的途径。佛教婚礼并没有一个统一的形式，其基本形式是：夫妇向佛宣誓，信仰三宝，实践佛法，夫妇和睦，互敬互爱，建设和乐慈爱的佛化家庭。[①] 佛教婚礼往往由得道高僧作为主婚人或者证婚人，他会在婚礼中为新人开示，阐释佛教对婚姻的看法，教导新人要守五戒，行十善，鼓励新人们以佛陀的教导来指引自己的婚姻生活，遵循佛教的婚姻观，夫妻之间相互尊重，白头偕老。婚礼除传统仪式之外，还会有炉香赞、法师开示、答谢法师、新郎新娘向佛陀问讯、礼佛等步骤，在交换戒指后，新娘新郎还会交换佛珠，以体现自己的宗教信仰。在一场佛化婚礼中，人们还集体歌唱佛化婚礼祝福歌，歌中唱道："佛光注照，喜庆增辉，众欣净侣成眷属，良缘永固，同修福慧行。"[②]

日本的佛教婚礼称为"佛前结婚式"。一般在寺院或自家的佛前举行，参加者多是佛教的信徒。这种佛教婚礼主要由僧侣主持完成。首先是新郎、新娘、媒人、亲属进入佛堂后，朗读"敬白文"，禀告祖先，授新郎与新娘念珠，接着主婚人致辞，烧香拜佛后，合十退堂。

这种既肃穆庄重又充满了佛光温暖的佛教婚礼仪式，深刻体现了佛教对于婚姻、家庭的积极促进作用，希望一对新人在佛光的普照下，增强对婚姻和家庭的责任感，使夫妇和睦、相濡以沫、互敬互爱。对新人来说，婚礼是一种很好的宗教教育，又是一种良好的社会道德教育，不仅强化了他们的宗教信仰，更是对心灵的一次荡涤。

---

① 魏德东：《佛教的婚姻观》，《中国宗教》2001 年第 4 期。

② 同上。

（二）犹太教婚礼

在犹太教的观念中，婚礼被视为一项神圣的契约，犹太婚礼仪式被称为"吉都辛"（Kiddushin），意为"至圣"。教义还规定，婚礼必须由一位犹太教教士主持，还要有证婚人，这门婚事才算合法。①婚礼被看作生活中的新时期的开端，新婚夫妻曾经所犯下的罪恶在婚姻开始时都可以得到宽恕，一切重新开始。

在犹太教的婚礼之日，直到仪式结束之前，新郎和新娘都要斋戒。这样，他们所有的罪孽都可以被宽恕，他们可以在清白无瑕的至福的状态下进入他们"共同的生活"。准备结婚的犹太男子，在举行婚礼之前的安息日，将被叫到犹太教会堂里去诵读《妥拉》，新人们的家人也应在场。因为《塔木德》中写道："所罗门王在圣殿里为新郎们建造了一个特殊的门。耶路撒冷的居民们可以在安息日聚集在那里，向这些幸运的男子们祝贺。"在圣殿被毁后，圣哲们规定，新郎们应该到犹太教会堂里，这样当地的居民可以看到他们，向他们祝贺。当这位男子诵读《妥拉》时，人们要向他扔稻、麦、核桃和糖果，祝贺他将来多子多孙。

婚礼前夕，未婚夫妻不应碰面。女方必须在婚礼前的某一晚上沐浴，按照犹太教教规受全身浸入水中之礼，以求净化和表示奉献。大部分东方犹太人在婚礼前一天夜里要举行一个小型仪式，用红指甲花染红女方的手掌（如果她是初婚），参加仪式的只限双方的女性亲友。按照摩西律法和所在国家法律，婚礼可以在许多地方举行，如犹太教会堂、饭店的舞厅或拉比的书房。婚礼通常由拉比主持，程序如下：在婚礼开始前，新娘不能离开新娘梳洗间；新郎则要在《科图巴》上签字，上面有他对新娘的誓言。然后新郎从主持仪式的拉比手中接过某种有纪念意义的物品，把它举起来再还给拉比，随后证人在《科图巴》上签字。接着新郎、

---

① 李绍连：《古今中外婚姻漫话》，科学技术文献出版社1984年版，第30页。

新娘的父亲领新郎走到一个由四根柱子支撑的、装饰讲究的"胡帕"（Huppah，形似华盖）之下，它代表着他与新娘未来的新家，它也象征新郎的帐幕（古代新娘被带到那里去）。如无"胡帕"则由两个或者四个男人支撑起布幔。新郎、新娘穿着象征纯洁的白衣。新郎面对耶路撒冷方向站立。新郎、新娘的母亲手持点燃的蜡烛将新娘引到"胡帕"下，参加婚礼者陪同新郎来到新娘面前，新郎揭下新娘的头纱，拉比向新郎、新娘祝福，用《圣经·创世记》中利百加说过的"我们的姐妹啊，愿你作千万人的母"作祝词。新郎的父亲把一杯葡萄酒递给新郎，他稍稍饮一点；新娘的母亲也把一杯葡萄酒递给新娘，她也喝一点（在有些犹太人社区，由拉比把葡萄酒酒杯递给新郎和新娘）。之后，当着两位尊贵的证人的面，新郎把婚戒（它必须是平滑的，不带一点装饰，象征婚姻生活安定和牢不可破）戴在新娘右手的食指上。当他进行这个动作时，要背诵古代的誓言："按照摩西和以色列律法，这只戒指使你许给我。"接着，新郎将上面写有"按照摩西和以色列律法，这份婚契使你许给我"的《科图巴》交给新娘。新娘如果接受这份《科图巴》，就表明她愿意作他的妻子。接下来拉比或某位尊贵的宾客诵读《科图巴》。《科图巴》是用阿拉米文（古代叙利亚与巴勒斯坦等地通用的闪族系语言）写的，详细地记载了在婚姻生活中，丈夫对妻子的权利和义务。保存这份文件是妻子的责任。接着是众人背诵"七段祝福"。其中一段如下：

> 祝福您啊上主，我们的上帝，宇宙之王。是您创造了喜悦与快活、新郎与新娘、欢乐与狂喜、愉快与高兴、亲友爱与兄弟情、和平与友谊。很快犹大诸城和耶路撒冷的许多街道会听到这快活与喜悦的声音、新郎的声音、新娘的声音、新人们从他们的胡帕下走出时的欢呼声、年轻人从他们唱着歌的宴会中走出的声音。祝福您，上主，是您使新郎与新娘一道欢庆。

然后，新娘的父亲让新郎把杯中的酒喝完，新郎用右脚脚后跟踩碎一个玻璃杯。这个象征性行为表示：犹太人即使在最幸福的时刻，也需要进行严肃的反省；它也意味着让所有犹太人记住耶路撒冷圣殿被毁这一令全民族悲哀的事件。此后，当着两位证人的面，新郎对新娘说："按照摩西和以色列律法，同居使你许给我。"在"马扎尔·透夫（祝福你们）"的欢呼声中，新人们被领到单独房间，在那里待几分钟，并在斋戒后首次进食。结婚仪式至此结束，婚宴开始。

全世界各地犹太人的婚礼习俗有所不同。在德国，开明的改革派犹太人可以省略用阿拉米文书写的传统《科图巴》；婚礼上，新娘在新郎身边绕七圈，新郎用鞋跟踩碎一个玻璃杯。在东欧，有些阿什肯那齐正统派犹太新郎在婚礼上要着白装；在婚礼后的一个安息日，要被召到犹太教会堂诵读《妥拉》。东方犹太人社团的犹太新娘在婚礼上要穿有大量刺绣和装饰的婚礼服，左手举着婚契，妇女们在她面前跳舞。①

虽然在婚礼习俗上各地有所不同，但我们可以看到，犹太教的婚礼同样反映着该群体的宗教信仰，体现着宗教对婚姻的肯定作用。

（三）基督教婚礼

基督教徒结婚的礼仪，《圣经》并没有明确的记载，但是耶稣非常重视这个礼节，并曾在加利利迦拿赴婚姻的筵席时，因为婚姻筵席酒用尽了，耶稣在那里还行了第一个"水变酒"的神迹，可见婚姻的尊贵。使徒圣保罗也曾说婚姻是为人人所尊贵的，断不可苟且轻忽，必须诚敬端庄，节制行事。② 能在庄严的教堂里，伴随着《婚礼进行曲》美妙的节奏，在上帝的见证下，携手步入婚姻的殿堂，是所有年轻基督徒的美好心愿。要想在教堂举办婚

---

① 黄陵渝：《犹太教的生命礼仪》，《世界民族》2001 年第 5 期。

② 谢炳国：《基督教的婚姻观及其礼仪》，《生活》2004 年第 1 期。

礼，男女双方需在履行法定婚姻登记的手续后，再向基督教教会申请，得到同意后，方可举行婚礼，婚礼在教堂举行，由牧师主持。基督教婚礼主要有祷告、诵读经文、婚约问答、誓约、交换戒指、祝福礼等主要程序，每个过程都井井有条，并具有一定的神学意义，既神圣庄重，又充满着爱与温馨的气氛。

当婚礼开始，首先，序乐响起。这是婚礼即将开始的信号，通常来宾进入会场就座后，由司烛点燃蜡烛，司琴演奏音乐，唱诗班和主礼牧师进堂。新郎和男傧相在牧师陪同下，由圣坛旁边的房间进入，然后站在圣坛前面，牧师立于圣坛前。然后，当婚礼进场音乐响起时，在女傧相、花童、捧戒指儿童的前导下，新娘穿着礼服，在她的护送者（通常是父亲）的陪同下进入会场。

婚礼的宣召也是基督教婚礼中一个重要的环节。这时，主持婚礼的牧师会宣布："在这个特别的时刻里，我们聚集在上帝面前，是为了见证新郎（全名）、新娘（全名）在上帝面前，在神圣婚约中，结合成为一体。""新郎（全名）和新娘（全名）你们已经表明你们的心愿，愿意共同进入这神圣的婚约，也没有人证明你们不配进入这神圣的婚约。如果你们知道在你们之间尚有拦阻你们进入婚约的因素，我在上帝及众人面前希望你们大胆表明出来。"如果无人意欲阻止这桩婚礼的继续，讯问牧师便会向新郎发问说："新郎（全名），你愿意娶新娘（全名）作为你的妻子吗？与她在神圣的婚约中共同生活，无论是疾病或健康、贫穷或富裕、美貌或失色、顺利或失意，你都愿意爱她、安慰她、尊敬她、保护她，并愿意在你一生之中对她永远忠心不变？"（新郎回答）我愿意。牧师又问新娘："新娘（全名），你愿意嫁新郎（全名）作为你的丈夫吗？与他在神圣的婚约中共同生活，无论是疾病或健康、贫穷或富裕、美貌或失色、顺利或失意，你都愿意爱他、安慰他、尊敬他、保护他？并愿意在你们一生之中对他永远忠心不变？"（新娘回答）我愿意。这一步骤是新人在主的面前许下对彼此一生的承诺，对夫妻双方来说，都具有崇高的意义。

接下来，便是祷告的环节，牧师祷告说："天父上帝，你是天地万物的创造主。你创造世人也眷顾世人，我们仰赖你的大能保守。求你赐予我们洁净的心、正直的灵，不让私欲拦阻我们认识你的旨意，也不让软弱拦阻我们顺从你的旨意。求你赐福新郎（全名）和新娘（全名），当他们来到你的面前，愿意共同进入婚约之时，让我们与这对新人分享从你而来的喜乐，并支持他们建立新的家庭。我们祷告，奉主耶稣基督的圣名。阿门！"这神圣的祷告词，是为了祈求上帝赐福这场婚礼。祷告词之后，主持婚礼的牧师还会诵读有关婚姻的经文，如"爱是恒久忍耐，又有恩慈；爱是不嫉妒，爱是不自夸，不张狂，不做害羞的事，不求自己的益处，不轻易发怒，不计算人的恶，不喜欢不义，只喜欢真理；凡事包容，凡事相信，凡事盼望，凡事忍耐。爱是永不止息"。又如，"我爱你们，正如父爱我一样；你们要常在我的爱里。你们若遵守我的命令，就常在我的爱里，正如我遵守了我父的命令，常在他的爱里。这些事我已经对你们说了，是要叫我的喜乐存在你们心里，并叫你们的喜乐可以满足。你们要彼此相爱，像我爱你们一样；这就是我的命令"。这类在基督教经典中出现的有关于婚姻的部分，常用以在婚礼上宣读，以告诫新婚夫妇，应当牢记主的教诲，彼此相爱，建立美满的、充满爱与和谐的家庭。

聆听完祷告词之后，新婚夫妻会在上帝和会众面前许下婚约誓词。此时，新郎执新娘右手，宣誓说："我（全名）愿意娶/嫁你（全名）作为我的妻子/丈夫。你将成为我终生的朋友、伴侣、我唯一的真爱。在这特别的日子里，在上帝面前，我将我的承诺给你，我承诺，无论是顺境或是逆境、富裕或贫穷、健康或疾病、快乐或忧愁，我将永远在你身旁作你的丈夫/妻子。我承诺，我将毫无保留地爱你、以你为荣、尊敬你，尽我所能供应你的需要，在危难中保护你，在忧伤中安慰你，与你在身心灵上共同成长，我承诺将对你永远忠实，疼惜你，直到永远。"这样打动人心的宣誓，往往是基督教婚礼中最为神圣、最美好的步骤，它常常出现在爱情电影中，让聆听誓词的人们，无不感动。

紧接着，新郎和新娘将相互交换戒指。这枚戴在彼此无名指上的戒指，将作为男女婚姻的记号，表明他们在上帝及众人面前承诺的婚姻约定。

交换誓约及戒指后，新郎新娘面对面站立，彼此握手，主礼牧师将手按在他们握着的双手之上宣告："新娘（全名）与新郎（全名）在上帝及众人面前，你已经承诺在彼此的生命中结为一体，共同扶持、共度一生。因为你们已经承诺彼此相爱、相守，因此，我宣布你们成为夫妻。奉父、子、圣灵的名，阿门！"

这时，唱诗班唱赞美诗或者献乐，表示对新人的祝贺。新娘、新郎则跪在圣坛之前接受牧师的祝福，会众与来宾报以热烈的掌声。然后，婚礼乐曲再次响起，此时，新郎在新娘左边，俩人一起走出礼堂，男女傧相跟随在后，家属及其他参与典礼的人员随之退场。至此，一场神圣庄严又充满着爱意的基督教婚礼圆满结束。[1] 在祷告、十字架、唱诗班、钢琴声构成的氛围中，在主、爱、赞美、感恩、忠诚等主题词下，基督教婚礼通过祷告、诵读经文、劝勉、宣誓、交换戒指等环节，使婚礼不但是见证新人承诺的时刻，同时也成了婚姻家庭道德教育的课堂。

（四）天主教婚礼

在提到现代天主教婚礼之前，我们不妨先来追溯一下天主教婚姻中古老的礼仪的历史：856 年，撒克逊国王埃塞沃尔夫意欲与法兰克王国国王秃头查理结盟，在那个时代，联姻是整个欧洲国家结盟的重要手段，因此，撒克逊国王便向秃头查理的女儿朱迪思求婚。众所周知，法兰克人的公主很少嫁到外国王室去，因此，撒克逊国王和秃头查理务必要使这桩婚姻牢固。而使婚姻牢固的最佳措施在此时莫过于举行一场隆重的婚礼，请教会派专人到婚礼

---

① 谢炳国：《基督教的婚姻观及其礼仪》，《生活》2004 年第 1 期。

上进行祝福和祷告，以加强这桩婚姻的"神圣性"。于是，856年10月，盛大的婚礼举行了。婚礼由当时法兰克土地上最高精神权威兰斯大主教欣克玛主持；天主教教会的婚礼程序便很有可能是由他所制定的，整个程序中所使用的不同的祝福语也很有可能是他写的。兰斯大主教所制定的"天主教"婚礼程序，具有非常特别的意义，它是最古老的天主教典礼文书，虽然简单，但它让世人看到了一个完整的天主教婚礼仪式过程，而不仅仅是夹在弥撒中的对婚姻的简单祝福。[①]

　　这个天主教婚礼仪式首先是劝诫，劝诫夫妻，尤其是新娘要对婚姻的对方保持忠诚。接着是为嫁妆祝福，为戒指祝福，最后是为新婚夫妇祝福，这些祝福语都是婚礼仪式上的固定语句。为戒指祝福具有很特别的意义，因为戒指在各地都是订婚的特有之物。"戴上这枚戒指吧！它是信仰和爱情的象征，夫妻关系的纽带。戴上它，男人就不会把永生和永远主宰我们的上帝结合到一起的东西分开。"[②] 这大概就是现代宗教婚礼的一种早期雏形，表达方式直白，象征意义丰富。我们在今天的天主教婚礼上，依然能够看到这些仪式过程的影子。

　　现代天主教婚礼的仪式中，"劝勉和鼓励"的步骤同样存在，或者请新人的父母分享感受或者劝勉子女，然后主持仪式的神职人员会向新人介绍如婚姻的责任、为人父母的使命等天主教婚姻观。接下来，新人会宣示意愿。同基督教婚礼相似，新郎一般会在此时宣誓："我在此郑重宣誓，愿与你结为夫妻，并许诺从今以后，无论顺境还是逆境、健康还是疾病，我都将爱你、尊重你，终生不渝。愿上天垂怜我的意愿。"之后，新娘也会依此宣誓。宣誓步骤之后，由圣职人员祝福结婚戒指、祝福婚姻并祝福新人。在以上礼成之后，天主教的婚礼便圆满完成了。

---

① ［法］让·布洛涅：《西方婚姻史》，赵克非译，中国人民大学出版社2008年版，第52页。

② 同上书，第53页。

由此，我们可以看到，宗教和教会在西方婚姻中的影响在中世纪达到了顶峰，15 世纪末期结婚宗教礼仪产生了不同寻常的萌发以及大量地方变体的蓬勃发展，当然，这并不难以理解：教会如果不把重点放在以宗教结婚礼仪加强配偶双方的相互约束上，自然也就难以强调夫妻关系的社会作用。但从 16 世纪盛行的文艺复兴和宗教改革运动的思想启蒙开始，伴随着社会的变迁和发展，时至今日，作为人类社会组织基础之一的婚姻无论从观念上还是形式上都发生了重大的变化，逐渐摆脱了宗教的控制，但是，宗教的仪式仍然作为一种传统被信众保留了下来，并反映在了婚礼仪式中。

（五）伊斯兰婚礼

伊斯兰的婚姻观认为，婚姻是穆斯林人生中最重要的一项"圣行"，也是最严肃的一项义务。婚礼应该举行公开而隆重的仪式，而不应该私自地秘密进行，因此，虽然信仰伊斯兰教的人们分散在世界上的各个区域，不同国家、不同阶层的穆斯林都会有自己特色的婚姻礼俗，但作为一个有深厚宗教、文化传统的群体，他们尊重宗教信仰、婚礼仪式必须得到宗教认可的传统却都是一致的。

在信仰伊斯兰教的阿拉伯世界中，婚礼都具有浓厚的宗教色彩。沙特阿拉伯位于阿拉伯半岛中部，西濒红海，东临海湾，是一个典型伊斯兰国家。同世界大部分地区一样，沙特人把婚礼当作欢乐的庆典和重要的社交活动，同时，婚礼更重要的目的还在于要体现出宗教对婚姻的认可。结婚典礼一般持续三天，从星期三到星期五。星期三的下午双方正式签署婚约，星期四双方做准备，招待近亲；星期五是阿拉伯国家的休息日，新郎新娘正式成婚。在一位阿訇的主持下，双方的父亲面对面地坐下。新郎恳请未来岳父："以真主安拉的名义，您愿意将您女儿嫁给我吗？"岳父回答："以真主安拉的名义，我愿意将我的女儿嫁你为妻。"阿訇问新娘的父亲："女儿是否同意这桩婚事？"回答当然是肯定的。接着，新郎与岳父都伸出右手，紧紧握住对方。阿訇开始念诵《古兰经》第一章，为新人祈福。[①] 仪式中，新娘的父亲还将象征婚姻幸福美满的葡萄干撒向空中。在场的亲友特别是孩子们会争先捡食落在地毯上的葡萄干，谁捡得最多就预示将来最幸福。而在婚礼现场，会专门有人高唱来宾的姓名和贺礼的数量。随着亲朋好友的增多，偌大的帐篷里人声鼎沸，热闹非凡。但人群中没有新娘，也没有其他成年女性，因为女宾们是与男宾分开，在另一处举行欢庆活动的。

伊朗也是一个具有深厚宗教传统的伊斯兰国家，其中98.5%的居民信奉伊斯兰教。他们的婚礼也保持着自己独特的传统礼仪和婚姻习俗、体现着他们的宗教信仰。在伊朗，青年男女从订婚到结婚这段时间拖得比较长，一般要持续几个月，有的甚至可能拖至两三年。订婚阶段结束之后，还要举行宗教的订婚仪式和结婚登记，然后再举行正式的结婚典礼。订婚仪式的场面虽不如结婚仪式那么盛大，但必须由"鲁哈尼"（波斯语词，指宗教人士）来主持，双方签订临时婚约。在宗教的订婚仪式和结婚典礼之间，通常会经过几个星期或几个月。结婚典礼则一般在订婚六个月之后。根据《古兰经》的要求，婚礼非常隆重，规模较大，来宾众多，热闹非凡。婚礼这一天，新娘大清早就开始梳妆打扮，然后一边在自己的卧室里诵读《古兰经》，学习教义中为人之妻的各种准则，一边等待迎亲队伍的到来。新娘被新郎迎入婚礼现场时，亲朋好友便会将彩纸、丝带和钱币等代表祝福和吉庆的物品撒到新人的身上。但当鲁哈尼一踏入婚礼，热闹的人群立刻安静下来，气氛变得庄严神圣。鲁哈尼在一个尊贵的位置上落座之后，便开始诵经，接着朗读婚约。新娘同意签约后，客人们便鼓掌表示祝贺。接着，由4名未婚女子在新郎、新娘头部上方展开一块白色纱

---

① 马利章：《沙特阿拉伯伊斯兰婚礼感悟》，《世界宗教文化》2004年第4期。

巾，每人牵住一角。再由两名妇女拿着两个大糖块，在白布之上相磨，磨出细细的糖粉来，以示未来生活无比甜蜜。纱巾之下，新郎和新娘开始交换结婚戒指。随后，一般由新娘的父亲用锤子砸开糖块，任客人们去争抢。据说抢到糖的人就能得到幸福。这时，客人们将礼物一一送到这对新人面前，以示祝贺。接着，这对新人在亲朋好友的簇拥下步入新房，向客人们道谢。伴娘则在后面向新人头上抛撒糖果和彩钱（一种特制的黄色硬币）。① 随后，人们随同新郎、新娘一起再次歌舞狂欢，婚礼被推入一片喜庆热闹的海洋之中。

这两个既有宗教色彩又有欢乐气氛的婚礼，分别来自于两个传统的伊斯兰国家，而对于一些非伊斯兰国家中的穆斯林来说，他们的婚礼又有着自己的独特之处。例如，中国的回族群众，他们信仰伊斯兰教，是虔诚的穆斯林，他们的婚礼仪式有别于周围汉族习俗，深刻地体现了他们的宗教信仰和特色。在整个婚礼中，请阿訇念"尼卡哈"的宗教仪式历来都是最为重要和神圣的环节，没有履行这个伊斯兰教仪式的婚姻，往往会遭到社会舆论的质疑，认为这桩婚姻缺乏宗教意义上的合法性。念"尼卡哈"的过程中同时包括了写"伊扎卜"（应允），这种"应允"其实就是宗教意义上的"婚书"。整个过程由"念"和"写"的两个阶段组成，或者一人念，一人写，两人同时完成。阿訇首先以悠扬的声调诵念《古兰经》第24章（光明章）32节；然后再诵念"圣训"，即"结婚是我的教律，凡是嫌弃我的教律者，谁不是我的教民"；通过正式的宗教认可，肯定这桩婚姻是具有社会和宗教意义的行为，最后，由阿訇为新婚夫妇祝福。写好婚书后，阿訇念"伊扎卜"念词。在阿訇念到"求婚者（新郎），你接受吗"时，人们会用事先备好的糖果轻轻抛向男方，并提示他说"我接受"，同时，新娘也会回答"我情愿"。当念完"伊扎卜"，并做完"杜阿"，即祈

---

① 王峰：《一个中国学者眼中的伊朗穆斯林婚俗礼仪》，《世界民族》2003 年第 4 期。

祷后，新郎新娘退席，再由双方男性家长"拿手"，两亲家互相道贺。①

从以上三个不同国家的穆斯林婚礼中，我们不难看出，各个国家、各个地区的婚礼仪式，都各不相同、独具特色，但又同时有着共性，那就是婚礼中伊斯兰教元素，以及宗教对于婚姻的"认可"环节，都是不可缺少的。他们的婚礼都需要宗教人士主持，婚礼中都需要由宗教权威诵读《古兰经》，以及签署宗教婚约。无论是阿訇念"尼卡哈"，还是鲁哈尼诵《古兰经》为新人祈福，体现的，都是宗教对于婚姻的认可。虽然各国婚礼形式各异，其核心目的却可谓是殊途同归——伊斯兰婚礼的重要意义在于，获得宗教对婚姻的认可和赐福。

（六）印度教婚礼

印度教是印度人普遍信仰的一种宗教，这些信仰印度教的信徒，他们的婚礼中也充满着宗教的影响，比较具有典型性。印度古代典籍《摩奴法论》中将印度教徒依据四个种姓分为"梵式""天神式""仙人式""生主式""阿修罗式""乾达婆式""罗刹式"和"毕舍遮式"，其中毕舍遮式的婚姻被认为是低贱的，一般来说，古代印度教徒举行的大多是梵式、仙人式、天神式和生主式婚礼，因为这是幸福神圣的结婚方式。通过这四种结婚方式所生的儿子，在有关吠陀的知识上能出类拔萃，为有教养者所尊崇，而且定能长命百岁。②

印度教徒传统的婚姻礼仪是先由媒人与双方父母或长者说好，再由婆罗门祭司选择吉日。结婚这天，男方家里要充分准备，大宴宾客，同时男方还得组织一支规模可观的迎亲队，吹吹打打到女方家里去接新娘子。在迎亲队到来之前，新娘子的女亲属和女

---

① 秦惠彬主编：《伊斯兰文化与现代社会》，沈阳出版社 2001 年版，第 39 页。

② ［芬兰］韦斯特马克：《人类婚姻史》（第二卷），李彬译，商务印书馆 2011 年版，第 252 页。

友们为她梳洗打扮，戴上各种首饰，身上涂抹姜黄。当新郎和迎
亲队到来以后，新郎要把朱砂涂在新娘的头发分缝处，那朱砂最
好是水状的，让它流到额头上一些，据说这样可以使夫妻相爱到
老。迎亲队接了新娘后，就一路载歌载舞朝男方家去，到男家举
行正式的婚礼。新郎新娘要先敬神，然后要围绕火堆走步，被称
为"七步礼"。其后新郎新娘向长辈行"触脚礼"，即跪在地上用
前额去触长辈的脚，或用手先触长者脚再触自己的额头，同时接
受长辈的祝福。仪式完毕，新郎新娘并坐在一起，亲友们围绕着
他们唱歌，并七嘴八舌地赞美新郎如何健壮能干，赞美新娘如何
美丽贤慈。最后是大家在一起吃饭。[①]

（七）日本神道式婚礼

在有文字记载的两千多年日本历史中，敬神崇祖一直是日本宗
教文化赖以持续的基础。日本人民祈求诸神圣护佑家庭和氏族，
从而获得家庭与社会的安宁以及子孙后代的繁衍。因此，婚姻绝
不仅仅是简单的男女结合，它对整个家族，包括对祖先的神灵都
有着重大的意义。婚姻也是庆祝新人成为有责任心的成年人加入
当地社会的仪式。

从中世纪到 20 世纪，对护佑神的供奉传遍了日本的村村镇镇。
人们的信仰，即为他们本村所供奉护佑神的子孙，已经落地生根。
全日本的人都相信神灵护佑当地出生的人长大成人并撮合姻缘。
婚礼就成了以新郎新娘为中心的家庭仪式，这一仪式不仅向两个
家庭的祖先和护佑神，也向当地的护佑神报告此次婚姻，向他们
表示感谢，并恳请护佑神保佑家庭子嗣繁荣。人们广泛认为，两
性的结合给地球带来了丰饶，因而尤其在农业地区，婚礼也含有
庆祝本村一年一度丰收的意义。[②]

神道教要求，新人应该在当地所供奉的护佑神面前举行婚礼仪

---

① 薛克翘：《印度教徒的婚俗》，《百科知识》1997 年第 7 期。

② 中国婚姻家庭建设协会主编：《第四届亚洲婚礼文化研讨会》，1998 年。

式，这是神道式婚礼最为重要的意义。随着时光的流逝，现代日本社会的神道式婚礼也常常会在酒店、婚礼大堂或者圣坛面前举行，而并不局限于在村落中举行，但即便是在城市酒店中举行的婚礼，婚礼之前或之后，新人们还是都会在护佑神和祖先面前祷告，这作为一个具有重要意义的传统一直被保持下来。

神道式的婚礼的参与者除新人、客人之外，还要有祭司、祭司的助手和媒人。在用清水漱口、洗手之后，大家一起进入婚礼大厅，新婚夫妇坐在圣坛前，媒人坐在他们身后，双方家庭分开两排坐在最后。婚礼开始后，由祭司的助手施洁身礼；然后向护佑神献上食物、米酒、山果、海物等供品；随后，祭司献祝词，在场新人和所有来宾肃立；祭司助手在圣坛前端上米酒，让新人轮流啜饮；新人交换戒指，这一环节虽然不是神道式婚礼的传统习俗，但在现代却一直很流行；之后，新郎在圣坛前宣誓，新娘站在新郎旁边宣布她作为妻子之后的名字。在新郎宣誓时，全体肃立祈祷。有时候，宣誓的誓词也会由媒人宣读。①

各种不同的宗教婚礼，虽然其依据的信仰不同，婚礼形式各异，但相同的是，举行宗教婚礼的人们，不管选择哪一种信仰，他们都虔诚地信奉自己的宗教神祇，他们都坚信，只有自己的信仰能够引导生命之路的前行，能够使自己拥有幸福的婚姻生活。婚礼前的礼拜或者祈祷、诵经，都是对宗教信仰尊崇和感激的表现形式，婚礼中所敬献的供品也是以物质的形式来表现对信仰的虔诚和对神祇的尊敬。新人们通过婚礼获得宗教上对婚姻的认可，以及周围社会舆论的祝福，同时，也向信仰的宗教神灵祈求未来婚姻生活繁花似锦。并且，这个充满神圣庄严的仪式，还将始终作为人生旅途中难以忘怀的宝贵记忆，成为支撑夫妻前行的坚韧力量。

---

① 中国婚姻家庭建设协会主编：《第四届亚洲婚礼文化研讨会》，1998 年。

三 世界不同文化中的婚神

　　因为对许多自然现象的困惑，人们在上古时期发挥想象创造出了掌管人们日常生活各个方面的神灵，这些神灵中，自然不乏掌管婚姻的神祇，除了万能的上帝、真主外，如西方所崇拜的赫拉、维纳斯和丘比特，以及中国的月老等神灵，都是专司人类爱情、婚姻的。虽然他们出现在不同时期的不同文化背景中，但都为人们所崇拜，寄托了人们对幸福婚姻生活的期盼与追求。

（一）赫拉

　　希腊神话体系中，赫拉是掌管婚姻、家庭的女神，她也是众神之首宙斯的妻子，在众多女神中地位最高。赫拉不光有着无边的法力，更有超乎凡人的容貌，她忠诚而能干，分享着丈夫的权力，被尊称为"天后"。同时赫拉是个妒忌的妻子，她总是频繁地充当毁灭的角色，不遗余力地阻止、破坏宙斯一系列的浪漫、风流行为。但从本质上讲，赫拉的妒忌也不仅仅是女性狭窄心性的表现，而是女性在现实社会中对婚姻、家庭、女性权利的一种诉求，这一阶段的女性极力维护婚姻、家庭的纯洁性，有着自我强烈的爱与恨，不愿意屈从，不甘被奴役，勇于为女性权利和地位而奋争。从而维护了当时社会的基本组成、家庭，进而保障了社会凝聚力和稳定性，这是向文明进发的重要阶段。[①] 可见，赫拉作为掌管婚

---

　　① 熊启煦：《从"赫拉"和"女娲"看东西方女性角色差异》，《作家杂志》2013年第6期。

姻的女神，其本身在婚姻、家庭中就充当着重要的角色，体现出了女性对婚姻的态度和诉求。

罗马神话中，称赫拉为"使婴儿见到日光"的女神，代表女性的美德和尊严，是忠贞妻子的形象，是妇女的保护神，也是婚姻及生育的保护神。赫拉在罗马神话中的名字是"朱诺"（Juno）。西方有"六月新娘"（June bride）的说法，即认为"六月结婚，新郎幸福，新娘快乐"（Marry in June-Good to the man and happy to the bride）。而这一"六月新娘"中的 June 即是由女神 Juno 的名字转化而来的，这其中，也包含了人们祈求婚姻女神保佑的美好意愿。

从赫拉这一古代神话中的婚姻女神的身上，也能够折射出人类社会从母系到父系社会的变迁过程，以及婚姻中女性的角色。赫拉虽是掌管婚姻的女神，地位居众女神之首，但其权威仍然是不稳定的，宙斯与众多女神都有着关系，但赫拉却无法对宙斯本人的权威有丝毫的挑战和反抗。即使作为女神，假如挑战了丈夫的权威，依然会遭到压制。例如宙斯曾经惩罚赫拉，用一条金带将她双手缚在云端，还在双脚各挂一个金钻，任何试图解救赫拉的神都被宙斯扔下奥林匹斯山。这个情节融合了女性在进入父系氏族社会中角色的变迁，昔日妇女绝对权威的光环渐渐淡去，她们在社会中的支配地位已经被男性取代，强大的父权制要求女性坚守对婚姻的忠诚，保持贞操，但对男性则没有这样的要求。这也反映了社会进入父权制阶段后形成的一种新的道德观。所以，虽然赫拉想尽办法阻止宙斯的泛爱，可宙斯的情人仍然众多，而赫拉却对宙斯始终保持着忠诚。①

古典时期，希腊人和罗马人的婚礼中，都有崇拜赫拉或者朱诺的元素。例如，希腊婚礼常常在被称为"加米兰的一月"举行，一月一日又被认为是最吉祥的日子，因为这一天是加米利亚的众

---

① 熊启煦：《从"赫拉"和"女娲"看东西方女性角色差异》，《作家杂志》2013 年第 6 期。

多节日之一，加米利亚就相当于朱诺，正如加米利欧斯相当于朱庇特一样（即希腊的宙斯和赫拉）。这两位神祇是主婚事的。婚礼的早晨，人们便会宰杀牲畜并抛洒奠酒祭祀宙斯与赫拉①。在罗马，新娘出嫁时，会有亲戚朋友们手执火把、列队陪同，在护送的队伍中，还会有专门的少男少女们一边走一边用动听的声音歌唱着结婚歌，歌词内容便是颂扬婚姻之神："婚姻之神，啊，婚姻之神，婚姻之神…"

（二）维纳斯

维纳斯是古代罗马神话故事中爱与美的女神，而在希腊神话中，她的名字是阿佛洛狄忒。古希腊神话传说中，她是宙斯与大洋女神狄俄涅所生的女儿，但也有另一说法是她又是天神乌拉诺斯的遗体所生，在海中的浪花里出生，故称阿佛洛狄忒，意为"出水的"。维纳斯出生以后，她的脚下盛开出了美丽的鲜花，两位调皮的风神用风把她吹拂到岸边，众神热情地接待她，为她穿衣打扮，使她光彩照人，然后把她带到奥林帕斯山。维纳斯作为爱和婚姻女神，她自己的婚姻却是不完美的。因为她的美丽使众女神羡慕，也使得众天神都争相追求她，最后她却被嫁给了相貌丑陋并且瘸腿的赫菲斯托斯。但维纳斯女神却爱上了英俊的战神阿瑞斯，并与阿瑞斯生下了小爱神丘比特。

作为爱与婚姻女神，维纳斯心地善良、富于责任心，为了激起宇宙万物心中的爱，为了使人、兽以及动植物能够繁衍，她乘着由麻雀、鸽子或是天鹅驾驭的车子四处往来，在她的小儿子爱神丘比特的帮助下，去帮助、成全情侣们能够美满幸福。人们通过敬奉维纳斯女神来祈求爱情和婚姻的圆满。例如，在《象牙女郎》的故事中，男主人公库普洛斯的国王匹克美梁非常喜欢雕刻，并以此出名。一次，他用象牙雕成了一座美丽绝俗的女像，而且不

---

① 潘晓梅、严育新：《婚俗简史》，中国社会科学出版社 2004 年版，第 114 页。

由自主地爱上她。在维纳斯的大祭节时，匹克美梁向维纳斯请求把象牙女郎赐予他为妻。维纳斯恰好听到了他的祷告，便把原来没有生命的象牙女郎复活为有生命的真人，成全了一对佳偶。[①] 这便体现了维纳斯掌管爱情、婚姻的责任。在罗马，人们认为女神维纳斯与特洛伊人的英雄安喀塞斯结合生育了罗马人的祖先埃涅阿斯，因此，她在罗马还受到特别的敬奉。

（三）丘比特

丘比特也是古代希腊和罗马神话中与爱情和婚姻有关的神祇之一，他是爱神维纳斯所生的儿子，在希腊，他被称为"厄洛斯"，而他的罗马名字更为人们所熟知——丘比特。相传，他永远不会长大，有着金色的头发、娇嫩的脸庞，总是像个可爱的孩子，还有一对能够让他自在的四处飞翔的小翅膀，丘比特和他的母亲维纳斯一起，掌管人、神的爱情和婚姻。

在传说中，丘比特有一张金弓、一支金箭和一支银箭，被他的金箭射中，便会产生爱情，即使是冤家也会变成佳偶，而且一定会爱情甜蜜美满；相反，被他的银箭射中，便会拒绝爱情，就是佳偶也会变成冤家，妒恨随之而来，爱情也会变成痛苦。据说丘比特射箭时，会蒙住眼睛，因此，人们往往将爱情视为一种缘分。[②]

在人们发现的古罗马珍宝中，有一件名为"普罗杰塔珠宝匣"的文物。这是400年左右一堆基督徒结为夫妇时别人送给他们的礼物。匣子上刻有各种场景，其中就有小爱神手握一个带有夫妻形象的徽章，匣子的反面还刻有维纳斯。这样的图案，使人很容易地想到这个匣子的作用——赠送给新婚夫妇的礼物。从这一古代文物中，也可以看到丘比特和维纳斯在人们的心中是象征幸福的婚神的证据。

---

① 彭松：《月下老与维纳斯之比较》，《曲靖师专学报》1994 年第 3 期。
② 万建中、叶碧英主编：《中西婚礼文化》，中国铁道出版社 2013 年版，第 49 页。

（四）　北欧的婚神——佛利茄

在北欧的神话中，性爱与婚姻是由两个女神分别掌管的，这一点，不同于希腊和罗马神话中的维纳斯女神，也就是说，维纳斯女神的职能被一分为二了。主宰婚姻的女神名为"佛利茄"（Frigg），她自己便是婚姻的楷模，她被视为众神之后，常年住在在即的芬萨利尔宫中操作织机。佛利茄会邀请世上的忠实于婚姻的丈夫和妻子到她的宫殿内共享欢乐，这些忠贞的夫妻因此便可以虽死而永不分离。[①]

佛利茄女神被一些学者认为和地母有关。尽管母神乔盖因（Fjorgynn）的名称在诗人们的笔下用作"大地"的同义词，但关于这位母神，除了名字之外，什么记述也没有留传下来。取代她的地位的正是佛利茄，相传她作为主神奥丁之妻生下了雷神托尔，还生下了巴尔德尔。[②]

北欧神话中还有一位名为佛利夏（Freyja）的女神，她的身份和职能看上去与维纳斯相似，她负责执掌的是美与爱情。在日耳曼，她和佛利茄是同一个人，既是婚神，也是爱神；而在挪威、瑞丹、丹麦以及冰岛，她是独立的神，只是执掌爱情与美的女神，并非婚姻之神佛利茄。

世界上不同国家、不同的信仰体系中，都有各自掌管婚姻的"婚神"，并且"婚神"们也都有自己的性格和行为方式，这既反映出在广阔的地域中，不同民族，不同宗教信仰所造就的不同的婚姻观念、爱情观念以及性别观念。同时，我们还能从中看出，无论是哪个国家、何种信仰中，人们在爱情、婚姻上都有着强烈的心理需求，祈望爱情的美好、祈望婚姻的顺利、祈望生活的美满。神祇，总是由人们的心理需求以及意识观念塑造而来，因此，人们所创造的这些不同的"婚神"，也大都是体现人性、具有人情味

---

① 叶舒宪：《高唐神女与维纳斯》，中国社会科学出版社 1997 年版，第 154 页。

② H. R. Ellis Davidson：Gods and Myths of Northern Europe. Denguin. 1965. p. 111.

的，是人们对婚姻美好期望的一种反映。

（五）印度的火神阿耆尼

在梵文的经典文献中，火神阿耆尼常常被称为"婚姻的见证人"，也就是人们观念中的婚神。在印度教的观念中，由火见证的婚姻是不可解除的。婆罗门举行婚礼时，是要敬请五位大神光临的，这五位婚神是因陀罗、伐楼拿、昌陀罗、夜摩天和梵天[①]。从某种意义上而言，这些参与婚姻见证的神祇们，便也就成为"婚神"了。

通过本章，可以看到，宗教作为整个人类社会中一种重要的文化要素，对婚姻观念、婚姻礼仪等产生了重大的影响。透过不同宗教信仰之下形态各异的、作为婚姻缔结形式的婚礼习俗，我们可以看出各大宗教或通过神圣的宗教婚礼或经由源远流长的教义对社会群体的婚姻观念和家庭生活产生了不可磨灭的影响。[②] 虽然世界上各个地区和国家其文化发展的模式不同，宗教信仰也迥然各异，然而，无论是基督教影响下的婚姻，还是道教、佛教理念渗透下的婚姻，又或是伊斯兰教教义规范下的婚姻，都有一个共同的选择，那就是使用宗教的话语权来彰显其婚姻神圣性和重要性。透过对不同宗教信仰体系中婚礼这一人生礼俗的比较，我们可以更为清晰地认识到世界上不同宗教、不同文化之间的异同，这对于增加文化与文化之间的相互理解，形成更加宽容的文化交流空间有着重要的意义。正如斯塔夫里阿诺斯曾经说过的："人类从像佛陀、摩西以及耶稣这样的伟人身上得到的教益，就我来说，要比所有的研究成果以及建设性的见解更为重要。"[③]

---

① [芬兰]韦斯特马克：《人类婚姻史》（第二卷），李彬译，商务印书馆 2011 年版，第 829 页。

② 郭金秀：《从婚礼习俗看中西方婚姻观中的宗教影响》，《湖北第二师范学院学报》 2011 年第 3 期。

③ 斯塔夫里阿诺斯：《全球通史》，吴像婴、梁赤民译，北京大学出版社 2006 年版，第 3 页。

第七章
世界各地具有象征
意义的婚姻仪礼

一 象征新人结合的婚姻
仪礼

（一）婚礼中双手的握合

在世界许多国家和地区的婚礼过程中，将新娘、新郎双手的握合视为一个重要的、具有特殊意义的婚礼仪式。在古罗马，这种新人握合双手的仪式同样重要。新娘常在簇拥下前往新郎家，这代表她被从父母手中交到了丈夫手中。那一天要献祭、要举行宴会，还有无数的小婚俗需要遵守。但据已婚者的纪念碑和精美的石棺显示，婚礼上最重要的时刻便是新郎新娘紧握右手。[①] 这一点与现代婚礼中新郎为新娘戴上结婚戒指很相似。

---

① ［美］肯·M. 坎贝尔：《圣经世界的婚姻与家庭》，商务印书馆 2012 年版，第226 页。

　　印欧各民族中，新郎握住新娘的手即是一种重要的婚姻仪礼。在《吠陀》中，丈夫被称作是"牵手人"，而在梵文中，"牵手"这个词汇也常被用于表示"婚礼"的意思。《家范经》中就有"让我牵住你的手，为了你我的幸福"这样的诗句，来表明夫妻在婚礼中双手握合的仪式是多么重要与神圣。在印度贡德人的传统婚俗中，祭司"迪萨里"将新郎新娘的小指勾在一起，就表示已承认他们结合为神圣的婚姻。

　　马六甲地区一些部落的人们举行婚礼时，一位村中的长辈会大声宣布"各位在场的人，你们听着，有两个单身的人现在要结合了"，然后，新郎新娘会同时向对方走去，接着将彼此的手握在一起，这样，一对新人就被视为正式结合在一起了。

　　缅甸若开族新人的婚礼开始时，便要由福气好的妇女在新人手上用棉线缠绕三圈、五圈或者七圈，这一仪式称为"成婚"。婚礼过程中，还要这名福气好的妇女把新郎、新娘的右手拉过来重叠在一起，浇上干净的水，并唱诵一些吉利的话，婚礼才算完成。

　　孟族人举行婚礼时，新人会并排而坐，每人伸一只手浸在装有一种叫作"绊根草"以及花朵和香水的银钵里。长者会则会念诵祈祷吉祥的咒语，念毕先从香水中拉出新娘的手，再将新郎的手拉出重叠在新娘的手上，再用手帕包扎起来，同时念诵一种"叠手咒"。[1] 在当地的传统中，"叠手"就是"结婚"的意思，可见，手的握合与婚姻的密切关系。

　　马来半岛上的塞诺伊人和贾昆人等举行婚礼时，需要将新郎的右手的小指与新娘左手的小指勾连在一起，才象征着他们的结合。

　　而苏丹的婚礼仪式中，新郎新娘也要将手贴在一起，但他们在握合双手之前，会同时用匕首割破自己的食指，然后将手握在一起。这样，新郎新娘两人的伤口也就贴在了一起，双方手上的血也交融在一起，这表示了一对新人将会从此心灵相通，相依相伴。

---

　　[1] 欧阳若修、韦向学编：《外国婚俗集锦》，漓江出版社 1986 年版，第 101 页。

非洲阿比尼西亚新人在婚礼中，也有类似手的握合的仪礼，但略有不同的是，他们是将新郎新娘的小指勾在一起，以象征双方的结合。这种习俗在非洲其他一些地区和民族中也很常见。新几内亚的一些部落中，男女双方在举行婚礼时，要由一位长者将新郎的右手放入新娘的右手。

肯尼亚蒙巴萨地区的斯瓦希里新人们在举行婚礼时，也有一个重要的仪式步骤是将新郎新娘的手握合在一起。当新郎进入洞房时，洞房的床前会挂着一块帷幔，帷幔后坐着新娘和她的女伴们，她们会同时从帷幔后伸出手来，让新郎猜测哪双手是新娘的，并握住它。新郎由于难以分辨，常常错握了他人的手，于是引得来宾阵阵发笑。当新郎急得束手无策时，新娘的女伴们便会成人之美，巧做指引。当新郎新娘的手紧握在一起时，帷幔便会徐徐拉开，众人鼓掌祝贺，婚礼也就到此结束。当地人们将这一婚礼仪礼称为"握手关"。

（二）婚礼中将新人的手系在一起

还有一些国家的婚礼仪式中，新人们双手握合的程度会更为紧密，新郎新娘的手不但握在一起，还要被系在一起。例如，斯里兰卡的僧伽罗人举行婚礼时，不仅要将新郎新娘的手握合在一起，还会由新娘的舅舅或家族中某位显要的亲戚用一根带子将新人的手或者大拇指系在一起，打一个同心结，这样，就表示一对新人将会白头到老、永不分离。印度南部的一些种姓中，新郎首先握住新娘的手，然后，周围的人们会用一块手帕将新娘新郎的手系在一起。在孟加拉，新娘新郎的手要用一条花带子系在一起。孟买的拜火教徒在婚礼中，则是用一根细麻绳将新人的手系上。

在东欧的波兰和保加利亚，以及罗马尼亚的中西部地区，也有这样的习俗。葡萄牙人则会在婚礼中，由祭司用圣带的一端将新人的手系住。

总之，将新人的手用绳子或带子系在一起，表明二人的结合，是一种较为普遍的婚姻仪礼，有加强婚姻纽带的内在含义。

（三）婚礼中将新人系在一起

中国有"结发为夫妻"的说法，因为古代中国传统的婚姻礼仪中，新婚夫妻在同饮交杯酒之后，还要将彼此的头发系在一起，以象征两人的忠贞不渝、生死不离。这种类似的婚礼风俗，在世界各地、各民族的婚礼中，都广泛存在着。许多地区的新人们，都使用将新郎新娘系在一起的方式象征双方的结合，但不一定是将两人的手系在一起，而是会将新娘新郎其他的身体部位，或者将两人的服饰，如头巾、衣服的下摆等系在一起，这样的仪礼与双手的握合相似，也是传递相同的信息：新人的结合与永不分离。

有此婚俗的阿兹特克人，在举行婚礼时，新娘在父母、媒人的陪伴下来到新郎家，大家围着炉火席地而坐。婚礼开始，新郎要接过岳母的披毯，新娘则要收下婆婆的罩衣及花裙。当他们穿戴好之后，媒婆便会将两人的衣服打个结，至此，新郎新娘便正式结为夫妻了。如果缺少这个"打结"的仪式，则被视为不合法婚姻，所生之子都不能获得继承权。

在印度南部的印度教徒的婚礼中，新娘家请来的祭司要询问新郎是否愿意娶某某姑娘为妻，待新郎作出肯定回答后，祭司就要把这对新人上衣的衣角拴在一起，系成他们称为的"婆罗门结"。祭司一边系结，一边还要说："你们一定要互相信任、互相依靠。"这种把衣角系在一起的习俗是当地婚姻礼仪的一个重要部分，并且还要在整个嫁娶活动中的各个阶段重复多次。①

印度北部锡克人的一个支派南达里人举行婚礼时，新娘会戴着白色的头巾，新郎也会系着白色的长巾。当祭司念诵完经文后，每位新娘就会解下自己的头巾，与新郎的白色长巾一起系成一个活结，以此来象征着男女双方的结合。打好活结后，新娘新郎一

---

① ［芬兰］韦斯特马克：《人类婚姻史》（第二卷），李彬译，商务印书馆2011年版，第876页。

对对站起身来，绕着圣火走四圈，然后转过身来面对圣火，双手合十，头垂至胸，聆听祭司代他们向上天祈福。最后，新人们依次发誓：互敬互爱、白头到老、永不分离。①

某些地方的僧伽罗人在结婚时，也有用长布将新郎和新娘的身体围在一起，并裹上几圈的习俗，当地传统认为，这样做既表示新人的结合，同时还包含有祈求婚姻长久而牢固的含义。

南斯里兰卡的维达人中，新娘要在婚礼中在新郎的腰间系上一根自己捻成的细绳，系完之后，他们的结合就被承认了。这根将他们系在一起的细绳，就象征着他们的婚姻关系，人们认为只要丈夫永远系着这根细绳，那么，就说明他永远爱着他的妻子。

居住在吉大港附近的一些族群举行婚礼时，人们让新郎和新娘坐在一起，由一男一女两位新人的亲属征得在场所有人的同意后，便会用一块白布将新人们绑在一起，② 以表明他们的婚姻得到了社会的认可，并祝愿他们永结同心。

墨西哥北方奇瓦瓦（Chihuahua）州西南部的中美印第安人塔拉乌马拉人，在他们的婚礼习俗中，则是用一条毯子将新娘和新郎裹起来，有时还要将他们的右手系在一起，以象征新人的结合。

新西兰以东查塔姆群岛（Chatham Islands）的已消亡的原住民莫里奥里人的婚礼中，人们会先装饰好一间屋子，作为新人的婚房。在暮色之中，将一对新人带到这间婚房中，新人的朋友们会围成一个圈，将新人置于中央，再用一根草绳将这对新人的肩膀捆在一起，这就表示这对新人已经成婚了。

（四）婚礼中用某种媒介分别系在新郎和新娘身上

在世界不同的地区中，还有一种比较普遍用于象征男女结合的方式，就是将某种媒介物分别系在新郎和新娘的身上。

---

① 顾义章主编：《世界民族风俗与传统文化》，民族出版社1989年版，第206页。

② ［芬兰］韦斯特马克：《人类婚姻史》（第二卷），李彬译，商务印书馆2011年版，第875页。

居住在肯尼亚高原西部的南迪人，他们在举行婚礼时，便要将一根草茎分别系在新娘和新郎的手腕上，然后欢乐地歌舞，以庆贺一对新人从此结为夫妇。

埃塞俄比亚加拉人的婚礼上，每一位来宾都要在新郎和新娘的外袍边缘系上一个花结，而这个花结则会被新人视为吉祥之物而一直保留下去。

巴苏陀新娘的父亲在确定了女儿的婚事之后，便要从自己的牛群中找出一头最肥的牛，将其宰杀后，割下牛颈下的垂皮，再将其一分为二，一条系在女儿的腰间，另一条则赠送给新郎，让其系在腰上。①

这种用某种媒介分别系在新娘和新郎身上的行为，象征着一对新人的结合，并且也意味着从今往后，他们二人便将不再分离，受到婚姻的约束。从某种意义上来说，新郎新娘在婚礼上交换戒指也含有此类意义。即戒指作为一种婚姻的象征和一种中介物，分别戴在新郎和新娘的手上，象征双方的结合，也象征对彼此的忠贞。并且，世界上许多地区的人们对结婚戒指有一种观念，将其视为一种夫妻关系的象征，具有某种神圣的意味。若有一方不幸遗失戒指，或者戒指断裂，那么，这就是一个不祥的预兆，预示着将会发生离异、丧偶或者夫妻失和等不幸的事件。在苏格兰东北部的传统习俗中，若是女性丢失戒指，那就意味着她会"失去丈夫"；犹太人的结婚戒指一定要用纯金制成，这也是因为戒指是夫妻关系的象征，使用纯金代表着夫妻双方的感情纯洁，对彼此忠贞不渝。

---

① ［芬兰］韦斯特马克：《人类婚姻史》（第二卷），李彬译，商务印书馆2011年版，第877页。

二　象征生育的婚姻仪礼

（一）打破鸡蛋以促进生育

在世界上许多地区的婚礼习俗中，广泛地存在着一种在婚礼中"打破鸡蛋"的仪式。例如，利比亚新娘子被接到婆家举行婚礼时，当她每经过家中的一道房门时，都要打破一个鸡蛋。在新郎新娘的洞房门口，也要打破一个鸡蛋。鸡蛋的颜色象征着和谐与好运气，而且最重要的是，这些打破的鸡蛋意味着新娘能够"多生贵子"。

柏柏尔人的一个部落中，在新娘出嫁时，需要用头巾包住一个鸡蛋，将其系在新娘的额头上，并由一个妇女将鸡蛋打碎，使蛋液流出，凝固在新娘的脸上，而只有到了下次洗脸时，新娘才能够将脸上的鸡蛋痕迹洗尽。按照该部落的传统观念，这样做是为了借击破鸡蛋之易，使新郎能够顺利地与新娘结合，生育后代。而在另一个柏柏尔部落——里夫人中，举行婚礼时，新郎的母亲要将一个大杯子倒置在地上，并在杯子上放一个鸡蛋。这时，新郎走过来，一脚踢倒杯子并将鸡蛋踢破，按照他们的说法，这样做是为"祛除任何阻碍新郎与新娘完婚的邪恶力量"，使新郎新娘能够顺利圆房并获得子女。

这种习俗，在摩洛哥以及波斯都有所见。摩洛哥的犹太人在举行婚礼时，新郎会拿一个鸡蛋向新娘投掷，当地人认为这是祈求新娘早日生育，并在日后分娩时，生产顺利。在波斯人风俗的记述中谈到，新娘应该拿一个鸡蛋放在手里，早上起床时，面向麦加的方向，将鸡蛋投掷在墙上，使其破碎。

在爪哇东部的一些部落中，新郎要在婚礼庆典的最后一天，将一个被放置在石头上的鸡蛋打破，而流出的蛋液则让新娘用来涂抹自己的脚。爪哇西部的部落则习惯于在新婚夫妻的房门前放上一个鸡蛋，其用意也与打碎鸡蛋的含义相似。

巴厘岛的新人们成婚时，人们会赠送给他们一个椰子和一个鸡蛋，然后新郎新娘会用力将椰子和鸡蛋打碎，并把碎片四散开来，他们认为这是献给神灵的祭品，能够使神灵保佑新人今后的婚姻，使其顺利地组成家庭、繁衍后代。

欧洲许多国家，也有在婚礼上打碎鸡蛋的仪式，如 17 世纪的法国，新娘在第一次进入新郎家门时，要踩碎一个放在门前的鸡蛋，这样做可以使今后的婚姻幸福美满，子女众多。在西西里岛，当新娘被迎娶到新郎家时，新郎要用脚踩碎两个鸡蛋，以求婚姻美满。

在塞尔维亚人的婚礼习俗中，当新郎进入洞房与新娘结合时，宾客们便会在门外大声呼喊，并把一个放在袋子里的鸡蛋打碎，这样的行为象征着"婚姻的完成"，新娘新郎即将生育孩子。

俄罗斯西部的某些犹太人，尤其是在教规严格的查希丁教派中，有在新娘面前摆放生鸡蛋的习俗，用以象征新娘日后多产，并在未来的分娩时能像母鸡生蛋一样顺利。[1]

总之，在许多国家和地区的婚姻习俗中，鸡蛋都暗寓着子孙后代，而在婚礼中打碎鸡蛋或者用到鸡蛋的仪式显然占有着重要的地位。这种仪式既有祈求新人婚姻顺利的意味，同时更加暗含人们对促进生育的期盼。

---

[1] ［芬兰］韦斯特马克：《人类婚姻史》（第二卷），李彬译，商务印书馆 2011 年版，第 915 页。

（二）打碎物品以促进生育

在俄罗斯一些地区的传统婚俗中，婚礼上新娘的母亲要送给新郎一碗水，新郎喝上几口后，便把碗扔向身后。他们认为，如果碗摔碎了，就意味着这对新人将会顺利地在上帝的保佑下生儿育女。

摩洛哥的犹太人在举行婚礼两周前的一个星期四，人们要在新娘的闺房门口，把一个装满了玉米的罐子打碎，以此象征着新娘婚后将会多儿多女。

（三）向新人抛撒谷粒、果实等以促进生育

向新人抛撒东西的婚礼习俗在世界上许多地方很常见，被抛撒的多有谷粒、稻米、果实、玉米、干果等物。并且，向新人们抛撒物品的习俗含有非常丰富的内涵，一些地区以抛撒物品作为促进生育的象征，一些地区以抛撒物品作为象征新人生活富裕，而另一些地区的人们则认为向新人抛撒物品是用于辟邪。

一些学者认为：向新人抛撒谷粒、种子或干果的习俗，是由于人们对结籽作物的一种同类感，人们会将婚姻之果与禾木之果进行一番类比。因此，人们会在婚礼上向新人抛撒这些物品以促进生育。这一观点，在中国婚礼中的用龙眼、莲子等干果"撒帐"的婚俗中有很好的反映。并且，有这一婚姻仪礼的国家和地区还有很多。

例如，在波西米亚人们的传统中，就有向新婚夫妇抛撒豌豆和大麦粒的习俗。并且尽可能地使新娘的衣裙上留下更多的麦粒和豌豆，因为当地的传统相信，新娘的衣裙上留有多少颗豌豆和麦粒，她今后就会生育多少个子女。

西西里岛的人们会有选择性地向新人身上抛撒麦粒，希望生育男孩的新人，人们会往他们身上抛撒大麦；希望生育女孩的新人，人们则往他们身上抛撒小麦。

俄罗斯人会向新人身上抛撒玉米粒或者啤酒花，其用意都是为

了新人能够像玉米或啤酒花这样的植物一样，有很强的生育能力，结出许多的果实，繁衍出许多的子女。阿尔巴尼亚人会向新娘身上抛撒稻米，这象征着新娘今日会多儿多女，生活幸福。

抛撒麦粒的习俗在英国也同样存在，只是到了今天，人们将其演变成了向新人抛撒五彩的纸屑。撒麦粒的传统源于 1491 年英国国王亨利七世携王后到布里斯托尔旅行时的一件趣事。旅行途中，国王和王后被一位面包师的妻子看到，于是她从窗子里向他们抛撒麦粒，并高呼："欢迎你们，陛下！祝你们幸福、长寿！"这成了一段佳话。到了 16 世纪，这一习俗更加广为流传，人们多向新郎新娘抛撒麦粒，并且将麦粒染成各种美丽的颜色。以此来祝福新婚夫妇健康长寿，也象征他们将子孙满堂。[①]

爱尔兰人在新婚夫妇头上会端举一个盛满饭食的筛子，使里面的谷粒等物纷纷漏下，这是用来象征着家庭的富足和祈求未来生儿育女。

（四）在婚礼中使用某些象征物以促进生育

世界上许多地区的人们，都会在婚礼中使用一些特定的象征物，来表达对新娘生育能力的期盼和对日后新人多子多女的祝愿。这种象征物主要是指婚礼仪式中包含有象征促进生育意义的物品，可以是自然物，也可以是某种人造物品。某些日常生活中使用的器物，其外部形状和内在属性与人们头脑中生育方面的观念有着十分相似的特征，经过人们采取类比联想的思维方式，便对其赋予了神奇的作用，并使之成为婚礼中使得新婚夫妻能够早日生育的吉祥物。

1. 以特定的人象征生育

小孩，尤其是小男孩，是人们最为普遍在婚礼中用于象征生育的人。在摩洛哥某些地区，新郎在迎娶新娘时，坐骑上就必须坐

---

① 潘晓梅、严育新：《婚俗简史》，中国社会科学出版社 2004 年版，第 135 页。

着一个小男孩，以象征新娘未来会生育男孩。类似的婚姻仪礼在许多地区存在，罗马的天主教新娘参加完教堂婚礼，前往新郎家时，人们总会在她乘坐的马车内放进一个小男孩，为的就是让新娘将来能够多生男孩。古代中国新娘乘坐花轿时，也常有一个两岁左右的男孩"压轿"，人们将此视作子孙满堂的一种征兆。

在阿尔巴尼亚南部，人们也是出于期盼新娘生育的目的，在新婚夫妇上床之前，会将一个小男孩放到婚床上，任其滚来滚去，认为这是一种新娘很快生育的吉兆。斯洛伐克人也有这样的习俗。匈牙利维舍格勒的穆斯林中，新娘在被送入洞房之前，先要被安置在一个床垫之上，床垫上还要有一个小男孩滚来滚去。在瑞典的某些地区，新娘在举行婚礼前一天的晚上，要先与一个小男婴同睡，人们认为这样的话，新娘便能够在婚后很快生育，并且头一胎就能生育一个男孩。[1] 在爱沙尼亚，以及大部分斯拉夫民族的婚俗中，人们都要在婚礼时给新娘抱去一个小男孩，让新娘抱着，或者让这个小男孩坐在新娘的腿上。在保加利亚，人们则喜欢让新郎抱一个小男孩，同时让新娘抱一个小女孩，这些孩子都是象征着新人能够尽快地生育，并且最好是生育男孩。在科西嘉岛，人们也会在婚礼上给新娘抱去一个可爱的孩子，然后全体来宾一起向新人祝福："愿上帝降福给你们，生下三男一女。"

亚洲的各个民族也有这样的婚姻习俗。古代印度的《家范经》中就记述了在其新娘一走进新郎家的时候，人们就会把一个小男孩放到她的膝上，以此作为儿孙满堂的预兆。苏门答腊尼亚斯岛上的人们，在婚礼时也要找来一个小男孩，让他坐在新娘的身上，以象征新娘未来会多多生育男孩。

非洲各国也同样有此象征礼俗。东非马赛人举行婚礼时，当新娘和新郎一起走进他们的新房之后，新郎的母亲便会给他们送来一个小孩。新郎接过小孩，放到新娘膝盖上，再由新娘用奶瓶给

---

① ［芬兰］韦斯特马克：《人类婚姻史》（第二卷），李彬译，商务印书馆 2011 年版，第 899 页。

小孩喂奶。这种仪式性的行为，象征着新郎新娘将在婚后很快成为父母，承担起这些养育小孩的行为。苏克人在新娘到达新郎家时，邻居便会将一个小孩放到新娘面前，新娘把这个小孩抱在怀里，方才能够进入新郎家。当地人认为，这样的行为象征着新娘进入新郎的家庭，将会给这个家庭带来子嗣，是一种象征生育的行为。

而在另一些地区和民族的传统婚俗中，则喜爱用另一类特定的人们来象征新娘的生育。例如，苏格兰的某些地区，新人成婚时，总要请一位正在哺乳期的妇女来为他们布置婚床。因为在当地人的观念中，哺乳期的妇女由于其自身的生育行为，使其成了一种多子多福的迹象象征，请这样的人来为新人铺床，才能够使新人们也尽早生育。

在某些地区的斯洛伐克人中，当新娘将要入洞房时，等候在门口的一群小伙子便用自己的帽子触摸新娘，这也是出于促进新娘生育的目的，因为年轻强壮的小伙子，象征青春、活力，以及新娘日后能够生育男孩。

2. 以特定的物品象征生育

例如，在印度，椰子是象征着"多产"的植物，因此，在婚礼上出现椰子，就意味着新娘今后能够多儿多女。在摩洛哥，新娘被接往新郎家时，总是会选择骑母马或者骑种马，母马象征着多产，能够多多地生儿育女，而种马则代表男性，象征着新娘将来会多生儿子。

而在蒙古的传统婚礼中，人们总要为新人准备一套由金属弓箭、利斧和响铃组成的象征性装饰品。弓箭象征着新婚夫妇将来生育的后代聪明、走运，利斧象征着孩子身强力壮，而响铃则象征着孩子超人的才干。并且，箭在某些国家还被视为胚胎的象征。在古代印度教的婚礼仪式中，新郎要对新娘说："但愿一个男性胚胎进入你的子宫，就像箭插入箭囊一样；但愿怀胎十月之后，生出一个男孩。"总之，在许多民族的传统习俗中，箭都与受孕、生育有着密切的联系，因此，箭也就常常出现在婚礼仪式中，用来象征着生育。

　　鱼，也是一种多被用于象征生育的物品而常常出现在婚礼中。居住在东方的犹太人新婚夫妇在进行完宗教婚礼仪式之后，便要从一个装有新鲜鱼的大盘子或者养着活鱼的鱼缸上跳过去，如此往复进行三次；或者从一条鱼上迈过去，进退七回，这在当地人眼中被视为对生儿育女的祈盼。德国的犹太人在婚礼的翌日，新人要食用鱼类，也有促进生育的意思。摩洛哥丹吉尔省的新人们，在新娘来到新郎家之后，便会在全家各间房间巡视一圈，当走到厨房门口时，人们便会将一条鱼扔到新娘的脚上，以代表新娘日后的生活富裕并且子嗣众多。总之，鱼在很多地方人们的心中，是一种代表富足和生育力的食物。韦斯特马克猜测，这大概与鱼卵的性质有关，因为鱼卵不仅可以象征儿女众多，还能象征富足①。

　　人们还用兽皮、毛皮一类的物品来象征生育力，让新娘一人或者新婚夫妇一起坐于兽皮、毛皮之上的婚俗也被认为是为了促进生育力而进行的。例如，古代罗马就有让新娘坐在一块羊皮之上的婚俗，而如果结婚的是祭司的话，则会先用两块羊皮罩住椅子，再让新人坐在椅子上。在印度，当新娘嫁到新郎家时，便会被安排坐在一张红色的牛皮上。《家范经》中也提到，新郎和新娘都应该坐在牛皮之上。在斯拉夫民族之中，也有新人坐于毛皮、褥垫或布料之上的风俗。爱沙尼亚的新娘成婚时，一般会被置于毛皮或者毛毯之上。这种礼俗被普遍认为能够有助于促进新娘的生育能力，使她尽快地生下子女。

　　在百慕大地区，人们习惯用树木来象征子孙的绵延，因此，新人们在举行婚礼时还要亲手栽种一棵树，代表伴随着树木的成长，这对夫妇也会子孙满堂。

---

　　① ［芬兰］韦斯特马克：《人类婚姻史》（第二卷），李彬译，商务印书馆2011年版，第914页。

（五）祈求分娩顺利的仪式

除了期盼增强新娘的生育能力，使其尽快怀孕生子之外，祈求新娘能够在日后的分娩中顺利平安，也是世界各地人们的共同期望。因此，婚礼上还会有一些仪式是专门为祈求新娘未来分娩顺利而设。

如在瑞典的一些地方有这样的习俗，新娘所穿鞋子的鞋带是不能系上的，因为这样象征着她日后生育时能够像脱下不系鞋带的鞋子一样容易。还有一些地区，当在新娘从教堂举行完婚礼回到家时，她便需要迅速地下马，并立刻解开拴在马上的肚带等物，并卸下马鞍，人们认为这样做也能够使新娘日后的分娩顺顺当当。同样的仪式在爱沙尼亚也存在，只是主角变成了新郎，当新郎骑马而至时，人们会迅速地迎接他下马并帮助新郎卸下马鞍，这样，新娘将来便能够顺利地分娩。爱沙尼亚的另一些地方，还盛行当新郎迎娶新娘回到家时，人们要将大门两侧的栅栏全部推倒，让新娘所乘坐的马车没有任何障碍地顺利驶入。认为这样做可以使她在今后分娩孩子时平安、顺当。而在德国乡间，人们则相信，新郎亲手帮新娘系上袜带，那么新娘日后便能够顺利快捷地分娩了。

三 象征未来生活富裕、幸福的婚姻仪礼

（一）向新人抛撒物品

在许多国家和地区中，向新郎新娘身上抛撒各种物品除了希望

他们早日生育的含义之外，还有象征未来婚姻生活富裕、幸福的意思。例如，在古希腊，新娘一到新郎家，便会由新郎带领来到灶台边，人们便一起向新娘身上抛撒无花果、椰枣、核桃和小钱币等象征幸福的物品。还有一些时候，人们还会在家门口向新人们身上抛撒糖果，以象征未来生活甜蜜。到了现代希腊，这种向新人抛撒钱币、核桃、糖果、稻米等物的习俗，依然存在着，新人的亲朋好友们会在新郎迎亲的路上等待着向他们抛撒吉祥物。克里特岛的婚俗中，一名少女会在新郎家的门口用掺了芝麻粒和蜂蜜的核桃迎接新娘，待新娘进到房中，新郎家的人还要给新娘递上一个石榴，新娘将一粒粒的石榴撒在地上，以表示吉祥。

在古代罗马，新郎也会向新娘抛撒核桃，然后这些散落在地上的核桃会被人群中的小男孩们争先恐后地捡拾起来，以象征新娘新郎的生活会美满幸福。

普鲁士新娘在被迎娶到新郎家后，她首先要在新郎家人的带领下走过家中的每一个房门口，每到达一处，新郎家人都要朝她的身上抛撒大麦、小麦和豆子，以祈盼这对夫妻未来有丰裕的生活。

在欧洲的许多国家有类似的婚俗。意大利人习惯朝新郎新娘身上抛撒谷粒或者五彩纸屑，而新郎新娘则向人群分发糖果、核桃和栗子等。在法国，人们朝新人身上抛撒大麻籽或小麦。波西米亚的人们会向新婚夫妇抛去豌豆或大麦粒。而在 17 世纪的英格兰，当新娘走出教堂时，人们总会往她头上抛撒小麦粒。英格兰北部的婚礼习俗中，往新娘头上抛撒的，则是一把小酥饼，等小酥饼从新娘头上掉落到地上，人们便一哄而上，争相去捡。当地习俗中，朝新娘扔去的小酥饼象征着好运和生活富裕，谁捡到了，便会有好运气。苏格兰东北部，人们则会在新娘头顶上方举起一个筛子，里面盛有面包和奶酪，有时候人们也会把这些东西弄碎后抛撒到新娘身上。爱尔兰西部，则是在新娘走进新郎家时，由新郎的母亲掰碎一块燕麦饼，撒在新娘的头上。这种婚俗，在各地的犹太人中也普遍存在。

北非的摩尔人中，则认为椰枣、葡萄干、无花果等物会使人万事顺利、生活富足，是象征好运的物品，因此，向新娘抛撒这些物品会使新郎家对新娘感到满意，使他们日后生活美满。而向新娘抛撒蛋糕、大麦等，是为了表示对好年景和物资丰富的祈盼，而当新娘又将这些物品抛回给人群时，所有人群中的人们也沾上了幸运，会和新人一样富裕幸福。

摩洛哥的婚俗中，新郎的母亲会将面包、水果等从新娘乘坐的马车座位上扔过去，如此一来，一对新人今后就会吃穿不愁、生活富裕。

埃及新人在举行婚礼时，人们会向他们抛撒盐末，以示祝贺和祈盼生活幸福。富裕的家庭，则会向新郎新娘抛撒一些涂上金粉的小钱币，小孩们则会争相去捡拾这些小钱币，场面十分热闹，也象征着新人们的生活将会一直富足、美满，充满了欢乐。

缅甸孟族人举行婚礼时，亲友们也会向新人们抛撒一些零钱和米花，以此来象征新人从此之后的生活风调雨顺、五谷丰登。

总之，人们向新婚夫妇抛撒干果、食物、小钱币等象征好运的物品，然后围观的人们纷纷捡拾这些掉落的"幸运物"，在许多国家和地区的婚礼中是必不可少的仪礼，这种仪礼普遍存在一种共同作用，即表示人们对新婚夫妇的一种祝愿和企盼，愿新人日后的生活"一路撒满了幸福、富足和美满"。

（二） 向新人赠送特定的物品

有些婚礼仪式中人们会向新人赠送一些特定的物品，用意也同样在于使新婚夫妇生活富裕。例如，摩洛哥的婚礼中，人们总是要向新人们赠送椰枣，让他们食用。在赠送的同时，还要念诵一句祝愿的话："愿主赐予椰枣和富足。"而在柏柏尔人的部落中，新郎的母亲要赠送给新娘一只小羊羔，新娘接到羊羔后，便会将这只小羊羔用力从帐篷的顶上扔过去，他们认为这样能够使新人们以后拥有很多的羊。在另一些部落中，则习惯送给新娘一些黄油，然后有新娘将黄油涂抹在家中的横梁上，做完这一仪式，就意味着家中未来会有用不完的黄油。希腊的一些地方，人们也会赠送黄油和蜂蜜给新娘，新娘会将它们涂抹在新郎家的门上，这样就象征着新娘的到来会给新郎家带来富裕和甜蜜的生活。

在瑞典的某些地方，新娘则会在婚礼中跑进新郎家的食品储藏间，吃一些新郎家提供的食物并喝一些牛奶，人们认为这样，新人一家便永远都会富裕，不会缺少食物了。爱沙尼亚的婚礼上，人们会为新人准备大量的啤酒，并任凭啤酒溢出来而不加以阻止，因为人们认为这样一来，新郎新娘便会有幸福丰裕的生活，拥有永远取用不尽的财富。

蜂蜜也是人们常用于赠送给新人以示生活甜蜜幸福的物品之一。在保加利亚，人们会送一些蜂蜜给新郎，并由一名妇女用蜂蜜给他擦脸，并且边擦边祝福新郎："要像蜜蜂爱花蜜一样相亲相爱。"斯巴达人的婚俗中，新郎的母亲便会拿着一杯蜂蜜站在家门口迎接一对新人的到来，新娘要喝一口新郎母亲赠送的蜂蜜，便会从此生活甜蜜，并且说话也像蜜一样甜。

在叙利亚，当新娘抵达新郎家时，人们会赠送给新娘一块酵母和一棵小草，新娘会把小草粘在门上，如果即刻便粘住了，则象征着一对新人将会生活美满幸福。

四　婚礼中用于驱邪的仪式

芬兰著名人类学家韦斯特马克在《人类婚姻史》一书中认为："在婚姻礼仪中，有些是想从积极的方面给新婚夫妇双方或其中一

方以助益；而另外一些则是要保护他们免遭邪魔侵袭，或是把邪魔从他们身上驱走①。这后一种就是所谓"辟邪仪式"或"驱邪仪式"。在传统社会中，人们举行婚礼时往往贯穿着许多具有象征性的宗教仪式活动，其中比较重要的一类就是驱邪仪式，其目的是使得新婚夫妻的结合得到神灵的认可和保佑，并消除某些在人们观念中可能对新婚夫妻尤其是对新娘构成威胁的不利因素。②

总之，在世界各地的婚礼上，都存在各种形式的驱邪仪式，但他们的内涵都十分相似，便是避免新人受到邪恶力量的侵袭，使婚礼以及新人的生活能够顺利进行。

（一）打破、打碎物品以驱邪

在摩洛哥安杰拉，当新郎的男傧相给新郎涂抹红棕色的染料后，便手持盛有剩余染剂的碗，高举至头顶，在新郎面前跳起舞来。跳了一会儿之后，就把碗交给另一个单身男子，让他再这样跳上一遍。当最后一个人跳完之后，就要将碗甩到地上，把它打碎。当地人认为，这样做可以驱走婚礼中的邪恶。而在另一个部落中，是由一名女子给新郎涂抹棕红色染料。她也要把碗放在头上，顶着碗跳舞。最后，再把碗甩到地上，把它打碎，人们认为，这样做可以使新郎摆脱邪恶的困扰。③

这样在婚礼上打碎物品的仪式在土耳其、德国、西班牙的吉卜赛人中也有存在，他们会在婚礼上打碎陶器或者扔碎一个坛子。

在撒丁岛，人们看到有迎亲队伍经过的时候，便会把原来用于盛装粮食的坛坛罐罐摔碎在人行道上，他们认为这样可以"驱散

---

① ［芬兰］韦斯特马克：《人类婚姻史》（第二卷），李彬译，商务印书馆2011年版，第879页。

② 瞿明安：《中国少数民族婚礼驱邪仪式中的象征符号》，《宗教学研究》2007年第3期。

③ ［芬兰］韦斯特马克：《人类婚姻史》（第二卷），李彬译，商务印书馆2011年版，第890页。

邪气"。

法国布列塔尼地区的一些婚礼上，为了使婚礼能够顺利，人们必须在喜宴上打碎一件东西，如果没有打碎任何东西的话，就必须赶走一位宾客以作为代替。

苏格兰的阿尔盖郡，婚宴的仪礼则看似有些奇特：如果有人在宴席上不小心而打碎了东西，那么，这就是一个不好的预兆，预示新婚夫妇会有某种不幸降临。但人们却反而会故意扔出一只玻璃酒杯，从新娘新郎的头顶飞过，然后掉在地上打碎，这样的行为则是为了祝福新人们，象征着驱除邪恶、祈求顺利。

（二）向新人抛撒物品以驱邪

向新郎、新娘抛撒大麦、小麦、玉米、葡萄干、无花果等物品的仪礼，在世界上许多地区和国家的婚礼中是必需的。它既有促进生育的寓意，也含有对新人未来生活富足的祈盼，但同时，这一仪式过程还是驱除邪恶的重要手段之一。

在古希腊，人们总是会往刚进门的新娘身上抛撒干果，这便是带有驱邪避邪的用意。叙利亚和巴勒斯坦，新人们在婚礼时会往来宾身上抛撒谷粒和盐粒，也是为了辟邪。

某些地区的印度人在婚礼时会往新郎身上撒些稻米、面粉和牛粪，因为这些物品都被认为是具有驱邪功效的，因此往新人身上撒一点，有助于辟邪。

一部分摩尔人部落中，有这样的婚礼习俗：人们会坐在屋顶上等候新郎、新娘的到来，当新娘走进房屋时，屋顶上的人们便将事先准备好的面包和葡萄干、无花果等干果往下扔，面包和干果像雨点一样纷纷撒落在新娘头上举着的一条毛毯和新娘周围人们的身上。而当地人们解释这一礼仪的作用时，认为纷纷撒落的各种物品，可以吸引人们的注意力，邪恶力量的目光也会被这些东西吸引过去，便不会落到新娘的身上，这样便起到了保护新娘的作用。在另一些部落中，新娘会在自己头上撒上小麦和面粉等，这也是新娘用以辟邪的手段。有时候，新娘还会将干果也撒向周围的来宾身上，人们认为这样也能够使来宾们免受邪恶的侵害。

在不少国家中，这种向新人抛撒物品的礼俗被视为是辟邪或者驱邪的手段，并且，当新娘新郎抵达新房时举行这种驱邪仪式最为普遍，这有可能是因为当新人从旧日熟悉的家庭来到一个全新的家庭，并由一种单身的社会阶段跨入已婚的社会阶段时，所处的这种"阈限"的状态，是最容易遭受邪恶力量的窥视的，因此，这时进行驱邪或辟邪仪式最为必要。对于所抛撒的物品选择和抛撒它们的原因，也是众说纷纭。有些地方的人们认为，用于辟邪的多为稻米、面粉等都为食物，人们抛撒这些物品，就等同于向邪恶的恶魔敬赠食物，那么，恶魔便会顺从人们的意愿，悄然离去，不再伤害新人。另一种说法则认为例如稻米、面粉、干果等物品在当地文化中本身就有驱邪的功效，人们不仅在婚礼中用它们来驱邪避邪，在其他需要驱邪的场合也同样会使用这些物品。

（三）以喧闹之声驱邪

人们还常以喧闹之声来避邪驱邪。例如，在西伯利亚的尤卡吉尔人中，男女两方的亲戚们会跟在一队迎亲的雪橇后面，不断地向两侧开枪，用以驱赶那些可能会来侵袭新娘的鬼魅。当地人将这种做法称为"打鬼眼"①。俄罗斯人也常在婚礼上鸣枪，或者大声喧闹、高奏乐曲，为的是防止女妖伤害新婚夫妇。

出于这种"以喧闹的声音吓退邪恶"的目的，以鸣枪、奏乐等方式在婚礼过程中制造出吵闹的声响的地区和国家还有不少，这与中国传统婚礼习俗中鸣放鞭炮的用意也有相似之处。人们普遍认为，恶魔既害怕巨大的声响，同时，也害怕火药的气味，用这些能够驱走鬼魅，防止它伤害新人。

在摩洛哥，喧闹之声会伴随着整个婚礼的始终。当人们给新郎

---

① ［芬兰］韦斯特马克：《人类婚姻史》（第二卷），李彬译，商务印书馆2011年版，第924页。

新娘涂抹棕红色染料时，周围便开始枪声大作，乐曲高奏，同时女人们便开始大喊大叫，以喧闹之声下走鬼魅。当新娘被接往新郎家时，人们还会在她所乘骑的马、车前面不断地鸣枪和奏乐。新娘到达新郎家后，这种鸣枪和奏乐的仪式还要再重复一次。将新娘笼罩在鸣枪所燃起的烟雾之中，也是保护她免遭恶灵伤害的方式之一。有时候，人们还要专门朝新娘将要居住的新房内放上一枪，以表示驱除这间房内的恶魔。摩洛哥北部的穆斯林宗教中心非斯，新娘在举行婚礼前五天便会每天由几位女性亲属陪同去洗浴。在去洗浴的同时，人们还会带着蜡烛，当新娘洗澡时，便把蜡烛点燃，并大声喊叫。这里的人们认为，当澡盆盛满热水后，便会有鬼魅悄然而来，因此，人们大声喊叫的目的，就是驱邪。

这种辟邪、驱邪的方式，在欧洲乡间的婚礼上也很常见。有时，新娘一行会由一群持枪的伴郎们护送前往教堂，一路上，伴郎们便不断地在新娘及伴娘们的耳边鸣放枪声。在德国人的传统婚俗中，从婚礼前夜一直到新人前往教堂的途中，都是枪声不绝于耳。

在波兰、捷克斯洛伐克、乌克兰等地的斯拉夫民族中，当新郎新娘进入洞房之后，前来贺喜的宾客们便会在洞房外大喊大叫、制造出各种喧闹之声，吓退恶灵，以保证新人的婚礼能够顺利进行。

（四） 以武器驱邪

在现实生活中，人们总是用武器保护自己的人身安全和财产安全，因此，在婚礼中，人们也常常用武器来象征性的表示对新人的保护，避免邪恶力量的伤害。这些武器一般有箭、短剑、匕首、手枪等。

古代印度人举行婚礼时，婆罗门便要向空中射出一支箭，口中还要念道："我要把隐藏于新娘身旁的恶魔眼睛刺瞎。"在奥朗人中，当新娘第一次离开父母家，前往新郎家时，新娘的父亲便会将一支有铁制箭头的箭交到女儿的手中。新娘手握这支箭动身，就可以防止父母村里的鬼魅跟在她身后同行。① 在中国的满族婚礼中，也有新郎射箭的习俗。

古代巴比伦，有一名被称为"苏撒庇努"（susapinnu）的官员，他在婚礼之夜就要充当卫士，持剑守护新婚夫妇，使新娘免遭魔鬼的劫持；或防备魔鬼以其他方式阻挠完婚。②

以短剑、匕首等武器辟邪驱邪的国家和地区尤为众多。除了作为一种利器，能够刺杀的作用之外，短剑和匕首还常常因为其是铁制的武器而受到青睐。因为在许多地方的传统观念中，认为邪魔惧怕铁，尤其惧怕铁制的武器。因此，许多国家和地区的新郎会在婚礼中佩戴或者使用铁制的短剑或匕首。

摩洛哥新郎在成婚时，就要佩带短剑、匕首或者手枪。在别人为他涂抹红棕色的染料时，他便会将两把短剑交叉着放在胸前，这样，便能够避免邪魔侵害。有时，在新娘进行涂抹染料这一仪式时，也会将短剑交叉着横于头顶之上用以避邪。或者在举行婚礼之前，新郎便会将一把短剑或匕首放置在自己的婚床上、枕头下面或者挂在墙上，以保护自己的婚房以及婚礼的顺利进行。

印度教徒举行婚礼仪式时，新郎总是刀枪不离身，为的就是驱除有可能附在身上的鬼魅。而印度的马拉塔人举行婚礼时，新人的舅舅等亲属便要站在新人的身后，手中握有出鞘的短剑，以此来保护新人。比尔人的婚礼中，新郎要用短剑拍打他们的婚房，以驱走恶魔。孟买新人的婚礼上，新郎从仪式开始到结束都要在手中握着一把匕首，为的就是辟邪和驱邪。

在亚美尼亚，人们坚信，新婚夫妇无论是在婚礼进行之时，还是婚礼举行之后，都特别容易受到各种邪恶力量的伤害，因此，新婚夫妇要携带一把折刀，作为他们的护身符。而且，他们随时

---

① ［芬兰］韦斯特马克：《人类婚姻史》（第二卷），李彬译，商务印书馆2011年版，第925页。

② ［美］肯·M. 坎贝尔：《圣经世界的婚姻与家庭》，商务印书馆2012年版，第33页。

随地还要有一名身佩短剑的男子陪同，对他们进行保护。每当这对新人进门时，这名警卫都要用短剑在门楣上画一个叉，因为人们认为门口一带是鬼魅藏身之处。此外，新人要进门时，有人便递给新郎一把短剑，新郎持剑站在门口，让新娘从短剑下通过。[①]

一些地区是由新郎本人佩带武器来辟邪，而在欧洲的许多国家中，也存在由其他亲朋佩带武器来为新婚夫妇辟邪驱邪的习俗。例如，在保加利亚，是由新郎的兄弟手持短剑，在婚礼上保护新人，而在德国则是由男傧相佩带着出鞘的短剑来保护新郎。

而在另一些地区，人们则习惯将武器悬挂在新人出现的地方，以此来驱走邪气。例如，在爱沙尼亚的某些地方，人们将两把短剑戳入新婚夫妇座位上方的墙上。而在荷兰，则习惯于将两把交叉的军刀挂在家门上方，当新人从教堂举行完婚礼回到家中时，就要从这两把军刀下走过，这样，邪恶便被驱除了。类似的习俗在法国某些地区也存在，新婚夫妻举行婚礼那天要从两把交叉的短剑下穿过，才能避开恶魔的伤害。

（五）　以涂抹染剂来驱邪

在一些国家，尤其是在信仰伊斯兰教的国家中，为新娘，或者新郎新娘二人身上涂抹染料用以驱邪的婚俗广泛存在。人们相信，这一涂抹染剂的仪式，在婚礼中具有十分重要的辟邪驱邪功能。

例如，在摩洛哥，人们便会从埃及女贞植物的叶子中提取出一种红棕色的染剂，在举行婚礼前，便将这种染剂涂在新娘的双手、双脚以及小腿、两臂等处，认为涂抹了这种染剂，便可以驱除邪魔，吉祥顺利地举行婚礼。新郎也要涂以这种红棕色的染剂，只是涂抹的地方较新娘少一些，涂在手心等处便可以了。这种以染料涂抹新人以驱除邪恶的仪式，多会当众举行，并且还有可能不止涂抹一遍。

---

① ［芬兰］韦斯特马克：《人类婚姻史》（第二卷），李彬译，商务印书馆 2011 年版，第 927 页。

（六）洗浴驱邪

在举行婚礼前新人进行沐浴洗涤，也是一种重要的辟邪驱邪方式。这种方式在古希腊就已经存在。当古希腊新娘要举行结婚仪式时，就要用取自某个圣地的水进行沐浴，还有的要用一种专门的坛子收取特别的泉水洗浴。许多这种被称为"沐浴罐"（loutro-phoroi）的坛子已经被人发现，用作绘画装饰的一部分了。[①] 在一篇记录苏美尔婚礼礼仪的文章中，也提到新娘洗浴抹膏的习俗源于神话中的女神因南娜（Inanna）；古印度人也有这一习俗，沐浴一直都被视为结婚前必不可少的一项准备，不仅对新娘是这样，对新郎来说也是一样。在《阿闼婆吠陀》就提到要请祭司为新娘打水让其沐浴，认为这样能够驱走使婚姻不顺利的邪恶。拜火教徒则会在举行婚礼那天早上和下午各洗一次圣浴。[②]

在摩洛哥的非斯，有一种被称为"浇水"的仪式，即在举行婚礼前的三天，新娘要由七位妇女陪同去沐浴，并由她们往新娘头上浇七桶水。这样，便能够驱除使婚后夫妻不和的邪魔，使新婚夫妇婚后互敬互爱、不争吵了。在这里还有一句话说："洗了澡，不再吵。"

西奈半岛上的贝督因新娘在将要出嫁时，要首先在父亲的住处外搭建一个帐篷住上3天，当这段时间快结束时，新娘便会在一队妇女的带领下，来到一个活水泉边，进行洗浴。这种洗浴能够驱除各种不净和邪恶，在这之后，新娘才能够被送往新郎家。

欧洲的不少国家也有婚礼前或婚礼时为新娘洗浴以驱邪的习俗。罗马尼亚新娘要在婚礼前在活水中洗浴，到了冬天河水结冰时，也要从附近的小河中打水回家中洗浴。瑞典新娘一定要在沐

---

① ［美］肯·M.坎贝尔：《圣经世界的婚姻与家庭》，商务印书馆2012年版，第167页。

② ［芬兰］韦斯特马克：《人类婚姻史》（第二卷），李彬译，商务印书馆2011年版，第929页。

浴之后，才能穿戴作为嫁妆的婚服，这样才能使新娘身上干干净净、没有任何邪恶地出嫁。塞尔维亚的新娘在婚前洗浴时，还有往洗浴的水中掺入一些鲜花。在苏格兰东北部的一些地方，新郎会在婚礼前夕在家中举行"洗脚"的仪式。届时，新郎的好友会一起到其家中聚会，然后，将一个注满水的大浴盆抬到新郎面前，将他的鞋袜脱去，把双脚放入水中，这样，新郎就能够摆脱一切邪恶力量，顺利地迎娶到新娘了。

在尼日利亚一些地区，当迎亲队伍将新娘接到新郎家后，新郎便会端来一盆水，由送亲而来的新娘家人为其洗手，然后由新郎为新娘把手擦干。而在这一国家的另一些地区，则习惯于在新娘进入新郎家之前，由新郎的家人为其洗脚。并且，为新娘洗脚的水中要掺入一些酒。当地人认为，这种仪式是为了驱除新娘身上带来的邪祟，使新娘进入新郎家时干净纯洁。

（七）以水驱邪

我们发现，在世界上不少国家和地区的婚礼仪式中，有"水"的存在，这些水不是用于饮用，也不是用于洗浴的。这些与水有关的仪式，是用于辟邪驱邪，使新人一切顺利的。例如，在摩洛哥一些地区，有一种常见的婚俗，当新娘来到新郎家时，人们就把事先准备好的被当地人认为具有驱邪功效的水、牛奶等物洒在新娘身上。还有一些地区新娘出嫁时，在所带的嫁妆中会有一个装满水的瓶子和一个碗，待她到达新郎家时，新郎便将这只碗中注满水，并在屋子的四角中各撒上一点水，再将新娘的指尖放入水中浸湿，再各自喝一口碗中的水，以起到驱邪的作用。

这种在婚礼仪式中以水作为驱邪之用的习俗，在什叶派穆斯林中也普遍存在，因为在什叶派穆斯林中，有一个这样的传说：先知在将自己的女儿嫁给阿里之前，曾令女儿取水洒在她和阿里的身上，以此祈求真主保佑他们以及后代免受恶魔之害。从此之后，在其信众中，这种以水驱邪的习俗便流传了下来，使之成为婚礼中一个必需的驱邪仪式。

而在古代罗马，也有以水来为新娘驱邪的习俗。他们认为，水和火都有驱邪的功能，因此便"以水和火迎接新娘"，也称为"水火接待"（aqua et igni accipere）①。人们要向新娘身上洒水，以避免她遭到恶魔的侵害。

以水驱邪的习俗也在希腊实行，人们会事先找来两名父母健在、家庭幸福的小孩子，当新婚夫妇走进新房的时候，让这两名孩子朝新娘新郎的身上洒水。这样便能够为新人们辟邪驱邪。

有这一婚俗的地区和民族还有许多，如阿尔巴尼亚、俄罗斯一些地区、喜马拉雅山脉附近区域以及斯里兰卡地区的僧伽罗人、泰国、菲律宾等地都有此俗，只是向新人们洒水的人和方式有所不同罢了。在阿尔巴尼亚，一般是在新郎迎亲时，由新娘的母亲向新郎洒水驱邪；俄罗斯一些地方，则是由来宾们向新人们洒水；在喜马拉雅山区，是由新郎亲手往新娘身上洒水；在僧伽罗人中，是由祭司往新婚夫妇的头上洒一点圣水；而在泰国，新婚夫妇都要跪下接受圣水的祝福，这一仪式由专门的长老完成，他先将圣水倒一点在新郎头上，然后再倒一点在新娘头上，在倒圣水的同时，还要为新人念诵祈祷和祝福的词句；菲律宾新人的婚礼上，一对新人跪在新娘父亲的面前，而新娘的父亲则会将一个装满清水的椰子壳向新人们扔去，作为对新人的祝福，使他们避开邪恶，一切顺利。

虽然在完成方式上有略微的差别，但这种"向新人洒水"的仪式，其主要目的都是保护新人在婚礼这一特殊的时期免遭邪恶势力的伤害，使他们能够顺利、平安地举行婚礼。

（八）以火驱邪

除了水之外，火也是另一种常被人们用作婚礼上驱邪的手段。

---

① ［芬兰］韦斯特马克：《人类婚姻史》（第二卷），李彬译，商务印书馆 2011 年版，第 932 页。

人们大多认为，邪恶、魂灵或者鬼魅都潜藏在黑暗、阴冷之处，他们惧怕光明和温暖，因此，火作为光明、温暖的象征，便具有了辟邪驱邪的作用。这也就是婚礼中，火把、火炬、蜡烛、明灯、火盆等物在世界各地都普遍存在的原因之一。

古代罗马的"水火接待"中，火也是必不可少的驱邪之物。在新郎迎亲之时，迎亲队伍总是高举火把，并且，还一定要有一支由山楂树枝扎成的火把，因为山楂树也有神奇的驱邪功能。

古希腊新郎在迎亲之时，也要燃起火把，火作为迎亲队伍必不可少的要素，在古代文献和各种绘画以及艺术品中都多次出现。除了火把，在古希腊的婚礼仪式中，新娘在进入新郎家后即要被带到炉膛前去。"炉膛、炉膛中的火焰以及灶神赫提斯"都是婚礼中重要的要素，代表着家庭的中心。因此，这种熊熊燃烧的火焰，能够驱走在婚礼上和未来家庭生活中的各种邪恶，使家庭能够很好地存续下去。而现代希腊的婚礼中，不仅迎亲队伍中要有火把的存在，新郎新娘本人有时也会手举火把。

在古代犹太人中，当新郎在一群小伙子的陪伴下，从女方家中接出新娘，准备回家时，男女双方的年轻女友们便会点燃手中的火把，加入到迎亲队伍中去。①

在欧洲许多国家，火在婚礼中也有着很强的驱邪功能。瑞典南部的一些地区，新娘进入新郎家时，新娘必须要用手触摸一下一支点燃的蜡烛上的烛火，之后，她才能进入新郎家。德国的汉诺威新娘，在进入新郎家时要由一名手持4支点燃的蜡烛的妇女陪同，在新郎家的每一个角落走一遍。乌克兰某些地区，人们会点燃松脂与柏油，让熊熊的火焰燃烧起来，以此来迎接新娘的到来。白俄罗斯的人们，在举行婚礼之前，新郎新娘双方家中都会在房屋里点燃一些秸秆等物，以驱赶前来阻挠婚礼顺利进行的鬼怪。当新郎迎亲的时候，也需要骑马或者驾车从一堆燃着的火堆上经

① ［芬兰］韦斯特马克：《人类婚姻史》（第二卷），李彬译，商务印书馆2011年版，第934页。

过，新娘到达新郎家时，也要首先从一个火堆上走过，并向火堆里投掷几枚小钱币。这种习俗，与中国传统婚礼中新娘子"跨炭火盆"的意义很相似，火既能够驱走伤害新郎或者新娘的邪气，又能够象征着新人们将来的生活红红火火。德国北部一些地区的婚礼习俗中，有一项便是将一根正在熊熊燃烧的木头扔在正要去教堂举行婚礼的新人家门口，新郎新娘须得跨过着燃烧着的火焰，方才能够前往教堂，当地人相信，这样做就能够驱除邪恶，使婚礼得以顺利进行。

在摩洛哥的婚礼中，闪烁着光芒的点点烛火，已经构成婚礼一道独特的风景。但烛火并不仅仅是为了照明或者美观，驱除邪恶才是它最重要的作用。巴勒斯坦的迎亲队伍两侧，都有人提着点燃的火把和灯笼，也是出于同样的目的。

印度教的婚礼中，也有与火有关的驱邪仪式，就是人们会在新郎新娘头顶上方不停地摇动火把或者灯光，为新人驱邪护身。

（九）戴面纱驱邪

人们普遍认为新人在婚礼时尤其容易受到邪恶力量的侵害，尤其是受到邪恶目光的窥视，因此，给新娘蒙上面纱或者给新郎戴上帽子等方式，便成了世界各地新人用以辟邪驱邪的重要手段之一了。

在整个信仰伊斯兰教的民族中，都有在迎亲时将新娘的脸用面纱蒙上的礼俗。同时，中国新娘戴红盖头的习俗也有此意。在欧洲，新娘蒙面纱的礼俗也十分普遍，在《圣经》中都对此礼俗有所提及。古罗马新娘在举行婚礼时都要头戴面纱，并且，这里的人们常常用"某某姑娘蒙上了面纱"来指代某某女子已经出嫁。由此可知当地人对这一礼俗的重视程度。在爱沙尼亚，也要给新娘蒙上面纱。这一习俗的最初作用，就是使新娘避开邪恶目光的注视，能够避开灾祸和恶魔。

而在另一些国家和地区，人们会在新郎新娘头顶上撑着一块方形的布，以护住新人的头部，这从某种角度上来说，可以算是以戴面纱驱邪的一种变化形式，其本质都是用某种物体掩盖住新人的面部或者头部，使他们免受邪恶力量的侵扰。如英国、法国、瑞典、芬兰等国家和地区，都能看到这种用于婚礼辟邪的习俗。

（十）绕圈、绕行以驱邪

除了通过武器、水、火等被人们视为邪恶力量所畏惧的物质实体来为保护新人免受伤害以外，人们还会通过许多以动作、姿势、仪式表现出来的行为符号来辟邪驱邪。在人们的传统观念中，这些行为符号与前面的物质实体一样，对于新婚夫妻和其他参加婚礼的人都会起到消灾避祸的作用。这些行为符号中，婚礼中引导新娘骑马或者走路绕圈或绕行，是在全世界范围内都广泛存在的一种类型。

1. 绕火而行

在新人绕行的传统习俗中，绕火而行是很普遍的。古印度的婚礼中，有新郎带领新娘绕火而行的仪式。据《家范经》记载，新郎应当带领新娘绕火行走一周，然后再将身体右侧转向火，亦即从向左转改为向右转。[①]

这种绕火而行的婚礼辟邪仪式在德国、苏格兰、克罗地亚、柏柏尔部落、马达加斯加一些地区的婚礼中都有所见，只是具体程序上略有不同。德国新娘是由自己的母亲或者婆婆带领绕火行走3圈；苏格兰也有新娘绕火而行的仪式；克罗地亚新娘则是由男傧相带领着绕家中的炉火3圈，每绕一次圈，新娘还需要对着炉火鞠一躬，以示对家庭的忠诚和尊重，也是为了避免受到恶灵的伤害；柏柏尔人的新娘通常在新郎母亲的引导下去火边；而马达加斯加的一些地区，新娘不仅要围着炉火绕行，还要围绕新郎家的围墙绕行3圈，再围绕房屋绕行3圈，最后才围绕炉火绕行3圈，人们

---

① ［芬兰］韦斯特马克：《人类婚姻史》（第二卷），李彬译，商务印书馆2011年版，第936页。

认为，这样就能够阻挡使婚姻不利的邪气，使新人的婚姻顺利，家庭纽带紧密，新娘永远不会离家而去。

2. 绕祭坛、教堂、清真寺或者圣物而行

除了绕火而行，新人还通常会绕祭坛、教堂、清真寺或者圣物而行，这也被视为一种辟邪驱邪的重要手段。通过绕行，既可以使外来的新娘将所带来的邪气散发出去，保护当地的人们，同时，还可以通过绕行抵消进入一个陌生区域时可能遇到的危险和侵害，这对于新人来说，也是一种保护的手段。

在古罗马，新郎新娘举行完婚礼中的"合手仪式"之后，接着就会举行祭祀活动。在这一过程中，新娘和新郎就要围绕着祭坛绕圈，先向左绕行，再向右绕行。在希腊的婚礼中，新郎和新娘也要在人们的引领下绕祭坛而行 3 圈，方才能够避开邪恶、圆满成婚。

在英格兰与爱尔兰之间的马恩岛上，当新人以及亲朋们一行来到教堂附近时，不可马上进入教堂，而是要围绕着教堂绕行 3 圈，才能进入。

摩洛哥的婚礼过程中，当新娘到达新郎所在的村落时，便要围绕着村落的清真寺绕圈而行，有些地方绕行 3 圈，有些地方绕行 7 圈。并且绕行仪式还会与其他的驱邪仪式一起举行，以加强辟邪驱邪的效果。

在瑞典的一些地区，迎亲队伍进入教堂之前，便会绕着教堂外的一块石头绕行 3 圈的习俗，认为这样做，就能够避开灾祸、婚姻美满，因此，当地的人们将这块"圣石"称为"迎亲石"。

3. 绕房屋、帐篷而行

当新娘到达自己的新家时，围绕着房屋、帐篷等绕圈，也是一种普遍的驱邪仪式。如贝督因新娘在到达新郎家时，便会骑着骆驼，在周围人们的欢呼和喧闹声中，由人带领着围绕新郎家的帐篷绕行 3 圈。这一习俗在阿拉伯游牧部落中十分常见，新娘总是自己乘坐坐骑、由他人抬着或背着，围绕新郎家的帐篷绕行 3 周，方可进入帐篷与新郎相见。

这一习俗在俄罗斯尤卡吉尔人、西伯利亚一带以及阿尔巴尼亚一些部落中，都很常见。在尤卡吉尔人的婚礼中，当新郎长长的雪橇迎亲队伍载着新娘到达新郎家时，要首先围绕着帐篷绕行 3 周。西伯利亚一带的人们，新婚夫妇也要围绕着帐篷绕行 3 圈。在阿尔巴尼亚一些部落中，也有此习俗，新娘要在别人的带领下围着新郎家的房子绕行 3 圈，在围绕炉火绕行 3 圈。

对于这种绕行仪式，各地人们都有各种解释，但大多有一种共同的看法，便是这样的仪式能够驱除新娘身上带来的邪气，并可以把隐匿于家中的邪恶赶走。有利于新娘今后生活的美满和幸福。

参 考 文 献

[1] ［法］阿诺尔德·范热内普：《过渡礼仪》，商务印书馆 2010 年版。

[2] 王歌雅：《婚姻家庭法论》，黑龙江人民出版社 2004 年版。

[3] ［芬兰］韦斯特马克：《人类婚姻史》（第二卷），李彬译、李毅夫校，商务印书馆 2011 年版。

[4] 威廉·古德：《家庭》，魏章玲译，社会科学文献出版社 1986 年版。

[5] ［美］斯蒂芬妮·库茨：《婚姻简史》，秦传安、王璠译，中央编译出版社 2009 年版。

[6] ［古希腊］柏拉图：《柏拉图全集·法律篇》，人民出版社 2001 年版。

[7] ［德］利奇德：《古希腊风化史》，杜之、常鸣译，辽宁教育出版社 2000 年版。

[8] ［美］威尔·杜兰：《世界文明史·希腊的生活》，东方出版社 1999 年版。

[9] ［法］安德烈·比尔基埃、克里斯蒂亚娜·克拉比什—朱伯尔、马尔蒂娜·雪伽兰、弗朗索瓦兹·佐纳邦德主编：《家庭史》，袁树仁、赵克非、邵济源、董芳滨译，生活·读书·新知三联书店 1998 年版。

［10］欧阳若修、韦向学编：《外国婚俗集锦》，漓江出版社1986
年版。

［11］顾义章主编：《世界民族风俗与传统文化》，民族出版社
1989年版。

［12］陆水林：《巴勒斯坦》，重庆出版社1999年版。

［13］［英］布雷多克：《婚床——世界婚俗》，王秋海等译，生
活·读书·新知三联书店1986年版。

［14］［美］威廉·古德：《家庭》，魏章玲译，社会科学文献出版
社1986年版。

［15］［加］伊丽莎白·阿伯特：《婚姻史——婚姻制度的精细描绘
与多角度解读》，孙璐译，中央编译出版社2014年版。

［16］高明强、刘祖乐：《世界人生礼俗大观》，中央民族大学出版
社1999年版。

［17］［美］肯·M. 坎贝尔：《圣经世界的婚姻与家庭》，商务印
书馆2012年版。

［18］［英］爱德华兹、曾尔恕：《汉谟拉比法典》，沈大銈译，中
国政法大学出版社2005年版。

［19］［意］桑德罗·斯奇巴尼选编：《民法大全选译》之《家
庭》，中国政法大学出版社1995年版。

［20］达佳编：《环球婚俗风采》，山西人民出版社1986年版。

［21］陈志强等：《城堡·骑士·贵族》，云南人民出版社2002
年版。

［22］潘晓梅、严育新：《婚俗简史》，中国社会科学出版社2004
年版。

［23］江立平：《世界各国奇异婚俗》，长江文艺出版社1986年版。

［24］［英］拉德克利夫·布朗：《原始社会的结构与功能》，潘
蛟、王贤海等译，中央民族大学出版社1999年版。

［25］杨占武：《世界习俗大观》，湖南文艺出版社1989年版。

［26］瞿明安：《隐藏民族灵魂的符号——中国饮食象征文化论》，

云南大学出版社，云南人民出版社 2011 年版。

[27] ［美］马文·哈里斯：《文化唯物主义》，张海洋、王晏萍译，华夏出版社 1989 年版。

[28] 孙正达、张喧、蒋加明：《以色列国》，重庆出版社 2004 年版。

[29] 李世荣编：《古今中外服装珍闻趣话》，纺织工业出版社 1991 年版。

[30] ［英］埃尔西·唐纳德：《现代西方礼仪》，上海翻译出版社 1986 年版。

[31] 万建中、叶碧英主编：《中西婚礼文化》，中国铁道出版社 2013 年版。

[32] 李绍连：《古今中外婚姻漫话》，科学技术文献出版社 1984 年版。

[33] ［法］让·布洛涅：《西方婚姻史》，赵克非译，中国人民大学出版社 2008 年版。

云南省婚庆行业协会
中国婚礼研究院
云南玺尊龙婚礼文化产业集团

中外新视野

婚礼丛书

瞿明安◎主编

仪式符号——农村婚礼

郑萍 李茂◎著

中国社会科学出版社

图书在版编目 (CIP) 数据

仪式符号：农村婚礼 / 郑萍，李茂著 . —北京：中国社会科学出版社，2016.6

（中外新视野婚礼丛书/瞿明安主编）

ISBN 978 - 7 - 5161 - 8110 - 2

Ⅰ. ①仪…　Ⅱ. ①郑…②李…　Ⅲ. ①农村 – 结婚 – 礼仪 – 中国　Ⅳ. ①K892. 22

中国版本图书馆 CIP 数据核字（2016）第 109207 号

出 版 人	赵剑英
责任编辑	任　明
特约编辑	乔继堂
责任校对	闫　萃
责任印制	何　艳

出　　版	中国社会科学出版社
社　　址	北京鼓楼西大街甲 158 号
邮　　编	100720
网　　址	http：//www. csspw. cn
发 行 部	010 – 84083685
门 市 部	010 – 84029450
经　　销	新华书店及其他书店

印刷装订	北京市兴怀印刷厂
版　　次	2016 年 6 月第 1 版
印　　次	2016 年 6 月第 1 次印刷

开　　本	710 × 1000　1/16
印　　张	14. 5
插　　页	2
字　　数	202 千字
定　　价	200. 00 元（共六册）

总　　序

　　婚礼是人类社会中最普遍的文化现象之一，只要有婚姻存在，人们在缔结婚姻关系时都要举办婚礼。婚礼的形式丰富多样，与人们的衣、食、住、行、用、娱乐、礼仪、庆典、宗教、巫术等都有着千丝万缕的联系，通过婚礼可以透视人类的整个文化。婚礼也是人们喜闻乐见的民俗事项，绝大多数的人们都会对举办婚礼很感兴趣。婚礼还是现代社会中人们关注的热点问题，从婚礼中可以窥见现代社会发生的变迁和未来发展的趋向。正因为婚礼包含着丰富的文化价值和现实意义，所以才引起众多学者们的广泛关注。

　　目前国内外学者所写的专门研究婚礼的著作分别有多种不同的类型。一是分国别的婚礼书籍，如《爱情百分百：各国的婚礼习俗》、《英国婚礼》、《美式婚礼经典》、《掀起你的红盖头：中国婚礼》等；二是分地域的婚礼书籍，如《西方婚礼》、《老上海的婚礼》、《本地华人传统婚礼》、《珠江三角洲一带华人传统婚礼》等；三是分民族的婚礼书籍，如《蒙古族婚礼歌》、《土族婚礼撒拉族婚礼》、《纳西婚礼与歌谣》、《土家族婚俗与婚礼歌》等；四是综合性的婚礼实用书籍，如《国际流行婚礼礼仪》、《现代婚礼设计》、《婚礼完全手册》、《打造最完美的婚礼》、《精明高手办婚礼》、《美满婚礼筹备手册》等；五是专题性的婚礼实用书籍，如《婚礼花艺设计》、《婚礼摄影专业技巧》、《运筹帷幄——婚礼主持

人》、《婚礼庆典主持词》、《婚礼蛋糕》等。六是涉及中外不同历史时期的婚礼书籍，如《古今婚礼》、《中国历代婚礼》、《婚礼服饰考》等。七是产生国际影响的经典婚礼书籍，如《轰动世界的婚礼：皇家罗曼史》等。

为了在前人的基础上对婚礼的研究有所突破，我们策划并组织有关学者撰写了"中外新视野婚礼丛书"，分别包括《域外奇俗——世界婚礼》、《光宗耀祖——宫廷婚礼》、《群星耀眼——名人婚礼》、《中西合璧——城市婚礼》、《仪式符号——农村婚礼》、《异彩纷呈—少数民族婚礼》等六本著作。本丛书突出学术性、资料性和可读性的有机结合，尽量使其内容显得生动活泼、通俗易懂。丛书中的每本书都需要作者在把握学术研究前沿和占有丰富资料的基础上，通过生动的文笔对与婚礼有关的习俗、现象、事例、个案和民族志等进行深入浅出的描述和解释，以满足不同层次读者对各种婚礼文化的阅读兴趣。根据现已掌握的资料，我们对不同的书提出了相应的要求，其中宫廷婚礼、名人婚礼两本书的内容需要涉及中外的婚礼；农村婚礼、城市婚礼、少数民族婚礼等三本书只涉及中国的婚礼；而世界婚礼则只写国外民族的婚礼。这些著作分别涉及全球性、地域性、群体性和个体性的婚礼文化现象，是系统深入地认识婚礼文化不可忽视的研究课题。

有关婚礼的研究是一门大的学问，需要从多学科和不同的角度入手，采用不同的理论方法进行全面深入的探讨，才能有所突破、有所创新。本套丛书只是我们开展的有关婚礼研究的起点，下一步我们将组织和整合国内对婚礼研究感兴趣的学者，对中国的婚礼开展横向和纵向相结合，综合性与专题性相结合，理论性与应用性相结合，全国性与区域性相结合的系统研究，通过一批重要的学术成果将中国的婚礼文化全面客观地呈现在读者面前，为认识了解中国婚礼的多样性和复杂性以及为追求幸福生活的人们提供高端的精神文化产品作出应有的贡献。

瞿明安

2015 年 9 月 25 日

目　录

引　言

　　人类学对仪式的研究经历了由最初关注神话和宗教仪式到结构与功能研究视角，再到注重仪式象征意义研究的过程。马林诺夫斯基注重从个人心理的角度去阐释仪式功能，认为仪式的举行可以减轻人们内心的恐惧感和焦虑感，布朗则从社会结构的角度认为仪式可以构建社会共同的价值观，更好地整合社会，仪式成为恢复社会平衡和稳定的手段。凡·盖内普（Van Gennep）将人生中所经过的仪式称为"通过礼仪"，并将礼仪基本结构分为"分离阶段""过渡阶段"和"整合阶段"。特纳则认为仪式的功能在于协调社会冲突和整合社会，并将通过礼仪分为阈限前、阈限和阈限后三个阶段，认为阈限阶段处于"结构"的交界处，是一种在两个相对稳定"状态"之间的"反结构"状态。根据特纳的理论，婚礼仪式前，男女双方的婚姻关系还未确定，各自处于单身的稳定状态，属于"阈限前"阶段；婚礼仪式后，双方婚姻关系确定，进入了稳定的婚后夫妻生活，属于"阈限后"阶段；而婚礼仪式过程中，则是双方关系由各自单身到夫妻关系的过渡，在这一过渡期，双方身份都不确定，处于一种模糊状态，属于"阈限"阶段。

　　婚礼作为人类生命过程中的一个重要仪式，是男女两性之间的一种结合，这种结合除了具有生理意义外，同时更具有社会意义。

人类学家威廉·斯蒂芬（William Stephen）认为婚姻关系始于一种"公众宣告"，而婚礼则正是这样一种宣告仪式，即婚姻关系的确定是通过婚姻仪式来告知公众，这样就将婚姻关系的意义从个人层面上升到社会层面。婚礼仪式的举行满足了婚姻的社会性需求，获得了社会的认可，在人类的整个社会文化系统中具有重要作用。尤其在中国农村，婚礼的社会认可作用是无法用法律婚姻登记所代替的，具有不可替代的地位。

仪式过程是一个象征符号组合的过程，符号是指"能够有意义地代表其他事物的事物，是传播意识的一种意愿标志。声音、语言、文字、图画、手势、姿态、表情等都是符号"①。符号本身并不具有意义，只有将其放置于特定的文化中，被人们赋予特定的文化意义时，符号才具有了象征意义。婚礼仪式的整个过程中充斥着不同形式的符号，如行为、语言和物品类的符号，这些符号在婚礼文化的场景中传递着祝福、求子、辟邪等信息。

现代社会，婚礼仪式更多成为社交活动的空间，成为在一定社会关系网络中进行社会交往的平台和工具。从婚礼参加的人群构成来看，朋友、同事及同学等非亲属群体人数远远超过亲属群体人数，可见社会关系群体在婚礼仪式中的重要位置，婚礼仪式成为婚礼当事人与其社会交往群体进行交往互动的一种重要形式。同时，婚礼仪式也是结婚双方当事人及其家庭展示社会地位、家庭财富、社会资源及社会声望的场所，通过婚礼的规模、水准来进行自身形象定位，展示家庭社会地位、社会资源，以期获得更多的社会认可和尊重。

农村地区，婚礼是村民维系、强化并创造各种社会联结的一种重要场合，而这些社会联结正是通过婚礼中的礼物交换来加以肯定的。婚礼中的礼物交换体现了村落的"差序格局"，也体现了农村人情交往的互惠原则和工具理性的思维方式，因此，透过婚礼

---

① 郑杭生主编：《社会学概论新修》，中国人民大学出版社 2002 年版，第 164 页。

中的礼物交换，我们可以更深刻地理解和诠释农村社会中的文化规则和社会关系网络秩序。

在农村乡土社会中，虽然传统的婚礼仪式发展到现在有了巨大变化，融入了很多现代因素乃至异域的婚俗特色，但从人类学的角度分析，农村婚礼的诸多仪式和内容仍然延续和传承着可能源于很久以前的传统意义的文化因素。

首先，婚礼仪式中蕴含着祈求新人婚后生活富足的美好愿望。当下的农村，独生子女已成为结婚的主力军，这意味着家庭结构的巨大变化，婚姻所承载的责任更多，被赋予的社会功能更重。虽然双方父母对儿女的婚姻有了更多的期待，但每位父母内心深处最朴素的信仰就是希望自己的孩子成家后富足美满，其中最主要的还是血脉的传承和生活的富足，这其实与古代、近代乃至现代社会对婚姻的期盼和祝福完全一致。他们要表达这种美好的愿望，而这种愿望的表达借助于仪式，并体现在结婚过程的各个环节。所以那些预祝婚后幸福美满生活的仪式必然会在创新发展中被不断传承，其具体表现就是新婚中的那些仪式和禁忌。例如在河北承德的一些农村，新娘在入洞房的时候会有一个小孩递给两个瓶子，其中一个装米，另一个装钱，新娘一定要将这两个瓶子紧紧地抱在怀里，这在当地被称为"抱宝瓶"，按照当地的说法这样可以预示婚后的生活五谷丰登、平平安安、财源广进。新人必须确保这两个瓶子不被打破，否则会不吉祥。这其实和部分农村地区的撒帐仪式非常相似，只不过是把撒在床上的东西齐整地放在了瓶子里。当然还有个别地方会把这些五谷杂粮在新婚之夜放到新娘和新郎的靴子里，以取步步登高之意。可以看出，农村普遍把高粱、玉米、小麦、大麦等农作物同五谷丰登、财源滚滚相联系，并通过这些东西在新婚仪式上使用，预祝新婚夫妇未来过上富足的生活。

其次，蕴含促进生育的愿望。从古至今，新婚夜的诸多仪式和禁忌都体现着促进生育，祝福新娘和新郎多子多孙，人丁兴旺，尤其是希望新娘第一胎生育男孩。例如山东、河南的许多农村中，需要有"全活人"铺床，还要有一个小男孩压床；河北的一些农村在新婚之夜，还会为两位新人准备"子孙饽饽"或者煮得半生不熟的饺子，并且要求两人在吃的过程里询问对方。因为在广大的农村，不论过去还是现在，普遍认为儿女双全是一种福气和运气，让这样的"全活人"为新人做新婚夜的一些准备可以借助对方的福气来感染新郎和新娘，祝福他们未来也能儿女双全。

虽然我国进行了多年的男女平等思想教育，但就农村而言，无论北方还是南方，效果并不是特别显著。因为在农村的社会生产环境下，男孩和女孩还是存在一些差异，并非传宗接代那么简单。例如农村的农业生产，在没有实现完全规模化和自动化的现在，男性相对女性仍然有非常明显的优势；另外，一些农村的传统仪式仍然把女性排除在外，女性在村内诸多事情上的话语权也是明显处于劣势，无法与男性相比。可以说，就许多农民而言，渴望家庭个男孩是为了适应农村生活环境，赢得更有体面和尊严的生活而不得不做出的选择。因此，农村新婚夜中闹洞房和禁忌等仪式把人们对多子多孙多福气的执着追求和期盼展露无遗。

再次，在许多农村婚礼仪式中，都存在驱邪或辟邪的仪式，认为新婚夫妇最容易受到鬼怪的侵扰，需要特别防范，进行驱邪避灾。因为在许多农民心里，普遍相信有超自然力量的存在，认为这种神秘力量支配和左右着人生祸福。一般来说，进入农民家中，门有门神，灶有灶君，堂屋摆放的就是祖宗牌位。他们对妖魔鬼怪的恐惧心理，本质上则是人们在社会生活中遇到不可认知之物或难以克服的挫折而表现出的无所适从。在传统文化的渲染中，受过现代教育的他们，并未扬弃迷信，而表现出一定程度的固执不舍。

这些驱邪避灾的观念在婚礼仪式中有着具体的体现。例如在许多农村，新娘从娘家出发时，需要新郎将新娘抱上车，并且新娘的脚不能沾地，这虽然可以表示为一种新娘对离开娘家的不舍，但同时也是人们对于来自地面的威胁进行躲避。当新娘到达新郎家后，不管是由新郎直接抱入洞房，还是走在将地面隔开的红毯上，新娘的脚始终不能与地面接触，以尽最大努力躲避来自地面的侵害。再如婚礼中属相的禁忌，许多地方的农村都认为，如果有与新人属相相克的人出现在婚礼仪式中，不仅会对新人产生不好的影响，对宾客也会产生不好的影响。另外，各地普遍在迎亲与接亲的过程中燃放烟花爆竹，一些地方还会有鼓乐队伴奏，这些是喜庆气氛的象征，也是人们驱赶鬼怪的一种原始方式。

最后，农村婚礼密切社会交往的功能日益凸显。婚礼作为新郎和新娘的节日，同样也是参与其中所有人的重要日子。因为在农村，亲友虽然住得不远，但平时也很少能聚在一起。婚礼仪式隆重、热闹、喜庆，新人家族的所有亲朋好友，包括平时走动很少的亲戚都会应邀而来，这就起到了协调家族、邻里、亲友的作用，这种仪式活动成为纽带，密切了乡民的社会交往。新婚夜的诸多仪式虽然在不断简化和更新，但是几乎每个程序仍然营造着两位新人及亲友邻里融洽、亲密的氛围，在无形中强化着家族的团结，尤其是可以让新娘从婚礼中获得一种认同和归属感，自觉融入新的家族。例如，河北、山西、河南、天津等地的大部分农村的结婚典礼上都有一项重要的内容就是"上拜"，该仪式上会有一个主持人将新郎家族所有五服以内的长辈以及姻亲、干亲等亲属全部宣读一遍，按照风俗被念到的人会拿出一定的现金表示对两位新人的恭喜和祝福，一般而言，金额的多少会体现出亲属远近，而新人则需要通过鞠躬或磕头的形式表示感谢和认可。所以说，这种基于姻缘和血缘上的结合仪式是非常典型的，身在其中的人会有很强的归属感和群体意识，可以很好地整合家族、宗族和社会的关系。

本书从农村婚礼仪式的变迁、婚礼仪式过程、洞房仪式、婚后附属仪式——回门、农村婚礼中的礼物交换、农村婚礼中的文化信息符号六个方面，对农村婚礼进行了民俗学、社会学、人类学的文化阐释。本书由河北省社会科学院郑萍、李茂撰写完成，在查阅大量文献资料的基础上，结合实地调查中的参与观察，将农村婚礼视为一种具有丰富文化象征意义的仪式符号，综合运用仪式过程理论、象征符号理论以及共时与历时的二维视角，对农村婚礼进行了全面翔实的阐述。

一　农村婚礼仪式的变迁

婚礼是男女确立婚姻关系时举行的被社会承认的仪式。从最普遍的意义来说，婚姻礼仪的社会目的在于使男女的结合具有一种公开性。婚礼仪式的出现代表着婚姻稳定的一种契约关系，也正是这种象征意义，使得婚礼仪式具有了强大的生命力，虽然经历了诸多的仪式变迁，但在婚姻关系的确定中一直扮演着重要角色。

婚礼是社会文化的一个缩影，婚礼仪式的变迁也是伴随着社会文化的变迁而产生的，古代婚礼庄重肃穆、礼仪繁缛、等级分明，反映出中国当时的宗族制度、等级制度，也是中国古代礼仪文明的一个重要组成部分。随着时代发展，尤其是战乱频繁时期，婚礼仪式有所简化，但一些核心的传统观念一直贯穿其中，亘古不变。现代生活的快节奏，也使现代社会的婚礼仪式呈现出简洁的突出特点，在时间上把婚礼过程浓缩到一天，婚礼程序主要集中在古代"六礼"中的最后一道程序，礼俗也集中在这一环节。此外，现代婚礼的消费呈现出奢华场面，出现炫耀性消费的倾向。

（一）古代婚礼

　　婚姻礼仪是人类历史发展和社会文明进步的重要标志，是推动人类婚姻关系逐步走向稳定的重要因素。相传伏羲时，男女双方以成对的鹿皮为订婚聘礼，夏商时期的"亲迎于堂"是中国婚姻礼仪的雏形。春秋时期则是稳定的婚姻形式开始形成的阶段。《礼记·曲礼》中有："男女非有行媒，不相知名。"这种受父母和媒人支配而确定的婚姻形式是促使婚姻稳固化的重要因素，也是婚姻合法的重要前提。周代具备完整的"六礼"，男女之间不能草率地结合，初步奠定了传统婚礼的基础。

　　中国古代社会对婚礼仪式尤为重视，将婚礼作为人生六大礼仪中的一种，《礼记·王制》中记载礼有六种："冠、昏、丧、祭、乡、相见"①，即冠礼、婚礼、丧礼、祭礼、乡饮酒和乡射礼、相见礼。这六礼中，礼之开端为冠礼，礼之根本为婚礼。古人认为婚礼意义重大，为礼之根本，《礼记·昏义》中记载："敬慎重正而后亲之，礼之大体，而所以成男女之别而立夫妇之义也。男女有别而后夫妇有义，夫妇有义而后父子有亲，父子有亲而后君臣有正。故曰：'昏礼者，礼之本也。'"②婚礼仪式确定了男女之间的关系，而后才有夫妻、父子、君臣之间的关系可言，家庭成为社会的核心，成为国家的基础，成为"礼之本"。

　　古代结婚迎娶多在晚间进行，《士昏礼》疏引郑玄《目录》

---

① 王文锦：《礼记译解》，中华书局2007年版，第196页。
② 同上书，第194页。

曰:"士娶妻之礼,以昏为期,因而名焉。阳往而阴来,日入三商为昏。"① 即使有白天娶亲的,也要在车前燃烛执灯,以象征黑夜。古代男子在昏时迎娶新娘,以昏为名,所以称作昏礼。今天"婚礼"一词的"婚"应该源于此。汉代班固《白虎通·婚娶》中说:"婚姻者何谓也?昏时行礼,故谓之婚也;妇人因夫而成,故曰姻。"一些学者也认为昏时成婚的习惯是源于原始时期的抢婚习俗。

先秦婚礼不贺,迎亲多在晚间进行,乘墨车,婚礼场景和服饰以黑色为主,新郎要先进行斋戒,然后才能迎娶,整个婚礼氛围严谨、肃穆,《仪礼·昏礼》中记载:"主人爵弁,纁裳缁袘。从者毕玄端。乘墨车,从车二乘,执烛前马。妇车亦如之,有裧。至于门外。主人筵于户西,西上,右几。女次,纯衣纁袡,立于房中,南面。姆纚笄宵衣,在其右。女从者毕袗玄,纚笄,被颎黼,在其后……"② 从文中可以看出,新郎和随从都穿黑色礼服,乘坐没有彩绘的黑车,新娘穿黑色丝质衣服,婚礼进行时不能奏乐、不能欢笑,场面静穆严肃。古人认为女子属阴,"迎阴气入家宜于夜,夜阴时也,车服皆尚黑,黑亦阴,正与时相称",亦即"阳往而阴来"。黄昏是"阳往而阴来"的时候,而黑色和天黑迎娶都是与"阴"相迎合的。婚礼不动用乐器相贺,也是因为婚礼属于阴性,音乐属于阳性,"昏礼不用乐,幽阴之义也。乐,阳气也。昏礼不贺,人之序也"(《礼记·郊特牲》)③。

西汉宣帝五凤二年,宣帝下诏书允许贺婚,推动了中国婚礼仪式的新发展,也是对中国婚姻制度的一大改革,改周代婚礼庄严典雅的风格,代之以喜庆欢快热闹的气氛,也使婚礼奢靡之风日益盛行。东汉时期,红色开始成为婚礼仪式上的主要颜色。从先

---

① (汉)郑玄注,(唐)孔颖达疏:《十三经注疏·仪礼注疏》,浙江古籍出版社1998年版,第961页。

② 王宁:《评析本白话三礼》,北京广播学院出版社1992年版,第180页。

③ 王文锦:《礼记译解》,中华书局2007年版,第354页。

秦至两汉时期，婚礼经历了由繁到简、由俭到奢的过程，最终发展成为侈婚的形式。

在古代的婚礼仪式中，媒人是一个重要角色，《礼记·坊记》中记载了孔子的论述："故男女无媒不交，无币不相见，恐男女之别也。"《孟子·滕文公下》记载："丈夫生而愿为之有室，女子生而愿为之有家；父母之心，人皆有之，不待父母之命，媒妁之言，钻穴隙相窥，逾墙相从，则周人皆贱之。"周代还专门设置"地官媒氏"为管理男婚女嫁的职官。《周礼》中说："媒氏，掌万民之判。""判"就是"半"的意思，媒氏主合其半，让男女合起来成为夫妇。周代六礼中男女双方的沟通交流，都是由媒人做中介的。到了唐代，"媒妁之言"写入了法律条文中，《唐律·户婚》规定"为婚之法，必有行媒"。宋、元、明、清的法律也同样对媒人在婚姻中的作用做了基本相同的规定，并说明对于违律娶嫁的，也处罚媒人，媒人在婚姻缔结上具有道德与法律的双重作用。①

中国古代的婚礼仪式，以周代的"六礼"最具代表性，虽然经历朝代变化，但至明清，基本的婚礼程序都沿用"六礼"。《仪礼·士昏礼》记载了传统的六礼："昏礼：下达，纳采用雁。……宾执雁，请问名。主人许。宾入。授，如初礼。……纳吉用雁，如纳采礼。纳征：玄纁束帛，俪皮。如纳吉礼。请期，用雁。主人辞。宾许，告期，如纳征礼。"②此六种仪式即纳采、问名、纳吉、纳征、请期、亲迎。

纳采，即"托媒提亲"，又称"执柯"，后世俗称"保亲""说媒"等。是男方备些礼物，托媒人到女方家提亲。由媒人承担介绍人、证婚人的责任，使婚姻合礼合法，不被讥为"苟合"。

提亲所用礼物多为"雁"。《仪礼·士昏礼》中记载："昏礼下

---

① 李桂梅、禹芳琴：《试论中国传统婚姻习俗的文化内涵》，《常德师范学院学报》2000 年第 4 期。

② 彭林（注译）：《仪礼》，岳麓书社 2001 年版，第 21—24 页。

达，纳采用雁"①，其实婚礼六礼中除了纳征以外，都用雁。雁在古代具有重要的象征意义，《仪礼·士昏礼》郑玄注云："昏礼，无问尊卑皆用雁，取顺阴阳往来也。雁，木落南翔，冰泮北徂，夫为阳，妇为阴，今用雁者，取顺阴阳往来，亦取妇人从夫之义。"《白虎通义·嫁娶》中亦有"挚用雁者，取其随时南北，不失其节，明不夺女子之时也。又取飞成行，止成列也。明嫁娶之礼，长幼有序，不相逾越也。又婚礼贽不用死雉，故用雁也"。② 古代以雁为礼物，主要有以下几种含义：一是雁为随阳鸟，取其阴阳相顺之意，意为妇人从夫之义，确立夫妇的尊卑地位；二是雁行止有序，飞行时，领头的是强壮的雁，而幼弱者追随其后，从不逾越，象征嫁娶原则中长幼有序，确立家长的至尊地位；三是雁仅婚配一次，失偶就不再成双，象征婚姻忠贞不渝；四是雁为候鸟，秋南飞，春北返，来去有时，不失信，象征男女双方爱情守信不渝；五是婚姻象征后代延续，不能用死雉，而要用充满活力的雁。纳采时，媒人捧着活雁送于女家，如果女家同意议婚，就会把雁收下。以雁为礼物，体现了夫妻恩爱、忠贞不渝的爱情观，以及男女尊卑有序的传统观念。后世由于活雁不容易获得，也以鹅、鸭代替。

问名，如果女方父母有意婚媾，男方托媒人向女方请问女子的姓名和生辰八字，以占卜凶吉。后世俗称"求庚""求八字"等。问名的另一目的就是看男女是否为两姓宗族，避免族内通婚。古人对血缘关系区别很严，要求"同姓百世不婚"，即不得同姓相结合。从《左传·僖公二十三年》叔詹和《昭公元年》子产的观点看，男女同姓会导致"不殖"或"生疾"。《国语·晋语四》中司空季子认为男女同姓会造成本族内乱甚至灭亡。③ 问名要先过"门

---

① 《仪礼》，中国社会科学出版社 2006 年版，第 21 页。

② 陈立：《白虎通疏证》，中华书局 1994 年版。

③ 李文娟：《中国传统婚礼及其蕴涵的伦理思想》，《忻州师范学院学报》2008 年第 6 期。

户帖"，双方各在一红纸上书写姓名、年龄、籍贯、三代（曾祖父母、祖父母、父母）名号、官职等。

古代中州农村地区，还要看属相的合冲，民间流传着男女双方属相合冲的俚歌：

自古白马犯青牛，羊鼠相逢一旦休。
猛虎见蛇如刀斩，青龙遇兔不到头。
鸡犬不能成婚配，猪儿从来怕猿猴。

以上这些称为"大冲"。另有蛇和猪、虎和猴，也不能相配，谓之"小冲"。至于属相相合的是鼠和牛、虎和猪、兔和狗、龙和鸡、蛇和猴、马和羊。这些属相合冲的观念至今仍然主宰着一些人的择偶标准。

古代山西农村地区也流传着属相禁忌的民谣："羊鼠不到头；白马怕金牛；鸡不和狗斗；龙见兔子泪长流；牛斗虎，合不来。"

旧时绍兴农村地区的"合肖"规则与中州、山西有所区别，如龙与虎、蛇与鼠均会发生争斗，鸡与犬、羊与鼠均素不相和，虎羊相配会"羊落虎口"，羊鼠相配会"羊鼠俱休"，等等。绍兴有谚云："男子属羊闹堂堂，女子属羊守空房。"以为男子属羊命佳，女子属羊运舛，以致男子多不娶属羊女子为妻，属羊女子或嫁命"硬"男子，或屈为"填房"。男女年龄相距方面也有禁忌，男女年龄相差六岁称"大六冲"，相差三岁称"小六冲"。"小六冲"尚可，"大六冲"则忌婚配。

《德州文史资料》（第6辑）中载的命相相合的属相是"子与丑合，寅与亥合，卯与戌合，辰与酉合，巳与申合，午与未合"，此谓之"六合"。即鼠与牛、虎与猪、兔与狗、龙与鸡、蛇与猴、马与羊可以成婚。命相相克的属相是"白马犯青牛，猪猴不到头，虎蛇如刀锉，羊鼠一旦休，金鸡怕玉犬，兔龙泪交流"，上述六对相克的属相绝对不能成婚。

旧时，有些农村地区合完属相，还要过"八字帖"，双方各在红纸上书写男女出生日期、生辰八字，让媒人传递，看双方是否般配。古代卜凶吉是依照"八字命相"说，寻求"才貌双全"，忌讳"三、六、九冲"等。这种观念给婚姻蒙上了一层神秘的宗教色彩，反映了道教"五行八字"学说对世俗婚姻的影响。"五行"指金、木、水、火、土，"八字"指一个人出生的年、月、日、时，与天干地支相配，四项共得八个字。这八个字每字都分属五行之一项，以此推算一个人的命运。所以，人们在缔结婚姻大事时，非常重视双方的五行八字的配合，力求五行相生，八字和谐，建立宜室宜家的美满婚姻。这种以五行合八字来防范婚姻不幸的做法反映了人们无法回避现实，而又祈求婚后安宁幸福的一种心理平衡的追求，也是道家劝导人们顺从天命的"宿命论"思想的反映。①

明清时期，交换男女八字叫作传庚。传庚也要备具文书，男方写出请庚帖，其格式如下：

```
                                      请
                                      庚

                      辱
                      承

        不弃缔结姻亲己际亲迎而
      鸾庚未获为择吉日之需伏
    希下颁不胜翘盼
  上
  请
×府尊初盟姻台×××先生    阁
                         下
      初盟姻弟×××拜
```

女方接到男庚谱和请庚帖后，要写复柬，并同女庚谱一同送男方，复柬格式如下式：

---

① 郭金秀：《从婚礼习俗看中西方婚姻观中的宗教影响》，《湖北第二师范学院学报》2011 年第 3 期。

复束

谨遵

台召来柬请庚已悉 兹将

小女庚谱 呈送

高门

年 月 日 辰生

肃此复上

×府尊初盟姻台××先生 阁下

和盟姻弟×××拜

纳吉，后世又称"合婚""批八字"等。是男方占卜婚事得到吉兆后再托媒人携雁去女方家订婚，郑玄曰："归卜于庙，得吉兆，复使使者往告，婚姻之事于是定。"① 可见男方对婚姻所持有的谨慎态度及其重视程度。纳吉后婚姻关系初步确定。

纳征，春秋时又称纳币，后世俗称"行聘""送聘""茶仪"和"下彩礼"。"征"是"成"的意思，是婚姻确定的意思，相当于今天的订婚，男方送聘礼去女方家正式订婚，女方则以接受男方聘财的方式表示许婚。古代的聘礼主要有三类：一是"玄纁"，就是用深红和浅红两种颜色组成的衣物；二是"束帛"，五匹为一束，就是五匹长的帛；三是"俪皮"，就是成双的鹿皮。魏晋以后，仪式变得隆重，男家备礼单，聘礼装在箱子内，走街串巷，燃放鞭炮，吹奏鼓乐，在媒人护送下到女家，男方借此炫耀门第和财势。此外，古代民间还有其他不同形式的聘礼，具有不同的象征意义。尺子，指百子千孙，也是对婚后生活事业步步高升的祝福；梳子，"一梳梳到底，二梳白发齐眉，三梳子孙满堂"，梳子有"结发"之意，寓意夫妇一生相爱相守，白头偕老；都斗，原是量粮食的器具，民间有"斗出斗入，日进万金"的说法，都斗在婚嫁礼仪中用于彰显男方的财富雄厚，家境富裕，后来成为女

---

① 胡培翚：《仪礼正义》，商务印书馆 1934 年版。

方家陪嫁，寓意女儿嫁过去之后也能过上丰衣足食的富裕生活；剪刀，传统婚礼中的"六证"之一，寓意新娘婚后生活的绫罗绸缎，锦绣前程，荣华富贵。

古代湖北天门农村地区，称"纳征"为"过大礼"，又称"上头"，在迎娶前一天，由新郎携八肉八鱼（条件好些的有"整猪整羊"），胭脂水粉，新衣裳，还有鸡蛋、面条、封筒（即红包）等送至女家，然后女家里要举行"开盒仪式"，即由新娘的婶娘或嫂子打开新郎所携礼盒，清点礼物，其中的封筒就是给开盒者或扯脸婆的"辛苦费"。

请期，又称"择日"，男方卜得吉日后，择定婚期，派媒人告知女方成婚日期，并送给女方婚期帖，女方同意而回帖，称"完聘"。

亲迎，是新郎亲至女家迎娶新娘、行交拜合卺之礼。亲迎是"六礼"中最复杂、最核心的部分。所谓"亲迎于户，六礼之仪始备"。至此，婚姻最终成立。《礼记·昏义》中记载："父亲醮子而命之迎，男先于女也，子承命以迎，主人延几于庙，而拜迎于门外。婿执雁入，揖让升堂，再拜奠雁，盖亲受之于父母也。降出，御妇车，而婿授绥，御轮三周。先俟于门外，妇至，婿揖妇以入，共牢而食，合卺而酳，所以合体，同尊卑，以亲之也。"与前五礼不同，亲迎要由新郎亲自去迎娶，迎娶之前，男家要祭拜祖先，在选定的时辰驾车到女家迎娶，女家父亲在门外接迎，带领新郎入门，新郎跪拜岳父岳母，然后进屋接新娘。新娘跟随新郎出娘家门，新娘上车，新郎亲自驾车，在车轮转了三圈后，新郎下车，交予随从驾车，新郎先骑马回家，在门外迎接新娘。仪式过程中处处表现出男先于女的礼仪，是父权社会男尊女卑伦理观念的表现。

迎娶新娘至夫家的途中，有障车习俗，众人堵在路上，索要酒食钱物，以此表示祝贺。障车习俗盛于唐代，唐代自天子嫁女至庶民娶妇皆有障车。障车之人最初多为娘家之人，是女家对新娘表示惜别。后世，障车演变为向新人表示祝贺，同时也成为女方再次向男方索要财物的又一借口。赵守俨先生称"其起源，可能是女家对于新嫁娘表示惜别，但到了后来，名存实亡，变为乡里无赖勒索财帛的借口"，[1] 甚至演变成了某些官吏鱼肉百姓、搜刮民脂民膏的手段。宋代"起檐子""拦门"则由唐代障车习俗演变而来。

新娘迎至夫家以后下轿、下车入门的过程中有祈吉庆贺的仪式，主要有撒谷豆、跨鞍、跨火、抱毡等。据宋高承《事物纪原》所考，撒谷豆之习始于汉代："汉世京房之女适翼奉子。奉择日迎之，房以其日不吉，以三煞在门故也。三煞者，谓青羊、乌鸡、青牛之神也。凡是三者在门，新人不得入，犯之损尊长及无子。奉以谓不然。妇将至门，但以谷豆与草禳之，则三煞自避，新人可入也。自是以来，凡嫁娶者，皆置草于门阃内，下车则撒谷豆。"撒谷豆有驱邪避煞之意，到宋代，也可撒钱、果。跨鞍意在取"鞍"的谐音"平安"之意，起源于北方骑猎民族。唐苏鹗《苏氏演义》卷上载："婚姻之礼，坐女于马鞍之侧，或谓此北人尚乘鞍马之义。夫鞍者，安也，欲其安稳同载者也。"跨鞍取出入平安之意。[2]

新娘到达新郎家，夫妇要对席而坐，共进新婚第一顿饭，席上的主食黍和稷，以及调味品是两人各有一份，鱼和肉却只有一份，放在两人之间，供新郎新娘一起食用，称为"共牢而食"，"牢"指动物的肉。新婚第一餐要吃"三饭"，即先吃一口饭，吃一点菜，再蘸一点酱吃，然后喝一口汤，这是一饭。如此再重复两次，则分别是二饭、三饭，称为"三饭告饱"。[3] 新婚夫妇饭后要"饮"，用酒漱口，既可以清洁口腔，也可以定气安神，除去口中晦气。"卺"是葫芦对剖而成的瓢，在古代，葫芦因其多子，且像母腹怀孕形，是一种有生殖力的崇拜物，因此用瓢饮酒，有将多

---

① 赵守俨：《唐代婚姻礼俗考略》，《文史》1963 年第 3 辑。

② 曲彦斌：《中国婚礼仪式史略》，《民俗研究》2000 年第 2 期。

③ 李文娟：《中国传统婚礼及其蕴涵的伦理思想》，《忻州师范学院学报》2008 年第 6 期。

生殖的能力传递给新人的寓意。主事的人将一个葫芦剖开，新人各执一瓢，倒入酒后，同时喝下，称为"合卺而饮"。"共牢而食""合卺而饮"在今天看来是非常普通的行为，但在古代男女授受不亲，更不可能同饮共食，因此婚礼仪式上的"共牢而食""合卺而饮"就显得意义非凡，象征夫妇一体，不离不弃，同甘共苦，相亲相爱。今天婚礼仪式上的新郎新娘一起咬苹果、喝交杯酒，应由此演变而来。

亲迎仪式的结束并非婚礼仪式的真正结束，古代的婚后礼仪才是真正确定新妇身份地位的仪式。新婚第二天要拜见公婆，新妇要早起，沐浴盛装，在堂屋拜见公婆，公婆端坐堂屋正座，新妇将装有枣、栗的盒子献给公公，取"早自谨敬"之意；将盛有肉脯的盒子献给婆婆，取"断断自修"之意。公婆以杯酒赐新妇，新妇饮毕，表示已接纳她为家庭正式成员，具有参与家事的资格。公婆从西阶（宾位）下堂，新妇从东阶（主位）下堂，这表示新妇从此要代理公婆之事。新妇同时还要拜见夫家的其他长辈，标志妇道的开始。

春秋时期有留车返马习俗，"反马"之礼指男方亲往或使人在婚后三月之内把女方送嫁之车所系之马送还给女方，而把送嫁之车留下，以示白头偕老，永无出妻之事。

新妇在婚后三个月拜见夫家祖庙，从此成为夫家之妇，其身份地位才得以确立。《礼记·曾子问》对此记载道："三月而庙见，称来妇也，择日而祭于祢，成妇之义也。"在行庙见之礼之前，虽然新娘已被迎娶进夫家，但要在接受夫家的检验之后才有资格行庙见之礼以获得"妇"的身份。可见，成妇之礼的目的主要是检验新妇是否合格，标志着婚礼缔结过程的结束。[①]《白虎通义·嫁娶》中的解释是："三月一时，物有成者，人之善恶，可得知也，然后可得事宗庙之礼。"《公羊传·成公九年》何休注云："必三月

---

① 韩丽娟：《先秦婚礼文化内涵探析》，《学术论坛》2011 年第 11 期。

者，取一时足以别贞信，贞信著然后成妇礼。"可见，三月庙见一方面是用三个月时间来判断新妇是否贤惠，可以料理家务；另一方面是检验新妇是否怀孕，保证家族子孙血统纯正。宋代将三月庙见改为三日庙见，称为"拜先灵"。《家礼》卷三："三日，主人以妇见于祠堂。"自注："古者三月而庙见，今以其太远，改用三日。"即在亲迎后的第三日行庙见礼。①

古代亦有回门之礼，称"拜门"。《东京梦华录》云："有力能趣办，次日即往，谓之复面拜门。不然，三七日皆可。"新妇父母设宴款待。宋代还盛行"暖女""洗头""贺满月"等婚后礼仪。孟元老《东京梦华录》中记述："……三日，女家送彩段，油蜜蒸饼，谓之蜜和油蒸饼。其女家来作会，谓之暖女。七日，则取女归，盛送彩段头面与之，谓之洗头。一月，则大会相庆，谓之满月。自此以后，礼数简矣。""暖女"，是在亲迎后的第三日以内，女家送酒食一类东西到男家作会。之后，女家接新娘回家，然后以彩缎、头面、盒食等送归婿家，谓之"洗头"。亲迎后满一月，女家送礼到男家，男家大摆宴席，款待亲家及亲眷，谓之"贺满月会亲"。②

（二）民国婚礼

民国时期是中国社会从传统向现代过渡的重要历史时期，也是中国社会风俗发生巨变的重要阶段。经过晚清几十年中西方文化的激烈碰撞，传统封建思想受到了巨大冲击，平等自由观念的传入，

---

① 吕友仁、王立军：《宋代婚礼概述》，《殷都学刊》1991 年第 4 期。

② 同上。

促使人们更加追求人格独立和个性解放，社会思潮更加现代化，也使民国时期的婚姻观念发生了明显变化。人们日益崇尚婚姻自由，包办婚姻逐渐减少，自主婚姻增多，"取男女之同意"日益代替"父母之命，媒妁之言"。婚姻更加自由，离婚案件日益增多。纳妾制度不断受到抨击，一夫一妻的婚姻制度逐渐成为社会主流。

民国时期的婚礼礼仪也呈现出中西合璧、新旧交融的特点。一方面，传统婚礼仍占有重要地位，但对"六礼"进行了不同程度的简化或增改，出现婚礼仪式的地方特色。"婚礼务求节俭，以挽回奢侈习俗，而免经济生活之障碍。"① 这一特点在农村地区表现更为明显。另一方面，出现了吸纳西方文化的文明婚礼，并逐渐被人们接受，开始流行。文明结婚既简单又经济，一定程度上体现了自由平等的思想，它提倡男女平等、婚姻自由，要求把妇女从婚姻中解放出来。文明婚礼的出现，反映了近代以来所竭力推崇的自由、平等、民主思想，它体现了人个性意识的觉醒和独立人格的形成，因此伴随着这种性质的婚姻所产生的各种礼仪形式，也往往充满了平等自由的情调。② 这一特点在城市表现较为明显，并逐渐向农村地区蔓延。

民国时期出现了政治易俗的现象，19世纪末20世纪初，中国新兴资产阶级认识到改良社会习俗在政治进步中的作用，主张把政治变革和移风易俗结合起来，并论述了某些具体习俗改革与政治进化的关系。康有为在《大同书》中提出的改革传统婚姻的主张，认为青年男女满20岁以上的，其婚姻便应"皆由本人作主自择，情志相合，乃立合约，名曰交好之约……"另两位维新志士——梁启超和谭嗣同则更加旗帜鲜明地提出了"一夫一妻制"的主张，坚决反对男子纳妾，并认为此举"近可宜家，远可善种"③。移风易俗逐渐发展为一场政治色彩浓郁的群众运动，各类

---

① 徐珂：《清稗类钞》（第五册），中华书局1986年版，第1987页。

② 刘苗苗：《浅析中国近代文明婚礼》，《才智》2010年第1期。

③ 同上。

改良风俗的团体也纷纷成立，推动了文明婚礼的出现。

　　农村地区文明婚礼仍以传统婚礼为主，但在仪式程序方面较传统婚礼简化许多，人力、物力的消耗也相对减少。有人曾这样描述文明婚礼的便利性，"梳一东洋头，披件西式衣，穿双西式履，凡凤冠霞帔、锦衣绣裙、红鞋绿袜一概不用，便利一；马车一到，昂然登舆，香花簇拥，四无障碍，无须伪啼假哭扶持背负，便利二；宣传婚约，互换婚指，才一鞠躬，即携手同归，无俟相催请跪拜起立之烦，便利三"①。文明婚礼的仪式在许多地方志中都有记载，当涂县地方志记载，当地的文明婚礼大致程序如下："父母为男女择配，必俟及冠及笄之年，得男女之默许后，各邀亲友一人为介绍，酌备礼物正式订婚。迎娶时，男宅假大礼堂一所，雇军乐一队随彩车迎女。请童女二人为傧相，胸系鲜花伴新妇入场，行礼毕，相偕返家，行见尊长礼三鞠躬。"② 文明婚礼的秩序共包括15项内容，其中大部分都是直接引入西方婚礼仪式的程序内容，如宣读证书、交换饰品、行结婚礼、奏乐等。另外，地方志中还提到"（结婚）证书系书店用五彩精印，由男宅购备，上贴印花四角，其效力于旧俗庚帖同"。

　　民国《重修信阳县志》的《礼俗志》这样记载文明婚礼：第一节，订婚。男女双方订婚者免除一切聘礼，只交换婚帖。婚帖写明当事人姓名、年龄、籍贯，愿与某人订婚。下署年月日、姓名。第二节，通告。即男女双方择定结婚日期后，各以名帖通知双方家族。第三节，结婚。婚礼仪式可在礼堂或家中举行。出席仪式的应有主婚人、证婚人、傧相、介绍人等。新郎、新娘要当众答复证婚人是否同意结婚的询问。同意后，与主婚人、介绍人、证婚人依次在证书上盖章或签字。第四节，谒见。新郎、新娘向公婆及长辈、亲戚行相见礼（鞠躬礼）。

---

① 是龙：《自由女子新婚谈》，《申报》1912 年 9 月 19 日。

② 《中国地方志集成·安徽府县志辑》（第 39 辑），江苏古籍出版社 1998 年版，第24 页。

《民国续修广饶县志》中比较详细地记载了当地文明婚礼的仪式。"用新式婚束，不迎亲，结婚设礼堂。一、司仪入席。二、奏乐。三、男女主婚人入席，向外立。四、介绍人入席，对面立。五、男女宾入席，相向立。六、奏乐。七、新妇舆临门，傧相引新妇登堂。八、新郎登堂，内向并立。九、主婚人率新郎、新妇祀祖上香，晋爵供馔，三鞠躬。十、祀毕焚燎，向外三鞠躬。十一、奏乐。十二、新郎新妇相向立，行结婚礼，三鞠躬。十三、介绍人读证书。十四、新郎用印。十五、新妇用印。十六、介绍人用印。十七、介绍人为新郎新妇交换饰物。十八、奏乐。十九、行见家族礼。二十、男女主婚人及尊长外向立，新郎新妇内向三鞠躬。二十一、平辈右向立，新郎新妇右向立，二鞠躬。二十二、小辈内向立，新郎、新妇外向立，一鞠躬。二十三、介绍人向主婚人致贺，二鞠躬。二十四、男宾向主婚人致贺，二鞠躬。二十五、女宾向主婚人致贺，二鞠躬。二十六、男女主婚人率新郎新妇向介绍人致谢，二鞠躬。二十七、男女主婚人率新郎新妇向男宾致谢，二鞠躬。二十八、男女主婚人率新郎新妇向女宾致谢，二鞠躬。二十九、男女主婚人退。三十、介绍人退。三十一、男宾退。"

通过以上农村地区文明婚礼仪式的记载，我们可以发现，作为一种新式婚礼的文明婚礼，相较于传统婚礼表现出新的特点。第一，文明婚礼体现了传统"父母包办"向"自由恋爱"的转变。传统的订婚主要由家长替子女做主，男女双方在结婚前基本不见面，对自己的婚姻没有选择权和决定权，只能被动地接受。而文明婚礼虽然也存在由父母为子女选择对象的现象，但已经开始考虑子女的意见，"得男女之默许"。而且婚姻当事人在婚姻订立的整个过程中参与性明显加强，尤其随着西方思想影响的不断深入，婚姻当事人的意见在很大程度上可以影响婚姻缔结的成功与否。第二，媒人作用有所弱化，但在农村地区，媒人仍不可或缺。传统婚礼中媒人是双方家庭传递信息、交换物品的重要媒介，也是婚姻能否成立的重要因素，在婚礼仪式中起着关键作用。而新式婚礼中多为介绍人，介绍人在婚姻过程中的作用相对较小，仅是双方订立婚姻邀请的见证人，有的在婚礼仪式中主持婚礼。但在农村地区，媒人仍是双方沟通的媒介，不可或缺，其作用明显强于城市。第三，婚礼仪式过程较为简化。传统婚礼严格遵循古代"六礼"的程序，婚前准备较为复杂，婚礼花费的财力、物力巨大。文明婚礼仪式较为简洁，婚前只准备婚礼用品、印制请柬，节约了人力、物力。第四，婚后拜谒礼更加平等、简约。新旧婚礼都有婚后拜谒礼，体现了中国特有的"尊敬长辈"的思想，但在拜谒形式上有所不同。传统婚礼婚后第二天对男方亲属要行跪拜礼，要侍奉茶水，进宗祠参拜祖先，体现出传统婚礼以家族为中心的整体利益，子女成为家族传宗接代的工具。文明婚礼则将婚后跪拜礼改为鞠躬礼，融合了西方的礼仪因素，凸显了追求自身幸福的个人意愿。第五，婚礼仪式地点及参加人员有所变化。传统婚礼被看作家族内部事务，多在家中举行，参加婚礼的人员也多为双方的亲戚，通过婚礼维持的是以血缘和姻缘为纽带的家族内部关系，使家族内部的关系得以加强。文明婚礼的仪式地点多选在礼堂等公共场所，参加者除了家族亲属外，还包括同事、同学、朋友等，婚礼中的人际关系较传统婚礼有所扩大，也更复杂，婚礼的社会属性更为突出。

（三）新中国成立后的婚礼变迁

1.50 年代农村婚礼

新中国成立后，封建制度虽已铲除，但由于中国几千年封建传统文化积习根深蒂固，传统婚姻习俗在许多地区还不同程度地保留着，尤其在农村地区传统婚姻习俗保留得更多一些。虽然民国时期有文明婚礼出现，但文明婚礼局限于留学生和上层知识分子，多出现在城市，而广大农村地区人口文化素质还比较低，依旧保持着传统的婚礼形式。1950年5月1日，《中华人民共和国婚姻法》正式实施，规定并确立了新中国婚姻登记制度，要求结婚、自愿离婚、复婚的男女双方亲自到户口所在地县（区、乡）人民政府登记。这是新中国成立后颁布的第一部法律，可见婚姻在社会生活中的重要性。从此，婚姻有了法律的保证，婚姻的订立需要国家的认可，婚姻登记制度正式开始实施。虽然国家规定了婚姻登记制度，但在广大农村仍存在许多"黑婚"现象，人们仍以婚礼仪式作为婚姻的确认标志，认为只要举行了婚礼仪式，就算是正式结婚，婚姻登记可有可无。

2. 60—70 年代农村婚礼

这一时期，中国经历着"文化大革命"的洗礼，政治婚姻成为当时的主流婚姻，家庭出身、职业成份完全主导了婚姻，一些条件优秀、长相出众的女子往往会嫁给综合条件远不如自己，但家庭出身好的男子，以改变自己的生存状况。军人是当时女子择偶的首选对象，漂亮姑娘嫁给军官，目的是摆脱自己不好的家庭背景。"文化大革命"中，以阶级斗争为纲，尤其在农村，人们优先选择与贫下中农结婚，缺少爱情基础，婚姻成为一种为了生存的简单联合，一种政治的相互利用。

在"文化大革命"的社会大背景下，政治在婚姻中占有绝对优势，婚礼的革命意味空前浓烈。恋爱常常以"探讨革命工作，交流革命思想"的名义悄悄进行，婚姻礼俗被视为封建糟粕，都属于"四旧"范畴，婚礼仪式变得极其简单，多是新郎骑自行车将新娘驮到新房。婚礼上，撒些水果、糖，还增添了向毛主席像鞠躬这一富有时代特色的内容，请领导和贫下中农宣读革命誓言，算作证婚。这一时期开始流行照结婚照，当时的结婚照仅是一张合影照，合影照中两人胸前佩戴领袖像章，袖子上扎着红袖章，手捧《毛主席语录》。毛主席画像和语录也被印在结婚证上。

这一时期的结婚装扮以蓝色和军绿色的制服为主，当时中国人被外界称为"蓝蚂蚁"。旗袍属于"四旧"范畴，代表资产阶级生活方式，成为清扫对象，所以旗袍在中国人的着装中彻底消失。当时，新娘以能穿上红卫兵服装归婆家为荣，新郎以穿红卫兵衣服、戴红卫兵袖标迎亲为最有面子。

3. 改革开放后农村婚礼

随着改革开放的深入推进，市场经济在农村的建立和发展对以传统农业以及农业文明为基础的封闭保守的观念产生强大冲击，追求利润最大化、讲求经济效益的思想对人们产生潜移默化的影响。这一时期的婚姻也更多地受到金钱意识的影响，货币金钱成为重要的择偶标准。80年代，万元户成为人们最倾心的择偶对象，婚姻消费的数目日益增多，彩礼由最初的"三转一响"——自行车、缝纫机、手表、录音机，到逐渐被电视机、洗衣机、电冰箱所替代。婚礼成为人们炫耀性消费的一个重要手段。受中国人面子因素的影响，婚礼讲排场、比阔气的情况日益增多，女方围绕彩礼、钱财、房子向男方提出了更多的苛刻条件，名目繁多。例如出现新娘出嫁时的"上车礼""下车礼"以及称呼公婆时的"见面礼"，这些"礼"都是以货币形式呈现的。

这一时期的婚礼呈现出地方化特色，婚礼仪式中加入了地方文化因素，出现"百里不同风，十里不同俗"的现象。例如，淮北农村地区，有的地方男方在迎娶新娘时，要送公鸡给女方家庭，女方则准备一只母鸡予以交换，有的地方女方则不需准备母鸡交换。在鸡的送接方面，男方须选择一对童男童女分别抱公鸡、母鸡。而有的地方只有童男"抱金鸡"之俗，没有童女抱鸡的。有的地方男方送聘礼往往与定日子结合起来，送给女方一定的鸡、鱼、酒、烟等物品；而有的地方送聘礼是在结婚迎娶的前一天，并将聘礼取名为"四捎礼"，即要送鸡、鱼、酒、糕点四类物品。聘礼的数量、种类，不同的乡县都有区别，但有一点是共同的，就是女方对聘礼不能全部接受，必须返还给男方一部分。有的区域女方要返还一半聘礼，有的返还一小部分即可。①

90年代后期，婚礼形式呈多样化发展趋势，婚礼仪式由以喝喜酒、吃喜宴为主，发展为追求富有创意的、有文化品位的个性化的婚礼。响应国家婚事从简的号召，农村纷纷成立红白理事会，负责组织农村的结婚事宜，规定婚礼的最高消费，避免农村婚礼的互相攀比。这一时期，农村也兴起了集体婚礼，结婚仪式一般选择在"五一""十一"等节日举行。也有新婚夫妇在公园或风景区种植一对"合欢树"以壮大常青之林，寄寓爱情绵长之意。种不同的树有不同的象征意义，合欢树或桂花树象征幸福和欢乐，有幸福之意；松柏、冬青、罗汉松和马尾松象征天长地久，爱情犹如松柏常青。樟树叶茂根深寿命较长，象征新郎和新娘永结同心、白头偕老。农村也兴起了"电影婚礼"，由办喜事的一方出资放一两场电影，县电影公司安排好影片，乡电影队实行优质服务，价格优惠，组织好"电影婚礼"专场放映。电影放映既节约了大量资金，又为婚礼增添了高品位的文化氛围，成为农村移风易俗的重要举措。此外城乡间的婚礼差异日益缩小，城市的新式婚礼也传入农村，农村婚礼中开始出现伴娘，新娘普遍穿着婚纱，以鞠躬代替传统的跪拜礼。农村出现了网上婚礼、古典婚礼、田园婚礼、公园婚礼等多种婚礼形式，迎合了现代青年追求时尚个性的文化品位，也是社会进步的一个重要体现。

---

① 陈志刚：《当代淮北婚俗及其特点》，《淮北煤师院学报》（哲学社会科学版）2000年第4期。

二　农村婚礼仪式

　　婚礼仪式是人生命中的一种重要礼仪，是人生命中具有重要阶段性、标志性的仪式。婚礼前后，男女双方的身份、相互关系都发生了显著变化，由相对自由的单身个体变为具有相互约束、彼此具有责任和义务的夫妻关系。

　　婚礼作为一种仪式，蕴含着丰富的文化象征意义，成为一种符号意义的传播媒介。尤其农村地区具有更为浓厚的传统文化积淀，因此农村婚礼仪式所蕴含的符号意义比城市更为丰富。婚礼仪式可以看作是象征性的、表演性的、由文化传统所规定的一整套行为方式，包括神圣的和世俗的活动，以此来进行特定文化群体的人与神之间、人与人之间的沟通，帮助人们顺利进行社会角色转换，并发挥强化秩序及整合社会的功能。

　　婚礼仪式过程中，既是向婚礼参与者传递着特定的文化心态和价值观念，同时也是婚礼参与者之间在相互的沟通、交流、互动中进行着信息传播。可以说，仪式只是一种手段，其所传递出的文化信息才是最终目的。

（一）婚前议婚程序

1. 订婚仪式

　　订婚在现代城市的结婚程序中是可有可无的，但在农村地区，订婚仍然是举行婚礼前不可或缺的一项程序，也是民间承认婚姻有效性的一个标志性程序。"订婚"相当于古代的"纳征"。订婚当天，男女双方父母、亲人见面，男方为女方准备订婚礼物，双方家人议定婚礼细节。农村地区的订婚仪式是结婚的前置程序，其中最重要的内容之一是商定彩礼，作为订立婚约的条件。

　　农村地区仍然沿袭了传统"父母之命，媒妁之言"的传统习俗，父母与媒人仍在婚姻中起重要作用，即使是自由恋爱，到谈婚论嫁时，男方也要找一媒人到女方家提亲，征得女方父母的同意，并商量订婚事宜。订婚时，男方一般要准备一些礼物，礼物一般包括给新娘和给新娘父母的见面礼，多为金银首饰、衣服和货币形式的礼金。订婚多为只有双方最亲密的亲戚参加的小型酒宴，借此机会告知亲戚结婚的喜讯。

　　华北农村地区的订婚，俗称"送启"，一般是先由男方陪同女方到县城购买衣物，然后男家向女家送去婚帖和彩礼。彩礼名目繁多，主要包括衣服钱、身价钱等，用以感谢女方家长对女儿的养育之恩并资助婚嫁之费，男女方要择日在各自家中大摆宴席款待亲戚和媒人，以示婚约得到社会的认可。然后确定举行婚礼的吉日，以便通知亲朋好友到时参加婚礼。实际上，这道程序是将古礼中的纳吉、纳征、请期合而为一。

内蒙古包头地区的汉族订婚时,男方要准备食盒,内装一条羊腿、两瓶酒、两罐茶、四种点心,40 个直径约一尺、厚约一寸的满油糖大饼,八个直径约 1.5 尺、厚约 1.5 寸的满油糖大饼,印有"长命富贵"四个字,这八个大饼女方留四个,回男方四个,满油糖大饼意喻未来的婚姻生活甜甜蜜蜜。还有 100 个印有大红双喜字,重约一斤的大馍馍,内包红枣。媒人将写有算命先生推算出来的几个良辰吉日的帖交给女家,请女方选定其中一个吉日,叫"择吉"。女方选好日子写在帖上叫"换帖"。接着媒人要问清楚女方有什么要求及应备些什么彩礼,商量妥后男方就回去置备。女方把饼分成块,分送给亲朋好友,并通知结婚的日期叫"下茶",也叫催礼。姑娘从这一天起要把头发挽成髻,标志自己已经有婚配了。

在包头地区的固阳订婚时要给女方送离娘"三条腿",订婚时除带 48 个大茶饼外,还要带一对糕鱼、一对面喜兔,再加一条羊腿。喜兔要由女方用红线拴住回给男方。鱼代表富裕和多子,象征女性;兔谐音"吐子",也是繁衍多子的含义,象征男性。用红线拴上象征夫妻永结同心,富贵多子。

华北地区农村订婚,又称"换手绢"。定亲时,男女双方要交换手绢,男方在手绢中包上一定数目的金钱作为定礼,定礼的数目由女方决定,包双不包单,一般为 6000—8000 元,随着经济的发展,手绢中的礼金的数量也在不断增长。女方手绢中也会象征性地包吉利数目的礼金,一般为 600—800 元。订婚时,媒人在征求双方都没意见后,开始主持换手绢结定仪式。由男方把包有现金的手绢交给媒人递到女方手中。女方也把手绢通过媒人再转交到男方手里。定亲时男方一般需要办几桌酒席,宴请比较亲近的亲属,以证明两家今后的特殊关系。女方的至亲属,如舅舅、叔叔、伯伯类的亲属则到男方家"吃酒"。酒席期间,还要举行"认大小"仪式,也称"改口",认大小标志着男女双方身份的转变。

首先，在媒人的引导下，男女双方对对方父母改口，双方父母会给改口费，一般女方父母给的比男方父母少，然后，在媒人和男方父母的带领下，女方给男方亲戚敬酒，并改口称呼，也会得到一定数量的改口费。同样，男方也对女方亲属敬酒改口，但不会得到改口费。酒席结束后，男方会给女方准备些礼物带回，由女方父母分发给亲戚。在换手绢的第二天，男方会带着女方去县城买金戒指、金耳环和金项链，即"三金"，也会给女方买些衣服，作为实物形式的定亲礼。

湘北农村地区，订婚前，先由媒人与女方家议定定礼数量。订婚时，男方要送两架大食盒，一个食盒里放彩缎、衣料、礼币、化妆品和红礼单（喜帖）。一个食盒里放香烛、酒肉、油炸果食、点心、胡桃、大枣、粉条、海带。女家将定礼收下，将酒肉食品放到祖宗神案前祭祀，并放炮庆贺。男家人回去时，女方要有"回头话"，即将事先做好的袜底、袜子、枕头、腰带、新鞋以及礼馍（大枣糕），用红线绑好，放到食盒里，作为"回礼"。在湘北农村地区，一旦订婚礼成，男女双方就可以改口，称呼对方的父母为爸妈，但改口费多在婚礼时给。

山西农村传统婚俗，订婚时，女方送男方"四色礼"，即文房四宝、扇子、手帕、裤带之类，送裤带据说是为了在日后的生活中女方可以把丈夫的心"拴"住。男方则送女方布料、戒指、耳环等，不论何种礼品，均须凑足四数。

浙江地区农村，订婚时，女方家会准备好送男方的礼物，如衣服、手表、铁树、万年青、葱等，铁树花盆泥上铺红纸，纸上放有染了红、绿等色的花生、棉籽和糖果，树叶上吊挂桂圆、枣子、元宝状巧克力等串，花盆里各放一大盒火柴，用红纸包好，寓意红红火火。上午准新郎率车队，在媒人的陪同下，来邀请女方亲戚。女方将送男方的礼物交给媒人。女方亲戚到达男方家时，男方家放鞭炮迎接。中午男方家置办酒席，准新娘在男方母亲的陪同下到每桌敬酒，并介绍每位亲戚。席间，男方母亲会给每位女方亲戚一袋糖。午宴结束后,男方将女方亲戚送回,并由媒人将聘金帖、日子帖、舅帖以及戒指等送到女方家。日子帖与舅帖为订婚的文书、结婚的凭证,基本上沿袭传统的做法和写法,由亲戚中或者村中略懂古仪的人士写成。日子帖为结婚日子的帖,为硬面,红色,外封有"缘定今生"字样,形状比舅帖为小,内文从右到左竖写:

　　　　谨选公元×××× 年农历 ×月×日下午×时举行婚礼　 特此　预闻忝婚眷弟×××敬礼

舅帖为邀请新娘的兄弟来喝喜酒之帖,外封为请柬,内文从右到左竖写:

　　　　谨詹公元××××年农历×月×日下午时刻渚杯茗奉迎,玉趾祇聆　雅叙伏祈,早临勿却幸甚　右启　大道德×府诸位舅兄先生台下　忝姻侍生×××敬礼

下午准新郎由媒人陪同到女方家,女方家放鞭炮,晚上在新娘家举办宴席,准新郎在女方父亲的陪同下,给每位客人敬酒,女方母亲给宾客发喜糖。晚间喜宴结束,订婚仪式结束。[①]

2. 婚期的选择

中国历来对婚礼日期的选择都很重视,一般是请算命先生根据男女双方的生辰八字,来选定日期,以免婚后相冲,以祈求吉祥。古代民间认为农历五月、七月为百毒勃发之际,有妖魔作怪,忌讳在这些月份举行婚礼。现代人在结婚日期的选择上,一般选择双月双日,喻意好事成双。有学者认为古代人所选择的吉日并非

_____

① 高其才、罗昶:《传承与变异:浙江慈溪蒋村的订婚习惯法》,《法制与社会发展》2012 年第 2 期。

双日，而是朔日，也就是阴历每月的初一。现代人还会将结婚日期定在国家节假日，如"五一"、国庆、元旦等，以求举国同庆，也便于亲戚朋友安排时间参加婚礼。广东人除了要算出结婚日期，还要算出新人的吉时，新郎要在吉时之内将新娘接回家。如果吉时是在10：00—12：00，那么接亲队伍要在10点之后出发，在12点之前到达女方的家里才可以。东北的习俗则不同，谁的新娘接到婆家早，谁就是得头彩，特别是好日子结婚的多，更要抢这个彩头，因此在东北娶亲要越早越好。旧时北京地区，忌讳正月娶亲、腊月订婚，认为正月结婚是媳妇妨公婆，腊月订婚主克婆家，故俗有"正不娶，腊不订"的说法。此外，男方选日子之前，要先问清女方的月经日期，以便避开，使得"阳倡阴和"。据说迎娶日忌新娘月经来潮，有"红马上床，家败人亡"的说法。

古代确定婚期一般是男定月、女定日，民间俗称"提日子"或"送日头"。之所以请女方择期定日，是因为民间认为"坐床喜"是吉祥征兆，民间把一结婚就怀孕称为"坐床喜"，希望新婚之夕便能让妻子怀孕，所以要避开女子的"月经日"，因此要征求女方意见。老北京婚俗，在订婚以后便要立刻定下结婚的日子，婚期要请算命先生来选定。无论何时迎娶都要选择一个好日子，算命先生会在"上阳月"（初一至十五）和"下阳月"（十六至三十）中各择一吉日，这是为了适应新娘的生理周期方便，使女方能够从这两天中选定恰当的一天举行婚礼。①

中国古代多将仲春和秋后作为结婚期，经学家郑玄提出仲春为民间嫁娶正时，认为"仲春，阳阴交，以成昏礼，顺天时也"。《白虎通义》从天人相感角度对春日宜婚进行了阐述，认为"婚嫁必以春者？春天地交通，万物始生，阴阳交接之时也"。《春秋左传》中，则描述了较多秋后嫁娶之风俗。《孔子家语》亦说，秋冬之季，"群生闭藏……为化育之始，故圣人以合男女，穷天数也。

---

① ［日］直江广治：《中国民俗文化》，王建朗译，上海古籍出版社1991年版，第147页。

霜降而妇功成，嫁娶者行焉；冰伴而农业起，昏礼杀于此"。董仲舒则从天人阴阳的角度解释说："圣人以男女当天地之阴阳。天地之道，向秋冬而阴气来，向春夏而阴气去。故古之人，霜降而迎女，冰泮而杀止，与阴俱近，与阳俱远也。"闻一多将"仲月婚月"与"秋以为期"排列出了前后发展的次序，认为最古的婚姻可能以"春（日）为正时"。因为在村民的巫术意识中，夫妇间的性行为能促进刺激农作物的生长，"故嫁娶必于二月农事作始之时行之"。后来人们更多地考虑到实际劳作的需要，便把婚期移到了"秋后农隙之时"。由于这种"观念（之）大变，于是嫁娶正时，乃一反旧俗，而向之因农时以为正者，今则避农时以为正"①。孔德凌从社会阶层角度，阐述了周代的婚期选择，认为："通过对《诗经》《春秋》《左传》等文献的考察，可以发现周代礼制大夫以上社会阶层婚娶的时间基本上都可以确定集中在夏历的仲秋至仲春之间，而士庶阶层的婚娶都集中在夏历仲春之时。"②

　　汉族农村地区多忌无春之年嫁娶。无春之年，即当年无立春日，有些地方称为"寡年"。"寡年"的"寡"字会令人想到"寡妇""寡居""鳏寡孤独"等词语，是不吉利的，是结婚时日的大忌。民间多认为"寡年结婚不养崽"，也就是婚后不生育的意思。这与"春"字有男欢女爱的意思，如春情、春意、春心、怀春等与春字有关的词语也都有这个意思。而且古代嫁娶多在春时举行，以此农村地区嫁娶便忌讳在无春之年举行，而要提前一年或者推后一年。而对于一年内有两个立春日，各地说法不同。有些地区认为这年结婚好，取"双春双喜"的意思。有些地区则认为这年结婚不好，取"双春喜冲喜"的意思。

　　湘阴农村地区，多喜欢选择有闰月的年份结婚，即该年有两个"立春"，一个"闰月"。当地人认为结婚吉日最好避免在农历的三

　　① 朱引玉：《关于诗经中的婚期问题》，《淮北师范大学学报》（哲学社会科学版）2001 年第 6 期。

　　② 孔德凌：《关于周代嫁娶时间问题的探索》，《咸阳师范学院学报》2006 年第 5 期。

月、七月和九月，因这三个月份分别适逢"清明""盂兰"和"重阳"，均为传统的"鬼节"，不宜办喜事。而在月初圆的"中秋节"，即农历八月是最适合办婚礼的月份。根据男女双方八字推算出的吉日，五行上适宜办喜事，且不能与男方的财星及女方的官星相冲。

山东一些地方的风俗习惯，选定结婚的吉日要经过"要好""看好"和"送好"三个步骤。所谓"要好"就是选一吉日，如农历二月二、四月八、六月六等双月双日，由媒人到女方家去求取女方的生辰八字和属相。女家则用一红纸条写上"坤命×相×月×日×时生人"，交予媒人带回男家。所谓"看好"，就是男家请阴阳先生或算命先生依据男女双方的生辰八字和属相，选定"行嫁月""吉日良辰"以及喜神（又称"吉神"）所在方位，同时还要推算出迎亲、送亲之人在属相上的忌讳。当地民间认为青龙、明堂、金匮、天德、玉堂、司命六辰，是喜神值日的时间，这一天大吉大利，诸事皆宜，为"黄道吉日"。这样的吉日良辰一般要选两个，一个在选好的"行嫁月"的上半月，一个在下半月，由女方选择后再加以确定。所谓"送好"就是最后选定举行结婚仪式的吉日后，正式写成婚书送往女方家中。①

漳州农村地区选择结婚吉日要根据男女双方的生辰八字，加上双方父母、祖父母，甚至兄弟的生辰八字，推算出没有相克的日子。"日帖"中除写明婚娶的日子外，还要注明新娘上轿和进门的时刻，经女方同意后，男方便书写红帖，正式通知女方迎娶日期以及落轿时应避属相冲克的人。

陕西关中农村地区多选择腊月临近春节的前几天娶媳妇，当地人认为腊月二十三送灶神上天后，是百无禁忌的好日子，适合婚嫁之事，当地民谣说："过了腊月二十三，结婚不论哪一天""不管有钱没钱，娶个媳妇好过年"。同时腊月底是冬春之交，正合古

---

① 薛麦喜：《黄河文化丛书·民俗卷》，陕西人民出版社 2001 年版，第 61 页。

时顺应天时阴阳交合的季节，腊月也是农闲季节，人们有空余的时间办婚事。关中地区迎娶时间还选择在不见太阳的黎明前夕，认为新媳妇见到太阳不吉利。即使有特殊情况，也不在腊月结婚，哪怕是炎热夏天，新郎新娘也要在迎娶日穿上棉袄，当然只是象征性地穿一下棉衣，很快可以换上单衣，不会省略穿棉衣环节，以表示仍遵从腊月结婚的规矩，仍遵从天时禁忌。

客家子女结婚前，父母会用宽二寸、长六寸的红纸写成庚谱：

男××乾造××年××月××日××时建生

女××坤造××年××月××日××时端生

媒人负责交换男女双方庚谱，双方家长将收到的庚谱置于神龛内三天，有些地方也会放在米缸中七天，如果这期间家中无人生病，无家畜死亡，无打烂碗碟，则算诸事顺利，再请算命先生推算，如无属相相克，则根据庚帖上的八字推算结婚吉日。

3. 婚书撰写

中国古代社会，婚书、媒人、聘礼、婚礼是婚姻成立的必要条件。其中，婚书成为婚姻成立的书面合约。媒人和聘礼是婚姻成立的人证、物证。最早的婚书始于周，写于竹简上，男女两家各持一半。周代男女订婚后，要立婚书通报，不报者则为私约。

唐代，男女双方互报婚书也是婚姻关系成立的重要条件，唐律规定："男家致书礼请，女氏答书许讫。"也就是，男家致书和女家答书是唐律规定的婚书形式，男家致婚书给女家，女家许讫后才可视为婚姻关系确定，女家答书成为婚姻关系确立的标志。

发现于敦煌的唐代婚书样文包括两部分，一部分是男家向女家通好礼请的"通婚书"，一部分是女方给男方应答许诺的"答婚书"，其文如下：

通婚书：

某顿首顿首，触叙既久，倾瞩良深（如未相识，即云久藉微猷，末由展觐，倾慕之至，难以名言），时候伏维。某位，动止万福，愿馆舍清休（如前人无妻，即不用此语）。即此某蒙稚免，展拜末由，但增翘珍重，谨奉状不宣。某郡姓名 顿首顿首。

（别纸）某自第几男（或第［弟］或侄任言之），年已成立，未有昏媾。承贤第某女（或妹、侄女），令淑有闻，四德兼备，愿结高援。谨同媒人某氏某乙，敢以礼请脱［？］。若不遗，伫听嘉命。某自。

答婚书：

某顿首顿首，久仰德风，竟阙披展（如先认识，即云求展既久，倾慕良深），忽辱荣问，慰沃逾增，时候伏维。某动止万福，愿馆舍清休（前人无妻，不要此语）。即此某蒙稚免，言叙末由，但增企求深，谨奉状不宣。某郡姓名顿首顿首。

（别纸）某自第几某女（或妹、侄、孙任言之），年尚初笄，未闲礼则，承贤第某男（或弟或侄），未有伉俪，愿存姻好，愿托高援。谨回姻媒人某氏，敢不敬从。某自。①

可以看出，"通婚书"和"答婚书"都是由正书和别纸两部分组成，正书为虚文套语，多是通好问候的言辞，体现古人重礼节的一面。别纸则需说明家长与婚姻主体男女的身份关系，以及缔结婚姻的男女的姓名、年龄及婚姻状况。

《元典章》则直接规定，民间缔结婚姻必须订立婚书（或称嫁娶礼书），写明议定的聘财数额，婚主、媒人须在婚书上签字画押，依礼成亲，婚姻方才有效："今后但为婚姻议定，写立婚书文约，明白

---

① 黄永武：《敦煌丛刊初集：15》，台北新文丰出版公司1985年版，第317—318页。

该写元议聘财钱物。凡婚书……须要明写聘财数目，嫁主并媒人各各画字，仍将两下婚书背面大书合同字样，分付各家收执，如有词语朦胧，别无各各画字并合同字样，争告到官，即同假伪。"①

清律强调婚书的约束力和重要性，规定"若许嫁女已报婚书及有私约而辄悔者，笞五十……若再许他人，未成婚者，杖七十，已成婚者，杖八十……男家悔者，罪亦如之，不追财礼"。河南地方官不断发布告谕，强调婚书的重要性："嗣后凡婚配之家，各宜慎之于始，务要明白通知，凭媒聘定，各将籍贯、三代姓名、各男女行次、年庚照式填注婚书，称为行礼，交质为凭。""照得户婚、田土、钱债等事，俱要原媒、原中为证，婚书契券为凭，方许告争。"四川发布告谕："六礼褚从简便可也，庚帖不宜竟省。""凡状告户婚田土，无契约婚书者不准"；"告户婚、田土、钱债，无契约、庚书者不准"；"告婚姻无庚书及媒妁聘礼年月者不准"。②

明清时期的婚书又叫"鸳书"，一般用金鸾朱纸，依照男左女右的次序，分别写上男女双方的姓名、生辰八字、籍贯以及祖宗三代的名号。封面上写有"天作地和，文定厥祥""鸾凤和鸣，珠联璧合"等古语。

"合挥"是太平天国时期的结婚证书，由于上面印有龙凤图案，又称"龙凤合挥"，"合"是结合之意，"挥"是凭据、佐证之意。太平天国废除了封建买卖婚姻，合法的婚姻要通过婚娶官登记核准，颁发"合挥"，才受法律保护。"合挥"上只登记男女新人的姓名、年龄、籍贯，取消了以前惯用的生肖及出生时辰，表明婚姻不受算命、卜测的迷信束缚。男的还写有本人的职位、入营年月和地址，女的名字上写有"配妻"二字。"合挥"二字写在两份骑缝处的中央，龙凤图记盖在"合挥"二字上，各一半。婚书一式两份，一份留给结婚当事人，一份官府存档。可以说，"合挥"是婚书历史上一次革命性的飞跃，标明太平天国婚姻制度的

---

① 张研：《从婚书看中国传统社会的礼法秩序》，《清史研究》2003 年第 3 期。

② 同上。

严肃性，初步具有了现代婚书的一些特点。

民国时期的婚书，男女各执一份，婚书上印有印花税票，象征政府的认可。1914年，北洋政府规定婚书一律由政府统一印制，婚嫁双方必须购买，每份四百文。

30年代，中央苏区的婚书十分简单严肃，结婚证书的题头上印着"中华苏维埃共和国结婚登记证"，题头下方写着男女双方的登记内容："××（男性）××（女性）双方同意实行结婚遵同苏维埃婚姻法合经本政府登记此证"，证书右下角盖有某省苏维埃政府主席的印章，两张连在一起的证书上分别印着"左给××执""右给××执"的字样，表明夫妻双方各执一半，证书最后印有日期。

40年代的婚书采取了统一的格式，证书上写着"今由××先生介绍谨詹于中华民国×××年×月×时在某地举行结婚仪式恭请××先生证婚嘉礼初成良缘遂缔情敦鹣鲽相敬之如宾……同心同德宜室宜家永结鸾传共盟鸳牒此证"，之后是结婚人、证婚人、介绍人、主持人的签名和盖章。这一时期的婚书是古婚书向现代婚书过渡的纽带和桥梁。

新中国成立后，各地结婚证书趋于规范。50年代的结婚证书是像奖状一样的薄纸，纸上写有结婚双方的姓名、年龄、籍贯、签名以及证婚人的签名，结婚证书的正上方印有国旗。这一时期的结婚证书上强调了婚姻的合法性，正面写有"经审查合于婚姻法之规定，准予结婚，特发此证"，背面竖印《婚姻法》中规定的夫妻间的权利和义务。

60年代的结婚证书具有一张革命的面孔，封面是毛主席穿军装的头像和红旗，背面是关于阶级斗争的理论，内页上除写有结婚双方的姓名和年龄，落款为××革命委员会或区人民委员会的印章。这一时期，领取结婚证书的男女双方要出具各自的结婚申请和单位盖章的介绍信。此外结婚证书上还写有毛主席语录：

> 世界是你们的，也是我们的，但归根结底是你们的。你们青年人朝气蓬勃，正是兴旺时期，好像早晨八九点钟的太阳。

希望寄托在你们身上。

——《在莫斯科会见我国留学生和实习生时的谈话》

社会主义制度的建立给我们开辟了一条到达理想境界的道路，而理想境界的实现还要靠我们的辛勤劳动。

——《关于正确处理人民内部矛盾的问题》

70 年代的结婚证上开始有了结婚双方的合影照片，照片是黑白的，一般都穿灰色的服装或绿色军装，结婚证的中间印有一个大的淡粉色的双喜字。有些结婚证的右下角还盖有一个小方章，章上写着"布票已发"。

图 1　70 年代结婚证书

改革开放后，结婚证书统一由民政部监制，红色封面上印有国徽，内页使用人民币专用防伪纸张。2003 年，实施《婚姻登记管理条例》，政府不再干涉个人婚姻问题，结婚登记时，取消了单位介绍信和强制"婚前检查"。2004 年 1 月 1 日正式使用新版结婚证书，国花牡丹成为主要设计元素出现在结婚证书上。

4. 悔婚法律约定

中国古代婚姻以离婚书、收聘礼作为订婚的依据，订婚具有一定的婚姻约束效力，婚姻双方都会受到约束，不得反悔，否则会依律科刑，并强制履行婚约。作为订立婚约重要内容的"六礼"是"先民进行自然崇拜、祖宗崇拜和天神崇拜的一种祈神赐福的宗教规范，后来随着国家的建立，它才逐步演变为具有一定法律意义的规范人们行为的社会规范"①。"六礼"虽产生于民间习惯法，但在中国古代被国家的制定法所吸纳，使订婚习惯法与制定法有机结合。但从清朝末年的"变法修律"开始，不管是民国时期的《中华民国民法》，还是新中国成立后历部《婚姻法》，都将订婚排除在国家制定法之外，使订婚习惯法与制定法分道扬镳。② 1953 年 3 月 19 日，中央人民政府法制委员会发布的《关于婚姻问题的解答》中指出："订婚不是结婚的必要手续。男女自愿订婚者，听其订婚，但别人不得强迫包办。"根据上述精神，我国对婚约的政策是：订婚不是婚姻成立的必经程序，对于订婚法律既不禁止，也不予以保护。2003 年最高人民法院《关于适用〈中华人民共和国婚姻法〉若干问题的解释（二）》第 10 条规定："当事人请求返还按照习俗给付的彩礼的，如果查明属于以下情形，人民法院应当予以支持：（1）双方未办理结婚登记手续的；（2）双方办理结婚登记手续但确未共同生活的；（3）婚前给付并导致给付人生活困难的。适用前款第 2、3 项的规定，应当以双方离婚为条件。"这从国家法的层面对彩礼问题的处理给予了解释，但现有法律在解决实际财产纠纷时，还是显得无力。

古代社会，悔婚要依律科刑，并责令履行原约。现代法治社会，人们的法治意识日益增强，婚约处于一个立法盲点中，订婚对婚姻的约束力日益淡化，悔婚最多会受到社会舆论的谴责，而且舆论的力量也越来越弱化，因此，悔婚现象也越来越多。在彩礼返还上，民间有一些习惯规则，如果男方悔婚，多数情况彩礼不返还，有的地方也会双方协商是否返还，即使返还也只是部分

---

① 谢晖、陈金钊：《民间法》（第一卷），山东人民出版社 2002 年版，第 193 页。

② 于晶：《订婚习惯法与国家制定法冲突的实证研究——我国西北农村地区订婚习惯法透视》，《黑龙江社会科学》2006 年第 1 期。

返还。如女方悔婚，彩礼一般要返还，但多只限于金钱，衣物一般不返还。农村社会，悔婚导致的彩礼纠纷一般由村干部或村里有威望的人出面协调解决，迫不得已的情况才诉诸法律。也有彩礼纠纷演变为恶性暴力刑事案件的情况出现，不利于社会的安定团结。

5. 新增婚前仪式：看亲、压样、踩家

农村地区的婚前仪式虽大体与"六礼"一致，但不同地方也增加了一些地方性仪式。

（1）看亲

皖南农村有"看亲"习俗，媒人去女家提亲，如果女家没有什么意见，就可以商定看亲的日子，一般选双日子，准新郎去女方家，宴请女方亲戚，以便女方亲戚对准新郎有初步认识。酒席所需要的材料都是准新郎头一天下午亲自送过去，也就是男方在女方家里请女方亲戚来吃饭，女方提供场地与人力。

（2）压样

皖南农村地区还有"压样"习俗，是男方用红纸包一个自己的鞋样，材料是竹子刚出土时附带的黑色外皮，由媒人送到女方家里，让准新娘给自己做双鞋子，作为定情信物，同时也可以看看她是否心灵手巧。鞋样里还要包上50—100元礼金，送给女方的母亲。同时，要置办酒席请亲戚朋友吃饭，所有置办酒席的材料都是男方头一天送过去的，女方家里的宴请酒席都必须由男方家里承担，女方只负责场地和人力。

（3）踩家

皖南农村地区还有"踩家"习俗，也叫"察人家"。女方为了对男方做一个更深入的了解，由女方母亲带领亲戚中的女性长辈到男方家里吃中饭，人数一般可达20人。吃饭前，男方父母一般先奉上香茶一盏，然后和女方父母交谈。女方父母通过察看男家并与男方父母交谈，了解和确认媒人先前介绍的情况。如果认可、满意，就将香茶喝

尽。宴席间，男方必须派人陪酒，不可怠慢。因为是第一次来男方家里，男方必须给每个来的人准备红包，其中多少很有讲究，以准丈母娘最多，一般是200元，接下来按照当地习惯认同的亲属关系给红包。

岳阳农村地区也有类似的婚俗，称为"看家"，是当地农村议婚中的一个重要程序和环节，又名看家门、查家。媒人去女家以后，如果女方表示对这门亲事感兴趣，男方和媒人会及时安排女方家人看屋。女方亲戚在媒人和男方亲友的陪同下，到男方查访家况，了解男方家庭成员的情况，熟悉环境，有些地方甚至可以允许进入男方内室翻箱倒柜察看真情实况，男方设宴款待，并赠送女方亲戚"行脚钱"。通常情况下，只有女方去男方家看家，而很少有男方来女方家看家的。看家的时间一般安排在吉日上午，多为六、八等双数日子，但四除外。在去男家看家的时候，女方一般会象征性地带一些礼品（如红糖、白砂糖等）去男方家。当女方家人到男方家门口以后，男方要将事先准备好的鞭炮拿出来燃放，以示欢迎。鞭炮燃放越多越喜庆，越能表现出男方对女方家人到来的欢迎程度。男方家的邻居和一些亲朋好友也会来凑热闹，男方一样地要为大家准备茶、烟和糖果。中午，男方设宴款待女方亲戚，并讨论结婚的相关事宜。在离开男方家之前，男方父母会把事先准备好的新衣服送给女方，同时还要给媒人和陪女方一起来的娘家人一人一件衣服或做衣服的布料等，以示结亲之好。男方家长要给女孩见面礼，钱数一般为六或者八的倍数。

"察家"的习俗在江西婺源称"踏家第"，也就是"摸家底"。踏家第那天，女方的父母及亲戚，女方待嫁的女孩也可到男家了解情况，媒人要在场，协助男方一起介绍。踏家第的当天，男方要摆酒席，还要给来的女方眷属每人一套布料，给未来媳妇几套布料和红纸包（钱）。踏家第习俗是对"六礼"的丰富和扩展，体现男女双方平等的知情权和平等地位。

客家人女家到男家"察家"时，男家要准备一茶二汤三饭热情招待。一茶是察家队伍进入厅堂后，男家要立即拿出茶点（饼干、花生、糖果、瓜子），同时，男家左邻右舍也要主动端来茶点，将几张八仙桌排成一条，摆开流连席，这叫传茶，以显示邻里关系融洽。二汤是客家人招待客人的一种礼俗，一般在隆重的宴席之前都会出现。"汤"有两种，一种是一人一碗面或粉丝，上面盖有鸡肉、猪肉和几个荷包蛋，俗称"满碗"。另一种是打盘汤，大盘的炒面、炒肉、炒鱼、炒牲杂、炒猪肝或者香肠、板鸭、鸡蛋片等摆满桌面，款待客人。察家时，盘汤是绝对不能少的。三饭是男方主人详细介绍自家房屋、人口、经济状况，女方主事人拿出预先拟好的礼单，就聘金金额、宴席规模进行磋商，决定之后，在另一红单上书写"某某两姓愿结秦晋之好，朱陈之婚，现将双方商定之聘礼，开列于下……"红单一式两份，双方各执一份，然后开始丰盛午宴。察家客人回去时，每人得一红包，有的地方还可得到男家赠送的上等衣料。

赣南客家人有"睬嫁场"习俗，客家话称为"拉屋场"，是女家亲戚在媒人陪同下，察看男方家庭、亲戚、邻里情况的习俗，是公开表明双方同意结亲的仪式。"睬嫁场"时，女方不论晴雨天气，均要带一把伞。临走时，男方为女方撑雨伞，为其送行，惜别时，女方则收回雨伞并回赠"送伞包"，以示满意。

（二）迎娶仪式

1. 仪式过程

（1）贴喜字

中国大部分地区都有结婚贴双喜字的习俗，双喜字是我国举行婚礼必不可少的符号类吉祥物。双喜，即两个喜字并连而成的符号，象征着新婚夫妇互敬互爱，白头偕老，双喜临门，即结婚为一喜，将来生了孩子又为一喜。双喜字有多种形式，有圆形的、方形的、菱形的，还有以花卉作衬托的。结婚时，一般是在洞房中堂挂一大红双喜字，在窗户、门户、衣柜、箱子等上贴若干小红双喜字。此外，娶亲的车上、新房的家具、新娘的嫁妆上都会贴双喜字，称为催事喜字，表达了人们对美好幸福生活的向往，同时也增加了婚礼的喜庆气氛。

关于结婚贴喜字还有一个民间传说。相传北宋宰相王安石当年进京赶考时，在京城附近一个镇上投宿。当时适逢元宵佳节，王安石到街上看灯，见马员外门前挂着一个大跑马灯，上写"跑马灯，灯跑马，灯熄马停步"的上联，征对下联，其实这是马员外想借此为女儿寻找才华出众的意中人。王安石因考期临近，心不在焉，故亦未认真考虑对联的事情。谁料进了考场，试卷亦是征联，卷上的半联是"飞虎旗，旗飞虎，旗飞虎藏身"。王安石喜出望外，遂顺手将跑马灯上的半联写毕交卷。考毕归来的王安石又到马员外镇上投宿，见跑马灯上的半联仍未有人对上，他于是提笔又把考卷上的半联写于纸上，众人看了顿时叫好，马员外一家见王安石文才出众，相貌堂堂，遂当面许下了亲事。花轿临门那天，两个报子进府报道"王大人金榜题名"，顿时王家一片欢腾，有人提议"洞房花烛，又加金榜题名，这真是双喜临门啊"。随即让王安石写下个"囍"字贴在大门上。后来结婚贴双喜字渐渐成了一种习俗。

（2）宵夜酒

婚礼前一天，男女双方家人要办"宵夜酒"，主要招待重要亲友和办事人员，商定整个婚礼的组织安排，确定婚礼"主事人"。五台山地区称"吃小糕"。

重庆巫山、奉节农村地区举办宵夜酒时，要给新郎举行"挂号""披红"和"告祖"仪式。"挂号"，是将新郎的名字写上喜匾挂在墙上，以此庆贺"小登科"的意思。"挂号"时，需赞道：

"闻听贵府结丝罗,我人前来贺新科。""告祖",又称"告庙文",新郎与其父跪于家神位前,由主婚人主持,将家族男子完婚之事,告于祖宗。"披红",又称"赞花挂红",新郎要在中堂跪拜,主婚人将两段红绫扎在新郎左右肩,并唱祝词:"一段红绫丈二长,左搭左边生贵子,搭在新郎肩头止,右搭右边状元郎。"民间有"大登科金榜题名,小登科洞房花烛""新婚胜如小登科,披红戴花煞似状元郎"之说,因此又将结婚称为"小登科""挂号""告祖""披红",与古时人们中第登科的仪式相似,新郎穿红袍、戴桂冠,也与中第登科时的装束相似。

巫山、奉节农村地区举办宵夜酒时,还要唱陪郎歌,唱陪郎歌是以至亲子女中未婚的"童男童女"为主,另邀几名善歌者参加演唱,一般是十个人坐一桌唱陪郎,故又称"陪十兄弟"。随着时代的发展,现在陪郎歌的演唱发生了很大变化,对参唱的人限制不那么严格,甚至只要是围在桌子周围的人都可以唱,不一定限定为十个人。唱的歌曲也不限定为传统的陪郎歌,年轻人也可唱流行歌,儿童可以唱儿歌,一般只有老人会唱古时的陪郎歌,只要唱得吉利,唱得喜庆就好,甚至还会跟着录音机的音乐跳舞。

旧时湖北襄阳农村地区,宵夜酒也叫"暖郎酒",暖郎,即新郎的父兄或主婚人,要带着新郎祭祀祖先。新郎要理发、沐浴净身,换上全套的新衣,头戴插有两朵孔雀翎的金花礼帽,脚穿黑缎子鞋,外罩长袍马褂,肩上交叉披着一丈多长的红绫,胸前扎一朵大绣花球,当地人称为"披红挂彩",如同新科状元的装束,象征新郎将来一定能登科做官,表示吉庆。祭祖后,举行家宴,新郎在正堂酒筵上坐首席位,左右由陪郎及陪客各二人奉陪。这只是象征性的酒宴,大家略吃酒菜就散席,表示新郎以后长大成人,并得到祖先认可,有娶妻生子的权利了。

(3)铺床

铺床又称"铺房",在宋代已经十分流行,《东京梦华录》的"娶妇"卷中记载:"婚礼前一日,女家先来男家挂帐,铺设房卧,谓之'铺房'。"①《梦粱录》记载:"婚礼前一日,女家先往男家'铺房':挂帐幔,铺设房奁器具,珠宝首饰动用等物。以至亲压'铺房',备礼前来'暖房'。又以亲信妇人,与从嫁女使,看守房中,不令外人入房,须待新人,方敢纵步往来。"② 司马光在《书仪》中记载:"亲迎前一日,女氏使人张陈其婿之室,俗谓之'铺房',古虽无之,然今世俗所用,不可废也。"唐代婚俗中的"催铺百子帐",时间是在亲迎的当天晚上,而宋代的"铺房"婚俗则演化为婚礼的"前一日"。

民国时期,各地的"铺床"风俗出现地方化特色。江苏仪征市的"铺房"时间改成了"结婚前几日":

> 婚期前几日,女方铺房。除床外,木器皆女家备办,谓之一房一屋。帐幔铺盖必双,谓之两铺两盖。而豪家夸富者更有四铺四盖、八铺八盖,铜、锡、瓷器若干抬,大红箱若干对。房屋陈设必华。③

铺床是婚礼中的重要仪式,是由"全福人"(或称为"好命婆""福命妇")为新郎新娘铺床,"全福人"是指夫妇双全、有儿有女、家境富裕的妇女,"全福人"为新郎新娘铺床可以将"福气"传给新婚夫妇,新婚夫妇父母也会给"全福人"红包。古人认为床是新房中最重要的设备,是神圣的器物,同床共寝是结为夫妻的重要标志,所以婚床不仅是夫妇关系得到公认许可的见证物,更是传宗接代的重要场所,具有重要的象征意义。古时铺房被褥一般由女方提前两天送到男家,同时还配有新房中的摆设,由男家在婚前摆好。新婚被褥要求内外三新,要用红线缝制。"全福人"在铺床时常说些吉利的话,如百年好合、早生贵子、夫妻

---

① (宋)孟元老著,邓之诚注:《东京梦华录注》,中华书局1982年版,第144页。

② (宋)吴自牧:《梦粱录》,浙江人民出版社1984年版,第188页。

③ 胡朴安:《中华全国风俗志(下篇)》,大达图书供应社1935年版,第97页。

恩爱，并在所铺褥子的四角及所叠被子中，放入红枣、核桃、花生、桂圆、栗子、麦粒、硬币等，寓意婚后常有存粮、早生贵子。铺床后新人在婚礼前便不可睡新床住新房，而且铺床后孕妇、戴孝者及有月事的女性也不可入内，否则也视为不吉利。此外铺床后还要小孩跳床，并吃喜果，俗称压床，有开支散叶的寓意。

苏州吴县的婚礼非常重视铺床，俗语有"先铺床，再妆郎"，意思是先在新房内铺好床，再装饰新郎，认为铺床的意义超过妆饰新郎。吴县的铺床是由"全福人"将一红一绿的两床被子一正一反、里对里铺设在婚床上，称为"和合被"，然后在床被上放置喜糕两笼，用红绿丝写有"龙凤呈祥""金玉满堂""长命富贵"等吉祥语，此多为新郎娘舅赠送。两盆糯米团子，大小各六个，寓意团团圆圆，多子多孙之意。还有两杆木秤和两根甘蔗，寓意称称心心和生活节节高，此外，床上还会放两把铁搭、两条扁担和两把木榔头等农具，寄托用劳动发家的美好愿望。这些陈放在床上的物品，在女方嫁妆到时移走。

山东农村地区铺房包括安床和铺床，通常由娘家随嫁妆来的人和婆家的人共同进行，也有只婆家人铺的。安床讲究的是床的安置方位及其走向。通常情况下，床都紧靠东墙或西墙，因为这两边称为山墙，靠墙便是靠山，婚时靠父母之山，以后靠儿女之山。铺床一般在婚礼前一天的晚上，由儿女双全的婶子和嫂子来铺床叠被。床铺好后不能空着。禹城县是由公爹先住一宿，有所谓"公爹压新房，儿女一大帮"的说法。① 有的还在床上搭一席棚，以便坐帐。铺时还要一问一答，唱着喜歌："床上铺的是什么？""是豆秸，养活儿来做秀才。""床上铺的是什么？""是麦穰，一代一个状元郎。"②

梅山地区的农村居民，认为任何事物都有神灵掌管，床也有床神。旧时，梅山地区的婚礼中还有安床神（祭床神）的习俗，以

---

① 黄松：《齐鲁文化》，辽宁教育出版社1995年版，第163页。

② 山曼、李万鹏等：《山东民俗》，山东友谊出版社1988年版，第186页。

祈求多子。安床时要唱祝词，如：

> 伏乞，礼重婚姻，人之大伦，谨用真香，虔诚祷告：
> 床神土地，土地夫人，管箱童子，守房将军，齐参下拜。
> 一拜喜星成双，二拜鸾凤和鸣，三拜喜气盈门。
> 保佑此床，夏天降暑，冬天保暖，蚤虱臭虫、蚊虫苍蝇
> 躲藏。
> 刀剑祛邪镇鬼，符咒除污退脏！绵衾和美，子孙满堂。①

现在这种带有巫术色彩的安床逐渐消失，而是请一名原配多子的妇女铺床，边铺边唱："铺床铺床，儿孙满堂，先生贵子，后生姑娘。"②

中国农村地区各地的铺房虽不完全相同，但也有许多共同之处：一是彰显红色喜庆氛围。红色是中国的喜庆气氛颜色，因此民间有"铺房铺出满堂红"的说法，红色的家具、红色的被褥以及门上贴着大红的"喜"字。二是表达婚姻和谐祝愿。长江中下游民间"铺房"时，必须准备两双精制的布鞋，并将新娘的鞋置于新郎鞋内，谓之"同鞋"。"鞋"与"偕"同音，表达了"同偕到老"的祝愿。三是体现家庭进取精神。浙江、苏南、皖南地区要在洞房内摆设大、中、小三种双数的不同用途的圆形木盘，通称为"三元"，寓意"连登三元"（解元、会元、状元），以激励子孙的进取。四是表达"多子多福"意愿。淮河、长江流域的农村地区，铺房时，要在屋内放置"子孙桶"，即马桶，桶外漆红色，贴有"喜"字，桶内放红蛋、枣子、桂圆、柏枝、天竹，寓意"早生贵子，百子千孙"。还要请两位已婚得子、知书达理的青年男客，在新郎床上睡一夜，谓之"暖床""压床"。当地人认为新床就位以后，不能空床，也不能一人独睡，否则会丧妻克夫，不

---

① 刘楚魁：《湘中民俗文化》，广州出版社 2003 年版，第 31 页。
② 尹质彬：《益阳民俗大全》，中国文联出版社 2000 年版，第 57 页。

能白头偕老，为此必须请新郎的弟弟压床，作为新娘没进门以前的补救办法。

湘西南农村地区，由男方的奶奶铺床，边铺边唱"铺床歌"，并把花生、糖果撒给看热闹的人。喜被的一头不缝，寓意留给钻小孩用。在床上撒栗子、花生、大枣，并说"立子早、早立子"，"一把栗子，一把枣，小的紧跟大的跑"。喜床铺好后，接着要"冲喜床"，找一男孩在喜床上满床乱滚，希望新娘当年能生个胖小子。婚床上会放一根扁担，寓意夫妻共同承担家庭生活的重担。

西北汉族农村地区，"铺床"也叫"抢床"。进洞房时，新娘怀抱一个装满了糜子的瓶子，揭盖者揭完盖头后，便扬撒瓶中的糜子，边撒边喊："扬一把糜子，养下娃娃不拖鼻子。"有的地区是撒枣子和核桃，撒时高喊："双双核桃双双枣，娃子多来女子少。"新郎新娘要互抢枣子和核桃，故又谓之"抢床"。撒糜子、枣子、核桃，是取"子""早子"和"合"的谐音，除了表示祝夫妻合好、早得贵子的愿望外，还反映了重男轻女的意识。有些地方是将枣子与核桃藏于炕的四角被褥下，称作"压角"。新婚夫妇必须时刻注意枣子和核桃不被人偷去，当地人认为不孕者偷吃了这些核桃、枣子后就可生育。

河南开封农村地区，铺床时，要在枕头中放红枣。把12颗红枣分放在两个枕头中，还要在床下放四块砖头，在褥子下放一根火棍，一条布口袋，同时还要唱铺床歌：

> 铺床铺块砖，仨儿俩做官，
> 铺床铺火棍，仨儿俩举人，
> 铺床铺布袋，仨儿俩秀才。

希望未来出生的男孩能做官，或当秀才和举人，体现了人们对生有出息的男性后代的期望。火棍和口袋是男女生殖器官的象征，砖头则象征后代健壮结实，这在婴儿死亡率极高的过去是非常重要的。此外，铺床时还要做一碗面汤，面汤中有红枣，要将面汤扣在床下。铺床者一边扣一边说："吃个枣，引（生）个小（男孩）。"汤中放红枣象征羊水中的婴儿，也是人们生育男性后代意愿的表达。

台湾地区安床时，要把八枚铜钱安于床下，其他铜钱放在床头、床尾，取"同心同体"之意。床安放的位置，不能与新房内的桌角、椅角对角，而是边对边，这样夫妻才和睦。安床后要举行翻铺仪式，请一个父母兄弟俱在的男孩在新床上翻跟头，站在旁边的一位妇女念道"翻落铺，生男孩，翻过来，生秀才，翻过去，生进士"，以此预祝新人早生贵子。从此外人不能进入洞房，不能上新床。当地人认为新床安置以后，不能空着，也不能由新郎独睡，而新娘又没有过门，其间必须请一位未婚少年与新郎同住，娶进新娘之后，压床仪式结束。①

（4）送喜头食篮

山西五台山地区，婚礼当天早晨，男方要给女方送食篮。古时食篮里装有猪头、大饼二十四张、圆形木盒、酒壶、开面单子（新郎送给新娘的红纸单子，上写新娘属相对新郎及其亲属的妨害等）、奶抱绸（新郎送给新娘母亲的绸子，以示对哺育新娘的酬谢）、开面红绫（新郎送给新娘的一块红纱绸，新娘开脸时罩一下，即撕成碎条儿，让家里人佩戴）、四黄裙子（旧时新娘上轿时穿的黄色裙子，下轿后挂在男家门上）、五色线（新郎送给新娘的五种颜色的丝线，供新娘开脸用）、梅脸红子（红盖头）、分头簪子（新郎送给新娘的簪子，供新娘梳头时分开头发）、喜红娟儿（新郎送给新娘的红色手绢）。现在较为简化，内装一刀肉、一桌酒菜、奶抱绸、开面单。女方回的礼是男方送来的酒壶内装满红豆，用小麦面粉蒸的石榴、大桃和十二生肖等。②

---

① 林明峪：《台湾民间禁忌》，联亚出版社1981年版，第64页。

② 潘慧生、刘瑞芝：《关于五台山地区婚丧礼俗的思考——以永丰庄为例》，《太原师范学院学报》（社会科学版）2005年第3期。

（5）沐浴

中国很多地区有新娘婚前沐浴的习俗。在江南绍兴农村地区，新娘上轿前都要请一对多子的夫妇主持沐浴仪式，一人手拿筲箕，上放红色喜果、鸭蛋，下接大脚盆，另一人将热水从筲箕淋入脚盆，再将毛巾用盆内热水浸湿，拧干后让新人擦拭，如此重复三次。苏州人要以红柬记载新人何时沐浴，水倾向何方，广州深圳农村也有类似习俗。婚前沐浴习俗不是简单意义的洗澡，而是具有浓厚的精神再生的意味。传统观念认为，新娘作为一种"阈限"人，极易招致魔力侵害，而对于新郎家来说，新娘作为陌生人即将加入新郎家族，也会对新郎家造成伤害。因此，要清洗灵魂，消除新娘魔力，清洗新人身上的污秽，清洗过去，成为具有新身份的人。

（6）上头

结婚当天，新娘要早起进行梳妆，将头发盘起来，古代称为"上头"。在古代，"上头"具有非常重要的象征意义，女子结婚后就把头发束起来，区别于结婚前的扎马尾或是辫子，意味着与少女身份的告别。上头是一个很讲究、很隆重的仪式，上头时，跟新娘属相相克的，以及寡妇等是不允许观看的，基本上都是"全福人"可以在场，并由"全福人"来操作。

上头之前要开脸，由"全福人"用细线十字交叉绞去新娘脸上、脖子上的汗毛，修齐鬓角。陕西西府地区，开脸前，男方向女方送开脸箱子，内装胭脂、香粉、香皂、首饰、盖头等。开脸时要唱祝愿歌："一线开当面，二线盖两旁，三线生贵子，四线生个状元郎。"

上头要由"全福人"给新娘梳头，梳子要用红色。福安地区"全福人"要边梳边念："一梳梳到尾，二梳梳到白发齐眉，三梳梳到儿孙满堂，四梳梳到四条银笋尽标齐。"梳完头后，要用红盖头把头盖上，红盖头往往绣着龙凤呈祥或者鸳鸯戏水，取其夫妻恩爱、百年好合之寓意。

陕西关中农村地区把嫁女称为"起发女子",新娘要在迎娶前一天中午 12 点时开脸,也叫"绞脸""升眉""开面",女方家人用红彩线拔掉姑娘前额脸颊和脖子上的汗毛,用细瓷碗片修正眉毛、齐鬓角。开脸之后,待嫁新娘便不出院门,不见外人了。

客家新娘在出门前要举行"梳头"仪式,类似于古代女子笄礼,是一种人生转折仪式,标志新娘身份的确立。梳头仪式由中年妇女主持,男子及有身孕或正处于经期的女子不能靠近。梳头仪式其实是给新娘从头到脚打扮一番,而且要严格按照从头到脚的顺序,否则不吉利,预示新娘做事颠三倒四,无法持家。梳头必须一梳梳到发尖,中间不能停顿,否则预示新娘以后日子过得不顺利。头发全部梳理一遍后要用一根红线扎绑住,叫"红线压头",与红盖头形成"双红",有"双喜"之意。然后给新娘洗脸,不能只洗一次,而要洗两次,因为客家人有句俗语"一帕(次)屎忽,两帕(次)面",也就是说洗一次是洗下身,洗两次才是洗脸,这也蕴含着"好事成双"的求喜心理。洗完脸后要开脸,开脸现在已经十分简化,只是象征性地在新娘脸上"夹几夹"。随后给新娘穿衣裤、洗脚、穿袜和鞋,所有衣物都是新的,表示新娘以全新面貌进入婆家。

在现代婚礼中,上头更多成为一种象征仪式,新娘为了追求漂亮,多去美容院或理发店盘头,所盘发型都有一个喜庆吉利的名称,如富贵花开、百年好合等,不用旧时的红绒花,改用象征爱情的新鲜红玫瑰和多子多福的满天星,鲜花的映衬下,新娘更加容光焕发。

(7) 叫门

叫门是中国农村婚礼仪式中具有重要象征意义的仪式,男方迎亲队伍到达女方家时,燃放鞭炮,男方要通过"叫门"来敲开女方的家门。叫门习俗在我国传统婚姻习俗中较为常见,清代李调元《粤东笔记》中记载了"拦门歌"的风俗,即当新郎到新娘家迎亲之时,新娘家人会要求新郎及其亲友即兴歌赋并与之对歌,直到新娘家人无法再对上新郎的歌,才能让新郎进门。河南南阳的民歌记载:"吹三阵,打三阵,吹吹亲家开开门。"敦煌遗书的《下女夫词》中也记载了唐代迎亲时的才学比试过程。①

当男方的迎娶队伍到达女方家时,爆竹响起,新娘故意躲在闺房里不出来,男方便开始"叫门",一般新郎不领头参与,多为陪同的亲戚用力敲门,并说各种好话。新娘的朋友和家人会在闺房里紧守房门,偶尔会将门打开一条缝,新郎的亲友要将提前准备好的红包塞进去,称为"门缝钱"。同时新娘的家人朋友还会故意刁难新郎,还是不开门,新郎亲友要不停地塞门缝钱,并应对女方刁难。门缝钱由新郎家事先用红包包好,从一角到十元不等。叫门气氛非常热闹,虽然新郎受到百般刁难,也不会生气。合肥有的农村当多次塞"门缝钱"仍无法敲开门,男方便在门外放响第二挂爆竹,称为"催门炮"。若男方放第三挂爆竹,女方仍没有开门,男方就可以打道回府,但这种情况基本不会发生,"催门炮"主要是为了提醒女方赶紧开门,一般放第二挂炮时,女方就会把门打开。有的地方是媒人会在外边及时提醒,唱一句"新郎进家接新姑娘(新姑娘就是新娘的意思)啦!",这时女方就不能再伸手要红包了。"叫门"时间长短不确定,男女双方在"叫门"的过程中获得喜悦和幸福,也会引来邻居的围观。

"叫门"的象征意义主要体现在以下几个方面。一是作为一种情绪表达的方式。在迎娶的过程中,新娘一方面充满对婚姻生活的向往,另一方面又留恋娘家亲人,因此通过不断地开门关门来表达对娘家的难舍之情。而新郎则急切地想把新娘娶回家,因此不断地塞门缝钱,讨好娘家人,娘家人也通过刁难新郎来表明不愿将新娘嫁出去,新郎要珍惜新娘。女方想留、男方想娶的矛盾心理在叫门的过程中得到很好的体现,并在这一过程中,双方情绪得到宣泄和交流,并相互调整,最终达成一致。二是作为一种

---

① 吴裕成:《中国门文化》,天津人民出版社 2004 年版,第 127—128 页。

宣告方式。婚姻不仅是作为个体的结合，更是一种社会性的结合，婚礼则是向社会传递信息，进而得到公众的社会认可。叫门通过男、女方的嬉戏、刁难，以及长时间的大声叫门，营造了喜庆热闹的氛围，引来公众的注意，得到公众的祝福，成为将喜讯传达给公众的最好方式，使婚姻意义从个人层面上升到社会层面，强化了婚礼仪式的公共宣告功能。东北农村地区，新郎要在门外大声地喊"爸、妈，开门"，而且声音越大越好，听到的人越多，得到的祝福越多，这正体现了叫门的宣告功能。三是社会性约束功能。叫门这一行为在向社会宣告结婚喜讯，得到社会舆论支持的同时，也接受了社会舆论的监督，男女双方要以认真、严肃的态度对待婚姻，不可随意、轻易解除婚姻关系。社会舆论的压力对婚姻起到了约束作用，保证了婚姻的稳定性。四是聘娶婚的表现形式，门缝钱虽然数额少，但被象征性地认为是女方最后一次向男方要彩礼。从叫门中塞门缝钱可以看出，彩礼对婚姻的确立具有决定意义，中国自西周以来聘娶婚才是被社会承认的正式婚姻形式，古代只有娶正妻才需支付彩礼，纳妾则无须出彩礼。因此，门缝钱象征性地代表了彩礼，也是新娘"正妻"的身份象征。

（8）催妆

催妆作为一种婚俗，是"亲迎"仪式的重要组成部分。新郎的催促行为及新娘对娘家留恋，一方面表达了新娘对这桩婚事和落户男家的不满和反抗情绪。人类的婚姻随着历史的进程，从以女子为中心到以男性为主宰的转变，从"从妻居"到"从夫居"的转型，标志着母权的沦丧。女性采用一切手段，表达要挽回这种"失败"、恢复早已失去的权利的愿望，表达对现存婚姻制度的反抗，哪怕这种反抗手段是软弱的，甚至象征性的。[1] 另一方面反映新娘对婚后生活的恐惧，新娘通过催妆，希望能够得到新郎的重视和护卫。

---

① 李晖：《催妆·催妆诗·催妆词——婚仪民俗文化研究之三》，《民俗研究》2002年第1期。

　　催妆与古代掠夺婚有关，掠夺婚只能在夜晚举行，天一破晓，掠夺行为即告失败，因此，催的目的是要新娘尽快妆扮，赶在破晓之前登车赶路，掠夺者多以催妆手段来完成掠夺婚。唐代出现"催妆诗"，宋代出现"催妆词"，增添了催妆婚俗的文化气息。近代时期，中国农村地区仍流传着"催妆礼"风俗，如北京通州地区迎娶前，男家要准备礼物送给女家，称为"催妆礼"；西北宁夏地区，男家迎娶前要送女家大蒸饼；安徽六安地区的催妆礼品中必须备有公鹅一只，称为"催妆鹅"；合肥地区，以迎亲队伍放鞭炮来催妆。此外还有以"拜帖"仪式来催妆的，如"接亲"人到，燃爆竹"催亲"，递上"速"字拜帖，女婿向岳父母跪拜，请求从速"发亲"。催亲三次，新娘兄弟或利市人背新娘上花轿，意为"催发"。①

　　在催妆的过程中，民间流传着许多催妆诗，增加了婚礼的文化色彩，催妆诗成为"催妆"风俗的一种主要形式。民国时苏北农村流行这样的《催妆诗》：

　　　　忙煞催妆向蹇修，彩典何事忒迟留；
　　　　阿娘别有牵情处，生恐来宾未去休。②

　　这里的"蹇修"，指的是媒妁。往时"催妆"的是新郎和新郎的傧相们，这里却变化为媒妁了。当时皖南农村流行的《催妆诗》显得通俗易懂、朗朗上口。

　　　　五更鸡啼催天光，劝尔主家扮新娘；
　　　　子时上轿把路赶，卯时夫妻好拜堂。③

---

　　①　绩溪县地方志编纂委员会：《绩溪县志》，黄山书社1998年版，第1244页。
　　②　胡朴安：《中华全国风俗志》（下篇），大达图书供应社1935年版，第115页。
　　③　宁国县地方志编纂委员会：《宁国县志》，生活·读书·新知三联书店1997年版，第771页。

（9）藏鞋

新郎通过叫门，进入新娘的房间，新娘坐在床上，床上铺有崭新的被子，有的在被子上贴有红纸剪成的斧子，新娘坐在上面称为"坐福"，寓意新娘无论婚前还是婚后都稳坐在福堆里。新郎在新娘房间里要找到新娘的鞋子，并亲自给新娘穿鞋。在中国的传统文化中，"鞋"和"偕"同音，有成双成对之意，也表达了妇女顺从丈夫的意思。同时，鞋也是一种生殖象征符号，象征女性的子宫，新郎给新娘穿鞋的行为是一个生殖的隐喻，有祈求多子多福之意。正是鞋具有如此的象征意义，才使鞋成为一种吉祥之物，常作为婚礼赠品、出嫁必备品以及新婚贺礼。

（10）哭嫁

中国农村婚礼中还存在哭嫁习俗，新娘离开娘家前，要以痛哭来表达对娘家的惜别之情。相传宋朝永宁公主下嫁时索赔嫁钱十万，宋仁宗不允，永宁公主哭诉彻夜，此为"哭嫁"之始。[①] 人类学家认为哭嫁婚俗是原始社会掠夺婚的遗俗，是早期女子被抢时的一种本能反应。有些学者认为随着社会环境和婚姻观念的变化，哭嫁的文化底蕴发生了变化，已经失去了原初的"悲苦"本意，成为一种纯粹的分离仪式。现代许多汉族地区，哭嫁同时也成为一种增添婚礼喜庆效果的仪式，传递着喜悦的气氛。从更高的层次上来讲，哭嫁仪式甚至成为一种艺术形式，通过哭嫁表达人们对生活的感受，在哭嫁中交流人们的感情。哭嫁习俗中保留着许多中华民族优秀的文化传统，比如中国文化中，孝道为先的思想在哭嫁习俗中得到淋漓尽致的体现，女性在婚嫁的那天长歌当哭，倾诉自己对父母的依依不舍，对父母养育之恩的无限感激，对没有尽到孝道的无限惭愧，种种情怀尽在哭诉中释放出来。[②]

关于哭嫁的意义，主要有以下几种解释。一是"辟邪"说，

① 匡天齐：《四川汉族民间婚礼与婚嫁歌》（续二），《音乐探索》1995 年第 2 期。

② 王晓宇：《哭嫁——一种仪式习俗的中国文化透视与思考》，《中南民族大学学报》2006 年第 1 期。

认为新娘阴性重，容易招来鬼魔，所以故意以一种相反的行为面对"喜庆"，"要大举哀，借以蒙骗魔鬼，使邪魔怪祟望而生畏"。① 福建省的福安地区流传着一个关于哭嫁的传说，在古代有一对相恋的男女，他们恩恩爱爱，准备结婚，可是因为女的长得很漂亮，而且很受男方的喜爱，听说有人嫉妒她的漂亮和福气，准备在结婚的当天要陷害新娘，为了避免陷害，新娘就假意哭诉自己的不情愿、不如意，从而躲避这个煞星。二是亲情说，古代交通没有现代方便，女儿出嫁后，很难有机会见到家人，回娘家需要得到夫家的批准，新娘由于出嫁而失去了母爱，所以更觉悲伤，因此妇女会通过哭嫁来表达对娘家亲人的惜别之情。三是恐惧说，古代妇女婚姻不自由，出嫁之前往往没有见过新郎，对新郎的家庭不是很了解，对婚后生活充满恐惧、担心，她们利用哭嫁这一"合法"形式，倾诉满腹心事和抒发感情，控诉古代罪恶的婚姻制度。四是角色转换说，婚礼是新娘由女儿变为妻子的仪式过程，女人的社会责任是通过婚姻来实现的，婚礼是女人人生阶段中的一个重要仪式，是女性脱离原有少女身份，脱离原生家庭，而归属于丈夫，进入妻子、媳妇多重角色的重要转折点。新妇通过哭嫁这一形式，减轻角色转换时的情感压力和负担，告别旧的女儿角色，为进入媳妇角色做心理准备。哭嫁使女性情感得以宣泄，成为女性从少女向少妇转变的心理过渡缓冲期，纾解女性出嫁前的复杂情绪。

各地哭嫁风俗不同，有哭嫁时感恩父母的，也有埋怨父母的，有感谢兄嫂的，也有埋怨兄嫂的，还有哭嫁时"骂媒"的。哭嫁演变到现在都变为哭而不歌，泣而无声，有些地方甚至已无"哭"这一形式，而单以惜别为主，甚至演变到唱、单纯地教导。

川北地区青川房石镇，将"哭嫁"看作是对欲嫁女子的聪慧勤劳、礼教家风的观察，是民间制度下对女子出嫁时的必不可少

---

① 马之骕：《中国的婚俗》，岳麓书社1988年版，第72页。

的一种程序仪式。如果新娘唱的哭嫁词得到大家的赞美，她就会被誉为"有才华""有教养""识礼仪"，也会得到邻里乡亲的尊重和喜爱。哭嫁是一种被认可的表达方式——在某种意义上，人们通过新娘在哭嫁仪式上的表现评价她的品性。[1]

广西藤县汉族地区，把嫁女当丧事办，称为"小丧"。当地人认为婚姻伴随男娶女嫁，对男家来说，增加了新的家庭成员，是"喜事"；对女家来说，失去一个家庭成员，是一种损失，感情上是一种失落。当地人将"人去世"称为"大丧"，将"嫁女"称为"小丧"，因此要"哭嫁"。

广东肇庆四会农村地区，"哭嫁歌"又称"大哭歌""新娘歌""啼哭歌"。哭嫁是在结婚的前两个晚上，女方邀请同伴在家中唱，俗称"叹情"。一般从晚上八九点开始，多在闺房中演唱，出嫁女坐在床上，边哭边唱。通常会雇请"教歌婆娘"来示范教唱，除了由出嫁女演唱外，在演唱过程中同伴也要伴唱。哭嫁歌中所有的诉说、指责，听者都不能反驳。

陕西秦巴山区，哭嫁内容大体有三种：一是亲友送"添箱"礼时，以亲友为主题逐人哭唱，以表达感谢之情，即"哭百客"；二是婚礼前一天晚上"哭胞亲"，表达对父母、兄嫂的依恋；三是"哭迎亲"，也称"哭冤家"，迎亲队伍到达后，新娘以迎亲为主题，采用"哭""笑""讽""骂"的方式边哭边唱。新娘哭得越伤心，越能博得亲朋好友的称赞，哭得越伤心，越能表现新娘对父母的孝心。当地人认为，新娘越哭越好命，越哭娘家越兴旺发达。

四川一些汉族农村地区分早、中、晚三个时辰哭，但一般是早晨哭，又称"哭早"，第一次哭叫"开声"，据说要在半夜鸡叫前（丑时）哭，如果鸡叫以后再哭，鸡就占了姑娘的声音，姑娘就哭不出来了。常见的开声唱如："新打剪刀新开剪，小女开声声又

---

① 武小军：《四川房石"哭嫁词"语言文化解读》，《西华大学学报》2008 年第 1 期。

浅。新打剪刀二面平，小女开声声不明。金鸡开声一大群，小女开声一个人。金鸡开声催天明，小女开声惊动人。"又如："清早起来雾沉沉，双手捞开罩帘门。打开前门天没亮，打开后门青草坪。阳雀开声群大群，小女开声一个人。不开声来百客笑，开得声来我娘焦。"

以下是匡天齐在四川地区记录的一些哭嫁歌。①

《哭爹》（蓬溪县）

新修房子三合头，一对金鸡站两头。

莫等两头全鸡叫，要等绣房女开声。

莫说小女吵了你，这个礼信世人兴。

新打茶壶亮铮铮，亏了我爹忍得心。

白天多打三合米，就把小儿带倒起。

夜晚多点二钱油，就把小女带出头。

李秀英唱　匡天齐记录

《哭妈》（南充县）

一个花园四个方，中间栽的是海棠。

只说海棠把花放，只说常把女儿当。

夜知海棠花不放，谁知不能把女当。

花开花谢年年在，女儿今年不久长。

风吹菊花遍地放，养女莫得半点祥。

一尺五寸把儿养，只说长大孝爹娘。

女儿好比昙花样，谁知春来到他乡。

女儿好比黄蜂样，黄蜂飞在九云霄。

二月燕儿上华堂，伤心不过女离娘。

---

① 匡天齐：《四川汉族民间婚礼与婚嫁歌》（续二），《音乐探索》1995 年第 2 期。

李安舟唱　匡天齐记录

哭嫁以哭"上轿"为最后一个仪式，上了轿就不可以哭了，上轿后哭，据说不吉利。《哭上轿》：

> 一声父母一声天，小儿绣房把衣穿。
> 不穿不穿是不穿，提起摔得那半边。
> 满屋百客把我看，拉的拉来牵的牵。
> 一无仇，二无仇，一根红帕搭我头。
> 一无冤，二无冤，一根红丝搭我肩。
> 贫家轿儿进不得，坐了多少离娘客。
> 贫家轿儿朵朵花，坐了多少苦冤家。
> 手瓣门方五尺长，又离哥嫂又离娘。
> 左瓣金，右瓣银，要我丢手万不能。

曹全秀唱　匡天齐记

《骂媒》

> 骂媒①
> 别人骂媒三百句，我今骂媒淡淡提。
> 淡淡提你二三句，看你知趣不知趣。
> 淡淡提你二三事，看你知音不知音。
> 骂媒②
> 一颗谷子两头尖，背时媒人发了癫。
> 讲起做媒多喜欢，草鞋耳子都跑断。
> 衣儿跑得四股筋，裤儿跑得放风筝（灯）。

---

① 四川省蓬溪县民间歌谣编委会编：《蓬溪民间歌谣》，第87页。

② 四川省岳池县民间文学集成编委会编：《中国民间文学集成·岳池县资料集》，岳池县人民印刷厂1987年印，第301页。

讲起坐席坐上面，拈菜拈得连二赶。

喝酒喝到杯边边，吃饭拢个大品碗。

你说姑娘骂了你，岳池广安不躲你。

福安地区汉族的婚俗中流行哭嫁歌，婚礼中哭的内容大多数是哭泣自己命运的波折，以及对父母的不孝，无法报答父母的养育之恩，对家庭的眷恋、对兄妹情意的不舍以及对婚姻的恐惧。哭的对象也是五花八门。有哭父母、哭兄嫂、哭姐妹的，有哭钥匙、哭门、哭梯子的，甚至有把花轿的轿头到轿尾都哭个遍。哭嫁的过程大致是这样的：新娘打扮好后，由媒人牵着从后厅到前厅的拐角停下来，这时哥哥或弟弟双手端着一个盘子，盘子中间放着一碗面，面上插着两双筷子，左右两边各放着一串钥匙。一串钥匙是新娘子的，另一串钥匙是哥哥或弟弟的。新娘把自己的钥匙放在口袋里，哥哥或弟弟的一串钥匙往里扔，这时便开始哭唱《分家计》歌，如下：

哥和兄弟呀，分家计呀，哥和兄弟呀，

姐妹分嫁妆，兄弟分田仓呀，哥和兄弟呀，

姐妹嫁妆只一年有，哥和兄弟田仓年年有呀，哥和兄弟呀，

第一筷子面夹来分家计呀，哥和兄弟呀，

第二筷子面长又长呀，哥和兄弟呀，做事有人想呀，哥和兄弟呀，

第一把钥匙，哥和兄弟锁田仓呀，哥和兄弟呀，

第二把钥匙，姐妹锁嫁妆呀，哥和兄弟呀，

茶盘四个角，哥和兄弟做事有人想呀，哥和兄弟呀，

茶盘四个脚，哥和兄弟发财发千家呀，哥和兄弟呀，

姐妹身上穿件妖，哥和兄弟会到老，

姐妹身上绑着裙，哥和兄弟会成群，

姐妹脚上穿着袜，哥和兄弟代代会幸福，

姐妹脚上穿着鞋，哥和兄弟代代做事会张罗。

哭唱完《分家计》歌，新娘还会哭唱祖宗，哭唱父母的养育之恩，对父母兄嫂的依恋和不舍之情，哭泣自己的命运，以及对婚姻的不满和媒人可恶可恨的花言巧语。这时在场的人也会跟着一起劝慰哭唱，一般是告诫新娘去婆家要好好伺候公公、婆婆和老公，并且要遵守妇道。比如《劝世文》哭唱歌：

百世修来做夫妻，
为女在家从父母，
为妻出嫁从父郎，
三从四德凭本分。

《哭阿娘》：

阿娘罗，人家芝麻到处栽，你连芋头都没地栽啊，阿娘罗，阿娘罗，别人女儿生的十八、二十不讲大，你的女儿嘴含乳头，还要嫁人啊，阿娘罗，阿娘罗，别人阿娘心肝粗，没有我阿娘心肝更粗啊，阿娘罗。

《哭兄嫂》

哥和嫂呀，我家你一定要来呀，你若不来，没有人来呀，哥和嫂呀！
哥和嫂呀，你要照顾自个儿兄妹呀，哥和嫂呀！

《中国歌谣集成福建卷·福安市分卷》中的《哭梳头》：

阿嫂罗，一年三百六十天，都没跟我讲梳头，

今天头发梳到上，叫我怎敢行出门。

跟人共行人叫妹，明天过了人叫嫂。

头发没生人叫行，头发没生人叫行。

头发没生日叫行，头发没长人喊扛。

在哭嫁的过程中，等吉时一到，新郎一方就会催着新娘上轿，这时媒婆便会牵着新娘上轿，娘家的人会拿着一盆水泼出去，表示嫁出去的女儿如同泼出去的水，以后就没有多少来往了。最后两个抬木箱嫁妆的人，出发前要先前进三步，再后退三步，表示对新娘家的尊重。抬木箱子的人走出大门时，新娘家的人就会拿着扫把往里扫三下，表示娘家风水不会被带走。①

江西宜丰农村地区的哭嫁是在新娘出门前，新娘的母亲来哭，哭声越大越吉利，母亲边哭边唱祝词，如："女耶女呀！要生子发孙，探子种，粒粒生，要早生贵子中状元，发福发贵，做发子婆！""女耶女呀！有大有小有乾坤，娘边做了好女，到了家婆里要做个好媳妇。""女耶女呀！要快开眼睛慢开口，忍落心头火，剔亮佛前灯，盘子里的珍珠，不拨也要转！""女耶女呀！佛装（争）一炷香，人装（争）一口气，呷得苦中苦，做得人上人。"②宜丰地区的哭嫁是母亲对女儿进行教育的一种形式，祝词内容强调，一是要繁衍后代，多子多孙，反映了多子多福的传统观念；二是要尊老爱幼，处理好婆媳关系，做个好媳妇；三是勤劳治家，要眼快、少说、多做；四是要礼让，夫妻和睦，尤其要学会忍耐，是儒家思想的体现。

随着跨区域婚姻的增多，在较大地域区隔的情景下，婚姻主体在第三地建立新家庭，与双方原来的家庭脱离直接关联，于是，以哭嫁

---

① 林翠菊：《福安婚俗的现代变迁研究》，硕士学位论文，华中师范大学，2012 年。

② 刘飞华等：《宜丰墨庄婚俗歌谣的田野调查与初步分析》，《南昌工程学院学报》2007 年第 2 期。

表达嫁出女儿伤感的意义减弱，哭嫁也逐渐退出婚礼仪式过程中。

（11）辞堂

湖南梅山地区，新郎去女家迎亲，客人喝完新娘的辞堂酒（或离娘酒）后，要行新娘辞祖礼，新娘面朝神龛焚烧三夹纸钱，点三炷香，跪拜三次。此时，族亲长辈要朗诵祝词："伏以宗功浩荡、祖德流芳；高曾祖考、伯叔姑嬸；家龛侍奉、神圣满堂。视之不见，灵则非常。今有嗣孙女××择配×氏之郎。兹当吉日，于归起行，辞别宗祖，敬告家堂。宜其家室，降之吉祥。百年偕老、五世其昌。谨此致告。化财礼毕，稽首皈依，伏维珍重。"①

（12）传席

新娘离开娘家，需要新郎或者新娘家人背着新娘出门，新娘的脚不能沾娘家的地，否则会将娘家的财气带走。新娘被接到男方家，仍不能踩地，从下婚车到大门口铺上红毡或席子之类的东西，让新娘从上面走过，以此保护新娘避开地煞，不受污邪之物影响。

由于没有那么长的席子，所以需要两张席子由人前后传递，传接铺垫，寓意子孙代代相传、人丁兴旺。这就是"传袋""传席"习俗。据《中华全国风俗志》记载："新妇进门，以布袋传地，辗转更换，令步其上，谓之'传袋'，犹言'传代'也。谢君诗云：'萧鼓声中笑语哗，两行红粉迓香车。锦裀层叠偏铺袋，为祝绵绵瓞与瓜。'""传袋"音同"传代"，乃代代相传、祈求生育之意。"瓞与瓜"是"葫芦生人"神话的一种演化形式，也是对于生育的一种渴求，预祝新人将多子多孙。

民间也有解释认为，婚礼仪式中的新娘身份模糊，阴气较重，而土地意识浓厚的中国人认为，土地生万物，为万物之本，是神圣之物，不能沾上新娘的晦气，于是用"传毡""传席"的方式将新娘隔离。

传席，古代亦称为转席，这一词最早出现在唐诗中，宋龚颐正《芥隐笔记》据白居易诗推其源说："今新妇转席，唐人已尔，乐

---

① 刘亦山：《俗礼新编》，刘氏八修谱会 1994 年编印。

天春深娶妇家诗一云：青衣转毡褥，锦绣一条斜。"《东京梦华录》
也曾记载："新人下车檐，踏青布条或毡席，不得踏地，一人捧镜
倒行，引新人跨鞍蓦草及秤上过。"元代陶宗仪的《辍耕录》及顾
张思的《土风录》，都曾记述元代转席之俗："今新妇到门，则传
席以入，弗令履地。"可见，这种风俗在民间一直流传不衰。

传席风俗在不同地区出现了多种变异形式，如"新娘鞋""上
轿鞋"风俗，有的地区要求新娘头天晚上到迎娶之时都要尽量坐
在床上不下地，即使下地也要穿哥哥或父亲的鞋子。安徽徽州娘
家要特制"新娘鞋"，浙江南部新娘要与一未婚少女一起用红绿布
缝制"上轿鞋"，婚礼时新娘要穿上轿鞋，婚礼结束，此鞋永不穿
用。河北农村，新娘穿娘家的鞋出娘家门，上车后换上"上轿
鞋"，将娘家鞋留在娘家，此举也寓意未将娘家土带走。有的地方
要在新娘的喜鞋鞋底贴上红纸，等新娘上车以后再将红纸撕去，
以此种变异方式来寓意不带走娘家风水，不触犯地上神灵。

湖北天门农村地区，新娘出门时，由哥哥或弟弟（若无亲兄弟
则由堂兄弟代劳）背抱着"甩"出门槛，中间新娘的脚不能碰门
框或门槛，而且新娘出门后不能回头张望，娘家的大门在新娘出
门后也要马上关闭，据老一辈说这是为了防止新娘带走娘家的
"财气"。

（13）迎娶途中

迎娶新娘的路线要提前规划好，不能走回头路。中国有"北为
上"的传统，所以去新郎家的路线即使绕路，也要向朝北的方向
走一段。迎亲车队的数量要双数，新郎新娘坐在第一辆车上，后
面车上坐着送亲和迎亲人员，还装有新娘的嫁妆。迎亲途中，凡
是遇到树或有口的地方（如石狮子、井盖上的圆孔），都要用红纸
封上，避免晦气喷出。

古时，也有扔"护姑粉"的习俗，宋庄季裕在《鸡肋篇》中
说："南方之俗，尤异于中原故习。如近日车驾在越，尝有一政家
娶妇，本吴人也，用其乡法，以灰和蛤粉，用红纸作数百包，令妇

自登舆，手不辍掷于道中，名曰'护姑粉'。"潮州人在迎亲的路上，要洒红花水，以求吉利，同时迎娶路线要原路返回。

关中农村地区，在迎亲途中，要有专人在从娘家到婆家的途中，不停地向车窗外扔红喜帖。当地人认为这是给路神、树神、石神等神灵的买路钱，以保证新娘能平安无事娶到男方家。喜帖是火柴盒大小的红色方形纸片，迎亲前一天晚上，男方家要在院门上、院门外的树身上，以及新娘轿车要经过的道路旁的树上、大石上贴红喜帖。

河南濮阳农村地区，迎亲的第一辆礼车遇见桥、庙、井、十字路口、村口要放鞭炮，见人多的地方要撒喜糖和花生。当地人认为，桥、庙、井、十字路口是妖魔鬼怪经常出现的地方，燃放鞭炮可以驱赶晦气，以示一路平安；撒喜糖和花生，表示与大家同庆同乐，类似于古代"障车"习俗。返程途中，遇见庙宇、井泉或桥梁、古树，要用一张红色被单挡住这些"不祥之物"，这个拿红色被单的人叫"携（抱）肩的"，一般由新郎的亲哥哥充当，也可由邻居家的哥来代替。

旧时宁夏德隆汉族农村地区，迎娶时，男家要准备一匹马或驴，但不能为雌性和不生育的牲畜，马鞍披红挂彩，马额头挂一面镜子。迎娶者一般是三人、五人或七人，与新娘共计合成偶数。临行前，派一名未婚男子另牵牲口先去女家驮嫁妆，到了女方家，必须给女方"压箱钱"，女家才同意开箱子。迎娶者出发前每人随身携带一双红筷子，还要带一叠红纸条，上面写有"花红盖之大吉大利"之类的话。迎娶途中，凡是遇见石头、石磨、石碾、桥梁等属"白虎"一类的东西，都要在其上贴纸条用来避邪。迎娶途中，如与别家娶亲者相遇，就互换筷子、镜子和头巾，以图吉利。

旧时陕西西府地区，起轿时，送女客与娶女客要一同上马，不能争先恐后，否则，谁先上马，谁得贵子，会引起纠纷。前半段路程，送女客骑马走在轿前，娶女客骑马走在轿后，以送为主。后半

图2　河北邢台地方农村放入新娘车中的避邪之物

段路程，则娶女客在前，送女客在后，以娶为主。行进途中，如与另一迎亲队伍相遇，则双方新娘互相交换手绢；如与本村另一迎亲队伍相遇，便相互争着提前进村，当地人认为，谁先进村，谁先得子。

湘西南农村将新娘娶回的途中，媒婆要肩扛数根翠竹，谓之"子孙竹"，在前引路，途中见村庄就要放鞭炮，以求吉利。

旧时湖北襄阳农村地区，迎亲人数众多，浩浩荡荡像钦差出巡，极为热闹。迎亲队伍的最前面是用一只圆筛子做成的"千里眼"，在筛子四周用松柏枝彩花扎成花环，上面插两面小彩旗，中间一块水银镜，下面由一根两丈长的竹竿撑着，在队伍的最前头开路。当地人认为，竹筛上面眼多，镜子可以照妖，这样可以避免妖魔鬼怪的侵害，避煞妖邪。其后是一对抱鹅童子，鹅用红绫缠颈。其后是一匹"顶马"，由新郎的表兄骑上，新郎坐在随后的轿内。其后跟着新娘坐的花轿，迎亲时新娘花轿不能空，要请一名聪明伶俐的男童坐进去，到了女家，由女家给了红包后男童才下轿，这叫捂轿。

江苏吴县水乡娶新娘用堂船。堂船是娶新娘的专用船，堂船的舱棚描龙画凤，装饰得十分华丽，船艄上安装了双橹。新郎在众人簇拥、乐工陪伴下，登上堂船。堂船右侧是支主橹，也称大橹，由两人掌橹、两人扭绷，还有一人"外出挑"。"外出挑"的人站在船舷外的跳板上，背向水面扭绷摇船；在左侧一支小橹称"二橹"，一人掌橹、一人扭绷，还有一人"外出挑"。摇二橹的三个人均是身穿大襟衣和襕裙的水乡女子，引人注目。堂船到了女家时，要在女家河埠前来回打招，俗称"打圈势"，也叫"认河滩"，以免堂船停靠错地方，闹出笑话。新娘临出门前进行"踏蒸"，踏蒸是在一盘米糕上倒扣一个蒸笼，新娘在蒸笼上由母亲帮忙换上新鞋，然后由兄长抱新娘出门，意为新娘换上新鞋再不能脚踏娘家之地，嫁出去的女儿泼出去的水。堂船一进男家村中，立即燃放爆竹向男方告知。男方立即在河岸上点起"三灯火旺"，做好"抢水"准备，进行迎亲。三灯火旺是用一把麦柴扎成三脚支架的柴把，套上红纸圈，放置于门口或新郎新娘在河埠的必经之地，当新郎新娘经过时点燃柴把，意为阻拦和驱赶鬼魔邪恶。"抢水"是由主婚人手提插着秤杆的两只水桶，在堂船靠岸泊位的一瞬间，抢舀两桶水直奔灶间。

（14）迎花轿斩煞及下轿礼

在湖南涟源市的珠梅、安平、伏口、古塘等乡镇和新化县与安化县交界的地方，旧时新娘花轿到了男家槽门口时，要举行隆重的迎亲呼吉礼，男家怕喜神带煞，便要杀鸡挡煞，俗称"斩煞"或"斩草"。古人多把鸡当"煞"，斩鸡头就是除厄运；还有一说就是公鸡主司晨，属阳性，其鲜红的鸡血可制属阴秽的"煞气"。同时，"斩煞"还有祈福的意味。"斩煞"由新郎所属家族男性长者主持，一名男厨师在众人陪同下一手持菜刀，一手持雄鸡，挡住新娘花轿呼曰："日吉时良，天地开张。新人到此，大吉大昌。昨日成单，今日成双。鸳鸯一对，凤凰一双。若有神煞，雄鸡顶当。鸡血落地，百无禁忌。天煞归天，地煞归地。子子孙孙，万代富贵！"①

---

① 刘亦山：《俗礼新编》，刘氏八修谱会 1994 年编印。

川北农村地区将"杀鸡斩煞"称为"送喜神"，迎亲队伍到达新郎家门口时，新郎家一边燃放鞭炮，一边将一只红公鸡的鲜血横滴在院边的地上，并将一条长木凳四脚朝外横放在鸡血旁，当地人认为在送迎亲的队伍中，难免有新郎新娘家的先辈亡灵混杂在内，用杀鸡放血的方式告之亡灵送亲到此为止。

湖南梅山农村地区，新娘轿车到达男家门口时，男方要在大门口举行"迎喜神礼"，只准备三牲酒果，不设香案、食案，由司仪向喜神禀告一切，并请喜神扫除邪祟。请厨师在新娘车轿前宰杀雄鸡以压煞，司仪念唱祝福语，以驱邪压煞："日吉时良，黄道开张，礼成亲迎，凤舞鸾翔，敬仗吉神，呵禁不祥，一切神煞，退避潜藏，门庭蔼瑞，喜气洋洋，两姓合好，百世其昌。"①

陕西关中农村地区，通过放火燎车和打醋坛来避煞，当迎亲车到男方家门前时，新娘暂不下车，男方家一人举着谷草火把，围着迎亲车顺转三圈，倒转三圈，同时燃放鞭炮。与此同时，又有一人手执盛醋之壶，另一手用铁钳钳住已烧红的铁犁铧或木炭，将鲜醋不断浇在红铧或红木炭上，腾起一股刺鼻的醋香味，此人也围迎亲车左转三圈，右转三圈，此谓打醋坛。男方家打醋坛者一边转圈，一边会念道："车到门前打醋坛，逢凶化吉保平安；一打醋坛告天地，大吉大利人心喜；二打醋坛驱邪气，吉星高照凶煞避；三打醋坛太公到，百无禁忌事事好；四打醋坛成双对，才子佳人凤鸾配；五打醋坛结良缘，福寿双全度百年；六打醋坛清雾扬，全家大小保安康；七打醋坛喜心怀，五福临门自天来；八打醋坛合家欢，光明九州日月圆；打醋坛，打醋坛，打罢醋坛人心欢。新媳妇，赛天仙，快快下轿踏红毡。"当地人认为，打醋坛是请姜太公临坛驱邪，以免路上招引的鬼怪和晦气进入家门。②

安徽六安农村地区，迎娶新娘的车来到男方家，新娘并不立即下车，男方也并不立即开门迎接，而是要等候一段时间，甚至要

---

① 《儒礼通用录》，湖南涟源吴顾阳抄本。

② 赵宇共：《关中农村婚俗中的母系情结》，《浙江学刊》1999年第4期。

等"一刻钟"之久，称为"闷轿""磨性"或"捺性子"。认为这样可以杀新娘的威风，使新娘可以柔顺服从夫家。

河南濮阳农村地区，在新娘由礼车里走出前，男方先要给押嫁妆钱。押嫁妆的人（以前称端铜盆的）一般由女方的弟弟和妹妹或其他晚辈充当。若他们嫌钱少就有权不下车，押嫁妆的不下车，新娘就不能下车。等押嫁妆的下车后，婆婆就去迎接儿媳，首先要接下儿媳手中的花，并给一个红包，称为"接花钱"。下车时，新娘的脚绝不可触地，因为"不踏地"有"不得地"之意，意思是新媳妇到男家不能依仗自家有权有势，要服从管教。所以在新娘下车后，几个壮汉要用一把椅子把新娘抬进屋。①

（15）跨马鞍

新娘进入新郎家门要先跨马鞍，再登堂行礼。跨马鞍是古代婚俗的一种，流行于汉族地区，以唐宋最为盛行，古时是新娘要象征性地在马鞍上乘坐。"鞍"与"安"同音，有平安长久之意，此外"一马一鞍""好女不嫁二夫，好马不配二鞍"，跨马鞍也有妇女对婚姻忠贞之意。《酉阳杂俎》中记载："今士大夫家昏礼露施张，谓之入帐，新妇乘鞍，悉北朝余风也。"宋欧阳修《归田录》："刘岳《书仪》：婚礼有女坐婿之马鞍，父母为之合髻之礼。"可见，跨马鞍也有夫妻结合的象征意义。

河南安阳的农村，新娘到达男家下车时要踏过马鞍，同时，男方家人要点燃两把干草围绕着花车驱邪，在场的男孩子要将麸子撒向新娘的头顶，"麸"和"福"谐音，寓意老天爷赐福。"撒麸"每次撒三把，下车后要撒三把，拜堂之后撒三把，象征着幸福安康。由此可见，婚礼中的过门仪式一般包含两个方面，一是对于邪恶之物的极力避讳，二是对于吉祥幸福的努力追求。这两个方面常常杂糅在一起，共同出现在新娘进门时的种种仪式和习俗中，表达了民众驱邪纳吉的基本心理需求。

---

① 鲍宗豪：《婚俗文化：中国婚俗的轨迹》，上海人民出版社1989年版，第147页。

（16）抹黑

农村地区的婚礼仪式有给男方父母抹黑的习俗，在新娘快要到或刚到男家时，男方亲友会从吃饭的大锅上弄点黑给新郎的父母抹上，也有的地方改抹鞋油，然后让新郎父母与新郎新娘合影。有些时候，新郎父母除了抹黑还会被进行一些奇怪的装扮，如打腮红、梳小辫等。抹黑行为一反尊重父母的行为常态，处于一种反结构的状态，打破了新郎父母原有的身份地位，晚辈与父辈共同嬉闹，营造出轻松热闹的氛围，使新娘作为外来人员在融入新家庭的过程中缓解紧张情绪，减少了冲突。

此外，从新郎父母身份来说，儿子的婚礼也使新郎父母身份由单纯的父母变为公公和婆婆，甚至以后还会同时成为祖父母。通过仪式理论认为，身份的改变需要通过一种"阈限"期，"阈限"期内通过者的身份处于一种模糊状态，人与人之间的关系处于一种反结构的状态，而抹黑则正是模糊身份的体现，新郎父母与晚辈的行为不再遵循常规晚辈对长辈的行为准则，而是同等身份的嬉闹。仪式结束后则恢复正常的社会结构。

也有人认为抹黑是古代抢婚习俗的遗留。古代抢婚时，男家成员为了不让对方认清自己，都要乔装打扮、抹面涂脸。通过涂面抹脸，也可以让对方恐惧畏怕，便于抢婚成功。《周易·睽卦》上九爻辞曰："睽孤，见豕负涂，载鬼一车，先张之弧，后说之弧，匪寇，婚媾。"晁福林先生解释说："卦辞谓一个夜行的人，看见豕伏于道中，更有一车，上有一群扮作鬼样装束的人。夜行者，先以为他们是强盗，准备开弓射之，后又放下其弓而不射，其原因就是他看清楚了这一群人原来是去抢婚的人，而不是强盗。"[1]

抹黑在现代社会也有了许多的变异形式。河南封丘地区当新娘刚到新郎家时，会被迎亲的人在脸上抹鞋油，新娘不会反抗，也不会生气，当地人认为这样做，男方家人才会善待新娘。从抢婚遗俗的角度

---

[1] 晁福林：《先秦民俗史》，上海人民出版社 2001 年版，第 140 页。

来说，新娘脸上抹鞋油，意味着新娘是通过抗争得来的，来之不易，鞋油正是相互"厮打"的痕迹，迎亲的人可以向男方家展示他们在掠夺过程中所付出的努力，并以此来邀功请赏。在封丘，迎亲的队伍也会给送亲的亲戚朋友抹鞋油，如果没有抹，送亲人回去时，当地人会说，"怎么不带些彩回家？"带彩是吉利的象征。

青海河湟汉族地区在婚宴结束，女方宾客离开以后，男方亲友会用锅灰、墨汁、鞋油将新娘的公公以及新郎兄长的脸涂黑抹花，一边起哄，一边拉着他们在人群中亮相。有些地区还让公公和兄长骑上牛，反穿皮袄，戴上破草帽，画上眼镜，拉着到处游转。

（17）冠礼

河湟汉族农村地区的婚礼习俗中有"冠戴"仪式，是古代冠礼在现代的遗存。婚礼当天，在男方家摆宴席期间，在大东（婚礼组织者、主持人）的主持下，女方的送嫁者（多为压箱的小孩儿）在方盘内盛一套娘家带来的衣服和鞋帽，捧到新郎面前，这时男女双方的亲友纷纷拿出盘中的衣物给新郎穿戴，并在穿戴过程中嬉闹新郎，常以"鞋窄帽小"为由，故意撬鞋拍帽，并用木棒之类敲打新郎，新郎要在承受皮肉之苦的同时，尽快穿上衣服，衣服穿毕，敲打嬉闹也随即停止。最后"冠戴"一新的新郎向父母亲友行礼敬酒。①

冠礼是"礼之始也"。婚礼是"礼之本也"。冠礼、婚礼作为人生礼仪中两个重要的礼仪，有着内在的联系。冠礼起源于原始社会末期的"成丁礼"，先秦时期，备受重视，魏晋时期比较隆重，此后逐渐衰弱。清至民国期间，民间的冠礼普遍采用冠婚结合的方式，冠礼内化为婚礼中的一项仪式。冠戴仪式正是古代"冠而婚"思想的体现。叶涛先生指出："在传统观念中，结婚意味着成人，因此，许多地区将婚礼与冠礼合而为一，使其成为婚

---

① 蒲生华：《古代冠礼在河湟汉族婚礼中的遗存》，《青海师范大学学报》（哲学社会科学版）2011年第5期。

礼的一个组成部分……"①

冠戴仪式与古代冠礼相比，仪式已经有所简化，但与古代冠礼仍有许多相通之处。首先古代冠礼与"冠戴"中的"冠"有着相通的象征意义。"冠"是成人的标志，是身份的象征，加冠后人的身份地位有所提升。"冠戴"仪式中，娘家给新郎准备的衣服中，帽子放在最上面，新郎穿戴时也是先戴帽，再穿其他。"冠戴"后，新郎具有了成人的身份，具有了参与决定家庭和社会事务的资格，同时也有承担家庭和社会事务的责任。其次，惩治仪式相通。古代成丁礼中普遍有"伤体"的行为，通过伤体的严酷考验，以达到炼志的目的。冠戴仪式中木棒敲打则是伤体考验的象征形式，其实质内容现代已经演变为嬉戏，以烘托喜庆氛围。冠戴仪式中，新郎处于一种临界状态，离开了非成人群体，但又未进入成人群体，是范·盖内普（Van Gennep）通过仪式中的"阈限人"。阈限人处于一种正常社会的"反结构"状态，面对他人的棒打、抓挠，不能像正常人一样生气、反抗，只能忍受皮肉之苦。当穿戴完毕后，新郎由模糊身份进入成人状态，重新融入社会常态结构中，因此，朋友亲人的棒打、抓挠也相应停止。

客家人在结婚前一天晚上的吉时要给新郎侧身挂上一根红布条，称为"赏红"仪式，是将过去的冠礼与婚礼相结合的一种仪式，当地人认为"赏红"标志男子已是一位正式的新郎官，拥有明天去娶亲的权利。"赏红"与冠礼一样神圣，必须选在良辰吉时，在村落中最古老的厅中对着诸神进行。由村中最有威望，并会唱客家特有的表祝福的四句歌的老者主持，红布条由新郎的舅舅给新郎挂上，有八音演奏。红布条在仪式结束后可以取下来，但迎亲时必须挂上，直到婚礼结束后，睡觉前才可取下，此后就不用戴了。

（18）拜堂

拜堂是中国婚礼仪式中的大礼，不同于西方教堂婚礼的神性色

---

① 叶涛：《中国民俗》，中国社会出版社 2006 年版，第 83 页。

彩，是带有浓厚世俗性的典型中国婚礼仪式。不同地区对"拜堂"的叫法不同，山西朔县叫"拜人"，福建漳平永福叫"拜厅"，河南、山东部分地方叫"拜花堂"，吴方言区部分地方或称"拜花烛""拜家堂"。

民间流传着关于拜天地的传说，相传女娲造人的时候，开始只造了一个俊俏的小伙子，小伙子虽说有吃有穿，但孤孤单单一人，总觉得很闷。一天晚上，小伙子对月亮说："月老月老你细听，给我找个知心人，我世世代代领你的情！"刚说完，一个白眉长须的老人拄着一根龙头拐棍来到小伙子的面前，说："后生不要愁，我给你找个小帮手。"过了一个时辰，长须老人领着一个姑娘飘悠悠地落到小伙子面前，对小伙子说："我到女娲那里，让她又造了一个女人，给你领来了。"小伙子见姑娘脸腮绯红，像月季花一般，两人一见钟情。小伙子结巴着说："你愿意和我一块生活吗？"姑娘听了，脸上飞起两朵红云，说："愿意。"这时长须老人领着两个白发白须的老人站在小伙子和姑娘面前，指着两个老人说："这是天公和土地，你们以后的生活全都离不开他俩。现在我们给你们办喜事，首先，给养育你们的天公、土地拜三拜。"随着月下老人的喊话声，小伙子和姑娘对天地拜了三拜。随后，月下老人笑着说："我给你们牵红线，你们还得给我拜拜。"小伙子和姑娘又对着月下老人拜了三拜。刚拜完，三位老人全不见了。为了感谢天、地的养育之恩，为了感激月下老人牵线搭桥的情意，小伙子和姑娘教育后代结婚时必须：一拜天地，二拜月下老人，三拜父母，从此便形成了结婚"拜天地"的习俗。

中国南北朝时期，夫妻对拜成为婚礼中固定的仪式。唐代以前，北方地区在特设的青庐（饰青布幔的屋子）内举行，称为"交拜礼"。唐代时，"拜堂"一词正式出现。拜堂时，傧相二人分别以"引赞"和"通赞"的身份出现。仪式如下：

引赞：新郎伫立于轿前。

通赞：启轿，新人起。

引赞：新郎搭躬（拱手延请新娘）

引赞：新郎新娘直花堂前。

引赞：新郎新娘就位。

通赞：新郎新娘进香。

引赞：跪，献香。

通赞：跪，叩首，再叩首，三叩首。

然后是三拜：一拜天地，二拜高堂，夫妻对拜，送入洞房。

宋代以后，拜堂非常流行。宋代，结婚当日拜家庙，次日五更拜堂。孟元老《东京梦华录·娶妇》中记载："次日五更，用一桌盛镜台、镜子于其上，望上展拜，谓之新妇拜堂。次拜尊长亲戚，各有彩缎、巧作、鞋、枕等为献，谓之赏贺。尊长则复换一匹回之，谓之答贺。"南宋时期，改为结婚迎娶当天先拜天地，再拜高堂。近代多于迎娶之日辰、巳、午中的某一个时辰举行。一般在男方家堂设供案，置香烛，陈祖先牌位等。拜堂之始，燃烛，焚香，鸣爆竹，奏乐。司仪诵唱："香烟缥缈，灯烛辉煌，新郎新娘齐登花堂。"新人就位，司仪诵唱"一拜天地，二拜高堂（父母），夫妻对拜，送入洞房"。

拜堂又名拜天地，中国古代民间信仰自然崇拜，视天地日月、风云雷电为神灵，并对此产生依赖和敬畏。古人认为天地是至高无上之神，男女婚姻则是天地乾坤、阴阳相结合的一部分，因此婚姻一定要通过拜天地才能确认，拜堂时首先要拜天地，接着拜高堂，最后夫妻对拜。拜天地代表对天地神明的敬奉，拜高堂是孝道的体现，夫妻对拜就代表夫妻相敬如宾，夫妻交拜是在古代少数可以让女性跟男性同等地位的仪式。拜天地多是面向天地桌拜。天地桌摆在堂屋的正门前，天地桌上放天地爷牌位，牌位前放一盛满粮食的斗，斗上贴"金玉满斗"四字，斗用红纸封口，插柏枝，枝上系铜钱叫"摇钱树"。斗内插秤一杆，杆有十六星，分别代表北斗七星，南斗六星和福、禄、寿三星，寓意吉星高照，称心如意；秤上挂铜镜，用来避邪，也寓意明白如镜；桌上放婆婆给新娘的杵，寓长住久安。再放尺一把，寓公平，品行端正；还有放红枣、花生等的。有的地区桌上还放有一对龙凤烛，也称花烛，花烛有喜气洋洋、生机勃勃之兆，也有驱邪避灾的含义。天地桌上放一个斗、一把尺、一把剪子、一面镜子、一个算盘、一杆秤，即为常说的"三媒六证"中的"六证"。

图3　邯郸农村地区天地桌上摆有全神和弓箭

有的地区在拜天地前，公公要先在天地桌前焚一炷香，烧给老天爷，当地有种说法叫"新媳妇进庄，老公公点香"。天地桌上放花烛、水果（一般是香蕉、橘子、苹果），香炉前面放一杆秤，还有用金银箔纸叠的元宝若干个，仪式开始前要由公公把元宝点着，烧给列祖列宗。拜完天地后，要拜高堂（父母），感谢父母养育之恩，新娘改口称父母，父母给新娘改口钱。最后夫妻对拜，象征双方在婚后互相尊重和认同。

湖北黄冈农村地区的"拜堂"仪式由"支派先生"（掌礼人）喊出程序名称，由两位已婚妇女（当地称为"牵娘"）指导新郎新娘完成。首先，新郎新娘并排面向神龛站立，神龛是在窄而长的桌状木器上放置"且"形牌位，牌位正中竖排写有"天地君亲师位"，民国后改为"天地国亲师位"，右侧写有"本音祖宗"，左侧写有"东厨司命"。牌位前放有香炉和烛台。新郎新娘转身面朝堂屋敞开的大门跪拜，称为"先拜天地"，再转身向神龛跪拜，称为"转拜家神"，然后新郎新娘相向互拜，称为"夫妻对拜"，最后"转入洞房"，拜堂结束。拜的姿势一般为单腿下跪。拜父母公婆则在第二天清晨，同时还要拜本家的亲戚长辈。陕西关中农村地区则是"一拜天地，二拜祖宗，三拜高堂，再夫妻互拜"。

梅山农村地区拜堂时，司仪要宣读天地祝词："伏以天开地辟，便有人民。女嫁男婚，方为夫妇。蓝田有美玉之缘，绣幕有牵丝之庆。百年歌好合，两美结良缘。今有信人×××与女士×××结合成婚，合卺既成，礼宜参拜，满堂神圣，诸位高尊，上下天地，仰祈鉴临。惟冀螽斯麟趾，缉缉振振；子子孙孙，继继绳绳。谨上此致告。化财礼毕，稽首皈依，伏维珍重。"[1]

河南濮阳农村地区拜堂，一是拜天地。拜天地是面对一个大斗拜，斗里装有高粱，高粱代表生活节节高，高粱里面插有艾草、葱、秤杆，艾草代表新郎新娘恩恩爱爱，葱代表所生孩子聪明伶俐，秤杆代表日子过得兴旺，濮阳方言中"秤"同"庆"谐音。二是拜高堂，男方父母坐在大斗的两旁接受新郎新娘跪拜。三是夫妻对拜。

---

① 刘亦山：《俗礼新编》，刘氏八修谱会 1994 年编印。

客家人婚礼拜堂时，新郎新娘站在厅堂中间，礼生（主持仪式的长者）把帽子给新郎戴上，并用小蜡烛点燃一对大蜡烛，新郎新娘面朝大门跪拜，礼生唱道："一拜天地堂，夫妻寿命长；二拜天地中，子孙做相公；三拜三光明，三多五福临；四拜天地神，子孙求兴隆。"新郎新娘再转向祖堂，四跪四拜，礼生唱道："一拜祖堂，夫妇多和合，寿比彭祖长；二拜祖堂，早早生贵子，兰桂永腾芳；三拜祖堂，三朝来财宝，买马置田庄；四拜祖堂，子孙金街走，代代状元郎。"新郎新娘各喝下一杯酒，并交换酒杯，礼生唱赞道："男杯交与女杯尝，女杯交与敬新郎。新郎新娘同饮酒，恰似甘草和蜜糖。从今听我祝贺后，夫妇齐眉与天长。"然后新郎新娘互相对拜，拜堂礼仪结束。

江西宜丰农村地区的拜堂仪式在晚上开席前进行，一般在祖宗牌位前进行，拜堂开始时要先重重地打三下鼓，意为告知众人，证明是明媒正娶，正大光明。祖宗牌位前摆两把太师椅，新郎父母要坐在太师椅上，新娘站在进门的左边，新郎站在进门的右边，面向新郎父母跪拜。司仪呼喊：一拜天地长久，二拜夫妇齐眉，三拜百子千孙，四拜万代富贵。此外，司仪还有贺拜堂彩词，彩词多为一些祝福吉祥、富贵的话语，司仪每贺一句彩词后都加上一个"哟"字，亲朋好友则要附和一句"好啰"，这样便形成了一问一答的形式。如：

> 彩蝶双双扑凤门，花好月圆今相逢，
> 恩爱夫妻结伴侣，月下老人系红绳，
> 彩云追月度蜜月，乘龙跨凤入洞房，
> 鸾凤比翼翼双飞，银河映照巫山云，
> 喜见红梅随结子，笑看绿竹即生孙。[1]

---

[1] 刘飞华等：《宜丰墨庄婚俗歌谣的田野调查与初步分析》，《南昌工程学院学报》2007年第2期。

（19）撒帐

拜完天地，新郎新娘被簇拥着进入洞房，新房的柜子抽屉里会放核桃、花生、栗子、银杏果等物，并被染成红色或绿色，取"红男绿女"之意，祈求"多子多福"。此外，婚床上也会撒有红枣、花生、桂圆、莲子等，意为早生贵子，这一习俗在北方称为"撒核桃枣儿"，南方称为"撒五子"，通称为"撒帐"。"撒帐"习俗始于汉代，宋佚名撰写的《戊辰杂钞》记载："撒帐始于汉武帝。李夫人初至，帝迎入帐中共坐，饮合卺酒，预告宫人，遥撒五色同心花果，帝与夫人以衣裾盛之，云得果多，得子多也。"这被认为是"撒帐"习俗滥觞的一种说法。另一种说法认为"撒帐"源于避邪煞，始于翼奉之子。《知新录》云："汉京房之女，适翼奉之子。房以其三煞在门，犯之，损尊长，奉以麻豆谷米禳之，则三煞可避。"自此以来，凡新人进房，以麻米撒之。后世撒帐之俗起于此。撒帐习俗最初为汉代的"撒谷豆"，《东京梦华录》记载："新妇下车子，有阴阳人执斗，内盛谷豆钱果草节等。咒祝望门而撒，小儿聚争拾之，谓之撒谷豆，俗云压青阳等杀神也。"

撒帐之物各个时期有所不同，汉代使用"五色同心花果"作为撒帐物，唐代撒帐一般多用钱币，不用花果。民间专门铸有撒帐钱，多为铜质，上面写有"长命守富贵""上上大吉""夫妻偕老""金玉满堂"等祝福词语。古代人们认为金钱可以通神役鬼，婚礼上抛撒撒帐钱可以贿赂鬼神，使之不危害新人。宋代撒帐之物除了钱币，还有彩果，北宋《东京梦华录》卷五《娶妇》中记载："南倒行出，面该相向，至家庙前参拜毕，女复倒行扶入房讲拜，男女各争先后，对拜毕就床，女向左，男向右坐，妇女以金钱彩果散掷，谓之'撒帐'。"明代时，多用花果。清代以后，无固定物，有钱币、谷豆、核桃、枣子、石榴、栗子等物，或混杂一起。所撒之物多象征吉祥如意或祈求生子，如核桃象征坚强有为；枣子取"早子"谐音，象征"早生贵子"；石榴多籽，象征多子多孙，钱币象征吉祥富贵。撒帐将抛撒物撒向婚床，使新婚夫妇感应抛撒物的生殖力量和吉祥征兆，也是古代交感巫术的一种体现。

　　撒帐仪式中，撒帐人是特殊核心人物，撒帐人的选择一般分两种。一种是撒帐人本身也是婚礼的主事人，并在活动中担任重要角色。如宋代的撒帐人由婚礼中的"礼官"担任，元代的撒帐人由专门从事婚礼赞礼、卜卦的"山人"担任，清代的撒帐人由婚礼中的"乐人"担任。第二种是撒帐人具有某些特殊之处，如儿女双全、身体健康、夫妻双全等，被民间认为是"有福之人"。如清道光六年《安仁县志》中记载的："男女交拜讫，花烛入房合卺，乃择夫妇元配多子孙之男子立高处手撒五谷果食，撒帐。"安徽砀山民间流传"表哥撒帐，越撒越旺"的说法，因此当地多由新郎家的平辈男性撒帐。

　　有些地方，撒帐的时候，要唱"撒帐歌"。中国民间信仰交感巫术，认为各种祝词口诀都是有交感魔力的，撒帐歌的内容大都是祝愿新婚夫妇和谐、早得贵子、多子多孙，因此，撒帐歌可以趋吉辟邪。撒帐时，撒帐人将撒帐物按东、西、南、北、中、上、下、前、后等不同方位抛撒，同时口中念念有词，每撒一方位便唱一歌。《事林广记》卷十记载了宋末元初的一首以撒帐方向为主题的撒帐歌："撒帐东，宛如神女下巫峰，簇拥仙郎来凤帐，红云揭起一重重。撒帐西，锦带流苏四角垂，揭开便见姮娥面，好与仙郎折一枝。撒帐南，好合情怀乐且耽，凉目好风庭户爽，双双绣带佩宜男。撒帐北，津津一点眉间色，芙蓉帐暖度春宵，月娥喜遇蟾宫客。伏愿撒帐已后，永保千秋。欲助欢情，再呈鄙句，今宵撒帐称人心，利市须抛一井金。我辈探花归去后，从他两个恋香衾。"河南农村地区撒帐时，撒帐人唱诵以撒帐次数为主题的撒帐歌："撒个枣，领个小（即男孩），撒个栗，领个妮（即女孩）；一把栗子一把枣，小的跟着大的跑。"民国时期。河南地区流传着一首撒帐歌，歌词为："绣花门帘三尺长，扎花女，绣花郎，叫秋菊，并海棠，你端茶盘我撒床：头一把撒的美，四个金砖支床腿；第二把撒的金玉满堂；第三把撒的荣华富贵；第四把撒的事事如意；第五把撒的五子登科；第六把撒的玉姑娘堂前坐；第七把撒的七星；第八把撒的八保双全；第九把撒到床里边，生个儿子坐（做）武官；第十把撒到床外边，生个儿子中状元；十一把撒到床头，抬抬头，打打床，过年三个状元郎；十二把撒到花席上，生个姑娘封嫂娘。""枣儿满炕红，生子是英雄；核桃滚满炕，生女是姣娘。""双双核桃双双枣，生儿聪明生女巧，双枣儿双核桃，儿子拔萃女窈窕。"撒帐歌丰富了撒帐仪式的内容，增添了婚礼的喜庆气氛。

梅山农村地区撒帐时，有边撒边唱赞歌的习俗，如："枣子枣子，早生贵子；莲子莲子，连生八子；花生花生，落地生根。"又如："泡圆（即桂圆）泡圆，一炮三元（明代称廷试前三名即状元、榜眼、探花为'三元'）。""果子撒向地，夫妇结亲又交谊。果子撒向帐，鸳鸯健康又荣昌。果子撒成单，仕途财途双平坦。果子撒成双，生龙又生金凤凰。"①

古徽州地区撒帐是撒帐人从新娘嫁妆中的红色木制马桶中取出两双鞋，新郎新娘各一双，寓意同行到老，"行"和"鞋"在徽州方言中同音，再取出两包糕点和一些花生果、红枣、山核桃和香瓜子等，放置于新床前的长条案桌上。新郎新娘并排端坐床沿正中，撒帐人从案桌上抓起花生、红枣等撒向新人，口中念着"早生贵子""白头偕老"等吉祥语。最后，撒帐者走近新人拱手作揖，贺道："恭喜恭喜！"

（20）洞房仪式

进入洞房，新郎用杆秤将新娘红盖头掀起，两人要同吃"宽心面"，喝交杯酒，这是古代"共牢而食"习俗在现代的变异。新郎新娘要吃荷包蛋，新娘吃后新郎再吃，"全福人"会问"鸡蛋生不生"，新郎新娘一定要回答"生"。

关中农村地区有"踩四角"的习俗，新郎新娘到新房门口时，新郎要抢先进屋，脱鞋上床，用脚踩床的四角，再在床上走一圈，

---

① 刘楚魁：《湘中民俗文化》，广州出版社2003年版，第36页。

当地流传俗语说："进了新屋踩四角，踩了四角儿女多，一年一度生一个，十年就是一伙伙。"这一习俗以脚踩来象征男女交合，传说华胥氏是踩了大脚印才生下伏羲的，因此民间有脚踩来象征男女性交。

湖北天门农村地区，新郎新娘进入洞房后，有两项仪式，一是"抄箱"，要由儿女双全、夫妇双全、福寿双全的妇女来进行，当地人称"千金婆"。箱子是女方在出嫁前一夜由一些未婚少女帮着装的，里面有压箱的钱和新娘的衣物，最上面要盖上一条裤子，因为当地广泛流传一句俗语，"开箱一条裤，不富也富"；二是"参厨交升"，由大家公认的既勤劳又福气好的妇女领着新娘参观夫家的厨房，寓意是督促新娘入夫家后要勤劳，领着新娘参厨的妇女在厨房的地上撒上一些筷子，新娘则在其后将筷子一一捡起，装入一个木质的量器"升"（谐音"孙"），再交由婆婆，边交边要说"婆婆接升（孙）"。

旧时湖北襄阳农村地区，新郎新娘由牵亲奶奶引入洞房，牵亲奶奶要先行铺床礼，把床上各处理一理，扯扯被单，口中喊出祝词："铺床铺床，一对鸳鸯，先得贵子，后生姑娘；两头一摸，五子登科；两头一按，文武状元。"厨师也进来钉挂门帘，并喊道："门帘门帘，一钉三下，先得状元，后得千金。"茶炉房的人送洗脸水喊彩："手捧金盆，富贵满门，先得状元，后得将军。"这些彩头喊过，新娘都要派发红包。

西北汉族农村地区，新娘进洞房时，怀抱一个装满糜子的瓶子，揭完盖头后，"全福人"要扬撒瓶中的糜子，边撒边喊："扬一把糜子，养下娃娃不拖鼻子。"另一种是撒枣子和核桃，撒时高喊："双双核桃双双枣，娃子多来女子少。"新郎新娘要互抢抛撒之物，称为"抢床"。撒糜子、枣子、核桃，是取"子""早子"和"合"的谐音，除了表示祝夫妻好合、早得贵子的愿望外，还直露地反映了重男轻女的意识。有些地方是将枣子与核桃藏于炕的四角被褥下，称作"压角"，新婚夫妇必须时刻注意不被人偷

图 4　新郎给新娘戴金顶针

去，据说不孕者偷吃了这些核桃、枣子后就可生育。

　　陕西韩城一带，旧时还有这样一种风俗：新娘进洞房后，半边炕上什么也不铺，在上面放一个萝卜，新娘要盘腿坐在萝卜上，而被坐过的萝卜当晚要做成馅，煮成馄饨全家人吃掉。据说这样可以让新娘早早产子，这种习俗大概和早期的生殖器崇拜有关系。①

　　广西客家婚俗中，进入洞房后有"交亲"仪式。洞房内放一个装满稻谷的木桶，上面插上用花带扎着的桂树枝和柏树枝（百子树），旁边放着葱和蒜，还有一只小碟，里面点燃两根灯芯草。新郎新娘要虔诚地站在桶旁，一位多子的男子一边用筷子敲打手里的两个熟鸡蛋，一边唱祝福语，"打村（蛋）打村（蛋），百子千孙"，蛋被敲破，剥壳后，让新郎新娘分吃。最后男子把两根灯芯草合燃，仪式结束。这是客家人最地道的求子仪式。打破鸡蛋表示壳破儿孙出；柏树，表示生子上百；桂枝，表示儿孙富贵；葱，意味着聪明；蒜，即会计算；灯草合燃则是标志孕育以上条件的开始。

---

　　①　高启安：《西北地区汉族婚俗漫谈》，《丝绸之路》1994 年第 1 期。

2. 婚礼中的月经禁忌

中国汉族地区认为结婚时，女子来月经是不吉利的，民间有"骑马拜堂，家破人亡""骑马拜堂，不是死爹就是死娘""拜堂来好的，婚后死老的"的说法。经血含有"污秽""肮脏""不洁""崩""破"等多种忌讳语意，所以结婚喜庆之日要忌讳。汉族民间认为，男子被人当面显示月经是奇耻大辱，会沾上不尽的晦气。许多地区，安床后，经期妇女是禁止进入的，也不参与闹洞房。

一般情况下，男方选择吉日时，都会在同一月选择两个日子，一个在上半月，一个在下半月，再由女方确定日期，以便避开女子的月经期。福建厦门、惠安一带，新娘出嫁时腰间系小鸟巾两块，说是为了防备月经突来之需。台湾汉族地区订婚时准新娘不能吃男方送来的饼，否则在结婚那天会来月经，结婚当天还要念符咒，以防止新娘来月经。四川岳池地区在堂屋门槛上搭一块红布，当地人认为是为了防止新娘突然来月经。

如果结婚当日新娘突来月经，民间也有一些破解的办法。可以用拉红线、念咒语等来达到破禁解忌的目的，具体的做法是在新郎新娘安寝前，在床上一人拉一头红线，男人口中念"你红我也红，你红我更红，你骑虎来我骑龙"，念完后新郎把红线用劲一抽，抽回红线后，禁忌便被解除。[1] 安徽徽州地区，新娘出嫁时如遇来月经，当地有"扯红布"的习俗，男方要将三尺红布从中间剪开，不能全剪断，要留一点不剪断。新人上轿后，要将红布放置在轿顶上，轿子抬起后，新郎和女方亲属将红布各扯一半，表示"红"不被新人全部带走，两家各分一半，两家都"红"。广州汉族将新娘带月经出嫁称为"上轿红""入门红"，男家拿红纸铺盖大门及厅堂的门，让新娘从红纸上走过，意为"你红我更红"，以

---

① 李金莲：《中国传统婚俗中的月经禁忌与民间信仰》，《楚雄师范学院学报》2006年第7期。

红御红，即以更危险的东西抵抗危险物，有"以毒攻毒"之意。云南昆明周边汉族地区，新娘迎娶时来月经，当地认为"红屎进门，屋檐不顺"，媒婆向新娘婆婆要一块红布，新娘出嫁时用红布兜住下体，即"以红御红"来破解，用婆家的神力抑制新娘的魔力。

多数农村地区风俗以为女子月经是污秽危险之物，但也有一部分人以为"上轿红"和"入门红"都是吉兆，主生贵子，这两种说法未审孰是，也许后者以为"红"是吉利的，故也以"月红"为吉兆。另外有一种巧遇月经的情况，即新娘已进入夫家而月经来潮，叫作"坐床红"，有人以此为吉兆，当然也有以其为不祥的。①

3. 婚礼仪式中的抢婚习俗

现代婚礼中的很多仪式都是古代抢婚的遗俗。抢婚又叫"掠夺婚"，是通过掠夺妇女而形成的婚姻，是一种原始的氏族外婚的婚姻形态，形成于人类社会由母系社会向父系社会转变时期，是人类婚姻观念进步的标志，人们开始意识到与异族通婚的好处。中国的抢婚现象大约在商周时代就存在。《易经》中记载了古代男士带着弓箭，骑马去另一氏族抢婚的场面，如："屯如邅如，乘马班如，匪寇婚媾""乘马班如，求婚媾。往吉，无不利""贲如皤如，白马翰如，匪寇婚媾"。随着社会文明的发展，掠夺婚在内容和形式上都发生了变化，从真抢变为模拟象征性的仪式。

魏晋时，这种"假劫真婚"的方式成为一时之风气。当时嫁女前，女家于门前结搭一棚屋，让女子坐在其中，家族执械护卫。抢亲之日，男子亲族乘马而来，与女方护卫发生械斗，亲婿直奔棚中，挟妇乘马而去。此时，女方父母大呼亲友追赶，但始终保持一定距离，新娘在途中故意作坠马状多次，新婿亦多次扶其上马，

---

① 高洪兴：《黄石民俗学论集》，上海文艺出版社1999年版，第24页。

如此来到郎家，便成亲。①

在河南封丘流传着这样一句话：去（娶）的早，赶鸡叫。按照当地的说法就是，婚礼仪式举行越早越好，赶早不赶晚，最好是在鸡叫之前，天还未亮时，这样两个人才能白头偕老。当地的老人说，他们当年都是在半夜男方就到女方家，拉着人就走。有娶亲的人家，晚上是不睡觉的。同一天娶亲的人家要比赛，看谁家去（娶）的最早，谁家最早，喜神就会降临谁家，夫妻就会百年好合。这显然是古代抢婚习俗的一种残余。抢婚习俗随着社会的发展，其形式也发生了变化，但都保留着父权和母权斗争的痕迹，并成为人们争取婚姻自主的一种象征手段，在现代婚礼中，更为婚礼增添了无限乐趣和喜庆热闹的气氛。封丘农村地区婚礼中的夜半嫁娶、涂抹新娘、宴请功臣和带彩回家等仪式中都积淀着古代抢婚习俗的残余。

广西东贺县汉族农村地区有黑房抢亲习俗。新娘哭嫁两天两夜后，亲迎当天清早与女伴们同藏黑房。男女迎亲队伍到达后，新娘的兄长（或堂兄表哥）和亲戚中的男青年要设法将新娘从黑房中抢出，女伴则掷沙子挥竹枝抵抗。抢者力图将女伴们拖出门外以排除干扰。如两个抢者败阵，则增到 4 人乃至 10 多人，直到把新娘强背出门。再由男方迎亲队中的两个（或 4 个）女子轮流背新娘到新郎家。抢亲角逐中，男给女抹锅烟墨，女撕男衣衫，古代抢婚遗风演变为男女青年的打闹嬉戏。

关于抢婚的社会功能，有的学者认为"或以为是由于要试验男子的勇敢与灵敏。或以为是因为羡慕贞德掠夺故模仿其状。或以为是由于女家惋惜失女，故发生踌躇与留难。或以为是由于女性羞涩的表现及贞洁的表示，因为不肯无抵抗而失身，正为良家女子的态度。又有一说以为模拟斗争有净化的意义，可以使新妇祛避凶邪。"② 此外，有些地方还认为抢婚是对女方的尊重，显示

---

① 向乃旦：《血缘、良缘、孽缘》，人民出版社 1980 年版，第 49 页。

② 陈国钧：《文化人类学》，三民书店 1977 年版，第 140 页。

女子的珍贵，而不是嫁不出去。

4. 婚礼中的驱邪仪式

中国传统观念认为婚礼中的新娘阴性较重，而且处于"阈限"期身份不明的状态，容易受到巫术及妖魔鬼怪的侵害，也容易给别人带来危险，尤其容易给新郎家带来危险，所以中国婚礼中有许多给新娘驱邪避邪的仪式，驱邪物主要有镜子、红伞、鞭炮等。

（1）撒谷豆

新娘进入新郎家门时，"全福人"向地上抛撒谷物和豆类。宋高承《事物纪原》中记载："汉世京房之女适翼奉子。奉择日迎之，房以其日不吉，以三煞在门故也。三煞者，谓青羊、乌鸡、青牛之神也。……奉以谓不然。妇将至门，但以谷豆草禳之，见三煞自避，新人可入也。自是以来，凡嫁娶者，皆置草于门阃内，下车则撒谷豆。"孟元老在《东京梦华录·娶妇》中也曾说道："新妇下车了，有阴阳人执斗，内盛谷、豆、钱、果、草节等，咒祝望门而撒，小儿辈争拾之，谓之撒谷豆，俗云，压青羊等杀神也。"福建福安地区指新娘到新郎家的大厅时，由全福人牵着新娘，把新娘腰间绑着红布袋解下，一边念着咒祝词句，一边把装在里面的稻谷、花生、黄豆、红鸡蛋、糖果、硬币撒到地上。

谷物是古代农业社会人们赖以生存的最基本的生活资料，被古人奉为珍宝，古人认为谷物具有超自然的力量和不可抗拒的灵气，可以驱赶恶魔。豆具有药用价值，如赤豆有通气除湿功效，绿豆有清热解毒功效，豆由此而被认为具有辟邪神力，为常用辟邪之物。同时，谷豆为牛羊的饲料，抛撒这些饲料，可以喂食三煞神牛神、羊神、乌鸡神，让三煞抢食忘了危害新娘，以免除其对婚姻的危害。同时撒谷豆也是请五谷神来保护家宅安宁、五谷丰登，因为米粒象征一年的收成，只有撒过五谷，新婚夫妇才会一辈子兴旺发达。谷物作为种子具有超强的繁殖能力，撒谷豆可以将谷豆的繁殖能力转移到人身上，增强人的繁殖能力，因此，撒谷豆还有祝福祈子之意。现代婚礼中向新娘撒花瓣和彩纸屑多源于此风俗。

陕西关中地区旧时有撒谷豆婚俗。迎亲时，花轿来到男方家门口，一个提着斗的人便出来，边走边将斗中盛着的稻谷、麸皮、谷草秆、核桃、红枣等向新妇身上抛撒，同时，还要即兴唱歌："一撒麸，二撒料，三撒新媳妇下了轿；一撒金，二撒银，三撒新媳妇进了门；新媳妇，好脚手，走路好像风摆柳；今年娶，明年抓，生下个胖娃叫大大（爸爸）。"这里更突出了其祝子意义。

现代婚礼中的撒五彩纸屑、五彩糖果，意为把祝福撒向新人，多与撒谷豆习俗相关。

（2）火

火是婚礼仪式中主要的辟邪之物，因为火是人类文明的象征，古人多用火来驱赶野兽的袭击。火具有焚烧化物的功能，按照巫术相似律的逻辑，火也能焚烧掉妖魔鬼怪。因此，古人认为火具有驱赶恶魔的力量。火能发光，是光明的象征，光明被视为幸福、吉祥之神所在。婚礼仪式中，火的形态有火堆、火把、火盆、烛与灯。婚礼仪式中新娘进新郎家门口时，要跨过火盆，驱鬼辟邪才能进入男家，有的地方不仅跨火盆，还有烧符咒，烧除新娘身上的邪气，象征生活红红火火。湖南农村用火把给花轿照明，以此来护花轿。在长江中下游地区，婚礼前一晚上，要请两名女童手执红烛将新房内照耀一遍，以驱百邪。洞房中的花烛以及长明灯，要点到天亮，不能熄灭，都有驱邪避煞之意。

（3）吹打班

古人认为结婚时，如果没有声响，过于冷清，新娘容易遭鬼怪缠身，不吉祥，因此，在农村每逢新人出嫁，即使家中再穷，也会雇人吹打奏乐，避免恶鬼捣乱破坏。华北农村地区迎亲过程中，当新娘到达新郎家的村口，吹打乐队便开始奏乐，通过喜庆的乐曲来惊吓鬼魂并将其驱赶，同时也增加喜庆热闹气氛。吹打乐队的乐器一般以唢呐为主，还有小锣、小鼓、小镲等。天津农村地区在婚礼前一天，请吹打班在新房内吹打，以求吉利。婚礼中燃放鞭炮，也有用声音"崩崩邪气"，把新娘带来的煞气崩掉的意思。

（4）雨伞

南方农村地区，婚礼中要为新娘撑伞，寓意是用伞将新娘与污秽隔离，遮住晦气，避免邪气侵入。民间对撑伞还有一些禁忌。伞要在大门口撑开，进行出门仪式，不能在屋内开伞；伞要为中国喜庆的红色，其次可选粉红、紫红等颜色；伞必须是新的，不可以用旧伞；伞必须自己亲自购买，不可以由他人赠送，也不可以借用，因为"伞"谐音"散"，有"分散""分手"之意，所以不可给新人送伞或借伞给新人。

此外，古代婚礼有遇雨择吉的观念，原始思维认为雨是天地交合的象征，适时适量的雨可以滋润万物，是大地丰产。曹础基《庄子浅注》中注为："淫乐，古代神话常常把云雨看成天地的交媾，故称为淫乐。""云雨"一词成为性交的一种隐语。结婚时遇雨，则是婚姻美满、繁衍后代的征兆，表现出原始思维中天人合一的互渗观念，是一种生殖崇拜的表现。婚俗中使用伞，是对"在雨中"的一种模拟，也是一种对雨的期盼，是一种生殖崇拜的反映，是一种祈求生育的手段，象征和祈求家庭子息繁多，生活如意。广东农村地区，结婚当天，新娘离开娘家时，需由女性长辈伴随并为新娘撑红伞，寓意开枝散叶、早添贵子。

（5）铜镜

后汉聘礼三十物中有一种是"阳隧成明安身"。阳隧是取火的凹面铜镜，"成明安身"，指使妖怪显形而逃避，这是用镜避煞的最早记载。此后用镜这一习俗在河南、陕西、浙江、山西等地广为流传：河南太康农村，是把秤与斗、镜等放在拜天地的桌上；陕西横山县新娘胸前挂明镜；浙江有的地方，新娘上轿前用镜、烛光先遍照轿内，有的地方是新娘下轿前或后，男家用镜、烛照新娘。有的地方也将铜镜解释为象征夫妻团圆，或新妇心明如镜。

（6）花轿

新娘上轿前驱赶轿内煞神，称为"搜轿"。在浙江，男家发轿前都要请人持镜，借烛光将轿内外映照一遍，再用燃满芒香的熨斗在轿内遍熏一次，认为能驱逐轿内潜伏的妖魔；东北、华北和华东地区婚娶前，花轿须在院内陈设昼夜，旁立伞、扇、肃静回避牌，以防鬼怪进入。广东潮汕新娘上轿前，家人要端水洒向花轿，目的是以水镇邪。①

新娘上轿后也要避邪。在贵州，新娘须换上红色上轿衣，将轿内早备好的皇历（驱邪物）和铜镜背在背后，意为"黄道吉日，铜镜团圆"。湖南新娘双手抱着经巫师作法后的瓷瓶上轿。陕西延安新娘身穿旧棉袄，脸涂锅底灰，以此防止鬼怪拦截，驱邪避灾。不同地区新娘所带的辟邪物不同，主要有弓箭、镜子、熨斗、筛子等，弓箭专门对付白虎星，镜子可使妖魔现出原形，在熨斗中燃烧柏叶和芸香，其气味可逼退鬼怪，筛子象征天罗地网，可擒拿妖怪。

花轿上路后旁人为新娘举行的驱邪仪式。浙江迎亲都是随轿童子，童子手拿米筛，将染红的米不断撒在花轿上。河北、山东押车童子是要一直抱着鸡，湖南人用火把护轿，驱赶邪魔。江淮和大别山地区新娘上轿后，立即用铁锁将轿门锁住，以防邪魔侵害。

（三）婚礼中的媒人

1. 媒人缘起

媒妁是中国婚姻文化的重要组成部分，它是随着人类社会发

---

①　刘宁波：《生死转换与角色认证：中国传统婚礼的民俗意象》，《民间文学论坛》1994 年第 1 期。

展、婚姻关系相对稳定的情况而产生的。母系社会，人们认为生育是妇女与神灵交感产生的结果，男女之间的结合是自由的，人们只知其母，不知其父。父系社会，男性为确保后代在血缘上的纯洁，确保财产和地位能够让自己的亲生子女所继承，便对性关系提出了严格的要求，禁止女子婚前性行为，未婚女性被剥夺了与外界男性交往的自由，这时，便出现了以缔结婚姻为目的的联络男女双方的中介人——媒人。

《说文解字》中解释媒妁为："媒也，谋和二姓者也。妁，酌也，斟酌二姓者也。"

关于媒人的说法起源，民间流传着这样一则传说。相传在遥远的古代，有两个距离非常远的山村，一个叫东山村，住着一个叫赵景的小伙子，一个叫西山村，住着一个叫阿彩的姑娘。有一天，一位好心的老汉为他俩搭桥牵线，两人最后成亲。他们要找老汉报答，可是无法找到老汉，于是小夫妻就用米粉捏了老汉的一尊塑像，捏成后又怕别人看了笑话，就把它藏在柜子里，几天后取出来发现米粉已经发霉，他们就叫它"霉人"，因"霉"不雅，就改成"媒人"相称。从此以后，"媒人"的说法就流行开了。

"月老"作为媒人的代称也有相应的传说故事。唐朝李复言《续幽怪录》记载，唐代有一个叫韦固的人，路过宋城（今河南商丘县南），住到城里的南店。一天晚上，他碰到一位奇异的老人，正靠着一个布口袋坐着，在月光下翻着书，便问他所检何书。老人说："天下之婚牍耳。"又问袋中何物，说："赤绳子，以系夫妇之足，虽仇敌之家，贫贱悬隔，天涯从宦，吴楚异乡，以绳一系，终不可逭。"韦固赶紧问自己未来的老婆是谁，老人翻书为他查了一下，说是店北头卖菜瞎老太太的小女儿，刚刚3岁。韦固大怒，暗中派仆人去刺杀这个小女孩。仆人心虚慌乱，没能刺死女孩，只伤了她的眉心。韦固和仆人连夜逃走了。过了十多年，韦固当了兵，作战勇武非常，刺史王奉看上了他，就把女儿许给了他。姑娘模样不错，就是眉心间老是粘着贴花。韦固挺奇怪，问出她就是他过去所刺杀的幼女，是王刺史抚养了她，当成了亲闺女。韦固才知"天意"不可违，与之结成良缘，两人相亲相爱，所生男女皆贵显。以后人们便用"月老"代称"媒人"，并把做媒称作"牵红线"。

"冰人"也是"媒人"的另一称呼，其典故来源于《晋书》。公子令孤策做梦，梦见自己站在冰层上，与冰层下面的人说话。醒后，便去找隐士素沈圆梦。素沈说："世间万物皆有阴阳之分，冰上为阳，冰下为阴，梦中与冰下人相语，这是有关阴阳之事。《诗经》曰，人若要娶妻，应趁冰未融化时。看来，你要为男方向女方说媒了。依我之见，这件婚事在冰未触化之前必定成功。"果然，令孤策刚回到家中，太守田豹便来求他说媒。田豹的儿子看中了张公征的女儿，因知令孤策与张公征是至亲，特请他帮忙到张家求婚。令孤策本不愿意做媒，田豹再三恳求，只好去试一试，不料张家满口答应。第二年仲春，田公子与张小姐喜结良缘。此后，"冰人"做媒一事流传开来，"冰人"便成了"媒人"的别称。

媒人在古代社会婚姻缔结中具有重要作用。按照礼制，只有通过媒人的婚姻才是合法的正规的婚姻。没有媒人参与的婚姻会遭到社会的鄙视，家族会感到脸上无光。《战国策·燕策》："处女无媒，老且不嫁。"《孟子·滕文公章》云："不待父母之命，媒妁之言，钻隙相窥，逾墙相从，则父母国人皆贱之。"在聘娶婚制度下，青年男女要正式结婚，必须有媒人在中间牵线、撮合。媒妁代表了婚姻伦理的最高原则，保障了婚姻的尊严。受封建礼制的束缚，古代妇女大多在闺房中度过，《礼记·内则》曰："女子十年不出，姆教婉娩听从，执麻枲，……十有五年而笄。二十而嫁，缘故。"封建社会，男女接触的机会较少，这也决定了媒人存在的必要性和必然性。我国最早的诗歌总集《诗经》中许多诗歌描述了媒人在封建婚姻中的重要性："伐柯如何？匪斧不克。娶妻如何？匪媒不得。"意思是：没有斧头砍不出斧柄，没有媒人娶不到妻子。"匪我愆期，子无良媒"，意为女方推迟婚期，就是因为男方没有媒妁。可见，媒人已成为婚姻中的关键性人物，无媒不成婚。

周代专门设置了"媒氏"之官，《周礼·地官·媒氏》记载："媒氏，掌万民之判。凡男女自成名以上，皆书年月日名焉。令男三十而娶，女二十而嫁。凡娶判妻入子者皆书之。仲春之月，令会男女，于是时也，奔者不禁。若无故而不用令者，罚之。司男女之无夫家者而会之。凡嫁子娶妻，入币纯帛无过五两。紧迁葬者嫁殇者，凡男女之阴讼，听之于胜国之社，其附刑者，归之于土。""判"即耦合；"掌万民之判"，可见，地官媒氏是专管婚姻的官员，其职责是管理人们的婚姻。他们的具体工作是：（1）记录新生婴儿的出生年月日和姓名；（2）限制男女婚嫁的年龄，令30岁的男子、20岁的女子按时结婚，不可延期；（3）凡订立婚姻的，都记录在案；（4）每年二月，即农忙之前，督促适龄青年及时结婚，在这个时候，婚礼不齐备的也可以结婚；（5）限制彩礼数量，监督或决定婚礼中的财务开支或纳入；（6）主管婚姻诉讼案，惩处违法乱纪者。

唐代之前，"媒妁之言"仅是流行于人们行为礼仪的社会共识，是一种社会默契，一种礼制上的要求，并未见诸法律。唐代则将"媒妁之言"写入法律条文中，如《唐律·户婚》规定"为婚之法，必有行媒"，《唐律·名例》也规定为"嫁娶有媒，买卖有保"。唐代以法律形式对媒人赋予法律责任，如《唐律·户婚》规定"诸嫁娶违律，祖父母、父母主婚者，独坐主婚，……媒人各减首罪二等"。元代法律将媒妁之言作为婚姻要件，规定订婚时必须有媒人参加写立婚书，这纸婚书为婚姻提供了具体切实的保障。《元典章》记载当时媒妁"由地方长老保送信实妇人，充官为籍"，保证了媒妁工作的权威性。在宋代还盛行"鬼媒人"，康与之撰写的《昨梦录》记载："北俗男女年当嫁娶，未婚而死者，两家命媒互求之，谓之鬼媒人，通家状细帖，各以父母命，祷而卜之，得卜即制冥衣，男冠带，女裙披……"

媒人有私媒、官媒两种，战国后，官媒逐渐被私媒代替，但并没有完全消失。官媒是由地方官设置的，多由地方长老推荐地方上可靠的女人担当，不仅负责撮合男女缔结婚姻，而且负责实施类似现在婚姻法所规定的条律。宋代还有媒人的行会组织。宋神宗年间，设有数十位掌管议论婚事的官媒。元代设"媒互人"一职，由乡社推选后注册官籍，政府给他们颁发《至元新格》婚姻法，使其熟悉法律条文。明代的媒人在生活上受国家照顾，甚至准免媒人缴纳行业税银。官媒的设置使国家宏观上统一执掌男嫁女娶，有序调控人类婚姻，使专偶婚制得以巩固。同时官媒的设置也维护了社会伦理道德规范，人类从群婚乱交刚踏入文明社会时期，原始时代的乱交难以在短时期内消除，而媒官司职能更好地防淫佚、护礼法，客观上促进了社会的稳定，也有利于人类的优生延续。然而，官媒不如民间媒妁主动、灵活，随着社会发展，逐渐被自由度较大、灵活性很强的私媒——民间媒妁所取代。①

私媒，一般是由民间德高年劭的男子和巧舌如簧的妇女来担任。春秋战国时，私媒逐渐增多。《战国策·燕策》记载："周地贱媒，为其两誉也，之男家，曰女美；之女家，曰男富。"私媒多是为了牟取私利而欺骗男女双方，使其订立婚约。私媒必须深晓礼仪，善于辞令，会随机应变，能准确把握男女双方的喜好和心理，否则是当不成媒人的。②

封建社会时期，媒人在男婚女嫁中扮演着极为重要的角色，以其合乎道德的身份为男女双方牵线搭桥，在双方家长中传递各自的基本情况，如姓名、年龄、品德、才貌、身世等以及对此事所持的态度，在议婚中扮演重要的角色，在促成婚姻缔结上起到了积极作用，推动了中国封建社会婚姻制度走向文明和进步。他们为男女的婚事奔走，以其成人之美而受到人们的尊敬。旧时中国各地都有"天上无云不下雨，地上无媒不成婚"的说法。此外，封

---

① 蒲生华：《青海婚俗中的媒妁文化浅析》，《青海民族学院学报》2001 年第 2 期。

② 马成俊：《媒人琐谈》，《青海民族学院学报》1991 年第 2 期。

建社会的媒人也不可避免地给社会带来许多负面影响。有些媒人为赚取钱财或达到别的目的，往往采取瞒骗手段，两头说好话，引起人们的反感。媒人极不负责的嘴皮说合造成了许多畸形、不幸的婚姻。

"媒妁"作为一种历史产物，相对于古代的掠夺婚而言是一种进步的表现，它沟通了两个家族，便利了家族间的联系，既满足了宗法制度的需要，又有利于国家的稳定。同时也可以避免男女双方私奔，挑战伦理秩序，最终达到了巩固家长制的目的。媒妁在现实生活中起到了稳定社会和家庭的作用，占有极为重要的地位。媒妁也有自身的局限性，在婚姻缔结过程中，媒妁并不代表男女双方本人的意愿，而更多是双方家长意志的体现，许多婚姻都只是在双方家长和媒人之间议成的。这就限制了男女的恋爱自由以及对自己幸福和未来的选择，在一定程度上，媒妁成为封建买卖婚姻的关键。现代社会，媒人已不再是只为保护私有制家庭财产而无视婚姻当事人意志的中介，仅仅是联系男女双方的红线，是现代自由恋爱的有益助手。

2. 说媒风俗

（1）媒人不离雨伞

旧时，湖南梅山农村地区媒人的雨伞具有传递信息的作用，媒人第一次进女家门，将雨伞撑开倒立于门外，如果女家同意说亲，女家长便将雨伞顺立于门外。媒人第二次到女家，媒人仍像前次那样放伞，如果女家把雨伞拿进堂屋旁顺立，则表示所说的亲事已获得基本赞成。媒人第三次登门，仍然将雨伞撑开倒立于门外，如女方家长将雨伞拿进了姑娘的闺房，则表示完全同意这门亲事，但口头仍不答应，要媒人多次求说才应允，以示"好女多求"，提高其身价，否则会被人耻笑。旧时这个习俗在新中国成立前和新中国成立初期湖南娄底市、邵阳市和益阳市的部分农村地区很常见，后来随着结婚自由程度的提高，就慢慢地消失了。

（2）杆秤、镜子和尺子

旧社会，男女双方在婚前不能直接交流，媒妁之言成为相互了解的唯一渠道。男女双方为了警示媒人说话的真实性，多在自家厅堂神案上摆着杆秤、镜子和尺子。杆秤意为主家富有，要求亲家也不能贫穷；镜子意为主家心明如镜，媒人不能讲假话；尺子意为媒人要像用尺子量布匹一样衡量双方的条件，要门当户对，才貌般配。

（3）谢媒

梅山农村地区有在结婚的头一天晚上举行谢媒宴的风俗，由家族中辈分较高的长者陪同。谢媒宴中，将媒人恭为首席，其他人按辈分或地位依次就座。斟酒也从媒人杯子点起。放碗时，还有一条不成文的规矩，"头座不放碗，全桌撑得白骨眼"，也就是媒人没吃完，其他人都得陪吃，不许提前放碗，以此体现媒人的重要性。

当地人认为谢媒宴的目的主要有三，一是向社会宣告，主家的婚事是明媒正娶，符合当地的社会习俗和家族规矩；二是感谢媒人，男女结婚是传宗接代、延续香火的大事，媒人在双方之间游说、撮合，起了非常重要的作用，主家设宴表示感谢；三是拜托媒人在结婚当天（也就是第二天）需要做的事情，如果结婚当天出现矛盾，还需要媒人出面和解，并指点新郎迎亲过程中的礼仪。

旧时梅山农村地区，说成功一次媒，媒人可以得到三次礼物：一是订婚媒礼，一般是男家送三四斤猪肉和钱币；二是送日子媒礼，男家赠送糖果糕点、毛巾、三四斤猪肉和钱币；三是结婚媒礼，男方赠送猪腿一条、雄鸡一只、鲜鲤鱼或草鱼一条以及布料、毛巾、糖果等，女方送猪肉五六斤、布料与毛巾、糖果。

青海汉族农村地区的婚礼中，媒人受到尊重。在举行婚礼的当天，媒人作为婚姻中的一个主要角色而显得十分重要。结婚当天一大早，男方由新郎（或新郎亲属中的其他成员）专门备鞍牵马，到媒人家中去请媒人参加并主持婚礼。在婚宴上，媒人身居要位，与新郎的"骨头主儿"——舅舅平起平坐。在婚礼宴席曲中，司礼者专有一折"谢媒"曲，来歌颂媒人的功德。"谢媒"曲完毕，由新郎、新娘磕头拜谢媒人，还给媒人"左肩搭红、右肩搭绿"，抬花枕头及茶酒糖果之类，以示酬谢。①

（4）骂媒歌

旧社会男女双方不能见面，全凭媒人传递信息，如果媒人说话不真实，隐瞒欺骗，导致婚后发现对方条件比媒人讲得差，媒人会遭到埋怨和咒骂。因此，民间还流传了许多骂媒歌，如："瘟媒婆，死媒婆，吃了好多老鸡婆，摇动三寸不烂舌，害得我呀莫奈何，你初十吃了十五死，不死也要烂脑壳""媒公媒婆嘴皮薄，花言巧语名堂多，臭的讲得香，死的讲得活，骗了男家骗女家，骗得我日子好难过""媒人的肉，放锅熟，媒人的骨头，当柴烧，媒人的皮，当鼓敲"。

安化县农村地区还有两人对唱形式的骂媒歌：

> 甲：媒婆牙齿两边磨，乙：嘴巴是面烂铜锣，
> 甲：又说男子好模样，乙：又说女子赛嫦娥。
> 甲：说得公鸡能生蛋，乙：说得石头爬山坡，
> 甲：说得我娘心肠软，乙：说得我爹没奈何。
> 甲：你呀，生前害人苦，乙：你呀，死后下油锅。
> 合：你呀，生前害人苦；你呀，死后下油锅。

（5）媒人"吃鲤鱼"

安徽阜阳农村地区称媒人为"吃鲤鱼"，新婚当事人为酬谢媒人，赋予媒人在婚宴上享有吃鲤鱼的特权。"吃鲤鱼"特权是古人鱼图腾崇拜的一种表现，鱼有很强的繁殖能力，古人把女性称为

---

① 浦生华：《青海婚俗中的媒的文化浅析》，《青海民族学院学报》2001 年第 2 期。

鱼，是希望其有像鱼一样的繁殖能力，也是对女性的最高赞赏。媒人给新婚夫妇带来繁衍后代的可能，媒人享有"吃鲤鱼"的特权也是古人祭高禖的一种表现形式。鲤鱼是红色，象征婚礼的喜庆氛围。此外，古人认为鲤鱼是升天的载体。《列仙传》记载："琴高浮游异州，二百余年。后入砀水中，乘赤鲤鱼来。出泊一月，复入水去。"明代陈仁锡《潜确类书》卷三二："九鲤湖在兴化府仙游县东北万山中……（汉何氏兄弟）九人炼丹于湖上，丹成以食鲤。鲤变而朱，其旁有翅，昂首喷沫，便招风雨，湖水为溢。一日，鲤数跃欲飞，九人各乘其一上升。"① 阜阳当地人认为，人一生中若说成三次媒，死后就可以不入地狱，可以升入天堂。媒人婚宴上"吃鲤鱼"的特权也是这一观念的反映。

3. 答谢媒人

在农村，媒人绝不是可有可无的角色，而是绝大多数人顺利完婚的牵线搭桥人。俗话说"中间无人事不成"，在当前的农村中仍有超过80%的婚姻是通过媒人从中撮合而成的。在一些地方的农村，即使是自由恋爱的男女，只要双方家庭的空间距离不是很远，也要临时请一个"名誉"媒人从中传话，商议各种结婚事宜，认为只有明媒，方可正娶。

所谓"媳妇娶进门，媒人跑短腿"。农村的媒人并不像现在城市的婚姻介绍所那样简单地介绍男女认识那么简单，而是从介绍认识到完成婚礼的整个过程都需要有媒人从中参与，媒人有大量的工作。例如，一些农村的风俗中家长不能见面，订婚日子的选定、结婚聘礼的多少、婚礼程序的商定等都需要媒人从中撮合沟通，尤其有了矛盾和误解时还需要媒人从中调解，所以媒人其实是男女双方意见交流的纽带和矛盾化解的缓冲区。因为农村风俗各异，讲究颇多，而且"三里不同乡，七里不同俗"，如果没有媒

---

① 王焰安：《阜阳婚俗阐微（之一）》，《阜阳师院学报》1998 年第 2 期。

人从中协调，很可能会产生误会，影响子女的婚事。在山东的一些农村现在有"前三后三，媒人是天"的说法，意思是在婚礼各类程序紧张进行的前后几天，万万不可得罪媒人。媒人还必须坐在结婚宴席的首席位置，以示主家对媒人的尊敬。

鉴于媒人对新人顺利完成的巨大贡献，各地也都延续着对媒人感谢的习俗。

（1）答谢媒人的时间

依据农村各地的习俗不同，答谢媒人的时间也各有差异。有些农村选择一次性答谢媒人，例如河北、山西、山东、河南、东北等地的农村，选择的时间大概有两个，一是在男女双方成功订婚的时候，这意味着订婚后无论哪一方毁坏婚约，媒人均不再承担任何责任和损失，应当属于媒人的一种自我保护机制；二是在男女双方顺利完婚后的某个时间，具体没有详细的习俗和忌讳，依当地的习俗为准。有些地方会有两次答谢的要求，第一次大都在邀请媒人的时候或者订婚仪式完成之时，第二次大都选择在二位新人结婚典礼之前或之后的某个时间。另外还有一些地方的农村按照当地习俗有三次及以上的答谢，例如湖南的梅山地区，按照传统就有三次谢媒的要求，一是订婚时给的订婚媒礼；二是选定结婚日期时给的送日子媒礼；三是结婚时给的结婚媒礼，也是所有媒礼中最丰厚的一次。

（2）答谢媒人的方式

答谢媒人以男方为主。在中国的广大农村，无论南北东西，儿女的婚事完成之后感谢媒人的责任大都落在男方的肩上。因为在中国的传统文化里，女方要有一种矜持的态度，尤其在婚事上更不能显示出丝毫的急躁，因此在农村从托请媒人到最后的答谢媒人，绝大多数都是男方应尽的职责和应有的姿态，否则女方会被认为轻佻，不顾及脸面，甚至被邻里笑话。从另一个角度看，在农村中娶媳妇和嫁姑娘是两个截然不同的概念，新媳妇入门时男方一家上上下下都是喜笑颜开，而嫁姑娘的一方，在女儿上车出嫁的时刻往往父母都是眼含热泪，目光里充满不舍和惦念，所以作为添人进口的男方家庭而言，承担答谢媒人的责任也是理所应当的。

答谢媒人以现金、实物、宴请等多种方式相结合。随着社会的进步与发展，农村答谢媒人与传统也有了较大的变化，虽然各地都有自己的一套风俗，但大致可分为以下几种：

一是现金答谢。这也是目前农村最为普遍和流行的方式。这种方式大都专门针对以说媒为生的职业媒婆或关系较为疏远的乡亲朋友，这些人为男女双方的婚事奔走忙碌，其初衷也有获取一定经济报酬的愿望。而且有些地方，例如河北的安平、饶阳等地，还存在一桩婚事有多个媒人的情况，只要在双方介绍认识的时候起到了牵线搭桥的作用，即被认为媒人，婚事达成后，男方也会有专门酬谢。至于答谢金额多少，全国各地各不相同，从几十元、几百元到上千元都有，但总体呈现出逐年上涨的趋势，可是如果从媒人有效的工作日和实际工作量来衡量，也并不过分。

二是实物答谢。这种方式在农村也很多，主要答谢那些与男方家是亲戚关系或者关系相当紧密的婚姻介绍人。实物答谢在农村一般没有具体的标准，买的东西多少主要根据男方自身的经济条件和对媒人付出的认可与感激程度而定。实物答谢本身从某种意义上就有避讳赤裸裸的商品关系的意思，因为本身是紧密的亲友关系，如果再直接以现金答谢则会显得感情淡漠。在农村用实物感谢媒人，讲的是"礼物从手出，恩念入心中，道了乏，送了礼，更显乡友之情"。

三是摆酒答谢。在湖南、湖北和江西等地的一些农村，还有举行谢媒宴的习俗，一直延续到今天。谢媒宴也非常讲究和隆重，除了请媒人做首席宾客，还会有主家和重要亲友相陪，以显示对媒人的尊重。谢媒宴大致有三层含义，一是向相邻好友宣告，本家的婚事系明媒正娶，符合当地的习俗和规矩；二是感谢媒人，费尽周折，让两家成秦晋之好，让男方家可以传宗接代、延续香火；三是拜托媒人，因为谢媒宴的时间一般定在婚礼的前一天，所以婚礼上的一些事情还要托付媒人尽力成全，以图大吉大利，顺顺当当。

概括而言，农村答谢媒人的方式并非上述三种形式简单的单一性选择，而是主家根据当地的习俗综合使用，婚事完成的过程中，可能只有一种谢媒方式，也可能是某两种答谢方式的结合，而以以上三种方式综合使用来体现答谢心意的也不在少数。

三　洞房仪式

　　新婚之夜就传统意义而言，是指正规的结婚典礼完成之后的当天夜晚。新婚之夜并非整个结婚仪式的终结点，而是其中的一个重要环节，我国传统上也将其称为"入洞房"。虽然中国农村的地域文化差异很大，洞房内外的诸多习俗与仪式也千差万别，但这风俗与仪式所包含的寓意却极其相似。例如，冀中南地区的许多农村一般会找儿女双全的已婚妇女为新人将被褥铺好，并换好装有红枣、花生、栗子、核桃的枕头，以此祈求和预祝新人的未来和和美美、儿女双全；江浙一带的农村则采用撒帐的方式，由新娘子的嫂子将栗子、桂圆、红枣、糖果、花生等物撒在新娘子坐的床上，任由在场的小孩哄抢嬉闹，以烘托气氛，带来吉祥。

　　在新婚之夜的诸多习俗和传统中，闹洞房和新婚夜禁忌是影响范围最大和最被重视的两个方面。人类学的研究认为，闹洞房与原始掠夺婚有关，原始掠夺婚时期，本部落一定数量的人一同到其他部落去抢女子，抢来的女子被视为氏族的共同财产，在未成亲前，凡是参与掠夺的人都有权利恣意戏弄女子并与其发生性关系。随着对偶婚的产生，随意的性关系被禁止，恣意戏弄女子的行为以闹洞房的形式得以象征性地保留下来。

　　闹洞房作为婚礼的重要组成部分始于汉代。进入汉代以后，社会经济有了长足的发展，人们不再满足古板而沉闷的婚礼，不再固守

"三日不举乐"的古训，开始大操大办，使婚礼蒙上世俗的喜庆色彩。新婚之夜的禁忌从古至今普遍流传于民间，在当下的农村婚礼中仍然有诸多讲究，虽然随着时代的发展其表现形式和含义已经发生了不小的变化，但无外乎避讳和讨吉利两个主题，而这可以回溯到古代的驱邪避煞，辨析始源，仍可发现其大致脉络和根源。

　　民间关于闹洞房流传着一个神话传说，相传有一天紫微星下凡，见一个恶鬼身穿白服，蹑手蹑脚，跟在一支迎新队伍后边，因见新娘长得漂亮，准备伺机作恶。到了新郎家，恶鬼钻进洞房，只等夜晚来临。以苍生为念的紫微星，同时追踪而来，守住了门口。当一对新人拜完天地要入洞房时，紫微星挡住他们，不让进去，说里边藏着一个恶鬼。家人大骇，求教驱凶之法。紫微星便道，恶鬼虽能含沙射影，诡计多端，但最怕人多，人多势众，它就不敢大胆妄为了。于是，燃放爆竹，客人们说笑嬉戏，人声鼎沸，直到五更。恶鬼无计可施，果然逃走了。[①] 从这个神话故事可以看出，闹洞房源于人们驱邪避煞的功能。许多农村地区入洞房后，还有驱邪仪式。东北地区新郎进洞房后，要象征性地向洞房四角各射一箭，或手持单刀朝每个角落虚砍一刀，并唱道："一砍妖，二砍怪，三砍魔鬼坏脑袋，四砍丧神快离开，笑看麒麟送子来。"

（一）闹洞房的历史沿革

　　在中国传统婚俗中，闹洞房是婚礼仪式的一个部分，也是传

---

　　① 张启哲：《闹洞房是中国社会一种特殊的性教育方式——性教育研究之三》，《陕西教育学院学报》2006 年第 1 期。

统文化的外在表现。闹洞房在农村又称为"闹新媳妇"或"喝喜酒"。这个仪式在结婚典礼的当天晚上进行，实际是整个婚礼仪式的一部分。闹洞房一般针对的是新婚夫妇，而又以新娘为主。参与者从辈分上看，一般是新郎的侄辈和兄弟；从年龄上看，一般是与新郎关系较好的同龄或年岁略小的男青年。按照大部分农村的风俗习惯，结婚的前几天普遍赋予了这些人与新婚夫妇开玩笑的权利。有句俗语"三日无大小"，是指新婚后三天内，不分男女老幼、辈分高低，均可到新房去"闹"一番。否则，"人不闹鬼闹""人不听鬼听"，视为不吉利的征兆。

　　学界普遍认为，闹洞房在汉代就已流行。《群书治要》援引西汉仲长统《昌言》叙述汉代闹洞房时写道："今嫁娶之会，捶杖以督之戏谑，酒醴以趋情欲，宣淫佚于广众之中，显阴私于族亲之间，污风诡俗，生淫长奸，莫此之甚，不可不断者也。"[1] 近人杨树达在《汉代婚丧礼俗考》一书中考证："而为之宾客者，往往饮酒欢笑，言行无忌，如近世闹新房之所为者，汉时即已有之。"这一习俗在汉朝时已十分盛行。另外，如应劭《风俗通》中说："汝南张妙会杜士，士家娶妇，酒后相戏，张妙缚杜士捶二十。又悬足指，士遂致死。鲍昱决事云：酒后相戏，其心原本无贼害之意，宜减死也。"可见闹洞房由来已久，汉代也是承袭前人的风俗。唐朝，闹洞房的习俗继续传承发展，当时不但男家亲属以及贺客宾朋可以戏弄新娘，甚至连陌生人此时也可以拦途阻滞，需索刁难，抚摸取笑。进入宋朝后，司马光定《书仪》、朱熹制《家礼》提倡符合儒家传统道德规范的婚姻礼制，使前朝的流风遗俗受到很大的限制和规范。然而闹洞房的习俗却并未因此而断绝，反而更加广泛地传播开来。但是因为闹洞房在当时不断伤害人命，影响社会治安，且违背礼制，所以士大夫称为"亵狎渎乱，伤风败俗"之举，一些地方官府甚至出示了禁止闹洞房的告示。但是闹洞房

---

[1]　孙晓：《中国婚姻小史》，光明日报出版社1988年版，第73页。

习俗因为具有顽强的传承特征和广泛的群众基础，所以不仅未能杜绝，反而在农村更加普遍。清代以后，闹洞房更加普及。《虫鸣漫录》卷二记载："凡新婚者，却扇之夕，亲朋杂沓，呼笑喧阗，谓之闹房，各处皆然。"该习俗不仅在汉族地区流行，在一些少数民族地区也同样存在。

在现代农村，闹洞房的习惯依然传承存在，但随着人们生活条件和思想观念的变化，它的表现形式也被赋予了新的时代特征。第一，原有粗俗野蛮的行为和话语，逐渐被温馨浪漫而又不乏性暗示的所谓"爱情游戏"所取代。例如原来对新娘直接的身体接触，在"80后"、"90后"的婚后闹房中已经很少存在，取而代之的是闹房人为了"折磨"新人而设计的各种游戏。第二，闹洞房的对象也不再仅仅局限于新婚夫妇。按照各地的传统，当下的农村在新人结婚当天又出现了闹伴娘、闹舅舅（叔叔）、画公婆①等新的形式，这些形式喜庆而热烈，是传统闹洞房习俗的继承和发展。第三，闹洞房的时间、参与人员和目的也在慢慢地发生变化。闹洞房的时间不再仅仅局限于结婚典礼的当晚，而是几乎贯穿了整个婚礼的全过程，即使到了回门的时候，一些地方还存在逗女婿的风俗；闹洞房的参加人员不再局限于男性，一些地方的农村女性也加入这个行列，逗公婆、逗女婿、逗舅舅（叔叔）等主要由她们主导；闹洞房的目的也不再仅仅是图个喜气，随着一些地方人们收入的增加，"闹"钱的成分不断增多，在婚礼和洞房的过程中，人们通过"闹"的方式让婚礼的主家或亲友付出更多的经济代价。

---

①　此为河北石家庄、邯郸等地农村的风俗，新婚当天将公婆用红黑颜色涂脸，戴上高高的自制帽子。

（二）闹洞房的主要方式

旧时闹洞房可以分为"文闹""武闹"。"文闹"是以向新娘出谜语、说粗俗话的方式，让新娘难堪而取乐。徐珂在《清稗类钞·婚姻类》中记载淮安地区闹洞房时说："闹房者，闹新房也。新妇既入洞房，男女宾咸入，以欲博新妇之笑，谑浪笑傲，无所不至。……成年者之闹房，其目的则在侮弄新娘及伴房之女，淫词戏语，信口而出，或评新娘头足，或以新娘脂粉涂饰他人之面，任意调笑，兴尽而止。""武闹"是口出秽语的同时，还对新郎新娘动手动脚，而新人在嬉闹过程中不能发怒，必须保持笑意。

传统的闹洞房在汉族各地农村的表现形式基本上是大同小异，即以戏弄新娘为主。除了用粗俗的语言和动作，对新人开与性有关的玩笑之外，还会通过让新郎、新娘完成一系列特殊的"节目"以达到目的。这些"节目"依据各地风俗的不同而有所差异，但大都是让新郎、新娘做特别亲密的动作，或者考验新娘待人接物的能力，有的则直接与性有关。新时期农村的闹洞房在继承传统的基础上又有所发展，主要是"节目"的创新和被"闹"对象的丰富。结合传统与现代，闹洞房在农村主要有以下几种表现形式。

1. 以歌闹洞房

梅山客家地区闹洞房有唱赞茶歌和赞洞房的习俗。闹洞房时，新郎、新娘要向客人献茶，客人要唱一首赞歌，才能端茶喝。这类赞歌多是表达对新人的祝福，如"礼重婚姻，人之大伦。夫妻好合，鸾凤和鸣。口对其口，心对其心。肉中入肉，人上加人。计划生育，利国利民。生个孩子，活泼天真。""新娘敬我一杯茶，张开嘴巴喝了它。我今好话无他说，祝你生个胖娃娃。""茶是新娘茶，味道分外佳。新郎行好事，弄个胖娃娃。""清茶味道佳，龙头第一芽。明年生贵子，活泼人人夸。"①

客人喝完茶后，还有赞洞房，除了对嫁妆称赞外，主要是祝福新人早生贵子，如"歌洞房来赞洞房，新娘房内好嫁妆。两边放着金箱笼，中间摆起八宝床。八宝床上铺锦被，尼龙帐子放毫光。龙凤枕头配一对，鸳鸯夫妇结成双。良辰美景偕佳偶，幸福生活百年长。洞房花烛赞过后，来年生个胖儿郎。"②又如《中国民间歌谣集成湖南卷·新化县资料本》记录："雕龙描凤福花床，一对鸳鸯游中央。早产麒麟生贵子，巫山云雨尽文章。"

浙江温岭黄岩一带的汉族农村地区有唱"洞房经"的习俗。唱洞房经是我国东南地区具有典型特征的婚俗文化现象，是一种婚礼仪式中传唱的歌，它的突出特点就是对唱，与古吴越和百越文化有着深刻的渊源关系。这一地区的婚礼过程都伴随着唱歌和对歌的歌唱形式，一般是司仪边唱仪式歌边完成仪式过程。闹洞房则由"洞房经"等大量对歌来完成。"洞房经"包括"八仙""开锁""开门""摆十三花"和"抱龙灯"等四十多项仪式内容。

新人要先坐在新房中，"洞房客"（新郎邀请的六位到十二位男性宾客，必须为双数，也称弟兄客）在洞房门口唱"八仙"，"八仙"有大小之分，"大八仙"歌有七八十行长，"小八仙"可短到两行。"八仙"唱完，"洞房客"退出，将新娘独自关在洞房内。"洞房客"唱"开锁""开门"歌，歌有数十行，两人对唱。门被唱开后，新郎与"洞房客"一同进入新房，新人须向"洞房客"行礼，并与"洞房客"一同在洞房中间放一桌子，用来请"洞房菜""摆十三花"。抬桌子时，"洞房客"要唱"抬金桌"

---

① 刘亦山：《俗礼新编》，刘氏八修谱会1994年编印。

② 同上。

"解金花"仪式歌。"洞房经"的对歌在洞房客和"厨下倌"之间进行，洞房中除桌子以外的凳子、茶水、筷子、酒、酒杯都需洞房客以唱歌的形式向"厨下倌"索要。"厨下倌"指来参加婚礼的，除"洞房客"以外的所有客人。"洞房客"以歌索要，"厨下倌"以歌相对，由此形成对歌形式，增加婚礼喜庆热闹气氛。对歌过程中，新娘缄口不言，不参与对歌。如"讨茶"时，可以唱：

"洞房客"唱：

> 青山绿水家乡好，清泉直流家门前。
> 众朋友，笑连连，请把香茶送进来。

"厨下倌"答：

> 柴在山边还未燥，水在井里未挑到。
> 里间朋友来讨茶，茶在岩山未抽芽。

又如"讨酒"时，唱：
"厨下倌"发难唱：

> 何人造酒何人卖，何人吃酒挂酒牌，
> 何人吃酒坐东楼，何人吃酒坐西楼，
> 何人吃酒闯大祸，何人吃酒打老虎，
> 何人吃酒闹天宫，何人吃酒上西天。

"洞房客"答唱：

> 杜康造酒红娘卖，太白吃酒挂酒牌。
> 蒙正吃酒坐东楼，文正吃酒坐西楼。

> 薛刚吃酒闯大祸，武松吃酒打老虎。
>
> 悟空吃酒闹天宫，目莲吃酒上西天。

"洞房经"仪式中，对唱还有"讨酒壶""讨酒盅""讨箸""讨酱油醋""唱暖碗""讨碗头"和"讲小碟"等。吃洞房菜时，"厨下倌"送来各种酒菜时，要"封"碗头，在碗上盖一张红纸，需"洞房客"以该碗菜为名对唱后，才可得到手。最后，"洞房客"要唱"抱龙灯"歌，边唱边退出洞房，结束整个仪式。

江西宜丰农村地区闹洞房又称为"打新房"，结婚当天晚上酒宴结束之后，要在新房里另摆一席，新娘坐在床沿，由伴娘陪伴，打新房的人围拢酒席旁，边喝边戏弄新娘，当地人认为，闹洞房闹得越凶越吉利。此外，打新房前后都要贺彩词。彩词一般都由先人传授，传授对象有特殊限定条件，须为50岁以上会唱歌且较幽默的人。打新房的贺彩人必须由新郎事先带上烟酒喜糖专门去请，一般一个家族中打新房贺彩的人只有三五个，一般要请本族的贺彩人，遇到结婚人多时，请不到本族的贺彩人，才可请外族的贺彩人。彩词的贺法由领贺和附贺组成，贺彩人在每句后加"呦"字，其他人则附和"好啰"。彩词内容多为祝福吉祥、富贵，也有一些性教育的彩词。如：

> 手提花烛进洞房，洞房明灯照四方。
>
> 东照狮子滚球，西照黄龙盘梁。
>
> 上照琉璃瓦，下照八宝砖。
>
> 八宝砖、放毫光，照着新娘好嫁妆。
>
> 洞房中、象牙床，锦被内面结成双。
>
> 好女子，生一双，好公子，生五个：
>
> 大公子，当朝一品；二公子，两榜都堂；
>
> 三公子，兵部侍郎；四公子，八府巡按；
>
> 五公子，新科状元；大小姐，一品夫人；

二小姐，皇后娘娘。自从今日喝彩后，

金宅生辉，百世流芳，

千寿万福，打挂爆竹。①

萍乡农村地区，闹洞房时有个仪式叫"赞烛"，司仪从厅堂唱赞歌到洞房，如：

其一（厅堂）：

一对花烛照华堂，照起美女好嫁妆，红漆衣柜朱漆箱。

其二（厅堂）：

银烛灿烂宝烛辉煌，佳人才子配合阴阳，百年美事地久天长。

其三（洞房）：

花烛双双照洞房，郎才女貌两相当。

多福多寿多贵子，状元榜眼探花郎。

其四（洞房）：

点个火来看新娘，新娘本还好，头上梳起巴巴脑，八字眉毛似弯弓，手擦胭脂一点红。

其五（洞房）：

---

① 刘飞华等：《宜丰墨庄婚俗歌谣的田野调查与初步分析》，《南昌工程学院学报》2007年第2期。

新人新郎配合阴阳，今晚洞房喜气洋洋。鸳鸯枕上乐事非常，早调琴瑟再弄之璋。①

2. 通过"节目"闹洞房

闹洞房"节目"分为传统与时尚两类。传统"节目"指那些历史悠久、代代相传，仍广泛存在的传统"闹洞房"习俗；时尚"节目"指那些随着社会和时代变化，闹洞房的青年人近年来创新并流行的一些戏弄新郎和新娘的游戏。但在现实中，传统与时尚并非截然分离的，而是相互结合、交叉使用的关系，在一个闹洞房的过程中，可能存在传统与时尚多重方式。

（1）喝交杯酒

这个习俗自古有之，《东京梦华录》卷五中记载："……然后用两盏以采结连之。互饮一盏，谓之交杯酒。饮讫，指盏并子于床下。盏一仰一合，俗云大吉，则众喜贺。"当下的农村这一风俗依然流行。具体方式是：斟满两杯酒，二位新人在众人的监督下手臂交叉，一些地方还不允许一饮而尽，而是先喝半杯，然后分别以同样的方式喝完对方的半杯。有的地方在新人喝酒的时候还另出花样：在新人喝的酒里掺入醋、菜汁等物，故意为难；有的则让新娘或新郎从背后绕过另一方的脖子，让对方喝下；有的则要求新郎站在高处，新娘站在低处，让新郎把酒含在嘴里通过吸管等媒介送入新娘口中。

（2）敬烟或敬酒

这个节目主要是让新娘给来宾敬烟，并点燃，是在给新娘介绍在座的来宾时进行的。目的是要告诉她，今后要在这里生活了，这些人是要打交道的。新娘给来宾点烟的时候，一些好逗的人会故意说新娘子递烟的姿势不好看，或者把火故意吹灭几次，以考

---

① 易志文：《萍乡乡村婚俗考察》，《萍乡高等专科学校学报》2001 年第 2 期。

验新娘的耐心。轮到新郎点烟时，众人会故意出难题，例如让新娘衔着一支烟的中部，让新郎从烟的一头吸，一只手绕过新娘的脖子将烟的另一端点着。这个动作接近接吻和拥抱。类似的做法也适用于敬酒。

（3）配合咬菜或取物

这种闹洞房的节目在当下的农村非常普遍，例如用一双筷子夹起一根芹菜，让新郎和新娘分别从两端同时吃，越咬芹菜越短，两人的嘴越离越近，最后几乎成了接吻的状态。类似的表演还有"咬苹果"：用绳子吊起一个苹果，让新郎和新娘同时咬，不准用手，要求两人配合着把苹果咬透。还有的地方农村在闹洞房的时候让两位新人用嘴唇或者舌头配合取出某物或移动某物，例如让新郎和新娘同时用舌头将放在一个玻璃瓶内的筷子取出，或者嘴对嘴地夹住一个乒乓球，按要求放在某个地方。陕南的商洛地区，新人被小伙子围在院子里，女人挤在外围，男女老少都可以戏弄新人。戏弄节目有"糊顶棚"，就是在新郎的舌尖上粘一块纸，新郎用舌尖把纸贴到新娘的口腔上腭。还有一个节目就是"掏雀儿"，即新郎把一条手帕从新娘的右边袖口塞进去，再从左边的袖筒里拉出来。类似的还有"摸斑鸠"，闹房人将诸如纽扣、布条、粮食粒之类的小东西，放在新郎的上衣内，让新娘伸手从里面摸出，以使新郎新娘发生身体接触。

北方农村地区还有"拔花儿"的节目，"拔花儿"是将一朵石榴花挂在洞房的帐篷上，要高于一个半人，让新娘把花揪下来。每当她跳起来揪花时，闹洞房的人就将帐篷往高处顶，不让新娘够到，迫使新娘求助于新郎，并要说：

> 眼望高处一朵花，妹妹一心想要它，
> 请求哥哥扶一把，妹妹才能摘上花。

当新郎抱起新娘要摘花时，闹洞房的人就会用一条绳子将二人捆在一起逗乐。

（4）听房

"听房"顾名思义，就是偷听新婚夫妇的房事。据史书记载，早在汉朝时期，这种通过听房来达到娱乐的目的就存在了，《汉书》中记载："新婚之夕，于窗外窃听新妇言语及其动止，以为笑乐。""听房"可以看作闹洞房仪式的一个延续。古时，闹洞房结束新人就寝后，一些好事者会悄悄来到洞房门口偷听，即"听房"，俗称"听门子"。"听房"所听到的动静和只言片语成为茶余饭后的笑料。有些地方，新郎的父母还要给予听房者犒劳。如遇雨雪天，无人听房时，新郎的母亲要在半夜拿一把扫帚立在洞房门口，冒名"听门"者。西北汉族农村地区，古时"听房"要有意识将洞房窗户纸捅破，这样可以使新娘早早生育，在此，窗户纸成为处女膜的象征。当地人认为，新婚之夜，无人"听房"，被认为是不吉利，民间有"人不听鬼听"的谚语。

（5）"滚煊子""墩煊子"

晋南农村地区闹洞房有"滚煊子"和"墩煊子"的习俗。"煊"主要是晋南地区的一种饼，一面有花纹，一面没有花纹。"滚煊子"是将两个饼合起来，从洞房窗外向窗内床上滚，如果滚落在床上的两个都是花纹朝上，则预示着将要一胎生两个女孩，如果两个都是花纹朝下，则预示着要生一对双胞胎男孩；如果花纹一个朝上，一个朝下，则预示着要生一男一女。如果有滚在地上的，则根据床上的花纹朝向来决定，如果两个煊子都滚在地上了，则预示头胎难活命。"滚煊子"之前，通常要新郎和新娘说一段话：

> 滚，滚，滚煊子，过年要个亲蛋子。
> 男娃要那能写会算的，不要那疵眉瞪眼的。
> 女娃要那能描会剪的，不要那笨手笨脚的。

"墩煊子"是要新郎和新娘面对面坐在一条长凳上,先将葱、萝卜墩破,再将一个煊子墩破。在"墩煊子"之前,新人也要说一段话:

脚蹬脚,墩煊子,过年要个亲蛋子。

先墩萝卜后墩葱,然后再墩脚后跟。

（6）摇床

陕西西府农村地区,闹房时要摇床,即把两条被子合铺在炕上,由一小青年端着装有核桃、大枣的升子,边摇边说:"双双核桃双双枣,养下娃娃满院跑,双双核桃双双梨,养下娃娃会叫姨。"摇几遍后,取出核桃、枣,放置于炕角席子底下,然后闹房人全部离去,闹房结束。

3. 闹洞房的延伸形式

（1）逗公婆

在湖北省江汉平原,儿子娶媳妇,逗弄公婆,是仙桃城乡近几年来新婚典礼上的重头节目。这天,大伙都乐呵呵的,一口一个"扒灰佬,醋妖婆"地喊个不停,又忙着为这"灰爹醋婆"打扮一新。让公公一手拿个扒灰耙子,一手拿着盛灰的簸箕,头发上也沾满灰尘。给婆婆挂上三五个醋瓶儿,走起路来"哐啙"作响;并让公公的两个兄弟各拿一面小旗儿,上书"扒灰佬"三字,众人见了,嬉笑不止。在山西的中部和河北省的中西部地区,逗公婆的习俗在农村广为流传,一般在结婚典礼之前,由新郎父母的亲友邻里,为公公婆婆画个大花脸,并戴上特制的"高帽",象征着辈分的增长,即使在新婚典礼的时候公婆也不能"卸妆",必须以亲友化妆后的尊容出席。

（2）逗男方亲友

男方亲友主要是新郎的舅舅、叔叔、姨、姑等直系亲属。一般由新郎当地的邻里朋友发起，男女配合，找出各种理由让新郎的亲友多出点份子或者多拿点钱，如果拿得太少或者拒不缴纳，会有带头的率领众人进行搜身或者将其衣服、鞋帽等强行脱下，让对方用钱来赎。按照农村的习俗，被逗的男方亲友不许发火恼怒，否则将被视为不懂礼数。另外，逗舅舅、叔叔等这些亲友得来的钱，一般不会计入结婚主家的礼金往来账目，而是用于给那些为新郎的婚事操劳数日的邻里朋友买点烟、糖、瓜子等物品，以表达主家的谢意。

（3）逗女方亲友

在北方的一些农村存在一种叫"筷子礼"的习俗，这是针对新娘的亲友即送亲人而言。这一习俗是喜宴摆上之后，娘家亲戚或新娘那桌暂时不上筷子，而后被要求拿出一定的礼金以示对厨师和帮厨这些天辛苦的感谢。在陕西、山东、海南的一些农村，2000年左右还兴起了闹伴娘的新点子，但受娘家人送亲人是贵客的传统观念以及一些恶性事件的影响，逗伴娘一直被广为诟病，正在逐渐消失。

传统"闹洞房"是"三天不分大小"，越闹得欢越吉利，有些地方甚至对新娘有粗俗言语或举动。现在闹洞房的仪式、内容都有了不少革新。四川渠县一带的"闹洞房"程序是：①新郎、新娘入席就座；②父母入席就座；③介绍人入席就座；④长辈入席就座；⑤介绍人讲话（谈介绍、搭桥的经过）；⑥新郎、新娘讲话（谈自由恋爱的经过及婚后的打算——包括计划生育等）；⑦父母讲话（谈对儿媳的祝福和如何搞好家庭等）；⑧新人给父母、长辈行礼、敬烟。表演的节目有：①含花（新人对含）；②吃喜糖（新人同吃一颗吊在线上的喜糖）；③过独木桥（新人在一条板凳上对过）；④白头到老（面粉里放两颗糖，新人按头去含）等。此外，还有新人与来宾一起唱歌、跳舞和表演小品等节目。①

---

① 匡天齐：《四川汉族民间婚礼与婚嫁歌》，《音乐探索》1994年第4期。

（三） 闹洞房的社会功能

按照社会人类学的观点，一种习俗的形成和传承，必然有其特定的社会条件和社会功能。闹洞房这一传统习俗在农村流传至今，承担了其应用的社会功能，在此我们主要概括为以下几个方面。

1. 帮助新人建立感情

闹洞房的许多"节目"设计，其目的是在众人强制下密切新郎、新娘关系。有些游戏是夫妻爱抚行为的强制性预演，令新娘对即将到来的两性生活有一个必要的心理准备。因为中国的传统婚姻是一种"无交往婚姻"，婚姻全靠"父母之命，媒妁之言"，在这样的婚姻中，两个当事人在进入洞房之前，彼此不太了解，甚至是非常陌生的。而传统婚姻的目的主要在于繁衍后代，而生子又必须有夫妻间的了解和温存，但这在提倡"男女授受不亲"的儒家文化里是被排斥和忽略的。所以中国的传统文化中设计了"闹洞房"这一习俗，把男女婚前温存的事件压缩在几个小时内，并带有某种强制性质，这起到了促使婚姻当事人短暂"恋爱"的作用，从而帮助新人摆脱窘境，建立融洽感情。这是闹洞房习俗的一个重要文化功能。但是随着社会的发展，自由恋爱、婚姻自主已经非常普遍，婚前两性接触的增多，使密切双方关系的社会功能不断弱化。因为婚前两人已经充分了解，男女双方也都有诸多方式充分了解"性"为何物，所以再通过闹洞房对新郎和新娘进行恋爱辅导已经意义不大。

2. 适应新的社会角色

闹洞房的过程增进了新娘同新郎的朋友和族人的联系，也令新娘必须迅速适应新环境和新角色。在农村，结婚给新娘带来了两个突然的变化：一是生活环境的变化。新娘从踏入新郎家门的那一刻起，她就突然置身于一个全新的生活环境之中。这就要求新娘必须迅速了解和适应新的环境，在这个新的环境中建立起新的交往圈子。闹洞房实际上是推动新娘快速达到这一目的的催化剂，因为仪式上的参加者一般都是新郎最好的朋友和本家亲属。二是角色突然发生变化。新娘进门之后，女子的社会角色也有了变化，即由一个少女（闺女）变成了少妇（媳妇），这一新的角色需要面对公公、婆婆及新郎的其他亲属，整个的生活也对这一角色提出了新的期望和要求。或许也正是因为在乡村社会中对新娘角色转换的期望比新郎大，以至于从古至今乡村文化都认为需要通过"闹一闹"这种较为激烈而粗野的手段来促进这一过程尽快完成。

3. 娱乐功能

中国社会的城乡二元分割体制，使农村的社会发展落后于城市，农村的精神文化娱乐生活明显较城市贫乏，农民长期从事艰苦的体力劳动，精神处于疲惫压抑的状态。除了农闲时节可以休息放纵一下自我，最快乐的日子就是婚礼了。尤其是闹洞房，没有繁文缛节，不用端长辈的架子，不用再"立规矩"，一切都无所顾忌，气氛越热闹越好。大多数农村地区，闹洞房有"三天不分大小"之说，也就是新婚的三天之内，无论男女老幼，无论辈分高低，都可以玩笑戏耍，不得生气。这种没有拘束又增添喜气的闹洞房习俗为娱乐活动贫乏的农村生活增加了欢乐，也使广大村民的身心获得了放松和享受。

4. 性教育功能

在中国历史上，儒家文化强调"非礼勿视，非礼勿动"，性文化被视为异端，排斥在正统文化之外，青年男女缺少正常的往来，缺乏对异性的了解，处于性愚昧状态。封建社会认为婚姻的一项重要任务是传宗接代，因此必须让新婚夫妇了解性知识，而闹洞房则成为一种集体参与，通过约定俗成的游戏来传授性知识的方式，即让"少不更事"的未婚青年通过见识洞房中的种种语言、行为，在潜移默化中进行婚恋教育乃至性教育。在对男女之事讳莫如深的传统文化里，青年男女几乎没有机会学习、了解性知识，以至于将其当作一种淫秽、肮脏的事物，而在闹洞房的时候，却可堂而皇之地将两性最基本也是最隐晦的事情公开化、合理化，使未婚男女在娱乐、庆祝之余获得更多的两性知识。例如通过听房，让年轻人从窥视他人房中秘密得到满足，这对于为性的问题而躁动不安的青春期是一种必要的排遣。当然，或许他们对这个仪式内的所有内容并不能完全明白，一些年龄小的人听房也未必能全部听懂，但在第二天的听房"汇报会"上，自然会得到"注释"。在文化信息较为闭塞的农村，这样的性启蒙教育还是非常必要的。但随着农村教育、文化、资讯的快速发展，农村青年有了更多的途径和方式获取性知识，闹洞房的性教育功能也在逐渐弱化。

清朝时期，湖南衡州农村地区闹洞房时，有"打传堂卦"的习俗。《清稗类钞》中记载："衡州闹房之风盛行，……有打传堂卦之名目。公举戚友中之滑稽者作堂官，以墨涂面若丑角，著外褂，髄黻以荷叶为之，朝珠以算盘子为之，首冠大冠，红萝卜为顶，大蒜为翎，旁立差役若干，皆戚友中之有力者。拘新郎新妇及其翁姑跪堂下，命翁姑教新郎新妇以房中术，新郎新妇既听受，必重述一过，否则以鞭笞从事，亦不敢出怨言。"[1]

① 徐珂：《清稗类钞》（第5册），中华书局1984年版，第1999页。

5. 告诫功能

在农村诸多闹房习俗中，还有一些地方存在闹家父或闹家兄的习俗，谓之审"烧火案"，其目的就是要告诫新郎父兄不可对新娘有非分之念，更不可能在日后出现烧火、扒灰一类的丑事。父子共妻、兄弟共妻是原始群婚的遗风，在某些人的思想观念中仍有遗存，但社会制度、乡规舆论不允许。同时由于青壮劳力外出打工或逃荒，经常会造成妇女独守空房，也的确存在越轨的条件，因此，这一闹房习俗的存在有其合理性和必然性，也确实发挥了一定的警戒作用，维护了民众正常的生活秩序。

需要指出的是，闹洞房这一习俗的产生、传承和变异不是一朝一夕完成的，也不是通过行政干预、强制手段就可以实施的，它完全是在民众生活的广阔时空中顺应民意、自然选择的结果。同样，在当今世界文化的大背景下，在我国政治、经济、文化转轨的特殊历史时期，移风易俗工作的开展也应该从研究习俗惯制的起源、性质、特点、功能入手，满足民众生活的需要，才能赋予古老习俗以符合时代特征的新功能，使之不断发展，不断完善，焕发出崭新的生命力。

（四）　新婚夜禁忌

我国农村各地，依据自身长期的社会生产生活实践形成了各具特色、丰富多彩的新婚禁忌习俗。这些新婚禁忌习俗体现了对美满幸福婚姻的追求意愿，点缀了婚礼喜庆欢乐的气氛，并且符

合一定的社会道德规范，具有一定的社会和文化价值。

1. 农村新婚夜主要禁忌

（1）参加人员的禁忌。这里主要是指新婚夜的一些婚姻仪式中忌讳某些人或某一类人的参与。例如在广东潮州地区，新人在拜天地时非常忌讳不孕之妇、小孩子和有孝在身的人参加仪式，而且忌讳陪伴新郎与新娘的人数是单数。又比如在河北、山西的一些农村，新婚夜里与新娘属相相冲相克的人员忌讳与新娘碰面，例如按照迷信的说法，"属相为羊、马、兔、鸡的人不能与属鼠的新娘碰面，属相为狗、牛、龙、兔的人不能与属龙新娘碰面"等，当地人认为，新娘作为新人是一生中运气最旺的时候，属相相克的人与之见面会极大地损害自己的运气和身体。也有一些地方在闹洞房时非常忌讳长辈参与，认为这是对新娘的不敬。

（2）氛围的禁忌。按照传统的说法，"洞房花烛夜，金榜题名时"都是人生最高兴的时候，所以在农村一般都特别忌讳新娘在新婚之夜生气，迷信的说法认为这会给整个家庭带来不祥。另外在农村，新婚夜要的就是热闹喜庆，非常忌讳冷冷清清，所以一般都认为闹洞房的人多，非常热闹，也就证明了结婚的主家在本村人缘好，朋友多，会被乡邻羡慕夸奖，反之则会被看不起。

（3）洞房陈设禁忌。一是传统陈设缺失的禁忌。各地农村根据自身传统都有对洞房不同的特定陈设要求，其中之一就是陈设必须齐备，不能因为粗心大意缺少必要的物品。二是方位布置方面的禁忌。例如，潮州地区的农村都要求婚床在安置时不能与桌椅柜橱的尖角相对，认为会带来口角和麻烦；河北的沧州、衡水等地的农村需要用红布将新房内的镜子在新婚之夜全部遮起，当地的说法是新娘在新婚之夜照到镜子，不吉利。

（4）行为的禁忌。农村新婚之夜还有不少对新郎和新娘行为的禁忌要求，这些禁忌需要两位新人的默契配合。例如广东、广西的一些农村习俗认为，新郎、新娘上床安寝时，新郎的鞋忌被新娘踩到，否则就一辈子受制于老婆，新娘踩新郎的鞋，是对新郎的莫大侮辱；新娘的衣服忌放在新郎衣服上面，否则丈夫将被妻子挟制一辈子。山东的一些农村在拜堂进门后会要求新郎快速地扯下新娘的盖头，以表示在未来的生活中"大权在握"，新娘此时如果拒绝或者自己把盖头扯下，则认为不懂规矩。还有一些地方的风俗是洞房花烛夜点燃的灯烛不可吹灭，必须在新婚夜一夜长明，因为按照当地说法，不管新婚夫妇谁将灯火吹灭，谁就会先死。

（5）月经禁忌。在一些落后的农村，男女新婚之时还要注意避开女性的经期，认为新婚之夜如果恰逢妇女处于月经期的话，就会给男方家带来晦气和霉运，也就是犯了"骑马拜堂，家破人亡"的恶兆，必须举行相关的仪式加以禳解。这一传统的月经禁忌和迷信思想虽然属于无稽之谈，但其背后也隐含着一定的性生活卫生知识，只是其初衷并不是保护女性健康，而是保护男权。

2. 新婚夜禁忌的社会文化内涵

社会文化是随着人类社会的发展由人创造的，它的产生是基于人类良好的心理动机，禁忌亦是如此。禁忌是指人们对自己某些言行的强行约束以至禁绝，具体来说，即"关于社会行为、信仰活动的某种约束、限制观念和做法的总和"[1]。农村新婚夜的禁忌和人类创造的种种禁忌相同，其根本的出发点和落脚点是告诫人们：如果严格遵守禁忌，你就能够得到上天的保护；假如违反禁忌，你就要受到较为严厉的惩罚，灾难就会降临。农村新婚夜禁忌习俗作为长期的社会生产生活实践中创造的习俗文化，符合禁忌文化的基本原理，具有其对应的社会文化意义。

（1）烘托婚礼喜庆祥和的氛围。婚姻作为每一个人的终身大事，求的就是大吉大利，必须要有喜庆的氛围。所以不仅新郎、新

---

[1] 乌丙安：《中国民俗学》，辽宁大学出版社 1988 年版，第 279 页。

娘要高兴愉悦，而且两位新人的家庭、家族、邻里、亲友乃至单位同事都会因此而高兴愉快，故此，营造喜庆气氛成为整个结婚仪式的主线和主体。新婚夜的禁忌习俗亦然。例如闹洞房时，忌讳冷冷清清，务求热热闹闹，新郎与新娘要任凭逗闹戏耍，忌生气，因为闹洞房作为婚礼习俗中的一个重要环节，其种种禁忌从另一个侧面体现并营造了婚礼中的喜庆氛围；如新婚夜忌吹灭花烛，红烛需整夜点燃的用意就在于祝福两位新人未来的夫妻生活永远充满光明，红红火火；忌有红盖头的争抢，是为了营造夫妻谦和礼让、相敬如宾的和谐氛围，如果你争我抢，甚至动气红脸，则会极大地破坏婚礼的欢乐气氛。

（2）对未来家庭幸福美满生活的追求和期盼。每个人都期盼着自己婚后的家庭生活幸福美满，而家庭则是婚姻的产物，所以人们创设了各种婚俗来预祝和维系婚后家庭的美满幸福，当然也包括各种新婚之夜的禁忌。例如婚礼物品的齐备，是预祝夫妻婚后物质丰富；陈设布置的忌讳，则是预祝婚后的夫妻少闹矛盾少拌嘴，相互扶持着开创新生活；而拜堂时参加人数的忌讳，则取"双双对对，万年富贵"之意，寄托着家人对新婚夫妇未来婚姻生活幸福美满的深情厚谊。

（3）蕴含一定的科学道理，符合日常的社会道德规范。禁忌作为产生于原始时代的一种意识形态，是人的大脑主观创造的产物，是趋吉避邪的一种"法术"，所以许多内容与宗教祭祀活动紧密相连，因此不可避免地掺杂了不少迷信的东西，当中有些是非常荒诞甚至荒谬的，如果遵其执行必将产生不良的社会影响。但作为劳动人民在长期社会生活实践中创造的产物，禁忌习俗也有其合理与科学的一面，并蕴含了一定的社会道德规范在内。新婚之夜的禁忌习俗也是如此。例如妇女新婚月经禁忌本身就包含了保护妇女身体健康的科学成分；忌讳长辈逗新娘的习俗，则体现了农村中长幼有序、兄恭弟睦的社会道德。

四　婚后附属仪式
——回门

现代婚礼习俗对新郎和新娘及其家人而言，结婚典礼顺利完成，闹完洞房，新郎新娘遵循习俗入新房安寝，就意味着这场筹备数日、辛苦多时的婚礼宣告结束了。但是在传统的婚礼中，是以夫妻结婚典礼数日后（一般为三天）回门才算真正结束，这一习俗在我国农村地区仍广为存在和流传。另外，婚后还有拜访亲友等一些附属仪式，形式各异，但都有其必要性和特定功能。

（一）回门的起源

在农村，回门是一整套完整的婚俗制度中必不可少的环节，指新娘偕同新郎回女方家认门拜亲，又称"归宁""拜门礼"。回门的习俗可以追溯到春秋时期，《诗经·周南·葛覃》的第三节写道："言告师氏，言告言归。薄污我私，薄浣我衣。害浣害否，归宁父母"。"宁"即令父母安心的意思，因此古代又把新媳妇头次回娘家叫作"归宁"。《东京梦华录》记载这一习俗说："婿复参妇家，谓之'拜门'，有力能趣办，次日即往，谓之'复面拜门'。不然，三日、七日皆可赏贺。"这一习俗发展到今天，成为我国汉族各地农村的普遍习俗，要求新婚夫妇在婚礼完成之后尽快到娘家去一趟，当晚要尽可能地赶回男方家，多数地方都称为"回门"。由于"回门"是新郎和新娘一块回门，有的地方也称作"双回门"，取成双成对的吉祥之意。

（二） 回门的日期

传统上的回门按各地风俗不同也多种多样，有的选择结婚第二日、第三日、第六日或第七、八、九日，也有选择在婚后的满月回门省亲的。就多数农村回门的习俗而言，选在婚礼的第三天回门的占多数，如济南、广州、南昌、南宁、长沙、东莞、乌鲁木齐、西宁、金华、四川丹宁、哈尔滨、武汉、海口、洛阳、银川、贵阳、江西于都等地农村。也有在婚后第二天回门的，如上海崇明、山西万荣、山东牟平等地；还有选择在婚后几天回门的，如杭州、成都、苏州等地农村。

还有一些地方有两次或者三次回门的风俗习惯。例如南京农村地区是婚后的第三天和满一个月的时候。山东牟平农村传统习俗是婚后第九天第一次回门，住一晚叫"站九"，住两晚叫"站双九"（现在一般也调整为第三天或第四天回门）。结婚满一个月再回门一次，但可在娘家多住些时日，叫作"住妈家"。西安农村则是第三天回门后再过十天第二次回门，叫作"宁十"。山西忻州则选择了婚后的第二天双回门，叫"单回"；第十天新郎和新娘再回门，叫"住十儿"。温州的农村在婚礼第二天两位新人回门，第十天新娘则单独回门，叫"十粒"，在这两次之间新娘还有一次回门，当地叫作"二行"。

潮州农村地区，女子出嫁后原来的家不叫家，改称为"厝"，新娘回门叫"返厝"，古称"归宁"，新娘回门有三次，有"头返厝"（婚后三天）、"二返厝"（婚后二十天）、"三返厝"（婚后满月）之说，头返厝一般不能在娘家过夜，晚饭前要返回婆家。二返厝可以住一两天，有些地区二返厝也不能过夜。三返厝可住十天半月，只要夫家同意就行。前两次返厝一般由新娘的兄弟去夫家请回，三返厝通常由新娘自己或新郎陪伴回娘家。

旧时湖北襄阳地区，女子出嫁后要回三次门。第一次是婚后三天，由新娘舅舅到男家请新婚夫妇回娘家，男家备好酒礼叩谢岳父岳母，女家这天要办酒宴，称为"回门宴"，新婚夫妇当天就要双双回婆家。第二次回门是婚后第七天，新婚夫妇备好礼品一同到娘家，新郎吃完午宴，独自回家，新娘要在娘家留宿一晚，当地俗语称"住七还八，两家都发"。第二天由新娘兄弟将新娘送回婆家。第三次回门是婚后第九天，新婚夫妇一同回到娘家，新郎吃完午饭就独自返回，新娘要在娘家留宿两晚，第三天新郎亲自将新娘接回家，当地俗语称"住九住九，富贵常有"。此外，还有"住对月"，是月末回娘家，月初回婆家，新郎可以和新娘一同在娘家住，也可以先回婆家。

但总体而言，各地较为统一的风俗就是在新婚之夜之后最近的时间里回门，而且当晚一定要赶回丈夫家住，娘家不留宿。例如银川农村的风俗，如果距离过远，当晚不能赶回夫家，小夫妻要在距离夫家较近的亲戚家过夜。

（三） 回门的主要习俗

1. 置办礼物

回门是新郎新娘结婚后第一次回娘家，所以男方必须为岳父岳母置办一些精心准备的礼物，切忌"空手"而去。这既体现了男方对女方的重视，对婚姻的满意；也体现了新郎对岳父岳母的尊敬，显示了一份孝心。另外，在农村还是一种脸面和宣扬，一些地方的农村对回门礼品的数量还有要求，不能是单数。

山西临县地区新婚夫妇回门时，有带一捆粉条的习俗，一般是又硬又干的宽粉条，长约1米，宽约1厘米，像柴一样捆成一捆，类似于古代的"束薪"。一方面，在古代，"析薪"象征娶妻，"束薪"象征永结同心。古人认为，柴薪可以联想到炊事，象征新妇主持中馈。魏源在《诗古微》中解释说："三百篇言娶妻者，皆以析薪取兴。盖古者嫁娶必以燎炬为烛，故《南山》之析薪、《车辇》之析柞、《绸缪》之束薪、《豳风》之伐柯，皆与此错薪、刈楚同兴。"这是从实用的价值来解释"以析薪取兴"的现象。另一方面是"诗人以薪喻婚姻"，是因为由柴薪可以联想到炊事，象征新妇主持中馈，婚后生活热烈如火。而采薪、束薪是上古婚礼中实有之仪式。《豳风·东山》记载："有敦瓜苦，烝在栗薪。"意为：瓠瓜溜溜圆，搁在柴上面。说明古代婚俗中在新房内放置一束柴薪，象征夫妇结合、共同生活。① 有些地方认为"柴"谐音"财"，送"柴"即为"送财"。由于现代柴不易找到，临县地区盛产土豆，可以加工成宽粉，因此用一捆粉条代替一捆柴，既实用，又具有象征意义。

江西汉族地区回门要带"三牲"，当地人认为"三牲"是富有、喜庆的象征。"三牲"是一对八斤重的猪蹄花，寓意两家大吉大发；两尾六斤重的大鲤鱼，寓意新婚夫妇遇事顺利，早跃龙门；一只四斤大小的母鸡，表示事事如意，新婚喜人，早生儿女。

古代徽州地区回门时，要从婆婆家带只公鸡回娘家，返回时，要带只母鸡回婆家，当地人称为"以龙引凤"。

河南中州农村地区，三天回门，带给娘家的多为糖制品，其中"糖宰相"要带回婆家，意寓将来外孙官居一品，其余留下分送亲友，叫作吃"饷糖尖子"。开封农村地区，回门时要给女方父母带点心、食品等一般礼品，此外还有几样东西不能少，"盐"谐音"缘"，表示一对新人有缘分；艾草谐音"爱"，表示男女相爱；葱和蒜均为根系发达的植物，表示婚姻牢固；藕有"结"，暗示生育；猪肘肉谐音"走"，寓意婚后两家勤走动，多联系；猪里脊肉谐音"礼"，多带礼品；粉条寓意关系密切，希望多联系。这些东西合起来表明人们向往幸福婚姻、和谐亲戚关系的意愿。

有些农村地区，新婚夫妇从娘家回婆家时，也要带回些礼品。台湾农村地区新娘婚后三天回娘家，俗称"头次客"，新郎同行，须在黄昏时回去。回婆家时，娘家要送一对小雏鸡，称作"娶路鸡"，据说是担心女儿日久会忘记娘家，所以用这两只鸡来带路。此外，娘家还会送新婚夫妻两棵带尾蔗，即保留着蔗尾的甘蔗，带尾蔗是要从田中连根拔起的，并保留苍翠青叶。带尾蔗头尾用九尺长的红带子绑着，回到新房时，要将蔗搁在婚床上或竖在门后，寓意着新婚夫妻相亲相爱、有头有尾，百年好合，同时像甘蔗

---

① 吴培德：《诗经论集》，云南大学出版社1993年版，第37页。

一样生机勃勃，节节高。

2. 精心着装

回门的小夫妻都希望把自己婚后幸福的一面完全地展示给女方的父母，而最好的载体就是精心着装，仔细打扮。在一些农村有句古话叫："好女不穿嫁时衣"，其意就是新娘回门时不能穿出嫁时婚礼上的服装，因为婚礼服饰是由女方家准备的，是娘家陪嫁品的一部分，而回门省亲的服饰应由夫家备办，主要表达新娘嫁到夫家后衣食无忧，被照顾得很好，体现了夫家对媳妇的重视。所以新郎新娘虽然不如参加婚礼那样认真奢侈修饰打扮、浓妆艳抹，但都会对自己的着装穿戴进行精心挑选，仔细修饰，以求在俭中保持着漂亮、俊美的形象，把新婚后的幸福和朝气带到娘家。

3. 改口认亲

在农村有"一个女婿半个儿"的说法，新郎新娘回到娘家首先要做的就是问候老人，新郎当场改口认亲，和新娘在结婚典礼上的行为一样，称岳父为爸爸或爹，称岳母为妈妈或娘，以宣示自己正式地融入了女方的家庭，成为女方家庭的一个重要成员。新郎在回门改口时要自然、亲切，充满诚意，对待亲友和邻居也应该表现出亲切热忱，彬彬有礼，见人先打招呼，以礼相待。在河北、河南的一些农村，新郎回门改口时，还要行跪拜的大礼，尤其是对新娘的爷爷奶奶、爸爸妈妈、叔叔伯伯要磕头改口。这样的仪式不仅体现着男方对女方长辈的尊重和由衷的认可，也体现着女方强迫男方要把媳妇的娘家着重看待的愿望。

4. 回门宴

在农村，新娘和新郎回门的话，娘家都会特意准备一场丰盛的回门宴席。如今农村中小夫妻一般又多为独生子女，所以女方家对回门酒宴的态度越来越重视，现在几乎和男方家的婚礼酒宴一样丰盛而隆重。一是菜品的丰盛，女方家不仅会按照当地的风俗准备传统款待姑爷的食物，例如按照贵阳农村的习俗，回门宴上一定要有莲子、蛋糕招待女儿和女婿，莲子取谐音"恋爱生子"之意，蛋糕也有同样的象征意义，因为蛋—卵—新生命；再比如广东一些农村在新人三日回门时，要准备烤乳猪接待，等等；就北方农村而言，还会选择当地最好的饮食作为宴席菜肴，鸡、鱼、肘、肉（红烧肉）必不可少。二是隆重，这主要体现在宴席的参加人员上，现在的回门宴，女方都会把自家的亲戚全部请到，并安排专门人员陪同女婿饮宴喝酒，在席间挨个引荐，和新娘"上拜"认亲有相同的作用，场面非常隆重。

5. 逗女婿

回门逗女婿的风俗在我国农村较为普遍存在，可能是和男方"闹洞房"的风俗相对应，女方亲属出于对男方的报复，或者是女方亲属对爱女他嫁的心理不平衡，抑或是为了增加回门的喜气，烘托气氛，各地逗女婿可谓花样百出。有的高雅大方，令人含俊难忍；有的相对粗俗直白，令人尴尬。在北方农村最多见的就是要求新郎出点喜钱，为娘家的亲友买点喜糖、喜烟，一般是采用先礼后兵的策略，大多数新郎会很知趣地在讨价还价中出钱买个平安，如果新郎固执不拿或者拿得太少，就会有娘家人的"执法队"强制执行，虽然近年来逗女婿动粗的行为在农村越来越少，但仍有存在。

6. 谢友

"谢友"是感谢朋友、邻里之意，主要是针对嫁娶双方的家长而言。在乡民社会中，良好和谐的邻里、朋友关系是一个家庭能够在村中立足，顺利完成婚丧嫁娶各种重大事件的保障和前提，所以每当有大事成功结束，婚嫁之事更是如此。男方和女方的家庭都会按照当地的风俗，对在整个结婚过程中给予帮助和支持的乡亲、邻里以及朋友表示感谢。需要说明一点，即亲戚不在感谢之列，因为在农村一般认为亲戚在事件中出力是由于血缘和亲情，所以在"谢友"的过程中即使他们参加也是以主家代理人的身份陪客和传达谢意。

农村中"谢友"的活动由婚姻中男女双方家长各自在自己家中主持开展，要答谢的人都是为自己子女的婚事操心费力的邻里和朋友，例如负责协调婚礼各种大事项的总管、副总管，负责庆典主持的司仪，负责婚宴准备的厨师和帮厨，负责记账、写喜单的账桌先生，负责婚礼用车的司机，负责通知亲友的联络人员等，主家一般都得当面或电话挨个向每个人致谢，不可缺礼。

感谢邻里、朋友对儿女婚事给予帮助的答谢时间大都选择在结婚典礼结束后的两日内，答谢的主要形式是酒席宴请，一则主家为儿女办完婚事后，都会有一些剩余的酒菜，以此来酬谢邻里、朋友，既节约又方便；二则农村中习惯了在热闹的气氛中，用酒精来进一步增进简单而淳朴的乡邻情谊，借此在简单而大众的氛围里给儿女婚礼这桩大事上画一个圆满的句号。在一些地方的农村除了宴请之外，还会为婚礼过程中出力较大的总管、账房、厨师等人专门准备一份礼物，大多是香烟、酒、肉等物品，以表达主家的感激之情。

7. 访亲

"访亲"即拜访亲戚，指新郎和新娘结婚后，以新人身份在特定的时间里到双方的亲戚家进行拜访走动，以起到认门、认亲、尊重长辈的作用。

新郎和新娘以新人身份到彼此的亲戚中拜访，大多选择春节期间。首先考虑的是春节期间是我国传统中团聚的日子，在外漂泊一年的人无特殊情况都会回家过年，所以新人在这期间拜访亲戚一般不会空跑，与亲戚见面交流的机会多；其次是因为农村里对新媳妇和新郎官的认定一般是以春节为界限，无论年内什么时间结婚，只要来年的春节未过，那么新郎和新娘就都保持着新人的身份，所以在春节期间拜访亲戚在礼节上也较为恰当。最后则是遵循多年来农村形成的风俗惯例。当然，如果新人由于某种特殊原因，春节期间确实没有时间在老家度过，那么就需要重新安排选定时间，提前对亲戚进行拜访，以示尊重和礼貌。

新人拜访亲戚大多从男方的亲戚开始，待大年初二、初三回娘家拜年后，再去女方家的亲戚家拜访。男女双方拜访的亲戚大都是五服以内的血亲、姻亲和干亲，例如新郎的爷爷、奶奶、叔叔、伯父、姑姑、舅舅、姨妈、表舅和干爹等亲戚；拜访新娘家的亲戚相对范围要窄一些，大都限制在直系血亲和姻亲关系以内，例如爷爷、奶奶、叔叔、大爷、姑姑、舅舅、姨妈等。其实在农村，春节期间新人拜访亲戚与亲戚邀请新人来家里做客同样是风俗的一部分，新郎新娘的叔叔、伯伯、姑姑、舅舅和姨妈这样的直系亲属，在春节期间都会单独或共同邀请两位新人到家里来吃顿饭，认认门，以显示长辈对后辈的关怀，缩短媳妇或者姑爷在彼此家族中的融入时间。

河北、山西等地的一些农村中新人拜访亲戚有"空手不进门，出门不空手"的说法，即新人到亲戚家不可空手而去，多少需准备些礼物，而亲戚家招待完新人的拜访后也不可叫新媳妇空手而归，必须给些礼品或现金，数量往往远远超过两位新人所带来的东西，作为长辈对晚辈初次登门的礼遇。这种礼物的串换不在于东西的多少，而在于其中蕴含的血浓于水的亲情。像叔、姑、姨、舅这样的直系亲属除了给新人见面礼外，还会准备一桌丰盛的宴席款待两位新人，届时被访家内的其他一些亲戚也会到场相陪，充满了家宴的温馨和快乐。

随着春节的慢慢逝去，伴随着亲戚们的欢聚与祝福，新郎与新娘的"新人"称谓也已渐渐成为过去了，他们成为普普通通的小夫妻，正式开启了丰富多彩的婚姻家庭生活。

（四）回门的意义与功能

　　农村地区把新娘从娘家嫁到婆家称为"进门"，也因此把新娘从婆家回娘家省亲称为"回门"。回门是新婚夫妇真正意义上的第一次回娘家省亲，在农村地区具有重要的社会意义。从男方来说，回门有感谢岳父岳母恩德，拜会、结识女方亲友等意义；从女方来说，回门则表示女儿出嫁成家后，不忘父母养育之恩的心情。

1. 感谢女方父母

　　农村中讲"嫁出去的女儿，泼出去的水"，女儿一旦出嫁就是女婿家的人了，一般还会将户口、土地等一并迁到男方家，所以新郎和新娘回门到娘家，首先最需要表达的就是感恩。作为女儿，感谢父母多年来对自己的养育之恩；作为女婿要感谢岳父岳母信任自己，把女儿嫁给自己，同时要表达出对他们的孝敬之心；所以必须精心挑选各种礼品，作为对岳父岳母感激之情和孝敬之道的具体体现。

2. 让父母内心安宁

　　过去的回门也叫"归宁"，这个"宁"并不是指父母的身体康宁，而是指让父母的悬心安宁。回门的目的是要将新郎新娘恩爱和睦的状态展现给女方父母和家人，让女方的亲人放心，表示新娘在夫家能够受到足够的尊重与重视，不用父母再为之操心挂念，新郎能够保证让新娘过上幸福美满的生活。作为女方的家长，见到幸福满面的小夫妻携手进门，原来对女儿在婆家是否适应的诸多担心也会如释重负。

3. 促进新人对性事的了解与和谐

如果从传统意义上追述，回门的实质内容是母亲或女性长辈向新婚女儿了解婚后的性事及其感情和谐状况，并有针对性地进行辅导教育，从而让新婚夫妇的生儿育女之事和谐，增进感情，加快生育后代的速度。例如从"回门"的时间选择，接待的礼俗，一些地方对"处女红"的重视和当晚不可在娘家过夜等方面，也可看到其中隐秘的这一本质信息。现在农村的"回门"中虽然并不会刻意如此，但类似的探寻与观察也是情理之中的事情，这在全国各地农村大同小异的民俗细节中都能够得到充分的体现。

五 农村婚礼中的礼物交换

在两个家庭建立婚姻关系的过程中，双方的礼物交换是世界上许多地区都存在的一个比较普遍的实践。在人类学的研究中，婚礼中的礼物流动主要体现在聘礼、嫁妆、随礼。聘礼是新郎或其亲属送给新娘本人或其亲属的礼品，包括钱财、物品，也包括以体力劳动的形式提供的各种服务。嫁妆则是女子出嫁时亲属赠送的各种物品或货币，有时候也包括新娘或其亲属提供给新郎亲属的新郎服务（bridegroom service）。随礼则是亲戚朋友赠送给新郎新娘和双方父母的物品或货币。人类学将婚礼中的礼物流动放置于中国乡土社会的特殊文化场域中，研究礼物流动与社会群体结构、身份确立、权利让渡之间的关系，认为婚礼中的礼物流动是双方家庭的一种策略选择。传统社会中婚姻不是个体之间的私事，而是两个亲属群体（亲族或家庭）之间的事情，它们构成了一个社区的公共事件。

古德在他的《家庭》中提出了"为什么有的社会是给新娘下聘金，而有的社会却给新郎送去嫁妆"这个问题。在西方国家婚姻交换之中，可以看出几条总的原则：第一，嫁妆和聘金与新婚夫妇的地位以及双方家庭世系的利益相关；第二，婚姻中涉及的财富转移在长辈眼里是公平合理的；第三，婚姻中的财富转移是双向而非单向的，回赠礼物关乎名誉；第四，嫁妆或聘礼制度可以决定婚姻安排过程中的当事人的价值。[①] 加里·S. 贝克尔（Gary S. Becker）阐述了一个关于嫁妆的标准经济模型，认为嫁妆和聘礼是被当作金钱转换器来清理婚姻市场。该模型有两个预测，当新郎相对缺乏的时候，新娘付给新郎嫁妆；当新娘相对缺乏的时候，新郎付给新娘聘礼。而且一份嫁妆是新娘财富的组成部分，当新娘财富的其他部分增长的时候，嫁妆就会消失，可能会被聘礼替代。可见，贝克尔认为聘礼和嫁妆服务于共同目的，仅仅是效能转移的方向不同。这种看法，实际上和竞争说是类似的。由于婚姻市场上两性资源不平均，所以导致了女性或者男性彼此之间的竞争，因此嫁妆或者聘礼就可以作为婚姻市场的调节剂。[②] 以上两种理论模型无法解释中国社会聘礼和嫁妆同时存在的情况。中国农村社会的礼物交换镶嵌于中国特有的传统文化中，无法单独用任何一种西方理论进行解释，必须把这一礼物交换行为放置于中国乡土社会的特定场域中，获取地方性知识，才能全面深刻地理解这一行为。

（一）　彩礼

1. 含义及变迁

彩礼，又称"聘礼"，一般是指男女订婚或结婚时，由男方给付女方或女方家一定数额的货币或实物，它是私有制社会的产物，随着聘娶婚的确立而在封建社会普遍化，并成为使婚姻关系得以

---

① ［美］威廉·J. 古德：《家庭》，魏章玲译，社会科学文献出版社 1986 年版，第 83—86 页。

② 刁统菊：《嫁妆与聘礼：一个学术史的简单回顾》，《山东大学学报》2007 年第 2 期。

成立的条件。聘礼成为古代社会妇女名分得以确立的依据,依礼聘娶为妻,不依礼聘而往嫁的叫作奔,奔则为妾,"聘则为妻,奔则为妾"(《礼记·内则》),因此,聘礼对于婚嫁中的女方来说,有着重要的意义。彩礼起源于西周时期"六礼"中的纳彩和纳征二礼,在中国流传两千年之久。先秦时期的《周礼》记载:"凡嫁女娶妻,入币纯帛,无过五两(即十丈)。"《礼记》则有"男女非有行媒,不相知名,非受币,不交不亲"。可见,古代缔结婚姻有两个条件,一个是父母之命、媒妁之言,另一个是纳币。彩礼成为婚姻成立认可的重要条件之一。这种婚姻习俗,从中国奴隶社会和封建社会一直沿袭至清代和中华民国末期。直至新中国成立前,国民党政府旧法还规定,订婚或结婚须有媒妁之婚书或收受聘礼方为合法有效。男家娶女必交聘金或彩礼,女家嫁女必收聘金,反映出一种礼仪形式掩盖下的交换关系,即男家出了聘金换回了儿媳妇,女家收受了聘金嫁出去了女儿。这就充分反映出妇女在这一交换过程中的非主体地位。它要求女性随夫居,服从丈夫。这种聘娶婚从一开始就将女子置于从属于男子的地位。"男尊女卑、男主女从是聘娶婚的根本原则。"也有人称,聘娶婚是一种变相的买卖婚姻。但在共产党实际控制的根据地,收受彩礼被认为是买卖婚姻的手段,彩礼在法律上被明文予以废止。在1941年7月晋察冀边区行政委员会指示信《关于我们的婚姻条例》中,笔者看到"彩礼"一词与"聘金"一起被斥为变相的婚姻买卖,这无疑把彩礼当作了严重违法行为看待。根据地时期和新中国成立后的婚姻法律文件都一律取消彩礼制度,而把到政府机关登记作为结婚的法定形式,以此严厉打击包办婚姻、买卖婚姻,提倡男女平等、结婚自由,树立社会主义的婚姻观,无疑是具有积极意义的。直至新中国成立后《中华人民共和国婚姻法》均未出现"彩礼"一词,亦未规定相应的彩礼制度。从此,彩礼彻底被排除到国家法之外,演变为民间习俗。直到2003年,彩礼又以司法解释的形式从民间重又回到了国家正式制度当中。法释(2003)19

号最高人民法院关于适用《中华人民共和国婚姻法若干问题的解释》第十条："当事人请求返还按照习俗给付的彩礼的，如果查明属于以下情形，人民法院应当予以支持：（一）双方未办理结婚登记手续的；（二）双方办理结婚登记手续但确未共同生活的；（三）婚前给付并导致给付人生活困难的。适用前款第（二）、（三）项的规定，应当以双方离婚为条件。"这一规定是针对彩礼返还纠纷而设定的解决方案。虽然传统的"彩礼"自根据地以来被视为买卖婚姻、包办婚姻的手段而被废除，但作为历史的积淀和文化上的传承，作为一种婚姻习俗，它仍较普遍地存在于我国民众的现实生活当中，也使法律不得不对这一现象进行解释。可见，彩礼这一草根文化现象在中国社会具有很强的生命力。作为婚姻习俗的彩礼在被国家强力彻底废止几十年后仍能存在于民间，并以不同的方式影响人们的现实生活，说明传统习俗不是用国家强力能顷刻涤荡消除的。作为一种文化，它有累积性、层累性。[1]

古代社会，彩礼是富贵阶层炫耀财富的一种手段，彩礼越多，地位越高，家族也越荣耀，贫苦阶层则因无钱送彩礼而娶不起妻，或有的家庭将嫁女所得彩礼作为替子娶妻的费用，这更凸显了彩礼作为妇女身价的意义，凸显了买卖婚姻的性质。

《礼记·曲礼》指出："男女非有行媒，不相知名。非受币，不交不亲。"古时婚姻中"币"就起着极大的作用。不过，古代六礼中，所携礼物并不昂贵，数量也小。商周时期出现了以俪皮为礼的买卖婚姻。俪皮就是成对的鹿皮，由于古人以皮为货币，所以俪皮之礼实际上是买卖婚姻的原始形式，俪皮也成为我国最早的彩礼形式。以俪皮为彩礼，意味着狩猎时代男子射猎的"勇敢和技艺"，表示男子经受劳动考验，具有维持家庭生活的能力。到汉代，则就连纳彩所携礼物也不下 10 种，更不用说"纳征"了，发展极其迅速。至宋，朱熹将"六礼"改为三礼，将"纳征"干

---

[1]　陈序经：《文化学概观》，中国人民大学出版社 2005 年版，第 290 页。

脆改为"纳币",婚姻索取钱财之风盛行,女家要嫁女儿,不问男家人品门第,先问彩礼多少,以至于立下契约,写明财物多少,与市场交易相差无几。由"纳征"演化而来的彩礼,其名称随时代不同有诸多变化,"纳征",纳聘财也,春秋谓之"纳币",唐称聘财,宋、元、明以后通称财礼。另外,红定、花红酒礼、下礼、过定等以及根据地时期的聘金、聘礼等均指彩礼;其数量和种类历朝以降,或定于礼,或制以律,依其身份,各有等差。周时玉帛俪皮,战国以后,始益以金,至汉则以黄金为主,魏晋南北朝用兽皮,隋唐以后,品物繁多,宋则唯财是重。①

古代彩礼是"男主女从、男尊女卑"思想的体现。在我国古代自给自足的小农经济结构决定的自然经济条件下,由于生产力水平低下,再加上自然条件的恶劣,要求男子承担着比女子更繁重的、更艰巨的任务。为了保证生存和生产活动正常有序地进行,自然经济要求家庭成员之间保持稳定的秩序,即要求男性家长拥有无可争议的权力和地位,妻子则要服从丈夫的领导和指挥,处于被指挥、被支配的地位。由此,衍生出"男主外女主内"的社会分工模式,造成男子在经济生活中的地位明显高于女子的事实。妻子从夫居,除了带去少量的嫁妆外,几乎一无所有,再加上社会没有为其提供资源和生存发展的机会,迫使她不得不成为只能依靠丈夫提供生活资料的被供养者,形成了以夫权制为核心的"男主女从""男尊女卑"的婚姻与性别道德伦理观念。这种观念反映在男女婚嫁中,就成为彩礼存在的根本原因。聘娶婚姻从一开始就将女子置于从属于男子的地位,男方在订婚时向女方交付一定的金钱或财物,女方接收后将女嫁出,这一交换过程可以充分反映出妇女在婚姻家庭中的非主体地位,它要求女性随夫居,服从丈夫,表明女子只是男子用财物换来的附属品。同时,由于男女不平等观念的存在,很多人认为,女儿是从属于父亲的,是

---

① 陈鹏:《中国婚姻史稿》,中华书局2005年版,第351页。

为他人养育的，必须在嫁女儿的时候收取一定的钱物用于偿还父母的养育费。因此，女方把一定的财物当作结婚条件之一，这也是古代彩礼存在的一个原因。由于"男主女从""男尊女卑"是聘娶婚制的基本原则，在这种变相的买卖婚姻下，古代很多女性成为包办、买卖婚姻的产品，无法追求自己的幸福，妨碍了她们自主婚姻的实现。

改革开放后，农村婚姻的缔结过程中，彩礼无论是在品种上还是在价值上都发生了重大变化。从品种上来说，80年代男方付给女方的彩礼一般是手表、自行车、衣物和少量的金钱，而现阶段已被摩托车、汽车、商品房、电脑、珠宝首饰等物品所取代；从价位上看，有些农村地区在80年代早期还流行"百里挑一"的说法，即彩礼费用为101元，寓意女方是从一百家里挑出来的，而现在彩礼费用上调了近百倍，如6600元算是少的，寓意"六六大顺"，甚至"万里挑一"的情况也并不少见。

随着社会的发展，彩礼已经不再具有买卖婚姻的性质，而是成为确立男女双方恋爱关系的一种象征，男女双方互相赠送彩礼，既是为了确认婚约成立并预想将来婚姻成立，又是为了双方的婚姻在将来建立亲戚关系时，使这种亲戚关系更加深厚，即所谓的"亲上加亲"，这是一般的社会习俗，但这种习俗并不违反法律，又不违反"公序良俗"。今天，人们更加看重的，不是彩礼的经济价值的多寡，而是彩礼所包含的丰富的内涵及它们所代表的意义。

各地索取彩礼的形式和内容不同，但多为物品、现金和盒物之类。如东北农村女方以大礼和小礼的形式索要彩礼，大礼有现金、缝纫机、自行车、收音机、四季服装等，小礼有酒、肉、米、面等主副食。江南农村分端大盘和端小盘，端小盘一般是送女方毛线、手表和一些现金，然后是端大盘，给女方一笔较厚的礼金作为购买嫁妆及女方婚嫁礼仪开销的津贴。甘肃正宁农村地区，彩礼包括"正礼"和给女方父母的"买衣服钱"，"正礼"是男方家庭支付给女方家庭的去除了人情成分的"买媳妇钱"，对女方家庭来说就是"卖女钱"。此外,当地还有给"岁数钱"的习俗,"岁数钱"是女方家庭陪给女儿的与实物嫁妆相区别的钱,男方家庭需要"添岁数钱",数目要大于岁数钱。

彩礼同时也是社会文化的一个缩影,不同历史时期有不同的表现形式。20世纪50年代,新中国刚成立,提倡"移风易俗,打倒封建婚姻",婚礼以朴素为荣,对物质的要求也极为简朴,只置办一些诸如脸盆、热水瓶、铺盖、装衣服的木柜等日常用具,俗称"盆子镜子木柜子,鞋袜配成对对子",新郎新娘扯上几尺布,缝制一身新衣服,朋友聚在一起,便算结婚。三年困难时期,物质匮乏,更无法谈及彩礼。由于当时全国购粮购物实行票证制,于是,彩礼中相应地多出了些数量有限的全国粮票、省市粮票、布票等,粮票成为当时具有时代特色的彩礼。进入70年代,尤其改革开放以后,人们物质生活开始丰富起来。随着大电器的出现,"三转一响"即自行车、缝纫机、手表和收音机,成了当时结婚彩礼的主要物品。当时的自行车主要有凤凰牌、永久牌、飞鸽牌和金鹿牌的。男方给女方买的衣服要冷热天气各一套,而且要求是缝纫机做的。80年代,农村青壮年开始纷纷外出打工、下海经商,"个体户""万元户"成为人们羡慕的对象。随着物质生活的发展,"三转一响"已经逐渐进入普通家庭,不再是人们向往和渴望的器件。组合家具、沙发床以及黑白或彩色电视机成为这一时期的主要彩礼。90年代,随着社会经济高速发展,人们思想观念也不断变化,创造了更丰富的物质产品,并开始注重精神生活的享受,新房里摆上了家庭影院、电冰箱、洗衣机,并安上了空调,另外还购买了摩托车。彩礼中增加了"三金",即金耳环、金项链、金戒指。从"旧三件"到"新三件",既有量的增加,更有质的飞跃。机动车代替了人力自行车,有实用价值的缝纫机、手表被纯粹的装饰品取代,彩礼的变化表现了人类消费的奢侈性日益增强。此外,男方还要给女方父母"买衣服"钱,由于男方不便带着女方父母去逛市场买衣服,所以一般会买成较好的布料,也有应女方要求将买衣服钱并入"正礼"的，一般是 500 元左右。进入 21 世纪，农村的彩礼也日益现代化，出现"一套房、一个厂、一部车"，一套房是前提，是婚姻幸福安宁的物质保障；一个厂则泛指男方要有事业，要有努力拼搏奋斗的精神和决心，有了事业做基础，幸福才能更有保证；而汽车是社会高速发展、交通日益便捷的产物，购置新车做结婚彩礼，成了美好生活实实在在的象征物，提升了幸福生活的质量。

2. 彩礼的功能

传统观念里，婚姻向来被称为婚姻大事，而男方在婚姻约定初步达成时向女方赠送彩礼的婚俗，更是中国民间百姓缔结婚姻的重要内容。彩礼作为一种独特的社会现象，根植于中国传统文化之中，存活于乡土社会的土壤之上，有着深刻的社会文化根源。

学术界对彩礼功能的研究主要集中于三大方面，一是功能主义，认为彩礼具有资助、偿付或补偿等经济意义、文化意义和社会意义。二是二元结构分析框架，即彩礼与嫁妆、婆家与娘家、父代与子代，彩礼作为财富在家际之间发挥资助、偿付、妇女权利的让渡或在代际之间的财产继承或转移等功能。这些功能都是在二元结构时空下实践的。三是符号象征意义，彩礼是男方家以一定信物向女方家请求联姻的信号，也是男方表达诚意和信用的保障。

社会发展的变迁也使彩礼的功能发生了变化，20 世纪 50—60 年代，农民生活较为贫困，女方支付的嫁妆极少，绝大部分的彩礼被女方家留下，多用于儿子娶妻时的婚姻支付，这时的彩礼功能主要体现为男方家庭对女方家庭的婚姻补偿。70 年代后，嫁妆占彩礼的比重逐渐上升，彩礼的补偿色彩逐渐淡化，对新婚夫妇的资助功能越来越明显。90 年代以后，嫁妆占彩礼的比重上升到 60% 以上，意味着女方家庭无法再从彩礼中获得养育费的补偿，因此，这一阶段的嫁妆基本上失去了补偿的属性，其对新婚夫妇的资助性质凸显了出来。

（1）婚姻约束功能

彩礼具有约束婚姻、稳定婚姻的作用，是一种婚姻行为的规范。婚姻本质上是一种契约关系，具有一定的风险，当彩礼以物质形式进入婚姻后，无论是男方还是女方，如果毁婚就不得不考虑婚约解除后所要面对的利益纠纷。彩礼在物质利益方面加固了婚姻的契约关系，在无形中起到稳定婚姻的作用。费孝通教授在《生育制度》中有生动的阐述："在结婚前，男女双方及其所履行的各种责任，其重要性是，把个人的婚姻关系扩大成许多人负责的事，同时使婚姻关系从个人情感的爱好扩大为各种复杂的社会关系。这些必须履行的义务中，最受人注意的是经济性质的相互服务和相互送礼。"在绝大多数习俗中，支付彩礼后，如果男方单方面悔婚，彩礼无须归还，但若女方悔婚，则要退还彩礼，有些地方还要加倍退还。因此彩礼在一定程度上可以保证婚约的履行，维持婚姻缔结的良好秩序。

彩礼的出现是古代婚姻向一夫一妻制的过渡，是人类进步和发展的标志。《大戴礼·感德篇》记载："凡淫乱生于男女无别，夫妇无义。婚礼享聘者，所以别男女，明夫妇之道也。故有淫乱之狱，则饰婚礼享聘也。"《淮南子·泰族训》记载："民有好色之性，故有大婚之乱。……因其好色，而制婚姻之礼，故男女有别。……待媒而结言，聘纳而娶妇，绂绻而亲迎，非不烦也，然而不可易者，所以防淫也。"可见，为了有"别"于一般男女，明夫妇之道，防止淫乱，婚礼必须享聘，再贫穷的人借钱也要为聘，《汉书》卷四十《陈平传》记载："张负卒与女，为平贫，乃假贷币以聘。"甚至还有官吏专门助民为聘的，《后汉书》卷七十六《循吏·任延传》记载："骆越之民无嫁娶礼法，各因淫好，无适对匹，不识父子之性，夫妇之道。延乃移书属县，各使男年二十至五十，女年十五至四十，皆以年齿相配。其贫无礼聘，令长吏以下各省俸禄以赈助之，同时相娶者二千余人。"古代中国只有以彩礼聘娶，男女两性之合才是合乎礼制秩序的。

彩礼首先以礼的形式规范婚姻秩序，并在礼的精神不断法典化的过程中，随着唐律的出现，而完成礼法的结合。有关彩礼的制度在唐宋以后的律令中已经规定得非常完备，不仅规定了订婚的条件，还规定了订婚的法律效力。在订婚条件上，虽规定非聘不娶，但不论聘财多少，只要有收受聘财的事实，婚约即成立，其效力与报婚书同。宋元以来，为防止日后纠纷，聘财的细目往往列入婚书，特别是元代将婚书规定为婚约成立的法定必备条件。古代律令以法的形式进一步强化了彩礼规范，直至国民党政府旧法仍规定：订婚或结婚须有媒妁之婚书或收受聘财方为合法有效。彩礼从最初的礼仪规范上升为法律规范、礼法并用，反映了古代中国宗法社会与集权社会二位一体的本质特点。

古代法律对送彩礼后婚姻不成，规定了各种彩礼处置的情况。首先，男女一方悔婚时：①男家悔婚再娶时，不追财礼。②女家悔婚再许他人，追还财礼。③再许他人之女，应归前夫，前夫不愿，唐朝还聘财，明朝是倍追财礼，但《明会典》规定：如果男方是军职人员，女家悔，嫁他人，已成婚者，止倍追财礼，女从后夫。④后订婚者知情时（明知女家已与他人订婚的情况）而仍与女家订婚，则财礼入官；后订婚者不知情时，元明规定追还财礼。其次，规定了婚约解除不追彩礼的情形：①元、明、清均规定，男方若五年无故（大清条例为"无过"）不娶、在逃者为三年，而女改嫁者，须有司给据（元）或经官告给执照（明），婚约解除，不还聘财或财礼。但明又规定："夫逃亡三年之内不告官司而擅改嫁者"，夫回告夺，"断给前夫，给还财礼"。②《元史·刑法志》《明令·户令》都规定男女一方死亡或生死不明者，解除婚约，不追聘财。③《宋刑统·户婚律》规定，违律为婚，"男家送财已讫，虽合离、正，其财不追。若女家妄冒，应离、正者，追财物还男家"。再次，订婚后发生男犯罪、女犯奸时，元律规定，若男方犯罪，则女家解除婚约，归还聘财；若女方犯奸者，准夫家解除婚约，索还聘财；若夫家不弃，则聘财减原约之半成婚。明（清）略仿元制，凡男女之一方犯奸盗者，准对方追还财，解除婚约。最后，成婚以后元明清均规定，卖妻、典妻者，聘财没官；明（清）刑律纵容妻妾犯奸条规定，若用财买休、卖休和娶人妻者，财礼入官。除了上述民事责任外，古代旧律还规定了相应的刑事责任，如坐、杖等刑罚。如《唐律》规定：凡女方在订立婚约后悔婚者要追究"杖六十"的体罚刑。[①] 明律规定："若许嫁女已报婚书及有私约（谓先知夫身残疾老幼庶养之类）而辄悔者，笞五十，虽无婚书但曾受聘财者亦是；若再许他人，未成婚者杖七十，已成婚者杖八十。"[②] 由此可见，我国古代社会以聘礼为主要特征的聘娶婚具有很强的法律效力。

现代社会的彩礼已经失去了古代彩礼所具有的法律强制性和约束力，更多在男女双方间形成一种道德约束。现代社会，随着传统乡土社会结构的打破，人口在城镇大量流动，由于人与人之间的交往增多，人与外界接触的机会增多，再加上思想观念的改变，第三者或者婚外恋的情况也随之增多，婚约解除也已司空见惯。因此，许多女性普遍存在这样的心理，把"彩礼"当成"爱情保障金"，女方要求男方提供信用担保，预防婚姻的儿戏化，尤其是打工大潮的留守妇女们，由于与丈夫长年分居，感情可能出现淡化，婚姻很容易解体，而婚姻一旦解体，生活将无法保障。作为弱势群体，为了预防婚姻出现破裂，通常认为婚前索要钱财的这种担保很有必要，有笔钱在手里总比人财两空的好。女性经济上对男性的依附性，决定了她出于日后生活保障这一动因而向男方索要彩礼的行为。彩礼由外部进入婚姻内部成为夫妻的共同财产以后，为夫妻之间均衡的打破设置了很大的障碍，从而有利于婚姻的长期稳定。

---

① 于晓青：《传统文化中的彩礼及其流变》，《河南省政法干部管理学院学报》2008年第 2 期。

② 同上。

（2）婚姻补偿功能

中国传统的婚姻制度是一种"从夫居"制度，要求女方嫁入男方家，成为男方家庭成员，为男方家庭生育子嗣，繁衍后代。因此，一个家庭花费巨大养育成本将女儿养大后，必须让她出嫁，传统观念认为"嫁出去的女儿，泼出去的水"。嫁女意味着与女儿分离，意味着劳动力转移或妇女权利的让渡，女方家庭会面临劳动力的损失和遭受与家人分离的精神痛苦。而男方家娶媳妇，本身就意味着媳妇的加入、家庭成员增多、劳动力增加、人口再生产和家庭延续。因此，把嫁女儿视为"付出"，娶媳妇则为"收入"，基于这一对女方家庭不公平的传统，社会必须生成另一传统对其进行补偿，才能维持社会的平衡。而彩礼作为婚前男方向女方转移的物质财富，正是对这种痛苦的精神安慰以及嫁女儿所带来劳动力损失的补偿。因此，彩礼制度是作为从夫居制度的必要补充而存在的，后者是前者存在的基础。这种观点将女性看作一种具有生育价值和劳动价值、可以带来人口和财富增长的礼物，更强调群体之间的关系，对代际关系忽略不计。

绝大多数人类学家认为，彩礼是双方家长为了调整劳动力、财产权和社会地位的转移而采取的一种集体性策略。通过这种策略，女方家庭在嫁女儿时索取彩礼，彩礼既是对女方家长抚养费用的补偿，也是对其心理的补偿。在女儿不赡养老人的中国农村地区，彩礼还可以降低女方家长的养老风险。但随着年轻人婚姻自主能力的提高和家庭结构的变化，因这种目的而产生的彩礼最终会消失。[①]

中国农村传统的养老模式是家庭养老，传统的家庭经营和保障主要依靠全体家庭成员共同承担和分摊风险，家庭保障的主要基础是家庭成员、土地和货币财富。婚姻导致的女子人身归属转移，

[①]　魏国学、熊启泉、谢玲红：《转型期的中国农村人口高彩礼婚姻——基于经济学视角的研究》，《中国人口科学》2008 年第 4 期。

造成家庭经营风险和父母养老风险需要一种集体或社会保障来覆盖。[1] 彩礼的货币形式是对女子出嫁导致的家庭收入下降的直接补偿，在性质上，它既是对女方家庭保障的一种价值体现，是预防各种经营风险的储备，又可作为维持和扩大家庭再生产的资本金。[2]

人类学所指的彩礼是新郎家向新娘家的财富转移，它是使婚姻契约以及从一个家庭到另一个家庭对于妇女权利转移的生效。从其本质上来说，这种补偿折射出来的事实是女方家长把女儿的权利让渡给男方家庭，男方家则以物质或货币的形式向女方家偿付养育之恩，并通过财物的补偿以确认对新娘繁衍后代和家务劳动权利的转移，并显示获得权利让渡的合法性。在此，作为新娘的妇女被客体化了，并通过彩礼实践而被交换。

也有学者认为，女方为减少婚后风险可以预先通过彩礼得到补偿。媒人在农村婚姻的缔结过程中起着牵线人的作用，但媒人的介入往往使自由的婚姻变了形。一般情况下媒人是由男方聘选的，在"谈判"的过程中会明显偏向男方。媒人向男方介绍女方的情况一般是真实可靠的，而向女方介绍男方情况时则有可能添加了渲染的成分；即使媒人在主观上没有偏向，但媒人对于男方及其家庭的情况也难以做到知根知底。因此，女性为了保护自身利益，防止"婚前信誓旦旦，婚后反目成仇"现象的出现，彩礼成为女方预先得到补偿的一种方式。

（3）财富分配功能

随着社会的快速发展，彩礼的补偿功能逐渐弱化，财富再分配功能日益凸显，多数彩礼以嫁妆的形式流动到"新婚夫妇的核心家庭"，成为对新婚夫妇提供的资助，进而将新郎父辈或整个家族

---

[1]　姜旭朝、蒋贞灿：《农村婚嫁费用、女性人力资本与农村社会保障》，《东岳论丛》2005 年第 5 期。

[2]　崔明堂、王广金：《和谐新农村构建中彩礼和嫁妆的正功能分析》，《山西农业大学学报》2010 年第 1 期。

的财产权转移到新婚夫妇手中。这一观点的主要代表人物是孔麦龙，他更强调代际之间的关系，认为彩礼更多的是对新建家庭的资助。李银河从社会变迁的视角，认为婚姻支付从两个家庭之间的交易演变成为父辈与子辈之间的馈赠，这一过程说明中国家庭的社会结构正经历着从重亲子关系向重夫妻关系的变化过程。传统的中国农村社会注重的是亲子关系与家族关系，而非夫妻关系与姻亲关系。婚姻只是作为一个延续香火的方式而存在。传统农村以大家庭为存在方式，夫妻因为没有离开大家庭而不具有独立性，彩礼的意义只是弥补女方家庭的劳动力损失。改革开放后，中国从传统的乡土社会逐步进入现代的商业社会，家庭关系的重心正在由亲子关系向夫妻关系转化，大家庭亲属成员的数目大大减少，核心家庭不断增多，以血缘为基础的宗族势力出现明显的衰落趋势，家庭姻亲联系逐渐强化。此时，彩礼便不仅是给女方家庭的弥补，更是核心家庭的经济资助。中国传统的农村社会中，媳妇嫁入男家就属于男家的人了，所以彩礼的支付主要是对女方家庭丧失劳动力以及将媳妇养育成人的补偿，也是姻亲双方能够达成结婚协议的一种凭证和手段。彩礼与嫁妆基本上是成正比例的，彩礼与嫁妆数量的多少，直接影响到男女双方结婚后的家庭物质构成和经济消费。这一观点突出新建立家庭在群体中的位置，强调代际关系在婚姻交换中的重要作用。

现代社会，大家庭渐渐式微，小夫妻们成家单过已经成为主要趋势。新婚夫妇结婚后便与父母分开单过已是一个普遍现象。年轻夫妻为了建设自己的小家庭，必须最大限度地争取利益，维护自身权利。于是彩礼便成了他们最快速、最直接的经济资助。新郎新娘在彩礼支出中积极参与，新娘在向新郎家争取高额彩礼的同时，也在自己娘家争取最大限度的嫁妆数量。新娘家并没有从彩礼中受益，而是将绝大部分彩礼以嫁妆的形式返还给了男方家庭，最终成为新婚夫妇共有财产的核心组成部分。所以这时候的彩礼并不是家庭之间的财富流动，而是家庭内部转移，即儿子以这种方式提前继承的家产，最终成为新婚夫妇的共有财产。所以彩礼不再像原来那样是婆家为建立姻亲关系的手段，更像新婚夫妇要求分割家庭财产的手段，是对父母家庭遗产的一种预支。[①] 意味着家产继承的时间由原来的分家时提前至结婚时。

阎云翔在东北农村下岬村实地考察时发现，新郎背着自己的父母，私下鼓动、支持新娘向他家索要一份高额的彩礼，以期获取更多的财产来建立自己新的小家庭。彩礼很大程度上不再是两个家庭间礼物交换的循环，而是新娘和新郎在追求夫妻独立性过程中索要家产份额的手段。[②]

（4）诚意和信用担保功能

婚姻是人生大事，男方求婚需要表达诚意，诚意又需要具体的载体来表现，彩礼就是一种比较合适的载体。彩礼是一定的金钱或物品，是劳动成果的代表，送彩礼就是把自己的劳动成果送给女方，以表达自己的诚意。婚姻信用是老百姓民间生活的基本信用，女方要求男方提供信用担保也是人之常情。女方通过索要彩礼这种方式，可为婚后的正常生活提供保障，部分弥补了经济上处于依附地位的劣势，同时可为自身带来心理上的稳定感和受重视感。

彩礼也是一种财产保证。女方家庭在嫁女时，难免会为女儿出嫁以后的生活和幸福担忧，一定会衡量男方的家庭状况，其中经济状况是一个重要方面。男方家庭必须适时地向女方家庭展示自己的经济实力，而彩礼无疑是最好的展示。彩礼中一般都有首饰与衣物，这部分是专门送给女方本人的，表示未来公婆对媳妇疼爱有加，父母亲人无须担心。通过彩礼，男方家庭传递的是这样一个信息，即自己有能力为儿子组建并维系一个新的家庭；而且

---

① 姚旖：《华北农村彩礼现象的原因及影响探析——以河北省河东村为例》，《法制与社会》2013 年第 1 期。

② 阎云翔：《礼物的流动：一个中国村庄中的互惠原则与社会网络》，李放春、刘瑜译，上海人民出版社 2000 年版，第 195、199 页。

即使女儿婚后得不到善待，有了这些东西也可使生活有一定保障。彩礼中还要有一些实际价值不高，但其象征意义却非常吉利的礼物，这是为婚事讨吉利，也是对父母担忧的一种安慰，而且彩礼本身作为信息传递的工具，也促使了交易的达成即婚姻关系的确立。

此外，婚前信息不对称，导致女性对婚后生活充满担忧，需要通过彩礼来获得保障。由于信息不对称会导致逆向选择，即婚姻关系确立之前男女双方互相博弈的结果会使男性群体出现"劣币驱逐良币""以次充好"的现象，造成男性在婚前信誓旦旦，而婚后往往实现不了。而且在婚姻这一纸契约成立以后，逆向选择的结果易形成道德风险。婚后男性的生活能力以及精神上对女性的关怀程度都是女性在婚前必须要考虑到的。而这些又都是不确定的，为了弥补这可能造成的损失，女性则通过彩礼来获得保障。

彩礼体现了农村消费者从自身出发选择的合乎理性的消费行为。从收入的角度来看，根据1985年诺贝尔经济学奖得主莫迪利安尼的生命周期假说理论，在消费者理性消费行为的前提下，他会根据自己一生的全部预期收入来安排他的消费支出。收入既包括即期收入，也包括未来预期收入，最终目标是实现消费者效用最大化。农村虽然经过了这么多年的经济发展，生活水平显著提高，妇女地位有了一定的改善，但妇女地位还没有本质改变，农村妇女文化素质、劳动技能比较低下的现象仍然存在，大多数妇女没有独立的经济地位，对男人有较强的依附性，依靠丈夫而维持家庭的日用开销。而且农村未来收入不确定的风险太大，女性经济上对男性的依附性决定了她出于日后生活保障这一动因，而向男方索要彩礼的行为。在彩礼所包含的项目中，家用电器属于耐用消费品可以长期消费，日常生活用品和大批量购进的服装也可留待日后慢慢使用，亦属长期消费，等等。从本质上说彩礼本身，即是为将来消费所进行的"储蓄"，从其未来消费来看，事实上是将收入平均分配、消费均等化了，它恰恰符合生命周期假说理论。索要彩礼成为农村消费者从其自身情况出发选择的合乎理性的消费行为，成为农村消费市场的有机组成部分。

3. 高额彩礼的原因

现代农村彩礼数额巨大，名目繁多。一般彩礼包括实物和现金两部分，实物方面包括住房、家电、三金（金项链、金戒指、金耳环），有的还要摩托车、轿车。现金方面花样更多，有"见面礼""压箱钱""开箱钱""离娘钱""盼女钱"和"谢媒钱"等，实物彩礼和现金部分加起来最少要十多万元。在某些地区彩礼的形式越来越多样化。如在湖北薪春县盛行这样一套习惯，即男方到女家"认亲"时要送"见面礼"，少则七八十元，多则二三百元；女方到男家"看房"时，男家不仅得办酒席招待"陪客"，还要送新娘几套高级衣料，几双像样的鞋袜。从订婚到结婚期间，男方要送给女家许多重礼，如节礼（春节、中秋等）。另外要送新娘一笔相当数额的"过门礼"，不然新娘进门后不会使男家"发旺"。结婚前男方要送给女家"报日礼"，最多的要"八个八"（取谐音"发"），即八双鞋子等。男方到女方家抬嫁妆时，还要送一笔"挑箱钱"。

在福建经济较发达的晋江、石狮等地。近十余年来，随着当地经济的迅速发展，人们的收入水平不断提高，在婚姻上讲排场、摆阔气的风气越演越烈，聘金和嫁妆金额呈直线上升之势。而且当地还形成了一种不成文的婚姻规则：当地男女双方谈婚论嫁的时候，男方须给女方数额巨大的礼金；结婚当天，女方不仅要如数"退"回男方的巨额礼金，还要带上数额与男方相当的嫁妆。嫁妆的价值一般是聘金价值的数倍，少则数十万元，多则上百万元，甚至上千万元。[①]

我国高额彩礼古已有之。唐高宗显庆年间，鉴于民间嫁娶取资

---

① 陈晓煌：《一种婚姻亚文化：晋江、石狮的金钱婚俗》，《中共福建省委党校学报》2004 年第 9 期。

过多，曾下诏明文限定聘礼的数量。《唐会要·嫁娶》中记载：
"四年十月十五日诏，自今以后，天下嫁女受财，三品以上之家不
得过绢三百匹，四品、五品不得过二百匹，六品、七品不得过一百
匹，八品以下不得过五十匹，皆充所嫁女赍妆等用。其夫家不得
受陪门之财。"雍正为扭转民风，树立"婚姻勿尚钱财"的风尚，
命朝中九卿为满汉官员和兵民制定了婚嫁礼仪，各有礼数，"毋得
僭妄"。接着，又于雍正元年五月，对官民婚嫁彩礼、鼓乐数目作
出具体规定：汉人纳彩成婚，四品以上官员之家，绸缎、首饰以8
件为限，食物限10样，五品以下官员分别递减，平民之家只准送
绸绢，果品限于4种。举行婚礼这一天，品官用本官执事，限用6
盏灯、12个吹鼓手，庶民限4盏灯、8名鼓乐人。①

　　（1）炫耀性消费及面子攀比心理

　　高额彩礼是一种典型的符号消费行为。符号消费行为体现了人
与物之间的一种社会关系，是人们表现自我身份的一种重要手段，
消费者通过符号消费来表现自己的品位、追求和阶层，通过消费
来建构自己的身份和地位。波德里亚将这种消费定义为"一种系
统化的符号操作行为或总体性的观念实践"。高额彩礼的消费除了
消费产品本身外，还消费了彩礼所具有的象征意义和代表的地位
身份，也就是消费了彩礼的符号价值。高额彩礼正是家庭经济实
力和社会地位的象征。

　　农村相比于城市，是一个较为封闭的地域环境，是一种熟人社
会，生活在这里的农民会非常看重周围人的看法和评论，舆论在
农村有着非常大的社会导向作用，村民几乎每天都会在路边、巷
子里围成圈，议论村里每家发生的事情。结婚彩礼自然是村里的
大事，更是村民闲聊的核心主题，每家结婚所花费的金额以及彩
礼数目都在闲聊中进行对比、评论，闲聊中人们对支付高额彩礼
和举办风光婚礼表示羡慕，对"一毛不拔"的彩礼支付数额较低

---

① 李国荣：《雍正严禁婚丧奢靡》，《北京档案》1999 年第 7 期。

者示意嘲笑。中国人典型的"要面子"心理，反映在消费行为上，就会形成攀比。在农村强大的社会舆论下，父母都希望自己儿子的婚礼能办得体面上档次，年轻人也希望自己的彩礼能比同龄人多，能更有面子。传统观念认为，彩礼是女儿的身价，彩礼越高，说明女儿越优秀，女儿越体面，男方就越重视，即使感情不好，男方也不会离婚另娶一个，因此，"高额彩礼使女儿婚姻更有保障"。村庄激烈的面子竞争导致村民之间互相攀比，彩礼越要越高，这就使得彩礼进入了一个无限恶性竞争的怪圈。

高额彩礼也是双方家庭获得更多社会资本的重要手段。高额彩礼可以展现男方在当地社会较高的经济地位，会让男方得到更多的赞誉，使其社会地位进一步提高，获得更多的社会资本，使男方家庭在公众中的影响力扩大，并进一步又转化为经济资本或文化资本。对男方来说，送彩礼其实就是以经济资本换取社会资本的一个过程。对女方来说，高额彩礼也是对女方拥有多少社会资本的一个衡量，彩礼高证明女方社会地位高，在当地有声望，拥有较高的社会资本。当男女双方缔结婚姻时，意味着两个家庭人力资本的转移和更高社会资本的形成，两个家庭由弱关系变为强关系，成为亲属，双方都会互相信任，双方社会资本都会增加。

此外，宗族观念也是助推彩礼上涨的重要因素。在宗族意识较强的农村，村民会将彩礼的数量作为衡量本家族社会地位、经济实力和社会威望的标志之一。如果女子结婚不要彩礼，就会被其他家族认为是有生理缺陷，或有问题的人，会使家族面子扫地，其他族人也会被耻笑。同样，如果男子结婚时能够支付高额彩礼，则会被其他家族认为此家族经济实力强，人有本事，本宗族的其他人也会感到有面子。反之，如果一家的儿子结婚无法支付婚姻市场女性索要的高额彩礼，或婚礼办得无声无色，则被笑话，被看不起，影响宗族声誉。

（2）男多女少的社会性别结构

"婚姻挤压"背景下，担负高额彩礼成为农村弱势青年实现婚姻的原始途径。在一夫一妻制下，由于婚姻市场供需失衡，即婚姻市场可供选择的男性和可供选择的女性人数相差较大，比例失调，由此导致了男性或女性不能按传统的偏好择偶，婚姻行为发生了较大的变化，这一现象即是婚姻挤压（Marriage Squeeze）。①受传统"重男轻女"思想的影响，我国目前人口的性别比例严重失调，男性大大多于女性。男多女少的社会人口结构使适龄男青年不容易找到结婚对象，而相应的适龄女性则有更多的选择余地。因此，女方对男方提出的要求越来越高，除了身高、相貌这些先天条件外，能力、收入、经济基础等后天条件也更加苛刻。男多女少的社会现实使许多普通男青年只能通过支付高额彩礼来获得心仪女性的婚姻许可。

　　在女性普遍短缺的大背景下，经济文化发展程度的巨大差异，促使女性可能以婚迁的形式从农村到城市，从贫困山区到富裕平原，从而缓解了富裕地区的婚姻市场压力，而加剧了农村贫困地区的婚姻挤压。面对"婚姻挤压"的后果，农村生男孩的家庭甚至从孩子出生就进行物质资本积累，到孩子结婚时用呈送高额彩礼的方式来弥补家庭社会综合资源不足的劣势，以此来抵御农村弱势男性不能结婚的风险。②

　　刁统菊在论文中提到，20世纪中期之前，山东南部红山峪村娶媳妇几乎不需要聘礼，只需一张婚书即可，除非是男子或其家庭不符合女方的择偶标准。但是50年代末期至60年代，当红山峪经济状况越来越差的时候，女子仍然按照以往的习惯和心理嫁到条件相对优越的村落，结果导致了当地性别比例的严重失衡，甚至在60年代末期至70年代中期产生了许多换亲、转亲的现象。为了给儿子娶上媳妇，逐渐出现了普遍使用聘礼的情形。婚书的作用仍旧存在，但却需要聘礼来帮助巩固本来仅仅一张婚书就可以

---

① 郭志刚、邓国胜：《中国婚姻挤压研究》，《市场与人口分析》2000年第3期。
② 崔明堂、王广金：《和谐新农村构建中彩礼和嫁妆的正功能分析》，《山西农业大学学报》2010年第1期。

确定的姻亲关系。在这种情形下，聘礼习俗成为一种调节婚姻市场的有效机制。①

（3）适婚者条件分化

在农村，彩礼数额的高低与男方综合条件有着相关性。如果男方的综合条件与当地同龄男性的平均条件相差不多，则用平均的彩礼就能成功提亲。但当男方条件明显比平均条件差时，只能用高于平均彩礼的数额来提亲才有可能成功。差距越大，需要的彩礼越多。

改革开放前，中国的农村落后封闭，大部分男性都从事农业劳动，农村居民的收入较低，农村家庭之间没有出现太大的贫富差异，基本上都处于平均水平，所以也很少出现高彩礼。改革开放后，有能力的农村男性劳动力或进城打工，或从事商业经营，逐步从农业转入非农行业，而且收入迅速增加。而能力较差的男性则只能从事传统农业劳动，土地是其唯一的生活来源，收入增加极为缓慢。农村适婚男性综合条件出现了分化，出现了特别优秀、出色的男性，使得女性的择偶标准提高，平庸男性的条件与平均条件之间的差距逐渐变大，使他们被迫呈送高额彩礼以弥补劣势，助推了高额彩礼的产生。

此外，通婚距离的扩大也助推了彩礼的高涨。由于交通、通信的不发达，传统农村的通婚半径多为本村或邻村，这样客观上为贫困男方家庭提供了有利条件，可以通过长期劳动和实物馈赠方式来代替彩礼支付。但改革开放后，农村人口的大规模流动，打破了区域封闭的传统通婚边界，通婚半径不断扩大，男方家庭不便为女方家庭提供更多的劳动帮助和实物馈赠，同时女方的嫁妆也不太容易运到男方家，因此，出现了彩礼向单一货币化的方向发展。同时，通婚距离的扩大，导致女性资源从欠发达地区向发达地区流动，从农村向城市流动，这样给农村家庭经济困难和自

---

① 刁统菊：《嫁妆与聘礼：一个学术史的简单回顾》，《山东大学学报》2007 年第 2 期。

身条件差的男性带来巨大的婚姻挤压，为了能够娶妻生子，他们必须支付高额彩礼来弥补自己的不足。

（4）传统的传宗接代观念

传宗接代是中国农民最为核心的本体性价值观念，对农民来说，只有为儿子完成婚事，抱上孙子，才对得起祖宗，对得起子孙后代，才具有人生意义。因此，一个农村家庭，如果生有儿子，父母则从他出生时就开始为他将来娶媳妇准备高额彩礼和建房费用。如果父母无法支付女方索要的高额彩礼，那么自己的儿子就会被排挤在婚姻市场之外，具有沦为光棍的风险。为了降低儿子沦为光棍的风险，一般情况下，男方父母都会同意女方提出的高额彩礼的要求，这也助推了彩礼越要越高的趋势。对许多农民来说，为儿子结婚的花费是他们这辈子不得不花费的最奢华的"超前消费"。

4. 高额彩礼的后果

彩礼在古代中国更多的是一种文化的象征意义，是一种传统的婚俗，而高额的彩礼使本来美好纯洁的婚姻蒙上了金钱交换的色彩和买卖的性质，已经超越了其原本具有的文化意义，使彩礼的功能发生了变异，对每个家庭产生了深远的影响。高额彩礼使古朴的婚俗变了形，让本应温情脉脉的婚姻家庭关系变得功利十足，铜臭四溢，也使许多女性迷失了自己的主体地位和自立意识，影响了和谐生活的构建。此外，高额彩礼严重地影响着农村经济体制改革的深入发展，影响广大农民发展商品经济的积极性，阻碍了生产力的发展，同时影响着农村精神文明建设，不利于乡风文明的建设。近年来，有关高额彩礼引发的各种社会问题已经常见于报端，成为影响农村稳定的一个新因素。

（1）高额彩礼引发的大量民事纠纷

我国现有法律法规及以往的司法解释，均没有对因给付彩礼的财物纠纷诉讼主体做出相关规定。彩礼是以缔结婚姻为条件的，在发生婚变时，会涉及彩礼的退还问题。由于彩礼数目巨大，婚嫁双方发生争执，甚至演变为暴力事件。此外，高额彩礼诱发骗婚的案件层出不穷，使男方血本无归。

（2）高额彩礼影响农村社会稳定

数额巨大的彩礼往往超过普通农村家庭的支付能力，许多青年男性无力承担，很容易诱发偷盗等犯罪动机，农村时有发生"未进洞房，先进牢房"的现象。高额彩礼也会诱使犯罪分子铤而走险贩卖妇女到高额彩礼地区。彩礼不断增长，许多男青年因家庭支付不起彩礼而错过结婚年龄，无奈地"被光棍"，这一单身群体往往容易滋生反社会的情绪，成为农村社会治安的隐忧。

（3）高额彩礼让已经富裕的农民致贫

高额的彩礼费用已经成为许多家庭的沉重负担，居高不下的彩礼导致男方家庭负债累累，是农民再次致贫的重要原因。调查显示，许多普通农民家庭支付的彩礼数额是他们全家5—10年的收入总和。有的家庭为了给儿子凑够彩礼钱，想尽办法节衣缩食，向亲友筹借，甚至有的去借高利贷。为了给儿子结婚，父母又要辛苦很多年才能还清债务，许多家庭的生活又由基本解决温饱回到了贫苦线上，民间有"老婆债"的说法。高额的彩礼使一些普通家庭非但不能奔小康，反而欠下高额债务，重新致贫。

（4）高额彩礼婚姻质量

结婚时所要彩礼没有一个固定的标准，可多可少，在女方提出的要求超过男方的预期时，男方会通过媒人再次协商。如果女方坚持不让步，男方也确实无力承担时，双方之间难免会有不愉快，有可能就因为彩礼问题的意见不同而破坏了婚姻。支付高额彩礼而形成的婚姻，婚后夫妻双方容易围绕彩礼发生争执，彩礼成为家庭纠纷的症结，姻亲之间因为彩礼往来而互相怨恨，父母与子女之间也因彩礼问题而互相埋怨。富有情感表达意义的彩礼却成为操纵婚姻的一种手段，使原本亲切、纯洁、富有情感的血缘、姻缘关系染上铜臭的气息，人与人之间的感情变得冷漠麻木。

（5）高额彩礼导致代际关系失衡

婚姻资助理论认为，彩礼是一种代际间的财富资助，但是高额的彩礼使父母对子女的主动资助被迫变成了沉重的"负担"，导致农村家庭代际关系的失衡。中国传统家庭，父母抚养子女、子女赡养父母是家庭具有的功能，从利益角度讲，二者也是一种投资与回报的关系，是一种代际之间关系的平衡。高额彩礼的出现打破了这种平衡，彩礼的高涨使父母对子女的投资在不断增加，而现实中子女对父母的赡养并没有因此而有所增加。结婚后，年轻人过上了幸福的日子，有新建的住房、全套的家电、崭新的家具，还有可观的零花钱。而为娶媳妇欠下巨额负债的父母不得不面临背负债务的悲惨状况，不得不终日劳作，省吃俭用，用余生来还债。中华民族五千年的孝文化受到严重冲击。

在"高彩礼"的影响下，农村代际关系出现严重失衡，使代际关系中父母对子女似乎有无尽的责任，而子女却只对父母尽极其有限的义务，原本温馨和谐的代际关系在"利益"的驱使下被逐渐侵蚀成了不平等的态度，为农民生计和家庭养老等问题埋下了隐患。①

高额彩礼使农村出现了一种新的代际剥削现象，即"啃老"现象。现代社会彩礼虽然表面上是男方支付给女方的钱物，但彩礼最终会以各种形式进入新家庭，成为夫妻的共同财产。现代许多年轻人没有独立的经济能力，普遍存在勤劳意识淡薄，家庭责任感较差，无法养活自己，依然靠父母的钱维持生活。因此，他们在结婚时，想趁此多要些钱物，给以后的家庭生活奠定一定的物质基础。高额彩礼无疑助长了"啃老"现象的产生。

---

① 姚旖：《华北农村彩礼现象的原因及影响探析——以河北省河东村为例》，《法制与社会》2013年第1期。

（二） 嫁妆

嫁妆是女子出嫁时从娘家带到丈夫家的钱和物，亦称"妆奁"，各地区的风俗习惯不同，其所送的嫁妆也会不同。女方送嫁妆一方面是为了女儿过得更好些，贴补家用，或以备应急；另一方面则是尽量给女儿争取在男方家地位，显示女方家的经济实力。

1. 农村传统嫁妆

嫁妆在中国有着悠久的历史，嫁妆是娘家人对嫁出去姑娘的物质馈赠。女子出嫁时，娘家在女儿结婚时陪送的衣被、首饰、厨房用具，以及与生育和祭祖有关的用具，也包括新娘自己的个人财产，如"私房钱"等。嫁妆，在中国农村民间也叫"陪送"，民间解释为"生个闺女养大了，刚中用就给别人了，还得给嫁妆，算是赔本了"。与彩礼不同，嫁妆通常只包括实物，一方面是由男方家支付的彩礼转化而来的"间接嫁妆"；另一方面是超出彩礼钱，女方用自己家钱置办的"直接嫁妆"，也叫"陪嫁"。女方准备嫁妆的多少基本上是以男方所付彩礼的多少决定的，结婚时，一部分彩礼转化为嫁妆，转移到男家，成为建立新家庭的物质基础。而女方的父母，考虑到女儿在家时参加了生产劳动和家务劳动，家庭共同财产中有她的一份，愿意将一部分家庭财物以嫁妆的形式转移给女儿。在农村，关于新家庭建立的物质基础，男女双方都是协力合作的，除了各人自备衣物外，一般由男家提供住房及大床、大橱等主要家具，而棉被、蚊帐、床笠等全部床上用品及一部分家庭日用品则由女家准备。

　　嫁妆跟随妇女由娘家到婆家，成为她们在新家庭中的"私产"。古代，大多数妇女拥有对自己嫁妆的独立占有权和支配权，并利用嫁妆为家庭、家族乃至社会做出贡献。妇女在支配嫁妆的同时，逐步加大其对家庭事务的影响，赢得家庭和家族成员的尊重，确立起她们在新家庭或新家族中的地位。[1]

　　古代，妇女的嫁妆在婚后不与夫家财产混同在一起，而是独立存放，夫家无权支配使用，离异时，妇女有权将嫁妆带走，妇女死后，嫁妆要按照其生前意愿来处置。妇女对自己嫁妆的独立占有权和自由支配权，为确立和巩固其在夫家的地位提供了保障。妇女利用嫁妆来扩大其对家庭事务的影响，主要体现在以下几个方面：补贴生活、孝养舅姑；为家庭成员婚娶；资助丈夫入市或经商，许多妇女用嫁妆做本金，资助丈夫或家庭其他成员经商，嫁妆成为商人起家的原始资本；解决夫家债务等经济问题；留传给子孙做财产。[2]嫁妆既是妇女家庭经济地位的体现，也是妇女加大对家庭事务影响，涉足家庭和家族以外事情，拓宽活动范围和视野，确立在新家庭和新家族中地位的重要媒介。

　　中国传统嫁妆种类繁多，江苏吴江农村地区女家置备的嫁妆常分四类：一为新嫁衣，衣料必须是整块绸料或布料，意寓"从一而终"，不能用两块拼缝。二是被褥帏帐，由被吴江人称为"全福老太"的人用红色的丝线或棉纱缝制新婚被，将她的"福"气感染给新婚的夫妻。三是盆桶类的小器皿和小家具，尤其是马桶，称为"子孙桶"。新马桶内预先放进 5 枚红鸡蛋，取意"五子登科"，又含传宗接代之意。四是餐具和茶具，富家陪嫁银台面和金台面。银台面指一桌十件纯银的薄胎碗、箸、匙，金台面是在银台面上镀金。此外，还有一些日用器皿。这四类陪嫁物品要成对成双，每件还要系上红缎带，表示喜庆吉祥。有的人们还要陪上一

---

　　① 毛立平：《清代妇女对嫁妆支配权的考察》，《史学月刊》2006 年第 3 期。
　　② 同上。

棵"万年青",象征"白头到老,福泽终身"。

中国传统的嫁妆中,"盒器"是必不可少的,现代社会由于结婚都用汽车接送,原来的"盒器"抬送很不方便,"盒器"几乎退出了嫁妆的行列,取而代之的是盆。盆里摆放的是一些成双成对的生活用品,如镜子、化妆品、暖瓶、花瓶等,盆的外面用红包袱系上,结婚当天随新娘一起送到婆家。

北方农村地区,门帘是女方必须要准备的嫁妆之一,按照风俗,新郎新娘入洞房后,要请娘家人来挂门帘。新婚所挂的门帘,以前都是自己做的,现在大部分买成品,颜色一般为红色或粉红色,上绣鸳鸯戏水、鲤鱼、荷花等,近两年也有用珠帘做门帘的。门帘必须由娘家人用带来的门帘杆子挂上。

图 5 随嫁包袱

汉族民众有用伞做嫁妆的习俗。由于伞具有团圆吉祥、多子多孙、避邪消灾、祈福积德的寓意,人们在缔结婚姻时用伞,目的在于祈求婚姻美满幸福。如广东梅县客家姑娘的嫁妆除了首饰、家具、茶包等外,油纸伞是必不可少的。油纸伞对客家人来说是吉祥的象征,是取好兆头的物品。"纸"与"子"谐音,作为嫁妆有"早生贵子"的寓意;伞的繁体写法有 5 个"人"字,在大"人"下有四个小"人",寓意为"多子多孙"。油纸伞中间一轴,意取中空正直,无私无邪。伞张开后成圆形,有"圆满"之兆,一来象征婚姻"循规蹈矩",将圆满成就;二来可以遮日避风防雨,寓意为驱恶避邪。油纸伞作为嫁妆取好兆头的习俗,在现今南洋和台湾等地的客家人中仍然流行采用。在内地,油纸伞已经难得见到,但代替它的花布伞仍是一些地方不可缺少的陪嫁品。[①]

陕南巴山一带的汉族农村,女儿出嫁时,要以腌菜为嫁妆。有一首民谣说:"巴山姑娘怪,出嫁要腌菜;嫁妆没腌菜,往后头难抬。"因此,女儿长到十八九岁时,母亲就要为女儿准备嫁妆腌菜。腌菜的品种越多,娘家就显得越光彩。这种风俗在陕南巴山一带,尤为盛行。女儿出嫁这天,娘家人将腌菜锁进箱柜,钥匙由长辈保管,抬到婆家去。新婚之夜,婆家要"摆茶",招待亲朋好友和帮忙的人,这是结婚仪式中的一项重要程序。所谓"摆茶",其实并不是喝茶,而是一顿正式的谢客宴席,也是表现娘家富有和制作腌菜手艺的一个机会,因而比较隆重。先由婆家的长辈用盘端上行礼的红包(开箱礼),送给娘家人表示谢意,娘家的长辈受礼后,将钥匙交给婆家的长辈,打开陪嫁来的箱柜,取出各式各样的茶食,按一桌八碟摆好,再由婆家上些酒和热菜,让客人入座品尝。茶食以腌菜为主,而且越多越精细越好,这样,新娘子就会受到众人夸奖。若没有腌菜,或者太少太粗,便会遭到亲戚朋友的负面评论。晚清时四川人办喜事,女儿陪嫁的嫁妆之一就有整坛的泡菜,新娘婚后三天之内,要亲自下厨,用陪嫁的泡菜烹饪菜肴,孝敬公婆。

在粤东一带农村,女儿出嫁那天,由女家准备一些名字吉利的蔬菜,用红布条捆好,作为一份嫁妆,带到男方家里,以表示对新婚夫妇的希望和祝愿。例如芹菜谐音"勤",表示希望女儿嫁到男家后能吃苦耐劳,勤俭朴素。大蒜谐音"算",表示女儿出嫁后百事灵通,精打细算。洋葱谐音"聪",意在祝愿新郎新娘早生贵子、聪明健康。韭菜谐音"久",祝愿新婚夫妇恩恩爱爱,天长

---

① 刘文俊:《伞在我国南方各民族旧婚俗中的作用》,《广西师范大学学报》2006年第2期。

地久。

蟹八件是苏州人吃螃蟹使用的一套工具，是苏州人在吃蟹的过程中摸索出来的。蟹八件包括小方桌、腰圆锤、长柄斧、长柄叉、圆头剪、镊子、钎子、小匙，分别有垫、敲、劈、叉、剪、夹、剔、盛等多种功能，一般是铜铸的，也有银打的，造型美观，精巧玲珑，使用方便。自晚清起，蟹八件成了苏州女的嫁妆。传说苏州有一富商嫁女，嫁妆有120抬之多，十分周全气派。按当地习俗，送嫁妆的前一天，要把所有的嫁妆摆放在街上，做一次检验，也投合了富商要炫耀一番的心理。这天，很多人纷纷前来看嫁妆，赞不绝口，却有一个工匠对富商挑剔说："嫁妆九九样，再添一样'蟹八件'就百全百美了。"富商是个食蟹迷，于是让工匠连夜赶制"金蟹八件"，第二天喜门发妆。这一抬嫁妆上书写着"飞黄腾达"的蟹八件，在男家引起了轰动，受到人们赞赏，一传十，十传百，到了民国年间，蟹八件成了许多苏州女的嫁妆之一。

2. 嫁妆象征意义

中国传统嫁妆的选择，具有浓厚的文化象征意义。一是床上生活用品，如被褥、床笠、枕头等，这些一直是传统中国嫁妆中不变的、各地普遍存在的嫁妆重要组成部分，以此祈祷、祝愿女儿能够早生贵子，为男方传宗接代，完成女人应有的人生使命；二是一些与家务劳动有关的用品，如厨房用品、洗衣用具以及针线等，这些也是中国传统嫁妆中恒久性的组成部分，象征女性今后在新家庭中的主要职责，能够主持家务，创造良好的家庭环境与氛围；三是与养育孩子有关的用品，有些地方的嫁妆中会有适合小孩用的被褥、小脸盆、小碗、小椅子、小勺子等，象征女性对孩子的养育职责。嫁妆三个重要部分的象征意义基本上涵盖了中国女性相夫教子的传统家庭职能，不同地区、不同时期的嫁妆形式虽会有所变化，但这三部分的象征要素基本没有变化。然而在当代社会，人们更加看重嫁妆的经济和实用价值，嫁妆的象征功能日益弱化，嫁妆与其说是一种继承方式（如在宗法社会中，女儿无财产继承权，父母通常以嫁妆的形式把一部分财产先分给女儿），还不如说是出于组建新家庭、保障未来物质生活这一现实功能。

嫁妆同时也具有独立空间的象征，是女性保有个人私密性的保证。中国传统的嫁妆中，针线盒、柜子是必须有的嫁妆，有的地方还必须陪送鞋篓，认为鞋篓是为人妻的百宝箱，内装剪子、锥子、顶针、胶铨、大小针、各色线，宽窄、长短不等、颜色各异的废布料，厚薄、大小不等的鞋样。这些可以作为装载新娘私密物的工具，可以盛放私房钱和一些珍贵首饰等体己物品，方便自己使用，即使新郎也不可以随便动用。针线盒、柜子成为女性的私密空间，是女性权利的一种表现方式，这也使嫁妆具有了性别象征意义。传统社会，女性的活动空间极为狭小，家庭中的大部分空间都是全家或者男性专用的，只有针线盒、柜子才是唯一具有女性色彩的地方，是一个女性可以获得充分尊重的地方。

3. 嫁妆的四种实践形态

根据嫁妆与彩礼数额的对比关系，出现了四种嫁妆的实践形态：一是嫁妆钱远远少于彩礼钱，称为"卖女型"，女方父母扣留了彩礼钱中的养育费和置办酒席的钱，只用很少的一部分钱给女儿办嫁妆，这种情况通常发生在比较贫困的家庭中，或是家中兄弟较多，需用嫁女儿所收的彩礼钱来支付儿子娶媳妇的彩礼钱。随着社会的发展，农村收入水平的提高，这种情况出现的频率越来越小。二是女方父母仅留下置办酒席的钱款，其余彩礼钱全部为女儿置办嫁妆，在这种实践类型中，女方家庭的收支基本平衡，没有从自己家庭中出钱为女儿做嫁妆，是一种"平衡型"的嫁妆形态。三是超出彩礼的为女儿置办嫁妆、举办酒席的钱也由女家支付，这种"倒贴型"的嫁妆形态通常发生在经济比较富裕的家庭，或者女儿出嫁前为家庭经济做出很大贡献的家庭，这种家庭不仅将彩礼全部作为嫁妆，还会从家庭积蓄中拿出部分为女儿做嫁妆。随着农村经济发展，这种情况越来越多。四是男方置办嫁妆型，这种类型是随着通婚半径的扩大而出现的一种嫁妆实践类型。随着农村男女青年外出务工，跨省市的婚姻越来越多，女方家距离男方家较远，置办的实物嫁妆不方便搬运，这种情况下，女方家不再为女儿置办嫁妆，也不收受男方的彩礼，或者先收下彩礼，再回一部分给男方，让男方家去置办新家庭嫁妆。有时，男方也将置办嫁妆的决定权交给年轻人，让年轻人自己去装饰布置自己的新家。这种形态的嫁妆类型比例也是逐渐上升的。

嫁妆的四种实践形态是与中国农村社会不同的发展时期相适应的。新中国成立初期，农民收入极低，生活处于温饱边缘，嫁妆所占彩礼比例很小，有的嫁妆甚至仅为一个针线盒，女方家多用收受的彩礼来为儿子娶媳妇，这一时期的嫁妆形态多为"卖女型"。随着中国农村社会经济的发展，农民收入不断增高，到 20 世纪 90 年代，女方基本上将全部彩礼用于女儿购买嫁妆和置办酒席，女方不再从彩礼中获取补偿，是一种"平衡型"的嫁妆形态。进入 21 世纪后，嫁妆内容不断丰富，所需费用急剧上涨，女方家庭自愿贴钱办嫁妆，倒贴的这部分嫁妆又称为"直接嫁妆"，不是由彩礼转化而来的，是"倒贴型"嫁妆形态。近几年，随着人口流动规模的扩大以及网络恋情的出现，跨省市的婚姻逐渐增多，彩礼和嫁妆都出现货币化的趋势，并交由年轻人自己决定购置嫁妆，凸显了新时期年轻人的自主意识。

4. 嫁妆的主要功能

嫁妆的多少不单纯是一个经济问题，更有着重要的社会文化功能。嫁妆是两个集团之间为了建立长久而和谐的姻亲关系所采取的交换体系的一部分，是一种基于社会文化意义上的经济交换。这种交换不仅可以缔结婚姻，更重要的是可以促使双方的关系更加和谐、长久且稳固。当嫁妆缺席的时候，这种交换体系就是不完整的，由此所达成的姻亲关系自然也不是圆满的。① 一种外在的经济交换实际上隐含了更多内在的社会意义。目前，关于嫁妆主要功能的相关学说，主要有以下几种。

（1）女性对父母财产的继承

这一理论认为，嫁妆是女性对父母财产的继承，它表示了女性财产和权利的转移。费孝通先生也从社会经济的角度，认为父权制社会中是存在女性继承权的，那就是嫁妆这种财产赠予形式。② 刁统菊否认嫁妆的继承说，认为中国传统的财产继承制是单边而非双边的，是以父系血缘关系为准绳的。正所谓"儿图家产女图衣，房门后头是闺女的"。房门后头是母亲的衣裳箱子，女儿最多只能继承母亲的体己，这份体己是不算在"财产"之内的。因为按照传统观念，父母的不动产例如房屋和生产性资料仍然是传儿不传女。男性继承的不动产和生产性资料在婚后仍有增值的可能，而妻子带来的嫁妆在人们心目中具有"针线筐子"的意义，多为日常生活用品，不仅难以增值，而且折旧甚快。所以，即使双方父母为新的家庭"投资"数额相当，实际男女双方的婚前财产仍是不等价的。更为关键的是，在人们心目中，土地和房屋才是"财产"，嫁妆即使像最近十几年来增加了家用电器，也仍然不是人们所谓的"财产"。③

（2）体现女性家庭的社会地位

伊佩霞（Patricia Buckley Ebrey）认为在中国社会不能用继承说来解释结婚时父母给予女儿的嫁妆，她提出了几种与家庭意图相关的解释。她认为，送出嫁妆有三种解释：其一，给出妻子集团为了面子需要展示嫁妆；其二，可观嫁妆的存在与和遥远社区的人们结成姻亲关系的需要有关；其三，由于社会的商业性增强，更需要嫁妆来展示新娘家庭的财富，供人衡量其家庭地位。同时

---

① 刁统菊：《嫁妆来源及象征的多样性分析》，《广西民族研究》2007 年第 1 期。

② 费孝通：《乡土中国 生育制度》，北京大学出版社 1998 年版，第 244 页。

③ 刁统菊：《嫁妆来源及象征的多样性分析》，《广西民族研究》2007 年第 1 期。

作者又认为嫁妆比聘礼有三个好处：给了一个"更好的"新娘；提供给家庭策略更多的灵活性；使姻亲关系更稳固。① 弗里德曼也认为人们赠予女儿嫁妆，不是因为女儿有经济要求，而是为了保持或提升家庭的社会地位。② 陈其南指出嫁妆只是一种可有可无的馈赠，是父亲可以凭自己的意志力加以裁决的处理方式，因此嫁妆实际上反映的是父亲的意图。③ 嫁妆不仅与父亲的意志相关，与宗族、房份原则也有密切的关系，"嫁妆的内容和价值都必须合乎地方宗姓约定俗成的礼法，姻亲的族群认同与房份同样应被注意到，尤其中国人家长的意志也不是孤立存在的，父亲关于女儿的婚礼嫁妆的安排完全受房份原则的制约"④。

这一理论把嫁妆与家庭的社会地位连接了起来，这表明由于女人的流动带来的姻亲关系实际上是一种非常重要的社会资源。家族可以通过与不同姓氏的联姻来实现社会资源总量的增加和类型的扩展。嫁妆可以用来衡量妻子集团的社会地位和家庭财力，丰厚的嫁妆能够增加家族的面子。

（3）提升女性生活地位

艾丽斯·斯赫莱格尔（Alice Schlegel）和罗恩·埃劳尔（Rohn Eloul）认为家庭能够用女儿的嫁妆来增加她们的幸福，这有两种方式：一是用来交换具有高地位的女婿，这在印度是非常普遍的实践；或者以此来吸引较穷的但是像样的女婿，可以通过女儿的

① Patricia Buckley Ebrey, Shifts in Marriage Finance from the Sixth to the Thirteenth Century [A], In Rubie S. Watson and Patricia Buckley Ebrey, Editor, Marriage and Inequality in Chinese Society [C], Berkerly Los Angeles Oxford: University of California Press, 1961.

② Arthur P. Wolf, The Study of Chinese Society on Taiwan [A], In Hsieh Jih – chang and Zhuang Ying – chang, The Chinese Family and Its Ritual Behavior [C], Taipei: Institute of Ethnology, Academia Sinica, 1992.

③ 陈其南：《家族与社会——台湾与中国社会研究的基础理念》，台北联经出版事业公司1990年版，第166—167页。

④ 庄孔韶：《银翅——中国的地方社会与文化变迁》，生活·读书·新知三联书店2000年版，第260页。

财富确保他的忠诚。① 印度森严的等级制度，使一些人利用嫁妆制度来为女儿选择一个高地位的女婿，以此提高了女儿的社会地位。

嫁妆对一个女人在家庭中地位的确立起着举足轻重的作用，可以决定女性在男方家庭中的生活是否幸福，进而决定这个女人在婆家的物质生活和精神生活的质量。这既表现在儿媳对家庭经济的控制权和丈夫能否主动分担部分家务上，也表现在当夫妻之间出现意见分歧时最终谁能获得事务的决定权上。② 如果女性进入新家庭时，带来了丰厚的嫁妆，会扩大女性在家庭事务上的话语权，进而获得较高的家庭地位。反之，则会引发各种家庭矛盾，甚至影响婆媳关系，调查显示，婆婆会对嫁妆丰厚的儿媳较为偏爱，关系也相处得较为融洽。某种程度上，丰厚的嫁妆也成为婆媳关系趋于融洽的润滑剂。

可以说，嫁妆是女方家在新建家庭中的一种投资，不仅为女儿赢得了在男方家的良好口碑和地位，也为娘家人在新家庭中的地位打下了坚实基础，是一种抢占新家庭话语权的有效战略。

（4）资助新婚家庭

新娘进入新家庭具有重要的经济意义。嫁妆作为一种女性从娘家带来的财产，进入新组建的家庭中，在她与新郎的婚姻存续期间，成为新婚夫妇的共同财产，对于婚后经济生活起到一定的改善作用。新组建的家庭作为一个社会生产单元，在嫁妆的资助下，其生产能力不会落后于同时期、同层次人群的平均水平。对新家庭的资助来自两部分嫁妆，一部分是由彩礼转化来的"间接嫁妆"，一部分是女方家贴钱为女儿置办的"直接嫁妆"。

（5）获得相对较高层次的婚姻

"婚姻市场理论"认为，未婚男女是市场的潜在交易伙伴，男

---

① Alice Schlegel & Rohn Eloul, Marriage Transactions: Labor, Property, Status [J], American Anthropologist, New Series, Vol. 90, No. 2, 1988.

② 于超：《当代农村的嫁妆来源及功能分析》，《山西青年管理干部学院学报》2010年第4期。

女青年作为市场交易的主体，各自的社会地位、学历水平及家庭财富都会成为交易的筹码。受大男子主义的影响，中国传统观念认为，家庭中男性能力要强于女性，因此，女性选择对象时倾向于选择各方面能力都强于自己的男性，而在这种"男高女低"的婚姻模式中，女方在婚姻关系中往往处于劣势地位，会承受较大的社会舆论压力，而丰厚的嫁妆成为转变这种被动局面、获取高层次社会地位婚姻的有效途径。同时，丰厚的嫁妆也成为吸引较高能力男性的重要条件，是女性之间争夺高能力男性的一种重要资源。如果说聘礼是男人为了女人而进行的竞争，那么嫁妆则是女人为争夺优秀男性而进行的一种竞争。

5. 嫁妆来源的多样性

嫁妆来源的多样性在一定程度上反映了社会对未来即将建立的姻亲关系的关注，对女方的亲戚朋友而言，为待嫁的姑娘赠送嫁妆则包含了对从己方嫁出去的女性的深切关注和相关利益的期待。女子带到男方家的嫁妆通常是由以下几个稳定的来源组成的。

（1）男方彩礼

女方订婚时收受的彩礼是嫁妆的主要来源。随着农民收入水平的不断提高，女方家庭一般不会将彩礼全部扣留，而是用彩礼钱来置办嫁妆，购买结婚用品，如家具、电器、生活用品等，将彩礼转化为嫁妆，这在当代农村比较普遍，而且嫁妆所占彩礼的比例呈逐年上升的趋势。根据刁统菊在红山峪村的调查，在20世纪80年代之前，男方赠予女方的货币和礼物的价值仅有大约2/3被女方花费到女方的嫁妆上。80年代以后，女方赠予男方的嫁妆价值高于男方赠予女方的聘礼价值，但是相差也并不多。经过统计，前者仅高出后者28%。可见，女方用于置办嫁妆的资金多数还是来源于男方所赠送的聘金。[①] 在农村，如果女方置办的嫁妆与男方所

---

① 刁统菊：《嫁妆来源及象征的多样性分析》，《广西民族研究》2007年第1期。

支付的彩礼钱相差过多，会引来"卖女儿"的负面评价，也会影响女儿在婆家的地位，甚至影响婆媳关系，所以女方父母会将彩礼钱用在嫁妆支出上，尽力为女儿置办体面的嫁妆。

（2）女方家庭

随着农村家庭消费能力的提升，嫁妆的支付费用不断上涨，一些经济条件较好的家庭不仅将彩礼全部用来购买嫁妆，还愿意自己出钱，为女儿置办更为丰厚的嫁妆。随着农民价值观念的更新，人们的重男轻女思想不断弱化，女儿仍是家庭中的重要成员，为家庭也做出了一份贡献，出嫁时，父母理应通过嫁妆的形式为其婚后的生活提供一定的物质基础，以表达对女儿的疼爱。嫁妆的支付超出彩礼数额的情况在农村越来越普遍，超额支付嫁妆彰显了女方家庭的经济实力。

（3）亲戚的资助

农村地区，女儿出嫁前一天，女方家庭会行"添箱礼"，女方亲戚朋友为新娘馈赠首饰、衣物、床上用品、家具等礼品或礼金，并备干果、烙饼以示"饯行"，东北地区亲戚还赠送果子、果盒。父母、姑妈、姨妈、姐姐等关系较近的亲属还要给新娘压箱钱，压箱钱数额的多少依据赠送者家庭经济状况及与其关系的亲密程度浮动，压箱钱婚后由新娘自由支配。"添箱"充分体现了乡村社会的社会互助的特色。

陕西彬县农村地区流传着关于"添箱"的传说。相传远古时代，某村落一人家次日就要出嫁长女，不料居住的窑洞突然坍塌，全家人都被土埋。众人闻讯赶来急忙救人，挖出一条通道到窑垴，发现这家人竟毫发未损。原来，他们在两大块土块支撑的空隙中幸免于难。恰巧，一算卦先生路过此处，看一眼这家人的长女，说这女子有"天相"，注定会避过七灾八难。众人信此言，便取来各自的新布料或新衣装，凑齐嫁妆，好让这女子明日顺利出嫁。此后，谁家出嫁女子，在前一天亲戚朋友都要送点礼物以示吉利，慢慢地就形成一种仪式和风俗。后来，有人将"天相"谐音为"添箱"，意为亲戚朋友为出嫁女子添嫁妆，让陪嫁的箱子更丰满、更光鲜。

6. 多元化的现代嫁妆

嫁妆是一面镜子，是社会进步的一个细微缩影。透过这个小小的窗口，我们可看到社会物质文明的日渐丰富和当代农村青年女性新的理想和追求。改革开放以来，随着农村经济的发展，尤其是农民生活观念的更新和生活水平的提高，嫁妆这一传统喜庆物也悄然进行着革命，出现了一些过去闻所未闻、思之难及的嫁妆形式，这些顺应生活时尚、适应时代新潮的嫁妆正在逐步取代传统的"老三件"。农村女性正在成为发展经济、改变农村落后面貌、加快脱贫致富奔小康步伐的新生力量和主力军，许多年轻人也通过嫁妆特殊消费来彰显自己的个性和构建自己的身份地位。

（1）保险嫁妆

随着农村社会保障制度的建立，婚前买份保险作为嫁妆成为农村新近流行的一种时尚。这一行为也得到了国家相关政府部门的支持，社保部门、农保部门联合保险公司，将各种保险引进寻常百姓家庭，积极开办生育保险、大病医疗保险和社会养老保险等多项险种，特别是社会养老保险的对象由过去单一的全民所有制职工扩展到合同工、临时工、个体户、农民等，只要一次交足一定金额的保险金，投保者60岁以后每月可获得几百元至上千元不等的养老费。越来越多的年轻人意识到婚嫁挥霍的钱不如买保险换个保护器划算。保险嫁妆迎合许多年轻女性生活求稳定的平常心态，扭转养儿防老的封建观念，引导人们树立正确的消费观，成为破除婚嫁铺张挥霍不良习惯的助力器。婚嫁保险增添了新婚欢乐祥和的气氛，也给许多新家庭解除了后顾之忧，满足了农民家庭的生活需要。

（2）农机嫁妆

农村现代的嫁妆主要是摩托车、洗衣机、电视机等生活用品，随着农民生产经营意识的增强，农业生产的机械化步伐加快，嫁妆也由生活用品转为手扶拖拉机、三轮农用运输车、收割机、打稻机等农机具，结婚当天这些农机具上会扎上红花，贴着大红喜字，被装扮得喜气洋洋，随同迎亲队伍一起开到男方家。在农村，农业机械日益成为农民劳动致富的好帮手，农村嫁妆由消费型转向实用型，正是因为越来越多的农民认识到拖拉机、农用运输车等农业机械在农村经济发展中起着不可替代的作用，这些农业机械可以搞运输，还可以在种植、养殖、加工中进行机械作业，既提高了生产效率和经营效益，又加快了致富步伐。农机具越来越成为农民嫁妆的主要选择。

（3）科技嫁妆

随着农村社会的快速发展，科学知识已经成为农民衡量致富本领强弱的标志，因此，科技嫁妆也成为农村悄然兴起的时尚。男女青年结婚时，不是向对方索要彩礼，而是索要科技书籍，索要科学技术。科技嫁妆的形式多种多样。湖南宁远县一位女高中毕业生，出嫁前要求男方把丘田修建成鱼池，出嫁时，她的嫁妆就是有关养鱼的科技书及4000尾鱼苗。另一男青年，结婚前将荒废的庭院开垦好，打上水泥桩，之后给女方送去了2000元礼金。但他不要女方的家具等嫁妆，而是索要良种葡萄苗以及相关的科技书籍。辽宁安台县一农民给女儿的陪嫁是一座价值数千元的温室菜棚，并教给女儿女婿相应的温室大棚菜种植技术，使女儿婚后家庭年收入都在万元以上，成了村里的"小康户"。河南社旗县姑娘结婚时，不仅把刺绣技术带到了婆家，而且把自己办的机绣厂也作为嫁妆带到了婆家，年收入超万元。河北沧州梁集镇农民利用嫁妆钱，在四川学习蘑菇种植技术，购回菌种及技术资料，种植蘑菇年收入5万多元。太平镇女青年用嫁妆钱到山东学习草编、柳编技术，带着技术到婆家，利用本地资源创办编织厂，生产的汽车垫、手提包、壁画等多种产品出口创汇。

科技嫁妆不仅降低了"婚价"，减轻了不必要的经济负担，而且带来了可观的经济效益。同时，政府也采取多种形式深入农村宣传勤俭办婚事、省钱巧致富的先进典范，提出"要彩礼排场一阵子，带技术风光一辈子"的口号，教育男女青年转变盲目攀比的旧观念，树立"带金带银不如带个聚宝盆"的新观念。农民们改变了置办嫁妆的传统方式，纷纷把更实用、更具有经济效益的良种禽畜、药材苗木、科技书刊、实用机械等作嫁妆。这些"效益嫁妆"在经济领域中发挥了重要作用，成为新婚家庭脱贫致富奔小康的"摇钱树""聚宝盆"。

（4）信息嫁妆

随着信息时代的到来，电话作为一种信息沟通工具日益成为人们生活中的重要组成部分。20世纪90年代初，农村通信设施还不够完备，电话在农村仍然是较为稀少的，但电话在人们生活生产中的重要作用日益凸显，经济的发展使人们信息意识不断增强，尤其年轻人越来越感到信息交换缓慢不仅给居家生活带来不便，也在一定程度上制约了农村经济发展，农村姑娘纷纷把电话列入自己的嫁妆行列，想家的时候，可方便与家人沟通。沂蒙山区一位做服装生意的女青年，出嫁时带走了"电话嫁妆"，电话使她可以及时了解服装行情，获得更多快捷信息，使她的服装生意越做越火。当时南方电话普及率较高的农村，女儿出嫁时，娘家送一部红色电话，新婚之夜在新郎家里接上线，算是完成一项婚礼仪式。

随着网络时代的到来，"电脑嫁妆"已悄然成为农村青年结婚的一种新时尚。"不懂电脑就是新文盲"已经成为广大男女青年的共识。许多年轻人认识到买电脑连接网络，就可以连接知识、连接世界。通过电脑上网，既能查找致富经，又能和城里人一样上网休闲娱乐，与远方的亲人交流，收获富裕和亲情。如今的农村姑娘们出嫁，已不再要求什么"几大件"了，也不比谁的家具、电器更高档了。他们更多的是买台电脑做嫁妆，装上宽带，给新婚家庭增添一个知识宝库。同时，政府也为农民建设开通了各种惠农网络平台，为农民提供政策、科技、文化、致富等综合信息服务，实现农民与市场、城市与农村的信息交流，解决农民供求、产销和增收的问题，电脑和网络越来越受到农民欢迎。"电脑作嫁妆，上网做网民"，成为现代农民的新观念。

（5）股份嫁妆

党的十四届三中全会通过《关于建立社会主义市场经济体制若干问题的决定》，使具有市场经济特征的各类股份制和股份合作制经济组织在农村蓬勃兴起，入股建工厂、果园、茶场、养殖场的农民多了起来。几年前还不知道股票为何物的农民，如今拿着股票高高兴兴分红利。股票进入农民的日常生活中，嫁妆也打上了市场经济的烙印，股份嫁妆也日益受到农民的欢迎。许多年轻人将嫁妆以股份形式投入开发性生产之中，形成"亲家股份联合体"，依托感情的纽带，有利共享，有险共担。河南一青年把嫁妆钱购买了废品加工厂的股权，带到婆家，赢得了婆家及村人的称赞。还有青年用嫁妆钱购买了养鸡场的股权，当年实现增值。有的父母直接将自己与他人合股办的石灰窑一部分股票作为嫁妆送给女儿，使女儿每年靠股票获得分红。股份嫁妆为婚后的新家庭拓宽了收入来源。

（三） 随礼

1. 礼物交换的相关理论

礼物交换是人类学研究的永恒话题，而婚礼中的随礼现象正是中国人进行礼物交换的重要场域。随礼作为一种礼物将人情物化为社会关系纽带，使人际关系得以存在，社会得以维持。法国人类学家莫斯提出"礼物精神"（the spirit of gift）这一概念，认为礼物是有灵魂的，礼物在传递过程中具有了社会生命。古代社会认为蕴藏在礼物之中的神秘力量是"豪"，"豪"这种力量一直促使礼物回复到它原先的位置上去，而这种回复只有通过另一种物品和原先的礼物相交换才能达到，因此，"豪"也迫使人们将别人送来的礼物送出，否则会给自己带来厄运。莫斯对"礼物之灵"的神秘化解释具有一种泛宗教化色彩，对现代社会礼物流动的现象缺乏解释力度，已经不太适用于当前社会发展中的礼物馈赠情境。马林诺夫斯基基于互惠原则，从更为现实理性的角度来解释礼物交换体系，认为互惠原则是美拉尼西亚社会秩序的基础。他归纳出互惠原则：一个人"给"是因为期待着"回"，一个人必须"回"是因为否则的话，对方会终止这种"给"。这样大部分行为就得以建立在属于互惠礼物和对等礼物链的基础上，均衡长远利益，双方平等受益，且这种互惠互利的公平交换对维持部落氏族的和平友好往来起到了极大的作用。[①] 所有的权利和义务被组织进一个平衡的互惠链条中。马氏的解释将人看作功和计算的理性人，而忽视了馈赠行为中隐含的情感和道德因素。萨林斯（M. Sahlins）将互惠行为分为三种模式：慷慨互惠、等价互惠和消极互惠，[②] 并将互惠与人际关系远近、身份地位等级等方面联系起来，将互惠视为一种社会"启动机制"，阐述了互惠行为在维持人类社会交往过程中的重要性。

中国历来是一个重人情的社会，人情在建立和维持关系交往中发挥着十分重要的作用。人情实际上是在与他人发生交往、建立关系的活动中所遵循的基本行为准则，它决定了与谁交往、以何种方式交往以及建立和维持什么样的关系。而这种人情关系网的

---

① ［英］马林诺夫斯基：《原始社会的犯罪与习俗》，原江译，云南人民出版社 2002 年版，第 24—25 页。

② ［美］萨林斯：《石器时代经济学》，张经纬等译，生活·读书·新知三联书店 2009 年版，第 224—249 页。

孕育和维持则依靠礼物交换得以实现，礼物交换在中国人的生活中居于特殊地位。送礼、收礼、回礼成为人们日常生活交际中不可缺少的内容。礼物交换作为社会交换的一种类型，在现代社会人际交往中发挥着举足轻重的作用。正如萨林斯概括的，"实物流动与人际关系的联系是相互的，某一特定的社会关系可以界定物品的既定运动，但某一特定的交易也同样能促成特定的社会关系，如果说朋友创造出了朋友，那么礼物也创造出了朋友"[①]。

婚礼中的礼物流动表面上看是礼金、物品和劳务，而潜藏在这些东西背后的是人际交往中的"人情"，这种礼物流动发生在特定关系网络之中，执行着不同于市场交换的社会交换功能。市场交换中双方共同关注的是交换对象，而不在乎交换对方是谁，而婚礼中的随礼则要根据双方间的关系来确定礼物的大小，十分关注对方是谁，交换对方是这一交换行为中的关键因素，并发生在双方"有关系"的基本框架内，要先对双方关系进行准确定位，才能决定礼物的大小。

根据礼物的性质和功能，可以将礼物分为表达性和工具性两种类型。表达性礼物是通过礼物来表达馈赠者的情感，尤其是愿意与收受礼物者维持长期的友好关系，而且礼物的多少、轻重都是与馈赠者身份相适应的，这种性质的礼物通常是受互惠原则支配的。工具性礼物则以功利为目的，双方关系常表现为短期利用关系，多为不对称的交换。现实生活中，两种类型的礼物通常是重叠在一起，没有单纯的表达性和单纯的工具性礼物。

2. 随礼的社会功能

礼物是农村人际间人情交往的重要工具和载体，婚礼中的随礼，表面上是一种礼物的流动，但更是一种符号表达，更重要的是交换背后所承载的文化意义和功能。

---

① 尹广文：《农村社区中礼物交换的社会学分析——以华北地区 L 村的一次婚礼为例》，《重庆文理学院学报》2011 年第 2 期。

图6 随礼礼单封面

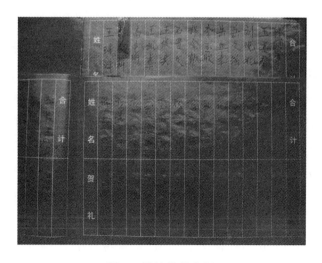

图7 随礼礼单内页

（1）构建社会关系网络

婚礼总是伴随着礼物、礼金的交换，但双方所重视的不是送礼物这一行为本身，而是这一行为背后所蕴含的社会关系网意义。在农村，人们通过随礼这一礼物交换形式来联络感情，增进友谊，进一步维系、拓展自身的社会网络，这才是人们所寻求的真正的共同的行动价值取向。婚礼为主家与参与者之间、参与者与参与

者之间创造了相互沟通、联络感情的空间，有利于彼此之间关系
的维持和强化。阎云翔认为，"礼物交换在中国是'个人身份的文
化结构'的一种反映，个人被要求通过礼物交换来定位自己在不
同种类人际关系中的地位，礼物交换不仅发生于社会承认的那些
人群的活动界限之内，而且帮助创造出一种处理地方道德世界中
社会事务的相关中介"①。不同类型的礼物从不同角度构建着人们
的社会关系。表达性礼物作为一种情感表达符号，更多是维持、
强化既有社会关系的作用，而工具性礼物则充当一种准商品的角
色，更多的则是创造、拓展社会关系网络。礼物成为维系、创造社
会关系网络的一种力量，人们通过这一关系网络来运用人际资源，
获取各种社会利益。

（2）经济互助功能

礼物交换具有互惠性质，婚礼中的随礼也是一种互惠互助的现
象。婚礼的举行过程中，会有一些帮忙的人，主要是新郎家的族
亲或关系较好的朋友、乡亲。帮忙的人除了随礼，还有提供劳力
和服务，如负责端菜、接待客人、管理烟酒、记账、乐队等，新郎
家会给帮忙的人提供三天的酒席、一些香烟、糖果和花生、瓜子
等，这是一种典型的劳务互助形式。同时，随礼还具有经济互助
需要的潜在社会功能，还可以为事主筹措办红白喜事所需的部分
经费。婚礼的花费对一个普通农民来说，是一笔很大的开支，许
多家庭会在筹备婚宴食材、烟酒时，先赊账，等婚礼结束后，用所
收入的礼金来偿还这种债务，可见这些随礼的礼金缓解了主事人
家的经济困难，保障了婚礼的顺利进行。在社会保障制度不是很
健全的农村地区，农村婚礼中的礼物交换在促进农村资金的流动
方面起着积极作用，同时也是农民在短时间内筹集资金的一个重
要渠道，农村婚礼中的礼物交换在这种意义上可以作为社会救济
的一个方面。

---

①　阎云翔：《礼物的流动：一个中国村庄中的互惠原则与社会网络》，李放春、刘瑜
译，上海人民出版社 2000 年版，第 14 页。

随礼所蕴含的人情意义类似于一种"储蓄",并在村庄形成了一个道义经济体系。由于村庄人生活在一个狭小的社会空间,每个家庭获取帮助的途径非常有限。进入 20 世纪 80 年代以来,随着村落农民家庭生产功能的恢复和加强,村庄人对不同形式的相互帮助和合作的需要越来越多。尤其在当前随着大批农村青壮年外出务工,留在农村从事土地生产的往往是一些年老体弱者及妇女,在农忙时节,尤其需要常规性的劳动互助,这也使农村的互助劳动日益重要。同时,在农民的日常生活中,相互借贷资金的事常有发生。当遇到暂时性的资金短缺时,农民不习惯向银行贷款,而是经常向亲戚朋友借贷资金。礼物交换的互惠性使随礼为日后在生产上获得更多、更有效的合作,为经济上更大的互利创造了有利条件。从某种意义上说,随礼成为农民为日后减轻或转移经济风险,从社会网络中寻求支持所做的一种先期准备。随着农村礼物交换日益理性化,利益原则越来越成为支撑农村社会网络的一个重要维度,随着乡村社会变迁的加速,村庄人在红白喜事中的交往既遵循着"礼"又服从于"利",这必然使村庄内部的正式关系带上了更多的人情味,同时又让非正式关系具有更多的理性,这也成为婚礼随礼行为的行动选择。[1]

3. 农村婚礼随礼的类型、特点

在农村地区,婚礼在人们日常生活中具有重要的地位和意义,婚礼中的随礼表现出的差序格局在一定程度上反映了农村社区的社会结构和人际关系特点,进而反映出整个农村的社会状况。

（1）亲属集团内部

费孝通认为西方社会是一种团体社会格局,在团体里人人平等相待,对于团体的关系是相同的。而中国的乡土社会则是一种差序格局,是"以己为中心,像石子一般投入水中,和别人所联系

---

① 曹海林：《村庄红白喜事中的人际交往准则》,《天府新论》2003 年第 4 期。

成的社会关系，不像团体中的分子一般大家立在一个平面上的，而是像水的波纹一般，一圈圈推出去，愈推愈远，愈推愈薄"。①"差序格局"正是中国乡土社会的社会结构、社会关系的主要特征，也是在中国传统的农业社会里，社会的结构特征以及人们的社会关系和相互为人处世与接人待物的社会行为的主要特征。中国人在与人交往时，会以自己为中心，根据亲疏远近，层层外推，越近的关系越好，反之则薄。这种亲疏关系远近反映在礼金的轻重上，礼的数额依血缘关系的远近确定，关系越近礼金越重，同一类型亲戚在送礼前会对随礼数额进行协商，一般在同等经济条件下送的礼金数额基本相当。礼金成为反映关系亲密程度的重要标准，也呈现出一种差序格局的分布状况。亲属关系的远近排列顺序是：①兄长、姐姐；②叔伯、姑姑等父系近亲；③舅、姨等母系近亲；④族中关系较远者；⑤亲戚中关系较疏远者。在中国传统亲属关系中，父系血缘一直占主导地位，表现在婚礼随礼上，父系血缘亲戚之间的随礼可以持续到第二代的所有男女，而母系血缘亲戚的送礼只持续到第一代男女和第二代男性亲戚。当然，这不是绝对需要遵循的原则，有时姻亲随礼的数额远远高于父系血亲的数额。

随着农村社会的发展，姻亲在人们日常生活中的作用甚至超过了宗亲，对亲属关系的影响不断增强，母系血缘亲属的联系日益增强，甚至威胁到了男系宗亲关系的核心地位。姻亲之间的血缘关系打破了宗族力量所可能具有的组织化约束，更加具有灵活性，特别是在经济领域，姻亲关系间的合作生产更具有高效性，因此姻亲关系的活跃程度，在某些情况下超过了男系血缘家族。尤其对于经济实力较强、社会地位较高的姻亲亲属，彼此往来得更为密切，反映在随礼上，表现为姻亲随礼的数量很可能超过父系亲属。"当姻亲关系进入当代中国农村社会的'差序格局'之时，

---

① 费孝通：《乡土中国　生育制度》，北京大学出版社 1998 年版，第 27 页。

'互惠'或者利益在决定一方和另一方关系的亲疏中已经起到了举足轻重的作用。"① 姻缘关系正在不断融入原先由血缘所统治的中国农村社会，进入了过去只包容血缘关系的同心圆中。阎云翔在下岬村的调查显示，在当地社会中姻亲关系似乎具有更为广泛的含义，包括了连桥和亲家之类的关系，而且村民对姻亲持积极的态度，"当人们有余地来选择跟谁结盟时，姻亲而非族亲更佳"。②

亲属集团内部的随礼，是亲属集团内部人际关系的反映，不对外公开，不上礼单，在北方农村，也叫"拜钱"。"拜钱"的接受是在"上拜"仪式中完成的，"上拜"是向新娘介绍新郎家的族人和亲戚的仪式，一般是新郎新娘站在祖先桌前，总管会一一念出亲戚的名字，每念一个名字，新郎新娘要向祖先桌鞠躬，以示谢意。随礼者一般会用红纸把钱包起来，虽然随礼数额不公开，但受礼者必须将数量牢记在心，以便在适当的时候回报。有些地区，亲属集团的随礼并不交给新娘，而是直接交给新郎或新娘的父母。一般来说，男方亲属将礼钱交给新郎父母，女方亲属将礼钱交给新娘父母，新郎或新娘父母需在送礼者的子女结婚时，也要拿出相应的礼钱予以回礼，因此，从长远来看，礼金以迂回的形式，趋于等价平衡。

（2）非亲属地缘集团

农村地区相对于城市，其流动性较弱，因此随礼的地缘范围多以村庄为界。村庄范围的地缘关系随礼一般情况是村庄内部约定好的，当经济条件较好、双方关系极为密切时，也存在特例。送礼者在送礼的时候要考虑的问题：自己和对方在村落人际关系网络中处于的位置、关系情况、对方曾经向自己送礼的情况。作为受礼者，在接受别人的礼时要考虑的问题是：把送礼者的名字、礼

---

① 谢建社、牛喜霞：《乡土中国社会"差序格局"的新趋势》，《江西师范大学学报》2004 年第 1 期。

② 阎云翔：《礼物的流动：一个中国村庄中的互惠原则与社会网络》，李放春、刘瑜译，上海人民出版社 2000 年版，第 111—118 页。

品的形式及数量都记录在案，在适当的时候给予偿还。地缘关系的随礼是要上礼单公开的，以示对送礼者的感谢，同时也便于以后适当场合以大致同等数量回礼，这一类型的礼金多为新郎父母所有，以弥补婚礼的费用和日后还礼支出。

地缘关系还存在以"服务"支付的另一种形式的"随礼"。举办婚礼是一件大事，而且多在自家院子举办婚宴，需要借用别人家桌椅板凳、碗碟器皿之类的物品，一户人家通常不具备应对这种局面的能力，需要人员的帮忙，这种帮忙暗含下次对方设宴时的回帮，而且是一种较温情的无法用金钱来衡量、不可量化的人情，村落内部的互助行为也以"服务"的形式成为一种随礼。

地缘性随礼在村落内部形成一张无形的网，村落中的每个人都处于网络之中，成为网上的一个"结"，每个人在接受别人礼物的同时，自己也送出礼物，礼物的流动把网上的每一个人连接起来，无法轻易摆脱。随礼以实物或现金的形式将村落人际关系物化，并在不断加强这种传统关系，成为农民日常生活中不可缺少的行为选择。

（3）非亲属业缘集团

随着我国社会现代化进程的不断推进，现代化因子不断渗透农村社会的诸多角落，尤其是农业现代化的到来，越来越多的农民从事非农产业，业缘关系交往日益增多，使业缘关系成为继血缘和地缘关系之后，农村社会的又一重要社会关系，因此，参与婚礼随礼的业缘关系的同事、朋友也越来越多，成为婚礼参与者中的又一重要群体。

从礼单表面上看，非亲属业缘关系的随礼数额呈现出一种较强的离散化趋势，没有规律可循，缺乏单一的逻辑解释，但实际透过礼金，我们发现，业缘关系之间随礼可能受到两种因素的影响。一是受平衡互惠原则主导，送礼者会根据以前的随礼往来中自己所接收对方礼金的数额，来送出大致相当的礼金数额。二是受到利益因素的影响，利益是影响业缘关系亲疏的一个重要因素，利益作为一种维度进入乡土社会的差序格局中。"相对于伦理和情感，这里的利益是指各种现实、世俗、功利上的'好处'，包括权力、地位、金钱、物质等种种有形无形、被生活中的人们称作是'实惠'的东西。"① 业缘关系随礼会更多受以上哪种因素的影响，这主要与婚礼主家的身份地位有关。如果婚礼举办人在某一领域具有较高的威望或权力职位较高，业缘关系的随礼数额则会普遍提高，以拉近与婚礼主家的关系，以期日后获得更多的好处。这时的礼物更多具有了工具性的社会属性，是一种工具性的礼物流动。如果婚礼主家的身份职位较为普通，业缘关系的随礼则主要遵循平衡互惠原则。此外，业缘关系不像血缘关系和地缘关系那样具有稳定性和持久性，会随着工作关系的终结而中断，更多体现了实时性。

① 陈俊杰、陈震：《"差序格局"再思考》，《社会科学战线》1998 年第 1 期。

六　农村婚礼中的
文化信息符号

　　婚礼作为一种仪式，标志着婚姻双方单身状态的结束，夫妻关系的开始。同时，婚礼仪式自身又是一个由许多文化象征符号组成的意义集合体。这些符号大致可以分为几种形式，一是器物形式，如聘礼、嫁妆、新房内的用品、婚礼服饰、婚礼中的饮食、婚礼中燃放的烟花爆竹以及张贴的喜字等；二是行为形式，如"叫门""传席""抹黑""拜堂"等行为；三是语言形式，如婚礼中的音乐、贺词、祝酒歌等；四是人物类型，如"全福人""金童玉女"、媒人、送亲人员以及婚礼参与人员的属相禁忌等。

　　人们通过婚礼仪式中的各种象征符号，来表达自身的情感，传递自己的意愿。受中国人重现世、重实际利益的价值观念影响，婚礼仪式中的符号象征多与祈福纳吉和繁衍后代有关。

（一）饮食符号

婚礼中的食物多具有祝福和辟邪之意，有些食物并非有真正食用的用途，而是取食物的谐音和本质，也有以食物的甜味来喻意甜甜蜜蜜之意。

1. 离娘肉

中原地区的农村婚俗中，娶亲时或娶亲前一天，男方要准备几斤猪肉给女方送去，肉上面盖着红纸，用纸箱装好，外面再系个红包袱，意为姑娘是娘身上的肉，被娶走了，给一块肉作为补偿，俗称"离娘肉"。在农村彩礼中，其他东西可增可减，只有"离娘肉"不可少。"离娘肉"的选择很有讲究，一般多为新鲜的生猪肋条肉和猪后腿。不同地区，大小也不等，有的几斤，有的地方大到十几甚至四五十斤。有的地方，讲究数字吉利，一般取双数。正由于这种风俗，过去在乡下，男方家就在娶亲前几天杀上一头或两头猪，一来是用作送"离娘肉"，二来是请客用。送肉的时间，有的在婚前一天，有的在娶亲的当天。

贵州汉族农村地区，"离娘肉"割得方方正正，上面还必须有一个乳头，而且乳头要位于猪肉的正中。方方正正，喻示女子品形端正。乳头，则象征哺乳之苦。"离娘肉"在结婚后的第三天，女婿回门的时候特地给丈母娘送来。这块肉除了女子的母亲，别的人都不吃。合肥地区的"离娘肉"又称"丫叉肉"，将一块猪肉从中割开但不割断，寓意男女两家从此产生联系，牵扯不断，与山东一带的"鸳鸯肉"类似。有些地方的"离娘肉"是分给娘家上礼的人吃的。

大同农村地区，迎娶新娘时，新郎要给女方带去 5 根、7 根或 9 根带有肋骨的猪肉，俗称"离娘肉"，还要带一定数量的米、面（现在多以钱代替），俗称"离娘面"。另外，还需两瓶红酒并将其与两双筷子绑在一起，以及一块包有钱的红毛毯，用来给新娘坐车时用，象征坐拥财富之意。女方要将男方所送肋骨肉劈出单数条给男方带回，还要将男方所送红酒倒空，分别放入水和绿豆。此外女方还要回男方一根带根的芹菜，有不忘娘家恩情之意。①

民间流传着关于"离娘肉"的传说。从前，一个村子里住着两户人家，关系非常好，一户姓张，有一儿子叫张贵，一户姓王，有一女儿叫秀英，张贵与秀英青梅竹马。长大成人后，张贵生性浪荡，花钱大手大脚，不知节俭，老人的劝说都无用。秀英母亲便想出一办法，对张贵说："贵呀！秀英你俩都不小了，大事该办了。不过，女儿是娘身上的肉，在秀英出门前，你得把这肉还给我。"张贵说："那咋还呢？要不，我上街割一块肉给你老送来？"丈母娘说："那不中，得要两只活鸡，一对活羊，一对活猪，一对活牛，这些办到了，你俩成亲，办不到，一辈子也甭想。"张贵为了娶到秀英，只好上山砍柴卖了钱，先买了两只鸡，又买了两只羊。从此，他就每天喂鸡、放羊、砍柴，辛辛苦苦积攒钱。这时候，他才知道这钱来得太不容易，对自己过去大手大脚乱花钱的事非常后悔。三年后，张贵好不容易把丈母娘要的"离娘肉"筹办齐了。两家老人高高兴兴地为他们成了亲。丈母娘把那些猪、羊、牛，又全部陪送给了小两口。洞房里，张贵问秀英："咱妈要的'离娘肉'咋又送给咱了？"秀英笑着说；"俺娘要不想这个法儿，咋会劝醒你呢？"张贵一听，这才醒悟过来，对妻子和丈母娘很感激。为了记着这事，他真的去街上割了一块肉，送给了岳母

① 王志芳：《大同地区婚礼习俗研究》，《山西大同大学学报》2013 年第 4 期。

大人。从此，这件事就在民间传开了。为了让新郎知道节俭，大家也都学张贵的样子，在迎亲的时候，叫女婿给丈母娘送块"离娘肉"，逐渐形成了风俗，一直流传到现在。

2. 随身饭

北方农村，女儿出嫁时，要带"随身饭"。"随身饭"是用一个木匣盛着，俗称"拜匣"，"拜匣"多为红漆木匣，上面绘有龙凤及花卉，贴有双喜字，系上红绸条蝴蝶结。现在这种木匣越来越少，经常会被互相借用，归还时，里面会放一些"喜钱"，"喜钱"由最初的两三毛增加到现在的几十元不等。现在也有用硬纸或塑料盒子代替的。"随身饭"多为几十个生饺子（子孙饽饽）、一些生面条（长寿面）、一块豆腐（多福）、一块生猪肉（离娘肉）、两根根部长在一起的葱（并蒂葱）。豫西地区，饺子的数量和女儿出嫁时的年龄相等，或比女儿年龄多一个，意为"有余"。捏饺子是为了捏住婆家的嘴，怕婆家絮絮叨叨，女儿受气。新娘出嫁时，选一童男，如新娘的弟弟或侄子，专职监管"拜匣"，并亲手送至男家，交给婆婆，并领红包。婆婆将"随身饭"煮熟后，送给新郎新娘吃，吃过后的碗要由别人来取，是为了保住子孙饽饽和长寿面带来的福气，剩下的饺子和面条被视为家中的财富，只有家里人才能享用。有些地方的"拜匣"里放并蒂葱、时辰帖、新娘绒花，迎亲时，带到女家，娘家人取出其中的时辰帖，再放些连刀面（做时故意不切断，连在一起），带回婆家，新郎新娘入洞房后，婆家人煮给新人吃。

据张鸿来《婚丧礼杂说》记载，"随身饭"起源于周朝士婚礼中的妇盥馈礼，士婚礼上，把一头猪分成两半，右半边奉舅食用，左半边奉姑食用。意为新娘初入家门，奉养为先。司马光《书仪》中记载，由于许多贫者无经济能力，改为女家送看馔来代替，逐渐成为"随身饭"。

常熟东乡农村地区，新娘出嫁前有"起饭山"的习俗，新娘离开娘家时，父母带着女儿、女婿到厨房，拿出一对新饭碗，将锅里的饭盛在两只饭碗里，并把两只碗对口合紧，用青布包好，用红线扎牢，再插上柏枝、万年青，交给女儿、女婿带到婆家。寓意为女儿在娘家有饭吃，将饭带到夫家，到夫家也有饭吃，希望新婚家庭粮满囤，饭如山，因此也叫"起饭山"。新娘将饭山包放到轿内，一起带到夫家。婚礼结束后，新郎新娘要一同将两碗饭倒进锅内，动手翻炒，称为"炒饭山"，这是新婚夫妻第一次合作做饭，寓意同心协力，才有饭吃，也标志夫妻新生活的开始。

江苏徐州地区，女儿出嫁前，母亲会为女儿准备一个皮箱，皮箱里放一件红衣服、一双红鞋子、一条红丝带和一包喜果子。喜果子是由大芙蓉、羊角蜜、金钱饼、鸡蛋糕四种糕点组成，大芙蓉代表官运，羊角蜜代表生活幸运，金钱饼象征财运，鸡蛋糕则代表旺盛的生育能力。女儿出嫁时将箱子带到夫家，把喜果子分给参加婚礼的亲戚朋友共同分享，让大家沾点"喜头"。箱子里的其他东西同箱子要一起放于床下，俗称"压箱底"，有辟邪之意。在这里传统的"拜匣"变为现代的皮箱，所放物品也变为具有象征意义的现代水果及糕点。

3. 出嫁前的饮食

江苏省启东农村地区，女儿出嫁前，母亲会用很大的一只碗盛满满一碗米饭给女儿，当地话叫"满大饭"。"满大饭"象征女儿出嫁后丰衣足食，不会挨饿。上海周边农村地区，女儿出嫁前要喝嫁女甜汤，甜汤内有桂圆、花生、莲子、红枣、银耳或百合，俗称"五福临门"。桂圆象征富贵、团圆，花生上海方言称为"长生果"，象征长命百岁，也有早日生子的意思，银耳代表清白，希望女儿恪守妇道。新郎新娘都要在女家喝一碗"五福临门"甜汤，取谐音"早生贵子"，也寓意婚后生活甜蜜幸福。

山东南部农村地区有迎亲头一天吃"离娘饭"的习俗，女方亲戚如叔婶、哥嫂等参加，新娘母亲要亲手烹饪酒菜，别人不可

代劳。头道主菜是男家派人送来的一只公鸡和一只母鸡，称为
"离娘鸡"，"鸡"谐音"吉"，意味着女儿离开娘以后，会大吉大
利。此外还有一碗饺子、一碗面条、一碗大米饭，"饺子"谐音
"交子"，祝福新人早生贵子，面条隐喻婚姻天长地久，大米饭是
白头偕老之意。新娘首先端起米饭给父亲，父亲接过米饭，绕桌
一周，再递给哥哥，哥哥再将碗传给新娘，新娘马上衔上三口，并
吐在早就放在桌上的手帕里，婶子或嫂子迅速将手帕抱拢，放在
新娘的口袋里，让新娘第二天带到男家去。

4. 婚宴

婚宴的举办不仅仅是单纯的消费行为，也是社会行为，喜庆之
家借此吸纳婚姻礼钱，以助嫁娶，同时也是向人们表明婚姻行为
的合法性，因而不惜代价为之。[1] 中国自古就有婚宴奢侈消费的传
统，《民国青浦县续志》记载，清末上海青浦县城镇大族，"有事
多由菜馆承办，肴核倍前，用鱼翅、燕窝、鸽蛋者，席需费五六
金"。婚宴消费已经不是单纯的个人行为，而是具有了符号象征意
义，体现着主家的面子、尊严、社会地位等非经济因素。

过去农村办婚宴都是找村里的亲戚朋友帮忙，现在，基本上是
由专业乡村厨师队伍操办。有的地方还有专门的乡厨公司，专为
婚宴提供采购、烹饪、摆台上菜、清洗碗碟等全方位服务。现代性
的因素日益进入农村婚礼仪式中。

（1）婚宴坐席

农村的婚宴一般设在主家的院子里，家里坐不下的，可以到邻
居家，也有的分成午席和晚席，也可以采取"流水席"的办法，
把客人分成几批来坐席，但"头场席"一定是招待女方送亲的和
抬嫁妆的娘家人。第一批入座的是新娘家里来的客人，俗称"娘家
客"。娘家客一般是最难侍候的，稍有不慎，便会给你脸色看，特

---

① 宋立中：《试论明清江南婚礼消费及其特点》，《苏州大学学报》2005年第1期。

别是其中的一些女客；第二批入座的是新郎家的亲朋好友；第三批是一些和主人关系一般的亲戚朋友；第四批是邻里乡亲；第五批是主人家的人和帮忙的人入席，而这些人都是自斟自饮，自己招待自己。第一批到第四批客人吃完后，即可离席，而第五批人吃完后，还要将所有的桌子和餐具收拾干净。他们帮助主人收拾好东西，打扫好院子，婚宴也就宣告结束了。几天后，主人再带着烟酒，登门向主厨的厨师道谢，称为"谢厨"。

喜宴的坐席，一般是女方送亲的在主堂屋，由男方陪客的陪着吃饭，他们要负责端茶倒水，夹菜让酒，要表现得热情周到，让娘家人满意而归。新娘和伴娘则在新房里由两个接媳妇的陪着吃，若媒人是女的，也会被请进来吃。

喜宴要按来客的尊卑长幼排定座位，排座位的原则是上尊下卑、右尊左卑，客人按其长幼和身份、地位从高到低排列座次。主席要摆在堂屋上方正中，请"大宾"坐上首右边席位，新郎的父亲或舅父坐上首左边席位作陪，其余按尊卑长幼对号入座。喜宴菜的配置很有讲究，上菜的顺序也是规定好的，蕴含了丰富的文化意义。

湘西南农村，婚宴有"上席"和"下席"之分，"上席"即首座，一般在靠近正对大门的地方，通常由女方的舅舅、叔叔、伯伯坐，新郎的父亲和舅父通常坐上席的左边席位作陪，其余按尊卑长幼对号入座。

陕西关中婚宴所用的席桌一般都是方形的，有8个座位，分为两个上座、四个旁座并空出一边。上座坐的都是一些德高望重的长者；旁座也称边座，坐的是一些后生晚辈；而空出的一边则会安排一个看客坐下。所谓看客，就是主人在本家人中间挑选出来的相貌不错且能说会道用来招待客人的人。看客有男的，也有女的，男的招待男客人，女的招待女客人。看客在招待客人的同时，自己也可以跟着吃。

鄂东一带农村的婚宴一般有一名"牵客"，负责将宾客按照一定的秩序引导到座位上。婚宴一般在堂屋举行，受场地的限制，采用"流水席"的方式，每次开四桌。同开的四桌宴席有主次之分，以中堂为前，右前方席位一般为新郎的舅舅、媒人等重要人物，以及同族中德高望重的人。左前方席位一般为姑父、姑妈、姨夫、姨妈等父母辈亲戚，后排两桌席一般为新郎同辈亲戚和一般宾客。八仙桌的座次也有主次之分，以首席为例，靠近中堂的两个席位分别为新郎舅舅和媒人位置，其他席位根据来客的主次，依次排定。

（2）婚宴类型

婚宴菜品的组成，讲究一定的格局。四川涪陵一带婚宴，格局一般为八大碗。湖北沙市农村则一般为十大碗。梁子湖一带婚宴必办"三元席"，即由肉圆、鱼圆、糯米圆领衔的十二道菜。湖南桃江民间婚宴的格局是由四底①、四荤、两汤、两素等组成的十二道地方风味菜。

有的地方婚宴上还有"看菜"和"分菜"，"看菜"只能看，不能吃。湖北鄂州地区的婚宴上有一盘"看鱼"，是一条经过炸制或腌腊的鲤鱼，鱼的尾部贴有一张小红纸，这是"看鱼"的标志。民间流传着"看鱼"的传说，从前有家子弟结婚，按当地规矩，每桌筵席都必须有一条全鱼。由于这家经济条件的局限，买不起那么多的鱼，因此只好买了四条鲤鱼，烹调上桌后，在每条鱼的尾部贴一张红纸，嘴巴上安一些菜须，象征"祥龙"，龙为吉祥之物，自然不能食用。待筵席开完，四条鱼完好无损，再开席时，这四条鱼又重新用上了。这样既随了当地的风俗，又节约了开支。于是这种"看鱼"的做法在当地逐渐效法开来。除了"看鱼"外，有些地方还有"看肉""看鸡""看鸭"等。②"分菜"是给宾客带回家吃的，"分菜"一般是炸的无汁菜，常做成块，便于携带。

---

① 又叫"碗底子"或"四大碗"，上面以蛋丝、肉丝覆盖，碗底多为闽笋、扁粉、豆干之类。

② 方爱萍：《婚宴食俗——民间婚嫁食俗序列》，《中国食品》1992 年第 1 期。

"分菜"一上桌，桌上的长辈便将菜分给桌上宾客，宾客将菜装入提前准备好的布袋，或用手巾将菜包好，认为这样可以将喜气带回家。

开席前，桌上要先摆四个小碟，分别放两包烟、糖块、白瓜子、黑瓜子。上菜顺序是先上四个凉菜，然后是热菜，一般是十三个菜和一个汤，热菜中，双鸡双鱼是必须有的，不然会被人耻笑不够档次。最后上汤，一般是丸子汤。席间要敬酒，共三轮，每轮敬酒都是一人三盅。第一轮是新郎的父亲向各席客人敬酒；第二轮是新郎本人敬酒，一般父亲或家族长辈要陪同，敬酒过程中，陪同人员会一一给新郎介绍客人；第三轮是新郎新娘一起敬酒。

陕西关中农村的婚宴分为早宴和午宴。早宴一般由6—8道冷菜、酒、茶水和面食组成。吃冷菜的时候宾客们要互相寒暄敬酒，不喝酒的可以用茶水代替，而面食通常是当地待客用的一种汤面——旗花面，面汤要烧开，且越烫越好，以表示主人待客的热情。吃这种面时只吃面块，不喝汤，吃剩的汤又重新倒入锅中再煮。故人们戏称这种面为"涎水面"。午宴一般由冷菜、热菜、酒、茶水、馒头和汤菜组成。其中的冷菜、酒和茶水与早宴基本相同，热菜则有8盘或12盘。经济条件好的可以多些，条件差的可以少些。上热菜的同时，馒头也随之上桌。午宴期间，新郎和新娘会出来给每一位客人敬酒。热菜上完以后，最后上的是汤菜，通常是一道丸子汤。因为"丸"谐音"完"，所以吃了丸子汤，就意味着酒席的结束。这种婚宴的格式在当地已成为一种习俗。

在青海汉族地区，喜宴多为"老八盘"，深受当地农民喜爱。青海的"八盘"这一席面，有"肉八盘"与"海八盘"之分。其中"海八盘"是在"肉八盘"的基础上发展的，即八道菜肴中有一道或两道是用海鲜原料烹制的。"肉八盘"是通行于青海所有民族的，虽然有"海八盘"的存在，但就经济问题来看，在偏远和并不富裕的地区，"肉八盘"较之"海八盘"则更受人们的欢迎。采用"肉八盘"的席面，在宴客之前，先要上八道干鲜果品亮席，叫"八果碟"。此后是两道面点，是属于捏花包子范畴的糖馅包子和肉馅包子。接着上"八盘"中的四道主菜，寓意大吉大利的"酸辣里脊"、采用红烧技法的"肉米羊筋"、通用于西北地区的"大盘辣子鸡"和早在宋朝时就已受到诗人陆游美誉的"糊羊肉"。四道主菜之后是一汤一扣两道甜菜。是由醪糟和多种干鲜果品加冰糖烧制的"高香汤"又叫葛仙米汤，以及据说源于商周时期的"八宝饭"。"八宝饭"是扣碗的，上菜前要浇上蜜汁。最后是两道小菜，一道是采用青海祁连山一带特产的肥厚软糯的黄菇和羊肉片烹制的"蘑菇肉片"，一道是很普通的"玉兰片炒肉"。以西北方地产的黄菇和南方地产的玉兰片所烹的菜来作为整个宴席的结束，有着南北和合、结秦晋之好的美好祝愿。这种"肉八盘"，是青海地区民间宴席的总代表。

陕西关中地区的婚礼仪式中，有"吃坐饭"和"坐席"的地方特色子仪式，体现出鲜明的地方风情。"吃坐饭"就是让远道而来的客人在正式酒席前，到亲房邻居家稍事休息，礼节性地吃一顿臊子面。"坐席"是正席，是颇有讲究的程式之一，充满了神圣和禁忌。上炕入席时，不能乱坐，筵席上，炕桌后面为尊，并从桌后依辈分大小排向两边。"桌后"谓之"上席"。入座以后，先上菜碟，主人要热情地劝菜敬酒，菜碟不能全吃完，否则招人笑话。敬酒亦颇有讲究，两个酒壶，由两个人分别从"上席"尊者开始，向两边依次劝酒，并斟酒，然后两人交换位置，交换酒壶，再分别从尊者开始向两边斟酒，此谓之"一轮酒"。每轮酒结束后，晚辈还要跪在香案前向席间长者（尊者）磕头作揖，一来对客人表示尊敬，二来表达了当地人对祖先的崇拜。一般筵席上要喝两轮，甚至四轮才结束。敬酒时要双手，一手捏着酒壶，一手伸直扶着酒壶嘴。

福安农村地区，结婚当天，女方家也要摆喜宴，为新娘祝福并欢送新娘。喜宴菜肴一般是传统意义上的"八盘四碗"，主要有猪皮、猪肉、青菜、花蛤干、鸡蛋、鸡肉、带鱼、羊肉、杂烩汤、地瓜饼、萝卜干、紫菜汤等。在吃饭的过程中，媒人还会泡三次糖茶，而且最后一次糖茶喝完后，亲戚朋友们通常要在茶盘上放上一些茶水钱，通常是每人一角或五分钱。酒席过半后，媒婆会领着装扮得漂漂亮亮的新娘对长辈行跪拜礼，以表示对长辈的养育与教育之恩。酒席结束后，新郎便将新娘迎娶回家。

江南地区，新娘在完成对拜仪式后，要依次喝下加辣椒的生姜水和糖，意即从娘家嫁到婆家是一个先苦后甜的过程。喜宴主要有几个程序：首先是喝糕饼茶，包括红糖开水、瓜和十样糕点；其次是喝元宵茶；再次是喝"碟子酒"，用八个碟子盛下酒菜；最后是正式吃饭，要有鸡、鱼、肉、蛋八大盘。喜宴中，新娘家的人被看作"上客"。

川西农村地区男女双方在举行婚礼的头一天晚上都会在家里置办酒席，称为"花夜酒"。"花夜酒"相对于第二天的正宴较为简单，多为农家蒸扣菜和随饭菜之类，但韭黄肉丝和拌鸡块不能少，韭黄取"久"的谐音，为婚姻长久之意，鸡块取"吉"的谐音，有大吉大利之意。婚宴中国豆腐不能出现，因为豆腐为白色，只可用在白事（丧事）上。结婚当天，新郎去女家接亲时要准备一下物品：盐、茶、米、豆各1杯，红烛3支，红蛋24枚，挂面12把，大红公鸡1只，鸭1只，猪坐臀肉12斤（或24斤）。数字24指24个节气，12则象征着一年的12个月，意为对一年四季美好生活的憧憬。婚礼当天的喜宴，男方是早晨举行，女方家是中午举行。男方家酒席结束后，新娘新郎还要跟送亲人员一起"回门"，女方家酒席结束，新郎新娘便一起回男方家。同时，新娘父母要准备礼物送给男方家，礼物有甘蔗2根、韭菜1把、包子1袋和发糕1袋，甘蔗有甜甜蜜蜜、节节高之意，韭菜为长长久久之意，包子意为团团圆圆，发糕则是在祝福新人高升发财。

北京市门头沟斋堂镇的农村婚礼喜宴称为连三席，即下马饭、正席和邀席。下马饭又叫新人席，是新娘过门后在婆家吃的第一顿饭，要坐在正位上吃，由别人伺候，这也是新娘婚后唯一一次可以坐正位的机会。下马饭是吃饽饽（饺子）长寿面，取儿孙满堂和幸福长寿之意。正席是招待娘家送亲的宾客，又叫新客席。邀席也叫偏席，是招待参加婚礼的亲朋好友的。过去正席和邀席多是吃当地所产的黏谷面制成的炸糕。一桌摆八副碗筷，但只许坐七个人，留一个空位子给老祖宗，意为请老祖宗回家来同喜共乐。

北京京郊农村的婚宴有不同档次之分，富有者的婚宴规格为"整桌的酒席"，即十六碟八碗四大盘，更富有者会加四大海碗。经济条件稍差些的则办"半桌席"，即八碟四碗两大盘，贫苦农民的低级婚宴为"二八席"，即八盘八碗。

5. 洞房饮食

中国传统婚礼中，新娘、新郎要在新房中吃第一顿餐，《礼记·昏义》中记载："妇至，婿揖妇以入。共牢而食，合卺而酳（又各执一瓢以饮酒），所以合体（这表示夫妇一体）、同尊卑（不分尊卑），以亲之也（希望他们相亲相爱）。""牢"是指"同一俎中的牲肉"，孔颖达曰："共牢而食者……共一牲牢而同食，不异牲。合卺而酳者，酳，演也。谓食毕饮酒，演安其气。卺，谓半瓢，以一瓠分为两瓢，谓之卺，婿之与妇各执一片以酳。""演安其气"，意为清洁口腔，除去口中不洁之气。也就是说，新郎新娘同吃一食物，用有关联的器皿饮酒，象征合成一体。唐代时，酒器可以用杯代替。宋代以后，演变为交杯酒，新郎新娘各执一酒杯，先饮半杯，再换杯共饮，饮完后将酒杯一正一反放于床下，象征婚后百年好合。宋代《东京梦华录·娶妇》云："用两盏以彩结连之，互饮一盏谓之交杯。饮讫，掷盏并花冠子于床下。盏一仰一合，云大吉，则众喜贺，然后掩帐讫。"酒杯一仰一合，是象征天覆地载、男俯女仰、阴阳和谐，所以"大吉"。同牢合卺是以饮食的方式，象征男女双方融为一体。清末时，交杯酒仪式发展成为"合卺""交杯""攒金钱"三个部分。

　　旧时北京地区，饮交杯酒时要用红绳系两只酒杯，分别递给新郎、新娘，各饮半杯后再互换，此所谓"千里姻缘一线牵"。山东鱼台一带，新郎、新娘各坐在一把椅子上，嫂子提着红色的酒，斟满一杯，先挨着新娘的嘴唇，然后再拿到新郎嘴边，新郎一饮而尽。山西雁北平鲁一带新郎、新娘共喝一盅酒，称为"玉皇酒"，又名"和好酒"。

　　梅山地区有赞交杯的习俗，新郎新娘行交拜礼以后，要由两个男童将新郎新娘引入洞房，新郎新娘喝交杯酒，司仪要高唱赞歌，如：

> 红烛高照入洞房，今日蛟龙配凤凰。
> 夜晚同枕幸福梦，白天相处胜鸳鸯。
> 夫妻合好同结彩，来年贵子必腾芳。①

或如：

> 交杯美酒甜又香，新郎新娘同杯尝。
> 两嘴齐喝五福酒，两花并蒂百世昌。②

众人也要为新人唱祝词，如：

> 红漆茶盘四四方，鸳鸯杯子放中央。
> 左边请个提壶手，右边请个托盘郎。
> 满满斟起两杯酒，双双交到新人手。
> ……
> 夫妻饮过交杯酒，红光满面进洞房。

---

① 刘楚魁：《湘中民俗文化》，广州出版社 2003 年版，第 121 页。
② 新化县民间文学集成编辑委员会编：《中国民间歌谣集成湖南卷·新化县资料本》，1987 年编印，第 31 页。

双手放下红罗帐，齐心生个胖儿郎。①

海南儋州人有新郎新娘共食狗肉的习俗。儋州人吃狗肉，据说与宋代大文豪苏东坡有关。旧时，儋州人生病不找药，而相信食用"阴符水"治病，人们认为生病是上苍给的，便宰牛以祈天，使牛的数量大量减少，耕地时只能以人当牛犁地，使不少土地丢荒，正在劝学的苏东坡便开始"劝农"留牛了。因此，东坡与其弟子便在有酒乡之称的儋州，带头食起狗肉来，煮狗论诗成为儋州人的美谈。东坡与弟子吃着五味狗肉击碗而醉，引导了儋州人食狗肉的文化饮食，也引出了儋州人婚喜宴食狗肉的传承。婚宴中的狗肉做法有烩、炒、炖、馏，五味至美。在苏东坡的影响下，儋州人认为食狗肉具有文人的雅致，在结婚席上，人们觉得狗是"利市"，尤其男女婚事酒席狗肉宴上，新郎新娘夹狗肉互敬，是一种互敬互爱的象征，当地人流传着"狗肉穿肠过，爱情心中留"的说法。

山西农村地区，新郎新娘进入洞房，要吃从娘家带来的母饺子，母饺子是一个大饺子中包着七个小饺子，当地人有"五男两女，七子团圆"的说法，然后再喝"和气拌汤"，汤里放入连根双辣椒和小糁粒，让新人用红线连着的筷子一起吃，并让新人将"辣"谐音为"乐"，"糁"谐音为"生"，连起来说"乐于生"。喝完后，新郎要背着新娘去向婆婆要馒头，并说："婆婆的馒头，明年的好小子。"当地人将这些说辞称为"说令子"。

台湾农村地区，新郎新娘进入洞房后要吃水磨糯米做成的汤圆，两人相对而坐，先吃各自碗里的，再吃对方碗里的，一粒粒交替着吃，由"好命人"挟送到新郎新娘嘴里，叫"食圆"，意为夫妇和合圆满。接着要吃洞房12碗了，这12碗中，6碗是荤菜，6碗是果蔬，每吃一碗，都由"好命人"挟送给新郎新娘，并说吉

---

① 刘亦山：《俗礼新编》，刘氏八修谱会1994年编印。

祥语，例如，吃鸡——"能起家（鸡）"；吃猪心——"夫妻恩爱结同心"；吃柔鱼——"生子好养饲"；吃猪肚——"女婿大地步"（富贵显达的意思）；吃肉丸——"万事圆"；吃鹿肉——"夫妻全寿福禄"；吃龙眼——"生子生孙中状元"；吃香韭——"白头到老天地久"；食红枣——"年年好"；食冬瓜——"大发花"；食芋芛——"新郎新娘好头路（理想职业），新娘好大肚"；食甜橘——"好尾结"（夫妻白头偕老，圆满善终），12 碗菜只是象征性地尝一下，主要是图个好彩头。①

天门农村地区，新郎新娘入洞房后要吃"全家福"。"全家福"是天门地区的一种传统汤菜，里面放有肉丸子，配有蛋糕、黑木耳、猪肝等，有圆圆满满、有福有禄之意，吃完"全家福"后，还要给送"全家福"的厨师，每人一个红包。

6. 回门烧猪

烧猪是广东婚嫁宴中不可或缺的菜式，烧猪在中国文化中有着悠久的历史，最早在 1400 年前南北朝时，贾思勰的《齐民要术》中记载有"炙豚法"。据清人《两般秋雨盦随笔》卷三记载："粤俗最重烧猪，娶妇得完璧，则婿家以此馈女氏，大族有用至百十头者，盖夸富也。"俞溥臣《筠廊笔记》中记载："广州婚礼，新妇成婚礼后三日返父母家，又以烧猪随行，其猪之多寡，视夫家之丰瘠，若无之，则妇不为贞矣。"这里讲的"烧猪"实际上是"烤乳猪"，在广东农村地区，人们更重视新娘回门时，男家送给女家的回门烧猪。当地人解释说，"猪是中国农村最常见的经济家畜，当男家娶亲则增加了生产力，必然要给提供生产力的女家回礼感谢，猪代表'好生养'，因此，多用猪作为回礼礼品"。在回礼的各种物品中，烧猪是最受重视的，回门的排场是以所送猪的头数决定的，而不是以猪身的大小来决定，乳猪价廉，几头乳猪

---

① 林亚顺：《台湾婚俗食苑撷趣》，《烹饪知识》1999 年第 1 期。

才抵一头大猪的价格。此外，乳猪是未成年的猪，也借以表明所娶新娘是处女，因此它关乎女家的名声。中国社会非常重视贞洁，之所以"三朝回门"，是因为新婚夫妇同房后证明女性完璧，丈夫将同妻子一同祭祖并回娘家，带烧猪作为回门礼品。因为烧猪代表新娘，因此烧猪要同新娘一起先进娘家门，才能再分给亲戚朋友。烧猪数量的多少是男家财富的象征。过去烧猪是由两个人一人一边背起担挑，现在多用红盘装，汽车载。广东人还习惯在乳猪的屁股上打上一个鲜红的印记，有人对广州人回门送烧猪风俗作了这样一首诗："闾巷谁教臀印红，洞房花烛总朦胧；何人为作青炉礼，三日烧猪代守宫。"随着人们思想观念的更新，这一习俗逐步衰落，但乳猪这一美食却被保留下来了。

7. 茶礼

中国自古为茶叶之乡，茶叶被中国文化赋予了丰富的文化象征意义，并成为青年男女交往的纽带和婚俗礼仪中的必备之物。婚俗礼仪中出现茶叶，始于唐代，开始将茶叶作为陪嫁物品，唐太宗将文成公主嫁与松赞干布时，陪嫁物品中便有茶叶。宋代以后，茶成为聘礼中不可或缺的物品，茶礼作为一种风俗，相对固定下来，当时民间把送聘礼称为"下茶""茶定"或"茶礼"。女子受聘，谓之"吃茶"或"受茶"。据宋胡纳《见闻录》载："通常订婚，以茶为礼。故称乾宅（男家）致送坤宅（女家）之聘金曰茶金，亦称茶礼，又曰代茶。女家受聘曰受茶。"上古之时，纳采要以雁为聘礼，后因雁不好获得，"奠雁"之礼便日渐式微，茶礼逐渐日益盛行。茶成为男女婚姻的重要信物，茶礼成为确立婚姻关系的重要形式，并逐渐形成了"三茶六礼"，即订婚时的"下茶"，结婚时的"定茶"，洞房中的"合茶"。宋代茶礼之兴起，对元明清时期的婚礼习俗产生了很大影响。后世的婚礼习俗，大体上沿袭了宋代以来形成的茶礼风俗。

以茶为聘礼有其丰富的文化象征意义。一是象征爱情忠贞不渝，明郎瑛《七修类稿》中提道："种茶下子，不可移植，移植则不复生也。故女子受聘，谓之吃茶。又聘以茶为礼者，见其从一之义也。"古人认为茶树不可移栽，移栽便无法成活，故称茶树为"不迁"。以茶为聘礼，取其从一不二、决不改易之义，象征爱情坚贞不移，用情专一，至死不渝。这一象征意义一方面表达了对婚姻的美好期望和求吉心态；另一方面也反映了封建社会妇女"从一而终"的道德观念，体现了对男女双方坚守贞操的道德要求。二是茶树"植必生子"，茶树多籽，象征子孙繁盛，家庭幸福，体现着中国人娶妻生子、多子多福的传统思想。三是"茶性最洁"，象征爱情纯洁无瑕。茶树又四季常青，寓意爱情"永世常青"。茶气味芬芳，味道醇郁，预示着新婚夫妇生活美满，情致高雅。

茶在日常生活中有增进双方交往的功能，茶成为一种特殊的情感交流方式，是一种隐喻的爱情信号，以茶为媒，以茶传情。历代名人雅士常常以茶会友，以茶宴客。客来敬茶，成为中华民族最为通行的一种礼节。婚宴中用茶，可以促进亲戚朋友间的交流，提升婚姻的品位，营造和谐喜庆的气氛。

新娘的嫁妆也与茶密切相关。在浙江泰顺，新娘出嫁时的嫁妆中除了茶叶外，还有精美的茶盘。姑娘嫁到男家，一直都要用此茶盘。因为茶盘是嫁妆中抛头露面最多的，所以，做嫁妆时都会绘山水、花鸟、人物等图案来装点茶盘。有的地方的女方嫁妆是备有锡制的茶瓶，茶瓶为八角形，大小齐全，这是专供盛茶和点心用的。

茶叶是订婚过程中不可或缺的物品。在安徽贵池地区，在订婚相亲之日要举行"传茶"。亲戚朋友都要用红色小木盆，盛放传茶果品，传送到相亲的人家，而相亲的人家则把各家送来的礼物摆放在桌上，款待各自的亲家，人们称为"传茶"，寓意传宗接代。浙江杭嘉一带，在姑娘出嫁之前，家里总要备些上等好茶，对看中的小伙子，姑娘就会用最好的茶相待，这称为"毛脚女婿茶"。

一旦双方关系确定后，要举行订婚仪式，男方除送来聘金外，互赠茶壶，并用红纸包上茶花，分赠给各自的亲朋好友，俗称"订婚茶"。此时，女方还给男家带回一包茶和一袋米，以"茶代水，米代土"预示着将来女方嫁到男家后，能服"水土"。在浙江西部农村地区婚俗中，媒人在男女双方间说合，俗称"食茶"。"食茶"其实就是指媒人说媒，倘若女方同意，则泡茶、煮蛋款待媒人。

　　婚礼仪式更是与茶密切相连。在江苏的婚俗中，迎亲之日，新郎需在堂屋饮茶三次方可接新娘上轿，此茶称"开门茶"。在湖南醴陵等地方举行婚仪之后，新郎新娘要向长辈献茶，行拜见之礼，长辈喝了茶，要拿出备好的红包放在茶盘上作"拜见钱"。新娘入洞房后，新婚夫妇要喝"合枕茶"。江西茶乡婺源仍然保留着古代结婚时"喝新娘茶"的礼俗。新娘在结婚当天，都要亲自用铜壶烧水，按辈分大小依次给亲戚朋友沏上一杯清茶。浙江德清也有此习俗。湖南衡阳一带，流行一种叫"和合茶"的茶俗，让新郎新娘面对面坐好，相互把左腿放于对方右腿之上，然后把他们的右手抬起，扳开拇指与食指，合并成一个正方形，把茶杯放入其中，注入茶水，供亲戚朋友们逐个品饮。男女婚姻成功后，新婚夫妇或家人要拿茶叶等礼物去感谢媒人，称"谢媒茶"。

　　台湾地区大部分是古代闽南、粤东的移民后裔，秉承闽南、粤东的饮茶风习。民间饮茶之风不但盛行而且十分讲究，男婚女嫁也以茶为礼。古时，男方要随同媒婆或父母到女方家提亲，女方的父母会叫待嫁女儿端茶待客，并依辈分次序分送到男方来客手中。男方家人乘此机会注意审视姑娘的相貌、言行、举止，姑娘也乘机观察男方。当男方到女家"送定"（定亲）时，由待嫁女端甜茶请男方来客品尝，"甜茶"俗称"金枣茶"（即金橘蜜饯加功夫茶）。喝完后，男方来客用红纸包着偶数钱币回茶礼，称为"压茶瓶"。婚礼当天迎亲时，女家要请吃"鸡蛋茶"（即甜茶内置脱壳的熟鸡蛋一个）。花轿到男家后，新郎要在门前恭迎，左右两个童男端着茶盘，上摆多杯甜茶招待来客。婚礼过程中，要"吃新娘茶"，由媒婆或家人陪伴，新郎新娘共捧红色茶盘，茶盘上的碟中放有蜜饯、甜冬瓜条等佐茶食品，来宾吃罢"新娘茶"，要包红包置于茶杯中作为回礼。新婚的翌日上午，新婚夫妇要合捧"金枣茶"叩首跪拜诸位亲族长辈，并敬献茶水，这是台湾民间著名的"拜茶"，也是茶事活动在婚礼中的高潮。茶水用闽台特产的"乌龙茶"泡沏，是地地道道的功夫茶，每一小杯加两粒蜜金枣。受拜者品尝茶后，除了要给茶礼（钱、物均可）外，也要说些勉励吉祥的话。拜茶之仪很被台湾人看重，若远离故乡的亲戚长辈不能赶来参加婚礼，新郎也要把茶叶贴上红纸条连同金枣蜜饯寄送过去。

常熟东乡农村地区有婚礼吃"跳板茶"的习俗，男方女方家都要吃"跳板茶"，女方家是请新女婿吃"跳板茶"，男方家是请舅爷吃"跳板茶"。这一地区有个特殊的行业叫"茶担"，是专门为喜庆人家烧水泡茶、招待客人的。相传这一行业是从朱元璋当皇帝时开始的。朱元璋统一大明江山以后，他把苏州城内支持张士诚的人统统赶到了农村，并称这些人是"贱民"。贱民不准读书、做官，不准骑马、坐轿；只准从事六种职业，即轿夫、土木工、伴娘、僮仆、厨师和茶担，都是专门侍候人的职业。因而，茶担虽为喜庆人家服务，但不能进大门，只能在壁根上（即屋子檐下）支炉烧水，就是下雨天也是如此。女方家的"跳板茶"是新女婿进门后，与舅爷坐在正中的一桌，两边由两位至亲陪伴。大厅内只摆一桌，其余桌凳全部撤去，腾出地方，以便表演。酒席开始，茶担手托放着四只有盖的茶碗的茶盘，弓着身子扭来扭去，脚步一跳一跳的，俗叫"走如意步"。他托着茶盘，向左盘转四次，叫作盘四个正如意头；向右盘转四次，叫作盘四个反如意头。每盘转一次，送一只茶碗给客人手里，并说："请用茶"。盘转四次，将四只茶碗全部送掉，合起来叫作"四合如意"。过了一段时间，用茶结束，茶担收取茶碗，同样要弓着身子扭着跳，同样要一只一只地收，然后结束。这种动作类似舞台上的舞蹈，跳得轻松自如，扭得如杨柳摇摆，姿势相当优美。因为茶担是男的，其动作软中带硬，简练朴素，富有古风韵味。再加上托盘中放有四只茶碗，碗内有茶水，舞动时不能将茶水泼出来，也有一定难度。所以，当跳板茶开始时，亲朋好友济济一堂，都来看热闹，时不时有人叫好的，有拍手鼓掌的，也有丢红包的，把婚礼推向高潮。[①]

8. 礼馍

礼馍是北方特有的一种面食艺术，流行于以面食为主的北方农村地区。是用面捏成的民间艺术品，也叫"面花""花馍"，是重要民俗节日中不可缺少的食品。在山西南部地区，传统婚礼中最常用的一种礼馍是"馄饨"，这个馄饨并不是平常薄皮夹馅的"馄饨"，而是一种礼馍，每个馄饨的表面大都有一个"嘴嘴"和装饰的"沿"，形状像女性的乳房，是一种母系社会生殖崇拜的遗存。有的"馄饨"造型是并蒂莲型，在两朵莲花的顶端安放有两颗红枣或点红点，寓意成双成对。有的馄饨是盘蛇状，象征人类繁衍，是亲戚祝贺用的一种主要礼馍。夏县、闻喜一带的"莲花馄饨"是以"馄饨"馍为基座，在其顶部的正中间插着面塑的莲花造型，周围插着一些面塑的鸟、鱼等造型，由女方家里制作。结婚当天，由新娘家的"全人"带着，在新娘被迎娶到村口的时候，这个"莲花馄饨"要由新郎家已经结婚的姐姐或是嫂子接住带入洞房。据说，老一辈人结婚，这样的"馄饨"在制作的时候不能有污点，不能开裂，不然会带来不吉等说法。[②] 晋南的河津一带，"莲花馄饨"是订婚时的必备之物。古印度时期，莲花象征女性生殖能力，寓意多子，是生命的创造，也是神圣、不死的象征，因此，莲花是印度的国花，被视为神的象征。莲花在中国民间流传受佛教的影响，一是取莲房多子之意，二是取莲的谐音"连"，寓意夫妻共结连理的美好祝愿。

---

① 潘军明：《常熟东乡旧婚俗》，《苏州杂志》2006 年第 5 期。
② 孙绪静：《晋南传统婚俗中的礼馍艺术浅谈》，《文物世界》2008 年第 3 期。

北方农村地区还有一种礼馍叫"上头糕","上头"是新婚女子梳头、开脸、化妆的统称。"上头糕"由男方制作，迎亲时，新郎带到新娘家，新娘只有见到"上头糕"，才可以梳洗、化妆，因此，"上头糕"也是一种婚姻契约的证明。

晋南地区还有一种较常见的礼馍是龙凤花馍，男方征婚时送女方龙馍，如果女方同意，则送男方凤馍。此外，在新人洞房的床上要摆放一对石榴形状的花馍，称为石榴馍，石榴种子具有生殖能力，而且多子，人们以石榴象征多子、生命力强，并以此祝福新郎新娘早生贵子。还有一种"回礼馍"，是新人家里蒸制出来给祝贺的亲戚回礼用的礼馍，一般个头不大，多为花草和动物的造型。

河南濮阳农村地区，女儿出嫁时要蒸枣花，又称枣花馍，呈花朵形状，在花心及花瓣部分镶嵌上枣。结婚那天，要把枣花放在家具的抽屉里，寓意女儿日子过得像花一样红火。枣花越大，证明娘家越富有，有的家庭还在家具的底下放上钱或存折，称为"压柜钱"，希望女儿以后不缺钱。

西北地区，男女婚嫁时，亲朋好友要送以蛇蛙为基本造型的礼馍，蛇蛙礼馍又叫"浑沦"，其下部是一只匍匐状的蟾蜍，周围盘有蛇头高昂的蛇身，上部有鸟和莲花或兔子与莲花构成的对应造型，此外还有面塑的草木鱼虫以及人鬼神怪等各种生物或虚构的生灵。古代社会中，蛇蛙是西北地区灵物崇拜的主要对象，是一种性神。蛇蛙的形象中，蛇头类似男根龟头，蛇身类似男根，蛙形肥凸而圆，形如女阴，因此，蛇蛙本身就是两性交合的模拟。这种蛇蛙造型的"浑沦"礼馍，其本质是象征阴阳交合以生万物的意义，并以此来表达新婚夫妇生育多子的愿望。

9. 槟榔

槟榔子富含槟榔碱和鞣酸，具有消气化积的药效，是古代中国居民治疗瘴气、消食化积的良药。随着社会的发展，南方地区不再是瘴疠之乡，槟榔的药用价值日益下降，但由于槟榔得之不易，

"人以为贵，婚族客必先进，若邂逅不设用，相嫌恨"，形成"客至，不设茶，唯以槟榔为礼"的以槟榔代茶的习俗。

槟榔被用于婚姻礼仪中始于明代的海南地区。正德《琼台志》卷七称海南各地"俗重此物，凡交接以为先客，婚姻以为定礼"，"亲宾往来，非槟榔不为礼，至婚礼，媒妁通问之初，其槟榔，富者盛以银盒。至女家，非许亲不开盒，但于盒中手占一枚，即为定礼。凡女子受聘者谓之吃某氏槟榔"。清代以后，槟榔广泛地运用到岭南各地婚姻缔结的各个环节，形成一种独特的"以槟榔为礼"的婚姻习俗。①

清《崖州志》记载，崖州地区"俗重槟榔，婚礼纳彩，用锡盒乘槟榔，送至女家。尊者先开盒，即为定礼，谓之出槟榔。凡女受聘者，谓之吃某氏槟榔"。《广东新语·木语》记载："粤人最重槟榔，以为礼果，款客必先擎进。聘妇者施金染绛以充筐实。女子既受槟榔，则终身弗贰。"东莞"婚姻必以槟榔、蒌叶、茶果之属，曰过礼"；澄海"尤重槟榔，以为礼果"；惠州婚礼"俗用槟榔为聘，以多为贵"。②

"以槟榔为礼"是中原汉族婚姻礼仪、婚姻观念与南方文化相结合的产物。由于槟榔果实色泽赤红，与汉族以红色表示喜庆的传统观念相契合；槟榔籽实繁盛的特点，象征着"多子多福""儿孙满堂"，因此，槟榔被广泛地运用在岭南汉族地区婚姻缔结的各个环节，寄托了人们对婚姻的美好祝福。再加上槟榔本身具有较高的实用价值，因而顺理成章地成为婚姻缔结中必不可少的物品，形成一种特有的"以槟榔为礼"的婚姻习俗。

旧时，闽粤赣的客家人都有嚼槟榔的习俗，并以槟榔待客，民间有"先扛槟榔后扛茶"的说法。槟榔嚼在口中会把牙齿和舌头染成橙红色，被视为吉祥，而且槟榔与客家方言"畀（给）郎"

---

① 范玉春：《以槟榔为礼：岭南汉族婚俗的文化地理学考察》，《广西民族研究》2005 年第 2 期。

② 邓抡斌：《惠州府志》卷四十五《杂识》，光绪十七年刊本。

谐音，因此槟榔在客家民间婚俗礼仪中具有重要意义。随着嚼食槟榔的习惯消失，人们改用几块小槟榔裹以红纸作为聘礼，请亲朋好友喝结婚喜酒也多用小方块红纸包槟榔作请柬，叫"发槟榔"。而且在嫁妆中的被褥、枕头、箱子里也都会装上槟榔及红枣、莲子、花生、桂圆等干果品，取"早生贵子""香香甜甜"的寓意，民间有山歌云："第一香橼第二莲，第三槟榔个个圆，第四芙蓉并枣子，有缘先要得郎怜。"

海南屯昌县农村，结婚仪式中，新郎新娘要在祖屋举行拜堂仪式，新人向高堂三拜后，新郎跪向自己的父母，分别献槟榔。当地人解释说，献槟榔是希望父母有一口好牙齿，寿比南山，然后三敬茶、三送点心。接着新娘也下跪分别给公婆献上槟榔、三敬茶及三送点心，以示孝敬公婆。

（二）服饰符号

婚礼是中国重要的人生礼仪之一，婚礼服的挑选也是相当慎重的。古代宫廷贵妇的结婚礼服有着专门的规定，即使是寻常百姓家的女子，成婚那天也可以选用贵妇的礼服样式，例如戴镶金系宝的凤冠、披织绣灿烂的霞帔、系精工细作的红裙之风俗在汉族妇女中一直沿用到清末民国初年。这种浓重的富贵味和火红的基调，反映了中华民族对婚姻的美好期盼。

当婚礼服艺术融入礼仪、伦理道德、宗教意义，便具有了独特的寓意形制，中国婚礼服所表达的寓意多为吉祥喜庆、成双成对、白头偕老、早生贵子等愿望。

1. 婚礼服装变迁

中国的婚礼服饰有着悠久的历史。在古代，中国人的婚庆服饰是比较讲究的，凤冠霞帔是其特色。新娘头上钗环叮当，红颜粉黛，新郎更是官袍加身，峨冠博带。无论男女皆为红袍加身，炽烈而有激情。在中国的传统习俗中，嫁衣是女孩子一生中最重要和制作时间最长的服装，古代的嫁衣大多是由女孩自己从小就开始设计和制作，一直做到出嫁前才完成，所以嫁衣上的一针一线都寄托了少女的全部梦想和愿望，承载了其对另一半的情愫和爱恋。

中国古代服饰有着严格的等级特征，但婚服较为特殊。春秋时，婚服常为冕服，冕服原本只限于特别隆重的场合穿着，如祭祀天地、五帝、先公、社稷等。据《礼记·哀公问》记载，鲁哀公向孔子请教：“结婚着冕服，是否过分和违礼？”孔子回答道：“天地不合，万物不生，大昏，万世之嗣也，君何谓己重乎？”即是说婚姻是人类得以万世承传、生生不已的大事，像天地和谐、万物生息一样的隆重，仅仅穿戴一下冕服，怎么就能说过分呢？难道婚姻不能承受如此之重吗？婚礼中使用冕服，象征着重传统、重祖先的文化意义。孔子从重子嗣、重婚姻角度，阐释了婚服僭越使用冕服的意义。

汉代以前大多是周制婚礼，周礼婚制崇尚典雅端庄，没有奢侈的聘礼和喧闹的筵席，有着浓郁的神圣色彩和象征意义。春秋到秦各朝代所崇尚的服色有不同，如《明史·舆服制三》记载：“（洪武）三年，礼部言：‘历代异尚。夏黑，商白，周赤，秦黑，……’”周代婚礼服色彩基本循“玄纁制度”，取天地的色彩为之。玄色是黑中扬红的颜色，按照五行思想，是象征天的、最神圣的颜色，也是天地间最高贵的色彩。纁，黄里并赤，其意表征大地。周朝有三个重要的章服制度：玄纁、僭越、佩绶，并且婚服分为婚前礼服、正婚礼服和婚后礼服。《士昏礼》中记载新郎的服装为“爵牟、纁裳、缁袍”。爵牟又称广冕，冠身作两掌相合状，冠顶上装有木质冕板，外表细布，其色赤而微黑，是周代士的祭服，也是士的最高礼服。纁裳是一种绛色围裳，缁袍指围裳四周的黑色边缘。也就是新郎戴黑色滚红色边的帽子，穿玄色礼服和纁色下裳。新娘穿的婚礼服主要有次、纯衣、纁袡等。次是一种假髻，用假发编制而成，使用时套在头上，以簪钗等首饰固定。新娘正婚礼时着纯衣，纯衣是一种玄色丝衣，纯衣四周镶以绛边，就叫"纁袡"。[①] 新郎的下裳镶着黑边，随从一律着黑，迎亲的马车也漆成黑色。这种主流的婚服色系一直持续到汉代。玄黑色和黄色的婚礼服象征着天地的神秘色彩。

先秦婚礼服饰象征了阴阳五行的和谐境界。先秦的婚礼服饰符合阴阳相交之义。新郎的礼服是爵弁、裳缁和玄端，缁为黑色，与玄同为一个色系，又以缁色为边缘装饰下裳，象征阳气下施，与阴气相交；新娘是纯衣，衣裳相连，不异其色，都是表阴的色，象征妇人有专一之德，但以黄色为衣缘饰，象征阴气上扬，与阳气相交。古人认为，夫为阳、妇为阴；昼为阳、夜为阴；赤为阳、墨为阴。迎阴气入家宜以夜，着黑衣。先秦时期婚礼服饰体现出"礼"的至高无上，以及先民们对天地的敬畏，把整个自然纳入了婚礼服饰之中。先秦时期形成并逐渐成熟起来的婚礼服制一直影响着历朝历代婚礼服饰，后世婚聘礼仪以及服制大多未脱离这个基本框架。

中国古代婚礼经历了从庄严到喜庆、从理想到世俗的过程。魏晋南北朝时期出现了白色的婚礼服饰。《东宫旧事》记载："太子纳妃，有白縠，白纱，白绢衫，并紫结缨。"白衫不仅用作常服，也可做礼服。魏晋时期如此大规模地崇尚白色，且使用范围之广泛，与当时玄学盛行的"以无为本，返璞归真、追求清新淡雅"的风尚有关。

到了唐代，婚礼服饰融合了先前的庄重神圣和当世的热烈喜

---

① 齐程程、王学：《浅论汉族民族婚礼服的未来》，《山东纺织经济》2011 年第 11 期。

庆，男服绯红，女服青绿，绯红与青绿成为中国婚礼服的主色调。
唐代"士假绛公服亲迎"，有人认为这是红色婚服的起源。女服
"花钗青质连裳，青衣革带履（同裳色。夫有官者则从其夫之品
服）"，汉族女子礼服多为深衣制，隐喻女子"德贵专一"，而
"青质连裳"婚服即是青色的深衣。头上的佩饰为金银饰及琉璃等
的钿钗，钿钗有着品级的含义。钿钗礼服是晚唐时期宫廷命妇的
礼服，身穿大袖衫长裙，披帛，是在花钗大袖襦裙或连裳的基础
上发展的。层数繁多，穿时层层压叠着，然后再在外面套上宽大
的广袖上衣，常作为唐代通用的归嫁礼服。

　　宋代，三舍生及品官子孙可假穿九品幞头公服，其余庶人着皂
衫衣、折上巾。南宋后，新娘的服饰形成了头戴凤冠霞帔，盖红盖
头，上身内穿红绢衫，外套绣花红袍，颈套项圈天官锁，胸挂镜，
肩披霞；下身着红裙、红裤、红缎绣花鞋。新郎也是一身的红色，
红冠红袍。[①] 红色成为婚礼主色调，红灯红烛，红色花轿，大红喜
字，喧天的锣鼓，欢腾的人群。

　　明代，平民子女结婚也可穿着富贵等级的凤冠霞帔，新郎可假
穿青绿色九品幞头官服，新娘则着凤冠霞帔或花钗，真红大袖衣
或圆领女蟒服（同夫级别）、大红褶裙。据《清稗类钞》记载：
"凤冠为古时妇人至尊贵之首饰，汉代惟太皇太后、皇太后入庙之
首服，饰以凤凰。其后代有沿革，或九龙四凤，或九翠四凤，皆后
妃之服。明时，皇妃常服，花钗凤冠。其平民嫁女，亦有假用凤冠
者。然《续通典》所载，则曰庶人婚嫁，但得假用九品服。妇服
花钗大袖，所谓凤冠霞帔，于典制实无明文也。至国朝，汉族尚沿
用之，无论品官士庶，其子弟结婚时，新妇必用凤冠霞帔，以表示
其为妻而非妾也。"

　　清政府接受明代遗臣金之俊的"十不从"建议，其中一条是
"仕宦从而婚姻不从"，即婚俗沿袭汉族传统。所以，清代的汉族

---

　　① 徐莉：《试论婚礼服饰的变迁》，《北京城市学院学报》2006 年第 3 期。

婚礼服装基本与明代相同，但有所改良。新娘着凤冠霞帔，面挂珠帘，头罩盖布；新郎着长袍马褂，头戴红缨帽，脚穿双鼻鞋，腰缠彩带。

纵观华夏婚礼，婚礼服饰制式主要有三种，分别为"爵弁玄端—纯衣""梁冠礼服—钗钿礼衣"和人们较为熟知的"九品官服—凤冠霞帔"。凤冠霞帔是古时贵族妇女的礼服，衣冠上绣缀有龙凤图案及装饰物，并饰以珍珠玛瑙等，象征吉祥富贵，是在日常生活中没有一定的职务或地位就不能随意穿着的，表达了一定的阶级性和等级制度的服饰，只有作为婚礼服，才可以用"假借"的方式来体现某种荣耀，含有"僭越"的意味。关于民间女子出嫁时可以"僭越"穿戴凤冠霞帔，民间传说与南宋皇帝康王有关，也有传说与明太祖朱元璋有关，故事内容大体一致，都是由于皇帝在落难之时，被民女相救，登基之后特许民女在出嫁时穿凤冠霞帔，乘坐四人抬的轿子。

古代女子婚礼服的款式特点为肥硕宽大，含蓄包裹，款式类别为上衣下裳的组合。对于古代的中国人来说，衣服以大和多为美，因为衣服宽大和数量多是一种财富的象征。《论语·泰伯》中说："大哉！尧之为君也，巍巍乎！唯天为大，唯尧则之。荡荡乎！民无能名焉。巍巍乎！其有成功也。焕焕乎！其有文章。"受这种儒家理念的影响，古代中国人的服饰大多以肥硕宽大为美。所以中国女性传统的婚礼服在款式上表现出肥硕宽大的特点，表现在结构上使用的是平面直线裁剪法，服装造型上重视的是服装的二维空间效果，没有省道，没有肩斜，不仅可以掩盖身体，而且可以将颈项手臂等部位也包裹得严严实实，甚至在头部也要蒙上盖头，把脸部遮往。就审美效果来看，这样的婚礼服饰穿戴者含蓄矜持，具有一种神秘、内敛的审美效果，给观看者带来无限的神秘感。同时衣服在一举手一投足之间，会随着人体的运动而形成优美的流线，这种行云流水的韵味形成了一种东方特有的含蓄端庄之美。"天人合一"的思想也表现在款式的类别上，所谓"上衣下裳"，上衣取象乾以应天，下裳取象坤以应地。①

　　清朝末年，清政府曾设礼乐官，制定学礼、军礼、宾礼，并厘正民间丧祭冠婚、器物舆服。当时，婚服作为一种被明确限定的礼制是不能越级的，例如霞帔只能由命妇所着，民间偶有"假借"，但大多用云肩代替。

　　辛亥革命后，民国政府关于服饰的相关规定，促使当时西方礼服作为男子的婚礼服饰而流行，而当时女子的婚礼服常为黑褂红裙或红褂红裙。1927 年，宋美龄身穿白色婚纱与蒋介石举办了西式婚礼，开创了中国"文明结婚"的先河，西式婚俗和西式婚礼服饰逐渐受到上海等地年轻人的欢迎。当时的民间婚礼上，新郎可以穿传统的长袍马褂，也可着西装革履，新娘可以穿红褂红裙或白色婚纱，手捧白色花束。这种在婚俗上中西合璧的混杂局面一直持续到 1949 年新中国成立才结束。这一时期，婚礼服饰变得多样化，都市女子结婚采用头披白纱，身着丝织礼服，手持白色花束，举行"文明"结婚，而农家女子仍然穿红袄戴珠冠，乘坐红轿，保持着旧式风俗。由于受到西方的文化和婚俗的影响，新郎有穿西装结领带的，也有穿长衫同时戴西式礼帽和墨镜的，而新娘有穿婚纱的，也有身着白绸缎缝制的中式旗袍的。

　　新中国成立前，福安地区农村人的衣料大部分都是妇女们采剥野麻纤维做成的麻布。结婚时把麻布染成红色，新娘的嫁衣一般是由新娘自己亲手缝制，新郎的衣服一般由新郎的姐妹帮忙缝制，多为蓝色或灰色的一套新衣服。

　　新中国成立后，婚礼服饰开始演变为新郎穿列宁装和蓝色中山装，新娘则穿旗袍或红袄裙。20 世纪 60 年代后期至 70 年代，婚礼服也进行了"重大改革"，新郎新娘都是清一色的蓝色制服和黄绿色的军便装，属于"革命伉俪多奇志，不爱红妆爱绿妆"时期。此外灯芯绒外套、的确良衬衫和外套也成为常用的婚礼服饰。80

_____

① 王芙蓉：《中国古今女性婚礼服比较》，《美与时代》2012 年第 8 期。

年代初，随着改革开放开始，中国传统的婚礼服也开始和国外接轨，婚礼服饰的选择范围开始扩大，全毛呢的中山装和大红色的毛呢西装套裙登上了中国婚礼服饰的舞台，新郎穿西服、新娘穿婚纱也逐渐成为时尚和主流。90年代，随着年轻人时尚与个性观念的加深，婚礼服饰呈现多样化发展趋势，婚礼服饰流行的种类越来越丰富，款式越来越新颖。这一时期，传统的旗袍经过改良，又在中国的婚礼用服中兴盛起来。在中式婚礼中，女式婚礼服饰分为旗袍或红袄褂+红喜裙（也有用裤子替代的特例）的裙褂形式，常用的配件有红盖头、头饰、首饰、鞋袜等；男式婚礼服饰沿袭清代传统，多为马褂+长袍袍褂形式，并搭配以红缨帽、双鼻鞋、系红缎带；此外还有少量采用衍生于明代婚礼服饰的现象，即"新娘凤冠霞帔，新郎着九品官服"。婚纱影楼掀起西式婚礼之风，人们对穿婚纱拍照的热情远远超过了穿着婚礼服饰应有的神圣，租赁婚礼服饰盛行，丧失了中国传统婚礼文化赋予婚礼服饰见证爱情、传承永恒的重大价值，使中国的婚礼文化走向歧途。即使农村的现代年轻人也开始在婚礼仪式上穿着婚纱礼服。

婚纱作为一种西方文化的产物，在中国也经历了本土化的过程。西方文化追求美丽、性感、高贵与纯洁，婚纱采用紧身胸衣、手臂、脖子以及胸部以上裸露。中国的婚纱设计更体现了中国文化的审美逻辑，出现了长袖婚纱、胸部以上裸露部分减少或加一层薄纱，形成一种朦胧的韵味。中国婚纱的一个独有的特色，是中国传统婚礼服饰的色彩、面料及装饰特征与西方婚纱的款式、廓型、制作工艺的结合，或是中国传统婚礼服饰的廓型与西方婚纱面料的结合。西方文化造就了人们追求个性，而中国的文化促使我们追求更多的共性，所以在我国的婚纱流行中，在共性的基础上展现了个性，形成了一种融合的产物。随着中国社会开放程度的加深，审美的多元化，婚礼服饰的风格将趋向多样化、个性化，各类奇异的婚礼服饰将成为流行的热点。

2. 婚礼服饰颜色符号

红色在中国一直象征着吉祥喜庆、创造力、生命、光明和快乐，红色在中国是象征幸福、吉祥、喜庆的颜色，意味着幸运、幸福、威严、生命、兴旺、爱情、热烈，是传统性的用于喜庆活动的颜色。中国婚礼服装以红色为主，新娘凤冠霞帔、珠宝锦绣，着红袄裙、红裤、红鞋，盖红盖头和穿红绣花鞋，新郎则红礼帽、红长袍、胸前佩戴一朵大红花。整个婚礼会场的布置也是以红色为主打色彩，大红双喜、窗花、红灯、红花轿、红鞭炮、红锣鼓、红喜衣、红盖头、红箱柜。中国的传统文化中红色是一种非常喜庆祥和的颜色，同时还有驱邪避难的意义。婚服的红色象征吉祥如意，希望婚后的生活红红火火。山西大同地区男女双方结婚时都需扎红腰带，且在红腰带中包着大量硬币，象征着喜结良缘。现代新娘在举行典礼仪式时会穿红、白、粉等不同色系的婚纱，但在娶亲时，新娘仍穿大红棉衣棉裤，新郎则在衬衣颜色上多选红、粉色等暖色调。

以南宋民间旧俗新娘的传统嫁衣为例：头戴凤冠，脸遮红方巾，上身内穿红绢衫，外套绣花红袍，颈套项圈天官锁，胸挂照妖镜，肩披霞帔，肩上挎个子孙袋，手臂缠"定手银"；下身着红裙、红裤、红缎绣花鞋，从里到外、从头到脚都是红色，喜气洋洋。但近几年中式婚礼服的颜色也随着流行风有所改变，在传统的红色中加入金、银色等各种点缀色，打破了原来单一的红色，使红色婚礼服变得活泼亮丽。虽然白色的婚纱今天已经被广泛接受并成为流行时尚，但是在白色的婚纱上也要不落俗地别着一朵大红色的新娘礼花，而且在宴席间新娘还会换上一套大红色的旗袍或者礼服。所以不管时间如何变化，红色是中国古今婚礼中女性永远崇尚的色彩。

陕西农村地区有"搭红"的习俗，男方到女方家迎亲时，女方父母要在男方来的车辆上绑红被面，还要给新郎身上绑红被面。

"搭红"是为了喜庆、红火、辟邪。

婚纱礼服的主要颜色是西方人喜爱的白色，在西方的天主教传统里，白色是有快乐的含义，后来逐渐有了圣洁和忠贞的更高意义，因此西式正装婚礼服饰一般采用纯白色表示新娘的贞洁，只有那些初次踏入婚姻殿堂的人才有资格穿它，再婚的女士只能穿浅绿或湖蓝等颜色的婚礼服以示与初婚的区别。但是中国现代西式婚礼服设计也突破了传统的模式，对颜色没有了严格的限制，在传统的白色基础上加入各种色彩作点缀，使婚礼服高贵时尚。在流行时尚的影响下，婚礼服也随国际流行色彩而变化，除了纯白、象牙、米黄等传统颜色外，近年也很流行其他浅色婚礼服，如粉红、粉橙、粉蓝、浅紫、粉绿、浅银灰色、墨绿、枣红、橘黄、宝蓝、金黄、橘红、大红等，极大地丰富了婚礼服的色彩。通过将一些艳丽的颜色点缀于淡黄色婚礼服底布上，成为新潮的时尚婚礼服。很多还做成中西合璧，将西式的款式和传统的大红色结合。不管何时，婚礼选择的服饰颜色要足以表现婚礼的意义，承载婚礼自身的文化。

3. 红盖头的特殊意义

盖头是我国传统婚礼中传承久远的仪式用品，古代又称为"障面"。盖头多在出嫁前由娘家人给蒙在头上，到婆家拜天地、入洞房后挑去。挑盖头者以新郎为多，但也不尽然，由于地域不同而有着极大的差别。浙江杭州地区，是由伴娘将新娘的盖头揭去，不同于南宋由"男家双全女亲"揭盖头。绍兴、嘉兴等地，新郎将红绳绑在一对甘蔗上，用甘蔗把新娘的盖头挑起，"红绳"是取其喜庆，"甘蔗"的寓意是一对新人的婚后生活，"节节高""老来甜"。河南渑池县新郎用手揭掉新娘的盖头，并将头巾用脚在地上踏三下，以示夫权之威。山东莱阳是新郎的父亲来挑盖头，而且挑下的红盖头要立即甩上屋顶，甩得越高越吉利，当地有"蒙头盖往上起，不出三年得大喜"的说法。陕西同官县，新郎要用红筷子挑去新娘的盖头，而且必须是搬嫁妆人从女家拿回的那双筷子。"筷子"寓意为"快生贵子"。安徽望江县农村将"挑盖头"称为"挑喜"。挑的人得边"挑"边唱"挑喜歌"。陕西西府地区，要由厨师来挑红盖头。当地人认为女儿长大离家，有背叛父母之罪，厨师做饭需要杀猪宰羊，类似屠夫，由厨师挑盖头，就等于行了杀头之刑，赎女儿忘恩之身。挑下的盖头要放在婆婆床上，让婆婆用屁股蹾三下，寓意降服媳妇。

许多地区挑红盖头时要唱歌谣，多是与祈求生子有关的。例如："蒙脸红子挑三挑，今年有个妮，明年有个小（指小男孩）。""蒙头红，高高挑，不使（用）三年生个小。蒙头红，高高挂，不使三年抱娃娃。""蒙头红，门上搭，三年两年抱娃娃。""蒙头红，高高起，当年就见喜。""送生奶奶你听着：蒙头红，挑三挑，三年送个大白小。一挑，俺要当官的，不要赶鞭的；二挑，俺要有钱的，不要挎篮的；三挑，俺要骑马射箭的，不要推车担担的。"①有些地方还将红盖头用来为将来的孩子做兜肚和冠帽等物，山东枣庄用蒙脸红子为小儿做衣服。

民间流传着结婚盖红盖头的传说，红盖头是大宋皇帝送给姑娘们的红手帕。北宋末年，金兵攻陷汴京，康王在金兵的追赶下只身南逃。危急之中，康王见一姑娘正在晒粮，便上前求救，姑娘把康王扣在竹箩底下骗走了金兵。康王感激不尽，送给姑娘一条红手帕，说将来登基后要封姑娘为娘娘，到时候姑娘可以挥舞红手帕让他辨认。后来康王果真当了南宋皇帝，就带着人马来接那位姑娘进宫。谁知姑娘留恋山村不愿当娘娘，就把内情告诉了山乡姐妹们。康王来到后，见许多姑娘乱挥红手帕，无可奈何，只好传旨把这里的姑娘都封为娘娘，允许她们出嫁时做娘娘打扮。从此，姑娘出嫁时可以凤冠霞帔，头顶红帕。红手帕是皇帝御赐，顶在头上，以示权势和地位。

---

① 张勃：《红盖头功能解析》，《河北师范大学学报》2004 年第 5 期。

红盖头的习俗一般有两种含义，一是"遮羞"说，二是"辟邪"说。唐代李亢在《独异志》（下卷）中记载："昔宇宙初开之时，只有女娲兄妹二人在昆仑山，而天下未有人民，议以为夫妻，又自羞耻，兄即与妹上昆仑山，兄曰：'天若遣我二人为夫妻而烟悉合；若不使，烟散。'于是烟即合，其妹即来就兄，乃结草为扇，以障其面。今时人取妇执扇，象其事也。"遮羞之说由此而流传下来。红盖头"遮羞"一方面是遮"兄妹结合"之羞，是血缘婚之羞；另一方面是遮新娘进入新环境所产生的焦虑与不安，以及新婚之夜同房的羞耻感。新娘盖红盖头也被认为是源于古代的掠夺婚，盖上红盖头，抢亲的人看不到新娘的面貌，同时新娘看不到路，也就找不到回家的路，安心住在婆家。还有说法是古代姑娘出门少，见生人会害羞，改红盖头可以遮羞。

"辟邪"之说相传于东汉魏晋之间的"乱世"之时。由于当时战争四起，环境险恶，人们多不备"六礼"，匆匆成婚，以纱蒙面以避灾难。杜佑在《通典》中写道："自东汉魏晋以来，时或艰虞，岁遇良吉，急于嫁娶，乃以纱蒙女首，而夫氏发之，因拜舅姑，便以成妇，六礼悉舍，合卺复乖。"这应该是婚礼用红盖头的滥觞。关于盖头"辟邪"的说法，民间流传着一个传说。相传桃花女爱慕樵夫王小，要同王小结为夫妻。二人结婚之时，蛇精来伤害桃花女，桃花女头顶大红布，驱走了蛇精，平安地和王小结了婚。"盖头"一词最早出现在宋代《梦粱录》里：婚礼中新郎新娘"并立堂前，遂请男家双全女亲，以秤或用机杼挑盖头，方露花容"。①《中国地方志民俗资料汇编·华北卷·深泽县志》中记载："新妇蒙以红锦，曰'盖头'，避凶煞也。"盖头对新娘具有"隔离"的功能。维克多·W.特纳分析了成年礼仪边缘阶段的特性，认为："新人（这里指的是参加成年礼仪的人）不仅是在结构上'不可见的'（虽然在形体上是可见的），而且在仪式上是'污

---

① （宋）吴自牧：《梦粱录》，浙江人民出版社 1984 年版，第 189 页。

染性的',所以他们总是被隔离,部分地、完全地与文化上有规定
有秩序的状态和地位的领域隔离开……新人有时据说是在'另外
一个地方',有肉体的'实在'但没有社会的'实在',故而必须
给藏起来,因为见到不应当出现的东西,那是自相矛盾,丢脸的
事!他们如果不被迁入神圣的隐匿的场所,就会被化妆,戴上假
面具,穿上奇形怪状的服装,或是全身抹上白土、红土或黑土,等
等。"① 新娘在婚礼过程中处于一种边缘状态,是"污染性"的,
容易受到邪魔侵害,同时自身也有侵害他人的力量,因此要用盖
头将其进行象征性地隔离,以此保证新娘不受伤害,也不伤害
他人。

新娘障面的面巾有许多品种,如披头的红巾、凤冠、手帕、纸
扇、蔽膝、帏帽、面衣等,统称为"盖头"。有的四周缀以铜钱,
有的饰以彩穗,有的还绘有龙凤、牡丹、鸳鸯戏水等图案。且各个
时期的材料、尺寸、格式、用法及礼俗都不同。如东汉魏晋时期新
娘以"蔽膝"遮面。《酉阳杂俎》说:"女将上车,以蔽膝覆面。"
到了唐代,新娘障面的品种更多,有帏帽、皂罗、覆盖全身的面罩
如等。"帏帽"又称"帷帽",外形如同竹笠,边缘垂有流苏彩穗,
长及眉目之间,可遮阳覆面障风尘,平时女子外出远行多用,出
嫁时则用来障面,此俗在隋唐时期非常普遍。所以女子出嫁时用
来遮面,既可以遮挡风尘,又美观大方,并不妨碍婚礼活动,故至
宋时仍保留此习俗。② 在色彩的选择上,也有多种。古代人喜欢黑
色,所以最初的盖头是黑色。后来以红色为喜庆之色,出现"红
盖头""兜红巾"等说法。

"文化大革命"期间,由于"破四旧,立四新",红盖头的习
俗遭到禁止,改革开放后,许多农村地区又悄然兴起,并出现了

---

① 史宗主编:《20 世纪西方宗教人类学文选》,上海三联书店 1995 年版,第 517—
518 页。

② 许星:《中国古代民间婚礼仪俗中的着装风俗初探》,《苏州丝绸工学院学报》
1998 年第 6 期。

许多变异形式。山东枣庄农村婚礼中，挑"蒙头红子"仍是一个重要程序。在我国许多农村地区，新娘还可以用扇子遮面，如折扇、团扇等。结婚时，新娘必须一直将扇子拿在手中，遮于面前，直到整个婚礼完成，亲友退出新房后，新娘才可将扇子放下，古语称为"却扇"。泉州南安地区，新娘到达新郎家门口，伴娘或长辈要用竹笠遮在新娘头上，据说是为了纪念洪承畴母亲的"头不顶清朝天，脚不踏清朝地"的誓言。

（三）婚礼用品的符号意义

1. 门

门在婚礼仪式中具有空间分割的阶段性标志意义，婚礼是一种重要的人生礼仪，民间将婚礼通俗地称为"过门"，"过门"与"未过门"是新娘身份认可的标志，是衡量婚事是否完成的标志。有些地方还保留着婆婆给新娘"过门银子"的习俗，也正是采取了门的这一意义。

范·盖内普在《通过仪礼》中提出"通过仪礼"理论，指出"这些仪礼具有共同的意义，就是都可以使人实现从一种社会状况向另一种社会状况的转变。从这个意义上看，这些仪式过程都向人们展示三个阶段，即'脱离仪式''转变仪式''合入仪式'"①。

婚礼过程中有两道门，即从女方家门走出，又从男方家门进

---

① 钟敬文：《民俗学概论》，上海文艺出版社 1998 年版，第 15 页。

入，门在这个过程中成为重要的身份转化与蜕变的地域。新娘踏出娘家大门，意味着她与旧有家庭和群体关系的脱离，象征着原有身份的死亡，相当于"脱离仪式"。跨进男方家门，则意味着与男方家庭群体的融合，新身份的生成，属于"合成仪式"。在出娘家门、进婆家门之间，也就是迎亲途中，新娘是处于一种"阈限"临界状态，不同于过去，也不同于未来，是一种神圣的仪式空间。因此，在这个过程中，有着种种的禁忌和象征仪式。"转变仪式"是一个进行改造的过程，"因为受礼者进入了一种神圣的仪式时空，它处于中间状态，不同于过去和未来那按照世俗社会生活范畴构造起来的时空。在这个阈限期蕴含着创新的象征意义"①。关于门的象征仪式主要表现为两种形式，一是对于幸福平安的正面追求；二是对于凶邪之物的避讳。在具体的风俗中，更多的则是二者的杂糅，其中既有对幸福的正面追求，也有对凶邪的驱除。

山东高密、平度一带，新娘上轿时即在花轿内放上一把斧子，来到男方门前时，婆婆要用衣服的大襟将斧子兜进门来，俗称"兜福"。华北农村在大门口放置一盆火，让新娘迈过去，寓意婚后的日子红红火火。

婚礼中还有迎亲入门时驱避凶邪的风俗，例如撒豆谷，《事物纪原》载："汉室京房之女，适翼奉子，奉择日迎之。房以其日不吉，以三煞在门故也。三煞者，谓青羊、乌鸡、青牛之神也。凡是三者在门，新人不得入，犯之损尊长及无子。奉以为不然，妇将至门，但以谷豆与草禳之，则三煞自避，新人可入也。自是以来，凡嫁娶者，皆置草于门阃内，下车则撒谷豆，既至，蓐草于侧而入，今以为故事也。"这段文字详尽地记述了"撒豆谷"这一习俗产生的原因，为了解除"损尊长及无子"的禁忌。在陕西关中地区，也是在新娘的花轿到新郎家门口时，一提斗之人将所装的麸皮、谷草秆、核桃、红枣向走出轿门的新娘身上撒去。撒谷豆也有祈

---

① 钟敬文：《民俗学概论》，上海文艺出版社 1998 年版，第 61 页。

吉祝福之意，撒谷豆时，可以吟唱《撒草歌》："一撒麸，二撒料，三撒新媳妇下了轿；一撒金，二撒银，三撒新媳妇进了门；新媳妇，好脚手，走路好像风摆柳；今年娶，明年抓，生下个胖娃叫大大。"现代已演变为向新婚夫妇撒五彩纸屑以示祝福。

撒豆谷习俗属"厌煞"仪礼中的一种。婚礼中还有很多类似的"厌煞"习俗，《新修大埔县志》记载："及至男家，门首有好命者二人伫立接灯。新郎立于祠外，俟轿至以扇击轿顶（俗云愈响愈好，可使神杀避去，一笑），以手扯红笺，以足撩轿帘，于是新娘出轿。将至门，由好命老妇用火把烧桃枝、茅红，新郎新娘跨门检（槛）而入，俗说不可踏门检（槛），恐后来夫妻反目。"这一习俗包含了许多驱邪的内容，如"灯"可以驱邪，"好命老妇"是受古代社会"互渗"观念的影响，实际上是一种巫术的理念在婚礼中的运用，希望通过"好命老妇"的参与使新人得其"好命"。另外，"烧桃枝、茅红"为一种"辟邪"仪式，是对新人的保护，也有对于日子越来越红火的祝福。"不可踏门槛"则关系到夫妻之间的关系和睦，属于门禁忌中的一种，是"交感巫术"中"消极巫术"在婚礼中的体现，人们认为一旦新人踏了门槛，便会导致婚后夫妻关系"反目"。①

在传统婚礼中，有关门的仪式还具有祈求生育的象征意义。如"撒豆谷"中的"豆谷"有生命力蓬勃发展的象征；"厌煞"仪式中出现的"灯"，音同"丁"，明显表达了祝福新人家庭人丁兴旺的意思。在粤东潮州一带，新娘来到男家时，必须举行踏烟火仪式，并且有人在一旁诵唱祝词："新娘举步踏火烟，早德麒麟是男孙。……儿孙金马与堂客，五代同堂孙抱孙。""阿娘玉步进房中，琴瑟合鸣早得男。夫荣妻贵同偕老，子子孙孙掌朝纲。……老君来送麒麟子，代代儿孙做公卿。"②祝词表达了早生贵子、多子多福的祝愿。

---

① 齐玲：《门在传统婚礼中的文化内涵》，《湖北广播电视大学学报》2009 年第 2 期。
② 胡朴安：《中华全国风俗志》（下编），河北人民出版社 2006 年版，第 53 页。

2. 筷子

筷子在婚礼中是一种吉祥物，是一种好彩头，筷子谐音"快子"，有祈求人丁兴旺之意。陕西农村地区婚礼有丢筷子、拾筷子的习俗。新娘离开娘家时，要边哭边把一双筷子扔在地上，意为新娘从此不在娘家吃饭，嫁出去的姑娘泼出去的水。新娘到了婆家，要从地上拣起一双筷子，意为新娘从此成为婆家人，要与婆家同甘共苦，同时要精打细算，节衣缩食，承担家庭做饭的任务。拾筷习俗也成为教育新婚夫妇勤俭持家的一种象征性仪式。陕西有些地区，有人在锅里丢一双筷子，婆婆要唱："新娘见筷子，明年抱太子。"

青海河湟汉族地区，女儿出嫁时也有丢筷仪式，是由新娘的父亲或兄长，或直系血统的男性来丢撒筷子，筷子必须是新筷，要丢在房门外。丢筷时，赞礼者同时还要高唱祝福词：

> 一撒洞房一世如意，一世昌。
> 二撒新郎新娘上牙床，二人同心福寿长。
> 三撒新人心意好，三阳开泰大吉祥。

从婚嫁歌可以看出，撒筷寓意女儿虽出嫁，但禄粮仍留家中，男女双方皆家道兴隆，吉祥如意。青海东部地区，撒筷由新娘自己边走边向后丢，最后一双筷子则要插在马鞍上，带到婆家去。

什祁山区汉族结婚，新娘由兄弟背出大门，上花轿前，娘家人向轿子四周抛撒红筷子，有时筷子也不染色，用红纸包好，撒时拆开红纸包，向四周撒。这时，新娘要唱：

> 筷子落地十二双，根根筷子放红光，
> 哥哥捡到买田庄，兄弟捡到做文章，
> 妹妹捡到买衣裳，嫂嫂拾到攒私房，

女儿出嫁别爹娘，筷子撒出人财旺。

送亲和围观的人会抢拾筷子，当地人认为捡到一根交好运，拾到一双更吉利，也增添了一些喜庆气氛。

河南安阳农村地区有结婚偷筷的习俗。迎亲时，男方可以偷女方家中的筷子、茶杯等，送亲的人员到男方家，也可以偷碗筷之类的物品，新娘回门时，双方可交换所偷之物。当地俗称"偷富"，偷了筷子双方都可以很快富起来。

云南汉族农村地区的陪嫁物品中要有两双筷子，筷子是用艾蒿秆削制而成，当地人称"艾筷，艾筷，小俩口定会恩恩爱爱"。

山东东北农村地区，新郎到新娘家迎亲，要吃新娘父母为其准备的饺子，吃完饺子后要把筷子揣在怀里，当地人认为"筷子"谐音"快子"，寓意为早生贵子。

湖北神农架地区，新娘上轿前，要由舅舅把她放在量谷的斗上，新娘站在斗梁上面，将筷子"唰"的一声撒落在娘家堂屋上，寓意娘家盼新娘快快生子。

宁夏隆德汉族农村地区，新娘出娘家门时，娘家要抛出一双筷子，表示从此减去一个吃饭的人，减去一双筷子。迎亲人要将筷子捡回，交给婆婆，寓意为婆家增加一个吃饭人，多了一双筷子。在此，筷子象征着新增或减少的人口。

3. 刺绣

农村地区传统的陪嫁物品中绣品是其中重要的一类，尤其在一些床上用品中，如床单、被面、枕巾、枕套上都绣着具有特殊象征意义的图案，表达人们祈福、求子的意愿。江苏地区的女性出嫁前要为自己亲手绣制绣衣、绣帕、彩带、绣鞋、肚兜等，表达自己追求幸福的美好愿望。

嫁妆中被面的图案多是精心选购的，以鸳鸯戏水图居多，鸳鸯比喻忠贞的爱情和美满的婚姻，象征夫妻之间恩爱无比、和谐美好，此外，鸳鸯属雁形目鸭科，与古代以雁为聘礼有关。在鸳鸯旁边多配以象征富贵的牡丹及各色花草，有的还配有蝙蝠和云气，民间通常称五只蝙蝠为"五福"，《尚书·洪范》记载的五福："一曰寿、二曰富、三曰康宁、四曰攸好德、五曰考终命。"民间五福则是"福、禄、寿、喜、财"的象征。牡丹是"花中之王"，是大富贵的象征，单独或与动植物等物品组合，可以表达"富贵绵绵""和气富贵"的寓意。如牡丹与花瓶的组合，象征"平安富贵"，牡丹与凤凰组合成"凤穿牡丹"，象征夫妻恩爱、白头到老。凤凰也是刺绣图案中象征美满婚姻和幸福生活的符号，如"龙凤戏珠""凤求凰"等都表达了对两性情感交融和谐的祝愿。

江南农村地区的婚礼上，新娘要穿"踏婿鞋"和"踩堂鞋"。"踏婿鞋"是新娘下轿，首次进夫家门必须换上新郎的鞋子走进去，"鞋"谐"偕"音，取偕老，白头到老之意。"踩堂鞋"指女子结婚拜堂时所穿的鞋，也有些地方则指新娘从上头到开脸时所穿的鞋。开脸后，要另换鞋，将"踩堂鞋"扔到床底最里边，让其烂在床底，不见人，以示新娘此生不二次嫁人。民间有说法称"踩堂鞋"早烂早生孩子。这些婚鞋多刺有花草图案，如由蝙蝠、寿桃、荸荠、梅花等纹样组成的"福寿齐眉鞋"，以祝愿新婚夫妻"福寿双全""举案齐眉"，还有一种由玉兰、海棠、芙蓉、桂花等图案组成的"玉棠富贵"鞋，寓意为新婚夫妇祝福的吉祥之意，还有"牡丹"和"梅兰竹菊"等图案，寓意为富贵、纯洁和守贞的意思。

有的地区新娘新婚当天要穿肚兜，肚兜的图案多以金鱼为主体，多为两条水中戏闹的金鱼。《史记·周本纪》中记载周王朝有鸟、鱼之瑞，可见，当时鱼已经成为祥瑞的象征。古人认为鱼多子，有超强的繁殖能力，鱼离不开水，元代刘庭信《新水令·春恨》记载："几时能够单凤成双，锦鸳作对，鱼水和谐。"后世人们用"鱼水合欢"比喻夫妇好和幸福，肚兜上绣制的两条金鱼，具有合欢和繁衍后代的双重意义。

此外，表达求子意愿的图案还有麒麟送子图，这种图案多绣在新床正上方的帐沿正中，是一个男孩骑在麒麟身上，一只手持莲花和如意，寓意"连生贵子"。古人认为，麒麟生性温善，不履生虫，不折生草，头上有角，角上有肉，设武备而不用，因而被称为"仁兽"，是吉祥的象征，能为人带来子嗣。晋王嘉《拾遗记》中记载，孔子诞生之前，有麒麟吐玉书于其家院，这个典故成为"麒麟送子"的来源。民间相传，在孔子的故乡曲阜，有一条阙里街，孔子的故居就在这条街上，孔子父亲孔纥与母亲颜徵最初仅有孔孟皮一个男孩，但其患有足疾，不能担当祀事。夫妇俩觉得太遗憾，就一起在尼山祈祷，希望再有个儿子。一天夜里，忽有一头麒麟踱进阙里。麒麟举止优雅，不慌不忙地从嘴里吐出一方帛，上面还写着文字："水精之子孙，衰周而素王，徵在贤明。"意为他有帝王之德而未居其位。第二天，麒麟不见了，孔纥家传出一阵响亮的婴儿啼哭声，这个婴儿就是孔子。

石榴果实多子，也常出现在婚礼绣品图案中，是民间祈子情结的体现，图案多以石榴与牡丹或与蝙蝠组成，象征多子多福、富贵吉祥，如"榴开百子""多子多福"等。

4. 宝瓶

宝瓶是婚礼仪式中祝福新人招财进宝的吉祥物，宝瓶中多盛五谷，富裕人家也有放金银的，这些东西都是财富的象征，在有关宝瓶的婚俗中，最流行的是新妇抱宝瓶。《海城县志》记载："婚娶时，贮米于锡瓶中，谓之'装宝瓶'……二少女递宝瓶于新妇，携入洞房，登床向吉方端坐，名曰'坐帐'（俗称'坐福'）。"北方地区新娘入洞房时，须有一个小女孩手拿两面铜镜，对新娘照一下，然后把铜镜挂在新娘的前胸后背，另一个小女孩递过两只锡壶，里面盛有米、钱等，新娘或抱在怀里，或夹在腋窝，俗称"抱宝瓶"，这样可以辟邪。另外，还有"倒宝瓶"婚俗。新婚夫妇见翁婆，认大小后，回屋对坐，令全福太太将两人长衣下襟扯搭在一起，中间铺一块红色包袱皮，然后将宝瓶中的五谷杂粮倒于其中，以祝丰收富裕。

5. 鸡

中国传统文化中，鸡与"吉"谐音，是阳性的象征，人们认为太阳的升起与鸡有关，雄鸡一鸣，太阳驱散阴霾。而且凤凰也是以鸡为原形塑造出来的，同样也是生命和阳性的象征。陕西农村地区婚礼仪式中有"抱鸡"的习俗，是男家本家的男孩"抱鸡"随迎亲队伍去女家迎娶新娘，当地称这个男孩为"抱鸡娃"，鸡一般为红公鸡，鸡脖上挂着麸子袋，麸子谐音"福"，女方家要在鸡脖上拴一个小馍，不能空着回去。"抱鸡娃"要想办法让鸡鸣叫，寓意让红公鸡牵引新娘的魂到男家。山东地区的"抱鸡"习俗是由女方选一个男孩抱只母鸡，图吉利。

台湾地区也有"引路鸡"这一说法，即女家事先选购一只健壮的、即将下蛋的母鸡和一只刚会啼鸣的公鸡，到姑娘出嫁这一天，父母要扯两条九尺长的红绳，一头绑住母鸡的脚，一头捆住公鸡的脚，然后放进一个大的有彩绘吉祥图案的新饭篮中，由女傧相带到新郎家。由于这两只鸡挂在车前，所以称"引路鸡"，但进男家门后，便称"夫妻鸡"。寓意是预祝新婚夫妇和睦相处，恩爱到老，还有人们认为鸡有五德（文、武、勇、仁、信），即"头带冠为文，足博距为武，敌在前敢斗为勇，见食相呼为仁，守夜不失为信"。"引路鸡"象征今后为人之妇须效法鸡德、鸡贞之意。台湾方言"鸡"与"家"谐音，因此，两只鸡还象征双方亲家"两家（鸡）亲"，九尺红绳隐喻长久之意。新娘入洞房后，媒人将"夫妻鸡"松绑，放到新婚床下。大家围在一起"观吉（鸡）兆"，看公鸡还是母鸡先出来，如果公鸡先出来，则预示先生男孩，如果母鸡先出来，人们会喊道："先生阿姐后招弟"。

河南濮阳农村地区，新郎迎娶新娘时带一只公鸡，并与女方家的母鸡拴在一起，当地有"出个公鸡，拐个草鸡（母鸡），一个儿子儿，拐个媳妇儿"的说法，这只公鸡被人们称为"拐头鸡"。

参 考 文 献

［1］王宁：《评析本白话三礼》，北京广播学院出版社1992年版。

［2］《仪礼》，中国社会科学出版社2006年版。

［3］彭林（注译）：《仪礼》，岳麓书社2001年版。

［4］《十三经注疏·礼记正义》，中华书局1980年版。

［5］《中国地方志集成·安徽府县志辑》（第39辑），江苏古籍出版社1998年版。

［6］［日］直江广治：《中国民俗文化》，王建朗译，上海古籍出版社1991年版。

［7］薛麦喜：《黄河文化丛书·民俗卷》，陕西人民出版社2001年版。

［8］黄永武：《敦煌丛刊初集》，台北新文丰出版公司1985年版。

［9］胡朴安：《中华全国风俗志》，大达图书供应社1935年版。

［10］（宋）孟元老：《东京梦华录注》，邓之诚注，中华书局1982年版。

［11］（宋）吴自牧：《梦粱录》，浙江人民出版社1984年版。

［12］尹质彬：《益阳民俗大全》，中国文联出版社2000年版。

［13］黄松：《齐鲁文化》，辽宁教育出版社1995年版。

［14］刘楚魁：《湘中民俗文化》，广州出版社2003年版。

［15］林明峪：《台湾民间禁忌》，联亚出版社1981年版。

［16］ 吴裕成：《中国门文化》，天津人民出版社 2004 年版。

［17］ 宁国县地方志编纂委员会《宁国县志》，生活·读书·新知三联书店 1997 年版。

［18］ 马之：《中国的婚俗》，岳麓书社 1988 年版。

［19］ 齐涛、吴存浩：《中国民俗通志·婚嫁志》，山东教育出版社 2005 年版。

［20］ 鲍宗豪：《婚俗文化：中国婚俗的轨迹》，上海人民出版社 1989 年版。

［21］ 晁福林：《先秦民俗史》，上海人民出版社 2001 年版。

［22］ 叶涛：《中国民俗》，中国社会出版社 2006 年版。

［23］ 高洪兴：《黄石民俗学论集》，上海文艺出版社 1999 年版。

［24］ 向乃旦：《血缘、良缘、孽缘》，人民出版社 1980 年版。

［25］ 陈国钧：《文化人类学》，台湾三民书店 1977 年版。

［26］ 孙晓：《中国婚姻小史》，光明日报出版社 1988 年版。

［27］ 乌丙安：《中国民俗学》，辽宁大学出版社 1988 年版。

［28］ 吴培德：《诗经论集》，云南大学出版社 1993 年版。

云南省婚庆行业协会
中国婚礼研究院
云南玺尊龙婚礼文化产业集团

中外新视野

婚礼丛书

群星耀眼——名人婚礼

瞿明安◎主编

瞿天凤◎著

中国社会科学出版社

图书在版编目（CIP）数据

群星耀眼：名人婚礼／瞿天凤著．—北京：中国社会科学出版社，

2016.6

（中外新视野婚礼丛书／瞿明安主编）

ISBN 978 - 7 - 5161 - 8110 - 2

Ⅰ．①群…　Ⅱ．①瞿…　Ⅲ．①结婚 - 礼仪 - 世界　Ⅳ．①K891.22

中国版本图书馆 CIP 数据核字（2016）第 109210 号

出 版 人	赵剑英
责任编辑	任　明
特约编辑	乔继堂
责任校对	张依婧
责任印制	何　艳

出　　　版	中国社会科学出版社
社　　　址	北京鼓楼西大街甲 158 号
邮　　　编	100720
网　　　址	http://www.csspw.cn
发 行 部	010 - 84083685
门 市 部	010 - 84029450
经　　　销	新华书店及其他书店

印刷装订	北京市兴怀印刷厂
版　　次	2016 年 6 月第 1 版
印　　次	2016 年 6 月第 1 次印刷

开　　本	710×1000　1/16
印　　张	14.5
插　　页	2
字　　数	202 千字
定　　价	200.00 元（共六册）

凡购买中国社会科学出版社图书，如有质量问题请与本社营销中心联系调换

电话：010 - 84083683

总　　序

　　婚礼是人类社会中最普遍的文化现象之一，只要有婚姻存在，人们在缔结婚姻关系时都要举办婚礼。婚礼的形式丰富多样，与人们的衣、食、住、行、用、娱乐、礼仪、庆典、宗教、巫术等都有着千丝万缕的联系，通过婚礼可以透视人类的整个文化。婚礼也是人们喜闻乐见的民俗事项，绝大多数的人们都会对举办婚礼很感兴趣。婚礼还是现代社会中人们关注的热点问题，从婚礼中可以窥见现代社会发生的变迁和未来发展的趋向。正因为婚礼包含着丰富的文化价值和现实意义，所以才引起众多学者们的广泛关注。

　　目前国内外学者所写的专门研究婚礼的著作分别有多种不同的类型。一是分国别的婚礼书籍，如《爱情百分百：各国的婚礼习俗》、《英国婚礼》、《美式婚礼经典》、《掀起你的红盖头：中国婚礼》等；二是分地域的婚礼书籍，如《西方婚礼》、《老上海的婚礼》、《本地华人传统婚礼》、《珠江三角洲一带华人传统婚礼》等；三是分民族的婚礼书籍，如《蒙古族婚礼歌》、《土族婚礼撒拉族婚礼》、《纳西婚礼与歌谣》、《土家族婚俗与婚礼歌》等；四是综合性的婚礼实用书籍，如《国际流行婚礼礼仪》、《现代婚礼设计》、《婚礼完全手册》、《打造最完美的婚礼》、《精明高手办婚礼》、《美满婚礼筹备手册》等；五是专题性的婚礼实用书籍，如《婚礼花艺设计》、《婚礼摄影专业技巧》、《运筹帷幄——婚礼主持

人》、《婚礼庆典主持词》、《婚礼蛋糕》等。六是涉及中外不同历史时期的婚礼书籍，如《古今婚礼》、《中国历代婚礼》、《婚礼服饰考》等。七是产生国际影响的经典婚礼书籍，如《轰动世界的婚礼：皇家罗曼史》等。

为了在前人的基础上对婚礼的研究有所突破，我们策划并组织有关学者撰写了"中外新视野婚礼丛书"，分别包括《域外奇俗——世界婚礼》、《光宗耀祖——宫廷婚礼》、《群星耀眼——名人婚礼》、《中西合璧——城市婚礼》、《仪式符号——农村婚礼》、《异彩纷呈——少数民族婚礼》等六本著作。本丛书突出学术性、资料性和可读性的有机结合，尽量使其内容显得生动活泼、通俗易懂。丛书中的每本书都需要作者在把握学术研究前沿和占有丰富资料的基础上，通过生动的文笔对与婚礼有关的习俗、现象、事例、个案和民族志等进行深入浅出的描述和解释，以满足不同层次读者对各种婚礼文化的阅读兴趣。根据现已掌握的资料，我们对不同的书提出了相应的要求，其中宫廷婚礼、名人婚礼两本书的内容需要涉及中外的婚礼；农村婚礼、城市婚礼、少数民族婚礼等三本书只涉及中国的婚礼；而世界婚礼则只写国外民族的婚礼。这些著作分别涉及全球性、地域性、群体性和个体性的婚礼文化现象，是系统深入地认识婚礼文化不可忽视的研究课题。

有关婚礼的研究是一门大的学问，需要从多学科和不同的角度入手，采用不同的理论方法进行全面深入的探讨，才能有所突破、有所创新。本套丛书只是我们开展的有关婚礼研究的起点，下一步我们将组织和整合国内对婚礼研究感兴趣的学者，对中国的婚礼开展横向和纵向相结合，综合性与专题性相结合，理论性与应用性相结合，全国性与区域性相结合的系统研究，通过一批重要的学术成果将中国的婚礼文化全面客观地呈现在读者面前，为认识了解中国婚礼的多样性和复杂性以及为追求幸福生活的人们提供高端的精神文化产品作出应有的贡献。

瞿明安

2015 年 9 月 25 日

目　　录

一　明星篇

引　言

什么是名人？怎样界定名人？对于这个问题的回答可以是多样的，多角度的。《福布斯》对中国名人的定义是：中国内地出生，活跃在娱乐、体育、文化、传媒领域的知名人士。以此类推，世界名人也是在以上所述领域的知名人士。名人还可以有以下分类：

文化名人，主要是指在文化生活中特别突出的人，对于人类的进步与人们文化境界的提高都起了重要作用的人物，他们丰富了我们的精神世界，带给我们一些有益的影响。从一定意义上讲，在拥有一支强大的文化队伍中，还拥有一支科技、教育、文学、艺术、社科、人文、体育等各方面的名人方阵，这是文化标志中的核心标志。这些文化名人，最起码应该是在全省、全国中的领军人物，是旗帜。

流行名人，主要是指那些在社会上有很大影响力的流行人物，他们带给我们更多的是物质上的审美，精神上的暂时愉快，流行在不同的方面都有它的流行风格。

城市文化名人，他们是区域性的城市文化的根本，影响着市民的生活行为方式，影响着市民的生活和价值观，最终影响到城市文化。所以，城市名人也是城市文化特色的体现。

一流的城市文化名人不仅仅是城市文化形象的重要标志，某种意义上讲他们还是整个城市形象的代表，甚至是国家形象的象征。巴尔扎克、雨果不仅让人们想到了巴黎，还想到了法国。

那么，综上，这里所写的名人婚礼应该就是活跃在世界各国的，在娱乐、体育、文化、科学、政治等领域，给人们带来精神、物质、审美、价值观等方面的影响，而且具有标志性、代表性、有特色的名人们的婚礼。

有鉴于此，本书把名人婚礼粗略分为：一、明星篇，包含演艺界和体育界明星的婚礼。由于这两个领域的明星过多，只能综合国际国内情况，精心挑选最具代表性的名人的婚礼，如英国国家足球队的贝克汉姆与辣妹的婚礼。二、文人学者篇，包含作家、科学家的婚礼，从中挑选出最具代表性的是一个大难题，因为仁者见仁、智者见智，本部分主要根据他们的影响力，所做出的贡献以及居于作者本人的偏爱。三、政坛要人篇，主要挑选独具特色的，能反映时代特色和具有特定意义的政坛要人的婚礼，如冰岛女总统的同性恋婚礼。

明　星　篇

童话故事与现实：
贝克汉姆与辣妹
的婚礼

　　1999 年 7 月 4 日，朝阳徐升，位于爱尔兰都柏林的路特尔斯顿城堡，显得格外美丽，它看上去就像是一座童话里才有的宫殿，它见证了一段童话里才有的浪漫婚礼。这一天，相识相爱两年的戴维·贝克汉姆与维多利亚·亚当斯终于将步入婚姻的殿堂。[①] 出身于普通人家庭的贝克汉姆和维多利亚，经过他们自己的努力和坚持，成功地把一个童话故事演绎成了现实，成为现实生活中的"国王"和"王后"。两人的婚礼可谓是一场"世纪婚礼"，不仅花费了巨资，还有世界各国大牌明星、名流亲自出席，这场婚礼的奢华程度堪比英国王室成员。他们奉子成婚，一家人相亲相爱，他们的结合使他们成为迄今为止世界上最有名的夫妇，也难免成为众媒体关注的焦点。尽管两人在事业、家庭上出现过这样那样的问题，他们仍相濡以沫，一路走过了 15 多个春秋，在爱情、事业上都取得丰硕成果，还有了四个爱情的结晶。更难能可贵的是，两人还不时在婚姻生活中营造浪漫，他们在结婚五周年时举办了"木婚"来庆祝，"七年之痒"时举办了他们的第三次婚礼庆典。如今，当年绿茵场上英姿飒爽的小贝已退出足坛，而维多利亚从当年的辣妹成为时尚界女王，事业进行得如日中天，四个孩子在

---

　　① ［英］格温·罗素：《贝克汉姆：未来》，苏锦译，新世界出版社 2014 年版，第80 页。

他们的精心呵护下也渐渐长大。

小贝与贝嫂如此吸引着全世界人的关注，他们年轻、漂亮、富有，而且还深爱着对方。他们就像是查尔斯王子和戴安娜王妃，唯一不同的是他们的爱情有一个美好的结局。[①] 也许这对跨界夫妇会一直这样走下去，把他们的童话故事完美地演绎下去。

（一）童话故事中的男、女主人翁

贝克汉姆被当今人们冠以各种名目，足球巨星、时尚先生、完美丈夫、温柔老爸、超级偶像，等等。然而，小贝的出身却非常平常，他是付出巨大的努力和坚持才换来以上各种头衔的。戴维·贝克汉姆于 1975 年 5 月 2 日出生在英国首都伦敦东区的埃塞克斯郡。父亲爱德华·贝克汉姆是一名厨师，兼职做一支业余球队的教练员，母亲是一名美容师。贝克汉姆的祖父是犹太人，他有四分之一的犹太血统，颇受犹太教的影响。虽然家在伦敦，全家人都是忠实的曼联队球迷，贝克汉姆从小就受到家庭氛围的影响，对足球很着迷。贝克汉姆从 6 岁起就开始梦想在温布利大球场为自己的国家效力。小时候的贝克汉姆也是个出色的越野赛跑选手，曾得过苏塞克斯越野大赛的冠军。不过他的主要兴趣还是足球，少年时参加了博比·查尔顿足球学校，因表现出色，还赢得了一次去巴塞罗那参加训练课的机会。

小贝在 1986 年曼联队与西汉姆队的比赛中，曾担任球童，他

---

① ［英］格温·罗素：《贝克汉姆：未来》，苏锦译，新世界出版社 2014 年版，第103 页。

记得自己捡起球扔回给布赖恩·罗布森，目睹了诸多大球星的风采。当时并没人想到这个小孩未来会是怎样。

在家庭和父亲的影响下，贝克汉姆不满 14 岁时如愿以偿与曼联队签订了一份学童合约，加盟了当时英国最成功的球队曼联队，成为一代名帅弗格森的弟子。1991 年转为训练生，之后不到一年就正式成为红魔队的职业球员，身穿 24 号球衣，踢右后卫。1992 年，贝克汉姆、吉格斯、内维尔兄弟、斯科尔斯、巴特等人一道，为曼联队夺取了青年足球总冠军杯。贝克汉姆之后进入曼联一队，在 1995 年足总杯决赛中，小贝传中坎通纳，坎通纳对利物浦队攻入了一粒著名的凌空球而取胜。1996 年 8 月，贝克汉姆在同温布尔登队的比赛中，打入一粒中场吊射便"一球成名"，这个球在 2003 年还被评为英超 10 年最佳进球。21 岁时的小贝，在比赛中射入一粒 60 码的进球，从而一球成名，这粒经典的进球被英国媒体评为世界体坛最伟大的 100 个时刻之一。贝克汉姆英俊的外表和一脚出色的传中给人印象颇深。之后，贝克汉姆进入了"串红期"，再加上曼联队雄霸英超以及在 1999 年的三次蝉联冠军，他一举成为了世界上最具人气的足球选手。

成名后的小贝并不是一帆风顺的。1998 年世界杯比赛中，对手是实力强大的阿根廷国家队。贝克汉姆是第一次代表国家队参加这次世界杯大赛。场上因为受到阿根廷队员西蒙尼不断的挑衅，小贝年轻气盛，踢了西蒙尼一脚报复他，而被红牌罚下场，英格兰队提前遭到淘汰，小贝顿时成了英格兰的众矢之的，他因此陷入了职业生涯以及人生的低谷时期。四年后，在同样的世界杯，同一个对手面前，小贝凭借自己的实力和执着，射进了关键的一球，从此让小贝走出挫折，成为战胜失败、力挽狂澜的足坛标志性人物。

一年之后，也就是 2003 年的英超联赛中，贝克汉姆又攻入关键一球，使曼联提前一轮夺得英超联赛的冠军。然而在这之前不久，刚刚发生了著名的飞鞋事件，贝克汉姆与曼联教头弗格森这对情同父子的师徒反目，在一场与阿森纳的比赛之后，因为0：2失利，师徒二人各执己见，言语相加，弗格森更是盛怒之下飞起一脚把地上一支球鞋踢向贝克汉姆，并正中他的眉骨，之后这场英超联赛的冠军还是归属于曼联，而这却最终没能把贝克汉姆继续留下，从小梦想着成为一名曼联球员，也真的实现了梦想，在曼联夺得六次英超联赛冠军后，贝克汉姆结束了14年的曼联生涯。贝克汉姆当时并没有意识到，那将是他在曼联的最后一场比赛，所以当时他只是感觉到开心。在自传中贝克汉姆写道，他真的希望整个职业生涯都待在曼联队，哪都不去，可惜事实却并非这样，一个球员一直待在一个俱乐部是很不容易的。离开曼联，小贝又陆续效力于西班牙皇家马德里队、美国洛杉矶银行队和法国巴黎圣日耳曼队。① 贝克汉姆在他的职业生涯中，创造了那么多的辉煌，可能唯一有点遗憾的是他没有能够代表自己的国家队，在奥运会的赛场上效力。2012年，奥运会在自己的家乡伦敦举办，虽然最终小贝没有能够入选国家队，但他还是不遗余力地为自己的家乡伦敦和奥运会做宣传，而且事实证明，有贝克汉姆参与的宣传活动，总是能够达到最大的轰动效应。比如他当时效力的巴黎圣日耳曼俱乐部，因为他的到来，原本只有大概40家电视台转播比赛，瞬间就吸引了超过140家电视媒体。②

维多利亚·亚当斯于1974年4月17日出生在英国埃塞克斯郡的哈罗市。随后她的全家搬到了赫特福德郡的戈夫奥克。她的父母托尼和杰基创立了一家成功的电器批发公司，这也是维多利亚绰号的由来——她的父亲十分富有，甚至可以开得起劳斯莱斯汽车。维多利亚从三岁起就开始学习舞蹈，她非常热爱舞蹈，每天放学都是以最快速度冲回家，换上紧身舞衣，迫不及待地去学跳舞。她每天还认真练习踢腿。而仅仅在几英里以外的地方，一个

---

① ［英］格温·罗素：《贝克汉姆：未来》，苏锦译，新世界出版社2014年版，第181页。

② 凤凰卫视记者许戈辉采访贝克汉姆。

小男孩（贝克汉姆）放学后，也是第一时间飞奔回家，换上短裤，开始练习踢球。而且两人都是16岁时离开家，去学习自己所钟爱的事，因此不得不说，这一对佳人的缘分是命中注定的。戴维和维多利亚都是在他们第一次真正见面之前就被对方吸引了：有一次电视正在播放辣妹组合（Spice Girls）的第二支单曲《说你会等我》，戴维一下子就被穿着黑色紧身衣的维多利亚吸引了；而在缘分的另一端，有一次维多利亚接受一家杂志的采访，当杂志要求她从一组足球运动员的照片中选出最吸引她的男孩时，她选择了戴维。公众对维多利亚的认识是一名歌手、词作者、舞者、模特、演员、服装设计师和商人。20世纪90年代中期，维多利亚因为作为"辣妹组合"的成员而一举成名，1996年7月被英国流行音乐杂志评为"时尚辣妹"，"辣妹组合"的歌曲也荣居流行音乐榜首。辣妹组合解散后，维多利亚开始了独自一人的流行音乐生涯，其独唱歌曲排名英国最受喜爱10首歌曲的第四。随后维多利亚作为时尚偶像在国际上逐渐获得认可，取得了成功，她为Rock & Republic公司设计的一个系列的牛仔裤也颇受人们青睐。

热力十足的英国辣妹组合曾一度风靡整个世界，就连一贯不喜欢流行歌曲的英国皇室成员都对其赞叹不已。辣妹组合解散之后，维多利亚开始单飞，代表作有Not Such an Innocent Girl等等。成为戴维·贝克汉姆的妻子之后，维多利亚·贝克汉姆见报率极高，是"话题女王"的榜首人物。维多利亚——一个内心无比强大的女人，她是曝光率最高的女星之一。她拥有令所有人艳羡的时尚事业和美满家庭，是永远的时尚偶像。

辣妹维多利亚的长相算不上很漂亮，歌唱得也一般，但她拥有对时尚极度敏感的嗅觉，她的脑子里不仅有英俊的贝克汉姆，更多的是关于演绎时尚的灵光闪念，她有很多出奇制胜的招数去捕捉流行的动向。根据英国杂志More所做的读者调查显示，"贝克汉姆嫂"或"贝嫂"维多利亚成为英国女生崇拜的首选，同时亦是她们心目中的最佳衣着女星。话题女王维多利亚无疑是时尚的领军人物。维多利亚作为国际认可的封面时尚偶像而取得越来越多的成功。

维多利亚每周都要连续工作7天，但是一般人除了知道她整天购物外，根本看不到别的。就拿她的香水来说，从设计到上市，甚至包括瓶子款式的细枝末节她都亲力亲为。和很多名人不一样，她代言的产品都是付出心血的结晶。维多利亚"自主研发"属于自己的时装品牌，陆续推出了一些单品，为通过美国进军世界时尚舞台而热身。其品牌名称dVb——是David & Victoria Beckham头一个字母的合写，旗下的产品主要有太阳镜、香水、休闲牛仔服装等，这个系列的时尚用品主要在英国和美国销售。针对日本市场，维多利亚还专门设计了手袋盒珠宝，专供一个名叫Samantha Thavasa的商店销售。除此之外，她还出版了两本畅销书，一本是《维多利亚自传》，另外一本是时尚指南书。维多利亚还参与了电视的拍摄工作，拍了5个纪录片，是有关她的真实生活，内容包含贝克汉姆的太太、真实的贝克汉姆一家以及维多利亚·贝克汉姆到美国等，另外她还在美国电视系列剧《丑陋的贝媞》中饰演一个配角，当过电视节目《逃生》的客座裁判等。2007年维多利亚被国际知名杂志《魅力》评选为"年度风云女人"。然而，有名的"毒舌"时装设计师Mr. Blackwell同年发表了"尖酸刻薄"的"十大最差衣着"，辣妹位居榜首。对于辣妹的时尚，尽管每个人的看法不同，但她是时尚女皇的地位却已深入人心。

（二）"王子"与"公主"相遇

1997年对于贝克汉姆来说，是富有意义的一年，因为女人在

他生活中的位置在这一年发生了巨变，就是在这一年他遇到了绰号"高贵辣妹"的女艺人维多利亚。现在很多人都已经忘记，当戴维和维多利亚初次相遇时，她已经是红遍世界的歌坛巨星，而他只是个初出茅庐的年轻球员。维多利亚的辣妹组合是有史以来最成功、专辑销售量最高的女子流行音乐组合之一。在那个时候，戴维和维多利亚还没有意识到自己有多么的幸运。当娱乐明星遇到足球运动员，这看上去真的是一个完美的组合。① 当年 24 岁的维多利亚和 23 岁的贝克汉姆的恋情可以说是传奇式的罗曼蒂克。他们俩在 1997 年 4 月相识前，贝克汉姆只是偶尔看一看辣妹乐队的演唱录像，当时，他曾指着荧屏上的维多利亚对队友内维尔说："那就是我要娶的姑娘。"② 那时，维多利亚刚与交往了两年的男朋友，花商马克·伍德分手。

　　一次，当维多利亚接受记者采访时，她回忆了与贝克汉姆初识时的一段颇有意思的对话。维多利亚说，她当时对贝克汉姆说，她认为踢足球真无聊，贝克汉姆回答她说，他认为辣妹的音乐没有多少味道。然而，这两个当初似乎不可能走到一起的年轻人竟然很快坠入情网。他们第一次真正见面是在 1997 年 3 月。维多利亚对足球不感兴趣，但是她的同伴"运动辣妹"梅兰妮·切斯霍姆则热爱足球。这天梅兰妮决定和西蒙·福勒一起到老特拉福德看球赛，当维多利亚听说戴维也会上场后，她就决定要和他们一同去。戴维是如何发现他想见的人也在现场的呢？因为观众中爆发出了一阵嘘声——要知道梅兰妮是利物浦队的球迷。戴维询问别人到底发生了什么，结果他听到了令他欣喜若狂的事——辣妹组合中的两位正在比赛现场。"我跳起来问道：'是哪一个？是哪一个？'"戴维回忆说，"但是没有人认得，于是我只得强迫自己把注意力转移到比赛上。"③ 比赛结束后，他们都来到了球员休息室。

---

① ［英］格温·罗素：《贝克汉姆：未来》，苏锦译，新世界出版社 2014 年版，第 18 页。

② 同上。

③ 同上书，第 19 页。

尽管戴维非常渴望见到维多利亚，但是生性腼腆的他差点就把机会搞砸了。后来维多利亚和梅兰妮回忆起了当时的情况：戴维太害羞了，他根本没有勇气去接近他渴望已久的女孩。最终还是维多利亚迈出了第一步，她落落大方地走到戴维身边问："这场比赛感觉不错吧？"① 贝克汉姆很腼腆，没说什么话，只是上下打量着辣妹，但是最后小贝还是鼓足了勇气，邀请辣妹共进晚餐，两人交换了电话号码，于是两个人的恋情就开始了，那时小贝的名声远远不及辣妹的大。

娱乐界的历史就这样改变了。"我相信一见钟情，从我第一次见到他时，我就知道他是我希望可以共度余生的男人。"② 这是维多利亚回首第一次与贝克汉姆见面情景时说的。从一开始，戴维和维多利亚就经常要面临分离的情况。甚至在他们再次重逢之前，维多利亚还要随辣妹们一起到纽约工作。在这段关系刚开始时，戴维和维多利亚之间最重要的纽带其实是手机，因为在不能见面的日子里，他们只能借用手机保持联系。此后，两人电话频繁，有时一天要打上十几次，最长的一次竟有 1 个小时之久！为此，曼联队的主教练弗格森曾训斥贝克汉姆使用他的移动电话的时间太长。

当时史蒂夫·亚斯皮也在球员休息室中，他成为了这一重大事件的见证人，史蒂夫可真够幸运，要知道这可能是世界上最浪漫的名人故事的开始啊。史蒂夫在回忆当时的情况时说，他完全可以看得出戴维和维多利亚对彼此很有感觉，"当时的情况真的是'望眼欲穿，旁若无人'啊，他们完全就是一见钟情。辣妹发现戴维在看她，于是她就径直走了过去，在这之后他们就完全醉心于彼此了，真是一对让人羡慕的伴侣啊。我还记得老特拉福德那间球员休息室非常拥挤，尽管气氛很热闹，但是戴维仍旧紧

---

① ［英］格温·罗素：《贝克汉姆：未来》，苏锦译，新世界出版社 2014 年版，第 19 页。

② 同上。

张极了。辣妹和梅兰妮得到了很多人的关注，但她一直在寻觅着，好像在找什么特别的人，事实上如同大家后来知道的，戴维也在寻找她呢。戴维点了一杯橘子汁坐在那里，而辣妹则在喝红酒，她看到戴维就走了过去"。① 对于小贝来说，维多利亚所有的一切都好，尽管世界上有很多漂亮的女人，但是对于他来说只有维多利亚。贝克汉姆在他的自传中写道："我希望她嫁给我，因为我爱她的一切，她的样子，她的身材，她的性格，她的幽默感，我觉得她是我所见过的人里我最了解的一个，而且我们总是能够相互理解。"②

辣妹组合的经纪人西蒙·福勒，他最不希望戴维和维多利亚的恋情曝光。最初，福勒也希望可以通过他们的恋情达到宣传的作用，不过福勒比其他人更有远见，他预料到公众的反应会太过于热烈。在查尔斯王子和戴安娜王妃童话般的爱情破碎后，公众的信念倒塌了，很明显他们需要看到一对爱情美满的名人情侣，否则他们可能就再也不相信爱情了，而戴维和维多利亚的关系正好可以满足公众的心理需求。结果正如福勒所预料的那样，公众过于强烈的关注甚至威胁到了这对世上感情最牢固的名人夫妇。随着感情日渐升温，戴维和维多利亚开始分享自己对另一半的感觉，并且表示同为名人的经历让他们更容易互相理解和包容。"在我们见面之前我就喜欢戴维，"维多利亚说："我并不是被他的名气所吸引，但是随着我们越来越了解彼此，我们发现这其实是一件好事。我们同样有名，吸引同等的注意力，我们在一条船上，这让我们更容易相互理解。我们过去常常为了秘密约会而乔装打扮——戴上帽子、眼镜以及穿着各种各样滑稽的衣服。"③

---

① [英] 格温·罗素：《贝克汉姆：未来》，苏锦译，新世界出版社 2014 年版，第 20 页。

② 同上书，第 22 页。

③ 同上。

　　1998 年 1 月 24 日是两人的大好日子，当时他们约好在柴郡的一家酒店吃午餐，踌躇满志的贝克汉姆预订了 30 支玫瑰，在维多利亚抵达时奉上。维多利亚回忆未婚夫求婚的过程时说："他突然取出戒指，单膝下跪，说：'维多利亚，嫁给我吧！'我热泪盈眶，反问他：'你会娶我吗？'"贝克汉姆随即为她套上价值 4 万英镑的钻石戒指，之后他们宣布订婚。

　　他们如胶似漆的爱情让两人在举行婚礼之前，就已经有了爱情的结晶——儿子布鲁克林。儿子的诞生使他们更加互相爱慕，并一直和睦相处。由于两人从事不同的职业，他们在一起的时间并不是很多，但他们总是保持甜蜜的恋情，比如，贝克汉姆到饭店用餐时还打电话向维多利亚咨询他该吃些什么。

　　戴维·贝克汉姆和维多利亚·亚当斯在爱尔兰的首都柏林举行了豪华的婚礼，使他们被媒体炒了两年多的罗曼蒂克式的恋情达到了高峰，也有了结果。1998 年 1 月 25 日，外人眼中的这对"金童玉女"缔结婚约，1999 年 7 月 4 日，两人奉子成婚，婚后的两人被媒体并称为"辣妹和小贝"。

　　贝克汉姆与维多利亚从一见钟情，坠入情网，到热恋，与小贝传球的速度一样，不久，维多利亚就怀上了小宝宝。贝克汉姆拿着自己骨肉的 B 超图，快乐得流下了眼泪，两人决定在生下"小贝克汉姆"后立即结婚。布鲁克林出生于 1999 年 3 月 4 日。有人推测，贝克汉姆给他起这个名字是为了纪念纽约的布鲁克林区，因为维多利亚是在那里怀孕的。布鲁克林从小就深受父母辣妈辣爸的宠爱，一次他收到了有生以来最昂贵的生日礼物，价值 2.2 万英镑的迷你悍马越野车，这是因为小贝自己买了一辆，儿子看到小贝的车之后也想拥有自己的，所以小贝便满足了他这个愿望，难怪这对夫妇会如此宠爱儿子，因为他们当时在各自领域已经是名声大噪，腰缠万贯。当布鲁克林在马德里上学的时候，小贝还曾经为了接送孩子上学花 117 万英镑买了一辆号称是世界上最快跑车的兰博基尼，这辆白色的运动型跑车时速高达每小时 190 英里，相当于每小时 310 公里。

布鲁克林非常喜欢小动物，情人节的时候维多利亚到马德里与贝克汉姆团聚，逛街时布鲁克林看中了宠物商店展示的小海龟，贝克汉姆二话没说就当场买下。维多利亚曾带着布鲁克林和罗密欧到离"贝金汉宫"①不远的商店去购物，布鲁克林一眼就看中了在鱼缸中游来游去的金鱼，不过布鲁克林对妈妈说是 18 个月的弟弟罗密欧想要。禁不住小机灵鬼的央求，维多利亚最终只好带着三条金鱼、一个鱼缸和一些鱼食回家。知道布鲁克林为这三条金鱼起了什么名字吗？答案是"费迪南德"、"菲戈"和"罗纳尔多"，三条金鱼竟然变成了贝克汉姆曾经的队友。很多人都问小贝儿子会不会继承父业？对于这一点，小贝自己也没有过多的想法。有一点是可以肯定的，贝克汉姆自己的确是挺想把足球事业变成家族事业，早在英国曼联球队效力时，小贝就将自己的球鞋上绣上了儿子的名字，之后每出生一个儿子，小贝都会将他们的名字绣在球鞋上，这也包括自己的爱妻维多利亚。小贝对家人的爱之深由此可见一斑。

其实，"大公子"布鲁克林在 5 岁的时候曾经进入英国一家传统体育学校上学，只是后来和父亲一起来到西班牙而终止了学业。在 2004 年的一场西班牙对德国的比赛之后，心情大好的小贝带着大公子和二公子参加了球队的恢复训练，其中大公子一时技痒玩起了颠球，举手投足之间已见乃父风范。或许有一天布鲁克林会突然跑到小贝和维多利亚面前说，我不想上学了，我想踢球！那时估计不仅仅是小贝夫妇想阻止已经来不及，整个世界的新闻传媒都要将布鲁克林笼罩在镁光灯下。

---

① 这是戴维与维多利亚的爱巢，是一座庭院，共占地 24 英亩，带有一个室内游泳池，总价值 250 万英镑，人们随后给他们的这座豪宅起了一个响当当的名字——"贝金汉宫"。

（三）童话变成现实："国王"与"王后"的婚礼

1999 年 7 月 4 日，朝阳徐升，路特尔斯顿城堡显得格外美丽，它看上去就像是一座童话故事里才有的宫殿，并且将要见证一段童话故事里才有的浪漫，相恋两年多并生有一子后，英国足坛巨星贝克汉姆与歌星维多利亚的婚礼在位于爱尔兰都柏林的这座宫殿举行了。他们俩豪华的婚礼堪称"举世瞩目、轰动一时"，让在他们之前不久举办的英国爱德华王子和王妃苏菲的婚礼也相形见绌。贝克汉姆之所以选择这座具有古典浪漫气息的城堡作为他们举行婚礼的场所，是因为历史上和亚当斯同名的维多利亚女王曾在这里完婚。举世瞩目的贝维之恋有一个童话般的婚礼，他们要在这具有特殊意义的一天成为"国王"和"王后"。

根据西方风俗，新娘和新郎在结婚前的那个晚上是不能见面的。在婚礼的前夜，维多利亚和贝克汉姆在古堡里必须分开度过。按照常规，新郎还有一个传统的婚前"单身告别聚会"，这个只有男人参加的聚会预示着准新郎的单身时代即将结束。贝克汉姆和他的曼联队友及其他的一些朋友聚在一块喝了点东西，但这次男人们的聚会并不疯狂，大伙儿都有些累，于是不久就散了。到凌晨 2 点时，贝克汉姆还是很清醒。他突然有些发愁，担心在结婚仪式上他会忘记自己的讲话稿，于是他给特意聘请的一位婚礼协调员琼斯打了电话，希望他能帮帮自己。琼斯很快便来到了贝克汉姆的房间，拉了一把椅子坐在贝克汉姆面前，充当他的听众。当贝克汉姆背讲话稿时，琼斯不时地打断他并发表评论，还不停地摆弄椅子，尽可能地使贝克汉姆学会如何面对可能出现的窘迫处境。这一切都结束后，贝克汉姆就已经被他搞得筋疲力尽了。

第二天一大早，贝克汉姆在走廊上走来走去，想缓解一下紧张的情绪。无意间他来到了伴郎——曼联的队友加里·内维尔的房门外。他听到加里·内维尔的房间里有人正在说话，原来是和他一样紧张的内维尔正站在镜子前面，手里举着一罐除臭剂假装麦克风，并将它放在胸前，练习自己的讲话稿。贝克汉姆轻轻推门进去，两人相视一笑。内维尔是贝克汉姆最好的朋友，无论在曼联还是国家队，两人都是右路中后场的最佳搭档。内维尔非常重视好朋友的这次婚礼，他甚至平生第一次修饰了指甲，这使贝克汉姆深感荣幸。接着，贝克汉姆和他驱车来到了都柏林最好的一家高尔夫球场打球。而维多利亚的伴娘、她22岁的妹妹路易丝和自己的女儿以及贝克汉姆16个月大的侄女在一起扮成花使者和天使，做着游戏。

婚礼终于如期举行。当地时间下午两三点钟的时候，天空晴朗如洗，城堡外人潮涌动。贝克汉姆的球迷穿着曼联的红色队服来参观偶像的婚礼，维多利亚的不少歌迷也高喊着维多利亚的名字赶来助兴。虽然只有《OK》杂志获得了独家报道权，很多媒体的记者也都配备了超长焦距的照相机和摄像机来到城堡。被邀请的嘉宾这时也陆续赶到。这些社会各界名流，都是坐着豪华的名车而来，还有许多是乘直升机而来。按照贝克汉姆和维多利亚这次盛典的规定，男士都身着特别指定的黑色西服，女士都穿上了礼服。

爱尔兰的大主教保罗·科尔顿主持婚礼，他身着一件暗紫色的长袍提前到了古堡，他是爱尔兰12位大主教中的一位。英国当地时间7月4日下午4时整，24岁的贝克汉姆和25岁的维多利亚的婚礼正式开始。参加教堂这一仪式的只有贝克汉姆和维多利亚的家人以及这两人最亲密的朋友共29人。历时35分钟的仪式非常顺利，只是有一个小插曲：当牧师问维多利亚"你是否愿意服从你的丈夫戴维·贝克汉姆先生"时，一直高扬男女平等大旗的女权主义者维多利亚并没有回答"服从"，而是用颤抖的声音回答"我愿意"。

交换戒指后，贝克汉姆和维多利亚深情地拥抱在了一起，流出了幸福的热泪，后来在迎接礼宾时他们也在不停地抽泣，甚至将礼服都搞脏了，直到餐后甜点端上桌之前，才去换上新的礼服。

当地时间晚上8点，宾客们来到在城堡地面支撑起来的巨大华盖之下，参加晚宴。与此同时，漂亮的烟花在夜空中飞舞，乐队也开始奏乐，其中还有"辣妹"组合的歌……整个城堡里都洋溢着童话般的气氛，非常浪漫。

等到贝克汉姆和维多利亚换好礼服重新回到婚礼大厅时，宾客们都为这对新人准备了特别的礼物，他们让贝克汉姆和维多利亚一起坐到一对足有一个人那么高的大椅子上。更有意思的是，婚礼仪式刚一结束，他们可爱的儿子布鲁克林就立即成了主角，而贝克汉姆和维多利亚则被晾到了一边。维多利亚和贝克汉姆之所以选择爱尔兰的拉特勒尔斯城堡庄园作为他们举行婚礼的场所，是因为历史上和亚当斯同名的维多利亚女王曾在这里完婚。出身于平民家庭的他们发誓要当一回国王和王后，庄园占地560英亩，近500年的历史中也仅仅记录和见证了英国的维多利亚女王、格雷斯·凯利等少数名人富豪的婚礼。

婚礼中的每一个场景都请专人精心设计。维多利亚的母亲杰姬·亚当斯激动地目睹了女儿出嫁的梦幻般的过程，她说："如果要打分的话，这场婚礼得打150分！"[①] 如此这般，童话故事里的"王子"与"公主"如愿以偿地成为了"国王"和"王后"。这场婚礼有以下突出特点：

这场世纪婚礼的豪华程度的确堪比王公贵族，全部开支高达600多万美元。新娘的香槟色婚礼服价值6万英镑，是由华裔美国服装设计师王薇薇的杰作，她曾以为名人莎伦·斯通设计和制作

---

① 司徒佩琪：《贝克汉姆画传》，http://we.sportscn.com/viewnews-732392.html，2011年2月22日。

粉红色婚礼服而出名；新娘戴的金色巴雷特小王冠和一颗钻石价值 10 万英镑；光是新娘维多利亚的婚纱也花去了 6 万英镑；新娘婚礼上手戴一枚 18 克拉的钻戒，上面有三颗长方形钻石支撑着一颗马眼状钻石；新娘腰上戴着一条黄金腰链；新郎送给新娘的结婚礼物是一对祖母绿宝石耳环，新娘则送给新郎一只宝玑手表作为结婚礼物；这场庆典至少花费 50 万英镑，包含布置婚礼会场用的鲜花、绸缎、绿色植物以及晚餐的食物、酒水等；此外，这场婚礼被认为是英国历史上最盛大的名人聚会之一，婚礼当天有 300 名客人被邀请出席，而且绝大多数都是社会各界名流，共 236 位，其余客人为新郎新娘双方的至亲家人和朋友；受邀参加这次婚礼的名流有英国国宝级歌星艾尔顿·约翰和乔治·迈克尔；曼联队的大部分成员和国家队的一些队友也被邀请参加；辣妹组合的其他成员以及梅兰妮·布朗的丈夫杰米·古扎尔和他们的女儿菲尼克斯·凯也如期而至；根据一家媒体分析显示，参加这场婚礼的宾客的总身家超过 5 亿英镑，就连英国足坛名宿、德高望重的鲍比·查尔顿爵士也出席了婚礼，遗憾的是，歌星艾尔顿·约翰因为身体原因没能到场。

当然，小贝夫妇也非常具有商业头脑，他们把婚礼独家摄影权卖给了《OK》杂志，让这家杂志为他们独家拍摄这场梦幻般的世纪婚礼，小贝夫妇为此赚了 100 万英镑。贝克汉姆和维多利亚这么做是为了摆脱狗仔队，同时也是为了把结婚照拍得更好一些。这笔钱一部分用在了准备婚礼和布置一些安全措施上，剩下的都捐给了慈善机构。由于贝克汉姆和维多利亚这对新人如日中天的名气和受关注度，《OK》杂志的 100 万英镑花得相当值。该杂志前任编辑马丁·汤森德说："平常，《OK》一个月能卖到 50 到 60 万册。而第一次报道戴维和维多利亚的婚礼，杂志就卖了将近 200 万册。实际上，这一个月内我们差不多卖了 500 万册。"①

---

① 司徒佩琪：《贝克汉姆画传》，http：//we. sportscn. com/viewnews-732392. html，2011 年 2 月 22 日。

　　小贝与辣妹的婚礼另外一个别具一格之处在于，它表现了人与动物、自然的和谐一致，透过各种与婚礼相关的动物，新娘新郎表达了对彼此的爱意，可谓是"绿色和谐，彰显爱意"。

　　首先，新娘和新郎是乘坐由两匹白马拉着的马车来到古堡；他们婚礼请柬上印有天鹅图案，这表达了两人不离不弃，白头偕老的决心；他们的宠物狗叫 Rotttleweiler，也出席到场，表明一家人其乐融融；贝克汉姆和维多利亚看着100只被放飞的鸽子，心里充满了对婚后生活的憧憬。在此之前，维多利亚还单独放飞了一只鸽子，她说这表达了她对贝克汉姆坚贞不渝的爱。

　　婚礼场地选在路特尔斯顿的原因之一就是这里位置独特，有私人空间，在乡间深处，有很多花草树木。婚礼的主题定为罗宾汉，因此专门请来两位园艺师来装扮现场。除了有很多各种各样的绿色植物外，婚礼现场还用了小树枝、苹果以及一些其他颜色的植物来装饰。楼梯的扶手也用常青藤缠绕，挂上新鲜苹果，屋子里弥漫着苹果的清新、甜香的味道。另外还用树木和草地铺出一条绿色走廊，一直通往搭建好的天幕。地毯是酒红色的，桌子上铺着深绿色和卡基色的印花棉布，上面装放着绿色苹果、蜡烛和绿色植物。再加上两位新人的两个侄女打扮得像森林里的花仙子一般，身上还绑着翅膀，头上戴着小花冠，把婚礼现场打造得宛如一个绿色童话世界，里面的主人翁实现了从"王子"和"公主"到"国王"和"王后"的蜕变。

（四）"木婚"——小贝夫妇的第二次婚礼

　　世界上每一个民族都很重视结婚，认为结婚是人生极为重要

的一幕。许多民族为了避免忘却这一幕，往往要举行名目繁多的结婚纪念活动。西方人对结婚纪念日非常重视，每逢重要结婚纪念日，总要举行结婚周年纪念会，并逐渐形成了按每次结婚纪念活动赠送传统规定的礼物的习俗，进而又演化成为各种礼物或物质名称来命名每个婚龄的习惯，从第一年的"纸婚"至第七十年的"白金婚"，借此来见证历久弥坚的爱情。对此，小贝夫妇做得很到位。

2004 年的 6 月 25 日，欧洲足球锦标赛赛场上，英格兰的对手是葡萄牙，结果是英格兰队在点球大战中失利，几天后即是贝克汉姆和维多利亚结婚纪念日——五周年，他们前往北非，在某个人所不知的普通教堂，由一个平凡的牧师为他们主持了一场复古的婚礼，这是小贝夫妇在结婚五周年举办的，是两人的第二次婚礼，人称"木婚"。

（五）"羊毛婚"——小贝夫妇的第三次婚礼

2006 年 7 月 2 日凌晨，世界杯 1/4 决赛进行中。下半场六分钟，英格兰国家队场上队长戴维·贝克汉姆被主教练换下场。他哭了。两天后，小贝夫妇在自己的豪宅里又举办了一次婚礼。七年整的婚姻纪念日是怎么称呼的呢？有的说是"铜婚"，而美国人称为"羊毛婚"，而小贝夫妇结婚七周年的婚礼庆典，有人则称为"痒婚"。俗话说的"七年之痒"，意思是说许多事情发展到第七年就会不以人的意志而发展，就会出现一些问题。结婚久了，新鲜感丧失了，从原来的花前月下、罗曼蒂克的状态转入到了平平淡淡、实实在在的生活中，夫妇情感会出现疲惫或厌倦的感觉。恋爱时掩饰的缺点或双方在理念上的不同此时都已经充分地暴露出来，婚姻也就进入了瓶颈，如果这个瓶颈打破不了，婚姻就会面临终结。

通常来讲，大多数人是在婚姻中实现人自身的成长。随着婚龄的增加，尤其是许多家庭生养孩子后，繁重的育儿任务的心理上的差距，使婚姻中长期积累的矛盾慢慢凸显。在中国，孩子出生之后，母亲的情感和重心可能会转移到孩子身上，冷漠成了双方情感的症结，彼此的负性情绪相互渲染，使家庭气氛紧张。这就是人们所说的"七年之痒"。

贝克汉姆和维多利亚的"三婚"并没有延续前两次婚礼的传统——延期，而把这个日子就定在结婚纪念日7月4日，之所以这样，也许是贝克汉姆相信到7月4日这天，英格兰足球队应该还可以留在世界杯的赛场上，因此婚礼安排在世界杯开赛前夕也有那么点"冲喜"的味道。

对于小贝夫妇来说，他们的"七年之痒"是这样度过的，夫妇两人不仅事业发展的如火如荼，而且还抚育了三个儿子。其间二人的感情也曾出现裂痕，但是这也很正常，世上没有哪对夫妇感情会保持得像新婚夫妇的感情那样。

在小贝出征2006年世界杯之前，维多利亚给丈夫举行了一个盛大的壮行派对，而贝克汉姆则送给妻子一个意外的小型婚礼，即贝克汉姆和维多利亚的第三次婚礼。他们只是在自己豪宅的后院，大儿子布鲁克林递戒指，其他两个小儿子当观众。这次的婚礼上没有牧师，没有宣誓，没有"我愿意"，也没有庞大的围观团，贝克汉姆只是告诉老婆："我再次爱上了你。"维多利亚也被丈夫安排的一切所打动了，她看到贝克汉姆的眼眶里有泪水。抛开婚礼的花销来梳理一下小贝夫妇的三次婚礼：七年前第一次婚礼，在爱尔兰的路特尔斯顿城堡庄园举行，到婚礼现场庆贺的人无数，还有很多世界名流；2004年的第二次婚礼，在北非的普通教堂，平凡的牧师主持了一场复古的婚礼；2006 年 7 月 4 日的第三次婚礼，则是在自己家的后院里，贝克汉姆订了白色的鲜花散在池塘里，树上挂了些彩灯，贝克汉姆的老朋友加里·内维尔当伴郎，大儿子布鲁克林递戒指，当场另外一个嘉宾则是他们的儿子罗米欧和克鲁兹，及家里的全职保姆。虽然三次婚礼又从"高调"过渡到"低调"的趋势，但是这并不能说明什么，相反，他们唯美、持久的"低调"婚礼反而会让人感动，回味无穷，因为没有什么婚礼能像小贝夫妇那样甜蜜而温馨，受到三个儿子和其他挚爱亲朋的见证和祝福。

对于贝克汉姆和维多利亚这对体育、文艺时尚的跨界夫妻来说，至此已经超过他们结婚 15 周年还多。多年来，两个"七年之痒"都没能拆散这对昔日的金童玉女，反而让他们事业有成，感情更加历久弥新。当凤凰卫视记者许戈辉采访小贝时，问及他的足球事业成功的秘诀，小贝回答说要在生活中实现自己的目标时，需要努力和勤奋，这样才能找到乐趣，而乐趣的力量源就是来自于努力。成功不仅仅需要天资卓越，不仅仅意味着出人头地，想要做到最好就需要努力付出。一些和他曾经一起比赛过的，世界上最好的运动员们，他们也并不是自然而然就成为最好的，他们每一天都刻苦训练，那就是为什么他们能够得到快乐和成功，以及所有的事情。小贝告诉他的孩子们说，当他们去学校上学，在比赛的时候绝不会每次都赢，但是都要玩得开心，要努力，要全情投入，并不要求一定要赢或者输，但是要用对的方式来赢或者是输。小贝的足球生涯，包括从在曼联，到皇马，到 AC 米兰，又决策到了美国，这样一路走来，他都付出了辛劳和努力，也投入了热情，因为小贝喜欢挑战，挑战总能激起他的热情，因此在美国待了 6 年的时间。

作为人类历史上最成功、最伟大、影响最深远的女子组合"辣妹"的成员之一，当时正当红的维多利亚对比自己小一岁的贝克汉姆一见钟情，爱上了他，而当时小贝只是曼联队一个初出茅庐的小子，只不过长得比较帅而已。但是，不管与妻子维多利亚有多大关系，贝克汉姆的魅力还是无法阻挡地从绿茵场上席卷到整个娱乐界和时尚界。在妻子的引导下，同时由于在足球事业上也如日中天，小贝开始更多地参与商业事务，难免会被商业和妻子分心，弄得小贝的恩师弗格森与他彻底翻脸，师徒之间的情谊也因此中断数年。为了妻子，本可以终生效力曼联队的贝克汉姆，也被迫出走皇马；同样为了妻子，正值当打之年的他在离开皇马后，又远赴"足球荒漠"美国大联盟，而这只是为了方便辣妹在好莱坞发展事业。为了小贝，贝嫂同样付出很多，对身材呵护如命的她为丈夫生了4个孩子，时至当今，他们依然拥有着全世界最完美的婚姻和家庭，他们一起定制礼服出席各大典礼、一起主持盛大派对、一起接受媒体拍照和专访、一起携家带口旅行、老公踢球妻子永远花枝招展地在场内助威……难怪小贝对凤凰卫视的记者说："我想我会说最令我骄傲的，最令我深爱的，最让我感到成功的第一是我的老婆、家庭和孩子，第二是我的事业。"

小贝夫妇所取得的成就，无论是事业的，还是家庭的，是夫妻二人15年（认识17年）来相濡以沫，共同努力而获得的，可以说两人缺一不可。如果没有维多利亚，谁敢保证小贝能在商业上取得今天的成就？而如果没有小贝，维多利亚会有那么多灵感和时尚设计的成果吗？尽管已经没有初恋时的如胶似漆，但他俩婚姻15年换来的却是天长地久的相濡以沫和风雨同舟。15年的婚姻对于普通人来说已经相当不易，在充满各种诱惑的娱乐圈内更是难能可贵。当"小贝"已经成为"老贝"，"贝嫂"即将成为"贝婶"，他们的感情却始终没有随着岁月而褪色。

贝克汉姆说，有一个最最重要的因素，即对一个家庭来说，"最重要的就是家人们能够在一起欢度时光，而对于我的家人来说，很多时间我们无法共度，那是很艰难的，不过我的妻子很理解我的职业，我也理解她的职业，我们一致的共识就是孩子们才是我们最重要的。"① 在十多年的婚姻生活中，两人因为工作聚少离多，难免摩擦争吵，媒体更是会利用这些来制造点绯闻添油加醋，不过贝克汉姆曾回应说，维多利亚对工作的狂热和对孩子的爱，是他深爱她的最重要原因。因为小贝总是在皇马比赛，在 AC 米兰比赛，在巴黎比赛，那意味着必须要离开家，必须出去工作，所以那真的很艰难，但是还是维多利亚为家庭付出的更多。

如今 40 岁的贝克汉姆和 41 岁的维多利亚已经是四个孩子的父亲和母亲，孩子们最大的 16 岁，最小的也就是七公主，现在也近 4 岁了。回想当初，因为维多利亚有了身孕，两人才很快订婚，奉子成婚。婚后一年，即 2002 年 9 月 1 日，小贝夫妇的第二个儿子罗米欧出生，他的命运比他的兄弟坎坷多了，因为生来体质就弱，很容易发烧感染，刚 1 岁的罗米欧还差点因发烧夭折。持续的高烧让小罗米欧全身痉挛，情况很危急。小贝夫妇一直在医院呵护着小罗米欧脆弱的生命，为了照顾孩子，维多利亚毅然决然地放弃了演艺圈的事业，专心回到家里带孩子照顾老公。在维多利亚的悉心照料下，罗米欧终于脱离了危险，这也让小贝夫妇对于二儿子付出了更多的疼爱。维多利亚曾经为了能够让罗米欧脱离病痛，特别请风水先生到家指导，在马德里那套价值 500 万英镑的豪宅安装一些有东方风水吉祥之意的家具，希望能够给全家人带来好运。

时间又过了三年不到，为了迎接第三个宝贝儿子的到来，小贝夫妇可谓是煞费苦心。他们在赫特福德郡建起了一座豪华的儿童乐园，每一个孩子都有自己的玩具屋和车库。2005 年 2 月 20 日，已过而立之年的维多利亚，剖腹产生下了第三个儿子克鲁兹。这对维多利亚来说，真的不容易，因为剖腹产是个大手术，虽然她经常因此受到批评，但是她不得不采用这种方式生产，因为第三个孩子的胎位不正常，无法自然生产。克鲁兹出生后收到的第一份礼物是一只可爱的泰迪小熊，这是英国太阳报送给小贝三公子

---

① 凤凰卫视记者许戈辉采访贝克汉姆。

的礼物，并且还给小熊穿上了小贝在皇马的队服。在队服的后背上还写有 Cruz 的名字，而球衣的号码也是和小贝一样的 23 号。小克鲁兹的哥哥们，即 6 岁的布鲁克林和 3 岁的罗米欧都曾收到过《太阳报》送来的小熊。

七公主从一出生便开始受到全球媒体的瞩目，她之所以叫七公主是因为她出生在 2011 年 7 月 5 日，同样是剖腹产，体重 7 磅，7 也是小贝在国家队和曼联队时期的战袍号码，于是小贝把这个自己钟爱的幸运数字赋予女儿的名字中间，外界也亲切地叫她七公主，她的真名是哈伯·赛文。有一张在网络上点击率奇高的照片，上面贝克汉姆带着七公主买玩具泡泡机，戴着帽子的戴维单膝跪地手拿泡泡机，向女儿演示怎么玩，七公主则秀发凌乱，伸手去抓泡泡机，着实萌翻了网友观众。

2013 年 5 月 8 日，贝克汉姆的教练、即曼联队教练宣布赛季结束后就正式退役。而贝克汉姆在一周后，也紧随其教练宣布他将在与巴黎圣日耳曼队的合同到期后，退出职业足球界。小贝在新闻发布会上说："当我还是个小男孩的时候，如果你告诉我可以与我梦中的球队曼联一起获得如此多的冠军，并且可以成为国家队的队长，为国征战 100 多场，而且还可以在其他高水平的俱乐部中留下一段历史，那么我会告诉你这简直是在做梦。不过，很幸运的是，我将这些梦想变成了现实。"[①] 而且贝克汉姆说："我希望人们可以将我看作是一名勤奋的足球运动员，一名在球场上奉献一切的足球运动员。当我回顾我的职业生涯的时候，我只希望人们可以这样看待我。"[②] 如今身价达到 3 亿英镑的贝克汉姆今后会成为一名设计师吗？会不会接管维多利亚时尚男装方面的事业呢？维多利亚的事业还在日渐红火。不管今后的小贝会当什么，都希望夫妇两人可以一直相互扶持，一路走下去。

---

① ［英］格温·罗素：《贝克汉姆：未来》，苏锦译，新世界出版社 2014 年版，第 249 页。

② 同上书，第 247 页。

印尼版英雄与缪斯的故事：陶菲克与名媛阿米的婚礼

印度尼西亚球星陶菲克和名媛阿米是在 2004 年雅典奥运会上认识的，之后两人的感情迅速升温。在 2005 年的世界羽毛球锦标赛上，阿米不仅亲自随队助阵，而且将父母亲也一起带了过来呐威助喊。就在很多人置疑这位有众多仰慕者和追求对象的印尼英雄陶菲克能否最终娶下这位豪门之女之时，2006 年 2 月 4 日，陶菲克和阿米一起步入了婚姻的殿堂。婚礼是在印尼雅加达的最豪华、最负盛名的 MULIA 酒店举行的，新郎新娘一个是印尼头号羽毛球明星，一个是豪门之女，这样的婚礼自然吸引人们的高度重视。当天，印度尼西亚总统偕夫人、副总统偕夫人以及多名政府高级官员都出席了他们的结婚仪式。陶菲克拿出了 100 克重的金首饰和 4206 万印尼盾（约 4300 美元）作为结婚聘礼。而这场在雅加达举行的豪华婚礼总耗资高达 30 亿印尼盾，约合 260 万人民币！不难想象，这场极尽奢华、风光的婚礼，其重要性以及其影响力，在印尼史上堪称空前绝后。婚礼中的新郎陶菲克，在印尼国球羽毛球界取得的斐然成绩，新娘阿米，在印尼因其父亲地位极高而成名媛，他俩的结合演绎了一场印尼版英雄与缪斯的故事。

（一）印尼版英雄陶菲克
　　　　横空出世

陶菲克这个名字，对于印度尼西亚雅加达的 MULIA 酒店的厨师长来说，显得相当的陌生，但是他却很清楚即将在酒店举办婚礼的人物是极其重要的，对于酒店来说，能有这样显赫的人来酒店举办婚礼将会是酒店的荣幸。但是，更多的人几乎都听说过这个男孩的名字，因为印尼毕竟是一个以羽毛球为"国球"的国家。在这里，如果要让许多普通人记起名字的人，除了是政坛要人、娱乐界明星以外，那就应该是体育明星了。在印尼人眼中，只有在国际羽坛为印尼赢得荣誉的选手才是英雄，他的名字也才值得记住。的确，对于少有明星的印尼而言，陶菲克就是一个超级明星。陶菲克被认为是当今羽坛男子单打的天才，网前小球技术最被人称道，而且拥有强大的后场杀球能力。

陶菲克于 1981 年 8 月 10 日出生于印度尼西亚西爪哇省普通的一个农户家庭。那时，没有任何人知道这个刚刚呱呱坠地，正在号陶大哭的孩子会成为一代天才羽球选手，甚至会成为印尼的国家英雄。与这里其他千千万万个家庭一样，陶菲克家是靠种植土豆和香蕉为生的。印尼的西爪哇省虽然以农业、渔业为主，但地处热带雨林得天独厚的条件，土地肥沃、物产丰富、风调雨顺。谈不到殷实的农家并不希望儿子去从事农活，他们期盼他能有一技之长，养活自己。当然能走到诸如雅加达或万隆市这样的大城市里生存下来，是这些祖祖辈辈务农家庭里一个可望而不可即的梦想。但是，陶菲克如果不下地干活，那他能干什么，该干什么呢？

从小就奔跑在农田里的陶菲克活泼、好动，甚至达到调皮、顽劣的地步，他偷喝过只属于父亲专享的酒。陶菲克八岁时对父亲说，他喜欢足球，可是父亲告诉他，羽毛球才是印尼的国球，而且还说如果玩足球就只能待在印尼，如果要进国家队，走出印尼，那就要去打羽毛球。

1992 年，魏仁芳和王莲香从西班牙巴塞罗那奥运会载誉而归，这两位来自印尼的国球选手夺得了奥运会羽毛球男、女单打冠军，这个喜讯成为印尼万众注目的焦点并为之倍感骄傲。魏仁芳和王莲香一夜成名，凯旋的球手也成为全国人民的宠儿，也改变了他们的人生际遇，两位羽毛球选手成为大众偶像，陶菲克的父亲深受这种大气氛感染，询问年仅 11 岁的陶菲克是否愿意到城市里打羽毛球。于是，在家人的支持下，陶菲克开始学打羽毛球。① 陶菲克打小就争强好胜，顽劣调皮，敏捷好动，这些似乎刚好符合竞技体育的特质。陶菲克在运动和竞争中成长起来，15 岁时他已经能够打败所有同龄的孩子。1996 年当时只有 15 岁的陶菲克被伯乐慧眼识中，非常看中他与生俱来的打球天赋，并举荐他到首都雅加达市内的一家著名球会接受训练。同年，陶菲克进入了印尼国家队，三年后，他就取得了全英公开赛男单亚军，被誉为"羽坛神童"。

第二年陶菲克杀进全英羽毛球赛决赛，此后他迅速成为印尼的当红小生，这一年他正好 17 岁。当年贝克汉姆第一次代表曼联出战，也是 17 岁。印尼著名羽毛球运动员陶菲克，这个出生在一个农户家庭的英俊少年，他的命运，因为羽毛球——印尼的国球，发生了翻天覆地的变化。1998 年以后，陶菲克获得文莱公开赛男单冠军；同年，陶菲克参加英国羽毛球公开赛，并进入决赛，决赛对手是世界第一的彼德·盖德，陶菲克最后输给了彼德·盖德，可是比赛打得非常激烈，陶菲克虽败犹荣，正是这场比赛使陶菲克

① Boutao Du：《陶菲克的豪华婚礼》，2006/Mar，*Badminton*，p. 67，http：//www.cnki.net。

受到世人瞩目。1999 年，陶菲克赢得亚洲青年羽毛球锦标赛；之后的陶菲克在各种赛事中均取得不菲的成绩：（1）奥运会：2000年悉尼奥运会男单 8 强，2004 年雅典奥运会男单金牌；（2）世界锦标赛：2003 年塞维利亚世锦赛 4 强，2005 年美国阿纳海姆锦标赛男单冠军，2006 年西班牙马德里世锦赛 16 强；（3）国际羽联大奖赛：1998 年文莱公开赛冠军，1999 年印尼公开赛男单冠军、新加坡、全英公开赛男单亚军，亚青赛男单冠军；2000 年印度尼西亚公开赛、马来西亚公开赛冠军；全英公开赛亚军；2001 年新加坡公开赛冠军；瑞士公开赛 4 强；2002 年印度尼西亚公开赛、中国台北公开赛冠军；2002 年亚运会男单冠军；亚锦赛男单亚军；2003 年日本公开赛男单 4 强；2004 年全英公开赛 4 强；2006 年多哈亚运会男子单打冠军。就这样，印尼的当代英雄横空出世了，这种国家级的英雄自然而然会吸引众多美女，赢得青睐，自古就有美女爱英雄的故事。

（二）缪斯女神阿米
成为九神之一

在希腊神话中，有关缪斯女神的传说很多。据说在奥林匹斯山上有九位美丽而智慧的少女，她们是万神之主宙斯和记忆女神的女儿，一共有 9 位，她们分别主管爱、智慧、音乐、诗歌、戏剧、舞蹈、哲理、天文、数学（也有说是分司历史、歌唱、悲剧、喜剧、舞蹈、叙事诗、情书、抒情诗和恋爱诗等），人们把她们统称为缪斯女神。她们是历代艺术家尤其是诗人所崇拜的偶像。在奥林匹斯山上，凡是有缪斯出没的地方，众神都能天天唱歌跳舞，极其快乐。另外，九缪斯女神个个都很多情，她们分别和英俊聪明的太阳神阿波罗保持着恋人般的关系，互不吃醋。阿波罗的别名叫缪斯·歌特斯，意思是缪斯的领袖。人们常用缪斯女神象征诗人、诗歌、文学、爱情，以及有关艺术的灵感等，演绎出神秘、古典、高贵、自然、浪漫的气息，传说中缪斯女神之美不可方物，其源于对自然的崇尚，由植物及花中获得无限美的灵感。

已是印尼英雄的陶菲克正如希腊神话中的太阳神阿波罗一样，因为成绩卓著、长相英俊而同时赢得了众多"女神"的爱，甚至连印尼的那些女记者们总是这样歌颂他："哦，他是多么英俊！多么可爱！他是上天派给我们印尼的天使！他顾盼生辉，他明艳照人，他是我们女人的梦中情人！"① 而且长着一张娃娃脸的陶菲克非常率直，他坦承自己曾经有过 5 个女朋友：第一位便是印尼女子网球单打一号维妮，这位女单一号不仅人长得漂亮而且又有钱，当时名气远远大于初出茅庐的陶菲克。1999 年两人分手，传言是因为当时陶菲克又和"AB Three"歌唱组合中的诺拉走到了一起，同时还经常出入雅加达的"夜店"，与那里的女人搅和在一起。悉尼归来后不久，陶菲克就在到万隆参加一次活动的时候爱上了在校大学生薇姐。但是，这段恋情仅仅维持了短短的几个月，便伴随着电视节目主持人戴丝维达的出现而结束了。

那么，阿米为何能击败围绕在陶菲克身边的众多女神，而最终与他踏上红地毯的呢？

原来阿米·古米拉不仅长相清秀可人，而且还出自名门，是出生于一个贵族世家的"掌上千金"，她的父亲就是阿贡·古迈拉尔，在印尼号称三号人物，陆军中将，印尼国家体育运动中心的主席，印尼"群岛印象"传媒集团董事长。阿贡曾在瓦希德时代和梅加瓦蒂时期担任内阁部长，在著名的民主派代表梅加瓦蒂上台任总统期间，阿贡被再次委以交通部长的重任。在此期间，阿

① Boutao Du：《陶菲克的豪华婚礼》，2006/Mar，*Badminton*，p. 67，http：//www. cnki. net。

贡还亲自出任印尼足协主席，这项运动在印尼的影响力日渐甚隆，大有超过羽毛球的势头。当然，阿贡本人也极其喜欢并看重体育运动，他认为体育会给国家带来荣誉。如今，退出内阁的阿贡仍担任印尼体育部部长的职务，同时有效地管理家族企业的发展方向，因为他是印尼著名的"群岛印象"传媒集团董事局主席。这个集团旗下的旅游电视节目和体育电视转播节目在印尼都有着最高的收视率。走到今天这样规模的阿贡家族早已声名显赫，作为一个军人治理的国家，阿贡在苏哈托总统执政时期就已在军队中发迹成功。他是印尼庞大将军队伍中最出类拔萃的一员，手中持有军人宝剑的阿贡将军有足够的条件为自己的千金爱女阿米谋取到一生的幸福。

尽管新娘阿米有着足可炫耀世人的豪门背景，但她本人却始终以美丽和清纯的形象示人。作为"千金小姐"，她本可过着衣食无忧且养尊处优的奢华生活，但阿米大学毕业后就立即独立自主地安排了自己的工作和生活，由她主持的综合频道节目受到了好评。阿米也以清新靓丽的外表与雍容高贵的内涵成为印尼有名的电视主持人。拜倒在阿米石榴裙下的达官贵人子弟无数，但没有一人能够赢得阿米的芳心。自古就有美女爱英雄，在少女阿米的内心世界，她憧憬的白马王子究竟是谁，已到适婚年龄的阿米要嫁给谁等问题成了阿贡将军的心结。

阿米与陶菲克是在雅加达的一个"沙龙聚会"相识的，习惯在社交圈内认识各路人并等着被别人认识的陶菲克，曾见过美女无数。但在遇到阿米时，他已俨然从一个狂躁少年蜕变成了一个成熟的人，他非常清楚自己的魅力所在，对于女性，他还学会了欲擒故纵的方略，他骄傲的内在已经修炼到对异性不再做任何形式上的无意义追求，这样反而让陶菲克蒙上了一层神秘感，引得各缪斯女神对他产生无限遐想，陶菲克的感情世界也因此由简单变得复杂起来。当英雄与美女相遇时，陶菲克原来所修炼出的潜质的确生效了，让阿米对他一见如故，并认为"陶菲克是她在社交圈内遇到的第一个能与之真心交谈而且可以真实相处的朋友"。① 而陶菲克始终没有表明过自己内心深藏的感受，只是如同喃喃自语般说"她是天使我很爱她"。看到陶菲克眼神中闪现的陶醉，谁又能怀疑这段看起来会幸福的姻缘呢。情况的确不一样，在陶菲克将两个电视主持人女友更换后，他在球场上变得更像一个所向披靡的英雄，因为他身边一直不乏司管各种才能技艺的缪斯女神们对他的青睐，以至于陶菲克能得到激励、动力乃至灵感。这次有了缪斯阿米的呐喊助阵，在美国阿纳海姆举行的世界锦标赛上，陶菲克以无可非议的完美表现征服了所有对手，第一次将奥运会和世锦赛双料冠军集于一身，这在百年羽毛球史上还是第一次。在他登台领奖时，人们顺着他兴奋的目光，看到了在观众席上阿米和父母，他们都在为他击节欢呼。此刻，敏锐的媒体记者终于明白了陶菲克突然变得异常亢奋、顽强、执着而且咄咄逼人的原因所在。在美国洛杉矶期间，"将军阿贡，冠军陶菲克，美女阿米终于完成了一段人世间每个人都梦想的幸福场景，象征门第的宝剑将赠予成为英雄的冠军，而拿到冠军的英雄得益于美女的爱情，美女自认只有拿到冠军的英雄才能得到爱情……总之这段英雄、美女的爱情故事已正式告白于天下，成为印尼和国际间又一名人佳话"。②

（三）总统亲自到场并主持其婚礼

陶菲克的婚礼在雅加达最豪华的五星级酒店 MULIA 举行。这

---

① Boutao Du：《陶菲克的豪华婚礼》，2006/Mar，*Badminton*，p.70，http：//www.cnki.net。

② 同上。

家酒店是印尼前总统苏哈托小儿子所拥有的酒店，在雅加达本身就是财富与地位的象征。作为雅加达最豪华的五星级酒店，它一直是接待各国政要与大亨商贾的重要场所。由于酒店靠近印尼国家体育中心，因此也是重要娱乐演出活动和重大体育赛事的指定接待单位。它有着漂亮的欧式外观建筑与富含印尼风情的内庭布局，舒适的客用卧房与汇聚各国风味的餐厅，这些特色让这座酒店蜚声在外。当然酒店的价格和服务费绝非一般人能够承受得起的。2001 年 5 月，中国队在同印尼队进行世界杯外围赛时便曾经下榻在该酒店。

　　陶菲克与阿米婚礼举办前夕，酒店公共关系部主任卡尔汉正在主持着一个重要会议，与会人员包括酒店监事长和总经理在内的所有高层管理人员都无一例外，更别说各部门主管和经理全部到齐，所有人对此次会议的高规格都感到惊讶和好奇，因为这种情况是酒店前所未有过的。公共关系部主任主持的会议仍在继续，在介绍了酒店高层领导后，由总经理杜布昆斯先生宣布了会议要讨论的中心议题——"'有一个叫陶菲克的羽毛球选手，择期于本年度 2 月 4 日上午在本酒店中心宴会厅内举行婚礼'；为了引起酒店各部门的注意他尽力提高了嗓音加重了语气，'这不是一般的婚礼，也并非普通的来宾，包括总统苏西洛先生在内有多达十几位部长和近百名印尼政要、富商都会届时莅临，这是一场豪门婚礼'"。[①] 会议由此紧张进行直到凌晨。

　　虽然陶菲克选择这样一家酒店来举办自己的婚礼说起来并不是什么了不起的事情，但是，能够安排警察及武装部队的士兵将通往该酒店的各个路口全部戒严起来，可就不是一般人所能够做到的事情了，即便是陶菲克也同样无法做到这一点。但陶菲克的岳父，有着将军身份的阿贡却可以堂而皇之地这么做。2006 年 2 月 4 日上午 8 点 30 分起，凡没有参加婚礼请柬的车辆便都只能绕道而

① Boutao Du：《陶菲克的豪华婚礼》，2006/Mar，*Badminton*，p. 70，http：//www. cnki. net。

行了，因为按照计划，陶菲克与阿米的婚礼将在半个小时后开始。

不过，这还并不是陶菲克此次婚礼最风光的地方，最出乎意料的是，现任印尼总统苏西洛不仅出席了婚礼，而且担任了证婚人。由此似乎也同样不难看出，在瓦希德、梅加瓦蒂时期都一直是内阁红人的阿贡，目前在印尼政坛依然有着举足轻重的地位。由总统证婚，婚礼现场当然免不了高官云集，就连副总统的名字在次日的报道中也都只是轻轻地一笔带过而已。另外还有多达37位的现任部长以及军队、警察的首脑人物与会，参加婚礼的还有数百位地方政府要人和商界名流。这种高规格的宾朋队伍在印尼历史上也不多见，在印尼体育史上，肯定还没有任何一位运动员的婚礼可以有如此的风光与排场，可谓是前无古人后无来者。

自出道以来便是印尼各路媒体最爱的陶菲克，他举办如此豪华的婚礼，自然会引来成群结队的记者。但是，陶菲克和新婚妻子留给记者们的时间总共只有15分钟，而且这15分钟还包括了拍照的时间。所以，对于这场从早上9点开始到傍晚5点基本结束的婚礼，几乎没有任何媒体可以来一个"零距离"的报道。所有记者获得的最有"价值"的一条消息，也就是陶菲克在婚礼5天之后便将踏上征程——2月10日出发前往印度，代表印尼参加汤姆斯杯预选赛，争夺到日本参加汤姆斯杯决赛圈比赛的资格。而在整个婚礼过程中，让记者们感觉最有"人性化"的语言则是由陶菲克的岳父阿贡道出的："我希望陶菲克不仅可以在赛场之上可以成为冠军，在做一个好丈夫之上也同样能够成为冠军，我和妻子已经在等着抱外孙了。"[1]

印尼羽毛球好手陶菲克场内场外都十分低调，与他接触的人都能感觉到他是一个温和、文静的年轻人。而他的婚礼却十分"高调"，可谓举国同庆。因为陶菲克的老婆也许是所有运动员妻子当中来头最大的一位。阿米与陶菲克是在印尼总统和副总统的见证

---

[1]　许绍连：新浪体育，http://sports.sina.com.cn/o/2006 – 02 – 06/00502025914.shtml。

印尼版英雄与缪斯的故事：陶菲克与名媛阿米的婚礼

下举行的婚礼，并拿出 100 克重金首饰与 4206 万印尼盾（约 4300 美元）作为结婚聘金。这场婚礼总耗资超过 30 亿印尼盾，约 260 万人民币，绝对的豪华婚礼。

（四）婚礼极尽奢华
　　 堪称空前绝后

　　2006 年 2 月 4 日，这位世界羽坛上尽人皆知的双料冠军在雅加达举行了一场可谓奢华无比的婚礼，总耗资高达 30 亿印尼盾，约合 260 万人民币！奢华婚礼的背后，是他新婚妻子阿米在印尼显赫无比的老爸——曾任印尼交通部长并在 5 年前兼任印尼足协主席，目前"退居二线"后依然出任印尼体委主任的阿贡·古迈拉尔。从去年 8 月与阿米的恋情公之于众到现在走上红地毯，不知让多少印尼女郎伤心流泪的陶菲克总算有了一个家，而且是豪门之家。

　　虽然陶菲克"贵为"奥运会及世锦赛的双料冠军，但是以其经济能力显然还是无法承受如此之大的开支。在羽毛球界，虽然陶菲克是少有的超越国界的明星，无论他走到哪里都有很多粉丝追随。在成都举行的羽毛球大师赛中，就在单打第一轮中，他的人气是外国选手中最旺的。给他加油的粉丝甚至不比给鲍春来加油的粉丝少。不仅如此，陶菲克还是赞助商的宠儿，雅加达最大的报纸《雅加达邮报》记者尤纳斯透露了这位当前印尼最受欢迎球星的年收入：印尼男队的赞助商每 3 个月支付给陶菲克的赞助费约合人民币 15 万元，全年约合 60 万元人民币。陶菲克还可获得某手机厂商一笔不菲的赞助费。陶菲克每年参加各大公开赛还赚取了不少奖金，每年少说也有近千万的收入。陶菲克具体有多少钱无人知晓，但从他的座驾可见一斑，现在他经常开的两辆车是宝马，但之前他换过多少辆车就没有人能记得清了。尽管如此，如果没有岳父大人阿贡在人力、物力和财力等方面的鼎力支持，那么他的婚礼应该不会举办得如此的奢华。

　　这的确是一场精心安排，既体面又奢华的豪门婚礼！婚礼中，只见陶菲克身着传统的墨绿色礼服，头上戴着最具印尼千岛风情的黑色礼帽，他俊俏的长相再加上乖巧的新郎扮相，看上去非常帅气洒脱；而在他旁边的新娘阿米，则身着一袭鲜红婚裙，上面有用纯金丝镶上珠片的东西来装饰，用一件全部用海贝珍珠织就的披肩做配饰，使新娘子楚楚动人的美丽几乎达到超凡脱俗的境界，甚至赛过天仙！在接受完来宾的祝贺和价值不菲的贺礼后，婚礼会场还特地安排了15分钟的记者拍照、摄影，新郎挽着新娘的玉臂，在悠扬的音乐声中缓缓步上了红地毯，一场颇具印尼民族风格的婚礼正式举行了！一对新人首先向双方父母施礼告谢养育之恩，在经过阿米母亲身边时，两人接受了阿贡夫人的鲜花和圣水洗礼，新娘双掌合十，跪谢父母养育之恩，母女长时间相拥而泣的场面既温暖又感人。乖巧有加的陶菲克认真地听从老丈人阿贡将军的教诲，还不时地做出点头状。

　　仪式完成后新娘阿米换上了粉红色礼服，佩上宛若后冠状的纯金头饰；陶菲克也以全套白色印尼传统礼服出现在宾客面前，每位宾客都与这对新人合影存照。在这场显示财富和地位的豪门婚礼进行时刻，每个亲历者都深感荣幸和骄傲，因为如果用社会上讲求的风光和排场标准来估计的话，将很难会有能与这个豪门婚礼相媲美的了！陶菲克的教练穆利奥和印尼国家羽毛球队的许多队友都亲临了婚礼现场，他们都表示以陶菲克为骄傲，公认这种艳福并非是每一个羽毛球选手可以遇到的。陶菲克的榜样也许有教化作用，从西爪哇省到雅加达市，从打羽毛球到豪门婚礼，这会成为许多印尼年轻人心目中的梦想与标杆。

新婚燕尔就踏上征途的陶菲克已经找到自己的"缪斯女神"了吗？这个女神会给他创造性的推动力，会把他从与他同时代的凡人区分开来吗？但他要得到创造力就要首先驯服这种创造力，如果他开始工作，就证明有一种化学或物理的力量在推动他。

婚后的陶菲克在羽毛球赛场上仍然身手矫健，英姿飒爽，成绩斐然，硕果累累。他在2007年亚锦赛中获男单冠军，印尼超级赛中获男单四强，中国大师赛中获男单八强；2008年法国超级赛亚军，澳门大奖赛冠军，中国超级赛八强；2009年全英超级赛四强，印度大奖赛冠军；2010年汤姆斯杯亚军成员，羽毛球世锦赛男单亚军。2013年印尼公开赛后，陶菲克已正式彻底告别赛场，退出羽坛。

作为羽坛一代豪杰，出色的网前和反手技术曾是陶菲克的独特标签，他打起球来总是不紧不慢，即便比赛再紧张激烈，他仍能保持着闲庭信步。在其职业生涯中，陶菲克获得了27个国际比赛的冠军，两次率领印尼队夺得汤姆斯杯，其中最辉煌的有两个：一是2004年雅典奥运会上，陶菲克赢得了印尼有史以来的首枚奥运会金牌，夺冠后他流泪的一幕至今让人印象深刻；第二年他又在美国阿纳海姆举行的世锦赛决赛中，轻取林丹，成为史上首位将奥运会和世锦赛冠军集于一身的男单选手。

他的才华，早就被人们敬仰。他的天赋，早已被人们认知。他就是世界羽坛男单运动员中第一位集奥运会、亚运会、世锦赛、汤姆斯杯冠军于一身的大满贯球员。然而，英雄的光芒逐渐褪去，陶菲克即将离我们远去。

陶菲克作为一个星光闪耀般的人物，和贝克汉姆一样，他有着俊秀的面容，有着比总统还高的知名度，有着印尼空前绝后的豪华婚礼，有着时尚的娇妻，儿女伴随左右，他的粉丝超越国界，他是赞助商的宠儿，他敢和总统的助手叫板……但是无论如何，这些都已成为过去，当陶菲克不再年轻且失去状态时，他的坏脾气也随之收敛了。陶菲克成熟了，一个印尼普通农民家庭的儿子，凭借自己的天赋和顽强拼搏的精神，或许再加上难得的运气，让普通人难以实现的梦想成真。陶菲克的成长故事，以及他娶了出自豪门的阿米的故事，正是印尼版的英雄与美女缪斯的完美演绎。

信仰与浪漫、自然与真情：安妮·海瑟薇与亚当·舒尔曼的婚礼

2012 年 9 月 29 日，美国电影女演员安妮·海瑟薇与珠宝设计师亚当·舒尔曼，在加利佛尼亚州大瑟尔（Big Sur）的一个叫科斯特尔（Coastal）的小镇上，举办了一场低调的私人婚礼，正式结为夫妻，至此，被人亲昵地称为"安妮公主"的安妮·海瑟薇，成为了现实生活中的一位新娘。安妮·海瑟薇与亚当·舒尔曼是于 2011 年年底订的婚，他们的这场婚礼是犹太式的，分别由一名拉比和一名牧师主持。这很显然是一场经过精心思考和策划的婚礼，充分尊重和体现了新婚夫妇的信仰和信念，新娘是在天主教背景教育下长大的，而新郎则是一名犹太人，整场婚礼把他们的思想理念完美地融入到了婚礼进行的各项步骤；婚礼前一天下午，在一个五星级温泉酒店举行私人宴会，受邀的都是两人的家人和朋友，宾客共计 180 人。为了保密，次日下午举行的婚礼是移动式的，由巴士把宾客载到酒店附近的一处私人物业内的谷仓旁边的草地，一对新人就在自然清新的牧场草地上，在令人无限遐想的夕阳下，互订鸳盟，结为秦晋之好。婚礼整体设计都十分注重"自然元素"，一对新人也是以山水为背景。没有奢华铺张，没有向外公开。安妮的婚纱是由其好友、名牌瓦伦蒂诺（Valentino）创办人瓦伦蒂诺·加拉瓦尼为她度身定造的。婚纱采取一字膊复古

设计，而且用精细漂亮的蕾丝制成，配上缀有丝花装饰的束发带和头纱，感觉浪漫优雅。订婚后他们就经常结伴而行，在街上散步、遛狗，恩爱如昔；婚礼上的安妮穿着落地纱裙，在草地上行走似乎不太方便，幸好新郎亚当很是细微体贴，一直帮新娘拉裙尾……安妮·海瑟薇与亚当·舒尔曼的婚礼是一场他俩特有的婚礼，充分展现了自然、浪漫、真情和信仰的元素。

（一） 婚礼中的安妮公主

安妮·海瑟薇（Anne Hatnaway）于 1982 年 11 月 12 日出生在美国纽约州的布鲁克林市，在新泽西州长大。她和英国大文豪莎士比亚的妻子同名。她的父亲杰拉德是一名律师，母亲凯特·麦高莉是一名歌手兼演员。安妮是一个素食主义者，从小就有男孩子般的个性。由于安妮是在天主教地区长大的，小时候她很想当一名修女。但在十五岁的时候，她得知她的哥哥米歇尔是同性恋后，因此就放弃了当修女的梦想。高中时，安妮在校园舞台及著名的白房子剧院磨炼着自己的演技，并获得过一次"新星奖"（该奖专门表彰有表演才能的在校学生）。[1] 安妮·海瑟薇在纽约州波基普西的瓦萨尔学院主修英文，辅修妇女研究。她曾想当一位文学教授或是心理学家，于 2005 年进入纽约大学就读。

安妮·海瑟薇是一位明眸皓齿、肤白胜雪、笑容甜美的"公

---

[1] Wikipedia, the free encyclopedia, http：//en. wikipedia. org/wiki/Anne _ Hathaway _ (actress).

主"，有着奥黛丽·赫本式的优雅以及朱迪·加兰式的明媚。①
1999 年，17 岁的安妮·海瑟薇在电视剧《美梦成真》中初次登台，与杰西·艾森伯格合作，尽管该剧一季便被砍掉，但安妮却被当年的青年艺术家奖提名为最佳表演奖。2000 年在《公主日记》试镜时，安妮意外地从椅子上摔了下来，反而被导演一眼相中，得到了扮演主角米娅的机会。其实，这一切都因她人情味很浓，又有欢喜的感觉，即便是扮演高高在上的人物，她依然能竭尽全力，拿出骨子里极具亲和力的"丑女心态"，把白富美的公主身份演绎出让人啼笑皆非的矛盾感——她和《逃跑的新娘》时期的朱莉娅·罗伯茨是如此的相似，尽力去诠释亲民的角色，从不把"端庄"当回事儿，处处彰显谐星气质。《公主日记》打开了安妮·海瑟薇的星路，该片导演汤米·哈佛曾称赞她是朱丽娅·罗伯茨、奥黛丽·赫本和朱迪·加兰（《绿野仙踪》女主角）的混合体，"她既有孩童般的纯净气息，也有成熟女性的自信和聪慧"。②成名后的安妮·海瑟薇电影产量并不高，因为她对剧本相当挑剔，也并不想一直重复乖乖女的角色。"这让我的经纪人相当崩溃。但是我很清楚，我那么幸运得到了今天的一切，我可不想轻易毁掉它们。"安妮·海瑟薇很早就表明想让人注意到她的表演才华，数年前她就开始转变戏路，开始尝试成熟、野性、乖张等性格的角色，只要剧本能说服她，出演脱戏对她而言也并非难事。

2004 年，安妮选择出演了《公主日记 2：皇室婚约》。翌年，安妮·海瑟薇出演了独立影片《历劫俏佳人》，该影片描绘了富裕的高校女生试图涉水黑帮文化的故事。该片完全颠覆了海瑟薇在《公主日记》中的形象，她饰演的女主角随便、放荡、满口粗话。同年，她出演了《断背山》，影片获得第 78 届奥斯卡金像奖最佳导演、最佳改编剧本及最佳配乐奖。2006 年，安妮·海瑟薇出演

---

① 提拉米苏编辑：《安妮海瑟薇大婚——仪式低调浪漫婚纱美丽动人》，《人物评价》，2012 - 9 - 30 12：00：11，http：//news. mtime. com/pix/2012/09/30/292242. html。

② 同上。

了《穿普拉达的女王》，和老戏骨梅丽尔·斯特里普合作，影片使安妮·海瑟薇在好莱坞受到瞩目。2008 年安妮奉献的作品有入选威尼斯竞赛单元的《雷切尔的婚礼》。在这部影片中，复杂的对手戏和对一个内心有着伤痛和隔阂的女性的心理诠释，使她拿到了第 81 届奥斯卡金像奖最佳女主角的提名。当年，安妮出演了第一部惊悚片《乘客》，和帕特里克·威尔森搭档，讲述一个飞机事故幸存者获得超能力身陷阴谋的故事。2009 年，安妮·海瑟薇与凯特·哈德森联袂出演了喜剧片《结婚大作战》，两人饰演一对斗气好友。2010 年，她加盟了个性导演蒂姆·波顿的新片《爱丽丝梦游奇境》，在片中扮演美丽善良的白皇后，以白发如雪的夸张造型诠释了"白皇后"一角，她那夸张如舞台剧的表演形式也让人耳目一新。随着该片创下 10 亿美元票房，安妮被《福布斯》杂志选为"性价比最高"的女星。杂志称，在安妮·海瑟薇身上平均每投入 1 美元，制片商可以获得 64 美元的利润。[①] 同年年底，安妮·海瑟薇凭借《爱情与灵药》入围金球奖喜剧类最佳女主角。

海瑟薇在获得如此多殊荣和奖金的同时，也一直在从事慈善活动，向"创建妇女的网络"、"圣裘德儿童医院"、"人权运动"等机构组织捐款，她甚至给支持"同性婚姻"的机构提供资助。她也因为角色需要而减肥，戒烟或又开始抽烟，吃素……海瑟薇的所作所为大概出于对于信念的执着坚持和对工作的献身精神。

2012 年是安妮·海瑟薇爱情、事业双丰收的一年，在影片《悲惨世界》中，安妮·海瑟薇除了要完成高难度的演唱之外，这个角色让原本身材就很纤细的她再次陷入"减肥地狱"，短短三周内又瘦了 16 磅，把自己变成了一把骨头，同时还因情节需要而剃短了头发，以"骨瘦如柴、几近光头、牙齿残缺"的孤女芳汀形象打动了很多人，也为她拿下第 85 届奥斯卡最佳女配角金像奖、第 70 届金球奖、美国演员工会奖、美国影评人协会奖、英国电影、

---

① 提拉米苏编辑：《安妮海瑟薇大婚——仪式低调浪漫婚纱美丽动人》，《人物评价》，2012 - 9 - 30 12：00：11，http：//news. mtime. com/pix/2012/09/30/292242. html。

电视艺术学院奖等奖项的最佳女配角奖等，这让她击败了前奥斯卡影后海伦·亨特、大器晚成的实力派女星艾米·亚当斯等实力派大牌影星，成为荣获各种奖项总数的第一人。同年，安妮·海瑟薇在《蝙蝠侠：黑暗爵士崛起》中饰演猫王塞琳娜·凯尔，这个亦正亦邪、香艳神秘的角色曾得到很多好莱坞女星的垂涎。影片使她获得了第15届青少年选择奖最佳动作电影女演员的奖项。

显然，安妮·海瑟薇的付出没有白费，近年来她的演技好评也是水涨船高，她在《时尚女魔头》中除了造型漂亮，与奥斯卡提名最多的老戏骨梅丽尔·斯特里普演对手戏也不落下风。2008年安妮推掉了不少浪漫喜剧片，用尽心力出演了《雷切尔的婚礼》，她在片中剪去长发，烟不离手，在姐姐的婚礼上冷冰冰地搅局，这个角色要应对不同的对手戏，海瑟薇演绎了一个有着伤痛和严重心病的女性，对演员来说角色的挑战很大，安妮·海瑟薇的表现让人印象深刻，她也凭此片入围了奥斯卡最佳女主角。在《爱情与灵药》中她的大胆表演再获好评，一位观众写道，"当她全裸现身的时候，整个银幕都像在燃烧，而她即使衣着密实的亮相，也让人无法把视线从她身上移走"。①

从"梦幻公主"到"苦女芳汀"，她突然从传统的偶像派拐了个弯就绕进了叛逆的实力派。作为清纯童话美女，却用宽衣解带的方式颠覆了女神的定义，将时尚诠释成了"无所不能"。《断背山》里的奔放同妻，《历劫俏佳人》中与毒贩勾搭的豪情白富美，《爱情与灵药》中正面全裸出镜的帕金森痴情女，从未让她损毁过形象，无论在大银幕上诠释何等严肃悲情的角色，她都没放过任何展示喜感、幽默的机会，安妮的幽默气场，已经成为好莱坞一道可爱又亮丽的风景。②

---

① 提拉米苏编辑：《安妮海瑟薇大婚——仪式低调浪漫婚纱美丽动人》，《人物评价》，2012 - 9 - 30 12：00：11，http：//news. mtime. com/pix/2012/09/30/292242. html。

② 同上。

（二）亲自设计婚礼钻戒的
亚当·舒尔曼

　　亚当·舒尔曼（Adam Shulman）于1981年4月2日出生在美国纽约，2003年毕业于布朗大学并获得戏剧学士学位。他还参加了在纽约大学（蒂希学校）的暑期计划"视觉和声音"，并出席了在2001年秋季学期奥尼尔全国戏剧研究会。舒尔曼在2005年开始他的演艺生涯系列，他在电视上首次亮相时，是在《美国梦》中饰演保罗·奥班农。电影作品有2007年的《在哈扎德公爵：从头开始》，2008年的《黄金午餐》，2009年的《Twixter》。亚当·舒尔曼在影视圈中工作了几年之后，转型成为一名珠宝设计师，并在2011年11月底，把自己亲手设计的钻戒戴在了未婚妻安妮·海瑟薇的手上，这一切真的来之不易，得追溯到几年前发生在海瑟薇身上的一件事。

　　2008年夏天，安妮·海瑟薇与前男友拉斐罗·法里耶两人正式分手。拉斐罗是意大利房地产大亨，因犯下了洗钱、电子欺诈等14项罪名，2008年6月24日遭到美国联邦调查局逮捕后，安妮立刻表示与法里耶断绝所有关系。法里耶被指控曾经谎称代表梵蒂冈，向多位投资者欺诈金钱，声称自己正在重新发展罗马天主教廷的物业。就这样，海瑟薇与前男友拉斐罗长达四年的恋情非常不愉快地结束了。

　　原来安妮一直都有着良好的公众形象，但因拉斐罗的事，她表示自己其实与麻烦缠身的女星林赛·罗汉（Lindsay Lohan）有很多共同点，而且大部分人都将难以相信。她们都做过本不应做的事情，只不过安妮是在大学里度过了那段时光，所以大部分人都不了解。总而言之，安妮并不是圣人，浪费了很多时间做一些自毁的事情。但是安妮最终还是明白一个人应该做自己适合的事情，因此摒弃了那些自我伤害的东西，开始过健康的生活。

　　2008 年 11 月，安妮与亚当·舒尔曼开始交往，随后不久海瑟薇就与这名演员兼珠宝设计师的舒尔曼走到了一起。在 2008 年 8 月安妮主演电影《一天》的首映礼上，海瑟薇敞开心扉，大谈男友舒尔曼，说亚当是最棒的，而自己有着一颗浪漫的心。她对亚当的评价是无以复加的美好。他俩是在洛杉矶认识的，在安妮看来，亚当是她现在最理想的选择，因为他是最性感的男人。舒尔曼有拉斐罗所没有的一切，他耐心、具有幽默感、细心且体贴，在他身上，她可以找到许多与自己相似的地方。

　　有媒体在纽约的布鲁克林公园拍摄到海瑟薇与舒尔曼一起运动的照片，细心的记者发现海瑟薇的左手上多了一枚订婚戒指。今年 28 岁的海瑟薇与 30 岁的舒尔曼，从 2008 年开始正式交往，之前海瑟薇在谈及两人三年多的恋情时说道："我非常爱亚当，只有亚当可以破坏我的计划，我本来计划要好好享受上一段单身生活，结果我一不小心就像个小傻瓜一样地陷入了恋情之中。"① 也有报道说："安妮与亚当在巴黎出入成双成对，十分亲昵，他们十指紧扣，在巴黎街头再度接吻，甜蜜十足。安妮此次前往巴黎欣赏时装周的服饰秀，她将挚爱也带在身边，两人一同领略爱之城的浪漫情调。安妮身穿紧身牛仔裤和黑色靴子，搭配黑色外套和一条围巾，看起来时尚靓丽。亚当身穿黑色夹克，搭配灰色针织衫和棕色靴子。"②

　　2011 年 11 月 29 日，据国外媒体报道，好莱坞著名女星安妮·海瑟薇日前证实了订婚喜讯，准新郎是交往了三年多的男友

---

　　① 责任编辑 Lee：新浪娱乐微博，http://www.sina.com.cn，2011 年 11 月 29 日 10：12。

　　② 同上。

亚当·舒尔曼。这一喜讯是由海瑟薇的代理人向媒体正式宣布的。据悉，两人将要结婚。对于两人的关系，海瑟薇用"成熟"二字来形容，至于具体的婚期，海瑟薇的发言人则不愿透露。

（三）公主与设计师的婚礼

2012 年 9 月 29 日，安妮·海瑟薇与亚当·舒尔曼步入了婚姻殿堂。婚礼在加州度假胜地大瑟尔举行。安妮·海瑟薇与亚当·舒尔曼邀请了近 100 位亲友参加，并没有对媒体公开。据美国著名娱乐媒体 Radar 在线报道，美国当地时间本周六，安妮·海瑟薇将与未婚夫在加州的 Coastal 镇上举办婚礼，据悉这个婚礼将是犹太式的，而安妮·海瑟薇聘请的婚礼司仪，则是当年为奥斯卡影后娜塔莉·波特曼（Natalie Portman）主持婚礼的司仪，后者举办的婚礼就是犹太式的。由此可见安妮的确有眼光！嫁得如意郎君，安妮全程表现开心，但新郎亚当更为兴奋，不断与亲友合照。安妮·海瑟薇在婚礼上穿着华伦天奴牌子的白色婚纱，与任何一位新娘一样，比以往任何时候都漂亮；新郎亚当·舒尔曼在一旁显得帅气无比，尤为体贴和细心，不时地为新娘拉被风吹起的长裙。

1. 犹太式婚礼

犹太式婚礼是严格按照犹太法律和传统而举办的婚礼。尽管各地犹太式婚礼会有所差异，但是总的来说，婚礼都必须包含以下内容步骤：婚约，一般由两个见证人签署；天篷，新郎买的戒指，在天篷下面交给新娘；打碎玻璃杯。犹太式婚礼有两个显著步骤：
（1）神圣化，在上帝面前立下一生之约；（2）缔结婚姻，今后两
人开始一起生活。第一阶段是禁止妇女与其他任何男人有任何关
系，除非举行一个宗教离婚仪式，解除婚姻；第二个阶段是允许
两人在一起。在当今，一般是当新郎送给新娘一枚有价值的戒指，
向她求婚，犹太式婚礼的第一个阶段也就完成了；对于第二阶段，
不管是站在天篷下，还是两人单独待在一个屋子里，都可以算是
完成缔结婚姻的仪式。但是，历史上来说，这两个步骤一般是要
相隔一年的时间，而当今社会里，这两个步骤就合二为一了。

一般来说，犹太式婚礼包含的主要内容有：签署婚约、婚礼天
篷、遮盖新娘、点火、围绕新郎转圈、给新娘戴戒指、七个祝福、
打碎玻璃杯、跳舞，等一系列活动。安妮·海瑟薇与亚当的婚礼
就是这样恪守犹太教的婚礼规则和仪式来举行的，他们的婚礼因
而彰显了浓郁的宗教气息，也显得格外的庄严和神秘。

2. 亲手设计钻戒

在影视圈中工作了几年之后，亚当·舒尔曼转型成为了一名珠
宝设计师，2011年11月底，他把自己亲手设计的钻戒戴在了未婚
妻安妮·海瑟薇的手上，这表明两人在恋爱三年后，终于要修成
正果了。对于世间的新娘来说，戴结婚戒指那是必须的，也是理
所当然的，但是世间女子，除了安妮公主外，还有谁能戴着新郎
亲自设计的结婚戒指走进婚姻的殿堂呢？单从这点来看，他们的
恋爱和婚礼就与众不同，别具一格。

3. 自然与浪漫

婚礼装扮灵感来源于自然，许多树枝被用作布置婚礼现场，安
妮公主与新婚丈夫亚当·舒尔曼正伴着黄昏落日深情拥吻。此次
婚礼形式为犹太式，而安妮·海瑟薇聘请的婚礼司仪，则是当年
为奥斯卡影后娜塔莉·波特曼主持婚礼的司仪。

4. "穿越"的结合

有眼尖的影迷粉丝发现，当红女星安妮·海瑟薇的老公亚当·舒尔曼相貌神似莎士比亚。除了相貌惊人相似之外，更神奇的是，莎士比亚的妻子也叫安妮·海瑟薇。这一巧合让影迷们连连惊叹，连称这简直是"穿越"时空的爱恋和结合。

纯净、浪漫、信念的完美结合：梁朝伟与刘嘉玲的婚礼

梁朝伟和刘嘉玲这对香港影视界的影帝、影后，自相识并相恋到共筑爱巢，耗时近20年的时间。其间他们历经各种变数和考验，风风雨雨，一路携手走了过来，于2008年7月21日终于站在了神圣婚姻的殿堂上，这让人既钦佩又羡慕。与所有演艺界名流的选择都不同，梁朝伟和刘嘉玲独出心裁地将婚礼地点设在不丹。这是个被群山环绕、与世隔绝、却无比宁静祥和的国家。因为不见外界纷扰，加上虔诚的佛教信仰，让不丹自然散发出和谐共处、众生平等的氛围，刘嘉玲和梁朝伟于是决定这个世人所称"香格里拉"的国度，就是他们结婚最适合的地点。由于"伟玲"二人在华人演艺圈的显赫地位和重要影响，他们的婚礼也备受各界人士瞩目。有众多知名人士都现身二人婚礼现场，为他们送去祝福，因此"伟玲"的婚礼堪称是一场演艺名人和精英的盛大聚会。在佛教王国不丹举行的这场世纪婚礼，阵仗场面之盛大，在不丹也是稀有罕见。就连不丹的皇室也对"伟玲"婚礼给予了极大的关注并鼎力支持，婚礼由国王基沙尔和泰国白龙王见证，并邀得当地大宝法王噶玛巴为一对新人加持，神圣庄严，在近百位宾客观礼下，于白帐篷内正式完婚。不丹皇叔夫妇不仅为这对准新人提供不丹皇室结婚的礼服，还亲自为伟、玲着装，并把皇宫借给他们拍摄结婚照，不丹王子也亲自出席二人婚宴。受到不丹皇室如

此礼遇，可见"伟玲"面子之大。婚礼收到许多各式各样的礼物，最为弥足珍贵的当属王家卫的，他亲自制作了一部短片送给他们。这对新人还有一个特别之处，把一笔不小数目的贺礼全部捐献给了慈善机构。

（一） 独出心裁，婚礼现场设在不丹王国

梁朝伟与刘嘉玲长达 19 年的马拉松式恋爱故事，在经历了各种风风雨雨后，终于有了一个圆满的结局。他们精心挑选到不丹国去举办婚礼，大概真的希望不丹——这个纤尘不染的世外净土，能让他们的爱更加纯洁，婚礼不会受到来自尘世间的侵扰。"不丹"，在梵语中意为"西藏的边陲"，地处喜马拉雅山南坡，也被称为"神龙之国、森林之国、花卉之国"，那里风景格外秀丽。去不丹不是一件容易的事，光签证就得办上两周。刘嘉玲与梁朝伟的婚礼"保密防谍"到家，倒数 6 天才让地点曝光，他们深思熟虑选择在佛教小国不丹，就是为了阻绝媒体和粉丝的干扰。

刘嘉玲其实早在婚礼进行的前一年，就与梁朝伟选定了 2008 年 7 月 21 日完婚，但是婚礼举行的地点不丹，却是直到 2008 年 4 月才决定的。在那之前她和梁朝伟讨论过很多地方，例如法国南部、佛罗伦萨、巴黎、日本和东南亚等地，但都感觉"少了一点什么"，直到不丹一地出现，两人终于心领神会，当下决定这是现阶段最理想的婚礼地点，也是两人展开另一阶段人生的最佳起点。于是这个位于喜马拉雅山麓，海拔 3000 多米的藏传佛教小国，便成为两人结为秦晋之好的地方。刘嘉玲大约十年前知道有不丹这

个国家，但也仅止于一般的了解，没想过自己有朝一日会在这里举行婚礼。6月份她首度出发到不丹实地考察，感受到这里群山环绕、遗世独立的氛围，不见外面世界的纷纷扰扰，虔诚信仰教化出人与自然和谐共处、众生平等的庄严气氛，让她立刻确定这个世人所说的"香格里拉"，就是她和梁朝伟婚礼地点的不二选择。近年来虔心礼佛的嘉玲说："我一到这里就感觉心里很踏实、很平和，我看到这里的人快乐不是因为物质上的丰富，而是精神层面的满足，终于明白为什么大家说不丹是快乐国度。"①

在藏传佛教中，白教至今仍是一个大教派，除西藏外，四川、甘肃的藏区白教影响力甚大，尤其在台湾地区、东南亚及欧美，白教发展得最快。刘嘉玲的好友王菲就是个白教徒，不过近年来刘嘉玲受王菲的影响而转向信奉印度大宝法王噶玛巴，尤其是在梁朝伟与刘嘉玲因郭台铭事件，在感情上出现问题时，也是由法王启示了他们的心结，拨云散雾而令两人跨过感情的关卡，进而结成夫妻。所以法王为他们选定了这个庄严神圣之地结婚。

"这里的天是粉蓝色的，这里的山就像绿色的菜花一样，密密麻麻的。山上的山岚和天空的云彩连接在一起，有一条河贯穿整个城镇，河水滚滚流动，就像充满活力的生命。这里的空气是甜的，蝴蝶是彩色的，没有高楼大厦，古老的房子置身于绿色的大地之上。男人穿的是前胸交叉叠起直到小腿的长袍，雪白的领子和袖口，腰上系着宽布带，黑色过膝长袜，脚蹬黑色大皮鞋。女人穿的是高腰及地长裙，上衣袖子长得像古装水袖。这里的人虽然生活不富裕，快乐指数却是世界之冠。置身于这样的环境，简直就好像回到古代一样。梁朝伟和刘嘉玲就在这样一个山明水秀、人间仙境的不丹国结婚。"② 台湾巨星林青霞，"伟玲"的世纪婚礼

---

① 戎戎的娱乐梦工厂新浪博客独家首发：http：//blog. sina. com. cn/s/blog_43ae7b1e0100a63j. html，2008 年 7 月 21 日。

② 林青霞：《迷醉不丹国婚礼》，《明报周刊》，第 30—32 页，1994—2009 China Academic Journal Publishing House，http：//www. cnki. net。

中最抢镜的宾客之一，深受感动，写下了这段姻缘，曾在一期香港的《明报周刊》上发表《迷醉不丹国婚礼》一文中说："这个地方是朝伟梦想要带他女人来的地方，这是我们一百个宾客都忘不了的婚礼。"① "听说有个地方，那里没有嘈杂的声音，只有鸟儿的叫声，和在不同季节里好好听的风声。那里没有污染的空气，只有花草树木发出的香气。那里没有无理的暴力，人与人之间只有和谐的相处。那里也没有物质的享受，人与人之间还有那份纯真的感情。其实，每个人都知道，这个世界上根本没有这样一个地方。但是我相信有，一直希望能够和我的女人在这样一个地方生活，这是我多年来的梦想。"② 这是梁朝伟于1994年，为自己的唱片《日与夜》创作的独白。不仅如此，梁朝伟还写了《追梦人》歌词来呼应世外桃源情境——近20年前预言他的梦想国度。

梁朝伟心目中的香格里拉，他身边的人，包括嘉玲在内都认为是不可能存在的，但是由于梁朝伟的一片痴情和执着向往，十四年后终于被嘉玲找到了。这个群山围绕的喜马拉雅王国，在2008年3月24号那天，刚完成了从世袭君主制国家到议会民主制国家的飞跃。时间仅仅过了不到四个月，梁朝伟与刘嘉玲就将在这里举办婚礼，这又将为这个王国平添一种别样的经历。只见嘉玲牵着梁朝伟的手，带着一百多位贵宾，从大陆、香港、台湾等地来到这个地方。来到这里就好像回到古代，这里的天是粉蓝色的，这里的山就像绿色的菜花一样，密密麻麻的。山上的山岚和天空的云彩连接在一起，有一条河贯穿整个城镇，河水滚滚流动，就像充满活力的生命。这里的空气是甜的，蝴蝶是彩色的，没有高楼大厦，古老的房子置身于绿色的大地之上。男人穿的是前胸交叉叠起直到小腿的长袍，雪白的领子和袖口，腰上系着宽布带，黑色过膝长袜，脚蹬黑色大皮鞋。女人穿的是高腰及地长裙，上衣

---

① 林青霞：《迷醉不丹国婚礼》，《明报周刊》，第30—32页，1994—2009 China Academic Journal Publishing House, http://www.cnki.net。

② 同上。

袖子长得像古装水袖。这里的人虽然生活不富裕，快乐指数却是世界之冠。置身于这样的环境，简直就好像回到古代一样。① 梁朝伟和刘嘉玲就在这样一个山明水秀、人间仙境的不丹国喜结连理。

（二）鼎力支持，不丹王室出人又供婚服

不丹皇室对婚礼非常重视，不惜一切代价为"梁刘"婚礼保驾护航，连国王都亲自下达"禁采令"，凡违反规定侵入酒店进行偷拍者将被驱逐。酒店加强警力全线封锁，非婚宴嘉宾不得入内，连酒店所在的山区，都有80名警卫在现场维持秩序。但为了采访还是有7名记者闯入 Uma Paro 酒店，进行采访时被查出身份，面临驱逐出境的窘境，所幸新娘子刘嘉玲求情，才网开一面。刘嘉玲所在公司发言人梁小姐表示："嘉玲十分体谅媒体的工作，不想不近人情，故向有关方面求情，以免喜事蒙上污点，所以他们没有被驱赶，也希望大家不要触犯不丹法例。"② 由于新人不愿意婚礼细节外泄，所有参与的 Uma Paro 酒店员工都被下了封口令，为了不让婚礼照片外泄，除了受邀宾客之外的所有人员，进出都要检查相机与手机，全面防堵画面曝光。虽然 Uma Paro 酒店位于风光秀丽的山上，但数十名"奉命"前来采访的记者却无心看风景，因为当地警方把他们当成了一帮干扰婚礼的"匪徒"，采访变成

---

① 林青霞：《迷醉不丹国婚礼》，《明报周刊》，第30—32页，1994—2009 China Academic Journal Publishing House, http://www.cnki.net。

② 戒戒的娱乐梦工厂新浪博客独家首发：http://blog.sina.com.cn/s/blog_43ae7b1e0100a63j.html，2008年7月21日。

"兵捉贼"。

酒店外铁网高墙，媒体记者只能在山下守候最新进展，也有部分记者试图爬山进入酒店，但据了解，多数爬山的记者都被保安发现并阻止了，两名《苹果日报》摄影记者在爬山途中被发现，遭警卫押解下山并送上警车，而前一天，翻山的记者仅仅是被保安扣留，待准新郎梁朝伟求情后才被释放。记者的被捕立刻引起了不小的骚乱，但现场的媒体仍然坚守"岗位"。在记者连续等候数小时后，泽东电影公司的工作人员出来接受记者采访，并安慰在场人员，道声大家辛苦了，拿出结婚蛋糕、可乐和水分给在场记者享用，让他们一同分享"伟玲"大婚的喜悦。

除此之外，这对新人抵达不丹后，在不丹四世国王协助下，就开始为婚宴事宜张罗，他们在当地可谓畅通无阻，到了当地的各大名胜、博物馆等地方取景，不丹王室还打破惯例、提供皇宫的寝室给新人拍摄婚纱照，还特许"梁刘"的婚纱照可以随意在王宫取景拍摄。婚礼前夕，伟玲二人也在不丹境内的几个特殊景点进行婚纱照拍摄。虽然不丹正逢雨季，但是群山环绕的不丹，浓厚的宗教气息、零污染的大自然以及纯朴的民风，让嘉玲和伟仔的婚纱照凸显独特与脱俗的气质。

参加"梁刘"婚礼的男宾客还获得不丹国王的亲自招待，这帮男宾客有如胡须 Kong、张震及陈国熹等，不丹四世国王亲自与他们饮茶谈天。

（三）僧侣证婚，不丹国王
到场为之祝福

把"梁刘"二人的婚礼形容为"皇帝级别"一点也不夸张，

因为在不丹，一般平民成婚并无婚礼，只有王室人员才可享此权利，更何况是外来游客。梁朝伟刘嘉玲选择以及能够在不丹结为夫妇，除了两人是虔诚的佛教徒外，是在曾志伟穿针引线下而结识不丹国王的，而且还被安排到国王自建的酒店内举行婚礼。

　　"梁刘"的婚礼进行曲由两部分组成，第一个部分是由僧侣最高领导人（Head of Monks）以佛教仪式来主持，约有 20 名喇嘛僧侣诵经，目的是证明该次婚礼注册有效；第二部分是按传统的中国仪式进行的，之后切蛋糕，新人接受祝福。

　　2008 年 7 月 21 日，"梁刘"婚礼序曲拉开了帷幕，婚礼即将在由不丹王室自己出资兴建的酒店外的草地上举行，喇嘛们临时搭起了帐篷，在里面为这对新人祈福。婚礼于不丹时间 11 点开始，总共持续了两小时。新娘刘嘉玲穿着不丹传统服饰，与穿白色礼服的梁朝伟，将经由酒店一条铺满白色花束的小路，步行前往帐篷举行婚礼。只见两位新人从房间走出来，随着音乐徐徐朝着一个面积有数百平方米的白色帐篷走去，贵宾则分为两排跟在他们后方。这时喇嘛吹响了声音低沉、气势宏伟的长号，奏响了"梁刘"婚礼进行曲的第一曲，即由僧人主持宗教仪式，由喇嘛证婚。首先，与会宾客们和一对准新人接受加持的祝福。宾客们每人手里拿着一条哈达和一封红包，一个个进入帐篷里接受法王的加持。他们把手里的哈达献给法王，再低头让他围上，然后把准备的红包放在桌上，旁边的喇嘛们送上一条黄色的细绳和一个信封。宾客们把细绳绑在手腕上，信封里的小旗子绑在树枝上，这样能带来祝福和好运。

　　加持完毕，繁缛的仪式结束后，婚礼的第二曲——大婚仪式才开始。宾客们一一坐到白色遮阳伞的圆桌上。天空下起毛毛细雨，很清爽。雨停了，嘉玲穿着婚纱、伟仔穿着黑色西装由花童和花女簇拥着走入婚礼现场。按中国传统习俗，刘嘉玲由大衿姐撑红伞陪伴出嫁，担任伴郎的梁朝伟好友吴廷烨及众亲友跟随其后。

　　婚礼现场摆放了一个五层高的结婚蛋糕，仪式举行期间，帐篷外传进来阵阵喇嘛奏乐及欢呼声，之后播出《婚礼进行曲》，担任婚礼司仪的李浩林大叫一声"Congratulation"后，宾客又再度欢呼喝彩，宾客在婚礼仪式上数一二三，同喊"百年好合，永结同心"祝福新人。

正当婚礼进行时，天上忽然下起大雨，在帐篷内的刘嘉玲、梁朝伟及众亲朋好友，心情并未因暴雨受影响，幸福的心情写在他们脸上，现场比爱情片还要感人。

婚礼现场还特地举行了一个传统的烧树仪式，祈求停雨，据不丹习俗来说，下雨代表神圣的意思，英文叫花之雨（Rain of Flower），梁朝伟和刘嘉玲穿礼服走过花朵布置的小路时，刚好下雨，而切结婚蛋糕时又刚好停雨，被视为好兆头。众人吃过饭已接近3点，因此宾客未下山就在 Uma Paro 酒店内休息，等待晚上婚庆派对的开始。婚礼主要以白色为主，不仅蛋糕和背景都以白色为主，新人身穿的也是白色礼服。工作人员透露，届时梁朝伟将送12克拉重的卡地亚牌钻石戒指，给刘嘉玲当结婚礼物。据该工作人员透露，这枚钻戒寓意"完美"，梁朝伟把它送给自己心中"最完美"的女人，并借此希望他们两个人的婚姻能"完美无瑕"。下午五点半，婚礼结束后，嘉玲不断地说她好感动，好开心，好幸福！

在不丹半山的 Uma Paro 酒店举行的这场"伟玲"世纪婚礼，除了逾百个亲友如约而至到场祝贺外，不丹王叔亦亲自到场送上祝福。梁朝伟和刘嘉玲的造价千万的婚礼还邀了印度法王为证婚人，28岁的不丹国王基沙尔到场为新人祝福，还有20位喇嘛为婚礼诵经祈福。

另外，新婚夫妇在这场婚礼上，还收到了非常特别、感人的礼物，那就是与会人员对他们的祝福：王家卫在中午的宴会代表宾客致辞给予新人祝福，满脸幸福的刘嘉玲则是对嘉宾感性答谢："多谢大家千里迢迢来到这个神圣的地方参加我们的婚礼，相信这是缘分让我们在这相聚，也希望大家都能分享我们的喜悦。"①

---

① 中新网：http://news.sz.fang.com/2008-07-22/1938053_all.html，2008年7月22日。

（四）极尽奢华，嘉宾阵容人员花销空前

林青霞为这场婚礼所感动，她写道："七月二十三号所有的宾客都走了，只剩下我和梁氏夫妇与几位朋友。几天 party 下来，大家都累得睡到中午才起床，我到酒店周围散步，才发觉这个置身原始树林的酒店，跟前几天的面貌完全不同，那几天被张叔平和泽东电影公司团队①打造得异常罗曼蒂克。婚礼中数千枝花朵由泰国运来，香槟是由宾客从机场买来的，乐队特地从香港请来，厨师由泰国飞抵不丹，还有保安人员，确保宾客不受骚扰"……"这都是嘉玲的心血，这个婚礼是嘉玲梦想的婚礼，这个地方是朝伟梦想要带他女人来的地方，这是我们一百个宾客永远都忘不了的婚礼。"② 新婚夫妇的精心策划、缜密安排和用心良苦由此可见一斑。

此外，新婚夫妇不惜花重金来举办这场难得的婚礼。"梁刘"婚礼堪称当年最豪华婚礼，共花费 3500 万元，其中包括 12 克拉的钻戒，大约 2500 万元；刘嘉玲的白色婚纱价值 100 万元；Vera Wang 牌白色低胸婚纱大约 30 万元；刘嘉玲的婚鞋 8800 元；梁朝伟的 Tom Ford 牌的白西装大约 6 万元；筵席 20 桌，包括龙虾、鱼子酱、生蚝和松茸等 9 道菜式，有不少材料也是由泰国空运来的，连带名贵红酒、香槟和威士忌的酒水开支，200 万元；100 名宾客

---

① 张叔平是"伟玲"婚礼的服装和造型师；而泽东电影公司则负责婚礼的拍摄。

② 林青霞：《迷醉不丹国婚礼》，《明报周刊》，第 30—32 页，1994—2009 China Academic Journal Publishing House, http://www.cnki.net。

自香港、北京、台北经曼谷转搭包机赴不丹，约 79 万元；宾客住宿饭店 4 天食宿和交通约 400 万元；光一个 5 层结婚蛋糕售价就 13000 元，是在曼谷定做，再空运到不丹的；预备 100 份经大宝法王加持的"神丹"作为回礼的费用；婚宴期间有 80 名不丹警察和 20 名保镖护卫，场地布置、保安等约 500 万元……这样的奢华婚礼，总费用超过 3500 万元，创华人娱乐圈内最高纪录，没有绝后，也肯定是空前的千万豪华婚礼。[①]

"梁刘"婚礼的与会宾客阵容也相当豪华，除了林青霞、王菲、叶童、张震、胡军、李亚鹏、钟镇涛、王家卫、关锦鹏等影视圈里的众巨星远赴不丹参加了这场婚礼外，王菲和钟镇涛更是"提供"女儿窦靖童和钟懿为刘嘉玲当起了花童。王菲和李亚鹏的女儿李嫣虽然不是花童，但也是一身花童打扮，当时两岁大的李嫣长得相当可爱乖巧。由于"伟玲"二人在华人演艺圈的显赫地位和重要影响，他们的婚礼也备受各界人士瞩目。我们看到有众多知名人士现身二人婚礼现场，为他们送去祝福。参加婚礼的有：吴廷烨、徐克、施南生夫妇、林青霞、狄龙夫妇、刘嘉玲的彩甲师、胡军、不丹王子、叶童夫妇、狄波拉和丈夫胡须 Kong、王家卫夫妇、张叔平、王菲、李亚鹏、作词人梁鸿斌、陈家瑛、梁朝伟妈妈、刘嘉玲妈妈、刘嘉玲弟弟、知名经纪人邱黎宽、张震、关锦鹏、颜宁、资深制作人杨佩佩、台湾贵妇代表孙芸芸等，堪称是演艺名人和精英的盛大聚会。

另外，"梁刘"婚礼收到的贺礼也相当丰富、壮观和独特，关锦鹏赠送金器送给他们作结婚礼物；身在香港，不能到场的曾志伟的贺礼是请和尚念经，他之前委托过王子（指四世国王旺楚克）代他送了一份令新人很惊喜的礼物给新人，那就是请一千个和尚

---

① 中新网：http://news.sz.fang.com/2008-07-22/1938053_all.html，2008 年 7 月 22 日。

为他们诵经祈福。① 曾志伟说他认识基沙尔时，对方仍是个王子，二人相识多年。叶童则是送水晶物品；任达华送 DV 机；陈家瑛送洋酒；王家卫作为香港最著名和最资深的导演之一，不但亲自策划和亲手操办这场婚礼，还亲自制作了一部短片作为礼物送给新人。② 这部短片记录了"伟玲 20 年"的点滴，并在婚礼上播放，这对嘉玲来说，是无比珍贵的大礼，如此隆重而珍贵的厚礼，恐怕也只有梁朝伟和刘嘉玲这对影帝影后级的人物才有资格享受得到。

但是，对于"梁刘"夫妇来说，他们收到的"婚礼"祝福才是最弥足珍贵的，而且来自演艺界的宾客们的祝福内容丰富，形式多样：王菲在这次婚礼上献唱经典曲目《甜蜜蜜》，这对刘嘉玲来说，是比红包珍贵得多的"催泪"大礼；另外"梁刘"所收到的，令他们感动不已的礼物就是亲朋好友的各种祝福的话语：胡军寄语这对新人八字真言"白头到老，好不容易"；与新婚夫妻属多年好友的关锦鹏说："我感动又开心，等了这个日子很久了"；开解嘉玲，带嘉玲走出阴霾的林青霞，见嘉玲终于抓住了幸福，祝他们"百年好合，早生贵子"；拉姑送给一对新人的祝福是："他们的 DNA 这么好，一定要生 BB！"叶童带烈酒道贺之余，更寄语："他们有一套相处之道，就是给予彼此自由空间，希望他们婚后比婚前更甜蜜啦！"王家卫说："这几天我住在一对新人的楼上，前两天看到嘉玲和伟仔形影不离，一起早上去爬山，那个不是我平时看到的刘嘉玲，当看到她的背影，我觉得好感动"；狄龙夫妇就祝福他们天长地久，多子多福。③

新娘子刘嘉玲很有心思、非常细致和周到，婚礼后特意准备了过百份回礼，给参加婚礼宾客一份新人的特别礼物，分别是一双

---

① 国际在线专稿：http://gb.cri.cn/19864/2008/07/24/114s2159831_5.html，2008
年 7 月 24 日。

② 同上。

③ 同上。

筷子（象征成双成对）、一个由大宝法王加持过，纯银镶金并且镶有宝石的噶宝盒，以及一张大宝法王为众人祈福所制作的亲笔签名照；他们还预备了100份回礼，是一个银制药盒，印有宗教符号及镶有彩石，内有两颗"神丹"，可保平安。

梁朝伟和刘嘉玲的大喜盛事万众瞩目，这场世纪婚礼可说是集结了华语影坛"七最"：两人爱情长跑20年，时间"最漫长"；婚礼远在不丹深山举行，地点"最隐秘"；新人和亲友团转机又坐车，路途"最波折"；"亲友团"包括林青霞、王菲等巨星，宾客"最闪亮"；新人自掏腰包赞助来宾食宿机票，出手"最慷慨"；不丹国王接见、皇叔出借王室礼服，场面"最皇家"；一路追逐的华人媒体突破重围只为捕捉这一刻，采访"最艰辛"。梁朝伟和刘嘉玲，这样一对在性情上迥异的恋人，从相识、相恋到现在完婚，已经走过了风风雨雨19个年头！刘嘉玲和梁朝伟聚散离合20年，期间也许有过太多的迷离和困惑，但事实证明，他们一直深爱着对方，并相伴到现在，最终步入婚姻殿堂，确实令人惊叹。

"梁刘"婚礼在不丹藏传佛教高僧的诵经祈福仪式下，正式展开，身着传统中式新娘礼服的刘嘉玲与一身白色西装的梁朝伟，接受僧侣的加持祝福，场面庄严神圣，现场嘉宾都十分感动。婚礼全部采佛教仪式进行。上午天空下着微雨，在不丹，下雨是喜悦的象征，又称"花之雨"，似乎上天也对两人的婚礼给予祝福。另外还有百位明星来见证和分享了二人的白色浪漫……如此，都是笃信佛教的二人一直追求，梦想得到的，而现今得以实现，这场婚礼从而完美演绎了浪漫、纯洁与信念的完美结合。难怪他们的婚礼也感动了林青霞，让她婚礼之后仍然念念不忘，并提笔记录下了那些感动的画面："婚礼中数千枝花朵由泰国运来，香槟是宾客从机场买的，乐队特地从香港请来，厨师则从泰国飞抵不丹。这一切都是嘉玲的心血，这个婚礼是嘉玲梦想的婚礼，这个地方是朝伟梦想要带他女人来的地方，这是100个宾客永远都忘不了的婚礼。"①

刘嘉玲在结婚之前说过一句话："我们已跟一般夫妇无异，只差一张纸，一个仪式。对我来说，结婚不是最终极的目的，重要的是找到一个志同道合的伴侣。"② 梁朝伟和刘嘉玲的恋爱史，分分合合，合合分分，充满坎坷，近年来感情稳定，结婚是圆满，也是必然。至于婚后生活怎样？还需要两人求同存异，共同努力。

---

① 林青霞：《迷醉不丹国婚礼》，《明报周刊》，第 30—32 页，1994—2009 China Academic Journal Publishing House, http://www.cnki.net。

② 国际在线专稿：http://gb.cri.cn/19864/2008/07/24/114s2159831_5.html，2008年 7 月 24 日。

文人学者篇

"才子佳人"模式的典范：梁思成与林徽因的婚礼

林徽因与梁思成均为名门后代，他们各自的父亲同朝共事过，都官居高位；两人从小就受到中国传统文化的教育和熏陶，受过良好教育；青年时期学习成绩优异，被当时政府选中，一同赴美留学，接受西方文化教育。在美国留学期间，他们度过了人生中最美好的一段时光，课余可以花前月下、卿卿我我；学业上相互帮助，共同探讨。他俩的感情随着四年大学时光的流逝而得以增进，谈婚论嫁的时候到了。尽管婚礼在异国他乡举行，但是梁启超坚持认为必须严格遵守中国传统礼节，合帖子、下聘、订婚一样都不能少，要表示梁家人对这桩婚姻的重视，同时也表示对林家人的尊敬。因此梁、林的订婚和结婚的仪式都搞得隆重正式，他们觉得这样做才有意义。1927 年 12 月 18 日，梁启超在北京家中为梁、林举办了订婚仪式，他不仅给两人合了生辰八字、出生时辰、地点以及上三代人的名字，而且还给两人买了一对名贵的玉佩和玉印作为订婚信物。1928 年 3 月 21 日，梁思成与林徽因长达十年的爱情终于有了结果，这对志同道合的恋人结为人生伴侣。他们在加拿大渥太华的中国总领事馆完成的大婚。梁思成、林徽因遵照父亲的嘱咐，在中国驻加拿大领事馆，周希哲夫妇为梁思成、林徽因张罗了几桌丰盛的婚宴。一对新人按照中国习俗，在官署内行了谒祖礼。也给姐夫和姐姐行了三鞠躬礼。这就算是履行中国式的婚礼了。

　　这对堪称"门当户对、情投意合、才子佳人、学者夫妇"的婚姻之路也曾经历过痛苦、迟疑或彷徨，但是无论是林徽因的选择还是梁思成的包容确实印证了两人间真挚的爱情。林徽因的香消玉殒也最终实现了她对梁思成"有一句话，我只问这一次，以后都不会再问，为什么是我"的问题的回答，那就是"答案很长，我得用一生去回答你，准备好听我讲了吗？"①

（一）人生若只为初见

　　林徽因，于 1904 年 6 月 10 日出生于中国浙江杭州，祖籍福建福州。林徽因自小聪明伶俐，性格敏感，生性欢快，因此虽然是为父亲的妾所生，但却是父亲钟爱的孩子。父亲早年留学日本早稻田大学，学成回国后从政，仕途还算顺利。但是因为夫人不生育，所以纳妾为其延续香火，但是只有林徽因活了下来。没有男丁继承林长民林氏一族，因此又娶了一房太太，林徽因因而自小就早熟，成熟得家里人都不拿她当孩子对待。特别是林家从上海搬家到北京后，父亲对姨太太宠爱有加，因为她为林家添了四个男丁，而林徽因的母亲却倍受冷落，因而记恨在心。林徽因之所以早熟，主要应该归因于几乎是遭遗弃的母亲给她心理蒙上的阴影，纵然她自己深得父亲以及其他长辈的宠爱，但是，当受宠之后回到冷落的后院，面对母亲阴沉怨愤的神情，她不得不过早地体会到世态的阴暗；而且她也因此夹在父亲与母亲的对立局面中，一面对母亲的境地深感同情和不安，一面又是疼爱自己的父亲，因此林徽因很明白，必须珍惜父亲对自己的爱，那就是努力与大家庭中的每个孩子好好相处；听姑母的话，积极接受她为孩子们安排的一切活动，特别是启蒙教育的一切。很快，林徽因也得到了姑母的喜爱，尽管她年龄小，但是却是接受能力最强、最快的，她可以把书背得如行云流水一样，让人听得爽心、舒服，尽管小小年纪的林徽因并不理解所背诵的内容。聪明灵秀的小林徽因不仅读书写字都进步很快，而且她还喜欢上了读书，喜欢坐在安静的书斋里，闻着淡淡的墨香气，读读书，写写字，发发呆。

父亲因为工作需要，时常都不能待在家里，因此出门在外的林长民经常写信回家，表示对家人的挂念和问候，家里小小的林徽因挑起了写信的重任。父亲每每读了家书后，心里备感安心，对林徽因的疼爱也就多加一分，"徽儿：知悉得汝两信，我心甚喜。儿读书进益，又驯良，知道理，我尤爱汝。闻娘娘往嘉兴，现已归否？趾趾闻甚可爱，尚有闹癖（脾气）？望告我。祖父日来安好否？汝要好好讨老人欢喜。我本期不及作长书，汝可禀告祖父母，我都安好。父长民三月廿日"。① 七岁大的林徽因多么懂事，用她那双瘦弱、纤细的小手，认真地，一字一句地给父亲大人禀报家事，她为大家庭肩负了多么大的责任："二娘病不居医院，爹爹在京不放心，嘱吾日以快信报病情。时天苦热，桓病新愈，燕玉及恒则啼哭无常。尝至夜阑，犹不得睡。一夜月明，桓哭久，吾不忍听，起抱之，徘徊廊外一时许，桓始熟睡。乳媪粗心，任病孩久哭，思之可恨。"② 这封信写得一点也不夸张，为林徽因成年后父亲林长民为她信上如是做的批注，足以说明林徽因那么小的年龄时就开始帮助父亲分担家庭的责任了。

---

① 朱云乔：《情暖三生：梁思成与林徽因的爱情往事》，石油工业出版社2013年版，第16页。

② 同上。

　　时光荏苒，林徽因就在这样一个大家庭里长大了，她不乏长辈们的疼爱，接受了姑母所谓大家闺秀的各种教育和训练，因而她弥补了母亲身上的缺陷，拥有了一个名门闺秀所具备的一切，出落成了一个温文尔雅、知书达理、上知儒学伦理，下会琴棋书画的少年，甚至后来成为了民国时期的一大才女。此时的林徽因，像一朵正在绽放的玫瑰花，羞涩不失大方，柔弱不失个性，那么清新，如此纯洁，她的美丽宛如一件艺术品，令人魂牵梦绕，回味无穷。林徽因生命的玫瑰一直在绽放，散发着淡淡的余香，直到她告别人世，那么当时懵懂少年的她竟是何等的纯洁迷人啊！她梳着两根辫子，双眸清澈，炯炯有神，再配上精致的五官和她娇美矜持的气质，她不经意的一举一动都会牵动无数人的心。她的举手投足，回眸一笑让梁思成第一次见到她，心就为之怦然一跳，一见倾心。1916年林长民全家开始定居北京，林徽因进了有名的培华女子中学读书。此前京城的政局不稳定，林长民卷入是非当中，家庭便安置在天津，他乃两地往返。四年前合影的表姐妹都进了培华女中，林徽因又和她们合拍了一张照片，统一的校服，个个亭亭玉立，美丽端庄。四姐妹像幼时一样的亲密无间，如今依旧形影相随。姑娘们星期天上街特别招引目光，有轻薄男子尾随而来，于是不得不叫来身材高大的表兄弟充当保镖。培华女中是所教会办的贵族学校，教风谨严而得法，原本聪明的林徽因受它良好培育，日后出色的英语水平即起步于此。由大户旧宅跨入这一方充溢朝气、讲究文明的新天地，为不久放飞的才女奠定了坚实基础。置身于这样的教育环境，林徽因早早萌生了文化意识，趁父亲远游日本的时候，她翻出家藏的数量可观字画，一件件过目分类，编成收藏目录。编得幼稚是一定的，她在父亲家信上注道："徽自信能担任编字画目录，及爹爹归取阅，以为不适用，颇暗惭。"①

---

　　① 朱云乔：《情暖三生：梁思成与林徽因的爱情往事》，石油工业出版社2013年版，第22页。

梁思成，是清末大学者梁启超的长子，建筑学者，林徽因的丈夫。早年受父亲影响，受过正统的中国古典文化教育，后到美国留学。回国后，创建中国第一个建筑系，完成第一本由中国人自己编写的比较系统完整的《中国建筑史》，是把祖宗留下来的宝贝当成命根子的人。戊戌维新变法失败后，梁启超于 1898 年携家带口逃亡日本。梁思成于 1901 年 4 月出生在日本东京。对于梁思成的生母李氏，人们对她了解得不多。其实李氏出自书香门第、官宦之家，其长兄李端棻曾任清政府礼部尚书，在科举考试中非常看中梁启超的才学，因此把自己的小妹妹许配给了他。李氏出身高贵，性情难免乖戾，幸亏梁家还有位王氏二太太，为了这个大家族的和睦相处，孩子的教育和日常生活的进行而付出了很多。梁家能培养出那么多成才的子女，当然与梁启超有关，但是这个王氏（孩子们管她叫娘）也是功不可没。"梁启超能写出那么多著作，有很大一部分要感谢娘给他创造了一个和睦安定的家庭。我们兄弟姐妹十人，大家很少拌嘴，娘总是用她的爱关心我们，教导我们……而她自己对我妈和我爹的照顾也是无微不至，对我妈更是处处委曲求全。她是一个头脑清醒、有见地、有才能、既富有感情又十分理智的善良的人。可惜生在旧社会。"① 梁思成童年时很淘气，每当妈妈抽打他时，娘总是袒护着他，还用身子帮他抵挡。有一次考试成绩落在其弟思永之后，娘是这样教导他的："成龙上天，成蛇钻草，你看哪样好？不怕笨，就怕懒。人学一遍，我学十遍，马马虎虎不刻苦读书，将来一事无成。你看你爹很有学问，还不停地看书。"② 梁思成从此以后学习不再马虎。幼年时的梁思成在日本就读于父亲为华侨子女办的同文学校，因为家离学校远，每天孩子们都是带饭，起早贪黑赶小火车，往返于家和学校之间，这对孩子们来说真的很紧张，生怕误了火车。除此之外，父亲对孩子们要求也很是严格，同时也引导孩子们对知识的兴趣，

---

① 林洙：《梁思成、林徽因与我》，中国青年出版社 2011 年版，第 21 页。

② 同上书，第 20 页。

尊重每个孩子的个性发展。梁启超在日本时喜欢饮酒以缓压力，解疲倦，他一边小饮着酒，一边叫孩子们集聚在他周围，听他讲故事，多半都是古代民族英雄的故事，如南宋忠臣陆秀夫等。1912 年梁思成 11 岁时，一家人从日本回国，到了天津。梁任公一改喜欢谈论政治、国际事物的习惯，又开始与孩子谈论国学，研究国学。"在天津的家中，有一项思成很喜欢的习俗。当父亲在家的时候，全家人六点半准时围着一张圆桌坐下，'孩子们约在二十分钟内匆匆用完晚餐，父亲和母亲则浅饮小酌。父亲开始谈他正在写的主题——诗人和其他人物的传记、历史、政治哲学、古典文学、儒家学者和其他各学派的学者思想，一谈往往就谈上一个钟头。这段时期，他的重心又回到国学研究上……'"① 后来到了北平。梁启超历来很注重儿女们的国学教育，在家里设学堂，每逢寒暑假，便在家中开课。他亲自给他们讲《国学源流》、《墨子》、《孟子》和《前清一代学术》等。不仅如此，梁启超还坚持认为，学习英语对于孩子们来说也是必需的，因此把年少的思成和思成弟弟一块送到了北京的一所英文学校学习了两年。尽管梁启超工作繁忙，但他尽力担任一个父亲的角色，在爱着孩子的同时，遵循儒家传统思想，不忘教育孩子必须孝顺。他也尽其所能为孩子铺路，带领他们朝着正确的方向往前走。

　　1923 年，虽然梁思成考上了赴美留学班，但是因为右腿受伤，因而决定推迟一年赴美，这一年中梁思成听取父亲的建议，读了很多国学方面的书，这对于梁思成来说很有用，他打下了坚实的国学基础，为以后研究中国古建筑打下了基础。任公欲让梁思成去读的国学书有："吾欲汝在院两月中取《论语》、《孟子》，温习暗诵，各能略举其辞，尤于其中有益修身之句，可益神智，且助文采也。更有余日读《荀子》则益善。《荀子》颇有训古难通者，宜读王先谦《荀子集解》。"② 梁启超不仅要求孩子有坚强的奋斗精神，还要他们

---

① ［美］费蔚梅：《林徽因与梁思成》，成寒译，法律出版社 2013 年版，第 7 页。

② 林洙：《梁思成、林徽因与我》，中国青年出版社 2011 年版，第 41 页。

乐观、风趣、富有人情味。梁思成的一个叫张锐的世交挚友曾回忆说："无论在天津饮冰室藏书楼、北京松坡图书馆、清华园或是北戴河，任公先生经常在饭前饭后高谈阔论，边谈边笑，上下古今，无所不包，毫无架子……思成心灵受其陶冶最突出的，一曰好学不倦，二曰赤子之心。"① 1915 年，梁思成考入清华学校，就是当时的留美预备学堂。他学业优秀兴趣广泛，既是体育健将，又是合唱团团员，还会吹小号、长笛等。那时梁思成在清华已然是个才子，不仅担任清华学报的美术编辑，还与同班的吴文藻等四人，把威尔斯的《世界史纲》② 译成中文，由商务印书馆出版。除此之外，梁思成与其他同学的另一与众不同之处，"就是他具有冷静而敏锐的政治头脑，同学们称他为一个'有政治头脑的艺术家'"。③ 梁启超此时已渐渐消隐于历史舞台，他更希望他的儿女们能够专攻文化，从事学术研究。而这时梁思成的梦想是当一个雕塑家，他最终却没有成为雕塑家。他的人生道路离不开两个人的影响，一个是他的父亲梁启超，还有一个就是才女林徽因。

（二）父母之命，媒妁之言

梁启超和林长民两人有着很多的相似之处，都曾在日本待过

---

① 林洙：《梁思成、林徽因与我》，中国青年出版社 2011 年版，第 25 页。

② 《世界史纲》是英国赫伯特·乔治·斯所著，是给所有历史爱好者的一个简明读本，以无比开阔的视野、轻快简洁的笔调将自生命起源以来的生物及人类历史，有条不紊地展现在读者面前。这本译著 1920 年由商务印书馆出版发行。

③ 这是清华校史组的黄延复先生撰文的，见林洙《梁思成、林徽因与我》，中国青年出版社 2011 年版，第 39 页。

一段时间，任公是在康梁戊戌变法失败后流亡日本十年有余，而林长民是在日本早稻田大学留学；辛亥革命成功后，两人都在新政府供职，官位居高；两人志同道合，很谈得来，因此两家都有意结成亲家，当时任公的长子梁思成已是清华一才子，林家的徽因也出落得亭亭玉立，娇美可人，于是两家长辈就顺理成章地安排他们见面了。虽然梁思成当时也实乃一翩翩少年郎，儒雅多才，身边不乏仰慕他的妙龄女子，但是他却没有把目光停下来去关注留意过任何人，直到那天第一眼见到林徽因，心就为之一振，被林徽因的举手投足、嫣然一笑而征服了；林徽因，也许是因为少年的腼腆害羞，见到梁思成后脸红了，心也为之一颤。尽管这样，开明的长辈们还是觉得不对两人道明见面的意图，顺其自然更好，看两人今后的发展状况，如果两人有缘，情投意合的话，自然会走到一块的。而对于两个少年来说，他们深受传统思想的教育影响，非常孝顺，如果长辈们定下了这门亲事，应该会听从"父母之命，媒妁之言"的。

林长民非常疼爱体贴懂事、乖巧可爱的女儿林徽因，每当公务在身，出国考察时都想把爱女带在身边，可是这个愿望一直都没实现。有一次林长民远在日本他乡，给女儿的信中就表达了这样的心情："每到游览胜地，悔未携汝来观，每到宴会，又幸汝未同来受困也。"① 因此，这次趁赴国际联合协会任总干事之机，林长民决定携爱女一同前往，不仅两人可以相依相伴，林徽因还可以增长见识，学些西方文化的东西。父女二人就这样结伴而行，在英国待了两年。林长民利用假期，带上可爱的女儿游遍了西欧各国，让林徽因真正领略到了西方的自然美景和异域文化。林徽因当时年龄还小，完全没有意识到这次英国游学的经历将会对她带来深远的影响，无论是她的学识、眼见，还是她中西合璧的思想、审美观，乃至她的人生经历！其实这正是林父所期盼的："我此次

---

① 朱云乔：《情暖三生：梁思成与林徽因的爱情往事》，石油工业出版社2013年版，第18页。

远游携汝同行。第一要汝多观察诸国事物增长见识。第二要汝近我身边能领悟我的胸次怀抱……第三要汝暂时离去家庭烦琐生活，俾得扩大眼光，养成将来改良社会的见解与能力。"[1]

也许是命运的安排，让林徽因与徐志摩在伦敦相遇，在人生的旅途中仅仅是擦肩而过，碰出爱的火花，很快爱火就熄灭了。对于涉世未深的少女来说，初恋的感觉突然间就萌发而出了，不知道为何，也许是被诗人洒脱的气质和浪漫不羁的天性打动了吧，也曾为诗人的热烈追求和痴情而陶醉过。这场爱之火很快就被林徽因的理智浇灭了，原因很明显，徐志摩是有妇之夫，尽管徐志摩答应她并立志要离婚，但是林家坚决的反对态度以及林徽因对诗人的恋情能否旷日持久而产生疑惑，因此毅然决然与父亲一同回国，就这样，林徽因的初恋无果而终了。

（三） 水到渠成，梁林完婚

林徽因的父亲以及姑姑们料到她与徐志摩的恋爱，最终不会有什么结果，同时表示出了强烈的反对意见，尤其是徐志摩要与妻子离婚的决定更加坚定了林徽因的决心，斩断与他的关系，随提前结束工作的父亲一起回国。

命运又一次安排林徽因和梁思成见面了。听说林徽因回国后，梁思成第一次去拜访了林徽因，两人自从长辈们介绍认识到这次见面，时间已过了两年有余，两人都很期待这次见面，首先，梁思

---

[1]　朱云乔：《情暖三生：梁思成与林徽因的爱情往事》，石油工业出版社 2013 年版，第 27 页。

成是以求婚者的身份去的；其次，因为长大了，各自面貌都会有很大改变。在梁思成心里，他永远忘不掉林徽因的嫣然一笑，他为她的笑靥而心动陶醉；对于林徽因来说，她即将看到的梁思成已成了英姿飒爽的大小伙，也为他的广博学识和儒雅气质而折服。因为林徽因刚从英国返回，她讲述了很多她的所见所闻以及她今后要走的方向。后来，梁思成在他的回忆中这样说："我第一次去拜访林徽因时，她刚从英国回来，在交谈中，她谈到以后要学建筑。我当时连建筑是什么都不知道，林徽因告诉我，那是艺术和工程技术合为一体的一门学科。因为我喜爱绘画，所以我也选择了这个专业。"① 之后，梁、林俩人开始约会、谈恋爱了，这段时间过得真是甜蜜，无论他们是一同去图书馆看书，还是林徽因到清华学堂观看梁思成参加的音乐演出，还是两人海阔天空的闲聊，他们都感到了幸福、快乐和分享。对于梁思成、林徽因最终能结为伉俪，朱云乔是这样阐述的："命运促成了他们相遇的缘分，而偏偏二人又是志同道合者。他们有共同的爱好（绘画、文学），相似的家庭（书香门第、官宦之家）、教育（中西文化的熏陶）背景，还有彼此的真诚，他们命运中的一切仿佛在为对方完美地契合。因此，再一次的相遇，让几年前就开始了的友谊有了迅速的发展。"② 有一件事情加速了两人的恋爱进程，那就是梁思成与其弟梁思永在一场车祸中受伤，导致梁思成右腿骨折，脊椎受损，不得不在医院待了八个星期接受治疗。梁思成住院期间，林徽因已顾不得旧时男女授受不亲的避讳，精心地照顾和护理梁思成，大热天为他拭身擦汗。这样说来，梁思成遭遇的这场车祸也并不完全是祸，他反而是因祸得福，它让两人的交往增加，感情也随之增进了。林徽因在照顾病人的过程中明白了自己的心真正是属于梁思成的，而梁思成也是患难见真情，他深刻体会到了林徽因

① 朱云乔：《情暖三生：梁思成与林徽因的爱情往事》，石油工业出版社 2013 年版，第 47 页。

② 同上。

的爱意和无微不至的关怀。梁启超也非常中意这个未来的儿媳妇，但是鉴于梁思成来年要到美国宾夕法尼亚大学留学以及二人情趣相投，都有学建筑的愿望等情况，提议二人先订婚，等完成学业，取得学位后再完婚。

1924 年 6 月，两人携手赴美，到美国宾夕法尼亚大学学习。梁思成按原计划，顺利地进了建筑系，而让林徽因感到懊恼的是，当时的宾夕法尼亚大学建筑系并不招收女生，无奈之下，只好与其他女生一道，去美术系注册。然而，林徽因是不会轻易屈服，放弃自己的梦想的。事实是，从一年级开始，林徽因就与梁思成进了同一个年级学建筑学课程，她是怎样做到的，对此人们一无所知。从宾夕法尼亚大学的档案可以看到，林徽因在 1926 年春季开始，就担任了建筑系的建筑设计教授的助理，接下来的学期又当上了建筑设计课的辅导员。由此可见，林徽因的美术和建筑设计功底是何等的扎实。建筑系有一位讲师叫哈贝森，"曾经夸奖他俩的建筑图作业简直'无懈可击'"。[1] 林徽因生来头脑反应快，思维敏捷，经常会有新的创意和想法，但是往往有了新点子后，就把旧的草图丢到一边去，而新的却一时半会画不出来，这时，梁思成就会冲出来，英雄救美人，发挥他的特长，运用熟练、精确的绘图功底，"把林徽因的乱七八糟的草图变成一张简洁、漂亮、能够交卷的作品。他俩合作无间，各自为建筑贡献出自己的特殊天赋，在今后共同的专业生涯中始终坚持如初"。[2] 1927 年，两人的大学生涯很快就顺利而且是提前结束了，可以说是学有所成，梁思成还拿到过两枚设计奖和其他奖励。尽管初期因为性格迥异而闹过一些不愉快，但是宾夕法尼亚大学建筑系的学业对他们后来在中国的建筑事业有很大帮助，特别是最后一年的学习，梁思成全面研究了意大利文艺复兴时期的建筑，而且"从比较草图、平面图、

---

① ［美］费蔚梅：《林徽因与梁思成》，成寒译，法律出版社 2013 年版，第 31 页。

② 同上书，第 32 页。

立面以及建筑特色等入手，追溯建筑的变迁"。① 这项研究让梁思成在收到父亲寄来的一本叫《营造法式》的古书后，立志今后要研究中国古建筑史，因为他当时根本看不懂这本巨著，因而决定申请到哈佛大学人文艺术研究所，专门研究东方建筑，很快他就被录取了。而林徽因也申请到耶鲁大学戏剧学院学习舞台设计，她成为中国第一位在国外学习舞台设计的学生。在哈佛大学研究学习的一年当中，梁思成阅读到了很多让他感兴趣的书籍，主要是外国人如何看待中国艺术和中国古建筑，主要涉及中国绘画、中国陶瓷、中国玉石、雕刻、碑刻等，同时他还收集到了一些有关建筑的中国书籍。更重要的是，他发现有关中国古建筑史部分，已经有日本人着手开始研究，这绝对是梁思成不能容忍的，况且梁思成逐渐认识到建筑是一个民族文化的结晶，也是一个民族文化的载体，透过建筑，人们可以看到一个民族的信仰、历史、习俗等。中国有着几千年灿烂的历史，悠久的文化，中国一定要有建筑史。梁思成决定，学成回国后，要利用在美国所学到的现代科学技术观念，对中国古建筑进行分析研究，要解开中国古建筑结构的奥秘，发掘中国古建筑造型、布局的美学原理。

梁家一致认为，儿子梁思成与林徽因的婚礼虽然要在海外举办，但是作为中国人，决不能忘了祖宗留下的规矩，必须严格遵守所有的传统礼节，该合帖子就合，该下聘礼就下，总之一切按部就班，一点不能含糊，这样既能表示梁家人对这桩婚姻的重视，同时也表示对林家人的尊敬。因此，梁启超仍然坚持要让在地球另外一端的儿子，把订婚和结婚的仪式搞得隆重正式，这样才有意义。1927年12月18日，梁启超在北京家中为梁、林举办了订婚仪式，他不仅给两人合了生辰八字、出生时辰、地点以及上三代人的名字，而且还给两人买了一对名贵的玉佩和玉印作为订婚信物。梁公的细心周到和用心良苦可见一斑，尽管婚礼在大西洋

---

① ［美］费蔚梅：《林徽因与梁思成》，成寒译，法律出版社2013年版，第33页。

彼岸举行，也要彰显中国文化的博大精深。从梁启超写给儿子和林徽因的信中，就可以看到梁家对仪式的重视："'因婚礼十有八九是在美举行，所以此次文定礼特别庄严慎重些。晨起谒祖告聘，男女两家皆用全帖遍拜长亲，午间晏大宾，晚间家族晚宴。'随后，梁启超将一份祭告祖先的帖子寄给了梁思成，由他保管。"①中国自古的达官贵人都会有一个玉印作为身份的代表，官级越高，其玉印的质地越纯越美，皇帝用的就是玉玺。印作为信物，与书法、绘画、诗歌并称中国四大传统艺术而声名远播，是中华文化的特征标志与时代发展的见证。其中，玉印更是王权乃至王公贵族专有的高贵身份的象征。一般玉印都借鉴中国汉代古印的厚重造型，采用简洁明快的瓦当形印纽，整体造型古朴而精致，流光而溢彩，加之四面雕琢的典雅云纹，在光洁整齐的线条效果中，能实现和表达中国传统艺术与精神和谐交融的意境。林徽因不愧为民国才女，早在 16 岁少年花季跟随父亲林长民在欧洲游学时，就对英国文学、诗歌颇感兴趣，翻译过英国著名诗人王尔德的《夜莺与玫瑰》。其在美国宾夕法尼亚大学的主修专业为美术，文学、艺术功底很深并颇有独到的见解，而且还非常热衷于舞台艺术、表演、设计。总而言之，对于一生创作过大量诗歌的林徽因来说，对于颇受中西文化熏陶的梁思成来说，这份订婚信物实乃为最合适不过的了。

梁启超也写信关照梁、林二人说，他主张他们在加拿大首都渥太华行礼，因为没有比这样更好的了。在美国他们两个小孩子自己实在张罗不来，且总觉得太草率，有梁的姐姐在那里代他们请些客，还在中国官署内行谒祖礼（礼还是在教堂内好），才庄严像个体统。婚礼只在庄严不要侈靡，衣服首饰之类，只要过得去便够，一切都等回家再行补办，宁可节省点钱作旅行费。

1928 年 3 月 21 日，在这春暖花开的季节，而且也是一个两人

① 朱云乔：《情暖三生：梁思成与徽因的爱情往事》，石油工业出版社 2013 年版，第 72 页。

特别挑选的日子里，① 梁思成与林徽因长达十年的爱情（从两人第一次相亲见面算起）终于有了结果，这对志同道合的恋人结为人生伴侣。他们在加拿大渥太华的中国总领事馆完成的大婚。梁思成、林徽因遵照父亲的嘱咐，在中国驻加拿大领事馆，周希哲夫妇为梁思成、林徽因张罗了几桌丰盛的婚宴。一对新人按照中国习俗，在官署内行了谒祖礼。也给姐夫姐姐行了三鞠躬礼。这就算是履行中国式的婚礼了。

虽然说这是一场在西方举行的婚礼，但是当事人却采用了新式婚礼做法，把基督教婚礼和中式婚礼两种不同的婚礼合二为一、兼收并蓄。虽然在教堂举行，因为二人不是基督徒，因此没有牧师主持，更没有新郎新娘宣读誓词。恪守中国传统文化、理念、美学传统思想的林徽因不愿穿上西式的白婚纱走进婚姻的殿堂，因此她亲手为自己设计了一身婚服，"长长的裙摆拖地，显得佳人妩媚多姿；领口和袖口都绣有中国古典的盘花纹样，衬托着女子的秀美典雅；而最惹人注意的还是婚服的头饰——洁白轻盈的绢纱配着秀气的冠冕一般的帽子，帽子中间的红色璎珞美得摄人心魄"。② 有人说林徽因不愿穿西方婚纱，自己设计了婚礼服（据说还登了报）。但恐怕这只是半对半不对。现有梁、林的结婚照为证：新娘林徽因，分明戴着自己制作的西式婚礼花冠，这个花冠的式样与一般花冠有所不同，是林独出心裁自己设计的，然而却有异曲同工之效。林徽因只是为了节约（遵父嘱不要侈靡）没有披白色长纱。婚礼服是用布料代替白纱缝制的，然而式样分明为西式，绝不是传统中式的。这充分预示了林徽因学成归国后终将是一名与

---

① 这个日子是宋代为李诫立的碑刻上的唯一日期。李诫是宋代宋徽宗时期的工部侍郎，1100 年著有《营造法式》，1103 年出版，是一本有关北宋京城宫殿建筑的营造手册。梁、林特选这个日子的用意毋庸置疑，他们立志投身于中国古代建筑的研究（和保护）。之后他们的爱子梁从诫之名也有同样表达对李诫的尊敬和让儿子步李诫之后尘的愿望。

② 朱云乔：《情暖三生：梁思成与林徽因的爱情往事》，石油工业出版社 2013 年版，第 76—77 页。

众不同的古建筑学家，因为她把自己的美术、舞台设计的学识和功底、传统文化和理念、诗人的唯美和情愫以及对艺术和工程技术相结合的独特见解等常人不可兼得的综合素养融合在了一起，难怪在民国时期乃至以后的中国也就只有一个林徽因。

梁启超同时也为长子梁思成的欧洲蜜月费心了，之前他在为他们婚事作详细安排时，就同时已经安排好了他们的蜜月旅行计划，包括路线，要考察的欧洲建筑乃至要找什么人帮忙安排和接待等事宜。在欧洲各国度蜜月，游历了半年多的新婚夫妇首先到了英国，到了威尼斯，从水路到了马赛，到了巴黎这个令无数艺术大师、诗人、科学家翘首以盼的地方，体会了巴黎人的浪漫，参观、考察并欣赏了巴黎的各种建筑，当然包括巴黎圣母院、卢浮宫……因为两人对于建筑的热忱和艺术的钟爱，因此在巴黎的游历让这对才子佳人倍感意义非凡。两人在欧洲的游历路线基本是按照梁启超为他们的设计而进行的，"我替你们打算，到英国后折往瑞典、挪威一行。因北欧极有特色，市政亦极严整有新意（新造城市，建筑上最有新意者为南美诸国，可惜力量不能供此一游，次则北欧更可观），必须一往。由是入德国，除几个古都市外，莱茵河畔著名堡垒最好能参观一二，回头折入瑞士看些天然之美，再入意大利，多耽搁些日子，把文艺复兴时代的美彻底研究了解。最后回到法国，在马赛上船，中间最好能腾出时间和金钱到土耳其一行，看看回教的建筑和艺术，附带着看看土耳其革命后的政治"。[①] 除此之外，这对新人还到了西班牙，参观了阿尔汗布拉宫。这是一次令人难忘的经历，当他俩一刻也没有耽误，风驰电掣般地赶到宫殿时，宫门已关闭，下班了，他俩只好哀求看门人放他们进去，看门人被这两个东方人的热情和渴望所感染，于是就答应了他们，并且亲自陪同参观。

他俩的欧洲蜜月游历还没有完全完成，最后不得不终止，提前

---

① 林洙：《梁思成、林徽因与我》，中国青年出版社 2011 年版，第 55 页。

启程回国，因为梁任公的身体状况每况愈下，令人担忧。但是这次经历让二人都实在是受益匪浅，为他俩今后成为琴瑟和鸣的建筑学夫妇奠定了基础。美国学者费正清对他俩的学识和所受的教育是这样评论的："在我们历来所结识的人士中，他们是最具有深厚的双重文化修养的。因为他们不仅受过正统的中国古典文化的教育，而且在欧洲和美国进行过深入的学习和广泛的旅行。这使他们得以在学贯中西的基础上形成自己的审美兴趣和标准。"①

（四） 梁、林的一生之约

对于梁思成来说，能够把才貌双全、风华绝代的林徽因娶进门来，无疑是红袖添香，自此有佳人陪伴左右，共度余生，那将会是多么美好、幸福！此时的梁思成从心底感谢上苍赐予他如此心仪的妻子。从此以后，他将不再孤独，心灵因为有了爱和分享而找到了居所，再也不会孤寂、不安。林徽因在他眼里是一个完美的女人，值得他守护一生。林徽因一生何其坎坷，梁思成始终陪伴左右，陪着她走完一生。梁思成后来对林洙说："林徽因是个特别的人，她的才华是多方面的。不管是文学、艺术、建筑乃至哲学，她都有很深的修养。她能作为一个严谨的科学工作者，和我一同到村野僻壤去调查古建筑，又能和徐志摩一起，用英语探讨英国古典文学或我国新诗创作。她具有哲学家的思维和高度概括事物的能力……可我还是认为文章还是老婆的好，老婆还是

---

① 林洙：《梁思成、林徽因与我》，中国青年出版社 2011 年版，第 59—60 页。

自己的好。"① 抗战期间，逃亡到昆明、四川南溪李庄、重庆等地的梁思成一家人饱受了各种磨难，生活几乎捉襟见肘，这反而让林徽因和梁思成的婚姻得到夯实，患难见真情，两人同甘共苦，相濡以沫。梁思成为了病中的林徽因而学会了肌肉注射和静脉注射，给她打针，而林徽因虽在病中，仍然坚持做家务，还帮助梁思成做研究工作。从建筑学界，建筑学理念和认识等角度来看，梁思成与林徽因的结合应该是珠联璧合、相辅相成、相得益彰，因为两人的学术背景相同，爱好情趣相同。20世纪50年代，梁思成因提倡心型建筑运作大屋顶等传统形式和保护北京古城等建议而多次遭到批判，在明清古城墙拆毁时，梁思成和林徽因抚砖痛哭。1953年文化部组织的欧美同学聚餐会上，林徽因冲动地指着时任北京市副市长吴晗说："你们真把古董给拆了，将来要后悔的！即使再把它恢复起来，充其量也只是假古董！"在这样的一种心境下，林徽因的病情急剧恶化，最后拒绝吃药救治，1955年离世时，梁思成始终陪伴在她身边，精心照顾着她，呵护着她……林徽因走后，梁思成按照约定，为林徽因设计墓碑，上面的浮雕，就是林徽因团队为人民英雄纪念碑设计的图案样板。当时梁思成犹豫不决，在墓碑上写文学家、诗人、舞台美学家、建筑家，还是什么呢？最后决定只写"建筑家林徽因墓"。

林徽因本身是一位出色的建筑学家，同时对诗歌绘画舞台设计也有很高的造诣，而且在研究中国古代少数民族服饰历史文化、景泰蓝等具有民族特色的工艺品方面也颇有见解。因为聪明伶俐、体贴懂事，从小就受到长辈们的疼爱，尽管是庶出，父亲仍然对她疼爱有加；少女时随父亲到英国游学，在伦敦与父亲的朋友徐志摩不期而遇，萌发了少女懵懂的初恋，而大诗人徐志摩被林徽因少女的羞涩、精致的美和文艺气质迷住了，乃至不顾一切，宁愿背负各种骂名，与结发妻子离婚，准备娶林徽因；婚前，梁思成

① 朱云乔：《情暖三生：梁思成与林徽因的爱情往事》，石油工业出版社2013年版，第119页。

问林徽因："有一句话，我只问这一次，以后都不会再问，为什么是我？"林徽因答："答案很长，我得用一生去回答你，准备好听我讲了吗？"[1] 婚后，有一次，梁思成从宝坻考察回来，林徽因很沮丧地告诉他说，她苦恼极了，因为同时爱上了两个人，该怎么办才好？梁思成听了以后非常震惊，半天没有说出话来，一种无法形容的痛苦笼罩了他，经过一夜的思想斗争，虽然自己痛苦，但想到另一个男人的长处，更是为了林徽因的幸福，他毅然告诉林徽因说，她是自由的，如果她选择了金岳霖，祝他们永远幸福。而林徽因，不仅没有离开他，反而感动万分地对梁思成说了一句能让世上所有男人都无法拒绝的话语："你给了我生命中不能承受之重，我将用我一生来偿还。"[2] 这就是爱情。在三个男人中，她做出了最幸福的抉择——与梁思成相守到老。于林徽因而言，梁思成是她一世的牵挂与温暖。在爱的路上，她迟疑过，也彷徨过，可梁思成始终以宽阔的胸怀，包容了她。这样内外兼修、智慧与美貌并存的女子难怪会使另一位大学者著名的哲学家金岳霖先生为之终身未娶。那时林徽因已经和梁思成结为秦晋之好，突然出现的金岳霖就这样打破了一池春水的宁静，让林徽因在"人间四月天"里陡增爱断情伤的烦恼。这样的一个林徽因是一个让人神魂颠倒的情人，一个如沐春风的朋友，更是一个可以患难与共的妻子。梁思成不言语，不争抢，却用一生证明，她的选择是正确的。一个是真正的大丈夫，值得人生死相许；作为艺术领域的大师和爱情童话的典范，他们的名字依旧鲜活。在那个时代里，他们谱写荣耀，也经历苦难，每一道岁月的伤痕都增加了他们生命的深度。作为回馈，历史将他们的名字始终排列在一起，成就了另一种意义上的相守。金岳霖从来没对林徽因说过要爱她一辈子，也没说过要等她。他只是沉默地，无言地做这一切。爱她却不舍得

---

① 朱云乔：《情暖三生：梁思成与林徽因的爱情往事》，石油工业出版社 2013 年版，第 2 页。

② 同上。

让她痛苦选择，因此只得这样沉默。因为，能够说出来，大约都不是真的。让人感动的是金先生和梁林夫妇日后成为一生的至交知己。在处理感情问题上他们那一代人有着和我们现代人一样，甚至超过我们的自主、知性、率真和美丽的风花雪月。那个时代的人，对于感情十分珍惜爱护，爱一个人大约便是长远的，一生一世的事情。因此爱得慎重，却恒久。梁思成与林徽因的爱情和一生之约，正如朱云乔所言："所谓万古人间四月天"，不是一个人的独舞，而是两个人的传奇。[①]

（五）"执子之手、与之偕老"——林徽因给梁思成的回答

早在 1919 年的某一天，15 岁的林徽因与 18 岁的梁思成在双方长辈们的安排下，第一次见面，认识，从那一天起，两人今后的一生似乎就被绑定了，在一起生活，要相互携持，尽管可能会有一些坎坷。不仅如此，林徽因确实履行了她的诺言，用了她整个一生回答了梁思成向她提出的问题，"执子之手，与之偕老"——林徽因走完了她的人生历程，在生命结束时向梁思成交了一份完美的答案。

林徽因能与梁思成共度一生，用自己整个婚姻生活、经历回答了梁思成提出的问题，其实答案很简单，就是林徽因对梁思成的爱与执着。林徽因之所以能用自己的爱与梁思成走完一生，执子之手，与之偕老，首先是因为两人的爱。记得两人初次见面，正值

---

① 朱云乔：《情暖三生：梁思成与林徽因的爱情往事》，石油工业出版社 2013 年版，第 2 页。

青春少男少女，如花一般的年龄，林徽因的姣涩美丽，梁思成的风流倜傥，都让两人羞红了脸。当时的情景好比"关关雎鸠，在河之洲；窈窕淑女，君子好逑"。在梁思成出车祸，右腿断裂，在医院修养的两个多月中，林徽因到病房照顾梁思成时，意识到自己深爱着他，从而做出了抉择，决定嫁给梁思成。朱云乔如是说："……这次有惊无险的车祸令林徽因有一种失而复得的感激，也就是在这个时候，林徽因才发现，原来眼前的这个叫梁思成的男子对自己是如此重要。这一场飞来横祸，让她更了解自己的内心，明白了自己的感情归依是属于谁。"① 其实林徽因之所以这样决定，除了爱之外，另外很重要的一个因素是两人志趣相投，早在从欧洲游历归来，与梁思成的交往中，林徽因就把自己的一个经历与梁思成分享，梁思成也深受影响，"……徽因在伦敦有个同学，能花好几个小时在画板上画房子。徽因着迷了。她的朋友在她的追问下描述了建筑这个职业。徽因当下就确定这正是她所要的事业，一种把艺术创作和人的日常需要结合在一起的工作。回中国后，她轻易地引导思成走上了同一条道路。思成一向喜爱绘画，并隐约地感觉自己可以当个艺术家。建筑正合他的心意，而一起学建筑也符合两个人的理想。"② 建筑学这个共同情趣成为两人共赴美国学习，结为伉俪，到欧洲度蜜月，考察古建筑，共赴东北执教，创立建筑系……一切的前提条件。当时林徽因的这个决定和选择是多么得明智和正确，这个决定让两人可以情趣相投，共度一生，这个选择注定了她与徐志摩只是擦肩而过，让金岳霖只能在远处默默关注和守候。

　　1924 年 6 月，林徽因与梁思成同去美国留学，入宾夕法尼亚大学美术学院，选修建筑系课程，在异国他乡与梁思成共同度过了也许是人一生中最美好的一段时光。1927 年提前修完课程，毕业，获美术学

---

① 朱云乔：《情暖三生：梁思成与林徽因的爱情往事》，石油工业出版社 2013 年版，第 50 页。

② ［美］费蔚梅：《林徽因与梁思成》，成寒译，法律出版社 2013 年版，第 22 页。

士学位。同年入耶鲁大学戏剧学院，在 G. P. 帕克教授工作室学习舞台美术设计。1928 年 3 月林徽因与梁思成共赴加拿大渥太华结婚，婚后去欧洲旅行度蜜月同时考察建筑，为时半年多的时间。这一切经历给两人增添了无限乐趣和知识，成为两人终生难忘的幸福时光，难怪在林徽因去世 10 年后，1965 年当梁思成再次造访欧洲时，独自一人坐在巴黎的街头，睹物思人，已是物是人非，顿觉头晕鼻塞，涕泪横流……完全没有了心情继续在巴黎待下去。

　　回国后的林徽因与梁思成于 1929 年共赴东北执教，并在东北大学创建建筑系，林徽因主要讲授《雕塑史》和专业英语两门课。是年，张学良出奖金征集东北大学校徽图案，林徽因设计的"白山黑水"图案中奖。夫妻二人致力于他们所热爱的建筑事业，林徽因不仅具有诗人的美感与想象力，也具有科学家的细致和踏实精神。他们在山西对古建筑所做的调查和实测工作，不仅对科学研究贡献巨大，也使山西众多埋没在荒野的国宝级的古代建筑开始走向世界，为世人所知。在 1930 年到 1945 年的 15 年中，林徽因与梁思成共同走了中国的 15 个省，200 多个县，考察测绘了 200 多处古建筑物，很多古建筑就是通过他们的考察得到了世界、全国的认识，从此加以保护，比如像河北赵州石桥、山西的应县木塔、五台山佛光寺等。也正是由于在山西的数次古建筑考察，使梁思成破解了中国古建筑结构的奥秘，完成了对《营造法式》这部"天书"的解读。1931 年，林徽因受聘于北平中国营造学社，次年，为北平大学设计地质馆和灰楼学生宿舍。在此后数年中，她多次深入晋、冀、鲁、豫、浙各省，实地调查勘测了数十处古代建筑，单独或与梁思成合作发表了《论中国建筑之几个特征》、《平郊建筑杂录》、《晋汾古建筑调查纪略》等有关建筑的论文和调查报告，还为署名梁思成的《清式营造则例》一书写了序论，这是一本研究我国古代建筑必读的重要工具书。1949 年林徽因设计小组参加中华人民共和国国徽设计工作，并最终获得由毛泽东、周恩来等重要领导人的一致赞赏和首肯，在全国政协会议上一致通过并采用。1951年林徽因为天安门广场人民英雄纪念碑碑座设计纹饰和浮雕图案。1937年夏，她在山西五台山地区发现我国最古老的一座木结构建筑——建于唐代的佛光寺大殿。正当她要进行深入研究时，"七·七"事变爆发，她被迫中断野外调查工作。不久，北平沦陷，全家辗转逃难到昆明。在昆明龙头街与丈夫梁思成一起为自己设计了唯一的一处住所，脱坯和泥筑建的屋宅；次年，她为云南大学设计了具有民族风格的女生宿舍。之后颠沛流离到了四川南溪县的李庄，那里艰苦的生活和物质条件，使她肺病复发病倒在榻上。病中她通读了"廿四史"中有关建筑的部分，为写《中国建筑史》搜集资料，经常工作到深夜。在李庄的5年中，她协助梁思成完成了《中国建筑史》初稿和用英文撰写的《中国建筑史图录》稿，初步实现了他们在学生时代就怀有的心愿。这个时期，她的文学作品不多，大部分是诗歌，也有散文、小说、戏剧和文学评论。在她若干诗稿中，迷惘、惆怅、苍凉、沉郁已代替了战前那恬静、飘逸、清丽、婉约的格调。诗中时时流露出关怀祖国前途、命运的情愫。她的诗多数是以个人情绪的起伏和波澜为主题，探索生活和爱的哲理。诗句委婉柔丽，韵律自然，受到文学界和广大读者的赞赏，奠定了她作为诗人的地位。当时，她曾应聘为北平女子文理学院外语系讲授《英国文学》课程，负责编辑《大公报·文艺丛刊·小说选》，还担任《文学杂志》的编委。她经常参加北平文学界读诗会等活动。1936年，平津各大学及文化界发表《平津文化界对时局宣言》，向国民政府提出抗日救亡的八项要求，林徽因是文艺界的发起人之一。

林徽因在遇到感情纠葛时，她依然深爱着她的丈夫梁思成，但是又无法拒绝与金岳霖之间发自心灵的默契。两份在生命中同等重要的感情使她无法轻言去从，经过思虑再三，林徽因还是决定以一贯的坦诚对梁思成如实相告。30年后，梁思成依然清楚地记得当时的情景……但是梁思成也感谢徽因对他的信任和坦白，她没有把他当一个傻丈夫。其实，这只能算是梁、林"一生之约"

路上的一个小插曲，这反而让他们更加坚定地沿着这条路走下去。

新中国成立前夕，古都北平被解放军包围。林徽因夫妇想到城内无数巍峨壮观、雕梁画栋的古建筑也许将毁于战火，忧心如焚，寝食不安。突然有两位解放军同志来到他们家，摊开北平军用地图，要求他们用红笔圈出一切重要文物古迹的位置，以便万一大军被迫攻城时尽可能予以保护，这使他们十分感动，消除了对共产党的疑虑。他们应解放军的请求，立即编写《全国文物古建筑目录》，此书后来演变成为《全国文物保护目录》。北平解放后，林徽因受聘为清华大学建筑系教授，担任《中国建筑史》课程并为研究生开《住宅概论》等专题课。1950年，她被任命为北京计划委员会委员，对首都城建总体规划提出了有远见的意见。她以极大的科学勇气和对人民、对历史负责的精神，反对拆毁城墙、城楼和某些重要古建筑物的错误主张，力主保存北京古城面貌，并提出修建"城墙公园"这个既能保存古文物又可供人民憩息的新设想。

从林徽因的选择和后来的生活轨迹可以看到，她不仅有美丽的外貌，更有机智幽默的谈吐，优雅迷人的气质；她是一个才情横溢的诗人，一个入木三分的评论家，更是一个有卓越成就的建筑学家；从北总布胡同的"太太客厅"，到西南联大她与丈夫梁思成一起脱坯和泥筑建的屋宅，再到她患病时煎熬五年困苦闭封却依旧未曾懈怠建筑研究片刻的李庄生涯。林徽因夫妇，一个是真正丈夫，值得人生死相许；一个是完美女人，值得人守护一生。倘若还要记起林徽因的坚忍与真诚，那么她一生的病痛以及伴随梁思成考察的那些不可计数的荒郊野地里的民宅古寺足以证明，她确实是一位不可多得的真正的女人。卞之琳慨言："她天生是诗人气质、酷爱戏剧，也专门学过舞台设计，却是她的丈夫建筑学和中国建筑史名家梁思成的同行，表面上不过主要是后者的得力协作者，实际却是他灵感的源泉。"[①] 然而，也恰恰就是这样的林徽因，

---

① 卞之琳：《窗子内外——忆林徽因》http://www.360doc.com/content/11/0511/15/
3590481_ 115970422. shtml。

"既耐得住学术的清冷和寂寞，又受得了生活的艰辛和贫困。沙龙上作为中心人物被爱慕者如众星捧月般包围的是她，穷乡僻壤、荒寺古庙中不顾重病、不畏艰辛与梁思成考察古建筑的也是她；早年以名门出身经历繁华，被众人称羡的是她，战争期间繁华落尽困居李庄，亲自提了瓶子上街打油买醋的还是她；青年时旅英留美，深得东西方艺术真谛，英文好得令费慰梅赞叹的是她，中年时一贫如洗、疾病缠身仍执意要留在祖国的又是她"。[1]

"林徽因，下笔写来，也如空谷幽兰。而她的人，也如同她的名一样美丽。人们隔着时空看她，看她的诗，也看她的爱情。人间四月天的梦，固然动人，可人间总还有残秋寒冬，一个女人最需要的，是能够许她圆满，许她安稳，不离不弃的同路人。于林徽因而言，梁思成是她一世的牵挂与温暖……"[2] 林徽因就这样用她的爱，用与他的爱的结晶——两个孩子，用她的智慧、才华以及她的一生，完成了对梁思成问题的回答："答案很长，我得用一生去回答你，准备好听我讲了吗？"

---

① 朱丹红：《梁思成与林徽因的爱情往事：是爱，是暖，是希望》，2013 年 7 月 29 日 14：24，人民网－读书频道手机看新闻，http：//book. people. com. cn/n/2013/0729/ c69365－22365242. html。

② 朱云乔：《情暖三生：梁思成与林徽因的爱情往事》，石油工业出版社 2013 年版，第 1 页。

疯狂与纯真、浪漫与悲伤：三毛与荷西的婚礼

三毛与荷西的爱情可谓感天泣地，也因为他们的人生爱及天下，所以，人们爱三毛，也爱荷西！人们为他们的爱情感动，为他们的幸福祝福，为他们在天堂相爱相守而祈祷。三毛与荷西的爱情用今天的话来说是"姐弟恋"，这种不被传统中国人看好的爱情和婚姻却被三毛与荷西演绎得如此感人肺腑，痛彻心扉，羡慕不已。由于偶然看到美国《国家地理杂志》的介绍，三毛就慕名来到了非洲的撒哈拉。面对着凄艳寂寥的大沙漠，三毛几乎不能自已，面对着残阳如血，"在原本期待着炎热烈日的心情下，大地化转为一片诗意的苍凉"。① 三毛去撒哈拉，荷西也追随而至。这样的举动在一般人看来，的确是有点疯狂，但是正是因为荷西对三毛纯真执着的爱情，看出三毛去沙漠之意已决，就先在沙漠的磷矿公司找了个职位，提前在沙漠等着三毛了。三毛逐渐爱上了沙漠的狂暴与沉静，爱上了沙漠美丽的星空。虽然三毛和荷西都在撒哈拉沙漠，但是住地却相距一百多里，尽管这样，荷西每天都去看望三毛，请求三毛嫁给他。三毛却让荷西再等她三个月的时间，等她回来了再结婚。其实三毛当时正在找机会由沙哈拉威（意思就是沙漠里的居民）带她一路经过大漠腹

---

① 朱云乔：《撒哈拉的眼泪：三毛传》，中国画报出版社 2013 年版，第 5 页。

地一直到西部非洲去。1973 年，三毛选择了和"苦恋她六年"的荷西，在西属撒哈拉沙漠的当地法院，公证结婚。因为公证结婚在当地实属第一次，秘书先生没有经验，闹出了许多笑话。最后当三毛一听这拘束的仪式结束了，人立马活泼起来，将帽子一把拉下来当扇子扇。人群中突然有人问他们戒指在哪儿，三毛这时才意识到还没戴戒指呢，便转身找荷西，他已在走廊上了，他的确带戒指来了，随即他将他的一个拿出来，往自己手上一套，就去追法官了，叫着向法官要他的户口名簿，完全忘了也要给三毛戴戒指。就这样，三毛与荷西的婚礼结束了，充满了闹剧色彩，却让人感到异乎寻常的浪漫、感人，人情味十足。可以说没有哪个作家像三毛一样，把自己的结婚经过描写得那么细致入微，那么幽默风趣，那么罗曼蒂克，让人读后充满了各种幻想以及对婚姻生活的憧憬和向往。

　　她成了一个快乐的家庭主妇，用中餐款待荷西；她教邻居的女孩子们认字，用简单的医疗知识解除他们的病苦；她曾一个人跟着运水车，深入沙漠腹地，了解真正的沙漠人的生活。三毛就是需要这样的纯真而浪漫的生活，不受外面市侩庸俗而繁琐的生活所困，可以随心地与当地土著人接触、生活，三毛也因此从淳朴的当地居民，异域的民风民俗，从广袤无垠的、异常优美的大漠深处获得了创作源泉和灵感。婚后在大漠深处生活的几年间，三毛创作出了以沙漠为题材的大量脍炙人口的作品，让人读来倍感轻松、快乐、真实，也能领略到他们的浪漫和疯狂。然而，也许正如三毛与荷西的婚姻是上天在冥冥之中为他俩安排好的一样，他们这段姻缘的结局也一样早已注定。不过也许正是因为悲伤的结局，他俩的爱情才感动了人们，让人觉得虽然凄美，却是耐人寻味，难以忘怀。

（一）疯狂与纯真，注定三毛与荷西的姻缘

　　三毛其实是陈懋平的笔名。那么陈懋平又是何许人也？说来陈懋平的出生和成长并不是一帆风顺的。首先，她出生在一个国破山河在、时局跌宕起伏的年代。1943 年阳春三月的时候，陈懋平出生在一个基督教徒家庭里。她以后人生之路凡是遇到坎坷、困难，她的父母都对她不离不弃，一直鼓励她，给予她无微不至的关怀，她才得以活下去，并且成为一个心地善良、用情纯真、为爱痴狂、浪漫潇洒、感情丰富的一位作家、旅行家。三毛出生的时候，中国仍然处在抗日战争期间，而且是抗战最后胜利到来前最艰难、最黑暗的时期。三毛出生前的重庆黄角桠，因为附近的湾山上住有蒋介石以及随从人员而屡遭日本飞机轰炸，但是这里在三毛出生时已不那么危险，小小的镇上汇集了来自天南海北、五湖四海的各色人员，而之前三毛的父母也是其中的一员，从南京迁到陪都重庆来逃难的。日子过得虽然艰难，但是对于这个上帝赐予他们的新生命的到来，三毛父母很是欣喜，在给孩子取名字时，用了一个"平"字，希望战争能够尽早结束，世界能够和平。因为三毛这辈在族谱中是"懋"，因此就得了陈懋平这个名字。但是当顽皮的三毛三岁开始学写字时，嫌"懋"字笔画太多，写起来实在麻烦，就把懋字从名字中去掉，只写"陈平"，父母很是无奈，只好由着三毛。据说与三毛同一辈的其他兄弟姐妹也因此而跟着沾了光，可以省去麻烦的"懋"字。

　　正如三毛父母所愿，抗日战争很快就胜利结束了，一家之主陈

嗣庆携家带口，举家迁回到南京古都。毕业于苏州东吴大学法律系的陈父也重操旧业，开了一家律师事务所，全家人的生活总算开始恢复正常。陈懋平在金陵古都度过了无忧无虑的三年童年时光，她变得聪明伶俐，智力发育和开发得都很好，这三年也为她以后成为一个与众不同的，既痴狂、浪漫，性格又孤僻的人奠定了基础。

说她与众不同，是因为她喜欢看、喜欢做的事是一般人不喜欢看、不喜欢做，甚至是害怕的事。三毛才几岁大时就喜欢观看宰羊，而且"会很专注地、从头到尾盯住宰羊的全过程，一个细节也不放过。看完后，脸上有一种满意的表情"。[①] 的确与凡人不一样，三毛的这一"嗜好"令人费解，因为连大人们都有点畏惧的事，三毛一个小孩却一点也不惧怕，而且还显露出了"专注兴趣和满意"的样子，那么更别提一般的小孩了，他们怕是连眼睛都不敢睁开，哪怕是看一眼都不敢看。

还有一件三毛孩童时喜欢干的事，那就是去坟场，"趴在坟头上玩泥巴"。[②] 这不像观看宰羊，让人感官上受到刺激而感到恶心、恐惧，去坟场会让人莫名的恐惧，不寒而栗，虽然看不到什么，但是人们会不自觉地想到了孤魂野鬼，如果再不时地伴有树叶的飒飒声，人们会落荒而逃。但是，在小时候三毛的眼里看来，无论是宰羊还是在坟场玩耍，她都不怕，不觉得恐惧，反而觉得纯净和神圣，这或许能解释为什么三毛不惧怕死亡，有过几次欲结束自己生命的举动。

孩童时期的陈懋平已经显露出来对书本、知识的"痴迷"，她最早看过的书籍就是漫画家张乐平的《三毛流浪记》，后来还看了《三毛从军记》，因为这些都是图画书，不用知道文字就可以明白图画的意思。除此之外，她还阅读了其他大量的书籍，如《木偶奇遇记》、《格林童话》、《爱的教育》、《苦儿寻母记》等，但是对

---

① 朱云乔：《撒哈拉的眼泪：三毛传》，中国画报出版社 2013 年版，第 10 页。

② 同上书，第 9 页。

于张乐平的作品情有独钟，她是如此爱上了张乐平的"三毛"，以至于26年后把"三毛"用作了自己的名字，而且也像"三毛"一样，拥有了同一个父亲张乐平。不仅如此，长大后的陈懋平的命运也像"三毛"一样，充满了起起伏伏，到世界各地流浪，寻找着心灵的自由、安静与归宿。与张乐平的"三毛"不一样，陈懋平的流浪并非是为生活所迫，她的流浪不仅是肢体的，让她体会了"三毛"的痛苦和悲伤，她的流浪同时也是心灵的流浪历程，目的是借以倾诉她的寂寞、淡淡的乡愁和对梦想的追寻，即"橄榄树"，歌词如下：

> 不要问我从哪里来，我的故乡在远方，为什么流浪，流浪远方流浪；
> 为了天空飞翔的小鸟，为了山间轻流的小溪，为了宽阔的草原，流浪远方流浪；
> 还有，还有，为了梦中的橄榄树橄榄树，不要问我从哪里来，我的故乡在远方；
> 为什么流浪？为什么流浪远方？
> 为了我梦中的橄榄树；
> 不要问我从哪里来，我的故乡在远方，为什么流浪？流浪远方流浪。

"橄榄树"这首歌的曲作家李泰祥认为歌词很能够代表他那个时候的生活和想法，表面上好像是青山绿水以及梦呀什么的，这也是代表年轻人对美的看法——"美"就是漂亮的东西。但是，除此之外，词里还有些惆怅的感觉。因此，"橄榄树"不仅代表了一个梦想，也有暗示去追求很远很远的他方的一种向往。

1949年国内战争结束后，陈嗣庆一家选择远走他乡，来到了人生地不熟的台湾，一切从头开始。陈家的这次迁徙从一开始就不顺利。三毛以及她母亲晕船很厉害，一家人觉得在茫茫大海上就这样颠簸、呕吐、漂流，似乎没有个尽头，不知最后要飘向何方。

由于陈家来台湾前变卖了南京几乎所有的家当，换成了船票，因此三毛的父亲和伯父到台后的当务之急就是开家律师事务所，一切从头开始。可以想象那时陈家的生活相当艰辛和贫寒，两家人在一起生活，虽然可以相互扶持帮助，但是毕竟要抚养的孩子多达8个，直到三毛10岁时家里的情况才有所改善。三毛刚到台湾时才6岁，不到上学年龄，但是她母亲还是坚持让她去学校上学。才上学的她懵懂可爱，只是按着自己的喜爱去做事。当时的三毛就已显露出对拾荒的癖好，并且从中得到别人不可能得到的喜乐，这个嗜好在以后愈发变本加厉，一发不可收拾。人们会觉得诧异，自己也从那里路过，怎么就什么也没看见，更别提三毛捡到的那些稀奇漂亮的东西。原来三毛上下学的路上喜欢东张西望，四处寻找奇异有趣的东西，特别是回家的路上，她更是让同学帮她把书包带回家去，自己跑到田间地头，山间小路上去拾东西，有的东西可以去卖了后，拿钱去租书看；有的可以让三毛联想到一些奇异浪漫的事；有时甚至还可以捡到钱。总之，拾荒对于三毛来说是一件快乐浪漫的事，从三毛小学时写的一篇作文中对她拾荒得到的快乐可见一斑："我有一天长大了，希望做一个拾破烂的人，因为这桩职业，不但可以呼吸新鲜的空气，同时又可以大街小巷地游走玩耍，一面工作，一面游戏，自由快乐得如同天上的飞鸟。更重要的是，人们常常不知不觉地将许多还可以利用的好东西当作垃圾丢掉，拾破烂的人最愉快的时刻就是将这些蒙尘的好东西发掘出来……"[1] 可想而知，不要说是在当时那个年代，就是在环保和废物再生利用已经不是新鲜概念的现代，有哪个老师在听说自己的学生长大后要以拾破烂为生，而不惊讶无比，气得要死，继而勃然大怒呢？

---

[1] 朱云乔：《撒哈拉的眼泪：三毛传》，中国画报出版社2013年版，第25页。

  说到三毛的痴野，那也是三毛特有的、与众不同的一些特质。
"痴"是指她对书本知识的痴迷，"野"是指三毛不喜欢受到学校
的各种约束，喜欢逃学，去路边租书看，去户外拾荒，去享受无忧
无虑的时光，去追求自己心目中的艺术和文学。或许因为三毛骨
子里就比较叛逆，或许因为当时的学校、课堂上的气氛比较严厉、
死板、过于苛刻，动不动就体罚，不太适宜三毛的性格，因此三毛
选择了逃学。她毕竟是乖孩子，逃学不是为了偷懒或做坏事，而
是去读自己想读的书。三毛喜欢读书这件事可谓说来话长，可以
追溯到金陵南京，当三毛还是一名幼童时，启蒙得较早，三岁多
点就开始认字，自己也很喜欢看图画书，因为不需要认得很多字
就可以读懂图画上要表达的意思。张乐平的"三毛"肯定是她的
最爱。到了台北后，她对书的痴迷程度是"有过之而无不及"，而
且她阅读涉猎的范围随着年龄的增加也随之扩大。三毛在学习、
完成学校功课之余，如饥似渴，博览群书，只要不是什么低级下
流、暴力犯罪、有悖伦理道德的书，她都阅读。这段时期她不仅阅
读课外读物，还与同龄的堂兄弟姐妹们传阅各种书刊杂志，一起
分享阅读的快乐。当然还是孩子的三毛，读了很多儿童读物，如
美国作家劳拉·英格尔的全套故事书：《森林中的小屋》、《梅河岸
上》、《农夫的孩子》、《银河之滨》、《黄金时代等》。[①] 对于青少年
来说必需的百科知识、科普读物如《十万个为什么》，当然也是三
毛喜欢读的。为了满足不断增长的求知欲，三毛还从各处借来大
量经典名著，历史书籍；有国内的，如鲁迅、巴金、老舍等人的，
也有大量国外名著，如法国作家大、小仲马的《三剑客》、《基督
山伯爵》、《茶花女》等；英国女作家夏洛蒂·勃朗特的《简爱》，
奥斯丁的《傲慢与偏见》、《理智与情感》，艾米莉·勃朗特的
《呼啸山庄》；美国作家玛格丽特·米切尔的《乱世佳人》等。中
国古典名著给了三毛很多的启发和灵感，也同样为三毛的文学创

---

① 朱云乔：《撒哈拉的眼泪：三毛传》，中国画报出版社 2013 年版，第 32 页。

作打下基础，铺垫了道路。《水浒传》她读了一遍又一遍；《红楼梦》更是她的所爱，无论是曹雪芹写的，还是高鹗后来续写完成的红楼梦，对三毛的影响很大，可以说是文学的还有心灵两方面的。文学方面的影响在于红楼梦里追求的最高境界正是三毛所追求的，实乃"好似食尽鸟投林，落了片白茫茫大地真干净"①的纯净境地。这也让三毛还在 11 岁多点的年龄就立志今后走文学创作道路，因为通过文学创作，她的心灵可以得到洗涤和升华，可以找到所追寻的"美"的境地。其实三毛也不一定总是那么认真严肃，有空时她还大量阅读了金庸的武侠小说，也为武侠小说《射雕英雄传》世界里的人物所打动，为他们高兴，为他们流泪，一起与他们分享来之不易的快乐。这段时期三毛过得算是比较愉快，因为可以大量阅读书籍，她去坟场玩耍的次数少了。

然而，三毛的命运不是一直那么顺利，反而是充满了挫折和坎坷。因为年龄偏小，加之性格内向、敏感，因此三毛在学习方面难免遇到问题，而在遇到各种问题时难免会不知所措，只会一味地自己承受、难过，不愿意向别人倾诉或寻求父母的庇护。尽管三毛有点与众不同，有些孤僻，但是不影响她是个乖乖听话的女儿，听话勤奋的学生。三毛小学时，各方面学习都很好，而且非常聪明，再加上好强，勤奋努力，因此考上了当时最好的中学。初二时，逐渐觉得数学学起来不那么容易。因为数学成绩不好，她绞尽脑汁，动用了无数的方法，最后发现有个办法就管用，那就是不惜花时间把各种题型的数学题死记硬背下来，因此，她的数学成绩有了突飞猛进的提升，有几次还得了满分。老师觉得诧异，更是怀疑三毛作弊。因此有一天特地出一些没出现过的考题，让三毛 10 分钟内当着全班同学的面解答出来，结果可想而知，一道题都没解出来。她的数学老师对此的反应太过激，做了一件几乎毁了三毛一生的事：她当众羞辱三毛，用毛笔在三毛脸上一边画

---

① 朱云乔：《撒哈拉的眼泪：三毛传》，中国画报出版社 2013 年版，第 35 页。

了一个圆圈圈，还说些什么三毛喜欢得零蛋，那么就送她两个大鸭蛋之类伤人的话。因为毛笔的汁太多，墨汁顺着三毛脸往下流，到了她的嘴里……全班同学随之哄堂大笑，而这个老师对三毛的羞辱和惩罚还在继续，她又命令三毛就这个样子到走廊去走一圈再回到教室，三毛这个善良、胆怯的孩子是决不会违背老师的命令的，也不会很灵通，向老师求饶，因此纵使倍感羞辱和委屈，仍然还是乖乖地按照老师的意愿做了。自尊心极强的孩子受到如此的羞辱和嘲笑，从此一蹶不振，在长达7年多的时间里，三毛得了自闭症，不再愿意上学，不见人，活在一个封闭的自我世界里，仿佛只有这样才会安全，不会受到来自外面世界的伤害。三毛选择由自己来背负这沉重的压力，白天装作若无其事，夜里躲在被子里默默地流泪。事件发生后不久她还能勉强坚持到校上课，可是随着时间的流逝，这种伤痛堆在她心里，越积越多，越积越深，以至于三毛柔弱的心灵和身躯几乎被拧碎压垮了。三毛从此把自己整个都封闭起来，不愿意听家里其他孩子谈论学校的任何事，不愿睁开眼睛看这个令她伤心的世界，不愿与家人朋友交流，恨不得把自己锁在一个密封罐里，任何人看不到她，她可以安全地躲在里面。可怜的三毛就这样过了痛苦不堪的七年，这期间她觉得已经厌倦了一切，失去了活下去的意义；她感到了封闭住她的一切是多么的冰冷，自己就像是漂浮在一望无际的冰面上的小树叶，没有目标，只有寒冷和绝望；她看不到任何希望，唯有放弃生命才可以解脱出来。虽然三毛这次放弃生命的举动被其父母及时发现，但是却没有把她的这种欲望杜绝，在多年后，当荷西离她而去，当生活遇到那么多挫折痛苦时，三毛又一次想到了放弃生命，而这一次，她真的做成了，让无数喜爱她的人倍感痛心和惋惜！人们只能假设，如果当时三毛没有遭受过那个老师如此的羞辱，如果她没有自此罹患忧郁症，如果荷西还守护在她身边，如果没有对一炮而红的电影《滚滚红尘》剧本的各种抨击……那么我们或许不会那么早就失去这样一个才华横溢，思想单纯、感情丰富真实的作家三毛！

（二）走出自我世界，
　　　迈向多彩生活

　　一般来说，文学、艺术和音乐是相通的，对于三毛来说更是如此。正如文学一样，绘画艺术也曾打动过三毛的心扉，震撼了她的心灵。对于西班牙抽象派绘画大师毕加索的画来说，三毛可谓独具慧眼，情有独钟，因为毕加索画里的颜色、线条无不透露着爱、愤怒和悲怆，三毛一看到毕加索的画就深深地爱上了它们，也爱上了毕加索本人，爱上了他的伟大，爱上了他的《战争图》的艺术表现形式。一般人看不懂毕加索的画，但是三毛看到他的画就会莫名地感动，受到感染，爱意也由此而生，从此三毛逐渐忘却所受的痛苦，慢慢从自我封闭的状态中走出来，心中充满了爱，也像少男少女一样，渴望得到爱。由此，人们不得不感叹艺术的力量是何等的强大啊！它能挽救人的性命，也能拯救人的心灵！三毛活过来了，她背起了画板，拿上画笔，主动去敲了导师顾福生的门，开始在他门下学画。可以想象三毛迈出这一步是多么不容易！一个连门都不出，不愿意见人，不愿意交流的，胆怯的少女竟然重新回到了这个世界，开始了她所喜爱的绘画学习。因为三毛之前并没有绘画基础，因此老师首先从素描开始训练三毛。尽管三毛非常认真地练习画素描，但是老师发现她的提高并不大。三毛也并非不知道自己或许没有绘画天赋，但是她很喜欢与老师相处的感觉，因为老师善解人意，很能体谅和理解她，与老师交谈后，三毛觉得很温馨、很温暖。几个月后，自尊心极强的三毛最终还是向老师提出，想要放弃学习绘画，但是慧眼识珠的顾老师并没有简单地回答她，而是递给三毛几本现代文学方面的杂志，让她回家读读看，因为顾福生看到了一个具有特别鉴赏能力的女孩，也许她会喜欢上文学，爱上与绘画不同的另外一种艺术形式。

由于有了顾福生老师的指点和引导，三毛对文学的喜爱和热情又一次被点燃激发，从此义无反顾地踏上了这条道路，一发不可收拾。三毛的处女作散文《惑》经顾老师推荐，发表在《现代文学》杂志上，让三毛的文学梦一下就变成了现实，三毛当然是激动、惊喜不已，但是顾老师深知三毛未来的创作道路还很漫长，关键是能持久地出作品，对此，顾老师故意在三毛面前表现得很淡然。之后，在没有任何人的帮助或推荐之下，三毛还发表了其他一系列散文和爱情小说，因为这段时期的作品都带有雨季、绿色，令人感到孤独、抑郁或凄惨，这说明三毛还没有完全从自我封闭的状态中走出来，她在努力从痛苦、忧郁、窒息的境地中挣脱出来。尽管这个时期的作品集《雨季不再来》，在文字、思想深度等方面还存在欠缺，他们仍然为三毛以后的文学创作奠定了基础。

如果说青春期的三毛在遇到挫折和困难时，自己编织了一个网，把自己给封住，那么自从文学的欲望之火又一次被点燃之后，这把火把缠绕着她的各种束缚慢慢地燃烧殆尽，三毛宛如破茧而出的蝴蝶，开始了五彩斑斓的生活。

三毛开始了多姿多彩的生活，首先她开始爱美了，开始装扮自己，完成了从"丑小鸭"到"白天鹅"的蜕变。其实三毛天性是爱美的，只是在她自我封闭的几年中没有顾及自己的美而已，现在的她既然已打开心扉，走向美丽的外部世界，她爱美的天性也自然而然得以恢复。契机是导师顾福生因为要离开台湾去巴黎进修，举办了一场告别晚会。三毛由衷地感谢恩师对她的启迪和帮助，因此精心打扮之后，应邀出席了晚会。当时的三毛正直妙龄，再加上她特有的艺术气质和内涵，她理所当然地成为晚会上一道

靓丽的风景，让人看去那么得养眼和舒服。其实那晚三毛并没有
太装扮自己，因为本来就是清新纯真、天生丽质、超凡脱俗，只需
稍加用心即可。当晚在场的许多人都在好奇这位可人是谁，根本
没有想到她就是三毛。

因为心里充满了爱，三毛开始爱上周围的人、同学，而且她的
爱都很真诚、细腻。因为恩师顾福生曾推荐三毛加入过一些绘画
沙龙、文化沙龙，她的交际圈得以扩大，也因此结识了一些与三
毛有共同话题、爱好或情趣的朋友，当中一个叫陈秀美的朋友，
也就是后来的女作家陈若曦，她推荐三毛到台北华冈的文化学院
去选读。在那里，三毛又一次地单恋上了一个才子梁光明，即舒
凡，他当时在台湾已小有名气，因为念大学前就已经出版过两本
集子。三毛借读了他的作品之后，对他顿生爱慕之情。其实这样
类似的"爱屋及乌"的单恋对三毛来说已经不止一次了，大学之
前曾因为读懂了毕加索的《战争图》而爱过毕加索，然而这种单
恋是三毛对爱情的一种幻想，不会有什么结果。备受女生青睐的
梁光明根本没有注意过三毛，也许像梁光明这样有才气的人，他
们的感情都很迟钝。尽管三毛用尽各种办法，使出浑身解数，梁
光明始终没有察觉到什么，这让三毛很矛盾，既感安心又觉悲伤，
安心的是她害怕梁知道后会拒绝她（所以梁不知道为好），悲伤的
是自己的一片真情不得对方知晓，更得不到接受。三毛就这样苦
苦地单恋着，一方面想顺其自然，如果缘分到，一切都会好；另一
方面又觉着不能就这么坐以待毙，要主动出击，否则心有不甘。
由此可见，对如此胆怯的三毛来说，为了爱情她可以豁出去的，
她要不顾及腼腆和羞涩，主动向梁光明表白。众所周知，三毛的
初恋最后也没有结果，但是这毕竟给三毛带来了快乐，也让三毛
对爱寄予了无限遐想和希望，也给她带来美好的回忆，因此也不
能说这场单恋的结局只有痛苦和悲伤。

除了恋爱外，三毛的大学生活还充满了阅读的快乐，对于追求
生命的意义的探索以及一如既往的对文学创作的痴迷。"大学时期

的三毛依然狂热地读书。三毛的好胜心很强，时时事事，都要拔尖。班里同学之中，要是有人读了她尚没读过的好书，她必然要千方百计地找来一读，下功夫揣摩体会。下一次夜谈，会立即说出一个更高明的见解，给那位同学一点颜色看看。在班上，和她争论最激烈的同学，名字叫许家石，后来也成为台湾的名人，有《上升的海洋》、《长夜相亲》等书问世。"[1] 三毛选读文化学院时，因为特别想知道人生命的意义之所在，因此选读了哲学系，只要生命不息，对生命意义的探索就不止。正因如此，三毛的同学都觉得她比较成熟，善于思考，思想也比较深刻。在同学眼里，三毛的确很出众，不仅会创造，还会画画，能讲一口流利的日语、英语，书法也颇有特点，自成一体，很有内涵，不会拆别人的台，与同学相处很融洽。

（三）有缘千里来相会，姐弟恋修成正果

也许是因为对毕加索的爱，继而对西班牙也有了感情，爱屋及乌，也就自然而然地喜欢上了西班牙的一切，包括建筑、文化、田园风光和浪漫；也许是对梁光明单恋的结果，无奈之下，只好做出到马德里留学的决定。总之，三毛初识荷西时，已在西班牙马德里上大学念大三，而荷西却只是她学校附近就读的一名高中生。在一个圣诞节晚上，一次偶然的机会，荷西打扮得很正式，在三毛居住的公寓楼下等她，要送她圣诞礼物！那时三毛根本就未

---

① 朱云乔：《撒哈拉的眼泪：三毛传》，中国画报出版社 2013 年版，第119页。

对比自己小几岁的荷西有任何想法，而心底里却有点虚荣心，想到竟然有如此帅气的男生喜欢她，要是能做他的妻子，那该多么值得荣耀啊！但是三毛毕竟稳得住，没有让荷西看透她，而是以姐姐的身份教训他，让他不要逃课。还说了一些"如果再逃课就不理你了"等诸如此类的话去教育荷西。而荷西却照样逃课来看她，直到有一天，荷西一脸认真地说，ECHO，你等我结婚好吗？六年！四年大学，两年服兵役！好不好？要三毛承诺等他六年，给他四年上大学和两年服兵役的时间。三毛没有承诺，她说六年的时间太长了，六年里一切都有可能发生，什么都可能会变。三毛没有答应少年荷西的求婚还有另外一个原因，那就是她心里还是没有把初恋梁光明完全放下。

三毛觉察到他的异常，便故意气他，对他下最后通牒：再也不要来找我了，我有男朋友了！荷西也不生气，只是挥挥他的法国帽，倒退着跟三毛说：ECHO，再见！后来荷西便真的再也不来找三毛，偶尔在路上遇见，他只是礼貌性地拥抱一下三毛亲亲她的脸颊。而三毛身边的男友似乎总在换来换去，有意或无意。

荷西与三毛应该是命中注定今后要走在一起的，尽管这条路不一定那么一帆风顺。荷西出生在一个大家庭中，有八个孩子，父母疲于应付日常的生活和开销，无暇顾及家里的每个孩子，荷西就在这样散养的状态下长大了，缺少来自父母的关爱和交流。荷西自小梦想以后能娶一个贤惠温柔体贴的日本女孩为妻，而三毛却想嫁给一个像毕加索一样的西班牙人；荷西对三毛一见钟情，一眼就爱上了这个东方姑娘，三毛第一眼见到荷西就觉得世界上怎么会有如此英俊的男子，她或许也爱上了荷西，只是自己不知道而已；荷西没有钱，但是动手能力强，与三毛不注重物质生活和捡拾垃圾的癖好可谓绝配；虽然荷西单方面做出"六年之约"的决定，三毛未置可否，但是当三毛带着满身的伤痕回到马德里时，刚好到了"六年之约"的时间。也许正是因为荷西对三毛的执着感情，最终才能娶到心仪的三毛；正是因为荷西为了三毛可以放弃一切，放弃自己钟爱的航海，与三毛去了没有海，甚至连水都见不到的撒哈拉沙漠共筑爱巢，乃至最终失去了生命……

三毛是一个喜欢沉浸在自我世界的人，这样的女子自有她心中的白马王子。可惜荷西不是，至少不完全是那个白马王子。三毛一直说，"荷西苦恋了她六年"，但从来没有说过"她也恋了荷西六年"这样的话。在那六年里，三毛前几年在国外，最后一年在台湾，虽然在不同地方，但是她的爱情之花却一朵接一朵地绽放，几乎没有中断过，但是都没有结果。在国外期间，最少有三位追求者都是在最后一刻才被三毛拒绝：在西班牙时，被一位日本籍的富商同学追求；在德国时被一位后来成为外交官的德国同学追求；在美国时，被一位台湾籍的在美博士追求。这些人都远比荷西优秀，都比荷西离三毛的爱情标准更近，但是三毛都一一拒绝了，因为她心中的爱情标准比这三位所能达到的还要高。回到台湾后，三毛曾经有一次被爱情骗子骗到过，那人利用三毛的爱心，为了拯救他以及拯救他的心灵，三毛答应嫁给他，但是这个骗子居然是个有家室的人。最后她终于选到了愿意结婚的人，未婚夫却在结婚前突发心脏病，猝死在了三毛的怀里。

再次得知荷西的消息是六年后，荷西托一个朋友捎来他的近照和一封信，照片上的帅小伙正在河里捉鱼，留一脸的大胡子在阳光下灿烂地笑。三毛也没太在意，只是感觉：荷西长大了！返台后的三毛感情方面屡屡遭挫，也遇到未婚夫意外身亡这样一般人难以遭遇到的事。痛苦之余的她又重返西班牙，就这样，冥冥之中一段浪漫的姻缘开始走近他们。那一天，她接到一个好朋友的电话，说有要事嘱她赶过去她家。她根本不记得这一天是荷西来看她的日子，而三毛与女友外出的下午，荷西打了十多个长途电话给她却找不到人。临近晚上时三毛便又匆匆赶去好朋友家，见面时，好朋友只是叫她闭上眼睛等候。而此时，三毛被人突然拦腰抱起，旋转，三毛睁眼一看，是荷西！她开心得说不出话来，就任由这样的快乐变成旋涡将她围绕在里面。七个月后，三毛与荷西举行公证结婚，开始了他们幸福而痛苦的爱情之旅。

（四）浪漫与悲情：三毛与荷西的婚礼

用三毛的话来说，"荷西有一个很大的优点，任何三毛所做的事情，在别人看来也许是疯狂的行为，在他看来却是理所当然的。所以跟他在一起也是很愉快的事"。① 在一个冬天的清晨，三毛与荷西坐在马德里的一个公园里。两人谈到第二年的计划时，荷西告诉三毛说："我夏天要去航海，好不容易念书、服兵役都告一个段落了。"② 荷西梦里都想拥有一条船，可以到希腊爱琴海，去潜水。而三毛告诉他，明年想去的地方是撒哈拉沙漠。他俩的计划完全是南辕北辙，一个要到大海，一个要到沙漠。荷西非常诚恳地邀请三毛一同前往，说："我们六个人去航海，将你也算进去了，八月赶得回来吗？""你去撒哈拉预备住多久？去做什么？"三毛回答说打算住个一年半载的，因为想要认识沙漠，而且这是三毛自小学习地理课以后就有这样的想法了。三毛当然也想参加航海，只怕八月还在沙漠里回不来，两件事都想做，真想鱼和熊掌都能得到。荷西有点不高兴，大声叫："认识那么久了，你总是东奔西跑，好不容易我服完兵役了，你又要单独走，什么时候才可以跟你在一起？""你真的坚持要去沙漠？"他又问三毛一次，三毛重重地点了一下头，说她很清楚自己要做的事。如果各自都想坚

---

① 三毛：《三毛作品集》，《撒哈拉的故事》之《结婚记》，北岳文艺出版社 2004 年版，第 5 页。

② 同上。

持自己的计划，那两人是绝不可能同行的。想不到来年二月初，荷西不声不响申请到一个工作，而且是正对着撒哈拉沙漠去找的事做。他卷卷行李，比三毛先到非洲去了。三毛写信告诉荷西说实在不必为了她去沙漠里受苦，况且就是去了，大半时间三毛也会在各处旅行，无法常常见到……荷西回信给三毛说他想得很清楚，要留住三毛在他身边的话，只有跟三毛结婚，要不然他的心永远不能减去这份痛楚的感觉。接着就请求三毛夏天他们就结婚。荷西的信虽然写得很平实，但是三毛却看了快十遍，之后很快就决定退掉马德里的房子，也到西属撒哈拉沙漠里去了。现在一切就绪，两人可以结婚了。

可以说没有哪个作家像三毛一样，把自己的结婚经过描写得那么细致入微，那么幽默风趣，那么罗曼蒂克，让人读后充满了各种幻想以及对婚姻生活的憧憬和向往。虽然三毛和荷西都在撒哈拉沙漠，但是住地却相距一百多里，尽管这样，荷西每天都去看望三毛，请求三毛嫁给他。三毛却说："现在不行，给我三个月的时间，我各处去看看，等我回来了我们再结婚。"① 三毛当时正在找机会由沙哈拉威（意思就是沙漠里的居民）带她一路经过大漠腹地一直到西部非洲去。

两人涉及跨国婚姻，而且还有国籍问题，因此就一同前往当地法院咨询。下面引用三毛《结婚记》里的描述，可以领略两人当时的经历、快乐以及焦急地等待的过程，当中不乏三毛的幽默和调侃。秘书是一位头发全白了的西班牙先生，他说："要结婚吗？唉，我们还没办过，你们晓得此地沙哈拉威结婚是根据他们自己的风俗。我来翻翻法律书看……"他一面看书又一面说："公证结婚，啊，在这里……这个啊，要出生证明，单身证明，居留证明，法院公告证明……这位小姐的文件要由台湾出，再由中国驻葡公使馆翻译证明，证明完了再转西班牙驻葡领事馆公证，再经西班

---

① 三毛：《三毛作品集》，《撒哈拉的故事》之《结婚记》，北岳文艺出版社 2004 年版，第 6 页。

牙外交部，再转来此地审核，审核完毕我们就公告十五天，然后再送马德里你们过去户籍所在地法院公告……"① 三毛生平最不喜欢做填表格、办手续等事，听秘书先生那么一说，先就烦起来了，轻轻地问荷西说是否他们还要结婚，手续太多了，太烦人，荷西听了之后，显得很紧张，让三毛不要说话，而他接着又问秘书先生大概多久他们可以结婚，秘书先生的回答却出乎意料，说要问他们自己，如果文件齐了就可公告，两个地方公告就得一个月，另外文件寄来寄去嘛……大概三个月可以了。秘书慢吞吞地将书合起来。荷西一听很急，他擦了一下汗，结结巴巴地对秘书先生说请他帮帮忙，因为荷西很想结婚，越快结婚越好，不能等了……这时的秘书先生反应很快，只见他将书往架子上一放，一面飞快地瞄了三毛的腰部一眼。三毛很敏感，马上知道他误会荷西的话了，赶快跟秘书先生说不要紧，快慢都不要紧，有问题的是荷西。三毛一讲完后意识到这话讲得不伦不类，太容易引起联想或误会，于是赶快住口。荷西用力扭三毛的手指，一面对秘书先生说："谢谢，谢谢，我们这就去办，再见，再见。"② 讲完了，荷西拉着三毛飞云似地奔下法院三楼，三毛一面跑一面咯咯笑个不停，到了法院外面他们才停住不跑了。"什么我有问题，你讲什么嘛！难道我怀孕了。"③ 荷西气得大叫，而三毛却笑得直不起腰，没有回答他。

　　在这三个月等待的时间里，荷西很努力地赚钱，同时还动手自己做家具，这是他的特长，另外将他的东西每天搬一些来三毛的住处。三毛则背了背包和相机，跑了许多游牧民族的帐篷，看了许多不同而多彩的奇异风俗，写下了笔记，整理了幻灯片，也交了许多沙哈拉威朋友，甚至开始学阿拉伯文。日子过得有收获而

---

① 三毛：《三毛作品集》，《撒哈拉的故事》之《结婚记》，北岳文艺出版社 2004 年版，第 6—7 页。

② 同上书，第 7 页。

③ 同上。

愉快。当然，期间他们最积极做的事是在申请一张张结婚需要的文件，虽然很麻烦，但还是翘首以待。

有一天，三毛像往常一样，走路去镇上取信件，路过法院，意想不到的是，秘书先生告诉她说一切已准备就绪，该告示都已告示完毕，需要的文件已备齐，而且秘书先生还擅自做主，把他俩的婚礼安排在第二天下午六点举行。本来是预料中的事，不知怎么三毛还是觉得有点突然，荷西的家具剩下桌子没有钉好，她负责的窗帘也没有缝完……哎呀，幸福真是来得太突然了，两人决定要做点什么来告别单身汉的日子，因此去沙漠里唯一的一家电影院看了场电影。

有一点三毛完全没有想到的是，荷西第二天来敲门时，她在睡午觉，因为来回提了一大桶淡水，累得很。荷西手中抱着一个大盒子，兴奋得很，大叫着让三毛快点起来，有东西送给她。三毛光脚跳起来，赶快去抢盒子，一面叫着问是不是花，荷西说沙漠里哪里变得出花来嘛，而且他有点失望，因为三毛没有猜中。三毛赶紧打开盒子，撕掉乱七八糟包着的废纸，只看见露出两个骷髅的眼睛来，于是将这个意外的礼物用力拉出来，再一看，"原来是一副骆驼的头骨，惨白的骨头很完整地合在一起，一大排牙齿正龇牙咧嘴地对着我，眼睛是两个大黑洞"。三毛见到这个礼物时真是太兴奋了，因为这个东西真是送到了她心里去了。于是将它放在书架上，口里啧啧赞叹：唉，真豪华，真豪华。荷西不愧是我的知音。哪里搞来的？我问他。去找的啊！沙漠里快走死了，找到这一付完整的，我知道你会喜欢。① 他很得意。这真是最好的结婚礼物。看到这里，真的很感慨，这世上能懂三毛，能娶三毛的，只有荷西一个。三毛真是一个唯美的艺术家和文学家，具有独特的鉴赏和审美视角，其实荷西又未尝不是呢，只有他才能想到送一副完整的骆驼头骨给三毛作为结婚礼物。

①　三毛：《三毛作品集》，《撒哈拉的故事》之《结婚记》，北岳文艺出版社 2004 年版，第 9 页。

　　三毛和荷西能最终走在一起，是因为他俩太相似了，可以因为爱而不顾忌世俗的观点或做法：世人送钻戒，荷西送骆驼头骨，不食人间烟火的三毛收到骆驼头骨时似乎比收到钻戒更加兴奋；世人争先恐后地用豪华车队去迎亲，而三毛和荷西却漫步穿行在沙漠中，步行40多分钟，一路上欣赏着夕阳西下，到了镇上公证结婚；三毛是这样描述的："由我住的地方到小镇上要四十分钟，没有车，只好走路去。漫漫的黄沙，无边而庞大的天空下，只有我们两个渺小的身影在走着，四周寂寥得很，沙漠，在这个时候真是美丽极了。你也许是第一个走路结婚的新娘，荷西说。"① 世人有众多亲戚朋友莅临现场捧场，而三毛、荷西只有他俩到现场，但是他们得到的祝福并不少，因为之前已分别发电报告知了家人；世人都是老早前就看好皇历，选定了吉日良辰，而他俩是结婚头一天才知道，三毛《结婚记》中如是说："这时我看到荷西公司的司机正开吉普车经过，我赶快跑上去叫住他：穆罕默德沙里，你去公司吗？替我带口信给荷西，请告诉他，他明天跟我结婚，叫他下了班来镇上。穆罕默德沙里抓抓头，奇怪地问我：'难道荷西先生今天不知道明天自己要结婚吗？'我大声回答他：'他不知道，我也不知道。'司机听了看着我，露出好怕的样子，将车子歪歪扭扭地开走了。荷西没有等下班，他一下就飞车来了。'真的是明天？'他不相信，一面进门一面问。"② 世人结婚时，新娘子都经过精心打扮，为一生中最漂亮的时刻，三毛没那样，但也是她一生中最漂亮的时刻，很有三毛的味道，简单、自然、有个性，也有许多好看的衣服，但是平日很少穿。她伸头去看了一下荷西，见他穿了一件深蓝的衬衫，大胡子也修剪了一下。"好，我也穿蓝色的。我找了一件淡蓝细麻布的长衣服。虽然不是新的，但是它自有一种朴实优雅的风味。鞋子仍是一双凉鞋，头发放下来，戴了

---

　　① 三毛：《三毛作品集》，《撒哈拉的故事》之《结婚记》，北岳文艺出版社2004年版，第10页。

　　② 同上书，第8页。

一顶草编的阔边帽子，没有花，去厨房拿了一把香菜别在帽子上，没有用皮包，两手空空的。荷西打量了我一下：很好，田园风味，这么简单反而好看。走到楼上一看，法院的人都穿了西装，打了领带，比较之下荷西好似是个来看热闹的人。"① 世人结婚当天不上班，而他俩却是这样："去嘛，反正下午六点才结婚，你早下班一小时正好赶回来。我想当天结婚的人也可以去上班嘛。" 他俩越是害怕正式的仪式，却万万没有料到竟然有那么多人来祝贺："完了，荷西，他们弄得那么正式，神经嘛！我生平最怕装模作样的仪式，这下逃不掉了。忍一下，马上就可以结完婚的。荷西安慰我。秘书先生穿了黑色的西装，打了一个丝领结。来，来，走这边。他居然不给我擦一下脸上流下来的汗，就拉着我进礼堂。再一看，小小的礼堂里全是熟人，大家都笑眯眯的，望着荷西和我。天啊！怎么都会知道的。"② 此时此刻，应该不会有哪对新人会比他们得到的意外惊喜更多吧！世人的婚礼，没有哪一场的气氛像他俩的那样紧张却不乏随意，简短却不乏温馨的了：法官很年轻，跟我们差不多大，穿了一件黑色缎子的法衣。"坐这儿，请坐下。"我们像木偶一样被人摆布着。荷西的汗都流到胡子上了。我们坐定了，秘书先生开始讲话："在西班牙法律之下，你们婚后有三点要遵守，现在我来念一下，第一：结婚后双方必须住在一起……"③ 三毛一听这话说得，简直就是废话嘛！然后就一个人开始闷笑起来，以后他说什么，三毛完全没有听见。后来，三毛听见法官叫她的名字，才赶快回答他，在场观礼的那些人都笑起来，他让三毛慢慢站起来，之后又让荷西先生也站起来，三毛嫌秘书啰唆，因为他完全可以说请他们俩都站起来，这样就可以省些时间受苦。这时三毛突然发觉，这个年轻的法官拿纸的双手在发抖，于是就

---

① 三毛：《三毛作品集》，《撒哈拉的故事》之《结婚记》，北岳文艺出版社 2004 年版，第 10 页。

② 同上。

③ 同上书，第 10—11 页。

轻轻碰了一下荷西叫他看。这里沙漠法院是第一次有人公证结婚，法官比他俩还紧张。"'三毛，你愿意做荷西的妻子么?'法官问我。我知道应该回答'是'，不晓得怎么的却回答了'好!'法官笑了起来。他又问荷西，荷西大声说：'是。'"① 他俩回答完问题后，法官却好似不知下一步该说什么好，于是三人都静静地站着，最后法官突然宣布说好了，他们结婚了并向他们表示祝贺。三毛一听这拘束的仪式结束了，人立马活泼起来，将帽子一把拉下来当扇子扇。这时许多人上来与他们握手，秘书老先生特别高兴，好似他们的家长似的。人群中突然有人问他们戒指在哪儿，三毛这时才意识到还没戴戒指呢，便转身找荷西，他已经在走廊上了，他的确带戒指来了，随即他将他的一个拿出来，往自己手上一套，就去追法官了，叫着向法官要他的户口名簿，完全忘了也要给三毛戴戒指。就这样，三毛与荷西的婚礼结束了，充满了闹剧色彩，却让人感到异乎寻常的浪漫、感人，人情味十足。

结完婚了，因为沙漠里没有一家像样的饭店，加之他们也没有请客的预算，人都散了，只有他们两个不知做什么才好。世人结完婚，一定到大酒店海吃海喝，以表庆祝，新婚夫妇则到大酒店住一晚，之后周游世界度蜜月，而三毛夫妇却这样："'我们去国家旅馆住一天好不好?'荷西问我。'我情愿回家自己做饭吃，住一天那种旅馆的钱我们可以买一星期的菜。我不主张浪费。'于是我们又经过沙地回家去。"② 世人收到的结婚礼物可以是家电、床上用品、现金、护肤品等，可三毛夫妇收到一个蛋糕，他们却是如此的激动不已，当他们走路回到家时，看到门外放着一个大蛋糕，将蛋糕的盒子拿掉，落下一张纸条来，上面写着"新婚快乐!"字样，合送礼物的是荷西的很多同事。夫妻两人当时非常感动，因为沙漠里能吃到新鲜奶油蛋糕，那真是太奢侈、太幸福了!更可

① 三毛：《三毛作品集》，《撒哈拉的故事》之《结婚记》，北岳文艺出版社 2004 年版，第 11 页。

② 同上。

贵的是蛋糕上居然有一对穿着礼服的新人，穿着白纱的新娘眼睛还会一开一闭。三毛童心大发，一把将两个娃娃拔起来，一面大叫："'娃娃是我的。'荷西说：'本来说是你的嘛！我难道还抢这个。'于是他切了一块蛋糕给我吃，一面替我补戴戒指，这时我们的婚礼才算真的完毕了。"① 这就是三毛荷西结婚的经过，琐碎、浪漫、温馨、幸福得让人难以忘怀。

荷西的大部分工作是做一名潜水工程师，最初的时间里荷西上班的地方离他们家比较远，而三毛每天都会在下午两点半开三个小时的车，冒着沙漠里走沙与龙卷风袭击的危险，去接五点半下班的荷西回家，这是一种怎样的坚定而执着的爱啊！后来，荷西去了另一个岛上，每周才可以回家一次，于是，三毛就决定将车与行李托运过去，放弃精心拾掇的家，去陪心爱的荷西。每天骑脚踏车去荷西工作的码头，她都要带上好吃的东西，而那里的工作人员也都感受到他们彼此深沉真挚的爱，每每到了码头时，第一个见到三毛的人便会指引她去荷西工作的具体地方，然后，远远地，那个岸上的潜水员便提前拉拉信号，水下的荷西便一头冒出水面来，跑上来抱住三毛就笑了。三毛便不管那一身的水滴，紧紧地靠着爱人，为他喂水果，或丢果核玩儿，逗得旁边的人羡慕至极。

三毛婚后第七年，有一次，陈爸爸和陈妈妈从中国台湾远道飞来欧洲，探望外国女婿。因为地域的文化差异，荷西不懂得如何称呼中国的岳父母，依西方人习惯，他便要称呼其为陈先生陈太太，而对三毛来说，这可是不行的。一定要叫爸爸妈妈才可以，荷西紧张得不得了，言行拘谨，从始至终都还是未能将爸爸妈妈叫出口。而就在吃晚饭时，正在收拾碗筷的三毛忽听聊天中的荷西对她爸爸说，爹，你能叫 ECHO 准许我买摩托车好不好？三毛赶紧躲进厨房，泪流满面！荷西肯这样叫她的爸爸，是缘于他对她

---

① 三毛：《三毛作品集》，《撒哈拉的故事》之《结婚记》，北岳文艺出版社 2004 年版，第 11 页。

多么深情的爱才可以做到的！可惜就在送别父母的那一个夏天，三毛陪同双亲飞离岛上，而荷西也送他们到了机场，嘱三毛早点回来！可是，这便成了永诀！！！三毛终生的最爱就这样在几天后长眠……荷西潜水时出了意外。时年荷西仅三十岁！正当年轻旺盛的年龄啊！三毛几天没吃没喝接连地晕倒过去……当时陈母端来一碗汤哀求女儿喝下去，而心痛至极的三毛看也不看一眼，她，执意陪荷西一起走……后来，平鑫涛的夫人也陪在三毛的身边，一直不停地劝慰，直到三毛肯答应她：绝不自杀。

没有荷西便没有了可爱的三毛，那些日子，三毛忙着替荷西定做墓碑，又每天都买大把的鲜花去墓地看她的爱人，陪他说话，直至天黑仍不肯离开……那时的三毛似乎又回到了童年时代那样，喜欢独自一人待在墓地，体验着墓园里安静、肃穆的气氛，品味着凄美和忧伤，沉浸在与荷西一起的回忆当中……如果不是三毛父母的一再坚持和体贴入微的照顾，三毛当时也许就留在了岛上，每天到荷西的墓地陪伴他，一直到她死去。或许上天赋予三毛太多的爱，除了她的荷西，她对其他的人也都亲近随和，不管他是乞丐或是流浪汉，都是她的朋友。对于三毛来说，人生是有情的，因此会为最渺小的事而感动。世间每一件事物在她眼中都是善良美丽的化身，一株野草、一枚落叶、一朵浮云、一滴水珠……都是有生命力的，都是有语言的，都是可以与她进行心灵交流的。几年后她返乡祭祖，却忘不了看看她幼时的家人而当时早已古稀的竹青叔叔，祭拜祖父曾经居住的破败小屋，冒雨跪拜祖坟回来后路过儿时邻居阿姨家便执意陪陪老人再走，不顾一身的劳顿之苦亲手打一桶井水，灌上一瓶然后和着祖坟上取来的故乡土一饮而尽……如此重情重义之女子，又怎能不令人为之肃然起敬呢？在地摊上，她看中了一串银锁片，又看中了一双红石头耳环，而拥有者却是那个身背婴儿的贫苦妇人。纯朴卑微的模样令三毛不忍取舍，但最终还是用多倍的钱买回了令她心仪的东西，而一种歉疚却始终让善良的三毛困扰不已。其实对方却因手中多了意料之外的钱而一直欢喜着呢！在撒哈拉沙漠中，有钱的人总是可以享受到尊贵的身份和奢华的生活，而三毛在做客时，却会厌憎那些所谓的大财主，却对服侍他们生活的小奴仆心生同情与疼惜，丝毫不曾顾及自己的身份，而与他们亲近，和蔼地聊天，赠送钱财与生活用品以减缓他们当前的困境和压力。每当看到她与哑奴那一段故事时，总是令人感动得忍不住泪流满面。在她看来，一点钱财的馈赠对他们是一种小小的侮辱，而事实上却真正地帮到了他们解决生活之需呀！可爱清纯善良的三毛，总是这般为他人设想！三毛是一个伟大的奇女子，脚步走遍天下，而撒下一路的爱！让我们用心记住她的爱情她的爱人：荷西·玛利安·葛罗。让我们永远缅怀一名至情至性的女子：ECHO——三毛。在两人分隔的六年里，三毛没有怎么和荷西联系。六年后的一天，三毛被朋友叫到家里。她被单独关到了一个房间，闭着眼睛——她对朋友这样承诺的。有人进来了。那个人忽然从后面将她环抱起来，在屋子里转啊转。她睁开眼，竟然是满脸络腮胡子的荷西！三毛高兴极了。她问荷西，"六年前你要我等你六年，如果我现在答应是不是晚了？"① 这下轮到荷西兴奋了。荷西带三毛来到住所，三毛发现那里贴满了她的照片，荷西所有的有关三毛的东西都是从三毛的朋友那里得来的。结婚后，三毛与荷西到处流浪了六年。直到有一天他们在湖里发现了荷西的尸体。三毛陷入了半疯的状态。为荷西守灵的那夜，三毛心里默默对荷西说，让他不要害怕，一直往前走就会看到黑暗的隧道，走过去就是白光，那是神灵来接他了。三毛原来答应过她父母（不会自杀），所以这次就不能陪荷西走了，让荷西先去那边等着她。说完这些，三毛发现"荷西的伤口突然开始流血，不曾停住"，② 谁能解释这一切？琼瑶是三毛的朋友。她知道三毛十分重视对别人的承诺。琼瑶花了很长时间要

① 三毛：《三毛作品集》，《梦里花落知多少》之《一个男孩子的爱情》，北岳文艺出版社 2004 年版，第 328 页。
② 朱云乔：《撒哈拉的眼泪：三毛传》，中国画报出版社 2013 年版，第 205 页。

三毛答应她不会自杀。她答应了。可是最后三毛还是死了。这也许是她唯一一次食言。听声音，万万想不出这是出自一个 48 岁的女人，有点孩子气，有点天籁的感觉。她口中的荷西也是像个朝气蓬勃的孩子。两个人充满了生活的激情。他们似乎注定不是人间的，这段爱情似乎注定是属于天堂的。三毛让荷西等了一辈子。等待这个注定要属于他的女人的出现，等待她与他共度一生的承诺，最后依然是要在天堂等待她的到来。也许三毛不想再让荷西等下去了。一生有这样一个人在坚定地等待自己，还能有什么别的需要呢？他们是走了，留下世人在这里谈论，留下希望让我们寻找，留下遗憾让我们感慨。结果又是泪流满面。世上本没有完美的事，再奇特的女子，也想在人间烟火中寻找情感的寄托。三毛选择了荷西，选择了她最能伸手触摸的幸福。这是三毛作为一个女人最快乐的一段时光，在她内心的深处，和荷西的爱恋，甚至愿意用童话般的思维去净化和升华。

诺贝尔获奖世家：居里家族两代人的婚礼

　　居里夫妇堪称事业与爱情完美结合的典范。他俩对于事业有共同的热爱，有共同探寻科学真理的精神，彼此之间同样都付出了真挚的爱情。这对志同道合的夫妇最终有了他们爱情和事业的结晶——钋和镭。他们发现了放射性元素钋（Po）和镭（Ra），并因此与法国物理学家亨利·贝克勒尔（Henry Becquerel）分享了1903年诺贝尔物理学奖。之后，玛丽，即居里夫人继续研究了镭在化学和医学上的应用，并且因分离出纯的金属镭而又获得1911年诺贝尔化学奖。然而这对法国著名的物理学家和化学家夫妇、法国科学院院士，在他们结为伉俪时，却并没有操办盛大的婚礼，而是把他们的时间和精力用在了科学研究中。继居里夫人和她的丈夫获诺贝尔奖之后，由居里夫人培养成才的两个后辈也荣获了诺贝尔奖。小居里夫妇（即长女伊雷娜与她丈夫弗雷德里克·约里奥·居里）深得居里夫人真传，无论是他们献身科学的精神，还是他们的情趣、恋爱、婚礼都与居里夫妇如出一辙。小居里夫妇因发现人工放射物质而共同获得诺贝尔化学奖。居里夫人的次女伊芙（Eve Curie），音乐家、传记作家，其丈夫曾以联合国儿童基金组织总干事的身份荣获1956年诺贝尔和平奖。

（一）志同道合，为探寻科学真理而相遇

　　玛丽·斯可洛多斯卡（Marie Sklodowska）1867年出生于波兰华沙，她是家中5个子女中最小的。她的父亲是一名收入十分有限的中学物理教师，妈妈也是中学教员。后来，玛丽的大姐不满10岁时夭折，妈妈从此一蹶不振，再也不能从悲伤和丧子之痛的阴影中走出来，继而罹患不治之症，42岁就过世了。玛丽的生活道路更加充满了艰难。这样的生活环境不仅培养了她独立生活的能力，也使她从小就磨炼出了非常坚强的性格。玛丽6岁就开始上学，是班上年纪最小的，但是她学习非常勤奋刻苦，对学习有着强烈的兴趣和特殊的爱好，从不轻易放过任何学习的机会，处处表现出一种顽强的进取精神。从上小学开始，她每门功课都考第一。但是少年玛丽并不只会读书学习，她还是一个开朗、欢快，同时还拥有多种情趣的孩子。尽管当时她的祖国波兰处于俄国的统治之下，波兰人民的日子过得郁郁寡欢、沉闷，而且毫无生气，但是玛丽在父亲的熏陶下，非常喜欢文学和诗歌。每当与家人朋友齐聚一堂时，都要朗诵和欣赏波兰著名的诗歌散文，还赋词作诗。在这其乐融融的气氛中，玛丽的爱国主义情愫日益增长起来。"假期是我最快活的日子"，[①] 玛丽在她的自传中写道："我们住在乡下亲朋好友家中，躲过俄国警探的监视，无拘无束、无忧无虑地生活着……我们在林中奔跑喊叫，真是心花怒放，好不自在

----

① ［法］玛丽·居里等：《居里夫人自传》，陈筱卿译，译林出版社2012年版，第8页。

啊！……我对山峦的印象很好，……放眼望去，山峦起伏，山峰突兀；低头俯视，山谷深邃逶迤，碧波荡漾的湖水点缀其间，让人心旷神怡。"① 玛丽当时上的私立学校也受到了俄国警方的监视，并且规定一律只能用俄语授课。还好学校的老师大多是波兰人，他们还是想尽办法多教授孩子们一些波兰语。由于经济条件不允许，少年玛丽不得已转到了公立学校上学，这样一来，玛丽反而学好了波兰语。除此之外，玛丽很早就开始学习法语、德语和英语，还能够阅读这些语言的书籍，欣赏这些语言的文学作品。玛丽小时候也曾受其母亲潜移默化的影响，在音乐方面颇受熏陶，具备一定的素养，但遗憾的是随着母亲的过世而终止了，玛丽对此深表遗憾。② 玛丽的父亲早先读过大学，攻读物理学。父亲对科学知识如饥似渴的精神和强烈的事业心，也深深地影响了小玛丽。她从小就十分喜爱父亲实验室中的各种仪器，长大后她又读了许多自然科学方面的书籍，更使她充满幻想，她急切地渴望到科学世界中探索。但是当时的家境不允许她去读大学。玛丽出生于波兰华沙市，当时正在俄国统治之下。她的父母都是教师，失业后承包了学生食堂，年幼的玛丽也要协助做饭，在压迫中降生，在铁蹄下长大的小玛丽不明白为什么波兰的孩子不准学波兰话，不准看波兰书，还要在沙俄监察员的监视下学习。父亲和哥哥告诉她："压迫会产生反抗"、"知识就是力量"，唤起了她追求知识和提高学习成绩的强烈愿望。从此，小玛丽的心窝里，就埋下了对祖国热爱、对侵略者憎恨的感情。为祖国解放而学习的念头，在她的脑海里翻腾着。中学毕业后，她当了家庭教师。但是渴求知识的愿望从未改变，但带着殖民枷锁和封建镣铐的波兰，大学是不收女生的，所以她梦想去巴黎学习物理和化学、姐姐幻想到巴黎学医，她们一点一滴地积蓄着去巴黎求学的费用。最后姐姐先到巴

---

① ［法］玛丽·居里等：《居里夫人自传》，陈筱卿译，译林出版社 2012 年版，第 8 页。

② 同上书，第 7 页。

黎去，她留在波兰挣钱供姐姐上学。

玛丽 15 岁中学毕业时，虽然成绩优异，但是她的家庭情况绝不可能允许她继续学习。玛丽在 17 岁那年，找了一份长期家庭教师的工作，远离他乡，开始了独立自强的艰辛之路。白天，玛丽要给三个孩子上课。还好，她与孩子们相处很好，成了伙伴，课余之际与他们一起散步、堆雪屋、滑雪橇、溜冰。① 在这广袤的田野上，玛丽又一次感受到了家乡恬静优美的景色，也体验享受到了乐趣幸福。夜间，玛丽还得点灯熬夜，自修各门功课。也正是在自学过程中，玛丽发现虽然对文学和社会学感兴趣，但还是逐渐真正地喜欢上了数学和物理，因此就决定一点一点地朝这个方向发展。② 不言而喻，对于一个自学的人来说，这是多么的艰辛和困难。但是玛丽并没有知难而退，不仅自学完了必需的课程，还养成了独立思考的习惯。

由于玛丽的二姐决定到巴黎学医，姊妹俩相约相互帮助，因此玛丽不得不继续呆在农庄，教授完三个孩子的学业后，又回到波兰华沙干了一年的教师工作。在华沙，玛丽在空暇之余，参加了一个由年轻人组成的学习团体。在这里人们相互鼓励、相互切磋，共同探讨为了建立一个美好社会人们应该怎样完善自己。这也使玛丽更加坚定了信心，一定要深造，让自己更加完善。功夫不负有心人，玛丽 24 岁时终于来到了巴黎大学理学院学习。

皮埃尔·居里（Pierre Curie），1859 年 5 月 15 日出生于法国巴黎。他父亲欧仁尼·居里是名医生，喜欢远足，寻找大自然的一些植物、动物拿回来做实验。母亲克莱尔·德普利出生在一个富裕的家庭，父亲是一名企业家，父亲和兄弟都有多项发明创造。尽管居里医生挣钱不多，生活困难，但是在 1848 年巴黎公社革命期间，奋不顾身，勇救伤员，为此还荣获了共和国政府颁发给他

---

① ［法］玛丽·居里等：《居里夫人自传》，陈筱卿译，译林出版社 2012 年版，第 10 页。

② 同上书，第 11 页。

的勋章。皮埃尔的母亲也不容易，她以平静而勇敢的心态接受了生活困难的现实，精心照顾家庭、孩子，相夫教子，共度难关。因此生长在这样一个同心协力、相扶相爱的家庭氛围里，皮埃尔和他的哥哥深受感染，因此总是快快乐乐、无忧无虑。

皮埃尔的童年是在家里度过的。他从小聪明伶俐，喜欢独立思考，又富于想象力，天资出众，爱好自然，因为学校的常规教育和训练不利于他的智力发展，父亲居里大夫便断然采取措施，先是留他在家里由他自己亲自精心培养，然后把他托付给一位学识渊博的家庭教师去教导，这种旨在造就人才的自由教育方式对皮埃尔·居里的成长颇有显著成效。玛丽·居里夫人在她写的《皮埃尔·居里》传中是这样描述丈夫的："他的脑子爱幻想，受不了学校强加的知识灌输。他感觉跟不上学校的那种教学方法，这往往被别人认为头脑反应有点迟钝。他自己也认为自己脑子笨，而且还常常这么说。可我觉得这种说法并不完全正确。我倒是认为他自童年起，智力便高度地集中在一个特定的事物上，直到获得一个正确的答案为止，无论外界环境如何，他的思路都不可能被打断或改变。很显然，这种特质的思想可能蕴含着很大的发展前途……"[1]

值得庆幸的是，皮埃尔的父母对自己孩子的智力、兴趣、特长和教育等问题有自己的看法和主见，没有像大多数父母那样坚持让孩子到学校接受教育。因此皮埃尔的智力和思维发展并没有受到条条框框的约束，可以自由发挥，自由想象，自由生活在巴黎郊外的乡下，非常热爱大自然，像父亲一样远足，带回一些植物和动物回家，与父亲一块做实验。就这样，在父亲的培养教育下，皮埃尔学会了观察事物，正确地把所观察到的事物描述和表达出来，也学会了辨别植物、动物类别。

皮埃尔不到 14 岁时，有机会被委托给一名优秀的教师培养，

---

① ［法］玛丽·居里等：《居里夫人自传》，陈筱卿译，译林出版社 2012 年版，第 85 页。

教授皮埃尔基础数学和专业数学。这个老师的教学方法非常独到，能循循善诱，善于启发学生；不仅如此，罗贝尔·巴齐尔老师还督促学生学习，教皮埃尔拉丁语等，与皮埃尔相处得很好，他们之后一直保持着良好的师生友谊。为了进一步学习，1875 年，年仅 16 岁的皮埃尔到了索邦，当时他的哥哥雅克·保罗·居里是那里一所医药学校的化学助教，皮埃尔就在该校帮助他哥哥整理物理讲义。皮埃尔 16 岁时就通过了法国高中毕业会考合格者所取得的学位，有了此学位就可以直接注册入大学。1877 年，年仅 18 岁的皮埃尔就得到了硕士学位，1878 年皮埃尔 19 岁时就被任命为巴黎大学理学院物理实验室的助教，四年后又被任命为巴黎市立理化学校的实验室主任。

　　当时在物理实验室做教辅人员的皮埃尔与哥哥相处得非常亲密、愉快，共度了几年美好的时光。由于哥俩生长在温馨和睦、相亲相爱的家庭氛围下，兄弟俩关系非常融洽，经常一起在塞纳河边漫步，下水游泳、嬉戏；两人也不时去远足郊游，正如少年时代那样，在旷野森林间徒步行走，观察事物，欣赏风景……据居里夫人的描述，乡野对皮埃尔的影响很大，"啊！我在这里独自度过了多么美好的时光呀！远离了在巴黎让我心烦意乱的种种恼人琐碎事情！不！我对在林间度过的白天夜晚毫不感到遗憾。如果我有时间的话，我就要把我当时的幻想全部都讲述出来。我还想描绘那恬静怡人的河谷，草长莺飞，花香四溢，湿润清新的美丽卵石堆，比埃弗尔河从中穿过，高高的瀑布形似仙女宫，长满欧石楠的红红的石山丘，躺在上面美不胜言……"①

　　皮埃尔深得其父亲的真传，也非常喜爱文学，不讨厌那些晦涩难懂的书籍，因为他可以从中找寻真理；同时皮埃尔也喜欢音乐和绘画，常常去听音乐会、看画展。年轻的皮埃尔会时常疑虑重重、犹豫不决，因为他的思想不能完全集中起来，因为会被自己

---

　　① ［法］玛丽·居里等：《居里夫人自传》，陈筱卿译，译林出版社 2012 年版，第 91 页。

的职业、社会、生活等因素所干扰。但是皮埃尔还是渐渐地认清了方向，坚定了以后要走的道路，那就是投身于科学研究当中。1880年皮埃尔与哥哥一起进行了对晶体的研究，很快就有了研究成果，那就是压电的新现象，即通过无对称中心的晶体的压缩或膨胀产生的一个点极上出现这种压电现象。[①] 通俗来讲，就是指某些介质在受到机械压力时，哪怕这种压力微小得只有声波振动那样小，都会产生压缩或伸长等形状变化，引起介质表面带电。压电效应就是当今现在使用石英晶体振荡器和陶瓷滤波器、压电蜂鸣器的基础，纳米技术也常常要利用压电效应的原理。值得一提的是，这项发现对自然现象中所有的对称性原理在理论上有极大的重要性和贡献，因为巴斯德也曾用同样的观点来观察生命，他说道："宇宙是一个不对称的整体，因此我们相信我们所见到的生命应该是受到宇宙不对称作用的影响的，或者说我们的生命是不对称性所产生的结果。"[②] 兄弟俩这期间亲密的合作有了成果，而且硕果累累，但是四年后不得不就此分开了，因为哥哥雅克另谋高就，到蒙彼利埃大学任矿物学教师，而皮埃尔则在巴黎物理和化学实验室任主任。从1883年起，皮埃尔·居里对晶体结构和物体的磁性进行了独立的研究，从而开始了他研究生涯中的第二个阶段。1885年，他在巴黎市立理化学校担任物理教师时，对物体在不同温度下的磁性物质作了研究并取得成果，这一课题的长篇论文使他得到了博士学位。1895年，他发现了顺磁体的磁化率与其绝对温度成正比，即居里定律。为了纪念他在磁性方面研究的成就，后人将铁磁性转变为顺磁性的温度称为居里温度或居里点。到皮埃尔35岁时，他把刚完成的磁性研究方面颇有见解的成果汇集起来作为博士论文，参加答辩，受到了专家学者的一致好评。这时的他不仅在国内外学术界名声日渐增长，而且还获得了一份

---

① ［法］玛丽·居里等：《居里夫人自传》，陈筱卿译，译林出版社2012年版，第94页。

② 同上书，第105页。

爱情。这一年对皮埃尔来说，可谓爱情事业双丰收。

1891年11月，刚满24岁的玛丽最终实现了上大学的梦想。带着强烈的求知欲望，开始了在巴黎四年的大学生涯。为了全身心地投入到学习中，玛丽连吃饭都尽量地节约时间，通常用一杯牛奶和一点面包就对付过去。此外由于经济上的拮据，只好租住在楼房顶层阁楼里，冬天受寒挨冻，还得自己把取暖用的煤搬到顶楼。虽然玛丽的学习和生活都很艰苦，但是她却能乐在其中，日复一日、年复一年地穿梭于教室、图书馆、实验室和宿舍之间。玛丽全神贯注地听每一堂课，躲在阁楼里潜心读书，耗在实验室做实验，入学两年后，她取得了来之不易的优异成绩，其中物理课成绩名列前茅，数学课取得乙等成绩。[①] 这不仅使同学们羡慕，也使教授们惊异，她充满信心地参加了物理学学士学位考试，在30名应试者中，她考了第一名。第二年，她又以第二名的优异成绩，考取了数学学士学位。正是玛丽的刻苦钻研、探寻科学真谛的精神和扎实过硬的知识结构使得她具备了进行科学研究、勇攀科学高峰的能力。玛丽并没有满足于已取得的成绩，更没有就此而停止学习。为了准备博士论文，她于1894年秋天回到了巴黎，进了巴黎大学的一所实验室进行科学研究。1896年，玛丽以第一名的成绩，完成了大学毕业生的任职考试。第二年，她又完成了关于各种钢铁的磁性研究。玛丽不仅刻苦自学，而且不辞辛苦地到波兰农村给孩子们讲授科学知识，到工厂女工中传播波兰文化，而这样做是随时都有可能被密探们发现，被沙俄监察员抓走的。可是玛丽的心目中只有一个念头：为被压迫的祖国服务，为祖国的解放而学。正如她给自己一位童年时代的朋友的信中所说："我用尽了力量来应付这一切，再接再厉……我有一个最高原则：不管是对人或者对事，都决不屈服！……"五年后，姐姐获得了博士学位，玛丽来到巴黎索尔本学院求学，穿着破旧衣服，住着简

----

① ［法］玛丽·居里等：《居里夫人自传》，陈筱卿译，译林出版社2012年版，第16页。

陋小屋，用面包和茶水充饥。大学的图书馆紧紧地吸引着玛丽，
一次，她忘了吃饭晕倒在图书馆。玛丽像块贪婪的海绵，拼命地
吸吮着知识的乳汁。忘记吃饭，对于玛丽来说已经成为司空见惯
的事了。每晚离开图书馆回到自己的小屋里，在煤油灯下继续用
功，一直到后半夜两点钟。当她躺在床上休息的时候，又被冻得
不得不爬起来，把自己所有的衣服一件一件地全部穿上，再重新
躺下。艰苦的生活、刻苦的学习，弄得这位年轻的姑娘面色苍白、
容颜憔悴。在索尔本学院的学位考试中，玛丽以她优异的成绩获
得了物理学硕士第一名。

　　1894 年玛丽接受了法国国家实业促进委员会提出的关于各种
钢铁的磁性科研项目。"也就是在 1894 年，我与皮埃尔·居里初
遇。"① 在完成这个科研项目的过程中，她结识了理化学校教师皮
埃尔·居里。当时因为玛丽的一位同胞大学教授同时邀请玛丽和
皮埃尔到他家玩。"当我走进这位同胞家的客厅时，立刻看见了这
个年轻人。他站在朝阳台的一扇法式窗户前，宛如窗玻璃上镶嵌
的一幅画。他身材修长，红棕色头发，一双大眼睛清澈明亮……
他对我表示出一种质朴而真诚的态度，似乎对我很有好感。"② 玛
丽在她自传中写道："在这第一次见面之后，他希望以后再见到
我，继续讨论科学和社会等各种问题。对这些问题，我俩看法相
似，很谈得来。"③ 她有幸认识皮埃尔·居里的时候，皮埃尔从事
科学研究工作已经有了 15 年历史了，而且是一位有了几项物理发
明的学者。这两位不同国度、不同年龄、不同地位的人，经过接
触、交谈，竟互相吸引住了。共同的美好理想，共同的为科学献身
的精神，为他们的真挚爱情奠定了坚实的基础。说到这儿，不由
得想起了伊萨可夫斯基的诗句："爱情是两块宝石互相撞击的火
花，不是一块对另一块的敲打。"

---

① ［法］玛丽·居里等：《居里夫人自传》，陈筱卿译，译林出版社 2012 年版，第 17 页。
② 同上。
③ 同上。

（二）结为伉俪，大居里
夫妇同获殊荣

此时的玛丽已在巴黎大学就读三年并通过了物理学科的学士考试，正在准备数学学士学位的考试。皮埃尔多次向玛丽表明了他愿意终身为科学研究而奋斗的梦想，并请求玛丽与他共同分享这种生活，同时也很关心玛丽的生活……向玛丽表示出了关切和愿望。但是玛丽当时还没能下定决心，因为她面临着两难，答应了皮埃尔就得从此离开她的祖国波兰，与家人分离。暑假来临时，从巴黎回到波兰父亲身边。正是这段分离，两人靠鸿雁传书，距离反而拉近了他们的感情。皮埃尔在言简意赅的书信往来中，吐露他的一片真情，并向玛丽表明，在以后献身的科学研究中，他必须要有一个能与他一起去实现梦想的伴侣，他都已经36岁了，再也不会有比玛丽更适合做他伴侣的人了……他在信里是这样表述的："我俩已经彼此承诺（是不是啊？）至少相互之间保持一种伟大的友谊。但愿你没有改变初衷！因为口头承诺并不算数的，而这种事又是无法强求的。然而这又会是一桩美事，我斗胆地盼着我俩能相依相偎地在我们的梦想中度过一生：你报效祖国的梦，我们为人类谋幸福的梦和我们的科学之梦……我急切难耐地建议你十月份返回巴黎。如若你今年不回巴黎，我会非常痛苦的……"[①] 由于共同参加磁性科研项目的缘故，两人见面接触的机会日趋增多。玛丽与皮埃尔你来我往，情投意合，逐渐从朋友变

---

① ［法］玛丽·居里等：《居里夫人自传》，陈筱卿译，译林出版社2012年版，第115—116页。

成了知己。不久之后，皮埃尔向玛丽吐露了心扉，希望与她结为伉俪、百年好合，共同完成他们探索和追寻科学真理的夙愿。用科学为人类造福的共同意愿使他们必将结合在一起。玛丽也有同感，因为再也没有谁能比皮埃尔更适合做她的终身伴侣了！玛丽返回巴黎后，他俩终于喜结连理。

1895 年 7 月 25 日，他们在巴黎喜结良缘。其实，他俩的婚礼"也许实在称不上婚礼，只是在索镇镇公所简单的公证结婚，既没有交换戒指，也没有宗教祝福。"① 皮埃尔当时刚获得博士学位，受聘于巴黎一所学校担任物理和化学老师，而且已是一位很有成就的青年科学家。由于皮埃尔一心一意投入到科研中，无暇顾及自己的待遇、职位等，因此与玛丽结婚时，经济状况非常一般。玛丽的情况更是有过之而无不及。对于这对即将完婚的恋人来说，他们结合的另外一大理由是"共同生活、共同追寻科学的梦想"。② 因此一场简单而赋有意义的婚礼对居里夫妇是最合适不过的了。他们的婚礼突破了当时的世俗，没有摆喜筵，没有宗教仪式，没有戴金戒指，没有华丽的礼服。新房的陈设也十分简朴。居里的父母要赠他们家具他们不要，因此皮埃尔的母亲就定购了一只羊腿之类的，来庆祝儿子成婚。因为有了家具，就要搞卫生。为了节省时间，在简陋的工作室里，他们只摆一张白木桌，桌上放着一盏煤油灯、一堆书、一把花。晚上，他们习惯地各坐一端，静静地写作、阅读，常常工作到深夜。有时候，他们彼此用温柔的眼光，相对微笑；有时候，他们轻声细语，说说悄悄话。在这间宁静的小屋里，充满了温馨和幸福。1895 年，居里夫人和比埃尔·居里结婚时，新房里只有两把椅子，正好两人各一把。比埃尔·居里觉得椅子太少，建议多添几把，以免客人来了没地方坐，居里夫人

---

① ［法］纪荷：《居里夫人——寂寞而骄傲的一生》，（台湾）尹萍译，九州出版社 2004 年版，第 62 页。

② ［法］玛丽·居里等：《居里夫人自传》，陈筱卿译，译林出版社 2012 年版，第 17 页。

却认为虽然有椅子是好，但是这样一来，客人坐下来就不愿走啦。为了多一点时间搞研究，就不用添椅子了。玛丽在《皮埃尔居里》传中写道："按照我俩共同的志趣，仪式极其简单，没有采取宗教形式的婚礼仪式，因为皮埃尔·居里不信仰任何宗教，而我自己也不是教徒。皮埃尔的父母对我表示了最诚挚的欢迎，我父亲和姐姐参加了我的婚礼，很高兴能认识这个我将成为其中一员的家庭。"① 玛丽与居里的婚礼也没有特别定制礼服，她还自己设计结婚礼服，要"庄严又实用，婚礼过后我还可以穿着上实验室工作"；② 家具是老人帮购置的；唯一收到的一份礼钱拿去买了自行车，因为两人非常喜欢骑车郊游，欣赏自然风景，陶冶和放松心情。

雨果的名言可以概括居里夫妇的共同生活："人生是花，爱便是花的蜜。"他们有了事业，人生像花一样美；他们有了爱，日子像蜜一样甜！

玛丽与皮埃尔结为科学伉俪后，人们都尊敬地称呼她为居里夫人。这对学术伉俪婚后一心一意投入到科学研究中，取得了丰硕成果。

1898年7月，居里夫妇从数吨沥青矿中找到一种新元素，它的化学性质与铅相似，但放射性却比铀强400倍。居里夫妇把这种新元素命名为"钋"（Polonium），以表达对居里夫人的祖国波兰（Pologne）的怀念。居里夫妇发现钋元素之后，继续进行研究，在同年12月他们得到少量的白色粉末。这种白色粉末在黑暗中闪烁着白光，据此居里夫妇把它命名为镭，它的拉丁语原意是"放射"。

由于在放射性物质方面的研究成果，皮埃尔在1900年被任命为巴黎大学理学院教授，居里夫人也在1903年获博士学位。就在

① ［法］玛丽·居里等：《居里夫人自传》，陈筱卿译，译林出版社2012年版，第118页。

② ［法］纪荷：《居里夫人——寂寞而骄傲的一生》，（台湾）尹萍译，九州出版社2004年版，第62页。

居里夫人获得博士学位的同一年，居里夫妇与贝克勒尔因为发现放射性现象而共同获诺贝尔物理学奖。

1906 年，皮埃尔不幸被马车撞倒而去世。1911 年居里夫人因为发现钋和镭两种新元素再次获诺贝尔化学奖，她是历史上唯一一个既获得诺贝尔物理学奖，又获得诺贝尔化学奖的科学家。居里夫人以惊人的毅力不断地向科学高峰攀登，先后两次获得诺贝尔奖。虽然居里离开了这个世界，但她对居里的爱，一如既往，居里依然活在她心里！当她在斯德哥尔摩科学大厅发表演讲的时候，她激动地说："授于我这一崇高荣誉是对我俩共同的赏识，同时，也是对皮埃尔·居里表示敬意。"在她的著作的扉页上，她让读者看到的不是自己的照片，而是皮埃尔的。

居里夫人于 1934 年去世，这位伟大的女科学家与世长辞。遵照她的遗愿，她的棺木和皮埃尔的棺木紧紧地挨在一起。他们生前不离不弃，死后还在一起。是人世间最宝贵的爱，使他们永远不分离。

著名学者爱因斯坦曾说过，在他所认识的所有著名人物里面，"居里夫人是本世纪唯一未受盛名腐化的人"。[①] 其实这句话也同样适用于居里夫妇，适用于他们的婚礼、行为以及道德水准。

（三）缘起缘由，同为大居里夫妇的弟子

居里夫人，作为一位杰出的女科学家，曾在仅隔 8 年的时间内

---

① ［法］纪荷：《居里夫人——寂寞而骄傲的一生》，（台湾）尹萍译，九州出版社 2004 年版，第 62 页。

就分别摘取了两次不同学科的最高科学桂冠——诺贝尔物理学奖与诺贝尔化学奖。不仅如此，她还把两个女儿也培养成才，同样获得诺贝尔奖。她的长女伊雷娜，核物理学家，与丈夫约里奥因发现人工放射性物质共同获得诺贝尔化学奖。次女伊芙，音乐家、传记作家，其丈夫曾以联合国儿童基金组织总干事的身份接受瑞典国王于 1965 年授予该组织的诺贝尔和平奖。

一个人，尤其是女人，怎么能做到像居里夫人那样，把从事的事业与孩子的培养教育处理得那么好呢？有人就此问过居里夫人，她是这样说的："当然，我的大部分时间仍然是用于科学研究，只是兼顾着对她俩的照料而已……的确，这并非容易做到的事，必须要有坚忍不拔的精神，并且还要做一定的牺牲。我与两个已长大成人的女儿一直感情甚好，相处甚佳。在家庭生活中，重要的是相互体谅、彼此尊重，否则彼此之间是不可能感到愉快，自己也不可能精力充沛的。我们母女之间从来不说一句伤人的话，从来不做一件自私自利的事。"① 早在皮埃尔在世时，居里夫妇就谈论过教育问题，夫妇所见略同，觉得自然科学的教学实属重要，一般人从自然中看到的只是常见事实的展示，而在居里夫妇看来，其实这事关对孩子们进行热爱大自然、热爱生命、认识生命和大自然的教育问题。夫妇俩对于这个问题以及其他很多问题的看法简直是灵犀相通、心心相印。玛丽年少时，在故乡波兰就喜欢、并热爱上了大自然；皮埃尔对于大自然的喜爱由来已久，从他的父辈开始就有远足的传统习惯。

1897 年，居里夫妇的爱情结晶，长女伊雷娜·居里（Irene Curie）出世了，她的到来为这个家庭增添了无尽的欢乐。为了继续与丈夫做实验研究，家里不得不请了一位保姆，但是仍然由居里夫人照料女儿的一切琐事。在 1904 年二女儿伊芙出生之前，夫妇俩就这样一边其乐融融，享受着天伦之乐；一边夜以继日地做

---

① ［法］玛丽·居里等：《居里夫人自传》，陈筱卿译，译林出版社 2012 年版，第 35—36 页。

科研，而且于1903年荣获诺贝尔物理学奖。在儿童教育问题上，居里夫人有着自己独特的见解。她反对前人因循守旧的一些做法，主张着重培养学生的独立认识和分析问题的能力，居里夫人和朋友们对孩子们的教育问题进行了一番讨论。她认为孩子们在学校里太累了，他们这个年龄正是长身体、长知识的时期，把他们整天闭在空气污浊的教室里，消耗过多的精力是野蛮的，应该让孩子们增加户外自由活动的时间。伊雷娜出生的时候，他们居住在巴黎郊外一幢租赁的房子里。在巴黎的冬天，新鲜水果是很难买到的，母亲为了买到小伊雷娜爱吃的苹果和香蕉，总是走街串巷，到处寻觅。居里夫人还常常在自己家里举办儿童宴会，以克服小伊雷娜害羞孤独的性格。伊雷娜喜欢跟随母亲出外散步，投入大自然的怀抱中去，吸一吸原野上的新鲜空气。皮埃尔的父亲居里大夫是小伊雷娜最亲密的朋友和良师。这位蓝眼睛的慈祥老人非常喜欢酷似自己儿子的小伊雷娜。他给她讲解植物学和动物学，和她一道在庭院里种植各种植物，给她朗读文章，还向她述说自己对法国作家雨果热诚渴慕的情愫。她的妹妹伊芙在1937年时曾经描述过伊雷娜，说她那执着的对真理的追求，她那反对教权主义以及对政党政治的同情都直接来源于她们的祖父。伊雷娜在爱抚中出生，又在爱抚中成长。她从懂事的时候起，就被带进了科学园地之中，受着科学的熏陶，为父母所致力的科研事业所吸引。1906年不满9岁的伊雷娜失去了亲爱的父亲。她很懂得体贴安慰母亲。她常常跟随母亲去实验室，伴随在母亲的身旁。也正是在这里，伊雷娜渐渐对化学实验和化学理论产生了浓厚的兴趣。居里夫人疼爱伊雷娜，但是，决不娇纵她。在母亲的严格教育下，伊雷娜逐渐成为一个果敢、不畏艰险的女孩子。她常常同表姐妹们利用假期到人们不常去的地方去旅行，并学习骑术。夜间，她们就住在山民的小屋里。她大胆，然而并不去冒险。她富于想象力，也从不沉浸在悲痛的回忆中。

居里夫人认为，当时他们居住的位于巴黎郊区的苏城并没有什么好的学校，而且女儿年龄尚小，需要有利于身心健康的生活环境，譬如户外游戏、散步、入门教育等。当伊雷娜到了上学年龄的时候，如果到校上学，课程和功课会很多，上课时间很长，不利于青少年的成长发育。另外，居里夫人教女有方，"把握智力发展的年龄优势"是居里夫人开发孩子智力的重要"诀窍"。早在女儿不足周岁的时候，居里夫人就引导孩子进行幼儿智力体操训练，引导孩子广泛接触陌生人，去动物园观赏动物，让孩子学游泳，欣赏大自然的美景。孩子稍大一些，她就教她们做一种带艺术色彩的智力体操，教她们唱儿歌、讲童话。再大一些，就让孩子进行智力训练，教她们识字、弹琴、搞手工制作等，还教她们骑车、骑马。

居里夫人对孩子们的教育原则是：要少而精，切忌一知半解。在居里夫人的倡议下，几个朋友共同制定了一种新颖的教育合作计划，居里夫人的想法得到了朋友们的赞赏和支持。于是居里夫人和她的朋友们（都是索尔本大学的教授）创办了一个儿童学习班，把孩子们组织起来，由这些有才华的学者们轮流给他们上课，各自讲授自己所擅长的课程。玛丽·居里与她的同事和朋友建立的这个合作小组，由他们共同担负起对他们自己的子女进行自然科学教育的责任。其中居里夫人教授物理，泡利、朗之万讲授数学，J.佩兰讲授化学。这种新的教学模式把理科和文科的课程有机地结合起来，虽然学生年龄参差不齐，但是效果极佳。因为家长们的热情和积极投入，再加上把理科课程与实验衔接的特点，让孩子们对学习产生了浓厚兴趣。当时，包括伊雷娜在内共有约十来个孩子。这种教育方法使孩子们振奋，又使他们感到有兴趣。孩子们在这个学习班里学习了语言、文学、历史、自然科学、雕刻和绘画等课程。最令孩子们兴奋的是居里夫人的物理课。每星期四下午，居里夫人在自己的实验室里给孩子们讲授物理基础知识。她以生动的实验代替烦琐的教材，把书本上抽象而枯燥的概念变成了生动而有趣的语言。居里夫人不但引导他们探索神奇的科学世界，而且还把自己对科学的执着追求精神和严谨的治学作风传授给孩子们。可以说，伊雷娜从小就接受了第一流的科学教育。伊雷娜每天除了学习功课外，还要干些体力劳动。她学会了缝补衣服，在庭园里劳动、做饭、荡秋千，也学会了音乐。她所接受的这种教育一直持续了两年，由此奠定了她涉猎进修科学的基础。后来因为居里夫人及其他孩子们的父母工作太忙；孩子们将来要参加中学会考，也必须学习官方课程。1909 年，12 岁的伊雷娜才正式上学读书，进一所叫赛维尼校埃的私立学校上学，在这所极好的学校里接受中等教育。之后她竟能插进巴黎一所中学的高年级班，这足以说明居里夫人模式教育的成效。伊雷娜之后的学习都很轻松，各门功课的考试都顺利通过，以低于一般同学的年龄进入巴黎大学学习。第一次世界大战爆发后，伊雷娜作为护士为军队服务。

弗雷德里克·约里奥（Frederic Julio Juliot）的家里没有学习气氛，但是他从小就喜欢读书，尤其喜欢钻研自然科学。约里奥瞒着大人在洗澡间里做小实验，常常闯祸，不是打破了洗脸瓷盆，就是砸碎了地上的瓷砖。所以在大人看来，约里奥是一个十分淘气和调皮的孩子。其实，人们根本不了解约里奥心目中的科学理想。他非常崇敬法国大科学家巴斯德和居里夫妇，不但阅读他们的生平传记，还模仿他们的科学生活。他特地在洗澡间的墙上贴了一张居里夫妇在实验室里工作的大幅照片。1915 年约里奥进巴黎拉卡那中学念高中。1918 年约里奥考取居里夫妇发现镭的巴黎理化学院，每门功课都是第一。不久，约里奥应召入伍服役。战后，他回巴黎理化学院一边工作，一边在朗之万（居里夫妇的学生）教授指导下学习。约里奥的兴趣在物理、化学方面，他请求朗之万教授接收他在实验室工作，开始朗之万还因为他没有在高等学府接受过正规教育而拒绝了他，后来约里奥一再请求，感动了朗之万，终于接受了他的要求。

（四）喜结连理，小居里夫妇的累累硕果

第一次世界大战爆发以后，伊雷娜的一家也被卷入了战争的漩涡，她们要为她们的第二祖国贡献一分力量。当母亲准备把第二次获得的诺贝尔奖奖金和仅有的一点金子，包括金质奖章在内，都作为自动捐助献给法国而征求伊雷娜的意见时，伊雷娜坚定地支持母亲的行动。像一切勇敢的法国妇女一样，居里夫人也关上了实验室投入了战斗。她把 X 射线机安装在汽车上，以便于流动使用。伊雷娜也开始学习护理，并熟练地掌握 X 射线机。她经常驱车奔赴各个前线医疗站，独立地执行任务。到战争结束时，法国政府向伊雷娜颁发了奖章。

这时候 21 岁的伊雷娜已经和自己的母亲长得一般高了。她恬静、坚定、对自己所选择的道路从不动摇。她热切地盼望着能在实验室里和妈妈一道工作。在索尔本大学努力学习的同时，她还主动担任母亲实验室中的助手。她希望毕业以后，致力于放射性的研究。1918 年，伊雷娜被任命为实验室的"委任助手"。居里夫人极高兴地看到，在实验室里所有的学生中，伊雷娜是最有才华的学生之一。对于上了年纪的居里夫人来说，伊雷娜给了她极大的安慰。居里夫人亲眼看到伊雷娜取得了这样惊人的成就，她感到无比的欣喜和宽慰。她曾对小女儿伊芙说过，她确信伊雷娜会因发现人造放射性同位素而获得诺贝尔奖的。可惜，她却没有能活到这一天。

在巴黎镭学研究院里，伊雷娜结识了青年科学家约里奥。他是

研究所里最聪明最活泼的一位学者。在共同的科学研究工作中，两人成了好朋友。约里奥尊崇伊雷娜，并非是因为她出身于一个具有光荣传统的科学世家，而是因为她那种坚忍不拔的独立精神、果断而自信的工作作风、丰富的学识、对诗歌的鉴赏能力，以及她那动人的容貌和在体育方面所表现出的才能。在放射学领域里，约里奥觉得有许多方面要向伊雷娜学习。伊雷娜则非常喜欢约里奥那热情洋溢、鼓舞人心的谈吐，为他那刻苦钻研、一丝不苟的科学事业心所折服。

1926 年的一天早晨，文静的伊雷娜向妈妈和妹妹吐露，她已经和弗雷德里克·约里奥订婚了。同年 10 月 4 日，伊雷娜与约里奥在巴黎第四区的市政大厅里举行了婚礼。起初，居里夫人不免感到有点难过，她生怕从此会失去女儿的陪伴和协助。后来，在日常工作和不断接触中，她对弗雷德里克有了更为深刻的了解，尤其当她发现了他身上那种富有热情、刻苦钻研的献身精神等优秀品质时，她对女儿的选择感到由衷的满意。居里夫人很器重这个活泼而又很会鼓励人的年轻人。她觉得现在工作起来更顺手了，过去她只有一个助手，而现在却有了两个助手。这两个年轻的科学工作者随时随地地在实验室里与居里夫人探讨各种问题。弗雷德里克·约里奥也为自己能成为居里夫人家庭中的一员而感到十分自豪。结婚以后，他就把自己的姓同居里的姓连在一起，改称为约里奥·居里。

就像居里夫妇一样，伊雷娜和弗雷德里克·约里奥既是生活道路上志同道合的伴侣，又是科学研究领域中辛勤耕耘的忠实合作者。在战后的岁月里，他们主持建立了法国原子能委员会，伊雷娜是委员会的领导成员之一。作为第一、二两次世界大战的亲身经历者，他们深知不义的战争给人类带来的灾祸。尤其是作为一个杰出的科学家，当战争贩子利用核武器对人类进行新的战争威胁时，他们更感到自身责任的重大。正如弗雷德里克所庄严宣布的："科学家的天职叫我们应当继续奋斗，彻底揭露自然界的奥秘，掌握这些奥秘便能在将来造福人类。但同时我们应当下决心参加社会劳动，和人民一起保证我们的发现只供和平之用。"他们积极致力于世界的和平事业，为保证科学发明用于增进人类的富裕与幸福而努力奋斗着。

约里奥·居里夫妇竭诚致力于人类和平事业的行动使一小撮反动分子大为恼怒。当时，弗雷德里克是法国科学研究院院长和法国原子能委员会主席，因他勇敢而直言不讳地反对核武器的发展计划而触犯了法国当局。1950年，法国当局借口弗雷德里克有共产党嫌疑而罢免了他的一切职务。1951年，伊雷娜也受到株连而被迫退出了原子能委员会；由于伊雷娜的政治观点，同年，美国化学学会也除去了她的会员资格。这种对和平事业的挑衅，激起了世界公正舆论的强烈抗议。这些突如其来的打击，影响了他们在学术上取得更大的成就。

伊雷娜和弗雷德里克继承了居里夫人和皮埃尔所开创的放射性研究工作。他们就像当年的居里夫妇一样，是志同道合的伴侣，在实验室里形影相随、并肩工作。

伊雷娜与其夫约里奥·居里合作于1932年发现一种穿透性很强的辐射，后确定为中子；1934年发现人工放射性物质，并对裂变现象进行研究。1935年夫妻共获诺贝尔化学奖。1946年，伊雷娜就任镭研究所主任，在1946—1950年期间她还任法国原子能委员会的理事。1947年被苏联科学院选为通讯院士。小居里夫妻俩还于1948年领导建立了法国第一个核反应堆。由于缺乏防护，长期受X射线和γ射线辐照，伊雷娜的健康受到了严重伤害，使她患了急性白血病，并于1956年3月17日不幸在巴黎与世长辞。约里奥·居里夫妇还取得了另外一个可喜的成果，他们为爱因斯坦的"质能关系"的公式带来了可靠的证据：某些拥有能量的辐射由具体的粒子组成的，而原子质量的消减亦可相应地释放出能量来。他们所取得的这个成果立刻传遍了世界，轰动一时。

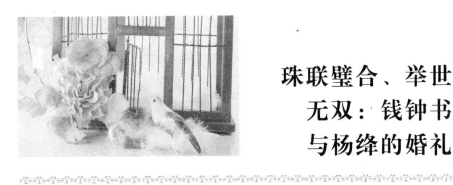

珠联璧合、举世无双：钱钟书与杨绛的婚礼

关于钱钟书与杨绛的婚姻，可以用很多词语来形容和概括，如"珠联璧合、举世无双"，"父母之命、媒妁之言"，或"天作之合、文坛伉俪"等。当年钱钟书在清华园古月堂与杨绛偶然相遇，对杨绛一见钟情；而杨绛却在清华大学众多俊俏才子中，慧眼识珠，一下就"捕捉"到了钱钟书，为他的博学多长和儒雅气质所折服。两人碰撞出爱的火花，交往越多，爱之意味越浓。相恋一年多后，征得双方父母首肯，举行了订婚仪式。在钱钟书远赴英国留学前夕，他俩正式完婚，步入婚姻殿堂。婚礼仪式分两场，一场为新式婚礼，在杨家举行；另一场为旧式，在钱家举行。无论是哪种仪式的婚礼，钱、杨两家都遵循制度、恪守礼仪，把两场婚礼办得隆重而不铺张，风光而不失大家风范，实现了"才子"与"才女"的天作之合。随后夫妻携手奔赴英国牛津开始了数年坚苦的留学生活。钱钟书与杨绛虽然也经历了痛苦和磨难，但是仍然平平淡淡、相濡以沫地共度了半个多世纪，钱先生因杨绛而获得灵感，创作了无数文学作品，这足以说明是两人情深意浓、真情所致。

（一）自古江南多才子

也许是上天早就为钱钟书安排好了一切，自打降临在这个世界，他今后的个性发展、兴趣倾向就注定了他今生温文儒雅的个性和与文学有着不解之缘。

钱钟书于 1910 年 11 月 21 日出生在江苏无锡。他的父亲钱基博是近代著名的古文家，曾先后担任过圣约翰大学、光华大学、清华大学、浙江大学等校的教授。他的母亲姓王，是近代通俗小说家王西神的妹妹。钟书一出世就由他伯父抱去抚养，因为伯父没有儿子。① 据说钱家的"坟上风文"，不旺长房旺小房；长房往往没有子息，便有，也没出息，伯父就是"没出息"的长子。他比钟书的父亲大十四岁，二伯父早亡，他父亲行三，叔父行四，两人是同胞双生，钟书是长孙，出嗣给长房。钱家为当地著名的书香门第之家。大伯父因为非常喜欢这个孩子，时刻关注着孩子，因为看到孩子一看到书本就莫名其妙地欢喜，还伸手够书，于是在孩子周岁，把他原来的名字"仰先"更改为小名，大名则为"钟书"。"钟书"顾名思义，就是钟情于书，专注于书。这个名字意味着大伯让钱钟书在四岁时就开始读书认字，开始领略和明白万物世界的一切，开始明白如何通过运用文字来记录、描述事件，来表达思想情感。"钱钟书从四岁开始渐渐掌握了这个能力，而他与文学之间，就如同鱼与水，鱼因水而存活，水因鱼而美丽，他们

---

① 朱云乔：《最忆当年初遇时：钱钟书和杨绛的百年围城》，石油工业出版社 2013 年版，第 4 页。

彼此照应、彼此相携，是人世间最恩爱的情侣。"① 因为喜欢读书，喜欢文字，喜欢文学作品，钱钟书最终成为了百年一遇的"书中才子"。

　　由于钱钟书一出世就被过继给大伯父，没有奶喝，因此伯父费尽周折地为他雇了奶娘，连夜冒雨到乡间物色得一个健壮的农妇给钱钟书当奶娘，钟书称为"姆妈"。② 姆妈一辈子帮在钱家，她在钟书结婚前特地买了一只翡翠镶金戒指，准备送给杨绛作见面礼。有人哄她说那是假货，把戒指骗去，姆妈气得大发疯，不久就去世了，杨绛始终没见到她。钱家人爱说钱钟书吃了痴姆妈的奶，有"痴气"。无锡人所说的"痴"，其实包括很多意义：疯、傻、憨、稚气、呆气、淘气等。他父母有时说他"痴颠不拉"、"痴舞作法"、"吭著吭落。"③ 钱钟书身上的痴气，是指他有别于其他同龄的孩子。当其他孩子在户外忙于嬉戏奔跑、打架逗乐、下河摸鱼时，钱家少爷却静待书房，博览群书。钱钟书的"痴"在于他对书本的痴迷，在于他时刻跟随伯父到茶馆听书、到馆子用膳，"伯父抖了抖衣袍坐在椅子上，小侄子也像模像样地学他抖抖衣袍坐下，逗得邻座的年轻人忍俊不禁"。④ 年少时的钱钟书似乎除了书外，其他没有什么能如此吸引他。伯父有时不方便带他，就会给他几个铜板打发他去买点吃的，但是钱钟书却拿着铜板去书摊租书看。在书摊他可以看到与家里风格完全不一样的，如武打小说和休闲娱乐的书籍，这也开启了钱钟书通往文学之路的另外一户窗子，让他如痴如醉，尽情地徜徉在书海中。他的中学时代就读于苏州桃坞中学和无锡辅仁中学，两所学校都是美国圣公会办的，注重英文教育，他因而打下了坚实的英文基础；而他的国文

---

　　① 朱云乔：《最忆当年初遇时：钱钟书和杨绛的百年围城》，石油工业出版社2013年版，第6页。

　　② 同上书，第4页。

　　③ "著三不著两"的意思——杨绛不知正确的文字，只是按乡音写。

　　④ 朱云乔：《最忆当年初遇时：钱钟书和杨绛的百年围城》，石油工业出版社2013年版，第7页。

由父亲亲自教授，也渐渐有了深厚根基，他的古文造诣远高出同龄人，未考入清华之前，就已代父亲为钱穆的《国学概论》一书作序，后来书出版时就用的他的序文，一字未改。他的国文和英文很好，数学却极差，幼年时他读《西游记》、《三国演义》、《说唐》，孙悟空、关云长、李元霸等文学人物使用的武器斤两都能记得一清二楚，却记不得阿拉伯数字，对数学更是缺乏兴趣。

钱钟书自小在大家庭长大，和堂兄弟的感情不亚于亲兄弟。亲兄弟、堂兄弟共十人，众兄弟间，他比较稚钝，孜孜不倦读书的时候，对什么都没个计较，放下书本，又没个正经，好像有大量多余的兴致没处寄放，专爱胡说乱道。① 杨绛讲述过一些有关钱钟书小时候的趣闻轶事，他家里正经的藏书只有《红楼梦》、《西游记》等，他稍大点就开始囫囵吞枣地阅读这类小说，把"呆子"读成"岂子"，不知道《西游记》里的"呆子"就是猪八戒。他还有个爱好就是临摹、绘画。那时中药房卖的草药每一味都有两层纸包裹，一张白纸，另外一张印有药名和药性。每服一服药可攒下一叠包药的纸。这种纸干净、吸水，钱钟书大约八九岁左右常用包药纸来临摹他伯父藏的《芥子园画谱》，或印在《唐诗三百首》里的"诗中之画"。他为自己想出一个别号叫"项昂之"——因为他佩服项羽，"昂之"是他想象中项羽的气概。他在每幅画上挥笔署上"项昂之"的大名，得意非凡。他常有"项昂之"的兴趣，只恨自己不擅长绘画。后来钱钟书还曾央求当时在中学读书的女儿钱瑗为他临摹过几幅有名的西洋淘气画，其中一幅是《魔鬼临去遗臭图》，图名是杨绛杜撰的，魔鬼像吹喇叭似的后部撒着气逃跑，这些都是他"痴气"的表现。②

1929 年，钱钟书与其他 2000 多名学子一起报考清华大学。钱

---

① 据杨绛回忆说，伯父去世后，他父亲因钱钟书爱胡说乱道，为他改字"默存"，这个号显然没有起克制作用，因为他还是会"痴气"盎然地胡说乱道。

② 杨绛：《记钱钟书与〈围城〉》，《杨绛作品集》（第二卷），中国社会科学出版社1993 年版，第 149 页。

钟书成绩尚可，在录取的人中，他的名次排在中上，按理来说，录取应该不成问题。但是，钱钟书历来偏科，对数学不感兴趣，也就不会多花时间在数学上，难怪在清华大学的入学考试中，他的数学只考得了 15 分。[①] 对于是否录取钱钟书的问题，人们有各种看法，众说纷纭，也曾有过各种版本的传说。但是不管怎样，钱钟书还是最终被清华录取了，当时的清华大学校长罗家伦起了关键的作用。校长认为尽管钱钟书的数学成绩太差，但是他的国文和英文成绩却出类拔萃，钱钟书应该是个人才，有才气，有语言文学的才气，因此他决定破格录取钱钟书。如果当时没有罗家伦这个伯乐发现钱钟书这匹"千里马"，难说中国近百年的文坛上或许会少了钱钟书这颗耀眼璀璨的巨星。

进入清华学习的钱钟书如鱼得水，如饥似渴地徜徉在书的海洋里。他在清华的一切的一切都与书分不开。他可能是进图书馆读书最多的人，也是借书最多的人。钱钟书在语言文学方面天赋极高，记忆力超群。不仅如此，他与生俱来就嗜书如癖，在清华读书期间这个癖好更是发挥得淋漓尽致。他无书不读，连辞典都看得饶有兴趣，在读书中，他能感到无上的愉悦。钱钟书就这样如痴如醉地读书，总觉得时间不够用，恨不得一分钟掰成两分钟来用。他没有让罗家伦校长失望。清华的课业素以繁重著称，当别人在挑灯夜读的时候，钱钟书却不仅轻松地学完本专业的课程，还游刃有余地钻研中国古典文学。他博览群书，涉猎广泛，但是他最喜爱的还是文学、哲学、英文、德文等。钱钟书与一般人读书的方法和目标不尽相同，他追求的是能与作者有"思想的交流、心灵的碰撞"，因此他读过的书籍中，对相关问题都标有注释和说明。钱钟书生来就是读书和搞学问的料，因为他有过目不忘的本领，也极有语言天赋，更有文学家的才气和风范，这让同学们既羡慕又嫉妒，因为钱钟书向来"不务正业"，只是读些与课程无关的

---

① 朱云乔：《最忆当年初遇时：钱钟书和杨绛的百年围城》，石油工业出版社 2013 年版，第 16 页。

"闲书"，但是每每考试成绩下来，他的分数却名列前茅。钱钟书有一个同学叫饶余威，他曾感叹过说，在同学中，他们受钱钟书的影响最大，因为他的中英文造诣很深，又精于哲学及心理学，终日博览中西新旧书籍，最怪的是他上课时从不记笔记，只带一本和课堂无关的闲书，一面听讲，一面看自己的书，但考试时总是第一。他自己喜欢读书，也鼓励别人读书。① 他还有个怪癖，看书喜欢用又黑又粗的铅笔划下佳句，又在书旁加上他的评语，清华藏书中的画线和评语大都是出自此君手笔。

钱钟书在清华读书期间已初显才华，小有名气。当时清华学生自办了一份《清华周刊》，这是一个含金量相当高的期刊，因为订阅的人不仅是当时的顶尖人士，而且在上面发表过文章的学子后来大多成为名人或大家。钱钟书不仅积极地参与创作，而且因为其相当的英文水准而荣幸成为这份刊物的英文版的副主编。

（二） 自古江南多才女

在江苏无锡这个烟雨朦胧、极富诗情画意的地方，继钱钟书出生后的次年盛夏，诞生了一名女婴，她的出世仿佛是为了另一个男孩。上天为他们安排好了一切，在同一个地方出生，让他们长大后在某个地方相遇。这个出生在杨家的女孩取名季康，就是后来的杨绛。与钱钟书一样，她出生在一个书香门第。杨绛自幼

---

① 杨绛：《记钱钟书与〈围城〉》，《杨绛作品集》（第二卷），中国社会科学出版社1993年版，第148页。

清逸温婉、聪明伶俐、乖巧可爱。据说曾经有一次她的姑妈①悄悄对着杨绛的耳朵说嘴角有一颗饭粒时，杨绛急忙把饭粒捡起来塞进嘴里，逗得大家哈哈大笑，因为小杨绛的动作太可爱了，姑妈杨荫榆也笑得露出了酒窝。她开始念书的时候，喜欢在课堂上淘气，她玩一种吹小绒球的游戏，吹着吹着就笑起来，老师看到了生气，就让她站起来回答课文内容，谁知她竟全能准确无误地答上来，老师十分惊讶。自小就聪颖异常的她很得父母和姑母杨荫榆的喜爱。还有一次是杨家几姊妹在上海启明女子中学读书期间，月末周日相约去报馆找正在上班的父亲，父亲很是高兴，带她们去吃西餐。因为是第一次，杨绛非常紧张，于是就一一照着父亲的动作样子来吃西餐，她一丝不苟、认真模仿的动作让父亲和姐姐们乐了，让用餐的气氛变得非常温馨温暖。

杨绛很喜欢静静地陪伴父亲杨荫杭在书房读书，自小就深得书香门第气息的熏陶，更主要的是接受了父亲、姑妈的自由民主、革命等各种思想和理念。杨绛父亲虽然名气不大，但也曾走过仕途，任过厅长，当过检察官。因为工作需要，杨父时而在无锡任官，时而北上到北京，之后又回到无锡。后来杨父不再任官，到上海的一家报馆担任主笔，一家人又举家迁徙，搬到上海。杨绛的童年和少年时期就这样在无锡、北京、苏州和上海间来回穿梭中悄然度过了。

杨家是有名的书香门第。杨绛的父亲杨荫杭是著名的律师，曾赴美国、日本两国留过学，获宾西法尼亚大学法学硕士学位。他创办过无锡励志学社和上海律师公会，担任过上海申报编辑，历任了江苏省高等审判厅长、浙江省高等审判厅长等职。他有两部著作《名学》、《逻辑学》流传后世。杨绛还有一个姑母，名叫杨荫榆，是北京女子师范大学的校长，后来，在日军攻陷上海时为维护学生而被枪杀。杨绛自幼在这样的家庭环境里长大，受到了

---

① 杨荫榆远比杨荫杭名气大，不仅因为她担任过北京女子高等师范学校的教师，被鲁迅先生在杂文里批得一无是处，而且后来为抗击日本帝国主义而英勇献身。

良好的教育。她先后就读于北京女高师附小、上海启明女校、苏州振华女中等名校，成绩都很优异。1928 年，杨绛高中毕业时，她朝思暮想地想要报考清华大学外文系，但是那年虽然清华大学开始招收女生，但是南方并没有名额。万般无奈之下，杨绛选择了东吴大学。17 岁那年，杨绛考入了江苏东吴大学，一年后分科，她选了政治系。但是她的兴趣爱好并不是政治，她喜欢的是文学，可是当时东吴大学并没有文学系，而杨绛认为文科里自己比较喜欢的，而且比较好的只有法学预科和政治科。她本想选法学预科，这样将来就可以做父亲的助手，还可以接触社会上各式各样的人，可以为写小说积累素材。可是父亲并不同意她学法律，大约是他觉得社会黑暗，宪法如同虚设，从而对法律失望，又抑或他觉得法律沉重，于一个女孩子并不相宜，总之，他坚决不要她当他的助手。于是，她只好改了政治系，因为不喜欢，她对课程只是敷衍了事，大部分时候都呆在图书馆里阅读文学书，三年下来，她对文学的兴趣更是一发不可收拾了。

杨绛在自由民主的家庭氛围下长大，思想观念自然也就很开化，因此她并不仅仅满足于当一名大家闺秀，她还在当时新思想理念的教育影响下，积极参与户外体育运动，力图做一名文化素养和身体素质高的新一代年轻人。当时东吴大学的学友们时常可以看到身着运动装的杨绛，一改以往十足的淑女味，活跃在运动场上，飒爽英姿，别有一番风味。杨绛参加了学校女子排球队，代表学校参加比赛。场上女子选手个个身手矫健，斗志昂扬，尽管竞技体育一直推崇"友谊第一，比赛第二"的重在参与的精神，但是东吴大学的女生还是竭尽全力，力争取胜。那天观战和加油的大多为男生，女孩们在赛场上的一举一动受到了他们的注目。在双方处于胶着状态，打得难分难舍，难以决出胜负这关键的一刻，正是杨绛的猛力一击扭转了局面，校队也最终赢得比赛。人们从此对杨绛刮目相看，平时温文尔雅、非常淑女的杨绛在操场上表现出了果断、机智以及不服输的精神。杨绛也因此在东吴大学名声大噪。

1932 年初，杨绛本该读大四下，东吴大学却因学潮而停课。为了顺利完成学业，杨绛毅然决定北上京华，借读在清华大学。当时，为了去清华，杨绛放弃了美国韦尔斯利女子大学的奖学金，她宁可考清华的文学研究院，因为她做梦都想去中国最好的大学念自己最喜欢的文学。不负众望，杨绛果然考入了清华，她终于圆了清华梦。杨绛做出这样的决定也仿佛是在冥冥之中上天为她安排好了，在清华园的某处，她必定会遇到钱钟书。杨绛的才气和聪慧并不亚于钱钟书，他和她，一个是出身名门的才子，一个是书香门第的才女，门当户对，佳偶天成，连杨绛的母亲都说："阿季脚上拴着月下老人的红丝呢，所以心心念念只想考清华。"①

（三）才男才女，偶然相遇

其实，钱钟书与杨绛的这段缘分早就命中注定了。早在 1919 年，杨绛的父亲因工作关系，从北京回到无锡后，回到杨家祖宅居住过一阵子，但是杨荫杭在那生了一场大病，之后决定搬离祖宅，租房子住。杨绛家在寻找当中曾到过钱钟书家要出租的一所留芳声巷朱氏宅的旧屋看过。因此 8 岁大的杨绛就已经随父母去过钱钟书家，只是当时年纪小，印象寥寥，而且是因为缘分不到，当时两人并未相见。后来杨绛回忆说，她也记不清那次看见了什么样的房子或遇见了什么样的人，唯有记得门口下车的地方很空旷，

---

① 杨绛：《回忆我的父亲》，《杨绛作品集》（第二卷），中国社会科学出版社 1993 年版，第 93 页。

有两颗大树；白粉墙很高，粉墙的高处有一个个砌着镂空花的方窗洞。门前有个大照墙，照墙后有一条河从门前流过。虽然两人没见着，但这段经历恰恰开启了两人之间的"前缘"。①

1932 年 3 月的一天，风和日丽，幽香袭人。杨绛有一位同样来自东吴大学、到清华学习的同学，他恰巧是钱钟书的亲戚，因为清华大学不允许男生进女生宿舍，因此他俩一起在古月堂门口，等待杨绛出来见面。就这样在冥冥之中，杨绛出来了，她眼里看到的是同学旁边的钱钟书，杨绛当时并不知道他是大名鼎鼎的清华才子钱钟书。只见钱钟书穿着青布大褂，脚穿一双毛布底鞋，戴一副老式眼镜，目光炯炯有神，谈吐机智幽默，满身浸润着儒雅气质。杨绛觉得他眉宇间"蔚然而深秀"，而钱钟书则被杨绛的"颉眼容光忆见初，蔷薇新瓣浸醍醐"②的清新脱俗所吸引，丘比特的箭暗暗射中两人，一个有情，另一个有意，两情相悦，一段旷世情缘就此徐徐萌发。

清华大学女生宿舍古月堂，位处清华幽雅清静的地方。当时正直春暖花开之时，古月堂"四处散溢着芳香。这芳香有些来自满树散放的淡粉丁香，有些来自梦幻般微笑的紫藤，有些是来自女学生们身上独特的香气，还有来自在树下林间安静阅读的学子们手中的书香"。③ 也有书说，"有的时候，人和人的缘分，一面就足够了。因为，他就是你前世的人"，文坛伉俪钱钟书和杨绛的爱情便应了这句话。杨绛与钱钟书先生从认识到相爱，时间很短，外人猜测他们应该是一见倾心或一见钟情，但是杨绛却否认了，说人世间也许有一见倾心的事，但她无此经历。他俩的相遇纯属上天安排、缘分所致。当他们偶遇时，只见钱钟书身穿青布大褂，脚

---

① 杨绛：《记钱钟书与〈围城〉》，《杨绛作品集》（第二卷），中国社会科学出版社 1993 年版，第 143 页。

② 朱云乔：《最忆当年初遇时：钱钟书和杨绛的百年围城》，石油工业出版社 2013 年版，第 12 页。

③ 同上书，第 34 页。

踩毛布底鞋，戴一副老式大眼镜，杨绛觉得他眉宇间"蔚然而深秀"，瘦瘦的，书生模样。而当钱钟书看到从古月堂走出来的杨绛时，这个儒雅痴气的书生就为之一动。多年后，当钱钟书追忆他们第一次见面的感觉时，用的诗文是何等的浪漫："颉眼容光忆见初，蔷薇新瓣浸醍醐。不知腼洗儿时面，曾取红花和雪无。"① 钱钟书中年时依然记得当年的杨绛脸面是何等的白洁红润，面如桃花，清雅脱俗，犹如蔷薇新瓣浸醍醐，还带着一丝腼腆。真正读懂这首诗的人还是杨绛，她解释说："钟书的诗好用典故，诗中第四句红花和雪典故来自北齐崔氏的洗儿歌，说的是春天用白雪、用红花给婴儿洗脸，希望孩子长大后脸色好看。"②

两人在古月堂前一见如故、侃侃而谈，他们谈起家乡、谈起文学，兴致大增，谈起来才发觉两个人确实是挺有缘分的。后来有人问过他们初次见面后，是怎么互相联系的，杨绛回答说，钱钟书见过她后，曾写信给她，约她到工字厅见面，想和她聊聊。他带她进了客厅，坐在一张大桌子边上，两人聊了许久，海阔天空、无所不含。他们借机否认了社会上有关各自的谣传，谈到身体条件、兴趣爱好等，最后他们谈到了文学，杨绛介绍他读 *Outwitting Our Nerves*，钱钟书介绍杨绛读 Henry Bergson 的 *Time and Free Will*。两人在文学上有共同的爱好和追求，这一切使他们怦然心动，爱意油然而生。这位来自东吴大学的颇有神韵的杨绛，个头不高，但面容白皙清秀，身材窈窕，性格温婉和蔼，人又聪明大方，深受男生爱慕，但她却芳心未许，似乎她在等待着一个人，等待着一个命中注定的姻缘。清华才子钱钟书和南国佳人杨绛相识相爱了。

钱钟书当时已名满清华，他的汉语、英文功底很深，入学后的表现没让爱才的清华校长罗家伦失望，钱钟书入学后学业甚好，读书很多，在《清华周刊》发表过不少文章，是清华出名的才子。

---

① 朱云乔：《最忆当年初遇时：钱钟书和杨绛的百年围城》，石油工业出版社 2013 年版，第 36 页。

② 同上。

钱钟书的个头不高，面容清癯，虽然不算风度翩翩，但他的目光却炯炯有神，在目光中闪烁着机智和自负的神气。而站在钱钟书面前的杨绛虽然已是研究生，却显得娇小玲珑，温婉聪慧而又活泼可爱。钱钟书侃侃而谈的口才，旁征博引的记忆力，诙谐幽默的谈吐，给杨绛留下了深刻的印象。

1919 年，当年 8 岁大的杨绛曾随父母到钱钟书家去过，虽然没有见到钱钟书，但现在却又这么巧合地续上"前缘"，这不能不令人相信缘分！而且钱钟书的父亲钱基博与杨绛的父亲杨荫杭又都是无锡本地的名士，都被前辈大教育家张謇誉为"江南才子"，都是无锡有名的书香世家。真所谓"门当户对，珠联璧合"。当然最大的缘分还在于他们两人在文学上的共同爱好和追求，性格的互相吸引，心灵的默契交融，这一切使他们一见如故，萌发爱意。正是"当时年少青衫薄"的时候，这位清华才子与这位"清水芙蓉"的南国佳人相爱了。他们没有在花前月下卿卿我我，而是在学业上互相帮助，心灵上沟通理解，文学成了他们爱的桥梁。钱钟书的名士风度、才子气质，使他们的恋爱独具风采。他隔三岔五地便约杨绛写诗，有一首竟融宋明理学家的语录入诗，他自己说："用理学家语作情诗，自来无二人。"其中一联："除蛇深草钩难着，御寇颓垣守不牢。"他把自己的刻骨相思之情比作蛇入深草，蜿蜒动荡却捉摸不着；心底的城堡被爱的神箭攻破，无法把守。宋明理学家最主张"存天理，灭人欲"，而钱钟书却化腐朽为神奇，把这些理学家道貌岸然的语录"点石成金"、"脱胎换骨"，变成了自己的爱情宣言，这种特殊的恋爱方式恐怕也是独一无二的吧？有谁不愿去怜爱这样的才子呢？这位南国佳人很快就被钱钟书这支独一无二的爱情神箭给"俘虏"了。杨绛被钱钟书的感情而"俘虏"，另外还有一个原因，就是杨绛发现与钱钟书的情趣和志向相同，因为钱钟书曾和杨绛说他"志气不大，只想贡献一生，做做学问"。而杨绛觉得这点和她的志趣比较相投，他也常到古月堂，约杨绛出去散步。杨绛不走荷塘小路，太窄，只宜亲密的情侣，因此他俩经常到气象台去，气象台宽宽的石阶，可以坐着闲聊。有时杨绛与好友散步回屋，就知道屋里桌上准有封信在等她，觉得自己好像是爱上他了……

坠入爱河的他们，并没有在花前月下卿卿我我，而是在学业上互相帮助，心灵上沟通理解，文学成了他们爱的桥梁。钱钟书的名士风度、才子气质，加上杨绛的名门才媛、清纯气质，使得他们的恋爱独具风采。钱钟书曾为杨绛写过不少情诗，其中最著名的是刊登在《国风》上的《壬申（1932）年秋杂诗》："缠绵悱恻好文章，粉恋香凄足断肠；答报情痴无别物，辛酸一把泪千行。依穰小妹剧关心，髻瓣多情一往深；别后经时无只字，居然惜墨抵兼金。良宵苦被睡相谩，猎猎风声测测寒；如此星辰如此月，与谁指点与谁看。困人节气奈何天，泥煞衾函梦不圆；苦雨泼寒宵似水，百虫声里怯孤眠。"[①] 这是一首钱钟书作品中富有李义山丰韵的爱情诗，描写两个恋人分别后无尽相思的痛苦，令人缠绵悱恻。这也是恋爱中的钱、杨两人感情经历的真实写照，读后让人也感同身受。钱钟书1933年从清华毕业后，受聘到了光华大学教书，他的父亲钱基博在那里的中文系任系主任。身处北京、上海两地的钱钟书与杨绛鸿雁传书，双方都因爱而得到了丰富的创作源泉和灵感。隔三差五地便约杨绛写诗，其中有一首把宋代明理学家的语录入诗："除蛇深草钩难着，御寇颓垣守不牢。"他把自己的刻骨相思之情比作蛇入深草，蜿蜒动荡却捉摸不着；心底的城堡被爱的神箭攻破，无法把守。化腐朽为神奇，他把那些理学家道貌岸然的语录"点石成金"、"脱胎换骨"，变成了自己的爱情宣言，这种特殊的恋爱方式乃古今独绝。这首诗写得文辞典雅、情深意切，放在唐宋佳作中也毫不逊色。在光华大学，钱钟书也曾创作

---

① 朱云乔：《最忆当年初遇时：钱钟书和杨绛的百年围城》，石油工业出版社2013年版，第40页。

过《论师友诗绝句》八首，为当时流行较为广泛的律诗。① 虽然也有律诗发表在公开刊物上，但是古体律诗在当时处于劣势地位，钱钟书大部分那时候创作的诗歌仅仅是编集成册，赠予师长、知音或好友。钱的旧体诗写得文辞典雅、情深意切，可惜杨的回信并不多，她说自己不爱写信，为此他略有抱怨，诗中所谓"别后经时无只字，居然惜墨抵兼金"，使人想起《围城》中的唐晓芙不爱写信；而杨绛给钱钟书的一封信，又偏偏恰巧被钱钟书父亲接到后拆开看了，这才使他们的恋情曝光，促成了他们的婚事。

与此同时，在清华，杨绛的创作天赋也崭露头角。在朱自清先生教授的"散文写作"课上，她交过一篇作业，叫《璐璐，不用愁!》，她描写青春期少女的三角恋爱心理，细腻动人，朱自清很是赏识，推荐给《大公报·文艺副刊》发表。后来这篇文章还被选入了由林徽因编辑的《大公报·文艺副刊·小说选》中，出版时题目改为了《璐璐》，署名是季康，那本集子一共选了25位作家，共30篇作品，和她一起选入的还有沈从文、萧乾、老舍、李健吾、凌淑华等，都是当时的名家，她以一篇学生习作入选，实乃难能可贵。其实，杨绛早在东吴大学就读期间，就初显了文学天赋、造诣，她的创作潜质得到了朱自清的启发和鼓励。她的一篇名为《收脚印》的散文令朱自清很是惊叹，经他推荐发表在了《大公报·文艺副刊》上，这是杨绛的处女之作。清华读研时，有一本英文刊物，杨绛译出其中一篇政论《共产主义是不可避免的吗?》，发表在《新月》上，这是她的"处女译文"。

不言而喻，钱钟书与杨绛这对文坛伉俪，他们之间浪漫、真挚和纯洁的爱情成为两人不断创作的动力和源泉。对钱钟书而言，正是因为有一个懂他、爱他、欣赏他的杨绛陪伴在身边，有这样一个名媛才女、冰雪聪明、志同道合的杨绛伴随其左右，钱钟书的创作灵感才得以激发，创作出了如此饱含深情的诗歌，以至于

---

① 朱云乔：《最忆当年初遇时：钱钟书和杨绛的百年围城》，石油工业出版社2013年版，第48页。

多年后细细读来仍然可以品味到钱钟书的柔情蜜语，更能领会到他对文字运用游刃有余的能力和深厚的文学底蕴；对于杨绛而言，正是因为钱钟书的儒雅、风趣以及钱钟书给予她的鼓励，才得以思想和灵感迸发的源泉。虽然相对于钱钟书的成就而言，杨绛的成就有点逊色，但是这并没有影响人们品味她清新宜人的文字和真挚纯洁的感情。

1935 年春，钱钟书参加了教育部公费留学资格考试。当时国民党教育部将英国退还的庚款用做国内青年去英国留学的奖学金，但这种公开招考的录取名额极为有限，英国文学就只有一个名额，钱钟书以绝对优势名列榜首，顺利地拿到了这个名额。消息传来，杨绛极为高兴，有哪一个搞西方文学的人不向往英国呢？莎翁、狄更斯、雪莱……那些英伦作家的名字在课本里如雷贯耳，而他们描写的那个国度，那多雾的伦敦，那泰晤士河上迷蒙的晓雾，那些优雅的英国绅士和穿苏格兰格子裙有着亚麻色头发的少女，如梦境般在她的世界里夜夜上演。钱钟书立即把这一消息告诉了杨绛，希望她能与自己一道赴英留学。三年前，杨绛拒绝了威尔斯利女子学院的入学申请，这一次，她连毕业都等不及了，迫不及待地想同他一起离开，能和志同道合的心爱男子，去梦想之地游学，没有什么能比这更愉悦了。

（四）琴瑟和弦，鸾凤和鸣

尽管两人确立了恋爱关系，而且恋情也愈发加深，但是在钱钟书看来，这似乎纯属二人的感情之事，无须别人知晓和打搅，因此钱钟书没有将自己与杨绛的恋爱告诉父亲钱基博，只顾与杨

绛频繁地通过书信来谈情说爱。不料有一天杨绛的来信恰巧给钱基博看到了，只见上面写着："现在吾两人快乐无用，须两家父母、兄弟皆大欢喜，吾两人之快乐乃彻始彻终不受障碍。"钱基博认为杨绛既懂事又大方，能体贴父母、顾及家庭，乃如意媳妇也，于是便给杨绛写了一封信，郑重地把儿子托付给她。① 由此可见杨绛是何等的理智和聪明，她在热恋时不像一般女人智商为零；与此相反，杨绛却能保持头脑清醒，因为她深知与钱钟书的恋情如果要有结果，那么必须先征得长辈们的首肯。据说，后来钱钟元嫁给许景渊时，钱老夫子便拿出这封信来教育侄女。钱基博高兴之余，也不征求儿子钱钟书的意见，便直接给杨绛写了一封信，郑重其事地将儿子托付给了杨绛。对此，杨绛以为，钱基博的做法，颇似《围城》中方鸿渐父亲的作风。杨绛也把已与钱钟书恋爱的事，告诉了自己的父母。杨绛父亲杨荫杭的个性并没有钱钟书父亲那般的爽朗，更何况杨季康是他最宠爱的女儿，但是因为钱钟书的才气和厚重的文学造诣，杨父对钱钟书印象极佳，爱之有加，很快就接受了他，把钱钟书视如"乘龙快婿"。这以后，钱钟书便由父亲领着，上杨家门正式求亲，两家举办订婚宴。两人虽系自由恋爱，结合倒是沿着"父母之命，媒妁之言"老老实实走了一遍程序，杨绛便与钱钟书举行了订婚仪式。杨绛先生回忆说：默存和我的"订婚"，说来滑稽。明明是我们自己认识的，明明是我把默存介绍给我爸爸的，可是我们还颠颠倒倒遵循"父母之命，媒妁之言"。默存由他父亲带来见我爸爸，正式求亲，请出男女两家都熟识的亲友做男家女家的媒人，然后，（因我爸爸生病，诸事从简）在苏州某饭馆摆酒宴请两家的至亲好友。我茫然全不记得"订"是怎么"订"的，只知道从此我是默存的"未婚

---

① 杨绛：《记钱钟书与〈围城〉》，《杨绛作品集》（第二卷），中国社会科学出版社1993年版，第135页。

妻"了。那晚，钱穆①先生也在座，参加了这场订婚典礼。②

杨绛文才出众，又是大家闺秀，在男多女少的清华，她自然是极受瞩目。虽然已订婚，但终究还未成婚，未婚夫又不在身边，所以，爱慕她的人不在少数，但她并不觉得这有什么大不了，她不太在意自己的相貌，从来都不觉得自己生得美。很多年后，汤晏为钱钟书作传，她还特意写信声明："我绝非美女，一中年妇女，夏志清见过我，不信去问他。情人眼里则是另一回事。"③钱基博当时并没有看错杨绛，她一直都是理性明慧的女子，世间女子，大凡听到别人夸自己美，就算有一两个面上不露出来的，也会在心中暗喜，她却是例外，其实那些不相干的外人看她美不美又什么要紧，只要在情人眼中她是美的就行，也只有情人的认可方是真的赞誉。对容貌一事，她极是通达，所以，她没有在清华一些男生的追求中沾沾自喜，昏了头脑，飘飘然把自己当成"公主"。杨绛一如她的文，她的人也一直保持着内敛、素净和低调。订婚后的杨绛和钱钟书，一个在北京清华，继续完成学业；而另外一个则在上海教书，二人只能鸿雁传情。钱钟书得到的留学机会促成了他们完婚。杨绛心里很清楚，这位大名鼎鼎的清华才子从小生活在优裕的家庭环境中，过惯了有人伺候的生活。他除了读书之外，对其他生活琐事一概不关心，到英国留学的话，生活不能自理，得有人照顾、侍候他。虽然那时杨绛即将研究生毕业，但她毅然做出决定，与钱钟书结婚，不毕业就伴随钱钟书一同出国。此时杨绛还需要一门课大考，于是她同教师商量，采用论文形式代替，终于提前一个月毕业。杨绛把自己提前毕业以及和钱钟书一

---

① 钱穆为钱钟书的族人。钱钟书与杨绛在上海完成订婚仪典之后，杨绛必须要回到清华完成学业，而钱钟书还得留下任教教书，因为钱穆在燕京大学任教，因此就与杨绛结伴同行，这也是钱基博的用心良苦之计，他想让钱穆照顾一下未来的儿媳妇。

② 杨绛：《车过古战场——追忆与钱穆先生同行赴京》，《杨绛作品集》（第二卷），中国社会科学出版社 1993 年版，第 265 页。

③ 汤晏：《一代才子钱钟书》，上海人民出版社 2005 年版，注释 31，第 126 页。

同出国的打算告诉父母，她的父母很赞成女儿的决定，立即为她置办嫁妆，准备与钱钟书完婚。

1935 年 7 月 13 日，结婚仪式在苏州庙堂巷杨府举行，婚礼新旧参半：杨家新式，钱家旧式。钱、杨两人的结合，在杨荫杭看来，门当户对、天作之合；在钱家人看来，又何尝不是琴瑟和弦、鸾凤和鸣呢！婚礼仪式一共两场，杨绛娘家的那场采用西式，新娘披长纱，有为新娘提花篮的花女及提拖地长纱的花童，有伴娘伴郎，还有乐队奏曲，新郎新娘鞠躬为礼，戴戒指，并在结婚证书上用印；而迎娶至无锡后，钱钟书家的那场，拜天地、敬高堂、入洞房，一切礼俗和仪式都按照中国传统的来。

杨绛多年后回忆婚礼当时的场景，在文中幽默写道："（《围城》里）结婚穿黑色礼服、白硬领圈给汗水浸得又黄又软的那位新郎，不是别人，正是钟书自己。因为我们结婚的黄道吉日是一年里最热的日子。我们的结婚照上，新人、伴娘、提花篮的女孩子、提纱的男孩子，一个个都像刚被警察拿获的扒手。"[1] 他们的婚期正当酷暑，仪式冗长烦琐，他穿的黑色礼服，浆洗过的挺直领圈已被汗水浸得软耷，她被白婚纱一层层紧实裹着，早已从头到脚湿透，仿佛从水里捞了出来，他们一起步入席间，给宾客敬酒，在忙乱和喧哗中，偶尔相顾一笑，天气炎热，彼此的眼神却格外清明。从前，她和他提起自己的家庭的时候，她有些自豪道，清末状元张謇曾称她的父亲杨荫杭为"江南才子"。不想他也把张謇致他父亲的信拿给她看，原来在信中，张謇也称钱基博为"江南才子"，她哑然失笑。"江南才子"是否张謇敷衍送人的，不得而知，但她与这赞誉却是缘分非浅，她从一个"才子"家到另一个"才子"家，而且，她嫁的男人，也一样担当得起这四个字。

同样在 1935 年夏天，钱钟书与杨绛在无锡七尺场钱家新居举行了婚礼，按照约定，在钱家举行的是旧式婚礼，因此两家按照

---

[1] 杨绛：《记钱钟书与〈围城〉》，《杨绛作品集》（第二卷），中国社会科学出版社 1993 年版，第 133—134 页。

旧时结婚的规定为他们选定了"黄道吉日"。不巧这一天正是一年中最热的日子，两家都是江南很有声望的名门之家，钱钟书又是长房长孙，因此，婚礼张灯结彩、披红挂绿，办得极为隆重。这一天，两家的亲朋好友来了许多人，连无锡国专的校长唐文治、陈衍老先生都来祝贺，还有钱钟书和杨绛的同学陈梦家、赵罗蕤等，众宾客济济一堂，喜气盈门。杨绛的三姑母杨荫榆从苏州赶来吃喜酒，这位从来不会打扮的姑母，自己特地精心打扮了一番，穿一身簇新的白夏布的衣裙和白皮鞋非常神气地进来，让宾客大吃一惊，以为她披麻戴孝来了。结婚仪式上，钱钟书身穿黑色礼服，白色衬衣，脚蹬皮鞋；杨绛身着拖长裙婚纱，一对新人郎才女貌打扮得分外漂亮。可惜天气太热，新郎白衬衣的硬领给汗水浸得又软又黄，新郎新娘全都汗流满面。钱基博老先生对这门亲事大为满意，因为杨绛猪年出生，钱老先生特地把自己珍藏的汉代古董铜猪符送给儿媳，作为祥物，祝他们两人在以后的岁月里吉祥如意。

对于钱钟书与杨绛的结合，冰心说过："他们是中国作家中最美满幸福的一对，学者才人，珠联璧合，相得益彰！他们有风骨、风度、风雅，又有风趣，是我永远不会忘记的可敬可爱的一对朋友！"[①] 杨绛是我国著名的作家、文学翻译家。她怨而不怒、哀而不伤的大家风格，给人们留下了难以忘怀的印象。杨绛的才气和聪慧并不亚于钱钟书，他和她，一个是出身名门的才子，一个是书香门第的才女，门当户对，佳偶天成。她与钱钟书之间珠联璧合、相濡以沫的婚姻生活更是施以浓墨重彩。无论是伴随夫君求学英伦、孜孜不倦著书立说、夫妇相守弄儿为乐，还是异地相隔经历抗战的时代洪流，面对生活，杨绛的身影始终清雅而柔韧……读读写写、嘻嘻闹闹，两人的婚姻生活倒充满了悠悠情趣，羡煞旁人。两人在学校里开始恋爱，而且第二年便订了婚。生活

---

① 朱云乔：《最忆当年初遇时：钱钟书和杨绛的百年围城》，石油工业出版社 2013 年版，第 1 页。

的艰难，没有折损他们事业的辉煌，他写出了著名的《围城》，这部作品让"钱钟书"这个名字被世人铭记，她翻译出版了《一九三九年以来英国散文作品》、《随铁大少回家》，创作了四幕喜剧《风絮》，李健吾赞誉道："我们开始发表杨绛女士的《风絮》，她第一次在悲剧方面尝试，犹如她在喜剧方面的超特成就，显示了她的深湛而有修养的灵魂。"①

　　二战爆发那年，钱、杨夫妇结束游学生涯，几经辗转，回到祖国。1949 年新中国成立，那年夏天，他们被清华聘请，回到了北京，开始了新中国的生活。后来，他们经历了艰难的"文革"岁月，这并不是他们生命中唯一的艰难。他们被下放至干校的时候，杨绛被罚去种菜，钱钟书担任干校通信员，他去邮电所取信的时候就会特意绕道，走菜园子的东边，与她"菜园相会"。十年"文革"期间，钱钟书写出了宏大精深的古籍考证与评论著作——《管锥篇》，所引中外著作上万种，作家四千余人；而杨绛译著了讽刺小说的巅峰之作——八卷本的《堂吉诃德》。当时光流逝，生活褪去最初的华彩，逐渐呈现出粗粝面目，她不再是当初不识柴米油盐的苏州小姐，他也不再是古月堂前吟诗作赋的翩翩少年。战乱和贫穷改变了许多东西，但总有些东西永恒不变。他们没有逃跑……他们是文化人，爱祖国的文化，爱祖国的文字，爱祖国的语言……这就是钱、杨的"风骨"。在 20 世纪的中国，杨绛与钱钟书是天造地设的绝配。胡河清曾赞叹："钱钟书、杨绛伉俪，可说是当代文学中的一双名剑。钱钟书如英气流动之雄剑，常常出匣自鸣，语惊天下；杨绛则如青光含藏之雌剑，大智若愚，不显刀刃。"在这样一个单纯温馨的学者家庭，两人过着"琴瑟和弦，鸾凤和鸣"的围城生活。很多年后，有个叫金庸的武侠小说家，曾在他的《射雕英雄传》中写过一对夫妻，黄药师和他的妻子阿蘅，这虚构的情侣像极了他们，都是聪明骄傲才华卓越的男子，

① 李洪岩：《钱钟书与现代学人》，2001－4－28，http：//news. tsinghua. edu. cn。

和才智足以与他们并驾齐驱的妻子，只不过黄药师和阿蘅是幻想中的神仙眷侣，而钱钟书和杨绛，是红尘俗世里的珠联璧合，有谈诗论文心灵相通，有柴米油盐磕磕碰碰，方叫圆满。

钱钟书、杨绛是无锡同乡，1932年相识，1935年喜结良缘。两人恩恩爱爱、相濡以沫63年，共同营造了最纯净美满的婚姻，在半个多世纪的日子里，他们恋爱、结婚、生子，享受了人世间的各种天伦之乐，同时也经历和体验了各种磨难和痛苦，如战争、疾病、分离……一家三人如今只剩杨绛独自一人，她却熬了过来，如今已是百岁老人。在她温文尔雅、慈眉善目的外表下，杨绛有着一颗刚强不屈的心。她依然刚强坚毅、平平淡淡地过着日子，整理钱钟书的文稿，把自己对他和女儿的情感和思念融化在了字里行间中。钱钟书用一句话概括了他与杨绛的爱情："赠予杨季康，绝无仅有的结合了各不相容的三者：妻子、情人、朋友。"①这是钱钟书的短篇小说集《人·兽·鬼》出版后，在两人"仝存"的样书上写下的浪漫痴语。妻子、情人、朋友这几个不相容的角色在杨绛身上却展现和演绎得如此默契和完美。这对文坛伉俪的爱情，不仅有碧桃花下、新月如钩的浪漫，更融合了两人心有灵犀的默契与坚守。纵然斯人已逝，而杨绛先生的深情依旧在岁月的轮回中静水流深，生生不息。

作为妻子，杨绛把这个角色扮演得无可挑剔。回想当年，为了钱钟书到英国留学免去油盐柴米的困扰，杨绛努力刻苦学习，提早一个月完成毕业论文毕业，陪伴钱钟书前往英国，去照顾他的起居生活。到了英国后，杨绛的确包揽了所有家务，让钱钟书能一心一意地徜徉在书海中，汲取知识的营养。钱钟书不善运动，几乎没有生活自主能力，杨绛结婚前就常听他说自己"拙手笨脚"，现在她才知道原来这个鼎鼎大名的才子分不清左右手，不会系鞋带上的蝴蝶结，甚至连拿筷子也是一手抓，在生活上，他完

---

① 朱云乔：《最忆当年初遇时：钱钟书和杨绛的百年围城》，石油工业出版社2013年版，第223—224页。

全失去了"翩翩风度"，成了一个什么也不懂的小孩子，处处依赖着她，这叫她想起一个古老的词来，"相依为命"，这一辈子，她都要照顾他了，虽然她也自小娇生惯养，连自己都照顾不好。杨绛还有个绝活，她削苹果时，削完皮都不会断，而且薄，所以钱钟书只吃她削的苹果。在英国，当年杨绛生孩子时，钱钟书一个人在家时有点手忙脚乱，一下打翻了墨水瓶，把房东的桌布弄脏了；一下又把台灯弄坏了；门轴两头的球掉了一个，门关不上了……当他忐忑地跟杨绛说时，杨绛却安慰他说不要紧，桌布，她会洗，墨水染的，也能洗掉；台灯、门轴，她会修。钱钟书一听阿季说"不要紧"就放心了。他对阿季说的"不要紧"总是又佩服又放心，这句话在近两年的共同生活中已屡次得到验证。婚后的杨绛，为默存而"默存"，甘于牺牲自己的才学、时间、精力，成就钱钟书的治学和创作。对于痴气十足的钱钟书，她体贴关爱，揽下生活里的一切担子，台灯弄坏了，"不要紧"；墨水打翻了，"不要紧"，她的"不要紧"伴随了钱钟书一生。连钱钟书的母亲都夸她能干，里里外外一把手，笔杆摇得，锅铲握得，在家什么粗活都干得，真是上得厅堂，下得厨房，入水能游，出水能跳，钱钟书真是痴人有痴福。阿季回家坐完最后几天的"月子"，她怎么也没想到一向不善料理生活的钱钟书，竟给她端上了一碗他亲手炖的鸡汤，汤里还漂着鲜绿的嫩豆瓣，多温馨！就这样，阿季喝汤，钱钟书吃肉，女儿"吃"妈妈。初为人父的钱钟书，以他的爱心和责任心，尽量照顾好阿季和女儿。钟书一向早睡早起，杨绛晚睡迟起。这时"拙手笨脚"的他，不仅学会了划平生第一根火柴，还包办了他们的早餐。他做的早餐很丰盛，有香浓的奶茶，煮得恰好的鸡蛋，烤香的面包，黄油果酱蜂蜜等，他一股脑儿用带脚的托盘直接端到杨绛床头，请她享用早餐。杨绛又惊又喜，钟书得到夸奖也很高兴，从此两人的早餐便由钟书负责制作，这个传统竟持续到老。

杨绛作为钱钟书的"情人"，这个角色也演绎得浪漫而美好。

她让钱钟书对她一见钟情，而且激发了钱钟书的激情和灵感，使钱为她写了很多优美、缠绵悱恻的爱情诗。除了第一次见面后，钱钟书就写了非常浪漫的、描写杨绛容貌的诗外，他还为杨绛写了很多倾诉爱慕之情、相思之苦的诗，他的《代拟无题七首》当年是为杨绛的小说人物而作的，据杨绛说，他原本还不愿意，杨绛就嗔怪道，自己为他《围城》写了白话"歪诗"（苏文纨的雕花沉香骨扇上有首情诗，即杨代笔之作），而今自己的小说要几首典雅情诗，为何不得？"默存无以对，苦思冥搜者匝月，得诗七首掷于余前"，杨一看，"韵味无穷，低徊不已。绝妙好辞，何需小说框架？"为此，她打消了创作念头，"得此空中楼阁，臆测情节，更耐寻味"。显然，杨绛在读这些情诗时，发现已不是什么"代拟诗"，而是钱钟书对自己的再度表白，所以也舍不得匀给小说人物了。

杨绛作为钱钟书的朋友，应该是当之无愧的，而且堪称是最佳的。什么是朋友？对于这个问题，一百个人可能有一百个答案，但是答案当中，能够"情趣相投，分享快乐，分享忧伤，有福同享，有难同当"，这些应该是朋友最应该或最能做的。杨绛说过，"我们不论是在多么艰苦的境地，从不停顿的是读书和工作，因为这也是我们的乐趣"①。夏志清称，"整个 20 世纪，中国文学界再没有一对像他俩这样才华高而作品精、晚年同享盛名的幸福夫妻了"。"钱钟书和杨绛是我最喜欢、最尊敬的一对夫妇！他们的婚姻是最美满的！"听闻记者要写钱、杨，素来拒绝媒体的傅聪欣然受访，深情回忆道："我常常看到他们之间会心地微笑，有种内心的交流无时无刻不在那儿，两人在一起，就是有种默契，又有温柔在，每次看他们我都被感动。我想，看过《干校六记》的人都能感觉到，他们夫妇能够活过来靠的就是这种互相之间的交流：他们都是知识分子里面最高层次的人，所以他们的交流不是普通

---

① 潘虹：《杨绛：走在人生边上》，2011 年 1 月 31 日，http://qjwb.zjol.com.cn/html/2011－01/31/content_ 701362. htm? div =－1。

158

的，还有理智上、思想上的高度交流，上升到哲学的美的高度，让人羡慕！"① 不难看出，杨绛不仅是钱钟书的朋友，而且是他"知心"的朋友。

杨绛与钱钟书 63 年的坎坷历程中，不论经历暴风骤雨，世事沧桑，他们都相濡以沫，美好的家庭已经成为一家人最安全的庇护所。作为钱钟书的妻子、情人、朋友——三种角色为一体的杨绛，无论是哪个角色，她都"扮演"得非常到位。难能可贵的是，杨绛虽然把自己放在"幕后"，自己也能在文学、翻译、剧本创作等方面取得辉煌成果，"大放光彩"。更难得的是，晚年的钱钟书生病，卧床不起，杨绛只求比他多活一年。在杨绛看来，提到照顾人，男不如女，因此杨绛尽力保养自己，争求"夫在先，妻在后"，错了次序就糟糕了。因此钱钟书缠绵病榻的日子，全靠杨绛一人的悉心照料。丁伟志回忆道："钱先生当时不能进食，只能靠鼻饲，每个菜都是杨先生亲自给他做，菜都做成糊状，鱼要做成粥，一个小刺都不能有，都是杨先生一根一根剔掉的。"② 杨先生独伴青灯，用心灵向彼岸的亲人无声地倾诉着。作为老派知识分子，她的文字含蓄节制，那难以言表的亲情和忧伤弥漫在字里行间，令读者无不动容。生命的意义，不会因为躯体的生灭而有所改变，那安定于无常世事之上的温暖亲情已经把他们仁人永远联结在了一起，家的意义也在先生的书中得到了尽情的阐释。

虽然钱钟书先生在他的《围城》里，一语道破实情，"围在城里的人想逃出来，城外的人想冲进去，对婚姻也罢，职业也罢，（游戏也罢），人生的愿望大都如此"，但是，他自己却不是这样，他、杨绛以及他们的女儿一块，相濡以沫、其乐融融、心甘情愿地生活在家的"围城"里，一点也不想逃出来。

---

① 潘虹：《杨绛：走在人生边上》，2011 年 1 月 31 日，http://qjwb.zjol.com.cn/html/2011－01/31/content_ 701362. htm？ div =－1。

② 同上。

政坛要人篇

引领中国新式婚礼
潮流：蒋介石与
宋美龄的婚礼

1927 年 12 月 1 日，蒋介石与宋美龄在上海举行婚礼。这场婚礼堪称我国 20 世纪最豪华、盛大的婚礼，而且这场婚礼在中国婚礼发展史上，具有显著的代表性和重要意义，它结合了中国传统婚礼和基督教婚礼，把婚礼分两个"半场"举办——上半场"西式（基督教式）婚礼"和下半场"中国新式婚礼"，这体现了当时"中西合璧"的时代精神。① 蒋介石长期追求宋美龄，尽管宋家内部对此有意见分歧，宋家母亲及宋庆龄坚决反对，但是宋霭龄、孔祥熙却为了一己私利而竭力撮合这桩婚事。最后宋家向蒋介石提出以下条件，即蒋必须接受基督教教义，皈依基督教；必须跟原来的妻妾在法律上正式彻底脱离关系；婚后宋美龄以蒋介石私人秘书身份参加外事政治活动。之后蒋介石也全都照办了，于是就有了这场"中西合璧"、"权钱结合"、"政治爱情"的婚礼。婚礼在同一天下午分两场进行：先在宋宅教堂举办基督教式的婚礼。婚礼原定邀请宋家老友、卫理公会教堂牧师江长川主持，但江认为蒋介石不是自由再婚，拒绝主持，乃请中华基督教青年会全国协会总干事余日章主持，而余并非牧师。仪式过后，两人赴戈登路大华饭店出席中式婚礼。礼堂设在大华饭店跳舞厅，四周缀以

---

① 陈明远：《婚纱花冠——新式婚礼的特点》，2008 - 09 - 07 23：58：09，http：//blog. sina. com. cn/s/blog_ 4bbb74a50100akax. html？tj = 1。

鲜花，中间悬挂孙中山遗像，两旁是国旗、党旗，参加婚礼的有1300多人，凭事先发出的请柬入场，请柬编有号码，并盖有宋子文的私章，以防他人混入。出席的有证婚人蔡元培、谭延恺等；外宾有日本总领事矢田、正领事清水、美国总领事克银汉、比利时总领事汪和德、挪威总领事业尔等。宾客由陈希曾、陈立夫等殷勤招待。在他们的新式婚礼上，宋美龄身着白色婚纱、头戴花冠，而蒋介石则身着西式大礼服；婚礼程序简单，但又不失隆重和热闹。蒋宋这场世纪婚礼引领了未来婚礼潮流，使白色婚纱开始风靡全国。

（一）休妻休妾，一心只求美人和权钱

自古以来，在中国乃至世界各地，人们对于婚姻的追求与目的不外乎就是因为传宗接代、爱、权利、金钱、地位以及名誉等。新人在举行婚礼前，对双方的家庭背景、学识素养、性格、收入、情趣爱好等都有基本了解，更重要的是新人相互接受对方的既有条件。换言之，新人应该是相互看重对方的某个（些）优势条件，之后举办婚礼实乃权宜之计。虽说蒋介石对宋美龄的确有爱，但是他的求婚目的显然也有权益考量在内的。

《大公报》创始人之一胡霖对蒋介石向宋美龄求婚的举动做出过精辟的分析："蒋介石再婚是一个深谋远虑的政治行动。他希望做他们的妹夫，以便争取孙中山夫人和宋子文。当时蒋介石也开始想到有必要得到西方的支持。以宋美龄做他的夫人，他便有了同西方人打交道的'嘴巴和耳朵'。另外，他很看重宋子文这个金融专家。不过说蒋介石不爱宋美龄那是不公正的。蒋介石显然认为自己是英雄，在中国历史上，英雄难过美人关。"① 这里无须探究蒋介石追求宋美龄时，对她到底有几分爱、几分功利心理，毕竟已是过往云烟，但是事实就是蒋介石抱得美人归之前，他费尽心机，踏上了一条漫长的求婚之路。

在几千年来的中国传统婚姻中，人们一直遵行的是这样一套礼仪制度，即"纳采、问名、纳吉、纳征、请期、亲迎"的六礼之仪。纳采指的是男方家请媒人去女方家提亲，女方家答应议婚后，男方家备礼前去求婚。问名指的是男方家请媒人去问女方当事人的名字和生辰八字。纳吉指的是男方家卜得吉兆之后，备礼通知女方家，决定缔结婚姻。纳征指的是男方家向女方家送聘礼，又叫纳币。请期指的是男方家选定婚期，备礼告诉女方家，征得同意首肯。亲迎指的是新郎亲自去女方家迎娶新娘。虽然蒋、宋两家在当时位高权重，财力雄厚，联姻的过程漫长，但是两家人还是尽量遵照中国传统的六礼之仪来运作。

因为当时已到民国十几年了，时代已经有了很大变化，人们不一定得靠媒人来穿针引线，可以自己寻找佳人。蒋介石就是亲自去"问名"的，尽管他已有妻妾。他与宋美龄的第一次邂逅是在1922 年 12 月的一个基督教晚会上。晚会由孙中山的舅子宋子文亲自主持，举办地点是上海莫里哀路的孙中山寓所。当时的蒋介石在上海滩是与青帮混在一起，不知用什么办法混进了这场晚会，于是便亲眼看见了宋美龄的美貌和风采。当时宋美龄年方二十有五，正值人生的黄金季节，虽不是貌若天仙，但是气度非凡、举止优雅、谈吐自如、笑容可掬，在晚会上宛如一颗璀璨的星星，把所有人的眼球都吸引到她那里。蒋介石痴痴地看着翩翩起舞的宋美龄，目光随着旋转的她，思绪也在飞转，开始浮想联翩……他想到了孙中山、宋子文、孔祥熙，想到了总体、革命、势力、财

---

① 寿韶峰编：《宋美龄全记录》（上），华文出版社 2011 年版，第 196 页。

力……于是，善于利用和把握时机的蒋介石，觉得这次是天赐良机，就暗自下定决心，追求宋美龄。

时间到了1923年8月，虽然听到过一些关于蒋介石私生活混乱的传言，但是禁不住蒋介石一次又一次的哀求，孙中山夫妇碍于面子，做媒邀请宋美龄到广州一聚，商讨蒋介石求婚的事。当时的宋美龄依稀记得与蒋曾经谋面，但是对蒋没有什么印象，更提不上有感觉，但是同样碍于姐夫的面子，没有当面拒绝，只是推脱说要让母亲做主。这样的答复最好不过了，双方都不伤面子，事情还有回旋的余地。

与此同时，蒋介石也没闲着，他费尽心机、挖空心思，雇了一个报童在大元帅府下卖报纸。当天报纸上刊登了蒋介石与孙中山的合影照片，同时也登载了颂扬蒋介石的文章，称赞他"黄金若粪土，肝胆硬如铁"，在陈炯明叛变、孙中山处于危难时，蒋介石是如何"千里识骏马，危难识忠诚"。① 可想而知，宋美龄看了之后一定会对他有好印象的。事实证明，蒋介石的处心积虑的确起了效，宋美龄开始权衡考虑谁最适合做她的如意郎君，是少帅张学良？不能，他已有妻室。是刘纪文？也不能，他还在美国留学，而且也不大可能成为她心目中所谓的"英雄"。那么，是当时正春风得意、前途无量的蒋介石吗？宋家三小姐这次开始认真考虑这个问题了。

宋美龄该回上海了，临行前特向姐夫表明态度，非"英雄"不嫁，但是可以与蒋介石保持信函联系，加深了解。深知"心急吃不着热豆腐"道理的蒋介石觉得这样也可，那他就竭尽全力当一个宋美龄心目中的"英雄"。是机缘也好，运气也罢，不管怎样，蒋介石花了4年多的时间，就变成了"英雄"。这期间他积极辅助孙中山，在广州创建了中华民国陆军军官学校，即黄埔军校，并由孙中山亲自任命为校长。1924年6月，蒋介石从孙中山大元

---

① 寿韶峰编：《宋美龄全记录》（上），华文出版社2011年版，第159页。

帅副参谋长一跃成为近代中国最著名、最具影响力的一所军事学校的第一任校长，向"英雄"之路迈出了成功的一步。刚完成了对国民党改组的孙中山，决定挥师北伐，顺势完成中国南北统一大业。孙中山几经辗转，到达天津时身体抱恙，到了北京就病情加重，卧床不起，于1925年3月在北京病逝。虽说蒋介石对孙中山的突然离世深感悲伤，失去了一个最坚实的靠背，但这也给了蒋介石一个机会，自任国民革命军总司令，一路向北，讨伐北洋军阀政府，完成孙中山的遗愿，当然也符合国民党各派的利益。北伐战争在各方的共同努力和国共的紧密配合下，捷报频传，很快国民革命军就打到了长江以南，国民政府迁都武汉。但是就在革命形势一片大好时，1926年1月，在武汉汉口租界，外国兵与当地正在举行庆祝活动的中国民众发生了冲突，对于要不要"收回租界，顺应民心"以及是否要团结一致、继续北伐的问题，国民党内部左派和右派的意见观点不和，矛盾日趋尖锐。在宋庆龄的积极斡旋下，与外国人的斗争取得初步胜利，收回了英租界。但是蒋介石欲想在党内搞分裂，控制武汉国民政府，试图迁都南昌，实行独裁统治，这当然遭到了左派的激烈反对。蒋介石开始动作了，1927年4月12日，在上海发动了"四·一二"反革命政变；接着在4月15日，以蒋介石为首的国民党执监委员谈话会通过取消武汉国民政府，在南京建立国民政府，成立南京国民党中央政治委员会和军事委员会；16日的联席会议通过蒋介石担任军事委员会主席。蒋介石野心勃勃，但是无论是资历还是财力均感不足，欲想通过与宋家的婚约而接通江浙财团，并遥控其已成羽翼的黄埔系，从而可以手握军、财两权。由于国民党"宁汉"两政府之间以及南京国民政府内部的斗争，1927年8月蒋介石被迫不得已"下野"，辞去国民革命军总司令一职。当然，蒋介石绝对不是等闲之辈，即使"下野"了仍然还是积极拉拢宋家人，说服宋子文和孔祥熙为国民革命政府效力，宋霭龄积极在撮合，因为精明过人的宋家大姐看到了联姻的好处，而且坚信蒋介石会复出。

不仅如此，她还成功说服小妹宋美龄答应嫁给蒋介石，因为蒋介石还是"总理的继承人"，如果可能，宋美龄就可以像二姐一样成为"第一夫人"。

其实，另有一件事最后让宋美龄答应了蒋介石的求婚，那就是下野时的蒋介石给宋美龄写了一封情书，内容如下："余今无意政治活动，唯念生平倾慕之人，厥惟女士。前在粤时，曾使人向令兄姐处示意均未得要领，当时或因政治关系。顾余今退而为山野之人矣，举世所弃，万念灰绝，曩日之百对半疆，叱咤自喜，迄今思之，所谓功业宛如幻梦。独对女士才华容德，恋恋终不能忘，但不知此举世所弃之下野武人，女士视之，谓如何耳？"① 后来情书被教会的一份报纸《益世报》公开后，广为流传，也许是信中的某句话打动了她，也许是下野武人角色的蒋介石激起了她的怜爱之情，同时整个社会都在关注蒋向她求婚这件事让她的虚荣心得到了满足，这样的"英雄"不嫁的话，更待何时？

当初宋美龄答应蒋介石的求婚时，向蒋介石提出了三个条件，其中之一就是处理旧妻妾，成为"合格"的求婚者。因此蒋介石为了具有合格的求婚资格，必须把原有的妻、妾处理干净。对于他的正室毛福海，因为是旧时的包办婚姻，双方没什么感情，再加上毛福海年龄长蒋介石 5 岁，没文化、缠足，是十足的家庭妇女。但是毛氏为人宽厚，生性温顺，再加之恪守妇道，孝敬公婆，操持家务，还为蒋介石生了儿子蒋经国，因此蒋介石还是忍到母亲去世后，向毛氏提出离婚。虽然离婚之路不顺利，但是最终他们还是在 1921 年协议离婚了。接下来该处理两个妾了。因为与第一个妾姚冶诚没有什么契约，只是同居关系，因此处理起来较容易。但是，处理当时还在他身边的陈洁如着实让蒋介石动了一番脑筋，费些神力。说陈洁如是蒋介石的妾，那是冤枉陈洁如了。1921 年时，蒋介石与陈洁如在上海是订了婚的，而且证婚人是与蒋介石一起在上海滩闯荡的

---

① 寿韶峰编：《宋美龄全记录》（上），华文出版社 2011 年版，第 210 页。

张静江和戴季陶。宋霭龄答应从中撮合后，蒋介石就对陈洁如"晓之以理，动之以情"，说他与宋家联姻是如何重要，甚至关乎到国民政府的命运和未来，因此希望陈洁如能够高姿态、识大局，从中退出。当然蒋介石也耍了伎俩，给陈洁如打了个长把伞，许诺说他完成了一统大业、地位稳固之后就立马恢复与她的关系。事已至此，见事情已无法挽回，陈洁如也只好从命了，到美国留学。蒋介石着实大费周章，不仅让杜月笙亲自陪同陈一同前往，而且还很慷慨地给了陈洁如 10 万元作为旅费。陈洁如的命运可想而知，即使是蒋介石完成了一统江山的大业，当上国民党的"领袖"之后，蒋都没有兑现他曾许下的诺言，陈洁如最后孤老终身。蒋介石为了消除社会上的流言蜚语，也想向宋家表明已是一名合格的求婚者，特刊登启事："各同志对于中正家事，多有来函质疑者，因未及遍复，特此奉告如下——民国十年，原配毛氏与中正正式离婚。其他两氏，本无婚约，现已与中正脱离关系。现除家有二子外，并无妻女。惟传闻失实，易滋淆或，特此奉复。"[1]

（二）东渡日本，只为得到宋夫人首肯

就蒋介石向三小姐求婚之事，据说宋家曾为此召开家庭会议，讨论宋美龄该不该嫁给蒋总司令的问题。宋母倪桂珍不赞成这桩婚事，理由是蒋介石不是基督徒，而且还结过婚，有正室和几个偏房。宋家另外还有两个人反对，一个人是宋庆龄，她认为蒋是

---

① 寿韶峰编：《宋美龄全记录》（上），华文出版社 2011 年版，第 207 页。

有妻室之人；另外一个人是宋子文，宋美龄的哥哥，他当时身居
国民政府高位，国民党的财政大权就掌握在他的股掌之中，之前
与蒋介石时有过分歧和摩擦，因此他们两人并不看好蒋介石。不
过，宋家也有支持的人，宋霭龄、孔祥熙夫妇却很看好这门亲事，
表现得很积极，竭力说服和撮合这门婚事，因为她和孔祥熙坚信
蒋介石有着不可限量的前途。当蒋介石向宋美龄求婚时，大姐宋
霭龄又表现出了超凡的预知力，极力赞成这桩婚姻，她说："蒋先
生十有八九会成为未来的国家领袖，与之联姻，对我们家族大有
益处。我们可以借助蒋先生，加强孔宋两大家族在未来政治舞台
上的地位和影响力！如此美事，怎么能够拒绝呢！"[①] 1927 年 9 月，
宋美龄已私下答应了蒋介石的求婚，认为"人生以定婚为一大乐
事"。不过，这只是两人私订终身，宋家还没有答应。

　　这时宋家长女又一次出谋划策、倾力相助，只要她出面，没有
办不成的事。这边，宋霭龄果断行事，在寓所开了个小型记者招
待会，正式向媒体宣布蒋介石即将与其妹结为伉俪。国内各大报
纸也争先恐后登载了"蒋总司令与孙夫人妹妹即将结婚"的消息。
事实证明这一招果然灵验。宋老夫人因种种理由反对这门婚事，
认为两家门不当户不对、不同教派、已有家室……她甚至都不愿
意谈论这件事，于是借口时局混乱，避开蒋介石，远远躲到了日
本去。实际上宋霭龄是吃准了宋母的，对于已在媒体发布的事实，
倪桂珍断然不会否认、拒绝，最后最多会向蒋提出一些条件罢了。
因此为了表明诚意，为了恳求宋家答应这门婚事，同年 9 月蒋介石
东渡日本，有两个目的，一是鼓动中日亲善，想让日本人抛弃张
作霖，转而支持他，帮助完成统一中国；二是去探望拜见宋美龄
的母亲倪桂珍。宋母前脚才到日本，蒋后脚就跟着到了。蒋介石
对宋母紧追不舍，跑遍了日本东西海岸，最后在镰仓的一家旅馆
见面了。为了博取宋老夫人的欢心，给她留下好印象，蒋介石特

---

①　寿韶峰编：《宋美龄全记录》（上），华文出版社 2011 年版，第 199 页。

意从头到脚收拾打扮了一番，看上去神采奕奕、精明干练。此外，在宋霭龄示意下，蒋还提了一盒很对宋母胃口的点心去探望，一天中连连拜见宋母3次。宋母见这个中国政坛上叱咤风云的人物对自己非常恭谨，对自己的三女儿那么痴情、执着，何况婚事已是木已成舟，最后也只能提些要求罢了。对于宋母要他成为基督徒的问题，蒋介石机灵地答道："我愿意试一试，我先得认真研读一下《圣经》，弄清楚基督教的教义内容，如果我未经研读就冒冒失失地答应老夫人，恐怕老夫人也不会相信我的。"① 宋母听后，觉得他还算坦诚，便答应了这门婚事。至此，蒋介石虽然还没接受洗礼，但是也算完成了漫漫求婚路上的第二步，算是勉强达到了宋美龄当初提出的三个条件之一。蒋后来在日记中写道，宋母当时心情甚为愉快，欣然同意了婚事。由此可以看出蒋介石完成了六礼之仪的第一步，也是必须的、最重要的一步"纳采"；不仅如此，为了表示他对婚事的态度，不是派媒人去"纳采"，而是他本人亲自远赴东洋日本，专门去征询宋家长辈宋倪太夫人的意见，这足以表明了蒋介石的真心和诚恳。

对于"问名"这个礼仪，很显然，于蒋、宋的婚礼来说就不必要了。"纳吉"这个礼仪，蒋介石就做到了，而且是比传统的还要"有过之而无不及"。因为他们婚姻的缔结不仅是两家人的事，而且是蒋、宋两大家族的事，更是整个民国的事。为了给宋家三小姐一个风光正当的婚礼做准备，蒋介石利用赴日本，趁向宋母面见求婚之际，分别于1927年9月28、29、30日，在上海《申报》，连续三天刊登了题为"蒋中正启示"的单身申明，称："毛氏发妻，早经仳离；姚陈二妾，本无契约。"② 11月26日，蒋介石在上海各报上刊登了他与宋美龄的结婚启事，说："中正奔走革命，频年戎马驱驰，未退家室之私……兹定于十二月一日，在上

① 寿韶峰编：《宋美龄全记录》（上），华文出版社2011年版，第218页。

② 凡歌：《宋美龄：世纪婚礼背后的政治与爱情》，2011年6月22日08：57，http://history. people. com. cn/GB/205396/14966788. html。

海与宋女士结婚，爱拟撙节婚礼费用，宴请朋友筹资，发起废兵院……欲为中正与宋女士结婚留一纪念。"① 不仅如此，在蒋、宋结婚的前一天，即 11 月 30 日，蒋介石还在《大公报》上刊登了一则启事，写道："今日得以与最敬爱的美龄结婚，为有生以来最光荣愉快之一日，余奔走革命以来，常于积极中忽萌退志，前辈常询何日始可安心工作，当时未答，今日圆满答复，即确信自今日结婚后，革命工作必有进步，即从此可安心为革命尽责任。余深信人生若无美满婚姻，一切皆无意味，故革命当从家庭始，今日结婚实为建筑我二人革命事业基础。"② 由此，蒋介石与宋美龄的婚礼得以昭告天下，可以说没有什么能比在《大公报》《申报》这样的主流报纸上刊登结婚启示更为正式和有效的了，当然，这也绝非普通人能够做到的。

至于"纳征"，或"纳币"这一礼仪，没有资料证据可查，但是，按照一般的逻辑思维判断，蒋介石应该是做到了；后面的"请期"，即定下日期，征求女方家同意，这一点蒋介石也应该做到了，否则这场婚礼就无从谈起；最后的"亲迎"之礼仪在蒋、宋的婚礼上应该用不到，因为他们的上半场婚礼是在上海昆山路景林堂举行的，是西式婚礼，礼毕之后，两人乘车前往在外滩的大华饭店，在那里要举办下半场的中式新式婚礼。

（三） 西式婚礼，引领中国 婚礼风向标

19 世纪末 20 世纪初，随着人类文明的发展以及世界各地文化

---

① 寿韶峰编：《宋美龄全记录》（上），华文出版社 2011 年版，第 219 页。

② 同上。

的相互渗透和交融，中国的传统文化也随之有了发展变化，在西方婚仪的影响下，一些追求时尚的国人开始采用中西礼法，既吸取西式婚仪隆重、热烈、简便的优点，又抛弃其在教堂举行等宗教习俗，创造了一套中国式的"文明结婚"仪式。这种新式婚仪，改变了旧式婚礼的许多陋习，带来了不少方便，从而逐步为民众所接受、欢迎，绵延至今。蒋、宋的婚礼就是当时既保守中国婚礼文化，同时又吸收西式婚礼文化，东西文化兼收并蓄的一个典型例子：婚礼既按中国传统习俗的要求和步骤，完成了整个中式婚礼仪式，又用西式的基督教模式，举办了新式婚礼，从而完成了整套蒋、宋联姻的过程仪式。蒋、宋的这场婚礼，在当时不仅标新立异、独出心裁，更可谓花费浩繁、震惊中外，堪称20世纪上半叶最"显赫、豪华"的婚礼。

新式婚礼在清末已开始出现。徐珂的《清稗类钞》记载了当时"文明结婚"的情况："迎亲之礼，晚近不用者多。光、宣之交，盛行文明结婚，倡于都会商埠，内地亦渐行之。礼堂所备证书，由证婚人宣读，介绍人、证婚人、男女宾代表皆有颂词，亦有由主婚人宣读训词，来宾唱文明结婚歌者。"① 这种新式的文明结婚，不仅大大简化了结婚礼仪，而且尊重了男女双方的意愿。

清末民初，随着西方文化生活方式的传入，起初推行的"文明结婚"已蔚然成风。西式婚礼简单而隆重的特点逐渐得到了社会各界的欢迎，其相关报道也日益增多。当时比较出名的一场新式婚礼当属天津塘沽张小田与北京慕贞女子书院的贾玉莲，他们在教堂由牧师主持举行了"文明"婚礼。1907年10月13日，有报载"中西往贺者甚众。鲍太太按琴，男女学生唱诗，一时颇形热闹。礼毕，新夫妇乘双马车往北门外蓝家胡同张君本宅，并有成

---

① 邵先崇：《百年来的婚礼变革》，《中国文化报数字报》2010年11月16日，http://epaper.ccdy.cn/html/2010-11/16/content_35618.html。

美学馆袁牧师夫妇及路矿等局诸友，均乘马车送新夫妇回家"。[①]
到民国初期时，婚纱花冠首次在我国亮相。[②] 留学归来的一代新
人，尤其是信教的，选择在礼堂或教堂举办婚礼；不信教的，也照
样学样，新娘披婚纱，戴花冠，白色手套，手捧红玫瑰；新郎打领
结，穿西装礼服；代替花轿的是缀满鲜花的小汽车，新人由亲朋
好友簇拥着，多气派！信教的步入教堂，双方在牧师（基督教）
或神父（天主教、东正教）主持下，一一宣读誓词，交换戒指
（西方式的接吻往往改为鞠躬）。而代替旧式婚礼中"喜娘"的是
婚礼司仪、男女傧相。文明结婚者的男女双方，不会去算命馆合
婚，也不必要什么龙凤帖，而是到婚丧用品服务社买两张印好的
结婚证书，填上新郎新妇的姓名、年龄、籍贯，在举行婚礼时，由
证婚人、介绍人和男、女双方主婚人用印，就算礼成。当时，社会
上有专门租赁文明结婚用品的商店。经营范围包括文明结婚用的
花马车、花汽车、乐队，以及礼堂里的陈设、新郎新妇穿的礼服、
花篮、手花、胸花，甚至印好的结婚典礼的仪式单。婚礼证婚人是
男女双方共同邀请的，一般是有一定社会地位、在群众中有威望
的长者；主婚人则是新人双方的家长。结婚典礼可以在家里举行，
也可以在饭店里举行。事前由双方家长出帖，邀请亲友前来参加
婚礼。

　　蒋、宋联姻，举行婚礼时已到了民国16年，新式婚礼已悄然
开始，并有蔓延盛行之趋势。他们的婚礼确实已打上了"新式婚
礼"的烙印，具体来说是按中国传统礼数、礼仪而举办的婚礼，
注入了新式婚礼的诸多元素。蒋介石当时虽然还不是民国大总统，
但是身居高位，又曾是孙中山先生的秘书，这样一个举足轻重的
人物在面对他欲娶为其妻的，有权有势的宋家三小姐宋美龄时，
也不得不遵守中国传统的婚俗礼仪，按照传统的流程形式来举办

　　① 陈明远：《婚纱花冠——新式婚礼的特点》，2008－09－07 23：58：09，http：//
blog. sina. com. cn/s/blog_ 4bbb74a50100akax. html？tj＝1。

　　② 同上。

婚礼。虽然没有完全恪守六礼之仪，蒋介石还是尽力了，而且有些方面还略有创新，当然是借助他的权利和影响来做的。

虽然民国初期的文明结婚仪式已具雏形，但当时传统的旧式婚礼仍占上风，因此文明结婚的婚礼从形式到内容都不免新旧混杂，不伦不类，不甚规范。南京国民政府相关委员会以及大学院时任院长蔡元培、内政部长薛笃弼，以各地行礼自为风气，或仍沿前清旧习，或滥用缛节繁文、新旧庞杂、漫无标准为由，将所拟现行婚礼草案会呈国民政府，请核定颁布。该《婚礼草案》的中心是：矫正奢侈，消弭诈伪，破除迷信，提倡质朴，并酌情采纳旧的礼仪制度中的可用部分。① 《婚礼草案》无疑是将旧式婚礼与新式婚礼杂糅之后制定的，基本上是以旧式婚礼的程序为基础，革除了旧式婚礼的繁琐，吸收了新式婚礼的俭朴和热闹。而在结婚仪式上，则基本采用了新式婚礼的程序。它是当时新旧婚俗调和的产物，既是一种改良，也是一种变通。蒋介石、宋美龄的新式婚礼对于蔡元培推行的《婚礼草案》是一个最好的宣传，甚至可以充当新式婚礼的榜样。之后，在 1928 年，这一草案得以通过并颁布，蒋介石、宋美龄在上海举行的婚礼，使白色婚纱真正开始风靡全国，新娘身穿白色婚纱，新郎身着西式大礼服，这是新式婚礼的基本要求，而在民国初期，大礼服和白色婚纱虽已传入中国，但采用的情况不是很多，并不普遍。

蒋、宋的新式婚礼由蔡元培亲自主持证婚，这也显示了这场婚礼具有划时代的重要意义，因为民国政府的《婚礼草案》正是由蔡元培先生亲自主持制定的。制定这个新的婚礼草案的原因在于民国时期，中国传统的旧式婚俗和西方的新式婚俗已渐渐走进人们的生活中，对于这两种不同的婚姻观念，人们有点无所适从。传统的婚礼中，新人身着红装、拜天地、拜父母以及拜祖先的旧式礼仪制度，往往让人联想到不自由的婚姻和家族主义；但是如

---

① 陈明远：《婚纱花冠——新式婚礼的特点》，2008 – 09 – 07 23：58：09，http：//blog. sina. com. cn/s/blog_ 4bbb74a50100akax. html？tj = 1。

果新人身穿西服、白色婚纱、用印、致辞的新式婚礼，这能较多地体现自由婚姻、法律婚姻的色彩意义。事实上，在新旧婚制发生冲突的同时，新旧婚礼的冲突也时有发生。当时的报刊记载，新式婚俗的变化和与旧的婚姻制度的冲突主要发生在上海、北京、广州等接受西方文化较多的城市，农村及偏僻城镇的婚俗尚无明显变化。

当初宋家答应蒋介石的求婚，条件之一就是要他皈依基督教，蒋介石出于权宜之计，答应了，但是还没有受洗，就与宋美龄举行了基督教婚礼。西式基督教婚礼是蒋宋婚礼的第一个部分，虽然婚礼是在1927年12月1日下午3时开始的，但是当日清晨，当穆尔教堂沉闷的大钟撞响的时候，宋家的亲戚好友已经聚集到了西摩路的宋公馆，他们分别是宋霭龄、孔祥熙、宋子文、宋子良、宋子安等51名基督教徒和至亲好友，其中没有前国母宋庆龄。当教堂钟声再次响起的时候，婚礼正式开始。西式婚礼的证婚人为余日章，介绍人为谭延恺、何香凝、王正廷、李德全，主婚人为蒋锡侯夫妇、孔祥熙夫妇。外宾有美国驻上海总领事克银汉夫妇、美国审判长普台及英军总司令邓坎等。蒋介石由刘纪文陪同先进入礼堂，随后宋美龄挽着宋子文的手臂，在女傧相郭宝珠等人牵导下，缓缓步入礼堂。基督教圣乐回荡在教堂，一位男高音高声唱着圣歌。人们聚集在耶稣的像前，一对新人——蒋介石和宋美龄站在最前排。第二排是宋氏家族的人，其次是宋氏家族的亲朋。宋老夫人今天显得格外硬朗，虽然头发已经花白，但身体很好，神采奕奕，她对今天的一切安排都很满意。可以说对第三个女儿的婚礼，她是比较满意的，因为前两个女儿的婚礼都是在日本举行的。当时她闭目祈祷几句后，主持婚礼的牧师从后门步入教堂，这是南方卫理公会及阿伦纪念教堂的余日章牧师。此人是基督教青年会的总干事，办事干练，在社会上很活跃，在江浙一带是小有名气的。在余日章牧师的主持下，婚礼进行得颇为顺利。这第一次婚礼并不热闹，充满了宗教气息，既庄严肃穆，又显得有几分沉闷寂寥。

　　婚礼第一项是主婚人余日章致新婚贺词，随后，新郎新娘先后朗诵誓文，并宣读誓词说："我蒋中正情愿遵从上帝的意旨，娶你宋美龄为妻。从今以后，无论安乐、患难、康健、疾病，一切与你相共，我必尽心竭力地爱敬你、保护你，终生不渝。上帝实临鉴之，这是我诚诚实实地应许你的，如今特将此戒指授予你，以坚此盟。"① 接着宋美龄宣读誓词说："我宋美龄情愿遵守上帝的意旨，嫁你蒋中正，从你为夫。从今以后，无论安乐、患难、康健、疾病，一切与你相共，我必尽心竭力爱敬你、保护你，终生不渝。上帝实临鉴之。这是诚诚实实应许你的。如今特将此戒指授予你，以坚此盟。"② 接下来双方交换戒指。新郎郑重地把戒指套在新娘手指上，随后低头在新娘面颊上轻轻一吻，宋美龄含情脉脉地望着新郎，报以微笑。最后，由主婚人余日章宣读祷文和祝福词。祝福完毕，新郎新娘向余日章鞠躬致谢。基督教仪式的婚礼正式结束。

（四）中式婚礼，阵容豪华
　　　　铺张又显赫

　　下午 3 时举行的西式婚礼礼毕后，4 时许，蒋介石、宋美龄乘坐七三九二号花车来到大华饭店，先在花园洋房内休息。之前，为了这场盛大的婚礼，饭店特此花费心血，不惜重金，把新式婚礼现场装饰一新，只见大厅内装饰豪华的天花板上，吊着金黄流

---

　　①　寿韶峰编：《宋美龄全记录》（上），华文出版社 2011 年版，第 222 页。
　　②　同上。

苏的五彩宫灯，宫灯四周又有小彩灯相配，犹如众星捧月一般。辉煌的大厅布置得光彩夺目，饭店特地请刘易斯育婴堂用彩带和白色鲜花编成了巨大的婚礼之钟。在临时搭起的台子上悬有一幅孙中山先生的大幅画像，画像两边是国民党党旗和国旗——青天白日旗和青天白日满地红旗。台上摆着白色鲜花，一个大红"喜"字占了显赫的位置，中间悬挂"福""寿"两字。① 婚礼由白俄管弦乐队奏乐。婚礼举行之前，蒋介石和宋美龄先摆好姿势，照相留念。之后，结婚仪式开始，4 时 15 分，乐队奏起了门德尔松的《结婚进行曲》，蒋介石身穿欧式大礼服，胸悬彩花，在男傧相刘纪文、孔祥熙等首席秘书的陪同下出场，舞厅里气氛顿时热闹起来。只见蒋中正身着燕尾服，打着领带，下身穿着条纹裤子、鞋罩等，在柔和的灯光下，个子显得细长挺拔。他面带微笑，向来宾挥手致意。五分钟后，宋美龄挽着哥哥宋子文的手臂缓缓走出，她身着银白色长裙礼袍，身披白色乔其纱，披纱用一小枝橙黄色的花别着，轻轻地斜披在身上，显得高贵迷人。用银丝饰边的白色软缎拖裙长长地拖在身后，宛如一只出水的白天鹅。她的一头青丝藏在白色挑花的面纱下，面纱一直垂到肩上。头戴一个由橙黄色花蕾编成的小花冠。她手里捧着用银白色缎带系着的，由淡红色麝香石竹花和棕榈叶子组成的大花束。②

　　当时共有郭、王、孔、倪四位小姐作为女傧相伴着宋美龄。前面的两人穿的是桃红色软缎衣，上面镶着钻石和桃红色珠子。衣服袖子长仅至肘部，宽大的袖口也用桃红色乔其纱饰边。年纪稍小的另外两个女傧相也穿着同样的衣服，紧随其后有两个撒花的小姐，她们身穿撑开来的红色塔夫绸缎衣裙，手持装满花瓣的小花篮。10 岁的孔二小姐珍妮和少爷孔路易随在身后司纱，他们穿黑色丝绒衣和缎子马夹。

　　这场中式的新式婚礼由邵力子担任司仪。当新娘款款走到新郎

---

① 寿韶峰编：《宋美龄全记录》（上），华文出版社 2011 年版，第 223 页。

② 同上书，第 225—226 页。

身边停下后，镁光灯唰唰闪烁着，摄像机也频频转动着，拍完照后，全体人员首先向孙中山遗像三鞠躬，然后向党旗、国旗鞠躬，之后向宋老夫人鞠躬，向证婚人鞠躬，向来宾鞠躬，夫妻对拜鞠躬，完毕后，由蔡元培宣读证婚书。在宣读结婚证书内容之后，接着由证婚人、主婚人、结婚人依次用章，新郎新娘在结婚证书上盖章。结婚证书一式两份，接受证书后的新郎新娘向蔡元培躬身施礼，向来宾施礼。之后，蔡元培一声"向新郎、新娘献花！"之后，只见两个头扎红头绳，手捧鲜花的小女孩，跑上台去献花。[①]婚礼在乐曲声中宣告完成。婚礼后的舞会持续到晚 7 时，接着是盛大的宴会，款待到场庆贺的 1000 多名来宾，并举杯同庆。直到午夜 12 时，蔡元培才宣告婚宴结束。在暴风雨般的掌声中，新郎新娘快步穿过走廊，来到由鲜花组成的大花钟下面，这时成千上万朵玫瑰花瓣从花钟里落下来，撒在一对新人身上。[②]婚礼的第二部分，由青帮首领杜月笙负责维持秩序，1300 多位各界名流以及美、英、日、挪威、法等 16 国领事出席婚礼。

当天，蒋介石发表文章《我们的今日》，称他们的婚姻是"神圣的结合"。随《我们的今日》一同见报的，是蒋介石与宋美龄两人的一张新婚照。蒋、宋联姻的这场婚礼堪称时代潮流的风向标，照片上的宋美龄身着白色婚纱，风姿绰约，光彩照人，令无数青年女子仰慕不已。此后，白色婚纱在上海滩广泛流行起来。再者，这两个人都是特别引人注目的两个人，他们的影响力在当时是巨大的、无与伦比的，一般说来一掷千金的巨富，或是皇室贵族的人结婚才被称为"世纪婚礼"。人们对近百年前第一家庭的评价多样化，有人认为他们只是权与钱的结合，漂亮的三姊妹及其赫赫有名的兄弟因此而构成了当时的宋家王朝。有人认为蒋宋联姻代表着中式传统文化理念与西方融合的象征与典范，在宋氏一族的说服和影响下，让信仰佛教、儒教的蒋介石转而信仰基督教，蒋

---

① 寿韶峰编：《宋美龄全记录》（上），华文出版社 2011 年版，第 226 页。

② 同上。

介石最终还是兑现了他的承诺，当初蒋介石为了把宋美龄娶进家，答应了宋母的条件，一定要做祷告，并且去研读基督教《圣经》的内容和教义，但是直到1930年蒋介石才皈依基督教。至此蒋介石终于履行完成了他当初答应宋美龄的第一个条件。有记载称，最终促成蒋转信基督教的因素相当偶然。蒋在中原大战中曾被困于开封附近，四面都被包围。在全然失望之境，蒋介石跪求上帝解救，并决心在得救后立即信仰基督为主。之后居然天降大雪，同时援军也自南京赶到，侥幸脱险的蒋介石认为自己的祷告起了作用，于是转而接受洗礼。也有人认为他们有着真正的爱情。无论是任何观点看法，都一致承认在他们长达半个世纪的婚姻中，他们彼此的结合都改变着对方，甚至影响着中国的改变。

蒋介石当天在报端发表了《我们的今日》一文，表明了他的意图，从中也可以看出这桩婚姻的政治因素，他说："余今日得与余最敬最爱之宋美龄女士结婚，实为余有生以来最光荣之一日，自亦为余有生以来最愉快之一日。余奔走革命以来，常于积极进行之中，忽萌消极退隐之念，昔日前辈领袖常问余，汝何日始能专心致志于革命，其他厚爱余之同志，亦常讨论如何而能使介石安心尽革命之责任。凡此疑问本易解答，唯当时不能明言，至今日乃有圆满之答案。余确信余自今日与宋女士结婚以后，余之革命工作必有进步，余能安心尽革命之责任，即自今日始也。"①

这场空前盛大的婚礼最后礼成了。当婚礼主持人蔡元培先生登上礼台、站在孙中山遗像前时，现场气氛达到了高潮。多家主流报纸做了报道，由此可以看出蒋宋联姻是权与钱的黄金组合。《纽约时报》第二天就在头版头条位置报道了婚礼的盛况，《上海时报》也对此做了报道："这是中国人一个显赫的结婚典礼。这场婚姻使得南京军队过去最强有力的领导人和新娘的哥哥——宋子文的家庭以及国民党创始人——已故孙中山博士的家庭联结成一体。"②

---

① 寿韶峰编：《宋美龄全记录》（上），华文出版社2011年版，第219页。
② 同上。

蒋宋联姻婚礼的第二天，美国《纽约时报》就在头版头条刊登了婚礼的盛况："这是近年来的一次辉煌盛举，也是中国人的一个显赫的结婚典礼……国民党将在星期六召开全体会议。"该报还说："如果会议开得圆满，蒋将再次成为中国的实权人物。"① 这场婚礼不仅是一次政治亮相和信号，向全中国和全世界宣告，从今往后，中国最有权势的蒋介石和中国最有财富的宋氏家族的政治联姻，而且还宣告今后的中国将在蒋宋的携手统治之下，中国即将进入"蒋宋王朝"的统治期。用蒋介石的话说就是："我们的结婚，可以给中国旧社会以影响，同时又给新社会以贡献。"②

借助这样隆重豪华甚至铺张的婚礼，蒋介石意在扩大影响，引起国内外的注意，等于宣布自己即将复出。③ 而对于宋美龄来说，在一个混乱而复杂的时世中，一个接受了美国贵族式教育的现代女性，选择嫁给这位她心目中的"英雄"，然后借助蒋介石的权力和影响，实现自己的抱负和志向。宋美龄后来讲到自己面对政治生活时的态度，以中国旧式绘画来比喻：每幅画只有一个主要题材，譬如花卉画轴，其中只有一朵花是主体，其余不过是衬托辅助而已。由此看来，宋美龄是非常清楚自己的作用和地位的，简而言之，那就是做好贤内助；同时还要完成自己肩负的使命，那就是改造社会，改变蒋介石的宗教信仰。虽然蒋介石受洗成为基督徒有很明显的"实用主义"因素，使蒋介石的宗教信仰与民间的求神拜佛没有多大差别，尽管如此，宋美龄强迫他接受的宗教信仰还是让美国人对他产生了某种程度的亲切感，而这种潜移默化的熏陶也使蒋在某些方面确实有所改进。

关于蒋宋联姻，一般认为蒋介石是为联合美国而结婚。事实的确如此，蒋介石一旦与宋美龄结婚，就表明蒋介石已得到了宋氏家族的认可，成为宋氏家族的一员，蒋介石也就得到了国际社会

---

① 寿韶峰编：《宋美龄全记录》（上），华文出版社2011年版，第228页。

② 同上。

③ 同上书，第231页。

的认可，美国就感到满意了。这场联姻可谓珠联璧合，堪称完美，通过联姻，他们就此可以相互依赖，共同完成各种的"大业"。

至此，蒋介石当初答应宋美龄提出的三个"结婚条件"，现在只剩下一个了，即婚后宋美龄"不担任政府公职，只担任蒋介石的私人秘书，对外从事政治活动"。① 在以后他们数十年的婚姻生活中，无论是蒋还是宋，都基本做到了。从蒋方面来说，的确是没有让宋美龄担任任何公职，但是竭力让宋陪伴在侧，在公共场合抛头露面，出席各种仪式，参加各种活动。私底下，蒋也时常与宋共同探讨国内国际问题，听取宋美龄的意见。宋美龄似乎也很喜欢私人秘书这个角色。1933年盛夏，宋美龄到庐山避暑，有个传教士向她建言说，南京政府如欲获得外国政府的支持和贷款，就应该使外国政府和旅外华人对蒋介石政权留下好印象。当时美国正在推行新政，因此中国应该也有改造社会福利方面的"新政"。宋美龄一点就通，之后将此转述给蒋介石，说"新生活运动"是要改造全民的生活，而妇女是家庭的中心，宋美龄大力鼓吹妇女为改造家庭生活的原动力，她向全国女性呼吁说，知识较高的妇女，应当去指导她们的邻舍，如何管教儿女、如何处理家务，并教导四周的妇女读书识字。宋美龄在推行"新生活运动"，简称"新运"。运动开展初期，除了以"整齐、清洁"两项中心工作以外，还开展识字、体育、守时、节约、禁烟、禁赌、服用国货、造林、放足、举行集体婚礼等30多项活动，这些健康、文明的社会活动在提高公民素质方面无疑有着积极的作用。宋美龄可谓是全力以赴地投入到当中，她不仅要开会、撰文、宣传、演讲、督导，还要接受国内外媒体访问，忙得应接不暇，不可开交，满足了她的责任感和成就感，这就是她所谓的"对外从事政治活动"之一。尽管宋美龄把推广"新生活运动"当作自己的政治事业来看待，试图使国人在生活习惯和精神上"洗心革面""脱胎换骨""焕然一

---

① 寿韶峰编：《宋美龄全记录》（上），华文出版社2011年版，第202页。

新"，不要让西方人"看不起我们"。最初，这一运动曾对国民生活的改变起了推动作用，但随着形式化、官僚化、表面化，这项运动并没有在实际上促进社会变化，也无法根治基本社会问题，最终在15年后无果而终，不了了之。

宋美龄所谓"对外从事政治活动"的第二个含义就是以"第一夫人"的身份参与国际事务。对于宋美龄来说，幸福绝不仅仅是嫁给了一个有权有势，能够呼风唤雨的丈夫，更重要的是，她有自己的事业要做，"第一夫人"的头衔对于宋美龄来说，不仅很好听，而且还能帮助她参与到中国与世界各国的活动和关系中。宋美龄的各种背景，即在美国接受的西方高等教育、基督徒，以及她的家族、第一夫人的身份等，在她出访美国时，打动了美国政府及其人民，而且在中国的政治传统上，也打破了尚无"第一夫人"柔性外交的先例。当美国《时代周刊》的发行人卢斯在说服蒋介石让宋美龄出访美国时，说美龄访美的作用将会是巨大的，可抵得上40个师的作用和威力，当时蒋介石听了后还半信半疑。但在宋美龄出访一年后，美国前后派来空军飞机超过530架次来援助中国的抗日战争；通过"驼峰航线"飞行对运送的美援物资达10000吨之多。[①] 1943年宋美龄访美回国后，甚至连《新华日报》都做出如此评论，称宋美龄为国家为民族赢得了无限的光荣盛誉，使中国抗战为世界和平和民主而奋斗的光辉战绩在国际之间更加显著，中国国际地位因此高扬，外援因此广泛地开展，直接有助于中国的抗战，有助于中国与盟邦的相互了解。

宋美龄从30岁时就跟随蒋介石步入了中国的权力中心，在蒋氏执政中国的22年中，以其特殊的交际才干、身体力行的风格，不仅参与社会运动宣传演说，而且深入到基层，深入到战争火线，即便有作秀的痕迹，但仍开启了一个极其鲜明的现代女性的参政模式。

---

① 寿韶峰编：《宋美龄全记录》（中），华文出版社2011年版，第717页。

1940年4月，宋氏三姐妹难得在香港团聚，之后三人一起飞赴重庆，在重庆，美国的NBC广播特地为三姐妹安排了一场广播演说，三姐妹向全中国以及美国民众宣传中国抗战；1942年跟随蒋介石出访印度，会见了"圣雄"甘地；1943年受美国国会邀请，发表演讲，成为在美国国会发表演说的第一个中国人；1943年赴加拿大，在加拿大国会大厦发表演讲，成为在加拿大国会大厦发表演说的第一位外国女性；同年11月陪蒋介石参加开罗会议；1947年再次飞往华盛顿寻求援助，但是这次第一夫人的"柔性外交"没有取得成果，因为杜鲁门总统说"美国不能保证无限地支持一个无法支持的中国（政府）"。[①] 1950年3月1日，蒋介石在台湾正式宣布恢复"中华民国总统"职务后，宋美龄又一次当起了这个小朝廷的"第一夫人"，直到蒋介石1975年4月病逝。

---

① 寿韶峰编：《宋美龄全记录》（上），华文出版社2011年版，第12页。

同性相恋：冰岛女总理约翰娜·西于尔扎多蒂与女友乔尼娜·莱奥斯多提尔的婚礼

西于尔扎多蒂曾经于 1970 年结过一次婚，育有两个儿子。第一次婚姻结束后，和莱奥斯多提尔坠入情网。莱奥斯多提尔此前也结过一次婚，育有一个儿子。西于尔扎多蒂与伴侣莱奥斯多提尔长期生活在一起。然而，两人十分注意保护隐私，很少在公众场合一起露面，媒体关于莱奥斯多提尔的报道非常少。在西方很多国家，同性恋并不是一个那么私密、敏感的话题，西方政治人物的同性恋新闻也屡见报端。西于尔扎多蒂在男性占据主导地位的各国政要中间非常显眼，她的传奇色彩不仅在于她带领冰岛克服社会经济的动荡，她本人也是世界上第一位公开同性恋倾向的国家领导人。这位在冰岛深陷金融危机时临危受命的女总理，是在 2002 年正式公开承认了自己的同性恋身份，她同自己的同性伴侣、女记者和专栏作家乔尼娜·莱奥斯多提尔"结婚"，从此一直生活在一起，但由于冰岛当时并没有正式通过承认同性恋的法律，因此从严格意义上来说，她们并不是合法的"夫妻"。直到 2010 年 6 月 27 日，冰岛同性恋婚姻的法律正式生效，约翰娜·西于尔扎多蒂也在当天同恋人乔尼娜·莱奥斯多提尔正式登记完婚，等待了八年后，这位女总理的同性婚姻终于得到了法律上的保障。她们非常低调，并没有举行任何仪式，到相关部门注册登记后就算结婚了。

（一）临危出任，曾经的空姐与两个儿子的母亲

　　约翰娜·西于尔扎多蒂于 1942 年出生在冰岛首都雷克雅未克的一个政治世家。祖父是冰岛最大工会的创建者之一，祖母是女性工人工会的骨干成员。年轻时曾在职业高中学习商业，没有上过大学。1960 年获得冰岛商业高等专科学校的商业学文凭；1961 年，毕业不久的西于尔扎多蒂看到冰岛航空公司的招聘启事，于是抱着试试看的态度前去应聘。结果身材修长、容貌秀美的她第一眼就被冰岛航空相中，成为一名空姐。也许是受家庭影响，空姐的职业并没有束缚西于尔扎多蒂的政治野心。生性好强的她开始不满足于吃青春饭，而是坚定地向政坛发展。

　　西于尔扎多蒂后来在劳工运动中大展才华。在此后的九年中，她先是凭借出色的组织能力当上了航空公司的工会负责人。离开航空公司后，西于尔扎多蒂在一家包装箱公司就职。后来在劳工运动中大展才华，成为冰岛国会中在职时间最长的议员。因为十分关注残障人士、老年人和弱势群体，美丽的西于尔扎多蒂在民众中获得了"圣约翰娜"的昵称，可见她在冰岛的民望之高。

　　1978 年，她第一次当选冰岛议员，并于 1987 年首次入阁，被任命为社会事务部长。1984—1993 年，西于尔扎多蒂获任社会民主党副主席。1994 年，她参加竞选党主席，失败，第二年创建了冰岛全民运动党。2000 年，全民运动党与社会民主党及另外两个政党组成社会民主联盟，以抗衡独立党的统治优势地位。2007 年大选后，社会民主联盟与独立党组建左右联合政府。西于尔扎多蒂担任社会事务部长。

2008 年，在冰岛国内金融危机和政府更迭的复杂局势下，西于尔扎多蒂不仅得到社民盟的总理提名，也获得其他各大党派的支持。众望所归的她在 2009 年登上了事业巅峰，成为冰岛首位女总理。她一上台就面临着一个烂摊子：货币严重贬值、经济深陷衰退、政府濒临破产。但是在这场危机中，西于尔扎多蒂凭借拼搏精神和工作能力获得了民众的信任。她的人气不仅不降，反而提升很多。在她的带领下，冰岛一年后已经开始走出深渊。虽然冰岛的失业率和进口商品价格还在不断上升，但同一年前相比，它已不再是那个岌岌可危的破产国度。在那场金融危机中，冰岛人对男性领导人的贪婪和固执有了充分的体会并深受其害，如今，从总理到部长，从 CEO 到歌手，冰岛的女性们扛起了复兴经济的大旗。有评论说，冰岛是第一个因经济危机破产的国家，而妇女们的努力很可能使冰岛成为第一个走出经济危机的国家。这些站在经济危机最前端的女性们，以冰岛总理约翰娜·西于尔扎多蒂尔为首。

现已过古稀之年的约翰娜·西于尔扎多蒂尔五官轮廓有棱有角，一头银色短发质感冷峻，再配上高挑挺拔的身段、桀骜飒爽的神情，无处不显示着强烈的个人魅力。除了是冰岛第一位女总理外，也是全球第一位公开同性恋倾向的国家领导人。由于冰岛是个开放包容的社会，因此民众对本国总理的性取向没有太大的兴趣，对他们来说，最重要的是希望她能带领冰岛走出目前步履维艰的经济困境。人们希望这位外表秀丽、作风硬朗的女总理能救冰岛于水火之中，正如她当年上台时那样，作为全球第一位公开承认同性恋身份的领导人表现的那般勇气。约翰娜·西于尔扎多蒂对民众说冰岛需要一个强大的政府，要与民众合作。她上任后自己最先采取的措施之一就是"改组冰岛中央银行领导层"，重点打击腐败。在恢复经济方面，她采取谨慎的财政政策，着重复苏经济和保护冰岛民众，并在短期内开展了一些经济重建项目，并积极配合国际货币基金组织的工作来重振冰岛经济。她同时支持借助外力振兴本国经济，认为加入欧盟和欧元区或许是冰岛最好的选择。

（二）利用权力，最终促使冰岛修改法案

　　约翰娜是一个社会民主主义者，她是冰岛议会任职时间最长的成员。2009 年，她入选福布斯列出的世界上 100 位最有影响力的女性之一。2009 年 4 月 25 日，冰岛联合执政社会民主联盟与左翼绿色运动赢得议会选举，约翰娜·西于尔扎多蒂连任总理。2010 年 6 月 27 日，冰岛新颁布的同性恋婚姻合法化的法律正式生效，当天，约翰娜·西于尔扎多蒂同自己生活了八年的同性恋人、女记者和专栏作家乔尼娜·莱奥斯多提尔正式结婚。约翰娜·西于尔扎多蒂的一位顾问透露说，两人只是到有关部门注册结婚，并没有举行任何的庆祝仪式。

　　2010 年 6 月 11 日，冰岛的议会以全票赞成的结果通过了同性婚姻法案，至此冰岛成为世界上第九个法律承认同性婚姻平等权利的国家。冰岛议会当天就同性婚姻法案的投票结果是 49 票赞成、0 票反对。同性婚姻法案是冰岛政府于 2010 年 3 月向议会提交的，法案获得议会通过已在预料之中。基于这一法案，现行婚姻法将婚姻关系限定在一男一女之间的条文将被修改，婚姻双方将可以是不论性别的两个人，修改后的婚姻关系定义不仅承认同性婚姻，也将实现同性婚姻与异性婚姻在法律上完全平等。冰岛从 1996 年起就法律承认同性伴侣关系，近年来随着有关法律的完善，冰岛

的同性恋伴侣已享有与异性婚姻配偶几乎相同的法律权利，包括领养孩子。

2002 年，约翰娜·西于尔扎多蒂和乔尼娜·莱奥斯多提尔开始同居，同年，两人登记"民事结合"（指由法律、也就是民事法所确立并且保护的等同或类似婚姻的两人结合关系）。

冰岛于 1996 年让同性恋民事伴侣合法化，拥有与异性结合婚姻相同的权益，但是同性恋者的这项关系一直不被视为正式婚姻。因此，直到 2010 年 6 月 27 日两人正式结婚之前，从严格意义上来说，这八年来两人并不是合法"夫妻"。

（三）注册登记，低调同性 夫妻就算完婚

在政坛打拼的岁月中，西于尔扎多蒂也曾收获过一段婚姻，1970 年她嫁给了一位银行家。虽然丈夫的身份有利于自己的事业，还有两个可爱的儿子陪伴在身边，但西于尔扎多蒂最终还是没能在这段婚姻中找到相守一生的幸福。多次弥补、调和无果后，她选择了离婚。当西于尔扎多蒂意识到自己同性恋的倾向，特别是有了女友乔尼娜·莱奥斯多提尔之后，她并没有遮掩或逃避，而是在 2002 年大方地公开同性恋身份，与女友登记"民事结合"并开始为同性婚姻的合法而做出努力。在西于尔扎多蒂的奋争之下，2010 年 6 月 27 日，冰岛新颁布的同性恋婚姻合法化的法律正式生效。也就是在这一天，约翰娜·西于尔扎多蒂与生活了八年的同性恋人正式结婚，成为冰岛历史上第一对依法结婚的同性伴侣。也许是长期的相伴，已让她们把对方融入自己的生命；也许是多

年的抗争和努力，让她们更加懂得平静的幸福。这对处在风口浪尖的当事人，放弃了任何的庆祝仪式，只是一起到有关部门注册结婚，然后继续两个女人的爱情。

西于尔扎多蒂的伴侣乔尼娜·莱奥斯多提尔颇有才气，获得冰岛大学英语文学学士学位，当过记者，并兼任过某媒体的资深编辑。凭借着自己扎实的文字功底和细腻的艺术家的感触，莱奥斯多提尔在个人创作方面颇有成就，写过多部剧本、五部小说以及两本传记，还在一本女性杂志上发表过多篇文章。才华横溢的她在西于尔扎多蒂出任冰岛总理之后，也以"总理夫人"的身份出现在了国际舞台上。在与西于尔扎多蒂在一起之前，莱奥斯多提尔也曾拥有一段异性婚姻，她曾嫁给一名政治家，并育有一个儿子。但因为种种原因，她最终选择了离婚，并勇敢地站在西于尔扎多蒂身边，守护这段被外界诟病的爱情。两人十分注意保护隐私，很少在公众场合一起露面，因此关于莱奥斯多提尔的情况人们了解得非常少。西于尔扎多蒂与莱奥斯多提尔的生活极为低调，她们从未就私人生活问题接受过任何采访，并拒绝了政府配给的豪华轿车和私人司机，开着便宜的汽车、为工作东奔西跑的"圣约翰娜"，是雷克雅未克市的一道亮丽风景。但西于尔扎多蒂却每次都轻描淡写地说她的爱车既省油还环保，这挺好的。

（四） 同性婚姻，开启婚姻 模式新纪元

2010 年 2 月冰岛任命约翰娜·西于尔扎多蒂为国家总理时，全球媒体都在头版换着花样表达着同一个主题：冰岛任命了世界

上首位同性恋总理。的确，全球媒体都对此进行了报道，除了冰岛本地。冰岛媒体在几天之内都没有提及西于尔扎多蒂的性取向，直到国外媒体对这位新上任的国家元首产生兴趣后才指出这一点。不只是冰岛，到目前为止，世界上已有不少国家承认同性婚姻是合法的，比如荷兰、丹麦、瑞典、德国等。这意味着这些国家的同性伴侣不仅享有恋爱和婚姻的自由和权利，也应尽合法伴侣之间应有的责任和义务。冰岛人并未将同性恋总理看得很特别，当地人关注的是新总理的威望、能力、政策方向以及目前的经济形势。西于尔扎多蒂公开同性恋身份，也许与美国新科总统奥巴马的黑人血统一样，成为获得民众支持的特点之一。冰岛环境事务部长多朗说，西于尔扎多蒂是一位资深政治家，她受到冰岛人的尊重。对冰岛以外的众多国家而言，她的性倾向是最受瞩目的焦点，不过，对多数冰岛人来说，这却不算什么。冰岛大学公共行政管理和政治学院主任玛格丽特认为媒体对此保持沉默，这反映了公众的态度和观点。同性恋在冰岛不是话题，它在这里是一件稀松平常的事。西于尔扎多蒂出任总理让人们有了"第一位公开为同性恋者的总理"的话题，但在冰岛，这一话题就如"第一位担任总理的女性"或"第一位担任总理的亚裔人士"等说法一样，人们并不会因总理的性倾向本身而感到特别惊奇。大多数冰岛人与不习惯成为公众焦点的西于尔扎多蒂都认为，除了同性恋，眼前还有更重要的议题：欧盟。如果冰岛希望迅速加入欧盟，该国长期以来抗拒分享的渔场，可能必须要开放。冰岛最快能在 2011 年成为欧盟成员国。许多冰岛人认为，这是该国经济唯一起死回生的机会。也许，西于尔扎多蒂让后人记得的，不只是成为全国首位同性恋女总理，还可能是引导冰岛进入欧盟的中间推手。

尽管在全世界各地，已有十多个国家在法律上承认同性婚姻的合法性，但是大多数国家却不这样，例如在澳大利亚，法律并不认同同性婚姻。据悉，目前，澳大利亚仍没有出台同性婚姻合法化的法案。2009 年 7 月 29 日，澳大利亚前总理陆克文对一项提议同性婚姻合法化的法案表示了反对，他坚持说澳大利亚执政党对同性恋婚姻的立场不变。据澳大利亚国家电视台消息，当时来自执政党工党的塔斯马尼亚州会议提议，要求联邦政府修改婚姻法，使同性恋者结婚合法化。陆克文表示他不会改变一男一女婚姻制的方针："我们对一男一女婚姻制的立场很清楚，很明确，同性婚姻是不被允许的。"① 不过，陆克文也表示澳大利亚将采取行动取消所有歧视同性伴侣的法律。在欧洲政坛，拥有同性恋倾向的政治人物并不少见，在上届英国政府中，共有11位男性与女性同性恋任职，其中包括两名内阁官员。而在目前的卡梅伦政府中，也不乏其人，同年，英国新联合政府也曝出了首宗违规申领津贴丑闻，牵涉出了财政部第一副大臣劳斯与同性恋人的秘事。但是劳斯争辩说他并不是每个月觊觎那数百英镑而欺骗报销，而是不想让外界了解到自己有一名同性伴侣和自己的性取向。鉴于英国新政府成立不久，因此劳斯因"房租报销门"而成为新政府第一位离职的高级官员。尽管如此，英国首相卡梅伦还是希望劳斯有朝一日还能回到政府工作，还是把劳斯形容成一个"不错的、体面的人"，因为他自己相信劳斯是出于要保护自己的隐私才这么做，而不是什么其他的目的。法国总统萨科奇也任命同性恋电视主持人弗雷德里克·密特朗在文化部任职。现任巴黎市长伯特兰·德拉诺也是一名同性恋，许多人支持他参加2012年的总统竞选。在德国，自由民主党主席基多·威斯特威勒成为德国外交部长后便加入了包括德国最大的两座城市柏林市长和汉堡市长在内的同性恋组织。柏林市长克劳斯·沃维雷特说在2001年前竞选市长时曾受到媒体小报的压力，公开自己同性恋身份后反而增强了他的竞争力。他的坦诚或许让他受到了大众的欢迎，因为在德国人们一般都欣赏诚实的人。

西于尔扎多蒂的同性婚姻也为中国人广泛知晓。2013年4月，

_____

① 佚名：《世界同性恋婚姻合法化现状》，《国际先驱导报》，2013－4－27，http：//www. lanyu. net/gay/commentary/201304/gay_ 20130427183323. html。

应中国国务院总理李克强的邀请，西于尔扎多蒂偕夫人乔尼娜·莱奥斯多提尔对中国进行正式访问。在华访问期间，西于尔扎多蒂偕夫人参观故宫博物院，与中国签署一项双方经过长达六年时间达成的自由贸易协议。这也是西于尔扎多蒂当选总理后第一次访问中国。莱奥斯多提尔此次作为总理夫人的身份陪同西于尔扎多蒂一同访华，① 西于尔扎多蒂也算完成了她多年的一个心愿。在上任冰岛总理后，她也曾携同莱奥斯多提尔正式出访国外，但是却遭遇了预料之中的阻碍和尴尬。

但是，这次来华访问时，中国政府在人民大会堂东广场为西于尔扎多蒂举行了欢迎仪式，她与夫人受到了热烈的欢迎。西于尔扎多蒂不仅为访华达成心愿而高兴，更说出了这次中国行的感动，她非常感谢总理和中国人民对她和夫人的友好对待，在北京，无论是去什么地方，大家都非常友好地欢迎她们。

无论如何，西于尔扎多蒂与她的夫人莱奥斯多提尔不顾及世人对她们异样的眼光，竭尽全力守护两个人的爱情；也不像异性夫妻那样，为了向世人宣告两人的结合而举行或隆重、或豪华、或浪漫的婚礼。相反，她俩非常低调，登记注册后就算完婚了。这样做也许有很多原因，或者是迫于无奈，但是她们的正式完婚却意义深远，彻底颠覆了传统的婚姻家庭结构模式，开启了同性婚姻合法化的新纪元。

---

① 吕宁思：凤凰卫视 2013 年 4 月 15 日《总编辑时间》，http://phtv. ifeng. com/program/comment/detail_ 2013_ 04/16/24267334_ 0. shtml。

不祥预感终成真：
昂山素季与迈克·
阿里斯①的婚礼

昂山素季（Aung San Suu Kyi），1945 年 6 月 19 日生于缅甸仰光，是缅甸提倡非暴力民主的政治家。其父昂山将军，现代缅甸独立运动的领袖，被缅甸人尊为"国父"。昂山素季 1990 年带领全国民主联盟赢得大选的胜利，但选举结果却被军政府作废。其后 21 年间她被军政府断断续续软禁于其寓所中长达 15 年，在 2010 年 11 月 13 日终于获释。1990 年获得萨哈罗夫奖，翌年获得诺贝尔和平奖。

昂山素季毕业于英国牛津大学，主修哲学、政治学和经济学，并于 1967 年获得学士学位。毕业后，在伦敦结识了迈克·阿里斯（Michael Aris）。因为政治原因，毕业后归国无望的昂山素季只有安静地等待机会的到来。这段时间，她的美丽、善良与执着深深地打动了研究西藏文化的牛津大学教授迈克·阿里斯，对他来说，他俩的爱情就像闪电般，一下就击中了他的心。两人于 1971 年订婚。在婚前的八个月里，昂山素季在美国联合国办事处任职助理秘书，两人隔海相望，只能靠鸿雁来传递感情。她给未婚夫写了 187 封信细诉衷肠，行文间忧虑重重，担心缅甸人民会误解两人的婚姻，会认定她已背叛了自己的祖国。素季冥冥之中感到将来某一天祖国一定会需要她，于是恳求迈克答应她，待那天到来时，

---

① 昂山素季，在台湾又译作翁山苏姬，本书采用大陆的译法，即昂山素季，另外如有引用，苏即素季；迈克·阿里斯，又作麦可·阿里斯，本书同样采用迈克，引用时用麦可。

一定要支持她回去，迈克在婚前答应了素季的请求。1972年1月1日，两人在伦敦切尔西素季的监护人布斯夫妇的家中举行了婚礼，选择这个地方是因为布斯夫妇既是素季的监护人，又算是新郎新娘的牵线人，他俩就是在布斯夫妇家认识的。这场婚礼严格按照佛教的仪式来运作，牧师要到新娘的家中诵读祈祷，祝福婚礼能顺利举行。但是素季的母亲因为不赞成这桩婚事，没有出席婚礼；而她唯一的长兄昂山欧也没现身，素季仿佛预感到了某种不祥。加之时任缅甸驻英国的大使也没有到场庆贺，以素季为缅甸昂山将军独生女的身份来说，大使没有出席，这就意味着素季与尼温政府的关系陷入冷淡。对于恪守宗教礼仪的素季来说，这一切就像一块阴影一样一直压着她，直到数十年后，终于爆发了。1988年3月的某一天，素季母亲病危，她回到了久违的故乡，可是这竟然是与家人长久分离的开始，随之她也被推到了缅甸民主运动的风口浪尖上，素季万万没有想到，这一走竟然与丈夫生离死别……

（一）昂山素季与阿里斯的佛教婚礼

在丈夫去世13年之后的2012年6月，昂山素季才得以回到牛津。她去看了丈夫安葬的地方，一处乡村教堂的墓地。这也许是遵照英国当地的风俗，而跟信仰没有直接的联系。事实上，阿里斯和昂山素季都是佛教徒，他们当年在伦敦的婚礼就是按照佛教的仪式举办的。1986年，他们的两个儿子回到仰光时，参加了剃度为僧的仪式。这是短暂的出家，几乎是缅甸每个信奉佛教的家庭当中即将成年的男性都需要经历的。

　　1972 年 1 月 1 日，昂山素季与研究西藏文化的英国学者、牛津大学教授迈克·阿里斯结婚了。婚礼是在伦敦切尔西素季的监护人布斯夫妇的家中举行的，选择这个地方是因为布斯夫妇既是素季在牛津留学时的监护人，又算是新郎新娘的牵线人，他俩就是在布斯夫妇家认识的。这场婚礼严格按照佛教的仪式来运作，新婚夫妇盘腿而坐。牧师要到新娘的家中诵读祈祷，祝福婚礼能顺利举行。在婚礼的前一天晚上，新娘的父母要举行一个小的典礼来欢迎新郎的家人和亲属。但是这段时间是不允许新娘与新郎见面的，因为那样将给他们的婚姻带来不幸。

　　婚礼当天，新娘素季看上去比以往任何时刻都更加漂亮，满脸洋溢着幸福的微笑。她身着满是金边的白色婚纱，头戴白色鲜花串成的花束，自然垂落着，看上去非常优雅大方；通常，新娘的脖子上要挂用玫瑰花和金盏草编成的大花环，一直垂到膝盖，但是那天素季并没有，可以想象当时伦敦正值隆冬，不太可能搞到那样的大花环。一般来说，新娘子要佩带很多黄金首饰和珠宝等，但是那天的素季只佩戴了与白色婚纱搭配的一些小配饰，反而更衬托出她的素雅和纯洁。传统佛教婚礼中，新郎一般穿白色衣服，上衣是宽松的镶金边衬衣，下衣穿宽松的裤子或围裙式的布裙，但是那天的阿里斯却是身着黑色西服，显得非常干练和潇洒，平时蓬松的头发被打理得有条不紊。那天到场的还有西藏的喇嘛青美雍登·仁波切，新娘的右手被放到新郎的右手中，喇嘛诵读完经文后，还为他们吹响螺；到场的宾客为一对盘腿而坐的新人绕圣线，在新郎和新娘的肩头缠绕 24 圈，象征他们的结合。素季在牛津时的好友克里斯多夫说："那是非常可爱的仪式，我和几个人拿着圣线绕着他们走，这是多么美好的结合。"① 婚礼结束之后，新娘装换成红色婚纱，因为红色象征生活富裕和人丁兴旺。所有到场的人随后一同前往海德公园饭店，去出席由慷慨大方的布斯

---

　　① ［英］彼得·波凡姆：《翁山苏姬》，庄安祺、范振光译，联经出版事业股份有限公司 2013 年版，第 243 页。

夫人一手负责操办的、精心准备的婚宴。

　　按照佛教的婚礼风俗，新郎、新娘两家所有家庭成员都要参加，包括双方的兄弟姐妹、直系亲属。而当时的情况是，新娘昂山素季娘家并没有任何人出席到场，更没人与新郎的母亲一起承担婚宴的重要任务。在举行婚礼的前几天，新娘的母亲还要赠送礼物给亲家母。但是，对于恪守宗教礼仪的素季来说，这一切似乎都不可能，因为母亲不赞成这桩婚事，更不可能为她操办所需要的一切，不仅她没有出席婚礼，而且素季唯一的长兄昂山欧也没现身，这为这场美好、完美而浪漫、令人感动的婚礼留下了一丝遗憾，也为双方亲人平添了一些忧愁。不仅如此，素季在婚礼上还预感到了某种不祥，这像一块阴影，一直压着她，那就是时任缅甸驻英国的大使没有到场庆贺，以素季为缅甸昂山将军独生女的身份来说，大使没有出席，这意味着素季与尼温政府的关系非常不好，甚至是陷入冷淡。

　　婚后，素季跟随丈夫去了不丹，一个位于喜马拉雅山上夹在印度和中国之间的国家。当时，阿里斯担任不丹皇室家教已三年，再加上之前在这里的两年学习，在这里的工作可谓轻车熟路、游刃有余。阿里斯在不丹的发展一切都很顺利，就当时他对西藏语言文化、宗教以及不丹的理解和知识而言，这个领域没有人敢说他是在玩票了。素季曾经靠自己"国父"女儿的身份和人脉关系，有在联合国工作过的经历，因此也在不丹外交部找到了工作。不丹仅仅是在一年前，在印度的协调下才刚刚加入联合国的。尽管素季到此时此刻为止，还没有完全靠自己取得任何成绩，更谈不上成功，从她的照片上可以看到她有"严肃、哀伤、不确定"的表情。但是在不丹的快乐日子似乎把那些忧虑的表情淡化了，"空闲的时候，他们一起到这个王国教人眩晕的山谷远足，有时健行，有时则骑着小马，也至少有一次是坐在卡车顶上，采摘挂在他们头上的亚洲醋栗果实当零食"。① 迈克不在时，素季有一只不丹首

---

① ［英］彼得·波凡姆：《翁山苏姬》，庄安祺、范振光译，联经出版事业股份有限公司2013年版，第245页。

席执政官赠予他们的小狗，它随时陪伴着主人，给主人带来了无比快乐的时光，就像任何这样的家庭一样，家庭成员与宠物之间建立了深厚的感情，1989年当这只狗因老而终时，素季非常伤心。从两人到不丹开始婚后生活，素季怀孕，到大儿子亚历山大降临人世才几周后，将近一年的时间里，阿里斯夫妇就带着宝宝到了尼泊尔北部的偏远地区库塔恩和拉布里，两地来回走，因为这里在文化上和不丹尤为相近，有人邀请阿里斯带队在两地搞调查研究。他俩还分别两次前往仰光，带着小亚历山大去拜见素季的母亲，小亚历山大扮演了黏合剂的作用，把素季、阿里斯与外婆的关系拉近了，更重要的是，素季母亲不仅认可了阿里斯，还非常喜欢他，因为阿里斯身上有老派英国绅士作风。从1973年他俩第一次到缅甸的照片上可以看到，"苏神采飞扬，和麦可两人一起坐在洒满阳光的房间地上，两人都穿着白色的服饰，凝视镜头。麦可一脸快乐，苏则神情幸福。在两人同年于尼泊尔拍的相片中，她抱着宝宝亚历山大，顶着刘海，张嘴露出洁白的牙齿，简直就像东方的奥黛丽·赫本"。[①] 到此为止，昂山素季与在她婚礼上的忧愁似乎可以做个了断了，因为母亲接受了她的丈夫、孩子，也算母亲不计前嫌，又重新恢复了她们原有的情感和关系。

（二）前缅甸领袖女儿，现缅甸民主党首

婚礼上压在素季心头的那块阴影非但没能抹去，反而一直与

---

① ［英］彼得·波凡姆：《翁山苏姬》，庄安祺、范振光译，联经出版事业股份有限公司2013年版，第244页。

她相随，直到母亲大人病重，她回故乡缅甸侍疾时都还缠绕着她。事实上，昂山素季早在1988年回缅甸探病前就已深刻意识到了缅甸人民所遭受的痛苦：愚昧无知的当权领导者迫使居住在这片肥沃土地上的人们变得贫穷无比；国家罪恶的经济和社会各项政策让人们的身、心都趋于萎缩。① 因此当这位长期流放国外而获特准回国的她，从到达仰光的时候起，就发现自己已置身于这个国家有史以来最大的人民反抗运动中，而且她觉得这场运动不再那么遥远，而且仅仅不局限于学术讨论范畴；相反，这是一场需要她投身的事业，需要投入精力和热情去改变它。因此昂山素季选择决定在缅甸成立国家民主同盟，并担任该组织的领袖，去参加缅甸选举，从而对缅甸政府施加影响。至此，昂山素季与她的国家、人民再也不可分离，再也不会单打独斗。不管她的对立面如何描述和贬损她，把她说成是西方国家的傀儡、西方颓废者，还是广告女人等，越是贬损她，她就越发坚定地与同胞在一起。② 昂山素季的这一决定，与其说是一个政治决定，还不如说是道德的决定。这条道路20多年来她一直都没有偏离过，这也因此为她在缅甸人民心中赢得了不可动摇的地位。对于昂山素季来说，尽管要投入这场运动也非常至关重要，但是还有一件比简单地投入更加需要她做的事，那就是她一直以来都在思考，作为昂山的女儿，作为这个曾经起草协商缅甸脱离英国殖民统治，为缅甸独立做出巨大贡献的将军的女儿，作为为之骄傲而且想要当她父亲女儿的女儿，她应该做些什么才能配得上当他的女儿，而且还能让父亲在天之灵为她而骄傲。虽然缅甸在二战后也成为独立的国家，但是缅甸的脆弱的民主意识却被缅甸军队掐灭。她人虽然已回到缅甸，但她深知要带领缅甸走向现代民主的世界将会是多么得艰辛，要和平解决，不能造成流血牺牲。昂山素季在没有返回缅甸前，曾经

① Popham, Peter：*The Lady and the Peacock*：*The Life of Aung San Suu Kyi of Burma*，A Random House Group Company，2012，p. 5.

② Ibid. .

努力思考，也曾对这些问题进行过研究，而现在，突然之间，她就置身其中，她不能选择逃避，返回英国。既然老天给予了她这次机会，她也肩负此使命，就要下定决心来行动，尽管不知能否成功。昂山素季的这一决定并非是一时冲动，而是她作为父亲的女儿注定要做的，是从父亲那里继承到的昂山精神让她做出了这样的决定。

昂山素季的名字由其家人姓名而来，昂山来源于其父亲，Suu来源于祖母，Kyi则是她母亲。她也常常被称为Daw Aung San Suu Kyi，Daw在缅甸语中是一种对年长女性的敬称，即女士。昂山将军在缅甸享有"国父"般的声望。1939年8月15日，昂山秘密成立了缅甸共产党，并出任缅共总书记。1940年，为反抗英国统治，昂山来到中国厦门试图寻求中国共产党的帮助，但在厦门被日本特务机关拦截并说服，最终脱离共产党，转而与日本合作对抗英国。在与日本达成协议后，日本特务机关将昂山等缅甸人秘密送到日军占据的海南和中国台湾接受了军事训练。

1941年12月27日，在日本的帮助下，组建了以昂山为副总司令的缅甸独立军。尔后，昂山带领他的武装潜回缅甸。1942年，昂山带领缅甸独立军，协助日军击败了英军及第一次入缅作战的中国远征军，杀死了数万英军与中国远征军士兵，帮助日军基本占领了缅甸全境。1943年3月，昂山被日军提升为少将——"昂山将军"头衔由此而得名。同年昂山被日本天皇授予三级日升勋章。1943—1945年昂山在巴莫为首的缅甸傀儡政府中任国防部长。

1944年8月，当日军在太平洋战场上节节败退时日无多时，昂山秘密成立反法西斯联盟，并联络在印度的英国当局寻求支持。1945年3月，昂山将军率缅甸国防军，倒戈进攻日军，直至日本投降，被誉为"反法西斯英雄"。

1946年昂山任缅甸行政委员会副主席，实际上等于总理，主持缅甸政局。1947年1月，率代表团赴英进行谈判，与英国政府签订了争取缅甸独立的协议。半个多世纪前，昂山将军在瑞光大金塔前骄傲地宣布缅甸将为独立而战，带领缅甸人赶走了殖民长达半个世纪的英国人。外患解决，昂山却倒在内乱的枪林弹雨中。1947 年 7 月 19 日，昂山正与几名部长在临时政府大楼内商议事情，突然数名手持冲锋枪的武装分子闯了进来。昂山和部长们倒在血泊里，命丧当场。这一天，后被定为缅甸的"烈士节"。

　　1947 年的某一天，当素季繁忙的父亲早上走出家门时，谁也没有想到，那竟然是一家人生离死别的一天，昂山再也没能返回家，而昂山素季也只有两岁，对此没有留下多少印象，也不大记得他的模样。那么女儿对昂山父亲会有多少感情和怀念呢？她时常对孩子们提起父亲，一方面是怀念，另一方面是给孩子们树立道德上的榜样。素季的确很诚实，这也是她母亲对她最严厉的教诲。她对父亲的记忆和感情大都是由于周边的人不断讲述、灌输给她的，但是正因如此，素季打小就知道自己是父亲的女儿，父亲为了这个国家的独立和自由而牺牲，父亲的死不仅使她家失去了顶梁柱，也是缅甸这个国家的一大损失，而且这个损失令人心痛不已，难以忘怀！"但如阿里斯后来所写的，翁山苏姬从来没有忘记自己是谁，自己的父亲是谁。她从来没有放弃，总有一天，在现在无可想象的未来，她的国家会需要她……幼小时候开始，她就常常深思自己该做些什么来协助她的人民。她从没有一刻忘记自己是缅甸国家英雄的女儿……她绝不会让他们失望。"①素季一直以之父为榜样，以至于下决心要跟随父亲，像他一样参军，也想要作将军，因为她认为这是报效国家的最好的方式。素季在 11、12 岁时就决定，今后要追随父亲的脚步。素季的父亲去世后，母亲被任命为缅甸驻印度大使，昂山素季随母亲离开了缅甸，在印度一所女子学院学习。在那里，她接触到圣雄甘地的政治与哲学思想，这也为她以后的民主政治追求埋下了深深的伏笔。大学期间，昂山素季利用课余时间搜集各种有关父亲的缅文

---

　　① ［英］彼得·波凡姆：《翁山苏姬》，庄安祺、范振光译，联经出版事业股份有限公司 2013 年版，第 25 页。

或英文资料，撰写父亲的传记。在写作过程中，素季被父亲无私无畏的精神以及热爱国家和民族的深厚感情所深深感染。她多次向同学表示，以后一定要返回缅甸，帮助那里的同胞过上更好的生活。

（三）仰光、德里、牛津——出生、成长、定居

素季的童年和少年时代是在仰光度过的。因为两岁时就失去了父亲，她是在母亲、外公、管家、她的两个哥哥，以及其他的姨妈、姨婆、堂兄弟姐妹等人的陪伴下长大的。外公是一个基督徒，也是素季孩童时最好的男性伙伴；印度管家也是一个基督徒；素季的母亲金季接受有基督教和佛教的熏陶，尽管这样，母亲还是坚持让孩子接受绝大部分缅甸人所接受的佛教教义和仪式。后来，素季像父亲一样，也成为了一个虔诚的佛教徒。

除了宗教方面对素季意识形态的引导外，素季母亲对她的行为举止等方面的教育非常严厉，一直想把素季培养成优雅而高尚的窈窕淑女，因此要求素季坐有坐相，站有站相，身体必须要笔直，母亲甚至是要求坐立时，背部不能靠着椅子，这样的训练果然有效，让素季到了英国牛津上学时有一副笔挺的身板；母亲绝不允许用舌头舔邮票，双手不能闲着，随时随地都要做活，要么刺绣、缝纫，要么弹钢琴……管教下的素季，却下意识地在与母亲反抗着，凡是母亲要她做的，偏不去做；凡是母亲不让她做的，她反而就去做。素季就读的学校是男女合校的，因此素季穿校服时，外面虽然穿女生的，但是制服里面的却是男生的衬衫和背心，头发

编成辫子，脚上穿着男生的黑色紧带鞋，腿也像男生一样粗，走路也像个男生……不喜欢静下来读书，学习一点也不用功，经常在户外玩耍，因此童年时素季的皮肤很黑，一点也不像淑女。素季小时候就是这样的叛逆，反抗着母亲，"我小时候，"她说，"是很普通的调皮小孩，总是做别人叫我不要做的事……我不喜欢读书写字，总是一直在玩……就极有责任感的人，比我伟大而且努力得多……。"① 也许是昂山将军的精神一直在潜移默化地影响着素季的原因，让她从小就立志参军，下意识地要当一名男生，但是后来她才知道女子是不能参军的；也许家里发生的另外一个悲剧，让素季的性格有些朝着男孩子的方向发展，那就是她二哥林对她深远的影响，无论是与林哥哥曾经朝夕相伴、亲密快乐的日子，还是如何攀爬到玻璃屋顶去看大金寺……从哥哥那里得到了快乐和战胜黑暗的勇气。可是，有一天，她的林哥哥下池塘欲捞回鞋子，竟与素季永远地阴阳两离了，林哥哥的死给素季的一生都带来了无尽的悲伤和怀念，甚至当素季被缅甸政府软禁，在选举宣传，在民盟成员意见有分歧时，在她最无助、无望的时候，素季都在想着林哥哥，如果他还健在那该有多好啊！他肯定会给予她战胜一切的支持和力量。

昂山将军过世后，吴奴很受一般缅甸人的欢迎，笃信佛教，为人和蔼，但是缺少昂山身上的刚毅和政治手腕，因此他领导的反法西斯人民自由联盟貌合神离，吴奴不得已请求军队暂时接管，恢复和重建国家秩序，因此尼温将军就义不容辞、顺理成章地担任了缅甸国家临时总理，经过努力地治理，缅甸也恢复了平静，各方面也井然有序，因此尼温在 1960 年又把政权交还给了吴奴，虽然他无能，但还是受到了人们的拥戴。可是尼温却尝到了拥有政权的甜头，因此把政权交回给吴奴后，自己却开始秘密训练，策划倒戈当权政府。尼温想尽一切办法，要把一切潜在的、可能的

---

① ［英］彼得·波凡姆：《翁山苏姬》，庄安祺、范振光译，联经出版事业股份有限公司 2013 年版，第 192 页。

敌人预先消除掉，那么昂山将军的遗孀就是其中的一个，因为昂山身前就反对军队执政，他就是先辞掉军职才从政的。他就这样策划好了让昂山夫人出任缅甸驻印度大使，永久将敌人驱逐、流放到国外。1960 年，在缅甸出生，长大到 15 岁多的素季就随母亲开始了流亡的生活。

素季与母亲到印度后，得到了父亲身前的朋友加同志尼赫鲁的照拂，他安排素季一家住在一栋非常舒适的房子里，取名"缅甸屋"。德里的新家这里，不仅环境优美，道路宽敞，与仰光相比的话，德里是大城市，文明、发达，而仰光就是乡下。在德里的四年多时间里，素季的学识、眼见得以开阔，也让她有机会在外国来审视自己的国家。在这个时期，昂山素季一改仰光时不爱读书的"恶习"，开始形成喜爱读书的习惯，尤其是文学作品。也是在这时候，她开始听说印度政治领袖甘地和他的非暴力思想。归功于仰光时念的天主教女子小学和卫理会中学，素季打下了扎实的英语基础，到了印度德里后，母亲安排她进了一所由爱尔兰天主教修女所主持的耶稣与玛丽中学。这所学校不管学生来自哪个宗教背景，一律用天主教教义来教育和规范学生的行为。尽管如此，素季还是很快就融入到了印度新的环境和学校当中，很快有了几个无所不谈的闺蜜，她们几乎都是各国驻印度外交官的女儿，或印度高级军人、文官、商人的女儿，家世背景相似，周末轮流到各家吃饭、玩耍。就这样，在修女严格的教育管理两年后，几个闺蜜又一起到了一所叫斯丽阗的女子学院上学，素季的母亲坚持希望把女儿培养成优雅高尚的淑女，因为"由某个地方来看，斯丽阗女子学院是精修学校，为已受普通教育的年轻女子进入社交界做准备的私立学校，俗称'新娘学校'"。[1] 这所学校创立时间仅为六年，其宗旨是在自由的环境下，为德里最聪明的上层阶级淑女提供重要科目的一流课程。其实能把送女儿送到这个学院上学的家

---

[1]　［英］彼得·波凡姆：《翁山苏姬》，庄安祺、范振光译，联经出版事业股份有限公司 2013 年版，第 207 页。

长们，大多是当时德里思想最先进、西化的精英人士，他们希望、也设法要把女儿培养得既温柔又有教养，通过更进一步的学习，今后能施展抱负。

斯丽阑女子学院对素季来说，是一个别样的地方，这里的学生不必穿呆板的校服，因此正当青春年华的姑娘们可以穿着鲜艳漂亮的纱丽，做一些自己想做的事，无拘无束，一点没有耶稣与玛丽高中时严厉和死板的管理和气氛，因此，在这里，女生充分享受着自由的空气，发挥着自己的兴趣和才华，自己美好的一面可以得到充分展示。"斯丽阑女子学院则让这些女孩以最文雅的方式，恢复自然的真面目。"① 这里的女孩个个都受老师的宠爱，个个都听老师的话，不与老师争辩，不逃学……宽松的氛围中尽情享受着、生活着……大量阅读英国文学作品，参与辩论，改编莎士比亚的剧本《安东尼与克丽奥佩特拉》，并在当中反串安东尼男一号，学习钢琴、骑马和日本插花艺术……

在印度德里期间，素季接受了良好教育，她与母亲还结识了很多印度名流，当然也结识了缅甸朋友，如利华塔法师等，这得归功于素季的母亲，她热情好客，会做美味佳肴，很能表达自己的观点，无论是作为外交官，还是作为母亲，她都很称职，具有亲和力，因此她家在艾克巴路 24 号的"缅甸屋"俨然成了一个政治沙龙和名流社交圈中心。印度德里其实是一个很知性的城市，这里的知识分子和有识之士因为种姓制度，生活得以保障，养尊处优，因此他们就更能谈论一些所禁忌的政治话题，如圣雄甘地的政治与哲学思想，以及宗教等问题；而且印度人能说会道，非常擅长"辩论"，喜欢长篇大论、慷慨激昂地进行讨论和争辩，这些都让素季大开了眼界。她睁大眼睛，认真观看，并逐渐也喜欢上了辩论，通过辩论，她的思维变得灵活，思想得以丰富。在德里的四年时间里，素季在这个政治、经济、文化的大都市让自己审视自己

---

① ［英］彼得·波凡姆：《翁山苏姬》，庄安祺、范振光译，联经出版事业股份有限公司 2013 年版，第 207 页。

的出生地缅甸仰光，也让自己有机会发现和了解一批在印度追求政治和文化解放等方面的巨人，如甘地、泰戈尔、尼赫鲁……她已发现两个国家虽然从英国殖民统治中解放出来的时间差不多，但是印度已被英国殖民统治近300年，它的发展与缅甸这个在军权统治下的发展，差距太大了，而且差距还在加大。这四年在德里的经历使素季的知性得以提升，这对她以后回到缅甸，参与各种辩论、发表演讲和准备参选，都非常有益，但是她好辩的性格也给她带来了无尽的麻烦。

　　1964年，昂山素季离开印度，前往英国。考虑到近代以来英国对印度的重大影响，有条件的年轻人从印度去英国留学是很自然的事。甘地曾经在伦敦大学读书，尼赫鲁和拉吉夫·甘地在剑桥大学，英迪拉·甘地在牛津大学，英迪拉·甘地的丈夫费罗兹·甘地在伦敦经济学院。昂山素季来到英国牛津大学，在圣·休斯学院攻读政治、哲学和经济。素季这次离开家，离开素来就严厉的母亲的"监视"和管教，来到了这个学院，如鱼得水般徜徉在大学学习和生活中，她这朵饱含东方韵味和色彩的莲花也得以慢慢绽放。她出现在圣·休斯学院，立刻引起了轰动，她身上浓厚的异国情调和清纯可人的气质给人留下了很深的印象。"她立即引起轰动。当时英国还没有太多印度移民，依旧以白人为主要民族，是央格鲁·撒克逊的国度，而苏可能是整个学院史上第一位穿着沙龙和安吉①来上课的学生，美丽而且充满异国情调。"② 素季的一个叫安的朋友回忆说："经常身穿缅甸传统服装沙龙的素季一直是校园里男生们追求的对象，她不仅仪态端庄，而且有着高尚的情操和贵族的优雅。"③ 一位同在牛津上学的印度学生山卡阿

---

　　① "沙龙"，即缅甸人穿的裙子，"安吉"，即上衣。在中国大陆，Longyi（沙龙），亦作"纱龙"，一般翻译成"笼基"。笔者注。

　　② ［英］彼得·波凡姆：《翁山苏姬》，庄安祺、范振光译，联经出版事业股份有限公司2013年版，第212页。

　　③ 同上书，第213页。

查里亚也说："她已经由僵硬呆板、保守过度的少女，蜕变成优雅而时髦的年轻女性……每一个见到苏的男生都对她有一点迷恋，因此不必假装完全没这回事。"①

20 世纪 60 年代的英国已不再是狄更斯小说里的雾都，因为工业化革命而变得乌烟瘴气，人们为了生计而疲于奔命，当昂山素季初到伦敦时，这里已然成为了世界的一个潮流、时尚之都，这里领衔着各种后现代主义的文化、思潮，什么摇滚、嬉皮士、性解放、避孕等仿佛也成了学校流行一时的东西，学生们唯恐落在这个潮流的末端。素季就读的圣·休斯学院是牛津的五所女子学院之一，位置最偏僻，很封闭，虽然不及在伦敦的那些大学那般古典，令人肃然起敬，但是这个学院也有其优势，开阔，绿树成荫。正因如此，当时的那些所谓时尚流行的性解放、摇滚乐等，在圣·休斯学院，人们最多只是谈论一番而已，并没有付诸实践。史蕾特这样回忆说："有个传说，好不容易有男生来访时，就会有人用房间里相通的中央暖气管报讯。另一个传说是，在一、二十年前，只要有男生来访，女生的床就会被搬到走廊上，等客人走了后才能搬回去。我们得在晚上十点以前回宿舍，要不然就得签名登记，最晚午夜一定得回来。一窝紧张的处女和一些性解放的成熟女人，酝酿出像炽热火车车厢那种一触即发、叫人紧张得透不过气的气氛。"②素季在这样的大气氛中显得是一个在大城市生活的乡下姑娘，她与这一切都格格不入。女同学们个个都在忙于找男朋友，想发生一些风流韵事，素季却不能苟同，表示出了相当的"震惊"。"有个胆大的同学问她：'难道你不和人上床？'她义愤填膺地回答：'不！除了我丈夫之外，我永远不会和任何人上床。现在呢，我只抱我的枕头。'结果引得哄堂大笑。"③伦敦当时

---

① ［英］彼得·波凡姆：《翁山苏姬》，庄安祺、范振光译，联经出版事业股份有限公司 2013 年版，第 212 页。

② 同上书，第 215 页。

③ 同上书，第 216 页。

也是道德相对主义的大本营，认为没有绝对的对或错，因此人的
行为没有对与错、好与坏，一切都是相对的，然而在素季看来，这
是一种道德沦丧。素季的观念看法一是源于素季母亲金季一直以
来对她的严格管教，用佛教的理念教育她，以及她把自己的缅甸
背景与在英国接受的点点滴滴文化融合在一起而形成的特有的道
德观。素季就这样在大学恪守着自己的道德观，丝毫不为当时校
园流行的道德所动，"她所做的是母亲要她做的，也是她这个年
纪、阶层和有这个才情的女孩有能力做到的事"。① 当很多同学对
校园里风靡一时的各种观念感到困惑或左右摇摆时，素季的表现
却很不一般。安对素季的坚定留有深刻印象："我得承认，我当初
接近她是因为她这么漂亮而且有异国风情。我家在牛津，也在牛
津上学……学期之间的漫长暑假，我四处旅行——巡游希腊，到以
色列采葡萄和玉米，乘船坐统舱越过地中海，以《安娜·卡列尼
娜》为枕。苏严谨、整齐、穿着沙龙和挺直的身躯，她坚定的道
德观念和承袭而来的优雅举止，跟我那些英国同伴破衣烂衫的装
束、随性的举止、含糊的自由主义和不确定的性道德观大异其
趣。"② 克里斯多夫，素季在牛津的一位同学兼朋友也说："她对自
己的国家有很固执的看法，对善恶对错亦然……道德观，也有非
常清楚的道德目标。她绝不会做自己认为是错的事：就是不会。
她以天真朴实的态度来表达，但总会伴有幽默。"③ 比起其他校园
内盛行的一切，牛津的国际化氛围对昂山素季的影响要大得多。
她大约是当时唯一在牛津读书的缅甸学生，其他同学来自世界各
地。在这样的环境中，昂山素季认为自己在牛津学到的最重要的
不是书本上的知识，而是学会了对人类文明中最好的那部分的尊
敬。她不认为最好的人类文明是某些地区所特有的，而是来自世

---

① ［英］彼得·波凡姆：《翁山苏姬》，庄安祺、范振光译，联经出版事业股份有限公
司 2013 年版，第 214 页。

② 同上。

③ 同上书，第 213 页。

界各地。但是她强调，是牛津帮助她形成了这种尊敬。她说，对于牛津的记忆给她后来应对各种挑战提供了最重要的内在资源。在昂山素季看来，人们可以通过学习将那些不那么好的部分变成好的。她认为自己在被软禁的年月面对关押她的政府就是报有这样的想法。这时的素季宛如一朵洁白纯洁的莲花，在充满着各种流行文化的校园中慢慢开放，没有粘上任何淤泥，吐露着自己独有的芳香……今后能绽放得更加鲜艳，也适当做了些调适。

素季在社会道德沦丧的大氛围中，并未完全退缩到自己缅甸的道德壳中；相反，她也尽量一点一点地让自己融合进来，习惯和适应英国的风俗习惯，但是不管做什么，她绝不会突破自己的道德底线。因此可以看到素季脱掉笼基，身着牛仔裤或短装，在校园里骑着自行车。素季在德里的斯丽阑女子学院就读时，有一个叫玛拉薇卡的闺蜜，也就是传说中的"五人帮"中的一员，她比素季晚一年进圣·休斯学院，她回忆说："苏看起来成熟老练许多，从前她总是把头发梳成马尾，现在她却把它剪成刘海，穿着紧身的白长裤，还有一辆莫顿脚踏车……"[1] 当时的大学生们都在尝试喝各种各样的酒，有的甚至酗酒成性，笃行佛教的素季知道有五戒约束着，但是这个戒律并不是那么严格，因此素季在大学最后一年时也试着"品尝"了酒。校园里，人们可以看见她头戴小白帽，身穿牛仔裤，在训练用竿撑平底船；史雷特写道："她很好奇，想要体验欧洲和异国文化，一心一意追求新知，比如爬墙进宿舍。在学院待过几年总要这么做一回才算有面子……一本正经地待了两年之后，也想要爬墙进宿舍，因此要求一名可以信赖的朋友带她出去吃晚饭，然后——如任何绅士该做的那样，扶她爬上学院花园的围墙。再没有能比以这样得体的方式打破的校规了。"[2] 素季甚至有了一个更大的改变或尝试，那就是恋爱了，爱

① ［英］彼得·波凡姆：《翁山苏姬》，庄安祺、范振光译，联经出版事业股份有限公司 2013 年版，第 212 页。

② 同上书，第 219 页。

上了一个来自巴基斯坦的男孩，名叫塔希克·海德。有关他俩的这段恋情，人们所知道的是素季的爱情不太顺利，无果而终，至于具体情况是什么，两人都未曾公开提及过。

1967 年素季完成学业，毕业并获得了学士学位，成绩平平。由于当时缅甸正值尼温将军统治时期，他不仅是个暴君，杀人如麻，妻妾成群，生活作风糜烂，他还掌管了国家权力，捞了一大笔财产，存在国外。虽然尼温也想讨好当时在英国上学的素季和她哥哥，邀请兄妹俩到他在温布尔顿的家里做客，但是被素季毫不犹豫地拒绝了。素季大学毕业后的人生目标面临着多项选择，可以选择回到缅甸，与母亲团聚，因为母亲当时已从外交官职位退休，也于 1967 年返回了仰光；其实也可以要么选择一个好婆家，嫁人，这也是母亲让素季上斯丽阆学院时的目的之一，要么凭她牛津大学毕业的身份，到缅甸的大学教书做学问也不是不可能，但是处在尼温掌控之下的缅甸，不可能有适合让素季待下去的理由或氛围，因为缅甸越来越往独裁、闭关锁国的方向发展。其实素季曾经成功申请到纽约大学国际事务教授法兰克·崔格门下读硕士研究生，研究东南亚问题。但是几周之后，素季就放弃了，做学问并不是她真正感兴趣的，这也许是素季在学术生涯中的一个缺点吧。其实，真正的原因是素季在跟随崔格教授学习的几周后，发现教授与尼温政府的高层人员关系良好，因此，最终，素季还是艰难地做出了选择，远离故乡，到地球另一端的联合国总部担任助理秘书。素季的这一决定，最终让她在缅甸以外的国家生活了长达 28 年之久。素季效仿、追随她最好的朋友，即"紧急阿姨"丹艾的例子，"宁可离开故乡旅居国外，在异地观察故乡的一切"。① 也许素季当时不明白，其实她做出这样的决定仍然是因为她是父亲的女儿，深受昂山将军政治思想和情感的影响，她一定要沿着父亲的道路走下去，完成父亲的遗愿。而且她对此深信不

---

① ［英］彼得·波凡姆：《翁山苏姬》，庄安祺、范振光译，联经出版事业股份有限公司 2013 年版，第 227 页。

疑：那就是将来某一天，她的人民会需要她回去。这是当阿里斯向她求婚时，素季提出的唯一条件。在纽约和联合国总部的生活，让昂山素季从工作的角度对国际政治有了初步的了解。到了1972年，她的国际视野获得了进一步拓展。

（四）阿里斯对昂山素季的情愫

　　阿里斯与素季的故事当属是一个凄美的当代爱情故事，既浪漫，又令人心碎，就像好莱坞伤情戏里的高潮：精致、矜持的东方女孩遇上了英俊、热情的西方青年，最终以生死离别而结束。1964年，昂山素季入读牛津大学圣·休斯学院，曾出任英国驻缅甸大使的保罗·戈尔·布斯，也是素季在英国读书期间的监护人，为昂山素季提供了在英国的住处。布斯夫妇有对双胞胎儿子，与同样是双胞胎的阿里斯（后来成为素季的丈夫）是好朋友，两家双胞胎兄弟经常往来，带阿里斯兄弟到他们在伦敦切尔西的家中玩。因此在布斯家里，阿里斯结识了昂山素季，素季当时大学刚毕业，拿着不太好的学业毕业成绩，来到了监护人布斯夫妇在伦敦的家，暂时找了份家教的工作，同时给布斯夫妇一个研究缅甸问题的学者担任助理。当时，阿里斯在杜伦大学学习历史，却对西藏的文化、语言、宗教和历史感兴趣，而对不丹更是充满激情，根源是受其父亲的影响，他从印度旅行回家时，带回了一个转经筒，它是西藏人用来表达虔诚和转世概念的工具。转经筒里面有一张藏文的经文，藏传佛教认为，持诵六字真言越多，表示对佛菩萨越虔诚，由此可得脱离轮回之苦。转经筒有手摇式和寺庙里固定式的，把经文装在转经筒里，每转一圈，相当于诵经一遍。转经筒有一个能转动的轴，每当转动到一定圈数时，就要更新，这样藏民就能知道自己念诵经文的遍数。阿里斯当时被转经筒里写着藏文经文的字符迷住了，就拿去给学校里一个略懂藏语的老师，让他解释上面的意思，自此阿里斯打开了这扇兴趣之门。因此当阿里斯第一眼见到素季时，就被素季身上的东方人的风趣和浪漫给迷住了，按布斯夫人的说法，阿里斯对昂山素季一见钟情，"这个头上簪着鲜花，拥有牛津学位的优雅缅甸娃娃，是他这辈子所见过最迷人的女性……"。[1] 一个虽然有情，但是另外一个却是无意，素季一开始明确说，自己不打算嫁给一个外国人。素季对这个一头乱发的高瘦男子是"渐渐有了兴趣和好感"的。同时素季心里非常明白，她母亲一定会反对的，虽然她是一个开化的外交官，其实她骨子里也像大多数东南亚国家的人一样，对异国恋或跨国婚姻非常抵触，尤其是对与刚摆脱的异国压迫者联姻更是敏感。看来素季对阿里斯渐渐有了认识，很大一个原因是因为素季发现，阿里斯是她认识的所有英国人中，对她的宗教了解、认识甚至研究最多的人，这对素季非常重要，因为其他人无法理解亚洲的佛教和哲学思想，"……接触了三百年后，以她在圣休斯学院所认识的这些知识分子为代表的英国，依旧无法了解亚洲的宗教和哲学思想。如果像华诺克这样知名的哲人，都只能模糊地写'佛教传统'这样的词句，却对佛教转世的观点感到惊异，那么她还能期待同学对佛教有什么了解？"[2] 阿里斯正是能理解素季的人，而且随着两人交往的加深，素季从阿里斯身上还发现了他很多优点，友善亲和、体贴周到、很有耐心、无微不至，将来虽然不会是什么大人物，但是他却是素季需要的人，如可以成为终身伴侣的话，两人可以相互理解，相互扶持，直到走完人生的旅程。

---

[1] ［英］彼得·波凡姆：《翁山苏姬》，庄安祺、范振光译，联经出版事业股份有限公司 2013 年版，第 231 页。

[2] 同上书，第 218 页。

迈克·阿里斯和其双胞胎兄弟安东尼·阿里斯（Antony Aris），出生在古巴哈瓦那。他们的父亲是英国人约翰·阿里斯（John Aris），曾经担任过加拿大总督推特缪尔斯的侍从武官，母亲是一名法国美女，兄弟俩还有一个姐姐露辛达，他们的童年是在意大利阿尔卑斯山区、日内瓦和秘鲁度过的，最后才在伦敦安顿下来。姐弟三人从小是到天主教寄宿学校接受的教育。阿里斯与素季坠入爱河后，很快两人就不得不分赴不丹和纽约，此后三年的恋爱期间，大部分是靠鸿雁传情。阿里斯与不丹皇室签约，去那里担任皇家御用教师，阿里斯得到这份工作是拜一名叫马可·派利斯所赐。派利斯是研究西藏的泰斗，他碰巧得知不丹首都廷布的王室正在寻找家教，就极力推荐了阿里斯，一来他是阿里斯的朋友，知道阿里斯是不二人选；二来因为他学过藏语，对西藏宗教文化也了解。

此时的素季则奔赴纽约，为联合国工作，开始在一个做行政和预算评估的部门上班；担任很低的职位。接下来的三年中，介绍和帮助素季进入联合国工作的丹艾，经常带着昂山素季参加各种聚会，包括去当时担任联合国秘书长的吴丹家。吴丹是缅甸人，他在年轻时就跟缅甸独立后的首任总理吴奴关系密切，担任过吴奴的顾问以及缅甸常驻联合国代表。吴丹当年虽然临危受命，但是在他后来任职期间做出过很多成绩，特别是在世界各国的人道、环境和发展等方面成绩斐然。但是，他却没有对自己的祖国缅甸做出过贡献。素季在联合国工作期间发生的一件事，让素季看清了另外一个缅甸人的真面目，他就是吴梭丁，时任缅甸驻联合国代表。他最大优势就是能把在纽约不同派别的缅甸人聚集在他家，大家高高兴兴，其乐融融，海阔天空，无所不谈，当然不包括政治，因此丹艾和素季时不时也会受邀前往。那一次素季和丹艾如约前往，却发现梭丁虽然依旧很和气，但是表情不自然，原来是为她们设立了一个"鸿门宴"，素季被前往联合国开会的缅甸代表团团长当场质问和批斗，对她所持护照进行盘查。因为素季的勇气和机智果断，说"我已申请了新的护照，但是不知为何还没拿到。因为我当时急着要到纽约大学报到，因此不得不用旧护照。"①
结果可想而知，缅甸代表团团长当时无地自容，因为回答让大家
都明白，迟迟没到的护照是缅甸政府的官僚和无能而造成的。不
难想象，素季在这样的一个氛围情况下，多一天的时间都不会继
续待的。此时的阿里斯在不丹继续担任皇室家教，同时继续着对
佛教研究，对不丹藏传佛教的分支等了解得越来越多，但是对素
季信奉的，同样是其分支的小乘佛教却了解不多。

　　素季和阿里斯三年的恋爱中，大部分靠鸿雁传书，聚首的机会
和次数很少，能这样坚持下来，他们爱之切、情之深可见一斑。
1970 年夏天，阿里斯从不丹回伦敦休假时，转机到纽约去探望素
季，素季与他正式订婚。"素季对她即将成为她深深喜爱的家庭的
一员而感到多么快乐而骄傲"，丹艾这样写道："她在联合国秘书
处服务的第三年底，做出了决定，无论联合国的生涯未来会有多
好的发展，相夫教子将是她更好的抉择。"② 素季也履行承诺，于
第二年春天到不丹的廷布，去探望在那里已工作了三年的阿里斯，
在廷布一切都那么美好，日子过得很顺利，两人决定婚后就住在
廷布。

　　素季在返回纽约到结婚前的八个月当中，给阿里斯写了 187 封
信，从这个数量可以看出，她在婚前跟阿里斯进行了频繁而深入
的交流。在通信中，昂山素季常谈的话题是，她感觉自己总有一
天要回缅甸去，但是有时候会害怕国家时局会把他们拆散。早在
谈恋爱的时候，昂山素季就多次跟他说起未来的可能。素季反复
向阿里斯提出一个请求，就是一旦缅甸需要她回去，她希望阿里
斯能够帮助她履行这个义务。阿里斯也答应了这个请求，但是他
希望这个时间最好来得晚些。尤其是他们结婚生小孩之后，他希
望这个时间的到来能在孩子长大成人以后。当这个时间真的到来

---

① ［英］彼得·波凡姆：《翁山苏姬》，庄安祺、范振光译，联经出版事业股份有限公
司 2013 年版，第 240 页。
② 同上书，第 242 页。

的时候，阿里斯感到还是早了。在《免于恐惧的自由》的序言中，阿里斯曾经这样解释："但是命运和历史似乎从来都不是以井井有条的方式进行的。时间的安排难以预测，并不等待方便的时候。不仅如此，人类历史的法则太不确定，根本不能用来作为行动的基础。"① 从昂山素季当年的信件来看，她也害怕这个时间的到来。因为他们安静的家庭生活会受到破坏，任何的分离都是一种折磨。但是，她又相信如果他们相爱，这样的害怕是没有意义的。在其中一封信中，她这样写道："如果我们像我们现在这样尽我们可能的彼此相爱和珍视对方，爱和怜悯最终会获胜。"② 由于没有看到他们之间更多的信件往来，不知道昂山素季和阿里斯关于这个问题是否还有更多的讨论。这期间，素季也给阿里斯的双胞胎兄弟安东尼写了信，主要是表达未来的小叔子正式同意他俩婚事的感激之情，素季之所以这样做，是出于对缅甸传统礼数的遵守。

（五） 昂山素季与阿里斯的生离死别

1974 年素季随阿里斯返回了英国。阿里斯对不丹的博士研究计划得到伦敦大学亚非学院的接受，而且还有牛津圣·约翰学院提供了研究奖学金，因此夫妇才有条件，从原来的住所搬到了牛津大学城外的一个叫桑宁霍的小镇居住，之后到 1977 年，圣·约翰学院分给了阿里斯一间校区公寓居住。虽然家里经济情况不算富裕，但是他们的小日子确实过得很甜蜜、温馨，素季牛津时的

---

① 昂山素季：《缅甸之花》，《南都周刊》，2010 年 11 月 23 日。

② 同上。

同学兼好友史雷特是这样描述的："……我带着襁褓中的女儿去看她时，她总忙着在厨房里准备实惠的日本鱼味料理，要不就是在缝衣机上忙碌，把一大片黄色的棉布扯成大窗户的窗帘，或者匆匆忙忙为自己缝件高雅的衣服。麦可埋首博士的课程，她得照顾亚历山大，不能吵他。她还得安排川流不息的客人的住宿和饮食。但苏依旧把家务治理得井井有条，客厅总是铺着色彩灿烂、图案丰富的缅甸地毯，挂着西藏的唐卡卷轴……季身上传统东方妇女的美德是她一直以来就具备的，当年素季的监护人布斯夫人就很欣赏地说：'她适应得很快，成了我们家的一分子，总是头一个抢先洗碗，又爱烹饪……她是非常有责任心的女儿，尊重保罗的学识智慧……对成绩安之若素……会监督孩子们的功课，玩填字游戏……祖国的传统美德，又充满魅力和趣味，而且非常聪颖。'"①1977 年，他们的小儿子金出生了，这意味着素季的任务更加繁重，也更加有意义，因为这时她的主要职责就是相夫教子，她做得很好，堪称榜样。素季的一个日本朋友大津纪子这样说："……我在伦敦第一次见到苏时，对她的印象是个美丽的女孩推着婴儿车，穿着缅甸传统服饰，绑着马尾，前额覆着刘海，看起来像少女。我实在无法相信她竟然已 29 岁，比看起来像她父亲的麦可还上大一岁。"② 素季不仅是一位贤惠、宠溺孩子的母亲，细心张罗孩子们的聚会，认真烹饪美食，还坚持为丈夫熨袜子、亲自打扫房间卫生。她原来在牛津的同学经常可以看到她骑着自行车往来于住处和市场之间，车子上挂满了装着廉价蔬菜水果的塑料袋。素季的朋友凯莉说："麦可和苏两人相辅相成，这是一段天造地设的姻缘。并不是因为他们走的是铺满玫瑰的康庄大道，反而并非如此，因为他们走的是崎岖的道路。"③

---

① ［英］彼得·波凡姆：《翁山苏姬》，庄安祺、范振光译，联经出版事业股份有限公司 2013 年版，第 229 页。

② 同上书，第 256 页。

③ 同上书，第 255 页。

就这样，在婚后的头 15 年生活中，素季与迈克·阿里斯在牛津静静地过日子，当家庭主妇，让阿里斯专心学术研究，一切都以迈克为重。迈克在这 15 年中，当过圣安东尼的研究员、圣约翰的研究员、不丹和喜马拉雅地区佛教的伟大学者，也是他们家庭的支柱、核心；素季则是迈克的幕后助手，牛津北区的主妇，她也是父亲的女儿，但却变成牛津北区的平凡妇女，凯莉回忆时如上所说。① 对于迈克·阿里斯和昂山素季来说，这或许是他们生命中，最快乐美好的一段时光。但是昂山素季在应允婚事之时，也提出了一个条件：如果缅甸需要她，她一定要回国，阿里斯欣然接受。但在 1988 年 3 月底的一天，在伦敦一栋舒适的房子里，那是迈克经过多年努力，潜心研究不丹国历史文化，算是功成名就，获得圣·安东尼奥学院终身教职之后，经济有了改观而买的房子，在这温暖舒适的房子里，他们家的转折最终还是发生了，阿里斯生前回忆说："那是牛津一个安静如常的夜晚，3 月的最后一天。孩子们睡下了，我们在读书，这时电话铃响了。素季拿起电话，听到了母亲病重的消息。放下电话，她就收拾行装。我有一种预感——生活即将彻底改变。"② 那一年，他们的孩子一个 15 岁，一个 11 岁。的确，阿里斯预感正确，这个家以后将发生彻底改变，而且全家人的重心转到了素季、缅甸，素季自打离去，从此就与家人分离，最后连阿里斯去世时，也未能到场见上最后一面。1988 年 3 月是素季与阿里斯一家人的分水岭，之前的 15 年多的时间里，家庭以阿里斯为主，素季全心全意抚养孩子，支持阿里斯的研究工作；之后到 1999 年 3 月的 11 年中，全家的重心转移到素季、缅甸等方面。昂山素季回国探望重病的母亲，无意中卷入到缅甸的政治运动中，从此深陷其中，为此入过牢房，一度生命处于危险当中，但是，为了缅甸人民的自由和民主，素季义无反顾，

① ［英］彼得·波凡姆：《翁山苏姬》，庄安祺、范振光译，联经出版事业股份有限公司 2013 年版，第 258 页。

② 同上书，第 29 页。

宁愿放弃"回英国就可以获得自由"的条件，而坚持待在缅甸，受尽各种痛苦和磨难……

1988 年 3 月 31 日晚，获悉母亲中风后，素季独自回到仰光的家，照顾病危的母亲，正值缅甸人民发起反抗军政权的游行示威，遭到军队和警察的残酷镇压，共有 200 多名无辜民众死难，举国弥漫着恐怖气氛。很多受害者、激进分子和退役高级军官，要求素季出来领导民主运动。1988 年 8 月 26 日，仰光近百万群众在瑞德贡大金塔西门外广场集会，昂山素季第一次面对着这么多的民众发表演说。在她首次公开发表重要演讲的前夕，政府散播有关要刺杀她的谣言，但她对任何威胁都是温文不惊，说"我不能对祖国所发生的一切熟视无睹"。① 在集会上，她一身雪白的长裙，宛如一只从仙境飞来的白天鹅。她那慷慨激昂的神态、铿锵有力的声调、掷地有声的言辞，令所有在场的民众印象深刻，并让他们想起了她的父亲昂山，"父女两人如同一个模子塑造出来的"。缅甸人民发现，他们盼望已久的领袖诞生了。从那一刻起，昂山素季不再是一名旁观者。其实，她并不喜欢政治，她更想当作家，"但是，我参加了，就不能半途而废"。② 从此，昂山素季，这个外表柔弱、身材单薄的女子，成了军政府最头疼的人物。她没有权力、没有金钱、没有官衔，却拥有了缅甸人民的心。

1988 年 9 月在缅甸创办全国民主联盟会，素季成为联席人兼总书记。1989 年 7 月 20 日，缅甸军政府以"危害国家"罪名，开始了对素季 6 年的软禁，其间一家人只聚过 4 次。1990 年 5 月 27 日，全国民主联盟在大选中以压倒性票数获胜，但选举结果遭军政府抵赖。1991 年 7 月 10 日，获得诺贝尔和平奖。1995 年 7 月，获释。丈夫再到缅甸跟她见面，但此行却是两人的最后相聚。

---

① [英]彼得·波凡姆：《翁山苏姬》，庄安祺、范振光译，联经出版事业股份有限公司 2013 年版，第 68 页。

② 杨潇：《专访缅甸自由女神昂山素季：追求修复式的正义》，《南方人物周刊》，2012 年 6 月 27 日。

1996 年，丈夫阿里斯获准最后一次探望她后，从此终身不准踏入缅甸国土，同年她被指煽动学生示威再度被软禁。1999 年 3 月 27 日，丈夫在伦敦因患末期前列腺癌病逝世，缅甸军政府批准她出国奔丧，但遭到了她的拒绝。2000 年 9 月，因违反军方禁令，欲前往北部城市曼德勒再次遭受软禁。2000 年 10 月，与军政府秘密展开对话。2002 年 5 月 6 日，遭缅甸军政府软禁 19 个月后，终于重获自由，她今后可自由参与任何政治活动。2010 年 11 月 13 日，时年 65 岁的缅甸全国民主联盟总书记昂山素季软禁期满获释。2012 年 1 月 28 日，66 岁的昂山素季出席竞选活动，吸引了上万人参加。

被誉为"东方的曼德拉""缅甸的甘地""东方的奥黛丽·赫本"的昂山素季，作为当今世界上最知名的政治犯，在她率领缅甸人民，为争取自由和民主的这场持续二十多年的斗争中，为了不辜负作为昂山将军女儿的身份，为了继续父亲没能完成的事业，勇于担当，放弃自己为人妻为人母的角色，不惜付出了与家人从此不能团聚，丈夫去世时不能见最后一面的惨痛代价。昂山素季遭软禁后，1995 年 7 月丈夫到缅甸跟她见面，1996 年丈夫阿里斯获准最后一次探望她后，从此终身不准踏入缅甸国土，同年她被指煽动学生示威再度被软禁。三年后，迈克·阿里斯获悉自己已经是癌症晚期。在他余下的日子里，唯一的愿望就是能够见上妻子最后一面。然而，被缅甸连续拒签了三十次，他终于发现这一切都是徒劳的。正如一位当时的缅甸政府官员所说的，你当然可以和妻子告别，只要她能离开缅甸，返回牛津。1988 年昂山素季在接到缅甸来电前所读的书，一直被阿里斯小心地放在原来的位置。此外，他还重新粉刷了家里的墙面，然后挂上所有妻子至今赢得的奖项，包括 1991 年的诺贝尔和平奖。他的床头，至今仍挂着昂山素季的巨幅肖像照。他知道，妻子一定会选择留在缅甸，因为一旦离开，就意味着永远的流放和分离。瑞贝卡·弗莱因说："迈克·阿里斯的孪生兄弟安东尼曾告诉我一件他从未和任何人提起过的事。他说，当昂山素季意识到，自己这辈子再也见不到丈夫迈克·阿里斯的时候，她穿上了他最喜欢的颜色的礼服，然后在头上别了一朵玫瑰花，只身前往英国驻缅甸的大使馆，为丈夫拍了一段诀别影片，告诉他，他的爱一直以来都是自己的精神支柱。这段影片后来被偷运出境，但到达英国时，迈克·阿里斯已过世两天了。"① 1999 年，昂山素季得知丈夫去世的消息时，悲痛欲绝。她在日记中写道："我的家庭的分离，是我争取一个自由的缅甸所必须付出的代价之一。"② 南方人物周刊杨潇采访素季时问她："那么，作为一个女人，你最大的遗憾是？""我想应该是没能和我的两个儿子亲密地生活在一起。""你希望你的儿子们如何评价他们的母亲？""一个慈爱的人。"③ 昂山素季与阿里斯各自履行了向对方的承诺，把他们的爱情演绎得如此纯洁、执着、凄美和动人。

早在 20 世纪 70 年代初，两人在牛津订下婚姻盟誓前，研究西藏文化的英国学者迈克·阿里斯已经知道，有一天命运会叫他们在家与国之间做出抉择。他清楚知道，眼前这个容颜清丽的妻子绝非一般缅甸女子，她身体内流着的是缅甸独立运动领袖昂山的血，生来就跟国家人民扣连一起。她内心明白，当人民需要她，她必会毫不犹豫地付出自己。素季答应阿里斯的求婚时，提出了唯一的条件，阿里斯写道："她不断地提醒我，总有一天会回到缅甸，那时她需要我的支持，这不是当作她分内该得，而是出于我的协助。"④ 事实上，作为历史学家的迈克，即使再痛苦，向幕后政客施加再多压力，他也清楚昂山素季是客观历史演进中的一环，

① ［英］彼得·波凡姆：《翁山苏姬》，庄安祺、范振光译，联经出版事业股份有限公司 2013 年版，第 244 页。

② 同上。

③ 杨潇：《专访缅甸自由女神昂山素季：追求修复式的正义》，《南方人物周刊》2012 年 6 月 27 日。

④ ［英］彼得·波凡姆：《翁山苏姬》，庄安祺、范振光译，联经出版事业股份有限公司 2013 年版，第 25 页。

而且始终认为，缅甸的民主梦想终将成为现实，因此迈克开始转换角色，他毫无保留地奉献自己以回报昂山素季多年以来对他的无微不至。他游走于高层阵营活动，确立昂山素季作为一个国际精英人物而令缅甸军政府不敢伤害她。同时他还得让自己的努力尽量显得低调，因为他知道一旦她成为缅甸新民主运动的领袖人物，军政府将抓住她下嫁给外国人这一事实大做文章，这些中伤常常会带有歧视性。远在英国，阿里斯只能焦急地守在电视机前看新闻，看着妻子在缅甸巡回演讲。同时，军政府干扰着她的每一步行动，逮捕、拷打昂山素季的同党。阿里斯陷入了深深的恐惧，他害怕昂山素季也会像她父亲一样被暗杀。1989年，昂山素季被软禁，阿里斯唯一的安慰就是，至少她是安全的。令人揪心的是，阿里斯奔走十年，只为确保妻子安全，自己却最终死于癌症，甚至无法道声永别。"我永远不会站在你和你的祖国之间"——当年阿里斯这句爱的承诺，最后通过死亡来体现。他的爱，是别在昂山素季发上的那朵白花，素净而坚贞。而今，则化作她孤独长路上的一盏温柔的灯，静静地为她照亮前路。昂山素季得知丈夫去世的消息时，悲痛欲绝。军政权催促她去英国，与两个儿子团聚。但是，昂山素季知道，自己一旦离开祖国，就再也不能回来了。

在丈夫去世13年之后的2012年6月，昂山素季才得以回到牛津。她去看了丈夫安葬的地方，一处乡村教堂的墓地。正如彼得·波凡姆所说"他们就像完美的现代夫妻，两人都是佛教徒，对佛教的观念仪式和艺术作品有所了解，但却不至迷信的地步，是20世纪后期俗家的年轻夫妇，两人在种族教义上的差异，显然都在相互间的爱情下融化"。① 素季早年写信给阿里斯时说过："我只有一个请求，如果国家的人民需要我，恳请你帮助我让我为他们尽责……但这些忧虑实在太微不足道，只要我们全心全意相爱并

---

① 〔英〕彼得·波凡姆：《翁山苏姬》，庄安祺、范振光译，联经出版事业股份有限公司2013年版，第244页。

且珍惜对方，我相信爱与怜悯最后会战胜一切。"① 对于素季和阿里斯来说，爱就是共同的信念、各自为对方付出、履行承诺，爱也是分离，爱更是战胜一切的力量。

① 昂山素季：《缅甸之花》，《南都周刊》2010 年 11 月 23 日。

参考文献

[1] 陈国钧:《文化人类学》,台湾三民书店 1977 年版。

[2] 林徽因:《林徽因文集》,中信出版集团股份有限公司 2012 年版。

[3] 林洙:《梁思成、林徽因与我》,中国青年出版社 2011 年版。

[4] 马之骕:《中国的婚俗》,岳麓书社 1988 年版。

[5] 三毛:《撒哈拉的故事》之《结婚记》,北京十月文艺出版社 2013 年版。

[6] 三毛:《三毛作品集》,北岳文艺出版社 2004 年版。

[7] 寿韶峰编:《宋美龄全记录》(上、中、下),华文出版社 2011 年版。

[8] 汤晏:《一代才子钱钟书》,上海人民出版社 2005 年版。

[9] 杨绛:《记钱钟书与〈围城〉》,湖南人民出版社 1986 年版。

[10] 杨绛:《杨绛作品集》(1—3),中国社会科学出版社 1993 年版。

[11] 杨绛:《我们仁》,生活·读书·新知三联书店 2012 年版。

[12] 杨占武编:《世界习俗大观》,湖南文艺出版社 1989 年版。

[13] 朱云乔:《情暖三生:梁思成与林徽因的爱情往事》,石油工业出版社 2013 年版。

[14] 朱云乔:《最忆当年初遇时:钱钟书和杨绛的百年围城》,石

油工业出版社 2013 年版。

［15］朱云乔：《撒哈拉的眼泪：三毛传》，中国画报出版社 2013 年版。

［16］［德］利奇德：《古希腊风化史》，杜之、常鸣译，辽宁教育出版社 2000 年版。

［17］［法］玛丽·居里等：《居里夫人自传》，陈筱卿译，译林出版社 2012 年版。

［18］［法］纪荷：《居里夫人——寂寞而骄傲的一生》，（台湾）尹萍译，九州出版社 2004 年版。

［19］［美］费蔚梅：《林徽因与梁思成》，成寒译，法律出版社 2013 年版。

［20］［英］彼得·波凡姆：《翁山苏姬》，安祺、范振光译，联经出版事业股份有限公司 2013 年版。

［21］［英］格温·罗素：《贝克汉姆：未来》，苏锦译，新世界出版社 2014 年版。

［22］［美］威尔·杜兰：《世界文明史·希腊的生活》，东方出版社 1999 年版。

［23］［美］威廉·哈维兰：《文化人类学》，瞿铁鹏、张钰译，上海社会科学院出版社 2006 年版。

［24］Popham, Peter：*The Lady and the Peacock*：*the Life of Aung San Suu Kyi of Burma*，London：the Random House group Limited，2012.